"十二五"普通高等教育本科国家级规划教材

"十四五"普通高等教育本科规划教材

供基础、临床、护理、预防、口腔、中医、药学、医学技术类等专业用

药 理 学

Pharmacology

第 5 版

主　编　杨宝学　余　鹰

副主编　马丽杰　孙宏丽　张轩萍　王立祥　来丽娜　余建强　刘明华

编　委（按姓名汉语拼音排序）

班　涛（哈尔滨医科大学药学院）	马丽杰（内蒙古医科大学基础医学院）
陈莉娜（西安交通大学基础医学院）	马月宏（内蒙古医科大学基础医学院）
陈　霞（吉林大学白求恩医学部）	梅爱敏（河北工程大学医学院）
杜　萍（首都医科大学附属北京朝阳医院）	潘　燕（北京大学基础医学院）
杜艳华（中山大学中山医学院）	齐亚娟（华北理工大学基础医学院）
封　芬（邵阳学院药学院）	曲卫敏（复旦大学基础医学院）
高春艳（首都医科大学燕京医学院）	孙宏丽（哈尔滨医科大学大庆校区）
郭紫芬（南华大学药学院）	孙　莹（徐州医科大学药学院）
黄　俊（邵阳学院普爱医学院）	汤慧芳（浙江大学基础医学院）
黄展勤（汕头大学医学院）	汪雪兰（中山大学中山医学院）
来丽娜（长治医学院药学院）	王　昊（上海交通大学基础医学院）
李　飞（湖北医药学院药学院）	王立祥（康复大学生命科学与健康学院）
李　慧（北京大学基础医学院）	杨宝学（北京大学基础医学院）
李永芳（青海大学医学院）	余建强（宁夏医科大学药学院）
林　宇（齐齐哈尔医学院药学院）	余　鹰（天津医科大学基础医学院）
刘明华（西南医科大学药学院）	张轩萍（山西医科大学基础医学院）
刘艳霞（天津医科大学基础医学院）	周黎明（四川大学华西医学中心）

北京大学医学出版社

YAOLIXUE

图书在版编目（CIP）数据

药理学 / 杨宝学, 余鹰主编. -- 5版. -- 北京 : 北京大学医学出版社, 2024.8. -- ISBN 978-7-5659-3197-0

Ⅰ. R96

中国国家版本馆CIP数据核字第20244R65C2号

药理学（第5版）

主　　编： 杨宝学　余　鹰
出版发行： 北京大学医学出版社
地　　址：（100191）北京市海淀区学院路38号　北京大学医学部院内
电　　话： 发行部 010-82802230；图书邮购 010-82802495
网　　址： http://www.pumpress.com.cn
E-mail： booksale@bjmu.edu.cn
印　　刷： 北京信彩瑞禾印刷厂
经　　销： 新华书店
责任编辑： 毛淑静　**责任校对：** 靳新强　**责任印制：** 李　啸
开　　本： 850 mm×1168 mm　1/16　**印张：** 35　**字数：** 1006千字
版　　次： 2003年8月第1版　2024年8月第5版　2024年8月第1次印刷
书　　号： ISBN 978-7-5659-3197-0
定　　价： 80.00元

版权所有，违者必究

（凡属质量问题请与本社发行部联系退换）

第 5 轮修订说明

国务院办公厅印发的《关于加快医学教育创新发展的指导意见》提出以新理念谋划医学发展、以新定位推进医学教育发展、以新内涵强化医学生培养、以新医科统领医学教育创新，要求全力提升院校医学人才培养质量，培养仁心仁术的医学人才，发挥课程思政作用，着力培养医学生救死扶伤精神。《教育部关于深化本科教育教学改革全面提高人才培养质量的意见》要求严格教学管理，把思想政治教育贯穿人才培养全过程，全面提高课程建设质量，推动高水平教材编写使用，推动教材体系向教学体系转化。《普通高等学校教材管理办法》要求全面加强党的领导，落实国家事权，加强普通高等学校教材管理，打造精品教材。以上这些重要文件都对医学人才培养及教材建设提出了更高的要求，因此新时代本科临床医学教材建设面临更大的挑战。

北京大学医学出版社出版的本科临床医学专业教材，从 2001 年第 1 轮建设起始，历经多轮修订，高比例入选了教育部"十五""十一五""十二五"普通高等教育国家级规划教材。本套教材因骨干建设院校覆盖广，编委队伍水平高，教材体系种类完备，教材内容实用、衔接合理，编写体例符合人才培养需求，实现了由纸质教材向"纸质＋数字"的新形态教材转变，得到了广大院校师生的好评，为我国高等医学教育人才培养做出了积极贡献。

为深入贯彻党的二十大精神，落实立德树人根本任务，更好地支持新时代高等医学教育事业发展，服务于我国本科临床医学专业人才培养，北京大学医学出版社有选择性地组织各地院校申报，通过广泛调研、综合论证，启动了第 5 轮教材建设，共计 53 种教材。

第 5 轮教材建设延续研究型与教学型院校相结合的特点，注重不同地区的院校代表性，调整优化编写队伍，遴选教学经验丰富的学院教师与临床教师参编，为教材的实用性、权威性、院校普适性奠定了基础。第 5 轮教材主要做了如下修订：

1. 更新知识体系

继续以"符合人才培养需求、体现教育改革成果、教材形式新颖创新"为指导思想，坚持"三基、五性、三特定"原则，对照教育部本科临床医学类专业教学质量国家标准，密切结合国家执业医师资格考试、全国硕士研究生入学考试大纲，结合各地院校教学实际更新教材知识体系，更新已有定论的理论及临床实践知识，力求使教材既符合多数院校教学现状，又适度引领教学改革。

2. 创新编写特色

以深化岗位胜任力培养为导向，坚持引入案例，使教材贴近情境式学习、基于案例的学习、问题导向学习，促进学生的临床评判性思维能力培养；部分医学基础课教材设置"临床联系"模块，临床专业课教材设置"基础回顾"模块，探索知识整合，体现学科交叉；启发创新思维，促进"新医科"人才培养；适当加入"知识拓展"模块，引导学生自学，探索学习目标设计。

3. 融入课程思政

将思政元素、党的二十大精神潜移默化地融入教材中，着力培养学生"敬佑生命、救死扶伤、甘于奉献、大爱无疆"的医者精神，引导学生始终把人民群众生命安全和身体健康放在首位。

4. 优化数字内容

在第4轮教材与二维码技术结合，实现融媒体新形态教材建设的基础上，改进二维码技术，优化激活及使用形式，按章（或节）设置一个数字资源二维码，融知识拓展、案例解析、微课、视频等于一体。

为便于教师教学、学生自学，编写了与教材配套的PPT课件。PPT课件统一制作成压缩包，用微信"扫一扫"扫描教材封底激活码，即可激活教材正文二维码，导出PPT课件。

第5轮教材主要供本科临床医学类专业使用，也可供基础、护理、预防、口腔、中医、药学、医学技术类等开设相同课程的专业使用，临床专业课教材同时可作为住院医师规范化培训辅导教材使用。希望广大师生多提宝贵意见，反馈使用信息，以便我们逐步完善教材内容，提高教材质量。

序

医学关乎人类生命的存在与繁衍，医学卫生事业的发展涉及国家安全、经济发展、社会文明和人民福祉。医者德为先，能为重，技为精。医学教育应既科学、严谨、规范，又充满温情与关怀。"健康中国"的美好愿景与目标，激励着医务工作者为之奋斗。医学教育要坚守为国育才、立德树人的根本任务，落实《关于深化新时代学校思想政治理论课改革创新的若干意见》《高等学校课程思政建设指导纲要》《教育部关于深化本科教育教学改革全面提高人才培养质量的意见》《关于深化医教协同进一步推进医学教育改革与发展的意见》《关于加快医学教育创新发展的指导意见》等文件精神，以适应我国"大医学、大卫生、大健康"的发展需求，为"健康中国"筑牢人才基础。

近年来，高等院校探索新医科建设，推进现代医学教育教学新模式，坚持以人和健康为中心，建立健全覆盖生命全周期和健康全过程、"促防诊控治康"一体化的人才培养体系，高度重视身心、社会、环境等要素，融通医工理文学科，提升新时代医学生的整体素养；运用现代数字信息技术，增强情境化教学，加强临床实践教学，有效地提高了学生专业胜任力。同时，高等院校深化落实党和国家关于加强大学生思想政治教育的指示精神，将思想政治教育贯穿于人才培养体系和课程教学，使习近平新时代中国特色社会主义思想进课堂、入头脑，培养人民群众满意的、医术精湛的社会主义卫生健康事业接班人。

北京大学是经历过百年洗礼的老校，为我国建设和发展做出了杰出贡献，与全国医学教育界的同道们共同努力，在医学教育教学研究、教师培养、教材建设、实践教学规范等多方面不断改革创新。北京大学医学出版社秉承医学教育宗旨，落实党和国家对教材建设的要求和任务，立足北大医学，服务全国高等医学教育，与各院校教师一起不懈努力，打造精品教材，以高质量完成课程教学活动的"最后一公里"。本套本科临床医学专业教材是在教育及卫生健康部门领导的关心指导下，由医学教育专家顶层设计，北京大学医学部携手全国各兄弟院校群策群力、共同建设的成果。本套教材多年来与高等医学教育改革相伴而行，与时俱进，历经多轮修订，体系日趋完善，符合专业要求，编写队伍与院校构成合理，编写体例不断优化创新，实现了纸质教材与数字教学资源结合的精品新形态教材建设。实践证明，这套教材满足本科医学教育的专业标准要求，在适应多数院校的教学能力与资源的情况下，能很好地引导、深化专业教学，已成为本科医学人才培养的精品教材，为我国高等医学教育事业发展做出了突出贡献。

第5轮教材建设坚持以习近平新时代中国特色社会主义思想为指引，积极探索思政元素融入教材，落实立德树人根本任务，坚持现代医学教育理念，体现生命全周期、健康全覆盖的整体要求，与相关学科恰当融合，全面更新了医学知识和能力体系，体现了《中国本科医学教育标准—临床医学专业（2022）》的要求，配合教学模式与方法的改革，吸收"金课程"建设经验，优化教材体例，融入医学文化，重视中华医学文明，强调适用、实用，行稳致远，开创新局，锤炼精品。

在第5轮教材出版之际，欣为之序。相信第5轮教材的高质量建设一定会为我国新时代高等医学教育人才培养和健康中国事业发展做出更大贡献。

前　言

为了响应教育部开展医学教育改革，促进住院医师规范化培训制度的实施，以及完善院校教育、毕业后教育、继续教育三阶段连续统一的医学教育模式，并配合教育部普通高等教育本科国家级规划教材建设，北京大学医学出版社于2023年正式启动全国高等医学院校本科临床医学专业教材（第5轮）的修订工作。本套教材于2012年被评为教育部"十二五"普通高等教育本科国家级规划教材。《药理学》第5版紧跟医学教育改革步伐，旨在打造符合现代临床需求、融合最新医学进展的高质量教材。这次修订聚焦于知识体系的现代化与实践导向，强化基础知识同时鼓励创新思维，服务于医学生的全面发展。教材结合了纸质与数字资源，采用案例引导学习法，鼓励主动探索。参考国际权威著作，确保内容前沿性，并与执业资格考试要求对接。本次教材修订着重于贴合医学进展，更新知识体系，创新编写特色，融入课程思政，优化教学内容，强化实践导向，并注重与临床接轨，夯实基础知识，兼顾创新性培养和学科进展。我们不仅希望使教材在质量上进一步提升，为更多的院校所使用，而且更希望通过教材的编写和使用，增进校际间的沟通、交流和联系，为今后的进一步合作奠定基础。本版教材以反映21世纪教学内容和课程改革的成果，注意素质教育和创新能力与实践能力的培养，为学生知识、能力、素质协调发展创造条件为修订目标；以"三基"（即基础理论、基本知识、基本技能）、"五性"（即思想性、科学性、先进性、启发性、适用性）、"三特定"（即特定的对象、特定的要求、特定的限制）为指导思想，提倡创新，加强人文科学内容的体现。

本教材涵盖国家执业医师资格考试、执业药师资格考试和研究生入学考试要求掌握的内容，重点在于专业知识的更新，并与临床及其他基础学科紧密联系。在上一版的基础上调整更新了部分内容。此外，本教材为立体化教材，即实现了纸质教材、数字资源相结合。为了启发学生带着问题学习及自主学习的积极性，本次修订保留了"案例"模块，案例后附2~3个讨论题，并新增了"知识拓展"和"临床应用"模块。

编写团队汇聚了26所医学院校的34位编委，力求教材内容既深入又贴近实际。编委均具有丰富的教学经验，更多的是近年在学术界取得优异成绩的中青年科学工作者。在本教材的编写和编辑出版过程中，北京大学医学出版社及各参编单位给予了大力支持。各位编委尽职尽责，全力合作。北京大学医学部的李慧老师承担了本书的编务工作。在此一并表示感谢。特别要向多年来一直对本教材给予关心和支持的上版教材编委致以崇高的敬意和衷心的感谢！在本教材编写过程中，每位编委虽尽心尽力，但疏漏之处在所难免，敬请各位药理学前辈、同道和学子们赐教和指正。

杨宝学　余　鹰

目 录

第一章	绪论 …………………………… 1
第一节	药理学概述 ………………… 1
第二节	新药研发 …………………… 4

第二章	药动学 ………………………… 6
第一节	药物的跨膜转运 …………… 6
第二节	药物的体内过程 …………… 8
第三节	药物的速率过程 …………… 15
第四节	药动学模型 ………………… 17
第五节	药动学基本概念及参数 …… 20

第三章	药效学 ………………………… 24
第一节	药物基本作用 ……………… 24
第二节	药物的量效关系和构效关系 …………………… 27
第三节	药物作用机制 ……………… 30
第四节	药物与受体 ………………… 31

第四章	影响药物效应的因素及合理用药原则 …………… 38
第一节	影响药物效应的因素 ……… 38
第二节	合理用药原则 ……………… 44

第五章	传出神经系统药理学概论 ………………………… 46
第一节	传出神经系统分类 ………… 46
第二节	传出神经系统的递质与神经冲动传递 ……………… 48
第三节	传出神经系统的功能及作用于传出神经系统的药物 ……… 51

第六章	胆碱受体激动药 ……………… 55
第一节	M胆碱受体激动药 ………… 55
第二节	N胆碱受体激动药 ………… 60

第七章	抗胆碱酯酶药和胆碱酯酶复活药 ……………………… 62
第一节	胆碱酯酶 …………………… 62
第二节	抗胆碱酯酶药 ……………… 63
第三节	胆碱酯酶复活药 …………… 68

第八章	胆碱受体阻断药Ⅰ——M受体阻断药 ……………… 71
第一节	阿托品类天然生物碱 ……… 71
第二节	合成、半合成衍生物 ……… 75

第九章	胆碱受体阻断药Ⅱ——N受体阻断药 ……………… 78
第一节	N_N受体阻断药 …………… 78
第二节	N_M受体阻断药 …………… 79

第十章	肾上腺素受体激动药 ……… 83
第一节	化学结构、构效关系和分类 ……………………… 83
第二节	α受体激动药 ……………… 86
第三节	α、β受体激动药 ………… 89
第四节	β受体激动药 ……………… 94

第十一章	肾上腺素受体阻断药 … 97
第一节	α受体阻断药 ……………… 97

第二节 β 受体阻断药 …………… 101

第十二章 中枢神经系统药理学概论 ………… 109

第一节 中枢神经系统的细胞学基础 ………… 109
第二节 中枢神经递质及其受体 …… 112
第三节 中枢神经系统药理学特点 ………… 118

第十三章 局部麻醉药 ………… 120

第一节 概述 ………… 120
第二节 常用局部麻醉药 ………… 123
第三节 局部麻醉方法 ………… 124

第十四章 全身麻醉药 ………… 127

第一节 吸入麻醉药 ………… 128
第二节 静脉麻醉药 ………… 131
第三节 复合麻醉 ………… 132

第十五章 镇静催眠药 ………… 133

第一节 苯二氮䓬类 ………… 133
第二节 非苯二氮䓬类 ………… 137
第三节 巴比妥类 ………… 137
第四节 其他镇静催眠药 ………… 138

第十六章 抗癫痫药及抗惊厥药 ………… 141

第一节 抗癫痫药 ………… 143
第二节 抗惊厥药 ………… 149

第十七章 治疗神经系统变性疾病药 ………… 152

第一节 抗帕金森病药 ………… 152
第二节 治疗阿尔茨海默病药 ………… 160

第十八章 抗精神失常药 ………… 165

第一节 抗精神病药 ………… 165
第二节 抗躁狂药 ………… 174
第三节 抗抑郁药 ………… 175
第四节 抗焦虑药 ………… 180

第十九章 镇痛药 ………… 182

第一节 阿片生物碱类 ………… 182
第二节 人工合成的阿片类 ………… 187
第三节 其他镇痛药 ………… 189
第四节 阿片受体阻断药 ………… 189

第二十章 解热镇痛抗炎药 ………… 191

第一节 概述 ………… 191
第二节 非选择性环氧合酶抑制药 ………… 194
第三节 选择性环氧合酶-2抑制药 ………… 200
第四节 解热镇痛抗炎药的配伍应用 ………… 201
第五节 治疗类风湿性关节炎的药物 ………… 202

第二十一章 作用于离子通道的药物 ………… 204

第一节 作用于钠通道的药物 ………… 204
第二节 作用于钾通道的药物 ………… 205
第三节 作用于钙通道的药物 ………… 205

第二十二章 抗心律失常药 ………… 210

第一节 心脏的电生理学基础 ………… 210
第二节 心律失常发生机制 ………… 212
第三节 抗心律失常药的基本作用机制和分类 ………… 214
第四节 常用抗心律失常药 ………… 215

第二十三章　抗高血压药……………221

第一节　常用抗高血压药……………222
第二节　其他抗高血压药……………228
第三节　高血压药物治疗的新理念……………231

第二十四章　治疗心功能不全药……………233

第一节　心功能不全病理生理机制及治疗药物分类……………234
第二节　血管紧张素转化酶抑制药及血管紧张素受体阻断药……237
第三节　血管紧张素受体脑啡肽酶抑制药……………239
第四节　β受体阻断药……………240
第五节　钠-葡萄糖协同转运蛋白2抑制药……………240
第六节　利尿药……………241
第七节　强心苷类……………242
第八节　其他治疗心功能不全药……244

第二十五章　抗心绞痛药……………248

第一节　硝酸酯类及亚硝酸酯类……250
第二节　钙通道阻滞药……………252
第三节　β受体阻断药……………253
第四节　其他抗心绞痛药……………255

第二十六章　调血脂药与抗动脉粥样硬化药……………256

第一节　调血脂药……………257
第二节　抗氧化剂……………267
第三节　多烯脂肪酸类……………268
第四节　黏多糖和多糖类……………269
第五节　治疗血脂异常的新型药物……270

第二十七章　利尿药……………272

第一节　利尿药的生理学基础和分类……………272
第二节　常用利尿药……………276

第二十八章　作用于血液及造血系统的药物……………283

第一节　抗凝血药及促凝血药……283
第二节　纤维蛋白溶解药与纤维蛋白溶解抑制药……………290
第三节　抗血小板药……………291
第四节　抗贫血药及造血细胞生长因子……………293
第五节　血容量扩充药……………297

第二十九章　组胺受体激动药和阻断药……………299

第一节　组胺与组胺受体激动药……299
第二节　组胺受体阻断药……………300

第三十章　平喘药、镇咳药和祛痰药……………305

第一节　平喘药……………305
第二节　镇咳药……………311
第三节　祛痰药……………312

第三十一章　作用于消化系统的药物……………314

第一节　抗消化性溃疡药……………314
第二节　助消化药……………320
第三节　止吐药与胃肠促动力药……321
第四节　泻药……………324
第五节　止泻药……………326
第六节　利胆药……………327

第三十二章 子宫平滑肌兴奋药和抑制药 329

第一节 子宫平滑肌兴奋药 329
第二节 子宫平滑肌抑制药 333

第三十三章 性激素类药及避孕药 335

第一节 雌激素类药及抗雌激素类药 336
第二节 孕激素类药及抗孕激素类药 340
第三节 雄激素类药、同化激素类药和抗雄激素类药 342
第四节 避孕药 343

第三十四章 抗骨质疏松药 348

第一节 骨质疏松症的发病机制 348
第二节 骨吸收抑制药 349
第三节 骨形成促进药 356
第四节 骨矿化促进药 358

第三十五章 肾上腺皮质激素类药 360

第一节 糖皮质激素 362
第二节 盐皮质激素 369
第三节 促肾上腺皮质激素及肾上腺皮质激素抑制药 369

第三十六章 甲状腺激素及抗甲状腺药 372

第一节 甲状腺激素 372
第二节 抗甲状腺药 376

第三十七章 治疗糖尿病药物 381

第一节 胰岛素 382
第二节 口服降血糖药 386
第三节 其他降血糖药 393

第三十八章 抗菌药概论 396

第一节 抗菌药常用术语 397
第二节 抗菌药的作用机制 397
第三节 细菌耐药性 400
第四节 抗菌药合理应用原则 403

第三十九章 β-内酰胺类抗生素 407

第一节 概述 407
第二节 青霉素类抗生素 408
第三节 头孢菌素类抗生素 413
第四节 其他β-内酰胺类抗生素 417
第五节 β-内酰胺酶抑制药 418

第四十章 大环内酯类、林可霉素类及肽类抗生素 420

第一节 大环内酯类抗生素 420
第二节 林可霉素类抗生素 424
第三节 肽类抗生素 426

第四十一章 氨基糖苷类及多黏菌素类抗生素 429

第一节 氨基糖苷类抗生素 429
第二节 多黏菌素类抗生素 435

第四十二章 四环素类及氯霉素类抗生素 438

第一节 四环素类抗生素 438
第二节 氯霉素类 442

第四十三章　人工合成抗菌药 445

第一节　喹诺酮类药 445
第二节　磺胺类药 451
第三节　其他合成抗菌药 455

第四十四章　抗真菌药及抗病毒药 457

第一节　抗真菌药 457
第二节　抗病毒药 462

第四十五章　抗结核药及抗麻风药 475

第一节　抗结核药 475
第二节　抗麻风药 481

第四十六章　抗寄生虫药 483

第一节　抗疟药 483
第二节　抗阿米巴药及抗滴虫药 488
第三节　抗血吸虫药及抗丝虫药 491
第四节　抗肠蠕虫药 492

第四十七章　抗恶性肿瘤药 495

第一节　抗肿瘤药的药理学基础 496
第二节　细胞毒类抗肿瘤药 499
第三节　非细胞毒类抗肿瘤药 511
第四节　细胞毒类抗肿瘤药的毒性反应及其应用的药理学原则 517

第四十八章　影响免疫系统功能的药物 521

第一节　概述 521
第二节　免疫抑制药 523
第三节　免疫调节药 531

主要参考文献 535

中英文专业词汇索引 536

第一章 绪 论

第一章数字资源

药物（drug）是指用于预防、诊断、治疗疾病，有目的地调节机体各种功能和改变机体所处病理状态的物质。药品（medicine）是指将原料药（天然药、化学药、生物药）制成一定的剂型（preparation），可供临床应用的药物。药理学是联系药学与医学之间的桥梁学科，也是承接基础医学与临床医学的桥梁学科。

第一节 药理学概述

一、药理学基本概念

药理学（pharmacology）是研究药物与机体（包括病原体）之间相互作用规律和机制的学科。药理学既研究药物如何对机体产生效应，即药效学（又称药物效应动力学，pharmacodynamics），如药物的药理作用、作用机制、临床应用、不良反应、药物相互作用，又研究药物在机体内如何代谢，即药动学（又称药物代谢动力学，pharmacokinetics），包括机体对药物的作用及规律，如药物的体内过程（药物在体内吸收、分布、转化和排泄的过程）的动态变化及血浆药物浓度（简称血药浓度）随时间变化的规律。

药理学的任务包括：①阐明药物的作用及作用机制，以及机体与药物的相互作用和规律，正确指导临床合理用药；②研究和开发新药，包括发现药物的新用途；③为其他学科探索生命现象的本质和揭示疾病发生发展规律提供理论依据和实验方法。

二、药理学发展简况

人类为了健康生存，通过生活经验和自然观察发现某些天然物质（来自植物、矿物和动物）可以防病治病，由此进入了药物发展的初期阶段，即天然药物阶段。在这个阶段，人们将逐渐积累的经验编撰成书，流传至今，如古埃及的《埃伯斯医药籍》（*The Ebers Papyrus*）、古希腊著名植物学家及药物学家迪奥斯科里季斯（Dioscorides）编著的较为完整的古代药物学专著《希腊药典》和古罗马医生盖伦（Galen）编著的药物学著作等。我国对世界医药发展的贡献尤为突出，著名的药物学著作有东汉的《神农本草经》、唐朝苏敬等编撰的《新修本草》和明朝李时珍编著的《本草纲目》等。其中《本草纲目》被译成10余种文字，为世界医药发展做出了巨大贡献，至今仍是医药领域的重要参考书。

从 18 世纪开始，化学家依靠经验从天然物质中提取一些纯净的有机化合物。如瑞典药剂师舍勒（C. W. Scheele）于 1769 年提纯了酒石酸，以后相继提取出大量有机酸，如尿酸、草酸、乳酸、柠檬酸、苹果酸、五倍子酸。德国药剂师塞尔杜纳（F. W. Serturer）于 1805 年从鸦片中提取出纯吗啡，并在狗身上实验证明其有麻醉作用。到 19 世纪，发现具有药效的生物碱有 10 余种，如吐根碱（依米丁）、番木鳖碱（士的宁）、奎宁、秋水仙碱、咖啡因、尼古丁、可待因、麻黄碱。

人类用化学合成方法制造药物是从 19 世纪 50 年代开始的，即化学药物阶段。1856 年，英国化学家帕金（W. H. Parkin）以苯胺为原料合成了苯胺紫——第一个人工合成染料，之后又有化学家合成了一系列染料、香料和药物。1859 年，化学家用苯酚十分便利地合成了水杨酸，1875 年发现了它的解热镇痛作用，但由于它对胃有强烈的刺激作用，因此被搁置了近 20 年，直到 1893 年化学家霍夫曼（A. W. Hofmann）将其制成乙酰水杨酸——阿司匹林（aspirin），经过 6 年临床试验后大量生产，该药物现在仍在使用。

将化学合成药及天然药有效成分的分子结构进行改造作为药物的新来源，形成了现代药物发展突出的特点。目前临床上使用的药物大部分是化学合成药。生物药的发展始于从动物和微生物中提取有效成分。1915 年，麦克林（J. Mclean）发现肝素，以后相继发现了甲状腺素、肾上腺皮质激素和脑垂体激素等。1927 年，英国微生物学家弗莱明（A. Fleming）发现了青霉素，1939—1942 年弗洛里（H. Florey）和钱恩（E. B. Chain）提纯了青霉素，并将其成功用在人身上，从此开创了抗生素时代。到 20 世纪中叶，分子生物学的迅猛发展使药物的发展进入了生物制药阶段，人们利用 DNA 重组技术生产了许多生物药，如重组链激酶、胰岛素、干扰素（IFN）、白介素（IL）、生长素、细胞因子。正在发展的还有基因药物，即将外源性基因作为药物，治疗某些基因缺陷疾病，以及用于细胞治疗等。细胞治疗的发展已有数百年历史，它是指利用某些具有特定功能的细胞，采用生物工程方法获取和（或）通过体外扩增、特殊培养等处理细胞，使这些细胞具有治疗作用，如增强免疫、杀死病原体和肿瘤细胞、促进组织器官再生和机体康复。最近几年嵌合抗原受体 -T 细胞（chimeric antigen receptor-T cells，CAR-T cells）技术、干细胞（stem cells）、自然杀伤（natural killer，NK）细胞等的研究促进了细胞治疗的发展。

药理学是 19 世纪初从药物学中独立出来的。药理学在众多学科共同发展、交流渗透、分化融合中逐渐形成了自身的发展模式。药理学分支学科从交叉角度上讲，有基础药理学、临床药理学、分子药理学、遗传药理学、生化药理学、时辰药理学、中药药理学和近年发展起来的网络药理学等；从系统角度上讲，有神经精神药理学、心血管药理学、肾脏药理学、内分泌药理学、抗炎免疫药理学等；从应用角度上讲，有医用药理学、护用药理学、眼科药理学、麻醉药理学等。

药理学家在研究药物作用和作用机制的过程中，为受体学说的建立做出了重要的贡献。1878 年，英国生理学家兰利（J. N. Langley）在研究阿托品与毛果芸香碱、烟碱与箭毒的拮抗作用时提出了"受体"概念的雏形，即药物可能直接作用于细胞上的某些成分，这些成分为"接受物质"（receptive substance）。兰利因此被称为"受体之父"。1909 年，英国生理学家埃利希（P. Ehrlich）在研究抗锥虫药作用时，提出锥虫体内存在着特异的受体（receptor），由此开创了受体理论。药理学的发展对人类的突出贡献，一是发现了受体，这是大多数药物能够产生药效的关键所在，其中在阿片受体和 α_1 肾上腺素受体（简称 α_1 受体）亚型的发现中就有我国两位科学家——邹冈和韩启德教授的贡献；二是促进了新药的发现和制造；三是促进了政府建立了药物研究、开发、应用和管理等一系列法律和规定，为人民安全用药提供了法律保障。

> **知识拓展**
>
> **我国科学家对新药发现的代表性贡献**
>
> 我国科学家对新药发现的代表性贡献有1924年陈克恢发现麻黄碱的药理作用;1943年张昌绍从中药常山中分离得到具有抗疟作用的单分子常山碱和常山新碱;1971年屠呦呦和同事从中药青蒿中分离获得青蒿素(屠呦呦因此在2015年获得诺贝尔生理学或医学奖);1973年张亭栋及其同事确定砒霜及其化学成分三氧化二砷可以治疗急性早幼粒细胞白血病(acute promyelocytic leukemia,APL);1988年王振义用全反型维A酸治疗APL获得成功。这些开拓性工作推动了中国新药发现和药理学研究的进展。

三、药理学研究方法

药理学是一门实践性很强的学科,根据研究对象不同可将其分为基础药理学和临床药理学。基础药理学以实验动物为研究对象,其内容包括以下两方面。①实验药理学:以清醒或麻醉的健康动物为研究对象,研究药物在动物体内和体外的药理效应、毒性和药物代谢情况;②实验治疗学:以病理模型动物为研究对象,观察药物预防和治疗疾病的情况、毒性反应和药物代谢情况。临床药理学是以人为研究对象(可以是健康志愿者或患者),研究药物的效应、不良反应、代谢过程、药物相互作用并进行疗效评价等。

药理学的研究水平包括整体、器官或组织、细胞、亚细胞、分子水平等,因此将药理学实验划分为在体(in vivo)实验和离体(in vitro)实验,前者包括整体实验,后者包括器官至分子水平的实验。

药理学的研究方法主要是利用其他学科的实验方法,常用的有以下几种。

1. 形态学方法 包括解剖、组织切片、各种光学显微镜(简称光镜)、电子显微镜(简称电镜)、共聚焦显微镜、流式细胞术等。

2. 机能学方法 包括电生理(心电图、脑电图、肌电图、电压钳、膜片钳等)检查、血流动力学检测、行为学评价等。

3. 生物化学方法 包括酶法、电泳法、蛋白层析法等。

4. 免疫学方法 包括细胞因子检测法、放射免疫法、酶联免疫法、荧光免疫法等。

5. 核医学方法 包括放射性核素示踪法等。

6. 分子生物学方法 包括基因重组技术、克隆技术、聚合酶链反应(polymerase chain reaction,PCR)技术、转基因技术、蛋白质表达分析技术等。

7. 分析化学方法 包括光学分析法、色谱分析法、质谱分析法等。

8. 生物学方法 包括生物检定法、微生物法等。

9. 系统生物学方法 包括组学技术、数据库使用、计算机分析软件、生物学网络与药物作用网络整合等。

10. 人工智能方法 包括人工智能预测药物靶点、人工智能设计药物结构、人工智能解析药物靶点-药物复合物结构。

第二节 新药研发

新药是指化学结构、药品组分或药理作用不同于现有药品的药物。新药研发是一个非常严格的过程，其中药理研究是必不可少的关键步骤。为了确保药物对患者的疗效和安全，新药研发不仅需要可靠的科学实验结果，各国政府还对新药生产上市的审批与管理制定了法规，对人民健康及工商业经济权益予以法律保障。

新药研发分为研究阶段和开发阶段。研究阶段包括药物靶标的确定、先导物的发现、先导物的优化、确定候选药物。开发阶段包括临床前研究、临床研究和上市后评价。

临床前研究除药学研究如工艺路线、理化性质、质量控制标准、稳定性的研究之外，也包括用动物进行的系统药理研究及急、慢性毒性观察。对于具有选择性药理作用的药物，在进行临床试验前还需要测定该药物在动物体内的药动学。临床前研究旨在阐述药物的药理学作用及可能发生的毒性反应，经过药政管理部门审批后才能进行临床试验，从源头上保证临床用药安全。

新药的临床试验可分为Ⅰ、Ⅱ、Ⅲ、Ⅳ期。Ⅰ期一般是在少数正常成年志愿者身上观察人体对新药的耐受程度和药动学，是初步的临床药理学及人体安全性评价，为制定临床给药方案提供依据。Ⅱ期为随机双盲对照临床试验，需要足够数量的病例，以对新药的有效性及安全性进行评价，并推荐临床给药剂量。Ⅲ期是扩大的多中心临床试验，应按随机对照原则，进一步评价新药的有效性、安全性。新药在通过Ⅲ期临床试验后，才可被批准生产、上市。Ⅳ期临床试验是指新药上市后的监测，也称售后调研（postmarketing surveillance），在广泛、长期、大量应用的条件下进一步考察药物的疗效和不良反应。

知识拓展

药 物 分 类

按药物的自然状态可将其分为天然药、化学药和生物药。天然药是指存在于自然界植物、矿物、动物中的有防治疾病效果的物质。化学药是指人工合成或半合成，或从某些天然药中提取出的单一成分的药物。生物药是指由来自生物体组织或体液等的生物物质制备而成的药物，如血液制品、蛋白制品、疫苗、菌苗、抗体、细胞因子、核酸等。

按药物的管理方式不同可将其分为普通药品和特殊药品。普通药品是指由医药卫生单位生产、管理和经营的药品。特殊药品是指由国家药品行政管理部门指定的单位生产、管理和经营的药品，这类药品包括麻醉药品、精神药品、毒性药品、放射性药品。

按药物的使用方式不同可将其分为处方药和非处方药。处方药（prescription drug，Rx）是指必须凭执业医师处方才可调配、购买和使用的药品。非处方药（nonprescription drug）是指无须凭执业医师处方即可自行购买和使用的药品，在国外又称之为"柜台药"（over the counter，OTC）。

按是否属于医疗保险支付范围可将其分为基本药物和非基本药物。基本药物是指由国家医疗保障部门制定的能够保证患者基本治疗需要的药品，属于医疗保险支付的范围。基本药物必须符合临床必需、疗效好、安全性高、质量稳定、价格合理、中西药并重的原则。某些新上市的药品、保健滋补品、特需药品等为非基本药物。非基本药物不属于医疗保险支付的范围。

思 考 题

1. 药理学的基本概念和任务是什么？
2. 简述基础药理学和临床药理学的研究对象和内容。
3. 新药研发包括哪些过程？

（杨宝学）

第二章

药 动 学

第二章数字资源

案例 2-1

患者，女，36岁，右小腿肿胀伴疼痛6天，右小腿B超检查发现深静脉血栓形成。诊断：右小腿深静脉血栓栓塞。给予口服双香豆素片剂，每次0.1 g，一天2次。患者连续用药7天后，因受凉出现高热，联合应用保泰松片剂，每次0.2 g，一天3次。2天后，患者出现皮下出血。检测患者血中游离型双香豆素浓度达中毒浓度。

问题：
1. 该患者应用保泰松后引起双香豆素中毒的机制是什么？
2. 影响药物分布的因素有哪些？
3. 作为临床医生，应如何指导该患者用药？患者需要注意哪些可能出现的不良反应？

药物代谢动力学（pharmacokinetics），简称药代动力学、药动学，主要研究机体对药物的处置，即药物在体内的吸收（absorption）、分布（distribution）、代谢（metabolism）和排泄（excretion）过程的动态变化及影响因素。上述过程常用其英文单词的首字母缩写ADME表示。药物在体内的吸收、分布及排泄过程称为药物转运；代谢过程又称生物转化（biotransformation）。药物的代谢和排泄合称消除（elimination）。

第一节 药物的跨膜转运

药物在体内的转运与转化，或从给药部位至引起药理效应均需通过体内的生物膜。生物膜是细胞外表的质膜（plasma membrane）和细胞内的各种细胞器膜如核膜、线粒体膜、内质网膜、溶酶体膜等的总称。膜的结构是以流动的脂质双分子层为基架。其中一类蛋白质是镶嵌着的外在蛋白质（extrinsic protein），外在蛋白质可伸缩活动，具有吞噬、胞饮作用；另一类是内在蛋白质（intrinsic protein），内在蛋白质贯穿整个脂膜，组成生物膜的酶、受体和离子通道等。药物的吸收、分布、代谢和排泄与物质的跨膜转运密切相关。跨膜转运的方式主要包括被动转运、主动转运和其他转运。

一、被动转运

被动转运（passive transport）指药物分子从浓度高的一侧扩散至浓度低的一侧，其转运速度与膜两侧的药物浓度差（浓度梯度）成正比。该过程不需要载体，不消耗能量，无饱和现象，也无竞争性抑制现象。被动转运包括滤过、简单扩散等。

1. 滤过（filtration） 又称水溶扩散（aqueous diffusion），是指直径小于膜孔、水溶性的极性或非极性药物，借助膜两侧的流体静压和渗透压差被水携带至低压侧的过程。各种细胞膜的孔径大小不同，如肾小球、毛细血管内皮的细胞膜孔径较大，可达 4 nm，但大多数细胞膜孔径仅约 0.4 nm。因此，分子量小于 100、极性分子等水溶性药物可通过水溶扩散跨膜转运。

2. 简单扩散（simple diffusion） 又称脂溶扩散（lipid diffusion），脂溶性药物可溶于脂质而通过细胞膜。药物的脂/水分配系数越大，在脂质层的浓度越高，跨膜转运速度越快。药物的扩散速度取决于膜两侧药物的浓度梯度、药物在膜内的溶解度及膜内的扩散速度。扩散速度公式如下：

$$R = D'A(C_1 - C_2)/X$$

式中，D' 为药物的扩散常数，A 为膜面积，$(C_1 - C_2)$ 为药物的浓度梯度，X 为膜的厚度。其中最主要的影响扩散速度的因素是浓度梯度。

药物解离度对简单扩散的影响很大。多数药物是弱有机酸或弱生物碱，药物在体液中可部分解离。解离型药物极性大、脂溶性小，难以跨膜扩散；非解离型药物极性小、脂溶性大，易跨膜扩散。非解离型药物的多少取决于药物的解离常数（K_a）和体液的 pH，并可用 Henderson-Hasselbach 公式说明，pK_a 是药物解离常数的负对数。

弱酸性药物：

$$HA \rightleftharpoons H^+ + A^-$$
$$K_a = [H^+][A^-]/[HA]$$
$$pK_a = pH + \lg([HA]/[A^-])$$
$$[HA]/[A^-] = \lg^{-1}(pK_a - pH)$$

弱碱性药物：

$$BH^+ \rightleftharpoons H^+ + B$$
$$K_a = [H^+][B]/[BH^+]$$
$$pK_a = pH + \lg([BH^+]/[B])$$
$$[BH^+]/[B] = \lg^{-1}(pK_a - pH)$$

当 $pH = pK_a$ 时，$[HA] = [A^-]$，$[B] = [BH^+]$，即 pK_a 是弱酸性或弱碱性药物在 50% 解离时溶液的 pH。

根据药物的 pK_a 和环境的 pH 之差可计算出简单扩散达到动态平衡时，解离型与非解离型药物的比值。受 pH 变化影响较大的药物主要是 pK_a 为 3~7.5 的弱酸性药物，如阿司匹林、保泰松、甲苯磺丁脲，以及 pK_a 为 7~11 的弱碱性药物，如苯妥英、茶碱及麻黄碱。当环境 pH 改变时，这些药物的解离度将发生明显改变。如阿司匹林为弱酸，pK_a 为 3.5，在 pH 1.4 的胃液中约解离 0.8%；在 pH 7.4 的血浆中约解离 99.99%。这说明弱酸性药物在酸性环境中解离型少，可通过胃黏膜吸收至血浆中。

二、主动转运

主动转运（active transport）需要膜上特异性载体蛋白，需要消耗 ATP，其特点有：分子或离子可从浓度或电位较低的一侧转运至较高的一侧；同一载体转运两个化合物时，可出现竞争性抑制现象；转运过程有饱和现象；存在结构特异性和部位特异性。肠、肾小管及脉络丛的上皮细胞都有主动转运过程。

三、其他转运

1. 易化扩散（facilitated diffusion） 又称载体转运（carrier transport），是通过细胞膜上的某些特异性蛋白质而扩散，不需消耗 ATP。如葡萄糖进入红细胞需要葡萄糖通透酶；铁剂转运需要转铁球蛋白等。易化扩散的速率比简单扩散快，每种通透酶只转运一种分子或离子，或与这种分子或离子结构相似的物质。当药物浓度过高时，载体可被饱和，转运率达最大值。载体可被类似物占据，表现为竞争性抑制作用。

2. 膜动转运（membrane moving transport） 是指通过细胞膜的主动变形将药物摄入细胞内或从细胞内释放至细胞外的转运过程。膜动转运包括物质向内摄入的入胞作用和向外释放的出胞作用。胞饮（pinocytosis）是指摄取的药物为溶解物或液体的膜动转运。摄取的物质为大分子或颗粒状物的膜动转运称为吞噬作用（phagocytosis）。

第二节　药物的体内过程

药物的体内过程包括药物的吸收、分布、代谢和排泄。

一、药物的吸收

药物从用药部位进入血液循环的过程称为吸收（absorption）。血管内给药如静脉注射或静脉滴注无吸收过程。药物吸收的快慢和多少将影响药物起效的快慢和作用强弱，影响药物吸收的因素包括如下几方面。

（一）药物方面

药物的吸收与药物的解离度和脂溶性密切相关。固体药物只有溶解后才被吸收；粉末药物粒子越小，表面积越大，溶解速度越快，如灰黄霉素只有粒子在 5 μm 以下时才能被吸收；药物不同晶型的吸收也有差异，如 B 晶型棕榈氯霉素比 A 晶型棕榈氯霉素吸收好，血药浓度高。此外，药物的剂型、辅料、生产工艺不同，对药物的吸收也产生明显的影响，导致相同剂量的药物不能达到相同的疗效。

（二）给药途径

给药途径影响药物吸收速度和程度。除血管内给药外，血管外给药途径都存在吸收过程。不同的给药途径其吸收特点不同。

1. 口服给药 药物主要在小肠吸收。药物溶解速度、胃肠 pH、胃排空速度、食物性状、首过效应等因素均影响药物吸收。小肠黏膜表面积比胃的表面积大得多（二者约为 200∶1），且血流量丰富，为口服药物吸收的主要部位。延缓胃排空有利于碱性药物在胃中溶解，促进其在肠道吸收。某些药物则相反，如溴丙胺太林与对乙酰氨基酚合用时，溴丙胺太林延缓胃排空，使对乙酰氨基酚的吸收速度减慢，血中药物峰浓度降低，显效时间推迟；甲氧氯普胺能加快胃排空，使对乙酰氨基酚吸收速度加快，显效较早；如果药物在胃内被破坏（如左旋多巴、红霉素），胃排空速度缓慢可使其吸收量减少。

肠蠕动的强弱与快慢也影响药物的吸收。肠蠕动增强可促进固体制剂的崩解和溶解，并进一步帮助溶解的药物与肠黏膜表面接触，增加药物的吸收；但对于溶解度小或主动转运吸收的药物，肠蠕动加快可缩短药物在肠内的停留时间，减少药物的吸收。此外，胃肠内容物也影响药物的吸收。

某些药物口服后，在进入体循环前经过胃肠、肝时被其中的酶所代谢，使进入体循环的药量减少，这种现象称为首过效应（或称第一关卡效应，first pass effect）。首过效应强的药物，不宜采用口服给药。例如，异丙肾上腺素口服后在肠壁的吸收过程中，大部分被硫酸结合，在肝中被甲基化而使药物活化减少，而改为喷雾吸入可明显提高治疗哮喘的效果。口服是最常用的给药途径，但不适用于对胃肠刺激大、首过效应大的药物（硝酸甘油、利多卡因等），也不适用于昏迷者及婴儿。改变给药途径（如舌下、直肠给药）可不同程度地克服首过效应。

2. 肌内注射及皮下注射 此类给药途径吸收较迅速、完全。吸收速度取决于注射部位的血流量及药物的剂型。水溶液吸收迅速；油剂、混悬液吸收慢，作用时间长。肌肉组织的血流量较皮下组织丰富，因此，肌内注射较皮下注射吸收快。

3. 吸入给药 气体、挥发性液体及气雾剂中的药物被吸入后可从支气管或肺泡被吸收。肺泡壁与毛细血管相邻，血流非常丰富，药物可直接进入血液循环，避免了首过效应。

4. 舌下给药 舌黏膜下血管丰富，该处药物可经舌下静脉直接进入体循环，无首过效应，吸收迅速，起效快，但舌下吸收面积小，只用于脂溶性高、给药量小的药物，如硝酸甘油、异丙肾上腺素。

5. 直肠给药 栓剂或溶液剂从肛门塞入或灌肠，药物从直肠黏膜吸收，起效快，可避免首过效应，但此途径给药不方便，可用于不能口服的患者或刺激性较大的药物。

6. 皮肤、黏膜给药 脂溶性较大的药物可通过皮肤的角质层，使局部药物浓度较高，从而发挥局部治疗作用，如新型贴膜制剂可经皮吸收。

二、药物的分布

药物吸收后随血液循环至各组织器官的过程称为分布（distribution）。药物吸收后可不均匀分布到多个组织器官，各组织器官的药物量是动态变化的。药物作用的快慢和强弱主要取决于药物分布进入靶器官的速度和浓度。影响分布的因素如下。

（一）组织血流量

药物进入血液循环后，早期阶段主要分布在血流较丰富的组织（肝、肾、脑、心脏等）并建立动态平衡。之后药物随着各组织的血流量及膜的通透性进行再分布。如药物是脂溶性小分子，很容易通过细胞膜扩散，此时，血流量丰富的组织，如肺、肝、肾等的药物分布速率要比血流量少的组织（如皮肤、肌肉）快。例如，药物在肾达到与血药浓度平衡仅需 0.25 min，在肌肉为 40 min，而在脂肪则需 2.8 天。

（二）血浆蛋白结合

药物进入血液循环后可不同程度地与血浆蛋白结合。酸性药物通常与白蛋白结合，碱性药物与 α_1 酸性糖蛋白或脂蛋白结合，内源性物质（如雌激素）及维生素等主要与球蛋白结合。药物与血浆蛋白的结合是可逆的，血液中结合型药物与游离型药物呈动态平衡。

药物与血浆蛋白结合对药物的吸收、分布、消除和药物作用强度均产生影响。血液中结合型药物不能通过生物膜，只有游离型药物才能通过生物膜到达效应器官，产生药理效应。结合型药物越多，游离型药物越少，药效越低。反之，结合型药物越少，游离型药物越多，药效越强，但易出现不良反应。不论何种药物，只有游离型才能转运到肝及肾或其他排泄器官进行代谢或排泄，因此血浆蛋白结合率高的药物，其消除半衰期也较长。例如，在治疗浓度时，洋地黄毒苷的血浆蛋白结合率为95%，而地高辛为23%，所以洋地黄毒苷的消除半衰期比地高辛长。

当两种血浆蛋白结合率高的药物联合应用时，可因竞争与同一蛋白结合而发生置换现象，使其中一种药物的游离型药物浓度增高，药物作用增强而引起不良反应。如抗凝血药双香豆素的血浆蛋白结合率为99%，同时服用血浆蛋白结合率为98%的保泰松，可使结合型双香豆素被置换，导致血浆中游离型双香豆素浓度增高，抗凝作用增强，甚至引起出血。临床用药时应注意药物的相互作用，必要时测定其游离型药物浓度，以免因仅测血药总浓度而导致错误的结论。

老年人血浆白蛋白水平随着年龄增长而下降，血浆中游离型药物比例增加；肝硬化、烧伤、肾病综合征患者及妊娠妇女等的血浆白蛋白浓度会减小，用药时均应注意。

（三）组织亲和力

药物与组织结合是由于药物对某些细胞成分具有特殊亲和力。如药物的组织亲和力大于血浆亲和力，则主要分布在组织中。例如，碘在甲状腺组织中的浓度不但比在血浆中浓度高，而且比在其他组织中也高出1万倍，这种结合力的差异，使碘具有高度的选择性，故放射性碘适用于甲状腺功能诊断和治疗甲状腺功能亢进症。

药物与组织结合也是药物的一种储存现象。例如，静脉注射硫喷妥钠后，有70%的硫喷妥钠可分布到脂肪组织，富含类脂的脑组织血流充沛，因此，硫喷妥钠很快进入脑组织，即刻产生麻醉作用。但当血药浓度下降时，硫喷妥钠迅速从脑内释放出来，并储存到身体脂肪中，故其作用持续时间短。

有些药物在组织内结合是不可逆的，不能再游离分布到血液循环。例如，四环素与骨组织的钙络合，沉着于牙齿及骨骼中，可造成小儿骨骼生长缓慢及牙齿着色。这些不可逆的结合往往与药物的不良反应有关。

（四）特殊屏障

有些组织的毛细血管壁非常致密，一般药物很难通过，通常称之为屏障。如血脑屏障（blood-brain barrier，BBB）和血眼屏障（blood-ocular barrier）。一般来说，药物要穿过这些屏障主要取决于药物的分子量和脂溶性。为了提高脑内和眼内药物浓度，临床上通常采用蛛网膜下腔给药和滴眼或球后注射给药。胎盘屏障（placental barrier）是指将母体与胎儿血液分开的胎盘绒毛与子宫血窦之间的屏障。脂溶性药物能以简单扩散的方式经胎盘进入胎儿体内，脂溶性低、解离型或大分子药物不易通过胎盘。妊娠期用药时，药物可能通过胎盘屏障接触胎儿，有些药物对胎儿毒性较大，甚至可能导致畸胎，因此孕妇用药应特别审慎。

> **知识拓展**
>
> #### 药物转运体
>
> 转运体（transporter）是指存在于细胞膜上的一类能将药物从膜的一侧转运到另一侧的跨膜转运蛋白。药物转运体可影响药物的分布，特别是在药物相互作用时，可使药物的分布发生显著变化而导致临床出现危象。药物转运体可分为两类。一类转运体可将药物由浓度高的一侧转运至浓度低的一侧，如有机阴离子转运多肽（organic anion

transporting polypeptide，OATP）、有机阳离子转运体（organic cation transporter，OCT）、寡肽转运体，多数情况下转运体是将药物由细胞外转运至细胞内，与药物分布有关。另一类转运体是依赖 ATP 分解释放的能量，将药物逆浓度梯度转运，即主动转运。如 P 糖蛋白（P-glycoprotein，P-gp）、乳腺癌耐药蛋白（breast cancer resistance protein，BCRP）、肺耐药蛋白（lung resistance protein，LRP）、多药抗性相关蛋白（multidrug resistance-related protein，MRP），这类转运体多数情况下是将药物由细胞内转运至细胞外，与抗药性有关。P 糖蛋白可使进入细胞内的药物排出到细胞外，再回到血液中，发挥外排泵的作用。如长春新碱、环孢素、秋水仙碱具有相当高的脂溶性，但被血脑屏障上的 P 糖蛋白主动外排，脑内浓度仍然很小，当给予 P 糖蛋白单克隆抗体及 P 糖蛋白抑制药（维拉帕米、奎尼丁、氯丙嗪等）后，脑内浓度明显增加。

三、药物的代谢

药物代谢（metabolism）又称生物转化（biotransformation），是指药物进入机体后发生化学结构的改变生成代谢产物的过程。药物生物转化的意义在于使药理活性改变。由活性药物转化为无活性的代谢产物的过程称为灭活；由无活性或活性较低的药物转变为有活性或活性强的药物的过程称为活化；也有一些药物已具有药理活性，但代谢后产生的活性代谢产物比原药活性更强，甚至具有新的毒性。大多数脂溶性药物在体内经生物转化后变成极性大或解离型的代谢产物，使其水溶性增加而不易被肾小管重吸收，利于从肾排出。

（一）药物代谢方式

药物在体内代谢的步骤分为两相，即Ⅰ相反应和Ⅱ相反应。Ⅰ相反应主要是通过氧化、还原、水解等反应，在药物分子上引入某些极性基团，如—OH、—COOH、—NH$_2$ 或—SH 等，增加其水溶性；Ⅱ相反应是结合反应，药物通过与葡糖醛酸、硫酸、甘氨酸、谷氨酰胺或谷胱甘肽等结合，形成水溶性复合物，随尿和胆汁排出体外。表 2-1 和表 2-2 分别列出了经Ⅰ相和Ⅱ相反应代谢的主要药物。

表 2-1　经Ⅰ相反应代谢的主要药物

反应类型		药物
氧化反应	N- 去烃基	丙米嗪、地西泮、可待因、红霉素、吗啡、茶碱、他莫昔芬
	O- 去烃基	可待因、吲哚美辛、右美沙芬
	羟化	甲苯磺丁脲、布洛芬、巴比妥、甲丙氨酯、咪达唑仑、环孢素
	芳香族羟化	苯妥英、苯巴比妥、普萘洛尔、保泰松、炔雌醇
	N- 氧化	氯苯那敏、氨苯砜、胍乙啶、奎尼丁、对乙酰氨基酚
	S- 氧化	西咪替丁、氯丙嗪、硫利达嗪
	脱氨氧化	地西泮、苯丙胺
还原反应		氯霉素、水合氯醛
水解反应		普鲁卡因、阿司匹林、氯贝丁酯、利多卡因、普鲁卡因胺、吲哚美辛

表 2-2　经Ⅱ相反应代谢的主要药物

反应类型	药物	存在部位
与葡糖醛酸结合	炔雌醇、丙米嗪、对乙酰氨基酚、萘普生、吗啡、奥沙西泮、可待因、丙戊酸、普萘洛尔、劳拉西泮	肝（主要）、肾、小肠、皮肤、脑
硫酸化	异丙肾上腺素、雌激素、对乙酰氨基酚	肝（主要）、肾、消化道
乙酰化	磺胺类药、异烟肼、氨苯砜、氯硝西泮	肝（库普弗细胞）、脾、肺、肠
甲基化	去甲肾上腺素、组胺、N-乙酰-5-羟色胺	肝、肾、皮肤、肺、神经组织等

（二）药物代谢酶系

药物代谢酶是参与药物等外源性化合物（xenobiotics）和内源性化合物（endobiotics）代谢的酶类的总称，简称药酶。药酶可分为两类：一类是专一性酶，如胆碱酯酶、单胺氧化酶等分别转化乙酰胆碱和单胺类药物；另一类是非专一性酶，主要分布在肝中，简称肝药酶（hepatic drug enzymes），也分布在肾、皮肤、肺、血液和肠壁等器官或组织细胞的内质网、线粒体和细胞质中。对于一种药物来说，可以仅通过肝代谢，也可以在一个或多个（种）器官或组织中代谢。肝药酶主要包括细胞色素 P450（cytochrome P450，简称 P450 或 CYP）、含黄素单加氧酶（flavin-containing monooxygenase，FMO）、环氧化物水解酶（epoxide hydrolase，EH）和结合酶（conjugating enzyme，CE）等酶系。

1. 细胞色素 P450（CYP） 该酶含有一种特殊性质的血红蛋白，在还原状态下可与一氧化碳结合，在波长 λ=450 nm 处呈明显的吸收峰，所以被称为细胞色素 P450。CYP 是一个基因超家族，根据基因编码氨基酸序列相似程度可将其划分为不同的家族、亚家族和酶。在人类，CYP 主要有三大家族，即 CYP1、CYP2、CYP3；每一个家族又分为 A、B、C、D、E 五个亚家族，与药物代谢的密切相关程度依次为 CYP3A ＞ CYP2D ＞ CYP2C ＞ CYP1A 及 CYP2E；在每个亚家族后再用阿拉伯数字来表明单个酶，如 CYP3A4、CYP2D6。在人类肝中与药物代谢密切相关的酶主要有 CYP1A1、CYP1A2、CYP1B1、CYP2A6、CYP2B6、CYP2C8、CYP2C9、CYP2C19、CYP2D6、CYP2E1、CYP3A4 和 CYP3A5，共 12 种，它们占肝中 CYP 总含量的 75% 以上。其中 CYP3A4 和 CYP3A5 是最常见的酶，它们作用的底物较多，在临床上约有 60% 的药物经由这些酶代谢，因此，它们是药物相互作用中重要的酶。

（1）CYP 催化作用机制：如图 2-1 所示，在药物代谢过程中，CYP 催化作用机制为将分子氧的一个氧原子还原成水，而将另一个氧原子掺入药物分子，故 CYP 又称单加氧酶（monooxygenase）；同时药物在代谢过程中需要分子氧和还原型辅酶Ⅱ（NADPH），故 CYP 又称混合功能氧化酶（mixed function oxidase）。

（2）CYP 的功能：内源性物质如类固醇激素、脂肪酸、维生素 D_3、前列腺素及儿茶酚胺类物质的代谢都有 CYP 的参与。例如，类固醇皮质激素的合成过程中第一步 21 位碳的羟化反应和第二步 11β-羟化反应，以及类固醇激素在肝微粒体的灭活要由 CYP 完成。又如，维生素 D_3 不具有生物活性，首先要经肝微粒体进行 25 位碳羟化反应，形成 25-羟维

1	与氧化型细胞色素（CYP^{3+}）结合成 CYP^{3+}-药物复合物
2	接受还原型辅酶Ⅱ提供的电子
3	形成 CYP^{2+}-药物复合物
4	CYP^{2+}-药物复合物再结合 1 分子 O_2
5	接受一个电子，使 O_2 活化为氧离子
6	活化的氧离子一方面氧化与 CYP 结合的药物，同时与 2 个质子生成水；CYP^{2+} 失掉一个电子变成 CYP^{3+}，重新发挥其催化作用

图 2-1　CYP 催化作用机制

生素 D_3，然后在肾线粒体中进行 1 位碳羟化，形成 1,25- 二羟维生素 D_3 与 24,25- 二羟维生素 D_3，即维生素 D_3 的活性代谢产物，这两步羟化过程都需 CYP 的参与。除内源性物质外，药物、食品添加剂、致癌剂、杀虫剂及环境污染物在许多组织特别是肝、肺及皮肤细胞微粒体内，经过氧化转化为极性较大的代谢产物，在大多数情况下，其生物活性下降，从而毒性降低，达到机体自身防御的目的。CYP 能催化许多底物的氧化或还原反应，常见的药物在肝微粒体内的氧化反应例子见表 2-1。

2. 含黄素单加氧酶（FMO） FMO 是参与 I 相药物氧化反应的另一个基因超家族，与 CYP 共同存在于肝内质网中，且含量很高，主要参与水溶性药物的代谢反应。该酶系包括 6 个家族，其中 FMO3 含量最高。FMO3 主要代谢烟碱、西咪替丁、雷尼替丁、氯氮平、伊托必利等。有遗传缺陷的患者食用海产品后，海产品中的 N- 氧化三甲胺（trimethylamine oxide，TMAO）不能通过此酶代谢为三甲胺（trimethylamine，TMA），造成 TMAO 在患者体内堆积，出现一种难闻的鱼腥味，称为鱼腥味综合征（fish-odor syndrome）。

3. 环氧化物水解酶（EH） 环氧化物水解酶系，分为两种，一种是存在于细胞内质网膜上的微粒体环氧化物水解酶（mEH），另一种是存在于细胞质中的可溶性环氧化物水解酶（sEH）。某些药物经 CYP 代谢后生成的环氧化物可以和细胞核中的蛋白质、DNA、RNA 结合，导致细胞结构改变并产生细胞毒作用。该酶系的作用是将此种环氧化物进一步水解变成无毒或毒性很弱的代谢产物。

4. 结合酶（CE） 在 II 相药物结合反应中有许多结合酶的参与，如葡糖醛酸转移酶、硫酸转移酶、乙酰转移酶、甲基转移酶、谷胱甘肽 -S- 转移酶等。除了葡糖醛酸转移酶位于内质网中，其余的酶都位于细胞质中，可以快捷地将代谢产物从尿和胆汁中排出。该酶系的反应速度通常快于参与 I 相反应的酶系，故可迅速地终止代谢产物的毒性。

（三）影响药物代谢的因素

1. 遗传因素 遗传因素对药物代谢的影响主要表现为药物代谢的多态现象，即缺失（absence）、突变（mutation）、差异（variation）等。如异喹胍羟化多态性（遗传变异酶 CYP2D6）、乙酰化多态性（细胞质 N- 乙酰转移酶，NAT2）。近年来发现 CYP2C9 的底物也存在氧化多态性等，且涉及的药物较多，如甲苯磺丁脲、华法林、苯妥英钠及非甾体抗炎药，已引起人们的重视。

2. 药物相互作用 许多物质可以改变 CYP 活性，影响药物代谢速度，改变药物作用强度及作用维持时间等。能诱导药酶活性的物质称为药酶诱导剂；反之，能减弱药酶活性的物质称为药酶抑制剂。有些药物本身是 CYP 的底物，但也是药酶诱导剂或抑制剂。因此，与这些药物合用时，常可发生药物相互作用，成为药物不良反应的重要原因。

3. 其他因素 年龄、性别、饮食、吸烟、饮酒、疾病等因素常是影响药物代谢的原因。例如，早产儿、新生儿肝内葡糖醛酸转移酶不足，故易产生核黄疸；应用氯霉素易产生灰婴综合征等；存在心脏、肝及肾疾病时可因血流量不足或功能受损而致药物代谢及消除减慢。

四、药物的排泄

药物在体内经吸收、分布、代谢后最终以原型或代谢产物经不同途径排出体外称为药物的排泄（excretion）。药物的排泄是药物体内消除的重要组成部分。挥发性及气体药物可从呼吸道排出，非挥发性药物主要由肾排泄。

（一）肾排泄

肾是药物排泄的重要器官。肾单位是由肾小球、近曲小管、髓袢、远曲小管及集合管组成的，药物从尿排出是肾单位的滤过、分泌及重吸收的结果。

1. 肾小球滤过　肾小球毛细血管壁有很多小孔，药物可以通过膜孔扩散方式滤过。如果药物与血浆蛋白结合则不能滤过，故经肾小球滤过后，尿中主要含游离的原型药物和代谢产物，其浓度与血浆中浓度相等。在生理情况下，肾小球滤过率约为 125 ml/min。如药物只经肾小球滤过，并全部从尿中排出，则药物排泄率与肾小球滤过率相等。内源性物质肌酐及外源性物质菊粉的清除率与肾小球滤过率相近。因此，临床上常以单位时间肌酐清除率来代表肾小球滤过率。

2. 肾小管分泌　药物经肾小管分泌主要发生在近曲小管，这种分泌具有主动转运特点，可以逆浓度梯度转运、由载体转运、需 ATP 供能、有饱和现象等，而且有机酸及有机碱有各自的转运系统。例如，青霉素属于有机酸，经肾小管分泌，丙磺舒与其有竞争作用，能阻断青霉素在肾小管的分泌，可使青霉素的有效血药浓度升高，维持时间更久，延长青霉素抗菌作用时间。

3. 肾小管重吸收　药物在肾小管的重吸收有两种转运方式。①主动重吸收（active reabsorption）：主要在近曲小管进行，重吸收的物质主要是身体必需的营养物质，如葡萄糖、氨基酸、维生素及某些电解质；②被动重吸收（passive reabsorption）：主要在远曲小管进行，其重吸收方式为被动扩散。因此，药物能否在肾小管重吸收，取决于药物的理化性质，亲脂性分子易被重吸收。另外，尿流速度及尿 pH 也影响重吸收，尿 pH 通过影响药物解离度而影响药物的重吸收。临床上可用调整尿 pH 作为解救药物中毒的有效措施之一。例如，巴比妥类、水杨酸类等弱酸性药物中毒时，服用碳酸氢钠碱化尿液可加速药物排泄；相反，氨茶碱、哌替啶及阿托品等弱碱性药物中毒时，酸化尿液可加速药物排泄。肾排泄药物的速率是肾小球滤过率、肾小管分泌率及肾小管重吸收率的综合结果，其公式如下：

$$药物肾排泄率 = (1 - F_R)(肾小球滤过率 + 肾小管分泌率)$$

式中，F_R 是肾小管重吸收比例分数。

（二）胆汁排泄

许多药物或其代谢产物能从胆汁中排泄，这是一个主动分泌过程。肝细胞主动分泌系统包括酸转运系统、碱转运系统及非电解质转运系统。属同一个转运系统的药物经胆汁分泌时，相互间有竞争性抑制作用。

从胆汁中排出的药物，先储存在胆囊中，然后释放进入十二指肠，有些药物可由小肠上皮细胞吸收，进入血液循环，这个过程称为肝肠循环（hepatoenteral circulation）。肝肠循环的意义取决于药物随胆汁的排出量。药物随胆汁的排出量多时，肝肠循环能延长药物作用持续时间，如果阻断该药的肝肠循环，则能加速该药的排泄。如洋地黄毒苷中毒时，考来烯胺在肠中与洋地黄毒苷结合，可阻断洋地黄毒苷的重吸收而增加其排泄。

胆汁中未被重吸收的药物通过粪便排出体外，其排泄率可用胆汁清除率来表示：

$$胆汁清除率 = \frac{胆汁排泄速率 \times 胆汁药物浓度}{血药浓度}$$

胆汁排泄速率一般稳定在 0.5～0.8 ml/min，如果胆汁药物浓度等于或小于血药浓度，则胆汁清除率低；如果胆汁药物浓度很高，其胆汁清除率也相对高，有些药物在胆汁中的浓度达血浆浓度的 1000 倍或 1000 倍以上时，其胆汁清除率也可高达 500 ml/min，甚至更高。从上式也可看出：胆汁清除率与胆汁排泄速率有关，因此也受肝血流量的影响。胆汁清除率高的药物在临床用药上有一定的意义。例如，氨苄西林、头孢哌酮、利福平、红霉素等主要经胆汁排泄，其胆汁药物浓度可达血药浓度的数倍至数十倍，故可用于治疗敏感菌引起的胆道感染，同时，在肾功能不全时不必调整用量。

除上述主要排泄途径外，有些药物还可通过汗液、唾液、泪液排泄或从肺呼出；有些药物还可通过乳汁排泄而对婴幼儿产生影响，哺乳期妇女用药时应予注意。

第三节 药物的速率过程

药物从给药部位进入体内进行吸收、分布和消除，在不同部位及不同时间发生量的变化，必然会涉及速率过程。体内某一部位的药物减少（转运至其他部位或原位代谢）速度 dC/dt 与该部位药物浓度（C）的关系符合下式：

$$\frac{dC}{dt} = \pm KC^N (N \geq 0)$$

该速率过程为 N 级速率过程，上式中 K 为比例常数，等号右侧的负号表示向药物浓度减少的方向进行，正号表示向药物浓度增加的方向进行。

一、一级速率过程

药动学的基本原理建立在药物分子通过各种体内屏障的基础上。药物通过生物膜的转运方式主要分为主动转运与被动转运。其中单纯扩散过程主要取决于生物膜的通透性和膜两侧的药物浓度差，浓度差越大，转运速率越快。其转运速率可用下式表示：

$$\frac{dC}{dt} = -KC$$

积分后得到：

$$C = C_0 e^{-Kt}$$

写成对数方程式：

$$\ln C_t = \ln C_0 - Kt \text{ 或 } \lg C_t = \lg C_0 - \frac{K}{2.303}t$$

式中，C_t 为给药后任何时间的血药浓度，C_0 为起始血药浓度。K 为一级速率常数（单位为 h^{-1}），表示体内药物浓度 C 的衰减，其特性为不随体内药物浓度的增大或减小而变化。这种在单位时间内药物的吸收或消除按比例进行的药物转运过程，称为一级速率过程（first-order rate process）。因为其药动学模型是线性的，故一级速率过程又称线性动力学。一级速率过程具有以下药动学特征：①同一药物半衰期（$t_{1/2}$）恒定，与剂量无关 $\left(t_{1/2} = \frac{0.693}{K}\right)$，为恒比消除，一般经过 4~6 个半衰期药物基本消除。②给药的血药浓度-时间曲线下面积（AUC，简称药时曲线）与剂量（X_0）成正比 $\left(AUC = \frac{X_0}{KV_d}\right)$。③在体内药量较高时，消除速率较快，增加剂量不能相应延长药物作用的维持时间。④定时定量多次给药时，一般经过 4~6 个半衰期药物可达到稳态血药浓度，平均稳态血药浓度与剂量成正比。

二、零级速率过程

药物的主动转运和易化扩散都需要载体或酶的参与，故有饱和现象。此时药物浓度的变化速率将受到这种容量的限制，成为恒定值，其转运速率只取决于转运载体或酶的浓度，而与药物浓度无关，故称为零级速率过程（zero-order rate process）。其转运速率可用下式表示：

$$\frac{dC}{dt} = -K_0$$

将上式积分得：

$$C_t = C_0 - K_0 t$$

上式表明 C_t 对 t 作图为直线，$\lg C$ 对 t 作图为曲线（图2-2），故零级速率过程又称非线性动力学，一般具有如下特征：①随着时间的推移，药物浓度的变化方式为等差级数，$t_{1/2}$ 与当时药量或浓度有关，并与之成正比 $\left(t_{1/2} = \dfrac{C_0}{2K_0}\right)$。②开始时血药浓度高，$t_{1/2}$ 较长，后来血药浓度下降，$t_{1/2}$ 随之缩短，故零级速率过程的半衰期为依赖剂量性半衰期。③一般恒速静脉滴注、长效制剂中缓释速率都是零级速率过程。有人认为乙醇的体内消除过程属于零级速率过程，但当药物浓度下降至远小于转运载体或酶的饱和浓度时，其转运过程可转为一级速率过程，属于米氏速率过程，即米氏动力学（Michaelis-Menten kinetics）。

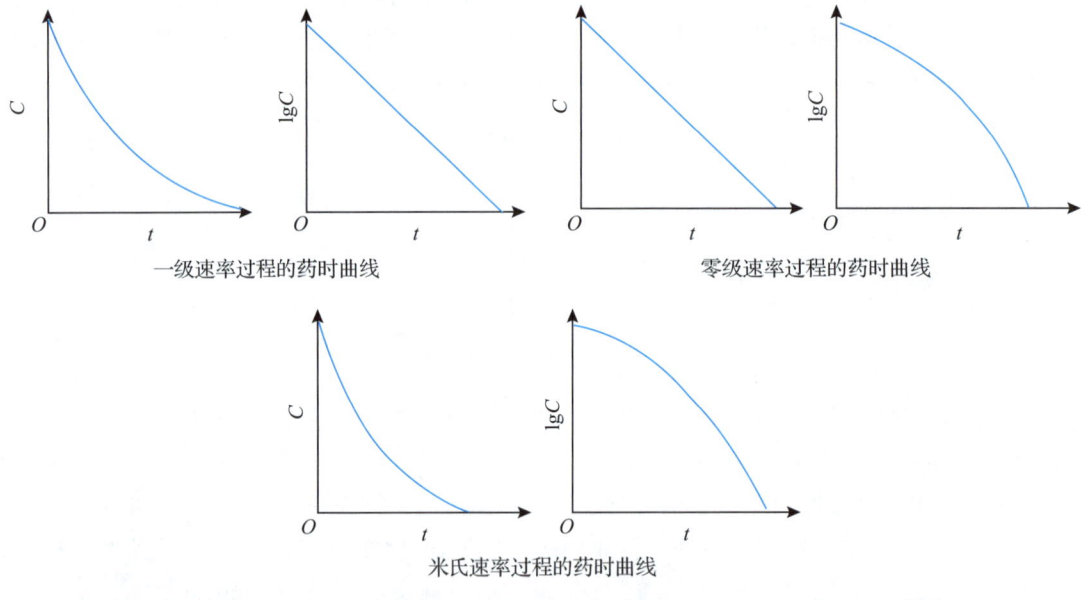

图 2-2　三种速率过程的药时曲线

三、米氏速率过程

某些药物在体内的转运速率受载体的限制，或降解速率受酶活力的限制，通常在高浓度时是零级速率过程，而在低浓度时是一级速率过程，称为米氏速率过程，可用米氏方程（Michaelis-Menton equation）来描述：

$$\frac{dC}{dt}=\frac{V_mC}{K_m+C}$$

式中 V_m 是表示该过程的最大消除速率常数。K_m 是米氏常数，是变化速率为最大速率一半时的浓度。

米氏速率过程的特点：①药物的消除速率随当时药量而不同，体内药物浓度的下降不是指数形式的。②半衰期随药量增加而增加，AUC 与药量不成正比。③血药浓度与剂量不成正比，多次给药达到稳态血药浓度的时间延长，药物作用持续时间比一级速率过程的作用持续时间更依赖于剂量。④易发生药酶诱导与抑制、药物相互作用（竞争性抑制），个体差异大。

第四节 药动学模型

一、药动学房室模型

为了分析药物在体内转运和转化的动态规律，可用多种模型加以模拟，目前较多选用的是房室模型（compartment model），即将机体视为一个系统，系统内部按动力学特点分为若干室。这是一个便于分析的抽象概念，房室是组成模型的基本单位。它是从实际数据中归纳出来的，代表着从动力学上把机体区分出来的几个药物"储存库"。只要体内某些部位接受药物及消除药物的速率常数相似，而不管这些部位的解剖位置与生理功能如何，都可归纳为一个单位或一个房室。房室的划分与器官组织的血流量、膜的通透性、药物与组织的亲和力等因素密切相关。所以，房室模型所指的房室不是解剖学上分隔体液的房室，而是按药物转运速率以数学方法划分的药动学概念。最简单的药动学模型为"一室模型"，稍复杂的是"二室模型"，另外还有多室模型。在这些模型中，一室模型和二室模型较为常用，因为这两种模型在数学处理上比较简单，而且实用性强。多室模型由于数学处理相当烦琐，因而其应用受到一定的限制。所以从实用角度看，体内的主要房室数一般不宜多于 3 个。

1. 一室模型 一室模型（one-compartment model）是最简单的药动学模型。该模型假设静脉给药后药物能迅速分布到全身的体液与组织中，并能立即完成转运，实现动态平衡，然后药物通过代谢或排泄而消除，即机体组织内药量与血浆内药量瞬时达到平衡。药物一室模型的血药浓度基本能够反映各组织、器官的药物浓度的变化，而且药物在体内处置中基本上只有消除过程。

一室模型如图 2-3 所示，其中 D 指药物，K_a 为吸收速率常数，K_e 为消除速率常数。药物若经静脉注射进入体内，无需吸收过程，其药时曲线为指数曲线（图 2-4A），其中 C 为血药浓度，t 为时间。若转换成 lgC 对时间 t 作图，则得一直线（图 2-4B）。

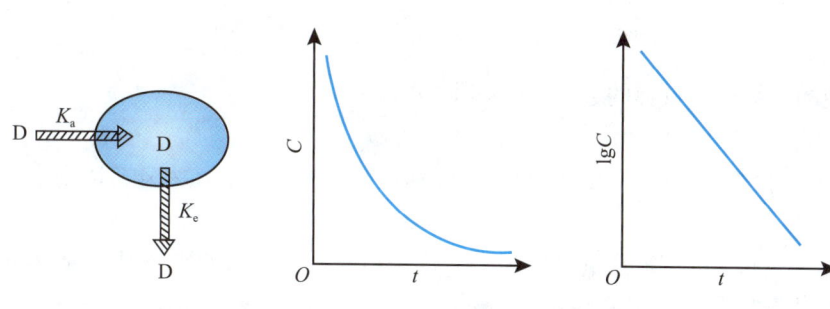

图 2-3 一室模型　　图 2-4 一室模型的药时曲线（静脉给药）

一室模型一级速率过程的数学公式如下：

$$C = C_0 e^{-K_e t}$$

式中，C 为给药后任何时间的体内血药浓度，C_0 为 $t = 0$ 时的体内血药浓度。

2. 二室模型 使药物在所有组织中达到瞬间平衡，事实上是很难实现的，因为各组织器官的血流情况、与药物的亲和性和膜的通透性不同，药物与组织之间的分布平衡有各自不同的转运速率常数，因此可以把机体视为一个多房室的模型。药动学研究中，最有代表性和最常用的是把机体划分为一个中央室和一个周边室的二室模型（two-compartment model）。中央室：代表血液比较充沛、血流较快、易于达到瞬间平衡的组织（心、肝、肺、肾、内分泌系统等）。周边室：代表一般不易达到瞬间平衡的或血流较缓慢、供血欠丰富的组织（肌肉、脂肪、骨骼等），其表观分布容积较大。二室模型如图 2-5 所示，其中 K_{12} 是药物从中央室（第一室）进入周边室（第二室）的速率常数，K_{21} 是药物从周边室进入中央室的速率常数，K_e（K_{10}）为自中央室向体外消除的速率常数。

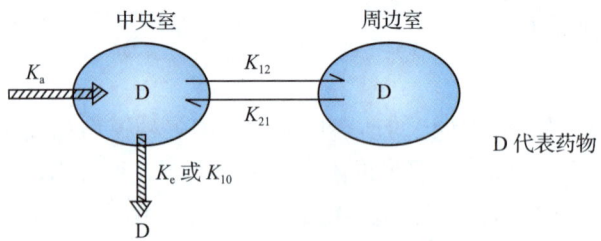

图 2-5　二室模型

在二室模型中，药物静脉注射后可由两段不同的直线构成药时曲线（图 2-6），药物进入体内后迅速自中央室分布，称为分布相（α相）；经过一段时间后，中央室和周边室达到动态平衡，血药浓度的下降主要反映该药从体内的消除，称为消除相（β相）。

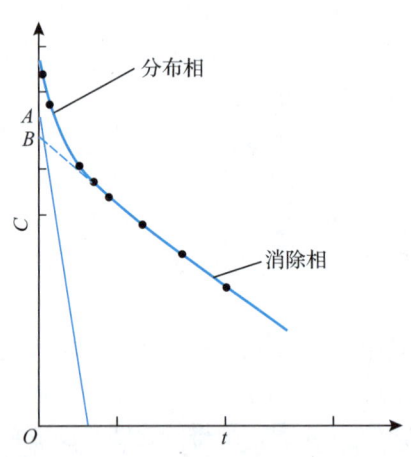

图 2-6　二室模型的药时曲线（静脉给药）

二室模型的一级速率过程的数学公式如下：

$$C = A e^{-\alpha t} + B e^{-\beta t}$$

式中，A、B 为经验常数，即图 2-6 中两直线分别与纵轴的截距；α 为分布速率常数，β 为消除速率常数。

线性动力学一室、二室模型的药物经不同途径给药后的药时曲线及其表征血药浓度动态变化的表达式如图 2-7 所示。

在临床多次用药或口服给药时，许多药物的吸收相与分布相近似，吸收后的分布相不易被觉察，这类药物的药时曲线显示出一室模型的特征。因一室模型计算简便，便于分析，所以按一室模型计算一般也可满足实用要求。

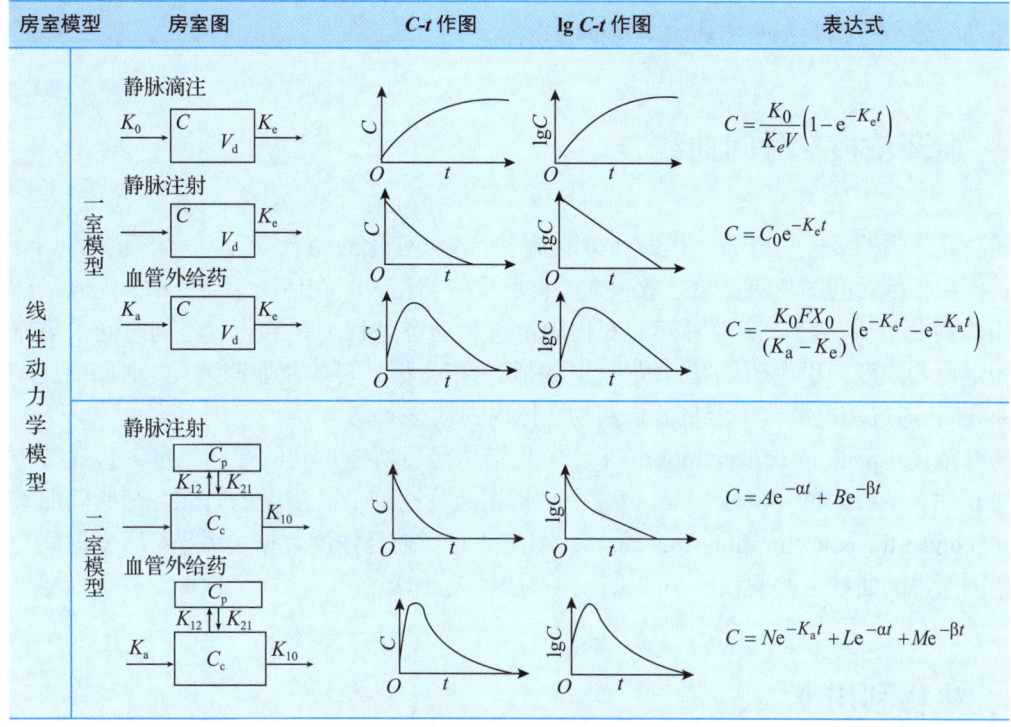

图 2-7 一室与二室模型药物经不同途径给药后的药时曲线及其血药浓度表达式

> **知识拓展**
>
> **三室模型及其他模型**
>
> **1. 三室模型** 某些药物如地高辛、双香豆素等的动力学特征可用三室模型（three-compartment model）推算出的三指数项函数来描述。3 个房室包括 1 个相当于血液的中央室和 2 个具有不同摄入和释放速率的周边室。与中央室交换药物速率较快的周边室称为"浅室"（第二室），与中央室交换药物速率较慢的周边室称为"深室"（第三室）。中央室的药物浓度随时间变化的过程反映三个同时存在的过程的速率，即药物从中央室的消除及在周边室之间的分布。房室模型的划分通常以实验结果为依据，利用计算机软件或药时曲线数据的半对数图的图解分析，在能充分描述实验数据的前提下，以选用尽可能少的房室数为宜。其中图解法是通过 $\lg C$-t 图中的最后几个数据点的回归拟合直线决定消除相的斜率，该线经反推后与纵轴相交，若无 $\lg C$-t 数据点处于此反推线的上方，则可视为一室模型；若峰浓度明显处于此反推曲线的上方，则需设想为二室（图 2-6）或三室模型。理想的房室模型应能很好地反映药物在体内的吸收、分布和消除过程的规律，而且模型输出要与实际测量数据的吻合性较好，对指导药物临床合理应用有积极的意义。
>
> **2. 其他模型** 除了房室模型以外，还有其他一些模型，如非房室模型（non-compartment model）、统计矩（statistical moment）、生理药动学模型（physiologically based pharmacokinetic model，PBPK 模型）、药动学-药效学结合模型（pharmacokinetics-pharmacodynamics model，PK-PD 模型）。

第五节 药动学基本概念及参数

药动学参数是指表示药物药动学特征的指标。

一、血药浓度-时间曲线

药物在体内的吸收、分布、代谢和排泄是一个连续变化的动态过程,其与药物作用开始的快慢、作用持续时间的长短、治疗效果或不良反应密切相关。在药动学研究中,药物的体内过程可用体内药量或血药浓度随时间的变化表示这一动态过程。在给药后不同时间采集血液样本,测定血药浓度,以血药浓度为纵坐标,时间为横坐标,可绘制血药浓度-时间曲线(简称药时曲线),通过药时曲线可定量分析药物在体内的动态变化。

药峰浓度(peak of concentration,C_{max})是指用药后所能达到的最高浓度,且通常与药物剂量成正比。达峰时间(peak time,T_{max})是指用药后达到最高浓度的时间。药时间曲线下面积(area under the concentration-time curve,AUC)是指血药浓度数据(纵坐标)对时间(横坐标)作图所得的曲线下的面积,一般采用梯形法积分计算。

二、生物利用度

生物利用度(bioavailability,F)是评价药物制剂质量的重要指标,也是选择给药途径的重要参数之一,它是指药物吸收进入血液循环的程度和速度。其计算方法如下:

$$生物利用度(F)=\frac{AUC_{血管外}}{AUC_{血管内}}$$

此为绝对生物利用度,可用来衡量药物血管外给药后吸收进入血液循环的比例。若比较两种剂型或同一剂型不同辅料或不同批号制剂的生物利用度,可计算其相对生物利用度:

$$待测制剂生物利用度=\frac{待测剂型或制剂的AUC}{已知最有效的剂型或制剂的AUC}$$

然而,生物利用度还应包括药物的吸收程度和吸收速率,对于一次给药起效的药物吸收速率更为重要。因为有些药物的不同制剂即使其药时曲线下面积的大小相等,但曲线形状也不同(图 2-8)。这主要反映在峰浓度(C_{max})及峰时间(T_{max})两个参数上,这两个参数的差异足以影响疗效甚至毒性。如曲线 1 表示无效,曲线 3 表示出现毒性浓度,而曲线 2 表示能保持有效浓度时间最长,且不致引起中毒。

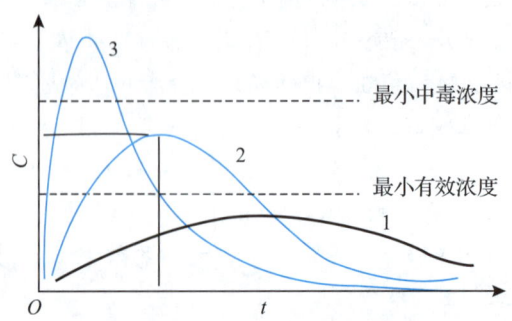

图 2-8 三种制剂不同的吸收速率和程度

三、表观分布容积

药物进入机体后,实际上以不同浓度分布于各组织,在进行药动学计算时,可设想药物均匀分布于各种组织与体液,且其浓度与血液中的相同,在这种假设条件下,药物分布所需的容积称为表观分布容积(apparent volume of distribution,V_d)(单位:L/kg)。因此,表观分布容积是一个数学概念,并不代表具体的生理空间,它是代表给药剂量或体内药物总量与血药浓度相互关系的一个比例常数。一室模型中,体内任意时刻药量 X 与药物浓度 C 的比值均为 V_d,但以上数值难以确定,故用静脉注射药量 X_0 与药物初始浓度 C_0 的比值来计算:

$$V_d = \frac{X_0}{C_0}$$

表观分布容积的生理意义及应用如下。

1. 用来估算血容量及体液量 某些药物仅限制在体液的某一部分,分布容积就等于体液的容积。例如,静脉注射甘露醇后,它不向身体任何器官组织分布,全部集中在血浆内,故测定其 V_d 值即可直接算得机体的血容量,一般为 2.5 L 左右。而安替比林则分布到全身体液中去,因此,V_d 值可代表机体的全部体液(血浆、组织液与细胞内液)的总和,一般为 36 L 左右。也就是说,一个药物的 V_d 值不会小于血浆容量值 2.5 L;当 V_d 值为 2.5~36 L 时,说明药物向组织有一定的分布,但分布能力较小;当 V_d 值等于 36 L 时,药物可分布在血液与全身组织中;当 V_d 值大于 36 L 时,药物向组织分布能力很强,血药浓度很低。

2. 反映药物分布的广泛性或与组织结合的程度 许多弱酸性药物,如青霉素,因脂溶性小,不易进入组织,其 V_d 值常较小,为 0.15~0.3 L/kg,说明这类药物的分布能力小,药物较集中在血液,血药浓度相对较高;与此相反,弱碱性药物如苯丙胺、山莨菪碱等易被组织摄取,血中浓度较低,V_d 值常超过体液总量(60 kg 的正常人,体液约 36 L,即 0.6 L/kg)。地高辛的 V_d 达 600 L(10 L/kg),说明该药在深部组织大量储存。因此,当药物 V_d 较大时,其排出缓慢,且毒性要比 V_d 小的药物大。

3. 根据药物表观分布容积调整剂量 不同患者应用同一制剂后,由于表观分布容积的不同而有不同的血药浓度,而一般认为药物表观分布容积与体表面积成正比,故用体表面积计算剂量最为合理,对小儿用药和某些药物(如抗肿瘤药)尤为必要。

四、清除率

清除率(clearance,CL)是指单位时间内机体或某消除器官能消除相当多少容积血液中所含的药物,即单位时间消除的药物的表观分布容积。清除率可以指总清除率或器官清除率,如无特殊说明,一般所指的清除率为总清除率。总清除率等于个别清除率的总和,如肝清除率(CL_H)、肾消除率(CL_R)和其他器官清除率之和。

五、半衰期

半衰期(half-life,$t_{1/2}$)包括生物半衰期和血浆半衰期。生物半衰期(biological half-life)是指药物效应下降一半所需的时间。血浆半衰期(plasma half-life)是指血浆药物浓度下降一半所需的时间。在药动学的计算中，一般采用血浆半衰期，某些药物也采用血清或全血半衰期，但此时应加以说明。消除半衰期是指消除相中血浆药物浓度降低一半所需的时间，可以表示药物在体内的消除（包括代谢、排泄或其他途径的消除）快慢。$t_{1/2}$ 大时消除慢，反之消除快。

血浆半衰期可用下式计算：

$$t_{1/2} = \frac{0.693}{K_e}$$

$$t_{1/2\beta} = \frac{0.693}{\beta}$$

式中，K_e 为一室模型消除速率常数，β 为二室模型 β 相消除速率常数。可见一级速率过程的药物消除半衰期与其血药浓度水平无关，即在任何时间内，药物浓度降低一半所需的时间是一致的。

单次给药后，经过 4～6 个半衰期，体内药物基本消除（消除 96.9%），定时定量多次给药经 4～6 个半衰期到达稳态血药浓度。$t_{1/2}$ 与临床给药方案密切相关，给药间隔时间与 $t_{1/2}$ 成正比，剂量随 $t_{1/2}$ 增加而减少。

半衰期可因用药剂量、年龄、蛋白结合率、联合用药、疾病等因素而改变，因此药物的消除半衰期对调整用药剂量和给药间隔时间有重要的指导意义。需要注意的是，多次给药和单次给药后的药物半衰期可能不同，这是因为多次给药可能诱导肝药酶或激发肾转运机制。某些组织可储存药物或有活性代谢产物存在，生物半衰期可明显长于血浆半衰期，如多数 β 肾上腺素受体（简称 β 受体）阻断药血浆药物水平的下降要比其降压作用下降快得多，因此尽管它们的血浆半衰期为 4～6 h，但每天只需给药 1 次。

六、稳态血药浓度

对于大多数疾病的治疗，往往需要多次给药。在恒定给药间隔时间重复给药时，可产生一个"篱笆"形的药时曲线（图 2-9）。如果给药间隔短于药物清除尽的时间，药物可在体内积累，随着给药次数的增加，药物在体内的积累越来越多。当一个给药间隔内的摄入药量等于排出药量时，血药浓度达到稳态，称为稳态血药浓度（steady state plasma concentration，C_{ss}）（图 2-9）。此时，任一间隔内的药时曲线都相同，但血药浓度会有波动。在每一次给药后都会出现最大血药浓度（峰浓度）和最低血药浓度（谷浓度），其峰浓度与谷浓度的大小与单位时间用药量有关（给药速率），即与给药间隔时间（τ）和给药剂量（维持剂量，maintenance dose，D_m）有关。图 2-10 所示为不同给药方案的药时曲线，由图可知，给药间隔越短，稳态血药浓度越高，波动越小；给药剂量越大，稳态血药浓度越高，但峰浓度与谷浓度的比值不变。

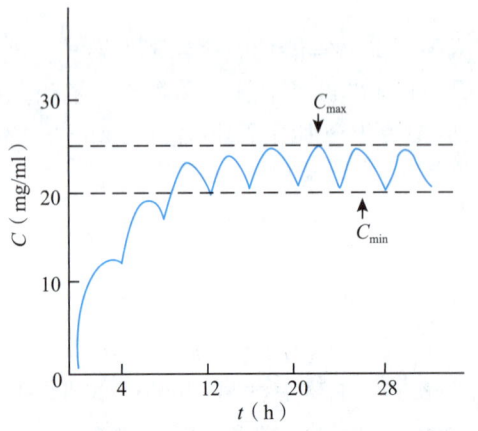

图 2-9 多次给药血药浓度达稳态的积累过程示意图

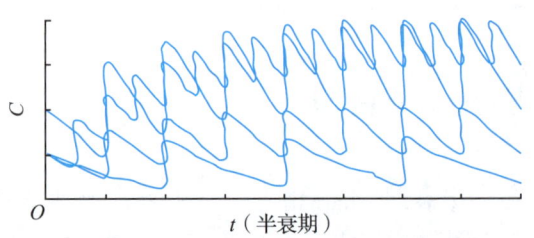

图 2-10 静脉多剂量给药后的药时曲线

从图中还可见，恒定的给药间隔与给药剂量，经过 4～5 个半衰期后，血浆药物浓度水平趋近稳定状态，6 个半衰期后，达到稳态水平。因此，所有的药物到达稳态的时间只与药物本身的半衰期长短有关，一般给药后 4～6 个半衰期到达稳态。因此，对于那些半衰期长（如药物半衰期为 24 h，则需要 4～6 d 达到稳态）的药物来说，为了使血药浓度尽早达到稳态而发挥疗效，常常给予一个负荷剂量。

在临床上，为了维持稳态血药浓度在某一临床浓度范围内，要反复用药或连续输注给药。因此，必须计算适当的维持剂量（D_m）。如确定了所希望的稳态血药浓度（C_{ss}），并且已知所用药物在患者体内的清除率和生物利用度，就可计算药物的维持剂量：

$$D_m = C_{ss,\text{期望}} CL\tau/F$$

临床上为了使药物尽快到达稳态从而尽早发挥疗效，常常给予一个负荷剂量（loading dose, D_L），即使首次剂量达到稳态水平的剂量，如抗微生物药阿奇霉素、替考拉宁、甲硝唑等多采用首剂加倍的形式。

知识拓展

稳态血药浓度的临床应用

有些药物的峰浓度值和谷浓度值与药物的治疗作用或毒性反应有明显关系。例如，庆大霉素血药浓度峰值 > 5 mg/L，对大多数细菌有效，而血药浓度为 12 mg/L 时则可发生耳毒性。氨基糖苷类抗生素的谷浓度和持续时间与耳毒性明显相关。例如，注射庆大霉素后 7 h，血药浓度应 < 2 mg/L，如果血药浓度 > 2 mg/L，则有可能伴发耳毒性。因此，对于应用该类药物的剂量及间隔时间，最好采用稍大于对革兰氏阴性杆菌的最低抑菌浓度（minimum inhibitory concentration，MIC）的稳态血药浓度来设计合理的给药方案。

思 考 题

1. 什么是药动学？其主要分为哪几部分？
2. 药物的跨膜转运主要分为哪些方式？
3. 药物的代谢主要分为几部分？请各举一例代表性药物。
4. 请解释主要药动学参数生物利用度、表观分布容积、半衰期、稳态血药浓度的临床意义。
5. 请结合任一药品说明书，阐述药动学在临床用药及治疗中的作用。

（杜 萍）

第三章

药 效 学

第三章数字资源

> **案例 3-1**
>
> 患者，女，24岁，因咽痛1d就诊。查体：咽红，扁桃体Ⅱ度肿大。诊断：急性扁桃腺炎。给予青霉素80万U肌内注射治疗。注射后约10分钟患者突然晕倒在地，意识丧失，面色苍白，出冷汗，四肢末梢发凉，脉搏细弱。医护人员立即展开抢救，将患者去枕平卧，畅通呼吸道，静脉注射0.1%肾上腺素1 ml、维生素D_2胶性钙2 ml、地塞米松5 mg。约2 min后，患者苏醒，临床症状逐渐好转。
>
> 问题：
> 1. 该病例中使用青霉素是对因治疗还是对症治疗？
> 2. 患者肌内注射青霉素之后发生了哪类不良反应？该类不良反应发生的机制是什么？
> 3. 患者从发生反应到抢救后苏醒时间非常短暂，这对于你将来从事临床工作有什么警示作用？

药物效应动力学（pharmacodynamics）简称药效学，是研究药物对机体的作用及其规律的学科。其主要任务是阐明药物的药理作用及药物作用的机制。药效学为临床合理用药、新药研制和生命科学的发展提供理论依据。

第一节 药物基本作用

一、药物作用和药理效应

药物作用（drug action）是指药物对机体的初始作用，是药物与机体大分子（受体、酶、离子通道等）的相互作用，如去甲肾上腺素与血管平滑肌α肾上腺素受体（简称α受体）相结合。药理效应（pharmacological effect）则是药物作用的结果，是药物与机体大分子的相互作用改变了机体的某些生物化学或生理学过程，引起机体组织器官和系统发生功能或形态上的反应，如去甲肾上腺素与血管平滑肌α受体结合后，激动受体引起血管收缩，进而引起血压升高。在药理学的实际应用中，两者常常相互通用，既有区别又有联系。

药物的基本作用是改变机体原有的功能水平。机体原有的功能水平提高称为兴奋

（excitation），如肾上腺素升高血压、呋塞米增加尿量。机体原有的功能水平降低称为抑制（inhibition）或麻痹（paralysis），如阿司匹林退热、普萘洛尔减慢心率。

药物作用可以是药物对其所接触的器官、细胞产生的直接作用，也可以是通过机体反射机制或生理性调节产生的间接作用。例如，去甲肾上腺素可直接作用于血管平滑肌细胞上的 α 受体，使血管收缩、血压升高；同时也可通过机体的血压反射机制间接地引起心率减慢。药物作用可表现为局部作用（local action）和全身作用（systemic action）。局部作用是指药物在用药部位产生的作用。全身作用是指药物自用药部位吸收入血后分布到全身而产生的作用，也称吸收作用。如毛果芸香碱滴眼液的缩瞳作用即为局部作用，但该药经黏膜吸收后增加唾液分泌的作用则是全身作用。

药物与机体大分子之间的特异性相互作用使药物作用具有特异性（specificity），如阿托品结合 M 胆碱受体，产生抗胆碱作用。药理效应具有选择性（selectivity），反映药物作用的范围，是药物分类的依据。有的药物选择性高，只选择性地作用于某一个或几个器官、组织，而对其他器官、组织作用弱或不发生作用。如青霉素抑制革兰氏阳性菌细胞壁的合成，其对革兰氏阳性菌有高度的选择性。有的药物选择性低，可作用于多种组织、器官，产生多种药理效应。如阿托品能特异性地阻断 M 受体，但对腺体、血管、心脏和其他内脏及神经系统等可产生广泛的药理效应，选择性低。药物在机体内的分布不均匀、机体组织细胞结构不同、生化功能存在差异等是药物产生选择性的原因。选择性具有相对性，剂量增加可使选择性降低。选择性高的药物针对性强，副作用较少；选择性低、效应广泛的药物副作用较多，但在多病因或诊断未明时使用有一定的优势。

二、药物作用的结果

药物作用的结果包括治疗作用（therapeutic effect）和不良反应（adverse drug reaction，ADR）。药物作用具有二重性，药物的治疗作用和不良反应常同时存在。

（一）治疗作用

药物的治疗作用是指符合用药目的、有利于防治疾病的作用，包括对因治疗、对症治疗和替代疗法。

1. 对因治疗（etiological treatment） 是指以消除原发致病因子、彻底治愈疾病为用药目的的治疗作用，又称治本。如应用抗生素杀灭体内致病微生物的治疗。

2. 对症治疗（symptomatic treatment） 是指以改善症状、缓解或减轻患者痛苦为用药目的的治疗作用，又称治标。如应用异丙肾上腺素喷雾剂治疗哮喘。对症治疗虽不能根除病因，但对于临床上某些危重急症如休克、心功能不全、呼吸暂停、脑水肿、惊厥等，对症治疗可能比对因治疗的需求更为迫切。临床实际中应根据患者的具体情况按照"急则治其标（对症治疗），缓则治其本（对因治疗），标本兼治"的原则，妥善处理对症治疗和对因治疗的关系。

3. 替代疗法（replacement therapy） 是指体内营养或代谢物质不足时，给予相应补充的治疗，又称补充疗法（supplementary therapy）。如对胰岛素依赖型糖尿病患者，需终生使用胰岛素治疗。

（二）不良反应

凡不符合用药目的并给患者带来不适或者痛苦的药物作用称为不良反应。不良反应表现形式多样，是药物作用的延伸，多数可以预知，但不一定能避免。药物不良反应在一定条件下可以造成人体功能或组织结构损害，引起药源性疾病（drug induced disease），如庆大霉素引起的听力损害。

1. 副作用（side effect） 指药物在治疗剂量时出现的与用药目的无关的药理效应。副作用对机体的影响比较轻微，是可逆的，停药后可以消失。副作用多是药物固有的药理作用，因药物选择性低、作用广泛而产生，难以避免。如用麻黄碱防治支气管哮喘，因其中枢兴奋作用而引起失眠。药物的副作用和治疗作用可随着用药目的的改变而发生转换。如阿托品在治疗胃肠绞痛时，解除胃肠平滑肌痉挛为治疗作用，抑制腺体分泌产生口干等为副作用；而在全身麻醉前给予阿托品，抑制唾液腺和支气管腺体分泌为治疗作用。

临床应用

阿托品的临床应用

阿托品能特异性与 M 受体结合，对腺体、眼、内脏平滑肌、心脏、血管、中枢神经系统均能产生药理效应，在临床上用途广泛。阿托品抑制腺体分泌，可用于全身麻醉前用药、严重盗汗和流涎症；解除平滑肌痉挛可用于各种内脏绞痛；扩瞳作用可在眼科用于检查眼底、儿童验光；还用于治疗迷走神经过度兴奋引起的窦性心动过缓及房室传导阻滞等缓慢型心律失常、暴发型流行性脑脊髓膜炎等引起的感染性休克、有机磷酸酯类中毒等。阿托品作用广泛，临床用途多，作为临床医生，在使用阿托品时应权衡利弊，以患者为中心决定取舍，充分发挥药物的治疗作用，尽量减少或避免不良反应，保证临床用药的安全性和有效性。

2. 毒性反应（toxic reaction） 指由于药物剂量过大或用药时间过长药物蓄积引起的严重不良反应。毒性反应可以预知，应避免发生。毒性反应是药物对机体器官、组织产生的功能性或器质性损害，一般比较严重，有的可危及生命。如强心苷引起心脏毒性反应，氯霉素能抑制骨髓造血功能，卡那霉素对肾有损害。对于个别敏感性过高或有肝、肾疾患而严重影响药物代谢、排泄的患者，常用量的药物即可引起毒性反应。短期内大量用药引起的毒性反应称为急性毒性（acute toxicity），急性毒性多损害循环、呼吸及神经系统功能。长期用药时，由于药物在体内蓄积而逐渐发生的毒性反应称为慢性毒性（chronic toxicity），慢性毒性常损害肝、肾、造血器官及内分泌等的功能。药物的致癌（carcinogenesis）、致畸（teratogenesis）、致突变（mutagenesis）作用属于慢性毒性中的特殊毒性反应。

3. 过敏反应（anaphylactic response） 又称变态反应（allergic reaction），是药物引起的病理性免疫反应。反应的性质与药物剂量及原有药理效应无关，且无药理学特异性的拮抗剂。过敏反应的临床表现包括各种类型的免疫反应。药物本身、药物的代谢产物及制剂中的杂质或辅料都可以是过敏原（变应原）。大分子多肽或蛋白质类药物具有抗原性；小分子药物也可以作为半抗原，通过与体内蛋白质结合形成抗原而刺激机体产生抗体。抗体的产生需 7～10 d，产生的抗体再次与抗原接触导致过敏反应。与毒性反应不同，过敏反应的发生与用药剂量无关，即使很小剂量也可以引起严重的过敏反应，难以预测。过敏反应的临床表现可因药、因人而有所不同，反应的严重程度差异很大，轻者表现为皮疹、发热，重者表现为哮喘、造血系统和肝肾功能的损害及休克等。因此有用药过敏史者不宜用易致敏的药物。对可引起过敏性休克的药物（如青霉素），给药前必须要做皮肤过敏试验（简称皮试），阳性者严禁使用，但仍有少数假阳性或假阴性反应，在临床上应高度警惕和重视。

4. 后遗效应（residual effect） 指停药后血药浓度降到阈浓度以下时所残存的药理效应。其持续时间因药而异，有长有短。如夜间服用巴比妥类催眠药，次日清晨起床后还有短暂的头晕、乏力和嗜睡。

5. 停药反应（withdrawal reaction） 指长期应用某种药物，突然停药时发生原有疾病加剧的现象，包括反跳现象（rebound phenomenon）和停药症状（withdrawal symptom）。反跳现象是指突然停药后使原有病症加重。如长期服用可乐定治疗高血压，突然停药可使去甲肾上腺素释放过多，出现短时交感神经亢进，血压突然增高。巴比妥类、苯二氮䓬类和糖皮质激素等突然停药时，除了反跳现象以外，还可出现原有疾病所没有的症状，如肌痛、肌强直、关节痛、疲乏无力、情绪消沉、发热等，称为停药症状。因此，在长期应用上述药物后，要避免突然停药；应逐渐减量，避免发生严重的停药反应。

6. 特异质反应（idiosyncratic reaction） 与过敏反应不同，特异质反应是指少数患者由于遗传因素，对某些药物的反应性特别高，或出现与正常人不同性质的反应。药物代谢酶、药物受体、药物载体、细胞膜离子通道及多药耐药蛋白的基因多态性等均能通过影响药物的体内过程、药理效应及毒性而导致特异质反应。例如，先天性葡萄糖-6-磷酸脱氢酶（glucose-6-phosphate dehydrogenase，G6PD）缺乏的患者服用伯氨喹（primaquine）后，容易发生急性溶血性贫血和高铁血红蛋白血症。

第二节　药物的量效关系和构效关系

药物所产生的药理效应既与其用药剂量有关，也与药物的化学结构有关，即药物的量效关系与构效关系。

一、药物的量效关系

量效关系（dose-effect relationship）是指在一定范围内，药理效应随药物剂量增加而增强。量效关系可用量效曲线（dose-effect curve）或浓度-效应曲线（concentration-effect curve）表示。量效曲线（或浓度-效应曲线）通常以药理效应的强度为纵坐标，药物剂量（或浓度）为横坐标作图。

药理效应按性质可分为量反应（graded response）和质反应（qualitative response）。量反应是指药理效应的强弱随药物剂量（或浓度）的增加或减少呈连续性量的变化，可用具体的数量、数量分级或最大效应百分率来表示，如药物引起血压或平滑肌张力的变化。药物的药理效应只能以发生或不发生（全或无）、阳性或阴性、有效和无效来表示，则称为质反应，如死亡与存活、惊厥与不惊厥。

（一）量反应的量效曲线

以药物剂量为横坐标、量反应的效应为纵坐标作图所得的曲线称为量反应量效曲线（quantitative response curve）。通常量反应量效曲线为不对称曲线（图3-1A）。若横坐标改用剂量的对数值表示，该曲线则呈对称的"S"形（图3-1B）。

从量反应量效曲线可归纳出以下几个概念。

1. 斜率（slope） 量效曲线的中段（曲线的16%～84%区段）大致呈直线，该段直线与横坐标夹角的正切值为量效曲线的斜率。斜率大的药物在剂量发生微小变化时，即可出现药理效应的明显改变，提示药效较剧烈。斜率小提示药效较温和。

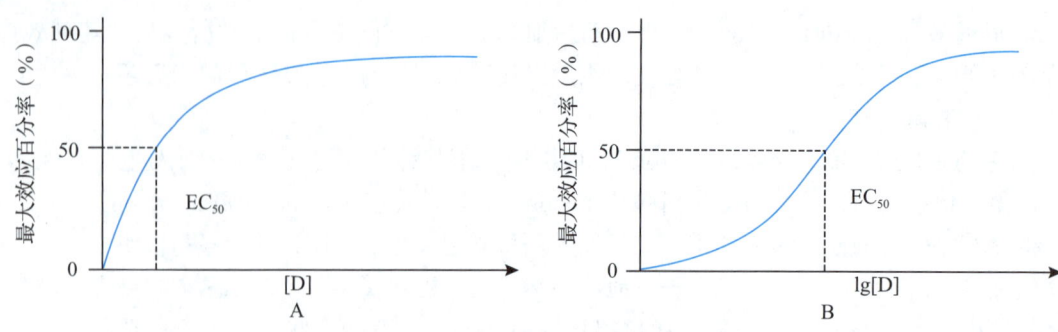

图 3-1　量反应量效关系图
A：横坐标为药物摩尔浓度，图中 50% 效应强度所对应之浓度为 50% 最大效应浓度（EC_{50}）；
B：横坐标为药物对数摩尔浓度，量效关系呈"S"形曲线

2. 最小有效量（minimal effective dose）或最小有效浓度（minimal effective concentration） 是指引起药理效应的最小剂量或最低药物浓度，又称阈剂量或阈浓度。

3. 最大效应（maximal effect，E_{max}） 又称效能（efficacy），随着药物剂量（或浓度）的增加，药理效应也增加，当效应增加到一定程度后，继续增加剂量（或浓度）效应不再增强，这一药理效应的极限称为最大效应。

4. 50% 最大效应浓度（50% concentration of maximal effect，EC_{50}） 是指引起 50% 最大效应的药物浓度。

5. 效价强度（potency） 用于作用性质相同的药物之间的等效剂量的比较，指达到同等效应时所用的剂量或浓度。效价强度大者，在引起相同药理效应时所需的剂量较小，反之所需剂量较大（图 3-2）。

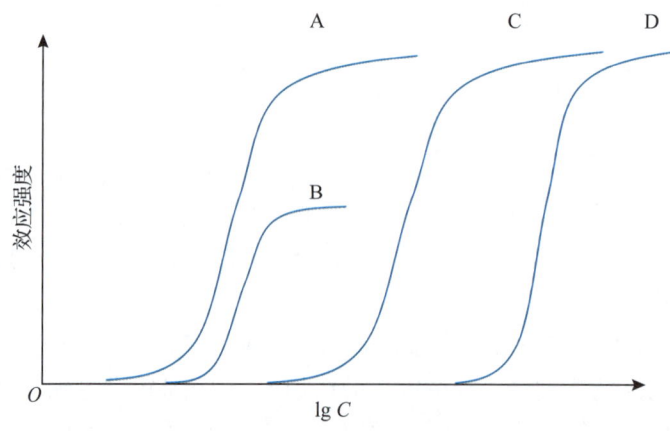

图 3-2　A、B、C、D 四种药物的效能与效价强度比较
效能比较：A = C = D > B；效价强度比较：A > B > C > D

效能和效价强度反映药物的不同性质，二者具有不同的临床意义，常用于评价同类药物中不同品种的作用特点。例如，吗啡是强效镇痛药，可用于剧烈的疼痛，而阿司匹林只能缓解轻度至中度的疼痛，前者的效能强于后者；在强效镇痛药中，吗啡的有效剂量为每次 10 mg，而芬太尼是 0.1 mg，后者的效价强度是前者的 100 倍。又如，呋塞米属于强效利尿药，而氢氯噻嗪属于中效利尿药，呋塞米的效能高于氢氯噻嗪；氢氯噻嗪和环戊噻嗪都是中效利尿药，二者效能相同，氢氯噻嗪的有效剂量是 25 mg，环戊噻嗪为 0.25 mg，后者的效价强度是前者的 100 倍。药物的最大效应（效能）对选择药物有较大的实际意义。高效能药物作用较强，低效能药物对机体生理功能干扰小，应根据临床需要选用。效价强度用于确定用药剂量，低效价强度的药物须用更大的剂量才能得到与高效价强度药物同等的药理效应。因此，不区分效能和效

价强度而评价某药强于其他药若干倍,这样比较易产生误解。

(二)质反应的量效曲线

以药物剂量(或浓度)为横坐标,以发生阳性反应的频数为纵坐标作图得质反应的量效曲线(qualitative response curve)。如果按照药物浓度(或剂量)的区段出现阳性反应的频数作图,可得到呈正态分布的曲线(图 3-3 曲线 a)。如果纵坐标为累计阳性反应百分率,则可得到对称的"S"形曲线(图 3-3 曲线 b)。在质反应的量效曲线中,曲线上的每个具体数据常用标准差表示个体差异,曲线斜率越大提示实验对象的个体差异性越小。

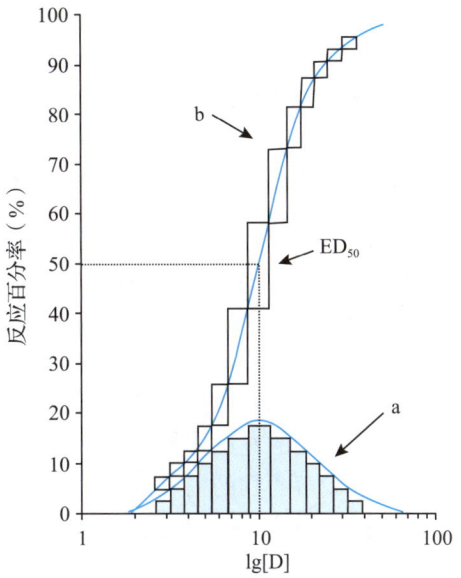

图 3-3 质反应量效关系图
曲线 a 为区段阳性反应百分率;
曲线 b 为累计阳性反应百分率

从质反应量效曲线可归纳出以下几个概念。

1. 半数有效量和半数致死量 在质反应中引起 50% 实验对象出现阳性反应的药物剂量,称为半数有效量(median effective dose, ED_{50})。如效应指标为死亡,则称为半数致死量(median lethal dose, LD_{50})。药物的安全性与其 LD_{50} 成正比,药物的有效性与其 ED_{50} 成反比。

2. 治疗指数(therapeutic index, TI) 即药物的 LD_{50} 与 ED_{50} 的比值,常用其表示药物的安全性。一般来说,治疗指数越大,药物越安全,但并不绝对如此。当药物的量效曲线与其剂量-毒性曲线不平行时,不能用 LD_{50} 与 ED_{50} 的比值表示药物的安全性。如图 3-4 所示,虽然 A、B 两药的治疗指数相同,但是同为 ED_{95} 和 ED_{99} 时,A 药没有导致动物死亡,而 B 药在这两个剂量下分别导致 10% 和 20% 动物死亡,故治疗指数并不能完全反映药物的安全性。

3. 安全范围(margin of safety) 质反应量效曲线坐标图中,ED_{95} 至 LD_5 之间的距离称为安全范围,是相对于治疗指数比较可靠的评价药物安全性的指标,其值越大,药物越安全。

4. 可靠安全系数(certain safety factor) 即 LD_1 与 ED_{99} 的比值。

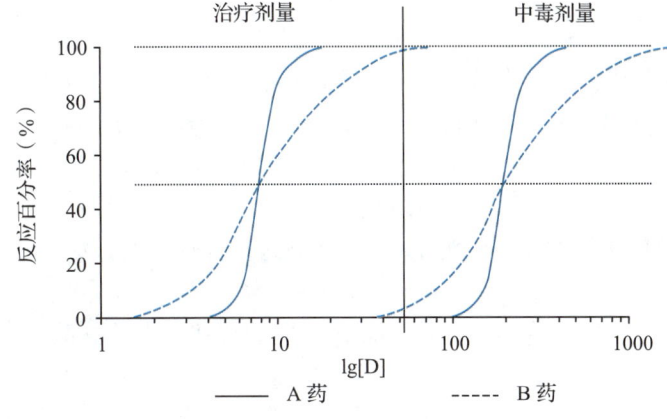

图 3-4 治疗指数与药物安全性评价
B 药 $ED_{95} = LD_{10}$

二、药物的构效关系

药物的化学结构与药理活性或毒性之间的关系称为构效关系（structure activity relationship），它是药物作用特异性的物质基础。化学结构相近的药物常可以通过同一机制发挥作用，引起相似的效应（称为拟似药）或相反的效应（称为拮抗药）。如卡巴胆碱和毒蕈碱都有拟胆碱作用，为拟胆碱药，丙胺太林则为抗胆碱药。药物结构的改变，包括其基本骨架、侧链长短、立体异构（手性药物）、几何异构（顺式或反式）的改变均可影响药物的理化性质，进而影响药物的体内过程和药理效应，甚至引发毒性反应。化学结构完全相同的光学异构体，其作用也可能不同。多数药物的左旋体具有药理作用，如左旋多巴、左旋咪唑、左旋氯霉素等，而其右旋体则无作用。了解药物的构效关系不仅有利于深入认识药物的作用，指导临床合理用药，而且在定向设计药物结构、研制新药方面都有重要意义。

第三节　药物作用机制

药物作用机制（mechanism of action）是研究药物的效应如何产生及怎样产生的，又称作用原理（principle of action），主要包括以下两个方面。

一、物理化学机制

如口服抗酸药碳酸氢钠、氢氧化铝等，在胃中通过酸碱中和反应，使胃液酸度降低。静脉滴注甘露醇使血浆处于高渗状态，产生组织脱水作用，可消除脑水肿，降低眼内压，也可产生渗透性利尿作用。消毒防腐药对蛋白质有变性作用。乙醇可对细胞膜脂质结构产生干扰。抗肿瘤药中的烷化剂（氮芥、环磷酰胺）可非选择性地与DNA、RNA中的亲核基团起烷化反应，使DNA或RNA链断裂，造成DNA功能丧失，导致肿瘤细胞死亡。

二、特异性作用机制

该类机制是药物与机体生物大分子物质相互作用引起生理生化功能改变。药物与机体生物大分子物质的结合部位称为药物作用的靶点（target）。药物作用的靶点几乎涉及与生命活动过程相关的所有环节，如受体、酶、离子通道、核酸、转运体、免疫系统、基因。

1. 受体（receptor）　是位于细胞膜或细胞内，介导细胞内信号转导的功能性蛋白，能识别周围环境中某种微量化学物质（称为配体），并与之特异性结合，引发后续生理反应（受体理论见本章第四节）。

2. 酶（enzyme）　是由细胞产生的具有催化活性的特殊蛋白质。酶能特异地识别其底物，加速底物的生化反应。药物可以通过其活性基团与酶结构中的靶点结合，改变酶的立体结构，使酶活性发生改变，产生抑制、诱导、激活、失活或复活等作用而引起药理效应。如抗胆碱酯酶药有机磷酸酯类、胆碱酯酶复活药碘解磷定、血管紧张素转化酶抑制药卡托普利，以及磷酸二酯酶抑制药氨茶碱。

3. 离子通道（ion channel）　是由肽链经多次折返跨膜形成的细胞膜上的跨膜转运通道。

重要的离子通道有钙、钠、钾、氯通道。无机离子的跨膜转运，受其相应的离子通道控制，这些离子通道就是药物的作用靶点。药物通过改变离子通道的构象，使通道开放或关闭，从而阻滞离子的跨膜转运而产生效应。如钙通道阻滞药硝苯地平通过阻滞血管平滑肌细胞的钙通道，使细胞内 Ca^{2+} 减少，血管舒张，血压下降。

4. 转运体（transporter） 是位于细胞膜上的一种蛋白质，能促进内源性递质或代谢产物的转运。有些药物可通过抑制某种转运体而产生效应。例如，利尿药呋塞米抑制肾小管对 Na^+、K^+ 及 Cl^- 重吸收而发挥利尿作用，可卡因及三环类抗抑郁药抑制交感神经末梢对去甲肾上腺素再摄取而引起拟交感作用。

5. 免疫系统（immune system） 正常免疫反应是机体清除入侵微生物和自身变异细胞的重要机制。某些药物本身就是免疫系统中的抗体（如丙种球蛋白）或抗原（如疫苗）。免疫抑制药如环孢素 A，可用于抑制器官移植后的排斥反应，治疗自身免疫疾病及 Rh 阴性新生儿溶血病等。免疫增强药多作为辅助治疗用于免疫缺陷疾病如获得性免疫缺陷综合征（艾滋病）、慢性感染及恶性肿瘤等。

6. 基因（gene） 是 DNA 分子上具有遗传效应的特定核苷酸序列的总称，是机体细胞遗传信息的组成单位。随着对基因研究的深入、人类基因组计划的实施，某些疾病的相关基因陆续被发现。将不正常的基因予以纠正可以达到治愈疾病的目的，称为基因治疗（gene therapy）。应用基因工程技术生产的药物称为基因工程药物，已在临床应用的基因工程药物有人胰岛素、人生长素、干扰素类、组织型纤溶酶原激活剂、重组链激酶、白介素类、促红细胞生成素、乙肝疫苗、嗜血性流感嵌合疫苗等。

第四节　药物与受体

受体的概念是 19 世纪末由 J. N. Langley 提出的。Langley 在研究阿托品与毛果芸香碱、烟碱与箭毒的拮抗作用时，提出药物可直接作用于细胞上的某些成分，这些成分为"接受物质"（receptive substance）。1908 年 P. Ehrlich 在研究化学制剂对锥虫的作用时，发现药物的效应和毒性反应有高度特异性，他认为这是由于存在着能与不同分子特异结合的化学感受器，由此提出受体的概念，指出受体应具有特异性识别可与之结合的配体或药物的能力，药物 - 受体复合物可引起生物效应。

一、受体与配体

受体（receptor）是位于细胞膜或细胞内的蛋白质，能识别、结合微量化学物质，通过一系列信息传递机制，引起细胞产生特异性生理、生化效应。能与受体特异性结合的生物活性物质称为配体（ligand）。配体与受体中的特殊部位结合，该部位仅占受体的一小部分，称为结合部位或受点（binding site）。配体可分为内源性配体和外源性配体两种。内源性配体由机体细胞产生，包括神经递质、激素、活性肽、代谢产物等。外源性配体有药物及毒物。受体与配体结合后引发机体某一特定结构产生生物学效应，该特定结构称为效应器（effector）。许多药物是通过与受体结合而发挥作用的。

二、受体的特性

受体具有如下特性。①敏感性（sensitivity）：受体只需与很低浓度（$1 \times 10^{-12} \sim 1 \times 10^{-9}$ mol/L）的配体结合就能产生显著效应。②特异性（specificity）：能引起某一类型受体兴奋的配体的化学结构非常相似；配体的不同光学异构体引起的效应可以完全不同；同一类型的激动药与同一受体结合后引起的效应类似。③饱和性（saturability）：受体数量有限，当配体与所有受体结合后，再增加配体并不能增加相应的效应。④可逆性（reversibility）：配体与受体结合后可以再分离。⑤竞争性（competition）：作用于同一受体的配体之间会发生竞争现象。

三、受体类型与细胞内信号转导

根据受体蛋白存在位置、分子结构、跨膜信息传递方式及信号转导通路的不同特点，可将受体分为若干类型，如鸟嘌呤核苷酸结合蛋白（guanine nucleotide binding protein，G 蛋白）偶联受体、配体门控离子通道受体、激酶偶联性受体、细胞内受体（转录因子）（图 3-5）。

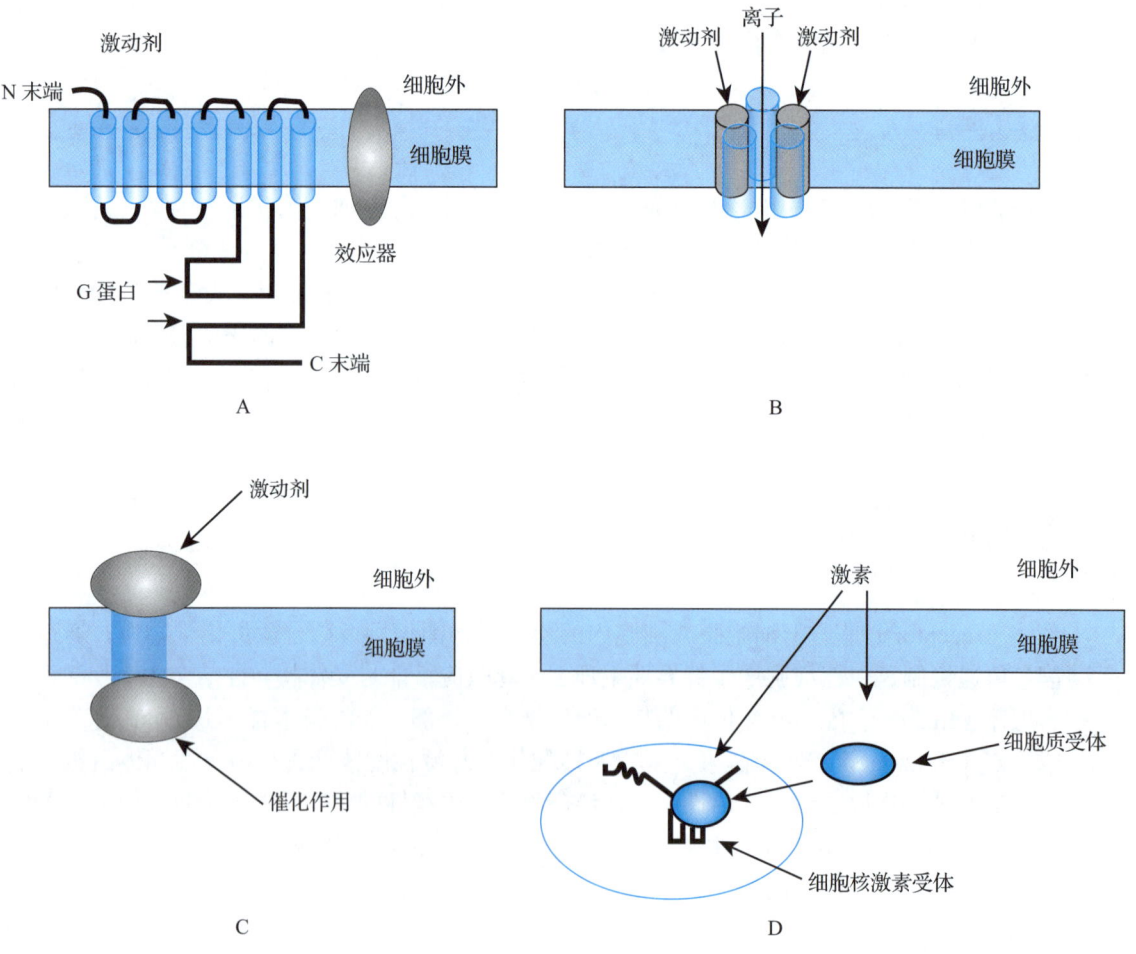

图 3-5　受体类型和细胞内信号转导示意图
A：G 蛋白偶联受体；B：配体门控离子通道受体；C：激酶偶联性受体；D：细胞内受体

1. G蛋白偶联受体（G protein coupled receptor） 现已发现40余种神经递质或激素受体通过鸟嘌呤核苷酸结合蛋白偶联机制产生作用。属于G蛋白偶联受体家族的受体有M受体、α和β受体、多巴胺受体、γ-氨基丁酸B（$GABA_B$）受体、阿片受体，以及5-羟色胺（5-HT）受体（除$5-HT_3$受体亚型以外）等。

G蛋白偶联受体的结构非常相似：均是由350～500个氨基酸残基组成的单一肽链；分子量为40 000～55 000；都具有7个跨膜肽段，这些跨膜肽段均为α螺旋结构，并由疏水氨基酸组成；在各跨膜区由细胞膜内侧及外侧的亲水肽环连接，其N末端位于膜外，具有糖基化位点，而C末端位于细胞内，但这两段肽链氨基酸的组成在不同受体之间的差异很大，因此其识别的配体及转导的信号不同。受体的胞内部分有G蛋白结合区；位于胞内的受体C末端具有调节受体与G蛋白结合的能力（图3-5A）。配体与G蛋白偶联受体结合，通过第二信使环腺苷酸（cyclic adenosine monophosphate，cAMP）、环鸟苷酸（cyclic guanosine monophosphate，cGMP）、肌醇三磷酸（inositol-1,4,5-triphosphate，IP_3）、甘油二酯（diacylglycerol，DAG）及Ca^{2+}，将信号转导至效应器，产生生物学效应。

2. 配体门控离子通道受体 离子通道按生理功能分类，可分为配体门控离子通道及电压门控离子通道。配体门控离子通道受体（ligand gated ion channel receptor）由离子通道与受体两部分构成。属于配体门控离子通道受体家族的有N受体、甘氨酸受体、谷氨酸受体、天冬氨酸受体、$GABA_A$受体和$5-HT_3$受体等。药物或内源性配体与受体结合后，受体变构，使离子通道开放或关闭，改变离子的跨膜转运，导致膜电位的变化而引起效应（图3-5B）。

3. 激酶偶联性受体 该受体位于细胞膜上，由受体部分和细胞膜内侧的蛋白激酶组成，受体被激活后可引起蛋白质磷酸化而产生效应（图3-5C）。这类受体主要有酪氨酸激酶受体（tyrosine kinase receptor）（如胰岛素受体和表皮生长因子受体）和非酪氨酸激酶受体（如生长激素受体和干扰素受体）。

4. 细胞内受体 类固醇激素（steroid hormone）、甲状腺激素（thyroid hormone）、视黄酸（retinoic acid）、维生素A（vitamine A）、维生素D（vitamine D）等在细胞质内或细胞核上有相应的受体。位于细胞核上的受体称为细胞核激素受体（nuclear hormone receptor），所形成的激素或药物-受体复合物在细胞核中产生调控基因转录的作用。细胞核激素受体属于转录因子（transcription factors）大家族中的一部分，激素或药物则是这种转录因子的调控物（图3-5D）。

四、受体后的信号转导

多肽类激素、神经递质及细胞因子等细胞外信使物质称为第一信使。受体在识别相应的配体并与之结合后，需要细胞内的第二信使（second messenger）将其所获得的信息增强、分化、整合并传递给效应器才能发挥特定的生理功能或药理效应。第二信使为第一信使作用于靶细胞后在细胞质内产生的信号分子。主要的第二信使有以下几种。

1. 环腺苷酸（cAMP） 为最先发现的细胞内第二信使，是腺苷三磷酸（ATP）经腺苷酸环化酶（adenylate cyclase，AC）作用的产物。例如，β受体激动药能促进ATP水解生成cAMP；而α受体激动药则使胞内cAMP减少。茶碱类药物通过抑制磷酸二酯酶减少cAMP的水解而使cAMP相应增加。cAMP可激活蛋白激酶A（protein kinase A，PKA），使细胞内诸多蛋白酶磷酸化而被激活，产生效应。

2. 环鸟苷酸（cGMP） 是在鸟苷酸环化酶（guanylate cyclase，GC）作用下由GTP生成的，最终也由磷酸二酯酶灭活。cGMP可激活蛋白激酶C（PKC），一般情况下产生与cAMP介导的作用相反的效应。

3. 磷脂酰肌醇（phosphatidylinositol，PI） 是细胞膜磷脂酰肌醇水解的产物，为另一类重要的受体信号转导系统。$α_1$、5-HT$_2$、M$_1$ 和 M$_3$ 等受体激动药与 $α_1$ 受体结合后，通过 G 蛋白介导激活磷脂酶 C（phospholipase C，PLC），PLC 使磷脂酰肌醇 -4,5- 二磷酸（phosphatidylinositol-4,5-bisphosphate，PIP$_2$）水解为 DAG 和 IP$_3$。DAG 在细胞膜上激活 PKC，使许多靶蛋白磷酸化而产生腺体分泌、血小板聚集、中性粒细胞活化及细胞生长、代谢和分化等效应。IP$_3$ 能促进胞内钙池释放 Ca^{2+} 而引起效应。

4. Ca^{2+} 细胞内 Ca^{2+} 浓度约为血浆 Ca^{2+} 浓度的 0.1%（$< 1\ \mu mol/L$），对许多细胞功能如肌肉收缩、腺体分泌、白细胞及血小板活化等有重要的调节作用。细胞外 Ca^{2+} 经细胞膜上的钙通道流入和细胞内肌浆网等钙池释放两种途径可导致细胞内 Ca^{2+} 浓度升高而引起效应。细胞外 Ca^{2+} 内流受膜电位、受体、G 蛋白和 PKA 等的调控；细胞内 Ca^{2+} 释放受 IP$_3$ 的调控。胞内 Ca^{2+} 升高能激活 PKC，与 DAG 有协同作用，共同促进其他信息传递蛋白及效应蛋白活化。许多药物通过影响胞内 Ca^{2+} 浓度而产生药理效应。

五、药物与受体的相互作用

（一）药物与受体的结合

药物与受体的相互作用首先是药物与受体的结合，结合键主要有共价键、离子键、偶极键、氢键及范德瓦耳斯键等，其中离子键较常见，其结合是可逆的；而少数以共价键结合的，则是难逆的。药物与受体之间可有多个结合部位。

（二）药物与受体的相互作用学说

药物与受体结合后可以产生效应，也可以不产生效应，据此提出以下学说。

1. 占领学说（occupation theory） Clark 于 1926 年、Gaddum 于 1937 年先后提出占领学说。该学说认为，受体只有与药物结合才能被激活并产生效应；而效应的强度与被占领的受体数量成正比，全部受体被占领时出现最大效应。1954 年 Ariens 修正了占领学说，他把决定药物与受体结合时产生效应的能力称为内在活性（intrinsic activity）。药物与受体结合不仅需要亲和力，而且还需要有内在活性才能激动受体而产生效应。只有亲和力而没有内在活性的药物，虽可与受体结合，但不能激动受体，也不产生效应。

1956 年 Stephenson 提出，药物只占领小部分受体即可产生最大效应，未经占领的受体称为储备受体（spare receptor）。因此，当存在不可逆性结合或因其他原因而丧失一部分受体时，并不会立即影响最大效应。而且，内在活性不同的同类药物产生同等强度效应时，所占领受体的数量并不相等。激动药占领的受体数量必须达到一定阈值后才开始出现效应。当达到阈值后，被占领的受体数量增多时激动效应随之增强。阈值以下被占领的受体又称沉默受体（silent receptor）。

占领学说提出，药物与受体结合后产生效应取决于亲和力和内在活性两个方面。亲和力（affinity）是指药物与受体结合的能力。内在活性（$0 \leq \alpha \leq 1$）是指药物与受体结合后产生效应的能力。

2. 速率学说 Paton 于 1961 年提出速率学说（rate theory），他认为药物发挥作用最重要的因素是药物分子与受体结合与分离的速率，即药物分子与受体碰撞的频率。药物作用的效应与其占有受体的速率成正比，效应的产生是药物分子与受体上的结合位点相碰撞时产生一定量刺激并传递到效应器的结果，而与其占有受体的数量无关。

3. 二态模型学说　二态模型学说（two model theory），又称变构学说，该学说认为受体的构象分为活化状态（R^*）和失活状态（R）。R^* 与 R 处于动态平衡，可相互转变。药物可与 R^* 或 R 状态的受体结合。与 R^* 状态的受体亲和力大，结合后可产生效应的药物是激动药（agonist）；而与 R 状态的受体亲和力大，结合后不产生效应的是阻断药（blocker）。当激动药与阻断药同时存在时，两者竞争受体，其效应取决于 R^*-激动药复合物与 R-阻断药复合物的比例。部分激动药对 R^* 与 R 状态受体均有不同程度的亲和力，因此，它既可引起较弱的效应，也可阻断激动药的部分效应。个别药物（如苯二氮䓬）对 R 状态受体的亲和力大于对 R^* 状态受体的亲和力，结合后引起与激动药相反的效应，称为反向激动药（inverse agonist）。

（三）药物-受体反应动力学

药物与受体的结合按质量作用定律有如下反应式：

$$D + R \underset{K_2}{\overset{K_1}{\rightleftharpoons}} DR \longrightarrow E \quad (1)$$

式中 D 为药物，R 为游离受体，DR 为药物-受体复合物，E 为效应。反应平衡时：

$$K_D = \frac{K_1}{K_2} = \frac{[D][R]}{[DR]} \quad (2)$$

设受体总数为 $[R_T]$，是游离受体 [R] 和结合受体 [DR] 之和，即 $[R_T]$ = [R] + [DR]。当全部受体被结合时，即 [DR] = $[R_T]$，才能产生最大效应（E_{max}）。代入上式后再整理，得：

$$\frac{E}{E_{max}} = \frac{[DR]}{[R_T]} = \frac{[D]}{K_D + [D]} \quad (3)$$

若 50% 受体被结合，上式则变成 K_D = [D]。K_D 为药物-受体复合物的解离常数。即 K_D 是引起 50% 最大效应时（即 50% 受体被占领）的药物剂量（或浓度），表示药物与受体的亲和力，单位为摩尔每升（mol/L）。K_D 越大，表示引起 50% 最大效应的药物浓度越大，说明亲和力越小；反之，K_D 越小，说明亲和力越大，二者成反比。将 K_D 取负对数，即 pD_2，称为亲和力指数，与亲和力成正比。$pD_2 = -\lg K_D$，pD_2 越大，说明亲和力越大（图3-6）。

药物与受体结合后产生效应的能力称为内在活性，以 α 表示，通常 0 ≤ α ≤ 1。比较两药效应强弱，当亲和力相等时，药物的最大效应取决于内在活性的大小；当内在活性相等时，药物的效价强度取决于亲和力。

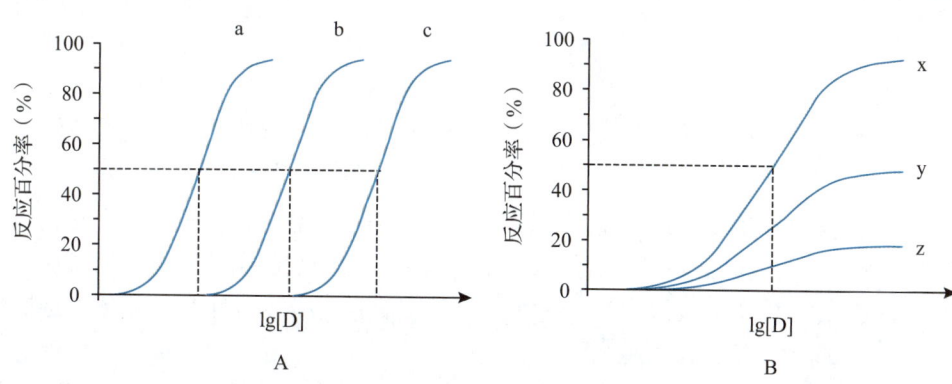

图 3-6　药物与受体的亲和力和内在活性

A：a、b、c 三种药物的比较。亲和力比较：a＞b＞c；内在活性比较：a = b = c；
B：x、y、z 三种药物的比较。亲和力比较：x = y = z；内在活性比较：x＞y＞z

六、激动药与阻断药

根据占领学说，可根据药物与受体的相互作用将药物分为受体激动药和受体阻断药两种主要类型。

1. 受体激动药（agonist） 受体激动药是指既有亲和力又有内在活性的药物，能与受体结合并激动受体而产生效应。根据亲和力和内在活性的不同，受体激动药又分为完全激动药（full agonist）和部分激动药（partial agonist）。前者的亲和力和内在活性都较强（$\alpha = 1$）；后者有较强的亲和力，但内在活性不强（$0 < \alpha < 1$）。完全激动药（如吗啡）可产生较强的效应；而部分激动药（如喷他佐辛）只引起较弱的效应，且当与完全激动药合用时，还可以对抗激动药的部分效应，表现为部分阻断作用。

2. 受体阻断药（receptor blocker） 受体阻断药是指与受体有较强的亲和力而无内在活性（$\alpha = 0$）的药物，可因阻断激动药而产生相反的效应，故又称拮抗药（antagonist）。受体阻断药能与受体结合，但不能激活受体，如纳洛酮、普萘洛尔分别是阿片受体和β受体的阻断药。有些药物以阻断受体作用为主，同时还兼具微弱的内在活性，并表现一定的激动受体的效应，如氧烯洛尔是具有内在拟交感活性的β受体阻断药。

根据拮抗药与受体结合是否可逆，将其分为竞争性拮抗药（competitive antagonist）和非竞争性拮抗药（noncompetitive antagonist）。竞争性拮抗药能与激动药竞争相同受体，其与受体的结合是可逆的，能使激动药的量效曲线平行右移，但最大效应不变。例如，阿托品是乙酰胆碱的竞争性拮抗药，可使乙酰胆碱的量效曲线平行右移，但不影响乙酰胆碱的效能（图3-7A）。

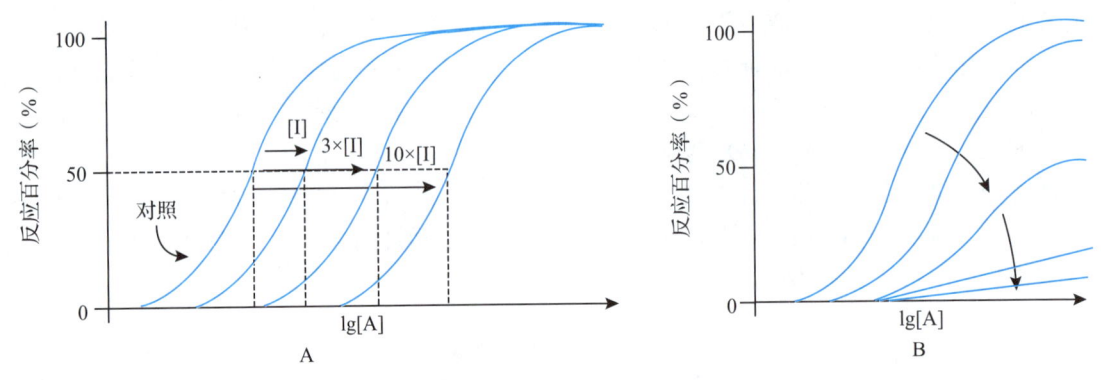

图 3-7　受体拮抗作用机制
A：竞争性拮抗作用，激动药的浓度-效应曲线在拮抗药的作用下呈浓度依赖性平行右移；
B：非竞争性拮抗作用，引起浓度-效应曲线右移，最大反应下降

竞争性拮抗药对相应激动药的拮抗作用强弱通常用拮抗参数 pA_2 表示。其含义是，激动药在2倍浓度时所产生的效应恰好等于未加入拮抗药时的激动药引起的效应时，则所加入的拮抗药的摩尔浓度（$[A_2]$）的负对数值为 pA_2，即 $pA_2 = -\lg[A_2]$。pA_2 的大小反映竞争性拮抗药与受体的亲和力。pA_2 越大，拮抗作用越强。

非竞争性拮抗药多指拮抗药与受体的结合是相对不可逆的，或能引起受体构象的改变，从而干扰激动药与受体的正常结合，增大激动药的剂量也不能使量效曲线的最大效应达到原来的水平。随着此类拮抗药剂量的增加，激动药量效曲线的最大效应（E_{max}）逐渐下降（图3-7B）。pA_2' 表示非竞争性拮抗药拮抗作用强弱的参数，称为减活指数，是指反应体系中加入非竞争性拮抗药，当能使激动药的最大效应降低一半时，非竞争性拮抗药的摩尔浓度的负对数值。

七、受体的调节

细胞膜上受体的数目或反应性可受周围生物活性物质或药物（激动药或阻断药）的影响而发生改变。

1. 受体脱敏（receptor desensitization） 受体周围的生物活性物质浓度高、作用过强或受体长期受激动药作用，可使受体数量减少或反应性减弱，称为受体脱敏。如长期应用 β 受体激动药异丙肾上腺素治疗哮喘，患者对药物的反应减弱而产生耐受现象。

2. 受体增敏（receptor hypersensitization） 受体长期受阻断药作用时，可使受体数量增加或反应性增强，称为受体增敏，表现为该受体对该生物活性物质的敏感性增高，出现超敏或高敏性，产生戒断症状或反跳现象。如高血压患者长期应用 β 受体阻断药普萘洛尔，突然停药可引起血压升高。

思 考 题

1. 药物的不良反应与药物的副作用有什么区别与联系？
2. 临床上如何处理对因治疗与对症治疗的关系？请举例说明。
3. 在临床上救治危重急症时，请问是选择效能高的药物还是选择效价强度高的药物？为什么？请以利尿药为例予以说明。
4. 受体阻断药不具有内在活性，请举例说明该类药物是如何产生药理效应的。
5. 患者，男，60 岁，患高血压病 5 年，长期服用普萘洛尔降压。患者因头痛、乏力、失眠就诊，查血压 200/120 mmHg。经详细询问患者得知，患者近日听人说长期吃药有副作用，自行停药导致血压增高。请回答：
（1）普萘洛尔通过哪类受体起作用？
（2）突然停用普萘洛尔导致血压升高属于哪类不良反应？如何应对？
（3）作为临床医生，你如何对高血压病患者予以生活和用药指导？

（张轩萍）

第四章

影响药物效应的因素及合理用药原则

第四章数字资源

案例 4-1

患者，男，79岁，3周前因急性脑梗死入院，因意识丧失而行气管切开术，使用呼吸机。2天前患者出现高热，体温39～40℃，伴有咳嗽、胸痛，有黄色黏痰。体检见患者神志欠清、鼻翼扇动、呼吸急促、轻度发绀，肺部有湿啰音；血常规检查白细胞$20×10^9$/L，中性粒细胞占80%；X线检查见肺部小片状炎性阴影。诊断为"院内肺感染"。处理：呼吸道内分泌物培养加药敏试验，肝肾功能检查；加强呼吸道管理，有效清除呼吸道分泌物，雾化吸入，静脉滴注具有杀菌作用的广谱抗生素。

问题：
1. 一般情况下，这位患者的用药剂量为成人给药剂量的几分之几？为什么？
2. 在导致肺感染的致病菌尚不明确的情况下，是否给予抗生素治疗？如何选择抗生素？

药物的效应受多方面因素的影响。机体方面的因素包括患者的年龄、性别、精神因素、病理状态、遗传因素、药物的反应性及生物节律等；药物方面的因素包括药物的理化性质和化学结构、剂量和剂型、给药途径、联合用药及药物相互作用等；个人饮食、嗜好等也会对药物的效应产生影响。因此，对于同一疾病的不同患者采用同样的药物进行治疗，疗效可能显著不同。临床医师应根据患者的具体情况制订合理的药物治疗方案，选择合适的药物及其制剂，采用适当的给药剂量、给药途径、用药的时机和疗程，达到安全和有效地防治疾病的目的。

第一节 影响药物效应的因素

一、机体方面的因素

（一）年龄

不同年龄阶段的个体对某些药物的反应有明显的差异，对药物的药动学和药效学均产生明显的影响，主要表现在儿童和老年人对药物的敏感性及药物在体内处置方面的差异。

1. 儿童 儿童处于机体快速生长发育期，各种生理功能及调节机制尚未发育完全，而且在新生儿、婴幼儿等各阶段又有明显的差异。儿童的肝、肾发育不完全，对肝灭活、肾排泄的药物不能及时代谢、清除，加之儿童对药物的反应比较敏感，易产生不良反应或毒性。例如，新生儿应用氯霉素后，因氯霉素在肝内的生物转化缓慢，易导致新生儿中毒，出现循环衰竭，称为"灰婴综合征"。新生儿经胃肠道给药后吸收不规则，又因其肌肉组织和皮下脂肪少，局部注射用药时组织易形成硬结，导致药物吸收不良，故急症、病情危重的新生儿宜从头皮或四肢静脉滴注给药。婴幼儿的血浆蛋白含量较少，与药物的结合率低，血中游离型药物浓度较高，宜适当减量用药；婴幼儿血脑屏障功能不完善，中枢神经系统对吗啡特别敏感，如果应用吗啡易引起其呼吸抑制。儿童罹患细菌感染性疾病时需要使用抗菌药，但应防止不合理使用，否则会造成严重不良后果，如喹诺酮类药可能影响软骨的发育，年龄小于18岁的患者应禁用。因此，对儿童用药必须考虑他们的生理特点。

儿童的体表面积和体重与成人不同，但用药时不能仅以成人的用药剂量为标准进行简单的折算。

临床应用

儿童与成人用药剂量折算表

儿童用药剂量比成人小，一般可根据年龄按成人的用药剂量进行折算。但对毒性较大的药物，用药时不能仅以成人的用药剂量为标准进行简单的折算，应按体重或按体表面积进行计算。

最常用的儿童与成人用药剂量折算方法如下表所列。

儿童与成人用药剂量折算方法

年龄	按年龄折算剂量（折合成人剂量）
新生儿	1/10～1/8
6个月	1/8～1/6
4岁	1/3
8岁	1/2
12岁	2/3

2. 老年人 随着年龄的增长，老年人机体的生理、生化功能及组织形态学发生改变，调节机制逐渐减弱，因此老年人对药物的处置能力下降。老年人由于中枢神经系统功能减退，对中枢抑制药的反应性增加，应用中枢抑制药后可能出现严重的不良反应，如兴奋、烦躁甚至精神错乱。老年人对很多药物的反应性增加，即靶器官对药物的敏感性增加，如对抗凝血药敏感性增高，可引起持久的凝血障碍；对利尿药和降压药敏感性增加，可使其作用增强。老年人心脏和血管等组织上的β受体数目和密度均减少，与递质及相应的激动药的亲和力降低，加之某些酶如腺苷酸环化酶的活性低下，使老年人对外源性儿茶酚胺类药物的反应性减弱。老年人胃酸分泌较少，胃排空功能较弱，肠黏膜萎缩，肠蠕动功能减退，口服药物自消化道的吸收减少，导致药物的生物利用度降低。老年人体内水分减少而体脂增加，使水溶性药物分布容积较小而脂溶性药物分布容积增大。老年人血浆白蛋白水平降低，游离型药物增多，加之肝、肾功能降低，对药物的代谢能力下降，清除率降低，$t_{1/2}$延长，易使药效增强或引起不良反应，用药时应注意适当调整剂量。老年人的用药剂量应酌减，一般采用肌酐清除率作为评判肾功能的指标，并根据肾功能调整给药剂量，通常应为成人剂量的3/4。另外，老年人用药的依从性较

差,应督促其按医嘱服药。

(二)性别

除性激素外,患者性别不同对药物反应的差别不明显。但女性体重较轻,脂肪占体重的百分率高于男性,而体液总量占体重的百分率较低,因而可影响药物的分布。女性的某些特殊生理时期如月经期、妊娠期、分娩期和哺乳期用药应特别注意。

女性在月经期应慎用或禁用泻药、抗凝血药和刺激性药物,以免引起盆腔充血、月经过多。妊娠期妇女用药应特别慎重。药物的致畸作用大多发生在妊娠早期,妊娠3~12周胚胎处于高度分化、迅速发育阶段,是胚胎受药物影响导致器官畸形的最敏感时期,此时妊娠期妇女应尽量避免用药,若使用药物,如激素类药、抗癫痫药、抗抑郁药、抗过敏药、镇静药、抗肿瘤药及放射性药物,有可能影响胎儿的发育,甚至导致胎儿畸形,故妊娠期妇女应禁用这些药物。一些在动物实验中发现的有致畸作用,尚无临床致畸报道的药物,妊娠期妇女也应避免使用。妊娠中晚期妇女用药以后,药物可通过胎盘进入胎儿体内,有可能影响胎儿脑、神经系统和外生殖器等的发育和功能,如抗癫痫药及镇静催眠药地西泮可导致胎儿慢性中毒,产生中枢抑制、凝血功能障碍等。妊娠期妇女于分娩前2周使用某些药物,可能使胎儿出生时出现严重不良反应,如低血糖、心律失常、呼吸抑制,甚至死亡。因为新生儿的药物代谢系统不完善,尚不能独立承担全部药物的代谢和排泄,从而形成药物蓄积,呈现药物过量的表现。分娩期妇女使用镇痛药要掌握好用药时机,避免吗啡等镇痛药对新生儿呼吸产生抑制作用。哺乳期妇女用药后,有些药物可以进入乳汁,在授乳时药物进入哺乳儿体内,尤其是从乳汁排出量较高的药物如红霉素、氯霉素、磺胺甲噁唑、卡马西平、巴比妥类及地西泮,可在哺乳儿体内蓄积而引起中毒。哺乳期妇女应严格选用药物,必要时停止授乳。

(三)精神与心理因素

患者的精神状态和思想情绪与药物的疗效有密切关系。安慰剂(placebo)是不具有药理活性的物质,是使用赋形剂制成的与药物外形相似的制剂。安慰剂可对高血压、心绞痛、头痛、手术后疼痛、神经症等有一定的疗效,这可能是由患者的心理因素决定的。医护人员对患者主动关心,开导宽慰,帮助患者树立信心,使其正确对待疾病,有利于疾病的康复和痊愈。

(四)疾病因素

疾病对人体内环境和器官功能的影响,使药物的药效学和药动学发生一系列变化,药理效应增强或减弱。如严重肝功能不全者,因其肝的生物转化速率减慢,一些主要经肝代谢灭活的药物作用时间延长,而经肝活化的药物如可的松、泼尼松则作用减弱;肾功能不全可使经肾排泄的药物排出减慢,$t_{1/2}$延长。因此,肝、肾功能不良的患者连续用药时可适当延长给药间隔和(或)减少给药剂量,以防药物蓄积中毒。一些慢性疾病引起的低蛋白血症,可使药物的血浆蛋白结合率降低,血中游离型药物浓度增高,药效增强,甚至出现毒性反应。中枢抑制时,如巴比妥类药物中毒时,可耐受较大剂量中枢兴奋药而不引起惊厥;而中枢兴奋时又可耐受较大剂量的中枢抑制药。

(五)遗传因素

研究遗传因素对药物反应影响的科学称为遗传药理学(pharmacogenetics)。遗传基因的多态性决定了参与药动学及药效学的许多大分子物质如药物代谢酶、转运体及受体蛋白的结构和活性的多样性,使药效产生个体差异和种族差异。

药物代谢酶如N-乙酰化转移酶、细胞色素P450、单胺氧化酶等具有遗传多态性,在催化代谢活性上产生差异，影响药物的转化。N-乙酰化转移酶参与Ⅱ相乙酰化反应，是许多药物如异烟肼、对氨基水杨酸、磺胺类药的共同代谢酶，在人群中药物的代谢分为快代谢型和慢代谢型。服用等量异烟肼后，快代谢者对药物的灭活较快，$t_{1/2}$较短，血药浓度较低；慢代谢者与之相反。遗传多态性还存在种族差异，黄种人多为快代谢者，白种人多为慢代谢者。遗传多态性也影响药物的疗效及其不良反应。如 G6PD 缺乏者服用伯氨喹、阿司匹林及磺胺类药时易引起溶血反应。患者对华法林耐受是由于肝中华法林受体发生变异，与华法林亲和力降低。

（六）机体对药物反应的变化

1. 高敏性、低敏性和特异质 高敏性表现为量或质的不同。量方面的不同表现为少数患者对某种药物特别敏感，等量的药物可引起与一般患者性质相似而强度更大的药理效应，称为高敏性（hypersensitivity）；与此相反，个别患者对药物的敏感性较小，称为低敏性（hyposensitivity）。质方面的不同表现为个别患者对药物的反应与一般人比较有本质的不同，表现为特异质（idiosyncrasy），是遗传缺陷造成的特殊反应。

2. 耐受性 连续用药后产生药物效应下降称为耐受性（tolerance）。快速耐受性（tachyphylaxis）是指短时间内反复用药所产生的药物效应递减直至消失。如麻黄碱在短时间内连续应用数次，可迅速发生耐受性。交叉耐受性（cross tolerance）是指对一种药物产生耐受性后，在使用另一种同类药物时，即使这个药物是第一次被使用，也会出现耐受性的现象。

3. 耐药性 耐药性（resistance）是指应用化学治疗（简称化疗）药后病原体或肿瘤细胞对药物敏感性降低的现象，又称抗药性。这是化学治疗中普遍存在的问题。

4. 依赖性 依赖性（dependence）是指药物对机体造成的一种主观和客观需要连续用药的现象，表现为强迫性地连续或定期用药的行为和其他反应，目的是感受药物的精神效应，或是避免由于中断用药所引起的不适。药物依赖性分为下列两种类型。

（1）生理依赖性（physical dependence）：指中枢神经系统对长期使用依赖性药物所产生的一种适应状态。当机体在足量药物维持下可保持正常状态时，如突然停药，生理功能发生紊乱，出现一系列异常反应，称为戒断症状（withdrawal symptom）。

（2）精神依赖性（psychic dependence）：指药物在中枢神经系统产生的一种特殊的精神效应，患者有一种强烈渴求用药的意念，使其不顾一切地去寻求药物以满足自己的欲望。它与生理依赖性不同的是，突然停药后无明显的戒断症状出现。

依赖性药物中，大部分同时兼有精神依赖性和生理依赖性，且大多有耐受性，反复用药后必须加大剂量才能获得原有的效应。药物滥用（drug abuse）是指反复、大量使用与医疗目的无关的依赖性药物或物质，是造成依赖性的重要原因，对用药者本人和社会都会造成严重的危害。被列为国际管制的依赖性药物包括：麻醉药品，如阿片类、可卡因、大麻；精神药品，如镇静催眠药、中枢兴奋药、致幻剂等；其他还有烟草、酒精、挥发性有机溶剂等。

（七）生物节律

生物体的各种功能活动，随着季节和时间的改变而呈现某种有规律性的变化，称为生物节律或生物周期。在这种周期性节律变化中，研究最多的是昼夜节律（circadian rhythm）。时辰药理学（chronopharmacology）是研究药物与机体相互作用规律中的时间节律的科学，是近年发展起来的药理学的分支学科。机体的生物活动如体温、血压、肾上腺皮质激素的分泌及尿钾的排泄等均呈昼夜节律变化。如肾上腺皮质激素的自然分泌峰值在早晨 7 时至 8 时，随后分泌逐渐减少，至午夜降为最低值。若采用早晨一次给药，对腺垂体促皮质激素释放的抑制程度最轻，可降低由于肾上腺皮质萎缩而引起的医源性肾上腺皮质功能减退症的发生。

药物作用受机体昼夜节律的影响。在一天的不同时间给药可使药物效应、不良反应及体内过程表现出明显的差别。如早上口服茶碱类药物，其血药浓度比其他时间给药高；吲哚美辛早上服药的血药浓度比晚上服药高，达峰时间短；水杨酸类药物上午给药排泄慢，晚上给药排泄快。药物作用也受季节的影响。夏季维生素 D 的代谢产物 25-羟维生素 D 的水平高于冬季，这可能与夏天机体接受较多的阳光照射有关。

二、药物方面的因素

（一）剂量和剂型

《中华人民共和国药典临床用药须知》中对药物的治疗量或常用量有明确的规定。极量即最大治疗量比治疗量大，比最小中毒量小，对大多数人并不引起毒性反应，但个别患者使用极量可引起毒性反应。因此，除非特殊情况，一般不采用极量，更不应超过极量。

同一种药物可有不同的剂型，以满足不同给药途径的需要。常用剂型有溶液剂、糖浆剂、片剂、胶囊剂、颗粒剂、注射液、气雾剂、贴剂、膜剂及栓剂等。同一种药物的不同剂型，生物利用度常不同。口服给药时，液体制剂比固体制剂吸收快，肌内注射时不同剂型的吸收速度为水溶液＞混悬剂＞油剂。

缓释制剂和控释制剂在消化道内缓慢均匀地释放，逐步吸收，血药浓度逐渐上升达峰浓度，可维持较长时间的临床疗效，具有作用持续时间长、作用稳定、避免因血药浓度过高引起不良反应的优点。

经皮给药的剂型如硝酸甘油膜剂，可贴在前胸，药物直接透皮缓慢吸收，达到预防心绞痛发作的目的，且作用持久，无首过效应。脂质体靶向给药系统是以免疫脂质体作为药物的载体，将药物大量带到靶细胞的新技术。由于免疫脂质体与细胞膜，尤其是与肿瘤细胞膜具有高亲和力，故可以增加药物在肿瘤细胞中的分布，而减少其在正常组织细胞中的分布，从而提高疗效，减少不良反应。

（二）给药途径

不同的给药途径，可因药物的吸收、分布、代谢和排泄的不同而使药物效应的强弱不同，个别药物甚至出现质的差异。如硫酸镁口服给药产生缓泻和利胆作用，肌内注射则产生抗惊厥和降压作用。临床上应根据患者的具体情况，选择适当的给药途径，充分发挥药物的治疗作用，减少不良反应的发生。

常用给药途径及特点如下。

1. 口服给药 是最常用的给药途径，特点是简便、经济、安全，适用范围广，但吸收较慢且不规则，易受胃内容物的影响，危急和昏迷患者不宜应用。

2. 舌下给药 药物经口腔黏膜吸收而发挥全身作用，无首过效应，不被胃肠道破坏，但只适用于少数用药量较小且脂溶性高的药物，如硝酸甘油。

3. 直肠给药 药物经直肠黏膜吸收到血液循环，无首过效应。因其用药不方便，临床比较少用。

4. 注射给药 主要包括皮下注射、肌内注射、静脉注射和静脉滴注等。优点是剂量准确，起效迅速，疗效确切。注射给药适用于需快速产生药效、处于昏迷状态及呕吐不止的患者；也适用于容易在胃肠破坏或胃肠不易吸收的药物等。

5. 吸入给药 挥发性药物经呼吸道黏膜吸收，产生局部作用或全身作用。如吸入性麻醉药，通过肺泡扩散进入血液循环，产生全身作用；沙丁胺醇气雾剂吸入给药可治疗哮喘。

此外还有滴眼、滴鼻、喷喉、外敷、皮肤外搽等局部给药方法，这些方法可发挥局部治疗作用。

（三）给药时间及疗程

每天用药次数及给药间隔时间对于维持稳定的有效血药浓度甚为重要。临床用药时，主要根据药物的 $t_{1/2}$ 及患者的具体情况决定给药的间隔时间，防止血药浓度过高产生毒性反应或过低而不能产生疗效。疗程长短应根据疾病性质和病情特点而定，一般在症状消失后即可停药。但用抗菌药治疗感染性疾病时，在症状消失后尚需用药一段时间，目的是巩固疗效和避免耐药性的产生。长期应用糖皮质激素、β受体阻断药等，如需停药则要逐渐减量，不宜突然停药，否则可导致反跳现象发生。

用药时间应根据药物性质及其吸收情况、对消化道的刺激、需要药物发生作用的时间等因素综合考虑。易受胃酸影响的药物宜饭前服，对胃肠有刺激的药物宜饭后服，催眠药宜临睡前服。糖尿病患者应用胰岛素时，应根据不同制剂的特点选择合适的给药时间。

（四）联合用药及药物相互作用

临床上合用两种或两种以上的药物时，由于药动学或药效学的原因，会改变它们单独应用时所产生的效应，可能出现药理作用增强，称为协同作用（synergism）；或药理作用减弱，甚至消失，称为拮抗作用（antagonism）。联合用药可引起疗效提高、毒性减弱，或疗效减弱、毒性增加。因此，在联合用药时，应利用药物间的相互作用提高疗效和减少不良反应，避免导致疗效降低或出现意外的联合用药。

1. 药动学方面的相互作用

（1）吸收：四环素、地高辛等药物与含二价或三价阳离子的药物如抗酸药合用时，可以形成难溶的复合物而减少前者的吸收。抗胆碱药阿托品、溴丙胺太林等可抑制胃肠运动，延缓药物的吸收；甲氧氯普胺可促进胃排空而加速药物的吸收。改变胃肠道pH的药物可影响其他药物的崩解度、解离度和稳定性而影响其他药物的吸收。苯妥英钠和呋塞米合用时，前者可影响消化道黏膜的完整性而影响后者的吸收。

（2）分布：大多数药物在血中不同程度地与血浆蛋白结合。同时应用两种以上药物时，它们可发生与血浆蛋白结合的竞争作用，产生蛋白结合置换，改变血浆蛋白结合率，影响药物作用。如香豆素类口服抗凝血药与血浆蛋白的结合可被水杨酸类药物置换，从而使抗凝作用增强，甚至引起出血。

（3）代谢：某些药物可通过对药酶的作用而影响另一种药物的作用。如药酶诱导剂苯巴比妥、苯妥英钠、利福平等使肝药酶活性增加，加速其他在肝代谢药物的消除，而使这些药物的作用减弱；药酶抑制剂氯霉素、氯丙嗪、异烟肼、西咪替丁等抑制肝药酶活性，使其他在肝代谢药物的消除减慢，增强和延长这些药物的药理作用。某些食物也与药物产生相互作用。例如，食物中的酪胺在肠道和肝内被单胺氧化酶灭活，若在服用单胺氧化酶抑制药期间，食用酪胺含量高的食物如奶酪、肉干、葡萄酒，大量未经灭活的酪胺到达肾上腺素能神经末梢，引起去甲肾上腺素大量释放，使动脉血压急剧上升，甚至出现心律失常、高血压危象而危及生命。

（4）排泄：某些药物通过对尿液pH的影响，改变另外一些药物在尿液中的解离度，影响这些药物的排泄。如碱化尿液可促进酸性药物的排泄，而减慢碱性药物的排泄；相反，酸化尿液可促进碱性药物的排泄，而减少酸性药物的排泄。有些药物也可通过改变另一种药物在肾小管的主动分泌而影响其排泄。

2. 药效学方面的相互作用 由于药物相互作用而改变药物的药理作用的主要方式有以下几种。

（1）生理性协同或拮抗：同时合用药理作用相同或相似的药物，可能发生协同作用，表现为药效增强或不良反应增加。例如，服用镇静催眠药后饮酒可增强中枢抑制作用；抗凝血药华法林与抑制血小板功能的药物阿司匹林合用，可加强前者的抗凝作用，甚至诱发出血。作用相反的两种药物合用，可产生拮抗作用。如苯巴比妥和咖啡因合用，可使前者的催眠作用减弱。

（2）受体水平的协同或拮抗：抗胆碱药阿托品与具有抗胆碱作用的氯丙嗪合用，可引起胆碱能神经功能过度低下的中毒症状，表现为中毒性精神病。β受体激动药和阻断药，可在各脏器组织上的β受体部位产生相互作用，拮抗激动药的药理作用。

（3）干扰神经递质的转运：抗高血压药胍乙啶与三环类抗抑郁药丙米嗪合用时，后者可抑制胍乙啶的再摄取，降低或消除胍乙啶的降压作用。

3. 药物在体外的相互作用 两种或两种以上药物在体外相互混合时发生物理或化学的相互作用，改变药物的性质，从而影响药物疗效或产生毒性反应，称为配伍禁忌（incompatibility）。如去甲肾上腺素和肾上腺素在碱性溶液中易被氧化失效；青霉素不能加入氨基酸营养液中，因青霉素在此溶液中容易被降解，可形成导致过敏反应的复合物，造成严重的临床后果。药物在体外相互混合时也可发生一种药物使另一种药物失效，从而达不到预期治疗效果的现象。如各种氨基酸营养液中都不得加入任何药物，因为一些对酸不稳定的药物在氨基酸液中容易被降解而失效。临床上静脉滴注药物时，要遵守"常见药物配伍禁忌"的规定。

三、其他因素

烟酒、饮料、水果和蔬菜等均可对药物的药理作用产生影响。吸烟者应用咖啡因、氨茶碱时，药物的清除率明显高于不吸烟者。酒精与多种中枢神经系统药物如巴比妥类、苯二氮䓬类、水合氯醛具有协同作用，可增强后者的药理效应。葡萄柚汁中的 6′,7′- 二羟基香柠檬亭和香柠檬亭抑制人体肝微粒体酶系统中的 CYP3A4，从而对主要通过该酶催化代谢的药物的药动学产生明显的影响，如常用的二氢吡啶类、苯二氮䓬类、羟甲基戊二酰辅酶 A（HMG-CoA）还原酶抑制药等。

第二节 合理用药原则

合理用药的原则是充分发挥药物的疗效，避免或减少不良反应，以安全、有效、方便、经济为基本要求。

1. 明确诊断 对患者做出临床诊断时涉及生物化学、病原学、影像学、病理学等多方面的检查，后者为正确的诊断提供依据。对疾病的正确诊断是合理用药的基础。

2. 根据患者个体情况及药物的特点选药 应根据药效学、药动学规律及患者的具体情况选药，力求达到给药方案个体化。严格掌握药物适应证和禁忌证，选择安全、有效的药物。避免不必要的联合用药。

3. 排除降低药物疗效的因素 为达到药物的预期疗效应排除能降低药物疗效的各种因素。

4. 对因和对症治疗兼顾 在采用对因治疗的同时，注意发挥患者内在的抗病能力，给予必要的支持疗法。

5. 采用经济适用的药物 从药物经济学的观点出发，在满足临床需要、安全有效的前提下，尽量选用价格合理、使用方便的药物，优先考虑《国家基本药物目录》中的药物。

6. 不断完善用药方案 在确定药物的剂型、给药途径及疗程后，随时评价药物的疗效，必要时实施血药浓度监测，及时调整给药方案以达到预期目的。

> **知识拓展**
>
> **药物经济学与合理用药**
>
> 　　药物经济学是一门应用经济学原理和方法研究和评估药物治疗成本与效果及其关系的边缘学科。药物经济学的主要研究任务是从药物成本和治疗效果两个角度出发,通过成本分析,对比不同的药物治疗方案或比较药物治疗方案与其他非药物治疗方案的优劣,在达到较好疗效的基础上,降低用药成本,选出最佳的治疗方案。药物经济学理论作为评价合理用药的方法,可以是前瞻性的,也可以是回顾性的,成本与结果是药物经济学研究的两大基本要素。药物经济学最常用的评价方法包括最小成果分析、成本 - 效果分析、成本 - 效益分析及成本 - 效用分析。医务人员从药物经济学的观点出发,在满足临床需要、安全有效的前提下,优先选择《国家基本药物目录》中的药物,尽量选用价格合理、使用方便的药物,保证有限的社会卫生保健资源发挥最大的效用,这也是合理用药的重要内容。

思 考 题

1. 影响药物效应的因素有哪两大方面?请举例说明。
2. 简述临床合理用药的原则。
3. 综合运用所学知识,简述如何在妊娠、分娩及哺乳期合理用药。

（刘艳霞）

第五章

传出神经系统药理学概论

第五章数字资源

> **案例 5-1**
>
> 患者，女，75 岁，患有慢性心功能不全，因消化道大出血收入 ICU 治疗。血压 80/40 mmHg，心率快，少尿。给予相应抗生素和液体输注后，尝试应用去甲肾上腺素改善血压。
>
> 问题：
> 1. 去甲肾上腺素的预期作用是什么？
> 2. 该作用的主要机制是什么？

传出神经系统（efferent nervous system）是支配外周骨骼肌、心肌、平滑肌和腺体的神经系统。本章从其分类、神经冲动的传递过程、神经递质和受体，以及影响胆碱能和去甲肾上腺素能神经药物的作用部位进行介绍。

第一节 传出神经系统分类

从解剖结构角度，传出神经系统包括自主神经系统（autonomic nervous system）和运动神经系统（motor nervous system）。根据形态结构和生理功能不同，自主神经系统又分为交感神经系统（sympathetic nervous system）和副交感神经系统（parasympathetic nervous system）。自主神经主要支配心脏、血管、腺体、内脏器官和平滑肌等效应器，运动神经主要支配骨骼肌效应器。交感神经和副交感神经从中枢发出后，需在神经节更换神经元，再到达效应器，因此有节前和节后纤维之分。运动神经仅支配骨骼肌，自中枢发出后不更换神经元，故无节前和节后纤维之分。

根据传出神经末梢释放的神经递质的不同，将传出神经分为胆碱能神经（cholinergic nerve）和去甲肾上腺素能神经（noradrenergic nerve）两类。胆碱能神经兴奋时，其末梢释放的递质是乙酰胆碱（acetylcholine，ACh），这类神经包括：①全部交感神经和副交感神经节前纤维；②全部副交感神经节后纤维；③少数交感神经节后纤维（如支配汗腺的神经、骨骼肌血管舒张神经）；④运动神经。去甲肾上腺素能神经兴奋时，其末梢释放的递质是去甲肾上腺素（norepinephrine，NE；noradrenaline，NA），大多数交感神经节后纤维属于此类。自主神经系统的神经分布和效应器见图 5-1。

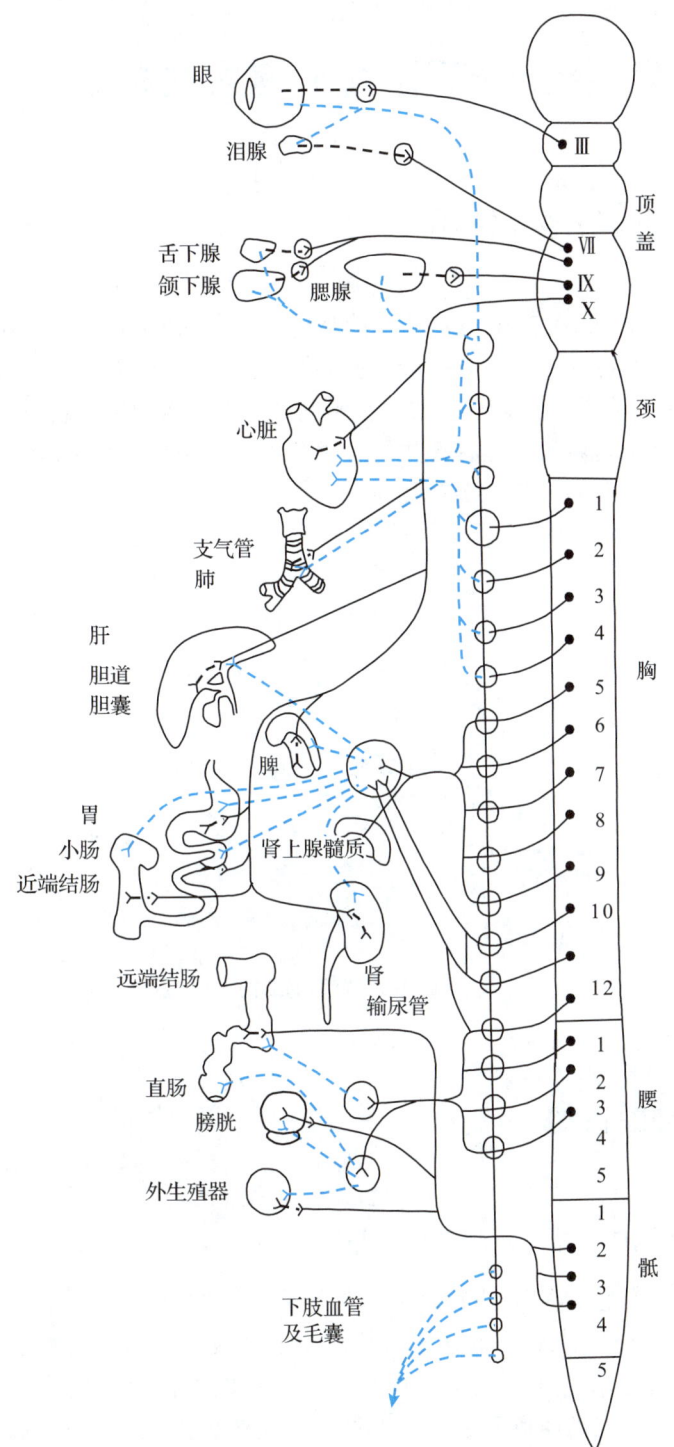

图 5-1 自主神经系统的神经分布和效应器示意图
黑实线：胆碱能神经节前纤维；黑虚线：胆碱能神经节后纤维；
蓝虚线：去甲肾上腺素能神经节后纤维。

近年来除交感和副交感神经外，肠神经系统（enteric nervous system）日益受到人们的关注。该系统涉及多种神经肽和递质，如 5-羟色胺、多巴胺、腺苷三磷酸、一氧化氮、P 物质和神经肽等，与经典的自主神经系统互相调控、共同协调调节胃肠道功能。

第二节 传出神经系统的递质与神经冲动传递

一、突触的结构与神经传递

神经末梢与次一级神经元或效应器的连接结构称为突触（synapse）。神经末梢与次一级神经元或效应器细胞之间存在 15～1000 nm 的间隙，称为突触间隙（synaptic cleft）。靠近突触间隙的神经末梢细胞膜称为突触前膜，靠近突触间隙的次一级神经元或效应器细胞膜称为突触后膜。突触前膜、突触间隙和突触后膜共同组成突触（图 5-2）。突触是信息传递的关键部位，递质（transmitter）则是信息传递的关键物质。

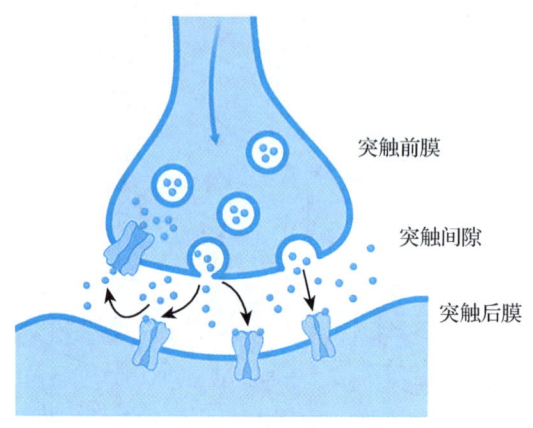

图 5-2　突触的结构

二、胆碱能神经传递

（一）ACh 的合成、贮存、释放和失活

ACh 的主要合成部位是胆碱能神经末梢细胞质，由胆碱和乙酰辅酶 A 在胆碱乙酰化酶（choline acetyltransferase，ChAT）催化下合成。ACh 形成后，即进入囊泡（vesicle），与 ATP 和囊泡蛋白共同贮存于囊泡中。当神经冲动传导至胆碱能神经末梢时，神经末梢产生去极化，细胞膜上的电压门控钙通道开放，Ca^{2+} 内流，细胞质内 Ca^{2+} 浓度升高，导致囊泡向突触前膜靠近并与突触前膜融合形成裂孔，囊泡中的递质及内容物释放入突触间隙，此过程称为胞裂外排或胞吐作用（exocytosis）。囊泡中 ACh 的释放呈量子式，每一个囊泡的 ACh 释放量就是一个量子。神经冲动所致的胞吐作用可有 200～300 个或以上囊泡同时释放 ACh。释放入突触间隙的 ACh 一方面作用于相应的胆碱受体，产生效应；另一方面被突触间隙中的乙酰胆碱酯酶（acetylcholinesterase，AChE）水解，形成乙酸和胆碱，失去其生物活性。部分胆碱（总量的 1/3～1/2）通过神经末梢的主动转运过程被重新摄入细胞质，供 ACh 合成之用（图 5-3）。

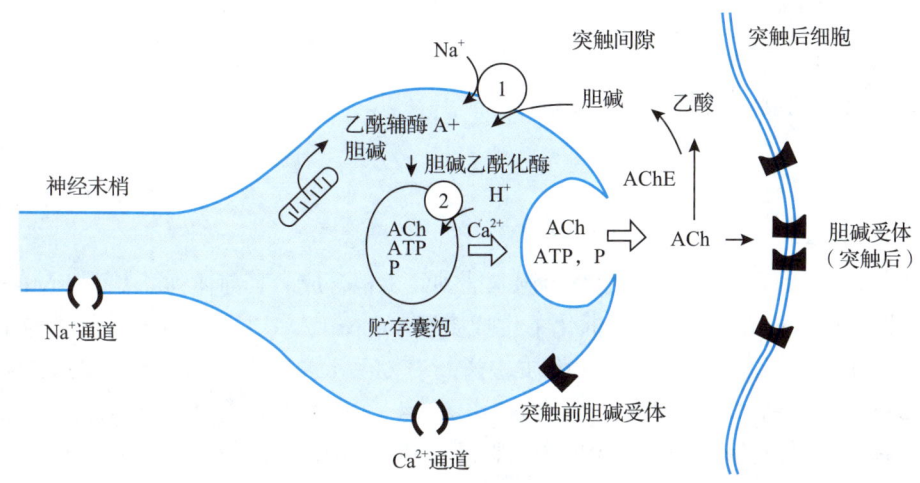

图 5-3 乙酰胆碱的合成、贮存、释放和失活过程示意图
①胆碱以 Na^+ 梯度为能量转入神经末梢；②乙酰胆碱通过以质子外流为能量的载体转入囊泡中贮存；ACh：乙酰胆碱；ATP：腺苷三磷酸；P：多肽

（二）胆碱受体及其信号转导过程

胆碱受体分为两大类：M 胆碱受体和 N 胆碱受体。M 胆碱受体（毒蕈碱型胆碱受体）以对毒蕈碱（muscarine）敏感而命名；N 胆碱受体（烟碱型胆碱受体）以对烟碱（nicotine）敏感而命名。

1. M 胆碱受体 简称 M 受体，属于 G 蛋白偶联受体（G protein-coupled receptor），主要分布于胆碱能神经节后纤维所支配的效应器，如心脏、胃肠平滑肌、膀胱逼尿肌、瞳孔括约肌和各种腺体。M 受体家族可分为五种亚型，分别命名为 M_1、M_2、M_3、M_4 和 M_5 受体。M_1 受体主要分布于胃壁细胞、神经节和中枢神经系统；M_2 受体主要分布于心脏、脑、自主神经节和平滑肌；M_3 受体主要分布于外分泌腺、平滑肌、血管内皮、脑和自主神经节；M_4 和 M_5 受体主要分布于中枢神经系统。

ACh 与 M 受体（M_1 或 M_3 受体）结合，激活其偶联的 G 蛋白而激活下游的磷脂酶 C，促进磷脂酰肌醇分解为肌醇三磷酸（IP_3），IP_3 促进内质网贮存的 Ca^{2+} 释放，细胞质内 Ca^{2+} 浓度升高，从而平滑肌收缩、腺体分泌增加。

心脏的 M_2 受体与 ACh 结合后，激活相偶联的对百日咳毒素敏感的 G 蛋白，从而激活 ACh 敏感性钾通道（K_{ACh}），缩短心肌动作电位时程；抑制腺苷酸环化酶（AC）使 cAMP 水平降低而使心脏起搏电流（I_f）减弱、自律性下降；抑制 L 型钙通道，减弱心肌收缩力、减慢房室结传导。

2. N 胆碱受体 简称 N 受体，根据分布不同，分为 N_M 受体（muscle-type nicotinic receptor，N_2 receptor）和 N_N 受体（neuronal nicotinic receptor，N_1 receptor）。N_M 受体分布于神经肌肉接头（骨骼肌细胞膜），N_N 受体分布于神经节。N_M 受体和 N_N 受体均是配体门控阳离子通道型受体，当 ACh 与 N 受体结合后，N 受体的空间构象发生改变，离子通道开放，Na^+、Ca^{2+} 进入细胞内，产生局部去极化。当去极化水平达到钠通道开放阈值时，钠通道开放，引发动作电位。具有 N_M 受体的骨骼肌细胞表现为细胞内 Ca^{2+} 释放，肌肉收缩；具有 N_N 受体的神经节次一级神经元表现为兴奋的继续传递。

三、去甲肾上腺素能神经传递

（一）去甲肾上腺素的合成、贮存、释放和失活

去甲肾上腺素（NA）主要在去甲肾上腺素能神经末梢合成。其前体为酪氨酸（tyrosine），在酪氨酸羟化酶（tyrosine hydroxylase）催化下生成多巴（dopa），多巴再经多巴脱羧酶催化生成多巴胺（dopamine，DA），上述步骤在细胞质中进行。随后 DA 进入囊泡，经多巴胺-β-羟化酶（dopamine-β-hydroxylase，DβH）催化，生成 NA（图 5-4）。在肾上腺髓质嗜铬细胞中，NA 在苯乙醇胺-N-甲基转移酶催化下，进一步生成肾上腺素（adrenaline，AD；epinephrine，Epi）。酪氨酸羟化酶活性较低、催化反应速度较慢、底物要求专一性高，是儿茶酚胺类（catecholamines）递质生物合成过程中的限速酶。当细胞质中 DA 或游离的 NA 浓度增高时，对酪氨酸羟化酶有反馈性抑制作用；反之，当细胞质中 DA 或游离的 NA 浓度降低时，对该酶抑制作用减弱，催化反应加速。

NA 形成后，与 ATP 和嗜铬颗粒蛋白结合贮存于囊泡中。

当神经冲动到达末梢时，Ca^{2+} 进入神经末梢，囊泡与突触前膜融合，囊泡内容物（NA、ATP、DA 和 DβH 等）一并排出至突触间隙。释放的递质即与突触后膜（或突触前膜）的受体结合，产生生物学效应。

NA 的失活主要依赖神经末梢再摄取并重新贮存。突触前膜通过耗能的胺泵（amine pump）将突触间隙的 NA 主动转运入神经末梢，使之作用消失，称为摄取 1（uptake 1），其摄取量为释放量的 75%~95%。摄入神经末梢内的 NA 可进入囊泡贮存，以供再次释放。未进入囊泡的 NA 可被线粒体膜上的单胺氧化酶（monoamine oxidase，MAO）破坏。非神经组织如心肌、平滑肌等也能摄取 NA，称为摄取 2（uptake 2），摄入的 NA 被细胞内的儿茶酚-O-甲基转移酶（catechol-O-methyltransferase，COMT）和 MAO 所降解失活。此外尚有少部分 NA 释放后从突触间隙扩散到血液中，被肝、肾等组织的 COMT 降解（图 5-4）。

（二）肾上腺素受体及其信号转导过程

肾上腺素受体属于 G 蛋白偶联受体，分为 α 肾上腺素受体和 β 肾上腺素受体。

1. α 肾上腺素受体 根据 α 肾上腺素受体（简称 α 受体）的作用特性与分布不同，可将其分为两种亚型，即 $α_1$ 受体和 $α_2$ 受体。$α_1$ 受体又分为 $α_{1A}$、$α_{1B}$ 和 $α_{1D}$ 受体三种亚型，主要分布于血管平滑肌、瞳孔开大肌、心脏及肝，可被去氧肾上腺素或甲氧明激动，被哌唑嗪拮抗。$α_2$ 受体又分为 $α_{2A}$、$α_{2B}$、$α_{2C}$ 受体三种亚型，主要分布于血管平滑肌、血小板、脂肪细胞、肾上腺素能及胆碱能神经末梢，可被可乐定激动，被育亨宾拮抗。

α 受体激动药与 $α_1$ 受体结合后，激活 G 蛋白，进而磷脂酶 C 的激活促进聚磷脂酰肌醇的水解，使甘油二酯（DAG）和肌醇三磷酸（IP_3）的生成增加。DAG 激活蛋白激酶 C，促进下游底物磷酸化而产生相应的效应；IP_3 促进内质网贮存的 Ca^{2+} 释放，使细胞内 Ca^{2+} 浓度升高而产生相应的效应。

2. β 肾上腺素受体 β 肾上腺素受体（简称 β 受体）分为 $β_1$、$β_2$、$β_3$ 受体三种亚型。$β_1$ 受体主要分布于心脏、球旁细胞（juxtaglomerular cell）；$β_2$ 受体主要分布于平滑肌、骨骼肌和肝；$β_3$ 受体主要分布于脂肪细胞。

所有 β 受体亚型与 β 受体激动药结合后，均能通过偶联的 G 蛋白兴奋腺苷酸环化酶（adenylate cyclase，AC），使细胞内 cAMP 增加，依赖 cAMP 的蛋白激酶被激活，从而使不同蛋白底物磷酸化而产生不同效应。

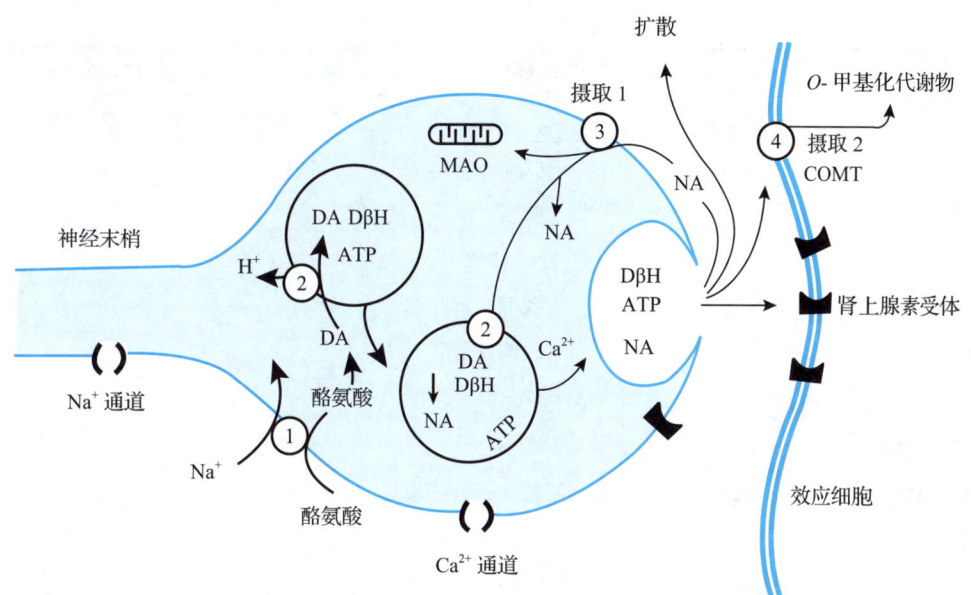

图 5-4　去甲肾上腺素的合成、贮存、释放和失活过程示意图
①酪氨酸经 Na⁺ 相关载体摄入；②将 DA、NA 及其他胺类摄入囊泡的载体；③摄取 1；④摄取 2；
ATP：腺苷三磷酸；NA：去甲肾上腺素；COMT：儿茶酚 -O- 甲基转移酶；MAO：单胺氧化酶；
DA：多巴胺；DβH：多巴胺 -β- 羟化酶。

第三节　传出神经系统的功能及作用于传出神经系统的药物

机体大多数器官，如心脏、平滑肌、腺体，均接受去甲肾上腺素能神经和胆碱能神经双重支配。多数情况下，这两类神经兴奋时所产生的效应是互相拮抗的。然而正是由于它们对立统一的作用，才维持了机体功能的协调一致。自主神经系统的受体分布及激动效应见表 5-1。

表 5-1　自主神经系统的受体分布及激动效应

效应器	去甲肾上腺素能神经兴奋		胆碱能神经兴奋	
	受体	效应	受体	效应
眼睛				
瞳孔开大肌	α_1	收缩（散瞳）		
瞳孔括约肌			M（M_3）	收缩（缩瞳）
睫状肌	β_2	松弛（远视）	M（M_3）	收缩（近视）
心脏				
窦房结	β_1, β_2	心率加快	M（M_2）	自律性降低，心率减慢
房室结	β_1, β_2	自律性增高，传导加快	M（M_2）	传导减慢
希 - 浦传导系统	β_1, β_2	传导加快	M（M_2）	传导减慢
心肌	β_1, β_2	收缩增强，传导加快	M（M_2）	收缩减弱
血管平滑肌				
皮肤、黏膜	α_1, α_2	收缩	M（M_2）	舒张
腹腔内脏	α_1; β_2	收缩；舒张	M（M_2）	舒张

续表

效应器	去甲肾上腺素能神经兴奋		胆碱能神经兴奋	
	受体	效应	受体	效应
冠状血管	α_1, α_2; β_2	收缩；舒张	M (M_2)	舒张
骨骼肌	α; β_2	收缩；舒张	M (M_2)	舒张
脑	α_1	收缩	M (M_2)	舒张
肾	α_1, α_2; β_1, β_2	收缩；舒张		
静脉	α_1, α_2; β_2	收缩；舒张		
肺				
支气管平滑肌	β_2	舒张	M (M_3)	收缩
支气管腺体	α_1; β_2	分泌减少；分泌增加	M (M_3)	分泌增加
唾液腺	α_1	K^+和水分泌	M (M_3)	K^+和水分泌
	β	淀粉酶分泌		
胃				
运动和张力	α_1, α_2; β_2	减弱	M (M_3)	增强
括约肌	α_2; β_2	收缩	M (M_3)	松弛
分泌			M (M_1)	增加
肠				
运动和张力	α_1, α_2; β_1, β_2	减弱	M (M_3)	增强
括约肌	α_1	收缩	M (M_3)	松弛
分泌	α_2	减少	M (M_3)	增加
胆囊与胆道	β_2	舒张	M	收缩
膀胱				
逼尿肌	β_2	松弛	M (M_2)	收缩
括约肌	α_1	收缩	M	松弛
子宫	α_1; β_2	妊娠：收缩（α_1）	M	未定
		松弛（β_2）		
		未妊娠：松弛（β_2）		
皮肤汗腺	α_1	局部分泌（手心、脚心）	M	分泌
代谢				
肝糖原异生	α_1; β_2	增加		
肝糖原分解	α_1; β_2	增加		
脂肪分解	β_3	增加		
肾上腺髓质			N_N (N_1)	分泌
骨骼肌	β_2	收缩	N_M (N_2)	收缩

作用于传出神经系统的药物可通过多环节发挥其作用，如影响递质的生物合成、贮存、释放及再摄取，或者直接激动或拮抗受体。作用于自主神经系统的药物的主要作用机制及效应见表5-2。

表 5-2　作用于自主神经系统的药物

作用机制	所作用的自主神经	药物	效应
干扰递质合成	胆碱能神经	胆碱乙酰化酶抑制药	抑制 ACh 生成，使 ACh 耗竭
	去甲肾上腺素能神经	α-甲基酪氨酸	耗竭 NA
与递质前体的代谢通路相同	去甲肾上腺素能神经	甲基多巴	形成伪递质，替代 NA
阻断神经末梢的转运系统	去甲肾上腺素能神经	可卡因，丙米嗪	NA 在受体部位堆积
	胆碱能神经	密胆碱	阻断胆碱的摄取，使 ACh 耗竭
阻断囊泡膜转运系统	去甲肾上腺素能神经	利血平	抑制囊泡摄取 NA，NA 被单胺氧化酶破坏，神经末梢递质耗竭
	胆碱能神经	vesamicol	抑制 ACh 贮存
促进神经末梢胞吐作用或替代神经末梢的递质	胆碱能神经	latrotoxins	先发挥拟胆碱作用，之后表现为抗胆碱作用
	去甲肾上腺素能神经	酪胺，苯丙胺	拟交感作用
抑制递质释放	胆碱能神经	肉毒毒素	抗胆碱作用
	去甲肾上腺素能神经	溴苄铵，胍那决尔	抗肾上腺素作用
拟似递质，激动受体	M 受体	毒蕈碱，醋甲胆碱	拟胆碱作用
	N 受体	尼古丁，地棘蛙素	拟胆碱作用
	α_1 受体	去氧肾上腺素	拟交感作用
	α_2 受体	可乐定	拟交感作用（外周），减少交感传出（中枢）
	β_1 和 β_2 受体	异丙肾上腺素	非选择性 β 受体激动作用
	β_1 受体	多巴酚丁胺	选择性兴奋心脏（也激动 α_1 受体）
	β_2 受体	特布他林	选择性抑制平滑肌收缩
阻断受体	M 受体	阿托品	M 受体阻断作用
	N_M 受体	氯化筒箭毒碱	神经肌肉阻滞
	N_N 受体	曲美芬	神经节阻滞
	α 受体	酚苄明	α 去甲肾上腺素能神经阻滞（不可逆）
		酚妥拉明	α 去甲肾上腺素能神经阻滞（可逆）
	β_1 和 β_2 受体	普萘洛尔	β 去甲肾上腺素能神经阻滞
	β_1 受体	美托洛尔	选择性去甲肾上腺素能神经阻滞（心脏）
抑制递质的代谢酶	胆碱能神经	抗胆碱酯酶药	拟胆碱作用（M 受体）；去极化型阻滞作用（N 受体）
	去甲肾上腺素能神经	单胺氧化酶抑制药（帕吉林，反苯环丙胺）	增强酪胺作用，直接的交感兴奋作用弱

思 考 题

1. 请分别从解剖学和药理学角度叙述传出神经系统的分类。
2. 胆碱能神经系统的递质是什么？介绍其合成、贮存、代谢和产生效应的过程。
3. 胆碱受体有哪几种？主要的分布部位和效应分别是什么？
4. 去甲肾上腺素能神经递质是什么？介绍其合成、贮存、代谢和产生效应的过程。
5. 肾上腺素受体有哪几种？主要的分布部位和效应分别是什么？
6. 作用于传出神经系统的药物的作用方式有哪些？
7. 患者，男，32岁，因急性胃炎入院治疗。每次给予 1 mg 阿托品静脉注射和 40 mg 奥美拉唑静脉注射。治疗后，患者反酸症状和上腹疼痛消失。请回答：

阿托品用于急性胃炎治疗的机制是什么？

（潘　燕）

第六章 胆碱受体激动药

第六章数字资源

案例 6-1

患者，女，62岁，近半年出现左眼胀痛，伴视物模糊，时有头痛等症状。3日前患者突感左侧剧烈头痛，视力下降明显。查体：左眼视力0.1，右眼视力0.4；左眼压35 mmHg，右眼压18 mmHg；角膜轻度水肿，左眼房角粘连，前房变浅，瞳孔对光反射迟钝。诊断为"急性闭角型青光眼"。给予2%毛果芸香碱控制眼压，对症治疗。用药2日后患者出现流涎、流泪、上腹不适。

问题：
1. 毛果芸香碱的作用机制是什么？为什么可以治疗青光眼？
2. 用药2日后患者出现流涎、流泪、上腹不适的原因是什么？
3. 为减少不良反应，使用毛果芸香碱滴眼时应嘱咐患者注意什么？

胆碱受体激动药（cholinoceptor agonist）是一类能直接激动胆碱受体，产生与胆碱能神经递质乙酰胆碱（acetylcholine，ACh）相似作用的药物。ACh为重要的内源性神经递质，能激动M受体和N受体，故按其对胆碱受体亚型的选择性可将其分为：①M胆碱受体激动药，如毛果芸香碱、醋甲胆碱；②N胆碱受体激动药，如烟碱、洛贝林。

第一节 M胆碱受体激动药

M胆碱受体激动药简称M受体激动药，包括两类：①胆碱酯类药物，如ACh、醋甲胆碱和卡巴胆碱，既可激动副交感神经节后纤维所支配的效应器上的M受体，又可激动神经节上的N_N受体和骨骼肌上的N_M受体，但以M受体兴奋作用为主；②天然拟胆碱生物碱类药物，如毛果芸香碱，主要激动M受体。

一、胆碱酯类药物

胆碱酯类包括乙酰胆碱（ACh）和合成的胆碱酯类，如醋甲胆碱、卡巴胆碱和贝胆碱。合成的胆碱酯类提高了药物对受体的选择性，延长了作用时间。

➤ 乙酰胆碱（acetylcholine，ACh）

ACh 是胆碱能神经递质，其化学结构见图 6-1，其化学性质不稳定，遇水易分解，在体内易被乙酰胆碱酯酶（acetylcholinesterase，AChE）迅速水解而失活，且作用十分广泛，选择性差，故无临床应用价值。目前 ACh 仅作为药理学研究中的工具药，但 ACh 作为重要的内源性神经递质，熟悉其生理、药理作用是非常必要的。

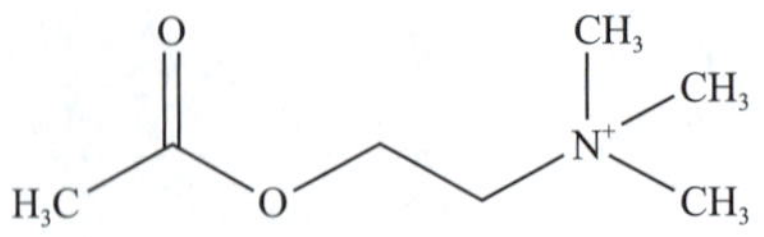

图 6-1 乙酰胆碱化学结构

【药理作用与作用机制】ACh 可直接激动 M 受体和 N 受体，产生 M 样作用（毒蕈碱样作用）和 N 样作用（烟碱样作用）。

1. M 样作用 静脉注射小剂量 ACh 即可激动 M 受体，产生与兴奋副交感神经节后纤维相似的效应。

（1）心血管系统：在心脏，胆碱能神经主要分布于心房肌、窦房结、房室结、浦肯野纤维等，在心室肌分布较少。ACh 激动心脏 M_2 受体，产生负性频率作用（negative chronotropic effect）、负性传导作用（negative dromotropic effect）和负性肌力作用（negative inotropic effect）。在整体状态下，上述作用可因反射性交感神经兴奋而减弱。

静脉注射小剂量 ACh，可舒张血管，产生一过性血压下降，伴随反射性心率加快；大剂量可引起心率减慢和房室传导减慢。ACh 的血管扩张作用主要是由于其激动血管内皮细胞的 M_3 受体，导致内皮细胞依赖性舒张因子一氧化氮（nitric oxide，NO）释放，NO 扩散至邻近血管平滑肌细胞，引起血管平滑肌舒张、血管扩张；也可能通过压力感受器或化学感受器反射引起舒张血管作用；此外，ACh 通过激动去甲肾上腺素能神经末梢突触前膜 M_1 受体，抑制去甲肾上腺素的释放，间接参与了 ACh 的血管扩张和心脏抑制效应。

（2）胃肠道及泌尿道：ACh 对胃肠道、泌尿道、支气管和子宫等平滑肌均有兴奋作用，其作用强度与其对组织的敏感性和剂量有关。ACh 可使胃肠道平滑肌张力、收缩幅度和蠕动频率增加，大剂量可出现恶心、呕吐、腹痛、腹泻等症状；使泌尿道平滑肌兴奋，膀胱逼尿肌收缩，同时膀胱三角区和外括约肌舒张，促进膀胱排空。

（3）其他：ACh 可使泪腺、汗腺、唾液腺、气管和支气管腺体、消化道腺体分泌增加。在呼吸系统，ACh 还可引起支气管收缩。ACh 滴眼可引起瞳孔缩小和调节痉挛。

2. N 样作用 大剂量 ACh 可激动神经节 N_N 受体，产生全部自主神经兴奋的效应，即节后胆碱能神经和去甲肾上腺素能神经的兴奋。许多器官同时接受胆碱能神经和去甲肾上腺素能神经的双重支配，常以一种神经支配占优势，效应由占支配地位的神经决定。例如，腺体、眼睛和平滑肌以胆碱能神经支配占优势，而心血管系统则以去甲肾上腺素能神经支配占优势。故大剂量 ACh 激动神经节 N_N 受体时，可表现出腺体分泌增加，胃肠道、膀胱等平滑肌收缩，心脏兴奋，血管收缩，血压升高等。ACh 兴奋肾上腺髓质嗜铬细胞的 N_N 受体，可引起肾上腺素释放。此外，ACh 还能激动神经肌肉接头处的 N_M 受体，引起骨骼肌收缩。

> **知识拓展**
>
> **乙酰胆碱：人类发现的第一个神经递质**
>
> 　　1936 年，德国药理学家奥托·洛伊维（Otto Loewi）获得诺贝尔生理学或医学奖，因为他与亨利·哈利特·戴尔共同发现了神经冲动的化学传递。在此之前，人们并不清楚突触的信号是生物电信号还是化学信号。1920 年，洛伊维设计了一个非常巧妙的双蛙心灌注实验，以验证化学物质传递的假设。他将 2 个跳动的蛙心分别放进灌流室中，其中一个连有完整的迷走神经，另一个则去除迷走神经。当刺激第一个蛙心的迷走神经时，其跳动减慢。取第一个蛙心的灌流液加入第二个蛙心灌流室中，第二个蛙心跳动也大幅度减慢，说明在迷走神经兴奋时，有化学物质释放出来，从而导致另一个心脏活动的抑制。这次实验第一次证明了神经细胞的交流主要是化学信号，而不是电信号。后来证明这一化学物质为乙酰胆碱，是由迷走神经释放的一种神经递质。
>
> 　　100 年后，人们已经对乙酰胆碱的产生、降解及其与受体相互作用研究得非常透彻，针对不同乙酰胆碱受体的激动药、阻断药也已广泛应用于临床。洛伊维巧妙、严谨的药理学实验及其伟大的科学发现，为突触传递理论及现代药理学、神经科学发展奠定了重要的基础。

> **醋甲胆碱（methacholine，乙酰甲胆碱）**

　　醋甲胆碱被胆碱酯酶水解的速度较慢，作用时间较 ACh 长，具有选择性 M 样作用，N 样作用很弱。小剂量醋甲胆碱可产生明显的心血管作用，使血压下降、心率减慢。临床上醋甲胆碱仅用于口腔黏膜干燥症的治疗。支气管哮喘、甲状腺功能亢进、冠状动脉缺血和消化性溃疡患者禁用。

> **卡巴胆碱（carbachol，氨甲酰胆碱）**

　　卡巴胆碱化学性质较稳定，不易被胆碱酯酶水解，故作用时间较长。本药作用与 ACh 相似，能直接激动 M、N 受体，产生 M 样和 N 样作用。卡巴胆碱不良反应较多，限制了其全身应用；局部滴眼可用于治疗青光眼，或对毛果芸香碱无效或过敏的患者；作为快速强效缩瞳药，可眼部注射给药用于人工晶状体植入、白内障摘除、角膜移植等需要缩瞳的眼科手术。禁忌证同醋甲胆碱。

二、天然拟胆碱生物碱类药物

　　天然拟胆碱生物碱类有毛果芸香碱（pilocarpine）、毒蕈碱（muscarine）、槟榔碱（arecoline），以及合成类似物氧化震颤素（oxotremorine）。胆碱酯类和天然拟胆碱生物碱类药物的主要药理学特征比较见表 6-1。

表 6-1　胆碱酯类和天然拟胆碱生物碱类药物的主要药理学特征比较

M 受体激动药	对乙酰胆碱酯酶的敏感性	M 样作用					N 样作用
		心血管	胃肠道	膀胱	眼（局部）	阿托品的拮抗作用	
ACh	+++	++	++	++	+	+++	++
醋甲胆碱	+	+++	++	++	+	+++	+
卡巴胆碱	-	+	+++	+++	++	+	+++
毛果芸香碱	-	+	+++	+++	++	+++	-
毒蕈碱	-	++	+++	+++	++	+++	-

➢ **毛果芸香碱**（pilocarpine，匹罗卡品）

毛果芸香碱是从毛果芸香属植物中提取的生物碱，为叔胺类化合物，其水溶液稳定，现已人工合成。

【体内过程】毛果芸香碱滴眼易透过角膜，用后 30～40 min 缩瞳作用达高峰，降低眼内压作用可维持 4～8 h，调节痉挛作用可维持 2 h。

【药理作用】毛果芸香碱能直接激动副交感神经（包括支配汗腺的交感神经）节后纤维支配的效应器上的 M 受体，产生 M 样作用，对眼和腺体的作用最强。

1. 对眼的作用　毛果芸香碱滴眼后可引起缩瞳、降低眼内压和调节痉挛的作用。

（1）缩瞳：瞳孔的大小取决于虹膜内两种平滑肌的舒缩状态。一种为瞳孔括约肌，受动眼神经（胆碱能神经）支配，其上分布 M 受体，兴奋时向中心收缩，瞳孔缩小；另一种为瞳孔开大肌，受去甲肾上腺素能神经支配，其上分布 α 受体，兴奋时向外周收缩，瞳孔扩大。毛果芸香碱可激动瞳孔括约肌上的 M 受体，使瞳孔括约肌收缩，瞳孔缩小（图 6-2）。

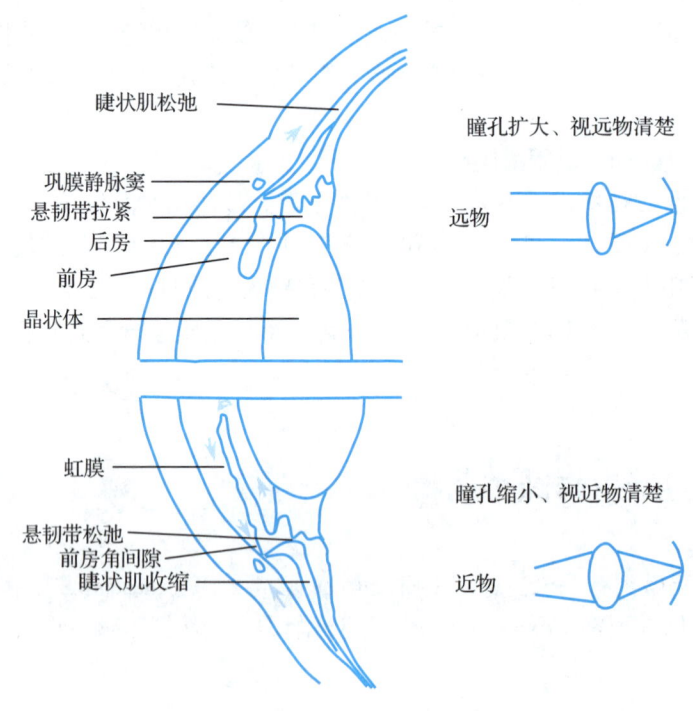

图 6-2　M 受体激动药和 M 受体阻断药对眼的作用

上：M 受体阻断药的作用；下：M 受体激动药的作用；箭头表示房水流动及睫状肌收缩或松弛的方向

（2）降低眼内压：眼内压的高低与房水的多少有关。房水是由睫状体上皮细胞分泌及周围血管渗出产生，由后房经瞳孔流入前房，到达前房角间隙，再经小梁网（滤帘）流入巩膜静脉窦，最后进入血液循环。毛果芸香碱通过缩瞳作用，使虹膜向中心拉伸，虹膜根部变薄，使处于虹膜周围部分的前房角间隙扩大，房水易于通过巩膜静脉窦而进入血液循环，使眼内压降低；同时也能对小梁网加压，使其小孔开放，促进房水流入巩膜静脉窦（图6-3）。

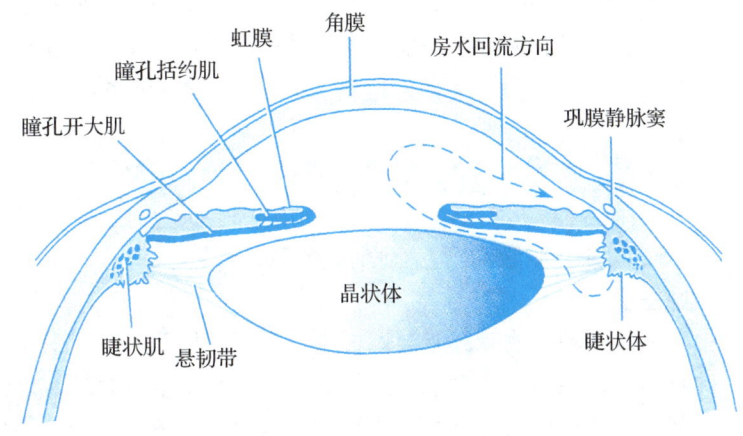

图 6-3　房水回流通路

（3）调节痉挛：使晶状体聚焦，物体成像于视网膜上而适于看清物体的过程称为眼的调节，这主要取决于晶状体的曲度变化。晶状体富于弹性，有略呈球形的倾向，适于视近物；而悬韧带向外牵拉的作用使其维持于扁平状态，适于视远物。悬韧带受睫状肌控制，睫状肌有环状和辐射状两种平滑肌，以动眼神经（胆碱能神经）支配的环状肌为主，其上分布 M 受体。毛果芸香碱激动睫状肌上的 M 受体，使环状肌向虹膜中心方向收缩，悬韧带松弛，晶状体变凸，屈光度增加，使远距离物体不能成像于视网膜上，视近物清楚，视远物不清楚，这一作用称为调节痉挛（图6-2）。

2. 对腺体的作用　毛果芸香碱激动腺体的 M 受体，使汗腺和唾液腺分泌明显增加，消化道和呼吸道腺体分泌也增加。

【临床应用】

1. 青光眼　青光眼为眼科常见疾病，分为闭角型和开角型两种，表现为眼内压增高、头痛、视盘凹陷、视力减退等，严重时可致失明。闭角型青光眼患者前房角间隙狭窄，房水回流障碍，眼内压增高；开角型青光眼患者主要是由于小梁网及巩膜静脉窦发生变性或硬化，阻碍房水循环，引起眼内压增高。毛果芸香碱对闭角型青光眼疗效较好，用药后产生缩瞳作用，使前房角间隙扩大，房水易于回流，眼内压迅速下降，从而缓解或消除青光眼的各种症状。毛果芸香碱对开角型青光眼也有一定疗效，可能是由于扩张巩膜静脉窦周围的小血管及收缩睫状肌后，使小梁网结构改变，房水易于回流而降低眼内压。

2. 虹膜炎　毛果芸香碱与扩瞳药阿托品交替应用，可交替缩瞳和扩瞳，防止虹膜与晶状体粘连。

3. 口腔干燥　毛果芸香碱口服可用于颈部放射治疗（简称放疗）后的口腔干燥。但唾液分泌增加的同时，汗液分泌也明显增加。

4. M 受体阻断药中毒　毛果芸香碱 1~2 mg 皮下注射，可用于解救阿托品等 M 受体阻断药过量中毒。

【不良反应】毛果芸香碱局部应用时不良反应较小，但滴眼时应注意压迫眼内眦，避免药液经鼻泪管流入鼻腔，经鼻黏膜吸收而引起全身不良反应，如汗腺分泌、流涎、哮喘、恶心、呕吐、视物模糊、头痛等 M 受体过度兴奋的症状，可用阿托品对抗，并采用对症治疗，如维持血压和人工呼吸等。

毒蕈碱（muscarine）

毒蕈碱是从捕蝇蕈中分离提取的生物碱，为经典的M受体激动药。本药不作为治疗性药物，但具有重要的药理学活性及毒理学意义。食用含有毒蕈碱较多的丝盖伞菌属和杯伞菌属等野生菌，可在30~60 min内出现一系列节后胆碱能神经兴奋的毒蕈碱中毒症状，与有机磷农药中毒相似，表现为出汗、流涎、流泪、头痛、视觉障碍、恶心、呕吐、腹部绞痛、腹泻、呼吸困难、心动过缓、血压下降、心功能不全，甚至休克等，可用阿托品治疗。

第二节　N胆碱受体激动药

N胆碱受体激动药简称N受体激动药，有烟碱和洛贝林等。

烟碱（nicotine，尼古丁）

烟碱是从烟草中分离得到的生物碱，脂溶性极强，可经皮肤吸收。烟碱可兴奋自主神经节N_N受体和神经肌肉接头的N_M受体。其对神经节N_N受体的作用呈双相性，即开始使用时表现为短暂的兴奋作用，随后为持续的抑制作用。烟碱对神经肌肉接头N_M受体的作用与其对神经节N_N受体的作用类似，其阻断作用可迅速掩盖其激动作用而产生肌肉麻痹。由于烟碱作用广泛、复杂，因而无临床实用价值，仅具有毒理学意义。

长期吸烟与许多疾病如恶性肿瘤、呼吸道疾病、心血管疾病、消化性溃疡及中枢神经系统疾病的发病密切相关。此外，吸烟产生的烟雾中也含有烟碱，如被他人吸入，同样产生危害。烟碱可用于治疗尼古丁（烟碱）依赖，以减少因吸烟造成的健康问题，称为尼古丁替代疗法。

洛贝林（lobeline）

洛贝林是从山梗菜中提取的生物碱，可刺激颈动脉窦和主动脉体化学感受器（分布有N_N受体），反射性地兴奋呼吸中枢而使呼吸加快，但对呼吸中枢并无直接兴奋作用。临床主要用于各种原因引起的中枢性呼吸抑制，常用于新生儿窒息、一氧化碳中毒和阿片中毒等。

青光眼的药物治疗

青光眼是目前全球第二位致盲性眼病，是以视神经萎缩和视野缺损为特征的疾病，眼压增高是其主要危险因素。药物降低眼压主要通过三种途径：增加房水流出、抑制房水生成、减少眼内容积。常用药物主要有以下几种。

1. M受体激动药　即缩瞳药，最常用的是毛果芸香碱滴眼液，通过缩小瞳孔，扩大前房角，促进房水流出。
2. β受体阻断药　如噻吗洛尔、倍他洛尔滴眼液，通过抑制房水生成而降低眼压。
3. 肾上腺素受体激动药　如酒石酸溴莫尼定、地匹福林滴眼液，可减少房水生成和促进房水经葡萄膜巩膜通道排出。
4. 前列腺素衍生物　目前应用广泛，如拉坦前列素、曲伏前列素和贝美前列素滴眼液，可增加房水经葡萄膜巩膜通道外流。
5. 碳酸酐酶抑制药　如乙酰唑胺，可通过减少房水生成降低眼压。
6. 高渗剂　如20%的甘露醇，在短期内提高血浆渗透压，使眼内水分进入血液，减少眼内容积，降低眼压。

思 考 题

1. 乙酰胆碱的药理作用是什么？
2. 毛果芸香碱对眼的作用是什么？具有何种临床应用？
3. 患者，男，66岁，因左眼反复胀痛伴同侧头痛、视力下降2个月，加重1天来院就诊。诊断为"急性闭角型青光眼"。给予2%毛果芸香碱，乙酰唑胺，20%甘露醇。请回答：
（1）毛果芸香碱降低眼压的作用机制是什么？
（2）为避免毛果芸香碱滴眼引起的不良反应，在使用时应告知患者哪些注意事项？

（王　昊）

第七章 抗胆碱酯酶药和胆碱酯酶复活药

第七章数字资源

案例 7-1

患者，男，54岁，因眼睑下垂、复视进行性加重2年，肢体无力、活动后加重、休息后缓解3个月入院。体格检查：反复闭目、反复咀嚼后明显感觉无力，下蹲5次后起立困难。辅助检查：肌疲劳试验阳性、依酚氯铵试验阳性。诊断：重症肌无力。治疗：给予溴吡斯的明片每次60 mg，4次/天，1周后各症状基本改善。

问题：
1. 重症肌无力的发生机制是什么？主要应用哪类药物治疗？
2. 患者应用溴吡斯的明和依酚氯铵的依据是什么？
3. 如何与患者沟通抗胆碱酯酶药的用药注意事项和禁忌证？

抗胆碱酯酶药是一类通过抑制胆碱酯酶活性，使胆碱能神经末梢突触间隙ACh水解减慢，进而增加突触间隙中ACh的浓度，从而发挥间接作用的拟胆碱药。根据其与胆碱酯酶复合物解离速度的快慢，抗胆碱酯酶药可分为易逆性抗胆碱酯酶药和难逆性抗胆碱酯酶药。胆碱酯酶复活药则是一类能恢复胆碱酯酶活性，主要用于解救有机磷酸酯类中毒的药物。

第一节 胆碱酯酶

胆碱酯酶（cholinesterase，ChE）是一类能水解胆碱酯类的糖蛋白，以多种同工酶的形式存在于体内。胆碱酯酶可分为两种：①乙酰胆碱酯酶（acetylcholinesterase，AChE，又称真性胆碱酯酶），主要存在于胆碱能神经末梢突触间隙，特别是在运动神经终板突触后膜的皱褶中聚集较多，也存在于胆碱能神经元内和红细胞中。AChE活性强，特异性高，一个酶分子可在1 min内水解$6×10^5$个ACh分子。②丁酰胆碱酯酶（butyrylcholinesterase，BChE，又称假性胆碱酯酶），广泛存在于神经胶质细胞、血浆、肝、肾和肠道中，对ACh的特异性较低，尚可水解其他胆碱酯类，如琥珀胆碱。

AChE结构复杂，是由4个等量亚单位组成的四聚体，每个亚单位均含有一个活性部位，包含两个ACh结合位点，即带负电荷的阴离子部位和酯解部位。阴离子部位含有一个谷氨酸残基上的羧基，酯解部位含有一个由丝氨酸残基上的羟基构成的酸性作用点和一个由组氨酸残基上的咪唑基构成的碱性作用点，二者通过氢键结合，增强了丝氨酸羟基的亲核活性，使之易与ACh结合（图7-1）。AChE水解ACh的过程可分为三个步骤（图7-1）：①ACh分子中带正电荷的季铵阳离子头部以静电引力与AChE阴离子部位相结合，ACh分子中的羰基碳与

AChE 酯解部位丝氨酸的羟基以共价键结合,形成 ACh 和 AChE 的复合物。②ACh 与 AChE 复合物酯键断裂,形成胆碱和乙酰化 AChE。③乙酰化 AChE 迅速水解,分离出乙酸,酶的活性恢复。

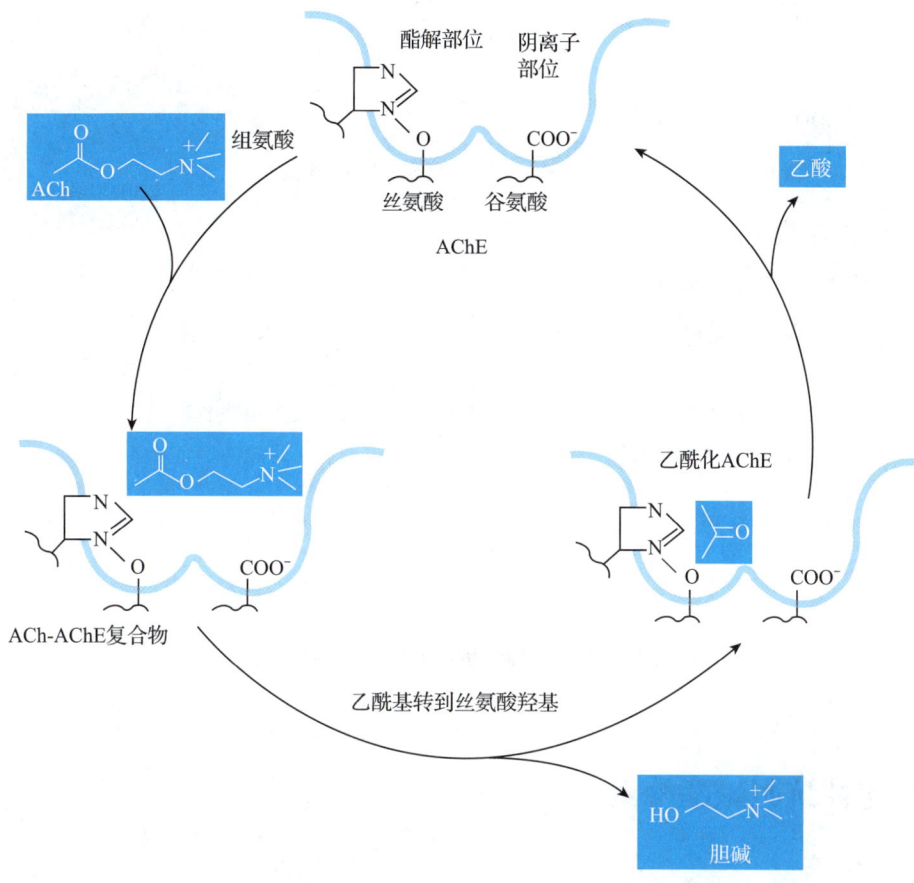

图 7-1 乙酰胆碱酯酶水解乙酰胆碱的过程

第二节 抗胆碱酯酶药

抗胆碱酯酶药(anticholinesterase agent)可与 AChE 结合,但结合的复合物水解较慢,使 AChE 活性受到抑制,导致胆碱能神经末梢释放的 ACh 水解减少而大量堆积,表现出 M 样作用和 N 样作用。

根据抗胆碱酯酶药与 AChE 结合后解离速度的快慢,可将其分为易逆性抗胆碱酯酶药(reversible anticholinesterase agent)和难逆性抗胆碱酯酶药(irreversible anticholinesterase agent)。难逆性抗胆碱酯酶药主要为有机磷酸酯类,仅具有毒理学意义。易逆性抗胆碱酯酶药多含季铵基团,该基团的阳离子特性使其不易透过细胞膜,经胃肠道或皮肤吸收差,也不易透过血脑屏障,因此这类药物对中枢神经系统作用较差。但这类药物在神经肌肉接头处作用较强,既能对抗 AChE,又可直接激动 N 受体(如新斯的明)。易逆性抗胆碱酯酶药中也包括脂溶性强的抗胆碱酯酶药,其口服易吸收,对外周和中枢神经系统的作用都很强,可用于阿尔茨海默病(Alzheimer disease,AD)的治疗。抗胆碱酯酶药的作用机制如图 7-2 所示。

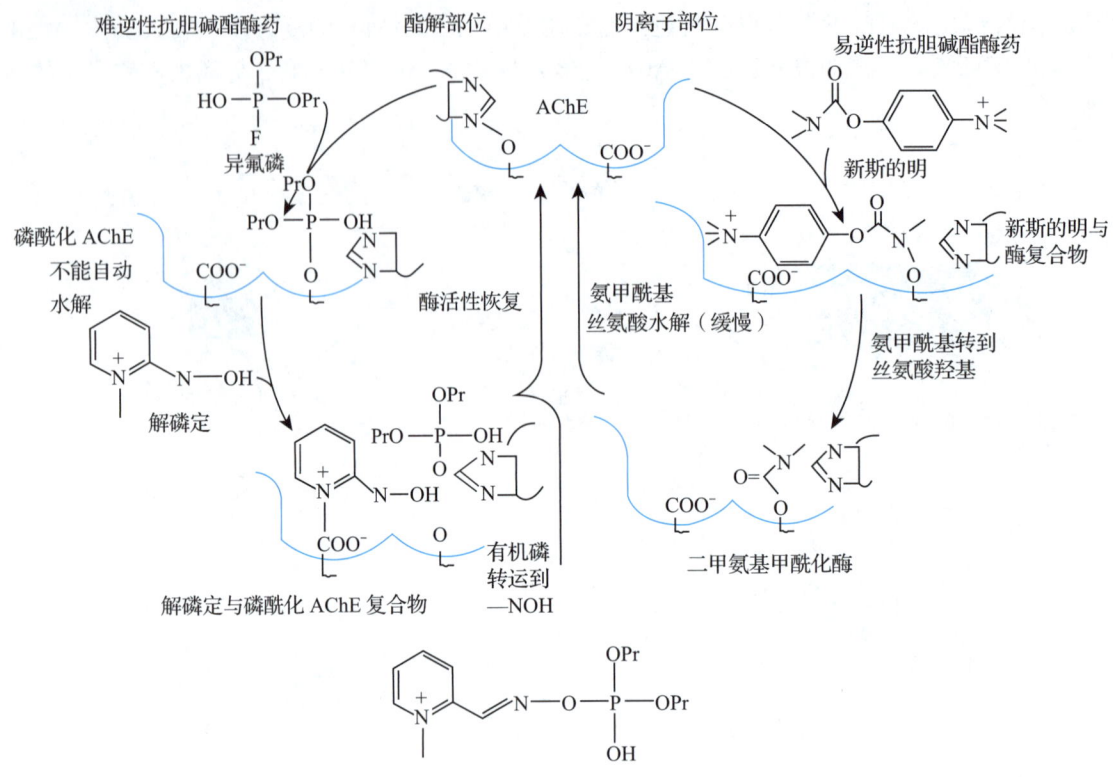

图 7-2 抗胆碱酯酶药的作用机制

一、易逆性抗胆碱酯酶药

➢ 新斯的明（neostigmine）

新斯的明为人工合成的二甲氨基甲酸酯类化合物，具有季铵基团。

【体内过程】新斯的明为季铵类化合物，脂溶性低，口服吸收少而不规则，生物利用度仅为 1%~2%。一般口服剂量为皮下注射量的 10 倍以上。口服 30 min 起效，作用维持 2~3 h；皮下或肌内注射 15 min 起效，作用维持 2~4 h。新斯的明溶液滴眼时，不易透过角膜，不作为缩瞳药使用。新斯的明不易透过血脑屏障，故无明显的中枢神经系统作用。

【药理作用与作用机制】新斯的明竞争性地与 AChE 结合，抑制 AChE 活性，使胆碱能神经末梢释放的 ACh 水解减少，突触间隙中 ACh 聚积增多，表现出 M 样作用和 N 样作用。新斯的明结构中的季铵阳离子头部以静电引力与胆碱酯酶的阴离子部位结合，羰基碳以共价键与酶的酯解部位丝氨酸羟基结合，形成胆碱酯酶与新斯的明复合物。进而裂解成二甲氨基甲酰化胆碱酯酶，其水解速度较乙酰化胆碱酯酶慢，故酶的抑制时间较长。二甲氨基甲酰化胆碱酯酶水解后，形成二甲氨基甲酸和复活的胆碱酯酶，酶的活性得以恢复，故新斯的明属于易逆性抗胆碱酯酶药。

新斯的明对心血管、腺体、眼和支气管平滑肌作用较弱，对胃肠道和膀胱平滑肌有较强的兴奋作用，能促进胃、小肠、大肠的蠕动；而对骨骼肌的兴奋作用最强，因为其除通过抑制胆碱酯酶发挥拟胆碱作用外，还可直接激动神经肌肉接头上的 N_M 受体，并促进运动神经末梢释放 ACh。

【临床应用】

1. 重症肌无力 重症肌无力是一种神经肌肉接头传递功能障碍的自身免疫病，多数患者血清中存在抗 N_M 受体的抗体，使神经肌肉接头上的胆碱受体数量减少 70%~90%，因而发生神经肌肉接头传递功能障碍，出现骨骼肌进行性肌无力，表现为眼睑下垂、肢体无力、咀嚼和吞咽困难，严重者可致呼吸困难。其主要特征是肌肉经过短暂重复活动后，出现肌无力症状。皮下或肌内注射新斯的明可迅速改善症状，除严重和紧急情况需注射给药外，多采用口服给药。新斯的明过量中毒可致"胆碱能危象"，表现为 M 样和 N 样作用，并使肌无力症状加重，应立即停药。因需长期给药，故应掌握好给药剂量，以免因过量导致过度兴奋转入抑制而加重症状。如疗效不够满意，可并用糖皮质激素或硫唑嘌呤等免疫抑制药。

2. 腹气胀和尿潴留　新斯的明能兴奋胃肠道平滑肌及膀胱逼尿肌，促进排气和排尿，对手术后麻痹性腹气胀和尿潴留效果良好，可加速胃肠道和膀胱功能恢复。

3. 阵发性室上性心动过速　在压迫眼球或颈动脉窦等兴奋迷走神经措施无效时，可用新斯的明，通过其拟胆碱作用使心室率减慢。

4. 其他　新斯的明可用于非去极化型骨骼肌松弛药如筒箭毒碱过量中毒的解救。

【不良反应】新斯的明治疗量时不良反应较少，过量时可产生恶心、呕吐、腹痛、腹泻、肌肉颤动，甚至出现"胆碱能危象"，表现为大汗淋漓、尿失禁、大便失禁、瞳孔缩小、睫状肌痉挛、心动过缓，也可见低血压、肌痉挛、肌无力、心悸、呼吸困难等，还可见共济失调、惊厥、昏迷、语言不清、焦虑不安、恐惧等中枢神经系统症状。过量中毒时，应立即停用新斯的明，并采取洗胃、维持呼吸等必要措施。为迅速控制胆碱能症状，应立即静脉注射 M 受体阻断药阿托品，必要时可重复使用，直至症状缓解。胆碱酯酶复活药解磷定能有效对抗其中毒症状。

【禁忌证】新斯的明禁用于机械性肠梗阻、尿路梗阻和支气管哮喘患者。

【药物相互作用】新斯的明用于治疗重症肌无力时，应避免同时应用氧化亚氮以外的吸入性麻醉药、各种肌肉松弛药、氯丙嗪、苯妥英钠、普萘洛尔、普鲁卡因胺、奎尼丁、氨基糖苷类抗生素、多黏菌素 B 等，以防加重病情，影响药物疗效。

➢ **溴吡斯的明**（pyridostigmine bromide）

溴吡斯的明为季铵类化合物，作用类似于新斯的明，但起效缓慢，作用弱而持久。由于其口服吸收较差，故所需剂量较大。溴吡斯的明主要用于治疗重症肌无力，用法与新斯的明相似，疗程通常不少于 8 周；也可用于治疗麻痹性肠梗阻和术后尿潴留。

➢ **毒扁豆碱**（physostigmine）

毒扁豆碱是从非洲西部产毒扁豆种子中提取的一种生物碱，现已可人工合成。为叔胺类化合物，脂溶性较高，口服、注射和黏膜给药均易吸收，易透过血脑屏障。其作用与新斯的明相似，可逆性抑制胆碱酯酶的活性。在临床毒扁豆碱主要是局部应用治疗青光眼。滴眼后 5 min 起效，一次用药可维持 1～2 天。由于此药对睫状肌收缩作用较强，用药后常引起睫状肌痉挛，可致头痛、眼痛和视物模糊等，患者常难以耐受。毒扁豆碱也常用于阿托品等抗胆碱药中毒的解救及中药麻醉催醒。由于本药选择性低、毒性大，故除用于治疗阿托品类中毒外，一般不全身应用。滴眼时应压迫内眦，避免药液经鼻泪管流入鼻腔吸收而引起中毒；长期给药时患者不易耐受，可先用本药滴眼数次，后改用毛果芸香碱维持治疗。毒扁豆碱全身毒性反应较新斯的明严重，大剂量中毒时可致呼吸麻痹。

➢ **依酚氯铵**（edrophonium chloride）

依酚氯铵为超短效抗胆碱酯酶药，对 AChE 作用明显较弱，但对骨骼肌 N_M 受体仍有较高选择性兴奋作用。依酚氯铵显效较快，静脉给药 30 s 即出现作用，作用持续 5～15 min，因此不宜用于重症肌无力的常规治疗，常用于该病的鉴别诊断。重症肌无力的鉴别方法：先快速静脉注射依酚氯铵 2 mg，如在 30 s 内未见肌力增加，再静脉注射 8 mg，如受试者肌肉短暂收缩改善，同时未见舌肌纤维收缩，则提示阳性。依酚氯铵尚可用于重症肌无力的治疗过程中的胆碱能危象和肌无力危象的鉴别，如加用此药后，患者肌无力症状缓解，肌肉收缩增强，则说明新斯的明等治疗药物用药剂量不足；反之，患者肌无力症状加重，出现肌力减退，则提示治疗药物剂量过大。依酚氯铵也可用于非去极化型肌松药中毒的解救。依酚氯铵的不良反应及注意事项类似新斯的明，支气管哮喘及心脏病患者禁用。

> 地美溴铵（demecarium bromide）

地美溴铵作用持续时间长（7～9天），滴眼后15～60 min起效，主要用于治疗开角型青光眼或其他药物无效的青光眼患者。地美溴铵可引起睫状肌痉挛而导致眼痛、头痛、视物模糊等；长期用药对眼有损伤，不宜作为首选药应用。

> 加兰他敏（galanthamine）

加兰他敏是从石蒜属植物中提取的生物碱，已可人工合成。其抗胆碱酯酶活性较弱，为毒扁豆碱的1/10，对神经肌肉接头上的N_M受体有直接激动作用，可用于重症肌无力和脊髓灰质炎（小儿麻痹症）后遗症的治疗。由于其易透过血脑屏障，可用于阿尔茨海默病的治疗。不良反应同新斯的明，但较轻，可用阿托品对抗；偶见过敏反应。

> 他克林（tacrine）

他克林脂溶性高，易透过血脑屏障，为第一代易逆性中枢抗AChE药，是美国食品药品监督管理局（Food and Drug Administration，FDA）批准的第一个治疗AD的药物。最常见的不良反应为肝毒性，其次为胃肠道反应，大剂量可出现胆碱综合征，现已少用。

> 多奈哌齐（donepezil）

多奈哌齐为第二代易逆性中枢抗AChE药物，对BChE无效。与第一代的他克林相比，多奈哌齐对中枢神经系统的选择性更高，$t_{1/2}$更长，约为70 h，能改善轻度及中度AD患者的认知能力和临床综合功能。多奈哌齐具有剂量小、毒性低和价格相对较低的优点；肝毒性及外周胆碱能副作用较他克林轻。

> 石杉碱甲（huperzine A）

石杉碱甲是我国学者从石杉科植物千层塔中提取的一种生物碱，为强效、易逆性抗AChE药。石杉碱甲用于老年性记忆功能减退及AD患者，可改善其记忆和认知能力。常见不良反应有恶心、腹痛、头晕、视物模糊、多汗等，一般可自行消失。

知识拓展

石杉碱甲：中药中的抗胆碱酯酶药

蛇足石杉（俗称千层塔）是一种世界广布的石杉科石杉属草本植物，生于林荫湿地下或沟谷岩石上，在我国除西北地区部分省区、华北地区外均有分布，以干燥全草入药，具有清热解毒、生肌止血、散瘀消肿等功效。应用时患者常有不同程度的腹痛、流涎、肌肉抽搐等症状，这些"外周胆碱能样副作用"引起了科学家的注意：该植物内是否含有拟胆碱的有效成分？20世纪80年代，我国科学家对蛇足石杉的化学成分进行研究，从中分离出一种类白色晶体单体，具有显著的AChE抑制活性，后命名为"石杉碱甲"。该药在临床研究重症肌无力的过程中发现患者出现自觉头脑清醒和记忆力增强的现象，进而通过实验证实石杉碱甲对一系列认知障碍模型动物的学习和记忆均有改善作用。1994年，石杉碱甲被批准在国内临床用于治疗AD和良性记忆障碍，具有作用时间长、口服生物利用度高、易通过血脑屏障、不良反应小等特点。我国首创的高效、低毒、易逆性抗胆碱酯酶药石杉碱甲的发现，是中国中草药乃至世界植物药研究的重大成果和成功典范。

二、难逆性抗胆碱酯酶药

难逆性抗胆碱酯酶药主要包括有机磷酸酯类（organophosphates），其与 AChE 结合后难以水解，使 AChE 持续抑制而出现 ACh 大量堆积，产生强烈的毒性反应。常见的有机磷酸酯类主要包括杀虫剂甲拌磷、对硫磷、内吸磷、乐果、美曲膦酯（敌百虫）、敌敌畏，以及化学神经毒气塔崩、沙林、梭曼等。有机磷酸酯类对人、畜均有毒性，临床价值不大，但有毒理学意义。非职业性中毒常为由口摄入，职业性中毒多为经皮肤吸收或呼吸道吸入。

【中毒机制】有机磷酸酯类脂溶性高，易挥发，可通过皮肤、呼吸道及消化道等吸收而引起中毒。其进入人体后，亲电子性的磷原子与胆碱酯酶酯解部位丝氨酸羟基的亲核性氧原子形成共价键，生成难以水解的磷酰化胆碱酯酶，从而抑制 AChE 活性，造成 ACh 在体内大量堆积，引起一系列中毒症状。如果中毒时间较长，或未及时使用胆碱酯酶复活药，磷酰化胆碱酯酶的磷酸化基团上的一个烷氧基断裂，生成更稳定的单烷氧基磷酰化胆碱酯酶，从而使胆碱酯酶更难甚至不能再活化，此现象称为"老化"。此时即使用胆碱酯酶复活药，也难以恢复酶的活性，必须等待新生的胆碱酯酶形成。此恢复过程常需 15~30 天，因此一旦发生有机磷酸酯类中毒必须迅速抢救，及时使用胆碱酯酶复活药，在胆碱酯酶"老化"前使其复活，而且要反复给药。

【急性中毒】有机磷酸酯类轻度中毒临床表现以 M 样症状为主；中度中毒除 M 样症状加重外，还出现 N 样症状；严重中毒除 M 样症状和 N 样症状外，还出现中枢神经系统症状。中毒患者死亡原因主要是呼吸麻痹。

1. M 样症状 主要是胆碱能神经所支配的效应器兴奋所致。

（1）眼：兴奋睫状肌、瞳孔括约肌的 M 受体，引起睫状肌、瞳孔括约肌收缩，导致瞳孔缩小、视物模糊、眼痛。

（2）腺体：腺体分泌增加，表现为流涎、流泪、出汗、呼吸道分泌物增加，重者大汗淋漓、口吐白沫。

（3）胃肠道：胃肠道平滑肌收缩，引起恶心、呕吐、腹痛、腹泻。

（4）呼吸系统：呼吸道平滑肌收缩，引起胸闷、气短、呼吸困难，严重时出现肺水肿。

（5）泌尿系统：膀胱括约肌松弛，严重时引起尿失禁。

（6）心血管系统：可导致心脏抑制，心动过缓；血管扩张，血压下降等。

2. N 样症状 是 ACh 在神经节及神经肌肉接头处过度蓄积及刺激所致。

（1）神经节：兴奋交感和副交感神经节的 N_N 受体，表现可因中毒程度不同而异。通常在消化、呼吸和泌尿系统表现为 M 受体兴奋的症状，在心血管系统表现为去甲肾上腺素能神经兴奋的症状。

（2）骨骼肌：激动神经肌肉接头 N_M 受体，出现肌肉震颤、抽搐、肌无力甚至麻痹，可因呼吸麻痹而死亡。

3. 中枢神经系统症状 抑制脑内胆碱酯酶，使脑内 ACh 积聚，从而影响神经冲动在中枢突触的传递，先出现兴奋、不安、谵语及全身肌肉抽搐等症状，进而由过度兴奋转入抑制，出现昏迷、血管运动中枢抑制致血压下降及呼吸麻痹致呼吸停止。

【慢性中毒】有机磷酸酯类慢性中毒可发生于长期接触农药的工人或农民。由于体内 AChE 长期受到抑制，使血中胆碱酯酶活性显著而持久地下降，但下降程度与临床中毒症状不相平行。临床表现主要有头痛、头晕、失眠、乏力等神经衰弱症状和腹胀、多汗，偶有肌束震颤及瞳孔缩小。对于因职业接触而致慢性中毒者，一旦确诊，应及时脱离与有机磷酸酯类的接触，以免加重病情。

【中毒防治】

1. 预防 有机磷酸酯类大多有剧毒，须预防中毒。按照预防为主的方针，在生产和使用过程中要严格管理，加强生产人员及使用人员的劳动保护措施及安全知识教育。

2. 急性中毒的治疗

（1）迅速消除毒物以免继续吸收：发现中毒时，应立即将患者移出有毒场所。对经皮肤吸收中毒者，应用温水或肥皂水彻底清洗染毒皮肤。对经口中毒者，应首先抽出胃液和毒物，并立即以微温的 2% 碳酸氢钠溶液或 1% 食盐水反复洗胃，直至洗出液不再有有机磷酸酯类农药的特殊气味为止，再给予硫酸镁导泻。美曲膦酯（敌百虫）口服中毒时不能用碱性溶液洗胃，因其在碱性溶液中可转化成敌敌畏而增加毒性。眼部染毒时，可用 2% 碳酸氢钠溶液或生理盐水冲洗数分钟。

（2）积极对症治疗并使用解毒药：除一般对症治疗如吸氧、人工呼吸、补液等处理外，还需及早、足量、反复注射阿托品，以迅速解除有机磷酸酯类中毒的 M 样症状，可缓解呼吸道和胃肠道平滑肌的兴奋性；也能解除一部分中枢神经系统症状，使昏迷患者苏醒。阿托品给药剂量视病情轻重而定，对轻度中毒者可肌内注射 0.5～1.0 mg，每天 2～3 次；对中度中毒者，可肌内注射或静脉注射，每次 1～2 mg，每 0.5～2 h 一次，待病情好转后，再酌情减量；对重度中毒者，一般可静脉注射 1～3 mg，每 15～30 min 一次，直至 M 样中毒症状缓解而出现轻度阿托品化，如瞳孔散大、颜面潮红、心率加快、口干、轻度躁动不安。此外，大剂量阿托品还具神经节阻滞作用，从而对抗有机磷酸酯类的神经节兴奋作用。但阿托品对 N_M 受体无拮抗作用，因此不能抑制骨骼肌震颤，对中毒晚期的呼吸麻痹也无效，也无活化胆碱酯酶作用，疗效不易巩固。因此阿托品须与胆碱酯酶复活药如氯解磷定（详见本章第三节）合用，以恢复胆碱酯酶的活性。对中度和重度中毒病例，更需如此。但当两药合用时，由于胆碱酯酶活化后，机体可恢复对阿托品的敏感性，易发生阿托品中毒。因此，两药合用时，应适当减少阿托品的剂量。

3. 慢性中毒的治疗 对慢性中毒，目前尚无有效治疗方法，使用阿托品和解磷定类药物疗效并不理想。对生产工人或经常接触有机磷酸酯类者，当血中胆碱酯酶活性下降至 50% 以下时，应暂时脱离与有机磷酸酯类的接触，以免发生中毒。

第三节　胆碱酯酶复活药

胆碱酯酶复活药（cholinesterase reactivator）是一类能使已被有机磷酸酯类抑制的 AChE 恢复活性的药物，属于肟类化合物，一般在磷酰化 AChE "老化" 之前使用。胆碱酯酶复活药含有肟基和季铵基两个功能基团，带正电荷的季铵阳离子与磷酰化 AChE 的阴离子部位以静电引力相结合，肟基与磷酰化 AChE 磷酰基团的磷原子以共价键结合，形成肟类-磷酰化 AChE 复合物。磷原子从磷酰化 AChE 转移至肟基，生成磷酰化肟类复合物，使 AChE 游离而恢复其水解 ACh 的活性，但对已经 "老化" 的酶效果较差。胆碱酯酶复活药也能与体内游离的有机磷酸酯类直接结合，形成无毒的磷酰化肟类，由尿排出，阻止有机磷酸酯类继续与 AChE 结合。常用药有氯解磷定、碘解磷定等。

➤ **氯解磷定**（pralidoxime chloride，PAM-Cl）

【体内过程】氯解磷定水溶性好，水溶液稳定，可肌内注射或静脉给药，迅速分布至全身，作用极快，不良反应较少，临床较常用。

【药理作用】氯解磷定与磷酰化 AChE 结合，生成磷酰化 AChE 和氯解磷定的复合物，后者进一步裂解成磷酰化氯解磷定并由尿排出，同时使 AChE 游离出来，恢复其活性，作用强而迅速。此外，氯解磷定还能与体内游离的有机磷酸酯类直接结合，形成无毒的磷酰化氯解磷定经肾排泄，从而阻止游离的有机磷酸酯类进一步与 AChE 结合，避免中毒继续发展。

【临床应用】氯解磷定主要用于治疗有机磷酸酯类中毒，由于氯解磷定不能直接对抗体内积聚的 ACh 的作用，故应与阿托品合用。氯解磷定明显减轻 N 样症状，酶复活作用在神经肌肉接头处最明显，可迅速抑制肌束颤动；但对 M 样症状作用较弱；对中枢神经系统症状有一定的改善作用。

【不良反应】氯解磷定治疗量时不良反应较少，偶见头痛、头晕、恶心、呕吐、视物模糊等。由于本药给药方便，不良反应少，且价格低廉，现已成为胆碱酯酶复活药中的首选药。

> **碘解磷定**（pralidoxime iodide）

碘解磷定简称派姆（PAM），为最早用于临床的 AChE 复活药。碘解磷定水溶性较小，且不稳定，在碱性溶液中易破坏，久置可释放出碘，故以其结晶封存于安瓿中备用。因碘刺激性大，故碘解磷定须静脉注射给药。碘解磷定的药理作用和临床应用与氯解磷定相似，由于不良反应较多，疗效较弱，故已较少应用。

> **双复磷**（obidoxime chloride）

双复磷的药理作用和临床应用与碘解磷定类似。由于其具有 2 个肟基，故作用强而持久，且较易透过血脑屏障，还兼具阿托品样作用，对有机磷酸酯类中毒所致的 M 样症状、N 样症状和中枢神经系统症状均有一定疗效。主要不良反应为口周、四肢及全身麻木感，恶心，呕吐，颜面潮红，心率加快及血压波动等，一般无须处理，数小时后即可消失。但剂量过大可出现神经肌肉传导阻滞，还可引起室性期前收缩和传导阻滞，甚至心室颤动。偶可引起中毒性黄疸，应予重视。

临床应用

抗胆碱酯酶药治疗重症肌无力的合理应用

重症肌无力的治疗以抗胆碱酯酶药、糖皮质激素、免疫抑制药、静脉注射免疫球蛋白、血浆置换及胸腺切除为主。抗胆碱酯酶药最常用的是溴吡斯的明，是治疗所有类型重症肌无力的一线药物，可缓解、改善绝大部分患者的临床症状，并可依据病情与激素及其他非激素类免疫抑制药联合使用。

应用抗胆碱酯酶药治疗重症肌无力时，应告知患者该药主要是缓解临床症状，应遵医嘱按时服药，切勿自行减量或停药。应该从小剂量开始，如果剂量不足，可缓慢加量。有吞咽困难的患者可在饭前 30 min 服药。此外，该病有发生致命性并发症的危险，如肌无力危象、胆碱能危象等。若为肌无力危象，酌情增加抗胆碱酯酶药剂量，直到安全剂量范围内肌无力症状改善满意为止；若为胆碱能危象，应停用抗胆碱酯酶药，酌情使用阿托品，一般 5~7 天后再次使用，从小剂量开始逐渐加量，目前胆碱能危象已很少见。

思 考 题

1. 胆碱酯酶的分类及生理活性有哪些？
2. 抗胆碱酯酶药分为哪几类？每类药物列举一代表药。

3. 试述易逆性抗胆碱酯酶药的药理作用和临床应用。

4. 试述氯解磷定的作用机制和临床应用。

5. 患者，女，30岁，因与家人争吵，怒服农药1瓶，40 min后，出现流涕、流口水、流汗、呕吐、腹痛等症状，呕吐物有大蒜样气味。送往医院途中患者出现口吐白沫、大汗淋漓、呼吸急促等症状，入院时，出现神志不清，呼吸困难，口唇发绀，瞳孔缩小，颈胸部、四肢内侧肌肉颤抖，尿失禁、大便失禁等症状。实验室检查：血氧饱和度低，全血胆碱酯酶活性明显减弱，尿中有机磷酸酯类代谢产物阳性。诊断：急性有机磷农药中毒。请回答：

（1）简述急性有机磷农药中毒的发生机制。

（2）急性有机磷农药中毒应选用哪些解救方法及解救药物进行处理？

（3）如何与患者及家属沟通以解决患者的家庭矛盾和心理问题？

（王　昊）

第八章 胆碱受体阻断药Ⅰ——M受体阻断药

案例 8-1

患者，男，24岁。20 min前患者口服敌敌畏 15 ml入院治疗。体检：嗜睡状，大汗淋漓，呕吐数次；全身皮肤湿冷，无肌肉震颤；双侧瞳孔缩小（直径 2～3 mm），对光反射存在；体温、脉搏、呼吸及血压基本正常，双肺呼吸音粗；白细胞 $14.2×10^9/L$，中性粒细胞 93%；余未见异常。诊断为"急性有机磷农药中毒"。入院后，给予 2% 碳酸氢钠水溶液洗胃，静脉注射阿托品每次 10 mg，共3次，密切注意患者的瞳孔、心率、体温等变化。另静脉注射碘解磷定 1 g。患者瞳孔直径为 5～6 mm，心率 72次/分，律齐，皮肤干燥，颜面微红。随后每6 h皮下注射阿托品 1 mg。医护人员嘱咐患者少吃多餐，宜食半流质和软质腐烂的食物，以免对胃黏膜造成损害。数天后患者痊愈出院。

问题：
1. 解救急性有机磷农药中毒时，阿托品应如何给药？
2. 简述阿托品的作用机制、药理作用和临床应用。
3. 如何与患者及家属沟通阿托品的用药注意事项？

胆碱受体阻断药（cholinoreceptor blocker）是一类能与胆碱受体结合，本身不产生或极少产生拟胆碱作用，但可抑制 ACh 或胆碱受体激动药与胆碱受体结合，产生与 ACh 相反作用的药物。根据对M受体和N受体的选择性不同，将胆碱受体阻断药分为M胆碱受体阻断药和N胆碱受体阻断药。

M受体阻断药根据其来源可分为阿托品类天然生物碱与阿托品类生物碱的合成、半合成衍生物两类。阿托品类天然生物碱包括阿托品、东莨菪碱和山莨菪碱。为克服阿托品不良反应多的缺点，通过改造其结构获得其合成、半合成衍生物，包括合成扩瞳药、合成解痉药和合成的选择性 M_1 受体阻断药。

第一节 阿托品类天然生物碱

➢ 阿托品（atropine）

阿托品为托品酸和莨菪碱所成的酯。存在于植物中的不稳定的天然生物碱左旋莨菪碱（*l*-hyoscyamine）经提取处理后获得稳定的消旋莨菪碱（*dl*-hyoscyamine），即阿托品。

【体内过程】阿托品口服吸收迅速，1 h达药峰浓度，生物利用度为 50%，吸收后体内分布广泛，可通过胎盘及血脑屏障。阿托品在体内迅速消除，约 1/3 以原型、其他以代谢产物与葡糖醛酸结合的形式从尿中排泄。$t_{1/2}$ 约为 4 h，其作用可维持 3～4 h，但对虹膜及睫状肌的作用可长达 72 h 或更久。

【药理作用】阿托品可竞争性阻断 M 受体，但对各种 M 受体亚型的选择性较低，对 M_1、M_2、M_3 受体均有作用。阿托品的作用广泛，各器官对阿托品的敏感性也不同。随着剂量的增加，阿托品可依次出现腺体分泌减少、瞳孔扩大、调节麻痹、胃肠道及膀胱平滑肌抑制、心率加快等作用，大剂量时还可出现中枢作用。

1. 腺体　阿托品通过阻断腺体细胞膜上的 M 受体，抑制腺体分泌。唾液腺和汗腺对阿托品最敏感，小剂量（0.5 mg）即可使其分泌减少，引起口干、皮肤干燥；剂量增大时抑制作用更为显著。由于阿托品抑制汗腺分泌，使机体散热减少，大剂量时可使患者体温升高。阿托品也抑制泪腺和呼吸道腺体的分泌，但对胃酸分泌的影响较小，因为胃酸的分泌还受组胺、促胃液素等体液因素的影响。阿托品对胰液、肠液分泌基本无影响。

2. 眼　阿托品阻断 M 受体，使虹膜瞳孔括约肌和睫状肌松弛，产生扩瞳、升高眼压和调节麻痹作用。

（1）扩瞳：阿托品阻断虹膜瞳孔括约肌的 M 受体，致瞳孔括约肌松弛，从而使去甲肾上腺素能神经支配的瞳孔开大肌功能占优势，瞳孔扩大。

（2）升高眼压：阿托品可使瞳孔括约肌松弛，瞳孔扩大，虹膜退向外缘，使前房角间隙变窄，阻碍房水回流进入巩膜静脉窦，导致眼压升高，因此，青光眼患者禁用。

（3）调节麻痹：阿托品阻断睫状肌的 M 受体，致睫状肌松弛退向四周外缘，悬韧带拉紧，晶状体变扁平，屈光度降低，近物不能清晰地成像于视网膜上，从而造成视近物模糊、视远物清晰。阿托品的这种作用称为调节麻痹。

3. 平滑肌　阿托品能松弛多种内脏平滑肌，尤其对处于过度活动或痉挛的平滑肌松弛作用更为显著。阿托品可抑制胃肠平滑肌痉挛，降低蠕动的幅度和频率，缓解胃肠绞痛；也可降低尿道与膀胱逼尿肌的张力和收缩幅度，但对胆管、输尿管和支气管平滑肌的解痉作用较弱，对子宫平滑肌影响甚小。

4. 心血管系统

（1）心脏：治疗量阿托品（0.4～0.6 mg）阻断副交感神经节后纤维突触前膜的 M_1 受体，减弱突触中 ACh 对递质释放的负反馈作用，从而引起 ACh 释放增加，使部分患者心率短暂性轻度减慢。较大剂量阿托品（1～2 mg）则阻断窦房结的 M_2 受体，解除迷走神经对心脏的抑制作用，引起心率加快。心率加快的程度取决于迷走神经张力，迷走神经张力高的健康青壮年心率加快明显。阿托品阻断 M_2 受体还可拮抗迷走神经过度兴奋所致的心房和房室结传导阻滞，引起心房和房室结传导加快。

（2）血管与血压：大多数血管床缺少胆碱能神经支配，故治疗量阿托品对血管和血压无显著影响，但可完全拮抗由胆碱酯类药物所引起的外周血管扩张和血压下降。较大剂量阿托品可扩张皮肤血管，出现皮肤潮红、温热等症状，尤以面颈部为甚。当病理情况下微循环小血管痉挛时，大剂量阿托品则可明显解除微血管痉挛，改善微循环，恢复重要器官的血液供应，缓解组织缺氧。阿托品的扩张血管作用机制未明，可能是抑制汗腺分泌引起的体温升高的代偿性散热反应，也可能是大剂量阿托品的直接扩张血管作用。

5. 中枢神经系统　治疗量阿托品对中枢神经系统的影响不明显。较大剂量阿托品（1～2 mg）可轻度兴奋延髓和高位大脑中枢，使呼吸频率加快。剂量增加至 2～5 mg 时，中枢兴奋作用明显增强，可使患者烦躁不安、多言。中毒剂量（10 mg 以上）常导致患者产生幻觉、定向障碍、运动失调和惊厥等。严重中毒时，则由兴奋转入抑制，患者可出现昏迷、呼吸麻痹而死亡。

【临床应用】

1. 解除平滑肌痉挛　阿托品可用于各种内脏绞痛，对胃肠绞痛及膀胱刺激症状如尿频、尿急等疗效较好。其松弛膀胱逼尿肌作用可用于小儿遗尿症，能减少排尿次数；松弛胃肠平滑肌作用还可用于胍乙啶等引起的胃肠运动增加及排便次数增多。阿托品对胆绞痛及肾绞痛的疗效较差，常需与阿片类镇痛药合用。阿托品扩张支气管平滑肌的作用较弱，且抑制呼吸道腺体分泌，使呼吸道分泌物黏稠而难以清除，易引起继发感染，故不宜用于平喘。其合成衍生物异丙托溴铵气雾吸入对哮喘和喘息性支气管炎患者有显著平喘作用，且不良反应少。

2. 抑制腺体分泌　阿托品可用于全身麻醉前给药，以减少呼吸道腺体及唾液腺分泌，防止分泌物阻塞呼吸道而发生吸入性肺炎；也可用于严重的盗汗（如肺结核）和流涎症（如重金属中毒和帕金森病）及食管机械性阻塞（肿瘤或狭窄）所造成的吞咽困难等的治疗，用药剂量以不出现口干为宜。常用量阿托品虽对胃酸分泌影响较小，但因其抑制胃肠平滑肌痉挛，故有助于缓解消化性溃疡的症状，可作为消化性溃疡的辅助用药。

3. 眼科

（1）虹膜睫状体炎：可用0.5%～1%阿托品溶液滴眼，松弛虹膜瞳孔括约肌和睫状肌，使之充分休息，有利于消炎和止痛；还可与缩瞳药毛果芸香碱交替使用预防虹膜与晶状体粘连。

（2）验光、眼底检查：阿托品滴眼可使睫状肌松弛，具有调节麻痹作用，此时晶状体固定，可准确测定晶状体的屈光度；也可利用其扩瞳作用检查眼底。阿托品的扩瞳作用可维持1～2周，调节麻痹作用可维持2～3天，视力恢复较慢，故已被作用时间较短的后马托品取代。但儿童验光时仍用阿托品，因儿童的睫状肌调节功能较强，只有阿托品才能使眼调节功能充分麻痹，从而正确检验屈光度的异常情况。

4. 抗心律失常　阿托品能解除迷走神经对心脏的抑制作用，可用于治疗迷走神经过度兴奋所致的窦性心动过缓、窦房传导阻滞、房室传导阻滞等缓慢型心律失常。但阿托品的剂量需谨慎调节，剂量过低可致进一步的心动过缓，剂量过大则引起心率加快，心肌耗氧量增加，并有引发心室颤动的危险。对于缺血性心脏病引起的心律失常，因阿托品可加快心率而加重心肌缺血，应慎用。

5. 抗休克　阿托品可用于多种感染中毒性休克，如暴发型流行性脑脊髓膜炎、中毒性菌痢、中毒性肺炎所致的感染中毒性休克。大剂量阿托品能解除微血管痉挛，扩张外周血管，改善微循环，增加重要器官组织的血流灌注量，使回心血量增加，血压升高，从而使休克好转，但休克伴有高热或心率过快者不宜使用。由于阿托品的不良反应较多，目前多用山莨菪碱取代之。

6. 解救有机磷酸酯类中毒　见第七章。

【不良反应】阿托品对组织器官的选择性不高，药理作用广泛，不良反应较多。常见的不良反应有口干、瞳孔扩大、视物模糊、心悸、皮肤干燥潮红、排尿困难、便秘等，停药后上述症状可消失，故无须特殊处理。随着剂量的增加，其不良反应逐渐加重，甚至出现高热、呼吸加快、烦躁不安、谵妄、幻觉、惊厥等中枢神经系统症状。严重中毒时，中枢神经系统由兴奋转入抑制，出现昏迷和呼吸麻痹。青光眼及前列腺肥大患者禁用。

解救阿托品中毒主要为对症治疗。除采用洗胃、导泻等措施外，还可注射拟胆碱药如毒扁豆碱或毛果芸香碱，可迅速对抗阿托品中毒症状。如患者中枢兴奋症状明显时，可适当使用地西泮，但剂量不宜过大，以免与阿托品的中枢抑制作用产生协同效应。不可使用吩噻嗪类药物，因这类药物具有M受体阻断作用而加重阿托品的外周中毒症状。此外，应对患者进行人工呼吸、敷以冰袋及乙醇擦浴以降低患者的体温，这对儿童中毒者尤为重要。

临床应用

阿托品解救急性有机磷酸酯类中毒的合理应用

当发生急性有机磷酸酯类中毒时，除采取吸氧、补液、抗休克等处理外，应及早、足量、反复注射阿托品以快速达到阿托品化（出现瞳孔扩大、颜面潮红、心率加快、口干、轻度躁动不安等），从而缓解有机磷酸酯类中毒症状和体征，其剂量视病情轻重而定。然而在临床实际应用过程中，对于阿托品不足、阿托品化、阿托品中毒，仅凭一两个症状是很难做出判断的。因此在临床上需要合理使用阿托品，避免继发性阿托品中毒的发生。应"边应用边观察，边观察边调整"，根据患者临床症状、体征等进行调整。轻度中毒者可每 1～2 h 皮下注射阿托品 2～4 mg，阿托品化后改为每 4～6 h 皮下注射 0.5 mg。中度中毒者立即静脉注射阿托品 5～10 mg，以后每 30 min 静脉注射 1～2 mg，达阿托品化后改为每 4～6 h 皮下注射 0.5～1 mg。重度中毒者应立即静脉注射阿托品 10～20 mg，以后每 10～30 min 静脉注射 2～5 mg，达阿托品化后改为每 2～6 h 皮下注射 0.5～1 mg。尽量在 2 h 内达到阿托品化，阿托品总用量一般不宜超过 200 mg。阿托品化一般维持 24～48 h，长可达 5～7 天，乐果中毒阿托品化需维持 7～10 天。阿托品化后逐步减少药物用量，延长给药间隔时间，维持用药时间不得少于 72 h，一般为 5 天。

➢ 东莨菪碱（scopolamine）

东莨菪碱是从茄科植物洋金花、莨菪和东莨菪中提取的一种左旋生物碱，口服易吸收，可通过血脑屏障及胎盘屏障。东莨菪碱对中枢神经系统具有较强的抑制作用，表现为小剂量镇静，较大剂量催眠，更大剂量甚至引起意识消失，进入浅麻醉状态。东莨菪碱尚能产生欣快感，易造成药物滥用。伴有严重疼痛者应用大剂量东莨菪碱可出现激动、不安、幻觉或谵妄等类似阿托品的中枢兴奋症状，兴奋过后即进入睡眠状态。东莨菪碱的外周作用与阿托品相似，仅在作用强度上略有差异，其中抑制腺体分泌作用较阿托品强，扩瞳与调节麻痹作用较阿托品迅速且稍弱，对心血管系统及胃肠道、支气管平滑肌作用较弱。

东莨菪碱具有中枢抑制与减少唾液腺和支气管腺体分泌的作用，特别适用于麻醉前给药，且优于阿托品。东莨菪碱也可用于治疗晕动病和帕金森病，还可用于妊娠呕吐及放射病呕吐，其机制可能与其抑制大脑皮质及前庭神经内耳功能有关，也可能与其中枢抗胆碱作用及抑制胃肠道运动作用有关。治疗晕动病时，东莨菪碱可与苯海拉明合用以增强疗效。不良反应和禁忌证与阿托品相似。

知识拓展

中药麻醉与曼陀罗

西医运用乙醚等麻醉药进行外科手术，只是近百年的事，而我们的祖先早在 2000 年前就发明了麻沸散，这是值得我们引以为豪的。麻沸散是世界上最早的麻醉药。早在三国时期就有华佗使用"麻沸散"进行外科手术的记载，麻沸散的主药就是曼陀罗花。在中药书籍中记载着曼陀罗性温、味辛、有毒，具有平喘止咳、麻醉止痛的功能，在中医处方中以洋金花为其名入药使用。曼陀罗最早为人所知的是其麻醉的作用。《后汉书·华佗传》中记载："若病发结于内，针药所不能及者，乃令先以酒服麻沸散，既醉，无所觉，因剖破腹背，抽割积聚。"南宋周去非在《岭外代答》中提到："广西曼陀罗花，遍生原野，大叶白花，结实如茄子，而遍生小刺，乃药人草也。盗贼采，干而末之，以置人饮食，使之醉闷，则挈箧而趋。"李时珍在《本草纲目》中记载："热酒调服三钱，少顷昏昏如醉。割疮灸火，宜先服此，则不觉苦也。"说明他也认可曼陀罗花的麻醉作用。此外，宋朝窦材所著《扁鹊心书》中记载的内服全身麻醉方剂"睡圣散"和元代名医危亦林在《世医得效方》所用的麻药"草乌散"，其主要药物也都是曼陀罗花。

> 山莨菪碱（anisodamine）

山莨菪碱是从茄科植物唐古特莨菪中提取的生物碱，为左旋体，简称 654；其人工合成的消旋体称为 654-2。山莨菪碱的药理作用与阿托品相似，但抑制唾液分泌和扩瞳作用仅为阿托品的 1/20～1/10；不易通过血脑屏障，中枢兴奋作用较弱；对抗 ACh 所致平滑肌痉挛和心血管抑制的作用稍弱于阿托品，但解痉作用的选择性相对较高。因不良反应较阿托品少，故已代替阿托品用于胃肠绞痛及感染中毒性休克。不良反应和禁忌证与阿托品相似，但其毒性较低。

第二节　合成、半合成衍生物

一、合成扩瞳药

目前临床常用的合成扩瞳药有后马托品（homatropine）、托吡卡胺（tropicamide）、环喷托酯（cyclopentolate）和尤卡托品（eucatropine），均为短效 M 受体阻断药。这些药物与阿托品相比，其扩瞳和调节麻痹的持续时间明显缩短，适用于扩瞳检查眼底和成年人验光。阿托品与合成扩瞳药滴眼后作用的比较见表 8-1。

表 8-1　阿托品与合成扩瞳药滴眼后作用的比较

药物	浓度（%）	扩瞳作用		调节麻痹作用	
		高峰（min）	恢复（d）	高峰（h）	恢复（d）
阿托品	1.0	30～40	7～10	1～3	7～12
后马托品	1.0	40～60	1～3	0.25	1～3
托吡卡胺	1.0	20～40	0.25	0.25	<0.25
环喷托酯	0.5	30～50	1	1	0.25～1
尤卡托品	5.0	30	1/12～1/4	无作用	

二、合成解痉药

（一）季铵类解痉药

季铵类解痉药与阿托品类生物碱相比，特点如下：①脂溶性低，口服吸收差；②不易通过血脑屏障，故少有中枢神经系统作用；③对胃肠道解痉作用较强；④具有神经节阻断作用，可致直立性低血压、阳痿等不良反应；⑤中毒量可致神经肌肉阻滞，引起呼吸麻痹。常用的季铵类解痉药有溴丙胺太林、奥芬溴铵（oxyphenonium bromide）、格隆溴铵（glycopyrronium bromide）、戊沙溴铵（valethamate bromide）、地泊溴铵（diponium bromide）和喷噻溴铵（penthienate bromide）等，它们均可用于缓解内脏平滑肌痉挛，还可作为消化性溃疡的辅助用药。

异丙托溴铵（ipratropium bromide）气雾吸入给药对支气管平滑肌的M受体选择性较高，松弛支气管平滑肌作用较强，临床主要用于慢性阻塞性肺疾病及支气管哮喘的治疗。

溴丙胺太林（propantheline bromide，普鲁本辛）具有与阿托品相似的M受体阻断作用，且对胃肠道的M受体选择性较高。其治疗量可抑制胃肠道平滑肌，作用较强且维持时间久，明显延缓胃排空；较大剂量还能不同程度地减少胃酸分泌。溴丙胺太林是临床常用的合成解痉药，主要用于胃、十二指肠溃疡，胃肠痉挛，泌尿道痉挛，妊娠呕吐及遗尿症。不良反应与阿托品相似。

（二）叔胺类解痉药

叔胺类解痉药含叔胺基团，有如下特点：①脂溶性高，口服易吸收；②具有阿托品样胃肠道解痉作用，还可抑制胃酸分泌；③易通过血脑屏障，故有中枢神经系统作用。常用叔胺类解痉药有贝那替嗪（benactyzine）、双环维林（dicycloverine）、羟苄利明（oxyphencyclimine）等，这些药物尚有非选择性直接松弛内脏平滑肌的作用。贝那替嗪（胃复康）口服较易吸收，能缓解平滑肌痉挛，抑制胃酸分泌，且有中枢镇静作用，故适用于伴有焦虑症的消化性溃疡患者，也可用于肠蠕动亢进及膀胱刺激征者。不良反应有口干、头晕及嗜睡等。

（三）选择性M受体阻断药

选择性M受体阻断药对受体的特异性较高，副作用明显减少，有广泛的临床应用前景。常用药物有哌仑西平（pirenzepine）、替仑西平（telenzepine）等，对M_1受体有选择性阻断作用。

哌仑西平，又名吡疡平，是选择性M_1受体阻断药，可选择性阻断胃壁细胞上的M_1受体，抑制胃酸与胃蛋白酶的分泌，主要用于胃和十二指肠溃疡的治疗。哌仑西平口服吸收差，生物利用度约为26%，与食物同服可减少其吸收，故应在餐前服用。因其脂溶性较低，不易通过血脑屏障，故无阿托品样中枢兴奋作用。青光眼及前列腺肥大患者慎用，妊娠期妇女禁用。

替仑西平为哌仑西平同类物，但对M_1受体的选择性阻断作用更强，不良反应相对较少而轻。

思 考 题

1. 简述阿托品的药理作用、临床应用及主要不良反应。
2. 山莨菪碱和东莨菪碱与阿托品比较有哪些特点？
3. 比较阿托品与毛果芸香碱对眼的作用、用途。
4. 阿托品治疗缓慢型心律失常时为什么需要谨慎调整剂量？
5. 患儿，男，5岁，因误服敌敌畏迅速送医院抢救，洗胃后给予阿托品、氯解磷定治疗。目前患儿出现皮肤潮红、瞳孔扩大、心率加快等症状。请回答：

对于该患儿出现的症状应怎样处理？

（郭紫芬）

第九章

胆碱受体阻断药 II——N 受体阻断药

第九章数字资源

案例 9-1

患者，女，43岁，因上腹部不适1年来医院就诊。患者经胃镜检查提示食管隆起性病变（考虑平滑肌瘤）而被收入院，拟在全身麻醉状态下行隧道法内镜黏膜下肿物切除术（STER）。患者术前生命体征正常，T（体温）36.4℃，P（脉搏）80次/分，R（呼吸）20次/分，BP（血压）115/80 mmHg，SpO_2（血氧饱和度）97%。常规给氧去氮3 min。麻醉诱导：舒芬太尼20 μg、丙泊酚90 mg、罗库溴铵50 mg。1 min后行气管插管，无插管反应，术中以丙泊酚和瑞芬太尼全凭静脉麻醉（TIVA）维持。内窥镜进入食管过程顺利，术中镜下见食管27～30 cm处见黏膜隆起，完整切除肿物自口腔取出，手术耗时35 min。术后患者无不适，48小时后即开放饮食，并在4天后顺利出院。

问题：
1. 该患者诱导麻醉时使用罗库溴铵的目的是什么？
2. 简述罗库溴铵的作用机制、药理作用及其临床应用与中毒救治特点。

N 胆碱受体阻断药可阻碍 ACh 或胆碱受体激动药与神经节 N_N 受体或神经肌肉接头 N_M 受体结合，拮抗其拟胆碱作用，表现出胆碱能神经的阻断效应。根据对 N_N 受体和 N_M 受体的选择性不同，可将其分为 N_N 受体阻断药（神经节阻断药）和 N_M 受体阻断药（骨骼肌松弛药）两类。

第一节 N_N 受体阻断药

N_N 受体阻断药又称神经节阻断药（ganglionic blocking drug），能与 ACh 竞争神经节的 N_N 受体，使节前纤维末梢释放的 ACh 不能引起节后神经细胞去极化，从而阻断神经冲动在神经节的传递。神经节阻断药有季铵类、非季铵类和硫化物，临床常用的有美卡拉明（mecamylamine）和樟磺咪芬（trimetaphan camsilate）。

【体内过程】季铵类与硫化物口服吸收不完全且不规则，药物吸收后，主要分布于细胞外液，以原型经肾排泄。非季铵类药物如美卡拉明口服易吸收，排泄慢，作用维持时间持久。

【药理作用】神经节阻断药的选择性低，对交感神经节和副交感神经节都有阻断作用，因此其综合效应视两类神经对该器官的支配以何者占优势而定。

1. 心血管系统 对血管的支配以交感神经占优势，故神经节阻断药对血管主要为扩张作用，可使小动脉扩张，外周阻力降低，静脉血管扩张，回心血量减少及心输出量降低，结果使血压明显下降，直立时尤为显著。由于对窦房结的支配以副交感神经占优势，用药后可使心率轻度加快。

2. 眼 对睫状肌和虹膜的控制以副交感神经占优势，用药后可有扩瞳和调节麻痹作用。

3. 平滑肌和腺体 对胃肠道、膀胱平滑肌及腺体的支配以副交感神经占优势，故神经节阻断药可抑制胃肠道运动和腺体分泌，引起便秘、尿潴留及胃肠道分泌减少等，汗腺和唾液腺分泌减少可出现口干等症状。

【临床应用】神经节阻断药曾用于抗高血压，但现在已被其他降压药取代；可用于麻醉时控制血压，以减少手术区出血；也可用于主动脉瘤手术，用以降压和控制因手术撕拉组织所造成的交感神经反射，使患者血压不至于明显升高；偶用于其他降压药无效的急进性高血压脑病和高血压危象。因本类药作用广泛、不良反应多，现除美卡拉明和樟磺咪芬外，其他已基本不用。

第二节 N_M受体阻断药

N_M受体阻断药又称骨骼肌松弛药（skeletal muscular relaxant，简称肌松药），可与神经肌肉接头处骨骼肌细胞膜上的N_M受体结合，产生神经肌肉阻滞作用，导致骨骼肌松弛，故又称神经肌肉阻滞药（neuromuscular blocking drug），为全身麻醉用药的重要组成成分。根据作用机制不同，可将其分为去极化型肌肉松弛药（depolarizing muscular relaxant）和非去极化型肌肉松弛药（nondepolarizing muscular relaxant）两类。

一、去极化型肌肉松弛药

去极化型肌肉松弛药可与骨骼肌细胞膜上的N_M受体结合，产生与ACh相似但较持久的激动N_M受体的作用。此类药物不易被胆碱酯酶破坏，作用时间较长，使骨骼肌细胞膜持久去极化，从而对ACh不产生反应。去极化开始时骨骼肌可有短暂的肌束震颤，而后处于麻痹状态。

去极化型肌肉松弛药的作用特点：①用药后可见短暂的肌束震颤；②连续用药可产生快速耐受性；③抗胆碱酯酶药不能拮抗其肌肉松弛作用，反而能增强此作用，过量时不能用新斯的明解救；④治疗量时无神经节阻断作用，相反可有兴奋作用。

➢ 琥珀胆碱（suxamethonium）

琥珀胆碱又称司可林（scoline），由一个琥珀酸分子和两个胆碱分子结合而成，是目前临床上常用的去极化型肌肉松弛药。

【体内过程】琥珀胆碱进入体内后可迅速被血浆和肝中的丁酰胆碱酯酶水解为琥珀单胆碱，肌肉松弛作用显著减弱，然后可进一步水解为琥珀酸和胆碱，肌肉松弛作用完全消失。约2%的药物以原型经肾排泄，其余以代谢产物的形式从尿中排出。新斯的明还能抑制血浆丁酰胆碱酯酶活性，可加强和延长琥珀胆碱的肌肉松弛作用。

【药理作用】琥珀胆碱的肌肉松弛作用出现快，持续时间短，较易控制。静脉注射琥珀胆碱10～30 mg即可见短暂的肌束震颤，1 min后转为肌肉松弛，2 min时肌肉松弛作用最强，5 min后作用消失。肌肉松弛作用以颈部及四肢肌肉表现最明显，而舌、咽喉及咀嚼肌次之，呼吸肌松弛作用最不明显。持续静脉滴注琥珀胆碱可维持较长时间的肌肉松弛作用。

【临床应用】琥珀胆碱静脉注射给药适用于气管内插管及气管镜、食管镜和胃镜等操作和检查。成人短时间的外科手术，一般用氯化琥珀胆碱静脉注射。琥珀胆碱静脉滴注可用于浅麻醉下进行外科手术，以减少麻醉用量，保证手术安全。由于此药个体差异较大，故剂量和给药速度均需个体化，以获满意效果。

【不良反应与禁忌证】

1. 窒息 过量应用琥珀胆碱可致呼吸肌麻痹，遗传性胆碱酯酶活性低下者可出现严重窒息，故在临床应用时需备人工呼吸机。

2. 术后肌痛 琥珀胆碱在产生肌肉松弛作用前可致短暂肌束震颤，可能损伤肌梭，有25%～50%的患者出现肩胛部、胸腹部肌肉疼痛，一般经3～5天可自愈。

3. 眼压升高 琥珀胆碱能使眼外骨骼肌短暂收缩，引起眼内压升高，故禁用于青光眼、白内障晶状体摘除术。

4. 血钾升高 琥珀胆碱可引起骨骼肌细胞持久去极化，释放出大量K^+，导致血钾升高，故血钾较高的患者如广泛软组织损伤、烧伤、恶性肿瘤、脑血管意外和肾功能不全等患者禁用，以免产生高血钾性心脏骤停。

5. 心血管反应 琥珀胆碱可兴奋迷走神经及副交感神经节的胆碱受体，引发心动过缓等各种心律失常，严重者甚至发生心脏停搏。琥珀胆碱还可兴奋交感神经节使血压升高。

6. 恶性高热 与遗传有关，为麻醉的主要死因之一，有很高的死亡率（65%）。一旦发生，须立即解救：迅速降低体温、吸氧、纠正酸中毒、给予特效解救药丹曲林抑制肌浆网Ca^{2+}释放。

7. 其他 琥珀胆碱还可增加腺体分泌、促进组胺释放等。

遗传性血浆丁酰胆碱酯酶活性降低、严重肝功能不良、营养不良、电解质紊乱、青光眼或白内障晶体摘除术后、肾损害、烧伤、软组织大面积损伤等患者应禁用。有心肺疾病、神经肌肉障碍性疾病、过敏史者慎用。

> **知识拓展**
>
> **恶性高热**
>
> 恶性高热（malignant hyperthermia，MH）是以常染色体显性遗传为主要遗传方式的临床综合征。MH易感者因其骨骼肌细胞内肌浆网膜上的罗纳丹受体1（RYR1）存在异常，在诱发药物（主要是挥发性麻醉药和琥珀胆碱）作用下，发生Ca^{2+}释放异常增加而不能有效再摄取，导致细胞质内Ca^{2+}浓度持续增高，出现肌肉挛缩，横纹肌溶解，产热急剧增加，体温迅速升高。同时产生大量乳酸和二氧化碳，出现酸中毒、低氧血症、高血钾、心律失常等。在没有特异性治疗药物丹曲林抑制肌浆网Ca^{2+}释放的情况下，一般的临床降温措施难以控制体温的升高，最终可导致患者死亡。

二、非去极化型肌肉松弛药

非去极化型肌肉松弛药能与ACh竞争结合骨骼肌细胞膜上的N_M受体，但无内在活性，不激动受体，却竞争性阻断ACh与N_M受体结合，从而产生骨骼肌松弛作用。本类药物特点：①骨骼肌松弛前无肌肉兴奋现象；②骨骼肌松弛作用可被抗胆碱酯酶药所拮抗，过量时可用新斯的明解救；③吸入性全身麻醉药和氨基糖苷类抗生素能增强和延长本类药物的作用；④肌肉松弛作用可被同类药物所增强；⑤可有不同程度的神经节阻断作用和促进组胺释放作用。

本类药物多为天然生物碱及其类似物，按其化学结构可分苄基异喹啉类和类固醇铵类。苄基异喹啉类主要有筒箭毒碱、阿曲库铵（atracurium）、多库铵（doxacurium）和米库铵（mivacurium）等药；类固醇铵类主要包括泮库铵（pancuronium）、哌库铵（pipecuronium）、罗库铵（rocuronium）和维库铵（vecuronium）等药。由于体内过程不同，它们在起效时间和药效维持时间上也存在着差异（表 9-1）。

表 9-1 非去极化型肌肉松弛药的作用特点比较

药物	作用时效	起效时间（min）	药效持续时间（min）
筒箭毒碱	长效	4～6	80～120
阿曲库铵	中效	2～4	30～60
多库铵	长效	4～6	90～120
米库铵	短效	2～4	12～18
泮库铵	长效	4～6	120～180
哌库铵	长效	2～4	80～120
罗库铵	中效	1～2	30～60
维库铵	中效	2～4	60～90

➤ **筒箭毒碱（tubocurarine）**

筒箭毒碱是从南美洲的马钱子科和防己科植物中提取的生物碱，其右旋体有活性。该药 1942 年首次用于临床，是临床应用最早的典型非去极化型肌肉松弛药。其作用时间较长，用药后肌肉松弛作用不易逆转，不良反应较多，临床上现已较少应用。

【体内过程】该药极性大，口服吸收差，静脉给药后 4～6 min 产生肌肉松弛作用，5 min 达高峰，可维持 80～120 min。其作用消除的原因为体内再分布，故重复用药需减量以避免蓄积中毒。约 70% 药物以原型、其余以代谢产物形式从肾排泄。

【药理作用】

1. 肌肉松弛作用 筒箭毒碱与骨骼肌细胞膜上的 N_M 受体结合，竞争性阻断 ACh 的作用而使肌肉松弛。其肌肉松弛作用从眼和头面部开始，表现为眼睑下垂、斜视、失语、咀嚼和吞咽困难等；继之为颈部、躯干和四肢，最后是肋间肌松弛，可出现腹式呼吸，如剂量过大累及膈肌，可因呼吸肌麻痹导致死亡。肌肉松弛恢复时，其次序与肌肉松弛相反，即膈肌麻痹首先恢复。

2. 促进组胺释放作用 可出现支气管痉挛、低血压、组胺样疹块和唾液分泌等症状。

3. 神经节阻断作用 常用量筒箭毒碱可部分阻断神经节及肾上腺髓质，引起血压下降、心率加快。

【临床应用】筒箭毒碱可作为全身麻醉辅助用药，适用于胸腹部手术及气管内插管等，以获满意的肌肉松弛效果，便于手术。

【不良反应与禁忌证】筒箭毒碱常用量可引起心率加快、血压下降、支气管痉挛和唾液分泌过多等；大剂量可致呼吸肌麻痹，可用新斯的明解救并进行人工呼吸。重症肌无力、严重休克、呼吸肌功能不良或肺部疾病患者禁用，有过敏史者慎用。

> **临床应用**
>
> **肌肉松弛药的合理选择**
>
> **1. 置入喉罩和气管内插管** 选用起效快和对循环功能影响小的肌肉松弛药，可缩短置入喉罩或气管内插管时间，维护呼吸道通畅，防止反流误吸，降低诱导期血流动力学变化。目前起效最快的是琥珀胆碱和罗库溴铵。增加剂量可在一定程度上缩短起效时间，但会相应地延长作用时间及可能增加不良反应。
>
> **2. 全身麻醉维持期** 根据手术对肌肉松弛程度的要求，应相应地调整肌肉松弛深度。肌肉松弛药的追加时间和剂量应根据肌肉松弛药特性、患者病理生理特点、手术对肌肉松弛的需求及药物的相互作用而定。选用中、短效肌肉松弛药有利于肌肉松弛程度的及时调节及神经肌肉传导功能较快恢复。应注意吸入麻醉药与非去极化肌肉松弛药有协同作用，应用吸入麻醉药维持麻醉时，应延长追加非去极化肌肉松弛药的时间和减少其剂量。间断静脉注射肌肉松弛药通常间隔 30 min 追加初量 1/5 ~ 1/3 的中效肌肉松弛药，应以最少量的肌肉松弛药达到临床对肌肉松弛的要求。持续静脉注射肌肉松弛药按手术期间对肌肉松弛深度的不同要求，调整肌肉松弛药输注速率。肌肉松弛药的作用个体差异大，持续静脉注射时应监测肌力变化。可持续静脉注射短效肌肉松弛药，应谨慎持续静脉注射中效肌肉松弛药，不宜持续静脉注射长效肌肉松弛药。

思 考 题

1. 简述琥珀胆碱的临床应用及不良反应。
2. 简述去极化型肌肉松弛药的特点。
3. 简述泮库铵的药理作用、作用机制、适应证、禁忌证和中毒解救的特点。
4. 患者，女，60 岁，因患"胃溃疡"拟在气管内插管全身麻醉下行"胃大部切除术"。术前检查心电图（ECG）正常，其他各项实验室检查大致正常。麻醉前 0.5 h 肌内注射阿托品 0.5 mg、地西泮 10 mg，入手术室后测 BP 128/88 mmHg、P 82 次 / 分。开放静脉通路，静脉注射咪达唑仑 2 mg、芬太尼 0.2 mg，琥珀胆碱 100 mg 快速麻醉诱导，行气管内插管。请回答：静脉注射琥珀胆碱的目的是什么？

（郭紫芬）

第十章 肾上腺素受体激动药

案例 10-1

患者,男,18岁,中午吃海鲜后 1 h,脸部、腰部和背部出现大片密集风团,皮肤瘙痒,腹痛,去医院路上突然晕倒,家人紧急送其至医院急诊科。患者神志不清,口唇发绀,大汗淋漓。马上安置患者平卧,吸氧,测血压:55/32 mmHg。诊断:荨麻疹,过敏性休克。立即给予肾上腺素 0.5 mg 肌内注射,并迅速建立静脉输液通道,给予地塞米松 10 mg 静脉注射,肾上腺素 0.5 mg 以生理盐水稀释至 10 ml 缓慢静脉注射,同时快速补液,严密观察血压、脉搏、呼吸和神志变化等情况。约 10 min 后,患者血压开始升高,口唇发绀减轻,风团慢慢消失。随着抢救进行,患者血压逐渐回升,生命体征逐渐平稳。1 h 后,患者神志清醒,一般情况迅速好转。

问题:
1. 肾上腺素治疗过敏性休克的机制是什么?
2. 肾上腺素的给药途径有哪些?
3. 过敏性休克的抢救原则有哪些?

肾上腺素受体激动药(adrenoceptor agonist)是一类能与肾上腺素受体结合并激动受体,产生类似肾上腺素(adrenaline)和去甲肾上腺素(norepinephrine)作用的药物。由于这类药物的作用与交感神经兴奋的效应相似,且在化学结构上多属胺类,故又称拟交感胺(sympathomimetic amine),或拟肾上腺素药(adrenomimetic)。

第一节 化学结构、构效关系和分类

一、化学结构

肾上腺素受体激动药的基本化学结构是 β-苯乙胺(β-phenylethylamine)。肾上腺素、去甲肾上腺素、异丙肾上腺素(isoprenaline)和多巴胺(dopamine)等在苯环 3、4 位上有羟基取代,由于具有两个邻位羟基的苯环化合物称为儿茶酚(catechol),故这类药又称儿茶酚胺类(catecholamines)(图 10-1)。

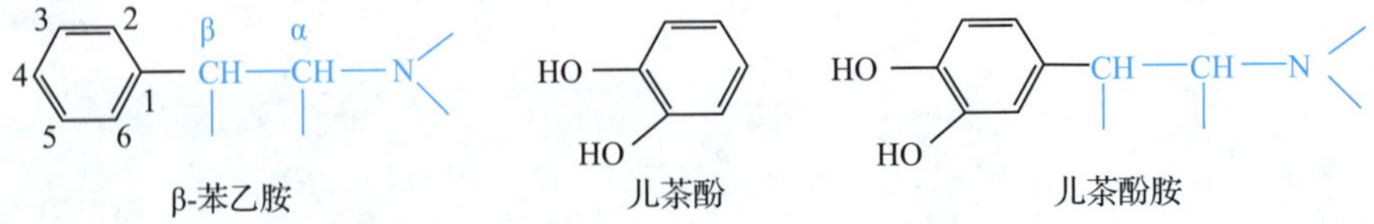

β-苯乙胺 儿茶酚 儿茶酚胺

图 10-1　β-苯乙胺、儿茶酚及儿茶酚胺类的化学结构

二、构效关系

β-苯乙胺由苯环、碳链和氨基三部分组成，这三部分的氢原子可被不同基团取代，从而衍生出许多化合物（表 10-1）。

表 10-1　肾上腺素受体激动药的分类和化学结构

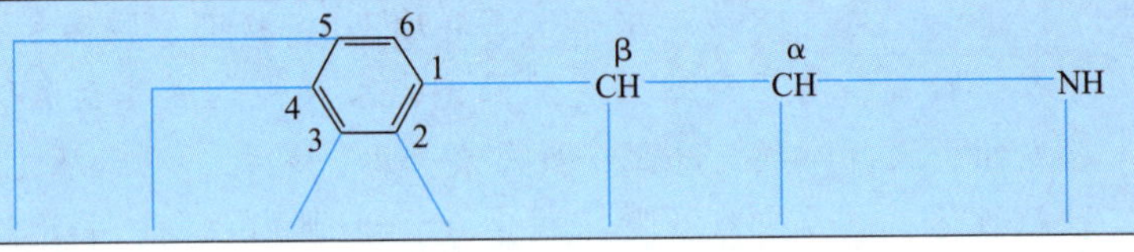

名称	3	4	5	6	β	α	NH
1. α_1、α_2 受体激动药							
去甲肾上腺素（noradrenaline）	H	OH	OH	H	OH	H	H
间羟胺（metaraminol）	H	H	OH	H	OH	CH_3	H
2. α_1 受体激动药							
去氧肾上腺素（phenylephrine）	H	H	OH	H	OH	H	CH_3
甲氧明（methoxamine）	OCH_3	H	H	OCH_3	OH	CH_3	H
3. α、β 受体激动药							
肾上腺素（adrenline）	H	OH	OH	H	OH	H	CH_3
多巴胺（dopamine）	H	OH	OH	H	H	H	H
麻黄碱（ephedrine）	H	H	H	H	OH	CH_3	CH_3
美芬丁胺（mephentermine）	H	H	H	H	H	$H_3C-C-CH_3$[①]	CH_3
4. β_1、β_2 受体激动药							
异丙肾上腺素（isoprenaline）	H	OH	OH	H	OH	H	$CH-CH_3$ CH_3
5. β_1 受体激动药							
多巴酚丁胺（dobutamine）	H	OH	OH	H	H	H	[②]
普瑞特罗（prenalterol）	H	OH	H	H	OH[③]	H	$CH-CH_3$ CH_3
6. β_2 受体激动药							
沙丁胺醇（salbutamol）	H	OH	CH_2 OH	H	OH	H	CH_3 $C-CH_3$ CH_3
特布他林（terbutaline）	OH	H	OH	H	OH	H	CH_3 $C-CH_3$ CH_3

注：①取代 α 碳；②$-CH-(CH_2)_2-\bigcirc-OH$ ； ③在苯环与 β 碳间插入 $-OCH_2-$
　　　　　　　　　　　　CH_3

（一）苯环

研究显示，β受体一级结构中204位和207位的丝氨酸残基可分别与儿茶酚胺的3、4位羟基形成氢键，故本类药物激动肾上腺素受体的活性可能与3、4位羟基有关。如把3、4位羟基除去，则失去了儿茶酚胺结构，作用强度减弱，但同时也不易受儿茶酚-O-甲基转移酶（catechol-O-methyltransferase，COMT）破坏，故药物消除速度减慢，作用时间延长。例如，麻黄碱的苯环没有羟基，其作用强度仅为肾上腺素的1/300～1/100，但作用时间延长7～10倍。仅有一个羟基的去氧肾上腺素作用强度和作用时间则介于肾上腺素和麻黄碱之间。若两个羟基之间的立体距离加大，作用时间也延长，如沙丁胺醇。以其他环状结构代替苯环，则其对外周肾上腺素受体激动作用仍保留，但中枢兴奋作用降低，甚至转为抑制作用，如萘甲唑啉和羟甲唑啉。

（二）碳链

如果α碳上的一个氢原子被甲基取代，则苯乙胺类变为苯异丙胺类，其外周肾上腺素受体激动作用减弱而中枢兴奋作用加强，且不易被单胺氧化酶（monoamine oxidase，MAO）破坏，故稳定性增加，作用时间延长，存在于肾上腺素能神经末梢内的时间也延长，易于发挥促去甲肾上腺素释放的作用，如麻黄碱和间羟胺。

（三）氨基

一般认为，药物对α和β受体的选择性与氨基氢原子的取代基团有关。取代基团从甲基到叔丁基，药物对α受体的激动作用逐渐减弱，而对β受体的激动作用逐渐加强。如去甲肾上腺素的一个氨基氢原子被甲基取代形成肾上腺素，其对β受体的激动作用就加强。异丙肾上腺素主要激动β受体，α受体激动作用大为减弱。沙丁胺醇和特布他林则几乎无α受体激动作用，且进一步提高了对β_2受体的选择性。

（四）光学异构体

碳链上α碳和β碳上的氢原子如被其他基团取代，都可形成光学异构体。在α碳形成的右旋体，其中枢兴奋作用往往较其左旋体强，如右苯丙胺对中枢神经系统的作用较左苯丙胺强。在β碳上形成的左旋体，其外周作用较强，如左旋去甲肾上腺素比右旋体强10倍以上。

三、分类

根据药物对肾上腺素受体亚型的选择性，肾上腺素受体激动药可分为以下三类：

1. α受体激动药

（1）α_1、α_2受体激动药：如去甲肾上腺素。

（2）α_1受体激动药：如去氧肾上腺素。

（3）α_2受体激动药：如羟甲唑啉。

2. α、β受体激动药 如肾上腺素、麻黄碱。

3. β受体激动药

（1）β_1、β_2受体激动药：如异丙肾上腺素。

（2）β_1受体激动药：如多巴酚丁胺。

（3）β_2受体激动药：如沙丁胺醇。

> **知识拓展**

从肾上腺素到去甲肾上腺素

　　1855 年，英国医生 Thomas Addison 发现一种肾上腺损害后的疾病（后称为 Addison 病），人们开始对肾上腺产生研究兴趣。1893 年英国医生 George Oliver 自行研制了一种可检测桡动脉收缩的仪器，发现肾上腺提取物可以收缩桡动脉。1897 年，美国药理学教授 John J Abel 从肾上腺中分离得到生物活性很弱的肾上腺有效成分，并将其命名为 epinephrine。1901 年，旅美日本科学家 Takamine Jokichi 成功从大约 1 万头公牛的肾上腺中分离出 4 g 肾上腺素结晶，并将其命名为 adrenaline。1905 年，德国化学家 Friedrich Stolz 在实验室中获得了肾上腺素的纯品，并于次年投入生产，这是人类历史上第一次用人工方法合成激素。

　　1902 年，英国剑桥大学的医学生 Thomas Renton Elliott 给动物注射了肾上腺素，发现可引起许多器官发生反应，而这些反应与电刺激交感神经所引起的反应极其类似，这或许是关于神经递质存在的最早暗示，但遗憾的是，Elliott 并没有重视这个发现。1920 年 3 月，德国药理学家 Otto Loewi 通过著名的双蛙心实验证实了化学传递学说，后来英国科学家 Henry Hallett Dale 发现这一化学物质为乙酰胆碱，是迷走神经释放的一种神经递质。那么交感神经释放的神经递质是什么呢？一直到 1946 年，瑞典生理学家 Vlf von Euler 成功地从人体内分离出去甲肾上腺素，并通过研究证实，交感神经兴奋后所释放的主要递质就是去甲肾上腺素。

　　从 Oliver 最早对肾上腺素作用进行研究，到后来肾上腺素的分离提纯，再到去甲肾上腺素的发现，历经 50 多年，由多个国家的数位医学家、生理学家、药学家和化学家共同努力，才最终确立了去甲肾上腺素作为交感神经递质的地位。大家从其中得到哪些启示呢？

第二节　α 受体激动药

一、$α_1$、$α_2$ 受体激动药

> **去甲肾上腺素（norepinephrine，NE；noradrenaline，NA）**

　　去甲肾上腺素是去甲肾上腺素能神经末梢释放的主要神经递质，肾上腺髓质仅少量分泌。药用去甲肾上腺素是人工合成的左旋体，化学性质不稳定，见光易失效；在中性尤其是碱性溶液中易发生氧化变色而失去活性，在微酸性溶液中较稳定。去甲肾上腺素注射剂中含稳定剂，故可保存，如加入输液时稳定剂被稀释，极易失效。

　　【体内过程】去甲肾上腺素口服后易被碱性肠液破坏，经肠黏膜和肝时又通过结合与氧化反应而被破坏，故口服用药无效；皮下或肌内注射时因其剧烈的局部血管收缩作用，吸收很少，且易发生局部组织缺血坏死，故去甲肾上腺素主要由静脉滴注给药。静脉注射后，去甲肾上腺素很快自血中消失，大部分被去甲肾上腺素能神经末梢摄取，进入囊泡贮存。去甲肾上腺素可通过胎盘进入胎儿血液中，但不易透过血脑屏障。少量被非神经细胞摄取的去甲肾上腺

素，大多数在肝和其他组织中被 COMT 和 MAO 催化形成间甲去甲肾上腺素和 3- 甲氧 -4- 羟扁桃酸 [3-methoxy-4-mandelic acid，又称香草扁桃酸（vanillylmandelic acid，VMA）] 等代谢产物而失活（图 10-2）。正常人尿中儿茶酚胺的代谢产物以 VMA 为主，约占儿茶酚胺代谢产物总量的 90%；24 h 尿中 VMA 的排泄量为 2～6.8 mg。嗜铬细胞瘤患者尿中 VMA 的排泄量为 10～250 mg/24 h，故测定尿中 VMA 水平是此病的一种重要诊断方法。

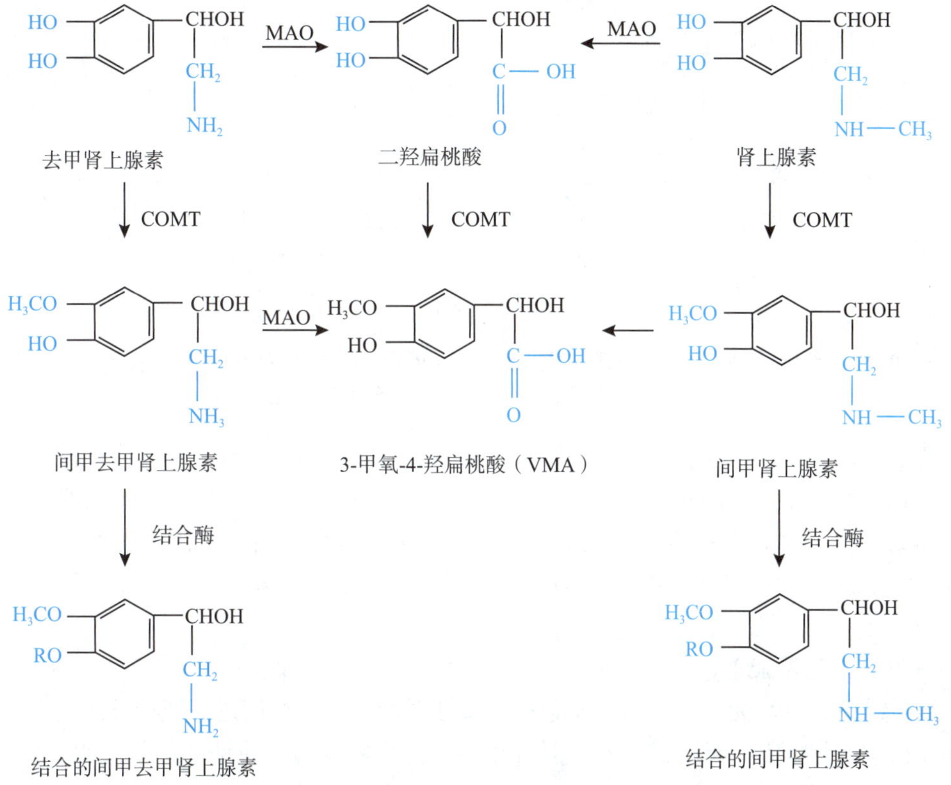

图 10-2　肾上腺素和去甲肾上腺素的生物转化
R：硫酸基或葡糖醛酸基

【药理作用】去甲肾上腺素可直接激动 α 受体，对 $α_1$ 和 $α_2$ 受体无选择性。与肾上腺素比较，去甲肾上腺素的 $β_1$ 受体激动作用弱，对 $β_2$ 受体几乎无作用。其主要作用部位在血管和心脏。

1. 血管　去甲肾上腺素激动血管 $α_1$ 受体，使血管特别是小动脉和小静脉收缩。对全身各部分血管收缩作用的程度与 α 受体的分布密度及去甲肾上腺素的剂量有关：皮肤、黏膜血管收缩最明显，其次是肾血管；对脑、肝、肠系膜甚至骨骼肌血管都有收缩作用。但去甲肾上腺素可使冠状动脉血流量增加，这可能与血压升高及心肌代谢产物（如腺苷）增加而致的冠状血管舒张有关。去甲肾上腺素激动去甲肾上腺素能神经末梢突触前膜 $α_2$ 受体，可抑制内源性去甲肾上腺素的释放，从而发挥负反馈调节作用，以调节外源性去甲肾上腺素过于剧烈的收缩血管作用。

2. 心脏　去甲肾上腺素可激动心脏 $β_1$ 受体，从而加强心肌收缩力、加速心率和加快传导，提高心肌的兴奋性，但其对心脏的兴奋效应较肾上腺素弱。在整体状态下，由于血压升高反射性兴奋迷走神经的作用强过其直接加快心率的作用，故心率减慢；又由于强烈的收缩血管作用，使外周阻力增高，从而增加心脏射血阻力，故心排血量并不明显增加，有时甚至有所下降。当剂量过大、静脉滴注过快时，可引起心律失常，但较肾上腺素为弱。

3. 血压　去甲肾上腺素有较强的升压作用，小剂量（10 μg/min）静脉滴注可使外周血管收缩，心脏兴奋，收缩压和舒张压都升高，脉压略增大（图10-3）；较大剂量时可使血管强烈收缩，外周阻力明显增高，故血压升高而脉压变小，肾、肝等组织的血液灌注量减少。

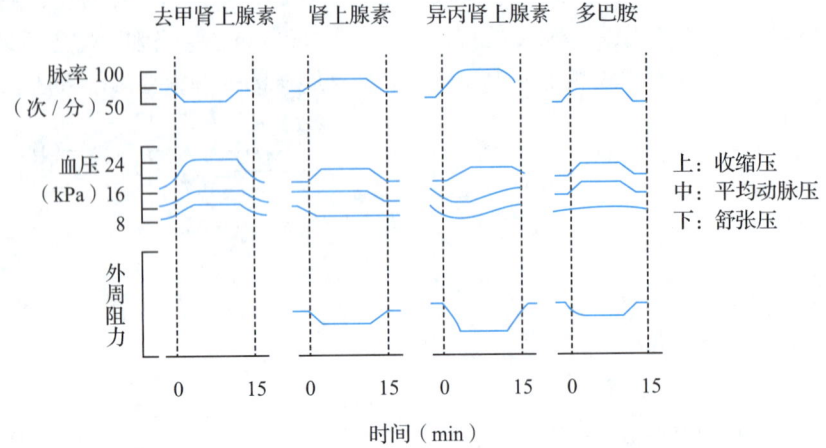

图10-3 人静脉注射去甲肾上腺素、肾上腺素、异丙肾上腺素和多巴胺对心血管系统的影响
静脉滴注，多巴胺500 μg/min，其余均为10 μg/min

4. 其他 去甲肾上腺素对血管以外的平滑肌和代谢的作用均较弱，仅在大剂量时才出现血糖升高。其对中枢神经系统的作用也较弱。对于孕妇，去甲肾上腺素可增加其子宫收缩的频率。

【临床应用】去甲肾上腺素在休克治疗中已不占重要地位，目前仅限于早期神经源性休克及嗜铬细胞瘤切除后或药物中毒时的低血压。此外，去甲肾上腺素稀释后口服可用于治疗上消化道出血。

【不良反应与禁忌证】

1. 局部组织缺血坏死 去甲肾上腺素静脉滴注时间过长、浓度过高或药液漏出血管外，可引起局部组织缺血坏死。如发现药液外漏或注射部位皮肤苍白，应停止注射或更换注射部位，局部进行热敷，必要时使用普鲁卡因或α受体阻断药酚妥拉明进行局部浸润注射以扩张血管。

2. 急性肾衰竭 如去甲肾上腺素应用剂量过大或滴注时间过长，可使肾血管剧烈收缩，引起少尿、无尿和肾实质损伤，故用药期间应保持尿量每小时25 ml以上。

3. 其他 长时间静脉滴注去甲肾上腺素如果骤然停药，可见血压突然下降，故应逐渐降低滴速而后停药。去甲肾上腺素禁用于高血压、动脉硬化症、器质性心脏病、无尿患者及孕妇。

➤ 间羟胺（metaraminol，阿拉明，aramine）

间羟胺为α_1、α_2受体激动药，既可直接激动肾上腺素受体，也可通过促进去甲肾上腺素释放而发挥间接作用。主要作用是收缩血管、升高血压，升压作用较去甲肾上腺素弱、缓慢而持久。略增加心肌收缩力，由于压力感受器反射而使心率减慢；对正常人的心排血量影响不明显，可增加休克患者的心排血量。较少引起心悸和心律失常。对血管的收缩作用也较去甲肾上腺素弱。短期内连续使用，可出现快速耐受性（tachyphylaxis），作用逐渐减弱，可能与去甲肾上腺素能神经末梢囊泡中的去甲肾上腺素减少或耗竭有关。临床上间羟胺用于早期休克或其他低血压状态，也可用于阵发性房性心动过速，特别是伴有低血压的患者。

二、α_1受体激动药

➤ 去氧肾上腺素（phenylephrine，苯肾上腺素，新福林，neosynephrine）

去氧肾上腺素为α_1受体激动药，其作用较去甲肾上腺素弱而持久。主要作用是收缩血管，

升高血压，使皮肤、黏膜、内脏（如肾和肺）及四肢的血流量均减少。去氧肾上腺素使血压升高，反射性地减慢心率，故可用于阵发性室上性心动过速；由于本品能明显减少肾血流量，现已少用于休克治疗；可用于蛛网膜下腔麻醉或全身麻醉，以及吩噻嗪类药物所致的低血压。去氧肾上腺素尚能激动瞳孔开大肌的 $α_1$ 受体，使之收缩而扩瞳，与阿托品相比，其扩瞳起效快、作用弱、维持时间短，在眼科检查时可用作快速、短效的扩瞳药。

> 甲氧明（methoxamine，甲氧胺，methoxamedrine）

甲氧明为 $α_1$ 受体激动药，对 β 受体几无激动作用。其作用与去氧肾上腺素相似，主要收缩血管而升高血压；除冠状血管外，其他血管包括肾血管几乎都呈收缩反应。由于血压升高，反射性地使心率减慢；此外其尚能延长心肌不应期和减慢房室传导。甲氧明可用于蛛网膜下腔麻醉或全身麻醉导致的低血压，也用于其他方法治疗无效的阵发性室上性心动过速。

三、$α_2$ 受体激动药

外周 $α_2$ 受体激动药有羟甲唑啉（oxymetazoline，又称氧甲唑啉）和可乐定的衍生物阿可乐定（apraclonidine）等。羟甲唑啉由于收缩局部血管，可滴鼻治疗鼻黏膜充血和鼻炎，常用浓度为 0.05%，作用在几分钟内发生，可持续数小时，偶见局部刺激症状，小儿用后可致中枢神经系统症状，故 2 岁以下儿童禁用。阿可乐定可降低眼内压，用于青光眼的短期辅助治疗，特别是用于激光疗法之后以预防眼内压回升。

中枢 $α_2$ 受体激动药可乐定（clonidine）及甲基多巴（methyldopa）见第二十三章抗高血压药。

第三节　α、β 受体激动药

> 肾上腺素（adrenaline，AD；epinephrine，Epi）

肾上腺素是肾上腺髓质分泌的主要激素，其生物合成主要是在髓质嗜铬细胞中，首先形成去甲肾上腺素，然后进一步经苯乙胺-N-甲基转移酶（phenylethanolamine N-methyl transferase，PNMT）的作用，使去甲肾上腺素甲基化形成肾上腺素。药用肾上腺素是从家畜肾上腺提取或人工合成的。肾上腺素化学性质不稳定，见光易失效；在中性尤其是碱性溶液中，肾上腺素易氧化变色而失去活性。

【体内过程】肾上腺素口服后在肠液被破坏，在肠黏膜和肝经结合与氧化反应而被代谢，故口服无效；皮下注射因局部血管收缩而延缓吸收，6～15 min 起效，作用可维持 1 h；肌内注射因对骨骼肌血管不产生收缩作用，故吸收远较皮下注射为快，但维持时间较短，为 30 min。肾上腺素代谢的主要途径是先被肝和其他组织的 COMT 催化形成间甲肾上腺素，再被 MAO 催化形成 3-甲氧-4-羟扁桃醛，最后再分别经醛脱氢酶和醛还原酶催化形成 VMA 和 3-甲氧-4-羟苯乙二醇等，部分代谢产物最后还可与葡糖醛酸或硫酸结合而消除（图 10-2）。肾上腺素可通过胎盘屏障。

【药理作用】肾上腺素为 α、β 受体激动药，作用广泛而复杂，并且受机体的生理病理状态、靶器官中肾上腺素受体亚型的分布、整体的反射作用和神经末梢突触间隙的反馈调节等因素的影响。

1. 血管　肾上腺素主要收缩小动脉和毛细血管前括约肌，其次也收缩静脉和大动脉。因为小动脉和毛细血管前括约肌的 α 受体密度高，而静脉和大动脉的 α 受体密度低，故肾上腺素对后者的收缩作用较弱。此外，肾上腺素对不同部位血管的作用还取决于各血管的 α 和 β 受体分布差异及整体的调节因素。皮肤、黏膜血管以 α 受体占优势，故呈显著的收缩反应，肾上腺素静脉注射可显著降低皮肤血流量，收缩支气管黏膜血管，消除黏膜水肿。肾血管以 α 受体占优势，肾上腺素在对血压无明显作用的剂量下即可增加肾血管阻力和减少肾血流量达 40%，使钠、钾及氯的排泄率下降。肾上腺素还可激动肾小球旁细胞的 $β_1$ 受体而增加肾素的分泌。骨骼肌血管以 $β_2$ 受体为主，对肾上腺素呈舒张反应，人静脉滴注肾上腺素 30 μg/min，可显著增加骨骼肌血流量。

肾上腺素可增加冠状动脉血流量，可能与三个因素有关：①兴奋冠状动脉 $β_2$ 受体，血管舒张；②心脏收缩期缩短，舒张期相对延长；③心肌收缩力增强，心肌细胞代谢产物（腺苷等）增加。

肾上腺素对脑血流量的作用与全身血压有关。治疗量时，肾上腺素对脑部小动脉无显著的收缩作用，由于血压升高而使脑血流量增加，但这种增加在正常情况下受自身调节的限制。肾上腺素对肺血管具有双相作用，小剂量舒张肺血管而大剂量收缩肺血管。中毒量时，肾上腺素可引起致死性肺水肿，这可能是肺毛细血管渗透压增高所致。

2. 心脏 心脏有 $β_1$、$β_2$ 受体，其中以 $β_1$ 受体为主。肾上腺素兴奋心脏的作用主要是通过激动心肌、窦房结和传导系统的 $β_1$ 受体，从而增强心肌收缩力、加速心率和加快传导，提高心肌的兴奋性。此外，有报道人心肌的 β 受体中有 40% 为 $β_2$ 受体，其激动效应主要在心率方面，肾上腺素的正性心率作用也有激动 $β_2$ 受体因素的参与。在肾上腺素的作用下，由于心肌收缩力加强和心率加快，心脏的每搏输出量和每分输出量都增加；肾上腺素又能舒张冠状血管，改善心肌的血液供应，且作用出现快。这是作为强效心脏兴奋药的有利之处。其不利之处是提高心肌代谢率和兴奋性，心肌耗氧量增加，特别当剂量过大、静脉注射过快时，可引起心律失常，出现期前收缩，甚至引起心室颤动。

3. 血压 肾上腺素对血管总外周阻力的影响与其剂量密切相关。小剂量和治疗量时，肾上腺素使心肌收缩力增强，心率和心排血量增加，皮肤、黏膜血管收缩，收缩压和舒张压均升高。但是，它同时能舒张骨骼肌血管，可以抵消或超过对皮肤、黏膜血管的收缩作用，而使舒张压不变或下降，脉压增大，有利于血液向各组织器官灌注。肾上腺素的典型血压改变往往是双相反应，即用药后迅速出现明显的升压作用，继而出现微弱的降压反应，后者作用持续时间较长。如事先给予 α 受体阻断药，肾上腺素的升压作用可被翻转，呈现明显的降压反应，表现出肾上腺素对血管 $β_2$ 受体的激动作用。大剂量肾上腺素除强烈兴奋心脏外，还可使血管平滑肌的 $α_1$ 受体兴奋占优势，尤其是使皮肤、黏膜、肾和肠系膜血管强烈收缩，导致外周阻力显著增高，收缩压和舒张压均升高（图 10-3）。

4. 平滑肌 肾上腺素激动支气管平滑肌的 $β_2$ 受体，从而引起支气管平滑肌舒张。当支气管哮喘发作时，其舒张作用更加明显。肾上腺素对胃肠道平滑肌的作用表现为胃松弛、肠张力下降和蠕动的频率及幅度下降，这主要是激动 α 和 β 受体所致。一般情况下，肾上腺素增加幽门和回盲括约肌的张力，但当括约肌处于痉挛状态时则抑制其收缩。肾上腺素对胃肠道括约肌的作用在不同种属和不同括约肌可表现为收缩或松弛，这可能与其存在的 α 和 β 受体的比例不同有关。肾上腺素激动 β 受体可松弛膀胱逼尿肌，减缓排尿感；而激动 α 受体则使三角肌和括约肌收缩，由此可引起尿潴留或排尿困难。

5. 代谢 肾上腺素可促进肝糖原分解和糖异生，升高血糖和乳酸水平，但极少出现糖尿。肾上腺素的升高血糖作用是通过激动肝的 $β_2$ 和 α 受体而产生的。此外，肾上腺素还可通过激动胰岛 β 细胞的 $α_2$ 受体抑制胰岛素的分泌，通过激动胰岛 α 细胞的 β 受体促进胰高血糖素分泌，并且降低外周组织摄取葡萄糖等，这些可能都是肾上腺素升高血糖水平的作用机制。肾上腺素促进脂肪分解，使血中脂肪酸增加，这可能是由于激素敏感性脂肪酶的激活，使甘油三酯分解为游离脂肪酸和甘油。在一般剂量时，肾上腺素可使耗氧量增加 20%~30%，这主要是由于甘油三酯的分解，并伴有产热的增加。

6. 中枢神经系统 由于肾上腺素不易透过血脑屏障，故仅在大剂量时才出现中枢兴奋作用，如激动、呕吐、肌强直，甚至惊厥等。治疗量时中枢兴奋作用一般不明显，有时出现不安、恐惧、头痛和震颤等，也可能有部分继发于肾上腺素对心血管系统、骨骼肌及代谢的作用。

【临床应用】

1. 心脏停搏 因溺水、麻醉和手术意外、中枢抑制药物中毒、急性传染病和心脏传导高度阻滞引起的心脏停搏，在采取心脏按压、人工呼吸和纠正酸中毒等措施的同时，用肾上腺素做静脉注射、心腔内注射或气管内给药，具有起搏作用。治疗电击或卤素类全身麻醉药（氟烷、甲氧氟烷等）意外引起的心脏停搏时常伴有或诱发心室颤动，故应配合使用除颤器或利多卡因等抗心律失常药。

2. 过敏性疾病

（1）过敏性休克：输液反应或药物过敏，如青霉素等引起的过敏性休克，表现为大量小血管床扩张和毛细血管通透性增高引起的全身循环血量降低、心肌收缩力减弱、血压降低及支气管平滑肌痉挛引起的呼吸困难等症状。肾上腺素激动α受体，能明显收缩小动脉和毛细血管前括约肌，使毛细血管通透性降低，血压升高；激动β受体，改善心脏功能，解除支气管平滑肌痉挛，减少过敏性物质的释放，扩张冠状动脉，从而迅速而有效地缓解过敏性休克的临床症状，挽救患者的生命，是治疗过敏性休克的首选药。抢救时，应迅速皮下注射或肌内注射肾上腺素，对危急病例也可用生理盐水稀释10倍后缓慢静脉注射，但必须避免因过量或注射过速造成的血压剧升及心律失常等不良反应。

（2）血管神经性水肿和血清病：肾上腺素对血管神经性水肿、血清病、荨麻疹、花粉症等过敏反应性疾病能迅速缓解症状。

3. 支气管哮喘急性发作 肾上腺素除能解除哮喘时的支气管平滑肌痉挛外，尚能激动支气管黏膜的α受体，使之收缩，从而消除哮喘时的黏膜水肿；此外，肾上腺素还可作用于支气管黏膜层和黏膜下层肥大细胞的$β_2$受体，抑制抗原引起的肥大细胞释放组胺和其他过敏性物质，从而使支气管哮喘急性发作得到迅速控制。

4. 与局部麻醉药配伍及局部止血 将微量肾上腺素加入局部麻醉药溶液中，可使注射部位周围血管收缩，延缓局部麻醉药的吸收，增强局部麻醉效应，延长局部麻醉作用时间，并减少局部麻醉药吸收中毒的发生。但应注意用量，过量时仍可产生心悸和血压剧升等全身不良反应。浸有肾上腺素的纱布或棉球（0.1%）可用于外伤表面，如鼻黏膜和齿龈，使其微血管收缩而止血。

【不良反应与禁忌证】肾上腺素一般不良反应有心悸、不安、面色苍白、头痛、震颤等。如剂量过大，或静脉注射过快，或皮下、肌内注射误入血管，可致心律失常或血压骤升，有发生脑出血的危险。使用时应严格掌握剂量和注射方法，静脉注射须稀释后缓慢注入。注射液稀释后其pH升高，在空气及阳光下几小时内即变为淡红色，再久则呈棕色，颜色稍变即不可使用。器质性心脏病、高血压、冠状动脉病变、甲状腺功能亢进患者禁用。老年人和糖尿病患者慎用。由于肾上腺素能松弛子宫平滑肌，延长产程，故分娩时不宜用。

【药物相互作用】采用环戊烷、氟烷及其他卤素类全身麻醉药进行全身麻醉时，肾上腺素如过量或误入血管，则会增加心室颤动发生的可能性，须慎重。三环类抗抑郁药如丙米嗪可抑制肾上腺素被神经末梢摄取，增强肾上腺素的作用。肾上腺素与β受体阻断药如普萘洛尔合用，则肾上腺素的β受体激动作用被拮抗，只余α受体激动作用，易出现血压急剧升高和脑出血，故两者合用属配伍禁忌。

过敏性休克的抢救原则

抢救过敏性休克患者必须迅速及时，分秒必争。
（1）立即停止过敏原接触或过敏药物输入；
（2）确保患者平卧，保持呼吸道开放，及早吸氧，若出现喉头水肿，应立即进行气管插管；
（3）立即给予肌内注射肾上腺素，必要时5 min后重复注射；
（4）迅速建立静脉通道，给予静脉输液及糖皮质激素或抗组胺药；
（5）监测生命体征，进行对症支持治疗，必要时进行体外生命支持或体外心肺复苏。

➢ 麻黄碱（ephedrine）

麻黄碱是从中药麻黄（Ephedra silica）的干燥草质茎中提取的生物碱，现已可人工合成。从麻黄中还能提取伪麻黄碱等生物碱和麻黄油。我国2000多年前的《神农本草经》中即有麻黄能"止咳逆上气"的记载。20世纪20年代，陈克恢对麻黄碱进行了系统的药理研究，使其成为早期发现的肾上腺素受体激动药之一，奠定了肾上腺素受体激动药的研究基础。

【体内过程】麻黄碱口服易吸收，皮下注射吸收比口服快，口服后1 h血浆内药物即可达药峰浓度；可透过血脑屏障，也可分泌于乳汁中；仅少量被MAO代谢，60%~70%以原型经肾排出，消除缓慢，故作用维持时间较久，$t_{1/2}$为3~6 h，酸性尿可促进其排泄。

【药理作用】麻黄碱为α、β受体激动药，与肾上腺素比较，其特点有：①化学性质稳定，可口服；②中枢兴奋作用较显著；③α、β受体激动作用较弱，因此收缩血管、兴奋心脏、升高血压和松弛支气管平滑肌作用都较肾上腺素弱而持久；④连续使用可发生快速耐受性。

1. 中枢神经系统　麻黄碱能透过血脑屏障，中枢兴奋作用较强，较大剂量能兴奋大脑皮质和皮质下中枢，引起精神兴奋、失眠、不安和肌肉震颤等症状；对血管运动中枢和呼吸中枢也略有兴奋作用。

2. 心血管系统　麻黄碱能兴奋心脏，使心肌收缩力加强，心率加速，心排血量增加，但较肾上腺素作用弱。在整体状态下，由于血压升高，反射性兴奋迷走神经，抵消了它的直接加速心率的作用，故心率变化不大。过大剂量的麻黄碱可产生心脏抑制作用。麻黄碱对皮肤、黏膜和内脏血管呈收缩作用，比肾上腺素弱而持久。麻黄碱升压作用缓慢而持久，可维持3~6 h；收缩压比舒张压升高显著，脉压增加。

3. 平滑肌　麻黄碱对支气管平滑肌的松弛作用比肾上腺素起效慢，且弱而持久；也可抑制胃肠道平滑肌；此外还具有松弛膀胱壁和逼尿肌及收缩其括约肌的作用。

4. 快速耐受性　麻黄碱在短期内反复应用，作用可持续减弱，停药后作用可恢复。每天用药如不超过3次，则快速耐受性一般不明显。

【作用机制】麻黄碱通过直接作用于肾上腺素受体和间接促进递质释放两种机制发挥作用。近年在离体和放射性配体结合实验中，均发现其对$α_1$、$α_2$、$β_1$和$β_2$受体都有直接激动作用；并且用氚[^{3}H]标记去甲肾上腺素释放实验证明，麻黄碱能促进标记的去甲肾上腺素释放。整体实验（麻醉大鼠）和放射性配体结合实验证明，麻黄碱快速耐受性的形成可能归因于连续给药所致递质消耗和受体脱敏（desensitization）两种因素；后者又可能与受体和麻黄碱亲和力下降有关。

【临床应用】

1. 防治某些低血压状态　麻黄碱肌内注射或皮下注射作为蛛网膜下腔麻醉和硬膜外麻醉

的辅助用药,可预防低血压;也可用麻黄碱 10～30 mg 静脉注射,治疗局部麻醉药中毒导致的低血压。

2. 消除鼻黏膜充血和肿胀 鼻炎时可用 0.5%～1% 麻黄碱溶液滴鼻以缓解鼻塞症状。

3. 防治轻度支气管哮喘 麻黄碱也常与止咳祛痰药配成复方制剂用于痉挛性咳嗽。

4. 缓解过敏反应症状 麻黄碱可用于缓解荨麻疹和血管神经性水肿等过敏反应的皮肤、黏膜症状。

【不良反应与禁忌证】麻黄碱剂量过大时或对麻黄碱敏感者可出现震颤、焦虑、失眠、心悸、血压升高等不良反应。为了避免失眠,不要在晚饭后服用。麻黄碱连续滴鼻治疗过久,可产生反弹性鼻黏膜充血。前列腺肥大患者服用麻黄碱可增加排尿困难。由于麻黄碱可从乳汁分泌,哺乳期妇女应避免服用。麻黄碱禁用于高血压、冠心病和甲状腺功能亢进患者。

➤ **多巴胺(dopamine,DA)**

多巴胺是合成去甲肾上腺素和肾上腺素的前体,存在于去甲肾上腺素能神经、多巴胺能神经、神经节和中枢神经系统的一些部位,药用多巴胺是人工合成品。

【体内过程】多巴胺口服后经肠液、肠黏膜和肝时可被破坏,故口服无效;由于局部血管收缩作用,皮下、肌内注射也无法发挥作用,故主要通过静脉给药。静脉注射 5 min 内起效,持续 5～10 min。给健康人输注多巴胺后很快约有 75% 转化为代谢产物,其余则作为前体合成去甲肾上腺素,再以后者的代谢产物或其原型经肾排出。$t_{1/2}$ 约为 2 min。多巴胺不易透过血脑屏障,故外周给予多巴胺并不产生中枢神经系统作用。

【药理作用】在外周,多巴胺除激动多巴胺受体(D 受体)外,也激动 α 和 β 受体,故也属 α、β 受体激动药。对受体的激动作用与多巴胺的剂量或浓度有关,并且取决于靶器官中各受体的分布和对多巴胺的选择性。低剂量时(静脉滴注速度约为每分钟 2 μg/kg),多巴胺主要激动血管的 D_1 受体。D_1 受体属于 G 蛋白偶联受体,激动时通过兴奋性 G 蛋白(Gs 蛋白)促进细胞内 cAMP 形成,cAMP 又通过激活蛋白激酶 A 而产生血管舒张效应,特别表现在肾、肠系膜和冠状血管,可增加肾小球滤过率、肾血流量和 Na^+ 的排泄,故多巴胺适用于低心排血量伴肾功能损害如心源性、低血容量性休克。剂量略高时(静脉滴注速度约为每分钟 10 μg/kg),由于多巴胺激动心肌 $β_1$ 受体和促进去甲肾上腺素释放,表现为正性肌力作用;但心率加速作用不如异丙肾上腺素显著;可使收缩压和脉压上升但不影响或略增加舒张压,总外周阻力常不变(图 10-3)。高剂量时,多巴胺激动 $α_1$ 受体的作用占优势,使血管收缩,肾血流量和尿量减少。

【临床应用】多巴胺主要用于抗休克,对于伴有心收缩性减弱及尿量减少者较为适宜,同时应补充血容量,纠正酸中毒。多巴胺还可与利尿药合用治疗急性肾衰竭。

【不良反应与注意事项】多巴胺偶可引起恶心、呕吐。如果用药剂量过大或静脉滴注过快可引起呼吸困难、心动过速、心律失常和肾血管收缩引起的肾功能下降等。在静脉滴注过程中一旦发生这些反应,应减慢滴速或停药。由于多巴胺 $t_{1/2}$ 较短,一般减慢滴速或停药后,反应可消失;如仍不消失,可用酚妥拉明拮抗。多巴胺长时间静脉滴注可引起手足疼痛或发冷,甚至局部坏死。嗜铬细胞瘤患者禁用,室性心律失常、闭塞性血管病、心肌梗死、动脉硬化和高血压患者慎用。

多巴胺与全身麻醉药如环丙烷、氟烷和其他卤素类全身麻醉药合用可引起室性心律失常。由于多巴胺经 MAO 代谢,故使用 MAO 抑制药的患者同时应用多巴胺时必须减少多巴胺的用量。三环类抗抑郁药与多巴胺合用会产生心血管方面的相互作用,应当慎用。

➤ **美芬丁胺(mephentermine;恢压敏,wyamine)**

美芬丁胺为 α、β 受体激动药,药理作用与麻黄碱相似,通过直接作用于受体和间接促进递质释放两种机制发挥作用。美芬丁胺能加强心肌收缩力,增加心排血量,稍增加外周血管阻力，使收缩压和舒张压升高。其兴奋心脏作用比异丙肾上腺素弱而持久，加快心率作用不明显，较少引起心律失常。与麻黄碱相似，美芬丁胺也具有中枢兴奋作用。进入体内的美芬丁胺经甲基化和羟基化，最后以原型和代谢产物经肾排出，在酸性尿中排泄较快。

美芬丁胺主要用于蛛网膜下腔麻醉时预防血压下降；也可用于心源性休克或其他低血压状态；还可用 0.5% 美芬丁胺溶液滴鼻治疗鼻炎。该药可产生中枢兴奋作用，特别是在过量应用时，可引起焦虑、精神兴奋；也可致血压升高和心律失常等。甲状腺功能亢进患者禁用，失血性休克患者慎用。

➢ **伪麻黄碱（pseudoephedrine）**

伪麻黄碱为麻黄碱的立体异构体，作用与麻黄碱相似，但升压作用和中枢神经系统作用较弱；口服易吸收，不易被 MAO 代谢，大部分以原型自肾排泄，$t_{1/2}$ 为数小时；主要用于缓解鼻黏膜充血；不良反应同麻黄碱。

第四节　β 受体激动药

一、$β_1$、$β_2$ 受体激动药

➢ **异丙肾上腺素（isoprenaline，isoproterenol）**

异丙肾上腺素是人工合成品，药用其盐酸盐，是经典的 β 受体激动药。

【体内过程】异丙肾上腺素口服后在肠壁与硫酸基结合而失效，故口服给药作用很弱；舌下给药可经口腔黏膜吸收但不规则，一般 15～30 min 起效，持续 1～2 h；静脉注射 $t_{1/2}$ 仅为数分钟，持续时间不到 1 h；吸入给药 2～5 min 起效，维持 0.5～2 h。异丙肾上腺素吸收后，主要在肝和其他组织中被 COMT 代谢失效，最后以与硫酸基结合的甲基代谢产物形式经肾排出。异丙肾上腺素不易被 MAO 代谢，也很少被去甲肾上腺素能神经摄取，故作用持续时间较去甲肾上腺素和肾上腺素长。

【药理作用】异丙肾上腺素为 β 受体激动药，对 $β_1$、$β_2$ 受体的选择性很低，对 α 受体几无作用。

1. 心脏　对心脏有典型的 $β_1$ 受体激动作用，表现为正性肌力、正性频率、正性缩率及加速传导等作用，同时使心排血量增加，收缩期和舒张期缩短，兴奋性升高。与肾上腺素比较，异丙肾上腺素加速心率和加速传导的作用较强，对心脏正位起搏点的作用较强，而肾上腺素对正位和异位起搏点的作用均很强，因此异丙肾上腺素引起心律失常的概率比肾上腺素少。

2. 血管和血压　可激动 $β_2$ 受体而舒张血管，主要是舒张骨骼肌血管，对冠状动脉也有舒张作用，对肾血管和肠系膜血管的舒张作用较弱。由于心脏兴奋和血管舒张，故收缩压升高或不变而舒张压略下降，脉压增大（图 10-3）。

3. 平滑肌　除激动血管平滑肌的 $β_2$ 受体外，也激动其他平滑肌的 $β_2$ 受体，特别对处于紧张状态的支气管、胃肠道等多种平滑肌都具有舒张作用，其对支气管平滑肌的舒张作用比肾上腺素强。

4. 其他　具有抑制组胺及其他炎症介质释放的作用；升血糖作用较肾上腺素弱，可能由于其对胰岛细胞有较强的 β 受体激动作用；在增加游离脂肪酸和能量代谢方面与肾上腺素作用相似；治疗量时中枢兴奋作用不明显，过量时易引起激动、不安、呕吐等。

【临床应用】

1. 支气管哮喘急性发作　舌下或喷雾给药可迅速控制支气管哮喘急性发作，疗效快而强，

但作用时间短暂，如反复应用，可因产生耐受性而使止喘疗效下降。

2. 心脏停搏 可用于治疗各种原因如溺水、电击、手术意外或药物中毒造成的心脏停搏。由于其对心肌自律性影响较小，故较少诱发心室颤动，可用 0.2～1 mg 进行心腔内注射。

3. 房室传导阻滞 舌下或静脉滴注给药可使房室传导阻滞明显改善。可在心电图监视下，将异丙肾上腺素 0.2 mg 溶于 500 ml 葡萄糖注射液中静脉滴注，并根据心率调整滴速。

4. 心源性或感染性休克 在补足血容量的基础上，异丙肾上腺素对中心静脉压高、心排血量较低、外周阻力较高的休克患者具有一定疗效。但异丙肾上腺素主要舒张骨骼肌血管，对内脏血管的舒张作用较弱，改善组织微循环障碍的作用不明显，同时又能显著地增加心肌耗氧量和加快心率，对休克不利，故目前临床已少用。

【不良反应与禁忌证】 异丙肾上腺素常见不良反应有心悸、头痛、皮肤潮红等；少有心绞痛、恶心、震颤、头晕、出汗等。过量可致心律失常甚至心室颤动。用气雾剂治疗哮喘时，患者如不能正确掌握剂量而吸入过量或过频，则可致严重的心脏反应，应予注意。长期使用异丙肾上腺素可产生耐受性，停药 7～10 天后，耐受性可消失。异丙肾上腺素禁用于心绞痛、心肌梗死、甲状腺功能亢进、嗜铬细胞瘤患者。

二、β_1 受体激动药

➤ **多巴酚丁胺（dobutamine）**

【体内过程】 多巴酚丁胺口服无效，一般静脉滴注给药，静脉注射后 1～2 min 起效，10 min 达最大效应，$t_{1/2}$ 短于 3 min。

【药理作用】 多巴酚丁胺是 *l*-多巴酚丁胺和 *d*-多巴酚丁胺的消旋体，其作用是二者的综合效应。左旋体可激活 α_1 受体，引起明显的升压效应，而右旋体则拮抗 α_1 受体，阻断左旋体的效应。但两者均为 β 受体激动药，并且右旋体激动 β 受体的强度是左旋体的 10 倍。由于其对 β_1 受体的激动作用强于 β_2 受体，故多巴酚丁胺属 β_1 受体激动药。多巴酚丁胺的正性肌力作用比正性频率作用显著，这可能是外周阻力变化不大和心脏 β_1 受体激动时的正性肌力作用共同参与的结果，而外周阻力的稳定又可能是由 α_1 受体介导的血管收缩作用与 β_2 受体介导的血管舒张作用相抵消所致。

【临床应用】 多巴酚丁胺主要用于治疗心肌梗死并发心功能不全。多巴酚丁胺可增加心肌收缩力，增加心排血量和降低肺毛细血管楔压，并使左室充盈压明显降低，使心功能改善；还可继发性地增加尿量，促进排钠、排水，有利于消除水肿。

【不良反应与注意事项】 多巴酚丁胺可引起血压升高、心悸、头痛、气短等，心律失常的发生率较异丙肾上腺素少，如出现收缩压升高、心率增快，应减慢滴速，由于其 $t_{1/2}$ 较短，一般减慢滴速或停药后，反应可消失。梗阻型肥厚性心肌病患者禁用。心房颤动、室性心律失常、心肌梗死和高血压等患者慎用。多巴酚丁胺连用 3 天后可因 β 受体下调而失效。

其他 β_1 受体激动药还有普瑞特罗（prenalterol）、扎莫特罗（xamoterol）等，主要用于慢性心功能不全。

三、β_2 受体激动药

β_2 受体激动药选择性地激动 β_2 受体，使支气管平滑肌、子宫平滑肌和血管平滑肌松弛，对心脏 β_1 受体作用较弱。与异丙肾上腺素比较，β_2 受体激动药具有强大的解除支气管平滑肌

痉挛作用，而无明显的心脏兴奋作用。常用的药物有沙丁胺醇（salbutamol，羟甲叔丁肾上腺素）、特布他林（terbutaline，间羟叔丁肾上腺素）、克仑特罗（clenbuterol，双氯醇胺）、奥西那林（orciprenaline，间羟异丙肾上腺素）、沙美特罗（salmeterol）等，临床主要用于治疗支气管哮喘（见第三十章）。

目前还开发出选择性 β_3 受体激动药，此类药物是结构上含有羟基的化合物，主要分为芳香乙醇胺类、芳氧丙醇胺类及其他类如唑烷衍生物等，具有减肥、治疗糖尿病、解除胃肠道痉挛及抗炎等作用。

思 考 题

1. 简述间羟胺和去甲肾上腺素的异同点。
2. 应用多巴胺时，滴速很关键，为什么？
3. 医院急救车中必备肾上腺素的原因是什么？
4. 患者，男，30岁，因精神分裂症长期应用氯丙嗪治疗。患者1小时前因吞服1瓶氯丙嗪而入院。查体：患者昏睡，血压下降至 80/60 mmHg，并出现心电图异常。请回答：
   （1）该患者的急救原则是什么？
   （2）此时应给予的升压药物是什么？为什么？

（王立祥）

第十一章

肾上腺素受体阻断药

第十一章数字资源

案例 11-1

患者，男，65岁，吸烟40多年，高血压30多年，但未规律服用抗高血压药，近日因头晕来医院就诊。查体：意识清，神志可，T 36.5 ℃，P 85次/分，R 19次/分，BP 160/100 mmHg。诊断：高血压2级。治疗方案：卡托普利25 mg，一天2次；美托洛尔25 mg，一天2次；氨氯地平5 mg，一天1次。随诊3周后，患者血压基本平稳在120/80 mmHg，心率65次/分。医生鼓励他坚持长期治疗，按时复诊，并注意改变生活方式，戒烟戒酒，低盐低脂饮食，控制体重。

问题：
1. 美托洛尔的临床应用有哪些？
2. 美托洛尔治疗高血压的机制是什么？
3. 高血压病为什么需要长期治疗？

肾上腺素受体阻断药（adrenoceptor blocker）能阻断肾上腺素受体，从而拮抗去甲肾上腺素能神经递质或肾上腺素受体激动药的作用。根据药物对α和β受体的选择性不同，可将其分为α受体阻断药和β受体阻断药。

第一节 α受体阻断药

α受体阻断药能选择性地与α受体结合，其本身不激动或较少激动肾上腺素受体，但阻断去甲肾上腺素能神经递质或肾上腺素受体激动药与α受体结合，从而拮抗它们对α受体的激动效应。α受体阻断药能将肾上腺素的升压作用翻转为降压，这个现象称为"肾上腺素作用的翻转（adrenaline reversal）"。

一、α受体阻断药的分类

根据α受体阻断药对受体亚型的选择性不同，可将其分为以下三类：

1. α_1、α_2受体阻断药
（1）短效类，如酚妥拉明。
（2）长效类，如酚苄明。

2. α₁ 受体阻断药 如哌唑嗪。

3. α₂ 受体阻断药 如育亨宾。

二、α 受体阻断药的药理作用

1. 心血管系统作用

（1）α₁ 受体阻断作用：阻断 α₁ 受体可抑制内源性儿茶酚胺引起的缩血管作用，导致动、静脉扩张，外周阻力下降，血压下降。其降低血压的作用强度取决于患者用药时的交感神经活性，对卧位时的作用较直立位时弱，降低血压的作用在低血容量时特别明显。阻断 α₁ 受体引起的血压下降可反射性地引起心率加快、心排血量增加及水钠潴留等。

α 受体阻断药阻断 α₁ 受体时也可阻断外源性儿茶酚胺的缩血管、升压作用，如可完全拮抗去氧肾上腺素所致的升压反应，可部分拮抗去甲肾上腺素所致的升压反应，可翻转肾上腺素的升压反应。

（2）α₂ 受体阻断作用：α₂ 受体在调节交感神经活性方面具有重要作用。α 受体阻断药可通过阻断去甲肾上腺素能神经末梢突触前膜 α₂ 受体，促进神经末梢释放去甲肾上腺素；也可通过作用于中枢神经系统而增加外周交感神经活性，从而激动心脏的 β₁ 受体和血管的 α₁ 受体，升高血压。虽然某些血管床也存在 α₂ 受体，激动该受体可引起血管平滑肌收缩，但普遍认为主要是循环中的儿茶酚胺作用于此受体，而由神经末梢释放的去甲肾上腺素则兴奋 α₁ 受体。在某些血管，α₂ 受体还可通过增加血管内皮舒张因子的释放而促进血管舒张。

2. 其他作用 α 受体阻断药也可阻断非血管平滑肌如膀胱及前列腺括约肌的 α 受体，降低括约肌张力，减少阻力。激动胰岛 α₂ 受体可显著抑制胰岛素分泌，而阻断这些受体则可促进胰岛素的释放。

三、α₁、α₂ 受体阻断药

> 酚妥拉明（phentolamine，立其丁，regitine）

【体内过程】酚妥拉明生物利用度低，口服效果仅为注射给药的 20%。口服给药后 30 min 血药浓度达峰值，作用维持 3~6 h；肌内注射作用维持 30~50 min。大多以无活性代谢产物形式从尿中排泄。

【药理作用】酚妥拉明为短效竞争性 α 受体阻断药，对 α₁ 和 α₂ 受体无选择性。静脉注射能使血管扩张，肺动脉压和外周血管阻力降低，血压下降。酚妥拉明对血管有直接舒张作用，较大剂量阻断 α 受体，可翻转肾上腺素的升压作用。由于血管舒张、血压下降，反射性地兴奋心脏，加上该药可阻断去甲肾上腺素能神经末梢突触前膜 α₂ 受体，促进去甲肾上腺素释放，故使心肌收缩力增强、心率加快及心排血量增加、心肌耗氧量增加，有时可致心律失常。

酚妥拉明也能阻断 5-HT 受体，激动 M 受体和 H₁、H₂ 受体，还具有阻滞钾通道作用。其兴奋胃肠道平滑肌的作用可被阿托品所拮抗。

【临床应用】

1. 外周血管痉挛性疾病 如雷诺综合征、血栓闭塞性脉管炎及冻伤后遗症等。

2. 去甲肾上腺素滴注外漏 当静脉滴注去甲肾上腺素时间过长、浓度过高或药液外漏时，可致皮肤苍白和剧烈疼痛，甚至坏死，此时应停止给药或更换注射部位，进行热敷，并可用酚妥拉明 10 mg 溶于 10～20 ml 生理盐水中做局部浸润注射。

3. 休克 在补足血容量基础上，酚妥拉明能舒张血管，降低外周阻力，增加心排血量，从而使机体的血液重新分布，改善内脏组织血流灌注和解除微循环障碍，特别是能明显降低肺血管阻力，对肺水肿具有较好疗效。目前主张将酚妥拉明和去甲肾上腺素合用以对抗去甲肾上腺素强大的 α_1 受体激动作用，使血管收缩作用不至过分剧烈，并保留其对心脏 β_1 受体的激动作用，使心肌收缩力增加，脉压增大，提高其抗休克的疗效，减少毒性反应。一般用酚妥拉明 2～5 mg 和去甲肾上腺素 1～2 mg，加入 500 ml 生理盐水中静脉滴注，主要用于感染中毒性、心源性和神经源性休克。

4. 急性心肌梗死和顽固性心功能不全 其作用机制是抑制心功能不全时小动脉和小静脉的反射性收缩，降低外周血管阻力，降低心脏前后负荷和左心室充盈压，增加心排血量，使心功能不全、肺水肿和全身性水肿得以改善。

5. 嗜铬细胞瘤的鉴别诊断和防治 酚妥拉明可以控制嗜铬细胞瘤手术过程中突然发生的高血压危象，也可用于突然停用可乐定或应用单胺氧化酶抑制药患者食用富含酪胺食物后出现的高血压危象。酚妥拉明用于做鉴别诊断试验时可引起严重低血压，应用时应特别慎重。

6. 其他应用 阴茎海绵体内注射酚妥拉明可用于诊断或治疗阳痿。

【不良反应与注意事项】大剂量酚妥拉明可引起直立性低血压，注射给药可产生心动过速、心律失常和诱发或加剧心绞痛；其他尚有腹痛、恶心、呕吐等消化道反应，可诱发或加剧消化性溃疡。冠状动脉粥样硬化性心脏病（冠心病）、胃炎和胃十二指肠溃疡患者慎用。

➤ **妥拉唑林（tolazoline）**

妥拉唑林为短效 α 受体阻断药，对 α_1 和 α_2 受体的阻断作用与酚妥拉明相似，但较弱，还具有拟胆碱、促进组胺释放和 5-HT 受体阻断作用，能舒张血管，兴奋心脏和胃肠道平滑肌，也增加胃肠道、唾液腺、泪腺和汗腺分泌。

临床上妥拉唑林主要用于外周血管痉挛性疾病、手足发绀、血栓闭塞性静脉炎，也用于嗜铬细胞瘤以控制症状。不良反应与酚妥拉明相似，但发生率较高；可诱发心肌梗死和消化性溃疡。

➤ **酚苄明（phenoxybenzamine，苯苄胺，dibenyline）**

酚苄明为人工合成品，其化学结构属氯化烷基胺。

【体内过程】酚苄明口服吸收率为 20%～30%；因其局部刺激性强，不作肌内或皮下注射；静脉注射 1 h 可达最大效应。酚苄明脂溶性高，大剂量用药可积蓄于脂肪组织，然后缓慢释放，故作用持久，$t_{1/2}$ 约为 24 h；在肝代谢，经尿和胆汁排泄；药物排泄缓慢，12 h 排泄约 50%，24 h 排泄约 80%，一次给药，作用可维持 3～4 天。

【药理作用与临床应用】酚苄明进入体内后分子中的氯乙胺基环化，形成乙撑亚胺基，后者与 α 受体以牢固的共价键结合，即使应用大剂量的去甲肾上腺素也难以完全拮抗其作用，须待药物从体内清除后，作用始能消失，故为长效的非竞争性 α 受体阻断药，具有起效慢、作用强和作用持久的特点。酚苄明阻断 α_1 和 α_2 受体，扩张血管，降低外周血管阻力，明显降低血压，其作用强度与血管受去甲肾上腺素能神经控制的程度有关。对静卧和休息的正常人，酚苄明的血管扩张和降压作用往往不明显或表现为舒张压略下降；当交感神经张力高、血容量低或直立时，则可引起明显的降压和心率加快作用，后者是血压下降引起的反射作用及阻断突触前膜 α_2 受体和抑制去甲肾上腺素重摄取等综合作用的结果。此外，酚苄明尚有较弱的抗 5-HT 和抗组胺作用。临床主要用于治疗外周血管痉挛性疾病，也可用于嗜铬细胞瘤、休克及良性前列腺增生的治疗。

【不良反应与注意事项】酚苄明主要不良反应是直立性低血压；常见心动过速、鼻塞、口干等；空腹大剂量口服时，易致恶心、呕吐等消化道刺激症状；尚有思睡、疲乏、全身软弱等中枢抑制症状。治疗休克时，必须先补充血容量，然后缓慢静脉注射酚苄明，并密切观察患者病情变化和纠正血压。

四、$α_1$ 受体阻断药

$α_1$ 受体阻断药对动脉和静脉上的 $α_1$ 受体有较高的选择性阻断作用，对去甲肾上腺素能神经末梢突触前膜上的 $α_2$ 受体作用极弱。因此 $α_1$ 受体阻断药在拮抗去甲肾上腺素和肾上腺素的升压作用的同时，不促进神经末梢释放去甲肾上腺素，即在扩张血管、降低外周阻力、降低血压的同时，不明显加快心率。

临床常用的 $α_1$ 受体阻断药有哌唑嗪（prazosin）、特拉唑嗪（terazosin）及多沙唑嗪（doxazosin）等，主要用于高血压和顽固性心功能不全的治疗（见第二十三章和第二十四章），也可用于良性前列腺增生。

➤ 坦洛新（tamsulosin）

坦洛新选择性阻断 $α_1$ 受体，对 $α_{1A}$ 受体亚型的亲和力明显高于 $α_{1B}$ 受体。与其他 $α_1$ 受体阻断药相比，坦洛新松弛前列腺平滑肌的作用明显强于血管舒张作用，说明 $α_{1A}$ 受体亚型是引起前列腺平滑肌收缩的最重要的 $α_1$ 受体亚型。因此坦洛新用于治疗良性前列腺增生，可明显改善排尿障碍，且对血压、心率无明显影响。

五、$α_2$ 受体阻断药

➤ 育亨宾（yohimbine）

育亨宾可选择性阻断 $α_2$ 受体。$α_2$ 受体在调节交感神经活性方面起重要作用，包括中枢与外周神经系统。育亨宾易进入中枢神经系统，阻断 $α_2$ 受体，可促进去甲肾上腺素从神经末梢释放，增加交感神经张力，导致血压升高、心率加快。育亨宾也是 5-HT 受体阻断药。育亨宾主要用作实验研究的工具药，也可用于治疗男性性功能障碍及糖尿病患者的神经病变。

临床应用

休克的治疗原则

休克是指各种原因引起有效循环血量减少，导致组织器官血流灌注不足和器官功能障碍，从而出现的一组临床综合征。常见的休克有心源性休克、低血容量性休克、感染中毒性休克、过敏性休克等。休克的治疗原则主要有以下几个方面：

1. 一般的急救措施
（1）保证呼吸道畅通，及时吸氧。
（2）保持平卧位，下肢略抬高 10～15 cm。
（3）注意保暖，避免体温持续下降。
（4）尽快建立两条静脉通道，一个用来补充血容量，另一个用来输入各种抢救药物。

2. 扩容 主要是液体复苏，一般是先输入晶体液，必要时加用胶体液。

3. 处理原发病 根据不同病因，及时采取抗感染、强心、止血、抗过敏等不同的抢救措施。

4. 纠正酸碱失衡和电解质紊乱 应及时给予碳酸氢钠等纠正酸中毒；补充氯化钾等，纠正电解质紊乱。

5. 保证组织灌注 包括使用正性肌力药和血管活性药，在血容量充足的情况下，可以使用血管扩张药改善微循环。

6. 保证组织器官的充分氧合 除了提高吸氧的浓度，还可以增加血液的携氧能力，纠正血液里面血红蛋白、红细胞过少的情况。

第二节　β受体阻断药

β受体阻断药可选择性地和β受体结合，竞争性地阻断去甲肾上腺素能神经递质或肾上腺素受体激动药与β受体结合，从而拮抗β受体激动后所产生的一系列作用。

一、β受体阻断药的共性

【构效关系】β受体阻断药的化学结构和β受体激动药异丙肾上腺素相近，其化学结构基本由三部分组成，并与药理效应密切相关（图11-1）。

（1）芳香环上的基团主要决定药物对β受体作用的性质是激动作用还是阻断作用。异丙肾上腺素的芳香环是儿茶酚，其乙胺基的胺基头上连一个异丙基；而β受体阻断药的芳香环可能是苯环、萘环（如普萘洛尔）、其他芳香环或杂环。

（2）α碳原子侧链上的仲胺或叔胺与药物和受体的亲和力有关。

（3）中间链的长度和—O—CH$_2$—与药物的阻断作用强度有关。

【分类】β受体阻断药的分类和药效学特性的比较见表11-1。

1. 1类　β$_1$、β$_2$受体阻断药（非选择性β受体阻断药）。

（1）1A类：无内在拟交感活性的β受体阻断药，如普萘洛尔、噻吗洛尔。

（2）1B类：有内在拟交感活性的β受体阻断药，如吲哚洛尔。

2. 2类　选择性β$_1$受体阻断药（心脏选择性β受体阻断药），由于此类药物对心脏β$_1$受体选择性较高，治疗量下对β$_2$受体阻断作用较弱，故支气管痉挛等不良反应较轻。

（1）2A类：无内在拟交感活性的β$_1$受体阻断药，如阿替洛尔、美托洛尔。

（2）2B类：有内在拟交感活性的β$_1$受体阻断药，如醋丁洛尔、塞利洛尔。

3. 3类　α、β受体阻断药，此类药物对α和β受体均有阻断作用，但对β受体的阻断作用强于对α受体的阻断作用，如拉贝洛尔。

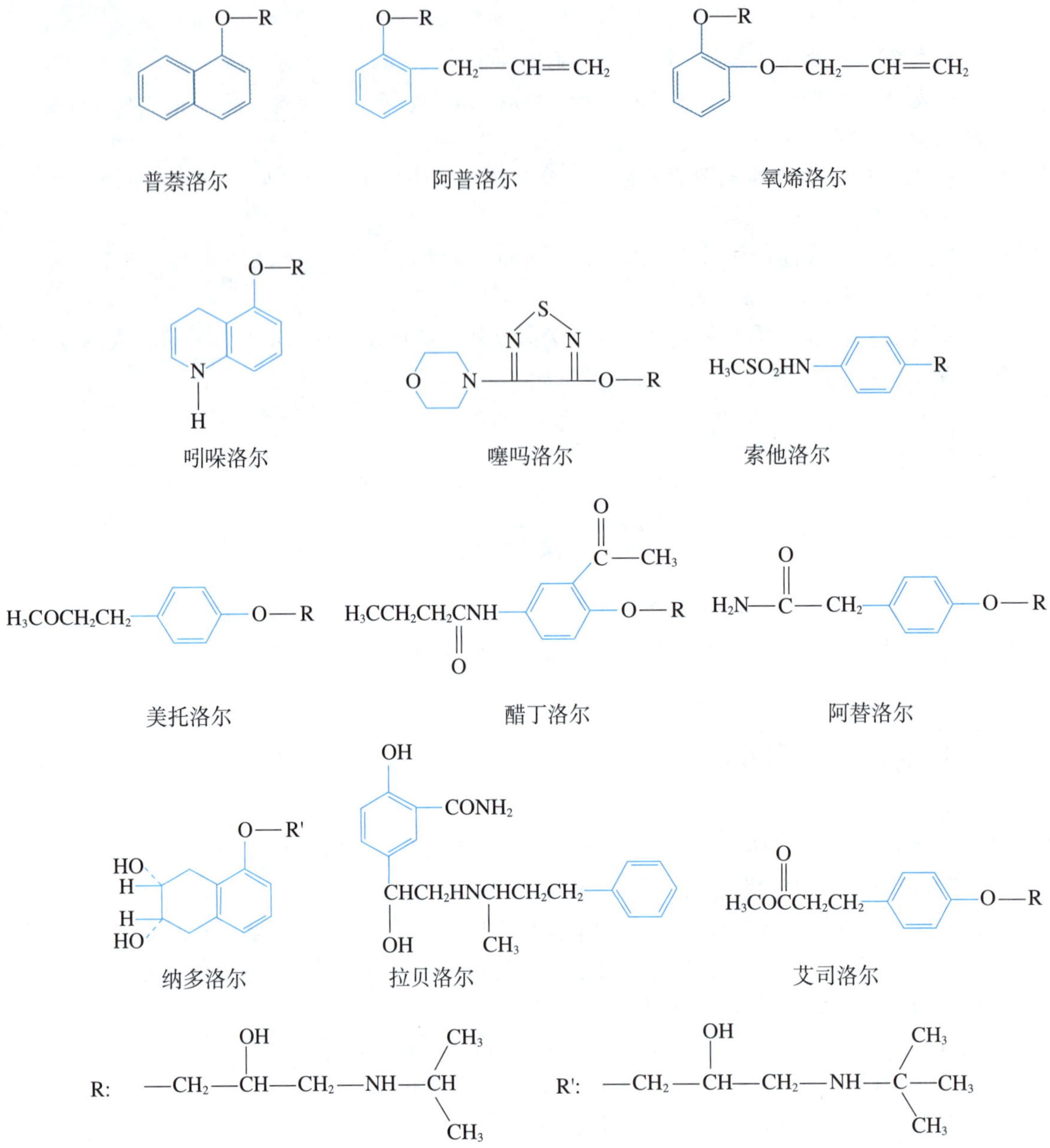

第十一章　肾上腺素受体阻断药

普萘洛尔　　　　　阿普洛尔　　　　　氧烯洛尔

吲哚洛尔　　　　　噻吗洛尔　　　　　索他洛尔

美托洛尔　　　　　醋丁洛尔　　　　　阿替洛尔

纳多洛尔　　　　　拉贝洛尔　　　　　艾司洛尔

R: —CH$_2$—CH(OH)—CH$_2$—NH—CH(CH$_3$)$_2$

R': —CH$_2$—CH(OH)—CH$_2$—NH—C(CH$_3$)$_3$

图 11-1　β 受体阻断药的化学结构

表 11-1　β 受体阻断药的分类和药效学特性的比较

类别和代表药	选择性	内在拟交感活性	作用强度[①]	膜稳定作用
1 类　β$_1$、β$_2$ 受体阻断药				
1A 类　无内在拟交感活性 β 受体阻断药				
普萘洛尔（propranolol，心得安）	-	-	1	+
噻吗洛尔（timolol，噻吗心安）	-	-	6～100	-
纳多洛尔（nadolol，羟萘心安）	-	-	2～4	-
索他洛尔（sotalol，甲磺胺心安）	-	-	0.1～0.33	-
布拉洛尔（bupranolol，氯甲苯心安）	-	-	1	+

续表

类别和代表药	选择性	内在拟交感活性	作用强度[①]	膜稳定作用
1B 类　有内在拟交感活性 β 受体阻断药				
二氯异丙肾上腺素（dichloroisoprenaline）	−	+++	0.1	+
吲哚洛尔（pindolol，心得静）	−	++	6～15	+
氧烯洛尔（oxprenolol，心得平）	−	+	2	+
阿普洛尔（alprenolol，心得舒）	−	+	0.33	+
莫普洛尔（moprolol，甲氧苯心安）	−	+	1	+
托利洛尔（toliprolol，甲苯心安）	−	+	1	+
卡替洛尔（carbeolol，喹诺酮心安）	−	+	10	+
硝苯洛尔（nifenalol，硝苯心定）	−	+	0.04	
2 类　选择性 β₁ 受体阻断药				
2A 类　无内在拟交感活性 β₁ 受体阻断药				
阿替洛尔（atenolol，氨酰心安）	+	−	0.5～1	
美托洛尔（metoprolol，美多心安）	+	−	1	
妥拉洛尔（tolamolol，胺甲苯心安）	+	−	1	
倍他洛尔（betaxolol，倍他心安）	+	−	4（人）	±
2B 类　有内在拟交感活性 β₁ 受体阻断药				
普拉洛尔（practolol，心得宁）	+	+	0.5	−
醋丁洛尔（acebutolol，醋丁酰心安）	±	+	0.5	
3 类　α、β 受体阻断药				
拉贝洛尔（labetalol，柳胺苄心定）	−	±	0.25	±

①在犬，与标准剂量异丙肾上腺素心率加速的拮抗作用的比较

【体内过程】 β 受体阻断药的药动学特点与其脂溶性有关，常用 β 受体阻断药的主要药动学参数见表 11-2。

1. 吸收　脂溶性高的药物如普萘洛尔、美托洛尔口服易吸收，但首过效应明显，生物利用度低；而脂溶性低的药物如阿替洛尔口服吸收差，但首过效应少，生物利用度较高。增加药物剂量，可使血药浓度升高，生物利用度提高。由于肝代谢功能的个体差异较大，故首过效应大的药物其血药浓度的个体差异也较大。食物可减少低脂溶性 β 受体阻断药的吸收，但可提高高脂溶性 β 受体阻断药的吸收，从而提高其生物利用度。

2. 分布　进入血液循环的 β 受体阻断药可分布到全身各组织，高脂溶性和低血浆蛋白结合率者，表观分布容积较大。例如，高脂溶性的普萘洛尔和中脂溶性的美托洛尔在脑脊液中的浓度与血浆浓度近似，而低脂溶性的阿替洛尔在脑脊液中的浓度则仅为血浆浓度的 1/10～1/5。药物在人脑组织中的浓度，普萘洛尔可达约 2.5 μg/g，美托洛尔约为 1.5 μg/g，阿替洛尔约为 0.15 μg/g。

3. 消除　脂溶性高的 β 受体阻断药主要在肝内代谢，少量从尿中以原型排出，药物的 $t_{1/2}$ 为 2～5 h。在肝疾病、肝血流量减少或肝药酶被抑制时，药物消除减慢，$t_{1/2}$ 延长。普萘洛尔和美托洛尔在肝内经羟化代谢，在人群中存在快代谢者和慢代谢者。脂溶性低的 β 受体阻断药如阿替洛尔和纳多洛尔，主要以原型药从肾排泄，当患者肾功能正常时，药物的血浆浓度比较稳定，但当患者肾功能不全时，则可能产生蓄积作用。

表 11-2　常用 β 受体阻断药的主要药动学参数

药物	脂溶性[①]	生物利用度（%）	首过消除（%）	血浆蛋白结合率（%）	半衰期（h）静脉注射	半衰期（h）口服	消除途径	血浆浓度个体差异（倍）
普萘洛尔	3.65	~30	60~70	93	2.5	2~5	肝	20
阿普洛尔	3.27	10	90	85~95	0.3~3.1	2~3	肝	10~25
氧烯洛尔	0.43	40	40~70	80~90	1~2	1~4	肝	10
醋丁洛尔	1.9	~40	30	11~26		3~4	肝	6~24
吲哚洛尔	1.75	~75	10~20	57	3.6	2~5	肝、肾	4
美托洛尔	2.15	~40	25~60	12	3.2	3~4	肝	5~20
阿替洛尔	0.23	~50	0~10	5		6~9	肾	4
噻吗洛尔	2.1	~50	25~30	75		2~5	肝	2~7
纳多洛尔	0.7	~35	0	20~30	3.4~4.5	14~24	肾	5~7
拉贝洛尔	—	~20	60	50		4~6	肝	0
卡维地洛	—	22		95		6	肝、肾	

①辛醇/水分配系数

【药理作用】β 受体阻断药的大部分药理作用与阻断 β 受体有关，但某些药物尚具有部分激动 β 受体的内在拟交感活性、膜稳定作用和抑制血小板聚集等作用。

1. β 受体阻断作用　通过阻断多种脏器组织的 β 受体，拮抗或减弱去甲肾上腺素能神经递质或药物对 β 受体的激动作用，是 β 受体阻断药的主要药理作用。实验证明，β 受体阻断药明显地阻断异丙肾上腺素的兴奋心脏作用，使异丙肾上腺素的量效曲线平行右移，当增加异丙肾上腺素剂量时，仍能产生兴奋心脏的最大效应，是典型的竞争性拮抗作用。

（1）心脏：β 受体阻断药阻断心脏 $β_1$ 受体，使心率减慢、心肌收缩力减弱、心排血量减少，心肌耗氧量下降，血压稍降低。实验显示，β 受体阻断药可减慢窦性节律，减慢心房和房室结的传导，延长房室结的功能性不应期，这些作用都反映了心脏功能的减弱。此外，β 受体阻断药对心脏的抑制作用也可能涉及对心脏 $β_2$ 受体的阻断作用。β 受体阻断药对心脏的作用与机体交感神经张力有关。交感神经张力较高（如激动、运动试验、高血压和心绞痛）时，对心脏的作用比较显著。不具有内在拟交感活性的 β 受体阻断药如普萘洛尔，可使处于安静状态的人心率减慢，心排血量和心肌收缩力降低，血压稍有下降。具有内在拟交感活性的 β 受体阻断药如吲哚洛尔对静息心脏的作用较弱。

（2）血管与血压：短期应用 β 受体阻断药，由于对血管 $β_2$ 受体的阻断和代偿性交感神经反射，除脑血管外，肝、肾、骨骼肌及冠状血管的血流量都有不同程度的下降；但长期应用时总外周阻力可恢复至原来水平。具有内在拟交感活性的 β 受体阻断药如吲哚洛尔，由于激动 $β_2$ 受体，可使外周动脉血流量增加。

β 受体阻断药对正常人血压影响不明显，而对原发性高血压患者则具有降压作用，可用于治疗原发性高血压，其疗效可靠，但降压机制复杂，可能是药物对多种系统 β 受体阻断的结果。

（3）支气管平滑肌：β 受体阻断药使支气管平滑肌收缩而增加呼吸道阻力。这种作用对正常人较弱；但对支气管哮喘患者，有时可诱发或加重哮喘的急性发作，甚至危及生命。选择性 $β_1$ 受体阻断药的此作用较弱。因此，支气管哮喘患者应禁用非选择性 β 受体阻断药，且在应用选择性 $β_1$ 受体阻断药时也须慎重。

（4）代谢

1）糖代谢：人类肝糖原的分解与 α 和 $β_2$ 受体有关，儿茶酚胺可增加肝糖原分解，在低血糖时动员葡萄糖。因此 β 受体阻断药与 α 受体阻断药合用时，可阻断肾上腺素的升高血糖作用。普萘洛尔不影响正常人的血糖水平，也不影响胰岛素的降低血糖作用，但能延缓用胰岛素后血糖水平的恢复，这可能是由于普萘洛尔拮抗了低血糖时儿茶酚胺释放所致的糖原分解作用。

2）脂肪代谢：一般认为脂肪的分解与 $α_2$ 和 β 受体有关。近年对 $β_3$ 受体研究较多，认为存在于脂肪细胞中的 $β_3$ 受体介导脂肪分解。β 受体阻断药可减少游离脂肪酸自脂肪组织的释放，长期应用非选择性的 1A 类 β 受体阻断药可中度升高血浆甘油三酯的浓度，而低密度脂蛋白浓度无变化。2 类 $β_1$ 受体阻断药和具有内在拟交感活性的 1B 类 β 受体阻断药对脂肪代谢作用较弱，其作用机制尚待研究。

（5）肾素：$β_1$ 受体阻断药能减少交感神经兴奋所致的肾素释放，其作用位点可能是肾小球旁细胞的 β 受体（在人为 $β_1$ 受体）。在各种 β 受体阻断药中，普萘洛尔降低肾素释放的作用最强，噻吗洛尔次之，吲哚洛尔和氧烯洛尔较弱。

2. 膜稳定作用 某些 β 受体阻断药具有局部麻醉作用，在心肌电生理研究中表现为奎尼丁样稳定心肌细胞膜电位作用。早期认为 β 受体阻断药的膜稳定作用可能与其抗心律失常和抑制心肌作用有关，但在离体实验中发现，产生膜稳定作用的药物浓度远较其阻断心肌 β 受体的浓度为高，后来发现膜稳定作用与 β 受体阻断药的治疗作用基本无关。其临床意义可能在于局部滴眼用以治疗青光眼时，局部麻醉作用成为副作用，而无膜稳定作用且 β 受体阻断作用较强的噻吗洛尔则为适宜的滴眼药。

3. 内在拟交感活性（intrinsic sympathomimetic activity，ISA） 有些 β 受体阻断药在与 β 受体结合时，除有阻断作用之外，还可对 β 受体产生部分激动效应，即 ISA。由于 β 受体阻断药 ISA 强度远较其阻断作用为弱，在整体动物，这种激动作用常被阻断作用所掩盖，只有用于离体器官、利血平化动物或慢性自主神经功能不全患者时才能表现出来。具有 ISA 的 β 受体阻断药的特点有：①药物对心脏抑制作用和对支气管平滑肌收缩作用较弱；②增加药物剂量或体内儿茶酚胺处于低水平状态时，可产生心率加快和心排血量增加等作用。

【临床应用】

1. 心律失常 β 受体阻断药对多种原因引起的室上性和室性心律失常均有效，尤其对运动或情绪紧张、激动所致心律失常或因心肌缺血、强心苷中毒引起的心律失常疗效好（见第二十二章）。

2. 原发性高血压 β 受体阻断药是治疗原发性高血压的基础药物。普萘洛尔、阿替洛尔及美托洛尔等均可有效地控制原发性高血压，患者对其耐受良好，可单独使用。β 受体阻断药与利尿药、钙通道阻滞药、血管紧张素转化酶抑制药配伍使用，能提高疗效，并能减轻其他药物引起的心率加快、心排血量增加及水钠潴留等不良反应（见第二十三章）。

3. 缺血性心脏病 β 受体阻断药对心绞痛有良好的疗效，可减少心绞痛发作，改善患者的运动耐量。早期应用普萘洛尔、美托洛尔和噻吗洛尔等均可降低心肌梗死患者的死亡率，长期应用可以降低复发率和猝死率（见第二十五章）。

4. 慢性心功能不全 近年应用美托洛尔、卡维地洛等 β 受体阻断药治疗扩张型心肌病或慢性心功能不全，可明显改善心功能，抑制心肌重构，降低猝死率。其机制可能与以下几方面因素有关：①改善心脏舒张功能；②缓解由儿茶酚胺引起的心脏损害；③抑制前列腺素或肾素所产生的缩血管作用；④使 β 受体上调，恢复心肌对内源性儿茶酚胺的敏感性。目前 β 受体阻断药已被推荐为慢性心功能不全的常规用药。

5. 其他 噻吗洛尔可减少房水形成，降低眼内压，用于治疗原发性开角型青光眼。另外，普萘洛尔治疗甲状腺功能亢进、偏头痛、酒精中毒等有一定疗效。

【不良反应与注意事项】β受体阻断药常见不良反应有恶心、呕吐、腹泻等消化道症状，偶见过敏性皮疹和血小板减少等，应用不当可引起下列较严重的不良反应。

1. 诱发或加重支气管哮喘 非选择性的β受体阻断药可阻断支气管平滑肌上$β_2$受体，使支气管收缩，因此禁用于伴有支气管哮喘的患者。选择性$β_1$受体阻断药如美托洛尔及具有ISA的吲哚洛尔等对支气管的收缩作用较弱，一般不诱发或加重哮喘，但这些药物的选择性往往是相对的，故对哮喘患者仍应慎用。

2. 抑制心脏功能 由于阻断心脏的$β_1$受体，使心功能全面抑制，特别是心功能不全、窦性心动过缓和房室传导阻滞的患者对药物敏感性增高，更易发生心功能抑制，甚至引起重度心功能不全、肺水肿、完全性房室传导阻滞或心脏停搏的严重后果。

3. 外周血管收缩和痉挛 由于阻断血管平滑肌的$β_2$受体，可引起间歇性跛行或雷诺综合征，表现为四肢发冷、皮肤苍白或发绀、两足剧痛，甚至产生脚趾溃烂和坏死。

4. 反跳现象 长期应用β受体阻断药突然停药后，常使原来的病症加重，如血压上升、心律失常或心绞痛发作加剧，甚至产生急性心肌梗死或猝死，此种现象称为反跳现象。目前认为这是由于长期用药后β受体上调并对内源性儿茶酚胺敏感性增高的结果。因此，长期用药者在停药时应逐渐减量直至停药。

5. 其他 某些β受体阻断药如普萘洛尔可引起疲乏、失眠和精神忧郁等症状，故精神抑郁患者慎用普萘洛尔。糖尿病患者应用胰岛素的同时应用β受体阻断药可导致血糖降低，并可掩盖低血糖时出汗和心率加快等症状，从而可能造成严重后果。长期应用某些β受体阻断药如普拉洛尔可产生自身免疫反应，出现眼-皮肤黏膜综合征，应警惕。

知识拓展

β受体阻断药的发现

1948年，美国药理学家Raymond Ahlquist通过大量动物实验提出一个伟大的猜想：体内存在两种肾上腺素受体，并分别将其命名为α受体和β受体。但是这个理论太新颖了，以至于长期没有引起人们足够的重视。但苏格兰药理学家James Black却对此深信不疑，并从1952年开始着手寻找β受体阻断药。他花了整整10年研究肾上腺素和去甲肾上腺素是如何与受体结合的，并提出了"内在拟交感活性"的概念。一直到1962年，James Black终于合成了第一个β受体阻断药——丙萘洛尔，但由于丙萘洛尔的致瘤毒性，无法用于临床。经过不懈努力，1964年James Black又合成了普萘洛尔，成为第一种有效用于治疗冠状动脉疾病和高血压的β受体阻断药，也同时证实了Raymond Ahlquist的受体分型理论。此后新的成员相继问世，β受体阻断药家族迅速壮大，在治疗心血管疾病领域占据了重要位置。1988年，James Black被授予诺贝尔生理学或医学奖。

自从肾上腺素受体被发现以来，已有越来越多的研究发现它是众多疾病的关键靶点，从高血压、心功能不全到支气管哮喘，再到前列腺增生，甚至疼痛、肥胖，处处可见肾上腺素受体的影子。在这段过程中，James Black十年磨一剑，终于合成了世界上第一个β受体阻断药，被认为是20世纪医学领域非常重要的成就之一。β受体阻断药的应用不但在治疗心血管疾病的药物研制理论与实践方面开辟了一个重要方向，而且也促进了对肾上腺素受体理论的研究，如肾上腺素受体的分型、放射性配体结合实验、肾上腺素受体的分离和结构研究、肾上腺素受体和第二信使等。

二、常用 β 受体阻断药

➤ 普萘洛尔（propranolol，心得安）

【体内过程】普萘洛尔口服几乎全部吸收，空腹口服后 1～3 h 即达药峰浓度，但首过效应明显，达 60%～70%，生物利用度低；其血浆蛋白结合率为 93%，可分布到肺、心、肝等脏器，脑脊液中浓度与血液中游离的药物浓度相近；大部分在肝内代谢，由于肝代谢功能的个体差异较大，故普萘洛尔血浆浓度的个体差异较大；一般口服后 $t_{1/2}$ 为 2～5 h，静脉注射 $t_{1/2}$ 为 2.5 h。

【药理作用】普萘洛尔对 $β_1$ 和 $β_2$ 受体无选择性，无 ISA，具有膜稳定作用。

1. 心脏 阻断心脏 β 受体，使心率减慢，心肌收缩力减弱，自律性降低，心排血量和心肌耗氧量降低，当交感神经张力升高时，作用尤为明显。

2. 血管和血压 通过阻断血管平滑肌的 $β_2$ 受体，使 α 受体的兴奋性相对增高，加之心功能抑制，心排血量减少反射性兴奋交感神经，可引起血管收缩，外周阻力增加，但此作用一般不明显；可使肾、肝和骨骼肌等血流量减少。对正常人血压影响不明显，而对高血压患者具有降低血压的作用。

3. 支气管平滑肌 通过阻断支气管平滑肌上的 $β_2$ 受体，使支气管平滑肌收缩，张力增高，呼吸道阻力增大。对正常人，此种作用较弱，但对支气管哮喘患者，则可诱发或加剧支气管哮喘发作。

4. 代谢 普萘洛尔对正常人的血糖无明显影响，但可抑制肾上腺素引起的高血糖反应，抑制心肌和骨骼肌的糖原分解。对脂肪分解有抑制作用，使血清游离脂肪酸含量降低。

5. 其他 普萘洛尔有明显的膜稳定作用，此作用与其降低细胞膜对离子的通透性有关。普萘洛尔还有明显的抗血小板聚集的作用，可拮抗腺苷二磷酸、肾上腺素和胶原等物质诱导的血小板聚集作用，此作用可能与膜稳定作用有关。

【临床应用】普萘洛尔主要用于高血压、心律失常、心绞痛、心肌梗死、甲状腺功能亢进，也可用于嗜铬细胞瘤、肥厚型心肌病、偏头痛、肌震颤及门静脉高压等。

➤ 噻吗洛尔（timolol，噻吗心安）

【体内过程】噻吗洛尔口服吸收率达 90% 以上，也能经皮肤吸收；主要在肝内代谢，代谢率约为 90%，有明显的首过效应，生物利用度约为 50%；口服血药浓度个体差异为 2～4 倍，口服达峰时间为 2～4 h，$t_{1/2}$ 为 3～5 h；主要分布在肝、肺及肾，能透过血脑屏障和胎盘；仅 20% 以原型自肾排出。噻吗洛尔眼局部用药约 50% 被吸收。

【药理作用】噻吗洛尔对 $β_1$ 和 $β_2$ 受体无选择性，无 ISA，也无膜稳定作用。其药理作用与普萘洛尔相似，阻断 β 受体的作用是普萘洛尔的 6～100 倍，对心血管系统、支气管平滑肌、中枢神经系统及代谢的作用都与普萘洛尔相似；也能降低血浆肾素活性。噻吗洛尔有降低眼内压的作用，其机制可能与减少房水的生成有关。

【临床应用】噻吗洛尔主要用于治疗青光眼，如开角型青光眼、继发性青光眼和无晶状体青光眼，是目前治疗青光眼、降低眼内压的主要药物；也可用于高血压、心绞痛、心肌梗死、偏头痛等。

➤ 阿替洛尔（atenolol，氨酰心安）

【体内过程】阿替洛尔口服吸收率为 46%～62%，在肝中代谢极少，不易进入中枢神经系统，约有 90% 的药物以原型经肾排出，$t_{1/2}$ 为 6～9 h。

【药理作用与临床应用】阿替洛尔为选择性 $β_1$ 受体阻断药，无膜稳定作用，属 2A 类药物。其对心脏的作用与普萘洛尔相似，可减慢心率，抑制心肌收缩力，降低自律性和延缓房室传导，对血管和支气管平滑肌的收缩作用较弱。临床主要用于高血压、心绞痛、心律失常、心肌梗死、甲状腺功能亢进和特发性震颤等。

➤ **美托洛尔**（metoprolol，美多心安）

【体内过程】美托洛尔口服吸收率大于90%，首过效应率为25%～60%，生物利用度仅为40%，口服后，1.5 h达峰浓度，药峰浓度的个体差异可达20倍；可透过血脑屏障和胎盘，可从乳汁分泌，肝代谢率达95%，$t_{1/2}$为3～4 h。

【药理作用、临床应用与不良反应】美托洛尔为选择性β_1受体阻断药，药理作用、临床应用及不良反应与阿替洛尔相似。此外其尚有关节痛、腹膜腔纤维变性、耳聋和眼痛等不良反应。

➤ **拉贝洛尔**（labetalol，柳胺苄心定）

【体内过程】拉贝洛尔口服吸收率可达90%，首过效应率达60%，生物利用度为20%～40%，食物可增加其生物利用度；口服后，1～2 h血浆浓度达峰值；主要在肝代谢，代谢率为95%，约4%以原型经肾排出，$t_{1/2}$为4～6 h。

【药理作用、临床应用与不良反应】拉贝洛尔对α和β受体皆有阻断作用，并具有较弱的ISA和膜稳定作用。阻断β受体的强度为阻断α受体的4～8倍，阻断β_1受体的作用为普萘洛尔的1/4，阻断β_2受体的作用为普萘洛尔的1/17～1/11，其对β_1受体的阻断作用比对β_2受体的阻断作用略强。在治疗高血压时，拉贝洛尔对直立位和运动试验时的降压作用较普萘洛尔快而强；对心绞痛也有较好疗效。拉贝洛尔对少数患者有肝损害，其他还有胃肠功能失调、头痛、乏力、肌肉挛缩、错觉和过敏反应等不良反应。

➤ **卡维地洛**（carvedilol，卡地洛尔）

【体内过程】卡维地洛口服1～2 h达血药浓度峰值，生物利用度为22%，血浆蛋白结合率为95%，$t_{1/2}$为6 h，食物不影响其生物利用度、体内滞留时间及药峰浓度，但可推迟达峰时间。卡维地洛大部分经肝代谢后被消除，极少部分（0.3%）以原型从肾排泄；60%以上的代谢产物由粪便排泄，16%从肾排泄；长期服用未见蓄积现象。

【药理作用与作用机制】卡维地洛是一种新型选择性阻断α_1受体和非选择性阻断β受体且无ISA的药物。对α_1受体的阻断作用明显低于对β_1和β_2受体的阻断作用，其阻断α_1和β_1受体的强度比为1/（10～100），阻断α_1受体的作用为拉贝洛尔的1/2。卡维地洛对心脏的抑制作用较拉贝洛尔强，并具有中等程度的血管扩张和轻度的膜稳定作用。此外，在大剂量时，卡维地洛还有钙通道阻滞作用。

【临床应用与不良反应】卡维地洛主要用于轻、中度高血压，尤其适用于高血压伴缺血性心脏病患者。最常见的不良反应是头晕、头痛、嗜睡、疲劳、乏力、恶心等，一般较轻微，发生率低于1%。

思 考 题

1. α受体阻断药为什么可以翻转肾上腺素的升压效应？
2. 联合应用β受体阻断药和胰岛素时，应注意什么？为什么？
3. 患者，女，40岁，有甲状腺功能亢进病史，经内科治疗好转。近日来，患者因感冒又出现心悸、胸闷、不安，睡眠差，心电图显示窦性心动过速。请回答：
   （1）该患者的治疗原则是什么？
   （2）简述β受体阻断药在该患者治疗中的应用价值。

（王立祥）

第十二章 中枢神经系统药理学概论

第十二章数字资源

中枢神经系统（central nervous system，CNS）具有对人体复杂而精细的生命活动过程进行控制和调节的功能，还可维持内环境稳定，并对外环境的变化做出即时反应。中枢神经系统的结构和功能远比外周神经系统复杂，含有大量不同类型的神经元和神经胶质细胞。中枢神经系统通过神经元之间、神经元与神经胶质细胞之间及神经胶质细胞之间建立多种形式的突触联系，并由多种神经递质进行信息传递，通过激活相应的受体或细胞内信号转导途径来实现繁杂而精细的调节功能。作用于中枢神经系统的药物主要是通过影响突触传递的不同环节（如中枢神经系统不同部位的递质、受体、受体后信号通路转导等）发挥作用的。

第一节 中枢神经系统的细胞学基础

中枢神经系统的基本组织是神经组织（nervous tissue），主要由神经细胞（nerve cell）或称为神经元（neuron）和神经胶质细胞（neuroglial cell）组成。

一、神经元

神经元是中枢神经系统的基本结构和功能单位，其最主要的功能是接受刺激和传递信息。在人脑内神经元总数有 10^{10} ~ 10^{12} 个。典型的神经元主要由胞体、树突和轴突三部分组成。胞体是神经元的营养和代谢中心，含有特别大的细胞核和各种合成细胞生命物质所需的细胞器。细胞核位于胞体中央，大而圆，核仁明显。细胞质在光镜下可见其特征性结构尼氏体（Nissl body）、神经原纤维（neurofibril），细胞质中还含有致密小体和色素颗粒等内含物，并随着人的年龄增长而增加。细胞质内含有具有不同功能的细胞器，如线粒体、高尔基复合体、粗面内质网、滑面内质网、中心体、溶酶体。神经元的细胞骨架由丝状结构组成，包括微管（microtubule）、微丝（microfilament）和神经丝（neurofilament），它们构成了神经元的细胞骨架，用以支持延长神经元突起，调节神经元的形状，并参与神经元内物质的运输如轴浆运输。在病理状态下如患有阿尔茨海默病、慢性铝中毒性脑病时，受累的神经元微管可出现异常磷酸化，这与神经纤维缠结的形成有关。

二、神经胶质细胞

神经胶质细胞是神经组织中另一类主要细胞，其数量是神经元的数十倍。中枢神经系统的胶质细胞有星形胶质细胞（astrocyte）、少突胶质细胞（oligodendrocyte）、小胶质细胞（microglia）和室管膜细胞（ependymal cell）。神经胶质细胞几乎填充了中枢神经系统内神经元间的所有空隙，因此中枢神经系统内几乎不存在细胞间隙。神经胶质细胞的主要功能包括：支持和绝缘作用、维持神经组织内环境稳定、调节神经元物质代谢、参与神经元的正常发育与突触的形成、参与神经递质灭活过程等。目前研究表明，神经胶质细胞可向突触间隙分泌不同的胶质细胞递质（gliotransmitter），可参与神经元之间、神经元与神经胶质细胞之间、神经胶质细胞之间及神经胶质细胞与微血管之间的信息传递，这种信息传递被称为胶质细胞传递（gliotransmission）。一个神经胶质细胞可与多个神经元连接，同时也能与脑内微血管紧密相连，三者共同参与中枢神经系统的信息处理，使中枢神经功能更复杂、更精细。这种神经元、神经胶质细胞和微血管之间的紧密结合称为神经血管单元（neurovascular unit）。神经胶质细胞已经成为重大疾病（如帕金森病、脑卒中、精神分裂症、阿尔茨海默病）研发理想治疗药物的重要靶标。

三、神经环路

　　神经元完成功能活动主要是通过与其他神经元组成的各种神经环路（neuronal circuit）完成的，并通过这些神经环路对大量复杂的信息进行精细的处理与整合。在神经环路中能进行信息传递的中心部位是突触。

　　一个神经元的树突或胞体能够接受多个轴突末梢的突触联系，这些轴突可以来自同一个神经元，也可以来自多个不同的神经元，这种多个信息影响同一个神经元的调节方式称为聚合式联系；一个神经元可以同时与多个不同神经元建立突触联系，使信息放大或扩散，这种调节方式称为辐散式联系。中枢神经系统中各种不同的神经环路均包含多次的聚合、辐散式联系，从而使信息处理出现聚合或扩散、时空模式的叠加，进而构成复杂的神经网络，使信息加工、处理、整合更加精细，调节活动更加准确、协调。神经元的突触联系可以通过轴突-树突、轴突-胞体和轴突-轴突来实现，构成具有各种特殊功能的微环路。

　　中枢神经系统内还存有大量具有短轴突、较小胞体的中间神经元，或称联络神经元（association neuron），位于中枢神经系统的传入和传出神经元之间，起联络作用。在中枢神经系统内，数量最多的是体积较小的中间神经元。这些中间神经元都能参与脑内各核团间或核团内局部神经环路的组成。中间神经元在中枢神经系统的作用越来越受重视，中枢神经系统活动的复杂性主要是由神经环路的多样性决定的。

四、突触与信息传递

　　神经元的主要功能是传递信息。突触（synapse）是神经元之间或神经元与效应器之间实现信息传递的核心部位，神经系统的大部分功能都是通过突触传递实现的。根据突触传递的方式及结构特点的不同，可将突触分为电突触、化学突触和混合突触。在哺乳动物脑内，除少部分脑区内存在一些电突触外，几乎所有的突触都是化学突触，它们是中枢神经系统中最重要的信息传递结构。

　　在可兴奋组织中，通过缝隙连接（gap junction）构成电信号来实现信息的直接传递的突触称为电突触。这种通过电流的突触传递方式，在脊椎动物和低等动物的神经系统中起重要的作用。在成年哺乳动物中枢神经系统中，电突触存在于需要高度同步化的相邻细胞间，如下丘脑内的神经分泌细胞之间存在广泛的电突触连接，神经分泌细胞的轴突末端伸入垂体后叶，并在末端膨大，以增加分泌激素的面积，当动作电位来临时，下丘脑的神经分泌细胞通过轴突阵发性将激素分泌到垂体后叶里的毛细血管，最终进入血液循环。

跨突触的化学传递是哺乳动物神经组织间信息传递的主要形式。神经递质把信息从突触前神经元传递到突触后神经元。当突触前神经元兴奋时，神经冲动传递到突触前膜，引起前膜去极化，使电压门控钙通道开放，细胞外 Ca^{2+} 内流，使细胞内 Ca^{2+} 浓度升高。Ca^{2+} 与钙调蛋白结合，激活了蛋白磷酸激酶B（PKB），导致一些底物蛋白磷酸化，如突触蛋白I磷酸化，可使突触前膜内含有神经递质的囊泡移动并与突触前膜融合，经胞吐作用使突触囊泡的内含物以量子形式释放。神经递质经弥散而作用于突触后膜上的受体，触发突触后神经元一系列的生化或膜电位变化，产生突触后效应，完成突触间的信息传递。一方面神经递质释放后需要迅速消除而终止其作用，以保证突触的传递效率；另一方面又需回收突触囊泡蛋白，通过神经末梢膜的再摄取合成新的囊泡，形成囊泡的再循环，准备进行新一轮的递质合成、贮存和释放。突触间隙递质的消除主要是通过突触前膜和神经胶质细胞的再摄取或酶解作用完成的，而突触前膜再摄取是最常见的递质回收机制。

过去认为突触传递是单向性的，信息只能从突触前传递到突触后。目前已有研究证实，中枢神经系统内存在交互突触，信息既可以从突触前传递到突触后，也可以从突触后传递到突触前。另外，越来越多的研究表明，腺苷、腺苷三磷酸、花生四烯酸、一氧化氮、血小板活化因子等均可成为逆行信使分子，作为突触后神经元对突触前传递信息的应答，逆弥散至突触前神经元，进而调节突触前神经元活动和递质的合成与释放。

知识拓展

突触研究——六获诺贝尔奖

英国科学家谢灵顿通过实验证实了神经元和神经元（或者肌细胞）之间并不直接相连，而是通过某种方式传递信号，他把传递信号的部位称为突触。1932年，谢灵顿和另外一位英国生理学家艾德里安同获诺贝尔生理学或医学奖，这是突触领域的第一个诺贝尔奖。

戴尔和勒维发现了突触以化学物质来传递信号，这种化学物质被称为神经递质。1921年复活节前夜，勒维做了一个梦，在梦境中，他完成了蛙心灌流的实验。梦醒之后的勒维重复这个实验并发现了控制心脏跳动的神经递质乙酰胆碱。1936年，戴尔和勒维获得了突触领域的第二个诺贝尔奖。

霍奇金等人利用枪乌贼、龙虾等实验动物的巨大神经纤维，测量出了神经纤维的电位变化，开辟了神经电生理的研究领域。1963年，艾克尔斯、霍奇金、赫克斯利获得突触领域的第三个诺贝尔奖。

卡茨发现，神经递质储存在囊泡中，钙离子触发囊泡向突触前膜移动，并且和突触前膜融合，把囊泡中的神经递质释放出来。1970年，卡茨、奥伊勒、阿克塞尔罗德获得了突触领域的第四个诺贝尔奖。

卡尔森和格林加德发现了多巴胺对人脑的作用，这种神经递质的释放减少是帕金森病的主要原因。坎德尔通过海兔实验验证了神经递质在低等动物的习惯化与敏感化中的作用，也证明突触可以根据外界刺激发生可塑性的变化。2000年，卡尔森、格林加德和坎德尔通三位科学家获得了突触领域的第五个诺贝尔奖。

谢克曼从基因水平解释细胞中囊泡运输的严格管理机制；罗斯曼发现了一种可控制囊泡与突触前膜融合的蛋白质复合物；聚德霍夫解释了囊泡如何精确地释放出一定数量的神经递质。2013年，研究突触部位的囊泡运输机制的三位科学家罗斯曼、谢克曼和聚德霍夫获得了突触领域的第六个诺贝尔奖。

第二节 中枢神经递质及其受体

随着科学技术的发展，在神经系统中发现了大量神经活性的物质，其中包括经典的小分子神经递质，如乙酰胆碱、多巴胺，也包括多种具有生物活性的神经肽，如阿片肽类、P物质。

一、乙酰胆碱

乙酰胆碱（acetylcholine，ACh）是最早被确定为中枢神经递质的化学物质。以乙酰胆碱作为递质的神经纤维，称为胆碱能神经纤维，这类神经纤维广泛存在于中枢神经系统和周围神经系统中，主要通过释放的递质乙酰胆碱作用于突触后膜上的胆碱受体产生相应的生理效应。中枢乙酰胆碱的合成、贮存、释放、与受体相互作用及其灭活等突触传递过程与外周胆碱能神经元相同。

（一）中枢胆碱能通路

脑内有两种类型的胆碱能神经元分布。第一种是局部分布的中间神经元：这些中间神经元主要参与局部神经环路的组成。在纹状体、隔核、伏隔核、嗅结节等神经核团内均存在较多的胆碱能中间神经元，尤以纹状体最多。第二种是胆碱能投射神经元：这些神经元在脑内分布较集中，分别组成胆碱能基底前脑复合体及胆碱能脑桥-中脑-被盖复合体。

（二）中枢胆碱受体

中枢胆碱受体也分为M受体和N受体，但绝大多数是M受体，N受体仅占不到10%。脑内的M受体和N受体的特性与外周胆碱受体相似。M受体属于G蛋白偶联受体，目前已发现5种不同亚型的M受体（M_1、M_2、M_3、M_4、M_5受体）。脑内以M_1受体为主，占M受体总数的50%~80%。M_1、M_3和M_5受体被激动后，通过G蛋白和磷脂酶C（PLC）与膜磷脂酰肌醇水解偶联而产生第二信使分子——肌醇三磷酸（IP_3）和甘油二酯（DAG），这些受体亚型大多位于突触后，主要作用是产生突触后兴奋；M_2和M_4受体被激动后，通过G蛋白抑制腺苷酸环化酶而降低细胞内cAMP水平，激活钾通道或抑制钙通道，它们主要是突触前受体，抑制递质的释放，有一些是突触后受体，可引起突触后抑制。M受体在脑内分布广泛，其密度较高的脑区包括大脑皮质、海马、纹状体、隔核、伏隔核、脚间核、缰核、上丘、下丘和顶盖前区等。

中枢N受体属于配体门控离子通道受体，N受体被激动后可开放受体离子通道，增加细胞对Na^+、K^+和Ca^{2+}的通透性，引起去极化，产生突触后兴奋效应。

（三）中枢乙酰胆碱的功能

中枢乙酰胆碱的功能主要涉及觉醒、学习记忆、运动调节和内脏活动等。脑干的上行激动系统包含胆碱能神经纤维，该系统的激活对维持觉醒状态起着重要作用；基底核胆碱能神经元与学习记忆功能相关。纹状体是人类调节锥体外系运动的最高级中枢。纹状体乙酰胆碱与多巴胺两系统功能间的平衡失调将导致严重的神经系统疾患。

二、γ-氨基丁酸

γ-氨基丁酸（γ-aminobutyric acid，GABA）是中枢重要的抑制性神经递质，由谷氨酸经谷氨酸脱羧酶（glutamic acid decarboxylase，GAD）催化脱羧基产生。脑内约 30% 的突触以 GABA 为神经递质。GABA 能神经元在脑内广泛分布，主要包括大脑皮质、海马和小脑。当 GABA 能神经元兴奋时，GABA 由神经末梢释放至突触间隙发挥作用。目前发现的长轴突投射的 GABA 能通路仅有两条：一条是小脑 - 庭外侧核通路，另一条是纹状体 - 中脑黑质通路。黑质是脑内 GABA 浓度最高的脑区。

GABA 受体被分为 $GABA_A$ 受体、$GABA_B$ 受体和 $GABA_C$ 受体三种亚型。其中 $GABA_A$ 受体是化学门控离子通道受体家族的成员；$GABA_B$ 受体与 M 受体一样，同属于 G 蛋白偶联受体家族。脑内的 GABA 受体主要为 $GABA_A$ 受体，$GABA_B$ 受体存在较少，$GABA_C$ 受体主要分布在视网膜中，近年来，在多个脑区如海马、垂体等部位也发现了 $GABA_C$ 受体的分布。

（一）$GABA_A$ 受体

$GABA_A$ 受体是镇静催眠药和一些抗癫痫药的重要作用靶点，由五种不同的多肽链亚基（α、β、γ、δ 和 ρ）组成，它们相互围绕组成完整的氯通道。GABA 结合位点存在于 β 亚基上，其他部位也存在一些调节氯通道的位点，如苯二氮䓬类（benzodiazepines，BZ）、巴比妥类、印防己毒素和神经甾体化合物等特异结合位点，其中 BZ 结合位点受到了最多的关注。BZ 结合位点在 α 亚基上，当 BZ 激动药与其结合后可增强受体与 GABA 的亲和力，从而增加氯通道的开放频率，增强 GABA 能神经元的传递作用，产生抗焦虑、镇静、催眠、抗惊厥等作用。巴比妥类和印防己毒素主要作用在氯通道，发挥延长开启或阻滞离子通道的作用。

（二）$GABA_B$ 受体和 $GABA_C$ 受体

$GABA_B$ 受体被激活后，通过 G 蛋白及第二信使系统，如 cAMP 或 IP_3，介导钾通道开放或钙通道关闭，但不影响氯通道的通透性。突触后钾通道的开放可诱导迟缓的抑制性突触后电位。$GABA_B$ 受体主要分布于突触前膜，通过关闭钙通道可负反馈调节神经递质的释放。因此，无论是突触前还是突触后的 $GABA_B$ 受体，均介导抑制性效应。$GABA_C$ 受体分布于视网膜等部位，也是 GABA 门控的氯通道，GABA 通过激动 $GABA_C$ 受体发挥抑制性作用。

近年来的研究发现，GABA 在癫痫、帕金森病、阿尔茨海默病和亨廷顿病的发病机制中发挥重要的作用。此外，GABA 还参与神经内分泌、疼痛和摄食行为的调节。

三、兴奋性氨基酸

兴奋性氨基酸（excitatory amino acid，EAA）是广泛存在于哺乳动物中枢神经系统内的重要的兴奋性神经递质，参与突触兴奋传递，与学习记忆形成及多种神经变性疾病有关。EAA 包括谷氨酸（glutamic acid，Glu）、天冬氨酸（aspartic acid，Asp）、N- 甲基 -D- 天冬氨酸（N-methyl-D-aspartate，NMDA）、亮氨酸等，其中以 Glu 和 Asp 为主。Glu 是中枢神经系统内主要的兴奋性神经递质，脑内 50% 以上的突触都是以 Glu 为递质的兴奋性突触，由大脑皮质投射到纹状体、丘脑、红核、黑质、楔束核、脊髓的纤维，从内嗅皮质到海马下脚，以及由海马投射到隔核、斜角带核、伏隔核、新纹状体等核团的投射纤维都是谷氨酸能纤维。

Glu 或 Asp 被释放后，与不同的 EAA 受体结合，诱发突触后神经元兴奋，产生兴奋性突触后电位（excitatory postsynaptic potential，EPSP）。Glu 受体分为配体门控离子通道型谷氨酸受体和亲代谢型谷氨酸受体（metabotropic glutamate receptor，mGluR）。按照对不同激动剂的选择性又将前者分为两类：一类是 NMDA 能选择性激活的受体，称为 NMDA 受体；另一类是非 NMDA 受体，包括对 α-氨基-3-羟基-5-甲基-4-异噁唑丙酸（alpha-amino-3-hydroxy-5-methyl-4-isoxazole propionic acid，AMPA）有较高敏感性的 AMPA 受体和对红藻氨酸（kainic acid，KA）敏感的 KA 受体。mGluR 与 G 蛋白偶联，被激活后能够影响磷脂酰肌醇的代谢或腺苷酸环化酶的活性，导致突触后第二信使如 cAMP、IP_3、DAG 浓度的变化。

（一）NMDA 受体

NMDA 受体是目前研究较为深入的 EAA 受体之一，在中枢神经系统内从大脑皮质到脊髓都有广泛分布，其中以大脑皮质和海马中密度最高。NMDA 受体通道具有一种独特的门控方式，既受配体门控，又受电压门控。与非 NMDA 受体不同，NMDA 受体激动时，其偶联的阳离子通道开放，除允许 Na^+、K^+ 通过外，还允许 Ca^{2+} 通过。高钙电导是 NMDA 受体的特点之一，也是 NMDA 受体与 Glu 兴奋性神经毒性、触发突触长时程增强现象、学习记忆形成机制密切相关的原因。目前，NMDA 受体已经成为多种神经精神类疾病治疗药物研制的重要靶标。

（二）非 NMDA 受体

此类受体包括 AMPA 受体及 KA 受体，均为化学门控离子通道受体。受体兴奋时离子通道开启，只允许 Na^+、K^+ 单价阳离子通过，细胞外 Na^+ 内流引起突触后膜去极化，诱发快速的兴奋性突触后电位，参与兴奋性突触的传递。非 NMDA 受体与 NMDA 受体在突触传递及 Glu 的兴奋性神经毒性作用中有协同作用。AMPA 受体在脑内的分布与 NMDA 受体几乎平行，提示这两种受体在突触传递过程中有协同关系。

（三）亲代谢型谷氨酸受体（mGluR）

mGluR 通过 G 蛋白与不同的第二信使系统偶联，调节细胞内第二信使的浓度，从而触发较缓慢的生物学效应。目前已经克隆出 8 种不同的 mGluR 亚型（$mGluR_1$ 至 $mGluR_8$）。根据它们的一级结构、偶联的第二信使及药理学特性的不同，将不同的 mGluR 亚型分为三组：第一组包括 $mGluR_1$ 和 $mGluR_5$，这组受体通过 G 蛋白激活磷脂酶 C，促进磷脂酰肌醇（PI）水解，使细胞内的 IP_3 及 DAG 水平升高，可导致 K^+ 通道关闭，使膜去极化，产生兴奋效应。它们与分布在同一神经元上的 NMDA 受体和非 NMDA 受体有协同作用。第二组包括 $mGluR_2$ 和 $mGluR_3$，这组受体通过抑制性 G 蛋白（Gi 蛋白）偶联腺苷酸环化酶，使细胞内 cAMP 下降而介导生物学效应。第三组包括 $mGluR_4$、$mGluR_6$、$mGluR_7$ 和 $mGluR_8$，这组受体也通过 Gi 蛋白与腺苷酸环化酶负偶联。第二组和第三组可分布在谷氨酸能神经末梢上，作为自身受体，对神经递质释放产生负反馈调节作用。Glu 作为兴奋性递质，通过激活自身受体，产生抑制效应。mGluR 的自身受体作用可拮抗 Glu 的兴奋性神经毒性，产生神经元保护作用。

EAA 是脑内半数以上突触的神经递质，通过上述受体的介导，不但参与快速的兴奋性突触传递，并且在学习记忆、神经元的可塑性、神经系统发育及一些疾病（如缺血性脑病、低血糖脑损害、癫痫、脑外伤和老年性中枢退行性疾病）的发病机制中发挥重要作用。多亚型的 Glu 受体为寻找高效、安全的新药提供了有益靶标，目前已成为神经科学研究的前沿领域。

四、去甲肾上腺素（NA）

脑内去甲肾上腺素能突触传递的基本过程与外周神经系统相似。脑内去甲肾上腺素能神经元胞体分布相对集中在脑桥及延髓，尤其以蓝斑核密集。由蓝斑核向前脑方向发出三束投射纤维，分别是中央被盖束、中央灰质背纵束及腹侧被盖-内侧前脑束。三束纤维主要同侧上行支配大脑皮质各区、边缘系统（包括扣带回、杏仁核、海马、下丘脑和中脑被盖等核团）、丘脑、上丘、下丘，另外发出投射纤维到小脑，终止于小脑皮质和中央核群。蓝斑核下行去甲肾上腺素能纤维投射至延髓及脊髓。除蓝斑核外，在脑桥延髓外侧大脑脚被盖网状结构中较松散地聚集着一些去甲肾上腺素能神经元核团，它们发出的投射纤维混合在蓝斑核发出的投射纤维中，投射到不同脑区。

脑内去甲肾上腺素在多种生理活动中发挥重要的作用，可能与睡眠、觉醒、学习记忆、摄食行为、心血管调节、镇痛和情绪状态等多种神经精神功能有关。目前，脑内儿茶酚胺类递质和5-HT递质摄取转运体的研究日益受到重视。

五、多巴胺（DA）

多巴胺是脑内重要的神经递质。多巴胺能神经元在中枢神经系统内的分布相对集中，投射通路清晰，支配范围较局限，在运动控制、情感思维和神经内分泌等方面发挥重要的生理作用，与精神分裂症、帕金森病、药物依赖与成瘾的病理密切相关。

（一）中枢多巴胺能神经系统及其生理功能

脑内DA主要分布于黑质、纹状体和苍白球。人类中枢神经系统主要有四条多巴胺通路。

1. 黑质-纹状体通路　其胞体位于黑质致密区（A_9），主要支配纹状体，是锥体外系运动功能的高级中枢。

2. 中脑-边缘系统通路　其胞体位于顶盖腹侧区（A_{10}），主要支配伏隔核和嗅结节，其主要功能是调控人类的精神活动，参与情绪反应的调控。

3. 中脑-皮质通路　其胞体主要位于顶盖腹侧区，支配大脑皮质的一些区域，其主要功能也是调控人类的精神活动，主要参与认知、思想、感觉、理解和推理能力的调控。

4. 结节-漏斗通路　其胞体主要位于弓状核和室旁核，主要调控垂体激素的分泌，如抑制催乳素的分泌、促进促肾上腺皮质激素和生长激素的分泌。

（二）多巴胺受体及其亚型

近年来，应用重组DNA克隆技术发现脑内存在5种DA受体亚型（D_1、D_2、D_3、D_4和D_5受体），均为G蛋白偶联受体。其中D_1和D_5受体称为D_1样受体（D_1-like receptor），激活后可导致细胞内cAMP水平升高；而D_2、D_3、D_4受体被称为D_2样受体（D_2-like receptor），激活后能够降低细胞内cAMP水平。黑质-纹状体通路存在D_1样受体（D_1和D_5受体亚型）和D_2样受体（D_2和D_3受体亚型），其中D_3受体亚型主要是突触前DA受体，即DA自身受体，主要与DA能神经元自身功能的负反馈调控有关；中脑-边缘系统通路和中脑-皮质通路主要存在D_2样受体（D_2、D_3和D_4受体亚型），而D_4受体亚型特异地存在于这两个DA通路中，研究已经证实D_4受体亚型与精神分裂症的发生、发展密切相关；结节-漏斗通路主要存在D_2

样受体中的 D_2 受体亚型。研究表明，DA 通路与抗精神疾病药物的药理作用及不良反应的发生密切相关。

六、5-羟色胺

5-羟色胺（5-hydroxytryptamine，5-HT）能神经元与 NA 能神经元在中枢的分布相似，主要集中在中缝核群，共组成 9 个 5-HT 能神经元核团，以中脑核群含量最高。5-HT 能神经纤维分布广泛，可投射到丘脑、下丘脑、纹状体、前脑及大脑皮质。脑内 5-HT 具有广泛的生理功能，参与心血管活动、觉醒-睡眠周期、痛觉、精神情感活动和神经内分泌活动的调节。5-HT 的突触前膜摄取转运体与 DA、NA、GABA 和甘氨酸的转运体同属一个家族，5-HT 转运体是抗抑郁药的主要作用靶标之一，三环类抗抑郁药可阻断 5-HT、NA 和 DA 的再摄取。脑内存在多种 5-HT 受体亚型，目前所知有 7 种亚型（$5-HT_1$ 至 $5-HT_7$ 受体），它们与不同的信号转导系统偶联。另外，受体亚型分布也存在不同的模式，可使单一的 5-HT 神经递质同时在不同的脑区产生不同的效应，体现了脑对信息处理的多样性和灵活性。

（一）$5-HT_1$ 受体

$5-HT_1$ 受体又分为多种亚型，通过重组 DNA 技术已克隆出 5 种亚型（$5-HT_{1A}$、$5-HT_{1B}$、$5-HT_{1D}$、$5-HT_{1E}$、$5-HT_{1F}$）。$5-HT_{1A}$ 受体主要分布在边缘系统和 5-HT 能神经元。$5-HT_{1B}$ 和 $5-HT_{1D}$ 受体主要分布在基底神经节和黑质，可作为突触前自身受体，负反馈调节递质释放。$5-HT_1$ 受体均通过 Gi/Go 蛋白（抑制性 G 蛋白 o 亚型）抑制腺苷酸环化酶而导致 cAMP 水平下降，从而产生生物学效应。

（二）$5-HT_2$ 受体

$5-HT_2$ 受体又分为 3 种亚型，即 $5-HT_{2A}$、$5-HT_{2B}$ 和 $5-HT_{2C}$ 亚型。$5-HT_{2A}$ 受体主要分布在大脑皮质。$5-HT_{2C}$ 受体的分子结构和药理特性均与 $5-HT_{2A}$ 受体相似，分布在边缘系统、基底节和黑质等脑区及脑脉络丛。激活 $5-HT_{2A}$ 受体可兴奋面神经核的运动神经元和脊髓运动神经元。$5-HT_{2B}$ 受体的分布与作用尚不清楚。该类受体均通过磷脂酶 C 型 G 蛋白（Gq 蛋白）激活磷脂酶 C，促进磷脂酰肌醇代谢而引起生物学效应。

（三）$5-HT_3$ 受体

$5-HT_3$ 受体集中在延髓最后区和孤束核，大脑皮质、海马和内侧缰核也有分布。$5-HT_3$ 受体是 5-HT 受体中唯一的配体门控离子通道受体，激活 $5-HT_3$ 受体可引起快速的兴奋性突触后电位，易出现受体脱敏，但易恢复。$5-HT_3$ 受体通道可通过 Na^+ 和 K^+ 的跨膜转运而引起膜去极化。中枢 $5-HT_3$ 受体与痛觉传递、认知、焦虑、药物依赖等有关。

（四）$5-HT_4$、$5-HT_5$、$5-HT_6$ 和 $5-HT_7$ 受体

$5-HT_4$ 受体主要分布于海马、黑质、苍白球、嗅结节、四叠体、伏隔核和大脑皮质。$5-HT_4$ 受体可参与觉醒、情感、精神运动、视觉和学习记忆等活动。已克隆出 $5-HT_5$ 受体的 2 种受体亚型，即 $5-HT_{5A}$ 受体和 $5-HT_{5B}$ 受体，前者分布在大脑皮质、海马、嗅结节、缰核等脑区，后者仅局限于缰核和海马 CA_1 区，功能及信号转导系统还不清楚。$5-HT_6$ 受体主要位于嗅结节、纹状体、大脑皮质和海马等脑区。$5-HT_7$ 受体主要位于丘脑和海马 CA_3 区，功能还不清楚。除 $5-HT_5$ 受体外，$5-HT_4$、$5-HT_6$ 和 $5-HT_7$ 受体的信号转导系统均与 Gs 蛋白/腺苷酸环化酶偶联，

增加胞内的 cAMP 水平而产生生物学效应。

七、组胺

组胺（histamine）能神经元主要集中于下丘脑结节乳头核和中脑的网状结构，发出上、下行纤维。脑内组胺的生理功能目前还不清楚，可能与饮水、摄食、体温调节、觉醒和激素分泌的调节有关。临床上影响脑内组胺作用的药物用途有限，其中枢作用往往是药物副作用的基础。组胺受体分为 3 种：H_1、H_2 和 H_3 受体。H_1 和 H_2 受体是 G 蛋白偶联受体，前者通过 Gq 蛋白偶联磷脂酶 C，促进磷脂酰肌醇的代谢，增加 IP_3 和 DAG；后者与 Gs 蛋白结合偶联腺苷酸环化酶，升高 cAMP 水平。H_3 受体的信号转导途径仍不清楚。

H_1 受体阻断药在临床上常产生镇静作用，脑内又存在组胺能网状结构上行投射纤维，提示 H_1 受体可能与觉醒有关。随着选择性 H_2 受体阻断药西咪替丁治疗溃疡病的应用，目前已推出系列 H_2 受体阻断药，但能进入中枢的 H_2 受体阻断药只有佐兰替丁（zolantidine）。H_3 受体是位于突触前膜的受体，激动 H_3 受体可减少组胺及其他单胺递质和神经肽的释放及递质的合成。

八、神经肽

神经肽（neuropeptide）是泛指存在于神经组织并参与神经系统功能的内源性肽类活性物质，是一类特殊的信息物质。血管升压素和缩宫素是最早被确定的神经肽，目前在脑内已发现的神经肽有几十种。神经肽可作为神经激素发挥作用，还可参与突触信息传递，发挥神经递质或神经调质的作用。神经肽的特点是含量低、活性高、作用广泛而又复杂，在体内调节多种多样的生理功能，如痛觉、睡眠、情绪、学习与记忆，甚至神经系统本身的分化和发育都受神经肽的调节。神经肽的发现是近代神经生物学的重大突破之一，也是当今神经科学中异常活跃的研究领域。

神经肽与经典神经递质的合成有显著不同。神经肽不是由神经末梢合成的，而是先在核糖体内合成前体大分子，经翻译后加工形成。先合成的神经肽前体被输入粗面内质网，经一系列酶的加工修饰后成为神经肽原，再从神经肽原转化为有活性的神经肽。囊泡中同时贮存经典神经递质及神经肽，经典神经递质与神经肽共存于同一神经元是中枢较为普遍的现象。装有神经肽的大囊泡往往从突触外区释放，以旁分泌的形式起作用，影响范围比神经递质大，反应潜伏期较长。神经肽还可作为神经激素从神经元中释放出来，作用于远处的细胞而发挥激素作用，如神经垂体释放的血管升压素、缩宫素等。神经肽起效慢，降解也较慢，作用时间相对较长。但有些神经肽如血管紧张素原，经酶解后成为活性更强的血管紧张素而发挥生理作用。

与经典神经递质相似，各种神经肽都有各自的受体及不同的受体亚型。几乎所有的神经肽受体都属于 G 蛋白偶联受体家族。阿片受体中的 μ、δ、κ 受体通过 Gi/Go 蛋白与腺苷酸化酶或 Ca^{2+} 通道、K^+ 通道偶联，引起 cAMP 水平下降或膜对 Ca^{2+}、K^+ 通透性改变。总之，经典神经递质比较容易合成，更新快，释放后迅速灭活并被重新利用，效应潜伏期及作用持续时间较短，适合于完成快速而精确的神经活动；相反，神经肽合成复杂，更新慢，释放量一般较少，失活较缓慢，效应潜伏期与作用持续时间较长，效应较弥散，适宜调节缓慢而持久的神经活动。经典神经递质与神经肽的作用是相辅相成的，使信息加工更精细，调节活动更精确、协调。

第三节　中枢神经系统药理学特点

根据药物对中枢神经系统功能的影响，可将作用于中枢神经系统的药物分为两大类：中枢兴奋药和中枢抑制药。从整体水平来看，中枢神经系统兴奋时，主要表现为欣快、失眠、不安、幻觉、妄想、躁狂和惊厥等；中枢神经系统抑制时，主要表现为镇静、抑郁、睡眠和昏迷等。

多数药物可对中枢神经系统某种特殊功能产生选择性的作用，如抗精神病、镇痛、解热等作用。此类药物的作用方式多是通过影响突触化学传递的某一环节实现的，主要是影响神经递质和受体，从而引起相应的功能变化。凡是使抑制性神经递质释放增加或使抑制性受体激动的，均能引起抑制性效应，反之，则引起兴奋性效应；凡是使兴奋性神经递质释放增加或使兴奋性受体激动的，均可引起兴奋性效应，反之，则导致抑制性效应。因此，研究药物对神经递质和受体的影响是阐明中枢神经系统药物作用复杂性的关键环节，而对细胞内信使和离子通道及其基因调控的研究则可更进一步探索药物作用的本质。还有少数药物只一般地影响神经细胞的能量代谢或膜稳定性，这类药物无竞争性拮抗药或特效解毒药，如全身麻醉药。作用于中枢神经系统的药物也可按药物对神经递质和受体的作用进行分类。作用于中枢神经系统的药物的主要药理作用、作用靶点及机制等见表12-1。

表12-1　作用于中枢神经系统的药物

作用靶点	作用机制	代表药物	主要药理作用或临床应用
ACh 受体	激动 M_1 受体	呫诺美林	抗阿尔茨海默病
	阻断 M_1 受体	苯海索	中枢抑制、抗帕金森病
	激动 M_2 受体	6-β-乙酰氧基去甲托烷	中枢抑制
	阻断 M_2 受体	阿托品	中枢兴奋
	激动 N 受体	烟碱	惊厥
	抑制胆碱酯酶	多奈哌齐	催醒、抗阿尔茨海默病
GABA 受体	激动 GABA 受体	蝇蕈醇	精神紊乱、抑制兴奋、阵挛抽搐、抗焦虑、抗镇静、催眠、抗惊厥
	阻断 GABA 受体	荷包牡丹碱	
苯二氮䓬受体	激动苯二氮䓬受体	地西泮	抗焦虑、镇静催眠、抗惊厥，增强 GABA 作用
	阻断苯二氮䓬受体	氟马西尼	促进苏醒，解救苯二氮䓬类药物过量
	反向激动苯二氮䓬受体	β-卡波林	焦虑、惊厥
Glu 受体	阻断 Glu 受体	士的宁	兴奋、强直性惊厥
肾上腺素受体	促进 NA 释放	麻黄碱	中枢兴奋
	抑制 NA 释放	碳酸锂	抗躁狂
	抑制 NA 摄取	丙米嗪	欣快、抗抑郁
	抑制 NA 灭活	吗氯贝胺	抗抑郁
	耗竭 NA 贮存	利血平	安定、抑郁
	激动 α 受体	去甲肾上腺素	兴奋
	激动 $α_2$ 受体	可乐定	降血压、镇静
	阻断 β 受体	普萘洛尔	降血压、梦魇、幻觉

续表

作用靶点	作用机制	代表药物	主要药理作用或临床应用
DA 受体	激动 DA 受体	阿扑吗啡	催吐
	阻断 DA 受体	氯丙嗪	安定、抗精神病、镇吐
	合成 DA	左旋多巴	抗帕金森病
5-HT 受体	激动 5-HT 受体	麦角酸二乙胺	精神紊乱、幻觉、欣快
	阻断 5-HT 受体	美西麦角	中枢抑制
H 受体	阻断 H_1 受体	苯海拉明	中枢抑制、抗晕动、抗过敏
	阻断 H_2 受体	西咪替丁	精神紊乱
阿片受体	激动阿片受体	吗啡	镇痛、镇静、呼吸抑制
	阻断阿片受体	纳洛酮	解救吗啡中毒
细胞膜	稳定	乙醚	全身麻醉

思 考 题

1. 试述作用于中枢神经系统药物的主要作用方式。
2. 简述中枢神经系统药物分类。

（马　琳　余建强）

第十三章 局部麻醉药

第十三章数字资源

案例 13-1

患者，男，33岁，因"右下后牙自发隐痛、肿胀3天，伴张口受限1天"入院。患者近3天无明显诱因突发右下后牙疼痛，呈持续性钝痛，1天前病情加重，出现张口受限，无冷热刺激痛。患者有高血压病史3年，现遵照医嘱每天口服抗高血压药。过敏史：普鲁卡因。查体：张口度1cm，右下第三磨牙周围牙龈红肿、糜烂，有脓性渗出，触痛明显。诊断为右下第三磨牙高位阻生、冠周炎。处理：0.9%生理盐水+3%过氧化氢溶液交替冲洗，嘱患者近期口腔卫生注意事项，4天后拟行利多卡因局部麻醉下右下第三阻生齿拔除术。

问题：
1. 医生为何选用利多卡因对患者进行麻醉？它的作用机制是什么？
2. 局部麻醉药的不良反应有哪些？

第一节 概 述

局部麻醉药（local anesthetic）简称局麻药，是一类以适当的浓度局部应用于神经末梢或神经干周围，在患者意识清醒的条件下可逆地阻断神经冲动的产生和传导的药物。患者用药后在意识清醒的情况下局部痛觉及其他感觉暂时消失，局部麻醉作用结束后，对神经纤维和其他各类组织均无损伤。

一、构效关系

常用局部麻醉药的化学结构由芳香环、中间链和胺基三部分组成。中间链是两个以上碳原子组成的酯链（—COO—）或酰胺链（—CONH—），故常用局部麻醉药可分为酯类或酰胺类两类。前者包括普鲁卡因（procaine）、丁卡因（tetracaine）等，后者包括利多卡因（lidocaine）、布比卡因（bupivacaine）、罗哌卡因（ropivacaine）和依替卡因（etidocaine）等。芳香环具有亲脂性，胺基有弱碱性，与氢离子结合后具有亲水性，因此，局部麻醉药具有亲脂性和亲水性的双重特性。目前认为，局部麻醉药的亲脂性有利于药物与钠通道受体的结合与分离，与药物产生作用直接相关。局部麻醉药随着脂溶性的增高，药物与受体的亲和力增大，疗效和毒性也增大，治疗指数下降。

二、体内过程

局部麻醉药吸收的速度可受多种因素的影响。剂量大、药液浓度高、用药部位血管丰富及未加用血管收缩药则吸收快，反之则慢。酯类局部麻醉药主要被血浆中的假性胆碱酯酶水解，故其 $t_{1/2}$ 短。酰胺类局部麻醉药如利多卡因在肝内经脱烷基化代谢降解，肝病患者利多卡因的 $t_{1/2}$ 可从 1.8 h 延长至 6 h，因此，肝病患者应避免大量使用酰胺类局部麻醉药。局部麻醉药随尿排出的量受尿液 pH 的影响，尿液偏酸性时，局部麻醉药随尿排出较多。

三、局部麻醉作用及作用机制

1. 局部麻醉作用 局部麻醉药可使神经冲动兴奋阈升高、传导速度减慢、动作电位幅度降低或不应期延长，甚至使神经细胞丧失兴奋性及传导性。局部麻醉药的作用与神经细胞或神经纤维的直径大小及神经组织的解剖特点有关。一般规律是神经纤维末梢、神经节及中枢神经系统的突触部位对局部麻醉药敏感，细神经纤维比粗神经纤维更易被阻滞，无髓鞘神经纤维（交感、副交感神经节后纤维）较有髓鞘神经纤维（感觉和运动神经纤维）更易被阻滞。对混合神经产生作用时，首先是持续性钝痛消失，其次是短暂性锐痛消失，继之依次为冷觉、温觉、触觉、压觉消失，最后是运动功能消失。经蛛网膜下腔麻醉时，首先阻滞自主神经，继之按上述顺序产生麻醉作用；局部麻醉药作用结束后，神经冲动传导的恢复顺序则相反。

2. 作用机制 动作电位是神经冲动产生和传导的基础，主要是由神经细胞膜通透性改变而产生 Na^+ 内流和 K^+ 外流所致。通常认为局部麻醉药通过阻止 Na^+ 内流发挥局部麻醉作用。关于局部麻醉药如何阻止 Na^+ 内流的学说很多，较为公认的学说认为：局部麻醉药通过与神经细胞膜上电压门控钠通道（voltage-gated sodium channel）受体结合，改变钠通道蛋白构象，使钠通道关闭而阻滞 Na^+ 内流，阻止动作电位和神经冲动的产生和传导，从而产生局部麻醉作用。

实验证明，用 4 种局部麻醉药的季胺类衍生物给乌贼巨大神经轴索内灌流给药时，可产生传导阻滞，而轴索外灌流时则不引起明显的作用。通常，神经轴索由结缔组织髓鞘包裹，局部麻醉药须通过髓鞘才能与神经轴索接触。因此，局部麻醉药的亲脂性、非解离型（B）是透入神经髓鞘的必要条件，而透入髓鞘后需转变为解离型阳离子（BH^+）才能发挥作用。局部麻醉药以其非解离型（B）进入神经细胞内，以解离型（BH^+）作用在神经细胞膜的内表面，与钠通道的一种或多种特异性结合位点结合，产生钠通道阻滞作用。不同局部麻醉药的解离型/非解离型的比例各不相同，例如，普鲁卡因只有 2.5% 为非解离型，而利多卡因则为 25%。所以局部麻醉药的作用与其解离速率、解离常数（pK_a）及体液 pH 密切相关。局部麻醉药多为弱碱性药物，通常体液 pH 偏高时，非解离型较多，局部麻醉药作用较强；体液 pH 偏低时，非解离型较少，局部麻醉药作用较弱（图 13-1）。

此外，局部麻醉药的作用又具有频率和电压依赖性。频率依赖性即使用依赖性（use dependence），即开放的离子通道越多，受药物阻滞的离子通道也越多，效应越大；电压依赖性是指膜内电位升高可使局部麻醉药阻滞作用增强。这可能是由于细胞内解离型的局部麻醉药只有在钠通道处于开放状态时，才能进入其结合位点而产生钠通道阻滞作用。因此，局部麻醉药的作用与神经的功能状态有关，处于兴奋状态的神经对局部麻醉药更敏感。

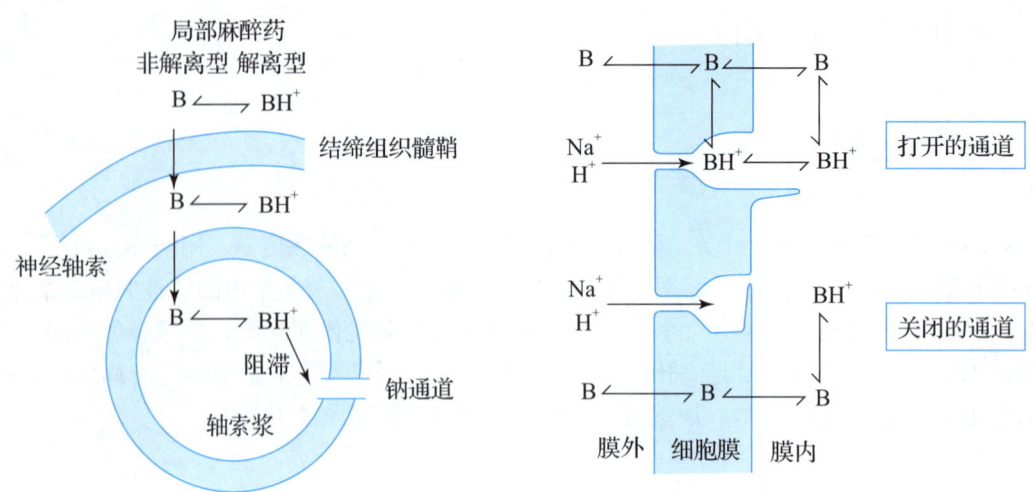

图 13-1　局部麻醉药的作用及作用机制示意图

除阻滞钠通道外，局部麻醉药也能与细胞膜蛋白结合而阻滞钾通道，但产生这种作用常需高浓度，对静息膜电位无明显和持续性的影响。

四、不良反应

局部麻醉药从给药部位吸收或误入血管后可引起全身作用，临床常规麻醉剂量一般对全身影响很小，吸收药量过大时可引起不良反应。

1. 中枢神经系统　小剂量局部麻醉药吸收后可引起镇静、镇痛、头晕等。较大剂量的中毒表现为先兴奋后抑制，初期表现为眩晕、兴奋不安、震颤和焦虑，甚至发生神志错乱和阵挛性惊厥。先出现中枢兴奋作用是因为中枢抑制性神经元较中枢兴奋性神经元对局部麻醉药更为敏感，局部麻醉药首先抑制前者，引起中枢神经脱抑制而出现兴奋作用。静脉注射地西泮可加强边缘系统 GABA 能神经元的抑制作用，防止惊厥发作。中枢过度兴奋后期可转为抑制，可因抑制呼吸中枢引起呼吸衰竭而死亡，所以中毒晚期维持呼吸很重要。普鲁卡因更易影响中枢神经系统，因此常被利多卡因取代。

2. 心血管系统　局部麻醉药吸收后对心肌细胞膜具有膜稳定作用，可降低心肌兴奋性，使心肌收缩性减弱，传导减慢，不应期延长。多数局部麻醉药剂量过大时可使小动脉扩张，血压下降。特别是药物误入血管内时更易发生，甚至会导致休克。多数局部麻醉药对心血管的作用常发生在对中枢神经系统的作用之后，个别药物在应用小剂量进行浸润麻醉时即可引起虚脱和死亡，可能是突发心室颤动所致。布比卡因较易发生室性心动过速和心室颤动，而利多卡因具有抗室性心律失常作用。

为了预防局部麻醉药的吸收引起的不良反应，给药时应掌握好给药浓度和剂量，尽量采用分次小剂量注射的方法；也可根据需要在局部麻醉药液中加少量肾上腺素（1∶200 000），这可使局部血管收缩，出血减少，麻醉作用时间延长，减少局部麻醉药的吸收和中毒反应。但应注意远端肢体如指、趾手术者局部麻醉药中禁止加肾上腺素。

3. 过敏反应　较为少见，在用药后立即发生，出现荨麻疹、支气管痉挛及喉头水肿、低血压甚至休克等症状。局部麻醉药中酯类比酰胺类过敏反应发生率高，对酯类过敏者，可改用酰胺类。

第二节 常用局部麻醉药

➢ **普鲁卡因（procaine）**

普鲁卡因又名奴佛卡因（novocaine），属短效酯类局部麻醉药，亲脂性低，对黏膜的穿透力弱，一般不用于表面麻醉；可用于浸润麻醉、传导麻醉、蛛网膜下腔麻醉和硬膜外麻醉。注射给药后 1～3 min 起效，作用可维持 30～45 min，加用肾上腺素后作用维持时间可达 1～2 h。普鲁卡因在血浆中被丁酰胆碱酯酶水解，转变为对氨基苯甲酸和二乙氨基乙醇，前者能对抗磺胺类药的抗菌作用，故应避免与磺胺类药同时应用。普鲁卡因也可用于组织损伤后的局部封闭。常用剂量的普鲁卡因毒性较小，过量应用可引起中枢神经系统和心血管反应；普鲁卡因可引起过敏反应，用药前应做皮试，但部分皮试阴性者仍可发生过敏反应，对普鲁卡因过敏者可用利多卡因代替。

➢ **丁卡因（tetracaine）**

丁卡因又名地卡因（dicaine），属酯类局部麻醉药，其化学结构与普鲁卡因相似。其麻醉强度比普鲁卡因强 10 倍，毒性大 10～12 倍。丁卡因对黏膜的穿透力强，常用于表面麻醉，眼科应用以 0.5%～1% 溶液滴眼，无角膜损伤等不良反应。其作用迅速，1～3 min 起效，作用持续时间为 1～2 h。丁卡因也可用于传导麻醉、蛛网膜下腔麻醉和硬膜外麻醉；因其毒性大，一般不用于浸润麻醉。

➢ **利多卡因（lidocaine）**

利多卡因又名塞罗卡因（xylocaine），属酰胺类，是目前应用最多的局部麻醉药。与相同浓度的普鲁卡因相比，利多卡因具有起效快、作用强而持久、穿透力强及安全范围较大的特点。利多卡因可用于各种形式的局部麻醉，有"全能麻醉药"之称，但因其扩散性强，麻醉平面难掌握，蛛网膜下腔麻醉应慎用。利多卡因肝内代谢较缓慢，$t_{1/2}$ 为 90 min，作用持续时间为 1～2 h，单用此药在反复应用后可产生快速耐受性。因其吸收迅速，增加药物浓度可相应增加毒性反应，且易通过胎盘屏障，故产科应慎用。利多卡因也可用于抗心律失常。

➢ **布比卡因（bupivacaine）**

布比卡因又名麻卡因（marcaine），属酰胺类，化学结构与利多卡因相似，为左旋（S）和右旋（R）两种光学异构体等量混合的消旋体。布比卡因局部麻醉作用较利多卡因强 4～5 倍，作用持续时间长，可达 3～10 h，主要用于浸润麻醉、传导麻醉和硬膜外麻醉。与等效剂量利多卡因相比，布比卡因可产生严重的心脏毒性，并难以治疗，特别在酸中毒、低氧血症时尤为严重。

左布比卡因（levobupivacaine）为新型的长效局部麻醉药，是布比卡因的单一光学异构体。动物实验和临床应用发现，左布比卡因的麻醉效能与布比卡因相似，镇痛时间较长，但对中枢神经系统和心脏的毒性较小，不引起致命的心律失常。

➢ **罗哌卡因（ropivacaine）**

罗哌卡因的化学结构似布比卡因，为新型长效酰胺类局部麻醉药。其阻滞感觉纤维作用较阻滞运动纤维作用强，对心肌的毒性比布比卡因小，有明显收缩血管作用，使用时无需加入肾上腺素，适用于硬膜外麻醉、传导麻醉和浸润麻醉。它对子宫和胎盘血流无影响，故适用于产科手术麻醉。

罗哌卡因和左布比卡因作为新型的长效局部麻醉药，大量资料证实了其临床应用的安全性和有效性。二者具有毒性低、时效长、作用确切等特征，使其成为目前局部麻醉用药的重要选择，也是布比卡因较为理想的替代药物。

几种常用局部麻醉药的比较见表 13-1。

表 13-1　几种常用局部麻醉药的比较

药物	化学结构（亲脂基团　中间链　亲水基团）	pK_a	相对强度（比值）	作用持续时间（h）	组织穿透力
酯类					
普鲁卡因		8.90	1.0	0.5~1	弱
丁卡因		8.45	10.0	1~2	强
酰胺类					
利多卡因		7.90	2.0	1~2	强
布比卡因		8.20	10.0	3~10	中
罗哌卡因		8.10	8.0	2~8	中

知识拓展

可卡因（cocaine）

可卡因，化学名称为苯甲基芽子碱，是从古柯树叶中分离出来的一种生物碱，1859年由化学家Albert Neiman将古柯叶提取物进一步精制而得，并将其命名为Cocaine。1880年，有"现代外科学之父"之称的William S. Halsted将可卡因制成局部麻醉药，这也是人类发现的第一种具有局部麻醉作用的天然生物碱。可卡因脂溶性高，穿透力强，表面麻醉效果好，但由于吸收后毒性大，使用受到限制。1904年，根据可卡因的化学结构特点人工合成了低毒性的普鲁卡因，后者使用范围不断扩大。1943年合成的利多卡因则是酰胺类局部麻醉药的典型代表。可卡因除具有局部麻醉作用外，对中枢神经也有作用，能使大脑皮质兴奋而产生欣快感，反复使用可迅速成瘾，是严重危害人类健康的毒品之一。

第三节　局部麻醉方法

根据临床不同的麻醉目的，可以选择不同的局部麻醉药和局部麻醉方法。常用的局部麻醉方法有以下几种。

1. 表面麻醉（topical anesthesia） 是将穿透性强的局部麻醉药根据需要涂于黏膜表面，使黏膜下神经末梢麻醉。表面麻醉常需分次给药，大面积应用时药液浓度不宜过高，以免吸收中毒。表面麻醉可用于眼、鼻、口腔、咽喉、气管、食管和泌尿生殖道黏膜麻醉，常选用丁卡因或利多卡因。

2. 浸润麻醉（infiltration anesthesia） 是将局部麻醉药注入皮下或手术视野附近的组织，使局部神经末梢麻醉。根据需要可在溶液中加少量肾上腺素（1:200 000），以使局部麻醉药的局部麻醉作用延长。浸润麻醉的优点是麻醉效果好，对机体的正常功能无影响；缺点是用量较大，麻醉区域较小，在做较大型的手术时，因所需药量较大而易产生全身毒性反应。常用药物为利多卡因、普鲁卡因和布比卡因。

3. 传导麻醉（conduction anesthesia） 是将局部麻醉药注射到外周神经干附近，阻滞神经冲动传导，使该神经所支配的区域麻醉。传导麻醉所需的局部麻醉药浓度较浸润麻醉高，但用量较小，麻醉区域较大，可选用利多卡因、普鲁卡因和布比卡因。为加快麻醉作用、延长麻醉时间，也可将布比卡因与利多卡因合用。

4. 蛛网膜下腔麻醉（subarachnoid anesthesia） 又称脊髓麻醉或腰麻，是将局部麻醉药注入腰椎蛛网膜下腔，麻醉该部位的脊神经根，适用于腹部和下肢手术。蛛网膜下腔麻醉时首先被阻滞的是交感神经纤维，其次是感觉纤维，最后被麻醉的是运动纤维。常用药物为利多卡因、丁卡因、布比卡因和普鲁卡因。药物在椎管内的扩散与患者体位、药量和药液比重直接相关。为了控制药物扩散，通常将其配成高比重或低比重溶液。普鲁卡因溶液通常比脑脊液的比重大。如用放出的脑脊液溶解或在局部麻醉药中加 10% 葡萄糖溶液，其比重则高于脑脊液；用蒸馏水配制溶液的比重可低于脑脊液。患者取坐位或头高位时，高比重溶液可扩散到硬膜腔的最低部位，相反，如采用低比重溶液则有扩散入颅腔的危险。蛛网膜下腔麻醉时由于交感神经同时被阻滞，常伴有血压明显下降，可取轻度的头低位（10°~15°）或事先应用麻黄碱预防。

5. 硬膜外麻醉（epidural anesthesia） 是将药液注入硬膜外腔，麻醉药沿着神经鞘扩散，穿过椎间孔而阻滞神经根。硬膜外腔终止于枕骨大孔，不与颅腔相通，药液不扩散至脑组织，不会麻痹呼吸中枢，无蛛网膜下腔麻醉时的头痛或脑脊膜刺激现象。但硬膜外麻醉用药量较蛛网膜下腔麻醉大 5~10 倍，如麻醉药误入蛛网膜下腔，可引起严重的毒性反应。硬膜外麻醉也可使交感神经麻醉，引起外周血管扩张、血压下降及心脏抑制，可应用麻黄碱防治。临床最常用药物为利多卡因，也可用丁卡因或普鲁卡因等。

临床应用

局部麻醉药的混合应用

临床上常将两种局部麻醉药混合使用，其目的是利用不同药物的作用特点相互补充，以期获得所需的临床效果。利用一种药物维持时间长的特点和另一种药物起效快或穿透力强的优点，将二者组合可产生更好的局部麻醉效果，如临床上常把利多卡因与丁卡因，布比卡因与普鲁卡因合用。研究资料表明，局部麻醉药的混合应用，全身毒性反应的发生率并不高于局部麻醉药的单一使用，因而通常认为是安全的。但需注意局部麻醉药混合使用时，不应超过局部麻醉药的使用极量，也要注意一些局部麻醉药混合后，因药物的理化性质改变，可能产生不良反应。

思 考 题

1. 局部麻醉药的作用规律和作用机制分别是什么？
2. 局部麻醉药有哪些不良反应？
3. 常用的局部麻醉药有哪些？列举每种局部麻醉药的优缺点。
4. 临床中，常见的局部麻醉方法包括哪几种？分别选用何种局部麻醉药？
5. 患者，女，29 岁，诊断为甲状腺功能亢进，拟行颈丛神经阻滞麻醉下甲状腺大部分切除术。患者入手术室后心率 95 次/分，心律齐，血压 115/84 mmHg。以 0.25% 布比卡因、1% 利多卡因行双侧颈深（每侧二药各 10 ml）、颈浅（每侧二药各 10 ml）神经阻滞。10 min 后，患者突然发生谵妄、神志不清、抽搐、全身发绀、呼吸暂停。请回答：
（1）该病例为什么使用布比卡因和利多卡因联合用药？
（2）在手术治疗中，预防局部麻醉药毒性反应的措施有哪些？

（马月宏）

第十四章

全身麻醉药

第十四章数字资源

案例 14-1

患者，男，45岁，主因"右上腹疼痛6个月，疼痛加重伴呕吐2天"入院。患者6个月前无明显诱因出现右上腹疼痛，呈间断性发作，无胸闷、气短，无呕血、便血等症状，未予重视，近2天疼痛加重，伴畏寒、低热、恶心、呕吐等，遂来就诊。患者既往体健。查体：右上腹压痛明显。辅助检查：血常规示红细胞（RBC）$4.36×10^{12}$/L，白细胞（WBC）$16.7×10^9$/L；腹部B超示胆囊内多个强回声光团。诊断为"胆石症、慢性胆囊炎急性发作"。处理：肝胆外科常规护理，术前头孢唑啉钠1 g 静脉滴注，1次/天。3天后行胆囊摘除术治疗，入手术室时血压135/80 mmHg，给予丙泊酚140 mg以3.5 mg/min微量泵持续输注，舒芬太尼20 mg，罗库溴铵50 mg，给药12 min后，血压于30 s内急剧下降为70/40 mmHg，心率60次/分。立即停止输注丙泊酚，予以盐酸麻黄碱10 mg静脉注射，约10 min患者血压恢复稳定，维持在120～130/50～60 mmHg。

问题：
1. 医生选用丙泊酚进行麻醉的优点有哪些？丙泊酚属于哪类麻醉药？
2. 全身麻醉药的作用机制是什么？
3. 如果你是一名医务人员，在行术前麻醉时应注意哪些问题？如何与患者进行沟通？

全身麻醉药（general anesthetic）简称全麻药，是一类可逆性地抑制中枢神经系统功能，引起意识、感觉、反射暂时消失及骨骼肌松弛的药物，以利于外科手术在无痛的条件下安全进行。

全身麻醉药的作用机制比较复杂，学说很多，至今仍未能完全阐明。目前比较公认的全身麻醉药的主要作用部位是在中枢神经系统的突触部位，作用机制可能包括两个方面：①非特异性地作用于离子通道蛋白周围的脂质，使突触膜的生理特性发生改变，间接影响膜蛋白的功能；②特异性地与突触膜上各类离子通道蛋白结构中的特殊位点结合，直接改变离子通道的功能。两种机制的最终作用均是导致离子通道功能受抑制，从而影响神经冲动在突触部位的传导，导致全身麻醉。前者是脂质学说的观点，后者是蛋白学说的观点。

脂质学说的依据是全身麻醉药的麻醉强度与其脂溶性成正比，即脂溶性越高，麻醉作用越强。脂质学说认为全身麻醉药通过溶入神经细胞膜的脂质层，使脂质分子排列紊乱，细胞膜的物理和化学性质发生改变，进而引起膜受体蛋白及钠、钾通道发生构象和功能上的改变，全身麻醉药也可进入细胞内，与细胞内的类脂质结合而产生物理化学反应，干扰整个神经细胞的功能，抑制神经细胞膜去极化或神经递质的释放，从而广泛抑制神经冲动的传导，导致全身麻醉。

蛋白学说认为，全身麻醉药可与神经细胞膜的受体及离子通道蛋白相互作用。实验研究表明，脑内主要抑制性神经递质是 γ- 氨基丁酸（γ-aminobutyric acid，GABA），兴奋性神经递质是谷氨酸和乙酰胆碱，相应的受体通道具有抑制性或兴奋性神经冲动传导功能。全身麻醉药可增强 $GABA_A$ 受体通道的敏感性，引起神经细胞膜的超极化，产生中枢抑制作用；也可以抑制 N- 甲基 -D- 门冬氨酸（N-methyl-D-aspartic acid，NMDA）和 ACh 受体通道的功能而引起全身麻醉作用。

全身麻醉药按给药途径分为吸入麻醉药和静脉麻醉药。

第一节　吸入麻醉药

吸入麻醉药（inhalational anesthetic）是一类挥发性的液体或气体药物。前者有乙醚（ether）、氯仿（chloroform）、氟烷（halothane）、异氟烷（isoflurane）、恩氟烷（enflurane）、七氟烷（sevoflurane）及地氟烷（desflurane）等，后者有氧化亚氮（nitrous oxide）。吸入麻醉药由呼吸道吸收进入体内，麻醉深度通过对吸入气体中的药物浓度（分压）的调节加以控制，并可连续维持，满足手术的需要。

一、吸入麻醉的分期

中枢神经系统各部位对吸入麻醉药的敏感性不同。随药量的增加，全身麻醉药先抑制大脑皮质及脊髓下段，最后抑制延髓。麻醉剂量与麻醉深度有明显的量 - 效关系，为了便于掌握临床麻醉的深度和避免危险，常以乙醚为例，人为地将麻醉过程分为以下四期。

第一期：镇痛期，指从麻醉给药开始到意识完全消失的一段时间。患者的感觉逐渐迟钝并消失（痛觉最先，触觉次之，听觉最后），各种反射存在，肌张力正常。患者由于紧张及药物对呼吸道的刺激而出现挣扎、屏气，血压稍升高，脉搏略快。此期主要为大脑皮质和网状结构上行激活系统受到抑制，适用于小手术和分娩镇痛。

第二期：兴奋期，是指从意识丧失到眼睑反射消失和出现有规律的呼吸。此期患者可出现谵妄和躁动、血压升高、脉搏加快、呼吸不规则、瞳孔扩大、眼球转动、肌张力显著增加、各种反射亢进，也可出现咳嗽、呕吐和吞咽等动作。此期主要是大脑皮质功能进一步受到抑制，从而减弱对皮质下中枢的控制和调节，造成皮质下中枢脱抑制现象。兴奋期最易发生意外事故，因此临床采用麻醉前给药或基础麻醉以消除或缩短兴奋期。此期不宜做任何手术和外科检查。第一、二期合称诱导期。

第三期：外科麻醉期，患者由兴奋转为安静，呼吸由不规则变为规则。随着麻醉进一步加深，皮质下中枢（间脑、中脑、脑桥）自上而下逐渐受到抑制，脊髓则由下而上被抑制，脉搏、血压平稳，反射活动减弱，骨骼肌逐渐松弛。此期根据呼吸和眼部变化，由浅至深又可分为四级。

一级：从眼睑反射消失到眼球固定。患者由兴奋转为安静，呼吸深而规则，血压、脉搏平稳，眼球活动逐渐减弱，瞳孔接近正常，眼睑反射消失，吞咽及呕吐反射消失，说明中脑、脑桥及延髓的呕吐中枢已开始受到抑制。此级骨骼肌尚未松弛，适用于不需肌肉松弛的手术。

二级：眼球固定为本级开始的标志。腹膜反射消失，说明脊髓抑制上升到腰段；呼吸平稳，血压、脉搏正常，提示延髓生命中枢未受影响。骨骼肌开始松弛。此级可进行大多数外科手术。

三级：腹式呼吸明显，说明脊髓抑制上升到胸段，肋间肌开始麻醉。脉搏正常或稍慢，血压正常或略低，说明延髓生命中枢开始受到抑制。瞳孔开始散大，对光反射迟钝。骨骼肌极度松弛。声门反射显著减弱，可进行气管内插管操作。此级是临床应用的最深麻醉程度，仅在必要时短时应用，不可再继续加深。

四级：腹式呼吸逐渐减弱，脉搏弱而快，血压明显下降，瞳孔极度散大，对光反射消失，肋间肌活动停止。说明脊髓胸段已被麻醉，同时延髓生命中枢也受到抑制。此级已进入中毒先兆，应立即减量或停药。

第四期：延髓麻醉期，呼吸肌完全麻痹到循环完全衰竭为止。延髓生命中枢被麻醉，呼吸停止，血压降至休克水平，可导致心搏停止而死亡。一旦出现，必须立即停止麻醉，并采取抢救措施。

临床上一般要求吸入性全身麻醉水平维持在第三期的一、二级，手术完毕立即停药。停药后，恢复顺序与麻醉顺序相反，但通常没有第二期即兴奋期表现。

二、体内过程

吸入麻醉药经肺泡扩散而吸收入血，然后分布转运至中枢神经系统，当中枢神经系统的麻醉药达到一定分压时，临床的全身麻醉状态即会产生。吸入麻醉药的吸收速率与药物的脂溶性、肺通气量、肺血流量、吸入气体中的药物浓度、血/气分布系数等有关。吸入气体中全身麻醉药浓度越高，其吸收速率越快。在1个大气压下，能使50%患者痛觉消失的肺泡气体中全身麻醉药的浓度称为最小肺泡浓度（minimal alveolar concentration，MAC）。各种吸入麻醉药都有恒定的MAC，其数值越低，麻醉作用越强。血/气分布系数是指血中药物浓度与吸入气体中药物浓度达平衡时的比值，表示全身麻醉药在血中的溶解程度。此系数较小的药物（如氟烷），血中溶解度小，其在血液中溶解量小，肺泡气、血中和脑内的药物分压上升较快，麻醉诱导期较短。提高吸入气中药物浓度可缩短诱导期。

吸入麻醉药的体内分布与各器官的血流量及组织内类脂质含量有关。脑组织血流量丰富且类脂质含量高，故有利于吸入麻醉药进入。药物由血液分布入脑组织中易受脑/血分布系数的影响。脑/血分布系数是指脑中药物浓度与血中药物浓度达到平衡时的比值。脑/血分布系数大的药物（如氟烷）较易进入脑组织，麻醉作用发挥得较快。

吸入麻醉药主要以原型经肺排出。脑/血和血/气分布系数较低的药物易被血液带走，患者苏醒快，相反则苏醒慢。常用吸入麻醉药的体内过程特性比较见表14-1。

表 14-1 常用吸入麻醉药的体内过程特性比较

药物	沸点（℃）	最小肺泡浓度（%）	血/气分布系数	脑/血分布系数	诱导用吸入气浓度（%）	维持用吸入气浓度（%）
氧化亚氮	−89.0	100.00	0.47	1.06	80.0	50.0 ~ 70.0
氟烷	50.2	0.75	2.30	2.30 ~ 3.50	1.0 ~ 4.0	1.5 ~ 2.0
异氟烷	48.5	1.20	1.41	2.60	1.5 ~ 3.0	1.0 ~ 1.5
恩氟烷	56.5	1.68	1.80	1.45	2.0 ~ 2.5	1.5 ~ 2.0
七氟烷	58.5	1.71	0.69	1.70	0.5 ~ 5.0	0.5 ~ 3.0
地氟烷	23.5	6.00	0.45	1.30	6.0 ~ 12.0	3.0 ~ 10.0
乙醚	34.6	1.92	12.10	1.14	10.0 ~ 30.0	4.0 ~ 5.0

三、常用药物

氟烷（halothane）

氟烷为无色透明挥发性液体，有水果味，不燃不爆。其主要优点是麻醉作用迅速、强大，诱导期和苏醒期均短，对呼吸道刺激性小，不引起唾液和呼吸道黏液分泌增加，且有扩张支气管的作用。其主要缺点是安全范围小，肌肉松弛和镇痛作用较弱。麻醉加深时，氟烷对呼吸中枢、血管运动中枢和心肌有直接抑制作用，可引起血压降低、心率减慢，故氟烷适用于浅麻醉。氟烷有肝毒性，偶致肝坏死，禁用于肝病患者；可使脑血管扩张，颅内压升高，而且明显抑制子宫收缩而导致产后出血，禁用于脑外科手术及剖宫产者；可增加心肌对儿茶酚胺的敏感性，不宜与肾上腺素合用。

恩氟烷（enflurane）

恩氟烷，也称安氟醚，是无色挥发性液体，不燃不爆，化学性质稳定。麻醉诱导迅速平稳，苏醒也快，肌肉松弛良好。恩氟烷心血管抑制作用较弱，但血压下降常作为判断麻醉过深的一项指标；对呼吸道无明显刺激，对肝、肾影响也较小；具有呼吸抑制作用，全身麻醉中须及时进行辅助或控制呼吸。其适应证广泛，可用于身体各部位手术，是目前较为常用的吸入麻醉药。严重心、肝、肾功能不全，颅内压升高及有癫痫病史者禁用。恩氟烷对子宫平滑肌有一定抑制作用，不适用于产科麻醉。

异氟烷（isoflurane）

异氟烷，也称异氟醚，是恩氟烷的同分异构体，有乙醚样气味。单纯吸入异氟烷时可使患者咳嗽和屏气。异氟烷化学性质及作用与恩氟烷相似，但对呼吸抑制作用较轻，有支气管扩张作用，对中枢无兴奋作用；可降低外周血管阻力而使血压下降；对心脏抑制作用轻微，不影响心排血量；对肝、肾功能的影响也较恩氟烷轻。异氟烷适用于各种手术麻醉。

七氟烷（sevoflurane）和地氟烷（desflurane）

七氟烷和地氟烷为新型吸入麻醉药，化学结构都与异氟烷相似。其共同特点是血/气分布系数低，因此麻醉诱导和苏醒均较其他全身麻醉药迅速，麻醉深度易于调节。七氟烷和地氟烷适用于门诊手术。

氧化亚氮（nitrous oxide）

氧化亚氮又名笑气，为无色、味甜、无刺激性的液态气体，性质稳定，不燃不爆，脂溶度低，血/气分配系数仅为0.47，诱导期短，停药后苏醒较快，患者用药后有愉快感觉。氧化亚氮镇痛作用强，对呼吸和肝、肾功能无不良影响，但对心肌略有抑制作用。氧化亚氮的MAC值超过100%，麻醉效能弱，即使采用不引起患者缺氧的最高可能浓度（80%），也仅能达到第三期一级麻醉，因此需与其他全身麻醉药配伍方可达到满意的麻醉效果。氧化亚氮主要用于诱导麻醉或与其他全身麻醉药配伍。为防止缺氧的发生，可在全身麻醉诱导前、后吸5 min纯氧。

乙醚（ether）

乙醚为无色澄明易挥发的液体，有特异臭味，易燃易爆，并易氧化生成过氧化物及乙醛，使毒性增加。乙醚外科麻醉浓度对呼吸和血压几乎无影响，对心、肝、肾的毒性较小。乙醚尚有箭毒样作用，故肌肉松弛作用强；但对呼吸道有强烈刺激，导致腺体分泌物增加，影响呼吸通畅，可引起吸入性肺炎及窒息。乙醚用于全身麻醉时诱导期和苏醒期较长，易发生麻醉意外，现已少用。

> **知识拓展**
>
> **乙醚麻醉的发明**
>
> 乙醚麻醉的发明是医学史上的一项重大成果，具有划时代的意义。19世纪以前，由于没有麻醉药，患者在手术过程中必须忍受极大痛苦，甚至因此而死亡。1842年，美国佐治亚州医师Crawford W. Long首次使用了乙醚麻醉。1846年10月16日，美国波士顿牙医William.T.G. Morton与外科医生配合首次进行全身麻醉手术公开示范，将一个吸入乙醚的装置应用于一个颈部肿瘤切除术的患者，成功实施了手术。这开辟了医学外科史和现代麻醉学的新时代，乙醚麻醉药也传遍了世界各地，在一段时期内成为各家医院手术室里不可缺少的药品之一。

第二节　静脉麻醉药

静脉麻醉药通过缓慢静脉注射或静脉滴注而产生全身麻醉作用。与吸入麻醉药相比，其优点是无诱导期的各种不适，患者迅速进入麻醉状态；对呼吸道无刺激性；方法简便易行；无燃烧、爆炸危险。主要缺点是不如吸入麻醉药易于掌握麻醉深度；麻醉作用不完善，一般无肌肉松弛作用；药物排出较慢。常用的静脉麻醉药有硫喷妥钠（thiopental sodium）、氯胺酮（ketamine）、丙泊酚（propofol）及依托咪酯（etomidate）等。

➢ **硫喷妥钠（thiopental sodium）**

硫喷妥钠为超短效巴比妥类药物，脂溶性高，静脉注射后几秒即可进入脑组织，麻醉作用迅速，无兴奋期；在体内迅速重新分布，从脑组织转运到肌肉和脂肪等组织，使脑内浓度迅速下降，因此作用短暂，一次注射仅维持数分钟。硫喷妥钠镇痛效果差，肌肉松弛不完全，临床主要用于诱导麻醉和基础麻醉，以及脓肿的切开引流、骨折、脱臼的闭合复位等短时手术。硫喷妥钠对呼吸中枢有明显抑制作用，故新生儿、婴幼儿禁用。硫喷妥钠可诱发喉头和支气管痉挛，一旦发生可用阿托品预防，支气管哮喘者禁用。

➢ **氯胺酮（ketamine）**

氯胺酮与其他全身麻醉药有很大区别，对中枢神经系统既有抑制作用又有兴奋作用：能选择性阻断痛觉冲动向丘脑和大脑皮质的传导，同时又能兴奋脑干及边缘系统。患者痛觉消失，而意识并未完全消失，常有睁眼凝视呈木僵状、幻觉、肌张力增加、肢体无目的活动、眼球震颤等表现，此状态又称分离麻醉（dissociative anesthesia）。

氯胺酮起效快、镇痛效力强、维持时间短，但苏醒期较长，需2～3 h。氯胺酮对体表的镇痛作用强于内脏；对呼吸影响轻微，对心血管具有明显兴奋作用，使心率加快，血压升高，这与兴奋交感神经中枢或抑制交感神经递质再摄取有关。氯胺酮适用于小手术或低血压患者的诱导麻醉。近年来，国内已广泛用氯胺酮、地西泮、普鲁卡因、肌肉松弛药进行复合麻醉，扩大了手术应用范围。氯胺酮禁用于高血压、颅内压升高及精神病患者。

➢ **丙泊酚（propofol）**

丙泊酚起效、苏醒迅速，作用时间短，无蓄积作用。丙泊酚能抑制咽喉反射，有利于插管；能降低颅内压和眼内压，减少脑耗氧量及脑血流量；镇痛作用微弱；对循环系统有抑制作用。丙泊酚可作为门诊短时小手术的辅助用药，也可作为全身麻醉诱导、维持及镇静催眠辅助用药。

➢ **依托咪酯（etomidate）**

依托咪酯为快速催眠性全身麻醉药，其催眠效应是硫喷妥钠的12倍，无明显镇痛作用。

特点是起效快、维持时间短、苏醒迅速。依托咪酯可用于全身麻醉诱导,常需加用镇痛药、肌松药或吸入麻醉药。不良反应有肌震颤,较大剂量引起呼吸抑制。

第三节 复合麻醉

复合麻醉是指同时或先后应用两种以上麻醉药物或其他辅助药物,以达到良好的手术中和手术后镇痛的外科手术条件。常用的复合麻醉方式有以下几种。

1. 麻醉前用药(premedication) 指麻醉前应用其他药物以增强麻醉效果、减少麻醉药用量或防止某些不良反应。如手术前常用苯巴比妥或地西泮使患者消除紧张情绪;注射阿片类镇痛药以增强麻醉效果;注射阿托品以防止唾液及支气管分泌物所致的吸入性肺炎,也可对抗氟烷麻醉引起的心率减慢。

2. 基础麻醉(basal anesthesia) 指手术前给予大剂量催眠药,如硫喷妥钠等,使患者进入浅麻醉状态,在此基础上进行麻醉,可使药量减少,麻醉平稳。基础麻醉常用于小儿麻醉。

3. 诱导麻醉(induction of anesthesia) 指为了缩短全身麻醉药诱导期,应用作用迅速的硫喷妥钠或氧化亚氮等,使患者迅速进入外科麻醉期,再改用其他药维持麻醉。

4. 合用肌松药 根据手术对肌肉松弛的要求,可在麻醉的同时注射琥珀胆碱或筒箭毒碱等骨骼肌松弛药。

5. 低温麻醉(hypothermal anesthesia) 指麻醉时合用氯丙嗪使体温在物理降温的配合下降至较低水平(28~30℃),使机体基础代谢率降低,重要器官的耗氧量降低,对缺氧及阻断血流的耐受力提高。低温麻醉常用于脑手术和心血管手术。

6. 控制性降压(controlled hypotension) 指麻醉时加用短时作用的血管扩张药硝普钠或钙通道阻滞药,使血压适度、适时下降,并抬高手术部位,以减少出血。控制性降压常用于止血比较困难的颅脑手术。

7. 神经安定镇痛术(neuroleptanalgesia,NLA) 是一种复合镇痛方法,常用氟哌利多和芬太尼按 50∶1 制成的合剂进行静脉注射,使患者意识混浊,自主动作停止,痛觉消失。神经安定镇痛术适用于外科小手术。在此基础上配合全身麻醉药(如氧化亚氮)和肌肉松弛药(如琥珀胆碱)可达到满意的外科麻醉效果,这称为神经安定麻醉。

思 考 题

1. 全身麻醉药的作用机制是什么?
2. 按给药途径不同,全身麻醉药是如何分类的?列举各类的代表药物。
3. 简述吸入麻醉的分期及每期的麻醉程度。
4. 临床中复合麻醉方式包括哪些?
5. 患者,男,55岁,左下肢胫腓骨开放性粉碎性骨折。查体:心率76次/分、律齐,血压117/88 mmHg。术前给予阿托品0.5 mg、苯巴比妥0.1 g,在行硬膜外腔穿刺后注射2.5%硫喷妥钠约10 ml,3 min后突然出现头痛、头晕、呼吸困难。请回答:
 (1)本病例术前使用阿托品和苯巴比妥的目的是什么?
 (2)在手术麻醉中,患者为什么会突发上述不良反应?

(马月宏)

第十五章

镇静催眠药

第十五章数字资源

案例 15-1

患者，女，52岁，失眠3天就诊。患者于1年前出现晚上难以入睡，近3天失眠加重，几乎整夜难眠，并出现了强烈的睡眠恐惧感，白天头痛、头晕、健忘、乏力等。患者既往体健。查体：T 36.5 ℃，P 78次/分，R 18次/分，BP 102/70 mmHg。医生为患者开具处方，并建议她在心理咨询门诊做心理减压治疗，消除导致失眠的诱因，并嘱患者1个月后复诊。

问题：
1. 对该患者的失眠症状应首选哪类药物进行治疗？
2. 长期服用催眠药，药效是否会逐渐降低？

镇静催眠药（sedative-hypnotic drug）是一类抑制中枢神经系统而起镇静催眠作用的药物。其作用有明显的剂量依赖性：小剂量时可轻度抑制中枢神经系统，缓解烦躁不安的情绪；较大剂量时可较深地抑制中枢神经系统，促进和维持近似生理睡眠。早期的镇静催眠药如巴比妥类（barbiturates），剂量过高时可深度抑制中枢神经系统，出现昏迷和呼吸衰竭。20世纪60年代开始应用的苯二氮䓬类（benzodiazepines），安全范围大、不良反应少，有较好的抗焦虑和镇静催眠作用，几乎完全取代了巴比妥类，成为常用的抗焦虑和镇静催眠药。目前，临床治疗失眠的药物主要包括苯二氮䓬类和非苯二氮䓬类，以及具有促眠作用的褪黑素受体激动药、抗组胺药和促食欲素受体阻断药等。

第一节　苯二氮䓬类

【构效关系】苯二氮䓬类化学结构相似，多为1,4-苯并二氮䓬的衍生物（图15-1）。其基本结构上的1、2、3、4、5、7位的取代基与药物作用有密切关系，但不同衍生物的抗焦虑、镇静催眠、抗惊厥、中枢性肌肉松弛作用各有侧重。几乎所有重要的苯二氮䓬受体激动药都在5位由苯环、7位由—Cl或—NO₂等所取代，如地西泮（diazepam，安定）、氟西泮（flurazepam，氟安定）、氯氮䓬（chlordiazepoxide）、奥沙西泮（oxazepam，舒宁）和三唑仑（triazolam）。但是如5位由 ═O 及4位由—CH₃取代，则具有苯二氮䓬受体阻断药的特征，如氟马西尼（flumazenil）。

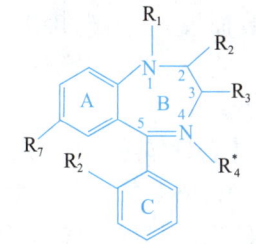

图15-1　苯二氮䓬类化学结构

各种作用于苯二氮䓬受体的药物可分为三类。①激动药（agonists）：与受体结合后可产生类似 GABA 的作用。根据各药物及其活性代谢产物的 $t_{1/2}$ 的长短，可将激动药分为三类（表 15-1）：长效类，$t_{1/2}$ > 24 h，如地西泮和氟西泮；中效类，$t_{1/2}$ 为 6 ~ 24 h，包括阿普唑仑（alprazolam）、艾司唑仑（estazolam）、劳拉西泮（lorazepam）等；短效类，$t_{1/2}$ < 6 h，如三唑仑、咪达唑仑（midazolam）。②反向激动药（inverse agonists）：能产生与地西泮等激动药相反的生物学作用，如 β- 卡波林（β-carbolines），目前尚未用于临床，只作为工具药使用。③阻断药（antagonists）：不仅对激动药，也对反向激动药的大多数作用具有翻转和阻断作用，如氟马西尼。

表 15-1 苯二氮䓬类药物分类及作用时间

分类	药物	达峰时间（h）	$t_{1/2}$（h）
长效类	地西泮	1 ~ 2	30 ~ 60
	氟西泮	1 ~ 2	40 ~ 100
	氯硝西泮	1 ~ 3	24 ~ 48
中效类	阿普唑仑	1 ~ 2	12 ~ 15
	艾司唑仑	2	10 ~ 24
	劳拉西泮	2	10 ~ 20
	替马西泮	2 ~ 3	10 ~ 40
	氯氮䓬	2 ~ 4	15 ~ 40
	奥沙西泮	2 ~ 4	6.4 ~ 10
短效类	咪达唑仑	0.5 ~ 1	1.5 ~ 2.5
	三唑仑	1	2 ~ 3

【体内过程】苯二氮䓬类属弱碱性化合物，在肠道 pH 较高的环境中更易被吸收。地西泮口服吸收良好，约 1 h 达药峰浓度；奥沙西泮和氯氮䓬口服吸收较慢；三唑仑口服吸收最快。苯二氮䓬类肌内注射给药吸收慢而不规则，欲快速显效时，应静脉注射给药。

苯二氮䓬类的血浆蛋白结合率较高，其中地西泮的血浆蛋白结合率可高达 99%。该类药物脂溶性高，静脉注射后能迅速向脑和其他血流丰富的组织和器官分布，脑脊液中浓度约与血浆游离药物浓度相等，随后进行再分布，蓄积于脂肪和肌肉组织中。

苯二氮䓬类药物在肝药酶作用下进行生物转化。多数药物的代谢产物仍具有与母体药物相似的作用，如地西泮可转变为去甲地西泮（nordazepam），氯氮䓬（chlordiazepoxide）可转变为地莫西泮（demoxepam），它们均为活性长效代谢产物，其 $t_{1/2}$ 比母体药物更长（图 15-2）。因此，连续应用长效类药物时，应注意药物及其活性代谢产物在体内的蓄积。氟西泮的 $t_{1/2}$ 仅 2 ~ 3 h，而其主要活性代谢产物 N- 去烷基氟西泮（N-desalkylflurazepam）的 $t_{1/2}$ 却在 50 h 以上，这些特点使苯二氮䓬类药物的分类复杂化。苯二氮䓬类及其代谢产物最终均与葡糖醛酸结合而失活，经肾排出。本类药物在体内的氧化代谢过程可因肝功能障碍或同时饮酒而被抑制，使 $t_{1/2}$ 延长。奥沙西泮和劳拉西泮在肝内直接与葡糖醛酸共价结合后经肾排出，受肝影响较小。

【药理作用与临床应用】

1. 抗焦虑 苯二氮䓬类在小剂量时有良好的抗焦虑作用，能显著改善紧张、焦虑、激动不安、恐惧等及因焦虑而引起的胃肠功能紊乱或失眠等症状。动物焦虑模型实验证明，苯二氮䓬类在很低剂量时，能增强动物被周期性足部电击所抑制的摄食饮水行为。而巴比妥类则需要

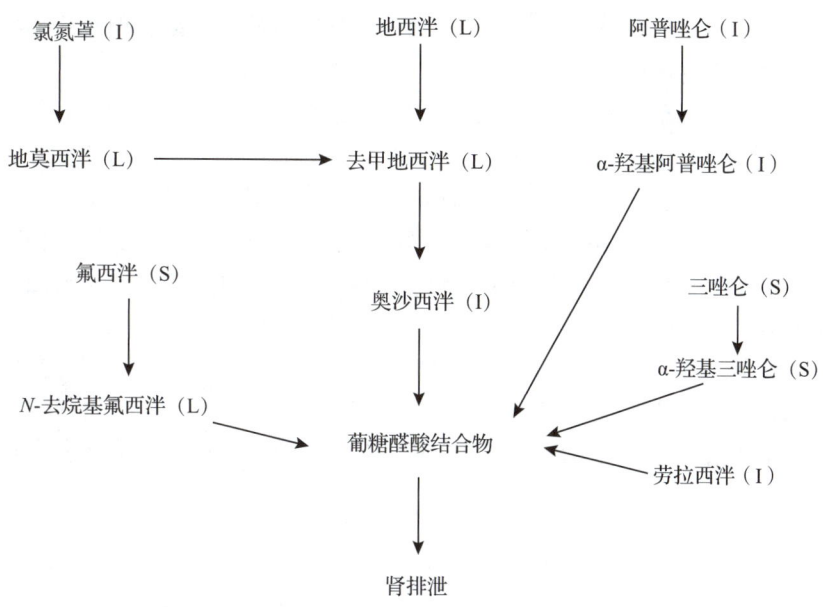

图 15-2 苯二氮䓬类的代谢
S: $t_{1/2} < 6$ h; I: $t_{1/2}$=6～24 h; L: $t_{1/2} > 24$ h

达到减少自发活动或产生共济失调的剂量时才出现此作用。苯二氮䓬类可抑制情绪相关的边缘系统、海马和杏仁核的放电活动，与其抗焦虑作用的机制有关。苯二氮䓬类广泛用于焦虑症，对持续性焦虑状态宜选用长效类药物，对间断性焦虑患者宜选用中、短效类药物。阿普唑仑的抗焦虑作用强于其他苯二氮䓬类。

2. 镇静催眠 失眠包括入睡难、中途觉醒和早醒，理想的催眠药应能依需要纠正各种类型的失眠，引起类似于生理性的睡眠。生理性睡眠分为快速眼动（rapid eye movement，REM）睡眠和非快速眼动（non-rapid eye movement，NREM）睡眠两个时相。整个睡眠过程二者交替出现 4～5 次。NREM 睡眠包括入睡期（N1）、浅睡期（N2）和深睡期（N3）。REM 睡眠脑电图呈去同步化低幅快波，伴眼球快速运动、骨骼肌松弛等。梦境多发生在 REM 睡眠时相。

苯二氮䓬类能缩短入睡诱导时间，使患者更易于入睡。也能延长整个睡眠时间，主要明显延长 NREM 睡眠的 N2 期，缩短 NREM 睡眠的 N3 期。因梦游主要发生在深睡眠阶段，因此，能减少梦游的发生。另外，REM 睡眠时相相对被缩短，可减少梦惊及觉醒次数。但突然停药时，可能出现多梦、梦魇等停药反跳现象。

短效苯二氮䓬类可用于缩短入睡时间，因半衰期短，较少产生次日残留效应即"宿醉"现象，如奥沙西泮、三唑仑，但可能会出现早醒，长期使用易产生依赖性，并且撤药症状明显。长效类药物可用于维持睡眠，但可能会出现明显的次日残留效应，如地西泮。中效类药物作用维持 6～8 小时，次日残留效应不明显，如艾司唑仑、阿普唑仑、劳拉西泮、氯硝西泮。其中艾司唑仑为高效镇静催眠药，睡醒后精神爽快，次日残留效应较小。

3. 抗惊厥和抗癫痫 所有苯二氮䓬类药物都有抗惊厥作用，其中地西泮的作用尤为明显。实验证明，地西泮可抑制癫痫病灶异常放电的扩散，小剂量即能有效地对抗戊四氮和印防己毒素引起的动物阵挛性惊厥，而对士的宁和电刺激引起的强直性惊厥则需较大剂量才能对抗。静脉注射地西泮或咪达唑仑首选用于癫痫持续状态。对于其他类型的癫痫发作，硝西泮（nitrazepam）和氯硝西泮（clonazepam）疗效较好。苯二氮䓬类也用于辅助治疗破伤风、子痫、小儿高热惊厥和药物中毒性惊厥。

4. 中枢性肌肉松弛 地西泮在不影响其他行为的小剂量下即可缓解猫去大脑僵直及人脑损伤所致的肌肉僵直，这可能是抑制中枢多突触反射和神经元间冲动传递的结果，临床可用于治疗中枢性肌强直。这种肌肉松弛作用有助于加强全身麻醉药的效果，但单用本类药物达不到外科手术要求的肌肉松弛状态。

【作用机制】苯二氮䓬类在大脑皮质、大脑边缘系统、中脑、脑干和脊髓都能够加强 GABA 的抑制作用。GABA 受体可以分为 $GABA_A$ 和 $GABA_B$ 两个亚型。$GABA_A$ 受体由多个亚单位（α、β、γ、δ、ρ 等）组成，形成配体门控氯离子通道（图 15-3）。在氯离子通道周围形成 5 个特异结合位点，可与相应的递质或药物（包括 GABA、苯二氮䓬类、巴比妥类、印防己毒素和神经甾体化合物）结合。GABA 与 $GABA_A$ 受体结合，使氯离子通道开放，大量氯离子进入细胞内引起膜超极化，产生突触后抑制，使神经细胞兴奋性降低。苯二氮䓬类结合位点包括 ω_1 和 ω_2 亚型，苯二氮䓬类与其 2 个亚型结合位点结合后，使 $GABA_A$ 受体的构象发生改变，此时 $GABA_A$ 受体更易与 GABA 相结合，引起氯离子通道开放的频率增加，突触后抑制加强。苯二氮䓬类通过增强 GABA 的功能而发挥其镇静、催眠、抗惊厥和中枢性肌肉松弛作用。

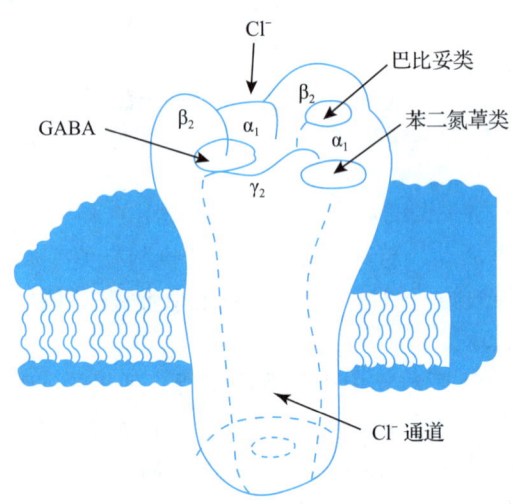

图 15-3　$GABA_A$ 受体结构示意图

GABA：γ- 氨基丁酸

【不良反应与注意事项】苯二氮䓬类在治疗剂量下，可引起头昏、嗜睡、乏力等反应，长效类尤易发生。大剂量下偶致共济失调，静脉注射可能引起低血压和呼吸抑制。本类药物长期用药可产生耐受性和依赖性。如长期大剂量应用，停药时可出现反跳现象和戒断症状，包括失眠、焦虑、激动、抑郁、躁狂、肌痛、震颤甚至惊厥等，因而停药时要逐渐减少药量。因苯二氮䓬类可透过胎盘屏障和随乳汁分泌，孕妇和哺乳期妇女禁用。

苯二氮䓬类单用很少产生严重后果，但与其他中枢抑制药如吗啡（morphine）和乙醇（alcohol）合用，中枢抑制作用显著增强，可引起急性中毒，导致昏迷和呼吸抑制，其对中枢神经系统的毒性常随患者的年龄增长而增加。发生急性中毒时可采用苯二氮䓬受体阻断药氟马西尼解救，初次静脉注射 0.3 mg，如在 60 s 内未达到要求的清醒程度，可重复注射，直至患者清醒或总量达 2 mg。随后，可静脉滴注 0.1～0.4 mg/h 维持。氟马西尼也可用于逆转苯二氮䓬类的中枢镇静作用。

【镇静催眠药使用原则】

苯二氮䓬类的优点在于：

（1）安全范围大，即使过量也不会引起麻醉和中枢麻痹；

（2）耐受性和依赖性轻微；

（3）对 REM 睡眠影响较小，停药后反跳现象轻；

（4）嗜睡和运动失调等不良反应轻。

但镇静催眠药属中枢抑制药物，治疗失眠应遵循以下基本原则：

（1）应用最小有效剂量；

（2）每周2~4次间断用药；

（3）短期用药，不超过3~4周；

（4）逐渐停药，防止停药后复发。

（5）避免与含酒精饮料、其他镇静催眠药、镇痛药、麻醉药、抗组胺药、单胺氧化酶抑制药和三环类抗抑郁药联合用药，防止相互增效引起严重的中枢过度抑制。

第二节　非苯二氮䓬类

非苯二氮䓬类的特点是选择性激动 $GABA_A$ 受体 ω_1 亚型的非苯二氮䓬类结合位点，增加氯离子内流，加强 GABA 的抑制效应。这类药物起效快，对睡眠结构影响小，有些药物可增加深睡眠，作用效果明显，副作用小，对记忆和精神运动功能影响少。

1. 唑吡坦（zolpidem） 属于咪唑吡啶类药物，其镇静作用较强，但抗焦虑、抗惊厥及松弛肌肉作用较弱，$t_{1/2}$ 约2h，作用时间大约3小时，因此，主要治疗入睡困难，对早醒患者无效。多导睡眠图显示，唑吡坦能明显缩短失眠患者的入睡潜伏期，延长 NREM 睡眠浅睡时间，减少觉醒次数，对 NREM 睡眠深睡期和 REM 睡眠无明显影响。唑吡坦耐受性、药物依赖性和停药戒断症状轻微。个别患者服药后出现幻觉，应停药。唑吡坦中毒时可用氟马西尼解救。

2. 佐匹克隆（zopiclone） 属于环吡咯酮类药物，具有镇静、抗焦虑、肌肉松弛和抗惊厥作用，可缩短睡眠潜伏期，减少中途觉醒次数，改善睡眠质量，适用于各种类型失眠。佐匹克隆 $t_{1/2}$ 为3.5~6h，具有较好的安全性和耐受性。

3. 右佐匹克隆（eszopiclone） 为佐匹克隆单纯右旋异构体，能缩短入睡潜伏期，延长深睡眠时间和总睡眠时间，减少觉醒次数。与佐匹克隆相比，右佐匹克隆半衰期延长，不良反应轻，用于治疗各类失眠，改善睡眠质量。临床资料显示右佐匹克隆是苯二氮䓬类和非苯二氮䓬类中不良反应最轻、成瘾性最小的药物。右佐匹克隆口服吸收迅速，约1h后血药浓度达峰值，血浆蛋白结合率约50%。口服后在肝内代谢，$t_{1/2}$ 平均为6h，约75%经尿液排出。不良反应轻，主要有口苦和头晕，不需要处理，可自行消失。

4. 扎来普隆（zaleplon） 起效快，能缩短入睡时间，适用于入睡困难型失眠的短期治疗。口服吸收迅速，约1h血药浓度达高峰，大部分在肝内代谢，$t_{1/2}$ 约1h，代谢产物无生物活性，故无体内蓄积。因药物起效快，建议服用后立即上床或上床后服用。常见不良反应为背部和胸部疼痛、偏头痛、便秘、口干等。严重肝肾衰竭、睡眠呼吸暂停综合征和重症肌无力患者禁用。

第三节　巴比妥类

巴比妥类为巴比妥酸的衍生物，巴比妥酸本身无中枢作用，在 C-5 位 R_3 上两个 H 被不同基团取代才具有中枢神经系统抑制作用（图15-4）。取代基越长且有分支（如异戊巴比妥）或双键（如司可巴比妥）则脂溶性越高，作用快、强而短。C-5 位以苯环取代（如苯巴比妥）则有较强的抗惊厥作用。C-2 位的 O 被 S 取代（如硫喷妥）时，脂溶性更高，作用更快、更短、更强。

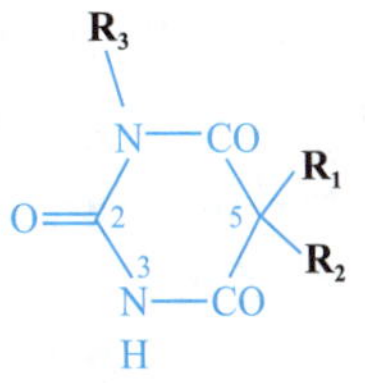

【体内过程】 巴比妥类口服或注射给药吸收快而完全，分布广

图15-4　巴比妥类化学结构

泛。脂溶性高的药物如硫喷妥易于透过血脑屏障进入脑组织，起效快，因其迅速再分布到肌肉和脂肪组织中贮存，作用维持时间短。该类药物主要在肝内代谢，苯巴比妥大部分以原型经肾排出。尿液的 pH 对巴比妥类的排泄影响较大，碱化尿液可大大促进巴比妥类的排泄。根据作用时间不同，可将巴比妥类药物分为长效、中效、短效和超短效四类（表 15-2）。

表 15-2 巴比妥类作用时间与主要应用

分类	药物	$t_{1/2}$（h）	显效时间（h）	作用维持时间（h）	主要应用
长效	苯巴比妥	80～120	0.5～1	6～8	抗惊厥、抗癫痫
中效	异戊巴比妥	10～40	0.25～0.5	3～6	抗惊厥、镇静催眠
短效	司可巴比妥	15～40	0.25	2～3	抗惊厥、镇静催眠
超短效	硫喷妥	8～10	静脉注射，立即	0.25	静脉麻醉

【药理作用与作用机制】巴比妥类是中枢神经系统抑制药，随剂量由小到大，相继出现镇静催眠、抗癫痫、抗惊厥和麻醉作用。本类药物约 10 倍催眠量时可抑制呼吸，甚至致死。

巴比妥类与 $GABA_A$ 受体上的特异位点结合，促进 GABA 与 $GABA_A$ 受体结合，通过延长氯离子通道开放时间，增加氯离子内流，使细胞膜超极化，并且，在无 GABA 时也能直接增加氯离子内流，呈现拟 GABA 的作用；较高浓度时，则抑制 Ca^{2+} 依赖性动作电位。

【临床应用】巴比妥类需要达到镇静剂量才能起到抗焦虑作用。由于本类药物的选择性低，治疗指数小，且较易发生依赖性，因此，目前已很少用于镇静和催眠，可用于麻醉前给药。苯巴比妥和异戊巴比妥静脉注射用于控制癫痫持续状态。苯巴比妥注射给药可用于惊厥的应急处理。硫喷妥钠偶用于小手术或内镜检查时的静脉麻醉。

【不良反应】巴比妥类，特别是长效类，后遗效应较苯二氮䓬类明显，催眠剂量即可引起眩晕、困倦、精细运动不协调等"宿醉"现象；偶可致剥脱性皮炎等严重过敏反应；中等剂量即可轻度抑制呼吸中枢。严重肺功能不全和颅脑损伤致呼吸抑制者禁用。

巴比妥类有肝药酶诱导作用，使药物 $t_{1/2}$ 缩短，易发生耐受，影响药效。连续应用巴比妥类可产生依赖性，突然停药易发生反跳现象。

巴比妥类急性中毒主要表现为深度昏迷、呼吸抑制、反射减弱或消失、血压降低，甚至休克。抢救时应立即采取对症治疗，维持呼吸、循环功能。若口服中毒在 24 h 以内，应洗胃和导泻，并采取强迫利尿和碱化尿液等措施加速药物排泄。

第四节　其他镇静催眠药

一、其他传统的镇静催眠药

传统的镇静催眠药包括水合氯醛（chloral hydrate）、甲丙氨酯（meprobamate，眠尔通）、副醛（paraldehyde）、格鲁米特（glutethimide）和甲喹酮（methaqualone）等。其中水合氯醛在临床上也用于儿童抗惊厥，以及检查前的镇静作用。急性中毒后可发生呼吸抑制和血压下降，抢救措施与巴比妥类中毒的处理相似。由于不良反应多，上述药物现已少用。

二、褪黑素受体激动药

雷美替胺（ramelteon）

雷美替胺为褪黑素受体激动药，属于新型口服催眠药，也是目前首个没有列为特殊管制的非成瘾的抗失眠药物。雷美替胺对褪黑素 MT_1 受体和 MT_2 受体有选择性激动作用，促眠作用由 MT_2 受体介导。雷美替胺主要治疗生物节律紊乱性失眠，对慢性失眠和短期失眠也有效。

雷美替胺口服吸收迅速而完全，口服后约 0.75 h 达药峰浓度，血浆蛋白结合率约为 82%，有明显的首过效应，生物利用度仅为 1.8%。原型药物半衰期短，约为 2 h，肝代谢的活性代谢产物半衰期可达 2~5 h。代谢产物经肾排泄，轻、中度肝肾功能不良者的主要药动学参数无明显改变，且其主要药动学参数也无性别差异。严重肝功能不良者因代谢障碍，可致药峰浓度明显升高和半衰期延长。主要不良反应常见头晕、困倦、疲劳和内分泌变化等。

特斯美尔通（tasimelteon）

特斯美尔通属于选择性 MT_1/MT_2 受体激动药，对 MT_2 受体亲和力大于 MT_1。特斯美尔通发挥生物钟样作用，在时差反应或睡眠时相延迟综合征时，能使节律发生相移，或使自由运行的昼夜节律与 24 小时的昼夜周期同步，能缩短睡眠潜伏期，改善睡眠效率，用于治疗昼夜节律失调性睡眠障碍和短暂性失眠。

三、抗组胺药

苯海拉明（diphenhydramine）

苯海拉明属于第一代组胺 H_1 受体阻断药，能通过血脑屏障，在治疗过敏反应时，产生嗜睡副作用。小剂量的抗组胺药常作为失眠治疗的辅助药，患者服用后，入睡潜伏期缩短，中途觉醒次数减少，但其作用强度不大，易产生耐受性。苯海拉明 $t_{1/2}$ 为 4~8 h。主要不良反应包括认知损伤、妄想、口干、尿潴留等，伴有青光眼或老年患者应慎用。

四、促食欲素受体阻断药

苏沃雷生（suvorexant）

苏沃雷生是第一个治疗失眠的促食欲素受体阻断药。促食欲素（orexin）是由下丘脑外侧神经元产生的神经肽类，具有强效促觉醒作用。苏沃雷生与促食欲素受体 1（OX_1）和受体 2（OX_2）有高度亲和力，通过与促食欲素竞争性结合促食欲素双受体，阻断促食欲素的促觉醒作用，促进 NREM 睡眠和 REM 睡眠。

苏沃雷生口服易吸收，$t_{1/2}$ 为 12 h，在肝内代谢，大约 66% 通过粪便，23% 通过尿液排出体外。5~15 mg 是苏沃雷生有效的安全剂量范围，成人超过 20 mg 可能诱发猝倒。不良反应包括自杀意念或行为、临睡前及入睡后幻觉、白天嗜睡、猝倒等。发作性睡病患者禁用。

莱博雷生（lemborexant）

莱博雷生是促食欲素受体 OX_1 和 OX_2 双重竞争性受体阻断药，对 OX_2 受体具有更强的作用。Ⅲ期临床研究显示，莱博雷生可治疗入睡难和睡眠维持困难，包括阿尔茨海默病患者的失眠和睡眠 - 觉醒节律紊乱。该药的 $t_{1/2}$ 为 17 h。推荐初始剂量每晚不超过 5 mg。长期服药，由于药物的耐受性，每天最大量可增加到 10 mg。常见的不良反应为白天思睡、头痛和鼻咽炎。

思 考 题

1. 试述苯二氮䓬类的作用、临床应用和主要不良反应。
2. 比较苯二氮䓬类和非苯二氮䓬类的主要不同点。
3. 镇静催眠药有哪些种类？
4. 患者，女，51岁，因"心悸、入睡困难加重1天"就诊。患者1年前出现心悸和出汗，夜晚入睡困难，至深夜2点后才能入睡，易惊醒，晨起头痛，全身疲乏感。患者既往体健。查体：T 36.5 ℃，P 118次/分，R 28次/分，BP 125/75 mmHg。心电图检查：窦性心律，心动过速。胸部听诊：呼吸音清晰。请回答：
（1）适用于该患者的治疗药物是什么？
（2）服用该类药物有哪些注意事项？

（曲卫敏）

第十六章

抗癫痫药及抗惊厥药

第十六章数字资源

案例 16-1

患者，男，20岁，在家突然倒地，口吐白沫，口角歪斜，全身抽搐，尿失禁，意识不清，持续约 5 min，发作 2 次后，家属立即拨打 120 急救入院。患者到医院后又出现 1 次发作。查体：疲惫面容，意识混乱。患者 15 岁曾做脑膜瘤手术，有几次癫痫发作史，近半年内发作过 3 次，未曾治疗。查体：T 37 ℃，P 85 次/分，R 23 次/分，BP 130/85 mmHg。实验室检查均正常。脑电图显示弥漫性慢波。诊断：强直阵挛发作，癫痫持续状态。

问题：
1. 癫痫持续状态宜首选哪种药物治疗？简述其抗癫痫机制。
2. 癫痫持续状态控制后，可选用哪种药物作为患者长期治疗的药物？简述其作用机制和不良反应。
3. 患者需要长期应用抗癫痫药治疗，作为医护人员，如何指导患者减少或缓解药物带来的不适，提高用药的依从性？

癫痫（epilepsy）是由多种病因引起的慢性脑部疾病，以脑局部神经元过度放电导致反复性、发作性和短暂性的中枢神经系统功能失常为特征。癫痫发作（epileptic seizure）是指脑神经元异常过度、同步化放电活动所造成的一过性临床表现，如感觉、运动、自主神经、意识、情感、记忆、认知及行为等障碍，并伴有脑电图的痫性放电。癫痫根据病因可分为遗传性、结构性、代谢性、免疫性、感染性及病因不明六大类。目前治疗方法包括药物治疗、外科治疗、生酮饮食、免疫治疗等。在选择治疗方案时，应充分考虑癫痫（病因、发作、综合征分类等）的特点、共患病情况，以及患者的个人、社会因素，进行有原则的个体化综合治疗。癫痫治疗的最终目标不仅仅是控制发作，更重要的是提高患者生活质量。

根据 2017 年国际抗癫痫联盟（International League Against Epilepsy，ILAE）的分类方法，癫痫发作的类型和治疗药物如表 16-1 所列。

表 16-1 癫痫发作的类型和治疗药物

发作类型	临床特征	一线药物	添加药物	可以考虑药物	可能加重发作的药物
局灶性发作					
1. 单纯局灶性发作 2. 复杂局灶性发作（精神运动性发作）	局部肢体运动或感觉异常。每次发作持续20~60 s 发作时以精神症状为主，有意识障碍，出现无意识的运动，如摇头、唇抽动等。每次发作持续0.5~2 min	卡马西平 拉莫三嗪 奥卡西平 左乙拉西坦 丙戊酸钠	卡马西平 左乙拉西坦 拉莫三嗪 奥卡西平 加巴喷丁 丙戊酸钠 托吡酯 唑尼沙胺 氯巴占	苯妥英钠 苯巴比妥	
全面性发作					
1. 失神发作（小发作）	多见于儿童。表现为短暂的意识突然丧失，知觉丧失，动作和语言中断，不倒地，无抽搐。每次发作持续5~30 s。脑电图呈现3 Hz/s高幅左右对称的同步化棘波	丙戊酸钠 乙琥胺* 拉莫三嗪	丙戊酸钠 乙琥胺* 拉莫三嗪	氯硝西泮 氯巴占 左乙拉西坦 托吡酯 唑尼沙胺	卡马西平 奥卡西平 苯妥英钠 加巴喷丁 普瑞巴林 替加宾* 氨己烯酸*
2. 强直阵挛发作（大发作）	突然意识丧失，倒地，全身强直阵挛性抽搐，面色青紫，口吐白沫，继之为较长时间的中枢神经系统全面抑制。每次发作持续数分钟。脑电图呈现高幅慢棘波或棘波	丙戊酸钠 拉莫三嗪 卡马西平 奥卡西平 左乙拉西坦 苯巴比妥	左乙拉西坦 托吡酯 丙戊酸钠 拉莫三嗪 氯巴占		
3. 肌阵挛发作	依年龄可分为婴儿、儿童和青春期肌阵挛发作。表现为部分肌群发生短暂的（约1 s）休克样抽动，意识丧失。脑电图呈现特有的、短暂的、暴发性多棘波	丙戊酸钠 左乙拉西坦 托吡酯	左乙拉西坦 丙戊酸钠 托吡酯	氯硝西泮 氯巴占 唑尼沙胺	卡马西平 奥卡西平 苯妥英钠 加巴喷丁 普瑞巴林 替加宾* 氨己烯酸*
癫痫持续状态		一线药	二线药	三线药（针对难治性癫痫持续状态）	
	一次癫痫发作（包括各种类型癫痫发作）持续时间大大超过了该型癫痫发作大多数患者发作的时间，或反复发作，发作期间意识不恢复	地西泮 劳拉西泮** 咪达唑仑（非静脉应用）	苯妥英钠** 苯巴比妥 丙戊酸（静脉） 左乙拉西坦**	咪达唑仑（静脉用） 丙泊酚 戊巴比妥 硫喷妥钠	

注：*为目前国内市场尚没有的抗癫痫药；**为国内尚缺乏的静脉剂型

第一节 抗癫痫药

据世界卫生组织（WHO）估计，全球大约有 5000 万癫痫患者。国内流行病学资料显示，我国癫痫的患病率为 4‰~7‰。癫痫在任何年龄、地区和种族的人群中都有发病，但以儿童和青少年发病率较高。WHO 已将癫痫列为重点防治的神经、精神疾病之一。

抗癫痫药物治疗是癫痫最重要和最基本的治疗方法，也往往是癫痫的首选治疗方法。现有的抗癫痫药（antiepileptic drug）都是控制癫痫发作的，其作用方式有两种：一是作用于病灶神经元，抑制异常高频放电；二是作用于病灶周围神经元，阻止异常放电的扩散，从而达到减少或阻止发作的目的。抗癫痫药物治疗通常是长期甚至是终生的，而所有的药物都可能产生不良反应，其严重程度在不同个体有很大差异。抗癫痫药的不良反应是导致治疗中断及病情复发的主要原因之一。

神经元活动的协调依赖于神经元上兴奋性神经递质谷氨酸与抑制性神经递质 γ-氨基丁酸（GABA）活动的平衡。癫痫往往起源于大脑局部兴奋性神经递质功能的增强或抑制性神经递质功能的减弱。谷氨酸受体激活所导致的 Na^+、Ca^{2+} 内流能引起神经元去极化，而 GABA 受体激活所导致的 Cl^- 内流能引起神经元超极化。上述神经递质或离子通道调节的失衡会导致神经元复极化不完全，膜电位处于接近阈值的较高水平，形成不稳定状态，很容易发生动作电位的突然发放，通过强直后增强的反馈机制，此点动作电位的发放会多次重复发生，形成类似癫痫的状态。抗癫痫药的作用机制与增强 GABA 介导的抑制性突触传递功能和抑制电压门控钠、钙通道，降低细胞膜对 Na^+、Ca^{2+} 的通透性有关。

抗癫痫药的发展历史悠久而缓慢。1857 年发现了第一个有效的抗癫痫药溴化物，现已被淘汰，随后相继应用于临床的抗癫痫药有苯巴比妥、苯妥英钠、氯硝西泮、丙戊酸钠、卡马西平、扑米酮和乙琥胺等，被称为传统抗癫痫药，目前部分仍是治疗癫痫的主要药物。大部分抗癫痫药的化学结构都与苯二氮䓬类的结构有关，如在苯二氮䓬基本结构上连接亚胺芑生成卡马西平，连接一个支链羧酸生成丙戊酸钠。90 年代后，在苯二氮䓬基本结构的基础上合成了许多新的药物，包括加上苯三嗪生成拉莫三嗪，连接 GABA 环类似物生成加巴喷丁，用氨基磺酸盐取代单糖生成托吡酯，加上一个哌啶酸衍生物生成替加宾，连接一个吡咯烷衍生物生成左乙拉西坦，还有陆续上市的氨己烯酸、奥卡西平和唑尼沙胺等，被称为新型抗癫痫药，主要在不良反应与药物相互作用方面有所改善。在临床上，抗癫痫药是一把双刃剑，有些药物既可控制癫痫发作和痫样放电，也可能加重发作和恶化脑电图，其机制仍不清楚。

一、常用抗癫痫药

> 丙戊酸钠（sodium valproate）

丙戊酸钠为二丙基乙酸的钠盐，是一种广谱的抗癫痫药。丙戊酸钠早在 1882 年即被合成，一直用作有机溶媒，直到 1964 年用于治疗癫痫获得成功，目前成为治疗癫痫的常用药物之一。

【体内过程】丙戊酸钠口服吸收迅速而完全，生物利用度在 80% 以上，血浆蛋白结合率约为 90%。服药后 1~4 h 血药浓度达峰值，有效血药浓度为 30~100 μg/ml，$t_{1/2}$ 为 13 h。在体内丙戊酸钠主要被代谢为丙戊二酸，再与葡糖醛酸结合后由肾排泄。丙戊酸钠能提高苯妥英钠、苯巴比妥、氯硝西泮和乙琥胺的血药浓度和抗癫痫作用，而苯妥英钠、苯巴比妥、扑米酮和卡马西平则能降低丙戊酸钠的血药浓度和抗癫痫作用。

【药理作用与临床应用】目前丙戊酸钠是治疗各类型癫痫的一线药物，对于局灶性发作和全面性发作均有效。丙戊酸钠和苯巴比妥治疗局灶性发作有效，但卡马西平和苯妥英钠治疗的效果更好。在控制继发全面性强直阵挛发作方面，丙戊酸钠、卡马西平、苯巴比妥、苯妥英钠的效果相似。丙戊酸钠与乙琥胺治疗失神发作的疗效相同。

丙戊酸钠的抗癫痫作用与 GABA 有关。它能抑制脑内 GABA 转氨酶，减慢 GABA 的代谢；提高谷氨酸脱羧酶活性，使 GABA 形成增多，脑内 GABA 含量增高；并能提高突触后膜对于 GABA 的反应性，从而增强 GABA 能神经突触后抑制。它不抑制癫痫病灶神经元异常放电，但能阻止异常放电向周围正常组织扩散。此外，丙戊酸钠也能抑制钠离子通道和 T 型钙离子通道，抑制起源于丘脑的异常放电。

【不良反应】丙戊酸钠不良反应较轻。常见一过性胃肠道反应，如恶心、呕吐、食欲缺乏，宜饭后服用或逐渐加量；少见中枢神经系统反应，如嗜睡、平衡失调、乏力、精神不集中、不安和震颤等，可随用量减少而消失；偶见重症肝炎，约有 40% 的患者服药数天后出现肝功能异常，尤其是在用药开始后前几个月常见，主要表现为天冬氨酸转氨酶水平升高，故在用药期间应定期检查肝功能。另有少数患者出现皮疹、脱发、血小板减少和血小板聚集障碍所致出血时间延长、急性胰腺炎及高氨血症等。孕妇慎用。

> 卡马西平（carbamazepine）

卡马西平，又名酰胺咪嗪，结构类似丙米嗪，最初主要用于治疗三叉神经痛，20 世纪 70 年代开始用于治疗癫痫。

【体内过程】卡马西平口服吸收缓慢而不规则，服药后 2～6 h 血浆浓度达到峰值，有效血药浓度为 4～10 μg/ml；血浆蛋白结合率约为 80%；在体内主要代谢为环氧化物，仍有抗癫痫作用；单次给药 $t_{1/2}$ 约 36 h。卡马西平为药酶诱导剂，能加速自身代谢，故反复用药后 $t_{1/2}$ 可缩短，一般在治疗最初的几周内，卡马西平的 $t_{1/2}$ 从 36 h 减至 20 h。西咪替丁和丙戊酸钠可抑制其代谢。

【药理作用与临床应用】

1. 抗癫痫　卡马西平目前作为局灶性发作（包括单纯局灶性及复杂局灶性发作）及强直阵挛发作（大发作）的一线药，与苯妥英钠相比，其最大的优点是对认知功能的损害较轻。卡马西平对失神发作和肌阵挛无效。

2. 治疗外周神经痛　卡马西平可用于治疗三叉神经痛、舌咽神经痛，对三叉神经痛的疗效优于苯妥英钠；也用于脊髓结核引起的"闪电样"疼痛、糖尿病性周围神经痛和疱疹后神经痛等。

3. 抗躁狂　卡马西平可用于锂盐无效的躁狂症，其不良反应比锂盐少而疗效好。

【作用机制】卡马西平的作用机制与阻滞钠通道，降低神经细胞膜对 Na^+ 的通透性，从而降低神经元的兴奋性，以及增强 GABA 的突触后抑制作用有关。

【不良反应】卡马西平常见的不良反应主要表现为中枢神经系统症状，如可逆的视物模糊、复视、头晕、恶心、呕吐、共济失调、手指震颤；也可有皮疹、心血管反应和水钠潴留。上述症状通常 1 周左右可逐渐消退，因此无需中断治疗。少见的不良反应为骨髓抑制，如粒细胞缺乏、血小板减少和再生障碍性贫血，以及肝损害。

> 苯妥英钠（phenytoin sodium）

苯妥英钠又名大仑丁（dilantin），为二苯乙内酰脲的钠盐。

【体内过程】苯妥英钠碱性较强（$pK_a = 10.4$），刺激性较大，故不宜肌内注射；口服吸收慢而不规则，连续用药须经 6～10 天才能达到有效血药浓度 10～20 μg/ml；血浆蛋白结合率为 85%～90%；主要被肝药酶羟化代谢为羟基苯妥英，再和葡糖醛酸结合并经肾排泄。苯妥英钠的消除速度与血药浓度有关，通常当其血药浓度低于 10 μg/ml 时，按一级动力学方式消除，$t_{1/2}$ 约为 20 h；若高于此浓度，则按零级动力学方式消除，$t_{1/2}$ 可延长至 60 h，这可能与羟化反应的饱和性有关。由于羟化代谢的能力受遗传基因的影响，苯妥英钠血药浓度的个体差异较大，故临床应用时应注意剂量个体化，以保证治疗效果。一般苯妥英钠血药浓度为 10 μg/ml 可控制癫痫发作，20 μg/ml 则可出现轻度毒性反应。

【药理作用与临床应用】

1. 抗癫痫 苯妥英钠是一种较为广谱的抗癫痫药，曾经是治疗癫痫强直阵挛发作和局灶性发作的主要药物，因其不良反应多且严重，逐渐被其他药物替代。由于其起效慢，故常先用苯巴比妥等作用较快的药物控制发作，在改用苯妥英钠前，应逐步撤除先用的药物，不宜长期合用。苯妥英钠对失神发作（小发作）无效。

苯妥英钠的抗癫痫作用机制较为复杂，实验证明它不能抑制癫痫病灶神经元的异常放电，但可阻止异常放电向周围正常组织扩散。这可能与其抑制突触传递的强直后增强（posttetanic potentiation，PTP）的形成有关。PTP 是指反复高频电刺激突触前神经纤维后，引起突触传递易化，使突触后神经纤维反应增强的现象。PTP 在癫痫病灶异常放电的扩散过程中也起易化作用。

苯妥英钠的药理作用基础是其对细胞膜具有稳定作用，降低细胞膜对 Na^+ 和 Ca^{2+} 的通透性，抑制 Na^+ 和 Ca^{2+} 的内流，从而降低了细胞膜的兴奋性，使动作电位不易产生。这种作用除与其抗癫痫作用有关外，也是其治疗三叉神经痛等多种疼痛和抗心律失常的药理作用基础。苯妥英钠细胞膜稳定作用的机制体现在以下三个方面。

（1）阻滞电压门控钠通道：使 Na^+ 依赖性动作电位不能形成，这也是苯妥英钠抗惊厥的主要机制。

（2）阻滞电压门控钙通道：选择性阻滞 L 型、N 型钙通道，对哺乳动物丘脑神经元的 T 型钙通道无阻滞作用，这可能是苯妥英钠对失神发作治疗无效的原因。

（3）对钙调蛋白激酶系统的影响：Ca^{2+}- 受体蛋白 - 钙调蛋白及其偶联的激酶系统介导 Ca^{2+} 的第二信使作用。苯妥英钠通过抑制钙调蛋白激酶的活性，影响突触的传递功能；通过抑制突触前膜的磷酸化过程，使 Ca^{2+} 依赖性释放过程减弱，减少兴奋性神经递质谷氨酸等的释放；通过抑制突触后膜的磷酸化，可以减少神经递质与受体结合后引起的去极化反应，与钙通道的阻滞作用一起，共同产生细胞膜稳定作用。

2. 治疗外周神经痛 苯妥英钠可以用于治疗三叉神经痛、舌咽神经痛和坐骨神经痛等。

3. 抗心律失常 见第二十二章抗心律失常药。

【不良反应】

1. 局部反应 苯妥英钠碱性较强，对胃肠道有刺激性，口服易引起食欲缺乏、恶心、呕吐、腹痛等症状，宜饭后服用。苯妥英钠静脉注射可发生静脉炎。

2. 急性毒性反应 苯妥英钠静脉注射过快可引起心律失常、血压下降；口服剂量过大可导致小脑 - 前庭系统功能失调，表现为眼球震颤、复视、共济失调等；严重者可出现语言障碍、精神错乱，甚至昏睡、昏迷等。

3. 慢性毒性反应 苯妥英钠长期应用可引起以下多方面的不良反应。

（1）齿龈增生：发生率约 20%，多见于儿童及青少年，这与部分药物从唾液排出刺激胶原组织而引起其增生有关。程度较轻者一般不影响继续用药，停药 3~6 个月后可自行消退。服药期间应经常按摩齿龈，注意口腔卫生，以防止齿龈炎。

（2）外周神经炎：发生率约 30%。

（3）钙吸收障碍：因苯妥英钠诱导肝药酶，加速维生素 D 代谢，从而引起低钙血症。儿童患者可发生佝偻病样改变，少数成年患者可出现骨软化症。必要时应用维生素 D 预防。

（4）巨幼细胞贫血：因其抑制二氢叶酸还原酶，从而抑制叶酸的吸收和代谢。故苯妥英钠所致巨幼细胞贫血用甲酰四氢叶酸治疗有效。

（5）其他：偶见男性乳房增大、女性多毛、淋巴结肿大等。

4. 过敏反应 少数患者可出现皮疹、瘙痒、粒细胞缺乏、血小板减少、再生障碍性贫血和肝坏死等。故长期用药者应定期检查血常规和肝功能，如有异常应及早停药。

5. 致畸反应 妊娠早期用药，偶可致畸胎，如小头畸形、智能障碍、斜视、眼距过宽、腭裂，称为胎儿妥英综合征（fetal hydantion syndrome），故孕妇慎用。

6. 停药反应 久服苯妥英钠如骤然停药可使癫痫发作加剧，甚至诱发癫痫持续状态。

【药物相互作用】苯妥英钠不仅可被肝药酶代谢，同时本身作为药酶诱导剂，又能加速其他药物如皮质激素、奎尼丁、左旋多巴、环孢素、多西环素、茶碱、避孕药和口服抗凝血药的代谢而降低疗效。水杨酸类、甲苯磺丁脲、磺胺类可促进苯妥英钠的灭活，使血药浓度降低。保泰松可竞争性地与血浆蛋白结合，从而增加苯妥英钠的游离血药浓度。卡马西平、苯巴比妥与苯妥英钠合用可互相降低血药浓度。

➤ **苯巴比妥**（phenobarbital，鲁米那，luminal）

【药理作用与临床应用】除镇静、催眠作用外，苯巴比妥是巴比妥类中最有效的一种抗癫痫药物，具有起效快、疗效好、毒性低和价格低廉等优点。电生理研究证明，苯巴比妥既能降低病灶内细胞的兴奋性，从而抑制病灶的异常放电，又能提高病灶周围正常组织的兴奋阈值，从而限制异常放电的扩散。目前对苯巴比妥抗癫痫作用机制尚未完全阐明，可能与以下因素有关：①作用于突触后膜上的 GABA 受体，增加 Cl^- 的电导，导致膜超极化，降低其兴奋性；②作用于突触前膜，阻断前膜对 Ca^{2+} 的摄取，减少 Ca^{2+} 依赖性的神经递质（NA、ACh 和谷氨酸等）的释放。此外，巴比妥类也抑制电压门控钠通道和 L 型、N 型钙通道。

苯巴比妥主要用于治疗癫痫强直阵挛发作及癫痫持续状态，对单纯局灶性发作及复杂局灶性发作也有效，但对失神发作无效。其突出缺点是中枢抑制作用明显，故不作为首选药应用。

【不良反应】苯巴比妥较大剂量可导致嗜睡、精神萎靡、共济失调等，用药初期较明显，长期使用则因产生耐受性而自行消失；偶可引起巨幼细胞贫血、白细胞和血小板减少。此外，本药为药酶诱导剂，可加速其他药物的代谢。

➤ **扑米酮**（primidone）

扑米酮，又名去氧苯比妥或扑痫酮，与苯巴比妥化学结构类似。扑米酮口服后吸收迅速而完全，3 h 血药浓度达峰值，$t_{1/2}$ 为 7～14 h；在体内被代谢为苯巴比妥和苯乙基丙二酰胺，仍有抗癫痫作用，且消除较慢，故长期服用有蓄积作用。

扑米酮对强直阵挛发作及局灶性发作疗效较好，可作为复杂局灶性发作的辅助药，与苯妥英钠和卡马西平合用有协同作用。扑米酮与苯巴比妥相比并无特殊优点，故只用于其他药物不能控制的患者。扑米酮不宜与苯巴比妥合用。

扑米酮的不良反应主要体现在中枢神经系统和血液系统，如可引起镇静、嗜睡、眩晕、共济失调、复视、眼球震颤，偶见粒细胞和血小板减少、巨幼细胞贫血，因此，用药期间应定期检查血常规。严重肝、肾功能不全者禁用。

➤ **乙琥胺**（ethosuximide）

乙琥胺在临床对失神发作有效，其疗效虽不及氯硝西泮，但不良反应及耐受性的产生较后者少，故为防治失神发作的首选药。乙琥胺对其他型癫痫无效。目前认为乙琥胺的作用机制与其选择性抑制丘脑神经元 T 型钙通道有关。

乙琥胺口服吸收完全，长期用药时脑脊液内的药物浓度接近血浆浓度。儿童服药后需 4～6 天达到稳态血药浓度，成人需时更久。成人血浆 $t_{1/2}$ 为 40～50 h，儿童约 30 h。大约 25% 的药物以原型从肾排出，其余被肝药酶代谢为羟乙基衍生物，再与葡糖醛酸结合后由尿排出。

乙琥胺常见不良反应为胃肠道反应，如食欲缺乏、呃逆、恶心和呕吐；其次为中枢神经系统反应，如头痛、头晕、困倦、嗜睡、欣快；对有精神病史的患者可诱发精神失常；偶见嗜酸粒细胞增多或粒细胞缺乏，严重者发生再生障碍性贫血，故用药期间应勤查血常规。此外，乙琥胺本身也可加重癫痫发作，可使部分失神发作患者转为强直阵挛发作。

> 苯二氮䓬类（benzodiazepines，BZ）

苯二氮䓬类中用于治疗癫痫的药物多为能生成活性代谢产物的长效类，如地西泮、硝西泮和氯硝西泮。

1. 地西泮（diazepam，安定） 静脉注射地西泮是治疗癫痫持续状态的首选药，起效快，且较其他药物安全。

2. 硝西泮（nitrazepam，硝基安定） 主要用于失神发作，对肌阵挛发作及婴儿痉挛等也有效。

3. 氯硝西泮（clonazepam，氯硝安定） 是苯二氮䓬类中抗癫痫谱较广的药物。氯硝西泮对失神发作的疗效比地西泮好，缓慢静脉注射也可治疗癫痫持续状态，对肌阵挛发作、婴儿痉挛也有良效。其抗惊厥作用机制可能与其增强脑内 GABA 能神经元的抑制功能有关。此外，氯硝西泮尚可提高 Ca^{2+} 依赖性 K^+ 电导，这也有助于减弱神经元的兴奋性。氯硝西泮不良反应一般较轻，常见中枢神经系统和消化系统症状，停药后可恢复；多数患者服药后 16 个月会产生耐受性；久用骤停可使癫痫发作加剧，甚至诱发癫痫持续状态。

> 拉莫三嗪（lamotrigine）

拉莫三嗪为苯基三嗪化合物，是一种新型抗癫痫药，对局灶性发作和强直阵挛发作有效。其作用机制与阻滞突触前膜电压门控钠通道、抑制大脑兴奋性神经递质谷氨酸及天冬氨酸的病理性过量释放有关。

拉莫三嗪口服吸收迅速而完全，服药后 1.5～4 h 血药浓度达峰值，主要经肝代谢，$t_{1/2}$ 为 15～60 h。药酶诱导剂与抑制剂可分别缩短与延长其 $t_{1/2}$。拉莫三嗪不良反应较少，常见皮疹，严重者可出现中毒性表皮坏死松解症。

> 托吡酯（topiramate）

托吡酯为单糖磺基衍生物，是 1995 年上市的新型广谱抗癫痫药，主要用于局灶性发作、强直阵挛发作和肌阵挛发作，尤其可治疗难治性癫痫，长期使用不易产生耐受性。托吡酯的抗癫痫作用机制包括：①选择性阻滞电压门控钠通道，以限制持续的反复放电。②增加 $GABA_A$ 受体介导的 Cl^- 内流。③拮抗兴奋性氨基酸谷氨酸的非 NMDA 受体，阻断其介导的兴奋性作用。

托吡酯口服易吸收，服药后 2 h 血药浓度达到峰值，生物利用度为 80%，易通过血脑屏障。不良反应表现为中枢神经系统症状，如共济失调、注意力不集中。

> 奥卡西平（oxcarbazepine）

奥卡西平是卡马西平的 10-酮基类似物，口服生物利用度高，饮食对其吸收无影响。与卡马西平经细胞色素 P450 代谢不同，奥卡西平作为前药，口服经胃肠道吸收后经肝细胞溶质芳基酮还原酶还原成活性代谢产物 10-羟基卡马西平，这也可能是奥卡西平药物相互作用较卡马西平少的原因。

奥卡西平抗癫痫作用机制主要为阻断电压门控钠通道，也可以阻断 N 型和 P 型钙通道，还可以使 K^+ 内流增加，从而稳定细胞膜，抑制放电。其抗癫痫作用弱于卡马西平，但不良反应较卡马西平少，对肝药酶诱导作用弱，药物相互作用少。奥卡西平主要适用于癫痫局灶性发作和强直阵挛发作，也用于治疗三叉神经痛。常见不良反应为疲劳、嗜睡、复视、头晕、恶心和皮疹等，长期应用可能引起低钠血症。

> 加巴喷丁（gabapentin）

加巴喷丁口服吸收迅速，依赖于氨基酸转运系统，具有饱和性，故口服过量时也相对安全；$t_{1/2}$ 较短（6～9 h），维持有效血药浓度需每天给药 3 次；主要以原型经肾排泄，很少与其他药物发生相互作用。

动物实验表明，加巴喷丁既能抑制最大电休克引起的后肢强直，也能抑制戊四氮所致的惊厥，对神经痛也有较强的抑制作用。加巴喷丁是 GABA 衍生物，但其不与 GABA 受体产生相互作用。体外研究发现，加巴喷丁在大鼠脑内的结合位点分布在新皮质和海马，其具体作用机制仍不清楚。临床主要用于癫痫局灶性发作，以及局灶性发作继发的强直阵挛发作的辅助治疗；也用于神经痛，如偏头痛、疱疹感染后神经痛。不良反应少，常见嗜睡、眩晕、乏力等。

> 左乙拉西坦（levetiracetam）

左乙拉西坦口服吸收迅速而完全，不与血浆蛋白结合，少量酰胺水解代谢产物和大部分原型从肾排泄，对肝药酶无影响，药物相互作用少。其抗癫痫作用机制与传统抗癫痫药物作用机制不同，可能是左乙拉西坦与突触内囊泡糖蛋白 2A 结合，抑制癫痫放电。

左乙拉西坦可与其他抗癫痫药合用于局灶性发作和强直阵挛发作，也可用于顽固性肌阵挛的辅助治疗。常见不良反应有嗜睡、乏力、头晕，无剂量相关性，久用发生率和严重程度会随之降低。

> 替加宾（tiagabine）

替加宾，又名噻加宾，是 GABA 再摄取抑制药，通过减少神经元和神经胶质细胞对 GABA 的再摄取，增加突触间隙的 GABA 的水平而产生抗癫痫的作用，主要用于局灶性发作的辅助治疗。

> 氨己烯酸（vigabatrin）

氨己烯酸即 4-氨基-5-己烯酸，为 GABA 类似物，通过不可逆性地与 GABA 转氨酶结合，导致脑内 GABA 浓度增高。氨己烯酸可用于局灶性癫痫发作，也可与其他抗癫痫药合用治疗难治性癫痫，还可用于儿童伦诺克斯-加斯托综合征（Lennox-Gastaut syndrome，LGS）和婴儿痉挛症（又称韦斯特综合征，West syndrome）。

> 普瑞巴林（pregabalin）

普瑞巴林是 GABA 受体激动药，能阻断电压门控钙通道，减少神经递质的释放，临床主要用于治疗外周神经痛，以及辅助性治疗癫痫局灶性发作。

> 氯巴占（clobazam）

氯巴占是长效苯二氮䓬类药物，药理作用与地西泮相似，其镇静作用很小。氯巴占可能通过与 $GABA_A$ 受体上的苯二氮䓬类结合位点相结合，增加氯通道的开放频率，进而增强 GABA 能神经元的抑制作用而发挥药理作用。氯巴占主要用于对其他抗癫痫药无效的难治性癫痫，可单独应用，也可作为辅助治疗用；对复杂局灶性发作继发全面性发作和伦诺克斯-加斯托综合征效果更佳。

氯巴占口服吸收快而完全，服药 1～3 h 后达药峰浓度，经肝代谢，代谢产物 N-去甲基氧异安定同样有抗惊厥作用，作用强度为氯巴占的 2/3。$t_{1/2}$ 为 60 h，如每天用药 30 mg，约 6 天达稳态血浓度。不良反应与其他苯二氮䓬类相似，但都较轻微，偶见轻度的镇静、焦躁、抑郁和肌无力。

> 唑尼沙胺（zonisamide）

唑尼沙胺为苯并异噁唑衍生物，作用机制与阻滞钠通道和 T 型钙通道有关，可抑制癫痫病灶，阻滞癫痫发作放电的扩散速度。其结构中有磺酰胺基，对碳酸酐酶有抑制作用。唑尼沙胺可用于治疗局灶性发作和全面性发作。

二、选择抗癫痫药的基本原则和注意事项

癫痫是一种慢性疾病，需长期用药，甚至终生用药。70% 左右新诊断的癫痫患者可以通

过服用单一抗癫痫药使发作得以控制，所以初始治疗的药物选择非常重要，选药正确可以增加治疗的成功率。

（1）根据发作类型选择药物是治疗癫痫的基本原则，同时还需要考虑共患病、共用药、患者的年龄及患者或监护人的意愿等进行个体化给药。

（2）如果合理使用一线抗癫痫药仍有发作，需严格评估癫痫的诊断。

（3）由于不同抗癫痫药的制剂在生物利用度和药代动力学方面有差异，为了避免疗效降低或不良反应增加，应推荐患者固定使用同一生产厂家的药品。

（4）尽可能单药治疗。

（5）如果选用的第一种抗癫痫药因为不良反应或仍有发作而治疗失败，应试用另一种药物，并加量至足够剂量后，将第一种用药缓慢地减量。

（6）如果第二种用药仍无效，在开始另一个药物前，应根据相对疗效、不良反应和药物耐受性将第一或第二个药物缓慢撤药。

（7）仅在单药治疗没有达到无发作时才推荐联合治疗。

（8）如果联合治疗没有使患者获益，治疗应回到原来患者最能接受的方案（单药治疗或联合治疗），以取得疗效和不良反应耐受方面的最佳平衡。

（9）对于儿童、妇女等特殊人群用药需要考虑患者特点。

（10）对治疗困难的癫痫综合征及难治性癫痫，建议转诊至癫痫专科进行诊治。

知识拓展

耐药性癫痫

国际抗癫痫联盟（ILAE）制定的耐药性癫痫（drug-resistant epilepsy，DRE）标准为经过至少2种适当的抗癫痫药正规治疗，药物已经用至最大耐受剂量，患者不能达到12个月及治疗前最长发作间隔的3倍时间内无发作。DRE的诊断主要依赖于药物治疗的结果。

解释DRE耐药性的相关机制包括药代动力学假说、神经元网络假说、内在严重性假说、基因变异假说、靶点假说和转运蛋白假说等。临床上治疗DRE的药物选择范围很小，除了临床常用的经典抗癫痫药外，作用于新靶点的抗癫痫药也逐渐开发应用于治疗DRE，如突触囊泡糖蛋白2调节药左拉西坦、雷帕霉素靶蛋白信号通路阻滞药依维莫司、碳酸酐酶抑制药乙酰唑胺和大麻二酚或腺苷激酶抑制药。2021年欧盟委员会（EC）批准苯巴那酯（cenobamate）辅助治疗癫痫局灶性发作，用于有至少两种抗癫痫药的治疗史但仍没有得到充分控制的患者。其作用机制是抑制电压门控钠电流，以及通过异构作用正向调节GABA$_A$受体活性，减少神经细胞重复释放电冲动。克服耐药性是治疗DRE时面临的一个关键挑战，选用一些作用于耐药机制的药物，如P糖蛋白抑制药维拉帕米、硝苯地平和地尔硫革也已与抗癫痫药联合使用，在临床实践中对其在增加抗癫痫药脑水平和减少患者癫痫发作方面的效果进行了评估。

第二节　抗惊厥药

惊厥（convulsion）是一种中枢神经系统过度兴奋的症状，表现为全身骨骼肌不自主地强烈收缩，呈强直性或阵挛性抽搐状态，常见于高热、子痫、破伤风、癫痫强直阵挛发作及中枢兴奋药中毒等。常用抗惊厥药有硫酸镁、水合氯醛、苯二氮䓬类和巴比妥类等。

> 硫酸镁（magnesium sulfate）

【药理作用与临床应用】硫酸镁采取不同途径给药，能产生完全不同的药理作用，其中口服给药因不易吸收而产生利胆和泻下的局部作用（见第三十一章），50%硫酸镁局部外敷可以改善浅表静脉的痉挛，产生消除局部水肿作用，注射给药则产生中枢性降压和肌肉松弛的全身作用。

在体内，Mg^{2+}主要存在于细胞内液，在细胞外液中仅占5%。血液中的Mg^{2+}浓度为2～3.5 mg/100 ml，低于此浓度时，神经及肌肉组织的兴奋性升高。Mg^{2+}参与体内多种生物酶活性的调节，对神经冲动的传导和神经肌肉应激性产生重要影响。注射硫酸镁能抑制中枢和外周神经系统，使骨骼肌、心肌、血管平滑肌松弛，从而发挥降压和肌肉松弛作用。

当神经冲动到达神经末梢时，钙通道开放，Ca^{2+}内流，乙酰胆碱释放，引起骨骼肌收缩。Mg^{2+}与Ca^{2+}化学性质相似，可以特异性竞争Ca^{2+}受点，从而干扰乙酰胆碱的释放，阻滞神经肌肉接头传递，产生箭毒样肌肉松弛作用。同理，当Mg^{2+}过量中毒时，也可以用Ca^{2+}来解救。

临床上硫酸镁常采取肌内注射或静脉滴注的给药途径，用于缓解子痫、破伤风等的惊厥，也可用于妊娠高血压及高血压危象的救治。

【不良反应】血镁过高可引起呼吸抑制、血压剧降和心搏骤停而致死。通常腱反射消失是呼吸抑制的先兆，因此在连续用药期间应经常检查腱反射。中毒时应立即进行人工呼吸，并缓慢静脉注射氯化钙或葡萄糖酸钙予以紧急抢救。

 临床应用

癫痫的药物治疗和预后

目前的证据显示，癫痫的药物治疗通常只能控制发作，似乎不能阻止潜在致痫性的形成和进展。一线抗癫痫药之间没有明显的疗效差别。如果正确选择一种抗癫痫药，新诊断癫痫患者的无发作率能达到60%～70%。有研究显示，使用第一种单药治疗后有47%的新诊断癫痫患者能达到无发作，再使用第二种及第三种单药治疗时则仅有13%和1%的患者可达到无发作。如果单药治疗效果不佳，可考虑联合用药。但即使经过积极治疗，新诊断的癫痫患者中有20%～30%发作最终控制不佳。上述数据主要来自传统抗癫痫药，新型抗癫痫药对癫痫长期预后的影响尚缺乏可靠的研究。

坚持用药是对患者的巨大挑战。导致患者服药依从性差的原因是多方面的，主要包括药物的不良反应、忘服或漏服药物、有段时间不发作就停药等。提高患者依从性的方法有：加强对药物不良反应的监测，服药做记录，药盒标示日期，使用提醒便签和设置闹钟提醒，为方便服药而调整生活作息等。

思 考 题

1. 癫痫强直阵挛发作可选用哪些药物治疗？
2. 长期服用苯妥英钠有哪些不良反应？如何帮助患者减轻不良反应？
3. 硫酸镁的给药途径不同，临床应用有何不同？

4. 患儿，男，1岁，发热、咳嗽2天，加重3小时就诊，T 40 ℃。患儿就诊过程中突然双眼上翻，肢体强直，持续1分钟，诊断为高热惊厥。请回答：

（1）哪些种类的药物可以治疗惊厥？

（2）该病例宜选用哪种药物治疗？

（汪雪兰）

第十七章

治疗神经系统变性疾病药

第十七章数字资源

案例 17-1

患者，男，74 岁，9 年前无明显诱因下出现行走困难，步伐变小变慢，转身及翻身困难，左手静止性震颤。体格检查：针刺觉两侧对称，快速轮替运动不协调，跟腱串联试验不能完成。患者平衡障碍、颈强直呈进行性加重，伴有头昏，卧床坐立或站立后头昏明显，无视物旋转、恶心、呕吐等，服用多巴丝肼片后，行动迟缓及肢体不自主抖动好转，但头昏无明显好转。患者平时精神一般，有焦虑情绪，夜间睡眠可，近期体重无明显改变。诊断为帕金森病（PD）。

问题：
1. 针对该患者的 PD 进行性加重，且伴有焦虑，可以加用普拉克索吗？为什么？
2. 这两类药物的不良反应有哪些？患者需要长期药物治疗，作为医护人员，如何指导患者减少或缓解药物带来的不适，提高用药的依从性？

神经系统变性疾病（neurodegenerative disease）是一组原因不明的慢性进行性的损害中枢神经系统的疾病，有时可累及外周神经系统。虽然这类疾病的病变部位及病因各不相同，但神经细胞变性改变是它们共同的特点。神经系统变性疾病主要包括阿尔茨海默病（Alzheimer disease，AD）、帕金森病（Parkinson disease，PD）、亨廷顿病（Huntington disease，HD）、脊髓小脑共济失调（spinal cerebellar ataxias，SCA）、肌萎缩侧索硬化（amyotrophic lateral sclerosis，ALS）等。AD 和 PD 主要发生于中老年人，随着人口老龄化，AD 和 PD 的发病日益增多。多年来，由于脑功能的复杂性，治疗这类疾病一直是较难突破的难题。随着分子生物学、神经生物学和行为学等各学科知识和研究技术的迅猛发展，对神经系统变性疾病的病因和发病机制有了新的认识，为寻找和发现相应的治疗药物提供了新的思路和药物靶标。

第一节　抗帕金森病药

帕金森病（PD）又称震颤麻痹，是一种常见于中老年人的神经系统变性疾病，特征性病理改变为黑质多巴胺能神经元大量变性丢失和路易体（Lewy body）形成，导致纹状体区多巴胺含量显著降低的生化改变，临床上出现震颤、肌强直、动作迟缓、姿势平衡障碍的运动症状及睡眠障碍、嗅觉障碍、自主神经功能障碍、认知和精神障碍等非运动症状。我国 65 岁以上人群患病率为 1.7%，男性稍高于女性，与欧美国家相似，患病率随年龄增加而升高。

PD 的病因迄今尚未明确，发病机制主要有多巴胺学说、兴奋性神经毒性学说、免疫炎症学说、氧化应激-自由基学说、线粒体功能障碍和转运体失调学说等,其中多巴胺学说是目前临床药物治疗的主要依据。

脑内有四条多巴胺能神经通路,其中黑质-纹状体通路是在黑质致密区的多巴胺能神经元(A9)发出投射纤维到纹状体,释放 DA,参与调节肌张力、姿势反射、肌群运动的协调和运动的学习。纹状体内对来自运动皮质的信息整合有两条闭合环路:直接通路对运动起兴奋作用,功能亢进可引起舞蹈病、手足徐动等异常运动;间接通路对运动起抑制作用,功能过强可引起肌肉强直、运动迟缓及运动不能等帕金森病的症状。从黑质到纹状体的多巴胺通路分别通过激动新纹状体的 D_1 受体可兴奋直接通路,激动 D_2 受体可抑制间接通路,DA 的综合效应是兴奋运动。纹状体中有丰富的乙酰胆碱能中间神经元,通过释放 ACh,激动 M 受体,兴奋间接通路和抑制直接通路,对运动产生抑制作用。生理状态下,纹状体中直接通路与间接通路的功能通过 DA 和 ACh 的相互作用,维持着对运动的精细调控。

多巴胺学说认为,帕金森病是由于黑质内多巴胺能神经元变性,纹状体的 DA 显著减少或缺乏,导致黑质-纹状体通路多巴胺能神经功能减退,胆碱能神经功能相对占优势,从而出现帕金森病的运动症状。DA 降低的程度与症状的严重程度呈正相关。脑内另外两条多巴胺能神经通路是中脑-边缘系统通路和中脑-皮质通路,其 DA 水平的降低,是帕金森病出现认知和精神障碍等非运动症状的生化基础。

帕金森病治疗方法和手段包括药物治疗、手术治疗、肉毒毒素治疗、运动疗法、心理干预、照料护理等。药物治疗为首选治疗方法,且是整个治疗过程中的主要治疗手段。根据药理作用机制,可将抗帕金森病药分为两大类:第一类为拟多巴胺药,通过增加多巴胺在脑内的合成和释放、减少多巴胺的降解或直接激动多巴胺受体等途径,加强纹状体多巴胺的功能而产生治疗作用,但同时也因为可影响到其他多巴胺能神经通路而导致不良反应;第二类为中枢胆碱受体阻断药,通过减弱纹状体乙酰胆碱功能而起治疗作用。以上两类药物的治疗作用基础都是恢复多巴胺能和乙酰胆碱能神经系统功能的平衡状态,合用可增加疗效。其中有些药物(如司来吉兰、普拉克索)还能通过抗氧化、抗凋亡等发挥神经保护作用。

目前的抗帕金森病药只能改善症状,不能阻止病情的发展,也无法治愈疾病。胚胎干细胞移植和基因治疗等正在研究中,以期实现 PD 治疗的新突破。

一、拟多巴胺药

拟多巴胺药通过增加 DA 在脑内的含量或其作用,加强纹状体多巴胺的功能。

(一)多巴胺前药

> **左旋多巴(levodopa,L-dopa)**

左旋多巴是儿茶酚胺类神经递质酶促合成过程中的中间代谢产物,也是多巴胺递质的前体物质,由酪氨酸羟化酶催化左旋酪氨酸生成。1962 年首次发现口服低剂量的左旋多巴能够治疗帕金森病,目前左旋多巴是 PD 药物治疗中最有效的对症治疗药物。

【体内过程】口服左旋多巴经小肠的芳香氨基酸主动转运体而吸收,0.5~2 h 达药峰浓度,$t_{1/2}$ 为 1~3 h。左旋多巴的吸收受胃排空时间、胃内容物和胃液 pH 的影响,如胃排空延缓和胃内酸度增加,均可降低其生物利用度。推荐餐前 1 h 或餐后 1.5 h 服药。

由于 95% 以上的左旋多巴在外周被氨基酸脱羧酶脱羧生成 DA,DA 进一步被单胺氧化酶(monoamine oxidase,MAO)及儿茶酚-O-甲基转移酶(catechol-O-methyl transferase,COMT)降解为 3,4-二羟苯乙酸(3,4-dihydroxy-phenyl acetic acid,DOPAC)及高香草酸(homovanillic acid，HVA），并经肾排泄。左旋多巴口服后仅有约 1% 透过血脑屏障并在脑内转化为 DA，发挥治疗作用。外周的 DA 不易通过血脑屏障，不能发挥治疗作用，可引起外周不良反应。为了减少左旋多巴在外周脱羧生成 DA 而引起的胃肠道和心血管系统的不良反应，临床上常合并使用多巴脱羧酶抑制药，如卡比多巴、苄丝肼，不但可减少 75% 左旋多巴治疗剂量及外周的不良反应，而且可使左旋多巴进入脑内的量增加到口服量的 10%。

【药理作用与作用机制】帕金森病患者的黑质多巴胺能神经元发生变性，出现临床症状时纹状体 DA 含量比正常水平降低 80% 以上。由于 DA 分子极性大，难透过血脑屏障，因此直接服用 DA 不具有治疗帕金森病的作用。左旋多巴是合成多巴胺的前体，容易透过血脑屏障，经脑内多巴胺能神经末梢摄取，在末梢内经多巴脱羧酶（氨基酸脱羧酶的一种）脱羧而转变为 DA，提高了纹状体及其他脑区 DA 含量，从而恢复与胆碱能神经功能之间的平衡，改善帕金森病的症状。

左旋多巴具有显著的抗帕金森病作用，起病初期用药疗效更为显著。应用左旋多巴后，患者感觉良好，抑郁和淡漠的症状改善，关心周围环境，思维清晰敏捷，听觉和口语学习能力也明显改进，生活质量显著提高。左旋多巴的作用具有以下特点：①起效慢，用药 2～3 周后才出现体征的改善，1～6 个月后才获得最大疗效；②对轻症及年轻患者疗效较好，而对重症及年长患者疗效较差；③对肌肉僵直肌运动困难的疗效较好，而对肌肉震颤的疗效较差。左旋多巴只是替代治疗，不能改变帕金森病的病程进展，其疗效仅能维持 3～5 年。

【临床应用】

1. 治疗各类型帕金森病 左旋多巴主要与氨基酸脱羧酶抑制药联用治疗各类型帕金森病，但对吩噻嗪类抗精神病药引起的锥体外系反应无效，因吩噻嗪类药物阻断中枢多巴胺受体，使多巴胺无法发挥作用。

口服左旋多巴是受运动症状困扰的患者首选的一线药物，首先改善运动障碍和肌肉僵直，然后改善震颤；对步态不协调、面部无表情和流涎者也有效，使患者精神活力增强，情绪好转，减轻抑郁、淡漠；可改善思维及表达能力，但对痴呆症状不易改善。开始应用左旋多巴治疗的数年内，疗效稳定，可达到近乎完全改善的程度。此阶段左旋多巴疗效时程超过血药浓度的时程，提示纹状体的多巴胺能神经末梢保留有一定贮存和释放多巴胺的缓冲能力。然而长期服药的效果有较大的个体差异。服药 6 年后，约对半数患者失效，只有 25% 的患者仍可获得良好效果。据流行病学调查，与未服左旋多巴的帕金森病患者比较，服用者生存时间明显延长，生活质量提高。

2. 肝性脑病的辅助治疗 左旋多巴可用于肝性脑病的辅助治疗，但不能改善肝功能。左旋多巴通过血脑屏障，在脑组织中经氨基酸脱羧酶的作用形成 DA，再经过 β- 羟化酶的作用形成去甲肾上腺素，增加脑内正常的神经递质的浓度，可对抗假性神经递质苯乙醇胺和羟苯乙醇胺，产生促觉醒的作用。

【不良反应】

1. 外周不良反应 主要是左旋多巴脱羧后生成的 DA 所致。

（1）胃肠道反应：可出现食欲缺乏、恶心、呕吐或上腹部不适，是由于 DA 刺激胃肠道和兴奋延髓催吐化学感受区 D_2 受体。合用氨基酸脱羧酶抑制药卡比多巴或 D_2 受体阻断药多潘立酮可减轻症状。

（2）心血管反应：左旋多巴外周脱羧而生成的 DA 进入血液循环后可激活多巴胺受体，引起直立性低血压。此外，由于 DA 可激动 β 受体，故可引起心律失常。若与非选择性 MAO 抑制药、儿茶酚胺合用或剂量过大，可使血压升高。

2. 中枢不良反应 是由长期和高剂量的左旋多巴诱发的运动并发症。

（1）异常不自主运动（abnormal involuntary movement，AIM）：又称异动症，表现为舞蹈

样、手足徐动样或简单重复的不自主动作，可累及头面部、四肢和躯干。约有 50% 的患者在治疗 2～4 个月内出现异动症。在用药后 1～2 小时的血药浓度高峰期出现的为剂峰异动症，与用药过量或 DA 受体过度兴奋有关。发生在服药开始（剂前）和服药结束（剂末）的为双相异动症，可能与储存和释放 DA 能力下降导致血药浓度不稳定有关。多数发生于清晨服药前的肌张力障碍与左旋多巴血药浓度较低有关。

（2）症状波动（motor fluctuation）："开 - 关现象（on-off phenomenon）"是症状在突然的缓解（"开"）和加重（"关"）之间波动。"开"表现为肢体运动较正常，常伴有异动症；"关"表现为突然肢体僵直，运动不能。其确切的机制尚未明了，可能的原因是随着病情的进展，多巴胺能神经元进一步减少，储存和释放 DA 的能力严重丧失，去多巴胺能神经支配与左旋多巴对 DA 受体的慢性脉冲样刺激导致症状波动。

（3）精神障碍：左旋多巴可引起幻觉、妄想、躁狂、失眠、焦虑、梦魇和情感抑郁等，与 DA 对中脑 - 边缘系统通路激动有关，在左旋多巴与氨基酸脱羧酶抑制药合用时更容易出现。与 D_2 受体亲和力较低的非典型抗精神病药如氯氮平可用于治疗精神障碍。

活动性消化道溃疡者慎用，闭角型青光眼、精神病患者禁用。

【药物相互作用】

1. 维生素 B_6 是多巴脱羧酶的辅酶，可增强外周组织脱羧酶的活性，使多巴胺生成增多，如与左旋多巴合用，可使其疗效降低，副作用增加。

2. 非选择性单胺氧化酶抑制药 如异卡波肼，可阻碍多巴胺的失活，因而可加重左旋多巴的外周副作用，甚至引起高血压危象，故禁止与左旋多巴合用。

3. 抗精神病药和利血平 都可产生类似震颤麻痹的症状，前者阻断多巴胺受体，后者耗竭中枢多巴胺，它们都能使左旋多巴失效，因此不宜与之合用。

（二）左旋多巴增效药

1. 氨基酸脱羧酶抑制药（amino acid decarboxylase，AADC）

➤ 卡比多巴（carbidopa）

卡比多巴是 α- 甲基多巴肼的左旋体，为外周脱羧酶抑制药，属左旋多巴增效药。由于卡比多巴有较强的左旋芳香氨基酸脱羧酶抑制作用及不能通过血脑屏障入脑，故与左旋多巴合用时，可减少左旋多巴在外周组织的脱羧作用，使更多的左旋多巴进入中枢黑质 - 纹状体而发挥作用，从而提高左旋多巴的疗效。两药合用的优点如下：①减少左旋多巴剂量；②明显减轻或防止左旋多巴对胃肠道及心脏等外周的不良反应；③在治疗开始时能更快地达到左旋多巴的有效剂量。临床上卡比多巴是左旋多巴治疗帕金森病的重要辅助药。

苄丝肼（benserazide）与卡比多巴是同类药。

➤ 复方左旋多巴制剂

复方左旋多巴制剂对强直、少动、震颤等均有良好疗效。左旋多巴丝肼含左旋多巴与苄丝肼，配比是 4：1。卡左双多巴含左旋多巴和卡比多巴，标准片配比是 10：1，控释片配比是 4：1。复方左旋多巴有标准片、控释片、水溶片等不同剂型。复方左旋多巴控释片特点是血药浓度比较稳定，且作用时间较长，有利于控制症状波动，减少每天的服药次数，但其生物利用度较低，起效缓慢，故将标准片转换为控释片时，每天首剂需提前服用，剂量应相应增加。复方左旋多巴制剂的不良反应与左旋多巴相似。使用复方左旋多巴制剂和多巴胺受体激动药时不能突然停药，以免发生撤药恶性综合征，即引起肌强直、高热、肌酶增高、意识障碍伴自主神经功能障碍等临床症状。

2. 抑制多巴胺降解的药物 单胺氧化酶（MAO）与儿茶酚 -O- 甲基转移酶（COMT）一起代谢左旋多巴和多巴胺。COMT 从供体 S- 腺苷基 -L- 蛋氨酸转移一个甲基生成药理失活化合物 3-氧-甲基多巴（从左旋多巴）及 3-甲氧基酪胺（从多巴胺）。当左旋多巴口服给药时，几乎 99% 药物被代谢，不能入脑，大多数经芳香 1-氨基酸脱羧酶（AADC）转换生成多巴胺，后者能引起恶心与低血压。此外，AADC 抑制药，如卡比多巴，可减少多巴胺生成，但增加 COMT 甲基化左旋多巴的比例，COMT 抑制药主要治疗作用是阻止外周左旋多巴转换成 3-氧-甲基多巴，增加血浆左旋多巴半衰期及提高进入中枢神经系统的剂量。

（1）单胺氧化酶 B 型（monoamine oxidase B，MAO-B）抑制药

> 司来吉兰（selegiline）

司来吉兰是选择性极高的 MAO-B 抑制药，可抑制纹状体中多巴胺的降解，其结果是增加了基底神经节多巴胺浓度。司来吉兰与复方左旋多巴合用可增加疗效，改善症状波动，单用有轻度的症状改善作用。

司来吉兰又是抗氧化剂，可阻滞左旋多巴氧化应激过程中·OH 自由基的形成，从而保护黑质多巴胺能神经元，延缓帕金森病症状的发展。司来吉兰的主要治疗作用是增加左旋多巴的有效性，减少后者的剂量和不良反应，减轻左旋多巴的"开-关现象"。

司来吉兰还具有神经保护作用，主要表现为保护和挽救易受损害的黑质神经元，减缓或阻止疾病的进程。其作用机制在于：①抑制 MAO-B，从而阻断氧化应激反应，使自由基生成减少，减慢神经元变性速率；②司来吉兰的代谢产物去甲基司来吉兰具有抗凋亡作用和抗氧化作用；③增加帕金森病患者脑源性神经营养因子的表达。

司来吉兰的代谢产物包括苯丙胺和甲苯丙胺，可引起焦虑、失眠等不良反应。第二代 MAO-B 抑制药雷沙吉兰（rasagiline）没有以上的不良反应，其可增加帕金森病患者的胶质细胞源性神经营养因子的表达，促进神经元细胞的存活。第三代 MAO-B 抑制药沙芬酰胺（safinamide）的选择性更高而且可逆，不良反应更少，用于治疗正在服用左旋多巴/卡比多巴且出现"关"现象的 PD 患者。

MAO-B 抑制药与 5-HT 再摄取抑制药（SSRI）、5-HT 和 NA 再摄取抑制药（SNRI）、三环类和四环类抗抑郁药联合使用时，有发生严重不良反应的报告，因此与抗抑郁药物联合应用时应谨慎或避免联用。MAO-B 抑制药不应与镇痛药哌替啶合用，合用可导致昏迷、强直、情绪激动和过热，发生机制不明。

（2）儿茶酚-O-甲基转移酶（COMT）抑制药

> 恩他卡朋（entacapone）

恩他卡朋是一种高选择性和强效的、可逆的外周 COMT 抑制药，不易透过血脑屏障，单用无效，需与左旋多巴制剂合用。作用机制是抑制左旋多巴的氧位甲基化，减少外周左旋多巴的降解，增加左旋多巴的生物利用度，延长其半衰期，提供更多的持续的左旋多巴进入脑内，增强左旋多巴的疗效。恩他卡朋可减少左旋多巴的用量及服药次数，并改善左旋多巴长期治疗引起的症状波动。恩他卡朋可与左旋多巴和卡比多巴组成固定剂量复合剂。

恩他卡朋口服易吸收，达峰时间是 0.4～0.9 h。体内分布呈双相性曲线，起始相半衰期为 0.3 h，终末相半衰期为 1.6～3.4 h。约 10% 经肾排泄，90% 经胆汁分泌排泄。其耐受性好，不良反应短暂而轻微。常见的不良反应是异动症，与增强多巴胺能活性有关，且最常发生在治疗开始时，减少左旋多巴剂量可降低这些不良事件的严重程度和发生率。其他不良反应有恶心、呕吐、腹痛、便秘、腹泻、眩晕和乏力等，尿液变黄与恩他卡朋及其代谢产物是黄色有关。

> 托卡朋（tolcapone）

托卡朋为选择性、可逆性 COMT 抑制药，易通过血脑屏障。托卡朋在外周抑制 COMT 活性，减少左旋多巴在外周的降解，增加左旋多巴的入脑量；在脑内抑制 COMT 活性，减少中枢多巴胺的降解，延长半衰期。托卡朋可单独用药，口服生物利用度为 65%，与血浆蛋白结

合率大于99%，几乎完全在肝内代谢，与葡糖醛酸结合，经胆汁和肾排泄。托卡朋有可能导致肝功能损害，使用时需严密监测肝功能。

（三）多巴胺受体激动药

多巴胺受体激动药有两种类型：麦角类和非麦角类。麦角类由于可能有引起瓣膜病变的严重不良反应，临床已不主张使用。目前推荐使用非麦角类，并作为早发型患者病程初期的首选药物。非麦角类药物的不良反应与复方左旋多巴相似，但其引起的症状波动与异动症发生率低，而体位性低血压、脚踝水肿和精神异常（幻觉、冲动控制障碍等）的发生率较高。冲动控制障碍包括强迫性购物、赌博障碍或性欲亢进等，是激动中脑-皮质通路中的 D_2、D_3 受体而产生的，减量或撤药后可恢复正常。非麦角类药物包括普拉克索、罗匹尼罗（ropinirole）、吡贝地尔（piribedl）、罗替高汀（rotigotine）和阿扑吗啡（apomorphine）。麦角类药物包括溴隐亭（bromocriptine）、α-二氢麦角隐亭（dihydroergocryptine）、培高利特（pergolide）等。以下药物之间的剂量转换为吡贝地尔：普拉克索：罗匹尼罗：溴隐亭：α-二氢麦角隐亭=100：1：5：10：60。

> 普拉克索（pramipexole）

普拉克索为合成的非麦角类 D_2、D_3 受体激动药，主要兴奋纹状体的多巴胺受体。口服 2 h 达药峰浓度，$t_{1/2}$ 为 8～12 h，90% 以原型从肾排泄。普拉克索单独或与左旋多巴合用可治疗帕金森病，降低左旋多巴的量和减少其引起的症状波动"剂末现象"或者"开-关现象"，尤其适用于早发型帕金森病患者的病程初期。在维持治疗的患者中，普拉克索与左旋多巴合用可以改善患者的运动障碍，降低左旋多巴用量，保护多巴胺能神经元。

普拉克索有神经保护作用，其作用机制可能是：①减少了左旋多巴用量，使左旋多巴介导的氧化代谢降低；②激动多巴胺自身受体（突触前膜 D_2 受体），减少了 DA 的合成和代谢；③抗毒性作用和自由基清除作用；④提供了受体介导的抗凋亡作用；⑤恢复纹状体多巴胺能神经元功能，减少谷氨酸的过度活动及其兴奋性神经毒性。

> 罗匹尼罗（ropinirole）

罗匹尼罗是 D_2 受体激动药，它可以单药治疗轻度帕金森病，也可以用于晚期患者，减少左旋多巴剂量20%并避免症状波动。罗匹尼罗是由 CYP1A2 代谢，其他经过此酶代谢的药物可能明显减少其清除率。

> 罗替高汀（rotigotine）

罗替高汀是 D_1、D_2、D_3 受体激动药，对 D_3 受体亲和力最高，还可激动 α_1 受体、5-HT 受体，以及阻断 α_2 受体和 M_2 受体。罗替高汀可采用皮贴剂给药，用于治疗早期帕金森病，在早期治疗中它比口服药物具有更持久的多巴胺能刺激作用。

> 吡贝地尔（piribedil）

吡贝地尔是 D_1、D_2 受体激动药，对中脑-皮质和边缘系统通路的 D_2 受体也有激动作用，还具有降低谷氨酰胺和自由基含量的作用。吡贝地尔对震颤作用强，对强直和少动的作用较弱。

> 阿扑吗啡（apomorphine）

阿扑吗啡与 D_4 受体有高度亲和力，与 D_2、D_3 受体和 α_{1D}、α_{2B}、α_{2C} 受体有中度亲和力，与 D_1 受体有低度亲和力，可有效地暂时缓解"关"期的运动不能。阿扑吗啡皮下注射可迅速吸收入血，10 min 后就可以出现临床效果，并能持续 2 h。

> 溴隐亭（bromocriptine）

溴隐亭为半合成的麦角生物碱，对多巴胺受体有直接激动作用。溴隐亭口服易吸收，但吸收不完全，$t_{1/2}$ 为 3～8 h，主要在肝代谢，经胆汁排出。其不良反应与左旋多巴相似且较多，可导致心脏瓣膜病变和肺胸膜纤维化，因此，目前临床已较少使用，仅适于不能耐受左旋多巴治疗的帕金森病患者。

（四）促多巴胺释放药

➢ **金刚烷胺（amantadine）**

金刚烷胺为抗病毒药，用于预防 A_2 型流感，1972 年首次意外地发现它能缓解帕金森病患者的症状，对少动、强直、震颤均有改善作用，对改善异动症有帮助。其抗震颤麻痹的机制可能是促使患者黑质-纹状体内所保留的完整的多巴胺能神经末梢释放多巴胺，以及减少神经元对多巴胺的再摄取，此外，还具有 NMDA 受体阻断作用。其临床疗效不及左旋多巴，但与左旋多巴有协同作用。金刚烷胺易从肠道吸收，作用时间较长，主要以原型由肾排出。金刚烷胺的不良反应较轻，且是暂时和可逆的；因其抗胆碱作用会出现视物模糊或警觉性降低，所以驾车或操作机器者慎用；长期应用可出现双下肢网状青斑，可能是局部释放儿茶酚胺而引起血管收缩所致；与抗胆碱能药合用或患者原有精神病时可出现幻觉、精神错乱和梦魇；偶见失眠、眩晕和昏睡。肾功能不全、癫痫、严重胃溃疡、肝病患者慎用，哺乳期妇女禁用。

二、中枢抗胆碱药

左旋多巴问世前，抗胆碱药一直是治疗帕金森病最有效的药物。目前抗胆碱药已经降至次要位置。然而，抗胆碱药对轻症患者、由于不良反应或禁忌证不能耐受左旋多巴者及左旋多巴治疗无效的患者仍然有效。此外，抗胆碱药与左旋多巴合用，可使半数以上的帕金森病患者的病情得到进一步改善。抗胆碱药对抗精神病药引起的帕金森病有效。对年龄 < 60 岁的患者，要告知长期应用抗胆碱药可能会导致认知功能下降，所以要定期复查认知功能，一旦发现认知功能下降则应停药。对 ≥ 60 岁的患者应慎用抗胆碱药。闭角型青光眼及前列腺肥大患者禁用。此类药物包括苯海索、苯扎托品、丙环定、东莨菪碱、环戊哌丙醇和比哌立登。

➢ **苯海索（benzhexol）**

苯海索又称安坦（artane），口服易从胃肠道吸收，通过阻断胆碱受体而减弱黑质-纹状体通路中乙酰胆碱的作用。其抗震颤效果好，也能改善运动障碍和肌肉强直，对僵直及运动迟缓的帕金森病患者疗效较差。苯海索主要适用于震颤明显且年轻患者，老年患者慎用。苯海索外周抗胆碱作用为阿托品的 1/10～1/3，不良反应与阿托品相似，但较轻，主要有口干、视物模糊、便秘、排尿困难等。

➢ **苯扎托品（benzatropine）**

苯扎托品又称苄托品（benztropine），除了具有抗胆碱作用外，还有抗组胺和局部麻醉作用，对大脑皮质运动神经元有抑制作用，用于治疗帕金森病和药物引起的帕金森样症状，外周副作用轻。

➢ **丙环定（procyclidine）**

丙环定又称开马君，具有中枢抗胆碱作用，能直接松弛平滑肌，用于治疗帕金森病和药物引起的帕金森样症状。常见不良反应与阿托品相似而较弱。

知识拓展

脑深部电刺激术

脑深部电刺激术（deep brain stimulation，DBS）受到越来越广泛的关注，并且已经在临床上广泛用于帕金森病等引起的运动障碍，同时在焦虑、抑郁、难治性癫痫、顽固性强迫症等中枢神经系统疾病上有巨大的潜力。

DBS 通过立体定向技术，将电极植入大脑深部的某些区域，在埋植于锁骨下皮下的植入式脉冲发生器（IPG）的控制下，电极发射电脉冲刺激靶点以调节神经功能，起到"脑起搏器"的功能，最终达到治疗神经、精神疾病的目的。

PD 患者经 3～5 年药物治疗后，50%～75% 的患者会出现异动症、"开关现象"等并发症，接受 DBS 能长期有效地控制运动症状，如震颤、僵直、运动迟缓、姿势异常等，达到提高生活质量、改善日常生活能力的目的。

临床应用

帕金森病的药物治疗

帕金森病的运动症状和非运动症状都会影响患者的工作和日常生活能力，因此药物治疗是以达到有效改善症状、避免或降低不良反应、提高工作能力和生活质量为目标。对帕金森病提倡早期诊断、早期治疗，这不仅可以更好地改善症状，而且可能延缓疾病的进展。药物治疗应坚持"剂量滴定"，以避免产生药物急性不良反应，力求实现"尽可能以小剂量达到满意临床效果"的用药原则，可避免或降低运动并发症尤其是异动症的发生率。

案例 17-2

患者，女，72 岁，因"头晕 2 年"就诊。当问及头晕的具体表现和发作频率时，患者语焉不详，不能够回答具体发作频率及最近一次发作时间。患者家属反映患者记忆力下降已有 2 年，做事经常重复，有明确的物品置放障碍。患者既往无高血压、糖尿病、高脂血症，无特殊用药史和家族史。查体：BP 124/80 mmHg。磁共振成像（MRI）显示：海马及顶叶进行性萎缩。神经系统检查：时间定向力明显减退，不能回忆早餐内容，简易智力量表、日常生活能力（ADL）及焦虑抑郁量表（HAD）评分均异常。综合认知功能评价证实，患者有明显记忆、执行功能和推理判断功能障碍，视空间功能轻度异常，绘画临摹能力相对好。诊断为阿尔茨海默病。给予多奈哌齐 5 mg/d 进行治疗。

问题：
1. 多奈哌齐治疗阿尔茨海默病的作用机制是什么？
2. 目前临床上治疗阿尔茨海默病的药物主要有哪几类？

第二节 治疗阿尔茨海默病药

阿尔茨海默病（Alzheimer disease，AD）是一种以进行性认知功能障碍和行为损害为特征的中枢神经系统变性疾病，以神经炎性斑、神经原纤维缠结、胆碱能神经元缺失与胶质增生等为主要病理特征，临床表现为记忆障碍、失语、失用、失认、视空间能力损害、抽象思维和计算力损害、人格和行为改变等。阿尔茨海默病包括痴呆前阶段和痴呆阶段。痴呆阶段认知损害的程度大致分为轻、中、重三度。轻度主要表现为记忆障碍；中度是除记忆障碍继续加重外，工作、学习新知识和社会接触能力减退；重度是除以上症状逐渐加重外，还有非认知性神经精神症状，以致不能完成日常简单的生活事项如穿衣、进食。WHO估计全球65岁以上人群阿尔茨海默病的患病率为4%~7%，其患病率与年龄密切相关，年龄平均每增加6.1岁，患病率升高1倍。阿尔茨海默病造成老年人逐渐失去日常生活能力，给家庭和社会带来巨大压力和医疗及照料负担，已经成为影响全球公共健康的重大问题。

阿尔茨海默病的病因至今仍未阐明，可能与年龄老化、遗传、环境、氧化应激、炎症等因素有关，其中β淀粉样蛋白（Aβ）异常沉积与tau蛋白异常磷酸化是目前公认的阿尔茨海默病主要分子机制。以减少Aβ和（或）降低tau蛋白聚集为靶点的药物研发有了一些进展，如阿杜那单抗。胆碱能神经功能增强药仍是目前临床治疗阿尔茨海默病的主要药物。这些药物可部分改善认知功能，延缓疾病进展，但并不能预防及治愈阿尔茨海默病。非药物治疗、生活护理和支持疗法也可能减轻病情和延缓认知功能下降。

一、中枢乙酰胆碱酯酶（AChE）抑制药

中枢AChE抑制药主要是提高脑内乙酰胆碱的水平，加强突触传递，改善认知功能。他克林（tacrine）是美国FDA批准的第一个治疗阿尔茨海默病的药物，为第一代中枢AChE抑制药，因有肝毒性，临床已不用。

➢ **多奈哌齐（donepezil）**

【药理作用与临床应用】多奈哌齐是第二代可逆性中枢AChE抑制药，能明显抑制脑组织中的AChE，使ACh的分解减慢，提高脑内ACh含量，改善认知功能；但对外周心脏（心肌）或小肠（平滑肌）无作用，对中枢神经毒性比他克林小，因此多奈哌齐选择性更高，疗效更强，作用时间长，且无肝毒性。服用多奈哌齐的绝大多数患者红细胞AChE的抑制率大于60%。临床研究显示多奈哌齐的耐受性良好，首选用于轻、中度阿尔茨海默病患者的治疗。

【不良反应】

1. 常见的不良反应 有恶心、腹泻、疲劳和肌肉痉挛，这些反应轻微、短暂，连续服药2~3周后自行消失。

2. 外周M受体激动作用 由于ACh作用于外周M受体有降低血压、减慢心率、增加腺体分泌等作用，病态窦房结综合征或严重房室传导阻滞、急性胃炎、胃溃疡、严重哮喘或慢性阻塞性肺疾病的患者应谨慎使用。

【体内过程】

多奈哌齐口服后3~4 h达药峰浓度，血浆浓度和药时曲线下面积与剂量成正比；$t_{1/2}$为70 h，治疗开始后3周内将达到稳态；血浆蛋白结合率为96%，主要以原型由尿排泄。

【药物相互作用】

多奈哌齐的血浆蛋白结合率虽然高，但不影响茶碱、西咪替丁、华法林或地高辛的清除。

多奈哌齐与拟胆碱药和其他 AChE 抑制药有协同作用，而与抗胆碱药有拮抗作用。

> **利斯的明（rivastigmine）**

利斯的明为第二代中枢 AChE 抑制药，1997 年底在瑞士上市，目前已获准在欧洲、亚洲及南美洲的一些国家上市。利斯的明能选择性地抑制大脑皮质和海马中的 AChE 活性，而对纹状体、脑桥、髓质及心脏中的 AChE 活性的抑制效应很弱。利斯的明具有安全、耐受性好、几乎无毒性等优点，且对外周 AChE 抑制作用很小，对伴有心脏、肝及肾等疾病的阿尔茨海默病患者具有独特的疗效。因此，利斯的明是目前唯一对认知行为及自理能力有显著疗效的 AChE 抑制药。

利斯的明不良反应较少且轻微，最常见的是恶心、呕吐、眩晕和腹泻等症状，服药 2～3 周后大多可自行消失。利斯的明禁用于严重肝、肾损害患者及哺乳期妇女。

> **加兰他敏（galanthamine）**

加兰他敏也是第二代中枢 AChE 抑制药，主要用于治疗轻、中度阿尔茨海默病，临床有效率为 60% 左右，其疗效与他克林相似，但没有肝毒性。加兰他敏对神经元的 AChE 有高度选择性，抑制神经元及红细胞 AChE 的能力要比抑制血液 AChE 的能力强 50 倍，是 AChE 的竞争性抑制药，在胆碱能高度不足的区域（如突触后区域）活性最大，不与蛋白结合，也不受进食和同时服药的影响。因此，加兰他敏目前在许多国家被推荐为治疗阿尔茨海默病的首选药物。

> **石杉碱甲（huperzine A）**

石杉碱甲也称哈伯因，是中国学者从天然植物中提取的一种生物碱，为一种高选择性胆碱酯酶抑制药，20 世纪 90 年代初被卫生部批准为治疗早老性痴呆的新药。石杉碱甲具有显著的改善记忆和认知功能的作用，药理与临床研究均表明，它明显优于国外同类治疗药物，可用于各型阿尔茨海默病的治疗。

二、M 受体激动药

> **呫诺美林（xanomeline）**

呫诺美林是选择性 M_1 受体激动药，对 M_2、M_3、M_4、M_5 受体作用很弱。易透过血脑屏障，且皮质和纹状体的摄取率较高，是目前发现的选择性高的 M_1 受体激动药之一。阿尔茨海默病患者服用呫诺美林后，其认知功能和动作行为有明显改善，但因胃肠不适及心血管系统等不良反应，部分患者中断治疗，为此已有经皮给药的新剂型，不仅减少了肝代谢，也避免了高剂量用药引起的胃肠不适等不良反应。

> **米拉美林（milameline）**

米拉美林是非选择性 M 受体部分激动药。与其他 M 受体激动药相比，米拉美林对 M_1 和 M_2 受体的亲和力几乎相同，且只对 M 受体有亲和力。其临床剂量不引起外周胆碱能不良反应，能提高认知能力和中枢胆碱能活性。不良反应有出汗、流涎、恶心、腹泻、低血压、头痛及尿频等。

三、NMDA 受体阻断药

> **美金刚（memantine）**

美金刚是一种特异性和非竞争性 NMDA 受体阻断药，抑制兴奋性氨基酸的神经毒性，从而保护胆碱能神经元，并且不干扰学习记忆所需的短暂性谷氨酸生理性释放，可用于中重度阿尔茨海默病的治疗。研究显示美金刚对中重度患者的整体转归、日常生活能力和行为有明显作用，其中妄想、激越或攻击性和易激惹是改善最明显的症状。美金刚的不良反应较少，包括幻觉、意识错乱、头晕、头痛等。

美金刚联合中枢 AChE 抑制药治疗比单独应用中枢 AChE 抑制药可让患者更有效获益，两者联合有相互增效的作用。美金刚与多奈哌齐复合制剂适用于治疗中重度阿尔茨海默病，在睡前服用，无需考虑食物的影响。

四、神经细胞生长因子增强药

> 丙戊茶碱（propentofylline）

丙戊茶碱是血管和神经保护药，Ⅲ期临床试验显示它具有确切的改善痴呆症状的作用且有良好的安全性。丙戊茶碱能抑制神经元腺苷重摄取及抑制 cAMP 分解酶（磷酸二酯酶），对神经起保护作用，从而改善和延缓阿尔茨海默病的进程。临床试验也证实该药不仅对痴呆症状有短期改善作用，且有长期的神经保护作用。常见不良反应有头痛、恶心、腹泻，但持续时间短。

> 二苯美伦（bifemelane）

二苯美伦具有激活脑能量代谢、改善神经传导和递质合成等作用。其口服吸收良好，2～6 h 血药浓度达峰值，$t_{1/2}$ 为 3 h，临床用于阿尔茨海默病和脑血管疾病后遗的情绪智力障碍。

五、脑代谢激活药

> 吡拉西坦（piracetam）

吡拉西坦是 GABA 的衍生物。大量的研究证据表明，吡拉西坦可直接作用于大脑皮质，具有激活、保护和修复神经细胞的作用，可增强学习能力，推迟缺氧性记忆障碍的形成，提高大脑对葡萄糖的利用率和能量储备，改善大脑功能。临床报告吡拉西坦能显著改善轻、中度阿尔茨海默病患者的认知能力，但对重度患者无效。吡拉西坦也可用于治疗脑外伤所致记忆障碍，对于衰老、脑血管意外、一氧化氮中毒等原因所致的记忆、思维障碍及偏瘫等均有一定的疗效。

吡拉西坦对中枢作用选择性高，仅限于脑功能的改善，优点是精神兴奋作用弱、无精神药物的副作用、久用无依赖性。

吡拉西坦口服后可分布到全身大部分组织器官，口服后 30～40 min 血药浓度达峰值，血浆蛋白结合率为 30% 左右，$t_{1/2}$ 为 4～6 h，易透过血脑屏障，直接经肾清除，在 26～30 h 内给药量的 90%～98% 以原型随尿排出。

> 奥拉西坦（oxiracetam）

奥拉西坦又称脑复智，为吡拉西坦的衍生物，能刺激特异性中枢胆碱能神经通路，促进脑代谢，作用较吡拉西坦强。

> 吡硫醇（pyritinol）

吡硫醇能促进大脑摄取葡萄糖和使紊乱的脑组织糖代谢恢复正常，增加脑血流量，改善脑电活动及脑功能。正常人服用吡硫醇后，脑电图显示中枢神经激活，注意力集中，记忆力明显提高。临床可用于治疗阿尔茨海默病，以及脑功能障碍如脑损伤后意识障碍、儿童学习能力低下等。

➢ **甲磺酸阿米三嗪／萝巴新片（almitrine bismesylate raubasine tablet）**

【药理作用与临床应用】甲磺酸阿米三嗪／萝巴新片能增加大脑组织供氧，有抗缺氧及改善脑代谢和微循环的作用，可改善皮质电活动及精神运动表现和行为，增强脑细胞功能，临床用于老年人智能障碍（如记忆力丧失、智力低下、注意力及集中力减退）、精神行为障碍（如活动能力减弱、个性改变、情感不稳定），也用于缺血性耳蜗前庭功能障碍，对脑缺血性头晕、阿尔茨海默病有一定疗效。

【不良反应与禁忌证】甲磺酸阿米三嗪／萝巴新片偶可引起恶心、昏睡，大量可引起心动过速、低血压、呼吸急促等；孕妇忌用。

➢ **脑蛋白水解物（cerebroprotein hydrolysate，脑活素，cerebrolysin）**

【药理作用与临床应用】脑蛋白水解物可直接通过血脑屏障进入脑神经细胞，促进神经细胞蛋白质合成，使已损伤但未变性的神经细胞恢复功能；同时可加速葡萄糖通过血脑屏障的转运速度，改善脑能量供应，增加腺苷酸环化酶的活性，有利于脑细胞记忆功能的恢复，临床用于脑动脉硬化、脑外伤后遗症、大脑发育不全、阿尔茨海默病、记忆力减退等。

【不良反应与注意事项】脑蛋白水解物注射过快可有发热感，偶可引起过敏反应，表现为寒战、低热，有时可见胸闷不适、头痛、呼吸急促、呕吐及排便增加。过敏体质者须慎用。一旦出现过敏反应，应立即停药治疗。严重肾功能障碍者忌用。

➢ **盐酸赖氨酸（lysine hydrochloride）**

盐酸赖氨酸为盐酸L-赖氨酸的冲剂或干糖浆剂。L-赖氨酸是人体8种必需氨基酸之一，能促进人体发育、增强免疫功能，并有提高中枢神经组织功能的作用。临床上多用于由于赖氨酸缺乏所致的发育不良、食欲缺乏、低蛋白血症、衰弱，以及脑动脉硬化、阿尔茨海默病、记忆力减退、各种颅脑损伤等。高氯血症、酸中毒及肾功能不全者须慎用。

各临床指南未推荐此类药物常规使用，因其有效性和安全性还不确定，临床医生常用于有选择的患者或辅助性治疗。

六、靶向β淀粉样蛋白（Aβ）的单克隆抗体

➢ **阿杜那单抗（aducanumab）**

阿杜那单抗是一种高亲和力、靶向Aβ构象表位的全人免疫球蛋白G1（IgG1）单克隆抗体，可选择性地与阿尔茨海默病患者大脑中聚集的可溶性和不溶性Aβ结合，通过激活免疫系统，减少大脑中的Aβ斑块，缓解疾病进程，用于治疗AD源性轻度认知障碍和轻度AD。最常见的不良反应是淀粉样蛋白相关成像异常的暂时性轻微的脑水肿、小出血点和表浅铁质沉着症，可出现过敏反应如血管性水肿和荨麻疹，其产生原因未明。

阿杜那单抗是2021年6月通过美国FDA的药物加速批准途径上市的首个基于β-淀粉样蛋白假说的药物，具有一定的里程碑意义，为阿尔茨海默病提供了一种新的治疗策略；但是其治疗效果及患者的认知获益证据在一定程度上存在不足，有待进一步补充。

思 考 题

1. 为何左旋多巴用于治疗帕金森病，而多巴胺不能起治疗作用？

2. 长期服用左旋多巴有哪些不良反应？如何帮助患者减轻不良反应？

3. 多奈哌齐为什么能治疗阿尔茨海默病？

4. 患者，男，70岁，10年前发现右手颤抖，不影响穿衣、吃饭，在当地医院诊断为帕金森病，给予苯海索治疗，效果好，颤抖消失。7年前开始右腿走路拖步，偶尔颤抖，加用左旋多巴和卡比多巴治疗，开始效果良好，但近3年来病情不断进展，逐渐出现双手颤抖、动作迟缓、翻身困难、便秘等症状。请回答：

（1）苯海索治疗帕金森病的作用机制是什么？

（2）为什么将左旋多巴和卡比多巴合用治疗帕金森病？

（3）分析患者现在的症状产生的可能原因。

（汪雪兰）

第十八章

抗精神失常药

第十八章数字资源

案例 18-1

患者，男，33岁，4年前无明显诱因出现多疑，感觉周围同事在谈论自己，自己家电话也被别人监听。患者有时觉得身体不适，怀疑别人给自己食物中下毒。根据患者存在的幻听、妄想等症状，结合精神病症状量表的检查，诊断为单纯型精神分裂症。患者一直采用吩噻嗪类抗精神病药氯丙嗪治疗，疗效尚可，但在10天前在治疗中出现明显的吞咽困难、斜颈等症状，被迫停药。患者入院后经利培酮治疗，同时医生对患者进行心理疏导，患者症状明显缓解，能独立生活。

问题：
1. 该患者使用氯丙嗪的药理学依据是什么？
2. 长期使用氯丙嗪所致的锥体外系反应有哪些类型？如何防治？
3. 如果你是该患者的主治医生，你会如何对患者进行心理疏导？

精神失常是由各种原因引起的思维、情感、行为等精神活动异常的疾病，包括精神分裂症、躁狂症、抑郁症和神经官能症（神经衰弱、癔症、焦虑症）等。抗精神失常药是一类治疗由多种原因引起的精神活动障碍的药物。根据其临床用途分为抗精神病药（antipsychotic drug）、抗躁狂药（antimanic drug）、抗抑郁药（antidepressant）和抗焦虑药（anxiolytic）。

第一节 抗精神病药

抗精神病药又称神经安定药（neuroleptic drug），主要用于治疗精神分裂症及其他精神失常的躁狂症状，也对其他精神病伴有的兴奋、躁动、紧张、幻觉和妄想等症状有显著疗效。精神分裂症（schizophrenia）是以思维、情感、行为之间不协调、精神活动与现实相脱离为主要特征的常见的一类精神病。精神分裂症全球终生患病率为3.8%～8.4%，且依然呈逐年增加的趋势，40%以上的患者发病后终生受累。根据临床症状，精神分裂症可分为Ⅰ型和Ⅱ型，前者以阳性症状（幻觉、妄想、思维混乱）为主，后者则以阴性症状（情感淡漠、主动性缺乏等）为主。目前，抗精神病药对Ⅰ型治疗效果好，而对Ⅱ型效果较差，甚至可加重病情。

根据化学结构及作用特点，可将抗精神病药分为以下几类。
1. **吩噻嗪类（phenothiazines）** 氯丙嗪、奋乃静、三氟拉嗪等。
2. **硫杂蒽类（thioxanthenes）** 氯普噻吨、氟哌噻吨等。

3. **丁酰苯类（butyrophenones）** 氟哌啶醇、氟哌利多等。
4. **其他结构类药物** 五氟利多、舒必利等。
5. **非典型抗精神病药** 氯氮平、奥氮平、利培酮、齐拉西酮、阿立哌唑、氨磺必利、帕利哌酮、布南色林、哌罗匹隆和鲁拉西酮等。

其中，吩噻嗪类、硫杂蒽类、丁酰苯类和其他结构类药物属于经典抗精神病药或称第一代抗精神病药，非典型抗精神病药又称第二代抗精神病药。第一代与第二代抗精神病药对于70%精神分裂症阳性症状患者的治疗无明显区别，但第二代抗精神病药对阴性症状也有效，且耐受性好，很少发生锥体外系反应和高催乳素血症等不良反应。目前，第二代抗精神病药被国内外推荐为精神分裂症治疗的一线药物。

抗精神病药的抗精神病作用机制如下。

1. 阻断中脑-边缘系统通路和中脑-皮质通路多巴胺受体 对精神分裂症的病因曾先后提出过许多假说，目前最为广泛认可的为多巴胺（DA）假说。DA 是中枢神经系统内一种重要的神经递质，其通过与脑内 DA 受体结合而参与人类神经精神活动的调节，其功能亢进或减弱均可导致严重的神经精神疾病。DA 假说认为，精神分裂症是由中枢 DA 系统功能亢进所致，其中中脑-边缘系统通路和中脑-皮质通路 DA 系统主要调控机体的精神活动，Ⅰ型精神分裂症主要与该通路功能亢进有关。支持该假说的相关临床研究发现：促进 DA 释放的苯丙胺可致急性或慢性妄想型精神分裂症，加剧精神分裂症的症状；而减少 DA 的合成和储存能改善病情；未经治疗的Ⅰ型精神分裂症患者，死后病理检查发现其壳核和伏隔核 DA 受体（尤其是 D_2 样受体）数目显著增加。

因此，抗精神病药的主要作用机制为阻断中脑-边缘系统通路和中脑-皮质通路的 D_2 样受体（D_2 和 D_3 亚型）。目前临床使用的各种高效价抗精神病药均是强效 DA 受体阻断药，且对Ⅰ型精神分裂症有较好的疗效。值得指出的是，除了中脑-边缘系统通路和中脑-皮质通路之外，中枢尚有黑质-纹状体和漏斗-结节通路，而大多数抗精神病药在阻断 D_2 样受体，发挥疗效的同时，均不同程度地引起锥体外系反应，这是这些药物非特异性阻断黑质-纹状体通路的 DA 受体所致，相同原因，部分药物也可通过阻断漏斗-结节通路的 DA 受体，引起内分泌系统的异常（图 18-1）。

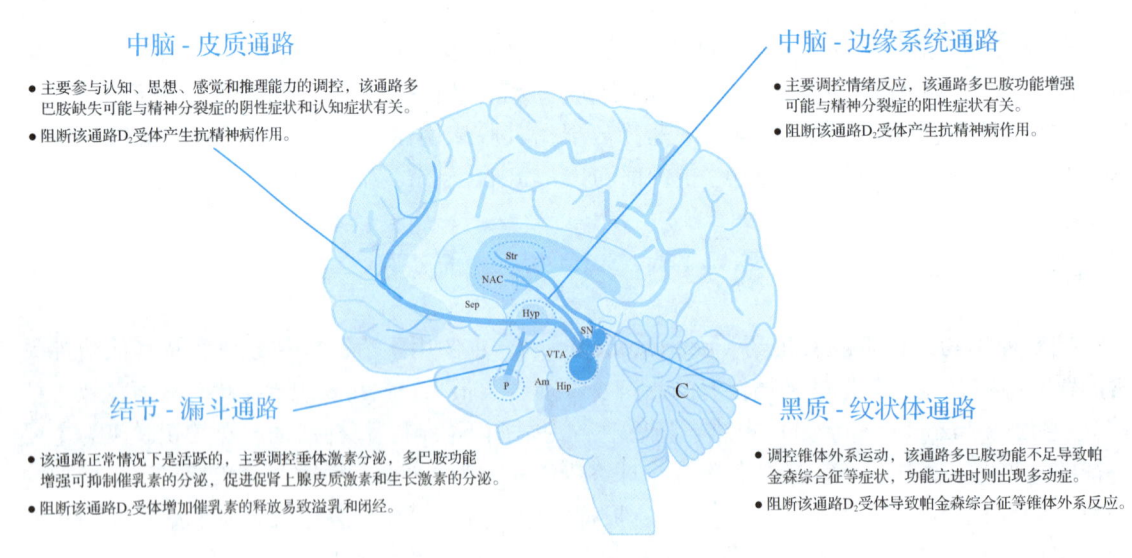

图 18-1　脑内多巴胺能神经通路及其功能
NAC：伏隔核（nucleus accumbens）；Am：杏仁核（amygdala）；C：小脑（cerebellum）；Hyp：下丘脑（hypothalamus）；P：垂体（pituitary）；Hip：海马（hippocampus）；Sep：隔核（septalnuclei）；SN：黑质（substantia nigra）；Str：纹状体（striatum）；VTA：中脑腹侧被盖区（ventral tegmental area）

2. 阻断 5-HT 受体 精神分裂症的另一个假说为 5-HT 假说，该假说认为，精神分裂症与中枢5-HT功能异常有关。5-HT对中枢DA通路具有一定的调控作用，而精神分裂症的阴性症状多与5-HT$_2$受体过度激活有关，一些非典型抗精神病药物如氯氮平、利培酮的抗精神病作用主要是通过阻断5-HT$_2$受体实现的。其中，氯氮平是选择性D$_4$受体阻断药，对其他DA体亚型几无亲和力，同时可阻断5-HT$_2$受体，对5-HT和DA系统的相互作用具有一定的协调作用；利培酮阻断5-HT$_2$受体的作用显著强于其阻断D$_2$受体的作用。因此，即使长期应用氯氮平和利培酮也几无锥体外系反应发生。

一、第一代抗精神病药

（一）吩噻嗪类

吩噻嗪是由硫、氮连接两个苯环的一种三环结构，其2、10位被不同基团取代则获得吩噻嗪类抗精神病药。根据C-10侧链基团不同，吩噻嗪类可分为二甲胺类、哌嗪类及哌啶类。抗精神病作用最强的是哌嗪类，其次是二甲胺类，哌啶类最弱。

氯丙嗪是吩噻嗪类药物的典型代表，也是应用最广泛的抗精神病药。氯丙嗪于1952年在法国治疗兴奋性躁动患者获得成功。它不仅控制了患者的兴奋，而且对其他精神症状也有效，在精神分裂症临床治疗学上取得了重大突破，使精神分裂症患者脱离了传统的电休克治疗的痛苦。其后，又相继发现了对精神分裂症具有治疗作用的多个衍生物（表18-1），这类药统称为吩噻嗪类抗精神病药。

➤ 氯丙嗪（chlorpromazine）

氯丙嗪又名冬眠灵（wintermine），为二甲胺类抗精神病药，可阻断脑内中脑-边缘系统和中脑-皮质通路的DA受体，这是其抗精神病作用的主要机制。氯丙嗪也能阻断α受体和M受体，这是其药理作用广泛、长期应用产生严重不良反应的药理学基础。多巴胺能神经元并不只存在于边缘系统，如D$_2$样受体也分布在黑质-纹状体系统（锥体外系）及漏斗-结节通路（调控垂体激素分泌部位）。因此多巴胺受体阻断药氯丙嗪虽可改善精神分裂症，但长期应用也可导致锥体外系运动障碍和内分泌改变（如催乳素的释放）。同时，氯丙嗪也可以阻断与治疗作用有关的5-HT受体。尽管氯丙嗪选择性较低，但作为第一个神经安定药及抗精神病药目前在临床治疗中仍发挥着主导作用。

【体内过程】氯丙嗪口服存在明显的首过效应，生物利用度为25%～35%，吸收慢而不规则，不同个体口服相同剂量的氯丙嗪后，血药浓度可差10倍以上，故给药剂量应个体化。口服后，血药浓度达峰时间为2～4 h，胃中食物、同时服用抗胆碱药均能明显延缓其吸收，肌内注射吸收迅速。该药物具有较高的血浆蛋白结合率，到达血液后，90%以上与血浆蛋白结合，可广泛分布于全身，其中脑、肺、肝、脾、肾浓度较高，脑内浓度可达血浆浓度的10倍。氯丙嗪主要在肝代谢，经肾排泄。因脂溶性高，易蓄积于脂肪组织，停药数周乃至半年后，尿中仍可检出其代谢产物。氯丙嗪在体内的消除和代谢速率随年龄增加而递减，故老年患者须减量。

【药理作用与作用机制】

1. 对中枢神经系统的作用

（1）抗精神病作用　氯丙嗪对中枢神经系统有较强的抑制作用，称为神经安定作用（neuroleptic effect）。氯丙嗪具有显著控制活动状态或躁狂状态而又不损伤感觉的能力，可导致动物自发活动明显减少，易诱导入睡，与巴比妥类催眠药不同，给予氯丙嗪的实验动物对刺激有良好的觉醒反应，加大剂量也不引起麻醉。正常人口服治疗量氯丙嗪后，可出现安静、活动减少、感情淡漠和注意力下降、对周围事物不感兴趣、答话缓滞等现象，而理智正常，在安静环境下易入睡，但易唤醒，醒后神志清楚，随后又易入睡。精神分裂症患者服用氯丙嗪后则显现良好的抗精神病作用，能迅速控制兴奋躁动状态，大剂量连续用药能消除患者的幻觉和妄想等症状，减轻思维障碍，使患者恢复理智，情绪安定，生活自理。氯丙嗪抗幻觉及抗妄想作用一般需连续用药 6 周至 6 个月才充分显效，且无耐受性。

氯丙嗪抗精神病作用主要机制在于阻断中脑 - 边缘系统通路和中脑 - 皮质通路的 D_2 样受体，但需要注意的是，药物在发挥疗效的同时，都不同程度地引起锥体外系反应，这是阻断黑质 - 纹状体通路的 D_2 样受体所致。

（2）镇吐作用　氯丙嗪有较强的镇吐作用。小剂量的氯丙嗪可阻断延髓第四脑室底部的催吐化学感受区（chemoreceptor trigger zone，CTZ）的 D_2 受体，对抗 DA 受体激动药阿扑吗啡引起的呕吐反应。大剂量的氯丙嗪直接抑制延髓呕吐中枢。但是，氯丙嗪不能对抗前庭刺激引起的呕吐。氯丙嗪也可治疗顽固性呃逆，其机制是抑制位于延髓与催吐化学感受区旁的支配呃逆的中枢。

（3）对体温调节的作用　氯丙嗪对下丘脑体温调节中枢有很强的抑制作用，使其失去调节体温的作用，体温随环境温度变化而变化。与解热镇痛抗炎药仅降低发热体温不同，氯丙嗪对发热和正常体温均有影响，环境温度越低其降温作用越明显，与物理降温同时应用，则有协同降温作用。在炎热天气，氯丙嗪可使体温升高，这是氯丙嗪使体温调节中枢丧失了体温调节作用的结果。

2. 对自主神经系统的作用　氯丙嗪能阻断 α 受体和 M 受体。阻断 α 受体可致血管扩张、血压下降，但由于连续用药可产生耐受性，且有较多副作用，故不适合用于高血压的治疗；阻断 M 受体的作用较弱，可引起口干、便秘、视物模糊等。

3. 对内分泌系统的影响　激动漏斗 - 结节系统中的 D_2 受体可促使下丘脑分泌多种激素，如催乳素释放抑制因子（PIF）、促性腺激素释放激素（GnRH）和促皮质激素释放激素（CRF）等。氯丙嗪阻断 D_2 受体，增加催乳素的分泌，抑制促卵泡激素（FSH）、黄体生成素（LH）和糖皮质激素的分泌。氯丙嗪也可抑制垂体生长激素的分泌，可试用于巨人症的治疗。

【临床应用】

1. 精神分裂症　氯丙嗪主要用于 I 型精神分裂症（以精神运动性兴奋、幻觉、妄想为主）的治疗，尤其对急性患者效果显著，能够显著缓解兴奋、激动、焦虑、攻击、妄想、幻觉等阳性症状，但对冷漠等阴性症状效果不明显。临床急诊或急性期治疗，可首先采用 25 ~ 50 mg 氯丙嗪与等量异丙嗪（非那根）混合深部肌内注射或静脉滴注，能快速有效地控制患者的兴奋和急性精神病症状，但不能根治，需长期用药，甚至终生治疗；一旦患者的急性症状得到控制，即改为口服给药。因为精神分裂症具有复发倾向，目前临床学者主张首次发病后，维持治疗半年至 1 年；再次发病者需继续治疗 2 ~ 3 年；多次发病者宜长期服药以维持疗效。氯丙嗪对慢性精神分裂症患者疗效较差，往往需要用药更长的时间方能见效；对 II 型精神分裂症患者无效甚至加重病情。氯丙嗪对其他精神病伴有的兴奋、躁动、紧张、幻觉和妄想等症状也有显著疗效；同时也可治疗各种器质性精神病（如脑动脉硬化性精神病、感染中毒性精神病）和症状性精神病的兴奋、幻觉和妄想症状，但剂量不能大，症状控制后须立即停药。

2. 呕吐和顽固性呃逆　氯丙嗪对多种药物（如洋地黄类、吗啡、四环素）和疾病（如尿毒症和恶性肿瘤）引起的呕吐具有显著的镇吐作用，对顽固性呃逆也有显著疗效，但对前庭功能刺激所致的晕动病无效。

3. 低温麻醉（hypothermic anesthesia）与人工冬眠（artificial hibernation）　物理降温（冰袋、冰浴）配合氯丙嗪可用于低温麻醉，使患者体温降至预定范围，降低重要器官（心、脑等）的耗氧量，该方法适用于心脏、脑、大血管手术的进行。氯丙嗪与其他中枢抑制药（哌替啶、异丙嗪）合用（称为冬眠合剂），可使患者深睡，体温、基础代谢率及组织耗氧量均降低，增强患者对缺氧的耐受力，减轻机体对伤害性刺激的反应，并可使自主神经传导阻滞及中枢神经系统反应性降低。机体处于这种低温麻醉状态，称为人工冬眠，有利于机体度过危险的缺氧缺能阶段，为进行其他有效的对因治疗争得时间。人工冬眠多用于严重创伤、感染性休克、高热惊厥、中枢性高热及甲状腺危象等疾病的辅助治疗。

> **知识拓展**
>
> **人工冬眠合剂的配方及适应证**
>
> Ⅰ号方：氯丙嗪（冬眠灵）50 mg、哌替啶（度冷丁）100 mg、异丙嗪（非那根）50 mg，加入 5% 葡萄糖溶液或生理盐水中静脉滴注，适用于高热、烦躁的患者，呼吸衰竭者慎用。
>
> Ⅱ号方：哌替啶（度冷丁）100 mg、异丙嗪（非那根）50 mg、二氢麦角碱（海德嗪）0.3～0.9 mg，加入 5% 葡萄糖溶液或生理盐水中静脉滴注，适用于心动过速的患者。
>
> Ⅲ号方：哌替啶（度冷丁）100 mg、异丙嗪（非那根）50 mg、乙酰丙嗪 20 mg，加入 5% 葡萄糖溶液或生理盐水中静脉滴注。适应证同Ⅰ号方。
>
> Ⅳ号方：异丙嗪（非那根）50 mg、二氢麦角碱（海德嗪）0.3～0.9 mg，加入 5% 葡萄糖溶液或生理盐水中静脉滴注，适用于有呼吸衰竭的患者。
>
> Ⅴ号方：氯丙嗪（冬眠灵）50 mg、异丙嗪（非那根）50 mg、普鲁卡因 500 mg，加入 5% 葡萄糖溶液或生理盐水中静脉滴注，适用于少尿患者，对于心率慢及心律失常者慎用。
>
> 通用方：氯丙嗪（冬眠灵）50 mg、异丙嗪（非那根）50 mg，加入 5% 葡萄糖溶液或生理盐水中静脉滴注，适用于病情较轻的患者。
>
> 人工冬眠期间保持患者呼吸道通畅，定时为患者翻身、叩背、雾化吸入，防止坠积性肺炎的发生，仔细观察患者皮肤、肢体末端的血液循环情况，并给予按摩以防止冻伤及压疮等并发症。

【不良反应】 氯丙嗪安全范围大，但长期大剂量应用，不良反应较多。

1. 一般不良反应　常见中枢抑制症状（嗜睡、淡漠、无力等）、M 受体阻断症状（视物模糊、口干、无汗、便秘、眼内压升高等）和 α 受体阻断症状（鼻塞、血压下降、直立性低血压及反射性心悸）等。为防止直立性低血压，注射给药后立即卧床休息 2 h 左右，然后缓慢起立。氯丙嗪局部刺激性较强，可深部肌内注射。静脉注射可致血栓性静脉炎，应以生理盐水或葡萄糖溶液稀释后缓慢注射。

2. 锥体外系反应（extrapyramidal system reaction）　长期大量应用氯丙嗪可出现三种锥体外系反应。①帕金森综合征（Parkinson syndrome）：表现为肌张力增高、面容呆板、动作迟缓、肌肉震颤、流涎等，多见于中老年人用药数周至数月；②静坐不能（akathisia）：患者表现为坐立不安、反复徘徊，以中青年患者多见，通常见于患者用药后数天至数周；③急性肌张力障碍（acute dystonia）：多出现在青少年患者用药后第 1～5 天，由于舌、面、颈及背部肌肉痉挛，患者可出现强迫性张口、伸舌、斜颈、呼吸运动障碍及吞咽困难。以上三种反应是氯丙嗪阻断了黑质-纹状体通路的 D_2 样受体，使纹状体中的 DA 功能减弱、ACh 的功能相对增强而引起的，可通过减少药量、停药来减轻或消除，也可用抗胆碱药苯海索等。

此外，长期服用氯丙嗪数月至数年后，对部分患者还可引起一种特殊而持久的运动障碍，称为迟发性运动障碍（tardive dyskinesia，TD），表现为口-面部不自主的刻板运动、广泛性舞蹈样手足徐动症，停药后仍长期不消失。其机制可能是 DA 受体长期被阻断、受体敏感性增加或反馈性促进突触前膜 DA 释放增加所致。精神分裂症患者服用氯丙嗪后约有 20% 出现迟发性运动障碍，病程长的患者则可高达 40%。尽管症状通常较轻，但该反应难以治疗，一旦发展为严重病例，很难逆转，患者的生活质量则进一步恶化，因此，早期发现非常重要。不同于急性运动障碍，迟发性运动障碍用抗胆碱药反使症状加重。非典型抗精神病药如氯氮平引起迟发性运动障碍的风险较小，但从氯丙嗪换为氯氮平可减轻迟发性运动障碍症状的证据尚不充分。迟发性运动障碍尤易侵袭那些器质性脑疾病患者，因此，老年患者应尽量避免使用这类药物。

3. 药源性精神异常　氯丙嗪本身可以引起精神异常，如意识障碍、萎靡、淡漠、兴奋、躁动、消极、抑郁、幻觉、妄想，应与原有疾病加以鉴别，一旦发生应立即减量或停药。

4. 惊厥与癫痫　少数患者在用药过程中出现局部或全身抽搐，脑电图有癫痫样放电，有惊厥或癫痫史者更易发生，应慎用，必要时加用抗癫痫药。

5. 过敏反应　常见症状有皮疹、接触性皮炎。少数患者出现肝损害、黄疸，也可出现粒细胞减少、溶血性贫血和再生障碍性贫血等。

6. 心血管和内分泌系统反应　主要表现有直立性低血压、持续性低血压休克、心电图异常、心律失常等，多见于同时患动脉硬化、高血压的老年患者。长期用药还会引起内分泌系统紊乱，如乳腺增大、泌乳、月经停止、抑制儿童生长等。主要是由于氯丙嗪阻断了 DA 介导的下丘脑催乳素释放抑制因子，引起高催乳素血症，导致溢乳、闭经及妊娠试验假阳性；正常的雄激素向雌激素转变受到影响时会导致性欲的增强，性功能障碍（阳痿、闭经）的出现可能会使患者不合作。

7. 急性中毒　一次吞服大剂量氯丙嗪后，可致急性中毒，患者出现昏睡、血压下降至休克水平，并出现心肌损害，如心动过速、心电图异常（P-R 间期或 Q-T 间期延长，T 波低平或倒置），此时应立即对症治疗。

8. 神经阻滞剂恶性综合征（neuroleptic malignant syndrome）　是一种非常罕见但致命的不良反应，主要见于对抗精神病药锥体外系反应较敏感的患者。最初症状为肌肉强直，肌酸磷酸激酶升高，提示有肌肉损伤，多伴有严重高热，自主神经功能紊乱、高血压、意识障碍，10%~20% 的病例死于肾衰竭或心功能不全。该综合征主要由突触后膜 DA 受体被快速、过度阻断所致。该疾病的治疗首先需停用抗精神病药，可用抗帕金森病药（DA 受体激动药溴隐亭、促 DA 释放药金刚烷胺等）缓解。肌肉松弛药可使用地西泮或丹曲林。如存在发热，可采用物理降温的方式。症状缓解后建议换用非典型抗精神病药。

【药物相互作用与禁忌证】氯丙嗪可以增强其他一些药物（如乙醇、镇静催眠药、抗组胺药、镇痛药）的作用，联合使用时注意调整剂量，特别是当与吗啡、哌替啶等合用时要注意呼吸抑制和血压降低的问题。此类药物抑制 DA 受体激动药、左旋多巴的作用。氯丙嗪的去甲基代谢产物可以拮抗胍乙啶的降压作用，可能是阻止后者被摄入神经末梢所致。某些药酶诱导剂（如苯妥英钠、卡马西平）可加速氯丙嗪的代谢，应注意适当调整剂量。氯丙嗪能降低惊厥阈，可诱发癫痫，故有癫痫及惊厥史者禁用；氯丙嗪能升高眼内压，青光眼患者禁用；乳腺增生症和乳腺癌患者禁用；氯丙嗪对冠心病患者易致猝死，应慎用。

➤ **其他吩噻嗪类药物**

吩噻嗪中侧链为哌嗪环的药物有奋乃静（perphenazine）、氟奋乃静（fluphenazine）及三氟拉嗪（trifluoperazine）。奋乃静抗精神病作用较强，但镇静作用较氯丙嗪弱，对心血管系统、肝及造血系统的副作用较氯丙嗪轻，但锥体外系反应较明显。三氟拉嗪和氟奋乃静的中枢镇静作用较弱，且具有兴奋和激活作用。两药除有明显的抗幻觉、妄想作用外，还对行为退缩、情感淡漠等症状有较好的疗效，适用于精神分裂症偏执型和慢性精神分裂症。硫利达嗪（thioridazine，甲硫达嗪）的侧链为哌啶环，该药有明显的镇静作用，抗幻觉、妄想作用不如氯丙嗪，锥体外系反应小，老年人易耐受，作用缓和为其优点。吩噻嗪类抗精神病药作用比较见表18-1。

表 18-1 吩噻嗪类抗精神病药作用比较

药物	抗精神病剂量（mg/d）	作用特点		
		镇静作用	锥体外系反应	降压作用
氯丙嗪	25 ~ 300	+++	++	+++（肌内注射）；++（口服）
氟奋乃静	2 ~ 20	+	+++	++
三氟拉嗪	5 ~ 20	+	+++	+
奋乃静	8 ~ 32	++	+++	+
硫利达嗪	150 ~ 300	+++	+	+++

注：+++ 表示强；++ 表示次强；+ 表示弱

（二）硫杂蒽类

硫杂蒽类（噻吨类）的基本结构与吩噻嗪类相似，但吩噻嗪环上10位的氮原子被碳原子取代，所以此类药物的基本药理作用与吩噻嗪类也极为相似。

➤ **氯普噻吨（chlorprothixene）**

氯普噻吨又名氯丙硫蒽或泰尔登（tardan），是硫杂蒽类药物的代表，其结构与三环类抗抑郁药相似，故有较弱的抗抑郁作用。其调整情绪、控制焦虑抑郁的作用较氯丙嗪强，但抗幻觉、妄想作用不如氯丙嗪。氯普噻吨适用于带有强迫状态或焦虑抑郁情绪的精神分裂症、焦虑性神经症及更年期抑郁症。由于其抗肾上腺素作用与抗胆碱作用较弱，故不良反应较轻，锥体外系反应也较少。

➤ **氟哌噻吨（flupentixol）**

氟哌噻吨又称三氟噻吨，抗精神病作用与氯丙嗪相似，与后者不同的是有特殊的激动效应，故禁用于躁狂症患者。氟哌噻吨低剂量具有一定的抗抑郁、焦虑的效果，可用于治疗焦虑和轻度抑郁。其镇静作用弱，但锥体外系不良反应常见；偶有猝死的报道。长效制剂癸酸氟哌噻吨，可深部肌内注射，每2周给予20 ~ 40 mg，对改善慢性症状有效。

（三）丁酰苯类

丁酰苯类的化学结构尽管与吩噻嗪类完全不同，但其药理作用和临床应用与吩噻嗪类相似，锥体外系反应重且常见，对外周自主神经无明显作用。

➤ **氟哌啶醇（haloperidol）**

氟哌啶醇是第一个合成的丁酰苯类药物，其作用及机制与吩噻嗪类相似，抗精神病作用及锥体外系反应均很强，镇静、降压作用弱。氟哌啶醇因抗躁狂作用和抗幻觉、妄想作用显著，常用于治疗以兴奋躁动、幻觉、妄想为主的精神分裂症及躁狂症；因其镇吐作用较强，可用于多种疾病及药物引起的呕吐，对持续性呃逆也有效。氟哌啶醇锥体外系反应发生率高达80%，常见急性肌张力障碍和静坐不能；大剂量长期应用可致心肌损伤；也有可能引起神经阻滞剂恶性综合征。肝功不良者、哺乳期妇女慎用。

> **氟哌利多（droperidol）**

氟哌利多又称氟哌啶，作用与氟哌啶醇基本相似，具有抗焦虑、抗妄想、抗幻觉及较好的镇痛、镇吐、抗休克的作用。氟哌利多体内代谢快，作用维持时间短，作用时间为 6 h 左右，知觉的改变约 12 h，临床上主要用于增强镇痛药的作用，如与芬太尼配合使用，可使患者处于一种特殊的麻醉状态：使痛觉消失、精神恍惚、对环境淡漠，称为神经安定镇痛术，可作为一种外科麻醉方法，用于小手术如烧伤清创、内镜检查、造影等，其特点是集镇痛、安定、镇吐、抗休克作用于一体。氟哌利多也用于控制精神病患者的攻击行为。

（四）其他结构类抗精神病药

> **五氟利多（penfluridol）**

五氟利多属于二苯基丁酰哌啶类，是较好的口服长效抗精神分裂症药，一次用药疗效可维持 1 周，能够长效的原因可能与其贮存于脂肪组织而缓慢释放入血有关。五氟利多能选择性阻断 D_2 受体及钙通道，有较强的抗精神病作用，也有镇吐作用，对精神分裂症的疗效与氟哌啶醇相似，镇静作用较弱，适用于急、慢性精神分裂症，尤其适用于慢性患者，对幻觉、妄想、退缩均有较好疗效。五氟利多的副作用以锥体外系反应最常见，较易出现迟发性运动障碍。

> **舒必利（sulpiride）**

舒必利属苯甲酰胺类，对中脑-边缘系统通路的 D_2 受体有高度亲和力，对纹状体的受体亲和力较低，因此可选择性地阻断中脑-边缘系统 D_2 受体，锥体外系反应较少。舒必利对紧张型精神分裂症疗效高，起效也较快，有药物电休克之称。该药物还可阻断 5-HT 受体，有改善患者与周围的接触、活跃情绪、减轻幻觉和妄想的作用，对情绪低落、忧郁等症状也有治疗作用，对长期用其他药物无效的难治性病例也有一定疗效。

二、非典型抗精神病药

> **氯氮平（clozapine）**

氯氮平属于苯二氮䓬类，为非典型抗精神病药的代表药。该药可选择性地作用于 D_4 受体，特异性地阻断中脑-边缘系统通路和中脑-皮质通路的 D_4 受体，而对黑质-纹状体系统的 D_2 和 D_3 受体几无亲和力，因此其优点在于锥体外系反应轻微，而且是一过性的。氯氮平也被称为 5-HT-DA 受体阻断药（serotonin-dopamine antagonists，SDA），因为其可阻断 5-HT_{2A} 受体，协调 5-HT 与 DA 能系统的相互作用和平衡，因此氯氮平抗精神病作用强，对其他抗精神病药无效的精神分裂症的阴性和阳性症状都有治疗作用，能较快地控制兴奋躁动、焦虑不安、幻觉妄想、痴呆木僵等症状。目前，氯氮平主要用于其他抗精神病药无效或锥体外系反应过强的患者，也可用于长期应用氯丙嗪等抗精神病药引起的迟发性运动障碍，症状可明显改善，原有精神病也可得到控制。

氯氮平尽管几乎无锥体外系反应，但具有抗胆碱作用、抗组胺作用、抗 α 肾上腺素作用、食欲及体重增加等不良反应，已有病例报道氯氮平可导致血糖、血脂代谢障碍；此外，尚可诱发癫痫和惊厥。氯氮平最为严重的不良反应是粒细胞减少，其发生率约为其他抗精神病药的 10 倍。因此，尽管氯氮平在国内应用比较广泛，考虑到其不良反应的发生（锥体外系反应除外）风险，建议谨慎作为首选应用。

> **奥氮平（olanzapine）**

奥氮平的结构和药理作用与氯氮平相似，是作用于多种受体系统进而显示广泛药理学活性的新型抗精神病药，它对 5-HT_{2A} 受体的阻断程度大于对 D_1 和 D_2 受体的阻断程度，与 D_4 受体有高度亲和力，与 M 受体、α_1 受体、H_1 受体有一定亲和力，对阳性和阴性精神病症状的控制均有效。奥氮平主要选择性地作用于中脑 - 边缘系统的 DA 通路，对黑质 - 纹状体的 DA 系统尽管有轻微阻断作用，但锥体外系反应发生率低，仅见于极少数非常敏感的患者。与氯氮平比较，奥氮平基本上无粒细胞减少症这一不良反应，但仍有轻度镇静、直立性低血压、体重增加等不良反应。奥氮平主要适用于精神分裂症和其他有严重阳性症状（如妄想、幻觉、思维障碍）或阴性症状（如情感淡漠、言语贫乏）的精神病的急性期和维持治疗。

➢ 利培酮（risperidone）

利培酮对中枢 5-HT_{2A} 和 D_2 受体有很强的阻断作用，同时对 α 受体有一定的阻断作用，但对 β 受体及 M 受体亲和力较低，因此该药物对精神分裂症阳性症状如幻觉、妄想、思维障碍等及阴性症状均有效，适于治疗首发急性和慢性精神分裂症患者。由于利培酮有效剂量小、用药方便、起效快、低剂量时锥体外系反应轻，且抗胆碱作用及镇静作用弱，易被患者耐受，治疗依从性优于其他抗精神病药，已成为治疗精神分裂症的一线药物。

➢ 帕利哌酮（paliperidone）

帕利哌酮是利培酮的主要活性代谢产物，通过阻断 5-HT_{2A} 和 D_2 受体产生抗精神病作用；对 H_1 受体和 α 受体的阻断作用与困倦、直立性低血压有关。$t_{1/2}$ 为 23 h，口服每天 1 次。单次服药后，血药浓度稳定升高，在 24 h 达药峰浓度，在 4～5 天达到稳态血药浓度。

➢ 齐拉西酮（ziprasidone）

齐拉西酮为 5-HT_{2A} 和 D_2 样受体阻断药，能快速持久地控制精神病患者的阳性和阴性症状，同时它引起的锥体外系反应较少，对 M 受体、H_1 受体亲和力较低，镇静和抗胆碱能作用不明显。曾有文献报道齐拉西酮可延长 Q-T 间期，可能与联合用药时齐拉西酮代谢受到抑制有关。为避免潜在的心律失常风险，使用齐拉西酮时应进行常规心电图检查。

➢ 阿立哌唑（aripiprazole）

阿立哌唑是 D_2 和 5-HT_{1A} 受体部分激动药、5-HT_{2A} 受体阻断药。在前额皮质系统，阿立哌唑激动多巴胺受体，能改善阴性、认知和抑郁症状；在边缘系统，阿立哌唑阻断多巴胺受体，可改善阳性症状；在黑质 - 纹状体和结节 - 漏斗通路，阿立哌唑几乎无效应，故锥体外系反应轻，较少出现高催乳素血症。阿立哌唑对 α_1 受体和 H_1 受体也有阻断作用。其给药途径一般为口服，每天 1 次。不良反应主要有头痛、失眠、困倦等，可能引起体位性低血压。

知识拓展

抗精神病药长效针剂

精神分裂症患者治疗依从性差，以及临床上对简化用药方案以维持长期治疗的需求，促进了长效抗精神病药的研发。抗精神病药长效针剂（long-acting injection，LAI）通过肌内注射或皮下注射，大部分药物成分储存于注射部位，从注射部位缓慢吸收进入循环系统，从而保证患者体内血药浓度的稳定，进而降低疾病复发及不良反应的风险。抗精神病药长效针剂作为一种给药方式，可改善药物依从性，特别是对于不依从服药的患者。第一代抗精神病药长效针剂是贮库（depot）制剂，贮库制剂是将药物与油性液体制成油性溶液或混悬型注射剂，抗精神病药酯化后形成癸酸酯，溶解于油性载体中，一旦注射到肌肉中，就会形成小型"贮库"，药物缓慢从中释放出来。第二代抗精神病药长效针剂则全部是水性悬浮液（不是油性），肌内注射后会随着时间的推移缓慢溶解。

第一代抗精神病药长效针剂是在 20 世纪 60 年代开发的，通常给药方式为臀部肌内注射，给药间隔为 2～5 周，包括癸酸氟哌噻吨（flupentixol decanoate）、癸酸珠氯噻醇（zuclopenthixol decanoate）、癸酸氟哌啶醇（haloperidol decanoate）和癸酸氟奋乃静（fluphenazine decanoate）。与第二代长效针剂相比，第一代长效针剂显然在价格上更具优势。第二代抗精神病药长效针剂包括棕榈酸帕利哌酮（paliperidone palmitate）、阿立哌唑（aripiprazole）、双羟萘酸奥氮平（olanzapine pamoate）、利培酮 LAI（risperidone LAI）。利培酮 LAI 给药间隔为 2 周，但由于棕榈酸帕利哌酮（利培酮的活性代谢产物）具有比利培酮更好的优点，因此，利培酮 LAI 在临床上的应用越来越少。临床常使用的是每月注射一次棕榈酸帕利哌酮（paliperidone palmitate 1-month，PP1M）或每 3 个月注射一次棕榈酸帕利哌酮（paliperidone palmitate 3-month，PP3M）。

第二节　抗躁狂药

抗躁狂药（antimanic drug）主要用于治疗躁狂症，该疾病的特征是情绪高涨、烦躁不安、活动过度、思维和言语不能自制。抗躁狂药又称情绪稳定药（mood stabilizing agent），因为此类药物可用于双相情感障碍（bipolar disorder）的治疗。双相情感障碍又称躁郁症，是一种既有躁狂发作又有抑郁发作的情感障碍。上述抗精神病药也常用来治疗躁狂症，某些抗癫痫药如卡马西平和丙戊酸钠对躁狂症也有肯定的疗效。目前临床最常用的抗躁狂药是锂盐，在此以碳酸锂为代表加以介绍。

▷ **碳酸锂**（lithium carbonate）

【体内过程】碳酸锂口服吸收快且安全，血药浓度峰值出现于服药后 2～4 h。锂离子先分布于细胞外液，然后逐渐蓄积于细胞内，在血液中不与血浆蛋白结合，$t_{1/2}$ 为 18～36 h。碳酸锂虽吸收快，但通过血脑屏障进入脑组织和神经细胞需要一定的时间，因此碳酸锂显效较慢。碳酸锂主要自肾排泄，约 80% 由肾小球滤过的锂离子在近曲小管与钠离子竞争重吸收，故增加钠的摄入可促进锂的排泄，而缺钠或肾小球滤过减少时，可导致体内锂潴留，引起中毒。

【药理作用】碳酸锂主要以锂离子的形式发挥药理作用，可控制躁狂症患者的兴奋、躁狂症状，治疗量时对正常人的精神行为没有明显的影响。有关碳酸锂情绪安定作用的确切机制仍不清楚，目前可能的解释包括：①治疗浓度的锂离子抑制去极化及 Ca^{2+} 依赖的去甲肾上腺素和多巴胺从神经末梢释放，而不影响或促进 5-HT 的释放；②促进摄取突触间隙中的儿茶酚胺，并增加其灭活；③通过抑制腺苷酸环化酶和磷脂酰肌醇循环，抑制第二信使系统；④置换细胞内 Na^+，抑制动作电位产生，降低细胞兴奋性。

【临床应用】碳酸锂对躁狂症患者有显著疗效，特别是对急性躁狂症和轻度躁狂症疗效显著，有效率为 80%。该药物起效较慢，通常需要用药 5～7 天后才有作用，因此，控制急性躁狂症状通常需要先用起效较快的抗躁狂药，如抗精神病药、丙戊酸钠、卡马西平，治疗观察期再给予碳酸锂。作为情绪稳定药，碳酸锂还可用于治疗躁郁症，长期重复使用碳酸锂不仅可以减少躁狂复发，对预防抑郁复发也有效。对于抑郁症患者，碳酸锂与抗抑郁药合用，也可控制症状，降低转躁率。

【不良反应】碳酸锂的不良反应较多，安全范围较窄，最适浓度为 0.8～1.5 mmol/L。超过 2 mmol/L 即出现中毒症状。治疗量时最常见的不良反应为细微的手部震颤，长期服用可引起继发性甲状腺肿和功能减退。轻度的中毒症状包括恶心、呕吐、腹痛、腹泻和细微震颤。较严重的毒性反应涉及神经系统，包括精神紊乱、反射亢进、明显震颤、构音困难、惊厥，直至昏迷与死亡。由于该药治疗指数很低，测定血药浓度至关重要，当血药浓度升至 1.6 mmol/L 时，应立即停药。

第三节 抗抑郁药

抑郁症是一种常见的情感性精神障碍，其主要表现为情绪低落、易悲观、睡眠障碍，部分病例也可出现幻觉、妄想等精神病症状，10%～15%的严重抑郁症患者可出现自杀倾向。

抗抑郁药（antidepressant）可使70%左右的抑郁症患者病情明显改善。维持治疗对反复发作的抑郁症患者可减少复发次数。同时抗抑郁药对焦虑性障碍和惊恐发作、强迫性障碍及恐惧症也有肯定的疗效。部分抗抑郁药对非情感性障碍如遗尿症、贪食症也有效。有关抑郁症的发病机制目前存在多种假说，其中单胺学说认为，抑郁症与中枢神经系统皮质和边缘系统单胺类物质如NA、5-HT、DA不足有关。目前多数抗抑郁药的研发均以单胺学说作为抑郁症发病机制，并在此基础上建立动物模型筛选出来的。

按照药物作用机制不同，可将抗抑郁药分为以下六类：

1. 三环类抗抑郁药 如丙米嗪、阿米替林、氯米帕明、多塞平。

2. NA再摄取抑制药 如地昔帕明、马普替林、去甲替林。

3. 选择性5-HT再摄取抑制药 如氟西汀、帕罗西汀、舍曲林、氟伏沙明、西酞普兰和艾司西酞普兰。

4. MAO抑制药 如吗氯贝胺。

5. 5-HT及NA再摄取抑制药 如文拉法辛、度洛西汀和米那普仑。

6. NA能和特异性5-HT能抗抑郁药 如米氮平、米安色林。

上述药物在药理作用、临床应用和不良反应等方面有许多相似之处。就不良反应而论，因增加5-HT和阻断α受体而影响睡眠和血压，因阻断M受体而引起口干、便秘、视物模糊，NA增加和M受体的阻断可致心律失常，中枢和外周自主神经功能的失衡也会诱发惊厥、性功能障碍和摄食及体重的改变等。

一、三环类抗抑郁药

此类药物化学结构中都有2个苯环和1个杂环，故统称为三环类抗抑郁药（tricyclic antidepressants），在结构上与吩噻嗪类有一定相关性，但对精神分裂症作用较弱，而对抑郁具有明显改善作用。

三环类抗抑郁药属于非选择性单胺类再摄取抑制药，主要阻断NA和5-HT的再摄取，从而增加突触间隙这两种递质的浓度而发挥抗抑郁作用。大多数三环类抗抑郁药具有抗胆碱能作用，引起口干、便秘、排尿困难等副作用。此外三环类抗抑郁药还有α_1受体阻断作用，对组胺（H_1）受体的阻断可引起镇静作用。

➢ 丙米嗪（imipramine）

【体内过程】丙米嗪口服吸收良好，2～8h血药浓度达峰值，血浆$t_{1/2}$为10～20h。在体内可广泛分布于各组织，以脑、肝、肾及心脏分布较多。丙米嗪主要在肝内经肝药酶代谢，通过氧化变成2-羟基代谢产物，并与葡糖醛酸结合，经肾从尿中排出。

【药理作用】

1. 对中枢神经系统的作用 抑郁症患者服用丙米嗪后，可出现精神振奋现象，连续2～3周后疗效才显著，故不作应急治疗用药。

丙米嗪抗抑郁的作用机制主要是阻断NA、5-HT在神经末梢的再摄取，从而使突触间隙的递质浓度增高，促进突触传递功能而发挥抗抑郁作用。

与其他中枢兴奋药不同，正常人服用丙米嗪后出现安静、思睡等作用。

2. 对自主神经系统的作用　治疗量的丙米嗪有明显的阻断 M 受体的作用，表现为视物模糊、口干、便秘和尿潴留等；还具有一定的 $α_1$ 受体阻断作用，可引起直立性低血压。

【临床应用】

1. 抑郁症　丙咪嗪可用于各种原因引起的抑郁症，对内源性抑郁症、更年期抑郁症效果较好，对反应性抑郁症疗效次之，对精神病的抑郁症状效果较差；此外，尚可用于强迫症、焦虑和恐惧症的治疗。

2. 遗尿症　对于儿童遗尿症可试用丙米嗪治疗，睡前口服，疗程以 3 个月为限。

【不良反应】丙米嗪具有阻断 H_1 受体、M 体及 $α_1$ 受体的作用，因此常见的不良反应包括口干、瞳孔扩大、视物模糊、眼压增高、便秘、排尿困难和心动过速等抗胆碱能作用，故前列腺肥大及青光眼患者禁用。丙米嗪还可引起镇静、直立性低血压等不良反应。除引起低血压外，丙米嗪对心肌有奎尼丁样直接抑制效应，同时又具有一定的导致心律失常的作用（可能与该药阻断单胺类再摄取从而引起心肌中 NA 浓度增高有关）。此外，丙米嗪尚可引起多汗、无力、皮疹、反射亢进、共济失调、肝功能异常、粒细胞缺乏症等不良反应。

由于其不良反应较多，目前此类药物已经作为抑郁症治疗的二线药物或三线药物。

【药物相互作用】苯妥英钠、保泰松、阿司匹林、东莨菪碱和吩噻嗪类等可与三环类抗抑郁药竞争血浆蛋白结合位点，使后者游离型血药浓度增加。三环类抗抑郁药如与单胺氧化酶抑制药（MAO 抑制药）合用，可引起血压明显升高、高热和惊厥，这是三环类抗抑郁药抑制 NA 再摄取，减少 MAO 抑制药对 NA 的灭活，最终使 NA 浓度增高所致。三环类抗抑郁药还能增强酒精及麻醉药等中枢抑制药的作用。此外，三环类抗抑郁药还能对抗胍乙啶及可乐定的降压作用。

➢ 阿米替林（amitriptyline）

阿米替林的药理学特性及临床应用与丙米嗪极为相似，与后者相比，阿米替林对 5-HT 再摄取的抑制作用明显强于对 NA 再摄取的抑制作用；镇静作用和抗胆碱能作用也较明显。阿米替林的不良反应与丙米嗪相似，但比丙米嗪严重，偶有加重糖尿病症状的报道。禁忌证与丙米嗪相同。

➢ 氯米帕明（clomipramine）

氯米帕明又名氯丙米嗪，药理作用和临床应用类似于丙米嗪，但对 5-HT 再摄取有较强的抑制作用，而其活性代谢产物去甲氯米帕明对 NA 再摄取则有相对强的抑制作用。临床上氯米帕明用于抑郁症、强迫症、恐惧症和发作性睡病引起的肌肉松弛。不良反应及注意事项与丙米嗪相同。

➢ 多塞平（doxepin）

多塞平又名多虑平，作用与丙米嗪类似，抗抑郁作用较后者弱，抗焦虑作用较强，镇静作用和对血压的影响也比丙米嗪大，但对心脏影响较小。多塞平对伴有焦虑症状的抑郁症疗效最佳，焦虑、紧张、情绪低落、行动迟缓等症状在用药后数天后即可缓解，显效需 2～3 周；也可用于治疗消化性溃疡。不良反应和注意事项与丙米嗪类似。多塞平一般不用于儿童和孕妇，老年患者应适当减量。

二、NA 再摄取抑制药

NA 再摄取抑制药（norepinephrine reuptake inhibitor）在结构上与三环类抗抑郁药相似，但可选择性地抑制 NA 的再摄取，用于以脑内 NA 缺乏为主的抑郁症，尤其适用于尿检甲氧基羟基苯乙二醇（MHPG，NA 的代谢产物）明显减少的患者。这类药物的特点是起效快，而镇静作用、抗胆碱能作用和降压作用均比三环类抗抑郁药弱。

➢ 地昔帕明（desipramine，去甲丙米嗪）

【体内过程】地昔帕明口服快速吸收，2～6 h 达药峰浓度，血浆蛋白结合率为 90%，在肝内生成具有活性的代谢产物，主要从尿中排泄，少量经胆汁排泄，其中原型占 5%。

【药理作用与临床应用】地昔帕明为强效 NA 再摄取抑制药，其抑制 NA 再摄取的效率为抑制 5-HT 再摄取的 100 倍以上；对 DA 的再摄取也有一定的抑制作用；对 H_1 受体有强阻断作用；对 α 受体和 M 受体的阻断作用较弱。地昔帕明对轻、中度抑郁症疗效好。

【不良反应与注意事项】地昔帕明与丙米嗪相比，不良反应较小，但对心脏的影响与丙米嗪相似。地昔帕明过量则导致血压降低、心律失常，可能是抑制 NA 再摄取、阻断 α 受体的结果；也可引起震颤、惊厥、口干、便秘等。地昔帕明有轻度镇静作用，可缩短 REM 睡眠，但延长了深睡眠，可影响白天抗抑郁药的使用或造成停药后反跳性 REM 延长。

【药物相互作用】地昔帕明不应与拟交感胺类药物合用，因其会明显增强后者的作用；同样，与 MAO 抑制药合用也要慎重；与胍乙啶及作用于肾上腺素能神经末梢的降压药合用会明显降低降压效果，因为地昔帕明可抑制此类药物经胺泵摄取进入神经末梢。

➢ 去甲替林（nortriptyline）

【药理作用与临床应用】去甲替林为阿米替林的活性代谢产物，其药理作用与阿米替林相似，但抑制 NA 再摄取作用远强于抑制 5-HT 再摄取作用。与母药阿米替林相比，其镇静、抗胆碱、阻断 $α_1$ 受体降低血压作用及对心脏的影响和诱发惊厥作用均较弱。此药有助于抑郁症患者入睡，但缩短 REM 睡眠时间。

去甲替林治疗内源性抑郁症效果优于反应性抑郁症，去甲替林比其他三环类抗抑郁药治疗显效快。

【不良反应与注意事项】去甲替林镇静作用、抗胆碱作用、降低血压作用、对心脏的影响等虽均比丙米嗪弱，但仍要注意过量引起的心律失常，尤其是对于心肌梗死的恢复期、传导阻滞或原有心律失常的患者，用药不慎会加重病情。去甲替林对双相抑郁症患者可引起躁狂发作，应予以注意。去甲替林同三环类抗抑郁药一样，可降低惊厥发作阈，癫痫患者应慎用。

➢ 马普替林（maprotiline）

【药理作用与临床应用】马普替林为选择性 NA 再摄取抑制药，对 5-HT 再摄取几无影响；抗胆碱作用与丙米嗪类似，远比阿米替林弱；其镇静作用和对血压的影响与丙米嗪类似。与其他三环类抗抑郁药一样，马普替林用药 2～3 周后才充分发挥疗效。马普替林对睡眠的影响与丙米嗪不同，它可延长 REM 睡眠时间；对心脏的影响与三环类抗抑郁药一样，可延长 Q-T 间期，增加心率。马普替林主要用于抑郁症的治疗。

【不良反应与注意事项】马普替林治疗量时可引起口干、便秘、眩晕、头痛、心悸等；也有用药后出现皮炎和皮疹的报道；还能增强拟交感胺类药物作用、减弱降压药物反应等。

三、选择性 5-HT 再摄取抑制药

选择性 5-HT 再摄取抑制药（selective serotonin reuptake inhibitor，SSRI）与三环类抗抑郁药的结构迥然不同，但对 5-HT 再摄取的抑制作用选择性更强，对其他递质和受体作用甚微，既保留了与三环类抗抑郁药相似的疗效，也克服了三环类抗抑郁药的诸多不良反应。这一类药物多用于脑内 5-HT 减少所致的抑郁症，也可用于病因不明但其他药物疗效不佳或不能耐受其他药物的抑郁症患者。选择性 5-HT 再摄取抑制药还具有抗抑郁和抗焦虑双重作用，其抗抑郁

效果也需要 2～3 周才能显现出来。该类药物很少引起镇静，也不损害精神运动功能，对心血管和自主神经功能影响很小。临床常用的选择性 5-HT 再摄取抑制药包括氟西汀、帕罗西汀、舍曲林、氟伏沙明、西酞普兰和艾司西酞普兰等。这类药物整体疗效和可接受度良好，是一线抗抑郁药。

➤ 氟西汀（fluoxetine）

【体内过程】氟西汀口服吸收良好，达峰时间为 6～8 h，生物利用度接近 100%，吸收不受进食影响；血浆蛋白结合率为 80%～95%；给予单剂量时血浆消除 $t_{1/2}$ 为 48～72 h，在肝内经 CYP_2D_6 代谢生成去甲基活性代谢产物去甲氟西汀，其活性与母体药物相同，但 $t_{1/2}$ 较长。

【药理作用与临床应用】氟西汀是一种强效选择性 5-HT 再摄取抑制药，抑制 5-HT 再摄取作用比抑制 NA 再摄取作用强 200 倍。氟西汀对肾上腺素受体、组胺受体、$GABA_B$ 受体、M 受体、5-HT 受体几乎没有亲和力。氟西汀可用于治疗各种抑郁症，对抑郁症的疗效与三环类抗抑郁药相当，耐受性与超量安全性优于三环类抗抑郁药。此外，氟西汀对强迫症、神经性贪食症也有疗效。

【不良反应与注意事项】氟西汀偶可引起恶心、呕吐、头痛、头晕、乏力、失眠、食欲缺乏、体重下降、震颤、惊厥、性欲降低等。肝病者服用后 $t_{1/2}$ 延长，须慎用。肾功能不全者，长期用药须减量，延长服药间隔时间。氟西汀与 MAO 抑制药合用时须警惕 5-HT 综合征的发生，初期阶段主要表现为不安、激动、恶心、呕吐或腹泻，随后为高热、强直、肌阵挛或震颤、自主神经功能紊乱、心动过速、高血压、意识障碍，最后可引起痉挛和昏迷，严重者可致死，应引起临床重视。心血管疾病、糖尿病患者应慎用。

➤ 帕罗西汀（paroxetine）

帕罗西汀口服吸收良好，5～6 h 达药峰浓度，主要分布于中枢神经系统，消除 $t_{1/2}$ 为 21 h。帕罗西汀为强效 5-HT 再摄取抑制药，通过增加突触间隙递质浓度而发挥治疗抑郁症的作用。该药抗抑郁疗效与三环类抗抑郁药相当，而抗胆碱作用、增加体重、影响心脏及镇静等副作用较三环类抗抑郁药轻，对三环类抗抑郁药无效者可能仍有效。

帕罗西汀常见不良反应为性功能障碍，其他还有口干、便秘、视物模糊、震颤、头痛、恶心等。帕罗西汀禁与 MAO 抑制药联用，以避免显著升高脑内 5-HT 水平而致 5-HT 综合征。

➤ 舍曲林（sertraline）

舍曲林又名郁乐复，选择性抑制 5-HT 再摄取，而对 NA 和 DA 的再摄取影响很小，临床可用于各类抑郁症的治疗，并对强迫症有效。主要不良反应为口干、恶心、腹泻、男性射精延迟、震颤、出汗等。该药与其他药物发生相互作用的临床报道不多，可借鉴氟西汀的用药经验，禁与 MAO 抑制药合用。

四、MAO 抑制药

MAO 几乎在包括中枢神经系统、胃肠道等在内的所有组织器官均有分布，主要有两种亚型：MAO-A 及 MAO-B。MAO-A 主要代谢 NA、5-HT 和 DA，而 MAO-B 主要选择性代谢 DA，MAO-A 及 MAO-B 均可代谢酪胺。按照对 MAO 的抑制程度及选择性的差异，MAO 抑制药可分为不可逆性 MAO 抑制药和可逆性 MAO 抑制药，以及选择性 MAO 抑制药及非选择性 MAO 抑制。反苯环丙胺为不可逆性非选择性 MAO 抑制药，吗氯贝胺为可逆性选择性 MAO-A 抑制药，与前者比较，吗氯贝胺目前更常用于抑郁症的治疗。

➤ 反苯环丙胺（tranylcypromine）

【药理作用与临床应用】反苯环丙胺非选择性地抑制 MAO 活性，对 MAO-A 及 MAO-B

均可产生不可逆性抑制作用，给药后几天之内酶抑制效应达到最大，增加各组织内 NA、AD、DA、5-HT 水平。反苯环丙胺主要用于治疗抑郁症，也用于焦虑症和强迫症。

【不良反应】反苯环丙胺常见良反应为低血压，可能与外周神经末梢内蓄积的 DA 取代 NA 储存在囊泡，进而减少 NA 释放有关。中枢不良反应包括兴奋、心悸、不安、失眠甚至惊厥。阿托品样不良反应如口干、视物模糊、排尿困难等也较常见，但发生率较三环类抗抑郁药少。与其他 MAO 抑制药比较，非选择性不可逆 MAO 抑制药引起性功能障碍的风险较高。

食物、药物相互作用风险在 MAO 抑制药应用中较常见且很严重。MAO 抑制药治疗期间，服用富含酪胺的食品（陈年奶酪、豆制品、熏肉、火腿等）可能由于摄入的酪胺的代谢被 MAO 抑制药所阻断，导致大量酪胺转化为 NA，从而引起急性高血压，严重者可致颅内出血，甚至死亡，称为酪胺样反应（tyramine reaction）。此外，MAO 抑制药与间接拟肾上腺素类药物（如麻黄碱）合用也可引起严重的高血压。其他抗抑郁药如三环类抗抑郁药、选择性 5-HT 再摄取抑制药、5-HT 及 NA 再摄取抑制药也应避免与 MAO 抑制药合用，以防止出现 5-HT 综合征。

➢ 吗氯贝胺（moclobemide）

吗氯贝胺是选择性 MAO-A 抑制药，多不引起酪胺样反应，因为食物中的酪胺仍可以通过 MAO-B 代谢。该药物对 MAO-A 呈可逆性抑制，8～10 h 后酶的活性恢复，因此具有起效快、作用持续时间短、无肝损害等特点，临床用于各类抑郁症。该药治疗抑郁症的疗效相当于丙米嗪，但其耐受性明显优于三环类抗抑郁药。其不良反应明显低于其他 MAO 抑制药，主要不良反应为恶心、头痛、头晕、失眠、便秘。

五、5-HT 及 NA 再摄取抑制药

常用的 5-HT 及 NA 再摄取抑制药（serotonin and norepinephrine reuptake inhibitor，SNRI）包括文拉法辛、去甲基文拉法辛、度洛西汀和米那普仑等。与三环类抗抑郁药相似，5-HT 及 NA 再摄取抑制药可与 5-HT、NA 转运体结合，抑制其再摄取。但不同于三环类抗抑郁药的是，5-HT 及 NA 再摄取抑制药无明显的 H_1 受体、α 受体、M 受体阻断作用，因此不良反应相对较少。5-HT 及 NA 再摄取抑制药也是一线抗抑郁药，尤其对伴有明显焦虑或躯体症状的抑郁障碍患者，5-HT 及 NA 再摄取抑制药具有一定优势。

➢ 文拉法辛（venlafaxine）和度洛西汀（duloxetine）

文拉法辛为前药，其活性代谢产物可抑制 5-HT、NA 再摄取，其中对 5-HT 再摄取的抑制作用略强。该药与其他受体无明显亲和力，因此不良反应较少。文拉法辛起效较快，临床主要用于治疗各种抑郁症和广泛性焦虑症。主要不良反应为性功能减退、血压升高、头痛、失眠。常释剂型较高剂量应用时舒张期高血压发生率较高，而缓释剂型该不良反应较少。

度洛西汀也是一种 NA 和 5-HT 再摄取抑制药，主要用于重度抑郁症或伴有糖尿病周围神经炎的抑郁患者，不良反应与三环类抗抑郁药相似。

六、NA 能和特异性 5-HT 能抗抑郁药

➢ 米氮平（mirtazapine）

米氮平是 NA 能和特异性 5-HT 能抗抑郁药（noradrenergic and specific serotonergic antidepressants，NaSSA）的代表药物。与前述抗抑郁药不同，该药并不直接阻断 NA、5-HT

的再摄取或者其代谢，而是通过阻断突触前 α_2 受体而增加 NA、5-HT 的释放，同时，NA 释放增加可进一步激动 5-HT 能神经元的 α_1 受体，使 5-HT 释放进一步增加。此外，米氮平尚可阻断 $5-HT_{2A}$、$5-HT_{2C}$、$5-HT_3$ 受体，因此可通过选择性激动 $5-HT_1$ 受体发挥抗抑郁作用，而避免多数抗抑郁药激动 5-HT 多个亚型受体所导致的烦躁不安、胃肠道反应及性功能障碍等不良反应。该药物对 H_1 受体也具有较强的阻断作用，因此镇静作用较强。该药物起效较快，不良反应少，因此适用于各种抑郁症的治疗，尤其是伴有焦虑、失眠的抑郁症患者。主要不良反应为食欲增加及嗜睡。

> 米安色林（mianserin）

米安色林为一种四环类抗抑郁药。与米氮平类似，该药也可阻断 α_2 受体，同时阻断 H_1、$5-HT_{2A}$、α_1 受体，该药物起效略慢。常见不良反应有头晕、嗜睡等，较少见抗胆碱作用，长期用药可能导致骨髓抑制，需要定期检测血常规。

> 曲唑酮（trazodone）

曲唑酮与选择性 5-HT 再摄取抑制药作用机制类似，可抑制 5-HT 的再摄取，增加 NA、5-HT 的释放。该药同时也可阻断 $5-HT_2$ 受体、H_1 受体及 α_1 受体，可引起镇静、低血压、心脏节律变化。该药抗抑郁作用略弱于选择性 5-HT 再摄取抑制药。小剂量曲唑酮（50～100 mg/d）单独应用或与选择性 5-HT 再摄取抑制药或 5-HT 及 NA 再摄取抑制药合用广泛用于失眠的治疗；治疗抑郁症需增加剂量，抑郁症治疗最大推荐剂量为 400～600 mg/d。

第四节　抗焦虑药

焦虑症（anxiety disorder）或忧虑症是以反复并持续的伴有焦虑、恐惧、担忧、不安等症状和自主神经紊乱为表现的精神障碍。患者的情绪表现得非常不安与恐惧，常常对现实生活中的某些事情或将来的某些事情表现得过分担忧，有时也可以是无明确目标的担忧。这种担忧往往是与现实极不相称的，使患者感到非常痛苦，伴有失眠、自主神经亢进、肌肉紧张等自主神经功能紊乱的症状。

目前焦虑症的病因尚不明确。研究表明，焦虑症与遗传因素、个性特点、不良事件、应激因素、躯体疾病等均有关系，这些因素会导致机体神经 - 内分泌系统出现紊乱，神经递质失衡，从而造成焦虑等症状的出现。焦虑症患者往往会有 5-HT、NA 等多种神经递质的失衡，而抗焦虑药可使失衡的神经递质趋向正常，从而使焦虑症状消失，情绪恢复正常。治疗可以采取一些解释性的心理疗法，心理治疗对于治愈或缓解患者的焦虑症状是极其重要的。但是药物治疗也很重要。近年来，焦虑症的治疗药物已经不仅仅局限于传统的镇静催眠药（如苯二氮䓬类，详见第十五章），同时还有治疗其他中枢疾病的药物（抗抑郁药、抗癫痫药、抗精神病药）、无催眠作用的 $5-HT_{1A}$ 受体激动药（如丁螺环酮）及 β 受体阻断药等。此处，只简单介绍 80 年代推向临床的新型抗焦虑药丁螺环酮、依沙哌隆、吉哌隆。

> 丁螺环酮（buspirone，布斯哌隆）

丁螺环酮为新一代非苯二氮䓬类抗焦虑药，主要激动 $5-HT_{1A}$ 受体而产生抗焦虑作用，同时由于能减少体内 5-HT 受体敏感性而具有抗抑郁作用，无镇静催眠作用，也缺乏抗惊厥和肌肉松弛作用。丁螺环酮因起效慢而不适用于急性病例，主要适用于广泛性焦虑症，对焦虑伴有轻度抑郁症状者也有效，对严重焦虑伴有惊恐发作者疗效不佳，焦虑伴有严重失眠者则须加用催眠药，因为丁螺环酮无镇静作用。常见不良反应有胃肠刺激症状，头痛、眩晕、瞳孔散大等。丁螺环酮对操作技巧有影响，驾驶人员及操纵机器的工人不宜使用；严重肝肾疾病、青光眼、孕妇和儿童禁用。

➤ **依沙哌隆（ipsapirone，依沙匹隆）和吉哌隆（gepirone，吉吡隆）**

依沙哌隆和吉哌隆的结构类似丁螺环酮，均属于 5-HT$_{1A}$ 受体部分激动药，临床用于治疗焦虑症，对抑郁症也有效。

临床应用

抗精神疾病药的合理应用

抗精神疾病药的不良反应甚多，如果使用不当，不仅不能改善精神症状，而且会使病情加重，甚至造成身体损害。药物治疗应以中等剂量为宜，小剂量往往达不到治疗目的，高剂量则会增加药物的不良反应，因此，应从小剂量开始逐渐缓慢增加药量。抗精神病药的选择要根据患者具体情况，尽量单一用药，这样便于观察症状，判定药物疗效，一旦出现药疹或其他不良反应可以及时处置。更换药物时要慎重，要缓慢减药和加药，不能突然停药或换药速度过快。应用氯丙嗪、奋乃静、氟哌啶醇等药物时要定期检查心电图，做必要的血液化验，发现异常及时调整药物，防止严重药物不良反应的发生。目前以利培酮为代表的新一代抗精神病药已在我国投入临床应用。这些药物服用方法简单，药物不良反应小，已为广大精神疾病患者所认识。需注意的是在治疗过程中，如果精神症状在一段时间内持续不变，应保持耐心，因为症状缓解在许多患者中需要几个月的时间。症状加重者应考虑换药，出现情绪低落者可短期合并抗抑郁药。如果没有上述情况时则避免联合用药。

思 考 题

1. 简述氯丙嗪的药理作用与临床应用。
2. 简述氯丙嗪的不良反应。
3. 第二代抗精神病药有哪些？与第一代相比有何不同？
4. 患者，女，27 岁，因猜疑丈夫有外遇并加害于自己 8 个月，伴兴奋躁动 5 周入院。诊断：Ⅰ型精神分裂症。治疗：氯丙嗪 50 mg，每天 2 次（bid），10 d 渐加至治疗量 400 mg/d，苯海索（安坦）2 mg，bid。治疗 1 个月后，患者症状好转，但某天出现站立不稳，血压 80/55 mmHg。请回答：

（1）加用苯海索的目的是什么？
（2）该患者能否使用肾上腺素升高血压？又该选择何药升高血压？

（刘明华）

第十九章 镇痛药

第十九章数字资源

> **案例 19-1**
>
> 患者，女，71岁，因原发性肝癌合并骨转移，疼痛加重，口服吗啡缓释片60 mg镇痛。2 h后患者出现口唇轻度发绀，胸闷，呼吸困难，呼吸浅慢（4～6次/分），双侧瞳孔缩小（直径2～3 mm），立即对患者进行人工呼吸，给氧，对症治疗，2 h后患者呼吸逐渐恢复，发绀好转，瞳孔恢复正常，生命体征稳定。
>
> 问题：
> 1. 吗啡镇痛作用机制是什么？
> 2. 吗啡急性中毒的表现及解救措施有哪些？
> 3. 作为一名医护人员，你会如何对晚期恶性肿瘤患者进行镇痛指导？

疼痛是机体受到伤害性刺激时的一种保护性反应，也是临床许多疾病的常见症状。剧烈的疼痛不仅使患者感到痛苦，而且可能导致患者失眠、呼吸及心血管等生理功能紊乱，还能引起休克，甚至危及生命。因此，控制疼痛是医务工作者面临的重要任务。

根据痛觉冲动发生部位不同，疼痛可以分为三种类型：①躯体痛，又可分为急性锐痛和慢性钝痛。前者特点是感觉鲜明，定位明确，感觉迅速产生又迅速消失，引起较弱的情绪变化；后者痛觉缓慢地加剧，呈烧灼感，定位较差，持续时间较久，感觉难以忍受，常伴有较强的情绪反应。②内脏痛，由内脏器官、体腔壁浆膜及盆腔器官组织的痛觉感受器受到炎症、压力、摩擦或牵拉等刺激所致。③神经痛，由神经系统损伤或受到肿瘤压迫、浸润所致。

镇痛药（analgesic）是一类通过激动中枢神经系统特定部位的阿片受体（opioid receptor）产生镇痛作用，同时缓解疼痛引起的不愉快情绪的药物。此类药物因其镇痛作用与激动阿片受体有关，且易产生药物依赖性或成瘾性，易导致药物滥用及戒断症状，故又称阿片类镇痛药（opioid analgesics）或麻醉性镇痛药（narcotic analgesics）、成瘾性镇痛药（addictive analgesics）。目前临床常用的镇痛药有阿片生物碱类和人工合成阿片类镇痛药。

第一节 阿片生物碱类

阿片（opium）为希腊文"浆汁"的意思，来源于罂粟科植物罂粟未成熟蒴果浆汁的干燥物，含20多种生物碱。这些生物碱按化学结构可分为菲类和异喹啉类：前者如吗啡和可待因，是阿片类镇痛药的主要镇痛成分；后者如罂粟碱，具有松弛平滑肌、舒张血管作用。

➢ 吗啡（morphine）

吗啡是以希腊梦幻之神孟菲斯（Morphus）的名字而命名的，是阿片生物碱类中最主要的具有镇痛作用的成分，其含量约为 10%。

【构效关系】吗啡的分子结构由四部分组成（图 19-1）。

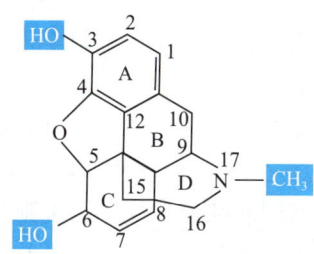

图 19-1　吗啡的化学结构式

1. 基本骨架是以 A、B、C、D 环构成的氢化菲核。
2. B 环与 D 环稠合。这两部分组成吗啡镇痛作用的基本化学结构：γ- 苯基 -N- 甲基哌啶。
3. 具有连接 A 环与 C 环的氧桥。破坏此结构则形成阿扑吗啡（apomorphine），失去镇痛效应而产生催吐作用。
4. A 环上酚羟基和 C 环上醇羟基具有重要作用。

A 环上酚羟基的氢原子被取代，则镇痛作用下降，如可待因（codeine）和二醋吗啡（海洛因，heroin），必须在体内代谢生成吗啡或乙酰吗啡而发挥作用。当 17 位侧链甲基被烯丙基取代时，则变成阿片受体激动药或阻断药，如烯丙吗啡（nalorphine）、纳洛酮（naloxone）和纳曲酮（naltrexone）（表 19-1）。具有蒂巴因（thebaine）结构的阿片生物碱类，经结构修饰后也可产生具有强大镇痛作用的药物，如埃托啡（etorphine）。

表 19-1　吗啡及其衍生物的构效关系

药物	取代部位和取代基团					效应特点
	3 位	6 位	17 位	14 位	7 位和 8 位	
吗啡	—OH	—OH	—CH₃	—H	双键	激动药
可待因	—OCH₃	—OH	—CH₃	—H	双键	激动药
二醋吗啡	—OCOCH₃	—OCOCH₃	—CH₃	—H	双键	激动药
纳洛酮	—OH	=O	—CH₂CH=CH₂	—OH	单键	阻断药
烯丙吗啡	—OH	—OH	—CH₂CH=CH₂		单键	部分激动药

【体内过程】吗啡可经胃肠道黏膜、鼻黏膜及肺等部位吸收。胃肠道给药首过效应强，生物利用度仅为 25%，皮下注射 30 min 后吸收量可达 60%。血浆蛋白结合率约 30%，游离的吗啡迅速分布于全身各组织器官。但与二醋吗啡、可待因和美沙酮不同，因脂溶性低，仅有少量吗啡可通过血脑屏障进入中枢神经系统，但足以发挥中枢作用；可通过胎盘到达胎儿体内。吗啡主要在肝内生物转化，60%~70% 与葡糖醛酸结合，10% 脱甲基生成去甲吗啡，20% 为游离型。主要代谢产物吗啡 -6- 葡糖醛酸的生物活性比吗啡强，但也难透过血脑屏障。吗啡血浆 $t_{1/2}$ 为 2.5~3.5 h，吗啡 -6- 葡糖醛酸 $t_{1/2}$ 稍长于吗啡。注射给药的吗啡大部分自肾排出，少量经乳汁及胆汁排出。

【药理作用】

1. 中枢神经系统

（1）镇痛：吗啡镇痛作用强大，选择性高，在不影响意识及其他感觉的条件下明显减轻或消除疼痛。皮下注射 5～10 mg 吗啡即能显著地减轻或消除各种锐痛和钝痛，一次给药镇痛作用可持续 4～6 h。吗啡对持续性、慢性钝痛的效力大于间断性锐痛，镇痛的同时患者意识清楚，听觉、视觉及触觉等不受影响。其镇痛作用机制主要与激动脊髓胶质区、丘脑内侧、脑室及导水管周围灰质的阿片受体有关。

（2）镇静和致欣快：吗啡在镇痛的同时，可消除由疼痛引起的焦虑、紧张、恐惧等情绪反应；吗啡还可使患者沉醉于美好幻想之中，引起欣快感（euphoria）。这有利于提高患者对疼痛的耐受力和加强吗啡的镇痛效果。其镇静和致欣快作用机制可能与激动边缘系统和蓝斑核的阿片受体，以及中脑边缘叶的中脑腹侧背盖区-伏隔核多巴胺能神经通路与阿片受体/肽系统的相互作用有关。

（3）呼吸抑制：治疗量的吗啡即可引起呼吸频率减慢，潮气量降低，肺通气量减少。随着剂量的增加，呼吸抑制作用增强。急性中毒时呼吸频率可减至 3～4 次/分，呼吸抑制是吗啡急性中毒致死的主要原因。吗啡抑制呼吸与其作用于呼吸中枢的阿片受体有关，降低呼吸中枢对 CO_2 张力的敏感性，并抑制呼吸调节中枢。这种呼吸抑制作用易被中枢兴奋药拮抗。

（4）镇咳：吗啡可抑制咳嗽中枢，使咳嗽反射减轻或消失。其镇咳作用与激动延髓孤束核的阿片受体有关。吗啡对多种原因引起的咳嗽均有强大的抑制作用，但易成瘾，因此临床上多以可待因代替。

（5）其他中枢作用：吗啡与中脑盖前核的阿片受体相结合，兴奋动眼神经副神经核，可引起瞳孔缩小。临床上常以针尖样瞳孔作为吗啡中毒的指征。吗啡也能兴奋延髓催吐化学感受区（chemoreceptor trigger zone，CTZ），引起恶心、呕吐；还能促进神经垂体释放血管升压素。

2. 平滑肌

（1）胃肠道平滑肌：吗啡兴奋胃肠道平滑肌和括约肌，作用强而持久。提高胃窦部及十二指肠上部的肌张力，使胃排空时间延长；提高小肠及大肠的平滑肌张力，甚至引起痉挛，使推进性蠕动减弱；提高回盲瓣及肛门括约肌张力，使肠内容物通过延缓；同时，吗啡可抑制消化液的分泌，使食物消化延迟；而且，吗啡抑制中枢的作用使便意迟钝，因而可引起便秘。这些作用可能与其作用于中枢及肠道的阿片受体有关。

（2）胆道平滑肌：皮下注射 10 mg 的硫酸吗啡，15 min 内即可致胆道平滑肌痉挛，奥迪括约肌收缩，使胆道和胆囊内压升高，这种作用可持续 2 h 或更长时间，引起患者上腹部不适，甚至诱发胆绞痛。吗啡对输尿管也有收缩作用，故胆绞痛和肾绞痛时不宜单独使用吗啡。阿托品只能部分抑制吗啡引起的胆道痉挛，阿片受体阻断药可以完全阻止或者缓解。

（3）其他平滑肌：治疗量的吗啡能增强膀胱括约肌张力，引起排尿困难、尿潴留。尽管治疗量的吗啡很少出现支气管收缩作用，但对支气管哮喘患者可诱发哮喘发作，故支气管哮喘患者忌用。吗啡能降低子宫张力、收缩频率和幅度，延长产妇分娩时程。

3. 心血管系统　治疗量的吗啡对心率、心律和心肌收缩力无影响，但可使外周血管扩张，引起直立性低血压。静脉注射较大剂量吗啡时甚至可使卧位患者的血压下降。更大剂量的吗啡引起心动过缓，这是由于吗啡可引起组胺释放和抑制血管运动中枢。由于吗啡可抑制呼吸引起 CO_2 潴留，继发地使脑血管扩张，脑血流量增加，导致颅内压升高，因此，颅外伤及颅内占位性病变患者禁用。

4. 免疫系统　吗啡对细胞免疫和体液免疫均有抑制作用，此作用主要与 μ 受体激动作用有关，在停药后戒断症状出现期最为明显，长期给药对免疫系统的抑制作用可出现耐受现象。

【作用机制】脑内存在着具有镇痛功能的结构和内源性的镇痛物质，吗啡的镇痛作用可能是激活这些结构的结果。

1. 作用部位与受体　1962 年，中国学者邹冈和张昌绍最先发现用微量吗啡（10 μg）注入家兔第三脑室周围灰质，可明显消除疼痛反应，同样的剂量如静脉注射则完全不能镇痛，因而提出了吗啡镇痛作用部位在第三脑室周围灰质。1973 年，Peter 和 Snyder 利用激动药与受体结合的原理，采用放射自显影的方法，证实脑内广泛存在阿片受体。同年，阿片受体的特异性阻断药纳洛酮的作用被证实。1993 年，阿片受体分子克隆成功。

阿片受体分布广泛，脊髓胶质区、丘脑内侧、脑室及导水管周围灰质的阿片受体与疼痛刺激的传入、痛觉的整合及感受有关；受体密度最高的边缘系统及蓝斑核与情绪及精神活动有关；中脑盖前核的阿片受体与缩瞳有关；延髓孤束核的受体与药物引起的镇咳、呼吸抑制及中枢交感张力降低有关；脑干极后区、迷走神经背核等部位的阿片受体与胃肠的活动有关。

2. 受体的分型及其效应　体内存在阿片受体的多种亚型，研究比较清楚的为 μ、δ、κ 三种受体亚型。阿片生物碱类药物对不同亚型阿片受体的亲和力和内在活性均不完全相同。吗啡的主要药理效应如镇痛、镇静、呼吸抑制、缩瞳、欣快和依赖性等主要由 μ 受体介导。阿片受体亚型及其效应见表 19-2。

表 19-2　阿片受体亚型及其效应

受体亚型	效应					
	痛觉	呼吸	心率	血压	瞳孔	精神情绪
μ	↓↓	↓	-	-	↓	欣快成瘾
κ	↓	±	±	±	↓	镇静
δ	↓	↓↓	±	↓	-	欣快

注：↓表示抑制效应；↓↓表示较强的抑制效应；± 表示有较弱的效应；- 表示无效应。

3. 内源性配体　脑内阿片受体的存在意味着脑内有相应的内源性配体。1975 年，从猪脑内成功分离出两种与阿片生物碱类药物结合部位有亲和力和效应力的甲硫氨基脑啡肽（M-enkephalin）与亮氨酸脑啡肽（L-enkephalin），其后又从垂体分离出 β- 内啡肽、α- 内啡肽及 γ- 内啡肽等，再后又从脑内分离出强啡肽类，这些肽类总称为内源性阿片肽（endogenous opioid peptides）。内源性阿片肽有一段共同的结构——N 端的 4 个氨基酸残基 Tyr-Gly-Gly-Phe，这是与阿片受体结合的关键结构。脑啡肽对 δ 受体有较强的选择性，强啡肽对 κ 受体的选择性强，分别被认为是 δ 和 κ 受体的内源性配体。1995 年分离出的含 17 个氨基酸序列的孤啡肽与阿片生物碱类功能几乎相反。

4. 阿片类镇痛药作用机制　阿片受体和内源性阿片肽共同组成了机体的"镇痛系统"。痛觉刺激使脊髓痛觉初级传入神经纤维末梢释放 P 物质、谷氨酸等兴奋性神经递质，递质与突触后膜的受体结合后，将痛觉传入脑内，引起疼痛。内源性阿片肽由特定的神经元释放后，激动感觉神经突触前、后膜上的阿片受体，抑制腺苷酸环化酶，促进 K^+ 外流，减少 Ca^{2+} 内流，使突触前膜兴奋性神经递质释放减少、突触后膜超极化，从而干扰痛觉冲动传入中枢，起到镇痛作用（图 19-2）。

外源性阿片类药物如吗啡，能与脊髓胶质区、丘脑内侧、脑室及导水管周围灰质的阿片受体相结合，模拟内源性阿片肽样的作用，激动阿片受体，激活脑内存在的镇痛系统，抑制 P 物质的释放，干扰痛觉冲动传入中枢而发挥镇痛作用。吗啡在镇痛的同时能缓解疼痛引起的紧张、焦虑等情绪，这种致欣快的作用与其激活中脑 - 边缘系统通路和蓝斑核的阿片受体有关。

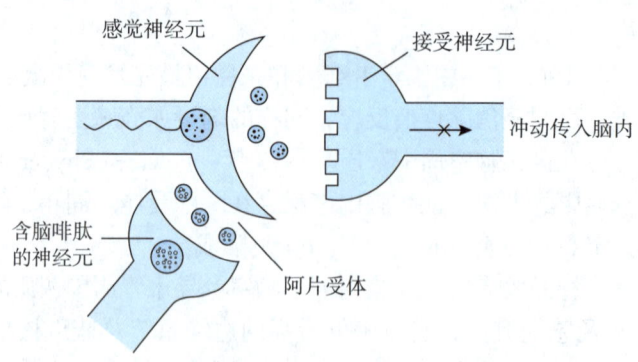

图 19-2 阿片类镇痛药作用机制示意图

【临床应用】

1. 镇痛 吗啡对各种原因引起的疼痛都有效,可用于其他镇痛药无效的剧痛,如严重创伤、烧伤、手术及晚期癌痛。心肌梗死引起的剧痛,如果血压正常,可用吗啡镇痛,而且吗啡可使患者镇静,消除焦虑不安情绪及扩张外周血管,减轻心脏负担。对内脏绞痛应与解痉药阿托品合用。癌症患者的镇痛应按照世界卫生组织推出的癌症三级止痛阶梯治疗方案进行。

2. 心源性哮喘 由于左心衰竭而突然发生急性肺水肿,使肺换气功能降低,体内缺氧,CO_2 潴留引起的呼吸困难,称为心源性哮喘。对于心源性哮喘,除注射速效的强心苷、氨茶碱、呋塞米及吸氧外,还需静脉注射小剂量吗啡,使呼吸急促和窒息感等症状得以迅速改善,促进肺水肿的吸收。其可能的作用机制如下:①扩张外周血管,降低外周阻力,减少回心血量,减轻心脏负担;②其镇静作用可消除患者的紧张不安、恐惧情绪,减少耗氧量;③降低呼吸中枢对 CO_2 的敏感性,减弱过度的反射性呼吸兴奋,但伴有昏迷、休克、严重肺部疾患或痰多的患者应禁用吗啡。

3. 止泻 常选用阿片酊或复方樟脑酊,用于急、慢性消耗性腹泻,可减轻症状;伴细菌感染者应合用抗菌药。

【不良反应与注意事项】

1. 副作用 治疗量的吗啡可引起眩晕、嗜睡、恶心、呕吐、便秘、尿潴留、胆内压增高、直立性低血压和免疫抑制等。

2. 耐受性(tolerance)和依赖性(dependence) 吗啡按常规用量连续应用 2~3 周即可产生耐受性,剂量越大,给药间隔时间越短,耐受性发生越快。关于耐受性产生的原因,可能与血脑屏障中一种 P 糖蛋白的表达增加,使吗啡难以通过血脑屏障,以及孤啡肽合成增加对抗了吗啡类药物的作用有关。

依赖性表现为精神依赖性和躯体依赖性。精神依赖性是药物作用于中枢神经系统产生的一种精神活动,迫使患者不断渴求药物的一种病理心理状态。躯体依赖性患者停药后出现戒断症状(withdrawal syndrome):兴奋、失眠、流泪、流涕、呕吐、腹泻,甚至意识丧失,患者有明显的强迫性觅药行为,即出现成瘾性(addiction)。

吗啡成瘾性甚强,一般使用治疗量的吗啡,每天 3 次,连续 1~2 周即可成瘾,少数患者仅用 2~3 天也可成瘾。成瘾性产生的机制尚不完全清楚。在生理情况下内源性阿片肽与阿片受体作用,维持和调节正常痛阈。当反复应用吗啡类药物时,阿片受体承受内源性阿片肽和外源性吗啡的双重作用,由于负反馈机制,内源性阿片肽释放减少,必须应用较大剂量的吗啡进行补偿,故能耐受更多的吗啡,形成了依赖性,一旦停用外源性吗啡,内源性阿片类物质释放又很少,结果出现戒断症状。吗啡的成瘾性和戒断症状密切相关。阿片肽和吗啡都能抑制蓝斑核放电,当停用吗啡时,吗啡对成瘾者蓝斑核的抑制被解除,放电增加,从而出现一系列自主神经系统紊乱症状。此时蓝斑核肾上腺素能神经元的功能增强,使用 α_2 受体激动药可乐定可抑制蓝斑核放电，缓解吗啡的许多戒断症状，但不能消除成瘾者对吗啡的渴求心理。

成瘾者为追求应用吗啡后的欣快感及避免停药所致的戒断症状的痛苦，常不择手段获取吗啡，危害极大，因此对于吗啡等具有成瘾性的药物应按照国家颁布的《麻醉药品管理条例》严格管理，合理使用。

3. 急性中毒　吗啡过量可引起急性中毒，表现为昏迷、瞳孔极度缩小（针尖样瞳孔）、呼吸高度抑制，还可出现血压降低甚至休克。呼吸麻痹是致死的主要原因。抢救措施为人工呼吸、适量给氧，以及静脉注射阿片受体阻断药纳洛酮。

【禁忌证】吗啡能通过胎盘或乳汁抑制胎儿和婴儿的呼吸，若反复使用，胎儿和新生儿也会成瘾；吗啡还能对抗缩宫素对子宫的兴奋作用而延长产程。因此吗啡禁用于分娩镇痛和哺乳期妇女镇痛。吗啡还禁用于支气管哮喘、肺源性心脏病、颅脑外伤及肝功能严重减退者。

➢ **可待因（codeine）**

可待因又称甲基吗啡，在阿片中含量约占 0.5%。口服易吸收，生物利用度为 60%。吸收后约有 10% 在肝内脱去甲基而转变为吗啡。可待因本身对阿片受体的亲和力很低，其镇痛作用可能与在体内转变为吗啡有关。可待因的镇痛作用仅为吗啡的 1/12，镇咳作用为其 1/4，作用持续时间与吗啡相似，镇静作用不明显，欣快感及成瘾性弱于吗啡。在镇静剂量时，可待因对呼吸中枢抑制作用较轻，无明显便秘、尿潴留及直立性低血压的不良反应。可待因的镇痛效果不及吗啡，用于中等程度疼痛。可待因与解热镇痛抗炎药合用有协同作用，如氨酚待因片（对乙酰氨基酚 + 可待因）；也作为典型的中枢性镇咳药用于镇咳（见第三十章）。

第二节　人工合成的阿片类

阿片生物碱类镇痛药镇痛作用强大，但是其毒性大和易成瘾是严重问题。从简化吗啡的基本结构入手合成的吗啡代用品，仍然作用于阿片受体，产生镇痛作用。

➢ **哌替啶（pethidine）**

哌替啶又称度冷丁（dolantin），是人工合成的苯基哌啶衍生物，具有吗啡样作用，是目前临床常用的人工合成镇痛药。

【体内过程】哌替啶口服或注射给药均能吸收，但口服生物利用度仅为 52%，故一般采用注射给药。血浆蛋白结合率为 60%，$t_{1/2}$ 约为 3 h。哌替啶主要在肝内代谢成哌替啶酸和去甲哌替啶，经肾排出。去甲哌替啶的 $t_{1/2}$ 为 15 ~ 20 h，具有明显的中枢兴奋作用，是哌替啶过量中毒时出现惊厥的原因。

【药理作用】哌替啶的药理作用与吗啡相似，也能结合并激动阿片受体（主要激动 μ 型阿片受体）。

1. 中枢神经系统

（1）镇痛、镇静：皮下或肌内注射哌替啶后 10 min 即出现镇痛、镇静作用，镇痛作用弱于吗啡，其效价强度相当于吗啡的 1/10 ~ 1/7，作用持续时间较短，为 2 ~ 4 h。哌替啶在镇痛的同时可产生明显的镇静作用，可消除患者紧张烦躁的情绪，少数患者可出现欣快感。

（2）抑制呼吸：哌替啶的呼吸抑制作用较吗啡弱，作用维持时间短，对呼吸功能正常者无明显影响，但对肺功能不良及颅脑损伤者可危及生命。

（3）其他作用：哌替啶轻度抑制咳嗽中枢，并兴奋延髓 CTZ，增加前庭器官的敏感性。

2. 平滑肌　哌替啶能提高胃肠道平滑肌张力和减少推进性蠕动，但因作用强度弱，持续时间短，无明显止泻和引起便秘的作用；治疗量哌替啶对支气管平滑肌无明显作用，大剂量可引起收缩；哌替啶有轻微的子宫兴奋作用，但对妊娠末期子宫的正常节律性收缩无明显影响，也不对抗缩宫素的作用，故不延缓产程。

3. 心血管系统　治疗剂量的哌替啶偶可引起直立性低血压；由于抑制呼吸，也使体内 CO_2 蓄积，继发脑血管扩张而致颅内压升高。

【临床应用】

1. 镇痛　哌替啶因成瘾性出现较慢，可代替吗啡用于各种剧痛，但对胆绞痛和肾绞痛等内脏绞痛需加用阿托品。哌替啶用于分娩镇痛时，由于新生儿对哌替啶的呼吸抑制作用特别敏感，故产前 2～4 h 不宜使用。

2. 心源性哮喘　哌替啶可代替吗啡用于心源性哮喘的辅助治疗。作用机制同吗啡。

3. 麻醉前给药　哌替啶可解除患者对手术的紧张和恐惧情绪，减少麻醉药的用量。

4. 人工冬眠　哌替啶与氯丙嗪、异丙嗪组成冬眠合剂，可降低需人工冬眠患者的基础代谢。

【不良反应】哌替啶治疗量时可致眩晕、恶心、呕吐、口干、心动过速及直立性低血压等；剂量过大时可致震颤、肌肉抽搐、反射亢进，甚至惊厥；长期反复应用也易产生耐受性和成瘾性。哌替啶中毒解救用阿片受体特异性阻断药纳洛酮，但其不能对抗哌替啶的中枢兴奋作用，需要配合应用巴比妥类药物。因为哌替啶的代谢产物去甲哌替啶对中枢有兴奋作用，且半衰期长，长期应用可能蓄积中毒，尤其不适合需要长期服药的癌症患者，WHO 已将盐酸哌替啶注射液列为癌症疼痛治疗不推荐药物。

➤ **芬太尼**（fentanyl）

芬太尼为短效镇痛药，作用起效快，维持时间短，静脉注射后 1 min 起效，5 min 达高峰，维持约 10 min；肌内注射 15 min 起效，维持 1～2 h。血浆蛋白结合率为 84%，$t_{1/2}$ 为 3.7 h。芬太尼作用与吗啡相似，镇痛效力为吗啡的 100 倍，也能产生明显的欣快感、呼吸抑制和成瘾性。芬太尼主要用于各种原因引起的剧痛，或与麻醉药合用以减少麻醉药用量；也与氟哌啶醇（haloperidol）合用于外科小手术或医疗检查。不良反应有轻度呼吸抑制、眩晕、恶心、呕吐及胆道平滑肌痉挛，大剂量能产生肌肉僵直，与抑制纹状体 DA 能神经功能有关，纳洛酮可对抗之。支气管哮喘、颅脑肿瘤或颅脑外伤引起昏迷的患者及 2 岁以下儿童禁用。

➤ **美沙酮**（methadone）

美沙酮为 μ 阿片受体激动药，其镇痛作用强度与吗啡相当，但镇静、抑制呼吸、缩瞳、致便秘及升高胆道内压等作用弱于吗啡。耐受性与成瘾性发生较慢，戒断症状略轻。口服生物利用度为 92%，血浆蛋白结合率为 89%，$t_{1/2}$ 为 15 h。美沙酮主要经肝代谢并从肾排泄。临床上美沙酮用于各种剧痛，也用于吗啡和海洛因的脱毒治疗。不良反应与哌替啶相似。

➤ **喷他佐辛**（pentazocine）

喷他佐辛又名镇痛新，是阿片受体部分激动药，主要激动 κ 受体，对 μ 受体有弱的阻断作用。喷他佐辛口服和注射给药均易吸收，生物利用度为 55%，血浆蛋白结合率为 65%，$t_{1/2}$ 为 4.5 h，主要经肝代谢并从肾排泄。

喷他佐辛的镇痛效力是吗啡的 1/3，呼吸抑制作用是吗啡的 1/2。大剂量（60～90 mg）致烦躁、焦虑、幻觉等精神症状，可用纳洛酮拮抗。其对心血管系统的影响与吗啡不同，大剂量可引起血压升高、心率加快，静脉注射可增加左心室舒张期末压和平均动脉压。由于喷他佐辛轻度拮抗 μ 受体，故无明显欣快感和成瘾性，已被国家药品行政管理部门列为非麻醉药品。临床主要用于各种慢性疼痛，对剧痛的镇痛效果弱于吗啡。

➤ **布托啡诺**（butorphanol）

布托啡诺为阿片受体部分激动药，激动 κ 受体，对 μ 受体有弱的竞争性阻断作用。其镇痛和呼吸抑制作用为吗啡的 3.5～7 倍，但药物剂量增加后呼吸抑制程度并不加重，可用于缓解中、重度的疼痛，对急性疼痛的镇痛效果好于慢性疼痛；对胃肠道平滑肌的兴奋作用较吗啡弱；可增加外周血管阻力和肺血管阻力，因而增加心脏做功。布托啡诺口服首过效应明显，生物利用度低于17%。肌内注射吸收迅速而完全，10 min起效，作用持续4～6 h，$t_{1/2}$为4～5 h。血浆蛋白结合率为80%，主要经肝代谢、肾排泄。

> **知识拓展**
>
> **偏向性阿片受体激动药**
>
> 阿片受体属于G蛋白偶联受体，其信号转导主要有G蛋白通路和β抑制蛋白通路两种途径，其中G蛋白通路介导镇痛作用，β抑制蛋白通路则与不良反应有关。传统的μ阿片受体激动药因为同时激活G蛋白和β抑制蛋白通路，所以在产生镇痛作用的同时常伴随恶心、呕吐、呼吸抑制等不良反应。奥赛利定（TRV-130）是全球首个上市的偏向性μ阿片受体激动药，其在选择性激活G蛋白通路产生镇痛作用的同时，避免激活β抑制蛋白通路，从而减轻药物不良反应。因此偏向性阿片受体激动药有望引领新型镇痛药物研发的浪潮。

第三节 其他镇痛药

> **曲马多（tramadol）**

曲马多为阿片受体激动药，镇痛效力与喷他佐辛相当；镇咳效力约为可待因的1/2，呼吸抑制作用弱，无明显扩张血管和降压作用；耐受性和成瘾性较弱。曲马多口服吸收快而完全，生物利用度为90%，血浆蛋白结合率为20%，$t_{1/2}$约为5 h。临床常用于外科、产科术后痛及癌症晚期疼痛。常见的不良反应为眩晕、恶心、呕吐和出汗等。

> **布桂嗪（bucinnazine）**

布桂嗪又名强痛定，镇痛效力约为吗啡的1/3，临床常用于偏头痛、三叉神经痛、炎症性及外伤性疼痛、关节痛、痛经、癌症等引起的疼痛，对内脏器官的镇痛作用较差。不良反应偶有恶心或头晕、困倦等，停药后即消失。个别病例曾出现成瘾性，应慎用。

> **罗通定（rotundine）**

罗通定又称左旋四氢帕马丁，是罂粟科植物延胡索等块茎中具有镇痛作用的生物碱消旋四氢帕马丁的左旋体。目前提取该药的主要来源是我国产千金藤属植物块根。罗通定具有镇静、安定、镇痛和中枢性肌肉松弛作用，无明显成瘾性。其作用机制可能是阻断脑内多巴胺受体，增加与痛觉有关的特定脑区脑啡肽原和内啡肽原的mRNA表达，促进脑啡肽和内啡肽的释放。罗通定口服主要用于一般性头痛、脑震荡后头痛，以及其他慢性持续性钝痛和内脏痛。罗通定在治疗量时一般无不良反应，大剂量时可抑制呼吸，偶有眩晕、乏力、恶心及其他锥体外系反应。

第四节 阿片受体阻断药

> **纳洛酮（naloxone）和纳曲酮（naltrexone）**

纳洛酮和纳曲酮是阿片受体阻断药。二者的化学结构与吗啡相似，对μ、δ和κ受体有竞争性阻断作用。生理情况下，两药无明显的药理效应，但能使长期应用阿片类药物的成瘾者立即出现戒断症状，能快速对抗阿片类药物过量中毒所致的呼吸抑制和血压下降等。近年来认为内啡肽是一种休克因子，作用于μ和κ受体，引起心血管抑制、血压下降。纳洛酮和纳曲酮可对抗内啡肽的作用，对多种原因引起的休克有明显的治疗作用。纳洛酮口服的生物利用度低于2%，一般注射给药，$t_{1/2}$为1.1 h；纳曲酮口服的生物利用度约为30%，$t_{1/2}$为2.7 h。两药主要用于阿片类药物过量时急性中毒的抢救，解除阿片类药物麻醉的术后呼吸抑制及其他中枢抑制症状。两药能诱发戒断症状，可用于阿片类药成瘾者的鉴别诊断；也适用于各种休克、脑卒中、乙醇中毒、新生儿窒息、脊髓和脑创伤等。

 临床应用

恶性肿瘤所致疼痛的阶梯治疗

轻度疼痛患者主要选用阿司匹林、布洛芬和塞来昔布等解热镇痛抗炎药，采用规律性定时给药，而不是按需给药，直至用到最大剂量仍无效才可转入第二阶梯治疗。

中度疼痛患者以弱效阿片类药物为主，选用可待因、曲马多、罗通定或与解热镇痛抗炎药联合应用。上述药物可根据患者的疼痛程度和耐药情况选择应用。

重度疼痛患者以强效阿片类药物为主，选用吗啡、哌替啶、芬太尼和美沙酮等，可交替、多途径给药，如口服、直肠给药、皮下注射、透皮给药、鞘内给药，遵循按时给药和用药剂量个体化原则。

思 考 题

1. 吗啡的药理作用与临床应用有哪些？
2. 吗啡治疗心源性哮喘的机制是什么？
3. 患者，女，46岁，因剑突下剧烈绞痛入院。患者上腹部剧痛并向右背部放射，伴有恶心、呕吐。患者有胆结石史。查体：墨菲征阳性。诊断为急性胆囊炎。给予皮下注射吗啡10 mg和肌内注射阿托品1 mg。请回答：

该病例中使用吗啡时为什么要与阿托品合用？

（林　宇）

第二十章 解热镇痛抗炎药

第二十章数字资源

第一节 概　述

解热镇痛抗炎药（antipyretic-analgesic and anti-inflammatory drug）是一类具有解热、镇痛，而且大多数还有较强的抗炎、抗风湿作用的药物。这类药物的化学结构和抗炎作用机制与糖皮质激素（甾体激素）类药物有所不同，故也将这类药物称为非甾体抗炎药（nonsteroidal anti-inflammatory drug，NSAID）。阿司匹林是这类药物的代表药，因此又将这类药物称为"阿司匹林类药物"。这类药物通过抑制体内环氧合酶（cyclooxygenase，COX，前列腺素合成酶）活性而减少前列腺素（prostaglandin，PG）的生物合成。根据其化学结构的不同，解热镇痛抗炎药通常可分为水杨酸类、苯胺类、吲哚类、芳基乙酸类、芳基丙酸类、烯醇酸类、吡唑酮类、烷酮类、异丁芬酸类等。尽管这些药物结构各异，但均有共同的作用基础，因此按照其对COX抑制的选择性不同又可分为非选择性环氧合酶抑制药和选择性环氧合酶-2抑制药两类。

一、药理作用与机制

前列腺素广泛存在于人和哺乳动物的各种重要组织和体液中，多种细胞都可合成前列腺素。炎症反应中，细胞膜磷脂在磷脂酶 A_2（phospholipase A_2，PLA_2）的作用下释放出花生四烯酸（arachidonic acid，AA），AA 经环氧合酶作用生成前列腺素和血栓素 A_2（thromboxane A_2，TXA_2），经脂氧酶作用生成白三烯（LT）、脂氧素（LX）及羟基环氧素（HX）等。

PG是炎症反应中一类活性很强的炎症介质，可以扩张血管、增加毛细血管的通透性；具有致痛作用，并能增加局部痛觉感受器对缓激肽等致痛物质的敏感性；调节血小板的聚集，促进炎症细胞的趋化和游走；收缩支气管；同时作为重要的内源性致热原作用于下丘脑体温调节中枢，引起机体发热。LT对嗜酸性粒细胞、中性粒细胞、单核细胞有极强的趋化作用，使这些炎症细胞聚集在炎症局部，释放炎症介质（细胞因子等），诱导免疫系统产生瀑布式连锁反应，收缩支气管，增加血管通透性。HX则具有诱导细胞聚集的作用，并有信使样作用。可见，膜磷脂的多种代谢产物参与了细胞的炎症反应、发热和疼痛反应的形成过程。解热镇痛抗炎药的共同作用是抑制COX，干扰体内PG的生物合成，产生解热、镇痛、抗炎作用（图20-1）。

（一）抗炎作用

大多数解热镇痛抗炎药具有抗炎作用，其作用机制是抑制体内COX的生物合成。COX有COX-1和COX-2两种同工酶（表20-1）。COX-1为结构型，主要存在于血管、胃、肾等组织中，其功能与保护胃肠黏膜、调节血小板聚集、调节外周血管阻力和调节肾血流量分布有关。

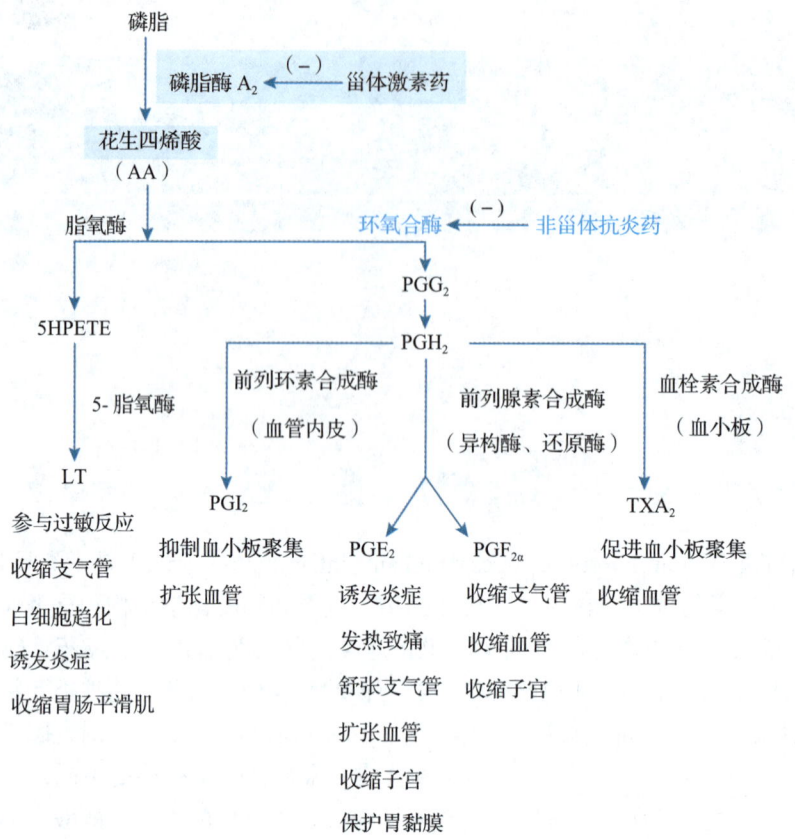

图 20-1 花生四烯酸主要代谢产物的生理活性及抗炎药的作用部位

5HPETE：5-氢过氧化廿碳四烯酸；LT：白三烯；PGG_2：前列腺素 G_2；PGH_2：前列腺素前体；PGI_2：前列环素；PGE_2：前列腺素 E_2；$PGF_{2\alpha}$：前列腺素 $F_{2\alpha}$；TXA_2：血栓素 A_2

COX-2 为诱导型。各种损伤性化学、物理和生物因子激活磷脂酶 A_2 水解细胞膜磷脂，生成花生四烯酸；后者经 COX-2 催化加氧生成 PG。损伤性因子也诱导多种细胞因子如白介素-1（IL-1）、白介素-6（IL-6）、白介素-8（IL-8）、肿瘤坏死因子（TNF）的合成，这些因子又能诱导 COX-2 表达，增加 PG 合成。

表 20-1　COX-1 和 COX-2 的特性比较

项目	COX-1	COX-2
生成	固有的	经诱导生成
来源	绝大多数组织	炎症反应细胞为主
功能	生理学：①保护胃肠 ②调节血小板聚集（TXA_2） ③调节外周血管阻力（PGI_2） ④调节肾血流分布（PGI、PGE）	生理学：妊娠时，PG 生成增加 病理学：生成蛋白酶、PG 及其他致炎介质，引起炎症

大部分传统的非甾体抗炎药可同时抑制两类酶，有时因剂量不同对不同亚型酶的抑制情况不同。目前认为，非甾体抗炎药对 COX-1 的抑制构成了此类药物不良反应的毒理学基础，对 COX-2 的抑制被认为是其发挥药效的基础（表 20-2）。近年来研究发现，还存在其他的 COX 亚型并猜想存在 7 种 COX 同工酶。新的 COX 亚型 COX-3 已被发现，其作用还有待进一步研究。药物对 COX-1 和 COX-2 的半抑制浓度（IC_{50}）及 COX-2/COX-1 的 IC_{50} 比值如表 20-2 所列。

表 20-2　药物对 COX-1 和 COX-2 的 IC_{50} 及 COX-2/COX-1 的 IC_{50} 比值

药物	IC_{50}（μmol/L）		IC_{50} 比值	药物	IC_{50}（μmol/L）		IC_{50} 比值
	COX-1	COX-2	COX-2/COX-1		COX-1	COX-2	COX-2/COX-1
吡罗昔康	0.0015	0.906	600	美洛昔康	9.5	5.6	0.58
阿司匹林	1.6	277	173	双氯芬酸	1.57	1.1	0.7
吲哚美辛	0.028	1.68	60	萘普生	0.214	0.171	0.8
布洛芬	4.8	72.8	15.16	尼美舒利	＞10	0.07	＜0.007

（二）镇痛作用

解热镇痛抗炎药有中等程度的镇痛作用，对临床常见的慢性钝痛（如关节炎、黏液囊炎、肌肉和血管起源的疼痛，牙痛，痛经，产后疼痛）均有良好的镇痛效果；而对尖锐的一过性刺痛（直接刺激感觉神经末梢引起）和内脏平滑肌绞痛无效；对轻度癌性疼痛也有较好的镇痛作用，是癌症三级止痛阶梯治疗方案中治疗轻度疼痛的主要药物，其与阿片样物质联用可抑制术后疼痛，可以减少阿片样物质的用量。

解热镇痛抗炎药的镇痛作用部位主要在外周，当组织受损或炎症时，局部产生与释放缓激肽（bradykinin）、组胺（histamine）等致痛化学物质，同时产生与释放 PG。缓激肽作用于痛觉感受器，引起疼痛。PG 本身虽有一定的致痛作用，但主要是能显著地提高痛觉感受器对缓激肽等致痛物质的敏感性，放大炎性疼痛。解热镇痛抗炎药可减少炎症时 PG 的合成，产生镇痛作用。近年来研究发现，它们也可以通过脊髓和其他皮质下中枢发挥镇痛作用，主要与其阻碍中枢神经系统 PG 的合成或干扰伤害感受系统的介质和调质的产生与释放有关。

（三）解热作用

解热镇痛抗炎药只能降低发热者的体温，而对正常体温几乎没有影响。正常体温是由下丘脑体温调节中枢通过对产热和散热两个过程进行精细调节，使体温维持在相对恒定水平。当发生细菌和病毒等感染时，病原体及其毒素刺激免疫细胞产生 IL-1、IL-6、IFN-α、TNF-α 等内源性致热原，这些内源性致热原又促使下丘脑视前区附近合成释放 PGE_2，通过 cAMP 触发体温调节中枢而增加产热，导致体温调定点提高至 37 ℃ 以上，使体温升高。解热镇痛抗炎药主要是通过抑制中枢 PG 合成发挥解热作用（图 20-2）。研究显示，PG 并非发热的唯一介质，因而解热镇痛抗炎药可能存在其他未被发现的降温机制。

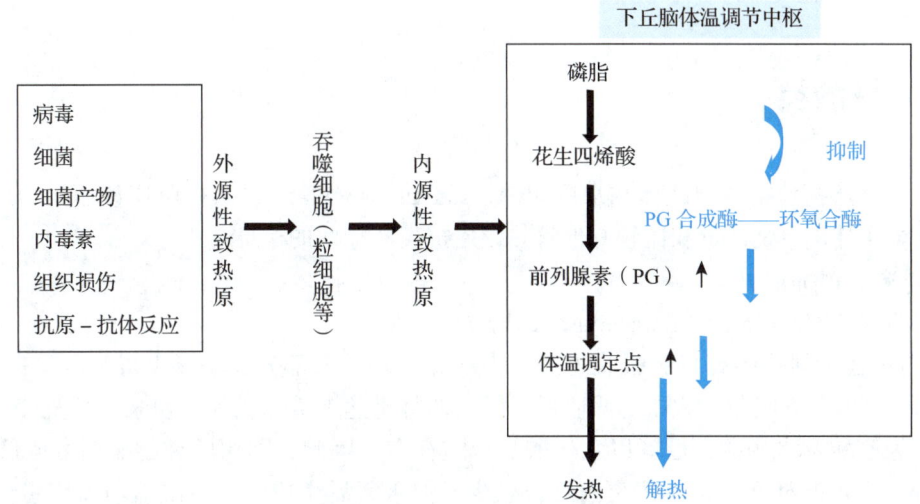

图 20-2　解热镇痛抗炎药　解热作用机制示意图

（四）其他作用

部分解热镇痛抗炎药可通过抑制血小板环氧合酶而对血小板聚集发挥强大的、不可逆的抑制作用。服用阿司匹林等抗血小板治疗对于动脉粥样硬化性心血管疾病的一级和二级预防有显著益处。

大量临床前、观察性和临床数据的证据支持解热镇痛抗炎药可能用于肿瘤的预防，并可能作为肿瘤治疗的辅助性手段。其抗肿瘤作用除与抑制 PG 的产生有关外，还与其激活胱天蛋白酶 -3（caspase-3）和胱天蛋白酶 -9（caspase-9）、诱导肿瘤细胞凋亡、抑制肿瘤细胞增殖及抗新生血管形成等有关。

临床上，口服对乙酰氨基酚、布洛芬或其他解热镇痛抗炎药可用于治疗新生儿动脉导管未闭，这是由于解热镇痛抗炎药能够有效地降低新生儿体内 PG 水平，增强动脉导管平滑肌收缩力，进而促进动脉导管的闭合。

第二节　非选择性环氧合酶抑制药

案例 20-1

患者，女，62 岁，1 年前无诱因出现右手指间关节肿痛，未到医院就诊。1 个月前患者自觉双手各关节疼痛加重，双手指间关节、掌指关节、双腕关节均受累，且伴有明显晨僵感，寒冷刺激时病情明显加重，今日来院就诊。门诊以"类风湿性关节炎"收患者入院。查体：双手及双腕部肿胀，关节处压痛明显，双侧近指间关节屈曲畸形，双手各指关节活动受限，双手皮肤无感觉麻木，远端血供良好。辅助检查：类风湿因子（RF）312 U/ml。治疗：阿司匹林每日 3～4 g，分 3～4 次服用，同时给予功能锻炼指导及精心护理，入院 17 天后双手关节肿胀、压痛明显减轻，双腕关节活动明显好转。

问题：

1. 阿司匹林为什么可以治疗类风湿性关节炎？除了选用阿司匹林治疗外，还可选用哪种药物？
2. 在患者使用阿司匹林治疗时应指导其注意哪些不良反应？
3. 你了解阿司匹林的发现历史吗？你从中学到了什么？

一、水杨酸类

水杨酸类药物包括阿司匹林和水杨酸钠（sodium salicylate），其中临床使用最为广泛和持久的是阿司匹林，也是评价和比较其他解热镇痛抗炎药疗效的标准。

➢ **阿司匹林（aspirin）**

阿司匹林又称乙酰水杨酸（acetylsalicylic acid，ASA）。

【体内过程】阿司匹林口服吸收迅速，小部分在胃、大部分在小肠上段吸收，1～2 h 血药浓度达到峰值。在吸收过程中与吸收后，阿司匹林迅速被胃肠黏膜、血浆、肝及红细胞中的酯酶水解为乙酸及水杨酸，后者以水杨酸盐形式存在。因此，阿司匹林的血药浓度低，$t_{1/2}$ 仅为 15 min。阿司匹林本身与血浆蛋白结合较少，但水解后生成的水杨酸盐与血浆蛋白的结合率可达 80%～90%。水杨酸盐主要经肝药酶代谢，大部分水杨酸在肝内氧化代谢，其代谢产物大部分与甘氨酸结合成水杨尿酸，小部分与葡糖醛酸结合，另有小部分氧化生成龙胆酸。

肝代谢水杨酸的能力有限，当口服小剂量阿司匹林时，其水解生成的水杨酸的量较少，按一级动力学消除，水杨酸血浆 $t_{1/2}$ 为 2~3 h，但当较大剂量（≥1 g）时，由于水杨酸生成量大，甘氨酸、葡糖醛酸的结合反应已达饱和，则按零级动力学消除，$t_{1/2}$ 显著延长，甚至可达 15~30 h。如剂量再增大，血中游离水杨酸浓度将急剧上升，可突然出现中毒症状。阿司匹林主要以代谢产物的形式从尿中排出，尿液 pH 对水杨酸盐排泄量影响很大。当尿液碱化时，解离型的水杨酸盐增多，肾小管对其重吸收减少，可排出水杨酸盐的 85%，而酸化尿液仅可排出 5%。故当水杨酸盐急性中毒时，可用碳酸氢钠碱化尿液，从而加速水杨酸的排出，降低血药浓度。

【药理作用与临床应用】阿司匹林及其代谢产物水杨酸对 COX-1 和 COX-2 的抑制作用基本相当，具有相似的解热、镇痛、抗炎作用。

1. 解热镇痛及抗炎抗风湿 阿司匹林解热镇痛作用较强，常用于感冒发热及头痛、牙痛、肌肉痛、神经痛、痛经和术后创口痛等慢性钝痛；能迅速缓解风湿性关节炎的症状，急性风湿热患者大剂量使用阿司匹林后 24~48 h 即可退热，关节红肿、疼痛症状也明显缓解，故可作为急性风湿热的鉴别诊断依据。阿司匹林用于抗风湿时最好用至最大耐受剂量，一般成人 3~5 g/d，分 4 次于饭后服用。

2. 抑制血小板聚集 小剂量阿司匹林能使 COX 活性中心的丝氨酸乙酰化失活，不可逆地抑制血小板环氧合酶，抑制血小板血栓素 A_2（TXA_2）的合成，影响血小板聚集及血栓形成，减少高危人群严重心血管事件的发生率，临床用于预防一过性脑缺血发作、心肌梗死、心房颤动、人工心脏瓣膜、动静脉瘘或其他手术后的血栓形成，也可用于治疗不稳定型心绞痛。应当强调的是，阿司匹林在大剂量时也能抑制血管壁内 COX 的活性而减少前列环素（prostacyclin，PGI_2）的合成。PGI_2 是 TXA_2 的生理拮抗剂，其合成减少可能促进凝血及血栓形成，应予重视。因此，用阿司匹林防治血栓性疾病以小剂量（50~100 mg）为宜（图 20-3）。

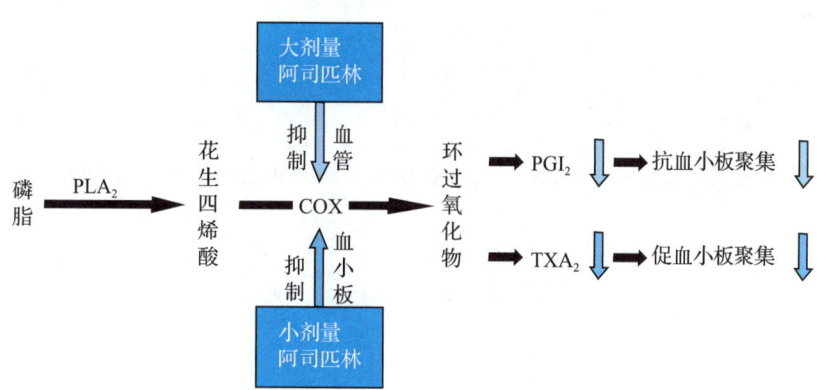

图 20-3　阿司匹林影响血小板聚集机制示意图
PLA_2：磷脂酶 A_2；COX：环氧合酶；TXA_2：血栓素 A_2；PGI_2：前列环素

3. 儿科用于皮肤黏膜淋巴结综合征（川崎病） 用于减少该病的炎症反应和预防血管内血栓的形成。

【不良反应与注意事项】阿司匹林用于解热镇痛时所用剂量较小，短期应用时不良反应较轻，用于抗风湿时剂量大，长期应用不良反应多且较重。

1. 胃肠道反应 是阿司匹林最为常见的不良反应。口服阿司匹林对胃黏膜有直接刺激作用，引起恶心、呕吐、上腹部不适等，较大剂量时能兴奋延髓催吐化学感受区（CTZ）引起呕吐；较大剂量的阿司匹林可引起胃黏膜损伤，使消化性溃疡患者的原有症状加重，故急性消化性溃疡患者禁用。餐后服药、同服抗酸药或服用阿司匹林肠溶片可以减轻上述反应。

2. 加重出血倾向　阿司匹林一般剂量时就可抑制血小板聚集，延长出血时间，大剂量时还可抑制凝血酶原形成，延长凝血酶原时间，引起凝血障碍，加重出血倾向，使用维生素 K 可以预防。严重肝损害、低凝血酶原血症、维生素 K 缺乏等均应避免服用阿司匹林。手术前 1 周的患者应停用阿司匹林，以防出血。

3. 水杨酸反应　阿司匹林剂量过大（每天 5 g 以上）可致中毒反应，表现为头痛、眩晕、恶心、呕吐、耳鸣，以及视力和听力减退等，总称水杨酸反应，严重者可致过度呼吸、酸碱平衡障碍、高热、精神错乱、昏迷而危及生命。一旦发生应立即停药，静脉滴注碳酸氢钠以碱化尿液，加速其自尿液排出。

4. 过敏反应　偶见皮疹、荨麻疹、血管神经性水肿和过敏性休克。有些哮喘患者服用阿司匹林或某些解热镇痛抗炎药后可诱发支气管哮喘，称为阿司匹林哮喘（aspirin-induced asthma，AIA）。它不是以抗原-抗体反应为基础的过敏反应，而是由于阿司匹林抑制 PG 生物合成，由花生四烯酸生成的白三烯及其他内源性支气管收缩物增多，导致支气管强烈痉挛而诱发哮喘。肾上腺素治疗阿司匹林哮喘无效，可用抗组胺药和糖皮质激素治疗。哮喘、鼻息肉及慢性荨麻疹患者禁用阿司匹林。

5. 瑞氏综合征（Reye syndrome）　患病毒性感染（流感、水痘、麻疹等）伴有发热的儿童服用阿司匹林退热时，有发生瑞氏综合征的危险，表现为肝衰竭合并脑病，虽少见，但预后恶劣。此类患者可用对乙酰氨基酚等药代替阿司匹林治疗。

6. 对肾的影响　少数老年人特别是伴有心、肝、肾功能损害的患者应用阿司匹林时，即使用药前肾功能正常，也可出现水肿、多尿等肾小管功能受损的症状。这可能是由于患者存在隐匿性肾损害或肾小球灌注不足，阿司匹林抑制前列腺素取消了前列腺素的代偿机制，从而引起水肿等症状。偶见不良反应有间质性肾炎、肾病综合征，甚至肾衰竭。

【**药物相互作用**】阿司匹林可通过与白蛋白竞争性结合而提高游离血药浓度，引起药物相互作用（图 20-4）。

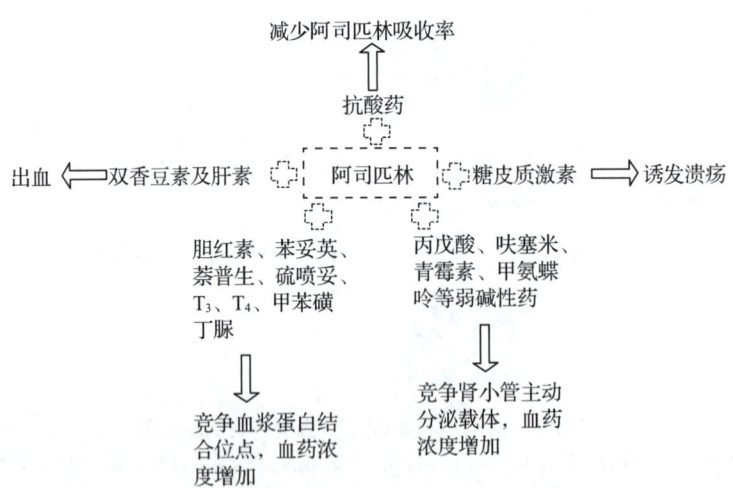

图 20-4　阿司匹林与各种药物相互作用示意图
T_3：三碘甲状腺原氨酸；T_4：甲状腺素

阿司匹林与肝素及双香豆素类抗凝药合用可能引起出血；与肾上腺皮质激素合用时，不但能竞争性地与白蛋白结合，又有药效学协同作用，更易诱发溃疡及出血；与磺酰脲类口服降血糖药、胰岛素合用可引起低血糖反应；与丙戊酸、甲氨蝶呤等药物合用，可竞争肾小管主动分泌载体，增加各自的游离血药浓度。

二、苯胺类

➤ 对乙酰氨基酚（acetaminophen）

对乙酰氨基酚又称扑热息痛（paracetamol），是非那西丁（phenacetin）的活性代谢产物，毒性显著小于非那西丁。

【体内过程】对乙酰氨基酚口服吸收快且完全，血药浓度在 0.5～1 h 达峰值，在治疗剂量时约 60% 与葡糖醛酸结合，35% 与硫酸结合，3% 与半胱氨酸结合，经肾排出，$t_{1/2}$ 为 2～4 h。在较高剂量时，上述催化结合反应的代谢酶饱和后，药物经肝细胞色素 P450 代谢为 N-乙酰对位苯醌亚胺（N-acetyl-p-benzoquinone imine）。N-乙酰对位苯醌亚胺是一个有毒的代谢中间体，可与谷胱甘肽（glutathione）结合而解毒。长期或过量用药，体内谷胱甘肽被耗竭时，此毒性中间体可与细胞大分子结合，引起肝细胞、肾小管细胞坏死。

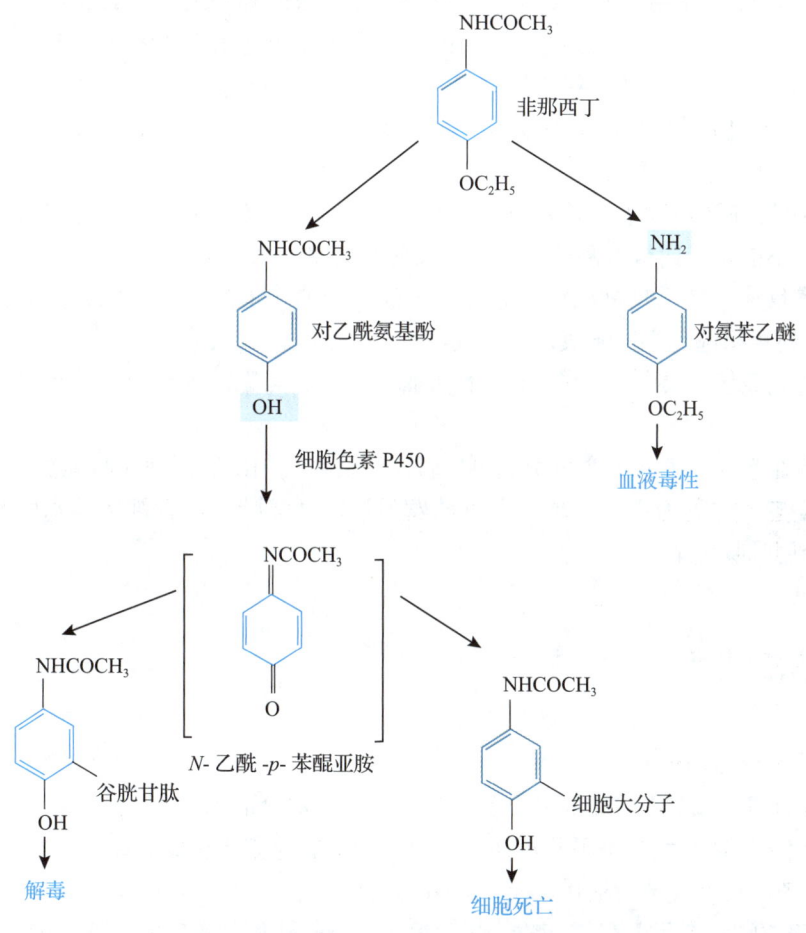

图 20-5　非那西丁和对乙酰氨基酚的毒性代谢产物

【药理作用与临床应用】苯胺类药物解热镇痛作用与阿司匹林相似，但抗炎抗风湿作用很弱。研究发现，对乙酰氨基酚在外周组织对环氧合酶没有明显作用，这可以部分解释其几无抗炎作用的原因。通常认为在中枢神经系统，对乙酰氨基酚抑制前列腺素合成，产生解热镇痛作用。故临床上对乙酰氨基酚主要用于退热和镇痛。由于对乙酰氨基酚无明显胃肠道刺激作用，故对不宜使用阿司匹林的头痛、发热患者可使用对乙酰氨基酚。

【不良反应与注意事项】对乙酰氨基酚治疗量时不良反应较少，无胃刺激性，不引起胃出血；偶可引起高铁血红蛋白血症而出现发绀，以及皮疹、荨麻疹、药热及粒细胞减少等过敏反应；过量中毒时可引起肝损害和严重的皮肤反应；长期用药，尤其是肾功能低下者，可出现肾绞痛、急性肾衰竭或慢性肾衰竭（镇痛药性肾病）。急性中毒时需洗胃、催吐，应用乙酰半胱氨酸或硫乙胺以补充谷胱甘肽的贮存。

三、吲哚类

> 吲哚美辛（indomethacin）

吲哚美辛为人工合成的吲哚衍生物。

【体内过程】 吲哚美辛口服后吸收快而完全，3 h血药浓度达峰值，血浆蛋白结合率为90%；直肠给药较口服更易吸收。吲哚美辛在肝内代谢为去甲基化物和去氯苯甲酰化物，代谢产物由尿、胆汁及粪便排出，也可从乳汁中排出，有10%~20%以原型从尿中排泄。

【药理作用与临床应用】 吲哚美辛是强效PG合成酶抑制药之一，具有显著的抗炎抗风湿和解热镇痛作用。其抗炎、镇痛效果明显强于阿司匹林，抗急性风湿病及类风湿性关节炎的疗效与保泰松相似，约2/3患者能获明显改善；对强直性关节炎、骨关节炎和急性痛风性关节炎也有效；还可用于恶性肿瘤引起的发热及其他难以控制的发热。由于此药不良反应多，故仅用于其他药物疗效不显著的病例。

【不良反应与注意事项】 应用治疗量的吲哚美辛后有30%~50%的患者发生不良反应，约20%患者因不能耐受而被迫停药。大多数反应与剂量过大有关。

1. 胃肠道反应 包括食欲减退、恶心、腹痛、上消化道溃疡等症状；偶见胃出血、胃穿孔和腹泻等，还可引起急性胰腺炎。

2. 中枢神经系统 25%~50%患者有头痛、头晕、焦虑及失眠等，严重者可有精神行为障碍或抽搐等。

3. 抑制造血系统 吲哚美辛可引起再生障碍性贫血、白细胞或血小板减少等。

4. 过敏反应 常见为皮疹，严重者可诱发阿司匹林哮喘、血管神经性水肿及休克。阿司匹林哮喘者禁用吲哚美辛。

四、芳基乙酸类

> 双氯芬酸（diclofenac）

双氯芬酸为邻氨基苯甲酸（灭酸）类衍生物，是环氧合酶抑制药。

【体内过程】 双氯芬酸口服吸收迅速，有首过效应，血浆蛋白结合率99.7%，平均1~2 h血药浓度达峰值，可在关节滑液中积聚。经肝代谢后，$t_{1/2}$为1.1~1.8 h。

【药理作用与临床应用】 双氯芬酸解热、镇痛、抗炎作用强于吲哚美辛、萘普生等。此外，双氯芬酸可通过改变脂肪酸的释放和摄取，降低白细胞间游离花生四烯酸的浓度。临床上双氯芬酸适用于各种轻、中等程度疼痛，如手术后、创伤后疼痛；类风湿性关节炎；非关节性的各种软组织风湿疼痛，如腱鞘炎、滑囊炎。

【不良反应】 双氯芬酸不良反应轻，除与阿司匹林相似外，偶见肝功能异常和视觉障碍，以及白细胞减少。高剂量使用须关注动脉栓塞事件。

五、芳基丙酸类

> 布洛芬（ibuprofen）

【体内过程】布洛芬口服吸收迅速而完全，吸收量较少受食物和药物影响。1~2 h 血药浓度可达峰值，血浆蛋白结合率为 99%，$t_{1/2}$ 约 2 h，主要经肝代谢，代谢产物自肾排出。布洛芬可缓慢透过滑膜腔，血药浓度降低后在关节腔内仍能保持较高的浓度；易透过胎盘和进入乳汁中。

【药理作用与临床应用】布洛芬有较强的抗炎抗风湿及解热镇痛作用，其效力近似阿司匹林，但抗炎作用更突出。主要用于风湿性及类风湿性关节炎和骨关节炎，能消除晨僵及疼痛，改善握力和关节屈伸；也可用于一般解热镇痛如头痛、牙痛、痛经、肌肉痛等；还可用于小儿发热。

【不良反应】胃肠道反应是布洛芬最常见的不良反应，主要表现为恶心、上腹部不适，长期使用可引起胃肠溃疡和出血；偶见头痛、眩晕和视物模糊；少见骨髓抑制、肾毒性及过敏反应等。患者出现视物模糊、色盲、弱视或胶原病时应立即停用布洛芬。

> 萘普生（naproxen）和酮洛芬（ketoprofen）

萘普生的效价强度为阿司匹林的 20 倍，它和酮洛芬与布洛芬同属丙酸衍生物，作用及用途均相似，但二者的 $t_{1/2}$ 分别为 12~15 h 和 2 h。萘普生和酮洛芬引起的胃肠道不良反应较阿司匹林或吲哚美辛轻，患者较易耐受；其他不良反应有眩晕、乏力，偶见过敏反应和黄疸，可诱发哮喘。

六、烯醇酸类

> 吡罗昔康（piroxicam）和美洛昔康（meloxicam）

吡罗昔康与美洛昔康同属烯醇酸类衍生物。

【体内过程】吡罗昔康口服吸收完全，4 h 血药浓度达峰值，血浆蛋白结合率为 99%，$t_{1/2}$ 为 36~45 h，有肠肝循环，作用迅速而持久。

【药理作用与临床应用】吡罗昔康适用于治疗风湿性及类风湿性关节炎、强直性脊柱炎及急性痛风等，但不作为首选药应用。

【不良反应】吡罗昔康最常见的不良反应为恶心、胃痛、消化不良等胃肠道反应，服药量过大或长期使用可致消化道出血、溃疡等。

美洛昔康对 COX-2 的选择性抑制作用比对 COX-1 高 10 倍，抗炎作用强而副作用少，$t_{1/2}$ 约 20 h，其适应证与吡罗昔康相同。美洛昔康剂量过大或长期服用也可引起消化道出血、溃疡，应予以注意。

七、吡唑酮类

保泰松（phenylbutazone）及其代谢产物羟布宗（oxyphenbutazone，羟基保泰松）为吡唑酮类衍生物。

【体内过程】保泰松口服吸收快而完全，2 h 达血药浓度峰值，血浆蛋白结合率 90%，$t_{1/2}$

长达 50 ~ 65 h；主要由肝代谢，部分与葡糖醛酸结合，部分在其苯环羟化后生成羟布宗，仍有显著的抗炎抗风湿活性。

【药理作用与临床应用】临床上保泰松主要用于治疗风湿性及类风湿性关节炎、强直性脊柱炎等。

【不良反应】保泰松不良反应较多，10% ~ 45% 患者均有不同程度的不良反应，其中 10% ~ 15% 患者必须中断服药，故用药剂量不宜过大，用药时间不宜过长。

八、烷酮类

> 萘丁美酮（nabumetone）

萘丁美酮为一种非酸性非甾体抗炎药，属前药，在肝内被迅速代谢为 6-甲氧基-2-萘乙酸（6-methoxy-2-naphthylacetic acid, 6-MNA）而起解热、镇痛、抗炎作用。6-MNA 的血浆蛋白结合率大于 99%，$t_{1/2}$ 为 24 h，在肝内代谢为非活性产物，80% 经肾排泄，10% 从粪便排出。

萘丁美酮可用于治疗类风湿性关节炎，疗效较好，不良反应较轻。

九、异丁芬酸类

> 舒林酸（sulindac）

舒林酸是吲哚乙酸类衍生物，为一活性极小的前药，口服吸收后在体内代谢为硫化物后才具有明显抗炎、镇痛作用。其药理作用及临床应用均似吲哚美辛，作用较持久，不良反应也低于吲哚美辛，可用于骨关节炎、类风湿性关节炎、强直性脊柱炎、痛风等的治疗。

第三节　选择性环氧合酶-2 抑制药

由于非选择性 COX 抑制药不良反应较多，近年来选择性 COX-2 抑制药相继出现。然而随着基础研究和临床观察的不断深入，越来越多的证据证明这两种 COX 在生理、病理上的功能在很大程度上有交错重叠。COX-1 在发挥生理作用的同时也发挥病理作用；而 COX-2 也具有一定的生理作用。选择性 COX-2 抑制药在减少胃肠道反应、肾功能损害、消化道出血等不良反应的同时，也带来了心血管系统不良反应的发生风险。关于选择性 COX-2 抑制药临床应用的利弊还有待进一步的观察明确，目前投入临床的制剂主要是塞来昔布（celecoxib）、罗非昔布（rofecoxib）、尼美舒利（nimesulide）等。

> 塞来昔布（celecoxib）

塞来昔布是选择性 COX-2 抑制药。

【体内过程】塞来昔布口服吸收良好，2 ~ 3 h 达到血浆峰浓度，$t_{1/2}$ 为 10 ~ 12 h，在组织中的分布广泛，主要在肝内代谢，随尿和粪便排出体外。

【药理作用与临床应用】塞来昔布抑制 COX-2 的作用较 COX-1 高 375 倍，主要用于风湿性关节炎、类风湿性关节炎、骨关节炎和强直性脊柱炎，也可用于术后镇痛、牙痛和痛经等。

【不良反应】塞来昔布胃肠道反应、出血和溃疡发生率均较其他非选择性非甾体抗炎药低。长期使用塞来昔布可能增加严重心血管血栓性不良事件（心肌梗死和卒中）的风险。磺胺类药过敏患者及冠状动脉旁路搭桥手术者禁用。

➢ **罗非昔布（rofecoxib）**

罗非昔布为果糖衍生物，具有解热、镇痛、抗炎作用，但不抑制血小板聚集。罗非昔布主要用于骨关节炎的治疗。不良反应与其他非甾体抗炎药类似，胃肠道不良反应轻微。

➢ **尼美舒利（nimesulide）**

尼美舒利是一种新型解热镇痛抗炎药，对 COX-2 有较高的选择性，抗炎作用强、副作用较少。该药口服吸收迅速、完全，血浆蛋白结合率为 99%，$t_{1/2}$ 为 2～3 h。尼美舒利常用于类风湿性关节炎和骨关节炎，呼吸道、耳鼻喉、软组织和口腔的炎症。偶有轻微而短暂的消化系统的不良反应，有研究表明尼美舒利存在潜在的严重肝损害的危险。

第四节　解热镇痛抗炎药的配伍应用

解热镇痛抗炎药常被配制成复方制剂应用，其主要成分多为阿司匹林、非那西丁、氨基比林及安乃近等，复方制剂中除含这些解热镇痛抗炎药外，还含有缓解感冒症状的药物如氯苯那敏（chlorphenamine）、伪麻黄碱（pseudoephedrine）、苯丙醇胺（phenylpropanolamine，PPA）、咖啡因（caffeine）或人工牛黄（artificial bezoar）等（表 20-3）。应用复方制剂的目的在于提高其疗效，降低不良反应。

表 20-3　常用解热镇痛抗炎药复方制剂成分与各药的含量

（单位：克/片）

名称	阿司匹林	非那西丁	氨基比林	对乙酰氨基酚	咖啡因	氯苯那敏	人工牛黄	伪麻黄碱
复方阿司匹林片（解热止痛片，APC）	0.2268			0.162	0.035			
扑尔感冒片（复方扑尔敏片）	0.2268	0.162			0.0324	0.002		
速效感冒胶囊				0.25	0.015	0.001	0.01	
扑感敏片			0.1	0.125	0.03	0.002		
小儿速效感冒片				0.125		0.0005	0.005	
氨非咖片（使痛宁片，PPC）		0.15	0.1		0.045			
氨酚伪麻那敏片				0.5		0.002		0.03
复方对乙酰氨基酚片	0.23			0.126	0.03			
酚咖片				（1）0.25 （2）0.5	0.0325 0.065			

但据临床观察，某些复方制剂并不优于单方制剂。非那西丁久用可形成依赖性并可致肾乳头坏死，少数患者服用氨基比林可致粒细胞减少。目前已淘汰了氨基比林及非那西丁单方制剂，但含以上成分的复方制剂仍在使用。复方制剂中含有的中枢兴奋药咖啡因，长期使用也会对机体产生不良影响。苯丙醇胺和伪麻黄碱常于复方制剂中作为鼻黏膜减充血药，但可能导致心动过速、心律失常和高血压。含苯丙醇胺或伪麻黄碱的复方制剂由于中枢刺激作用，儿童长期大量服用易发生幻觉，因此，不宜长期大量服用，6 岁以下儿童禁用。

第五节 治疗类风湿性关节炎的药物

类风湿性关节炎（rheumatoid arthritis，RA）为慢性进行性炎症，是一种以滑膜、软骨与骨质的破坏为主要病理表现的自身免疫病，并最终导致关节畸形和功能丧失。类风湿性关节炎的治疗主要依赖药物。前述解热镇痛抗炎药只能改善类风湿性关节炎的症状，但其难以控制疾病进展，且具有增加患者罹患心血管、肾及胃肠道等相关疾病的风险，称为改善症状的抗风湿药（symptom-modifying antirheumatic drug，SMARD）。改善病情的抗风湿药（disease-modifying antirheumatic drug，DMARD）可有效控制或延缓疾病的发展，如甲氨蝶呤、肿瘤坏死因子的单克隆抗体或受体拮抗药、托法替布等。类风湿性关节炎一经确诊，应尽早开始应用改善病情的抗风湿药治疗。

➢ 甲氨蝶呤（methotrexate，MTX）

甲氨蝶呤是治疗类风湿性关节炎的一线药物，其应用广泛、疗效肯定。它通过抑制细胞内二氢叶酸还原酶，抑制嘌呤合成，从而阻断异常细胞增殖，延缓关节破坏进程，被视为治疗类风湿性关节炎的首选药物。甲氨蝶呤口服、肌内注射、关节腔内或静脉注射均有效，但起效较慢，需1～3个月。骨髓抑制、肝功能异常、妊娠期和哺乳期患者禁用甲氨蝶呤，且孕前需至少停用3个月。

类风湿性关节炎的治疗以甲氨蝶呤作为基石药物，首选推荐单药治疗，存在甲氨蝶呤禁忌或不耐受的情况下，可考虑来氟米特（leflunomide）或柳氮磺吡啶（sulfasalazine）。在中、高疾病活动度类风湿性关节炎患者中可联合糖皮质激素作为桥接治疗，以快速控制症状，但不建议长期使用，应在3个月内逐渐减停。

➢ 金制剂（gold compounds）

金制剂对治疗类风湿性关节炎的骨和关节损害有相当疗效，有效率为70%～80%。作用机制尚不清楚。常用制剂有两种：①硫代马来酸金钠（sodium aurothiomalate），供肌内注射用；②金诺芬（auranofin），供口服用。它们可聚集于关节的滑膜组织及网状内皮系统，停药后仍在组织中停留很长时间，主要经肾排出，$t_{1/2}$约1周，故宜间歇给药。

金制剂早期的不良反应为皮炎、黏膜损害和蛋白尿等，严重毒性反应有白细胞减少、血小板减少，以及肝炎、中枢和外周神经损害。肾病、肝功能不全或有传染性肝炎病史、血液系统疾病患者，以及孕妇、哺乳期妇女等禁用。

➢ 青霉胺（penicillamine）

青霉胺药用其右旋体，为金属解毒剂。它有明显的免疫抑制作用，已广泛用于类风湿性关节炎、硬皮病等自身免疫病，对大多数类风湿性关节炎有效，且一般认为其疗效比金制剂高，但需1～3个月才能见效。其作用机制仍不清楚。约40%患者发生不良反应，有厌食、恶心、呕吐（常在继续用药后消失）、味觉减退（可能与锌结合有关）、皮疹、蛋白尿、肌无力等。

解热镇痛抗炎药的合理应用

在发热病因诊断未明之前，不能随便使用解热镇痛抗炎药，以免延误病情。在使用解热镇痛抗炎药之前仔细询问患者有无过敏史，应用中注意有无白细胞减少的现象，以便及时调整用药。若患者有胃病或溃疡出血则不宜应用阿司匹林及其复方制剂等，可选用对胃肠道刺激性较小的其他解热镇痛抗炎药。在诊疗过程中，一旦发现粪便有隐血，应立即停止用药，防止病情恶化。解热镇痛抗炎药有中等程度的止痛作用，对头痛、牙痛、肌肉痛、关节痛、神经痛等有慢性镇痛效果，而对创伤性剧烈疼痛、平滑肌痉挛引起的剧烈疼痛几乎无效，应根据疼痛性质选择镇痛药。此外，解热镇痛抗炎药对肝和肾均有一定程度的损害，所以怀孕早期或有严重肝、肾功能损害的患者要慎用或禁用。

思 考 题

1. 与阿司匹林比较，对乙酰氨基酚在作用与应用方面有何特点？
2. 比较阿司匹林与氯丙嗪对体温影响的特点。
3. 阿司匹林与吗啡的镇痛作用有何区别？
4. 患者，女，35岁，发热、乏力，伴周身疼痛，无诱因双侧腕关节肿痛，且伴有明显晨僵感，遂入院治疗。临床诊断为急性风湿性关节炎。口服阿司匹林每次 2 g，一天 4 次；泼尼松 40 mg，一天 1 次。服药第二天，患者双耳表现为重度感音性耳聋。请回答：

（1）患者服用阿司匹林后发生中毒性耳聋，应如何解救？
（2）大剂量服用阿司匹林还会引发哪些严重不良反应？

（马　琳　余建强）

第二十一章 作用于离子通道的药物

第二十一章数字资源

案例 21-1

患者，男，75岁，近期经常头痛、头晕、注意力不集中，同时伴有认知能力下降，甚至突发记忆力丧失。既往病史显示患者5年前曾患脑动脉粥样硬化致脑梗死。临床诊断：血管性痴呆。医生给予某种钙通道阻滞药治疗，同时对患者进行生活方式指导。随后数天内患者症状有所缓解。

问题：
1. 该患者选用哪种钙通道阻滞药比较合适？为什么？
2. 如果你是医护人员，会如何对患者进行生活方式指导？

离子通道（ion channels）是细胞膜中的跨膜蛋白质分子，其选择性介导特定离子在膜两侧浓度差的作用下跨膜转运。无论是植物、动物、单细胞生物还是多细胞生物的细胞膜上，都有离子通道存在。离子通道不仅是细胞生物电活动产生的基础，而且也直接或间接地参与细胞跨膜信号转导。影响离子通道的各种因素均会引起机体生理功能的变化，甚至导致病理改变。很多种疾病的发生与离子通道异常密切相关，因此作用于离子通道的药物成为一类重要的临床治疗药物。本章主要介绍与临床疾病治疗相关的离子通道及其相关药物。

第一节 作用于钠通道的药物

一、作用于神经系统钠通道的药物

作用于神经系统钠通道的常用药物有局部麻醉药、抗癫痫药、抗惊厥药（参见第十三章和第十六章）

二、作用于心血管系统钠通道的药物

作用于心血管系统钠通道的药物可分为两类：钠通道阻滞药和钠通道激活药。前者主要用于心律失常的治疗；后者具有正性肌力作用，可能成为治疗心功能不全的药物。

1. 钠通道阻滞药 参见第二十二章。

2. 钠通道激活药 增加细胞内 Na^+ 浓度，增加 Na^+-Ca^{2+} 交换体的活动，进而增加心肌收缩力。钠通道激活药分为两类：①天然钠通道激活药，以藜芦定和乌头碱为代表，可激活细胞膜钠通道，增加细胞内 Na^+ 浓度，此类药物由于具有明显的致心律失常作用，因而无临床意义；②合成的抑制钠通道失活的药物，包括 DPI201-106、BDF9148、BDF9198，这些药物的共同作用机制是抑制钠通道失活，使 Na^+ 内流增加，细胞内 Na^+ 浓度增加。钠通道激活药有致心律失常的潜在危险，其临床应用受到限制。

第二节 作用于钾通道的药物

一、作用于延迟整流钾电流（I_K）的药物

选择性作用于快速延迟整流钾电流（I_{Kr}）的药物大部分为Ⅲ类抗心律失常药，新型Ⅲ类钾通道阻滞药对 I_{Kr} 具有高度选择性。代表药物有胺碘酮（amiodarone）、索他洛尔（sotalol）等（参见第二十二章）。

二、作用于 ATP 敏感性钾通道（K_{ATP}）的药物

K_{ATP} 阻滞药有磺酰脲类口服降血糖药。K_{ATP} 开放药有米诺地尔（minoxidil）、二氮嗪（diazoxide）、尼可地尔（nicorandil）、吡那地尔（pinacidil）、克罗卡林（cromakalim）等，可舒张血管平滑肌，降低血压，用于高血压或心绞痛的治疗。

第三节 作用于钙通道的药物

一、钙通道阻滞药的分类

钙通道阻滞药是指选择性作用于 L 型钙通道，抑制 Ca^{2+} 经 L 型钙通道进入细胞内的药物。1987 年世界卫生组织根据药物化学结构及其选择性，将钙通道阻滞药分为选择性钙通道阻滞药和非选择性钙通道阻滞药。

（一）选择性钙通道阻滞药

1. 苯烷基胺类（phenylalkylamines，PAA） 如维拉帕米（verapamil）、戈洛帕米（gallopamil）。

2. 二氢吡啶类（dihydropyridines，DHP） 如硝苯地平（nifedipine）、尼卡地平（nicardipine）、尼莫地平（nimodipine）、尼群地平（nitrendipine）、尼索地平（nisoldipine）、非洛地平（felodipine）、拉西地平（lacidipine）、氨氯地平（amlodipine）、伊拉地平（isradipine）、尼伐地平（nilvadipine）。

3. 苯并噻氮䓬类（benzothiazepines） 如地尔硫䓬（diltiazem）。

(二)非选择性钙通道阻滞药

1. 二苯哌嗪类(diphenylpiperazines) 如氟桂利嗪(flunarizine)、桂利嗪(cinnarizine)。
2. 普尼拉明类 如普尼拉明(prenylamine)。
3. 其他类 如哌克昔林(perhexiline)。

近年 Toyo-Oka 和 Nayler 根据药物化学结构及药物对动脉和心脏的亲和力不同,将钙通道阻滞药分为三个亚类,每一亚类又根据药效学和药动学特征分为三代,见表 21-1。

表 21-1 钙通道阻滞药的分类

化学结构	组织选择性	第一代	第二代		第三代
			新剂型Ⅱa	新化合物Ⅱb	
二氢吡啶类	动脉>心脏	硝苯地平	硝苯地平[a]	贝尼地平	氨氯地平
		尼卡地平	非洛地平[b]	伊拉地平	拉西地平
				尼卡地平[a]	马尼地平
				尼伐地平、尼莫地平	
				尼索地平、尼群地平	
苯并噻氮䓬类	动脉=心脏	地尔硫䓬	地尔硫䓬[a]		
苯烷基胺类	动脉≤心脏	维拉帕米	维拉帕米[a]	戈洛帕米	

[a] 持续释放制剂;[b] 延时释放制剂

与第一代钙通道阻滞药相比,第二代具有作用时间延长、血管扩张所致的副作用少等优点,Ⅱb类对房室传导影响小,负性肌力、负性传导作用弱;第三代优于前两代,作用时间明显延长。

二、钙通道阻滞药的药理学特征

(一)体内过程

钙通道阻滞药口服均能迅速而完全地被胃肠道吸收,但因有首过效应,生物利用度都较低。在这类药物中,以氨氯地平生物利用度最高,其他依次为硝苯地平>地尔硫䓬>维拉帕米及其他新的第二代二氢吡啶类。几乎所有的钙通道阻滞药都在肝内被氧化代谢为无活性或活性明显降低的物质,然后经肾排出体外。因此,有肝功能障碍的患者应减少用量。硝苯地平、维拉帕米及地尔硫䓬的 $t_{1/2}$ 较短,约为 4 h,但其缓释制剂比新的第二代二氢吡啶类药物如非洛地平、伊拉地平和尼伐地平的 $t_{1/2}$ 长,药效可保持 24 h,因此,每天给药 1 次即可。不仅如此,缓释剂型或长效药物还能提高患者对药物的耐受能力,因其血药浓度上升平缓,可以减少颜面潮红、眩晕、头痛及心动过缓等不良反应。

(二)药理作用

由于 Ca^{2+} 在体内广泛参与生理生化过程,所以钙通道阻滞药的作用表现十分复杂,但主要以心血管系统作用为主。

1. 对心脏的作用

(1)负性肌力作用:钙通道阻滞药能够降低心肌细胞内的游离 Ca^{2+} 浓度,从而使心肌的兴奋收缩发生脱偶联，心肌收缩力减弱，产生负性肌力作用，并降低心肌耗氧量。二氢吡啶类药物扩张血管作用较强，引起外周阻力降低，血压明显下降，反射性引起交感神经兴奋，从而抵消直接的负性肌力作用，甚至可能出现心肌收缩力增强的现象。

（2）负性频率和负性传导作用：心脏慢反应细胞（如窦房结和房室结细胞）的去极化依赖于 L 型钙电流（$I_{Ca,L}$），所以对钙通道阻滞药的作用很敏感。钙通道阻滞药可使窦房结细胞 4 相自发去极化速度和房室结细胞 0 相去极化速度降低，从而降低窦房结自律性并抑制房室传导。此作用是钙通道阻滞药治疗室上性心动过速的基础。维拉帕米和地尔硫䓬的负性频率和负性传导作用最强，而硝苯地平对窦房结和房室结的作用弱，扩张血管作用强，还能反射性地加快心率。三类钙通道阻滞药各代表药物（硝苯地平、维拉帕米和地尔硫䓬）的心血管效应比较见表 21-2。

表 21-2 硝苯地平、维拉帕米和地尔硫䓬的心血管效应比较

效应	硝苯地平	维拉帕米	地尔硫䓬
外周扩血管作用	+++	++	++
反射性交感兴奋作用	++	+	+
负性肌力作用	+	++	+
负性传导作用	0	++	+
房室传导减慢作用	0	+	+
房室结不应期延长作用	0	+	+

0：无作用；+：作用较弱；++：作用中等；+++：作用强

（3）对缺血心肌的保护作用：心肌缺血时，心肌细胞能量代谢障碍，使细胞内钙积聚而引起细胞凋亡或坏死。钙通道阻滞药能减轻心肌细胞钙超载而对缺血心肌细胞产生保护作用。

2. 对血管平滑肌的作用 因血管平滑肌的肌浆网发育较差，血管收缩时所需要的 Ca^{2+} 主要来自细胞外，故血管平滑肌对钙通道阻滞药的作用很敏感。三种选择性钙通道阻滞药均可松弛血管平滑肌，以二氢吡啶类药物扩张血管作用最强，其扩张血管作用有以下特点。

（1）对小动脉的扩张作用比对静脉明显，可降低外周阻力，以降低后负荷为主，由于对多数静脉血管影响小，故对前负荷无明显影响。

（2）对痉挛性收缩的血管扩张作用更强，硝苯地平治疗冠状动脉痉挛所引起的变异型心绞痛的效果好。

（3）对缺血区的冠状血管有扩张作用，因此，能增加冠状动脉血流量及心肌供氧。钙通道阻滞药除能扩张血管外，还能抑制血管因长期受异常血流动力学的影响所引起的顺应性降低和血管重构。

3. 对其他平滑肌的作用 钙通道阻滞药还能舒张呼吸道平滑肌，大剂量时对消化道、泌尿道及子宫平滑肌等也有一定的舒张作用。

4. 改善组织血流 Ca^{2+} 在血小板的激活过程中起着重要作用。钙通道阻滞药可抑制血小板的激活反应，还可增加红细胞的变形能力，降低血液黏度。

5. 其他作用

（1）抗动脉粥样硬化：近年来的研究证明，钙通道阻滞药如氨氯地平等具有抗动脉粥样硬化作用，能够延缓或防止动脉粥样硬化斑块的形成。

（2）抑制内分泌腺体的分泌：较大剂量的钙通道阻滞药具有抑制多种内分泌腺的功能，如抑制神经垂体分泌缩宫素、血管升压素；抑制腺垂体分泌促甲状腺激素、促肾上腺皮质激素等；作用于胰岛 β 细胞，抑制胰岛素分泌。

(三) 临床应用

1. 防治心绞痛 钙通道阻滞药是防治心绞痛的有效药物，其治疗效果与心绞痛的类型和药物种类有关。硝苯地平对冠状动脉痉挛所引起的变异型心绞痛疗效最佳。变异型心绞痛 (variant angina pectoris) 是以发作性急性心肌缺血为特征，但伴或不伴有典型心绞痛，伴有 ST 段抬高的临床综合征，是一种不稳定型心绞痛。对稳定型心绞痛，维拉帕米、地尔硫䓬和硝苯地平都能部分缓解或减少心绞痛的发作次数和强度，并改善患者对体力活动的耐受能力，与硝酸酯类药物如硝酸异山梨酯或 β 受体阻断药普萘洛尔合用效果更好。对初发型、恶化型等不稳定型心绞痛患者，二氢吡啶类药物因其外周血管扩张作用强，继发交感神经活动增强而加重心绞痛的症状。硝苯地平与普萘洛尔合用可避免此缺点。

2. 抗高血压 应用钙通道阻滞药治疗高血压已得到肯定的疗效。其中，二氢吡啶类药物如硝苯地平、尼卡地平、尼莫地平等扩张外周血管作用较强。维拉帕米和地尔硫䓬也有降压作用，可用于轻度及中度高血压。由于钙通道阻滞药各有其特点，临床应用时应根据具体病情选用适当的药物。如对伴有冠心病的患者，可选用硝苯地平；而伴有脑血管病的患者选用尼莫地平；对伴有快速型心律失常的患者最好选用维拉帕米。这些药物可单用，也可与其他药物合用，如硝苯地平与 β 受体阻断药普萘洛尔合用，可消除硝苯地平因扩张血管作用所产生的反射性心动过速；也可与利尿药合用以消除扩张血管所致的水钠潴留，并加强其降压效果。

3. 治疗心律失常 维拉帕米是治疗阵发性室上性心动过速的首选药物。强心苷引起的心律失常与钙超载导致的迟后去极化有关，因此维拉帕米对强心苷中毒所引起的心律失常有效。地尔硫䓬可用于治疗室上性心动过速，但作用较维拉帕米弱。

4. 治疗肥厚型心肌病 肥厚型心肌病患者的心脏舒张功能下降，心肌细胞内钙超载。钙通道阻滞药抑制细胞内钙超载，可治疗肥厚型心肌病。

5. 解除脑动脉痉挛 脑动脉痉挛是蛛网膜下腔出血的主要并发症。这种脑动脉痉挛的原因尚不清楚，可能与细胞内游离钙浓度增加有关。钙通道阻滞药可降低细胞内钙离子浓度而发挥作用。在现有的钙通道阻滞药中，尼莫地平脂溶性较高，易通过血脑屏障，有较强的扩张脑血管的作用，既能缓解神经症状，也能降低病死率。

6. 治疗外周血管痉挛性疾病 钙通道阻滞药可扩张外周阻力血管，增加组织器官的血流量，改善由血管痉挛所引起的缺血症状，可用于治疗间歇性跛行、雷诺病或雷诺综合征等疾病。

(四) 不良反应

钙通道阻滞药相对比较安全，但由于这类药物作用广泛，选择性较低，故其副作用较多。钙通道阻滞药的不良反应与其扩张血管及心肌抑制等作用有关。由钙通道阻滞药引起的常见不良反应有颜面潮红、头痛、眩晕、恶心、便秘等；严重的不良反应有低血压、心动过缓、房室传导阻滞、心功能抑制（只见于维拉帕米和地尔硫䓬）及足部水肿。此外，硝苯地平偶可诱发心绞痛。

三、代表性钙通道阻滞药

钙通道阻滞药的研究进展较快，尤其是二氢吡啶类钙通道阻滞药已有十几种之多，本章仅介绍维拉帕米、硝苯地平、地尔硫䓬三种代表性药物。

> 维拉帕米（verapamil）

维拉帕米抑制 $I_{Ca,L}$ 的作用具有频率依赖性，即通道开放次数越多，阻滞作用越强，这是该药降低窦性频率、减慢房室传导的机制。在离体实验中，维拉帕米可降低窦性频率；在整体实验中，此作用可被反射性交感神经兴奋部分抵消。维拉帕米也可抑制房室传导，终止房室结的折返激动，能够治疗室上性和房室结折返激动引起的心律失常，为首选药。维拉帕米能舒张冠状血管及外周血管，增加心肌冠状动脉血流量，降低血压，可用于心绞痛、高血压的治疗。该药口服吸收迅速、完全，口服后 30 min 起效，2～3 h 血药浓度达峰值，由于首过效应较强，生物利用度仅 20%～35%，$t_{1/2}$ 为 6 h。维拉帕米口服可引起便秘、腹胀、腹泻及头痛等；静脉注射可致低血压、房室传导阻滞、心肌收缩性下降。严重心功能不全及中、重度房室传导阻滞患者禁用。

> 硝苯地平（nifedipine）

硝苯地平抑制 $I_{Ca,L}$ 的作用无频率依赖性，对心脏影响小，但血管舒张作用强。硝苯地平能舒张冠状动脉，特别对痉挛的冠状动脉有较强的舒张作用。小剂量硝苯地平扩张冠状动脉时并不影响血压。硝苯地平也舒张外周小动脉，降低外周血管阻力，用于抗高血压时，没有一般血管扩张药常见的水钠潴留和水肿等不良反应。该药主要用于心绞痛、高血压、肺动脉高压的治疗。硝苯地平口服吸收完全，$t_{1/2}$ 为 4 h，生物利用度为 45%～70%，在肝中代谢为无活性产物，经肾排泄。常见不良反应有眩晕、头痛、心悸、低血压等，低血压患者慎用。

> 地尔硫䓬（diltiazem）

地尔硫䓬对心脏的作用与维拉帕米相似，可抑制窦房结自律性，减慢房室传导，适用于阵发性室上性心动过速。其对血管的作用类似硝苯地平，可增加冠状动脉血流量，降低血压，适用于心绞痛、高血压的治疗。地尔硫䓬口服吸收迅速、完全，$t_{1/2}$ 为 3～4 h，生物利用度为 40%～65%。不良反应有皮疹、头痛、面部潮红、房室传导阻滞等。禁忌证同维拉帕米。

思 考 题

1. 简述选择性钙通道阻滞药的分类及主要药物的药理作用。
2. 简述钙通道阻滞药的适应证及其药理学基础。
3. 患者，男，50 岁，因"头晕、头痛"3 年来院就诊。血压：165/110 mmHg。临床诊断：原发性高血压。给予维拉帕米和硝苯地平口服。请回答：

以上给药方案是否合理？请简要说明原因。

（黄 俊）

第二十二章 抗心律失常药

第二十二章数字资源

案例 22-1

患者，女，70岁，体重73 kg，5天前忽然感觉心悸、胸闷、四肢乏力，休息后缓解。1小时前患者再次现上述症状，伴心绞痛，遂急诊就医。患者神志清醒，血压135/85 mmHg。心电图显示幅度及频率不一的f波，心室律不规则，心率135次/分，QRS波未见宽大畸形。诊断为"心房颤动"。患者既往有冠心病和失眠史。

静脉滴注胺碘酮6 mg/kg，1.5 h后调整为50 mg/h。患者用药3小时后，心房颤动终止，转为窦性心律。医生耐心而细致地向患者及家属介绍病情，详细解释冠心病、超体重、睡眠障碍与心房颤动的关系，嘱患者调节饮食，适量运动，控制体重，改善睡眠，按时口服抗凝血药及抗心律失常药，定期复查。患者带胺碘酮及华法林两药出院。

问题：
1. 心房颤动患者经药物转复为窦性心律后，为何需要服用华法林和胺碘酮？
2. 胺碘酮与伊布利特均可用于终止心房颤动，两药各有什么特点，为何本例患者选用胺碘酮？

心律失常（arrhythmia）即心动节律和频率异常。心律正常时，心脏协调而有规律地收缩、舒张，顺利地完成泵血功能；心律失常时，心脏泵血功能发生障碍，影响全身器官的供血。一般按心动频率不同将心律失常分为缓慢型和快速型两类。快速型心律失常的发病机制和治疗较缓慢型心律失常复杂。本章主要讲述治疗快速型心律失常的药物。

药物治疗对救治严重心律失常患者发挥了重要作用，但同时也应注意药物治疗可伴有不同类型的严重不良反应，如致心律失常作用。要做到正确、合理地应用抗心律失常药，必须掌握心脏电生理学知识、心律失常发生机制和药物作用机制。

第一节 心脏的电生理学基础

心脏正常功能的维持有赖于心肌正常电活动，正常电活动的基础是心脏的每一次细胞动作电位（action potential）活动的整体协调平衡，每一次动作电位又取决于细胞的各种跨膜电流。心脏不同部位细胞的动作电位特征不完全相同（图22-1）。心脏细胞按动作电位特征可分为两大类：快反应细胞（fast-response cell）和慢反应细胞（slow-response cell）。两类细胞动作电位时程（action potential duration，APD）中参与的电流不同，但各类细胞都有各自的一般特征。

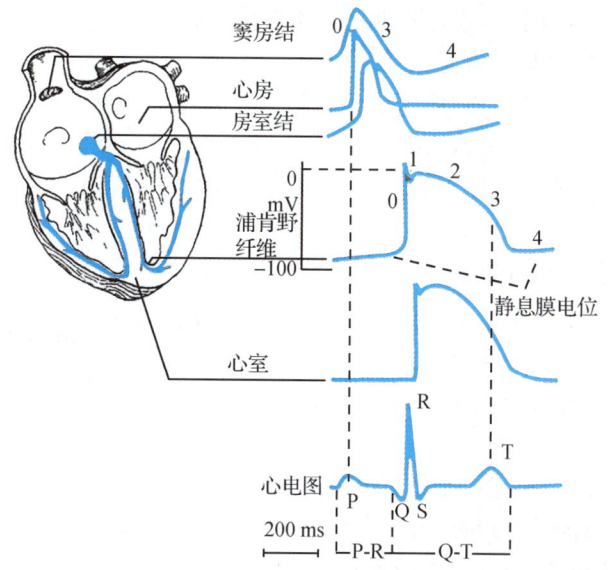

图 22-1　心脏不同部位细胞的动作电位特征及与心电图的关系

【快反应细胞】快反应细胞包括心房肌细胞、心室肌细胞和浦肯野纤维。其动作电位 0 相去极化由钠电流（sodium current，I_{Na}）介导，速度快，振幅大。快反应细胞的整个动作电位时程中有多种内向电流和外向电流的参与。浦肯野纤维动作电位时程中的主要参与电流见图 22-2。

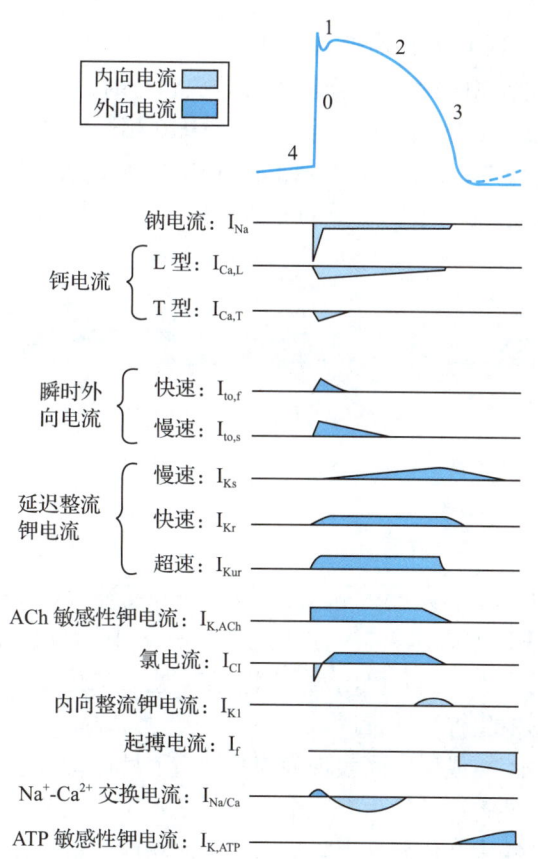

图 22-2　浦肯野纤维动作电位时程中的主要参与电流

【慢反应细胞】慢反应细胞包括窦房结和房室结细胞，其动作电位 0 相去极化由 $I_{Ca,L}$ 介导，速度慢，振幅小。慢反应细胞无 I_{K1} 控制静息膜电位，动作电位是内向电流和外向电流相互消长的结果，静息膜电位不稳定，易去极化，因此自律性高。窦房结细胞舒张期去极化参与电流见图 22-3。

复极过程中，内向 Na^+-Ca^{2+} 交换电流逐渐减小，平台期激活的 I_K 至舒张期也逐渐减小，而 I_f 激活，膜去极化至 -50 mV 时，T 型钙电流（$I_{Ca,T}$）激活，至舒张末期时 $I_{Ca,L}$ 激活，进而引起动作电位。

尽管有多种电流参与心脏细胞动作电位，但与目前抗心律失常药物治疗作用相关的电流主要有 I_{Na}、$I_{Ca,L}$、I_f、I_{Kr}、I_{Ks}、I_{Kur}、I_{to}，影响上述电流会导致动作电位特征的改变，也会改变与心律失常发生密切相关的心脏电生理特性，包括自律性、传导性和有效不应期。

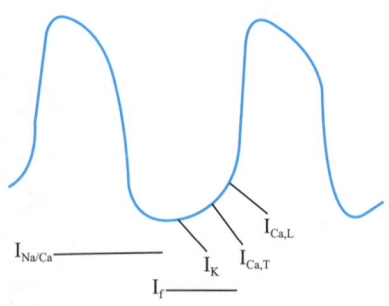

图 22-3　窦房结细胞舒张期去极化参与电流

【自律性】心脏自律细胞能够在没有外来刺激的条件下，自动地发生节律性兴奋。心脏的自律细胞主要有浦肯野纤维、窦房结和房室结细胞。自律性（automaticity）的产生源于动作电位 4 相自动去极化，快反应自律细胞 4 相自动去极化主要由 I_f 决定；慢反应自律细胞 4 相自动去极化由 I_K 逐渐减小，而 I_f、$I_{Ca,T}$、$I_{Ca,L}$ 逐渐增强导致。

【传导性】心肌细胞膜的任何部位产生的兴奋不但可以沿整个细胞膜扩布，且可通过细胞间通道传到另一个心肌细胞。动作电位 0 相去极化速率决定传导性（conductivity），因此 I_{Na}、$I_{Ca,L}$ 对快反应细胞和慢反应细胞的传导性起决定作用，抑制 I_{Na}、$I_{Ca,L}$ 都可抑制传导性。

【有效不应期】钠通道或 L 型钙通道在动作电位 0 相开放后进入失活状态。必须在足够数目的钠通道或 L 型钙通道由失活状态恢复到可开放状态时，细胞才能接受刺激，再一次产生可扩布的动作电位，此过程称为复活（recovery）。从 0 相开始到能够接受刺激产生可扩布动作电位的时间称为有效不应期（effective refractory period，ERP），ERP 反映钠通道或 L 型钙通道的复活时间。抑制钠通道或 L 型钙通道的复活过程可延长快反应细胞或慢反应细胞的有效不应期。

第二节　心律失常发生机制

一、折返

折返（reentry）是指一次冲动下传后，又可顺着另一条环形通路折回，再次兴奋原已兴奋过的心肌。折返是引发快速型心律失常的重要机制之一，其形成机制见图 22-4。折返可分为解剖性折返和功能性折返两类。当心脏内两点间存在不止一条传导通路，而且这些通路具有不同的电生理特征时，容易发生解剖性折返。

解剖性折返发生在房室结或房室间表现为阵发性室上性心动过速，发生在心房内表现为心房扑动或心房颤动。解剖性折返的发生有三个决定因素：①存在解剖学环路；②环路中各部位有效不应期不一致；③环路中有传导性下降的部位。而功能性折返在无明显解剖学环路时即可发生，如急性心肌梗死后细胞间偶联改变所导致的折返型室性心动过速。

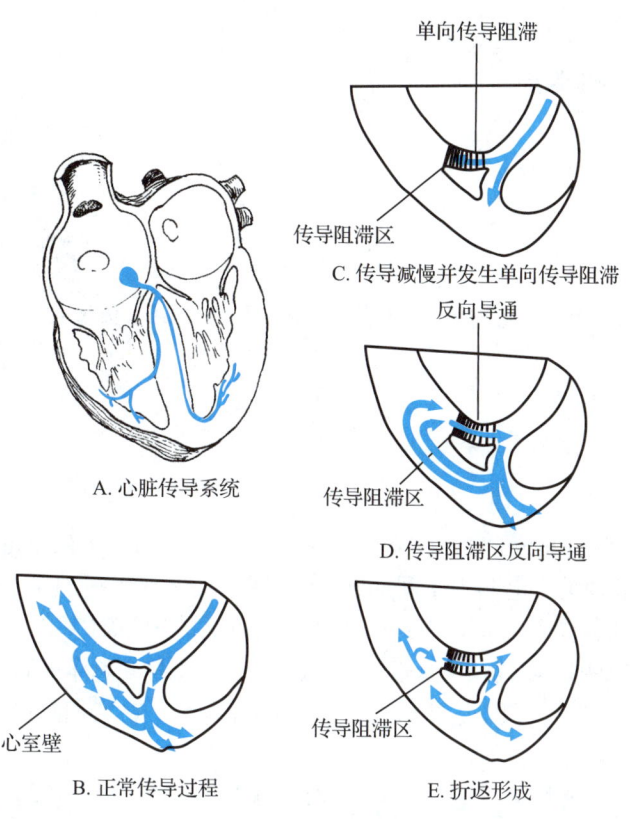

图 22-4　折返形成机制

二、自律性升高

窦房结、房室结和浦肯野纤维都具有自律性，当交感神经活性增高、低钾、心肌细胞受到机械牵张时，动作电位4相斜率增加，自律性升高。非自律细胞如心室肌细胞，在缺血、缺氧条件下也会出现异常自律性，这种异常自律性向周围组织扩布的情况也会导致心律失常。

三、后去极化

某些情况下，心肌细胞在一个动作电位后产生一个提前的去极化，称为后去极化（afterdepolarization），后去极化的扩布会触发异常节律，引发心律失常。后去极化有以下两种类型。

1. 早后去极化（early after-depolarization，EAD）　早后去极化是一种发生在完全复极之前的后去极化，动作电位时程过度延长时易于发生（图 22-5A）。延长动作电位时程的因素，如药物、细胞外低钾、平台期晚钠电流（late sodium current，I_{Na-L}）增强，都存在诱发早后去极化的危险。早后去极化所触发的心律失常以尖端扭转型室性心动过速（torsades de pointes）常见。

2. 迟后去极化（delayed after-depolarization，DAD）　迟后去极化是细胞内钙超载情况下，发生在动作电位完全或接近完全复极时的一种短暂的振荡性去极化（图 22-5B）。细胞内钙超载时，激活 Na^+-Ca^{2+} 交换体（Na^+-Ca^{2+} exchanger），产生一种内向电流，因为 Na^+-Ca^{2+} 交换电流有双向性，当细胞内钙升高时，泵出 1 个 Ca^{2+}，泵入 3 个 Na^+，表现为内向电流，引起膜去极化，当达到钠通道激活电位时，引起动作电位。诱发迟后去极化的因素有强心苷中毒、心肌缺血及细胞外高钙等。

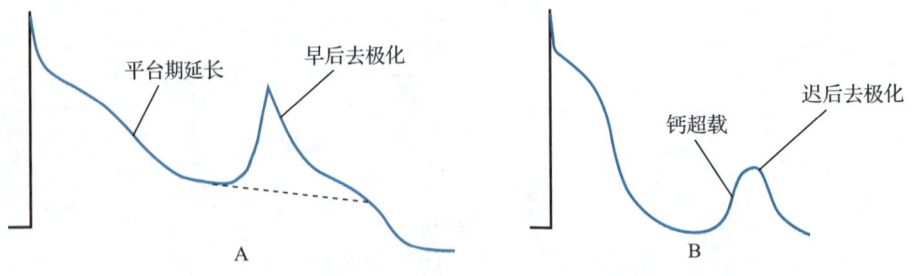

图 22-5 心肌细胞的早后去极化（A）和迟后去极化（B）

四、基因缺陷

Q-T 间期延长综合征（long Q-T syndrome，LQTS）是目前第一个被肯定的由基因缺陷引起的心肌复极异常疾病，表现为心电图 Q-T 间期延长，出现尖端扭转型室性心动过速并发生晕厥及猝死。现已鉴定出 LQTS 的 3 个突变基因：第 3 号染色体上的 *SCN5A* 基因，编码心肌钠通道；第 7 号染色体上的 *HERG* 基因，编码快速延迟整流钾通道；第 11 号染色体上的 *KVLQT1* 基因，编码慢速延迟整流钾通道。由于以上基因突变造成离子通道功能异常，故心肌复极减慢，Q-T 间期延长。

第三节 抗心律失常药的基本作用机制和分类

一、抗心律失常药的基本作用机制

心肌细胞上各种跨膜电流保持正常平衡状态是心脏正常电生理活动的基础，这种平衡如被各种致病因素打破就会导致心律失常。抗心律失常药影响细胞膜上的多个离子通道，调节各种跨膜电流来纠正电生理活动的失衡，在产生抗心律失常作用的同时，也有潜在的致心律失常特性。抗心律失常药的基本作用机制如下。

（一）降低自律性

抗心律失常药可以降低自律性。如 β 受体阻断药可降低动作电位 4 相斜率；钠通道或钙通道阻滞药可提高动作电位的发生阈值；腺苷和乙酰胆碱可提高最大舒张电位；钾通道阻滞药可延长动作电位时程。

（二）减少后去极化

钠通道或钙通道阻滞药可减少迟后去极化的发生；缩短动作电位时程的药物可减少早后去极化的发生。

（三）消除折返

1. 改变传导性 钙通道阻滞药、β 受体阻断药可减慢房室结的传导而消除房室结折返所致的室上性心动过速。

2. 延长有效不应期 钠通道阻滞药、钾通道阻滞药可延长快反应细胞的有效不应期；钙通道阻滞药可延长慢反应细胞的有效不应期。

二、抗心律失常药的分类

Vaughan Williams 分类法根据药物的主要作用通道和电生理特点，将众多化学结构不同的抗心律失常药归纳成四大类：Ⅰ类——钠通道阻滞药；Ⅱ类——β 受体阻断药；Ⅲ类——延长动作电位时程药；Ⅳ类——钙通道阻滞药。

（一）Ⅰ类——钠通道阻滞药

药物对离子通道产生阻滞作用到该作用解除的时间用复活时间常数（$\tau_{recovery}$）表示。$\tau_{recovery}$ 可反映钠通道阻滞药的作用强度。根据 $\tau_{recovery}$ 的长短，此类药物又分为三个亚类，即 Ⅰa 类、Ⅰb 类和 Ⅰc 类。

1. Ⅰa 类 $\tau_{recovery}$ 为 1～10 s，适度阻滞钠通道，降低动作电位 0 相上升速率，不同程度地抑制心肌细胞膜 K^+、Ca^{2+} 通透性，延长复极过程，且以延长有效不应期更为显著。常用药物有奎尼丁、普鲁卡因胺等。

2. Ⅰb 类 $\tau_{recovery}$ < 1 s，轻度阻滞钠通道，轻度降低动作电位 0 相上升速率，降低自律性，缩短或不影响动作电位时程。常用药物有利多卡因、苯妥英钠、美西律等。

3. Ⅰc 类 $\tau_{recovery}$ > 10 s，明显阻滞钠通道，显著降低动作电位 0 相上升速率和幅度，减慢传导性的作用最为明显。常用药物有普罗帕酮、氟卡尼等。

（二）Ⅱ类——β 受体阻断药

β 受体阻断药通过阻滞肾上腺素能神经对心肌 β 受体的效应，产生抑制 I_f、I_{Na}、$I_{Ca,L}$ 的作用，表现为减慢 4 相舒张期去极化速率而降低自律性，降低动作电位 0 相上升速率而减低传导性。常用药物有普萘洛尔等。

（三）Ⅲ类——延长动作电位时程药

延长动作电位时程药抑制多种钾电流，延长动作电位时程和有效不应期，但对动作电位幅度和去极化速率的影响很小。常用药物有胺碘酮、索他洛尔、多非利特、伊布利特等。

（四）Ⅳ类——钙通道阻滞药

钙通道阻滞药抑制 $I_{Ca,L}$，降低窦房结自律性，减慢房室结传导。常用药物有维拉帕米等。

（五）其他类

其他可用于抗心律失常的药物有腺苷等。

第四节　常用抗心律失常药

一、Ⅰ类——钠通道阻滞药

（一）Ⅰa 类

➢ 奎尼丁（quinidine）

【体内过程】奎尼丁口服后几乎全部被胃肠道吸收，经 1～2 h 血药浓度达峰值，生物利用度为 70%~80%。血浆蛋白结合率约 80%，组织中药物浓度较血药浓度高 10~20 倍，心肌浓度尤高。$t_{1/2}$ 为 5~7 h，主要经过肝 CYP 氧化代谢，其羟化代谢产物仍有药理活性。

【药理作用】奎尼丁低浓度时即可阻滞 I_{Na}、I_{Kr}，高浓度时还具有阻滞 I_{Ks}、I_{K1}、I_{to} 及 $I_{Ca,L}$ 的作用。此外，奎尼丁还具有明显的抗胆碱作用和阻断外周血管 α 受体作用。奎尼丁的心脏作用表现有：①降低浦肯野纤维的自律性及心肌细胞的异常自律性，对正常窦房结影响较小；②减慢心房、心室肌细胞和浦肯野纤维的传导速度，其减慢传导作用能使单向传导阻滞变为双向传导阻滞，消除折返；③抑制 I_{Kr}，延长心房、心室肌细胞和浦肯野纤维的动作电位时程和有效不应期。心肌局部缺血时浦肯野纤维的不应期缩短或不均一，奎尼丁能延长有效不应期并使其均一化，从而消除折返引起的心律失常。心电图显示奎尼丁可使 Q-T 间期延长，此作用可诱发早后去极化而导致心律失常。此外，奎尼丁还可减少 Ca^{2+} 内流，具有负性肌力作用。

【临床应用】奎尼丁为广谱抗心律失常药，适用于心房颤动、心房扑动、室上性和室性心动过速的转复和预防，以及频发室上性和室性期前收缩的治疗。对心房颤动、心房扑动目前虽多采用电复律法，但奎尼丁仍有应用价值，用于复律后防止复发。

【不良反应与药物相互作用】在用药初期，奎尼丁常引起胃肠道反应，如恶心、呕吐、腹泻等。长时间用药可出现"金鸡纳反应"（cinchonism），表现为头痛、头晕、耳鸣、腹泻、恶心、视物模糊等。奎尼丁的心脏毒性较为严重，中毒浓度可致房室及室内传导阻滞。应用奎尼丁的患者中 2%~8% 可出现 Q-T 间期延长和尖端扭转型室性心动过速。奎尼丁阻断 α 受体，扩张血管，可引起低血压。奎尼丁与地高辛合用，使后者肾清除率降低而提高其血药浓度；与双香豆素、华法林合用，竞争与血浆蛋白的结合，使后者抗凝血作用增强；药酶诱导剂苯巴比妥能加速奎尼丁在肝中的代谢。

➤ 普鲁卡因胺（procainamide）

【体内过程】普鲁卡因胺口服吸收迅速而完全，1 h 血药浓度达峰值；肌内注射后 0.5~1 h、静脉注射后仅 4 min 血药浓度即达峰值。生物利用度约 80%，$t_{1/2}$ 为 3~6 h。普鲁卡因胺在肝内代谢为具有抗心律失常活性的 N-乙酰普鲁卡因胺，但在电生理学特性方面与普鲁卡因胺不同，它几无 I 类药物的作用，而具有明显的 III 类药物的作用。

【药理作用】普鲁卡因胺对心肌的直接作用与奎尼丁相似，但无明显阻断胆碱受体或 α 受体的作用；可抑制浦肯野纤维的自律性，减慢传导，使单向传导阻滞变为双向传导阻滞而取消折返；可延长心房、心室肌细胞和浦肯野纤维的动作电位时程和有效不应期。

【临床应用】普鲁卡因胺主要用于室性心动过速，作用比奎尼丁快，静脉注射或静脉滴注用于抢救危急病例；对室上性心律失常也有效，但不作为首选药物。

【不良反应】普鲁卡因胺口服可有胃肠道反应，静脉给药可引起低血压，大剂量有心脏抑制作用；过敏反应较常见，可出现皮疹、药热、白细胞减少、肌痛等。中枢不良反应为幻觉、精神失常等；长期应用时，少数患者出现红斑狼疮样症状，停药后症状可消失。

（二）I b 类

➤ 利多卡因（lidocaine）

【体内过程】利多卡因静脉注射给药，作用迅速，仅维持 20 min 左右；在血液中有 70% 与血浆蛋白结合，体内分布广泛；几乎全部在肝内代谢，$t_{1/2}$ 为 2 h。

【药理作用】利多卡因主要作用于希-浦系统和心室肌，减小动作电位 4 相去极化斜率，提高兴奋阈值，降低心肌自律性，主要对缺血、强心苷中毒所致去极化心肌组织的自律性有较强的抑制作用。利多卡因抑制参与动作电位复极 2 相的少量钠内流，缩短浦肯野纤维和心室肌细胞的动作电位时程和有效不应期，由于缩短动作电位时程的程度比缩短有效不应期的明显，故有效不应期相对延长。在细胞外低钾或心肌组织被牵张而使心肌部分去极化时，利多卡因可以促进 3 期 K⁺ 外流，引起超极化，改善传导，消除折返。

【临床应用】利多卡因主要用于室性心律失常，对急性心肌梗死或强心苷中毒所致室性心动过速或心室颤动为首选药；对室上性心律失常效果差。

【不良反应与注意事项】肝功能不良患者静脉注射利多卡因过快，可出现头昏、嗜睡或激动不安、感觉异常等，剂量过大时可出现心率减慢、房室传导阻滞和低血压，故Ⅱ、Ⅲ度房室传导阻滞患者禁用。心功能不全、肝功能不全者长期静脉滴注利多卡因后可产生药物蓄积，儿童或老年人应适当减量。西咪替丁和普萘洛尔可增加利多卡因的血药浓度。

➢ 苯妥英钠（phenytoin sodium）

苯妥英钠降低正常及部分去极化的浦肯野纤维 4 相自发去极化速率，降低其自律性；与强心苷竞争 Na⁺-K⁺-ATP 酶（又称质子泵），抑制强心苷中毒所致的迟后去极化。苯妥英钠主要用于治疗室性心律失常，特别对强心苷中毒引起的室性心律失常有效；也可用于心肌梗死、心脏手术、心导管插入术等所引发的室性心律失常。苯妥英钠快速静脉注射容易引起低血压，高浓度可引起心动过缓，常见的中枢不良反应有头昏、眩晕、震颤、共济失调等，严重者出现呼吸抑制，故低血压或心肌抑制时慎用，窦性心动过缓和Ⅱ、Ⅲ度房室传导阻滞者禁用。药酶抑制剂异烟肼、氯霉素、西咪替丁可抑制苯妥英钠代谢，提高其血药浓度；而药酶诱导剂抗癫痫药卡马西平可加快苯妥英钠的代谢。

➢ 美西律（mexiletine）

美西律的电生理作用与苯妥英钠相似。口服吸收迅速而完全，口服后 3 h 血药浓度达峰值，作用维持 8 h，生物利用度为 90%，$t_{1/2}$ 约 12 h。美西律可用于室性心律失常，特别对心肌梗死后急性室性心律失常有效。不良反应与剂量相关，可出现胃肠道不适，长期口服有神经症状如震颤、共济失调、复视、精神失常。房室传导阻滞、窦房结功能不全、心室内传导阻滞、有癫痫史、低血压或肝病者慎用。

（三）Ic 类

➢ 普罗帕酮（propafenone）

普罗帕酮减慢心房、心室肌细胞和浦肯野纤维的传导，延长动作电位时程和有效不应期，但对复极过程的影响弱于奎尼丁；还有轻度的 β 受体阻断作用和钙通道阻滞作用。口服吸收良好，2～3 h 作用达高峰。普罗帕酮给药初期，肝首过效应强，生物利用度低；长期给药后，首过效应减弱，生物利用度几乎达 100%。普罗帕酮适用于室上性和室性期前收缩、室上性和室性心动过速、伴发心动过速和心房颤动的预激综合征。消化道不良反应常见恶心、呕吐、味觉改变等。心血管系统不良反应常见房室传导阻滞，加重心功能不全，还可引起直立性低血压，其减慢传导作用易致折返而引发心律失常。肝、肾功能不全时应减量；心电图 QRS 延长超过 20% 或 Q-T 间期明显延长者，宜减量或停药。普罗帕酮一般不宜与其他抗心律失常药合用，以避免引起心脏抑制。

➢ 氟卡尼（flecainide）

氟卡尼抑制钠通道及最大去极化速度（V_{max}）的作用强于Ⅰa、Ⅰb 类药物，明显减慢心肌细胞 0 相最大上升速率并降低幅度，减慢心脏传导。氟卡尼对 I_{Kr}、I_{Ks} 有明显抑制作用，使心房、心室肌细胞的动作电位时程明显延长。氟卡尼口服吸收良好，生物利用度达 90%，主要在肝代谢，成年健康人 $t_{1/2}$ 为 14 h，肾功能不全者 $t_{1/2}$ 超过 20 h。氟卡尼属广谱抗快速型心律失常药，用于室上性和室性心律失常。氟卡尼致心律失常率较高，包括室性心动过速或心室颤动、房室传导阻滞、诱发折返性心律失常和 Q-T 间期延长综合征，其致心律失常作用主要与抑制 I_{Na} 及 I_{Kr} 过强有关。不良反应有头晕、乏力、恶心、震颤等。

二、Ⅱ类——β受体阻断药

> 普萘洛尔（propranolol）

【体内过程】 普萘洛尔口服吸收完全，首过效应强，生物利用度为30%，口服后2h血药浓度达峰值，但个体差异大；血浆蛋白结合率达93%；主要在肝内代谢，$t_{1/2}$为3～4h，肝功能受损时明显延长；90%以上的代谢产物经肾排泄，尿中原型药不到1%。

【药理作用】 普萘洛尔降低窦房结、心房和浦肯野纤维自律性，在运动及情绪激动时作用明显；能减少儿茶酚胺所致的迟后去极化，减慢房室结传导，延长房室结有效不应期。

【临床应用】 普萘洛尔主要用于室上性心律失常。其对交感神经兴奋性过高、甲状腺功能亢进及嗜铬细胞瘤等引起的窦性心动过速效果良好；与强心苷或地尔硫䓬合用，控制心房扑动、心房颤动及阵发性室上性心动过速时的室性频率过快效果较好。心肌梗死患者应用普萘洛尔，可减少心律失常的发生，缩小心肌梗死范围，降低死亡率。普萘洛尔还可用于运动或情绪变动所引发的室性心律失常，以及减少肥厚型心肌病所致的心律失常。

【不良反应与注意事项】 普萘洛尔可致窦性心动过缓、房室传导阻滞，并可能诱发心功能不全、哮喘、低血压、精神压抑、记忆力减退等。长期应用对脂质代谢和糖代谢有不良影响，故高脂血症、糖尿病患者应慎用。突然停药可产生反跳现象。西咪替丁使普萘洛尔的清除率显著降低，易导致毒性反应。

三、Ⅲ类——延长动作电位时程药

> 胺碘酮（amiodarone）

【体内过程】 胺碘酮口服、静脉注射给药均可。口服给药吸收缓慢，生物利用度约40%；静脉注射10 min起效，吸收后药物迅速分布到各组织器官中。胺碘酮主要在肝内代谢，$t_{1/2}$长达数周，血浆蛋白结合率为95%，停药后作用可持续4～6周。

【药理作用】 胺碘酮对多种离子通道有阻滞作用，如抑制I_{Na}、$I_{Ca,L}$、I_{Kr}、I_{Ks}、I_{to}、I_{K1}等，可降低心房、窦房结、浦肯野纤维的自律性和传导性，明显延长动作电位时程和有效不应期。此外，胺碘酮尚有非竞争性阻断α、β受体作用和扩张血管平滑肌作用，可扩张冠状动脉，增加冠状动脉血流量，减少心肌耗氧量。

【临床应用】 胺碘酮对心房扑动、心房颤动和室上性心动过速治疗效果好，对预激综合征引起者效果更佳，适用于传统药物治疗无效的室上性心律失常，对室性心动过速、室性期前收缩也有效。

【不良反应与注意事项】 胺碘酮常见不良反应为心血管反应，如窦性心动过缓、房室传导阻滞及Q-T间期延长，偶见尖端扭转型室性心动过速。有房室传导阻滞及Q-T间期延长者忌用胺碘酮。胺碘酮长期应用可引起角膜褐色微粒沉着，不影响视力，停药后微粒可逐渐消失；少数患者发生甲状腺功能亢进或减退；个别患者出现间质性肺炎或肺纤维化。长期应用必须监测肺功能，进行肺部X线检查，以及定期监测血清T_3、T_4。

> 索他洛尔（sotalol）

索他洛尔阻断β受体，降低自律性，减慢房室结传导；阻滞I_K，延长心房、心室及浦肯野纤维的动作电位时程和有效不应期。索他洛尔口服吸收快，无首过效应，生物利用度达90%～100%；与血浆蛋白结合少，在心、肝、肾浓度高；在体内不被代谢，几乎全部以原型经肾排出，$t_{1/2}$ 为 12～15 h，老年人、肾功能不全者 $t_{1/2}$ 明显延长。临床上索他洛尔用于各种严重室性心律失常，也可治疗阵发性室上性心动过速及心房颤动。不良反应较少，少数 Q-T 间期延长者偶可出现尖端扭转型室性心动过速。

➤ **多非利特（dofetilide）**

多非利特具有Ⅲ类抗心律失常药延长心肌动作电位时程和有效不应期的作用，可特异性抑制 I_{Kr}，而对其他钾通道及钠通道无阻滞作用。其口服吸收良好，生物利用度约 100%，80% 以原型经肾排泄，肾功能不良者应减量。多非利特禁用于低钾、心动过缓及 Q-T 间期延长的患者，可用于有效维持或恢复心房颤动患者的窦性心律。主要不良反应是致心律失常作用，可诱发尖端扭转型室性心动过速。

➤ **伊布利特（ibutilide）**

伊布利特为Ⅲ类抗心律失常药，药理机制与多非利特类似，具有延长心肌复极作用。伊布利特有独特的激活缓慢钠离子内流的作用，这也是延长动作电位时程的机制。静脉注射伊布利特可用于终止心房扑动、心房颤动的发作，对心房扑动的效果优于心房颤动。不良反应是使 Q-T 间期过度延长，出现尖端扭转型室性心动过速。用药前需检测 Q-T 间期基础值，并在用药后 4 小时进行心电图监测，直至 Q-T 间期恢复到基础值。伊布利特禁用于低钾、心动过缓及多型性室性心动过速患者。

心房颤动的临床治疗

心房颤动极为常见，可增加发生心肌梗死、脑卒中和心功能不全的风险。心室率和节律控制是改善心房颤动患者症状的主要治疗措施。控制心室率可用 β 受体阻断药、钙通道阻滞药；伴发心功能不全时使用强心苷类。控制节律的方法有非药物治疗和药物转复，这里仅介绍药物转复。

常用于复律的抗心律失常药是Ⅰc类普罗帕酮，Ⅲ类胺碘酮、伊布利特、多非利特等。药物通过减慢传导速度和（或）延长有效不应期以终止折返激动，达到复律的目的。对于无器质性心脏病患者，可静脉应用普罗帕酮、伊布利特复律。多非利特多用于新发心房颤动的复律。前述药物无效或出现严重不良反应时，换用胺碘酮。伴有中度器质性心脏病的患者可以选择静脉给予伊布利特。伴有严重器质性心脏病、心功能不全及缺血性心脏病患者宜选择静脉给予胺碘酮。

四、Ⅳ类——钙通道阻滞药

➤ **维拉帕米（verapamil）**

【体内过程】维拉帕米口服吸收迅速而完全，口服后 2～3 h 血药浓度达峰值，由于首过效应，生物利用度仅 10%～30%；在肝内代谢，其代谢产物去甲维拉帕米仍有活性，$t_{1/2}$ 为 3～7 h。

【药理作用】维拉帕米抑制 $I_{Ca,L}$、I_{Kr}，表现如下。①降低窦房结自律性：降低缺血时心房、心室和浦肯野纤维的异常自律性，减少或取消后去极化所引发的触发激动；②减慢窦房结、房室结传导：此作用除可终止房室结折返，尚能防止心房扑动、心房颤动引起的心室率加快；③延长窦房结、房室结的有效不应期：大剂量可延长浦肯野纤维的动作电位时程和有效不应期。

【临床应用】 维拉帕米治疗室上性和房室结折返引起的心律失常效果好，对急性心肌梗死、心肌缺血及洋地黄中毒引起的室性期前收缩有效，是阵发性室上性心动过速的首选药。

【不良反应与注意事项】 维拉帕米口服安全性高，可出现便秘、腹胀、腹泻、头痛、瘙痒等；静脉给药可引起血压降低、暂时窦性停搏。Ⅱ度和Ⅲ度房室传导阻滞、心功能不全、心源性休克患者禁用此药，老年人、肾功能低下者慎用。

五、其他类

腺苷（adenosine）

腺苷为内源性嘌呤核苷酸，作用于 G 蛋白偶联的腺苷受体，激活心房、房室结、心室的乙酰胆碱敏感性钾通道，从而缩短动作电位时程，降低自律性。腺苷也抑制 $I_{Ca,L}$，此作用可延长房室结有效不应期，抑制交感神经兴奋所致的迟后去极化。腺苷静脉注射后迅速起效，$t_{1/2}$ 约 10 s，可被体内大多数组织细胞摄取，并被腺苷脱氨酶灭活，使用时需快速静脉注射，否则在药物到达心脏前即被灭活。临床主要用于迅速终止折返性室上性心律失常。腺苷静脉注射速度过快可致短暂心脏停搏；治疗剂量时，多数患者会出现胸闷、呼吸困难。

知识拓展

心房颤动复律药物疗效比较

普罗帕酮转复率为 41%～91%，对新发心房颤动转复有效，对持续心房颤动、心房扑动疗效较差，合并器质性心脏病、心功能不全或严重阻塞性肺疾病患者应慎用。口服后 2～6 h，静脉注射后 0.5～2 h 起效。

胺碘酮转复率为 35%～90%，合并器质性心脏病、缺血性心脏病和心功能不全时首选胺碘酮，对转复窦性心律和控制心房颤动心室率短期应用安全性较好。静脉用药起效较快，口服起效需 8～24 h。

伊布利特转复率为 25%～50%，平均转复时间不超过 30 min，对近期发生的心房颤动疗效较好，转复心房扑动有效率高于心房颤动。用药后应持续心电监测 4 h 以上，防止出现尖端扭转型室性心动过速。伊布利特应避免用于 Q-T 间期延长、明显低钾血症、左心室肥厚、左心室射血分数明显降低的患者。

目前已很少使用Ⅰa 类、Ⅱ类、Ⅳ类抗心律失常药及强心苷转复心律。

思 考 题

1. 简述抗心律失常药的分类及依据。
2. 简述利多卡因抗心律失常作用及临床应用。
3. 综合运用所学知识，合理选用治疗心房颤动的抗心律失常药。

（刘艳霞）

第二十三章 抗高血压药

案例 23-1

患者，男，60岁，10年前因头晕就诊于当地诊所，测血压175/110 mmHg，给予口服降压药，血压控制在140/80 mmHg左右。5年前患者自行停药，通过喝降压茶治疗，但头晕症状间断出现。1天前患者倒水时再次出现头晕，伴出汗、恶心、呕吐，无胸闷、气促等症状，就诊于当地医院。查体：T 36.2 ℃，P 80次/分，R 19次/分，BP 180/80 mmHg；总胆固醇（TC）8.27 mmol/L，甘油三酯（TG）1.78 mmol/L，高密度脂蛋白胆固醇（HDL-C）0.83 mmol/L，低密度脂蛋白胆固醇（LDL-C）5.35 mmol/L。头颅计算机体层扫描（CT）示多发性脑梗死。其余检查未见异常。诊断：原发性高血压3级、高脂血症、多发性脑梗死。

问题：
1. 针对该患者，可选用的抗高血压药是什么？
2. 可选择的每种抗高血压药的降压机制是什么？
3. 需要给予患者何种生活指导？

凡能降低血压并用于治疗高血压的药物称为抗高血压药（antihypertensive agent）。正常人血压应低于140/90 mmHg，血压≥140/90 mmHg即为高血压。绝大部分高血压病因不明，称为原发性高血压或高血压病，占高血压人群的90%～95%；少数高血压有因可查，是某些疾病（如嗜铬细胞瘤、肾小球肾炎）的一个临床表现，称为继发性高血压或症状性高血压，占高血压人群的5%～10%。高血压的直接并发症有脑血管意外、肾衰竭和心功能不全等。大量证据表明，高血压患者也容易并发冠心病。

原发性高血压发病机制不明。目前已知体内有许多神经-体液因素参与血压调节，其中主要的有交感神经-肾上腺素系统及肾素-血管紧张素-醛固酮系统（renin-angiotensin-aldosterone system，RAAS）。此外，激肽释放酶-激肽-前列腺素系统、血管内皮舒张因子-收缩因子系统等也参与血压调节。抗高血压药可通过作用于上述不同环节，引起血压降低。根据各种药物的作用部位和作用机制不同可将抗高血压药分为下列几类。

1. 利尿药 氢氯噻嗪等。

2. 交感神经抑制药

（1）中枢性降压药：可乐定、莫索尼定等；

（2）神经节阻断药：樟磺咪芬等；

（3）肾上腺素能神经末梢阻滞药：利血平、胍乙啶等；

（4）肾上腺素受体阻断药：哌唑嗪、普萘洛尔等。

3. 肾素-血管紧张素系统抑制药
（1）血管紧张素转化酶抑制药：卡托普利、依那普利等；
（2）血管紧张素受体阻断药：氯沙坦等；
（3）肾素抑制药：瑞米吉仑（雷米克林）等。

4. 钙通道阻滞药 硝苯地平、氨氯地平等。

5. 血管扩张药 肼屈嗪和硝普钠等。

第一节 常用抗高血压药

一、利尿药

利尿药（diuretic）是能增加电解质（主要是钠、钾、氯离子）及水的排泄的药物。限制钠盐的摄入是治疗早期高血压的手段之一。随着20世纪50年代噻嗪类（thiazides）利尿药的问世，采用药物改变体内 Na^+ 平衡成为治疗高血压的主要方法之一。各类利尿药单用时即有降压作用，联合用药时可增强其他抗高血压药的作用。

【药理作用与作用机制】噻嗪类利尿药作用机制是抑制远曲小管近端 Na^+-Cl^- 同向转运体，起到增加 NaCl 和水排出的作用。用药初期，利尿药可减少细胞外液容量及心排血量。长期使用后心排出血量逐渐恢复至给药前水平而降压作用仍能持续，此时细胞外液容量仍有一定程度减少，体内 Na^+ 也持续减少，并伴有血浆肾素水平持续升高。利尿药长期使用降压的原因是其可降低血管阻力。利尿药降低血管阻力最可能的机制是持续地降低体内 Na^+ 浓度及降低细胞外液容量。平滑肌细胞内 Na^+ 浓度降低可能导致细胞内 Ca^{2+} 浓度降低，从而使血管平滑肌对缩血管物质的反应性减弱。

【临床应用】噻嗪类利尿药是利尿降压药中最常用的一类。大规模临床试验表明，噻嗪类利尿药可降低高血压并发症（如脑卒中和心功能不全）的发生率和病死率，尤其适用于老年高血压、单纯收缩期高血压或伴心功能不全患者，也是难治性高血压的基础药物之一。单独使用噻嗪类利尿药降压时，剂量应尽量小。研究发现，许多患者使用 12.5 mg 的氢氯噻嗪（hydrochlorothiazide）或氯酞酮（chlortalidone）即有降压作用，超过 25 mg 时降压作用并不一定增强，而且可使不良反应发生率增加。因此，建议单用利尿药降压时的剂量不宜超过 25 mg，若 25 mg 仍不能有效地控制血压，则应合用或换用其他类型抗高血压药。

单用噻嗪类利尿药降压治疗，尤其是长期使用时应合用保钾利尿药，合用血管紧张素转化酶抑制药也可减少 K^+ 的排出。长期大剂量使用噻嗪类利尿药除引起电解质改变外，还可对脂质代谢和糖代谢产生不良影响。对合并有氮质血症或尿毒症的高血压患者可选用高效利尿药呋塞米。

吲达帕胺（indapamide）不良反应少，不引起血脂改变，故伴有高脂血症的高血压患者可用吲达帕胺代替噻嗪类利尿药进行利尿降压。

二、钙通道阻滞药

血管平滑肌细胞的收缩依赖于细胞内游离 Ca^{2+}，若抑制了 Ca^{2+} 跨膜转运，则可使细胞内游离Ca^{2+}浓度下降。因此钙通道阻滞药可通过减少细胞内Ca^{2+}含量而松弛血管平滑肌,进而降低血压。钙通道阻滞药品种繁杂,结构各异,从化学结构上可将其分为二氢吡啶类和非二氢吡啶类。二氢吡啶类对血管平滑肌具有选择性,较少影响心脏,作为抗高血压药常用的有硝苯地平、尼群地平和尼卡地平等。非二氢吡啶类包括维拉帕米等,对心脏和血管均有作用。

> 硝苯地平(nifedipine)

【体内过程】硝苯地平口服易吸收且完全,但首过效应强,生物利用度为45%～70%,$t_{1/2}$为2.5 h。主要在肝代谢,少量以原型从肾排出。普通片剂口服后20～30 min产生降压作用,最大降压作用在1～2 h后出现,作用持续6～8 h。目前临床常用硝苯地平缓释或控释片剂,其作用维持时间长,一天用药1次即可,可防止普通片剂由于起效快、作用强、维持时间短而引起的重要组织器官如心、脑、肾的缺血再灌注损伤。

【药理作用】硝苯地平作用于细胞膜L型钙通道,通过抑制Ca^{2+}从细胞外进入细胞内,从而降低细胞内Ca^{2+}浓度,导致小动脉扩张,总外周血管阻力下降而降低血压。由于外周血管扩张,可引起交感神经活性反射性增强而加快心率。

【临床应用】硝苯地平对轻、中、重度高血压均有降压作用,适用于合并变异型心绞痛或肾疾病、糖尿病、哮喘、高脂血症及恶性高血压的患者。目前多推荐使用缓释片剂,以减轻迅速降压造成的反射性交感神经活性增强。

【不良反应】硝苯地平主要不良反应为血管过度扩张引起的症状,如心率加快、面部潮红、眩晕、头痛、踝部水肿(为毛细血管扩张而非水钠潴留所致)。其缓释制剂也有上述不良反应。长期使用硝苯地平可引起齿龈增生。

> 尼群地平(nitrendipine)

尼群地平为中效钙通道阻滞药,作用与硝苯地平相似,但扩张血管作用较硝苯地平强,降压作用温和而持久,适用于各型高血压。每天口服1～2次。不良反应与硝苯地平相似,肝功能不良者宜慎用或减量。尼群地平与地高辛合用时可提高地高辛的血药浓度。

> 拉西地平(lacidipine)

拉西地平对血管选择性强,不易引起反射性心动过速和每搏输出量增加,适用于轻、中度高血压。降压作用起效慢,持续时间长,每天口服1次。拉西地平还具有抗动脉粥样硬化作用。不良反应有心悸、头痛、面部潮红、水肿等。

> 氨氯地平(amlodipine)

氨氯地平作用与硝苯地平相似,但降压作用较硝苯地平平缓,持续时间较硝苯地平明显延长。每天口服1次。不良反应同拉西地平。

三、β受体阻断药

不同的β受体阻断药在许多方面如脂溶性、对$β_1$受体的选择性、内在拟交感活性及膜稳定性方面都有所不同,但均可广泛用于各种程度的高血压。长期应用一般不引起水钠潴留,也无明显的耐受性。不具有内在拟交感活性的β受体阻断药可增加血浆甘油三酯浓度,降低高密度脂蛋白胆固醇水平,而具有内在拟交感活性者对血脂的影响很小或无影响。

> 普萘洛尔(propranolol)

【体内过程】普萘洛尔为高度亲脂性化合物,口服吸收完全。1～1.5 h血药浓度达峰值,但首过效应显著,生物利用度约为25%,且个体差异较大;$t_{1/2}$为2～5 h,主要经肾排泄,但降压作用持续时间较长,每天用药1～2次。

【药理作用】普萘洛尔为非选择性β受体阻断药,对$β_1$和$β_2$受体具有相同的亲和力,缺乏内在拟交感活性。普萘洛尔可通过多种机制产生降压作用，包括减少心排血量、抑制肾素释放、在不同水平（中枢部位、压力感受器反射及外周神经水平）抑制交感神经系统活性和增加前列环素合成等。

【临床应用】普萘洛尔用于各种程度的原发性高血压，治疗中、重度高血压可与其他抗高血压药合用；对伴有心排血量增加、肾素活性偏高、心绞痛、偏头痛、焦虑症等的高血压患者较为合适。

【不良反应】普萘洛尔可升高血浆甘油三酯水平，使高密度脂蛋白胆固醇水平降低，其机制不十分明确。高血压合并糖尿病的患者应避免使用普萘洛尔，因为若患者发生低血糖反应，普萘洛尔不仅可掩盖低血糖症状，也可延缓血糖水平恢复的速度。高血压患者长期应用β受体阻断药后骤然停药，可使血压反跳性升高甚至超过给药前水平，使心绞痛加剧甚至诱发急性心肌梗死，因此，高血压患者停用β受体阻断药时必须逐渐减量（减药过程10～14天）。普萘洛尔可降低肾血流量及肾小球滤过率，故高血压伴肾病及老年患者应适当减少剂量，并注意监测血肌酐及尿素氮水平。普萘洛尔禁用于哮喘、病态窦房结综合征及房室传导阻滞患者。

➢ 阿替洛尔（atenolol）

阿替洛尔对心脏 $β_1$ 受体有较高的选择性，较大剂量时也可作用于血管及支气管的 $β_2$ 受体。其降压机制与普萘洛尔相同。阿替洛尔无膜稳定作用，无内在拟交感活性。阿替洛尔口服用于治疗各种程度高血压，降压作用持续时间较长，每天服用1次。

➢ 拉贝洛尔（labetalol）

拉贝洛尔在阻断β受体的同时也阻断α受体。其中阻断 $β_1$ 和 $β_2$ 受体的作用强度相似，对 $α_1$ 受体作用较弱，对 $α_2$ 受体则无作用。拉贝洛尔适用于各种程度的高血压及高血压急症、妊娠高血压、嗜铬细胞瘤、麻醉或手术时高血压，合用利尿药可增强其降压效果。拉贝洛尔大剂量可致直立性低血压，少数患者用药后可出现疲乏、眩晕、上腹部不适等症状。

➢ 卡维地洛（carvedilol）

卡维地洛为α、β受体阻断药，阻断β受体的同时具有舒张血管作用。卡维地洛口服首过效应显著，生物利用度为22%，作用可维持24 h。其不良反应与普萘洛尔相似，但不影响血脂代谢。卡维地洛用于治疗轻度及中度高血压，或伴有肾功能不全、糖尿病的高血压患者。

四、血管紧张素转化酶抑制药

血管紧张素转化酶抑制药（angiotensin converting enzyme inhibitor，ACEI）的应用，是高血压治疗学上的一大进步。从1981年第一个口服有效的ACE抑制药卡托普利被批准应用以来，ACE抑制药的发展很快，现已被批准上市的ACE抑制药有近20种。不同的ACE抑制药有共同的药理学作用，通过抑制ACE活性，使血管紧张素Ⅱ（Ang Ⅱ）的生成减少，以及缓激肽的降解减少，从而扩张血管，降低血压。由于化学结构的差异，不同的ACE抑制药在体内过程、临床应用与作用效能方面有所不同。

1. 化学结构与构效关系 ACE的活性部位有2个结合位点，其中含 Zn^{2+} 的结合位点是ACE抑制药官能团的必需结合位点，一旦结合，ACE的活性即消失。现有的ACE抑制药与 Zn^{2+} 结合的基团有三类：①含有巯基（—SH）：如卡托普利；②含有羧基（—COOH）：如依那普利、雷米普利、培哚普利、贝那普利、赖诺普利；③含有磷酸基（POO—）：如福辛普利。

ACE抑制药与 Zn^{2+} 结合的亲和力及与"附加结合点"结合的数目决定了ACE抑制药的作用强度和作用持续时间。一般来说，含羧基的ACE抑制药比其他两类与 Zn^{2+} 结合得更牢固，故作用也更强、更久。

许多ACE抑制药为前药（prodrug），如依那普利含有—COOC$_2$H$_5$，必须在体内转化为—COOH，成为依那普利拉（enalaprilat），才能与Zn^{2+}结合起作用；同理，福辛普利的—POOR必须转化为含—POOH的福辛普利拉（fosinoprilat）才能起作用。因此，利用ACE抑制药进行体外实验须用其活性型。

2. 基本药理作用

（1）阻止Ang Ⅱ生成：ACE抑制药阻止Ang Ⅱ的生成，从而取消Ang Ⅱ收缩血管、促进醛固酮和NA释放、增加血容量、升高血压与促进心血管肥大增生等作用，有利于高血压、心功能不全与心血管重构的防治。

（2）减少缓激肽降解：ACE抑制药在阻止Ang Ⅱ生成的同时也抑制了缓激肽的降解。目前认为缓激肽可激动激肽B$_2$受体，使NO和PGI$_2$生成增加，从而产生舒张血管、降低血压、抑制血小板聚集、抑制心血管细胞肥大增生及防止心血管重构的作用。

（3）保护血管内皮细胞：ACE抑制药有保护血管内皮细胞的作用，能逆转高血压、心功能不全、动脉硬化与高血脂引起的内皮细胞功能损伤，恢复内皮细胞依赖型的血管舒张作用。

（4）抗心肌缺血与心肌保护：此心肌保护作用可能与激肽B$_2$受体、蛋白激酶C（PKC）等有关。

（5）增敏胰岛素受体：卡托普利及其他多种ACE抑制药能增加糖尿病与高血压患者对胰岛素的敏感性。此作用在高血压患者中似与阻滞Ang Ⅱ生成无关，因氯沙坦与依普沙坦无此作用，故推测此作用可能是由缓激肽介导的。

3. 临床应用

（1）高血压：ACE抑制药治疗高血压疗效好。轻、中度高血压患者单用ACE抑制药常可控制血压；联合应用利尿药，可增强降压效果。肾血管性高血压患者因其肾素水平高，ACE抑制药对其特别有效，对心、肾、脑等器官有保护作用，且能减轻心肌肥厚，阻止或逆转心血管重构。对伴有心功能不全或糖尿病、肾病的高血压患者，ACE抑制药为首选药。

（2）心功能不全与心肌梗死：ACE抑制药能降低心功能不全患者的死亡率，改善心功能不全患者的预后，延长寿命，其效果优于其他血管扩张药和强心药（参见第二十四章）。ACE抑制药可通过改善血流动力学和组织器官灌流，降低心肌梗死并发心功能不全的病死率。

（3）糖尿病肾病和其他肾病：因肾小球囊内压升高可导致肾小球与肾功能损伤，糖尿病患者常并发肾病变。ACE抑制药对1型和2型糖尿病，无论是否伴有高血压，均能改善或阻止肾功能的恶化。除多囊肾外，ACE抑制药对其他原因如高血压、肾小球病变、间质性肾炎等引起的肾功能障碍也有一定疗效，且能减轻蛋白尿。ACE抑制药肾保护作用与降压作用无关，而是舒张肾出球小动脉的结果。但对肾动脉阻塞或肾动脉硬化造成的双侧肾血管病患者，ACE抑制药能加重其肾功能损伤。

4. 不良反应：ACE抑制药不良反应轻微，患者一般耐受良好，除偶有恶心、腹泻等消化道反应或头昏、头痛、疲倦等中枢神经系统反应外，主要的不良反应如下。

（1）首剂低血压：主要见于口服吸收快、生物利用度高的ACE抑制药，如卡托普利，约3.3%患者首次服用5 mg后平均动脉压降低30%以上，可通过采用小剂量开始来避免首剂低血压；而口服吸收慢、生物利用度低的ACE抑制药如赖诺普利，此反应较少见。

（2）咳嗽：无痰干咳是ACE抑制药较常见的不良反应，西方报道其发生率为6%～12%，东方女性不吸烟者与老年人发生率更高，是被迫停药的主要原因；偶见支气管痉挛性呼吸困难，可不伴有咳嗽，吸入色甘酸钠可以缓解。ACE抑制药引起咳嗽与支气管痉挛的原因可能是其使缓激肽和（或）前列腺素、P物质在肺内蓄积。不同ACE抑制药引起咳嗽有交叉性，但发生率稍有不同。依那普利与赖诺普利引起咳嗽的发生率高于卡托普利，而福辛普利则较低。

（3）高血钾：由于 ACE 抑制药能减少 Ang Ⅱ 生成，使依赖 Ang Ⅱ 的醛固酮生成减少，保钠排钾作用减弱而发生高血钾，多见于肾功能障碍与同时服用保钾利尿药的患者。

（4）低血糖：如卡托普利、依那普利能增强机体对胰岛素的敏感性，引起血糖降低。在 1 型与 2 型糖尿病患者中均可有此作用。

（5）肾功能损伤：对肾动脉阻塞或肾动脉硬化造成的双侧肾血管病患者，ACE 抑制药能加重肾功能损伤，升高血浆肌酐浓度，甚至引起氮质血症。这是因为 Ang Ⅱ 可通过收缩出球小动脉维持肾灌注压，而 ACE 抑制药可舒张出球小动脉，降低肾灌注压，导致肾小球滤过率与肾功能降低，停药后常可恢复。偶有不可逆性肾功能减退发展为持续性肾衰竭者，应予以注意。

（6）对妊娠期与哺乳期的影响：ACE 抑制药用于妊娠中、晚期时，可引起胎儿畸形、发育不良甚至死胎。在妊娠早期内虽尚无损伤胎儿的报道，但仍建议一旦妊娠，应立即停药。亲脂性强的 ACE 抑制药如雷米普利与福辛普利可从乳汁中分泌排泄，故哺乳期妇女禁用。

（7）血管神经性水肿：可发生于嘴唇、舌头、口腔、鼻部与面部其他部位；偶可发生于喉头，引起窒息。其发生机制与缓激肽或其代谢产物有关。多发生于用药的第一个月，一旦发生应停药。

（8）含—SH 的 ACE 抑制药的不良反应：含有—SH 的卡托普利可引起味觉障碍、皮疹与白细胞缺乏等。卡托普利皮疹发生率比其他 ACE 抑制药要高，且不交叉发生，皮疹多为瘙痒性丘疹，常发生于用药几周内，继续服药常可自行消退。白细胞缺乏症仅见于肾功能障碍患者，特别是伴有免疫障碍或服用免疫抑制药的患者。

➤ 卡托普利（captopril）

【体内过程】卡托普利口服吸收迅速，约 15 min 起效，1 h 血药浓度达峰值；分布广泛，可透过胎盘，并可进入乳汁；生物利用度为 75%，血浆蛋白结合率约 30%，$t_{1/2}$ 为 4 h，作用维持 6～8 h；在肝内代谢，代谢产物和原型药从肾排泄。

【药理作用】卡托普利具有轻至中等强度的降压作用，可降低外周血管阻力，增加肾血流量，不伴反射性心率加快。卡托普利的降压效果与患者的 RAS 活动状态有关，对于高肾素、低盐饮食、服用利尿药者，其降压维持时间可延长到 8～12 h。卡托普利含有的—SH 具有清除氧自由基的作用，故对与自由基有关的心血管损伤如心肌缺血再灌损伤有防治作用。

【临床应用】卡托普利适用于各型高血压，目前为抗高血压治疗的一线药物之一；单药应用能使 60%～70% 的患者血压控制在理想水平，加用利尿药则对 95% 患者有效；尤其适用于合并有糖尿病及胰岛素抵抗、左心室肥厚、心功能不全、急性心肌梗死后的高血压患者，可明显改善生活质量。卡托普利无耐受性，连续用药 1 年以上疗效不会明显下降，而且不引起停药反跳症状。卡托普利与利尿药或 β 受体阻断药合用于重度或顽固性高血压，疗效较好。

【不良反应】卡托普利不良反应较少，主要为长期用药后出现的频繁干咳；偶见一过性的皮疹、瘙痒、嗜酸性粒细胞增多、味觉缺失等。重度心功能不全、重度高血压患者在应用大量利尿药基础上首次应用卡托普利可使血压骤降，应用时应注意。双侧肾动脉狭窄者应用卡托普利后可使肾小球滤过率下降，故应禁用。孕妇禁用。

【药物相互作用】抗酸药可降低卡托普利的生物利用度；辣椒碱（capsaicin）可加重卡托普利引起的咳嗽；非甾体抗炎药能抑制前列腺素合成，故与卡托普利合用时能减弱其降压作用。应用卡托普利的同时补钾及合用保钾利尿药可诱发高血钾；卡托普利可增加地高辛的血药浓度，增加别嘌醇（allopurinol）的过敏反应发生率。

➤ 依那普利（enalapril）

【药理作用】依那普利是不含—SH 的长效、高效 ACE 抑制药，为前药，在体内被肝酯酶水解转化为依那普利拉（enalaprilat，苯丁羟脯酸），后者能与 ACE 持久结合而发挥降压作用，其抑制 ACE 的作用较卡托普利强 10 倍。依那普利能降低总外周血管阻力，增加肾血流量。依那普利口服后最大降压作用出现在服药后 4~6 h，其降压作用强而持久，可维持 24 h 以上，每天给药 1 次即可。剂量超过 10 mg 后，增加剂量只延长作用持续时间。

【临床应用】与卡托普利相似，依那普利可用于高血压的治疗。有报道，依那普利对心功能的有益影响优于卡托普利。依那普利的不良反应、药物相互作用与卡托普利相似，但因为依那普利不含—SH，故无典型的青霉胺样反应（皮疹、嗜酸性粒细胞增多等）。因依那普利作用强，引起咳嗽较多见，合并心功能不全时低血压也较多见，应适当控制剂量。

其他 ACE 抑制药还有赖诺普利（lisinopril）、贝那普利（benazepril）、福辛普利（fosinopril）、喹那普利（quinapril）、雷米普利（ramipril）、培哚普利（perindopril）和西拉普利（cilazapril）等。其共同特点是长效，每天只需服用 1 次。除赖诺普利外，其余均为前药。其药理作用及临床应用同依那普利。

五、血管紧张素受体阻断药

目前发现，血管紧张素受体有 4 种亚型，即血管紧张素 1 型、2 型、3 型、4 型受体（AT_1、AT_2、AT_3、AT_4 受体）。Ang Ⅱ 的经典作用均是由 AT_1 受体介导的，包括收缩血管、促进细胞生长、水钠潴留等。AT_2 受体的功能与之相反，具有扩张血管、促进细胞凋亡、利尿排钠等作用。目前应用于临床的血管紧张素受体阻断药主要为选择性 AT_1 受体阻断药，能够阻断 AT_1 受体介导的作用。AT_1 受体阻断药具有良好的降压作用，但由于没有 ACE 抑制药的缓激肽-NO 途径的作用，所以没有 ACE 抑制药的血管神经性水肿、咳嗽等不良反应，同时也没有增敏胰岛素和降低血浆纤维蛋白原的作用。AT_1 受体被阻断后，会反馈性地增加血浆肾素的水平，进而升高 Ang Ⅱ 的浓度，但其对 AT_1 受体的作用已被阻断，增多的 Ang Ⅱ 会通过激活 AT_2 受体，产生舒张血管、降低血压和抑制心血管重构的效应，有利于高血压和心功能不全的治疗。

➢ 氯沙坦（losartan）

【药理作用】氯沙坦为第一个用于临床的非肽类血管紧张素受体阻断药，在体内转化成 5-羧基酸性代谢产物，后者有非竞争性血管紧张素受体阻断作用，两者均能与 AT_1 受体选择性结合，对抗 Ang Ⅱ 的绝大多数效应，从而产生降压作用。

【临床应用】氯沙坦可用于各型高血压，尤其适用于伴左心室肥厚、心功能不全、糖尿病肾病、冠心病、代谢综合征、微量白蛋白尿或蛋白尿及不能耐受 ACE 抑制药的高血压患者，若用药 3~6 周后血压下降仍不理想，可加用利尿药。

【不良反应】与 ACE 抑制药不同，使用氯沙坦不会出现咳嗽、血管神经性水肿。由于氯沙坦抑制了 Ang Ⅱ 的作用，与 ACE 抑制药一样，氯沙坦也可引起低血压、肾功能障碍、高血钾等。高血钾一般仅发生于肾功能不全、摄入过多钾及同时合用保钾利尿药的情况下。其他不良反应如胃肠不适、头痛、头昏等也有报道。氯沙坦不宜用于妊娠中、晚期，早期妊娠一旦确诊应尽早停止使用氯沙坦。氯沙坦在动物的乳汁中含量很高，故哺乳期患者不宜使用。

其他 AT1 受体阻断药有缬沙坦（valsartan）、厄贝沙坦（irbesartan）、坎地沙坦（candesartan）和替米沙坦（telmisartan）等。其中坎地沙坦作用强度大、应用剂量小、维持时间长、谷峰比值高（＞80%），是目前这类药物中的最优者。

> **知识拓展**
>
> **从蛇毒到 ACE 抑制药**
>
> 早在 1933 年，Maurício Rocha e Silva 看到了一位被巴西蝮蛇咬伤的患者发生了低血压休克，然而使用任何升压药都无济于事。事后 Silva 产生了疑问：为什么患者的血压升不上去？难道蛇毒里含有未知的神秘物质可以促使血压下降？随后的数十年，Silva 的团队从蛇毒中成功提取了具有多肽结构可导致血管扩张的物质，将其命名为缓激肽增强因子。
>
> 英国药理学家 John R. Vane 教授敏锐地发现缓激肽增强因子很可能有效抑制 ACE 的活性，于是 Vane 教授建议对蛇毒提取液进行深入研究。
>
> 科学家 David Cushman 和 Miguel Ondetti 面对重重困难，终于在 1977 年通过分子修饰研制出了第一个血管紧张素转化酶抑制药——卡托普利。

第二节 其他抗高血压药

一、中枢性降压药

中枢性降压药包括可乐定、甲基多巴、胍法辛、胍那苄、莫索尼定和利美尼定等。以往认为可乐定的降压机制主要是作用于孤束核 α_2 受体，后来发现其降压机制还与咪唑啉受体有关。这两种受体之间有协同作用，可乐定的降压作用是对以上两种受体共同作用的结果。莫索尼定等主要作用于咪唑啉受体，甲基多巴则作用于孤束核 α_2 受体（图 23-1）。

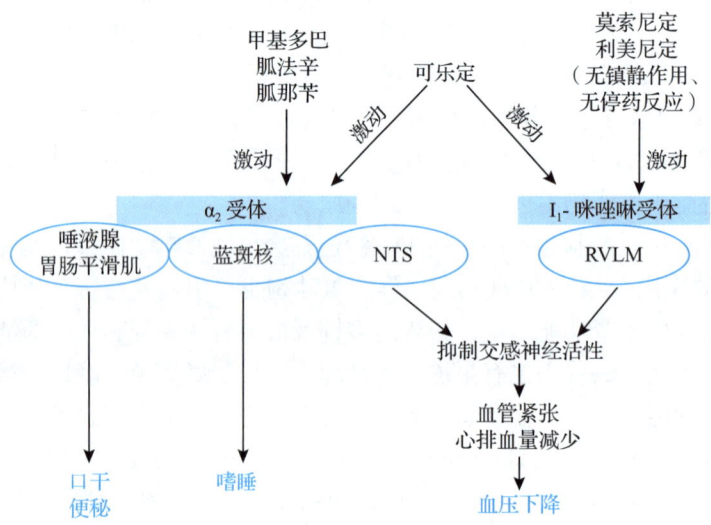

图 23-1 中枢性降压药作用机制示意图
NTS：孤束核；RVLM：延髓嘴端腹外侧区

> 可乐定（clonidine）

【体内过程】可乐定口服易吸收，服后 1.5～3 h 血药浓度达峰值，$t_{1/2}$ 为 5.2～13 h，生物利用度为 71%～82%，血浆蛋白结合率为 20%，约 50% 以原型药从尿中排出，能透过血脑屏障。

【药理作用】可乐定降压作用中等偏强，并可抑制胃肠分泌及运动，对中枢神经系统有明显的抑制作用。降压机制主要是兴奋延髓背侧孤束核突触后膜的 α_2 受体及延髓嘴端腹外侧区（rostral ventrolateral medulla oblongata，RVLM）的 I_1-咪唑啉受体（I_1-imidazoline receptor），使交感神经张力下降，心排血量减少，外周血管阻力降低，从而产生降压作用。过大剂量的可乐定也可兴奋外周血管平滑肌上的 α_2 受体，引起血管收缩，使降压作用减弱。

【临床应用】可乐定适于治疗中度高血压，常用于其他药物无效时。因其不显著影响肾血流量和肾小球滤过率，可用于高血压的长期治疗。可乐定与利尿药合用有协同作用，用于重度高血压。可乐定口服也用于预防偏头痛，或作为治疗吗啡类镇痛药成瘾者的戒毒药。其滴眼剂可用于治疗开角型青光眼。

【不良反应】可乐定常见的不良反应是口干和便秘。其他不良反应有嗜睡、抑郁、眩晕、血管性水肿、腮腺肿痛、恶心、心动过缓、食欲缺乏等。可乐定不宜用于高空作业或驾驶机动车辆的人员，以免因精力不集中、嗜睡而导致事故发生。

【药物相互作用】可乐定能加强其他中枢抑制药的作用，合用时应慎重。三环类化合物如丙米嗪等药物在中枢能与可乐定发生竞争性拮抗，取消可乐定的降压作用，故两者不宜合用。

> 莫索尼定（moxonidine）

莫索尼定为第二代中枢性降压药，作用与可乐定相似，但对 I_1-咪唑啉受体的选择性比可乐定高。其降压效能略低于可乐定，这与其对 α_2 受体作用较弱有关。由于选择性较高，莫索尼定不良反应少，无显著的镇静作用，也无停药反跳现象。莫索尼定长期应用有良好的降压效果，并能逆转高血压患者的心肌肥厚。

二、血管扩张药

血管扩张药通过直接扩张血管平滑肌而产生降压作用。由于直接扩张血管平滑肌的药物不良反应较多，一般不单独用于治疗高血压，仅在利尿药、β 受体阻断药或其他降压药无效时才加用该类药物。米诺地尔、二氮嗪以往也归属于血管扩张药，后来发现其作用机制与钾通道开放有关，故现将其归入钾通道开放药。

> 肼屈嗪（hydralazine）

肼屈嗪主要通过扩张小动脉，使外周血管阻力下降而降低血压，它对容量血管无明显作用；通过压力感受器反射性兴奋交感神经，引起心率加快、心肌收缩力加强、心排血量增加，不仅部分减弱降压效果，也可诱发心悸、心绞痛等不良反应；同时反射性增加醛固酮分泌，导致水钠潴留，并可能增加高血压患者的心肌肥厚程度。

> 硝普钠（sodium nitroprusside）

【体内过程】硝普钠口服不吸收，静脉滴注给药起效快，以每分钟 1～100 μg/kg 给药能降低收缩压和舒张压，停药 5 min 内血压回升，故可通过调整滴注速度维持血压于所需水平。硝普钠在体内产生的—CN 可被肝转化成—SCN，后者经肾排泄。

【药理作用】硝普钠可直接松弛小动脉和静脉平滑肌，属于硝基类血管扩张药，在血管平滑肌内代谢产生 NO。NO 具有强大的舒张血管平滑肌作用，近年发现 NO 与内皮衍生的松弛因子（endothelium derived relaxing factor，EDRF）在许多性能上相似，认为 EDRF 与 NO 是同一类物质，是一种内源性血管舒张物质。NO 可激活鸟苷酸环化酶，促进 cGMP 的形成，从而产生血管扩张作用。硝普钠属于非选择性血管扩张药，很少影响局部血流分布，一般不降低冠状动脉血流量、肾血流量及肾小球滤过率。

【临床应用】硝普钠适用于高血压急症的治疗和手术麻醉时的控制性降压，也可用于高血压合并心功能不全、嗜铬细胞瘤发作引起血压升高时的治疗。

【不良反应】硝普钠静脉滴注时可出现恶心、呕吐、精神不安、肌肉痉挛、头痛、皮疹、出汗、发热等；如果大剂量或连续使用硝普钠（特别有肝、肾功能损害者），可因血浆氰化物或硫氰化物浓度升高而引起中毒，导致甲状腺功能减退，因此用药时须严密监测血浆氰化物浓度。

三、α₁ 受体阻断药

α₁ 受体阻断药对动脉和静脉的 α₁ 受体具有较高的选择性阻断作用，可降低动脉血管阻力，增加静脉容量，但由于对去甲肾上腺素能神经末梢突触前膜 α₂ 受体没有明显作用，故不易引起反射性心率加快。许多患者用药后出现水钠潴留。该药最大的优点是对代谢没有明显的不良影响，并对血脂代谢有良好作用，可用于各种程度的高血压治疗，但其对轻、中度高血压有明确疗效，与利尿药及 β 受体阻断药合用可增强其降压作用。其主要不良反应为首剂现象（低血压），一般服用数次后这种首剂现象即可消失，可通过减少首剂剂量、睡前服药避免。临床常用的 α₁ 受体阻断药有哌唑嗪（prazosin）、特拉唑嗪（terazosin）、多沙唑嗪（doxazosin）。

四、去甲肾上腺素能神经末梢阻滞药

去甲肾上腺素能神经末梢阻滞药主要通过影响儿茶酚胺的贮存及释放产生降压作用，如利血平（reserpine）及胍乙啶（guanethidine）。利血平作用较弱，不良反应多，目前已不单独应用。胍乙啶较易引起脑、肾血流量减少及水钠潴留，主要用于重症高血压。目前还有一些人工合成的胍乙啶类似物，如倍他尼定（betanidine）、胍那决尔（guanadrel），其作用与胍乙啶相似，可作为胍乙啶的替代品，但其应用较少。

五、神经节阻断药

神经节阻断药对交感神经节和副交感神经节均有阻断作用，对效应器的具体效应则视两类神经对该器官的支配以何者占优势而定。由于交感神经对血管的支配占优势，因此神经节阻断药可使小动脉扩张而致总外周阻力下降，使静脉扩张而致回心血量和心排血量减少，从而导致血压显著下降。因肠道、眼、膀胱等平滑肌和腺体以副交感神经支配占优势，因此神经节阻断药常可引起便秘、瞳孔散大、口干、尿潴留等。

神经节阻断药曾广泛用于高血压的治疗，但由于副作用较多，降压作用过强、过快，现仅限于一些特殊情况如高血压危象、主动脉夹层动脉瘤、外科手术中的控制性降压。此类药物有樟磺咪芬（trimetaphan camsilate）、美卡拉明（mecamylamine）、六甲溴铵（hexamethonium bromide）等。

六、钾通道开放药

钾通道开放药（钾外流促进药）有吡那地尔（pinacidil）、尼可地尔（nicorandil）和米诺地尔（minoxidil）等，它们能特异性地促进钾通道开放，使 K^+ 外流增多，细胞膜超极化，膜兴奋性降低，Ca^{2+} 内流减少，血管平滑肌舒张，血压下降。该类药物可选择性地扩张冠状动脉、胃肠道血管和脑血管，而不扩张肾和皮肤血管。钾通道开放药可引起水钠潴留，在降压的同时常伴有反射性心动过速和心排血量增加，若与利尿药和（或）β受体阻断药合用，则可纠正其水钠潴留和（或）反射性心动过速的副作用。

七、其他

作用机制与上述药物不同的新型抗高血压药有前列环素合成促进药西氯他宁（cicletanine）、肾素抑制药阿利吉仑（aliskiren）、5-HT_{2A} 受体阻断药酮色林（ketanserin）、内皮素受体阻断药波生坦（bosentan）等。这些药物目前尚较少应用，但有可能在将来的抗高血压治疗中起重要作用。

第三节 高血压药物治疗的新理念

一、有效治疗与终生治疗

确实有效的降压治疗可以大幅度地减小并发症的发生率。一般认为，所有高血压患者一旦确立诊断，建议在生活方式干预（限盐减重多运动，戒烟限酒心态平）的同时立即启动药物治疗。对于收缩压＜160 mmHg 且舒张压＜100 mmHg，且未合并冠心病、心功能不全、脑卒中、外周动脉粥样硬化病、肾病或糖尿病的高血压患者，可根据病情及患者意愿暂缓给药，采用单纯生活方式干预最多 3 个月，若仍未达标，再启动药物治疗。降压目标：一般高血压患者，血压降至 140/90 mmHg 以下；合并糖尿病或慢性肾病的患者可在 140/90 mmHg 基础上再适当降低；年龄在 65～80 岁患者血压降至 150/90 mmHg 以下，如能耐受，可进一步降至 140/90 mmHg 以下；80 岁以上患者降至 150/90 mmHg 以下。

原发性高血压因不明，无法根治，需要终生治疗，患者不可自行停药。

二、保护靶器官

高血压的靶器官损伤包括心肌肥厚、肾小球硬化和脑卒中等。在抗高血压治疗中必须考虑逆转或阻止靶器官损伤。一般而言，降低血压即能减少靶器官损伤。但并非所有的药物均如此，如肼屈嗪虽能降压，但对靶器官无保护作用。目前对靶器官的保护作用比较好的药物ACE 抑制药、AT_1 受体阻断药和长效钙通道阻滞药。除了血流动力学的效应之外，抑制细胞增生等非血流动力学作用也在其中产生重要作用。其他抗高血压药对靶器官损伤也有一定的保护作用，但较弱。

三、平稳降压

血压在 24 h 内存在自发性波动，这种自发性波动称为血压波动性（blood pressure variability，BPV）。血压不稳定可导致器官损伤，在血压水平相同的高血压患者中，BPV 高者，靶器官损伤严重。抗高血压药通常分为长效和短效两种，每天服用 1 次的属于长效抗高血压药，而需要每天服用 2~3 次的属于短效抗高血压药。使用短效抗高血压药常使血压波动增大，故应优先选用 24 h 有效的长效降压药。24 h 平稳降压的标志是给药 24 h 后仍保持 50% 以上最大降压效果。

四、联合用药

抗高血压药的联合应用是有效控制血压、降低不良反应的有效途径。抗高血压药联合用药的基本原则包括：①选择药动学和药效学可以互补的药物；②避免联合应用降压机制相近的药物；③联合治疗应较单药治疗提高疗效，加强对靶器官的保护作用；④减少或抵消不良反应；⑤简化治疗方法，尽可能降低费用。目前临床上常将采用的联合用药有 ACE 抑制药或 AT_1 受体阻断药联用利尿药，ACE 抑制药或 AT_1 受体阻断药联用二氢吡啶类钙通道阻滞药，β 受体阻断药联用二氢吡啶类钙通道阻滞药，效果较好。此外，固定配比复方制剂也是常用的一组高血压联合治疗药物，其通常由不同作用机制的两种小剂量降压药组成，又称单片固定复方制剂，与分别处方的降压药联合治疗相比，其优点是使用方便，可改善治疗的依从性，是联合用药治疗高血压的新趋势。

思 考 题

1. 常用抗高血压药有哪些类别？每类列举一代表药物。
2. 普萘洛尔的降压机制是什么？
3. 噻嗪类药物在初期和长期的使用过程中降压机制有何不同？
4. 患者，男，28 岁，体检发现室性期前收缩 1 周。体格检查：T 36℃，P 45 次 / 分，R 20 次 / 分，BP 145/60 mmHg。疼痛：0 分。心理：正常。神志清楚，精神一般。双肺呼吸音清，未闻及明显干湿性啰音，心界不大，心率 45 次 / 分，心律失常，心电图提示室性期前收缩二联律，可闻及明显期前收缩。腹平软，无压痛及反跳痛，肝脾肋下未及，双下肢不肿，神经系统检查（−）。既往病史：患者有高血压病史半年，收缩压最高可达 180 mmHg 以上。请回答：

此案例中的患者有何疾病？可以用什么药物治疗该患者的高血压？

（孙　莹）

第二十四章

治疗心功能不全药

第二十四章数字资源

案例 24-1

患者，男，75岁，因胸闷、气短、双下肢水肿，反复发作11年，加重伴不能平卧6天入院。患者有高血压病史15年，平时服用中药，或间断口服硝苯地平治疗，血压控制不理想。查体：T 36.2℃，P 102次/分，BP 100/80 mmHg，R 30次/分，呼吸急促，平卧时受限。颈静脉怒张，双肺呼吸音粗，双肺底可闻及细小湿啰音。心尖冲动在左第五肋间腋前线，心界明显扩大，可闻及奔马声，二尖瓣区可闻及3/6级收缩期杂音，P2>A2，肝肋下6 cm、剑突下8 cm可及，双下肢轻度指凹性水肿。心脏彩超：左心房（LA）内径49 mm，左心室（LV）内径83 mm，右心房（RA）内径62 mm×42 mm，右心室（RV）内径40 mm，射血分数（EF）32%。临床诊断：扩张型心肌病；心功能不全（心功能Ⅲ级）。

问题：

1. 针对该患者的心功能不全，请给出合理的药物治疗方案。
2. 阐述该治疗方案中各种药物的作用及其机制。
3. 作为医护人员，你会如何对患者进行健康教育、用药和生活方式的指导及治疗后的随访？

心功能不全（cardiac insufficiency）又称心力衰竭（heart failure，HF），是由多种原因引起的心脏结构和（或）功能异常，导致心室的充盈不良和（或）射血能力受损而引发的一种复杂的临床综合征。其主要临床表现为由于心肌收缩和（或）舒张功能出现障碍，导致动脉系统供血不足、静脉系统淤血等症状，常见呼吸困难、乏力（活动耐量受限）、颈静脉高压、肺淤血、肺部细湿啰音、下肢水肿及心尖冲动移位等。

心功能不全的现代治疗策略是强调整体理念，即整体防治，个体化治疗，重视预防与康复。药物治疗是治疗心功能不全的基石，其主要目的是控制症状，阻止进展，改善生活质量，降低死亡率、反复住院率和急诊治疗，减轻心功能不全所造成的社会卫生经济负担。除了药物治疗之外，非药物干预，如患者个体化教育、低盐饮食、控制饮食和体重、适量运动锻炼及调节睡眠也非常重要。

> **知识拓展**
>
> 心功能不全
>
> 心功能不全的严重程度通常采用美国纽约心脏病学会（New York Heart Association, NYHA）的心功能分级方法。该方法将心功能不全分为四级：①Ⅰ级，体力活动不受限制，日常活动不引起乏力、心悸、呼吸困难或心绞痛等症状；②Ⅱ级，体力活动轻度受限，休息时无症状，日常活动可引起上述症状；③Ⅲ级，体力活动明显受限，休息时可无症状，轻于日常活动即引起上述症状；④Ⅳ级，不能从事任何体力活动。
>
> 心功能不全临床指南越来越强调左室射血分数（left ventricular ejection fraction, LVEF）在心功能不全分类、治疗和评估中的价值。认为 LVEF 是评估心功能不全患者心功能的重要指标，并与病死率及再住院率都有密切的关联。建议采用射血分数降低性心功能不全（heart failure with reduced ejection fraction, HFrEF）和射血分数保留性心功能不全（heart failure with preserved ejection fraction, HFpEF）代替收缩性心功能不全和舒张性心功能不全的传统名称。2023 年 12 月我国出台的《国家心力衰竭指南》把心功能不全的临床治疗更新为"新四联治疗"。"新四联"药物是"ABMS"。A：血管紧张素受体脑啡肽酶抑制药（ARNI）/ 血管紧张素转化酶抑制药（ACEI）/ 血管紧张素受体阻断药（ARB）；B：β- 受体阻断药（β-B）；M：盐皮质激素受体阻断药（MRA）；S：钠 - 葡萄糖协同转运蛋白 2 抑制药（SGLT2i）。

第一节　心功能不全病理生理机制及治疗药物分类

心功能不全发生和发展的病理生理机制最重要的是神经与体液调节机制的改变和心肌重构。此外，还有氧化应激，自由基损伤，心肌细胞代谢异常，成纤维细胞生长因子、白介素 -6（IL-6）、转化生长因子 -β（TGF-β）等细胞因子的激活，凋亡、坏死和自噬的共同作用促进心肌细胞的死亡，心肌细胞内信号转导通路的异常等机制也参与其中。

一、心功能不全主要病理生理机制

1. 交感神经系统的激活　心功能不全时，神经激素的异常及交感神经系统反射性活性增高，在心功能不全早期具有一定的代偿作用。但交感神经长期过度兴奋则对心脏功能产生不利的影响：①引起全身血管广泛收缩，增加心脏前后负荷和心肌耗氧量；②增快心率，缩短舒张期，减少冠脉灌流；③过量儿茶酚胺使心肌细胞膜离子转运异常，易诱发心律失常；④激活肾素 - 血管紧张素 - 醛固酮系统，引起水钠潴留，增加心脏负荷；⑤持续增高的去甲肾上腺素与血管紧张素Ⅱ协同作用，引起心肌重构；⑥儿茶酚胺过度增高引起心肌 $β_1$ 受体下调，与 G 蛋白脱偶联，从而导致 $β_1$ 受体对儿茶酚胺的敏感性下降，使心肌收缩力进一步下降。因此，交感神经系统持续过度兴奋是促进心功能不全进行性发展的重要因素之一。

2. 肾素 - 血管紧张素 - 醛固酮系统（RAAS）激活　心功能不全所致心排出量的减少和交感神经激活引起的血管收缩作用于肾，可使肾血流量减少，肾反应性促进肾素释放增多，从而过度激活 RAAS，对心脏产生不利的影响：①促进交感神经末梢释放去甲肾上腺素，增加心脏负荷和心肌耗氧量；② 引起冠脉收缩，促进血管壁增生及纤维化；③ 促进心肌细胞肥大、心肌间质纤维化，激活心肌重构机制，最终导致心功能障碍加重。

3. 体液因子的改变

（1）血管升压素分泌增多：血管升压素又称抗利尿激素，有精氨酸血管升压素和赖氨酸血管升压素两种，在人体内以精氨酸升压素为主要形式，故血管升压素也称为精氨酸血管升压素（arginine vasopressin，AVP）。血管升压素由下丘脑的视上核和室旁核细胞产生，贮存于神经垂体，具有抗利尿和促进外周血管收缩作用。心功能不全时，心房感受器敏感性下降，经迷走神经传至下丘脑的信号减少，对血管升压素释放的抑制作用减弱而使血浆血管升压素水平升高。血管升压素可致全身血管收缩并致水钠潴留增加，同时增加心脏前后负荷。

（2）内皮素（endothelin，ET）生成增多：心功能不全时，多种刺激因素如低氧、氧自由基、Ang Ⅱ等都能促使心内膜下心肌以自分泌和旁分泌方式产生内皮素，产生强烈收缩血管作用及正性肌力作用。

（3）利尿钠肽生成增多：利尿钠肽（natriuretic peptide）主要包括心房利尿钠肽（atrial natriuretic peptide，ANP）、脑利尿钠肽（brain natriuretic peptide，BNP）和 C 型利尿钠肽（C-type natriuretic peptide，CNP）。ANP 在心房压力升高时释放增多，其作用为扩张血管和利尿排钠，具有对抗水钠潴留的效应。BNP 作用与 ANP 相似，但较弱。CNP 可能参与或协同 RAAS 的调节作用。心功能不全时，ANP 及 BNP 分泌明显增加，其增加的程度与心功能不全的严重程度呈正相关，可作为评定心功能不全进程和判断预后的指标。

（4）一氧化氮（NO）生成减少和 NO 偶联受损：可促进持续性的血管收缩和进行性的心肌低灌注而加剧心脏功能障碍。

4. 心肌肥厚与心脏重构 心功能不全早期出现心肌肥厚，是心脏对压力负荷加重或缺氧的一种适应性反应，通过心室肌纤维初长度的拉长，粗肌丝与细肌丝重叠部分增加，即肌球蛋白和肌动蛋白交联数量增多从而增强心肌收缩力，起到代偿性增加心搏出量的作用。随着心功能不全的进展，特别是心肌细胞的死亡（凋亡、坏死和自噬），心肌间质细胞基因异常表达与调控，细胞外基质（extracellular matrix，ECM）出现胶原蛋白沉积和纤维化，导致心脏的收缩和舒张功能障碍，进而形成不断进展的恶性循环。

研究证明，Ang Ⅱ 在心功能不全的心肌肥厚形成过程中起重要作用。Ang Ⅱ 作用于 AT_1 受体，通过 $PLC-IP_3$、DAG-PKC 信号转导通路，诱导原癌基因 *c-fos*、*c-myc* 转录表达，增加蛋白质的合成，诱发心肌细胞增殖及心脏重构。Ang Ⅱ 作用于受体的信号转导通路还包括经酪氨酸蛋白激酶通路及丝裂原激活的蛋白激酶通路，这些通路被激活后，均可调节和促进细胞的生长、增殖和纤维化。近年来的研究使人们逐渐认识到醛固酮对心功能不全的发展及心肌肥厚也产生重要的影响。醛固酮可以通过水钠潴留和排钾而影响心功能不全的病理过程，更重要的是其分子机制，如通过激活 PI3K、核因子 κB 信号通路促进金属蛋白酶组织抑制因子 -1（tissue inhibitor of metalloproteinase，TIMP1）的表达，激活心肌成纤维细胞 TGF-β 表达、诱导 Smad 蛋白家族表达促进心肌成纤维细胞增殖及向心肌成纤维细胞分化，最终导致心肌纤维化。

二、治疗心功能不全药分类

心功能不全的药物治疗主要在于缓解症状、防治心脏重构。随着对心功能不全的病理生理机制的不断深入认识，由最初的改善血流动力学（强心、利尿、扩张血管），进而联合抑制交感神经系统和 RAAS 上调心脏 $β_1$ 受体、抑制心脏重构，继而抑制利尿钠肽类降解增强利尿钠肽类效应，通过多种途径抑制心脏重构、保护心脏和改善心功能。

目前，国内外的最新临床指南均把心功能不全的临床治疗更新为血管紧张素受体脑啡肽酶抑制药（ARNI）/血管紧张素转化酶抑制药（ACEI）/血管紧张素受体阻断药（ARB）、β-受体阻断药（β-B）、盐皮质激素受体阻断药（MRA）、钠-葡萄糖协同转运蛋白2抑制药（SGLT2i）组成的"新四联"治疗。

临床常用的治疗心功能不全药分类如下。

1. 肾素-血管紧张素-醛固酮系统抑制药

（1）血管紧张素转化酶抑制药（angiotensin converting enzyme inhibitor，ACEI）：卡托普利、依那普利、雷米普利等。

（2）血管紧张素受体阻断药（angiotensin II receptor blocker，ARB）：氯沙坦、缬沙坦、奥美沙坦等。

（3）盐皮质激素受体阻断药（mineralocorticoid receptor antagonist，MRA），又称醛固酮受体阻断药（aldosterone receptor antagonist，ARA）：螺内酯、依普利酮等。

2. 血管紧张素受体脑啡肽酶抑制药（angiotensin receptor neprilysin inhibitor，ARNI） 沙库巴曲缬沙坦钠。

3. β受体阻断药（βreceptor blocker，BB） 卡维地洛、美托洛尔等。

4. 钠-葡萄糖协同转运蛋白2抑制药（sodium-glucose cotransporter 2 inhibitor，SGLT2i） 恩格列净、达格列净等。

5. 利尿药 氢氯噻嗪、呋塞米、螺内酯等。

6. 正性肌力药

（1）强心苷类：地高辛等。

（2）磷酸二酯酶Ⅲ抑制药：米力农、维司力农等。

（3）拟交感胺类：多巴胺、多巴酚丁胺等。

7. 血管扩张药：硝普钠、硝酸异山梨酯、肼屈嗪、哌唑嗪等。

8. 其他新型治疗心功能不全药

（1）钙增敏药：左西孟旦。

（2）窦房结起搏电流（I_f）抑制药：伊伐布雷定。

（3）新型血管扩张药：重组人脑利尿钠肽（rhBNP，奈西立肽）。

（4）选择性血管升压素 V_2 受体阻断药：托伐普坦等。

图 24-1 所示为心功能不全的病理生理机制和药物作用主要靶点。

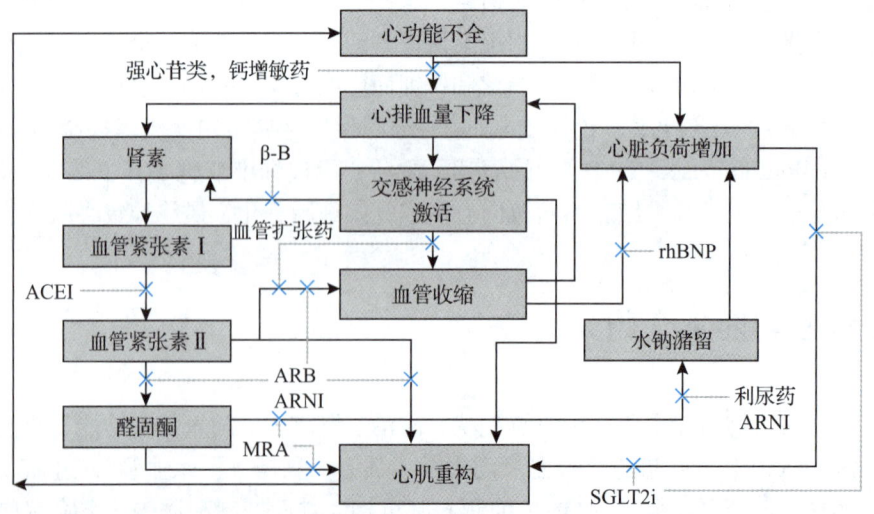

图 24-1 心功能不全的病理生理机制和药物作用主要靶点

治疗心功能不全药的发展历程如图 24-2 所示。

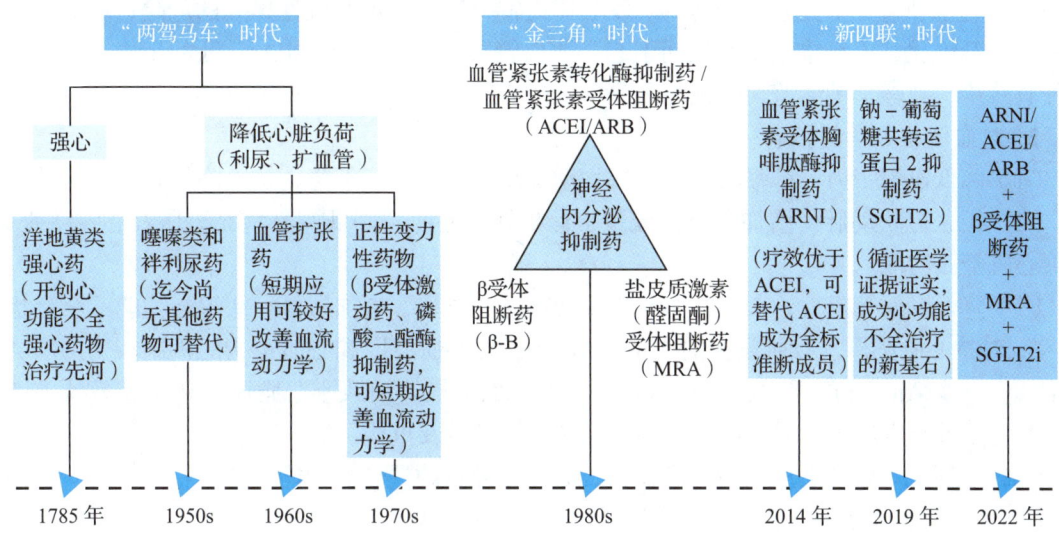

图 24-2　治疗心功能不全药的发展历程

第二节　血管紧张素转化酶抑制药及血管紧张素受体阻断药

一、血管紧张素转化酶抑制药（ACEI）

ACEI 由于具有扩张血管作用，最初用于高血压的治疗，后来发现 ACEI 还可抑制心肌纤维化及防止心肌肥厚与心肌重构，基于其可以缓解心功能不全的症状，改善预后，降低病死率，成为治疗心功能不全的关键药物，是治疗心功能不全的"新四联"的成员之一。

第一代 ACEI 的代表药物是卡托普利（captopril），第二代有依那普利（enalapril）、赖诺普利（lisinopril）、培哚普利（perindopril）等，第三代有福辛普利（fosinopril）、雷米普利（ramipril）等。现国内外上市的 ACEI 有 20 多种，在研的也有 80 余种，其新的作用与潜在的新应用不断发展。尽管 ACEI 的种类繁多，其药理作用基本一致。

【药理作用及其机制】

1. 对心功能不全时神经体液的影响　ACEI 的基本作用是与血管紧张素转化酶结合并抑制其活性，使血液循环及局部组织中 Ang Ⅰ向 Ang Ⅱ转化受阻，血浆及组织（心脏、血管及血管内皮）中的 Ang Ⅱ生成减少。

（1）减少 Ang Ⅱ对 NA 释放的促进，降低 NA 浓度，使血管张力下降；抑制交感活性，同时减少血管升压素、ET 的释放；有利于恢复心脏 β_1 受体的功能。

（2）减少缓激肽降解：ACEI 作用于激肽酶Ⅱ，抑制缓激肽的降解。缓激肽能激活激肽 B_2 受体，进一步激活 PLC，产生 IP_3，促进细胞内 Ca^{2+} 释放，进而激活 NO 合酶，产生 NO，激活细胞膜上的 PLA_2，产生前列环素（PGI_2）。NO 与 PGI_2 都有舒张血管与抗心肌及血管平滑肌细胞增生的作用。ACEI 升高缓激肽水平的作用与抑制 Ang Ⅱ的作用同样重要。临床长期应用 ACEI 时，Ang Ⅱ水平并不能持续降低，但 ACEI 仍可长期有益，就是与缓激肽 - 前列腺素 -NO 通路密切相关。

（3）减少醛固酮生成：心功能不全时，醛固酮分泌增多，通过水钠潴留及排K^+、排Mg^{2+}作用，引起水肿、心室充盈压增高、诱发心律失常，以及增加心脏性猝死的危险；醛固酮还可促进心肌纤维化、成纤维细胞增生而引起心肌血管重构。ACEI 抑制 Ang Ⅱ 的生成，引起醛固酮释放减少，减轻水钠潴留，拮抗醛固酮引起的心脏重构。

2. 对血流动力学的影响

（1）降低血管张力，扩张血管，使平均动脉压、肺动脉压下降，从而降低心脏前后负荷。

（2）扩张冠状动脉，增加冠脉血流量，保护缺血心肌；降低左心室充盈压及心室壁张力，改善心脏舒张功能。

（3）降低肾血管阻力，增加肾血流量及肾小球滤过率，增加尿量，缓解心功能不全症状。

3. 对抗心肌肥厚及心肌重构的作用 ACEI 逆转心肌肥厚和心肌重构的机制在于抑制 Ang Ⅱ 生成，减少 Ang Ⅱ 的促生长及诱导相关原癌基因的表达而致心肌肥厚的作用。另外，增加缓激肽含量及减少醛固酮的分泌均有助于逆转心肌肥厚及重构。

【临床应用】ACEI 适用于治疗高血压、心肌梗死后的慢性心功能不全。

【不良反应】大多数患者对 ACEI 耐受良好，但也可发生以下不良反应。

1. 咳嗽 最常见，约有 5%~10% 的患者可发生干咳，可能与肺部的缓激肽降解减少有关。咳嗽并非剂量依赖性，通常发生在用药 1 周至数月，程度不一，夜间更为多见。咳嗽较重需要停药，停药后 1 周内基本消失。

2. 低血压 常见于使用大剂量利尿药后、低钠状态、慢性心功能不全等高肾素活性的患者。

3. 高血钾 常见于老年、肾功能受损、糖尿病及补充钾盐或合用保钾利尿药、肝素或非甾体抗炎药的患者。

4. 皮疹 可伴有瘙痒和发热，常发生于治疗 4 周内，停药或给予抗组胺药后可消失。

5. 急性肾衰竭 用药开始 2 个月后可增加血尿素氮或肌酐水平，升幅 < 30% 为预期反应，升幅 > 30%~50% 为异常反应，提示肾缺血，应停药。如患者用药前肌酐 ≥ 265 mmol/L，需慎用。急性肾衰竭多发生于心功能不全过度利尿、血容量低下、低钠血症、双侧肾动脉狭窄、孤立肾伴肾动脉狭窄及肾移植患者。

6. 血管神经性水肿 罕见，轻者可有轻度胃肠功能紊乱，重症者可能发生喉头水肿致呼吸困难及死亡。此不良反应多发生在用药第 1 个月内。

7. 胎儿畸形 妊娠开始 3 个月内服用 ACEI 可能引起胎儿畸形，妊娠中晚期可引起胎儿肺、肾发育障碍，胎儿生长缓慢，新生儿无尿及新生儿死亡等。

二、血管紧张素受体阻断药（ARB）

ACEI 抑制 Ang Ⅱ 的同时降低了缓激肽的降解，出现咳嗽、血管神经性水肿等不良反应，因此其广泛应用受到限制。此外，Ang Ⅱ 的合成还存在替代途径。其中胃促胰酶是最强、最特异的 Ang Ⅱ 合成酶，心脏组织中 80% 的 Ang Ⅱ 由胃促胰酶激活生成，而 ACEI 却不能阻断此途径。因此，在血管紧张素受体水平阻断 RAAS 成为另一重要途径。ARB 和 ACEI 一样，成为重要的心血管活性药物，在临床中的应用日趋广泛，是最新治疗心功能不全"新四联"的成员之一。

Ang Ⅱ 的主要作用是通过 AT_1 受体完成的。目前临床常用的 7 种 ARB，即氯沙坦（losartan）、缬沙坦（valsartan）、坎地沙坦（candesartan）、厄贝沙坦（irbesartan）、依普沙坦（eprosartan）、替米沙坦（telmisartan）、奥美沙坦（olmesartan）均选择性阻断 AT_1 受体。

【药理作用与作用机制】 ARB 拮抗 Ang Ⅱ对心血管系统的作用，产生以下效应：① 逆转心肌纤维化及心肌重构；② 扩张动脉和静脉，改善血流动力学，降低外周血管阻力，减轻心脏后负荷；降低左心室舒张期末压及左心室舒张期末容积，降低心脏前负荷；③ 减少醛固酮分泌，避免水钠潴留及钾、镁的丢失；④ 通过 NO 途径，抗氧化、减少血浆脂质过氧化物，保护血管内皮，改善动脉粥样硬化和心肌肥厚等的细胞异常凋亡。

【临床应用】 ARB 除可用于高血压治疗外，主要用于心功能不全的治疗，适用于血浆肾素活性高、Ang Ⅱ增多导致的血管壁和心肌肥厚及纤维化的心功能不全。

【不良反应】 ARB 耐受性好，安全可靠，无明显的 ACEI 类药物常见的不良反应，特别是几无咳嗽。少数患者可出现轻微头晕、头痛，偶有高血钾。ARB 也可能引起胎儿发育不良，故应慎用或禁用于妊娠期妇女。

第三节 血管紧张素受体脑啡肽酶抑制药

通过抑制脑啡肽酶的降解增强利尿钠肽效应是心功能不全治疗研究中一个很有前景的领域。为最大限度地发挥利尿钠肽的有益性，可将抑制脑啡肽酶的药物与抑制 RAAS 的药物联合应用，以达到最佳的器官保护作用。基于此理念，又一种新型的治疗心功能不全药——血管紧张素受体脑啡肽酶抑制药（angiotensin receptor neprilysin inhibitor，ARNI）开发成功。2015 年，作为全球首个 ARNI 药物，沙库巴曲缬沙坦钠片先后获批在美国和欧洲上市，2017 年，我国国家食品药品监督管理总局也批准沙库巴曲缬沙坦钠片用于射血分数降低的慢性心功能不全（NYHA Ⅱ～Ⅳ级，LVEF ≤ 40%）成人患者。大量的临床研究证实，沙库巴曲缬沙坦钠片对心功能不全、高血压、代谢综合征、缺血性脑损伤疗效显著，被认为是近 10 年以来心脏病治疗领域重要的进展之一，2016 年开始被临床指南推荐为可替代 ACEI/ARB 的药物，成为治疗心功能不全的关键药物，也是治疗心功能不全的"新四联"成员之一。

沙库巴曲缬沙坦钠片是由沙库巴曲与缬沙坦这两种药物活性成分通过化学反应合成的一种新型盐复合物共晶体，而不是单片复方制剂。单片复方制剂属于两种药物成分的物理性混合，其熔点在两种成分熔点范围之间，不同批次间两种成分的占比存在差异，同时固体稳定性差，易降解。药物共晶体是一种通过热力学、动力学、分子间相互作用等形成的超分子复合物，可改善药物的诸多理化性质，如溶解度、溶出速率、固态稳定性和引湿性，进而改善药物性能如生物利用度。

【药理作用与作用机制】 沙库巴曲缬沙坦钠片进入人体后，分解为沙库巴曲、缬沙坦。沙库巴曲在肝内经过酶切作用，去掉乙酰基团，代谢为有活性的脑啡肽酶抑制药 LBQ657，LBQ657 可抑制脑啡肽酶降解利尿钠肽，增加利尿钠肽水平，发挥增强利尿钠肽系统的作用，包括排钠利尿、扩张血管、抑制 RAAS 和交感神经的多途径的降压作用，以及抑制心肌肥大、心肌纤维化、肾纤维化等靶器官保护作用。脑啡肽酶被抑制后会引起 Ang Ⅱ的升高，缬沙坦可以对抗此效应，既可充分发挥利尿钠肽的效应，又可发挥 ARB 的药理效应。

【临床应用】 沙库巴曲缬沙坦钠片用于射血分数降低的心功能不全患者（NYHA Ⅱ～Ⅳ级，LVEF ≤ 40%），降低因心血管疾病死亡和因心功能不全住院的风险。

【不良反应与注意事项】 沙库巴曲缬沙坦钠片发生率 > 5% 的不良反应为血管性水肿、低血压、高钾血症、咳嗽、眩晕、肾功能损伤或肾衰竭，也可引起胎儿损害或潜在婴儿损害，故妊娠期和哺乳期妇女禁用或慎用。

第四节　β受体阻断药

β受体阻断药虽有抑制心肌收缩力、加重心功能障碍的可能，但自从1975年Wagstein最先报道β受体阻断药对心功能不全和左心室功能不全者具有治疗作用后，大量的循证医学证据证明，长期应用β受体阻断药，如卡维地洛（carvedilol）、比索洛尔（bisoprolol）和美托洛尔（metoprolol），可以改善心功能不全的症状，提高射血分数，明显降低心功能不全患者的总体死亡率。β受体阻断药为临床指南指导的常规应用药物，也是治疗心功能不全的"新四联"成员之一。

【药理作用与作用机制】

1. 降低交感神经的兴奋性　β受体阻断药可减慢心率，减少心肌耗氧，延长左心室充盈时间，增加心肌血流灌注，增加心脏的工作效率；减少儿茶酚胺引起的心律失常，降低心功能不全患者的猝死率；降低儿茶酚胺如NA刺激成纤维细胞增生、诱导心肌细胞肥大和原癌基因表达的作用，从而抑制心肌重构。

2. 上调心脏β受体数目　长期应用β受体阻断药，可逆转心功能不全中的β受体下调，恢复衰竭心肌对儿茶酚胺的敏感性。

3. 抑制过度激活的RAAS　β受体阻断药阻断球旁细胞β受体，从而抑制肾素分泌，进而使AngⅡ与醛固酮生成减少，拮抗此两者引起的血管收缩、水钠潴留、心脏的前后负荷增大及心肌重构。

4. 其他　卡维地洛等兼有阻断α受体、抗生长及抗氧自由基等作用，卡维地洛长期应用可降低心功能不全患者的病死率，提高生存率。

【临床应用】结构性心脏病伴LVER下降的无症状心功能不全患者，无论有无心肌梗死均可应用β受体阻断药。有症状或曾经有症状的NYHA心功能分级Ⅱ~Ⅲ级、LVEF下降、病情稳定的心功能不全患者必须终身应用β受体阻断药，除非有禁忌证或不能耐受。大量临床研究证实，β受体阻断药需要联合利尿药、ACEI/ARB、地高辛（用或可不用），长期治疗（≥3个月）可明显改善心功能，增加LVEF。治疗需从最小剂量开始，在严密观察下逐渐增加剂量，一般每隔2~4周剂量递增1次，清晨静息心率55~60次/分且不低于55次/分即达到目标剂量或最大耐受量。

【不良反应与注意事项】β受体阻断药常见不良反应是心脏抑制，表现为低血压、心动过缓、房室传导阻滞等。在用药初期出现不良反应，一般不需停药。低血压常发生于同时应用兼有阻断α受体作用的药物制剂时，可以通过减少ACEI/ARB的用量来缓解低血压。应用β受体阻断药过程中避免突然停药。β受体阻断药禁用于Ⅱ度及Ⅱ度以上房室传导阻滞、支气管哮喘患者。

第五节　钠-葡萄糖协同转运蛋白2抑制药

钠-葡萄糖协同转运蛋白2抑制药（SGLT2i）本属于降血糖药物，通过抑制肾近曲小管SGLT2，减少葡萄糖的重吸收，增加尿液中葡萄糖的排泄，从而改善对血糖的控制，减少胰岛素的用量。越来越多的临床研究证明，SGLT2i可降低伴心血管疾病的2型糖尿病患者的主要心血管事件发生率，特别是对伴有或不伴有2型糖尿病的慢性HFrEF患者，都可显著降低心血管死亡或心功能不全恶化风险。SGLT2i引领了心功能不全治疗的新格局，跻身心功能不全治疗新基石，成为目前国内外最新临床指南指导心功能不全药物治疗的"新四联"成员之一。

目前，临床中应用的SGLT2i有恩格列净（empagliflozin）、达格列净（dapagliflozin）、卡格列净（canagliflozin）等。

【药理作用与作用机制】SGLT2i具有降血糖作用，其作用机制如前所述。其改善心功能不全作用及作用机制可能如下。

1. 由于增加尿糖排泄，产生渗透性利尿作用，从而降低血压，降低心脏前后负荷，减少心脏氧耗。

2. 在心肌缺氧情况下，β-羟丁酸是高效的能量供给方式。SGLT2i下调胰岛素/胰高血糖素比例，促进肝脂肪酸向β-羟丁酸转化，使心肌细胞β-羟丁酸氧化增加，产生更多ATP，从而改善心肌能量代谢。

3. SGLT2i可抑制TGF-$β_1$诱导的成纤维细胞活化，并减少细胞介导的细胞外基质重塑和心肌纤维化。

4. SGLT2i抑制Na^+/H^+交换体，降低细胞内钠离子浓度，使钠钙交换下调，减少细胞内Ca^{2+}浓度，缓解钙超载引起的心肌细胞死亡，减少Ca^{2+}引起的细胞增殖、心肌纤维化与心肌肥厚。

【临床应用】

1. 用于2型糖尿病成人患者 可单药治疗，在饮食和运动的基础上改善血糖控制；也可联合二甲双胍等口服降血糖药或胰岛素，在饮食和运动的基础上改善血糖控制。

2. 用于心功能不全成人患者 用于射血分数降低的心功能不全（HFrEF）成人患者（NYHA Ⅱ～Ⅳ级），降低因心血管疾病死亡和因心功能不全住院的风险。

【不良反应与注意事项】

1. 血容量不足相关反应 SGLT2i有渗透性利尿作用，可能导致血容量下降和血容量不足相关不良反应，如脱水、低血容量、血压下降、直立性低血压和昏厥。

2. 急性肾损害 SGLT2i可增加血清肌酐，并降低估计的肾小球滤过率（eGFR）。应用SGLT2i之前，需考虑可能使患者容易出现急性肾损伤的因素，包括低血容量、慢性肾功能不全、充血性心功能不全及伴随用药（利尿药、ACEI、ARB等）。SGLT2i禁用于eGFR＜45 ml/（min·1.73 m^2）的患者。

3. 泌尿生殖系统感染 尿路感染、尿脓毒症、肾盂肾炎、生殖器真菌感染。

4. 低血糖 联合胰岛素和促胰岛素分泌药相关低血糖。

第六节 利尿药

利尿药在心功能不全的治疗中起着重要的作用，目前仍作为一线药物广泛用于各种心功能不全的治疗，尤其是盐皮质激素受体阻断药（MRA），又称醛固酮受体阻断药（ARA），为临床指南推荐的"新四联"成员之一。临床常用利尿药的分类、作用与机制、临床应用和不良反应见本书第二十七章。

【药理作用与作用机制】

1. 促进钠、水排泄 利尿药通过其利尿作用促进钠、水排泄，减少血容量，主要减轻心脏的前负荷，缓解体循环充血及肺淤血。

2. 降低心脏后负荷 利尿药的促钠排出作用，减少血管平滑肌细胞钙交换，使细胞内钙减少，进而导致血管壁的张力下降，外周阻力降低，从而降低心脏的后负荷，增加心排血量，减轻心功能不全的症状。

3. 防止心肌重构 心功能不全时醛固酮水平的升高可引起低镁、低钾和激活交感神经。醛固酮可与AngⅡ协同促进心肌重构，进而促进心功能不全的发展。利尿药螺内酯与内源性盐皮质激素醛固酮有类似的化学结构，在远曲小管和集合管的皮质段上皮细胞内与醛固酮竞争结合醛固酮受体，从而拮抗醛固酮引起的效应。由于螺内酯还可作用于雄激素和孕酮受体，可引起性激素样不良反应，如男性乳腺发育、性欲减退、阳痿、女性溢乳、月经失调等。新型醛固酮受体阻断药，如依普利酮（eplerenone），只作用于盐皮质激素受体而不作用于雄激素和孕酮受体，几乎无性激素样不良反应。

【临床应用】利尿药适用于轻、中、重度心功能不全的患者，尤其是左、右心室充盈量偏高并伴有水肿或有明显的充血和淤血的患者。许多最新的循证医学证据证明，依普利酮能明显降低心功能不全患者的死亡率和住院率，也能影响心房纤维化和心房重构而减少心房颤动或心房扑动的风险。

第七节　强心苷类

强心苷类是一类具有正性肌力作用的苷类化合物，常用药物有地高辛（digoxin）、洋地黄毒苷（digitoxin）、毛花苷C（lanatoside C）、毒毛花苷K（strophanthin K）等。

【药理作用与作用机制】

1. 正性肌力作用（positive inotropic action）　强心苷类能选择性地增强心肌收缩力，其特点如下。① 缩短心脏收缩期：强心苷类可加快心肌纤维缩短速度，使心肌收缩敏捷而有力，舒张期相对延长，充盈充足，从而增加衰竭心脏的心排血量。② 降低衰竭心脏的耗氧量：虽然强心苷类可增强心肌收缩力，使正常心脏的心肌耗氧量增多，但在心功能不全时，其正性肌力作用使射血时间缩短、心室内残余血量减少、心室容积缩小、心室壁张力下降及迷走神经的负性频率作用增强，心肌总耗氧量并不增加。这是强心苷类区别于儿茶酚胺类药物的显著特点。

2. 负性频率作用（negative chronotropic action）　这一作用继发于强心苷类的正性肌力作用，由于心排血量增多，作用于颈动脉窦、主动脉弓的压力感受器，反射性兴奋迷走神经，使心率减慢。在心功能不全时，交感神经活性增高，压力感受器反射的敏感性明显下降，其原因与该部位的Na^+-K^+-ATP酶的活性有关。由于交感神经激活时Na^+-K^+-ATP酶的活性增高，压力感受器细胞内K^+增多，膜电位负值增大，呈超极化，使复压力感受器兴奋性被阻抑，敏感性下降。强心苷类抑制Na^+-K^+-ATP酶，翻转上述作用，从而恢复压力感受器的正常敏感性和反射机制，从另一个角度参与了对心功能不全的治疗作用。负性频率作用又可使舒张期延长，静脉回心血量增多，得以保证心排血量增加，与此同时冠状动脉血液灌注改善，从而有益于心肌的营养供应。

3. 对心肌电生理特性的影响　心功能不全的病因不同，病变部位各异，心肌电生理特点不尽一致，特别是强心苷类用药剂量的改变也会直接或间接影响其电生理特性。强心苷类在治疗量下可降低窦房结的自律性，减慢房室传导速度及缩短心房有效不应期，此作用与强心苷类增加迷走神经的兴奋性有关，迷走神经兴奋可促进K^+外流，最大舒张电位负值增加（绝对值增大），与阈电位距离加大，从而降低窦房结的自律性。强心苷类还可提高浦肯野纤维自律性及缩短有效不应期，中毒剂量的强心苷类抑制浦肯野纤维Na^+-K^+-ATP酶，使细胞内缺钾，最大舒张电位负值减小（绝对值减小），与阈电位距离接近，从而提高浦肯野纤维自律性。这是强心苷类药物中毒引起心脏毒性反应的电生理机制。

4. 对心电图的影响　治疗量的强心苷类最早引起T波幅度减小、低平或倒置。ST段呈鱼钩状，与动作电位2相缩短有关，是临床判断是否应用强心苷类的依据。P-R间期延长，反映房室传导速度减慢；Q-T间期缩短，反映浦肯野纤维和心室肌动作电位时程缩短；P-P间期延长，反映心率减慢。中毒剂量的强心苷类可可引起各种类型的心律失常，心电图检查可发现其相应的改变。

强心苷类正性肌力作用的机制，是增加心肌细胞内游离 Ca^{2+} 浓度。心肌细胞膜上 Na^+-K^+-ATP 酶是强心苷类的受体，强心苷类与之选择性结合，并抑制其活性，使得细胞内 Na^+ 增多、K^+ 减少。当细胞内 Na^+ 增多时，激活 Na^+-Ca^{2+} 交换机制，Na^+ 内流减少，Ca^{2+} 外流减少，或者是使 Na^+ 外流增加的同时，Ca^{2+} 内流增加。其结果是细胞内 Ca^{2+} 量增加，肌浆网摄取 Ca^{2+} 也增加，储存增多。此外，细胞内 Ca^{2+} 少量增加时，可使动作电位 2 相内流的 Ca^{2+} 增多，进而促使肌浆网的钙释放。因此，在强心苷类作用下，心肌细胞内可利用的 Ca^{2+} 增加，使心肌收缩力增强（图 24-3）。

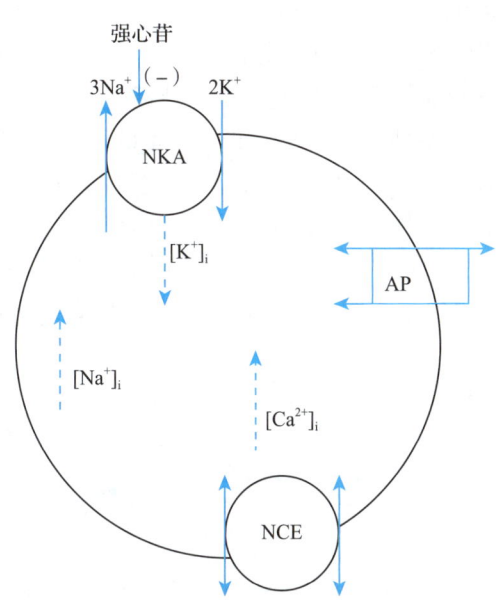

图 24-3　强心苷类作用机制示意图
NKA：Na^+-K^+-ATP 酶；AP：动作电位；NCE：钠钙双向交换

【临床应用】

1. 治疗心功能不全　强心苷类可用于多种原因所致的心功能不全。其缺点为缺乏心肌松弛作用，不能纠正舒张功能障碍，对供氧及能量代谢无影响。强心苷类对心房颤动伴心室率快的心功能不全疗效最好；对高血压、风湿性心脏病、先天性心脏病所致低排血量的心功能不全疗效良好；对贫血、甲状腺功能亢进及维生素 B_1 缺乏所致能量产生障碍的心功能不全疗效较差；对肺源性心脏病、心肌炎或风湿活动期的心功能不全疗效差，且易中毒；对受心肌外机械因素如缩窄性心包炎及严重二尖瓣狭窄影响所致的心功能不全疗效很差或无效。

2. 抗心律失常

（1）心房颤动：当发生心房颤动时，心房率为 400～600 次/分，此时可有过多的冲动下传到心室，引起心室率过快（100～200 次/分），影响心脏排出足够的血液，导致严重的循环障碍。强心苷类抑制房室传导，使较多的冲动不能穿透房室结到达心室而隐匿在房室结中，减慢心室率。

（2）心房扑动：当发生心房扑动时，心房率达 300～360 次/分，与心房颤动相比，心房的异位节律相对较规则，但冲动穿透力强，容易传入心室，使心室率过快而难以控制。强心苷类可缩短心房的有效不应期，使心房扑动转为颤动，继之减慢心室率，是治疗心房扑动的常用药物。

【不良反应】

1. 胃肠道反应　可见食欲缺乏、恶心、呕吐及腹泻等症状。剧烈呕吐是最常见的早期中毒症状，应减量或停药。

2. 中枢神经系统反应 可见眩晕、头痛、失眠、疲倦及谵妄等症状，还可见定向障碍、黄视症、绿视症及视力减退等症状。色觉障碍属中毒先兆，是停药指征之一。

3. 心脏反应 可出现各种不同程度的心律失常，是最严重的中毒反应。

（1）快速型心律失常：强心苷类中毒可引起室性期前收缩、二联律，出现较早而常见（33%），是停药指征之一；也可出现房性、房室结性、室性心动过速，甚至心室颤动。

（2）缓慢型心律失常：强心苷类中毒可引起房室传导阻滞或窦性心动过缓。强心苷类可降低窦房结的自律性，心率低于 60 次/分也属中毒先兆，是停药指征之一。

【中毒的防治】地高辛的治疗窗（therapeutic window）窄，其最小有效浓度为 2 ng/ml，最小中毒浓度为 3 ng/ml，监测血药浓度有助于及早发现药物过量引起的毒性反应。

如一旦发现中毒先兆，应及时停药，同时可适当补钾。

1. 快速型心律失常 氯化钾是治疗快速型心律失常的有效药物。氯化钾可与强心苷竞争 Na^+-K^+-ATP 酶，减少强心苷与 Na^+-K^+-ATP 酶的结合，从而减轻或阻止毒性反应的发生和发展。补钾不可过量，对并发传导阻滞的强心苷类中毒不可补钾，以防发生心脏停搏。对心律失常严重者如室性心动过速及心室颤动，还应使用苯妥英钠、利多卡因。对极严重的地高辛中毒者，可用地高辛抗体 Fab 片段静脉注射，其作用强、起效快，每 80 mg Fab 片段能拮抗 1 mg 地高辛。

2. 缓慢型心律失常 对窦性心动过缓和房室传导阻滞者可选用阿托品治疗。

第八节 其他治疗心功能不全药

一、非强心苷类正性肌力药

（一）磷酸二酯酶Ⅲ抑制药

磷酸二酯酶Ⅲ（phosphodiesterase-Ⅲ，PDE-Ⅲ）抑制药常用药物有米力农（milrinone）及维司力农（vesnarinone）等。磷酸二酯酶Ⅲ抑制药通过抑制 PDE-Ⅲ 的活性，减少 cAMP 代谢为 5′-AMP，使心肌细胞内的 cAMP 含量增加而促进 Ca^{2+} 的内流，增强心肌的收缩；同时对血管平滑肌具有松弛作用，可使血管扩张。大量的临床研究表明，磷酸二酯酶Ⅲ抑制药短期内应用可获得一定的疗效，长期应用则不良反应多，可增加病死率，甚至缩短生存时间，故不作为心功能不全的常规治疗药物，仅用于心功能不全的短时间的支持疗法，尤其是对强心苷、利尿药及血管扩张药反应不佳的患者。

（二）拟交感胺类

在心功能不全发生、发展过程中，交感神经系统被激活，RAAS 也处于高水平，同时心脏的 $β_1$ 受体下调，β 受体激动药的作用难以奏效，反而可因心率加快、心肌耗氧量增多而对心功能不全不利，因此心功能不全时不宜使用 β 受体激动药。

$β_1$ 受体的选择性激动药多巴酚丁胺（dobutamine）能明显增强心肌收缩性，降低外周血管阻力，增加心排血量，主要用于强心苷反应不佳的严重左心功能不全和心肌梗死后的心功能不全。因其可增加心功能不全的病死率，不宜作常规治疗心功能不全之用。

多巴胺（dopamine，PA）可激动 D_1、D_2、β 和 $α_1$ 受体，能加强心肌收缩性，降低外周血管阻力，增加心排血量，有显著的利尿、改善肾功能的作用，适用于严重低血压、休克及顽固性心功能不全。心排血量降低，心脏手术时及术后的急性心功能不全或心脏复苏时用于升高血压。

二、血管扩张药

通过扩张血管的作用治疗心功能不全的药物除 ACEI、ARB、ARNI 外，还有硝普钠、肼屈嗪、硝酸酯类及 α_1 受体阻断药哌唑嗪等。

血管扩张药治疗心功能不全是一种辅助疗法，一般用于正性肌力药和利尿药治疗无效的心功能不全或顽固性心功能不全。药物的选择应根据病因、病情而定：一般肺静脉压明显升高、肺淤血症状明显者应选用以扩张静脉为主的药物，如硝酸酯类；对心排血量低而肺静脉压高者，应选用硝普钠，或合并使用肼屈嗪和硝酸酯类；对心排血量明显减少而外周阻力升高者，宜选用扩张小动脉的药物，如肼屈嗪、哌唑嗪。

血管扩张药在应用时应注意调整剂量，不宜使动脉血压过度下降，一般动脉血压下降不超过 9.75～15 mmHg，否则会因动脉血压下降，使冠状动脉的灌注压降低，心肌供血减少。另外，在左心室充盈压并无异常增加时，也不要过度降低前负荷，否则会使左心室充盈不足，影响体循环及冠状动脉的供血。血管扩张药可导致体液潴留，由此可产生耐受性，因此应合用利尿药。

三、钙增敏药

钙增敏药（calcium sensitizers）为近年研究发现的新型的治疗心功能不全药。钙增敏药作用于收缩蛋白，增加肌钙蛋白 C（troponin C，TnC）对 Ca^{2+} 的亲和力，在不增加细胞内 Ca^{2+} 浓度的条件下，增强心肌收缩力，同时可避免细胞内 Ca^{2+} 浓度过高所引起的损伤，也可节约部分供 Ca^{2+} 转运所消耗的能量，是开发正性肌力药物的新方向。代表药物有左西孟旦（levosimendan）。

【药理作用与作用机制】

1. 调节肌丝对 Ca^{2+} 的反应

（1）增加 Ca^{2+} 与 TnC 的结合，以增加肌丝对 Ca^{2+} 的反应性，从而增强心肌收缩力。

（2）稳定 Ca^{2+}-TnC 复合物的构象。

（3）直接促进肌动蛋白-肌球蛋白之间的相互作用。

（4）抑制磷酸二酯酶Ⅲ的作用。

2. 减轻心脏负荷，降低心肌耗氧量　钙增敏药激活 ATP 敏感性钾通道，使血管扩张，改善心脏的供血供氧，减轻心脏负荷，降低心肌耗氧量，可增加心功能不全患者的运动耐量并改善心功能不全症状。

【临床应用】钙增敏药主要适用于传统药物（利尿药、ACEI/ARB 和强心苷类）疗效不佳，并且需要增加心肌收缩力的急性失代偿性心功能不全的短期治疗。

【不良反应】钙增敏药最常见的不良反应是头痛、低血压和室性心动过速等。

四、窦房结起搏电流（I_f）抑制药

临床研究表明，静息心率控制可使心功能不全患者获益。伊伐布雷定（ivabradine）的出

现是心功能不全药物治疗领域近10年来的突破性进展。循证医学证据表明，在使用目前心功能不全临床指南推荐药物的基础上，加用伊伐布雷定能进一步改善预后，提高生活质量，降低病死率，对心功能不全的治疗具有重要价值。

【药理作用】伊伐布雷定通过选择性抑制心脏 I_f（I_f 控制窦房结内的自发舒张去极并调节心率）而降低心率。伊伐布雷定只特异性对窦房结起作用，对心房、房室或心室传导时间无影响，对心肌的收缩性或心室复极化无作用。

【临床应用】

1. 心功能不全 对于心功能 NYHA Ⅱ～Ⅳ级、EF≤35% 的心功能不全患者，在充分的 β 受体阻断药、ACEI/ARB、MRA 治疗的基础上，心功能不全的症状若持续存在，心率≥70次/分，建议加用伊伐布雷定，以减少患者再住院风险，显著提高生活质量。

2. 稳定型心绞痛 伊伐布雷定能有效降低心率和心绞痛发作的频率，且具有良好的安全性和耐受性，用于禁用或不能耐受 β 受体阻断药、窦性心律正常的慢性稳定型心绞痛患者。

【不良反应】

1. 光幻视 视网膜超极化激活电流（hyperpolarization-activated curren，I_h）参与视觉系统瞬时分辨能力的调节。I_h 与心脏 I_f 相似。因此，伊伐布雷定可对 I_h 产生部分抑制，导致部分（约14.5%）患者出现光幻视，表现为视野的局部区域内出现短暂的光亮度增强，描述为光环、图像分解（频闪或万花筒效果）、彩色亮光或多重图像（视觉暂留）。光幻视通常发生于治疗开始的前2个月，之后也可能重复出现。

2. 心动过缓 约有3.3%的患者在接受治疗的2～3个月内出现心动过缓，0.5%的患者出现严重心动过缓（窦性心率≤40次/分）。

五、新型血管扩张药——重组人脑利尿钠肽

重组人脑利尿钠肽（recombinant human brain natriuretic peptide，rhBNP）有排钠、利尿和扩张血管的作用，可增加心排血量而不增加心率和耗氧量，可明显改善心功能不全患者的临床症状和血流动力学。作为新型的治疗心功能不全药，被临床指南推荐应用于急性失代偿性心功能不全的治疗。奈西立肽（nesiritide）是美国 FDA 批准的重组人脑利尿钠肽，新活素是我国自主研发的重组人脑利尿钠肽，它们都是利用重组 DNA 技术合成的，与人体心室肌分泌的天然 BNP 具有相同的32个氨基酸序列。

【药理作用】rhBNP 与血管平滑肌细胞上的鸟苷酸环化酶受体结合，升高 cGMP 水平而发挥生理学效应。① 扩张静脉和动脉，降低心脏前、后负荷，在无直接正性肌力作用下增加心排血量；② 促进排钠，具有一定的利尿作用；③ 抑制 RAAS 和交感神经系统，防止心功能不全恶化。

【临床应用】rhBNP 用于急性失代偿性慢性心功能不全伴休息或轻微活动时呼吸困难的患者，可以降低肺毛细血管楔压，改善呼吸困难症状。

【不良反应】rhBNP 主要不良反应为低血压、心动过速、心房颤动、注射部位反应、腿痛性痉挛、皮疹等。收缩压≤90 mmHg、心源性休克患者禁用。

六、选择性血管升压素 V_2 受体阻断药

心功能不全时，血管升压素过量分泌导致血管收缩，通过激活 V_2 受体，刺激肾集合管水

通道蛋白2合成，在集合管内膜上形成孔道，使水经集合管内腔进入细胞，继而入血，增加水的重吸收，导致血容量不成比例增加及稀释性低钠血症，也加重心功能不全时的体液潴留和心脏负荷。托伐普坦（tolvaptan）、考尼伐坦（conivaptan）是目前上市的选择性血管升压素V_2受体阻断药，给临床中尚无有效治疗的高容量性和等容量性低钠血症的心功能不全患者带来了新的选择和治疗途径。临床研究也证明，对于急性心功能不全患者，在标准治疗的基础上使用托伐普坦可以显著改善急性呼吸困难和水肿等症状。

【药理作用】 托伐普坦是选择性血管升压素V_2受体阻断药，考尼伐坦是血管升压素V_{1a}和V_2受体的双重阻断药，它们可拮抗血管升压素的作用，促进水的清除和尿液的排泄，降低尿液的渗透压，减轻水肿，并促进血钠浓度升高。

【临床应用】 托伐普坦和考尼伐坦可用于治疗心功能不全、抗利尿激素分泌失调综合征（syndrome of inappropriate antidiuretic hormone secretion，SIADHS）所导致的高容量性和等容量性低钠血症。

【不良反应】 托伐普坦和考尼伐坦主要不良反应有口干、口渴、尿频，血钠增高，可能引起肝损伤，应慎用于肝硬化引起的水肿和低钠血症。

思 考 题

1. 心功能不全的病理生理机制是什么？
2. 治疗心功能不全的药物有哪些分类？每类药物列举一代表药。
3. 最新国内外临床指南推荐的治疗心功能不全"新四联"的药物有哪些？请详细阐述其药理作用和机制。
4. 治疗心功能不全药的不良反应各有哪些？临床应用时有哪些注意事项？
5. 患者，男，71岁，患2型糖尿病15年，高血压9年，3年前曾发作心肌梗死，行"冠状动脉支架植入术"治疗。1个月前患者出现呼吸短促，活动后加重，不能登爬楼梯，双下肢水肿。3天前患者于平躺后出现呼吸困难，咳粉红色泡沫痰，遂入院治疗。给予螺内酯、呋塞米、厄贝沙坦和卡维地洛治疗，症状未能良好控制，遂增加地高辛和达格列净治疗，并替换厄贝沙坦为沙库巴曲缬沙坦钠。请回答：
（1）此病例中增加地高辛和达格列净治疗的依据是什么？
（2）替换厄贝沙坦为沙库巴曲缬沙坦钠的依据是什么？
（3）地高辛的作用机制是什么？此病例在应用地高辛治疗的时候，需注意什么问题？一旦出现严重的心脏毒性，该如何处理？

（黄展勤）

第二十五章 抗心绞痛药

第二十五章数字资源

案例 25-1

患者，男，56岁，无高血压、糖尿病史。5天前患者于活动后出现胸骨中下段后压榨性疼痛，伴胸闷、出汗、恶心、呕吐、气促，并有上肢放射痛，无颈背痛，休息数分钟后缓解。今晨发作频繁，间隔数分钟发作一次，胸闷、胸痛剧烈，持续 3~4 min，活动后加重，休息数分钟缓解，未用药。查体：T 36 ℃，P 74 次/分，R 20 次/分，BP 128/82 mmHg。心电图示窦性心律。心肌三项（肌钙蛋白、肌红蛋白、肌酸激酶同工酶）正常。冠状动脉造影示前降支近中段 60%~80% 节段性狭窄，回旋支发育细小。其余检查未见异常。诊断：冠心病，不稳定型心绞痛。

问题：
1. 针对该患者，可选用治疗心绞痛的药物有哪些？还应选择哪些药物治疗？
2. 常用抗心绞痛药的作用机制是什么？
3. 作为医生应嘱咐该患者在生活中注意哪些事项？

心绞痛（angina pectoris）是冠状动脉供血不足引起的心肌急剧的、暂时的缺血与缺氧所引发的临床综合征，其临床典型表现为阵发性胸骨后压榨性疼痛，可放射至心前区或左上肢。心绞痛的主要病理生理机制是心肌需氧与供氧的平衡失调，导致心肌暂时性缺血和缺氧（图 25-1），代谢产物（乳酸、丙酮酸、组胺或类似激肽的多肽类物质、钾离子等）聚积于心肌组织，刺激心肌自主神经传入神经纤维末梢而引起疼痛。心绞痛可分为以下三种类型。①劳力性心绞痛（exertional angina pectoris）：由劳累、情绪波动或其他增加心肌耗氧量的因素所诱发，休息或舌下含服硝酸甘油可缓解。②自发性心绞痛（spontaneous angina pectoris）：心绞痛发作与心肌耗氧量无明显关系，多发生于安静状态。发作时症状重，持续时间长，且不易被硝酸甘油缓解。③混合性心绞痛（mixed angina pectoris）：其特点为在心肌耗氧量增加或无明显增加时都可能发生。

心肌的供氧量取决于冠状动脉的血流量及氧含量。正常情况下，心肌细胞摄取血液氧含量为 65%~75%，已接近最大量，因而，增加氧供主要依靠增加冠状动脉血流量。冠状动脉循环有很大的储备能力，在运动和缺氧时冠状动脉均可适度扩张，血流量可增加至休息时的数倍。冠状动脉粥样硬化引起血管狭窄或部分分支闭塞时，冠状动脉扩张性减弱，冠状动脉循环的储备能力下降，血流量减少，因而冠心病时依靠增加冠状动脉血流量来增加氧供应是有一定限度的，因此降低心肌组织对氧的需求量即成为治疗心绞痛的另一个主要措施。冠状动脉粥样硬化斑块变化、血小板聚集和血栓形成是诱发不稳定型心绞痛的重要因素，故临床应用抗血小板药、抗凝血药及溶栓药的治疗有助于心绞痛的缓解。

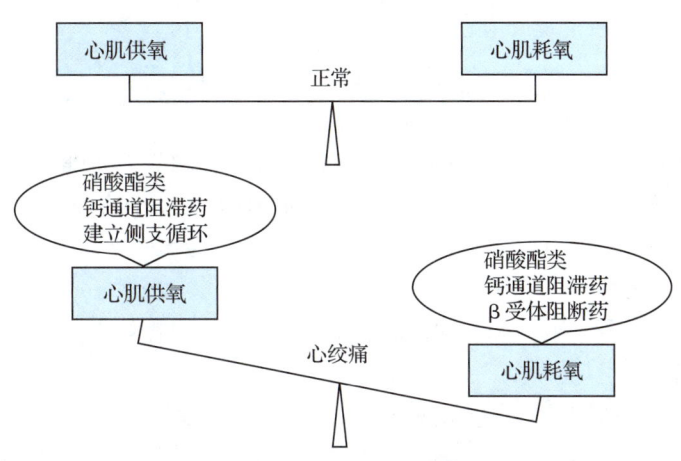

图 25-1 心绞痛时心肌氧的供需失衡及治疗对策

决定心肌耗氧量的主要因素为心室壁张力（ventricular wall tension）、心率（heart rate）和心肌收缩力（myocardial contractility）（图 25-2）。心室壁张力越大，维持肌张力所需的能量越多，心肌耗氧量越大。心室壁张力与左心室压力和心室容积成正比，与心室壁厚度成反比。心率与心肌耗氧量成正比。每分射血时间（ejection time）等于心率与心室每搏射血时间的乘积，射血时心室壁张力增高，所以，每搏射血时间越长，心肌耗氧量越多。心肌收缩力增强与收缩速度加快，均可使心肌机械做功增加而增加心肌耗氧量。临床上将影响耗氧量的主要因素简化为"三项乘积"（收缩压 × 心率 × 左心室射血时间）或"二项乘积"（收缩压 × 心率），作为估算心肌耗氧量的指标。

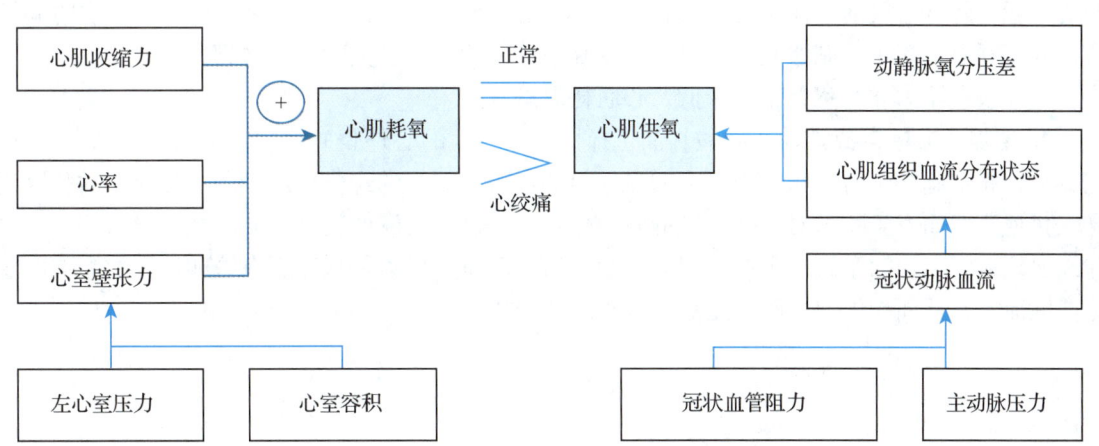

图 25-2 影响心肌耗氧量及供氧量的因素

综上所述，心肌组织氧的供需失衡和血栓形成是心绞痛发生的重要病理生理学基础，因此，治疗心绞痛的主要策略是缓解心肌的血氧供需矛盾及抗血栓（图 25-1）。治疗心绞痛的药物主要通过以下三个环节发挥疗效：①舒张静脉，减少回心血量，降低心脏前负荷；舒张外周小动脉，降低外周阻力，减轻心脏后负荷。心脏前负荷和（或）后负荷的降低可使心室壁张力降低，心率减慢，心肌收缩力减弱，从而降低心肌耗氧量；②舒张冠状动脉，解除冠状动脉痉挛或促进侧支循环的形成而增加冠状动脉供血；③抑制血小板黏附和聚集，防止血栓形成。目前，临床常用抗心绞痛药分为硝酸酯类及亚硝酸酯类、钙通道阻滞药、β受体阻断药及其他类。

第一节 硝酸酯类及亚硝酸酯类

硝酸酯类及亚硝酸酯类（nitrates and nitrites）药物均有硝酸多元酯结构，脂溶性高，分子中的—O—NO$_2$是其发挥疗效的关键结构。此类药物中以硝酸甘油最为常用，此外还有硝酸异山梨酯、单硝酸异山梨酯和戊四硝酯等。

硝酸甘油（nitroglycerin）

硝酸甘油用于治疗心绞痛已有百余年历史，具有起效快、疗效肯定、使用方便、经济等优点，是防治心绞痛的常用药物。

【体内过程】 硝酸甘油口服首过效应明显，生物利用度仅为8%，故临床上常采用舌下含服。舌下含服因其脂溶性高，极易通过口腔黏膜吸收，血药浓度很快达峰值，含服后1～2 min即可起效，疗效持续20～30 min，$t_{1/2}$为2～4 min。硝酸甘油也可经皮肤吸收，用2%硝酸甘油软膏或膜剂于睡前涂抹在前臂皮肤或贴在胸部皮肤上，可持续较长时间的有效血药浓度，以预防夜间心绞痛的发生。硝酸甘油在肝内经谷胱甘肽-有机硝酸酯还原酶还原成水溶性较高的二硝酸代谢产物（具有较弱的舒张血管作用，作用强度仅为硝酸甘油的1/10），少量为一硝酸代谢产物及无机亚硝酸盐，最后与葡糖醛酸结合，由肾排出。

【药理作用】 硝酸甘油的基本作用是松弛平滑肌，但对不同组织器官的选择性有差异，以对血管平滑肌的作用最显著。硝酸甘油通过对体循环血管及冠状血管的扩张，可产生如下抗心绞痛效应。

1. 降低心肌耗氧量 硝酸甘油可明显扩张静脉血管，特别是较大的静脉血管，从而减少回心血量，降低心脏前负荷，使心室容积缩小，心室压力减小，心室壁张力降低，射血时间缩短，心肌耗氧量减少。硝酸甘油也可舒张动脉血管，特别是较大的动脉血管，降低心脏射血阻力，使左心室压力和心室壁张力降低，心肌耗氧量减少。

2. 增加缺血区血液灌注 硝酸甘油选择性扩张较大的心外膜血管、输送血管及侧支血管，尤其在冠状动脉痉挛时舒张作用更为明显；但其对阻力血管的舒张作用较弱。当冠状动脉因粥样硬化或痉挛而发生狭窄时，缺血区的阻力血管因缺氧、代谢产物堆积而处于舒张状态，导致非缺血区血管阻力大于缺血区血管阻力，用药后血液将顺压力差从输送血管和扩张的侧支血管流向缺血区，从而增加缺血区的血液供应（图25-3）。

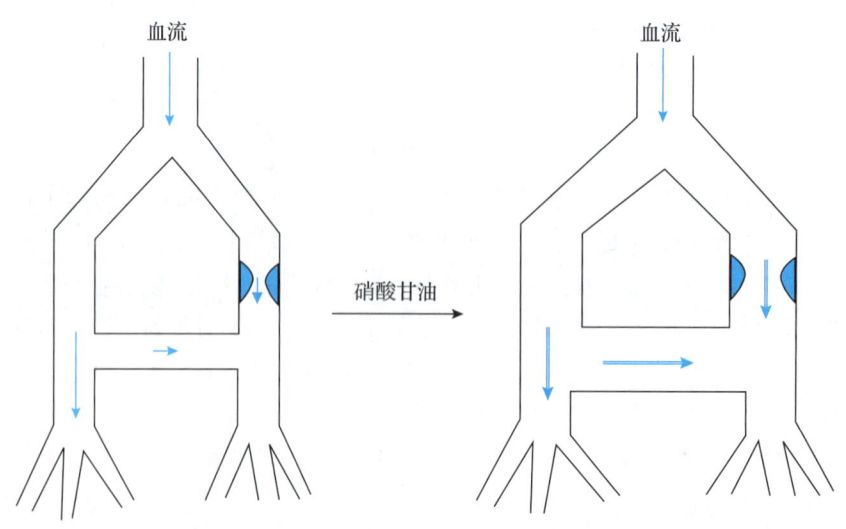

图25-3 硝酸甘油对冠状动脉血流分布的影响模式图
血液从阻力较大的非缺血区经扩张的侧支血管流向阻力较小的缺血区

3. 降低左心室充盈压，增加心内膜供血，改善左心室顺应性 冠状动脉从心外膜发出分支，垂直进入心室壁，呈网状分布于心内膜。因此，心内膜下血流易受心室壁张力及心室压力的影响。当心绞痛发作时，因心肌组织缺血缺氧、左心室舒张期末压力增高，降低了心外膜血流与心内膜血流的压力差，使心内膜下区域缺血更为严重。硝酸甘油扩张静脉血管，减少回心血量，降低心室压力；扩张动脉血管，降低心室壁张力。因此，硝酸甘油可增加心外膜向心内膜的有效灌注压，有利于血液从心外膜流向心内膜缺血区。

4. 保护缺血的心肌细胞 硝酸甘油释放一氧化氮（nitric oxide，NO），促进内源性前列环素、降钙素基因相关肽等物质的生成与释放，产生对心肌细胞的保护作用。

【作用机制】硝酸甘油为 NO 供体，在平滑肌细胞内由谷胱甘肽转移酶催化而释放 NO。NO 为内皮源性舒血管因子（endothelium-derived relaxing factor，EDRF）。EDRF 由血管内皮细胞的 L-精氨酸-NO 合成途径产生，并从内皮细胞弥散到血管平滑肌细胞，在平滑肌细胞内能与 NO 受体可溶性鸟苷酸环化酶活性部位的 Fe^{2+} 结合，激活鸟苷酸环化酶（guanylate cyclase，GC），增加细胞第二信使 cGMP 的含量，进而激活 cGMP 依赖性蛋白激酶（cGMP dependent protein kinase），减少细胞内 Ca^{2+} 释放或细胞外 Ca^{2+} 内流，使肌球蛋白轻链去磷酸化而松弛血管平滑肌。硝酸甘油可产生 NO，通过与 EDRF 相同的作用机制松弛平滑肌而又不依赖于血管内皮细胞，因此对内皮有病变的血管仍可发挥作用（图 25-4）。

此外，硝酸甘油通过产生 NO 而抑制血小板聚集、黏附，这也有利于冠心病的治疗。

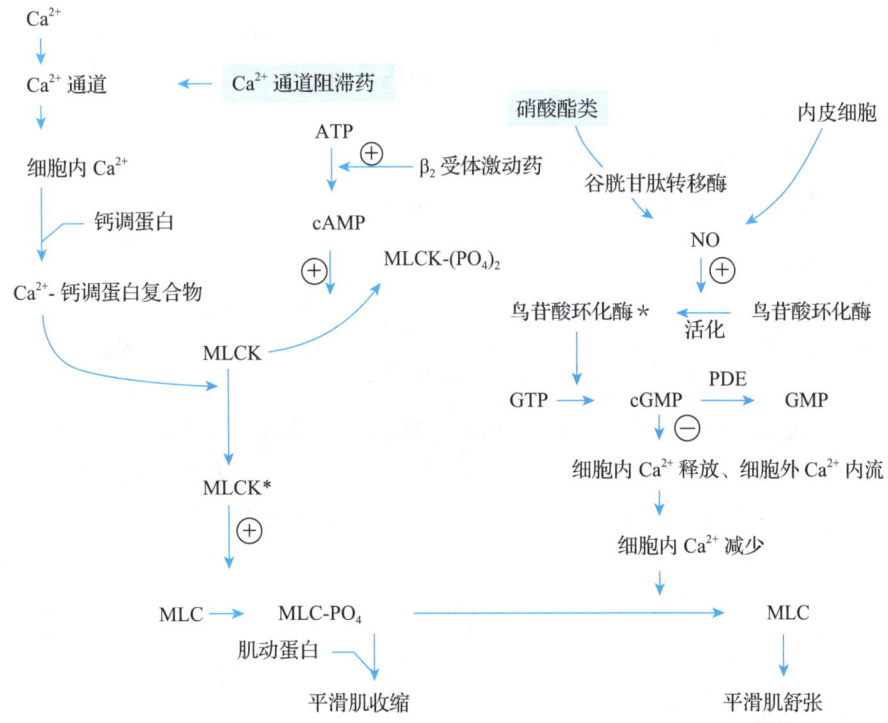

图 25-4 血管平滑肌舒缩的调节机制及硝酸酯类和钙通道阻滞药作用机制示意图
* 表示活性，MLC 为肌球蛋白轻链，MLCK 为肌球蛋白轻链激酶，PDE 为磷酸二酯酶，箭头表示引起血管平滑肌松弛的相关环节

【临床应用】硝酸甘油舌下含服能迅速缓解各种类型心绞痛，也可在发作前用药预防心绞痛的发作。对急性心肌梗死者不仅能降低心肌耗氧量，增加缺血区供血，还可抑制血小板聚集和黏附，从而缩小梗死面积。反复使用要限制剂量，以免血压过度降低，导致心、脑等重要器官灌注压过低，反而加重缺血。此外，由于硝酸甘油可降低心脏前、后负荷，也可用于心功能不全的治疗。

【不良反应与注意事项】硝酸甘油多数不良反应由其血管扩张作用所致。例如，头、面、颈、皮肤血管扩张引起暂时性面颊部皮肤潮红，脑膜血管扩张引起搏动性头痛，眼内血管扩张引起眼内压升高。大剂量可引起直立性低血压及晕厥。剂量过大可使血压过度下降，冠状动脉灌注压过低，并可反射性兴奋交感神经、加快心率、加强心肌收缩力，反而使耗氧量增加而加重心绞痛的发作。超大剂量还会引起高铁血红蛋白血症，表现为呕吐、发绀等。

硝酸甘油连续应用2周左右可出现耐受性，且在用药剂量大或反复应用过频时易产生耐受性。不同硝酸酯类之间存在交叉耐受性，停药 1～2 周后耐受性可消失。耐受性轻者可增加药物剂量，但同时会加重不良反应；重者即使增加用量也无法达到满意疗效。产生耐受性的可能机制如下。①血管耐受：细胞生成 NO 过程中需要巯基（—SH）参与，在持续应用硝酸甘油时血管组织的—SH 逐渐消耗，导致硝酸甘油转化为 NO 发生障碍；②非血管机制：又称"伪耐受"，可能与硝酸酯类使血管扩张、血压迅速下降，代偿性增强交感神经活性，释放去甲肾上腺素，激活肾素-血管紧张素-醛固酮系统，使水钠潴留，血容量及体重增加，血液稀释，血细胞比容降低等有关；③耐受性的产生可能还与自由基生成等有关。为减少耐受性的发生应避免大量、连续给药，采用间歇给药、用药间隔时间超过 8 小时、联合用药、给予乙酰半胱氨酸补充巯基、补充抗氧化剂和合理膳食等措施。

➤ 硝酸异山梨酯（isosorbide dinitrate）

硝酸异山梨酯（又名消心痛）的作用及作用机制与硝酸甘油相似，但起效较慢，作用较弱，维持时间较长。硝酸异山梨酯经肝代谢生成异山梨醇-2-单硝酸酯和异山梨醇-5-单硝酸酯后，仍具有扩张血管及抗心绞痛作用。此外，其剂量范围个体差异较大，剂量大时易致头痛及低血压等副作用，缓释制剂可减少不良反应。硝酸异山梨酯主要口服用于心绞痛的预防和心肌梗死后心功能不全的长期治疗。

➤ 单硝酸异山梨酯（isosorbide mononitrate）

单硝酸异山梨酯的作用及应用与硝酸异山梨酯相似。

 临床应用

硝酸甘油的临床合理应用

硝酸甘油是古老的抗心绞痛药物，因其口服具有明显的首过效应，临床常采用舌下含服，用于治疗各种类型心绞痛，能迅速缓解心绞痛症状，是各型心绞痛的首选药；也可用于预防发作，可在预计可能发作前用药。舌下含服用药时，建议患者尽可能取坐位或半卧位，以免因低血压头晕而摔倒。反复连续用药要注意剂量不能过大，以免血压过低引起心、脑等重要器官灌注压过低，反而加重心肌缺血。此外，硝酸甘油还可用于治疗心功能不全、肺动脉高压及急性呼吸衰竭。

第二节　钙通道阻滞药

钙通道阻滞药（calcium channel blocker）是临床用于预防和治疗心绞痛的常用药。钙通道阻滞药尽管种类较多，化学结构不同，但都具有阻滞心肌细胞和平滑肌细胞尤其是血管平滑肌细胞的电压依赖性 L 型钙通道，从而抑制 Ca^{2+} 内流的作用，因而具有广泛的药理作用及临床应用（详见第二十一章）。

【药理作用与作用机制】钙通道阻滞药通过阻滞钙通道，抑制 Ca^{2+} 内流而产生以下作用。

1. 降低心肌耗氧量　钙通道阻滞药阻滞心肌细胞钙通道,能使心肌收缩力减弱,心率减慢,从而降低心肌的耗氧量;同时阻滞血管平滑肌细胞钙通道,使外周血管扩张,血压下降,心脏后负荷减轻,从而使心肌耗氧量减少。

2. 舒张冠状动脉　钙通道阻滞药对冠状动脉较大的输送血管和侧支循环及小阻力血管有扩张作用,特别是对处于痉挛状态的血管有显著的解除痉挛作用,从而增加缺血区的血液灌注。

3. 保护缺血心肌细胞　心肌缺血时,细胞膜对 Ca^{2+} 的通透性增加,使细胞外 Ca^{2+} 内流增加或干扰细胞内 Ca^{2+} 向细胞外转运,使细胞内 Ca^{2+} 积聚,特别是线粒体内 Ca^{2+} 超负荷,从而失去氧化磷酸化的能力,促使细胞死亡。钙通道阻滞药通过抑制细胞外 Ca^{2+} 内流,减轻缺血心肌细胞的 Ca^{2+} 超负荷而保护心肌细胞,对急性心肌梗死者,能缩小心肌梗死范围。有报道,钙通道阻滞药还有促进血管内皮细胞产生及释放内源性 NO 的作用。

【临床应用】常用于抗心绞痛的钙通道阻滞药有硝苯地平(nifedipine,心痛定)、维拉帕米(verapamil,异博定)、地尔硫䓬(diltiazem,硫氮䓬酮)、哌克昔林(perhexiline,双环己哌啶)及普尼拉明(prenylamine,心可定)等。

硝苯地平扩张冠状动脉和外周小动脉作用强,抑制血管痉挛效果显著,对变异型心绞痛疗效佳,对伴高血压的患者尤为适用;对稳定型心绞痛也有效;对急性心肌梗死患者能促进侧支循环,缩小梗死区范围。近年有报道称,极少数患者特别是严重冠脉狭窄患者,在服用硝苯地平或加量期间,降压后出现反射性交感神经兴奋而使心率加快,导致心绞痛或心肌梗死的发生率增加,应引起重视。钙硝苯地平可与β受体阻断药合用,以增加疗效。二者合用对降低心肌耗氧量起协同作用,β受体阻断药可消除钙通道阻滞药引起的反射性心动过速,钙通道阻滞药可抵消β受体阻断药的血管收缩作用。

维拉帕米扩张冠状动脉的作用较弱,对变异型心绞痛多不单独应用;对稳定型心绞痛有效,疗效近似普萘洛尔。维拉帕米与β受体阻断药合用具有协同作用,但需注意两药合用可显著抑制心肌收缩力及传导系统,故合用要慎重。因其抑制心肌收缩力、抑制窦房结和房室结的传导,故伴心功能不全、窦房结或明显房室传导阻滞的心绞痛患者应禁用。

地尔硫䓬对变异型、稳定型和不稳定型心绞痛都可应用,其作用强度介于上述两药之间。地尔硫䓬扩张冠状动脉作用较强,对周围血管扩张作用较弱,降压作用小,伴房室传导阻滞或窦性心动过缓者应慎用,又因其抑制心肌收缩力,心功能不全患者也应慎用。

> **临床应用**
>
> **钙通道阻滞药治疗心绞痛的合理应用**
>
> 钙通道阻滞药具有显著的扩张冠状动脉作用,特别是对处于痉挛状态的血管有显著的解除痉挛作用,因此对冠状动脉痉挛诱发的变异型心绞痛尤为适用,也可用于稳定型心绞痛及急性心肌梗死等。钙通道阻滞药具有扩张外周血管和松弛支气管平滑肌作用,更适合伴有外周血管痉挛性疾病和支气管哮喘的心绞痛。常用于抗心绞痛的钙通道阻滞药有硝苯地平、维拉帕米、地尔硫䓬等。硝苯地平扩张冠状动脉和外周小动脉作用强,抑制血管痉挛效果显著,对变异型心绞痛疗效最佳,对伴高血压患者尤为适用。

第三节　β受体阻断药

β受体阻断药可使心绞痛发作次数减少,增加患者运动耐量,减少心肌耗氧量,改善缺血区代谢，缩小心肌梗死范围。

【药理作用与作用机制】

1. 降低心肌耗氧量 心绞痛发作时，心肌局部和血中儿茶酚胺含量均显著增加。儿茶酚胺激动β受体，使心肌收缩力增强，心率加快；激动外周血管α受体，使血管收缩，左心室后负荷增加，导致心肌耗氧量增加。同时因心率加快，心室舒张时间相对缩短，使冠状动脉血流量减少，因而加重心肌缺血缺氧。β受体阻断药通过阻断β受体而使心肌收缩力减弱，心肌纤维缩短速度减慢，心率减慢及血压降低，可明显减少心肌耗氧量；其对心肌收缩力的抑制可增加心室容积，同时因心肌收缩力减弱，心室射血时间延长，可导致心肌耗氧量增加，但总效应是减少心肌耗氧量。临床观察显示，β受体阻断药对用药后心率缓慢、舒张期延长和收缩力减弱明显的患者疗效好。如果用心房起搏的方法加快心率，普萘洛尔则失去抗心绞痛作用，说明其抗心绞痛作用与减慢心率有关。

2. 改善心肌缺血区供血 β受体阻断药首先能降低心肌耗氧量，使非缺血区血管阻力增高，促使血液流向已代偿性扩张的缺血区，从而增加缺血区血流量。其次，由于心率减慢，舒张期相对延长，有利于血液从心外膜区流向易缺血的心内膜区。此外，β受体阻断药可增加缺血区侧支循环，从而增加缺血区血液灌注量。

3. 改善心肌代谢 β受体阻断药通过阻断β受体，抑制脂肪分解酶活性，减少心肌游离脂肪酸含量；改善心肌缺血区对葡萄糖的摄取和利用，改善糖代谢；促进氧合血红蛋白结合氧的解离而增加组织供氧。

【临床应用】普萘洛尔（propranolol）、吲哚洛尔（pindolol）、噻吗洛尔（timolol）及选择性$β_1$受体阻断药阿替洛尔（atenolol）、美托洛尔（metoprolol）、醋丁洛尔（acebutolol）等均可用于心绞痛，尤其用于对硝酸酯类不敏感或疗效差的稳定型心绞痛，可使发作次数减少，对伴有心律失常及高血压者尤为适用。由于β受体被阻断，α受体相对占优势，易致冠状动脉收缩，故对冠状动脉痉挛诱发的变异型心绞痛不宜应用β受体阻断药。β受体阻断药对心肌梗死也有效，能缩小梗死区范围，但其因抑制心肌收缩力，应慎用。

现主张硝酸酯类与β受体阻断药联合应用，其优势互补，在疗效上发挥协同作用，宜选用作用时间相近的药物，通常以普萘洛尔与硝酸异山梨酯合用。两类药物能协同降低心肌耗氧量，同时β受体阻断药能对抗硝酸酯类所引起的反射性心率加快，硝酸酯类可缩小β受体阻断药所致的心室容积增大和心室射血时间延长，两药合用可相互取长补短（表25-1）。两药合用时用量减少，副作用减少，但需注意两药均可降压，如血压下降过多，冠状动脉血流量减少，反而对心绞痛不利。一般宜口服给药，剂量个体差异大，应从小量开始逐渐增加剂量。β受体阻断药也可能引起停药反应（也称反跳现象），故停用β受体阻断药时应逐渐减量，避免突然停用导致心绞痛加剧和（或）诱发心肌梗死。对心功能不全、支气管哮喘、有哮喘既往史及心动过缓者不宜应用。长期应用后对血脂也有影响，本类药物禁用于血脂异常的患者。

表25-1 硝酸酯类、β受体阻断药及钙通道阻滞药对影响心肌耗氧量因素的作用

影响心肌耗氧量因素	硝酸酯类	β受体阻断药	钙通道阻滞药（硝苯地平）
心室壁张力	↓	±	↓
心室容积	↓	↑	↑
心室压力	↓	↓	↓
心率	↑（反射性）	↓	↑（反射性）
心肌收缩力	↑（反射性）	↓	↑（反射性）

第四节　其他抗心绞痛药

➢ **卡维地洛（carvedilol）**

卡维地洛是近年研制开发的一种肾上腺素受体阻断药。因其既能阻断 $β_1$、$β_2$ 和 α 受体，又具有一定的抗氧化作用，故可用于心绞痛、心功能不全和高血压的治疗。

➢ **尼可地尔（nicorandil）**

尼可地尔是一种新型血管扩张药，既有释放 NO、增加血管平滑肌细胞内 cGMP 生成的作用，又可激活血管平滑肌细胞膜 ATP 敏感性钾通道，促进 K^+ 外流，使细胞膜超极化，抑制 Ca^{2+} 内流。上述两种作用可使血管平滑肌松弛，冠状动脉供血增加，减轻 Ca^{2+} 超负荷对缺血心肌细胞的损害。尼可地尔主要适用于变异型心绞痛，且不易产生耐受性。

➢ **吗多明（molsidomine）**

吗多明的代谢产物作为 NO 的供体，释放 NO，通过与硝酸酯类相似的作用机制，扩张容量血管及阻力血管，降低心肌耗氧量，改善侧支循环和心肌供血。吗多明舌下含服或喷雾吸入用于稳定型心绞痛或心肌梗死伴高充盈压者疗效较好。

➢ **丹参酮ⅡA（tanshinon ⅡA）**

近年研究表明，活血化瘀中药丹参有良好的抗心脑血管缺血的作用。丹参酮ⅡA 是从丹参中提取的脂溶性抗心肌缺血有效成分，制成丹参酮ⅡA 磺酸钠后为水溶性，可供注射使用。实验证明，丹参酮ⅡA 具有抗心脑血管缺血作用，能缩小梗死范围，改善缺血心肌的乳酸代谢，抑制血小板聚集，抑制血栓形成，临床应用可缓解胸闷及心绞痛症状。其抗缺血作用机制尚待进一步研究。临床应用丹参酮ⅡA 磺酸钠或总丹参酮治疗冠心病、心绞痛及急性心肌梗死。少数患者应用丹参酮ⅡA 后可出现胃肠道不适、血清丙氨酸转氨酶升高、皮疹等不良反应。

思 考 题

1. 临床上用于治疗心绞痛的常用药物有哪几类？写出每类的代表药。
2. 硝酸酯类药物产生耐受性的机制及防治措施是什么？
3. 硝酸酯类与 β 受体阻断药合用治疗心绞痛的优点是什么？
4. 常用于抗心绞痛的钙通道阻滞药有哪些？其抗心绞痛的作用机制及临床应用是什么？
5. 患者，女，58 岁，患有高血压病，一直服用卡托普利控制血压在正常范围，但经常在劳累后有心前区发闷的感觉，休息后即好转。今日患者因过度劳累导致心前区疼痛并向后背放射，伴大汗，来医院就诊。心电图显示有心肌缺血和左室大的改变，诊断为高血压，冠心病，心绞痛发作。医生给予患者硝酸甘油舌下含服，数分钟后症状缓解。请回答：

（1）心绞痛急性发作时，硝酸甘油是否可以口服？为什么？

（2）试述硝酸甘油抗心绞痛的作用及其扩张血管的作用机制是什么？

（李永芳）

第二十六章 调血脂药与抗动脉粥样硬化药

第二十六章数字资源

案例 26-1

患者，男，36岁，头晕数分钟自行缓解，无黑矇，无眩晕，曾数次类似发作。20天前患者突发胸骨后压榨性疼痛，坐位舌下含服硝酸甘油后即缓解，无再发。查体：T 36.5 ℃，P 90 次 / 分，R 23 次 / 分，BP 138/88 mmHg。神清，体态自如。TC 6.08 mmol/L，TG 1.69 mmol/L，HDL-C 0.91 mmol/L，LDL-C 4.02 mmol/L，脂蛋白 a [Lp（a）] 120 mmol/L，极低密度脂蛋白（VLDL）和肝肾功能在正常范围。心电图正常，无陈旧性心肌梗死的改变。X 线检查未见颈椎骨质增生。初步诊断：Ⅱa 型高脂血症（家族性高脂蛋白血症）；初发型心绞痛。

问题：
1. 该患者是否适宜口服 HMG-CoA 还原酶抑制药？其中哪几个药物更为合适？
2. HMG-CoA 还原酶抑制药虽偶见却严重的不良反应是什么？
3. 除 HMG-CoA 还原酶抑制药外，其他药物或者非药物措施是否有助于降低该患者动脉粥样硬化性心血管疾病的风险？

　　动脉粥样硬化（atherosclerosis，AS）是一种心脑血管常见病、多发病，其基本病变为在动脉内膜形成粥样斑块，主要累及大、中动脉血管（如主动脉、颈动脉、脑动脉、冠状动脉）。目前，动脉粥样硬化性心血管疾病（atherosclerotic cardiovascular disease，ASCVD）发病率呈上升趋势，已成为心血管疾病致死致残的主要原因，作为中国居民健康的首要威胁，给患者、社会均带来了沉重的负担。因此，防治动脉粥样硬化已成为心脑血管疾病防治的重要措施。

　　动脉粥样硬化的发病机制尚不确切，该疾病是在多种遗传因素和环境因素相互关联的基础上，多重危险因素共同作用的结果，通常认为它是一个脂代谢紊乱、高血压、高血糖等因素导致的血管内皮损伤引起的慢性炎症过程。血管内皮的损伤，可导致以单核细胞为主的白细胞黏附、转移至内皮间隙，单核细胞一旦募集，就转化为巨噬细胞，后者可摄取脂质，特别是氧化型低密度脂蛋白，最终转变为充满脂质的泡沫细胞；在受损内皮细胞释放某些活性因子的影响下，血管平滑肌细胞也可向管腔表面移行并增殖，并摄取氧化型低密度脂蛋白，成为泡沫细胞。泡沫细胞的脂质逐渐累积形成脂质条纹。这种反应持续发生和发展，最终形成动脉粥样硬化斑块。斑块自内膜突向血管腔而阻塞血流，导致靶器官供血不足；部分不稳定型斑块纤维帽较薄、脂质池较大，易发生斑块破裂并继发血栓形成，可导致心肌梗死、脑梗死等严重的并发症。

动脉粥样硬化的治疗可以采用外科治疗、介入治疗和药物治疗等方法。其中药物治疗主要集中于对动脉粥样硬化形成过程的干预，此类药物统称为抗动脉粥样硬化药（antiatherosclerotic），主要包括调血脂药、抗氧化剂、多烯脂肪酸类、黏多糖及多糖类等。此外，抗血小板药、纤维蛋白溶解药也对ASCVD具有一定的治疗作用。

第一节　调血脂药

血脂是血浆或血清中所含脂类的总称，包括胆固醇（cholesterol，Ch）、甘油三酯（triglyceride，TG）、磷脂（phospholipid，PL）和游离脂肪酸（free fatty acid，FFA）等。其中，胆固醇可分为胆固醇酯（cholesteryl ester）和游离胆固醇（free cholesterol），二者统称为总胆固醇（total cholesterol，TC）。血脂需要与载脂蛋白（apoprotein，Apo）结合形成脂蛋白（lipoprotein，Lp），才能溶于血浆并进行转运和代谢。根据脂蛋白的颗粒大小、密度不同，应用密度梯度超速离心技术，可将其分为乳糜微粒（chylomicron，CM）、极低密度脂蛋白（very low density lipoprotein，VLDL）、中间密度脂蛋白（intermediate density lipoprotein，IDL）、低密度脂蛋白（low density lipoprotein，LDL）和高密度脂蛋白（high density lipoprotein，HDL）（表26-1）。

表26-1　脂蛋白的种类、组成及功能

项目	CM	VLDL	LDL	HDL
密度（g/ml）	<0.95	0.951~1.006	1.006~1.063	1.063~1.210
电泳（%）	原点	前β	β	α
蛋白质	0.5~2	5~10	20~25	50
脂类	98~99	90~95	75~80	50
甘油三酯	80~95	50~70	10	5
脂蛋白组成（%）				
磷脂	5~7	15	20	25
总胆固醇	1~4	15	45~50	20
游离胆固醇	1~2	5~7	8	5
胆固醇酯	3	10~12	40~42	15~17
Apo组成（%）				
A Ⅰ	7	<1	—	65~70
A Ⅱ	5	—	—	20~25
B 100	—	20~60	95	—
B 48	9	—	—	—
C Ⅰ	11	3	—	6
C Ⅱ	15	6	微量	1
C Ⅲ	41	40	—	4
E	微量	7~15	<5	2
合成部位	小肠黏膜细胞	肝细胞	血浆	肝、肠
功能	转运外源性TG及Ch	转运内源性TG及Ch	转运内源性Ch	逆向转运Ch

载脂蛋白为脂蛋白的重要组分，不同的脂蛋白含有不同的载脂蛋白，载脂蛋白的主要功能是结合和转运脂质，同时尚具有调节酶活动、识别细胞膜上膜蛋白受体等不同功能。例如，Apo A Ⅰ可激活卵磷脂胆固醇酰基转移酶（lecithin cholesterol acyl transferase，LCAT），识别HDL 受体。Apo A Ⅱ可稳定 HDL 结构，激活肝脂肪酶（hepatic lipase，HL），促进 HDL 的成熟及胆固醇的逆向转运。Apo B100 能识别 LDL 受体。Apo C Ⅱ是脂蛋白脂肪酶（lipoprotein lipase，LPL）的辅因子，可激活 LPL，促进 CM 和 VLDL 的分解。Apo C Ⅲ则抑制 LPL 的活性。Apo E 参与 LDL 受体的识别。由于载脂蛋白在脂代谢中发挥着重要的作用，某些载脂蛋白的异常也可能导致动脉粥样硬化的风险增加。

血脂异常是 ASCVD 发生、发展过程中重要的危险因素之一，通常指某些血脂或脂蛋白水平高出正常范围，因此也称为高脂血症（hyperlipidemia）或高脂蛋白血症（hyperlipoproteinemia），当然血脂异常也包括低 HDL 血症。根据病因不同，血脂异常可分为原发性和继发性两类。前者发病原因尚不十分清楚，可能与调控脂蛋白的基因突变有关；后者多由其他疾病（糖尿病、肾病综合征、甲状腺功能减退、慢性肾衰竭、肝胆系统疾病等）或使用某些药物所引起。世界卫生组织（WHO）根据脂蛋白种类和疾病严重程度将血脂异常分为五型六类（表 26-2）。此外，从临床实践应用角度出发，血脂异常常采用简易的临床分型（表 26-3）。

表 26-2　血脂异常的表型分型和药物治疗

分型	脂蛋白变化	脂质变化	AS 风险程度	临床名称	药物治疗
Ⅰ	CM ↑	TC ↑，TG ↑↑↑	不升高	无	无
Ⅱa	LDL ↑	TC ↑↑	高度	家族性高胆固醇血症	HMG-CoA 还原酶抑制药（+ 树脂类）
Ⅱb	VLDL、LDL ↑	TC ↑↑，TG ↑↑	高度	复合性高胆固醇血症	苯氧酸类，HMG-CoA 还原酶抑制药，烟酸
Ⅲ	IDL ↑	TC ↑↑，TG ↑↑	中度	家族性高脂血症	苯氧酸类
Ⅳ	VLDL ↑	TG ↑↑	中度	家族性高甘油三酯血症	苯氧酸类（+ 鱼油）
Ⅴ	CM、VLDL ↑	TC ↑，TG ↑↑↑	不升高	混合型高甘油三酯血症	苯氧酸类，烟酸，鱼油，HMG-CoA 还原酶抑制药混合应用

表 26-3　血脂异常的临床简易分型

分型	TC	TG	HDL-C	相当于 WHO 表型
高胆固醇血症	↑			Ⅱa
高甘油三酯血症		↑		Ⅳ、Ⅰ
混合型高脂血症	↑	↑		Ⅱb、Ⅲ、Ⅳ、Ⅴ
低高密度脂蛋白血症			↓	

各类血浆脂蛋白的代谢是一个相互关联的过程，主要分为外源性和内源性两条代谢途径。外源性代谢途径是将饮食中摄取的 TC、TG 在小肠黏膜细胞中合成 CM，经淋巴管入血，并以 CM 的形式转运至肌肉和脂肪组织。外周组织表面 LPL 可水解 CM 中的 TG，生成游离脂肪酸被组织摄取利用。而携带 TC 的 CM 残粒则转运至肝并被肝细胞摄取和清除，残粒中的胆固醇酯水解为游离胆固醇。游离胆固醇既可在肝细胞中释放、贮存或被氧化为胆汁酸，也可直接分泌入胆汁，或以在肝内合成的 VLDL 的形式参与内源性代谢途径。内源性代谢途径是将肝合

成的 TC、TG 以 VLDL 的形式转运到肌肉和脂肪组织中。TG 在这些组织中被 LPL 水解为脂肪酸后被组织摄取。脂蛋白颗粒经过此过程进一步变小并生成 IDL，随后再经 IDL 转变为 LDL。约 2/3 的 LDL 经 LDL 受体途径代谢，即 LDL 与组织的 LDL 受体（LDL-R）结合，然后经胞饮入细胞，被溶酶体水解为氨基酸、游离脂肪酸和游离胆固醇，而 LDL-R 与 LDL 解离可重新回到细胞膜上循环利用。其余的 1/3 的 LDL 通过巨噬细胞等非受体途径清除。但在病理情况下，LDL 可形成氧化型 LDL（oxidized LDL，ox-LDL），ox-LDL 不能与 LDL-R 结合，但可通过与巨噬细胞、血管平滑肌细胞表面的特异性受体结合进入细胞，促进泡沫细胞的形成，同时 ox-LDL 对血管内皮细胞也具有损伤作用，最终加速了动脉粥样硬化的形成。与其他脂蛋白具有一定的致动脉粥样硬化作用不同，HDL 是一种具有抗动脉粥样硬化作用的血浆脂蛋白，由肝和小肠合成的 HDL 可将组织中过多的胆固醇转运至肝，最终代谢成胆汁酸而被排出，该过程称为胆固醇的逆向转运。

血脂异常为动脉粥样硬化的主要危险因素，主要包括甘油三酯、低密度脂蛋白胆固醇（LDL-C）、极低密度脂蛋白胆固醇（VLDL-C）、甘油三酯、载脂蛋白水平升高及高密度脂蛋白胆固醇（HDL-C）水平降低。其中 LDL-C 是血脂异常治疗中的首要治疗靶点。根据我国慢性病防治"强调预防、关口前移"的原则，有关血脂异常的防治措施建议如下：提倡治疗性生活方式改变，注意饮食控制，提倡食用低胆固醇、低饱和脂肪酸食物，并限制高热量摄入；合理安排工作、生活，适当运动；积极治疗相关疾病，如高血压、糖尿病。如血脂水平仍不正常，或有动脉粥样硬化等症状，则可采用调血脂药进行治疗。

一、主要降低总胆固醇和低密度脂蛋白的药物

（一）羟甲基戊二酰辅酶 A 还原酶抑制药

人体内的胆固醇大约 1/3 来自饮食，其他大部分靠肝合成。羟甲基戊二酰辅酶 A（3-hydroxy-3-methylglutaryl-coenzyme A，HMG-CoA）还原酶是肝细胞合成胆固醇过程中的限速酶，能催化 HMG-CoA 生成甲羟戊酸（mevalonic acid，MVA），MVA 是内源性胆固醇合成的关键物质，抑制 HMG-CoA 还原酶则阻碍内源性胆固醇的合成（图 26-1）。HMG-CoA 还原酶抑制药又称他汀类药（statins）。第一个成功上市的 HMG-CoA 还原酶抑制药为洛伐他汀（lovastatin），是 1979 年从红曲霉菌（Monascus ruber）中发现的。目前在我国上市的 HMG-CoA 还原酶抑制药已有 7 个：洛伐他汀（lovastatin）、辛伐他汀（simvastatin）、普伐他汀（pravastatin）、阿托伐他汀（atorvastatin）、氟伐他汀（fluvastatin）、瑞舒伐他汀（rosuvastatin）、匹伐他汀（pitavastatin）。其中，辛伐他汀和普伐他汀为洛伐他汀的化学衍生

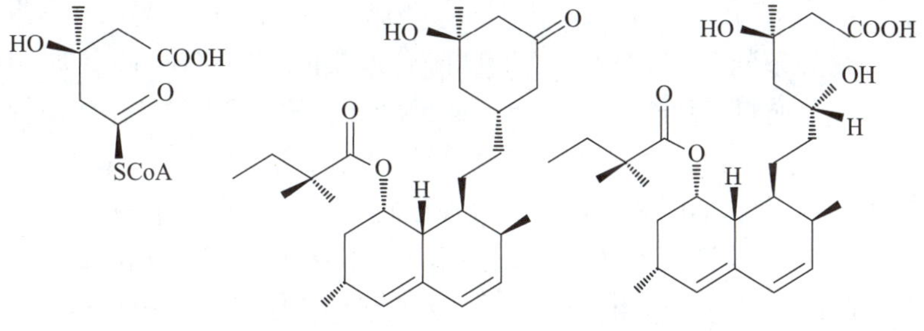

图 26-1 洛伐他汀和 HMG-CoA 的化学结构

物，而其他药物为化学合成物，此类药物均具有相似的二羟基庚酸结构。其中洛伐他汀和辛伐他汀是无活性的内酯环型前药，而其他药物均为具有活性的开环羟基酸型。

【体内过程】HMG-CoA 还原酶抑制药均可通过口服经胃肠道吸收，多在 4 h 达药峰浓度，但药物口服吸收率差异较大，其中氟伐他汀吸收比较完全，几乎 100%，其他药物口服吸收率为 30% ~ 80%。由于药物首过效应明显，除匹伐他汀外，多数药物生物利用度较低。作为无活性的前药，洛伐他汀和辛伐他汀必须在肝内水解为有活性的开环羟基酸型才能发挥药理作用。在血浆中，除普伐他汀外，多数 HMG-CoA 还原酶抑制药具有较高的血浆蛋白结合率（> 90%）。大多数 HMG-CoA 还原酶抑制药在肝经 CYP 代谢，并经胆汁由肠道排出，仅有少部分由肾排出。因此，存在药物相互作用影响药效、不良反应的可能。各药的药动学参数见表 26-4。

表 26-4 HMG-CoA 还原酶抑制药的药动学特点

特点	洛伐他汀	辛伐他汀	普伐他汀	氟伐他汀	阿托伐他汀	瑞舒伐他汀	匹伐他汀
口服吸收率（%）	30	60 ~ 85	35	> 98	30	50	75
达峰时间（h）	2 ~ 4	1.2 ~ 2.4	1 ~ 1.5	0.6（普通制剂）	1 ~ 2	3	1.2
血浆蛋白结合率（%）	≥ 95	> 95	50	≥ 98	≥ 98	88	> 99
肝 CYP	3A4	3A4	—	2C9	3A4	2C9，2C19	CYP2C9/2C8
肝摄取率（%）	≥ 70	≥ 80	45	≥ 70	> 70	63	> 60
排泄途径							
尿（%）	< 10	13	20	5	< 2	10	< 4
粪（%）	85	60	70	> 90	> 95	90	> 90
$t_{1/2}$（h）	3	1.9	1.5 ~ 2	1.2（普通制剂）	14	20	13
生物利用度（%）	5	5	18	6	6	12	60 ~ 80
食物对生物利用度的影响（%）	+50	0	-30	0	-13	-20	0

【药理作用与作用机制】

1. 调血脂作用及作用机制 HMG-CoA 还原酶抑制药具有明显的调血脂作用，其中降低 LDL-C 的作用最强，降低 TC 的作用次之，同时具有略弱的降低 VLDL-C、TG 的作用，而 HDL-C 略有升高。HMG-CoA 还原酶抑制药的调血脂作用呈剂量依赖性，约 2 周出现明显疗效，4 ~ 6 周达高峰，长期应用可保持疗效。

HMG-CoA 还原酶抑制药主要通过抑制肝胆固醇合成而发挥调血脂作用。此类药物具有与 HMG-CoA 相似的结构，都可以与胆固醇合成过程的关键限速酶 HMG-CoA 还原酶结合，但 HMG-CoA 还原酶抑制药与酶的亲和力高出 HMG-CoA 数千倍，且对酶活性有抑制作用，进而阻碍 HMG-CoA 转化为中间产物 MVA，使胆固醇合成受阻。HMG-CoA 还原酶抑制药除使血浆胆固醇浓度降低外，通过负反馈调节，还可诱导肝细胞表面 LDL 受体代偿性表达增加及活性增强，加速肝细胞对血浆 LDL 的摄取，导致血浆 LDL-C 浓度降低，继而导致 VLDL 代谢加快，再加上肝合成及释放 VLDL 减少，也导致 VLDL-C 及 TG 相应下降。HDL-C 的升高，可能是 VLDL-C 减少的间接结果。不同的 HMG-CoA 还原酶抑制药与酶的亲和力不同，因此调血脂的作用强度也存在着差异，按由强至弱依次为匹伐他汀＞瑞舒伐他汀＞阿托伐他汀＞辛伐他汀＞洛伐他汀＞普伐他汀＞氟伐他汀。

2. 多效性作用 HMG-CoA 还原酶抑制药除有直接的调血脂作用之外，也具备一定的调血脂作用之外的心血管保护作用，这些作用称为 HMG-CoA 还原酶抑制药的多效性作用（pleiotropic effects），主要包括：改善血管内皮功能，提高血管内皮对扩血管物质的反应性；抑制血管平滑肌细胞（vascular smooth muscle cell，VSMC）的增殖和迁移；抑制动脉粥样硬化过程的炎症反应，减少动脉壁巨噬细胞及泡沫细胞的形成，使动脉粥样硬化斑块稳定和缩小；抗氧化应激及抑制血小板聚集、抗血栓形成等。

【临床应用】

1. 调血脂 HMG-CoA 还原酶抑制药主要用于以 LDL 和 TC 升高为主的血脂异常，如杂合子家族性和非家族性Ⅱa型高脂蛋白血症、Ⅱb 和Ⅲ型高脂蛋白血症（但对纯合子家族性高胆固醇血症无效）；也可用于 2 型糖尿病和肾病综合征引起的高胆固醇血症。对病情较严重者可与非 HMG-CoA 还原酶抑制药调血脂药物配伍使用。

2. 预防心脑血管急性事件 HMG-CoA 还原酶抑制药能增加动脉粥样硬化斑块的稳定性或使斑块缩小，而减少脑卒中或心肌梗死的发生。

3. 预防血管成形术后再狭窄 血管成形术后再狭窄的发生机制与动脉粥样硬化病变类似。HMG-CoA 还原酶抑制药通过抑制血管平滑肌细胞增殖、抗血管炎症的机制，对血管成形术后再狭窄有一定的预防效应。

4. 改善肾病综合征 HMG-CoA 还原酶抑制药对肾功能有一定的保护和改善作用。此作用除与调血脂有关外，还可能与其抑制肾小球膜细胞的增殖、延缓肾动脉硬化有关。

5. 其他 有研究报道，HMG-CoA 还原酶抑制药可用于治疗骨质疏松症，但此结论尚存争议。此外，HMG-CoA 还原酶抑制药还可用于缓解器官移植后的排斥反应。

【不良反应与注意事项】HMG-CoA 还原酶抑制药不良反应相对较少而轻。大剂量应用时部分患者可出现胃肠道反应、肌痛、皮肤潮红、头痛等暂时性反应。其中 1%~2% 的患者有无症状性氨基转移酶升高，但严重肝损害如肝功不全和肝衰竭极其罕见。HMG-CoA 还原酶抑制药最严重的不良反应为肌肉相关不良反应，根据其症状和有无肌酸激酶（CK）升高，可分为肌痛、肌病和横纹肌溶解症，其中辛伐他汀和西立伐他汀（已撤市）此不良反应的发病率最高，分别为 1.1%~3.3% 和 6%~9.4%，氟伐他汀的发病率最低。极少数患者出现严重的横纹肌溶解症，严重者可致命。长期服用 HMG-CoA 还原酶抑制药可能导致糖耐量异常、糖化血红蛋白水平升高、高血糖，进而增加新发糖尿病的风险，特别是对于应用大剂量 HMG-CoA 还原酶抑制药和存在糖尿病危险因素的患者，但由于 HMG-CoA 还原酶抑制药对心血管疾病的保护作用远大于新增糖尿病风险，因此仍可建议使用，但需要严格控制使用范围，及时评估其对血糖的影响。为此，用药期间应定期监测血糖、肝功能，有肌痛者应监测 CK，必要时停药，孕妇及有活动性肝病（或氨基转移酶持续升高）者禁用，原有肝病史者慎用。

HMG-CoA 还原酶抑制药主要通过 CYP 进行代谢，其中洛伐他汀、辛伐他汀、阿托伐他汀主要经 CYP3A4 代谢，易与其他药物发生相互作用。当上述药物与 CYP3A4 抑制药或 CYP3A4 的底物联合应用时，由于 CYP3A4 酶活性被抑制，HMG-CoA 还原酶抑制药代谢减慢，导致其血药浓度增加，可进一步增加肌病的风险。可能与 HMG-CoA 还原酶抑制药产生相互作用的药物包括：① CYP3A4 抑制药，如人类免疫缺陷病毒（HIV）蛋白酶抑制药（如洛匹那韦、达芦那韦、利托那韦）、唑类抗真菌药（如伊曲康唑、酮康唑）、大环内酯类抗生素（如红霉素、克拉霉素、泰利霉素）、苯氧酸类调血脂药（如吉非贝齐、苯扎贝特）、奈法唑酮、环孢素、地尔硫䓬。② CYP3A4 的底物，如胺碘酮、环孢素 A。此外，HMG-CoA 还原酶抑制药与胆汁酸结合树脂类联合应用时，可增强降低血清 TC 及 LDL-C 的效应；若与苯氧酸类联合应用，则可增强降低 TG 的效应，但也能提高肌病的发生率（2%~5%）。

> ## 血脂康

血脂康为天然中药制剂，由红曲精制而成。其主要成分为洛伐他汀。临床前研究及临床试验均证实血脂康具有类似 HMG-CoA 还原酶抑制药的调血脂作用及非调血脂作用，且具有较好的安全性，可作为中等强度的降胆固醇药物使用或 HMG-CoA 还原酶抑制药不耐受患者的替代药物。

> **知识拓展**
>
> **血脂康——来自中国的天然 HMG-CoA 还原酶抑制药**
>
> 血脂康是 20 世纪 90 年代，我国科研人员从接种特殊红曲菌的籼米中，采用现代生物制药工艺发酵、精制而成。其主要成分为无晶形结构的洛伐他汀，此外还含有多不饱和脂肪酸、甾醇、黄酮类物质等多种成分。临床研究已证实，血脂康具有中等强度的降低胆固醇的作用，此外，也具有抗炎、保护内皮细胞、抗血栓等非调血脂作用。目前，血脂康是《中国成人血脂异常防治指南》中唯一推荐的中药，是我国患者使用较多的调血脂药物之一。同时尚未发生血脂康所致的横纹肌溶解及其他严重不良反应的病例报道。血脂康的研究开发源自祖国医学，我们应坚持文化自信，坚持中国创新药的自主研发之路，使更多的血脂异常患者获益。

（二）抑制胆固醇吸收药

抑制胆固醇吸收药主要包括胆汁酸结合树脂和单环 β- 内酰胺类。

1. 胆汁酸结合树脂（bile acid resins） 这类药物又称胆汁酸螯合剂或胆汁酸隔置剂。胆汁酸是胆固醇在体内的主要代谢产物，在正常情况下，胆固醇在肝中代谢生成胆汁酸，胆汁酸随胆汁排入十二指肠，发挥促进脂肪消化吸收的作用。随后约 95% 胆汁酸再经回肠黏膜吸收入血，形成肝肠循环而重复利用。胆汁酸结合树脂分子量较大，此类药物进入肠道后不被吸收，却可与带负电荷的胆汁酸牢固结合，阻止胆汁酸的肝肠循环和重复利用，从而抑制外源性胆固醇的吸收，使血浆 TC 和 LDL-C 水平降低。胆汁酸结合树脂类代表药主要包括考来烯胺、考来替泊、考来维仑。

➢ **考来烯胺（colestyramine，消胆胺）**

考来烯胺为苯乙烯型强碱性阴离子交换树脂类，其氯化物呈白色或淡黄色球状颗粒或粉末，无臭或有氨臭。Cl^- 能与其他阴离子交换，1.6 g 考来烯胺能结合胆盐 100 mg。

【药理作用】考来烯胺能降低血浆 TC 和 LDL-C 水平，其强度与剂量有关，在一般剂量下能分别降低 20%～25% 和 25%～45%，Apo B 也相应降低，HDL-C 几无改变，可轻度升高 TG（3%～10%），特别是对于 TG 水平较高的患者。

【作用机制】考来烯胺在肠道通过离子交换与胆汁酸结合而发生下列作用：①被结合的胆汁酸失去活性，减少肠道对外源性胆固醇的吸收。②胆汁酸在肠道的重吸收被阻滞，导致大量胆汁酸丢失，促进肝内胆固醇经 7α- 羟化酶的作用转化为胆汁酸，降低内源性胆固醇水平。③由于肝细胞中胆固醇减少，导致肝细胞表面 LDL 受体代偿性表达增加和活性增强，LDL 经 LDL 受体途径进入肝细胞，使血浆 TC 和 LDL-C 水平降低。④TC 水平降低可导致 HMG-CoA 还原酶继发性活性增加，一定程度上增加胆固醇的合成。考来烯胺如与 HMG-CoA 还原酶抑制药联合应用，对 TC 和 LDL-C 的降低可有协同作用。

【临床应用】考来烯胺主要用于治疗以 TC 和 LDL-C 升高为主的血脂异常，如杂合子家族性Ⅱa型高脂蛋白血症，但对纯合子家族性高脂蛋白血症无效。对于Ⅱb型高脂蛋白血症，应与降 TG 和 VLDL 的药物配合应用。

【不良反应与注意事项】考来烯胺不良反应较多，其给药剂量较大（一天最大剂量为 24 g）且有特殊的臭味和一定的刺激性，较常见便秘、腹胀、嗳气和食欲缺乏等胃肠道症状，大部分在 2 周后可逐渐消失；但便秘过久可引起肠梗阻，应予停药。考来烯胺的非特异性吸附作用，可在肠腔内与 HMG-CoA 还原酶抑制药、氯噻嗪、保泰松、苯巴比妥、地高辛、甲状腺素、口服抗凝血药、脂溶性维生素（维生素 A、维生素 D、维生素 E、维生素 K）、叶酸及铁剂等结合，影响这些药物的吸收，应尽量避免配伍使用，必要时可在服此药 1 h 前或 4 h 后服上述药物。大剂量应用考来烯胺可引起脂肪泻，此外，长期应用可能发生高氯性酸中毒。

➢ 考来替泊（colestipol，降胆宁）、考来维仑（colesevelam）

考来替泊为二乙基五胺环氧氯丙烷的聚合物，是弱碱性阴离子交换树脂。而考来维仑属于强碱性阴离子交换树脂类，是一种经过修饰的聚丙烯胺，该药物与胆汁酸的结合比其他胆汁酸结合树脂更强。考来替泊、考来维仑的药理作用、临床应用、不良反应与考来烯胺基本相同。相比考来烯胺和考来替泊，考来维仑所需剂量最小（一天最大剂量为 4 g），且不易引起消化不良、便秘和腹胀，可制成硬胶囊，具有亲水性，但不溶于水，吸收水分后变成柔软的凝胶状，可以减少胃肠道刺激。因此，考来维仑可代替考来烯胺，从而避免胆汁盐吸收不良引起的慢性腹泻，但在儿童和孕妇中的药效和安全性有待考证。

2. 单环 β- 内酰胺类 依折麦布又称依泽替米贝，属于单环 β- 内酰胺类，2002 年作为第一个通过选择性抑制小肠黏膜上皮细胞胆固醇吸收而降低 TC 及 LDL-C 的药物在美国批准上市。

➢ 依折麦布（ezetimibe）

【药理作用】依折麦布是一种前药，在肠内进行葡糖醛酸化生成活性代谢产物依折麦布 - 葡糖醛酸苷，后者可使肠道胆固醇的吸收减少 50% 以上，但对胆汁酸、TG 和脂溶性维生素的吸收无影响，可使血浆 TC、LDL-C 水平降低，对血浆 TG、HDL-C 水平无明显影响。依折麦布的吸收不受食物影响，因此其服用与饮食无关。由于依折麦布几乎不经过肝 CYP 酶系代谢，所以很少与其他药物产生相互作用。依折麦布的活性代谢产物存在肝肠循环，因此 $t_{1/2}$ 较长，约为 22 h。

【作用机制】依折麦布的作用靶点为小肠黏膜上皮刷状缘的转运蛋白 NPC1 L1（Niemann-Pick C1 like 1 protein）。NPC1 L1 主要负责将肠道中的胆固醇转运至细胞内。依折麦布可抑制 NPC1 L1 的活性，进而抑制食物和胆汁中的胆固醇及植物胆固醇在小肠黏膜上皮刷状缘的吸收，减少肠道胆固醇向肝的转运。这种作用可引起肝内胆固醇合成代偿性增加，但可因联用 HMG-CoA 还原酶抑制药而被抑制。此外，肠道胆固醇转运入肝的减少，也可以刺激 LDL 受体的表达增加，进而加速血中 LDL 的清除。因此，单用依折麦布的净效应是可使血浆 LDL-C 降低 15%~20%。

【临床应用】临床上依折麦布可作为胆汁酸结合树脂类药的替代品使用，可单独应用或与 HMG-CoA 还原酶抑制药、苯氧酸类调血脂药联合应用治疗血脂异常，主要是降低 LDL-C，与 HMG-CoA 还原酶抑制药联用，有协同作用。对于中等强度 HMG-CoA 还原酶抑制药治疗 LDL-C 不能达标者可联合应用依折麦布治疗。

【不良反应与注意事项】依折麦布不良反应较少，患者对依折麦布的耐受性较好。主要不良反应包括腹痛、腹泻、乏力、关节和背部疼痛等。

（三）前蛋白转化酶枯草溶菌素 9 抑制药

目前已获批上市的前蛋白转化酶枯草溶菌素 9（proprotein convertase subtilisin/kexin type 9，PCSK9）抑制药主要包括依洛尤单抗（evolocumab）和阿利库单抗（alirocumab）

【药理作用】前蛋白转化酶枯草溶菌素 9（PCSK9）为肝内合成的分泌型丝氨酸激酶，

PCSK9 分泌入血后，可与肝细胞表面 LDL 受体结合，并促进 LDL 受体进入肝细胞，使 LDL 受体在溶酶体的作用下降解，从而降低肝细胞表面 LDL 受体数量，降低肝细胞清除血中 LDL 的能力。

PCSK9 抑制药均为单克隆抗体，此类药物可直接与 PCSK9 结合并抑制 PCSK9 与 LDL 受体的结合，进而阻止 PCSK9 介导的 LDL 受体降解，促进 LDL 的清除，降低 LDL 水平。研究显示，PCSK9 抑制药单用或与 HMG-CoA 还原酶抑制药合用可使 LDL-C 水平降低 40%~70%，同时也可以改善 TG、Apo B100 及 Lp（a）等指标。

【体内过程】依洛尤单抗和阿利库单抗作为人源单克隆抗体，需采用皮下注射的方式给药，根据药物剂量及适应证不同，每月 1 次或 2 次注射，注射后 4~8 h 可达到对 PCSK9 的最大抑制。两药的表观分布容积均较小，可能主要分布于循环系统，代谢方式主要通过蛋白酶解途径消除。依洛尤单抗和阿利库单抗的 $t_{1/2}$ 分别为 17~20 天和 11~17 天。

【临床应用】PCSK9 抑制药目前主要用于经大剂量强效 HMG-CoA 还原酶抑制药治疗后 LDL-C 仍不能达标的极高危心血管疾病患者和家族性高胆固醇血症患者。对于纯合子家族性高胆固醇血症患者，PCSK9 抑制药是目前比较有效且安全的治疗药物。

【不良反应】依洛尤单抗和阿利库单抗获批上市时间较晚，现有的研究报道显示，两药的不良反应发生率较低，与其他单克隆抗体类似，依洛尤单抗常见的不良反应为感染风险增加，如鼻咽炎、上呼吸道感染、尿路感染、易患流感，此外也可发生背痛、关节痛、注射部位红斑等不良反应。阿利库单抗主要不良反应包括鼻咽炎、注射部位反应、易患流感等。

二、主要降低甘油三酯及极低密度脂蛋白的药物

（一）苯氧酸类

最初的苯氧酸类（fibrates，又称贝特类）药物为氯贝丁酯（clofibrate，安妥明），于 1963 年批准上市应用，曾因具有降低 TG 和 VLDL 的作用而被广泛应用，后经大规模和长期临床试验发现其不良反应特别是肝胆系统并发症较多，且不能降低冠心病的死亡率，2002 年已经被撤市停用。目前应用的新型苯氧酸类，如吉非贝齐、非诺贝特、苯扎贝特，调血脂作用增强而不良反应减少。

【体内过程】苯氧酸类药物一般口服吸收快而完全，多数药物血浆蛋白结合率较高（>95%），不易分布到外周组织。最后大部分药物在肝与葡糖醛酸结合，少量以原型经肾排出。因化学结构各异，代谢也各不相同。吉非贝齐和苯扎贝特具有活性酸形式，吸收后发挥作用快，持续时间短，半衰期较短；氯贝丁酯和非诺贝特需先水解成活性酸形式才开始发挥作用，达峰时间为 4~5 h，半衰期较长。

【药理作用】苯氧酸类既有调血脂作用也有非调血脂作用。调血脂作用包括能降低血浆 TG 20%~60%、VLDL-C 63%、TC 6%~25%、LDL-C 26%，能升高 HDL-C 10%~30%。非调血脂作用有抗凝血、抗血栓和抗炎作用等，与调血脂作用共同发挥抗动脉粥样硬化效应。

【作用机制】苯氧酸类的作用机制尚未完全清楚，目前认为可能与激活过氧化物酶体增殖物激活受体 α（peroxisome proliferator activated receptor-α，PPAR-α）有关。PPAR-α 在肝和脂肪组织中表达较多，可调节 LPL、Apo AⅠ、Apo AⅡ和 Apo CⅢ（抑制 LPL 活性）等的基因表达。苯氧酸类作为 PPAR-α 的配体，通过激动 PPAR-α 引起如下效应：①增加 LPL 合成、减少 Apo CⅢ的表达，加速 CM 和 VLDL 的分解代谢，降低 VLDL-C、TG 水平；②刺激 Apo AⅠ和 Apo AⅡ的表达，进而提高 HDL-C 的水平（图 26-2）。此外，苯氧酸类还具有抗

凝血、降低血浆黏度和加强纤维蛋白溶解过程等作用，这些作用可能与降低某些凝血因子的活性、减少纤溶酶原激活抑制物 1（plasminogen activator inhibitor-1，PAI-1）的产生有关。

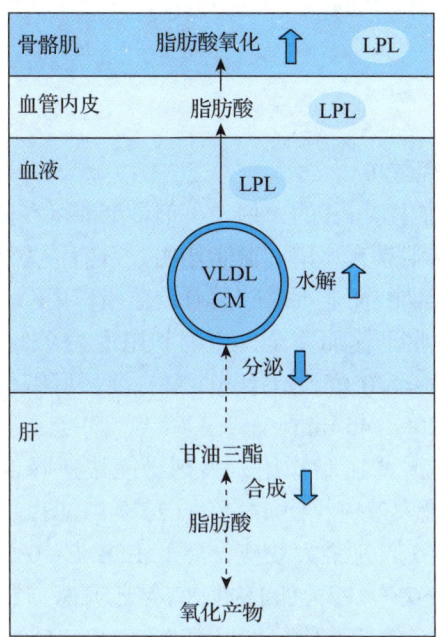

图 26-2　苯氧酸类在肝和周围组织中的作用

【临床应用】苯氧酸类主要用于原发性高甘油三酯血症，对Ⅲ型高脂蛋白血症和混合型高脂蛋白血症有较好的疗效，也可用于伴有 2 型糖尿病的高脂血症。有关吉非贝齐的临床研究显示，吉非贝齐可减少致死性及非致死性心肌梗死的风险，但却使非冠心病的死亡率轻度升高，因而并没有降低总死亡率。

【不良反应与注意事项】患者对苯氧酸类一般耐受良好，不良反应发生率为 5%~10%，主要为消化道反应，如食欲缺乏、恶心、腹胀；其次为乏力、头痛、失眠、皮疹、阳痿等；偶有肌痛、尿素氮增加、氨基转移酶升高，停药后可恢复。各药的不良反应不尽相同，氯贝丁酯不良反应较多且严重，可致心律失常、胆囊炎、胆石症、胃肠道肿瘤的发病率增加。肝胆疾病者、孕妇、儿童、肾功不全者禁用苯氧酸类。苯氧酸类与口服抗凝血药同用，可使抗凝血活性增强，常需减少抗凝血药的剂量。与 HMG-CoA 还原酶抑制药联合应用，有增加肌病发生的可能。

➤ 吉非贝齐（gemfibrozil）

吉非贝齐口服吸收迅速而完全，达峰时间为 1~2 h，2~3 天即达稳态血药浓度，平均药峰浓度为 15~25 mg/L，血浆蛋白结合率约 98%，$t_{1/2}$ 为 1.5~2 h，66% 经尿排出，6% 由粪便排出。吉非贝齐降低血浆 TG 和 VLDL-C 的作用起效快、稳定，对血浆 TG 明显增高和伴有 HDL-C 降低或 LDL-C 升高的高脂血症疗效最好。吉非贝齐与大剂量 HMG-CoA 还原酶抑制药合用时引起肌病的风险较非诺贝特、苯扎贝特高。

➤ 非诺贝特（fenofibrate）

非诺贝特口服吸收快，50%~75% 被吸收，达峰时间为 4 h，血浆蛋白结合率为 99%，在肠道或肝转化为活性物质，$t_{1/2}$ 为 22 h，约 66% 随尿排泄，肾功能不全者慎用。非诺贝特除有调血脂作用外，还能明显地降低血浆纤维蛋白原和血尿酸水平、降低血浆黏稠度、改善血流动力学等非调血脂作用。

➤ 苯扎贝特（benzafibrate）

苯扎贝特口服易吸收，达峰时间为 2 h，血浆蛋白结合率为 94%~96%，排泄较快，

94.6% 经尿排出（40% 以上为原型药物），3% 由粪便排出，$t_{1/2}$ 为 1.5～2 h，无蓄积性，肾功能不全者应慎用。苯扎贝特作用及应用同吉非贝齐，也用于伴有血脂升高的 2 型糖尿病，除调血脂作用外还可使空腹血糖降低 10%。并降低血浆 FFA、纤维蛋白原和糖化血红蛋白，抑制血小板聚集。

（二）烟酸类

> 烟酸（nicotinic acid，尼克酸）

烟酸为 B 族维生素——维生素 PP 的一种，小剂量烟酸可在体内转化为烟酰胺发挥其作为维生素的功能，而大剂量烟酸则具有广谱调血脂作用。目前认为烟酸的调血脂作用与烟酸在体内转化为烟酰胺无关，因为仅烟酸而非烟酰胺具有调血脂作用。

【体内过程】烟酸口服吸收迅速而完全，生物利用度为 95%，达峰时间为 30～60 min。该药物血浆蛋白结合率较低（＜20%），治疗量烟酸主要经肝脏代谢，其代谢产物烟尿酸及原型药物最终经肾排出。$t_{1/2}$ 为 20～45 min。

【药理作用】烟酸具有广谱调血脂作用，大剂量能快速降低血浆 TG 和 VLDL-C，服后 1～4 h 生效，4～7 天达到最大效应，使 TG 降低 20%～60%。降低 LDL-C 作用相对较慢且弱，用药 5～7 天起效，3～5 周达最大效应，降低 LDL-C 10%～15%，若与胆汁酸结合树脂配伍使用，能降低 40%～60%。若再加 HMG-CoA 还原酶抑制药作用，此作用可进一步加强。烟酸是目前升高 HDL 最有效的药物，能升高血浆 HDL-C 15%～35%。同时，烟酸也是目前确认的少有的降低 Lp（a）的药物。

【作用机制】烟酸的调血脂作用可能通过多种途径起效：①在脂肪组织，烟酸可以抑制激素敏感脂肪酶（HSL），抑制脂肪组织内 TG 的水解释放出 FFA，进而减少 FFA 转运至肝脏，使肝脏合成 TG 的原料不足；②在肝脏，通过影响脂肪酸的酯化及增加 Apo B 的降解，减少 TG 的合成，进而减少 VLDL 的合成和释放，继而使 LDL 来源减少；③抑制 HDL 中 Apo AⅠ的分解清除，增加 Apo AⅠ的含量，增加 HDL 水平，促进 Ch 的逆向转运，阻滞动脉粥样硬化病变的发展；④抑制 TXA_2 的生成，增加 PGI_2 的生成，发挥抑制血小板聚集和扩张血管的作用。

【临床应用】烟酸为广谱调血脂药物，对多种高脂血症均有一定效应。其中对Ⅱb 和Ⅳ型最好。适用于混合型高脂血症、高 TG 血症、低 HDL 血症及高 Lp（a）血症。若与 HMG-CoA 还原酶抑制药或苯氧酸类配伍使用，可提高疗效。

【不良反应与注意事项】用于血脂异常治疗的烟酸剂量较大，因此不良反应发生率相对较高，但多较轻。最初服药时或剂量增加时可出现皮肤潮红及瘙痒等，通常连续服药 1～2 周会缓解，与阿司匹林配伍使用，可使该反应减轻，提示该不良反应可能与前列腺素有关。此外，烟酸可引起胃肠道症状，如腹痛、腹泻、消化不良，严重者可引起消化性溃疡，餐时或餐后服用可以减轻。长期应用可致皮肤干燥、色素沉着或棘层肥厚（棘皮症）。个别患者可有肝功能异常、血尿酸增多、糖耐量减低等，停药后可以恢复。消化性溃疡、2 型糖尿病、痛风、妊娠及肝功能异常者禁用。

> 阿昔莫司（acipimox，氧甲吡嗪）

阿昔莫司为烟酸的衍生物。药理作用、体内过程与烟酸类似，口服吸收快而完全，达峰时间约为 2 h，不与血浆蛋白结合，以原型由尿排出，$t_{1/2}$ 约 2 h。阿昔莫司可明显降低血浆 TG、LDL-C，升高 HDL-C，与胆汁酸结合树脂联用可加强其降 LDL 作用，作用较强而持久。不良反应与烟酸比较发生率较低且较轻。除用于Ⅱb、Ⅲ和Ⅳ型高脂血症外，也适用高 Lp（a）血症及 2 型糖尿病伴有高脂血症患者。此外，尚能降低血浆纤维蛋白水平和全血黏度。

> 维生素 E 烟酸酯（vitamin E nicotinicate）

维生素 E 烟酸酯是维生素 E 和烟酸缩合而成的酯类化合物，有一定的调血脂作用，同时可扩张周围血管，促进中枢神经系统、皮肤及肌肉的血液循环，增加血流量。维生素 E 烟酸酯主要作为二线药物，用于缓解脑卒中后遗症所致慢性脑循环障碍的伴随症状及闭塞性动脉硬化引起的外周循环症状，也可用于高脂血症的治疗。

三、降低脂蛋白 a 的药物

脂蛋白 a[Lp（a）]是血浆中的一种特殊的脂蛋白，结构与 LDL 类似，Lp（a）中除含有 Apo B 外，尚含有 Apo（a）。血浆 Lp（a）升高早已被证实是动脉粥样硬化的独立危险因素，Lp（a）中 Apo（a）结构和功能的特殊性可能决定了 Lp（a）的致动脉粥样硬化作用比 LDL 更强。其原因可能与以下因素有关：①Lp（a）的 LDL 样颗粒具有致动脉粥样硬化作用；②Apo（a）可与含赖氨酸的血管内皮结合，加重血管内皮损伤；③Apo（a）与纤溶酶原有高度的相似性，竞争性地抑制纤溶酶原活化，促进血栓形成；④Lp（a）更容易发生氧化，导致巨噬细胞通过受体摄取 Lp（a）后形成泡沫细胞沉积在血管壁；⑤Lp（a）可激活转化生长因子（TGF），刺激血管平滑肌增殖。降低血浆 Lp（a）水平已经成为防治动脉粥样硬化研究的热点。但目前尚无有效降低 Lp（a）的药物，也无药物获批专用于降低 Lp（a）水平。目前仅有部分调血脂药兼有一定程度降低 Lp（a）的作用，如烟酸可降低 Lp（a）20% 左右，PCSK9 抑制药可降低 Lp（a）20%~30%。

第二节 抗氧化剂

氧自由基（oxygen free radical）在动脉粥样硬化是发生和发展中也发挥着一定的重要作用。氧自由基使 LDL 氧化成 ox-LDL，ox-LDL 被认为是最重要的致动脉粥样硬化因子。已经证明，ox-LDL 影响动脉粥样硬化病变发生和发展的多个过程，例如：①损伤血管内皮，促进单核细胞向内皮黏附并向内皮下转移；②阻滞进入内皮下的单核细胞所转化的巨噬细胞返回血流；③巨噬细胞无限制地摄取 ox-LDL 而成为泡沫细胞；④促进内皮细胞释放血小板衍生生长因子（platelet derived growth factor，PDGF）等，导致血管平滑肌细胞增殖和迁移，后者可以相同方式摄取 ox-LDL 并成为泡沫细胞；⑤泡沫细胞的脂质积累形成脂质条纹和斑块；⑥被损伤的内皮细胞还可导致血小板聚集和血栓形成。研究表明，除了 LDL 可被氧化修饰之外，Lp（a）和 VLDL 也可被氧化，增强其致动脉粥样硬化作用；此外，HDL 对氧化也非常敏感，氧化修饰的 HDL 由于构象改变，其胆固醇逆向转运的功能也受到影响，反而具有致动脉粥样硬化作用。因此，防止氧自由基的产生和抑制脂蛋白的氧化修饰，对于阻止动脉粥样硬化的发生和发展有一定的积极意义。目前，能够用于动脉粥样硬化防治的抗氧化剂（antioxidants）主要包括普罗布考、维生素 E、维生素 C 等。

> 普罗布考（probucol）

1977 年，普罗布考作为调血脂药开始用于临床。普罗布考有一定的降低血浆 TC 和 LDL-C 的作用，但因为有降低 HDL 的作用而未被重视。但长期临床研究显示，普罗布考仍具有较强的抗动脉粥样硬化作用，其效应与其抗氧化作用密切相关，从而得到重新评价和应用。

【体内过程】普罗布考口服吸收率低于 10%，且不规则，与食物同服可增加吸收；吸收后主要蓄积于脂肪组织和肾上腺，血清中浓度较低，服药后达峰时间为 18 h；药物在体内代谢缓慢，$t_{1/2}$ 为 52~60 h；84% 的药物主要以原型经粪便排出，仅有 2% 从尿中排出。

【药理作用与作用机制】

普罗布考的抗动脉粥样硬化作用可能是抗氧化和调血脂作用的综合结果。

1. 抗氧化作用 普罗布考为疏水性抗氧化剂，抗氧化作用为维生素 E 的 5～6 倍。普罗布考在体内分布于各脂蛋白，它本身被氧化为普罗布考自由基，阻断脂质过氧化，从而减少脂质过氧化物的产生，抑制 ox-LDL 的生成及其引起的一系列病变过程，如内皮细胞损伤、单核细胞向内皮下游走、清道夫受体摄取 ox-LDL 成为泡沫细胞、血管平滑肌细胞增殖及迁移等。

2. 调血脂作用 普罗布考可使血浆 TC 下降 10%～20%，LDL-C 下降 5%～15%；而 HDL-C 及 Apo A I 同时明显下降，对血浆 TG 和 VLDL-C 一般无影响。若与 HMG-CoA 还原酶抑制药或胆汁酸结合树脂配伍使用，可增强调血脂作用。普罗布考调血脂作用机制目前并不是完全清楚，可能与其抑制 HMG-CoA 还原酶，减少胆固醇合成，并能通过受体及非受体途径增加 LDL 的清除有关。有关降低血浆 HDL 水平的作用是普罗布考引起关注的重点，研究显示，普罗布考在降低 HDL 的同时也改变了 HDL 的亚型，使富含胆固醇多的 HDL2 向含胆固醇少的 HDL3 转变，HDL3 颗粒变小，而数量和活性提高，增加了 HDL 的转运效率，使胆固醇逆向转运清除加快。

3. 对动脉粥样硬化病变的影响 普罗布考较长期应用可使冠心病发病率降低，已形成的动脉粥样硬化病变停止发展或消退，肌腱黄色瘤明显缩小或消除。

【临床应用】普罗布考用于各型高胆固醇血症，包括纯合子和杂合子家族性高胆固醇血症，若与其他降胆固醇药配伍使用，可使效果加强；较长期服用可使肌腱黄色瘤消退，阻止动脉粥样硬化病变发展，降低冠心病发病率，同时也可预防经皮腔内冠状动脉成形术（PTCA）后的再狭窄；对继发于肾病综合征或糖尿病的Ⅱ型高脂蛋白血症也有效。

【不良反应与注意事项】普罗布考不良反应以胃肠道不适为主，腹泻的发生率约 10%，还有腹胀、腹痛、恶心等；其他少见的不良反应包括头痛、头晕、感觉异常、失眠、耳鸣、皮疹、皮肤瘙痒、肝功能异常等；罕见的严重不良反应包括心电图 Q-T 间期延长、室性心动过速（严重者可出现尖端扭转型室性心动过速）、血小板减少等。用普罗布考期间应注意心电图的变化，Q-T 间期延长者慎用，不宜与延长 Q-T 间期的药物同用，近期有心肌损伤者禁用，孕妇及儿童禁用。

第三节　多烯脂肪酸类

多烯脂肪酸（polyenoic fatty acid）又称多不饱和脂肪酸（polyunsaturated fatty acids，PUFA），根据双键在脂肪酸链中开始出现位置的不同，将 PUFA 分为 n-3（或 ω-3）型及 n-6（或 ω-6）型。

一、n-3 型多烯脂肪酸

n-3 型多烯脂肪酸（n-3 polyenoic fatty acid，n-3 PUFA）主要包括二十碳五烯酸（eicosapentaenoic acid，EPA）和二十二碳六烯酸（docosahexoenoic acid，DHA）。EPA 和 DHA 主要来自海洋生物的油脂，目前的研究显示，大剂量高纯度 EPA、DHA 具有调血脂及抗动脉粥样硬化的效应，能显著降低 ASCVD 患者不良心血管事件的发生。

【药理作用与作用机制】

1. 调血脂作用 EPA 和 DHA 有明显的调血脂作用，其中降低 TG 及 VLDL-TG 的作用较强，能分别下降 20%～28% 和 42%～52%；还可使 HDL-C（9%～10%）水平升高，Apo A I /

Apo A Ⅱ 比值明显增大；通常对 LDL-C 和 Apo B 无改变或轻度升高。

2. 非调血脂作用 EPA 和 DHA 在细胞膜磷脂中，可取代花生四烯酸（arachidonic acid，AA），作为三烯前列腺素和五系白三烯的前体，产生相应的活性物质，呈现多方面的作用：①在血小板中取代 AA 形成 TXA_3，使 TXA_2 形成减少，从而使其促血小板聚集和收缩血管作用减弱；在血管壁中取代 AA 形成 PGI_3，PGI_3 仍有 PGI_2 的扩张血管和抗血小板聚集作用。所以 EPA 和 DHA 有较强的抗血小板、抗血栓和血管扩张的作用。②可抑制血小板衍生生长因子的释放，进而抑制血管平滑肌细胞的增殖和迁移。③在红细胞膜中，EPA 和 DHA 可增加红细胞的可塑性，改善微循环。④在白细胞中，EPA 可转化为五系白三烯中的 LTB_5 等，从而减弱了四系白三烯中的 LTB_4 的促白细胞向血管内皮的黏附和趋化性；此外，EPA 能降低血中 IL-1β 和 TNF 的浓度，抑制黏附分子的活性；EPA、DHA 对动脉粥样硬化早期的白细胞-内皮细胞炎性反应的多种细胞因子表达呈明显的抑制作用。

【临床应用】EPA 和 DHA 适用于高甘油三酯性高脂血症，可作为饮食治疗的辅助药物；近期心肌梗死患者应用 EPA、DHA，可明显改善预后，降低猝死率及总死亡率；如果与 HMG-CoA 还原酶抑制药合用，可增强疗效；也适用于糖尿病并发高脂血症等。

【不良反应与注意事项】n-3 PUFAs 为人体的必需脂肪酸，一般无不良反应，但是若长期或大剂量应用，可能使出血时间延长、免疫反应降低。PUFAs 制剂易被氧化，产生过氧化物及氧自由基，使毒性增加，因此制剂中应加适量维生素 E 以防氧化。

二、n-6 型多烯脂肪酸

n-6 型多烯脂肪酸（n-6 polyenoic fatty acids，n-6 PUFA）主要来源于植物油，主要包括亚油酸（linoleic acid，LA）、亚麻酸（linolenic acid，LNA）和月见草油（evening primrose oil），后者是从月见草子中提取的油脂，其中含亚油酸约 70%，亚麻酸 6%~9%。如果增加食物中 n-6 型脂肪酸摄入，减少饱和脂肪酸比例，可适度降低心血管疾病风险，这是健康饮食模式的重要步骤之一。此类药物有一定的调血脂作用，但作用较弱。有关此类药物大剂量摄入防控心血管疾病的临床研究，结果并不完全一致。

第四节 黏多糖和多糖类

黏多糖是由氨基己糖或其衍生物与糖醛酸构成的二糖单位多次重复组成的长链，其典型代表为肝素。肝素除了具有强大的体内外抗凝作用之外，也具有一定的抗动脉粥样硬化作用，其中涉及：①调血脂作用；②对动脉内皮有高度亲和性，中和多种血管活性物质，保护动脉内皮；③抗炎作用，抑制白细胞向血管内皮黏附及其向内皮下转移；④阻滞血管平滑肌细胞的增殖和迁移；⑤加强酸性成纤维细胞生长因子（acid fibroblast growth factor，aFGF）的促微血管生成作用；⑥抗血栓形成等。但由于出血不良反应多、口服无效、持续时间短等缺点，肝素不能用于动脉粥样硬化的临床治疗。

天然类肝素是存在于生物体内的类似肝素结构的一类物质，如硫酸乙酰肝素（heparan sulfate）、硫酸皮肤素（dermatan sulfate）、硫酸软骨素（chondroitin sulfate）及肠多糖。肠多糖是从猪肠黏膜提取的含硫酸乙酰肝素、硫酸皮肤素和硫酸软骨素的复合物。研究显示，此类药物对凝血过程无明显不利的影响，同时有一定的保护血管内皮、抗血小板、调血脂、抑制血管平滑肌增殖、阻滞动脉粥样硬化斑块形成等作用，目前已用于高脂血症、动脉粥样硬化相关疾病的治疗。此外，海洋酸性糖酯类如右旋糖酐硫酸酯钠（dextran sulfate sodium）、藻酸双酯钠

（alginic sodium diester）也有类似的药理作用和临床应用。

第五节 治疗血脂异常的新型药物

随着对血脂调节分子机制的深入研究，近年来发现了多个调控血脂异常的新靶点，并相应地带动了相关药物的发现及应用。目前已经在部分国家批准上市的治疗血脂异常的新型药物包括：微粒体甘油三酯转移蛋白抑制药、Apo B100 反义寡核苷酸等。此外，Lp（a）、Apo C Ⅲ 的反义寡核苷酸正处于临床试验阶段。

一、微粒体甘油三酯转移蛋白抑制药

微粒体甘油三酯转移蛋白（microsomal triglyceride transfer protein，MTP）主要分布在肝和小肠，其作用是促进肝 VLDL 及肠道 CM 的组装。洛美他派（lomitapide）为 MTP 抑制药，可抑制 VLDL、CM 的产生，进而抑制 LDL 的生成。洛美他派可用于治疗纯合子家族性高脂血症，由于其胃肠道不良反应、肝功异常发生率很高，对心血管不良事件发生率和死亡率影响未知，目前仅限于在特定患者中使用。

二、Apo B100 反义寡核苷酸

Apo B 主要包括 Apo B48 和 Apo B100 两种亚型。其中，Apo B100 主要分布于 LDL、VLDL 中，而通过抑制 Apo B100 的合成，可以降低 LDL-C 水平，发挥调血脂作用。米泊美生（mipomersen）是 Apo B100 生成的抑制药，为反义寡核苷酸类药物。米泊美生与 Apo B100 的 mRNA 编码区互补，通过杂交引起 mRNA 的降解，从而抑制 Apo B100 蛋白的翻译。相关临床试验证实，连续 26 周每周 1 次的米泊美生皮下注射可以减少 36.9% 的 LDL-C、38% 的 Apo B100 和 24% 的 Lp（a）水平。米泊美生常见的不良反应为注射部位反应、流感样症状和肝功异常。目前米泊美生仅用于治疗罕见的纯合子家族性原发性高胆固醇血症。对于其他类型高胆固醇血症，其安全性和有效性尚未得到证实。

> **临床应用**
>
> **动脉粥样硬化性心血管疾病（ASCVD）患者的血脂管理**
>
> 血脂异常是动脉粥样硬化的核心因素，血脂（尤其是 LDL-C）水平增高者 ASCVD 发病风险显著增加。目前，我国人群血脂异常发病率显著升高，人群 ASCVD 发病率和死亡风险明显增加。因此，血脂管理是 ASCVD 防治的关键环节之一。LDL-C 是目前血脂异常治疗的首要干预靶点，非 HDL-C 可作为次要干预靶点。血脂异常明显受饮食及生活方式的影响，因此，无论是否进行药物调脂治疗，都必须坚持治疗性生活方式改变（饮食治疗、生活方式改善）。调血脂药物主要包括 HMG-CoA 还原酶抑制药和非 HMG-CoA 还原酶抑制药。其中 HMG-CoA 还原酶抑制药为目前调血脂治疗的基石。非 HMG-CoA 还原酶抑制药包括以降低 TC 和 LDL 为主的药物（依折麦布、胆汁酸结合树脂、PCSK9 抑制药）和主要降低 TG 和 VLDL 的药物（苯氧酸类、烟酸类）。

思 考 题

1. 简述主要降低 TC 和 LDL-C 的调血脂药的分类及其代表药。
2. 简述 HMG-CoA 还原酶抑制药的主要临床应用。
3. 简述胆汁酸结合树脂的调血脂机制。
4. 患者，男，50岁，因"体检发现血脂增高2年"到社区医院就诊。患者2年前体检时发现血胆固醇增高，开始服用阿托伐他汀进行降脂治疗，同时坚持饮食控制和运动锻炼，并定期监测血脂。1周前患者再次来医院就诊，复查血脂发现 TC、LDL-C 仍处于较高水平，同时 VLDL-C、TG 水平高于正常值，诊断为复合性高胆固醇血症。请回答：

（1）简述阿托伐他汀对血脂的影响及其主要机制。

（2）对于复合性高胆固醇血症，除使用 HMG-CoA 还原酶抑制药之外，还可以联用哪些调血脂药？

（余 鹰）

第二十七章

利 尿 药

第二十七章数字资源

案例 27-1

患者，女，57岁，体胖，绝经2年，最近常感头痛，无其他不适。查体血压为160/110 mmHg，门诊给予氯沙坦50 mg，1次/天，口服。患者服药后血压仍未降至正常，每天血压波动较大。医生决定加用氢氯噻嗪25 mg，2次/天，口服。医生同时对患者进行生活方式指导。随后数天内患者血压稳定降低，维持在125/80 mmHg。

问题：
1. 医生为何决定加用氢氯噻嗪？它的药理作用和作用机制是什么？
2. 氢氯噻嗪的不良反应有哪些？长期使用需要注意什么？
3. 如果你是一名医护人员，会如何对患者进行生活方式指导？

利尿药（diuretic）是作用于肾脏，增加尿量的药物，临床上主要用于治疗各种原因引起的水肿，也可用于某些非水肿性疾病，如高血压、心功能不全、肾结石、高钙血症的治疗。虽然人们很早就认识到水肿性疾病的危害，但是直到1937年发现了碳酸酐酶抑制药、1957年发现了更有应用价值和作用更强的利尿药氯噻嗪，利尿药才得到广泛的应用。

第一节 利尿药的生理学基础和分类

一、利尿药的生理学基础

尿液的生成是通过肾小球滤过、肾小管和集合管的重吸收及分泌实现的。利尿药通过作用于肾单位的不同部位而产生利尿作用（图27-1）。

（一）肾小球滤过

血液中的成分除蛋白质和血细胞外，均可经肾小球滤过而形成原尿。原尿量的多少取决于肾血流量及有效滤过压。正常人每天原尿量可达180 L，但排出的终尿仅为1~2 L，说明约99%的原尿在肾小管被重吸收。有些药物可以作用于肾小球，如强心苷、氨茶碱、多巴胺，可以通过加强心肌收缩力、扩张肾血管、增加肾血流量和肾小球滤过率，使原尿生成量增加，但由于肾存在球-管平衡的调节机制，终尿量并不能明显增多，利尿作用很弱。因此，目前常

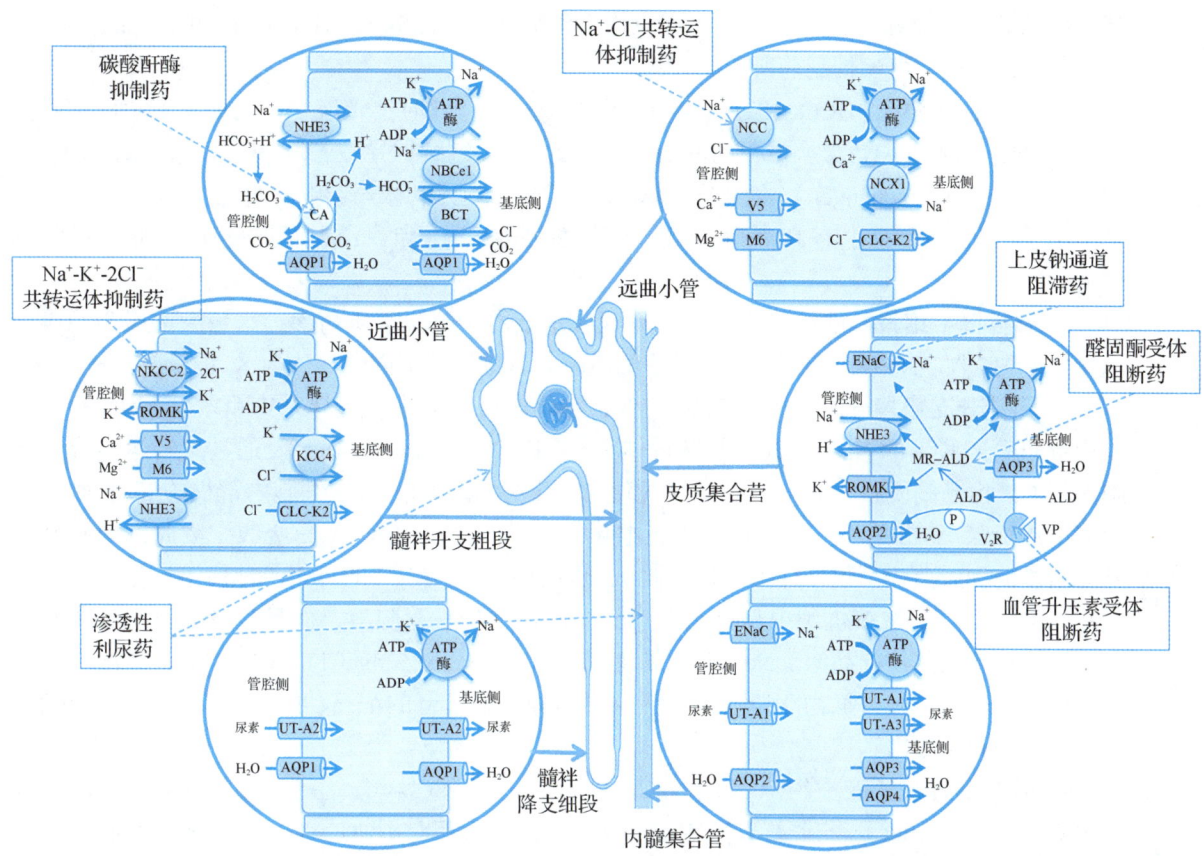

图 27-1　肾小管和集合管的重吸收和分泌系统及利尿药的作用靶点

细胞左侧为小管腔侧，右侧为基底侧，箭头指向作用部位和靶点

ALD：醛固酮；AQP：水通道；VP：血管升压素；BCT：碳酸氢根氯离子；CA：碳酸酐酶；CLC-K2：肾特异性氯通道 2；ENaC：上皮钠通道；KCC4：K^+-Cl^- 共转运体 4；NCX1：钠钙交换体 1；MR-ALD：盐皮质激素受体 - 醛固酮复合物；M6：瞬时受体电位阳离子通道 M6；V5：瞬时受体电位阳离子通道 V5；V_2R：血管升压素 V_2 受体；NHE3：Na^+-H^+ 交换体 3；NBCe1：生电碳酸氢钠协同转运蛋白 1；NCC：Na^+-Cl^- 共转运体；NKCC2：Na^+-K^+-$2Cl^-$ 共转运体 2；ROMK：肾外髓钾离子；UT：尿素通道

用的利尿药不是作用于肾小球，而是直接作用于肾小管，通过减少对水、电解质的重吸收而发挥利尿作用。

（二）肾小管重吸收

1. 近曲小管　原尿中约 85% 的 $NaHCO_3$、40% 的 NaCl、65% 的 K^+，以及葡萄糖、氨基酸和其他所有可滤过的有机溶质通过近曲小管特定的转运系统被重吸收，60% 的水被动重吸收以维持近曲小管液体渗透压的稳定。与利尿药作用最相关的是 $NaHCO_3$、NaCl 的重吸收。在目前应用的利尿药中，只有碳酸酐酶抑制药主要在近曲小管起作用。

近曲小管重吸 $NaHCO_3$ 是由近曲小管顶侧质膜（管腔面）的 Na^+-H^+ 交换体（Na^+-H^+ exchanger）所触发的。该转运系统促进管腔的 Na^+ 进入细胞，以 1∶1 的比例交换细胞内的 H^+。基侧质膜的 Na^+-K^+-ATP 酶将吸收进入细胞内的 Na^+ 泵出细胞而进入间质，使细胞内 Na^+ 保持在一个较低的水平。H^+ 分泌进入管腔与 HCO_3^- 形成 H_2CO_3。H_2CO_3 与 HCO_3^- 都不会被近曲小管直接转运，而是脱水成为 CO_2 和 H_2O，迅速跨越细胞膜 [CO_2 通过简单扩散的形式，H_2O 通过水通道 1（AQP1）]，在细胞内再水化成为 H_2CO_3。H_2CO_3 分解后，H^+ 用于 Na^+-H^+ 交换。

管腔内的脱水反应和细胞内的再水化反应均由碳酸酐酶（carbonic anhydrase，CA）催化。CA 的活性可以被碳酸酐酶抑制药所抑制。

在近曲小管远端，HCO_3^- 和有机溶质被管腔液带走，此时小管液中主要含有 NaCl，Na^+ 被持续重吸收，但 Na^+-H^+ 交换体驱动的 H^+ 的分泌则不再继续，导致管腔 pH 降低，激活 Cl^--碱交换体（Cl^--base exchanger），最终净吸收 NaCl。目前尚无利尿药影响此过程。

由于近曲小管对水有高度通透性，管腔液的渗透压和 Na^+ 浓度在整个近曲小管保持恒定。

2. 髓袢降支细段 髓袢降支细段只重吸收水。由于此段髓质高渗，水被渗透压驱动通过 AQP1 被重吸收。Na^+-K^+-ATP 酶存在于基侧质膜，以维持细胞内的 Na^+ 与 K^+ 的正常水平。

3. 髓袢升支粗段 原尿中约 35% 的 Na^+ 在此段被重吸收。髓袢升支粗段对 NaCl 的重吸收依赖于管腔膜上的 Na^+-K^+-$2Cl^-$ 共转运体（Na^+-K^+-$2Cl^-$ cotransporter）。通过共转运体进入细胞内的 Na^+ 由基侧质膜上的 Na^+-K^+-ATP 酶主动转运至组织间隙，在细胞内蓄积的 K^+ 扩散返回管腔，形成 K^+ 的再循环，造成管腔内正电位，驱动 Mg^{2+} 和 Ca^{2+} 的重吸收。因此，抑制髓袢升支粗段的利尿药，不仅增加 NaCl 的排出，也增加 Ca^{2+}、Mg^{2+} 的排出。此段不通透水，故此段在尿液的稀释和浓缩机制中具有重要意义，不仅稀释了管腔液，而且吸收 Na^+。NaCl 与尿素一起维持此段髓质的高渗。Na^+-K^+-$2Cl^-$ 共转运体抑制药减少 NaCl 的重吸收，一方面降低了肾的稀释功能，另一方面由于髓质高渗无法维持而降低了肾的浓缩功能，排出大量低渗尿液，产生强大的利尿作用。

4. 远曲小管 滤液中约 10% 的 NaCl 在远曲小管被重吸收，主要通过 Na^+-Cl^- 共转运体（Na^+-Cl^- cotransporter）。与髓袢升支粗段一样，远曲小管相对不通透水，NaCl 的重吸收进一步稀释了小管液。Na^+-Cl^- 共转运体抑制药通过阻断 Na^+-Cl^- 共转运体而产生作用。另外，Ca^{2+} 通过顶侧质膜上的钙通道和基侧质膜上的 Na^+-Ca^{2+} 交换体（Na^+-Ca^{2+} exchanger）而被重吸收，甲状旁腺激素可以调节这个过程。

5. 集合管 集合管重吸收原尿中 2%~5% 的 NaCl。此段重吸收的机制与其他段不同。主细胞顶侧质膜通过上皮钠通道和钾通道重吸收 Na^+ 和排出 K^+，进入主细胞内的 Na^+ 通过基侧质膜的 Na^+-K^+-ATP 酶转运进入血液循环。由于 Na^+ 进入细胞的驱动力超过 K^+ 的分泌，因而 Na^+ 的重吸收要超过 K^+ 的分泌，可产生显著的管腔负电位，负电位驱动 Cl^- 通过旁细胞途径吸收入血。由于集合管管腔 Na^+ 的浓度与 K^+ 的分泌有密切的联系，作用于集合管上游的利尿药如果增加 Na^+ 的排出，则将促进集合管 K^+ 的分泌，而且如果 Na^+ 的排出是与离子结合的方式，如与 HCO_3^- 结合，Cl^- 则不容易在集合管被重吸收，导致管腔的负电位增加，进一步促进 K^+ 的分泌。

醛固酮（aldosterone）通过对基因转录的影响，增加顶侧质膜上皮钠通道和钾通道的表达，以及 Na^+-K^+-ATP 酶的活性，促进 Na^+ 的重吸收及 K^+ 的分泌。醛固酮受体阻断药螺内酯和上皮钠通道阻滞药氨苯蝶啶等药作用于此部位，它们又称保钾利尿药。

影响尿浓缩的最后关键因素是血管升压素，又称抗利尿激素（antidiuretic hormone，ADH）。当尿液流经集合管时，在血管升压素调节下，大量的水被重吸收，使尿液浓缩。血管升压素对水重吸收的调节是通过 AQP2 的"穿梭机制"。血管升压素激动 V2 受体，使 cAMP 水平升高，通过蛋白激酶对 AQP2 磷酸化，促使细胞内含有 AQP2 的囊泡向顶侧质膜移动并融合，表达于质膜。水通过 AQP2 进入肾小管上皮细胞，然后再通过基侧质膜上的 AQP3 和 AQP4 被吸收入间质液。当 cAMP 水平降低时，则胞吞作用恢复，AQP2 从顶侧质膜转运至细胞内囊泡中。

> **知识拓展**
>
> **潜在的利尿药作用靶点**
>
> 经过近1个世纪的不断探索，人们对肾的尿浓缩机制及利尿药的靶点和药理作用机制有了较为清晰的认知。现有利尿药在大剂量、长疗程应用的情况下容易引起低钾血症或者低钠血症，以及血尿酸增高、糖耐量减低、脂代谢紊乱等不良反应。发现和确认与已有利尿药不同的药物作用靶点，研发通过不同机制发挥利尿作用的新型药物将提供更大的利尿药选择空间和更好的治疗效果。目前发现的尿素通道、水通道、钾通道、氯通道等多个特异性膜通道和转运蛋白参与肾的尿浓缩和利尿过程，调节机体水和电解质平衡，可能成为潜在的利尿药靶点，为临床需求的更有效且不良反应少的新型利尿药的研发提供了理论基础，给长期应用利尿药的心功能不全、肝硬化等患者改善生活质量带来希望。

二、利尿药的分类

常用利尿药可按它们的作用机制不同分为以下七类。

1. 碳酸酐酶抑制药（carbonic anhydrase inhibitor） 主要作用于近曲小管，抑制碳酸酐酶活性，利尿作用弱，属于低效能利尿药（low efficacy diuretic）。代表药为乙酰唑胺。

2. Na^+-K^+-$2Cl^-$ 共转运体抑制药（Na^+-K^+-$2Cl^-$ cotransporter inhibitor） 主要作用于髓袢升支粗段，又称袢利尿药（loop diuretic），其利尿作用强，因此又称高效能利尿药（high efficacy diuretic）。代表药为呋塞米。

3. Na^+-Cl^- 共转运体抑制药（Na^+-Cl^- cotransporter inhibitor） 又称中效能利尿药（medium efficacy diuretic）或噻嗪类利尿药（thiazide diuretic），主要作用于远曲小管近端。代表药为氢氯噻嗪。

4. 醛固酮受体阻断药（aldosterone receptor blocker） 主要作用于远曲小管远端和集合管，通过阻断醛固酮受体拮抗醛固酮作用，利尿作用弱，属于低效能利尿药，因能减少 K^+ 排出，又称保钾利尿药（potassium-sparing diuretic）。代表药为螺内酯。

5. 上皮钠通道阻滞药（epithelial sodium channel blocker） 属于低效能利尿药，主要作用于远曲小管远端和集合管，阻滞经上皮钠通道对 Na^+ 的重吸收，可减少 K^+ 排出，又称保钾利尿药。代表药为氨苯蝶啶。

6. 血管升压素受体阻断药（vasopressin receptor antagonist） 特异性阻断血管升压素受体，减少肾集合管主细胞水通道 AQP2 的表达，单纯抑制水的重吸收而发挥利尿作用，对电解质的排泄影响较小。代表药为托伐普坦。

7. 渗透性利尿药（osmotic diuretic） 常称为脱水药（dehydrant agent）。主要作用于血管、肾小管及集合管，增高血浆及原尿渗透压，稀释血液，增加肾小球滤过，减少肾小管和集合管的水重吸收。代表药为甘露醇。

第二节 常用利尿药

一、Na^+-K^+-$2Cl^-$ 共转运体抑制药

Na^+-K^+-$2Cl^-$ 共转运体抑制药主要作用部位在髓袢升支粗段，可选择性地抑制 Na^+-K^+-$2Cl^-$ 共转运体，减少 NaCl 的重吸收。此类药物不易导致酸中毒。常用药物有呋塞米（furosemide，呋喃苯胺酸，速尿）、依他尼酸（etacrynic acid，利尿酸）、布美他尼（bumetanide）、托拉塞米（torasemide）。

【体内过程】Na^+-K^+-$2Cl^-$ 共转运体抑制药吸收迅速。呋塞米在口服 30 min 内，静脉注射 5 min 后生效，维持 2~3 h；主要通过肾近曲小管有机酸分泌机制排泌或肾小球滤过，随尿以原型排出；$t_{1/2}$ 的长短受肾功能影响，正常为 1 h 左右，肾功能不全时可延长到 10 h。由于非甾体抗炎药和丙磺舒（probenecid）与 Na^+-K^+-$2Cl^-$ 共转运体抑制药相互竞争近曲小管有机酸分泌途径，因此若同时使用，则影响后者的排泄和作用。由于这类药作用于肾小管的管腔侧，其作用的发挥也与它们在尿中的排泄量有一定关系。

【药理作用与作用机制】Na^+-K^+-$2Cl^-$ 共转运体抑制药能使肾小管对 Na^+ 的重吸收由原来的 99.4% 下降为 70%~80%，利尿作用强大。其利尿作用的分子机制是特异性地抑制分布在髓袢升支的管腔膜侧的 Na^+-K^+-$2Cl^-$ 共转运体（图 27-1），因而抑制 NaCl 的重吸收，降低肾的稀释与浓缩功能，排出大量接近于等渗的尿液。

由于 K^+ 重吸收减少可以降低由于 K^+ 的再循环导致的管腔正电位，从而减小了 Ca^{2+} 和 Mg^{2+} 重吸收的驱动力，使它们的排泄也增加。长期应用这类药可使某些患者产生明显的低镁血症。但由于 Ca^{2+} 在远曲小管可被主动重吸收，故一般不引起低钙血症。输送到远曲小管和集合管的 Na^+ 增加又促使 Na^+-K^+ 交换增加，从而使 K^+ 的排泄进一步增加。因此，这类药可以使尿中 Na^+、K^+、Cl^-、Mg^{2+} 和 Ca^{2+} 排出增多。大剂量呋塞米也可以抑制近曲小管的碳酸酐酶活性，使 HCO_3^- 排出增加。

Na^+-K^+-$2Cl^-$ 共转运体抑制药可促进肾前列腺素（prostaglandin）的合成。非甾体抗炎药（如吲哚美辛）通过抑制环氧合酶而减少肾前列腺素的合成，干扰利尿药的作用，特别是对于肾病综合征和肝硬化的患者，这种干扰作用更为明显。

Na^+-K^+-$2Cl^-$ 共转运体抑制药通过对血管床的直接作用影响血流动力学。呋塞米和依他尼酸对心功能不全的患者，能迅速增加全身静脉容量，降低左心室充盈压，减轻肺淤血。呋塞米还能增加肾血流量，改变肾皮质内血流分布。其作用机制可能与降低血管对血管收缩因子（如血管紧张素 II 和去甲肾上腺素）的反应性、增加引起血管舒张的前列腺素类的生成和对动脉阻力血管产生钾通道开放作用等有关。

【临床应用】Na^+-K^+-$2Cl^-$ 共转运体抑制药主要应用于肺水肿和其他水肿，以及急性高血钙等。

1. 急性肺水肿和脑水肿 此类药静脉注射能迅速扩张容量血管，使回心血量减少，在利尿作用发生之前即可缓解急性肺水肿，是急性肺水肿的迅速、有效的治疗手段之一；同时，由于利尿而使血液浓缩，血浆渗透压增高，也有利于消除脑水肿，对脑水肿合并心功能不全者尤为适用。

2. 其他严重水肿 Na^+-K^+-$2Cl^-$ 共转运体抑制药可治疗心、肝、肾等各类水肿，主要用于其他利尿药无效的严重水肿患者。

3. 急慢性肾衰竭　急性肾衰竭时，Na^+-K^+-$2Cl^-$ 共转运体抑制药可增加尿量和 K^+ 的排出，冲洗肾小管，减少肾小管的萎缩和坏死，但不延缓肾衰竭的进程；大剂量应用可以治疗慢性肾衰竭，增加尿量，在其他药物无效时，仍然能产生作用；还可扩张肾血管，增加肾血流量和肾小球滤过率，对肾衰竭也有一定的益处。

4. 高钙血症　Na^+-K^+-$2Cl^-$ 共转运体抑制药可以抑制 Ca^{2+} 的重吸收，降低血钙，与输注生理盐水联合应用可增加 Ca^{2+} 的排泄。

5. 加速某些毒物的排泄　此类药结合输液可使尿量在 1 天内达到 5 L 以上，主要用于经肾排泄的药物（如长效巴比妥类、水杨酸类、溴剂、氟化物、碘化物）中毒的抢救，可以一次服用或分多次服用。

【不良反应】

1. 水与电解质紊乱　常为过度利尿所引起，表现为低血容量、低血钾、低血钠、低钾性碱血症，长期应用还可引起低血镁。低钾性碱血症是此类药增加电解质和水的排泄，因而加强集合管对 K^+ 和 H^+ 的分泌所致。低血钾可增强强心苷对心脏的毒性，对肝硬化的患者可能诱发肝性脑病，故应注意及时补充钾盐或加服保钾利尿药。低血镁是由于 Na^+-K^+-ATP 酶的激活需要 Mg^{2+}，当低血钾和低血镁同时存在时，如不纠正低血镁，即使补充 K^+ 也不易纠正低血钾。

2. 耳毒性　表现为耳鸣、听力减退或暂时性耳聋，呈剂量依赖性。耳毒性的发生机制可能与药物引起内耳淋巴液电解质成分改变有关。肾功能不全或同时使用其他耳毒性药物如合用氨基糖苷类抗生素时较易发生耳毒性。依他尼酸最易产生耳毒性，且可能引起永久性耳聋。布美他尼的耳毒性最小，为呋塞米的 1/6，对听力有缺陷及急性肾衰竭者宜选用布美他尼。

3. 高尿酸血症　Na^+-K^+-$2Cl^-$ 共转运体抑制药可能造成高尿酸血症，并诱发痛风。这与利尿后血容量降低，细胞外液容积减少，导致尿酸经近曲小管的重吸收增加有关。另外，此类药和尿酸竞争有机酸分泌途径也是原因之一。长期用药时多数患者可出现高尿酸血症，但临床痛风的发生率较低。

4. 其他　此类药可引起高血糖（但很少促成糖尿病）、升高 LDL-C 和甘油三酯、降低 HDL-C；也可引起恶心、呕吐，大剂量时尚可出现胃肠出血；少数患者可发生白细胞、血小板减少；也可发生过敏反应，表现为皮疹、嗜酸性粒细胞增多，偶有间质性肾炎等，停药后可以迅速恢复，呋塞米、布美他尼和托拉塞米有磺胺结构，对磺胺过敏的人对它们可发生交叉过敏反应，而非磺胺衍生物依他尼酸则较少引起过敏反应。

二、Na^+-Cl^- 共转运体抑制药

Na^+-Cl^- 共转运体抑制药是临床广泛应用的一类口服利尿药和抗高血压药。这类药物作用相似，仅所用剂量不同，但均能达到同样效果。杂环苯并噻二嗪带一个磺胺基是这类药的原型化学结构，如氢氯噻嗪（hydrochlorothiazide）和氯噻嗪（chlorothiazide）。吲达帕胺（indapamide）、氯噻酮（chlortalidone，氯酞酮）、美托拉宗（metolazone）、喹乙宗（quinethazone），虽无噻嗪环，但有磺胺结构，其利尿作用与噻嗪类相似。

【体内过程】Na^+-Cl^- 共转运体抑制药脂溶性较高，口服吸收迅速而完全，口服后 1～2 h 起效，4～6 h 血药浓度达峰值。这类药均以有机酸的形式从肾小管分泌，一般于 3～6 h 排出体外，因与尿酸的分泌产生竞争，可使尿酸的分泌速率降低。氯噻嗪脂溶性相对小，因此常采用相对大的剂量。氯噻嗪吸收缓慢，且作用时间较长。吲达帕胺主要经过胆汁排泄，但仍有足够的活性形式经过肾清除，从而发挥它在远曲小管的利尿作用。

【药理作用与作用机制】

1. 利尿作用 Na^+-Cl^- 共转运体抑制药增强 NaCl 和水的排出，产生温和、持久的利尿作用。其作用机制是抑制远曲小管近端 Na^+-Cl^- 共转运体，抑制 NaCl 的重吸收。由于转运至远曲小管的 Na^+-K^+ 交换，尿中除排出 Na^+ 和 Cl^- 外，K^+ 的排泄也增多，长期服用可引起低血钾。此类药对碳酸酐酶有一定的抑制作用，故略增加 HCO_3^- 的排泄。

与 Na^+-K^+-$2Cl^-$ 共转运体抑制药一样，Na^+-Cl^- 共转运体抑制药的作用依赖于前列腺素的产生，而且也能被非甾体抗炎药所抑制。此外，与 Na^+-K^+-$2Cl^-$ 共转运体抑制药相反，Na^+-Cl^- 共转运体抑制药还促进远曲小管由甲状旁腺激素调节的 Ca^{2+} 的重吸收过程，从而减少尿 Ca^{2+} 含量，减少 Ca^{2+} 在管腔中的沉积。这可能是由 Na^+ 重吸收减少，肾小管上皮细胞 Na^+ 降低，促进基侧质膜的 Na^+-Ca^{2+} 交换所致。

2. 抗利尿作用 Na^+-Cl^- 共转运体抑制药能明显减少尿崩症患者的尿量及口渴症状，主要因排 Na^+ 使血浆渗透压降低，从而减轻口渴感。其抗利尿作用机制不明。

3. 降压作用 Na^+-Cl^- 共转运体抑制药是常用的抗高血压药，用药早期通过利尿、减少血容量而降压，长期用药则通过扩张外周血管而产生降压作用（见第二十三章）。

【临床应用】

1. 水肿 Na^+-Cl^- 共转运体抑制药可用于各种原因引起的水肿。对轻、中度心源性水肿疗效较好，是慢性心功能不全的主要治疗措施之一（见第二十四章）；对肾性水肿的疗效与肾功能损害程度有关，受损较轻者效果较好；应用于肝性水肿时，要注意防止低血钾诱发的肝性脑病。

2. 高血压 此类药是治疗高血压的基础药物之一，多与其他抗高血压药合用，可减少后者的剂量，减少副作用。

3. 其他 此类药可用于肾性尿崩症和血管升压素无效的垂体性尿崩症，也可用于高尿钙伴有肾结石者，以抑制高尿钙引起的肾结石的形成。

【不良反应】

1. 电解质紊乱 如低血钾、低血钠、低血镁、低氯血症、代谢性碱血症，合用保钾利尿药可防治。

2. 高尿酸血症 痛风者应慎用。

3. 代谢变化 此类药可导致高血糖、高脂血症。糖尿病患者及糖耐量中度异常的患者用药后血糖可升高，可能是因其抑制了胰岛素的分泌及减少组织利用葡萄糖。纠正低血钾后可部分翻转高血糖效应。血清胆固醇水平可增加 5%～15%，低密度脂蛋白水平增加。糖尿病、高血脂患者应慎用。

4. 过敏反应 此类药有磺胺结构，与磺胺类药其他药物有交叉过敏反应，可见皮疹、皮炎（包括光敏性皮炎）等，偶见严重的过敏反应如溶血性贫血、血小板减少、坏死性胰腺炎。

三、醛固酮受体阻断药

醛固酮受体阻断药又称低效能利尿药、保钾利尿药或留钾利尿药，主要作用于远曲小管远端和集合管，通过直接阻断醛固酮受体而发挥利尿作用，包括螺内酯（spironolactone）、依普利酮（eplerenone）、坎利酮（canrenone）和坎利酸钾（potassium canrenoate）。

> 螺内酯（spironolactone）

螺内酯又称安体舒通（antisterone），是人工合成的甾体化合物，其化学结构与醛固酮相似。

【药理作用与作用机制】螺内酯是醛固酮的竞争性拮抗药。醛固酮从肾上腺皮质释放后，进入远曲小管细胞，并与细胞质内盐皮质激素受体结合成醛固酮-受体复合物，然后转位进入细胞核，诱导特异 DNA 转录、翻译，产生醛固酮诱导蛋白，进而调控 Na^+ 和 K^+ 转运。螺内酯可结合细胞质内盐皮质激素受体，阻断醛固酮-受体复合物的核转位，从而产生拮抗醛固酮的作用。另外，螺内酯也能干扰细胞内醛固酮活性代谢产物的形成，影响醛固酮作用的充分发挥，表现出排 Na^+ 保 K^+ 的作用。

【临床应用】螺内酯的利尿作用弱，起效缓慢而持久，服药后 1 d 起效，2～4 d 达最大效应。其利尿作用与体内醛固酮的浓度有关，仅在体内有醛固酮存在时才发挥作用，对切除肾上腺的动物则无利尿作用。

1. 与醛固酮升高有关的顽固性水肿　对肝硬化和肾病综合征水肿患者较为有效。

2. 心功能不全　醛固酮在心功能不全的发生、发展中起重要作用，因而螺内酯用于心功能不全的治疗已经不仅限于通过排 Na^+、利尿消除水肿，而且通过抑制心肌纤维化等多方面的作用改善患者的状况。

【不良反应】醛固酮不良反应较轻，少数患者可出现头痛、困倦与精神紊乱等；久用可引起高血钾，尤其当肾功能不良时，故肾功能不全者禁用；此外，还有性激素样副作用，可引起男子乳房女性化、性功能障碍和妇女多毛症等，停药后可以消失。

➢ **依普利酮（eplerenone）**

依普利酮是选择性醛固酮受体阻断药，口服给药后约经 1.5 h 达药峰浓度，$t_{1/2}$ 为 4～6 h，吸收不受食物的影响。其副作用较小，对高血压、心功能不全等的疗效较好，具有广阔的临床使用前景。已经发现，低剂量的依普利酮（25～50 mg/d）可以抑制醛固酮致纤维化和炎症的作用，减缓糖尿病患者蛋白尿的发展。更为重要的是，依普利酮可以减少心肌梗死后心肌的再灌注损伤，已在一项临床研究中证实依普利酮可使心肌梗死后轻中度心功能不全患者的死亡率降低 15%。依普利酮拮抗醛固酮的活性约为螺内酯的 2 倍，对醛固酮受体具有高度选择性，而对肾上腺糖皮质激素、孕酮和雄激素受体的亲和力较低，从而克服了螺内酯的促孕和抗雄激素等副作用。

四、上皮钠通道阻滞药

上皮钠通道阻滞药通过抑制远曲小管远端和集合管管腔膜上的上皮钠通道而发挥利尿作用。

➢ **氨苯蝶啶（triamterene）和阿米洛利（amiloride）**

氨苯蝶啶和阿米洛利化学结构虽然不同，但却有相似的药理作用。

【体内过程】氨苯蝶啶在肝代谢，其活性形式及代谢产物从肾排泄。阿米洛利则主要以原型经肾排泄。由于氨苯蝶啶消除途径广泛，因此其 $t_{1/2}$ 比阿米洛利的短，前者为 4.2 h，后者为 21 h，而且氨苯蝶啶还需频繁用药。

【药理作用与作用机制】氨苯蝶啶和阿米洛利均作用于远曲小管末段和集合管，通过阻滞管腔膜的上皮钠通道而减少 Na^+ 的重吸收，同时由于 Na^+ 的重吸收减少使管腔的负电位降低，导致驱动 K^+ 分泌的动力减少，抑制了 K^+ 分泌，因而产生排 Na^+ 保 K^+ 利尿的作用。两药对肾上腺切除的动物仍有保钾利尿作用。阿米洛利在高浓度时，阻滞 Na^+-H^+ 和 Na^+-Ca^{2+} 反向转运体（antiporters），抑制 H^+ 和 Ca^{2+} 的排泄。

【临床应用】氨苯蝶啶和阿米洛利在临床上常与排钾利尿药合用治疗顽固性水肿。

【不良反应】氨苯蝶啶和阿米洛利不良反应较少。长期服用可致高钾血症，严重肝肾功能不全者、有高钾血症倾向者禁用；偶见嗜睡及恶心、呕吐、腹泻等消化道症状；另外，有报道氨苯蝶啶和吲哚美辛合用可引起急性肾衰竭。

五、碳酸酐酶抑制药

乙酰唑胺（acetazolamide）又称醋唑磺胺（diamox），是碳酸酐酶抑制药的原型药。碳酸酐酶抑制药利尿作用轻微，也归类为弱效能利尿药。乙酰唑胺的化学结构中有磺胺基，是其活性的必需基团。多佐胺和布林佐胺是两个新型碳酸酐酶抑制药。

【药理作用与作用机制】乙酰唑胺通过抑制碳酸酐酶的活性而抑制碳酸氢盐（bicarbonate，HCO_3^-）的重吸收，治疗量时乙酰唑胺抑制近曲小管约85%的HCO_3^-的重吸收。由于Na^+在近曲小管可与HCO_3^-结合排出，因此可减少近曲小管对Na^+的重吸收。由于碳酸酐酶还参与集合管酸的分泌，因此集合管也是这类药物利尿的另一个次要部位。

乙酰唑胺还抑制肾以外部位碳酸酐酶依赖的HCO_3^-的转运。如眼睫状体向房水中分泌HCO_3^-与肾近曲小管重吸收HCO_3^-相似，但HCO_3^-的转运方向相反，在近曲小管是将HCO_3^-转运入血，而在睫状体是将其从血液向外转运。同样在脉络丛，也是向脑脊液分泌HCO_3^-。虽然这些过程中HCO_3^-的转移方向与在近曲小管中相反，但都可以被碳酸酐酶抑制药所抑制，并改变液体的生成量和pH。

【临床应用】由于新型利尿药的不断涌现，加之其利尿作用较弱，碳酸酐酶抑制药现在很少作为利尿药使用，但它们仍有几种特殊的用途。

1. 青光眼 减少房水的生成，降低眼内压，对多种类型的青光眼有效，这是乙酰唑胺应用最广的适应证。多佐胺和布林佐胺眼局部应用能够降低眼内压。

2. 急性高山病 登山者在急速登上海拔3000 m以上高山时会出现无力、头昏、头疼和失眠等症状。这些症状一般较轻，几天后可自然缓解，但严重时，会出现肺水肿或脑水肿而危及生命。乙酰唑胺可减少脑脊液的生成和降低脑脊液及脑组织的pH，减轻这些症状，改善机体功能，在开始攀登前24 h口服乙酰唑胺可起到预防作用。乙酰唑胺使脑脊液pH降低的作用也可用于治疗睡眠呼吸暂停。

3. 碱化尿液 通过应用乙酰唑胺碱化尿液，可促进尿酸、胱氨酸和弱酸性物质（如阿司匹林）的排泄。但只在使用初期有效，长时间服用乙酰唑胺要注意补充碳酸氢盐。

4. 代谢性碱中毒 持续性代谢性碱中毒多数是因为体内K^+和血容量减少，或是因为体内盐皮质激素水平过高。因此，一般要针对这些病因进行治疗而不用乙酰唑胺。但当心功能不全的患者在使用过多利尿药造成代谢性碱中毒时可使用乙酰唑胺，因为如果补盐可能会增加心脏充盈压。此外，在纠正碱中毒的同时，其微弱的利尿作用也对心功能不全有益。乙酰唑胺还可用于快速纠正呼吸性酸中毒继发的代谢性碱中毒。

5. 其他 乙酰唑胺可用于癫痫的辅助治疗、伴有低钾血症的周期性瘫痪；严重高磷酸盐血症时应用乙酰唑胺可增加磷酸盐从尿中排泄。

【不良反应】乙酰唑胺严重不良反应少见。

1. 过敏反应 对磺胺过敏的患者易对乙酰唑胺产生过敏反应。

2. 代谢性酸中毒 长期用乙酰唑胺后，体内贮存的HCO_3^-减少可导致高氯性酸中毒。酸中毒和HCO_3^-耗竭会引起其他肾小管节段对Na^+重吸收增加，因此在使用乙酰唑胺一段时间之后，其利尿作用会显著降低，一般仅维持有效利尿作用2～3天。

3. 尿结石 乙酰唑胺减少HCO_3^-的作用会导致磷酸盐尿和高钙尿症。长期用药也会引起肾排泄可溶性物质（如枸橼酸盐）的能力下降，而且钙盐在碱性pH条件下相对难溶，易形成肾结石。

4. 失钾 同时给予 KCl 可以纠正。

5. 其他毒性 此类药物可能会造成骨髓抑制、皮肤毒性、磺胺样肾损害，较大剂量常引起嗜睡和感觉异常；肾衰竭患者使用此类药物可引起蓄积效应，造成中枢神经系统毒性。

六、血管升压素受体阻断药

➢ **托伐普坦（tolvaptan）**

【药理作用与作用机制】托伐普坦可特异性拮抗血管升压素，减少主细胞膜水通道 AQP2 表达，单纯抑制水的重吸收而发挥利尿作用，最终促使血钠浓度提高。

【临床应用】托伐普坦可用于治疗高容量性和正常容量性低钠血症，包括伴有心功能不全、肝硬化及抗利尿激素分泌失调综合征（syndrome of inappropriate secretion of antidiuretic hormone，SIADH）的患者。托伐普坦也可用于治疗常染色体显性遗传性多囊肾病。

【不良反应】托伐普坦常见不良反应包括口渴、口干、乏力、便秘、尿频或多尿及高血糖。

七、渗透性利尿药

渗透性利尿药又称脱水药，包括甘露醇、山梨醇、高渗葡萄糖、尿素等。渗透性利尿药静脉注射给药后，可以提高血浆渗透压，产生组织脱水作用。这类药一般具备如下特点：①静脉注射后不易通过毛细血管进入组织；②易经肾小球滤过；③不易被肾小管重吸收。渗透性利尿药可以用来降低颅内压，促进肾毒素的排出。

➢ **甘露醇（mannitol）**

甘露醇为己六醇结构，临床主要用 20% 的高渗溶液静脉注射或静脉滴注。

【药理作用与临床应用】

1. 脱水作用 静脉注射后，甘露醇不易从毛细血管渗入组织，能迅速提高血浆渗透压，使组织间液向血浆转移而产生组织脱水作用，可降低颅内压和眼内压。甘露醇口服用药则造成渗透性腹泻，可用于从胃肠道清除毒性物质。

甘露醇是治疗脑水肿、降低颅内压安全而有效的首选药物，也可用于青光眼患者的急性发作和术前应用以降低眼内压。

2. 利尿作用 静脉注射甘露醇后，血浆渗透压升高，血容量增加，血液黏度降低，并通过稀释血液而增加循环血量及肾小球滤过率；甘露醇在肾小球滤过后不易被重吸收，使水在近曲小管和髓袢升支的重吸收减少。以上作用导致肾排水增加。

另外，由于排尿速率的增加，减少了尿液与肾小管上皮细胞接触的时间，使电解质的重吸收也减少。如抑制髓袢升支对 Na^+ 的重吸收，可以降低髓质高渗区的渗透压，进而抑制集合管对水的重吸收。一般用药后 10~20 min 起效，2~3 h 达高峰，持续 6~8 h。

甘露醇可用于预防急性肾衰竭。在少尿时，若及时应用甘露醇，可通过脱水作用，减轻肾间质水肿。同时渗透性利尿效应可维持足够的尿量，稀释肾小管内有害物质，保护肾小管免于坏死。另外，应用甘露醇还能改善急性肾衰竭早期的血流动力学变化，对肾衰竭伴有低血压者效果较好。

【不良反应】甘露醇不良反应少见，注射过快时可引起一过性头痛、眩晕、畏寒和视物模糊。慢性心功能不全者禁用，因其可增加循环血量而增加心脏负荷。另外，活动性颅内出血者禁用。

> **临床应用**
>
> **利尿药的合理应用**
>
> 　　消除源于心、肝、肾、脑和肺疾病引起的水肿是利尿药主要的临床应用，应在治疗原发疾病和减少钠盐摄入的基础上，应用利尿药对症治疗，并定期检查水和电解质。不同病理条件下，选择合适的利尿药可提高治疗效果和减少不良反应。对于心源性中度水肿，可选用 Na^+-Cl^- 共转运体抑制药加用钾盐治疗；对于一般利尿药无效的心源性严重水肿，可合用高效能利尿药和保钾利尿药；对于伴有高容量和等容量低钠血症的患者可用托伐普坦。肝性水肿多伴有继发性醛固酮增多症，一般宜先用保钾利尿药，或保钾利尿药加 Na^+-Cl^- 共转运体抑制药，如疗效不显著，可合用保钾及高效能利尿药。对于急性肺水肿及脑水肿，静脉注射呋塞米等高效能利尿药可发挥良好效果。

思 考 题

1. 利尿药作用的生理学基础是什么？
2. 利尿药分为哪几类？每类药物列举一代表药。
3. 哪类利尿药是治疗高容量低钠血症的最佳选择？请解释原因。
4. 哪些利尿药易引起电解质紊乱？请阐述其发生机制。
5. 患者，男，56 岁，患乙型病毒性肝炎 10 年，近半年出现腹胀，四肢水肿，加重 5 天，以"肝硬化失代偿期"收入医院。患者发病以来，尿量减少，每天平均 400～500 ml，体重近期稍有增加。给予螺内酯和呋塞米治疗，同时限制钠的摄入、给予营养支持、维持水电平衡等。请回答：
   （1）此病例为什么使用螺内酯和呋塞米联合用药？
   （2）在肝硬化腹水的治疗中，利尿药的选择需要注意什么？

（杨宝学）

第二十八章 作用于血液及造血系统的药物

第二十八章数字资源

案例 28-1

患者,女,50岁,脸色苍白、乏力、头晕、眼花2个月。查体:皮肤、黏膜苍白,无黄染,肝脾不大,指甲扁平。血常规:血红蛋白56 g/L,平均红细胞体积(MCV)60 fl,平均红细胞血红蛋白含量(MCH)20 pg,平均红细胞血红蛋白浓度(MCHC)25%,血清铁蛋白8 μg/L,血清铁5 μmol/L。血涂片中可见红细胞体积小,细胞中心淡染区扩大。骨髓细胞学检查:红系造血呈中度活跃,以中晚幼红细胞增生为主,幼红细胞体积小,粒细胞系和巨幼细胞系无显著改变。经与患者沟通,得知其既往有子宫肌瘤病史,月经量大且经期长。诊断:缺铁性贫血。

问题:
1. 该患者在积极进行病因治疗的同时,主要的对症治疗措施是什么?
2. 治疗所采用药物常见的不良反应是什么?
3. 在用药期间,应指导患者注意哪些饮食问题以确保疗效?

正常生理情况下,血液在血管内正常循环依赖血液凝固与抗凝、纤溶与抗纤溶两对系统的动态平衡。当平衡被破坏时,可出现血栓、栓塞、血管内凝血或出血性疾病。抗凝血药、促凝血药、纤维蛋白溶解药和纤维蛋白溶解抑制药,可通过影响血液凝固或纤维蛋白溶解过程,调节凝血与抗凝及纤溶与抗纤溶之间的平衡,使血液恢复正常的流动状态。

作用于血液及造血系统的药物主要有抗凝血药(anticoagulant)、促凝血药(coagulant)、纤维蛋白溶解药(fibrinolytic drug)、纤维蛋白溶解抑制药(antifibrinolytic drug)、抗血小板药(antiplatelet drug)、抗贫血药(antianemic drug)、血容量扩充药(plasma volume expander)等。

抗血栓药(antithrombotic)包括抗凝血药、纤维蛋白溶解药和抗血小板药,这些药物主要用于血栓栓塞性疾病。

第一节 抗凝血药及促凝血药

一、血液凝固

血液凝固是由一系列凝血因子参与的复杂的蛋白质水解活化过程,最终使可溶的纤维蛋白原变成稳定、难溶的纤维蛋白，网罗血细胞而成血凝块。参与血液凝固的因子包括以罗马数字编号的 13 个凝血因子和前激肽释放酶（prekallikrein，Pre-K）、激肽释放酶（kallikrein，Ka）、高分子量激肽原（high molecular weight kininogen，HMWK）、血小板磷脂（PL 或 PF_3）等（表 28-1）。凝血因子 X 被激活成 X a 是使凝血酶原（prothrombin）活化的关键步骤。激活凝血因子 X 有内源性凝血和外源性凝血两条途径（图 28-1）。

表 28-1 血液凝固的主要因子

因子	英文名	中文名	因子	英文名	中文名
I	fibrinogen	纤维蛋白原	IX	plasma thromboplastin component（PTC）	血浆凝血活酶
II	prothrombin	凝血酶原	X	Stuart-Prower factor	斯图亚特因子
III	tissue thromboplastin	组织凝血致活酶	XI	plasma thromboplastin antecedent（PTA）	血浆凝血活酶前质
IV	calcium	钙离子	XII	hageman factor	哈格曼因子
V	proaccelerin	前加速素	XIII	fibrin-stabilizing factor	纤维蛋白稳定因子
VII	proconvertin	前转变素	Pre-K	prekallikrein	前激肽释放酶
VIII	antihemophilic factor（AHF）	抗血友病因子	HMWK	high molecular weight prokinin	高分子量激肽原

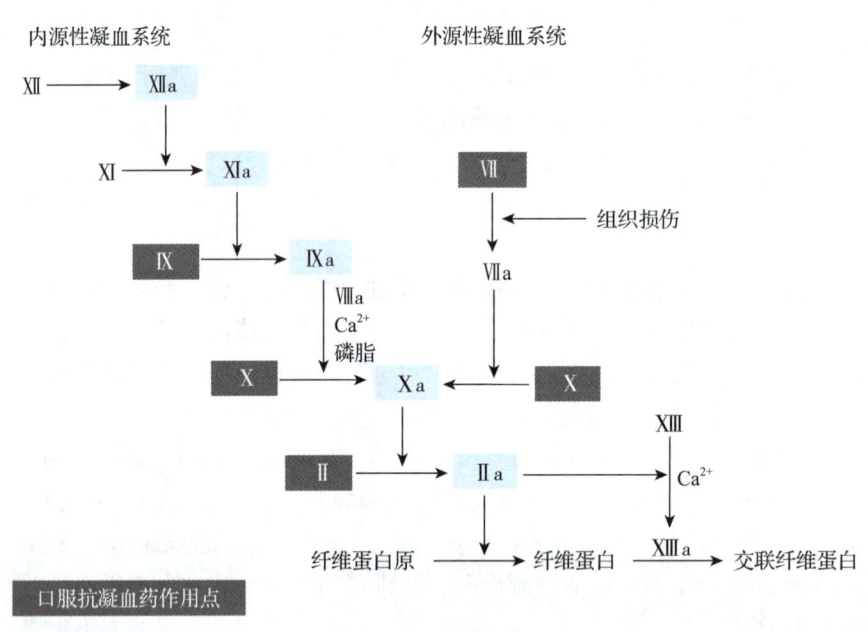

图 28-1 凝血过程及抗凝药作用靶点

二、抗凝血药

抗凝血药（anticoagulants）是通过影响凝血因子而阻止血液凝固过程的药物，临床主要用于血栓性疾病的预防和治疗。

（一）凝血酶间接抑制药

➢ **肝素（heparin）**

【来源和理化性质】肝素是存在于肥大细胞分泌颗粒的氨基葡聚糖，因最初在肝内发现而得名，现证实在肺和肠黏膜中其含量最高。药用肝素主要从猪小肠黏膜或牛肺提取，分子量为 5000～30 000，是 D-葡萄糖胺、L-艾杜糖醛酸和 D-葡糖醛酸交替组成的黏多糖硫酸酯。肝素呈强酸性，带有的大量负电荷与其抗凝作用有关。

【体内过程】肝素是极性很高的大分子物质，不易通过胃肠黏膜吸收，口服无效，皮下注射吸收缓慢而不规则，常用静脉给药。肝素静脉注射后迅速起效，大部分被网状内皮系统降解清除，由肾排出，极少量以原型从尿中排出。肝素抗凝血活性 $t_{1/2}$ 与给药剂量有关，静脉注射 100、400 和 800 U/kg，抗凝血活性 $t_{1/2}$ 分别为 1 h、2.5 h 和 5 h。肺气肿、肺栓塞及肝肾功能障碍患者，$t_{1/2}$ 明显延长。

【药理作用】

1. 抗凝作用 肝素在体内、体外均有强大的抗凝作用。肝素静脉注射后，抗凝作用立即发生，可使多种凝血因子灭活。肝素的生物活性主要依赖抗凝血酶Ⅲ（antithrombin Ⅲ，AT-Ⅲ）。AT-Ⅲ是分子量为 58 000 的糖基化多肽，能够等摩尔浓度灭活凝血酶（Ⅱa）及凝血因子 Ⅻa、Ⅺa、Ⅸa、Ⅹa 等含丝氨酸残基的蛋白酶，它与凝血酶通过精氨酸-丝氨酸肽键相结合，形成 AT-Ⅲ-凝血酶复合物而使酶灭活。肝素能与 AT-Ⅲ赖氨酸结合，使 AT-Ⅲ活性中心的精氨酸暴露，更易与凝血因子结合，可使灭活凝血因子的反应加速 1000 倍以上，从而发挥抗凝作用。肝素激活 AT-Ⅲ后迅速解离，可循环利用，而 AT-Ⅲ可因长期使用而耗竭。肝素可使血液凝固时间、凝血时间及凝血酶原时间延长。

2. 其他作用 除抗凝血作用外，肝素还发挥如下作用：①促进血管内皮释放脂蛋白脂酶，水解血中乳糜微粒和 VLDL，发挥调血脂作用；②抑制炎症介质活性和炎症细胞活动，呈现抗炎作用；③抑制血管平滑肌增殖，抗血管内膜增生；④抑制血小板聚集（可能通过抑制凝血酶）等。

【临床应用】

1. 血栓栓塞性疾病 可用于防治血栓形成和扩大，临床主要用于心肌梗死、肺栓塞、脑血管栓塞、外周静脉血栓和心血管手术时栓塞等。对于急性动静脉血栓形成，肝素可产生快速抗凝作用。

2. 弥散性血管内凝血（disseminated intravascular coagulation，DIC） DIC 早期以凝血为主，因纤维蛋白原及其他凝血因子耗竭而发生继发性出血，早期静脉注射肝素可防止凝血因子的消耗。DIC 低凝期禁用，以免加重出血。

3. 体外抗凝 用于输血、心导管检查、体外循环、血液透析等。

【不良反应与注意事项】

1. 出血 肝素过量时易致自发性出血，应严格控制剂量，严密监测凝血时间或部分凝血活酶时间（activated partial thromboplastin time，aPTT），使 aPTT 维持在正常平均值的 1.5～2.5 倍可减少这种出血的危险。一旦出血立即停药，如严重出血，可缓慢静脉注射硫酸鱼精蛋白（protamine sulfate）对抗，每 1.0 mg 的硫酸鱼精蛋白可使 100 U 的肝素失活。

2. 其他　肝素可引起血小板减少症，一般由肝素引起的一过性血小板聚集作用所致，多数发生在给药后 7～10 天，可能与肝素促进血小板因子 4（PF_4）释放并与之结合形成复合物，后者再与特异性抗体形成 PF_4-肝素-IgG 复合物，引起免疫反应有关。此外，肝素还可引起过敏反应及肝功能异常等，大剂量或长期应用可致骨质疏松和骨折。

【禁忌证】

肝素禁用于对其过敏、有出血倾向、血友病、血小板功能不全、血小板减少症、紫癜、严重高血压、细菌性心内膜炎、肝肾功能不全、消化性溃疡、颅内出血、活动性肺结核、先兆流产、产后、内脏肿瘤、外伤及术后等，不能与碱性药物合用。

➢ **低分子量肝素**（low molecular weight heparin，LMWH）

低分子量肝素是常规肝素分子的一个片段，分子量较小，低于 6500，可由普通肝素直接分离而得，或由普通肝素降解后再分离而得。其作用特性是具有选择性抗凝血因子 Ⅹa 活性，而对凝血酶及其他凝血因子影响较小。肝素对凝血酶发挥作用，须与凝血酶和 AT-Ⅲ 三者结合形成三元复合物，对 Ⅹa 的灭活则只需与 AT-Ⅲ 结合。因低分子量肝素分子链较短，不能与 AT-Ⅲ 和凝血酶同时结合形成复合物，故主要对 Ⅹa 的灭活发挥作用。低分子量肝素同常规肝素相比，具有如下优点：

（1）抗血栓作用比较强，而致出血作用比较弱。

（2）半衰期长，生物利用度较大，静脉注射活性可维持 12 h，皮下注射每天 1 次即可。

（3）抗凝剂量易掌握，个体差异小。一般不需要实验室常规凝血监测。

（4）毒性小，比较安全，较少发生血小板减少症和骨质疏松。

（5）可用于门诊患者。

临床应用的低分子量肝素制剂有依诺肝素（enoxaparin）、亭扎肝素（tinzaparin）、那屈肝素（nadroparin）、达肝素（dalteparin）、替地肝素（tedelparin）等。

（二）凝血酶直接抑制药

➢ **水蛭素**（hirudin）

水蛭素是水蛭唾液中的抗凝血成分，含 65 个氨基酸残基，分子量约为 7000，是强效、特异的凝血酶抑制药。它以 1∶1 分子比直接与凝血酶的催化位点和阴离子外位点结合而抑制凝血酶活性，使凝血酶的蛋白水解功能受到抑制，这就抑制了纤维蛋白的生成，也抑制了凝血酶引起的血小板聚集和分泌，从而抑制血栓形成。

水蛭素口服不吸收，静脉注射主要用于预防经皮腔内冠状动脉成形术后冠状动脉再阻塞。水蛭素的主要副作用是出血和血压降低。由于水蛭素的提取过程十分复杂，现已开发出基因重组水蛭素来匹芦定（lepirudin）、比伐芦定（bivalirudin）等，此类药物静脉给药可替代肝素用于肝素引起的血小板减少症患者。目前尚无有效的水蛭素解毒剂，建议每天监测 aPTT，肾功能不良者慎用。

➢ **阿加曲班**（argatroban）

阿加曲班为合成的精氨酸衍生物，可与凝血酶的催化部位结合，直接抑制凝血酶的蛋白水解作用，结果阻碍了纤维蛋白原的裂解和纤维蛋白凝块的形成，并抑制凝血酶诱导的血小板聚集及分泌作用，最终抑制纤维蛋白交联，并促使纤维蛋白溶解。阿加曲班 $t_{1/2}$ 短，需持续静脉给药。其治疗安全范围狭窄，且过量中毒时无对抗剂，需监测 aPTT。阿加曲班与阿司匹林合用于临床，采用使 aPTT 平均延长 1.6 倍的剂量并不延长出血时间，此剂量易耐受，无不良反应，但还需继续观察。阿加曲班还可局部应用于移植物以防血栓形成，也可用于肝素引起的血小板减少症患者。阿加曲班经肝药酶代谢，肝功能不良者需减量。

（三）维生素 K 拮抗药

> 香豆素类（coumarin）

香豆素类是一类含有 4-羟基香豆素基本结构的物质，口服有效，故又称口服抗凝血药。常用药有双香豆素（dicoumarol）、华法林（warfarin，苄丙酮香豆素）和醋硝香豆素（acenocoumarol，新抗凝）等，其中以华法林最为常用。

【体内过程】华法林口服后吸收快而完全，其钠盐的生物利用度几乎为 100%。血浆蛋白结合率 99% 以上，表观分布容积很小。华法林给药后 2～8 h 内血浆中药物浓度可达峰值，可通过胎盘屏障，由肝代谢，肾排泄，$t_{1/2}$ 约为 40 h。

【药理作用与作用机制】香豆素类是维生素 K 的拮抗药，抑制维生素 K 在肝内由环氧化物向氢醌型转化，从而阻止了维生素 K 的反复利用。维生素 K 是谷氨酸残基 γ-羧化酶的辅酶。其循环受阻则影响含有谷氨酸残基的凝血因子Ⅱ、Ⅶ、Ⅸ、Ⅹ、抗凝血蛋白 C 和抗凝血蛋白 S 的前体谷氨酸残基 γ-羧化，使这些因子停留于无凝血活性的前体阶段，从而产生抗凝血作用（图 28-2）。香豆素类抗凝血药对已经羧化的凝血因子无影响，故香豆素类体外无效。体内须在耗竭已有的凝血因子后才发挥抗凝作用，因此起效慢。香豆素类口服后至少需经 12～24 h 才出现作用，1～3 天达高峰，维持 3～4 天；停药后因各凝血因子的形成尚需一定的时间，故作用时间长。

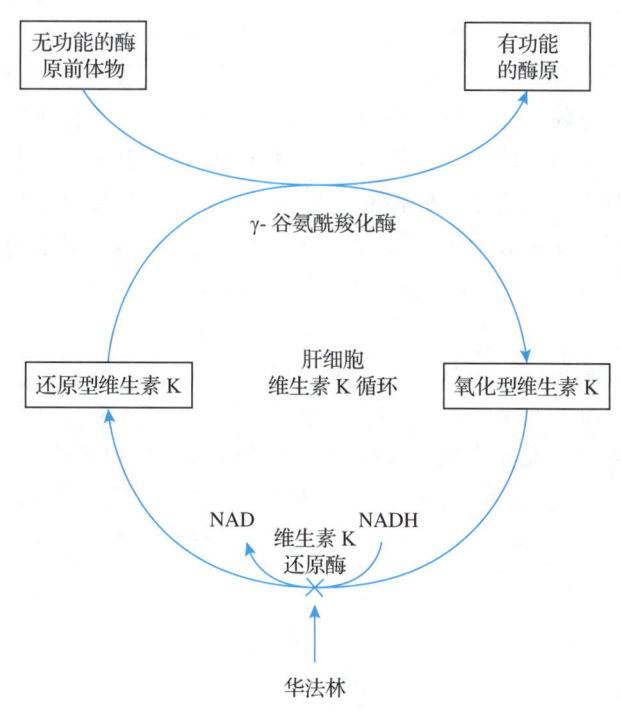

图 28-2　维生素 K 循环和华法林的作用机制
NAD：烟酰胺腺嘌呤二核苷酸（辅酶Ⅰ）；NADH：还原型烟酰胺腺嘌呤二核苷酸（还原型辅酶Ⅰ）

【临床应用】香豆素类临床应用与肝素相似，主要用于防治血栓栓塞性疾病，如预防心房颤动和心脏瓣膜病所致的血栓栓塞是华法林的常规应用。其优点是口服有效；缺点是显效慢，作用过于持久，不易控制。防治静脉血栓和肺栓塞一般采用先用肝素后用香豆素类药物维持治疗的序贯疗法。香豆素类与抗血小板药合用，可减少外科大手术、风湿性心脏病、人工瓣膜置换术后的静脉血栓发生率。

【不良反应】香豆素类应用过量易致自发性出血，最严重者为颅内出血，应严密观察，使用药物期间必须测定凝血酶原时间（prothrombin time，PT），按国际标准化比率（international normalized ratio，INR）调节剂量，使 INR 维持在 2.0～3.0。华法林能通过胎盘屏障，引起胎儿出血性疾病；且华法林可影响胎儿骨骼的正常发育和血液蛋白质的 γ- 羧化作用，故孕妇禁用。如用量过大引起出血时，应立即停药并缓慢静脉注射大量维生素 K 或输新鲜血。

【药物相互作用】

1. 阿司匹林、保泰松、水合氯醛、甲苯磺丁脲、奎尼丁等可置换血浆蛋白，与香豆素类合用可增强香豆素类的抗凝血作用。

2. 药酶诱导剂苯巴比妥、苯妥英钠、利福平等能加速香豆素类的代谢，降低其抗凝作用。水杨酸盐、甲硝唑、西咪替丁等可抑制药酶活性，使香豆素类作用加强。

（四）新型口服抗凝血药

新型口服抗凝血药（new oral anticoagulants，NOACs）主要包括Ⅱa因子抑制药达比加群酯与Ⅹa因子抑制药利伐沙班等，是血栓栓塞性疾病治疗的新兴替代选择。与华法林相比，NOACs 具有无需常规抗凝检测，与食物和其他药物的相互作用少的优点，主要临床应用为替代华法林，用于非瓣膜病性心房颤动患者。

达比加群酯（dabigatran etexilate）为前药，在体内很快转化为达比加群，直接可逆地结合凝血酶的活性中心，抑制凝血酶活性。该药口服后吸收快，0.5～2 h 达药峰浓度，同时半衰期短，停药后抗凝血作用消退较快，治疗窗较宽，一般治疗人群无需进行剂量调整和常规抗凝检测。该药口服生物利用度低，一般包裹在酒石酸中以增加吸收。用药后一旦发生出血，可使用特异性拮抗药依达赛珠单抗（idarucizumab）抑制其抗凝作用。达比加群被批准用于择期髋或膝关节置换术后预防静脉血栓，且在心房颤动患者预防卒中方面优于华法林。

利伐沙班（rivaroxaban）是一个口服的直接Ⅹa因子抑制药，通过竞争性结合凝血因子Ⅹa位点发挥抗凝血作用。与达比加群相似，Ⅹa因子抑制药口服吸收快，半衰期短，治疗过程中无需进行抗凝检测。临床应用于预防深静脉血栓，以及肺栓塞和非瓣膜性心房颤动患者的卒中预防。同类药还有阿哌沙班（apixaban）、依度沙班（edoxaban）等。

（五）体外抗凝血药

> **枸橼酸钠**（sodium citrate）

枸橼酸钠仅在体外有抗凝血作用。枸橼酸钠的酸根与 Ca^{2+} 可形成难解离的可溶性络合物，导致血中 Ca^{2+} 浓度降低而呈现抗凝血作用，在体内无抗凝血作用。如输血时每 100 ml 全血中加入 2.5% 枸橼酸钠 10 ml 可保持血液不凝固。若输入枸橼酸钠抗凝血的血液过快或过量，可引起低血钙，导致手足抽搐。

三、促凝血药

（一）维生素 K（vitamine K）

维生素 K 广泛存在于自然界，基本结构为甲萘醌。植物性食物如苜蓿中所含的是维生素 K_1（植物甲萘醌，phytomenadione），由腐败鱼粉所得及肠道细菌所产生者为维生素 K_2（甲基萘醌，menaquinone），二者均为脂溶性，需胆汁协助吸收。维生素 K_3（亚硫酸氢钠甲萘醌，menadione sodium bisulfite）、维生素 K_4（醋酸甲萘氢醌，menadiol diacetate）为人工合成品，二者皆为水溶性，不需胆汁协助吸收。

【药理作用】 氢醌型维生素 K 是谷氨酸残基 γ- 羧化酶的辅酶，参与肝合成凝血因子Ⅱ、

Ⅶ、Ⅸ、Ⅹ，以及抗凝血蛋白 C 和抗凝血蛋白 S 等因子的谷氨酸残基 γ-羧化作用，使前体转变为活化的凝血因子。

氢醌型维生素 K 可转化为氧化型维生素 K，后者在维生素 K 环氧化物还原酶的作用下，还原为氢醌型维生素 K 而循环利用。如果维生素 K 摄取障碍或维生素 K 环氧化物还原酶被抑制，可使相关凝血因子合成减少，导致凝血酶原时间延长并引起出血。

【临床应用】

1. 维生素 K 缺乏症　主要用于维生素 K 缺乏引起的出血者，如梗阻性黄疸、胆瘘、慢性腹泻、早产儿、新生儿出血等患者，也可用于预防长期应用广谱抗菌药继发的维生素 K 缺乏症。维生素 K_1 作用快，持续时间长，常采用口服或肌内注射，严重出血时可静脉注射。

2. 抗凝血药过量的解毒　对于香豆素类或水杨酸过量引起的出血，维生素 K_1 可竞争性拮抗其抗凝血作用。

【不良反应】维生素 K 毒性低，静脉注射维生素 K_1 速度过快时，可产生面部潮红、出汗、血压下降，甚至发生虚脱，故应缓慢注射。维生素 K_3 和维生素 K_4 常致胃肠道反应，引起恶心、呕吐等，较大剂量可致新生儿、早产儿溶血性贫血、高胆红素血症和黄疸，对红细胞缺乏 G6PD 的特异质者也可诱发急性溶血性贫血，且对华法林过量无效。肝功能不良者应用维生素 K 的疗效会很差，如果为纠正严重肝病引起的低凝血酶原血症而使用大量的维生素 K，实际上可能造成凝血酶原浓度的进一步抑制，其机制尚不清楚，应慎用。

（二）凝血因子制剂

➤ **凝血酶**（thrombin）

凝血酶是从猪、牛血中提取精制而成的凝血酶无菌制剂。凝血酶可直接作用于血液中纤维蛋白原，使其转变为纤维蛋白，从而发挥止血作用；还有促进上皮细胞的有丝分裂、加速创伤愈合作用。该药可用于通常止血困难的小血管、毛细血管及实质性脏器出血的止血，也用于创面、口腔、泌尿道及消化道等部位的止血，还可缩短穿刺部位出血的时间。局部止血时，用灭菌生理盐水将其溶解成 50～1000 U/ml 溶液，以喷雾或敷于创面的方式给药。

➤ **凝血酶原复合物**（prothrombin complex）

凝血酶原复合物是从健康人新鲜血浆分离而得，为含有凝血因子Ⅱ、Ⅶ、Ⅸ、Ⅹ及少量其他血浆蛋白的混合制剂，$t_{1/2}$ 为 18～32 h。该药主要用于先天性凝血因子Ⅸ缺乏的乙型血友病、肝病、香豆素类抗凝血药过量及维生素 K 依赖凝血因子Ⅱ、Ⅶ、Ⅸ、Ⅹ缺乏所致的出血。不良反应有过敏反应，可产生血栓，肝病患者易引起弥散性血管内凝血，应慎用。

➤ **人凝血因子Ⅷ**（human coagulation factor Ⅷ）

人凝血因子Ⅷ又名抗血友病球蛋白（antihemophilic globulin）、抗甲型血友病因子，主要用于甲型血友病、溶血性血友病、抗凝血因子Ⅷ抗体所致严重出血的治疗。输注过快时可引起头痛、发热、荨麻疹等。

➤ **鱼精蛋白**（protamine）

鱼精蛋白具有强碱性基团，在体内可与强酸性的肝素结合，形成稳定的复合物，这种直接拮抗作用可使肝素失去抗凝血活性，故鱼精蛋白可用于因注射肝素过量所引起的出血。

➤ **酚磺乙胺**（etamsylate）

酚磺乙胺能够降低毛细血管通透性，使血管收缩，出血时间缩短；还可增强血小板的聚集和黏附，促进血小板释放凝血活性物质，缩短出血时间，从而发挥止血作用。酚磺乙胺可用于防治手术前后出血，对各种内脏和皮肤出血也有效。

第二节　纤维蛋白溶解药与纤维蛋白溶解抑制药

血液凝固和血栓形成必须限定在适当范围内，以使外伤或外科手术所致的出血能尽快止血而又不致血栓无限制地扩大。纤维蛋白形成和纤维蛋白溶解系统调节和限定这个过程，该系统功能异常可导致血栓或出血性疾病。

一、纤维蛋白溶解药

纤维蛋白溶解药（fibrinolytics）可使纤溶酶原（plasminogen）转变为纤溶酶（plasmin）。纤溶酶通过降解纤维蛋白和纤维蛋白原而限制血栓增多和溶解血栓（图 28-3），故又称溶栓药（thrombolytics）。

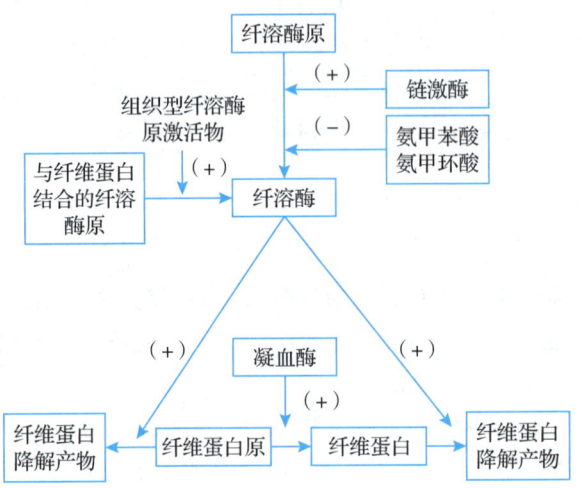

图 28-3　纤维蛋白溶解系统及药物作用机制

> 链激酶（streptokinase）

链激酶是由 β- 溶血性链球菌产生的一种蛋白质，分子量约为 47 000。链激酶与内源性纤溶酶原结合成复合物，使纤溶酶原转变为纤溶酶，纤溶酶迅速水解血栓中的纤维蛋白，溶解血栓。链激酶主要用于治疗血栓栓塞性疾病：静脉注射治疗动静脉内新鲜血栓形成和栓塞，如急性肺栓塞和深部静脉血栓，冠脉注射可用于心肌梗死的早期治疗。链激酶属于第一代纤维蛋白溶解药，这类药不具有纤维蛋白特异性，可出现全身纤溶激活状态，其严重不良反应是易引起出血。如注射局部出现血肿，一般不需治疗；如严重出血可注射纤维蛋白溶解抑制药氨甲苯酸对抗，更严重者可补充纤维蛋白原或全血。出血性疾病、新近创伤、消化道溃疡、伤口愈合中、严重高血压者禁用。其他不良反应有皮疹、药热等过敏反应，静脉注射过快可致低血压。由于有新型制剂，链激酶的临床应用受到一定限制。

> 组织型纤溶酶原激活药（tissue plasminogen activator，t-PA）

组织型纤溶酶原激活药于 1984 年用 DNA 重组技术成功合成，含有 527 个氨基酸。t-PA 对纤维蛋白具有特异性亲和力。在靠近纤维蛋白 - 纤溶酶原相结合的部位，t-PA 通过赖氨酸残基与纤维蛋白结合，并激活与纤维蛋白结合的纤溶酶原，使纤溶酶原转变为纤溶酶。这种作用比激活循环中游离型纤溶酶快数百倍，故 t-PA 可选择性激活血凝块中的纤溶酶原，具有较强的局部溶栓作用，且不引起全身纤溶激活状态，因而不产生应用链激酶时常见的出血并发症。

t-PA 主要在肝中代谢，$t_{1/2}$ 约 5 min，主要用于治疗急性心肌梗死、肺栓塞和脑栓塞，用药后的阻塞血管再通率比链激酶高，且副作用小，是较好的第二代溶栓药。

阿替普酶（alteplase）、西替普酶（silteplase）和那替普酶（nateplase）等同属第二代溶栓药。

> 瑞替普酶（reteplase）

瑞替普酶为第三代溶栓药，是通过基因重组技术改良天然溶栓药的结构而形成的 t-PA 的重组衍生物。与原始 t-PA 相比，瑞替普酶有以下优点：①选择性溶栓效果更强，疗效高，生效快，耐受性好；②半衰期延长，用药剂量和不良反应减少；③合成成本低，给药方法简便，不需要按体重调整给药剂量。瑞替普酶主要用于治疗急性心肌梗死。

二、纤维蛋白溶解抑制药

> 氨甲苯酸（aminomethylbenzoic acid）

氨甲苯酸又称对羧基苄胺，能竞争性抑制纤溶酶原激活因子，导致纤溶酶原不能转变为纤溶酶，从而抑制纤维蛋白的溶解，产生止血效果。其口服生物利用度为 70%，$t_{1/2}$ 为 60 min。氨甲苯酸主要用于纤维蛋白溶解症所致的出血，如肺、肝、胰、前列腺、甲状腺、肾上腺等手术所致的出血，产后出血，前列腺肥大出血，上消化道出血，因这些脏器内存有较大量纤溶酶原激活因子。氨甲苯酸对癌症出血、创伤出血及非纤维蛋白溶解引起的出血无止血效果。

氨甲苯酸不良反应少，但应用过量可致血栓形成，并可能诱发心肌梗死。

> 氨甲环酸（tranexamic acid）

氨甲环酸又称凝血酸，其止血作用机制与氨甲苯酸相同，但作用较强。其适应证同氨甲苯酸。

第三节 抗血小板药

血小板的黏附、聚集和释放是血栓形成的重要过程。抗血小板药又称血小板抑制药，具有抑制血小板黏附、聚集和释放等功能。根据作用机制可把这类药物分为抑制血小板代谢的药物、阻碍 ADP 介导的血小板活化的药物和糖蛋白Ⅱb/Ⅲa 受体阻断药。

一、抑制血小板代谢的药物

血小板膜磷脂在磷脂酶 A_2 的作用下释放出花生四烯酸（arachidonic acid，AA）。花生四烯酸经环氧合酶（COX）作用生成 PGG_2、PGH_2，后两者在有 TXA_2 合成酶时，合成具有强烈聚集血小板作用的 TXA_2（$t_{1/2}$ 为 2 min）。因此，抑制磷脂酶 A_2、抑制 COX 及抑制 TXA_2 合成酶的药物都将直接或间接地减少 TXA_2 合成，对 TXA_2 合成过多所引起的疾病有治疗作用。甾体抗炎药对磷脂酶 A_2 抑制的特异性较差；非甾体抗炎药，如阿司匹林是目前常用的抑制 COX 抗血小板药，通过减少 TXA_2 的生成而产生抗血栓作用。

（一）环氧合酶抑制药

环氧合酶抑制药如阿司匹林，在小剂量时使血小板 COX-1 乙酰化，持久抑制 COX-1，减少 TXA_2 的生成，主要用于防止心脑血管血栓形成。

（二）TXA$_2$ 合成酶抑制药和 TXA$_2$ 受体阻断药

TXA$_2$ 合成酶抑制药可抑制 TXA$_2$ 的形成，导致环内过氧化物（PGG$_2$、PGH$_2$）蓄积，从而促进 PGI$_2$ 生成。从药理学角度，具有阻断 TXA$_2$ 受体和抑制 TXA$_2$ 合成酶双重作用的制剂会有更高的疗效。

> 利多格雷（ridogrel）

利多格雷是强大的 TXA$_2$ 合成酶抑制药和中度的 TXA$_2$ 受体阻断药。动物实验证实，利多格雷抗血小板血栓和冠状动脉血栓的作用比水蛭素及阿司匹林更为有效。临床研究发现，利多格雷在对急性心肌梗死患者的血管梗死率、复灌率及增强链激酶的纤溶作用等方面与阿司匹林相当。但利多格雷在降低再栓塞、反复心绞痛及缺血性脑卒中的发生率等方面比阿司匹林作用强，证明利多格雷对防止新的缺血病变比阿司匹林更有效。利多格雷不良反应一般较轻，如轻度胃肠道反应，患者易耐受；未发现有出血性脑卒中等并发症。同类药物尚有匹考他胺（picotamide），其作用比利多格雷弱，不良反应轻。

（三）增加血小板内 cAMP 的药物

> 双嘧达莫（dipyridamole）

双嘧达莫又称潘生丁（persantin），原为血管扩张药，在体内、体外均有抗血栓作用。其作用机制包括：①抑制磷酸二酯酶（PDE）活性，使 cAMP 破坏减少，cAMP 含量增加；②激活腺苷酸环化酶活性，使 cAMP 产生增多；③增加血管内皮细胞 PGI$_2$ 的生成和活性；④轻度抑制血小板的环氧合酶，使 TXA$_2$ 合成减少。

双嘧达莫用于血栓栓塞性疾病：用于人工心脏瓣膜置换术后患者，抑制血小板在损伤血管内膜和人工瓣膜表面黏附，防止血小板血栓形成；与华法林合用抑制修复心脏瓣膜时血栓形成；与阿司匹林合用增强阿司匹林的抗血小板聚集作用。

二、阻碍腺苷二磷酸（ADP）介导的血小板活化的药物

> 噻氯匹定（ticlopidine）

噻氯匹定又称氯苄噻唑啶，能选择性及特异性地干扰 ADP 介导的血小板活化，从而具有抗血小板聚集和黏附作用。ADP 是天然的血小板激活剂。当血管内皮损伤时，局部 ADP 酶活性减弱，造成 ADP 在损伤局部浓度过高，血小板被激活。噻氯匹定为血小板 ADP（P2Y12）受体阻断药，能特异性地阻碍 ADP 介导的血小板活化，不可逆地抑制血小板聚集。噻氯匹定抑制 ADP 诱导的 α-颗粒分泌（α-颗粒含有黏连蛋白、纤溶酶原、有丝分裂因子等物质），也能抑制 ADP 诱导的血小板膜糖蛋白Ⅱb/Ⅲa 受体复合物与纤维蛋白原结合位点的暴露，因而抑制血小板聚集。所以噻氯匹定是血小板活化、黏附和 α-颗粒分泌的抑制药。

噻氯匹定用于预防脑卒中、心肌梗死及外周动脉血栓性疾病的复发，每次 250 mg，一天 2 次，疗效优于阿司匹林。已证实，在应用阿司匹林的基础上加用 P2Y12 受体阻断药对于接受经皮冠状动脉介入治疗（PCI）的患者明显有益。噻氯匹定常见的不良反应为恶心、腹泻、中性粒细胞减少等。

与噻氯匹定同类的药物氯吡格雷（clopidogrel）属于第二代 P2Y12 受体阻断药，药理作用及作用机制与噻氯匹定相似，但作用较强，不良反应少。

三、血小板膜糖蛋白Ⅱb/Ⅲa受体阻断药

ADP、凝血酶、TXA$_2$ 等血小板聚集诱导剂引起血小板聚集的最终通路都是暴露血小板膜表面的糖蛋白Ⅱb/Ⅲa受体（GPⅡb/Ⅲa receptor）。糖蛋白Ⅱb/Ⅲa受体的配体包括纤维蛋白原和血管性血友病因子（von Willebrand Factor，vWF）等，血小板之间借助这些配体发生交联，引起血小板聚集。因此，这种受体阻断药是一种有效的抗血小板药，可以阻断任何激动剂诱导的血小板聚集。

阿昔单抗（abciximab）、依替巴肽（eptifibatide）和替罗非班（tirofiban）等均为血小板膜糖蛋白Ⅱb/Ⅲa受体阻断药。阿昔单抗是较早的糖蛋白Ⅱb/Ⅲa受体单克隆抗体，抑制血小板聚集作用明显，对血栓形成、血管再闭塞有明显预防和治疗作用，临床用于急性心肌梗死、溶栓治疗、不稳定型心绞痛和血管成形术后再梗死等。阿昔单抗主要不良反应为出血。依替巴肽是一个环肽抑制药，替罗非班是一个非肽类的小分子糖蛋白Ⅱb/Ⅲa受体阻断药，因半衰期短，均需持续静脉给药。其他可供口服的血小板膜糖蛋白Ⅱb/Ⅲa受体阻断药有珍米罗非班（xemilofiban）、西拉非班（sibrafiban）、夫雷非班（fradafiban）等，它们均在不同阶段的研发过程中。

第四节　抗贫血药及造血细胞生长因子

一、抗贫血药

循环血液中红细胞数和血红蛋白量低于正常称为贫血。根据病因及发病机制的不同可分为：由铁缺乏所致的缺铁性贫血，由叶酸或维生素 B$_{12}$ 缺乏所致的巨幼细胞贫血，由骨髓造血功能低下所致的再生障碍性贫血，由慢性肾病引起的贫血。对贫血的治疗采用对因治疗及补充疗法，缺铁性贫血可补充铁剂，巨幼细胞贫血补充叶酸和（或）维生素 B$_{12}$，肾性贫血可服用低氧诱导因子-脯氨酰羟化酶抑制药（hypoxia inducible factor prolyl-hydroxylase inhibitor，HIF-PHI）罗沙司他。

➤ 铁剂（iron）

铁是血红蛋白、肌红蛋白、细胞色素系统、电子传递链主要的复合物、过氧化物酶及过氧化氢酶等的重要组成部分，因此，铁缺乏时可导致贫血。正常成年男子体内铁的总量约为 46 mg/kg，女子约为 30 mg/kg。正常人对铁的需要量因不同年龄和生理状态而有差别。在正常情况下，由于身体很少排泄或丢失铁，而代谢后释放的铁仍可被利用，故正常成年男子和绝经后的妇女，每天从食物中只需补偿每天所丢失的 1 mg 铁即可。但对于生长、发育时期的婴儿、儿童、青少年和孕妇，铁的需要量相对或绝对增加。

【铁的吸收与贮存】铁的吸收部位主要在十二指肠及空肠上段。无机铁以 Fe^{2+} 形式吸收，Fe^{3+} 很难吸收，络合物的铁的吸收率大于无机铁，凡能将 Fe^{3+} 还原为 Fe^{2+} 的物质如谷胱甘肽及能与铁离子络合的物质（如氨基酸、柠檬酸、苹果酸等）均有利于铁的吸收，而四环素、抗酸药、高磷、高钙等抑制其吸收。因而，临床上常用硫酸亚铁（ferrous sulfate）、枸橼酸铁铵（ferric ammonium citrate）和富马酸亚铁（ferrous fumarate）等作为口服补铁剂。注射铁剂有右旋糖酐铁（iron dextran），葡萄糖酸钠铁（sodium ferric gluconate）和蔗糖铁（iron sucrose）等。

吸收进入肠黏膜的铁,根据机体需要或直接进入骨髓供造血使用,或与肠黏膜去铁蛋白结合,以铁蛋白(ferritin)形式储存其中。体内铁的转运需要转铁蛋白(transferrin),它是分子量为 76 000 的 β_1-糖蛋白,有 2 个铁结合位点。细胞膜上有转铁蛋白受体,铁-转铁蛋白复合物与受体结合,通过受体调节的胞饮作用进入细胞,铁分离后,去铁的转铁蛋白被释放出细胞外继续发挥作用。人类细胞通过调节转铁蛋白受体和细胞内铁蛋白的表达以控制铁的吸收。当体内铁丰富时,转铁蛋白受体合成减少而铁蛋白的产生增加;相反,铁缺乏时,转铁蛋白受体合成增加,铁蛋白产生减少,以此增加铁的摄取利用,减少贮存。铁的排泄主要通过随肠黏膜细胞脱落及胆汁、尿液、汗液而排出体外,每天约排泄 1 mg。

【药理作用】 铁是红细胞成熟阶段合成血红素必不可少的物质。吸收到骨髓的铁,吸附在有核红细胞膜上并进入细胞内的线粒体,与原卟啉结合,形成血红素。后者再与珠蛋白结合,形成血红蛋白。

【临床应用】 铁剂治疗失血过多或需铁增加所致的缺铁性贫血,疗效极佳。对慢性失血(如月经过多、痔疮出血、子宫肌瘤等)、营养不良、妊娠、儿童生长发育所引起的贫血,用药后一般症状及食欲迅速改善,网织红细胞数于治疗后 10~14 天达高峰,血红蛋白每天可增加 0.1%~0.3%,4~8 周接近正常。但体内贮存铁量恢复正常需要较长时间,故重度贫血患者最好应用铁剂数月。

【不良反应】 铁剂刺激胃肠道引起恶心、呕吐、上腹部不适、腹泻等,以 Fe^{3+} 较 Fe^{2+} 多见。此外,铁剂也可引起便秘,这可能是 Fe^{2+} 与肠蠕动生理刺激物硫化氢结合后,减弱了肠蠕动所致。

儿童误服 1 g 以上铁剂可引起急性中毒,表现为坏死性胃肠炎症状,可有呕吐、腹痛、血性腹泻,甚至休克、呼吸困难、死亡。急救时用磷酸盐或碳酸盐溶液洗胃,并以特殊解毒剂去铁胺(deferoxamine)注入胃内以结合残存的铁。

➢ **叶酸(folic acid)**

叶酸由蝶啶核、对氨基苯甲酸及谷氨酸三部分组成,广泛存在于动、植物中,尤以酵母、肝及绿叶蔬菜中含量较多,不耐热,食物经烹调后其中的叶酸可损失 50% 以上。

叶酸为机体细胞生长和分裂所必需的物质。动物细胞自身不能合成叶酸,需从食物中摄取。叶酸缺乏时可致巨幼细胞贫血,比缺乏维生素 B_{12} 引起的巨幼细胞贫血更为多见。在成人饮食中每天提供 200 μg 叶酸,在妊娠及哺乳妇女饮食中每天提供 300~400 μg 叶酸,则可防止叶酸缺乏。引起叶酸缺乏的主要原因有:①需要量增加,如妊娠、婴儿期及溶血性贫血;②营养不良、偏食、饮酒;③药物引起,如用叶酸对抗药甲氨蝶呤、甲氧苄啶等;④吸收不良、胃和小肠切除、胃肠功能紊乱。

【药理作用】 食物中的叶酸和叶酸制剂进入体内被还原和甲基化为具有活性的 5-甲基四氢叶酸(5-CH_3H_4PteGlu),进入细胞后的 5-甲基四氢叶酸作为甲基供体使维生素 B_{12} 转成甲基维生素 B_{12},而自身变为四氢叶酸,后者能与多种一碳单位结合成四氢叶酸类辅酶,传递一碳单位,参与体内多种生化代谢,包括:①嘌呤核苷酸的从头合成;②从尿嘧啶脱氧核苷酸(dUMP)合成胸嘧啶脱氧核苷酸(dTMP);③促进某些氨基酸的互变。当叶酸缺乏时,上述代谢障碍,其中最为明显的是 dTMP 合成受阻,导致 DNA 合成障碍,细胞有丝分裂减少。同时,由于对 RNA 和蛋白质合成影响较小,使血细胞 RNA/DNA 比例增高,出现巨幼细胞贫血;消化道上皮增殖受抑制,出现舌炎、腹泻等。

【临床应用】 叶酸用于各种巨幼细胞贫血。对于营养不良或婴儿期、妊娠期对叶酸的需要量增加所致的营养性巨幼细胞贫血,治疗时应以叶酸为主,辅以维生素 B_{12},效果良好。对于叶酸对抗药甲氨蝶呤、乙胺嘧啶等所致的巨幼细胞贫血,因二氢叶酸还原酶受抑制,四氢叶酸生成障碍,故需用四氢叶酸制剂亚叶酸钙(calcium folinate)治疗。此外,对缺乏维生素 B_{12}

所致的恶性贫血，叶酸仅能纠正血细胞异常，而不能改善神经损害症状，故治疗时应以维生素 B_{12} 为主，叶酸为辅。叶酸对缺铁性贫血无效。

> 维生素 B_{12}（vitamin B_{12}）

维生素 B_{12} 为含钴复合物，广泛存在于动物内脏、牛奶、蛋黄中。钴原子带有各种配体，如—CN、—OH、—CH_3 和 5-脱氧腺苷基，因而有氰钴胺、羟钴胺、甲钴胺和 5-脱氧腺苷钴胺等维生素 B_{12} 同类物。体内具有辅酶活性的维生素 B_{12} 为甲钴胺和 5-脱氧腺苷钴胺。药用维生素 B_{12} 为氰钴胺、甲钴胺和羟钴胺，性质稳定。

【体内过程】维生素 B_{12} 必须与胃壁细胞分泌的糖蛋白（即内因子）结合才能免受胃液消化而进入空肠吸收。胃黏膜萎缩所致内因子缺乏可影响维生素 B_{12} 吸收，引起恶性贫血。维生素 B_{12} 吸收后有 90% 贮存于肝，少量随胆汁、胃液、胰液排入肠内，其中小部分吸收入血，主要经肾排出。

【药理作用】维生素 B_{12} 为细胞分裂和维持神经组织髓鞘完整所必需。体内维生素 B_{12} 主要参与下列两种代谢过程。

（1）维生素 B_{12} 是 5-甲基四氢叶酸同型半胱氨酸甲基转移酶促使同型半胱氨酸转为甲硫氨酸和 5-甲基四氢叶酸转为四氢叶酸的反应中所必需的辅酶，同时使四氢叶酸循环利用。当维生素 B_{12} 缺乏时，叶酸代谢循环受阻，导致叶酸缺乏症。缺乏维生素 B_{12} 和缺乏叶酸的症状基本相同（除缺乏维生素 B_{12} 引起的神经症状外），两药可互相纠正血细胞异常。

（2）甲基丙二酰辅酶 A 变位酶可促使甲基丙二酰辅酶 A 转变为琥珀酰辅酶 A，后者可进入三羧酸循环。脱氧腺苷 B_{12} 是甲基丙二酰辅酶 A 变位酶的辅因子，当缺乏维生素 B_{12} 时，这个反应不能进行，甲基丙二酰辅酶 A 蓄积，后者与脂肪酸合成的中间产物丙二酰辅酶 A 结构相似，结果合成了异常脂肪酸，并进入中枢神经系统，影响正常神经髓鞘磷脂的合成，这可能是缺乏维生素 B_{12} 引起神经损害症状的原因。

【临床应用】维生素 B_{12} 主要用于恶性贫血和其他巨幼细胞贫血，也可用于神经系统疾病（如神经炎、神经萎缩）、肝病、白细胞减少症、再生障碍性贫血等的辅助治疗，还可用于高同型半胱氨酸血症。维生素 B_{12} 本身无毒，但有可能引起过敏反应，包括过敏性休克，故不应滥用。

> 罗沙司他（Roxadustat）

罗沙司他为低氧诱导因子-脯氨酰羟化酶抑制药（hypoxia inducible factor prolyl-hydroxylase inhibitors，HIF-PHI），是一种新型治疗肾性贫血的小分子口服药物，通过抑制脯氨酰羟化酶（prolyl hydroxylase domain，PHD），稳定体内 HIF 水平，进而调控 HIF 信号通路下游靶基因的转录及表达。HIF-PHI 通过促进机体内源性生理浓度的促红细胞生成素（EPO）的生成及受体表达，促进与铁代谢相关蛋白的表达，同时降低铁调素水平，从而综合调控机体促进红细胞生成。

罗沙司他于 2018 年在中国率先完成了 Ⅲ 期临床试验，2018 年 12 月由我国国家药品监督管理局批准成为全球第一个正式获批上市的 HIF-PHI 类药物。

罗沙司他口服给药后吸收迅速，空腹时中位血药浓度达峰时间为 2 h。$t_{1/2}$ 为 8~11 h，慢性肾病非透析患者中约为 12 h，透析患者中为 10~12 h。罗沙司他在体内主要通过尿苷二磷酸葡糖醛酸转移酶 1A9（UGT1A9）和 CYP2C8 代谢，经肠道和肾排泄。

罗沙司他适用于慢性肾病引起的贫血，包括透析及非透析患者。

目前，罗沙司他已经在 20 余个国家开展了几十项临床研究，但大多数临床研究随访时间较短，建议在治疗期间定期评估高血压、高钾血症、心血管事件、视网膜病变、肿瘤、血栓相关事件、惊厥发作和严重感染等风险。妊娠期、哺乳期女性和对该药过敏的患者禁用。

二、造血细胞生长因子

正常情况下，造血系统每天约生成 2000 亿个血细胞以维持血细胞新陈代谢的平衡。血细胞是由多功能造血干细胞衍生而来的。干细胞既能自身分裂，又能在生长因子（growth factors）和细胞因子（cytokine）作用下分化产生各种血细胞生成细胞。这些因子由骨髓细胞或外周组织产生，为糖蛋白，在很低浓度下即有活性，除有促进血细胞分化增殖作用外，有些因子还有抗癌、抗炎等作用。近年来随着分子生物学技术的不断发展，某些因子可用基因重组技术批量生产供临床使用，有广泛的应用前景。

> 促红细胞生成素（erythropoietin，EPO）

促红细胞生成素是由肾皮质近曲小管管壁细胞分泌的由 166 个氨基酸组成的糖蛋白，分子量为 34 000，现可用 DNA 重组技术人工合成。促红细胞生成素与红系干细胞表面上的红细胞生成素受体结合，导致细胞内磷酸化及 Ca^{2+} 浓度增加，促进红系干细胞增生和成熟，并促使网织红细胞从骨髓中释放入血。贫血、缺氧时肾合成和分泌促红细胞生成素的速率可迅速增加百倍以上，以促使红细胞生成。但肾病、骨髓损伤、铁供应不足等均可干扰这一反馈机制。

促红细胞生成素对多种原因引起的贫血有效，其最佳适应证为慢性肾衰竭所致的贫血，对骨髓造血功能低下、肿瘤和艾滋病化学治疗引起的贫血也有效。促红细胞生成素不良反应少，主要不良反应为与红细胞快速增加、血黏度增高有关的高血压、血凝增强等，应用时应经常进行血细胞比容测定。

临床应用的促红细胞生成素为重组人红细胞生成素（epoetin α），经静脉注射或皮下注射应用，静脉注射 $t_{1/2}$ 为 10 h，皮下注射 5 ~ 24 h 达药峰浓度。给药剂量为 50 ~ 100 U/kg，每周 3 次，根据血细胞比容调整剂量。

> 粒细胞集落刺激因子（granulocyte colony stimulating factor，G-CSF）

粒细胞集落刺激因子是由单核巨噬细胞、血管内皮细胞和成纤维细胞生成的多肽。重组人粒细胞集落刺激因子又称非格司亭（filgrastim），是由 175 个氨基酸残基组成的糖蛋白，主要作用包括：刺激粒细胞集落形成，促进中性粒细胞成熟；刺激成熟的粒细胞从骨髓释出；增强中性粒细胞趋化及吞噬功能。其对巨噬细胞、巨核细胞影响很小。非格司亭用于各种中性粒细胞缺乏症的治疗，可缩短中性粒细胞缺乏时间，降低感染的发病率，对先天性中性粒细胞缺乏症也有效，对某些骨髓发育不良或骨髓损害的患者，可增加中性粒细胞数量，可部分或完全逆转艾滋病患者中性粒细胞缺乏。

非格司亭以每天 1 ~ 20 μg/kg 皮下或快速静脉注射。骨髓移植及化学治疗患者常以 5 μg/kg 开始。$t_{1/2}$ 为 3.5 h。为保持稳态血浓度也可 24 h 持续滴注，一般 14 ~ 21 天为 1 个疗程。大剂量过久使用非格司亭可产生轻、中度骨痛，皮下注射可有局部反应。

> 粒细胞-巨噬细胞集落刺激因子（granulocyte-macrophage colony-stimulating factor，GM-CSF）

粒细胞-巨噬细胞集落刺激因子又称生白能，在 T 淋巴细胞（简称 T 细胞）、单核细胞、成纤维细胞、血管内皮细胞中均有合成。它与白介素-3（interleukin-3）共同作用于多向干细胞和多向祖细胞等分化较原始的细胞，因此可刺激粒细胞、单核细胞、巨噬细胞和巨核细胞的集落形成和增生；对红细胞增生也有间接影响；对成熟中性粒细胞可增加其吞噬功能和细胞毒作用。

重组人粒细胞-巨噬细胞集落刺激因子又称沙格司亭（sargramostim），是由酵母菌产生的有 127 个氨基酸残基的糖蛋白，与天然粒细胞-巨噬细胞集落刺激因子一样，对骨髓细胞有广泛作用。

沙格司亭皮下注射或缓慢静脉注射，剂量为每天 125～500 μg/m²。血中粒细胞 - 巨噬细胞集落刺激因子浓度在皮下注射后迅速增加。$t_{1/2}$ 为 2～3 h。静脉注射后，作用维持 3～6 h。沙格司亭主要用于某些脊髓发育不良、再生障碍性贫血、艾滋病、骨髓移植或肿瘤化学治疗等引起的白细胞或粒细胞缺乏症。沙格司亭剂量过大可引起骨痛、不适、发热、腹泻、呼吸困难、皮疹等不良反应，首次静脉滴注时可出现潮红、低血压、呕吐、呼吸急促等症状。

> **知识拓展**

低氧诱导因子（HIF）与新型抗贫血药罗沙司他

1991 年，研究者发现了低氧诱导因子（HIF），它是在脏器贫血或低氧条件下诱导产生的核因子。2010 年，低氧诱导因子 - 脯氨酰羟化酶抑制药（HIF-PHI）罗沙司他（Roxadustat）在中国启动临床试验。2018 年，罗沙司他作为全球首个小分子 HIF-PHI，在中国首获批上市，它适用于透析和非透析肾性贫血患者。2019 年，诺贝尔生理学或医学奖颁给了美国和英国的三位科学家，理由为"发现了细胞如何感知和适应氧气的可用性"。基于诺贝尔奖研究工作转化成果的创新药罗沙司他的主要药理作用机制是通过抑制脯氨酰羟化酶，减少 HIF 降解，稳定体内 HIF 水平，从而模拟自然状态下的低氧环境，综合调控机体一系列反应，包括在生理范围内调控内源性促红细胞生成素，有效促进红细胞生成。在中国，慢性肾病患者已超过 1.3 亿，患病率仍在攀升，罗沙司他作为全球首创新药在中国率先上市，使中国肾性贫血患者享受到最前沿的新药。

第五节　血容量扩充药

失血或大面积烧伤可使血容量降低，严重者可导致休克。迅速扩充血容量是治疗低血容量性休克的基本方法。当血制品来源有限时，人工合成血容量扩充药便成为急救的常用药。理想的人工合成血容量扩充药应能维持血液胶体渗透压，作用持久，无毒性，不具抗原性及热原性。

➢ **右旋糖酐（dextran）**

右旋糖酐为高分子化合物，是葡萄糖的聚合物，根据聚合的葡萄糖分子数目的不同分为不同分子量的产品，临床上常用的有右旋糖酐 70（平均分子量约为 70 000）、右旋糖酐 40（平均分子量约为 40 000）和右旋糖酐 10（平均分子量约为 10 000）。

【药理作用及应用】

1. 扩充血容量　右旋糖酐静脉滴注后能提高血浆胶体渗透压，吸收血管外的水分而扩充血容量。右旋糖酐 70 分子量大，此作用维持时间长，$t_{1/2}$ 约 12 h。

2. 改善微循环　右旋糖酐可阻止红细胞和血小板聚集及纤维蛋白聚合，降低血液黏度，并对凝血因子Ⅱ有抑制作用，从而改善微循环。改善微循环作用以右旋糖酐 40 和右旋糖酐 10 较佳。

3. 渗透性利尿作用　右旋糖酐 40 和右旋糖酐 10 分子量较小，易自肾排出，因此它们的渗透性利尿作用较强。

右旋糖酐主要用于失血、创伤或烧伤引起的低血容量性休克和中毒性休克，以及预防手术休克。右旋糖酐 40 和右旋糖酐 10 改善微循环作用较佳，用于中毒性、外伤性及失血性休克可防止休克后期发生 DIC。右旋糖酐也用于防治心肌梗死、脑血栓形成、血管闭塞性脉管炎及外科手术后防止血栓形成,但同时也会增加出血的危险。

【不良反应】右旋糖酐可能作为一种过敏原,引起严重程度不等的过敏反应,如发热、荨麻疹,极个别患者有血压下降、呼吸困难等严重反应。连续应用时,制剂中的少量大分子量右旋糖酐蓄积可致凝血障碍和出血。血小板减少症、出血性疾病、血浆中纤溶酶原低下等患者禁用。心功能不全和肺水肿及肾功能不佳者慎用。

➢ 其他血容量扩充药

其他血容量扩充药尚有:409代血浆(缩合葡萄糖),分子量为10 000左右;706代血浆(羟乙基淀粉),平均分子量为35 000;氧化明胶代血浆(707代血浆),平均分子量为30 000~40 000;中分子和低分子聚维酮(polyvinyl pyrrolidone,PVP,聚乙烯吡咯酮)。

临床应用

抗血栓药的合理应用

临床上各种抗凝血药、纤溶制剂和抗血小板药都广泛应用。肝素主要用于静脉血栓、不稳定型心绞痛、急性心肌梗死和冠状动脉成形术来预防血栓形成。凝血酶直接抑制药如阿加曲班适用于肝素引起的血小板减少症。华法林用于预防急性静脉栓塞的进一步发展和再栓塞,是继肝素治疗后的维持治疗;华法林还可以用来减少心房颤动患者或瓣膜修补术患者发生栓塞的可能。华法林是治疗指数较窄的药物,新型口服抗凝血药如达比加群酯可代替华法林应用于非瓣膜性心房颤动患者以预防脑卒中。纤维蛋白溶解药如t-PA用于减少急性心肌梗死患者的死亡率,还用于急性一过性卒中的患者。抗血小板药如阿司匹林、氯吡格雷均可用于冠状动脉成形术后预防血栓形成,以及心肌梗死和卒中患者的二级预防。

思 考 题

1. 试述肝素和华法林在抗凝血作用机制、作用范围、给药途径、作用特点、出血解救方面的不同点。
2. 试述常用的抗贫血药及其临床应用。
3. 常用的抗血小板药分为哪几类?每类列举一个代表药。
4. 患者,女,72岁,患高血压20余年,心房颤动半年。患者半年前曾因心房颤动入院治疗,医生给予华法林口服。患者近日来医院复查时称:"我出院时,医生交代了这个药有很多药物相互作用,所以我什么药都不敢乱吃,感冒了也挺着,甚至一些蔬菜水果也不敢多吃。"请回答:
(1)此病例中,医生给予华法林治疗的目的是什么?其作用机制是什么?
(2)华法林的主要不良反应是什么?在临床应用中有哪些注意事项?
(3)如果你是医生,你会如何指导患者用药,打消患者应用华法林的顾虑?
(4)如果该患者对于应用华法林仍然不放心,应建议患者改用哪些药物?

(杜艳华)

第二十九章 组胺受体激动药和阻断药

案例 29-1

患者，男，18岁，鼻塞、鼻痒、流涕和喷嚏连续发作1周，伴眼痒、流泪、结膜充血，外耳道痒，口腔上腭痒，常有咳嗽及喘息。患者每年"五一"前后出现此类症状，已经连续3年。查体：T 36.7 ℃，R 18次/分，BP 115/85 mmHg。鼻分泌物涂片中嗜酸性粒细胞阳性和肥大细胞阳性。花粉过敏原皮试反应阳性，杨树、柳树过敏原皮试反应阳性。诊断为"季节性花粉症"。

问题：
1. 该患者可选用何种抗过敏药进行治疗？
2. 选用第一代和第二代组胺受体阻断药的区别是什么？
3. 各类抗过敏药临床作用的差异有哪些？

第一节 组胺与组胺受体激动药

一、组胺

组胺（histamine）是最早发现的、广泛分布于人体组织中的自身活性物质（autacoid），机体几乎所有组织中均含有组胺，其中以皮肤结缔组织、肠黏膜及肺含量较高。组织中的组胺主要与蛋白质、肝素结合，以复合物的形式贮存于肥大细胞及嗜碱性粒细胞中。化学或物理等许多因素能促使肥大细胞脱颗粒，导致组胺释放，通过与特异性组胺受体结合，产生强大的生物活性。组胺受体的分布及效应见表29-1。组胺的临床应用已逐渐减少，仅限于辅助诊断。

表 29-1 组胺受体的分布及效应

受体类型	组织分布	效应	阻断药	激动药
H_1受体	支气管、胃肠、子宫等平滑肌	收缩	苯海拉明、异丙嗪、氯苯那敏等	倍他司汀
	皮肤血管	扩张		
	心房、房室结	收缩增强、传导减慢		

续表

受体类型	组织分布	效应	阻断药	激动药
H_2 受体	胃壁细胞	分泌增多	西咪替丁、雷尼替丁等	英普咪定、倍他唑
	血管	扩张		
	心室、窦房结	收缩增强、心率加快		
H_3 受体	中枢与外周神经末梢	负反馈调节组胺合成与释放	替洛利生	α-甲基组胺（R）
H_4 受体	骨髓、肺、脾、小肠和中枢	免疫反应和炎症反应		

二、组胺受体激动药

➤ **倍他司汀**（betahistine，盐酸甲胺乙基吡啶）

【体内过程】倍他司汀口服吸收快而完全，$t_{1/2}$ 为 3～4 h，血浆蛋白结合率小于 5%，24 h 内大部分经肾排泄，主要以代谢产物形式从尿中排出。

【药理作用】倍他司汀化学结构类似组胺，为 H_1 受体激动药，可扩张脑及内耳血管，促进椎基底动脉系统和内耳迷路的血液循环，纠正内耳血管痉挛，减轻膜迷路积水。倍他司汀还有抗血小板聚集及抗血栓的作用。

【临床应用】倍他司汀对于椎基底动脉供血不足及颈椎病、脑动脉硬化、高血压和脑外伤等引起的脑局部供血不足，以及梅尼埃病、精神因素所致反复发作的阵发性眩晕和慢性眩晕、耳鸣等均有效。倍他司汀可有效控制眩晕、头晕、不平衡等症状的程度和发生频率，其抗晕机制还不完全清楚，目前认为与改善脑及内耳血供有关。

【不良反应】倍他司汀不良反应较少，患者偶有恶心、头晕、心悸和胃部不适等症状，通常较轻微，一般无须减量或停药。溃疡和哮喘患者慎用，儿童、哺乳期妇女及嗜铬细胞瘤患者禁用。

英普咪定（impromidine，甲咪硫胍）、倍他唑（betazole，氨乙吡唑）均为选择性 H_2 受体激动药，能刺激胃酸分泌，用于胃功能检查。

第二节 组胺受体阻断药

组胺受体阻断药（antihistaminic）又称组胺拮抗药（histamine antagonist），是指能在组胺受体水平竞争性阻断组胺作用的药物。根据其对组胺受体的选择性不同可分为四类：H_1 受体阻断药（H_1-receptor blocking drug）、H_2 受体阻断药（H_2-receptor blocking drug）、H_3 受体阻断药（H_3-receptor blocking drug）和 H_4 受体阻断药（H_4-receptor blocking drug）。1920 年研究者首次发现组胺为过敏介质，1937 年发现组胺受体并发现 H_1 受体阻断药，1972 年 H_2 受体阻断药研制成功，目前已有两代几十种 H_1 受体阻断药和一批疗效高、副作用小的 H_2 受体阻断药供临床应用。

一、H_1 受体阻断药

现有第一代和第二代 H_1 受体阻断药应用于临床。第一代 H_1 受体阻断药因对中枢活性强且受体特异性差,故可引起明显的镇静和抗胆碱作用,常用药物有苯海拉明(diphenhydramine)、异丙嗪(promethazine)、曲吡那敏(tripelennamine)、氯苯那敏(chlorphenamine)、布可利嗪(buclizine)、美克洛嗪(meclozine)。而第二代 H_1 受体阻断药在治疗量下不能通过血脑屏障,故无中枢抑制作用,特点是长效、无嗜睡作用,对喷嚏、清涕和鼻痒效果好,对鼻塞效果差,常用药物有西替利嗪(cetirizine)、左西替利嗪(levocetirizine)、氯雷他定(loratadine)、阿伐斯汀(acrivastine)、非索非那定(fexofenadine)、左卡巴斯汀(levocabastine)等。

【体内过程】H_1 受体阻断药可口服或注射给药,吸收迅速、完全。口服后 15~30 min 发挥作用,1~2 h 达高峰。多数药物一次给药后药效可维持 4~6 h,但布可利嗪与美克洛嗪等的作用可维持 12 h 以上(表 29-2)。药物多在肝内代谢,以代谢产物形式从尿中排出。其消除速度快,一般不易蓄积。H_1 受体阻断药多数能诱导肝药酶,且可加速自身代谢。第二代 H_1 受体阻断药氯雷他定口服后从胃肠道迅速吸收,在肝内经 CYP 代谢为活性产物。西替利嗪、氯雷他定和非索非那定吸收皆良好,主要以原型排出。西替利嗪、氯雷他定主要由尿液排泄,而非索非那定主要经肠道排泄。

【药理作用】

1. 组胺 H_1 受体阻断效应 H_1 受体被激动后可通过 G 蛋白激活磷脂酶 C(phospholipase C,PLC),产生肌醇三磷酸(IP_3)与甘油二酯(DAG),导致细胞内 Ca^{2+} 增加,蛋白激酶 C 活化,从而使胃、肠、气管和支气管平滑肌收缩。血管内皮细胞释放的内皮源性舒血管因子(endothelium-derived relaxing factor,EDRF)和 PGI_2 使小血管扩张,通透性增加。H_1 受体阻断药可拮抗这些作用。如先给予 H_1 受体阻断药,可使豚鼠接受数倍甚至数千倍以上致死量的组胺而不死亡。因 H_2 受体也参与对心血管功能的调节,故 H_1 受体阻断药对组胺引起的血管扩张和血压下降仅有部分拮抗作用。

2. 中枢作用 H_1 受体阻断药对中枢的抑制作用可产生镇静和嗜睡效应。以苯海拉明、异丙嗪作用最强,其中枢抑制作用可能与阻断中枢 H_1 受体有关。H_1 受体阻断药还有抗晕、镇吐作用,可能与其中枢抗胆碱作用有关。第二代 H_1 受体阻断药氯雷他定、西替利嗪和非索非那定因不易通过血脑屏障,几无中枢抑制作用,故目前在临床上普遍应用。

3. 其他作用 多数 H_1 受体阻断药有抗胆碱、局部麻醉和奎尼丁样作用。第二代 H_1 受体阻断药无抗胆碱作用。

表 29-2 常用 H_1 受体阻断药作用比较

药物	镇静程度	镇吐作用	抗胆碱作用	作用时间(h)
第一代药物				
苯海拉明(diphenhydramine)	+++	++	+++	4~6
异丙嗪(promethazine)	+++	++	+++	4~6
曲吡那敏(tripelennamine)	++	/	/	4~6
氯苯那敏(chlorphenamine)	+	−	++	4~6
布可利嗪(buclizine)	+	+++	+	16~18
美克洛嗪(meclozine)	+	+++	+	12~24

续表

药物	镇静程度	镇吐作用	抗胆碱作用	作用时间（h）
第二代药物				
西替利嗪（cetirizine）	+	/		12~24
氯雷他定（loratadine）	–	–	–	24
阿伐斯汀（acrivastine）	–	–	–	4~6
非索非那定（fexofenadine）	–	–	–	12

【临床应用】

1. 过敏性疾病　H_1 受体阻断药对组胺释放所引起的荨麻疹、花粉症、过敏性鼻炎和血管神经性水肿等皮肤、黏膜过敏性疾病效果较好。对昆虫咬伤引起的皮肤瘙痒和水肿也有良效。对药疹和接触性皮炎有止痒效果。H_1 受体阻断药能对抗豚鼠由组胺引起的支气管痉挛，但对支气管哮喘患者几乎无效。原因是引起哮喘的活性物质比较复杂，而 H_1 受体阻断药无对抗其他活性物质的作用。H_1 受体阻断药对过敏性休克也无效。

2. 晕动病及呕吐　苯海拉明、异丙嗪、布可利嗪和美克洛嗪对晕动病、妊娠呕吐及放射病呕吐有镇吐作用。晕动病者预防用药应在乘车、乘船前 15~30 min 服用药物。

【不良反应】第一代 H_1 受体阻断药常见镇静、嗜睡、乏力等中枢抑制现象，故服药期间应避免驾驶车、船和高空作业。少数患者用药后出现烦躁不安。其他不良反应有消化道反应、头痛及口干等，局部外敷可致皮肤过敏，偶见粒细胞减少及溶血性贫血。美克洛嗪可致动物畸胎，故妊娠早期禁用。

二、H_2 受体阻断药

H_2 受体阻断药可拮抗组胺引起的胃酸分泌，而对 H_1 受体几乎无作用。H_2 受体阻断药的问世，不仅进一步证明了内源性组胺在调节胃液分泌上的重要性，也为消化性溃疡的治疗提供了一类有价值的药物。目前临床常用的 H_2 受体阻断药有西咪替丁（cimetidine）、雷尼替丁（ranitidine）、法莫替丁（famotidine）、尼扎替丁（nizatidine）和乙溴替丁（ebrotidine）等。

【体内过程】H_2 受体阻断药口服吸收良好。西咪替丁或雷尼替丁口服后 15~30 min 起效，1~2 h 达药峰浓度，而法莫替丁则 1~3.5 h 达药峰浓度。西咪替丁的生物利用度为 60%~75%，雷尼替丁为 50%，法莫替丁为 37%~45%，尼扎替丁约为 90%。$t_{1/2}$ 均为 1.3~4 h，体内分布较广，血浆蛋白结合率为 15%~20%。西咪替丁可通过血脑屏障及胎盘屏障，胃壁细胞内含量较高。药物多以原型经肾排出，老年人及肾衰竭患者排泄变慢，$t_{1/2}$ 延长。

【药理作用】H_2 受体阻断药与组胺竞争 H_2 受体，对 H_1 受体几无影响。其主要作用是减少胃酸分泌，不仅能抑制基础（饥饿）胃酸分泌，也能显著抑制组胺、五肽促胃液素、乙酰胆碱及进食所致的胃酸分泌，使胃酸分泌量及氢离子浓度和胃蛋白酶量均下降。雷尼替丁抑制人胃酸分泌的强度约为西咪替丁的 7.5 倍，法莫替丁的作用更强，约为雷尼替丁的 20 倍，且维持时间较长。尼扎替丁的作用强度与雷尼替丁相似。十二指肠溃疡与胃溃疡患者口服 H_2 受体阻断药后，基础胃酸和夜间胃酸分泌明显减少，并能促进溃疡愈合。乙溴替丁为新一代 H_2 受体阻断药，抑制胃酸分泌作用为西咪替丁的 10 倍，能使表皮生长因子（epidermal growth factor，EGF）、血小板衍生生长因子（platelet derived growth factor，PDGF）表达增加，刺激上皮细胞增生，促进溃疡愈合，胃黏膜分泌增加，与抗幽门螺杆菌药有协同作用，对治疗有烟、酒嗜好的消化性溃疡患者的疗效优于雷尼替丁。

【临床应用】H_2受体阻断药可用于治疗十二指肠溃疡、胃溃疡，应用4～8周，愈合率较高，延长用药可减少复发。H_2受体阻断药用于佐林格-埃利森综合征（Zollinger-Ellison syndrome）时需用较大剂量。其他胃酸分泌过多的疾病如胃肠吻合口溃疡、反流性食管炎，以及消化性溃疡和急性胃炎引起的出血也可应用H_2受体阻断药。

【不良反应】H_2受体阻断药长期服用耐受良好，偶有便秘、腹泻、腹胀、头痛、头晕、皮疹和瘙痒等；静脉滴注速度过快，可使心率减慢，心收缩力减弱。长期服用西咪替丁的男性青年，可引起勃起障碍、性欲消失及乳房发育，可能与其抑制二氢睾丸素与雄激素受体结合，以及抑制肝药酶水解雌二醇，提高雌二醇浓度有关。老年人或肾功能不良者应用大剂量西咪替丁可出现中枢神经系统症状，如精神错乱、言语含糊、谵妄、幻觉，甚至昏迷。西咪替丁偶有粒细胞减少、血小板减少及肝、肾毒性等不良反应。长期用药后突然停药可引起反跳现象，引起胃酸分泌增加。

西咪替丁可抑制CYP的活性，抑制华法林、苯妥英钠、茶碱、苯巴比妥、地西泮和普萘洛尔等的代谢，与这些药物合用时，应调整这些药物的剂量。雷尼替丁这一作用很弱，法莫替丁、尼扎替丁则无此影响。

三、H_3受体阻断药

H_3受体是组胺能神经元上的突触前自身受体，负反馈性调节组胺合成与释放，存在于整个中枢神经系统，以海马、杏仁核、伏隔核、苍白球、纹状体、下丘脑及脑皮质尤为突出。H_3受体也是大脑及外周组织多种神经元的突触前异身受体，激活后可抑制去甲肾上腺素能神经元、胆碱能神经元、5-HT能神经元、γ-氨基丁酸能神经元、谷氨酸能神经元及对疼痛敏感C纤维的递质释放。在胃的嗜铬细胞中，H_3受体抑制促胃液素诱导的组胺释放，从而降低H_2受体介导的胃酸分泌，但效果不够理想。

➤ 替洛利生（pitolisant，Pit）

替洛利生于2016年3月在欧盟批准上市。

【体内过程】替洛利生口服吸收迅速，约3 h达药峰浓度，$t_{1/2}$为10～12 h，血浆蛋白结合率约90%。其在人体内的代谢过程尚未完全阐明，主要在肝中代谢，代谢产物无药理活性；在体外对CYP3A4等酶具有一定的诱导作用。

【药理作用】替洛利生对H_3受体表现出较强的亲和力和选择性，对人H_3受体的亲和力比对其他类受体高200倍以上。替洛利生通过阻断组胺能神经元上的自身H_3受体及其他神经元上的异身H_3受体，产生广泛的中枢作用，可促进觉醒，提高记忆力、学习力及注意力等认知能力，并可减少摄食量。

【临床应用】替洛利生目前主要用于治疗成人伴或不伴有猝倒的发作性睡病。此病为一种睡眠障碍性疾病，主要症状为日间过度嗜睡，常伴有发作性猝倒、睡眠麻痹、睡眠幻觉等。组胺能神经在维持觉醒方面发挥重要作用，清醒时人体内组胺能神经活性明显增强。替洛利生可显著减少日间睡眠发作次数，提高日间觉醒状态，减少猝倒发生率。

【不良反应】替洛利生不良反应较轻，常见失眠、头痛、焦虑、易怒、恶心、腹部不适。严重焦虑、伴自杀倾向的抑郁症患者和严重肝肾损伤患者慎用。

> **知识链接**
>
> **组胺药物的研发历史及发现意义**
>
> 　　从组胺被发现至今已经有100余年。早在1910年，Dale和Barger首先从霉菌麦角中提取出组胺，之后科学家们发现组胺是引起过敏反应的重要物质之一。1937年，Daniel Bovet合成了第一个组胺受体阻断药。1942年，组胺受体阻断药被首次应用于临床过敏性疾病的治疗。直到1981年第二代组胺受体阻断药问世，组胺受体阻断药经历了漫长的探索与发展过程，药物品种不断增多。目前组胺受体阻断药物依据阻断组胺受体亚型的不同，在临床上用于治疗不同的疾病。H_1受体阻断药临床主要用于过敏性疾病等的治疗，对于由组胺释放所引起的荨麻疹、花粉症、过敏性鼻炎和血管神经性水肿等皮肤、黏膜过敏性疾病效果较好，对昆虫咬伤引起的皮肤瘙痒和水肿也有良效，对药疹和接触性皮炎有止痒效果。第一代H_1受体阻断药兼有中枢镇静作用，用于伴有过敏的失眠；第二代H_1受体阻断药无中枢抑制作用。H_2受体阻断药如雷尼替丁和法莫替丁通过抑制胃酸分泌在临床上用于消化性溃疡的治疗。

思 考 题

1. 简述倍他司汀用于治疗脑局部供血不足的药理学基础。
2. 组胺受体阻断药分为哪几类？列举其主要类别的代表药。
3. 患者，女，35岁，右手瘙痒伴红斑、丘疹、渗出和水疱2天。患者诉2天前换用新化妆品涂抹后右手局部瘙痒，出现红斑、丘疹、渗出及水疱，严重影响工作和睡眠。请回答：目前该病例应选用哪一类药物治疗？选用这类药物的依据是什么？

（陈　霞）

第三十章

平喘药、镇咳药和祛痰药

第三十章数字资源

案例 30-1

患者，男，51岁，4年前食用海鲜后出现气喘，以后经常发作，尤其在冬春季。实验室检查：支气管激发试验阳性。诊断：支气管哮喘。近3个月患者气喘症状加重，FEV_1（第一秒用力呼气容积）为预计值的82%（正常值为83%），处于哮喘轻度持续期，应用沙丁胺醇和特布他林治疗，症状控制不好。

问题：
1. 该患者使用的两个药物属于哪一类平喘药？为什么对症状控制不好？
2. 患者换用沙丁胺醇和布地奈德治疗后有效控制哮喘症状，其中布地奈德的药理作用特点是什么？

平喘药（antiasthmatic drug）、镇咳药（antitussive）和祛痰药（expectorant）是呼吸系统疾病常用的治疗药物。合理地使用这些药物可以缓解呼吸系统疾病症状，提高患者生活质量，有效预防并发症的发生。

第一节 平喘药

平喘药是用于缓解、消除或预防支气管哮喘（bronchial asthma）的药物。主要适应证为哮喘和喘息性支气管炎。

哮喘是一种呼吸道慢性炎症性疾病，主要病理表现包括：支气管高反应性或支气管痉挛，小呼吸道阻塞；呼吸道炎症细胞浸润，黏膜下组织水肿，血管通透性增加，平滑肌增生，上皮脱落。炎症细胞浸润包括肥大细胞、嗜酸性粒细胞、巨噬细胞、淋巴细胞和中性粒细胞浸润。炎症介质包括组胺、蛋白酶、白三烯、前列腺素、血栓素 A_2（thromboxane，TXA_2）、血小板活化因子（platelet activating factor，PAF）及白介素（interleukin，IL）、肿瘤坏死因子 α（tumor necrosis factor-α，TNF-α）、粒细胞-巨噬细胞集落刺激因子（granulocyte macrophage-colony stimulating factor，GM-CSF）等多种物质。

平喘药可分为以下六类：
1. 肾上腺素受体激动药 代表药为肾上腺素、异丙肾上腺素、沙丁胺醇等。
2. 茶碱类药 代表药为氨茶碱等。
3. M受体阻断药 代表药为异丙托溴铵。
4. 糖皮质激素类药 代表药为倍氯米松等。

5. **肥大细胞膜稳定药** 代表药为色甘酸钠。
6. **白三烯受体阻断药** 代表药为扎鲁司特等。

一、肾上腺素受体激动药

肾上腺素受体激动药主要激活支气管平滑肌的 $β_2$ 受体而松弛支气管平滑肌，抑制过敏介质释放，预防过敏性哮喘的发作。长期应用此类药物可使支气管平滑肌细胞膜上的 $β_2$ 受体数目减少，疗效减低，引起反跳现象，使哮喘病情加重。故此类药物不宜长期连续应用，必要时可与其他平喘药交替使用。

肾上腺素、异丙肾上腺素、麻黄碱是拟肾上腺素类的传统平喘药物，对 β 受体无选择性，药理作用广泛，但副作用较大。目前临床主要选用对 $β_2$ 受体有高度选择性的药物沙丁胺醇等，用于哮喘急性发作的治疗和发作前预防用药。

➢ **肾上腺素（adrenaline，AD；epinephrine，Epi）**

肾上腺素对 α 和 β 受体均有强大的激动作用。其平喘作用机制包括：①激动呼吸道平滑肌上的 $β_2$ 受体，舒张支气管平滑肌；②激动肥大细胞与嗜碱性粒细胞膜上的 $β_2$ 受体，抑制过敏介质的释放；③激动呼吸道黏膜血管的 α 受体，使支气管黏膜血管收缩，减少呼吸道黏膜充血和水肿，有利于改善通气功能。但肾上腺素激动 α 受体也可引起静脉血管过度收缩和毛细血管压增加，并引起充血反应；激动 α 受体还能引起呼吸道平滑肌收缩，促进肥大细胞释放过敏介质。肾上腺素平喘作用快而强，但对心脏 $β_1$ 受体的激动作用可引起心动过速，甚至心律失常，对血管 α 受体的激动作用可引起收缩压明显增高，加重心脏负担，故肾上腺素一般不用作常规平喘药，主要用于控制哮喘急性发作。用法为皮下注射给药，数分钟内见效，维持时间为 1～2 h。

➢ **异丙肾上腺素（isoprenaline，isoproterenol）**

异丙肾上腺素对 $β_1$ 和 $β_2$ 受体均具有明显的激动作用，对 α 受体几乎无作用，其松弛支气管平滑肌的作用比肾上腺素强。该药口服无效，吸入给药 1 min 起效，可维持 1～2 h，主要用于支气管哮喘急性发作。常见不良反应有心率加快、心悸，为 $β_1$ 受体激动后兴奋心脏所致；有肌震颤现象，与激动骨骼肌上的 $β_2$ 受体有关。长期反复应用异丙肾上腺素时其平喘作用降低，但心脏对药物的反应性并不降低，因此随意增加剂量，可产生严重的心律失常，甚至心室颤动而致死亡，尤其是当患者严重缺氧时，心肌更为敏感，应特别注意。目前临床已少用。

➢ **麻黄碱（ephedrine）**

麻黄碱的作用类似肾上腺素，但作用较弱，其特点是口服有效，作用缓慢、温和、持久。麻黄碱可兴奋中枢，引起失眠，故目前已少用，仅与其他药物配伍治疗轻症哮喘、喘息性气管炎和预防哮喘发作。

➢ **沙丁胺醇（salbutamol）**

沙丁胺醇为选择性 $β_2$ 受体激动药，对 $β_2$ 受体的作用强于 $β_1$ 受体，对 α 受体无作用，平喘作用与异丙肾上腺素相似，兴奋心脏作用仅为异丙肾上腺素的 1/10。口服 30 min 起效，2～3 h 达最大效应，可维持 4～6 h。气雾吸入 5 min 起效，作用最强时间在 1～1.5 h，维持 3～4 h。目前沙丁胺醇有缓释和控释剂型，可使作用时间延长，适用于夜间哮喘发作。沙丁胺醇对支气管扩张的作用强，对心血管系统影响很小，是目前较为安全的平喘药，主要用于各型哮喘及伴有支气管痉挛的各种支气管及肺疾患。缓解发作多用气雾吸入，而预防发作则可口服给药。常见的不良反应有恶心、多汗、头晕、肌震颤和心悸等。长期使用会形成耐受性，不仅疗效降低，也可能加重哮喘症状。心功能不全、冠状动脉供血不足、高血压、糖尿病和甲状腺功能亢进患者慎用。

➢ **克仑特罗（clenbuterol）**

克仑特罗为强效选择性 β_2 受体激动药，松弛支气管平滑肌作用为沙丁胺醇的 100 倍。口服吸收迅速而完全，10～20 min 起效，2～3 h 达药峰浓度，维持 4～6 h。气雾吸入 5～10 min 起效，维持 2～4 h。克伦特罗适用于防治哮喘、喘息性气管炎，以及伴可逆性气管阻塞的慢性支气管炎和肺气肿等。心血管系统不良反应较少，但心脏病、高血压和甲状腺功能亢进患者应慎用。少数患者用药后有心悸、手指细震颤、口干、头晕等症状，继续用药一般能逐渐消失。

➢ **特布他林（terbutaline）**

特布他林在化学结构、体内过程及药理作用方面均与克仑特罗相似。此药既可口服，又可注射。皮下注射 5～15 min 起效，30～60 min 达高峰，持续 1.5～5 h，气雾吸入后 5～15 min 起效，作用持续 4 h 左右。重复用药易致蓄积作用。

特布他林主要激动 β_2 受体，使细胞内 cAMP 升高，支气管平滑肌舒张；还能抑制抗原攻击后引起的内源性介质释放，增强支气管上皮细胞纤毛运动，促进支气管腺体分泌，使黏液稀释，有助于痰液咳出。因其对 β_2 受体选择性强，故对心脏兴奋作用较小。特布他林主要用于治疗各种哮喘。

➢ **福莫特罗（formoterol）**

福莫特罗为新型长效选择性 β_2 受体激动药，作用强而持久，吸入后约 2 min 起效，2 h 达高峰，持续 12 h。福莫特罗除具有较强的松弛支气管平滑肌作用外，也有明显的抗炎作用，可明显抑制抗原诱发的嗜酸性粒细胞聚集与浸润、血管通透性增强及迟发性呼吸道痉挛反应，对血小板活化因子诱发的嗜酸性粒细胞聚集也有抑制作用。福莫特罗主要用于慢性哮喘与慢性阻塞性肺疾病。因其为长效制剂，特别适用于哮喘夜间发作患者。不良反应与其他 β 受体激动药相似，有肌震颤、心悸、心动过速，超量应用及口服给药时较易出现。

二、茶碱类药

➢ **茶碱（theophylline）**

茶碱是甲基黄嘌呤的衍生物。

【体内过程】茶碱口服吸收迅速，生物利用度几乎 100%，吸收后可分布到细胞内液与外液。吸收进入体内的药物 10% 以原型由尿排出，90% 经肝药酶代谢，许多影响肝微粒体混合功能氧化酶的因素均可影响茶碱的代谢与清除。儿童用药后 $t_{1/2}$ 约 3.7 h，成人约 7.7 h。

【药理作用与作用机制】

1. 松弛呼吸道平滑肌 茶碱具有较强的直接松弛呼吸道平滑肌的作用，但其作用强度不及 β 受体激动药。松弛呼吸道平滑肌的作用机制包括：①抑制磷酸二酯酶的活性，使呼吸道平滑肌细胞内 cAMP 的含量提高，呼吸道平滑肌张力降低，呼吸道扩张。但茶碱抑制磷酸二酯酶不是舒张呼吸道平滑肌唯一的机制。②拮抗腺苷的作用。腺苷是哮喘发作时收缩气管的介质之一，茶碱是腺苷受体阻断药，可能对抗内源性腺苷诱发的支气管收缩。③促进机体内源性肾上腺素释放，间接舒张支气管平滑肌。

2. 增加膈肌收缩力 茶碱能增加膈肌收缩力，在膈肌收缩无力时作用尤为显著。这有利于改善呼吸功能。此外，茶碱还具有呼吸兴奋作用，使呼吸深度增强，但呼吸频率不增加。

3. 抗炎作用 低浓度茶碱能抑制肥大细胞、巨噬细胞和嗜酸性粒细胞等的功能，减轻支气管炎症反应。

【临床应用】

1. 主要用于支气管哮喘 急性哮喘采用茶碱缓慢静脉注射，可缓解呼吸道痉挛，改善通气功能，但其疗效不如β受体激动药。对慢性哮喘病例，茶碱可用于预防发作和维持治疗。在哮喘持续状态，由于机体严重缺氧导致大量的肾上腺素释放，呼吸道的β受体对肾上腺素的敏感性降低，使拟肾上腺素药的疗效下降，此时合用茶碱类药物，可使疗效提高。茶碱缓释剂型（缓释胶囊或缓释片）具有血药浓度稳定、作用持续时间长、胃肠道反应小、易耐受等优点，主要用于支气管哮喘、慢性支气管炎、肺气肿等的防治。

2. 慢性阻塞性肺疾病 长期应用可明显改善呼吸急促症状，并改善肺功能。

3. 中枢性睡眠呼吸暂停综合征 茶碱具有中枢兴奋作用，可通过增强通气功能改善症状。

【不良反应】茶碱舒张平滑肌的有效血浆浓度为 10～20 μg/ml，超过 20 μg/ml 即可引起毒性反应，早期多见恶心、呕吐、头痛、不安、失眠、易激动等，严重时可出现心律失常、精神失常、惊厥、昏迷，甚至出现呼吸、心搏停止而引起死亡。一旦发现毒性症状，应立即停药。茶碱的生物利用度和消除速度个体差异较大，因此临床应定期监测血药浓度，及时调整用量以避免出现茶碱中毒反应。

➢ **氨茶碱（aminophylline）**

氨茶碱的碱性较强，局部刺激性大，口服易引起胃肠刺激症状，致患者恶心、呕吐。饭后服药，或与氢氧化铝同服，或制成肠溶片可减轻局部刺激。因其刺激性大，不宜肌内注射及直肠给药。静脉注射时药物浓度过高或注射速度过快，可引起心律失常、血压骤降和惊厥等严重反应，甚至死亡，故应稀释后缓慢注射。儿童对氨茶碱的敏感性较成人高，须慎用。必要时需进行血药浓度监测。

➢ **胆茶碱（choline theophylline）**

胆茶碱是茶碱的胆碱盐，含茶碱 60%～64%，其作用弱于氨茶碱，口服后对胃黏膜刺激性小。伴有心动过速、不宜使用肾上腺素类药物或不能耐受氨茶碱的患者可以选用胆茶碱。

➢ **二羟丙茶碱（diprophylline）**

二羟丙茶碱是在茶碱的 N-7 位上连接二羟丙基而成的，为茶碱的中性衍生物，易溶于水，但生物利用度较低，$t_{1/2}$ 短，临床疗效也不及氨茶碱。二羟丙茶碱对胃肠道刺激性较小，口服耐受性较好，因此可服用较大剂量而收到平喘效果。二羟丙茶碱临床适应证与胆茶碱相同。

三、M 受体阻断药

➢ **异丙托溴铵（ipratropium bromide）**

异丙托溴铵为阿托品的异丙基衍生物，对呼吸道平滑肌具有较高的选择性。气雾吸入给药时，异丙托溴铵不易从呼吸道吸收，咽下后也不易从消化道吸收，只在呼吸道局部发挥舒张平滑肌作用，故无阿托品样的全身性不良反应，也不影响痰液分泌。异丙托溴铵主要用于防治支气管哮喘和喘息性慢性支气管炎，可以和β受体阻断药合用，适用于老年人，对心率影响小。

异丙托溴铵与沙丁胺醇组成的复方制剂适用于需要多种支气管扩张药联合应用的患者，用于治疗呼吸道阻塞性疾病有关的可逆性支气管痉挛。两药合用可同时作用于肺部 M 受体及 $β_2$ 受体而产生支气管扩张作用，疗效优于单一给药，并且无潜在不良反应。

➢ **噻托溴铵（tiotropium bromide）**

噻托溴铵属于长效 M_1、M_3 受体阻断药，作用强，疗效好，不良反应少。

四、糖皮质激素类药

糖皮质激素（glucocorticoid）是目前治疗哮喘最有效的药物。哮喘的主要病理机制是慢性呼吸道炎症，糖皮质激素具有强大的抗炎和抗过敏作用。糖皮质激素能诱导脂皮素 1 的合成和释放，继而抑制磷脂酶 A_2 抑制蛋白如巨皮素（macrocortin）的产生，抑制细胞膜磷脂释放花生四烯酸，从而减少白三烯及前列腺素的合成，使小血管收缩，渗出减少，因而能降低呼吸道反应性。糖皮质激素是哮喘持续状态或危重发作的重要抢救药物。临床应用吸入给药的方法，充分发挥了糖皮质激素对呼吸道的抗炎作用，也避免了全身不良反应。但长期吸入糖皮质激素能使呼吸道上皮基膜变厚，平滑肌增生，不可逆地增加呼吸道反应性；而且长期吸入糖皮质激素可发生口腔真菌感染，用药后应立即充分漱口。

➢ 倍氯米松（beclometasone）

倍氯米松为地塞米松的衍生物，其局部抗炎作用较地塞米松强数百倍，气雾吸入给药可直接作用于呼吸道而发挥抗炎、平喘作用，能取得满意疗效，且无全身不良反应。每天吸入倍氯米松 0.4 mg 与每天口服泼尼松龙 7.5 mg 的疗效相当。其药效高峰在用药后 10 天出现，故须预先用药。倍氯米松常用量对肾上腺皮质功能无影响，长期应用不抑制肾上腺皮质功能，可以长期低剂量或短期高剂量应用于中度或重度哮喘患者。哮喘持续状态的患者因不能吸入足够的气雾，使药物不能发挥作用，故不宜应用倍氯米松。

➢ 布地奈德（budesonide）

布地奈德为不含卤素的吸入用糖皮质激素，局部抗炎作用、临床应用及不良反应与倍氯米松相同，用于控制或预防哮喘发作。对糖皮质激素依赖型哮喘患者，布地奈德是替代口服激素较理想的药物。常用量的布地奈德对肾上腺皮质功能无影响。

五、肥大细胞膜稳定药

➢ 色甘酸钠（sodium cromoglicate）

色甘酸钠又称色甘酸二钠（disodium cromoglycate）、咽泰（intal）。

【体内过程】色甘酸钠口服仅 1% 吸收，临床主要用其微粉吸入给药，约 10% 达肺深部组织并吸收入血，15 min 达血药浓度峰值。血浆蛋白结合率为 60% ~ 75%，$t_{1/2}$ 为 45 ~ 100 min，以原型从胆汁和尿排出。

【药理作用与作用机制】

1. 稳定肥大细胞膜 目前认为色甘酸钠可能是在肥大细胞膜外侧的钙通道部位与 Ca^{2+} 形成复合物，加速钙通道的关闭，使细胞外 Ca^{2+} 内流受到抑制，从而阻止肥大细胞脱颗粒、释放过敏介质。

2. 抑制非特异性支气管高反应性（bronchial hyperreactivity） 哮喘患者的呼吸道对物理或化学刺激的反应较正常人敏感，微弱刺激即能引起呼吸道痉挛性收缩。患者应用色甘酸钠后，能防止二氧化硫、冷空气等刺激引起的支气管痉挛，并能抑制运动性哮喘发作。

【临床应用】色甘酸钠主要用于哮喘的预防性治疗，能防止过敏反应或运动引起的速发型和迟发型哮喘反应，能降低支气管高反应性。此药也可用于轻、中度哮喘的治疗，以及过敏性鼻炎、溃疡性结肠炎和其他胃肠道过敏性疾病的治疗。

【不良反应】色甘酸钠不良反应少见，但少数患者吸入后咽喉部及气管有刺痛感，甚至诱发支气管痉挛，与少量异丙肾上腺素合用可以预防。长期应用色甘酸钠无蓄积作用，对主要脏器也无不良影响。

> 奈多罗米（nedocromil）

奈多罗米为吡喃喹诺酮衍生物，主要给药途径为吸入给药，给药后约10%由呼吸道吸收，5%～10%可被咽下后经消化道吸收。奈多罗米在体内不被代谢，主要通过肝、肾从胆汁或尿液以原型排出。

奈多罗米是目前抗炎作用最强的非甾体抗炎平喘药，可抑制肥大细胞释放白三烯、组胺等炎症介质，对嗜酸性粒细胞、中性粒细胞及巨噬细胞的功能均有抑制作用，并抑制呼吸道上皮细胞释放 GM-CSF 和抑制感觉神经 C 纤维释放 P 物质等，使呼吸道微血管渗出减少，从而降低呼吸道的高反应性。

奈多罗米用于各种原因引起的哮喘，每次气雾吸入约 4 mg，一天 2～4 次，6 周后可有效控制哮喘发作，长期吸入可使病情明显改善。对糖皮质激素依赖的哮喘患者合用奈多罗米可减少激素的用量，甚至可停用激素。奈多罗米作用强于色甘酸钠，推荐用于慢性哮喘的维持治疗或替代其他平喘药，但对哮喘急性发作者起效缓慢，须合用支气管舒张药。此药不良反应轻微，偶见恶心、呕吐、咽部刺激感、咳嗽、头痛等。

六、白三烯受体阻断药

白三烯受体阻断药是除吸入激素外可单独应用的长期控制哮喘的药物，可作为轻度哮喘的替代哮喘靶向治疗药物；与糖皮质激素合用可获得协同抗炎作用，因此也是中重度哮喘的联合治疗药物之一。白三烯受体阻断药与吸入用糖皮质激素和色甘酸钠相同，不适用于解除哮喘急性发作时的支气管痉挛。

> 扎鲁司特（zafirlukast）

扎鲁司特属于白三烯（leukotriene，LT）受体阻断药，可竞争性抑制白三烯活性，有效预防白三烯多肽所致的血管通透性增加而引起的呼吸道水肿，同时抑制白三烯多肽产生的呼吸道嗜酸性粒细胞浸润，减少气管收缩和炎症，减轻哮喘症状。扎鲁司特具有高度选择性，仅作用于白三烯受体，不影响前列腺素、血栓素、胆碱及组胺受体。其口服吸收良好，约 3 h 血浆浓度达峰值，与食物同服时大部分患者（75%）的生物利用度降低，降低幅度可达 40%。服药 2 h 内，血药浓度尚未达到峰值时便可在基础支气管运动张力上产生明显的首剂效应。血浆蛋白结合率为 99%，尿排泄为口服剂量的 10%，粪便排泄为 89%，$t_{1/2}$ 约为 10 h，体内过程在正常人群和肾损害患者无显著差异。扎鲁司特适用于成人和 12 岁及以上儿童预防哮喘发作及哮喘缓解期维持治疗，不适用解除哮喘急性发作时的支气管痉挛。不良反应有轻微的头痛和胃肠道反应。

> 孟鲁司特（montelukast）

孟鲁司特对半胱氨酰白三烯（cysteyl leukotriene，$CysLT_1$）受体有高度的亲和性和选择性，能竞争性抑制白三烯与 $CysLT_1$ 受体结合，阻断呼吸道炎症反应，对受体无激动活性。

孟鲁司特适用于 1～14 岁儿童哮喘的预防和长期治疗，包括预防白天和夜间的哮喘症状，还可用于治疗对阿司匹林敏感的哮喘患者及预防运动诱发的支气管收缩。孟鲁司特不良反应较轻。英国药品和健康产品管理局提醒应警惕孟鲁司特治疗过程中的神经精神反应。

第二节 镇咳药

镇咳药分为中枢性镇咳药和外周性镇咳药。中枢性镇咳药直接抑制延髓咳嗽中枢而产生镇咳作用,外周性镇咳药通过抑制咳嗽反射弧中的感受器、传入神经、传出神经及效应器中的任意环节而起到镇咳作用。

一、中枢性镇咳药

> 可待因(codeine)

可待因是阿片类生物碱之一。可待因镇咳作用强度约为吗啡的 1/4,对咳嗽中枢有较高选择性,镇咳剂量下不抑制呼吸,成瘾性比吗啡弱,是目前较有效的镇咳药,主要用于剧烈的刺激性干咳。可待因也用于中等疼痛的镇痛,其镇痛作用强度为吗啡的 1/10~1/7。其作用可持续 4~6 h,过量易产生兴奋、烦躁不安等中枢兴奋症状。可待因久用也可成瘾,应控制使用。

> 喷托维林(pentoxyverine)

喷托维林为人工合成的非成瘾性中枢性镇咳药,对咳嗽中枢有选择性抑制作用,强度为可待因的 1/3,并有阿托品样作用和局部麻醉作用,能抑制呼吸道感受器及松弛支气管平滑肌,适用于上呼吸道感染引起的无痰干咳和百日咳等。偶见不良反应有轻度头痛、头晕、口干、恶心等。因喷托维林有阿托品样作用,青光眼患者禁用。

> 右美沙芬(dextromethorphan)

右美沙芬为中枢性镇咳药,强度与可待因相等或略强,无镇痛作用,长期服用无成瘾性。右美沙芬治疗量时不抑制呼吸,不良反应少见,偶有头晕、嗳气;中毒量时可有中枢抑制作用。右美沙芬在临床上应用广泛,适用于感冒、急性或慢性支气管炎、支气管哮喘、咽喉炎、肺结核及其他上呼吸道感染时的咳嗽。

二、外周性镇咳药

> 苯佐那酯(benzonatate)

苯佐那酯为丁卡因的衍生物,故有较强的局部麻醉作用,能选择性地抑制肺牵张感受器,阻断肺-迷走神经反射,抑制咳嗽冲动的传导,从而产生镇咳作用,其镇咳强度略弱于可待因。苯佐那酯不抑制呼吸,反能增加每分通气量。用药后 20 min 左右起效,可维持 3~4 h。临床上苯佐那酯主要用于干咳、阵咳,也用于支气管镜等检查前预防咳嗽。不良反应有轻度嗜睡、头晕、鼻塞等,偶见过敏性皮疹。服用苯佐那酯时勿将药丸咬破,以免引起口腔麻木感。

> 苯丙哌林(benproperine)

苯丙哌林为非成瘾性镇咳药,能抑制肺及胸膜牵张感受器引起的肺-迷走神经反射,对咳嗽中枢也有一定的直接抑制作用,且有平滑肌松弛作用,其镇咳作用比可待因强,且不抑制呼吸,是剧烈咳嗽时的首选药物。该药口服后 10~20 min 起效,作用可维持 4~7 h,适用于刺激性干咳。不良反应有口干、困倦、头晕、腹部不适和皮疹等。

第三节 祛痰药

能使痰液变稀易于排出的药物称为祛痰药。气管上的痰液刺激气管黏膜而引起咳嗽，黏痰积于小气管内可使呼吸道狭窄而致喘息。祛痰药能增加呼吸道分泌，稀释痰液或降低其黏稠度，使痰易于咳出，有利于改善咳嗽和哮喘症状。因此，祛痰药还能起到镇咳、平喘作用。

➢ 氯化铵（ammonium chloride）

氯化铵口服可刺激胃黏膜的迷走神经末梢，反射性地增加呼吸道腺体分泌，使痰液变稀而祛痰。该药很少单独使用，多配成复方制剂应用。大量服用氯化铵时可发生酸中毒。消化性溃疡及肾功能不良者慎用，肝功能不全者禁用。

➢ 愈创甘油醚（guaifenesin）

愈创甘油醚属于恶心性祛痰药，并有较弱的抗菌作用，单用或配成复方制剂用于慢性支气管炎、支气管扩张等。该药多与镇咳药或平喘药合用，可提高止咳或平喘作用。愈创甘油醚无明显的不良反应。

➢ 乙酰半胱氨酸（acetylcysteine）

乙酰半胱氨酸为半胱氨酸的 N-乙酰化物，能使黏痰中连接黏蛋白肽链的二硫键断裂，使黏蛋白分解成小分子的肽链，使痰的黏滞性降低，易于咳出。乙酰半胱氨酸气雾吸入用于黏痰阻塞呼吸道、咳痰困难者；紧急时气管内滴入给药，可迅速使痰变稀，便于吸引排痰。

乙酰半胱氨酸有特殊臭味，可引起恶心、呕吐，可导致支气管痉挛，加用异丙肾上腺素可以避免，支气管哮喘患者应慎用。乙酰半胱氨酸滴入气管可产生大量分泌液，故应及时吸引排痰。乙酰半胱氨酸气雾吸入剂不宜与铁、铜、橡胶和氧化剂接触，应以玻璃或塑料制品作喷雾器，也不宜将其与青霉素、头孢菌素、四环素类抗生素混合，以免降低抗生素活性。

➢ 溴己新（bromhexine）

溴己新可直接作用于支气管腺体，促使黏液分泌，使痰的黏稠度降低，痰液变稀而易于咳出，另外还有镇咳作用，适用于慢性支气管炎、哮喘及支气管扩张症痰液黏稠不易咳出的患者。少数患者用药后可出现恶心、胃部不适，偶见血清氨基转移酶升高。溃疡病及肝功能不良患者慎用。

➢ 氨溴索（ambroxol）

氨溴索是溴己新的活性代谢产物，作用机制与溴己新类似，同时可促进肺表面活性物质的形成，调节痰液中浆液与黏液的分泌，增加中性黏多糖分泌，减少酸性黏多糖合成，并促进代谢，使呼吸道黏液理化性质趋于正常，降低痰液黏稠度，促进纤毛运动，使痰液易于咳出，因此其祛痰作用比溴己新强，临床上用于急性或慢性支气管炎、支气管哮喘、支气管扩张、肺气肿、肺结核、肺尘埃沉着病及手术后的咳嗽困难等。氨溴索注射给药可用于术后肺部并发症的预防及早产儿、新生儿呼吸窘迫综合征的治疗。妊娠期、哺乳期妇女及青光眼患者禁用氨溴索。不良反应较少，主要表现为轻微的胃肠道反应如胃部不适、胃痛、腹泻等；偶见皮疹等过敏反应，出现过敏症状时应立即停药。

➢ 甘草流浸膏（extractum glycyrrhizae liquidum）

甘草流浸膏是从豆科植物的根和根茎中提取的，经浓缩而制得，为黏膜保护性镇咳药，用于上呼吸道感染、急性支气管炎，具有镇咳、祛痰作用，常与其他药物配成复方制剂应用。

临床应用

平喘药的合理应用

平喘药、镇咳药及祛痰药是针对呼吸系统疾病咳、痰、喘常见症状的治疗药物。肾上腺素受体激动药中的肾上腺素、异丙肾上腺素主要用于支气管哮喘的急性发作，有兴奋心脏的副作用；选择性 β_2 受体激动药对支气管平滑肌具有选择性舒张作用，对心脏影响小。茶碱类药通过舒张支气管平滑肌、增加膈肌收缩和抗炎作用产生平喘作用，疗效弱于选择性 β_2 受体激动药，主要用于急性哮喘发作和慢性哮喘的维持治疗。局部吸入用糖皮质激素是支气管哮喘治疗最有效的药物，可避免糖皮质激素全身应用的副作用。白三烯受体阻断药能竞争性抑制白三烯作用于白三烯受体，有效预防白三烯所致的呼吸道水肿，抑制白三烯产生的呼吸道收缩和炎症，减轻哮喘症状。肥大细胞膜稳定药色甘酸钠临床上用于哮喘发作的预防。

思 考 题

1. 简述茶碱类药平喘的药理学基础。
2. 平喘药分为哪几类？每类药物列举一代表药。
3. 患者，男，45岁，因呼吸困难、喘息入院。患者有支气管哮喘病史6年，3小时前出现喘息加重，静脉滴注氨茶碱未明显缓解。请回答：

目前该患者应选用哪一类药物治疗？选用这类药物的依据是什么？

（陈 霞）

第三十一章 作用于消化系统的药物

第三十一章数字资源

案例 31-1

患者，男，40岁，工作紧张，饮食不规律，长期反酸、嗳气，饱餐后加重，服铝碳酸镁片好转。近因疼痛加剧就诊。检查：血生化正常，血红蛋白 90 g/L，粪便隐血试验阳性，胃镜检查诊断为胃角切迹溃疡，幽门螺杆菌阳性。医生给予奥美拉唑、阿莫西林和克拉霉素三联疗法治疗4周。治疗后，患者疼痛消失、粪便隐血试验阴性、溃疡愈合、幽门螺杆菌阴性。医生同时对患者进行餐具消毒、使用公筷和分餐制、及时洗手、按时进行胃镜检查等预防幽门螺杆菌的卫生和健康教育，以防止再次感染。

问题：
1. 该患者服铝碳酸镁片疼痛好转的作用机制是什么？
2. 奥美拉唑在该案例中的药理作用是什么？
3. 该患者为什么要使用阿莫西林和克拉霉素两种抗菌药联合奥美拉唑治疗幽门螺杆菌感染？

作用于消化系统的药物为一类治疗消化性溃疡、胃炎及其他胃肠道疾病和肝、胆、胰腺等疾病的药物，主要包括抗消化性溃疡药、助消化药、止吐药与胃肠促动力药、泻药与止泻药和利胆药。

第一节 抗消化性溃疡药

消化性溃疡（peptic ulcer）主要指发生在胃和十二指肠的慢性溃疡，是一种临床常见病，发病率为10%~12%。目前认为，消化性溃疡的发生是由攻击因子（胃酸、胃蛋白酶、幽门螺杆菌等）作用增强、防御因子（胃黏液、HCO_3^-、前列腺素、胃黏膜）的功能减弱或受损所引起的。抗消化性溃疡药是一类可以减轻溃疡症状、促进溃疡面愈合、防止或减少溃疡复发的药物。由于大多数患者的临床症状均与胃酸的增多有直接关系，因而，通过多个环节减少胃酸产生、提高胃内容物的 pH 仍然是目前消化性溃疡的主要治疗手段。其中，质子泵抑制药几乎能完全抑制胃酸分泌，已成为治疗消化性溃疡和反流性食管炎等胃酸增多疾病的首选药物。幽门螺杆菌感染被认为是消化性溃疡特别是十二指肠溃疡的一个诱发因素，有效根除幽门螺杆菌可以促进溃疡面的快速、长期愈合，防止溃疡复发。

按药物的来源和作用机制，可将抗消化性溃疡药分为以下四类：

1. 抗酸药　铝碳酸镁、碳酸钙等。

2. 抑制胃酸分泌药
（1）H_2受体阻断药，如西咪替丁；
（2）质子泵抑制药，如奥美拉唑；
（3）M受体阻断药，如哌仑西平；
（4）促胃液素受体阻断药，如丙谷胺；
（5）钾离子竞争性酸阻滞药，如伏诺拉生。
3. 黏膜保护药 米索前列醇、硫糖铝、枸橼酸铋钾等。
4. 抗幽门螺杆菌药 阿莫西林、克拉霉素、甲硝唑等。

一、抗酸药

抗酸药也称中和胃酸药，均为弱碱性物质，口服后在胃内可直接中和胃酸，升高胃内pH，从而缓解胃酸对胃、十二指肠黏膜的侵蚀及对溃疡面的刺激。同时由于抗酸药使胃内酸度下降，胃蛋白酶活性也下降，从而缓解溃疡疼痛等症状。餐后1小时及晚上睡前各服一次抗酸药，即可有效地发挥抗酸作用，方便易行。

理想的抗酸药应该作用迅速而持久，不吸收，不产气，不引起腹泻或便秘，并对黏膜有保护作用。单一药物很难达到这些要求，故临床常用复方制剂进行治疗。抗酸药主要用于消化性溃疡和反流性食管炎的治疗。H_2受体阻断药等新型抗消化性溃疡药的不断出现，使抗酸药的应用明显下降。但抗酸药不良反应少，与H_2受体阻断药合用疗效显著，仍作为有效的抗消化性溃疡药继续使用，同时还可用于预防应激性溃疡和治疗佐林格-埃利森综合征。根据各种抗酸药的吸收程度不同，可将其分为不吸收型抗酸药和可吸收型抗酸药。

（一）不吸收型抗酸药

➤ 铝碳酸镁（hydrotalcite）

铝碳酸镁的作用机制包括：①中和胃酸。铝碳酸镁为碱性药物，与胃酸发生中和反应生成氯化铝、氯化镁及CO_2。当pH<3时，中和反应开始；pH=5时，则反应终止；pH降低时反应又重新开始。因此铝碳酸镁可中和99%的胃酸，将胃液pH维持在3~5，使80%的胃蛋白酶失去活性。其抗酸作用迅速，体外研究显示，1 g铝碳酸镁14 s内可使150 ml人工胃液的pH上升至3，明显快于氢氧化铝（134 s）。铝碳酸镁抗酸作用温和，作用高峰时可使胃液pH上升到4.1，而等量碳酸氢钠则可使胃液pH达6.2，因此可避免因胃内pH过高引起的胃酸分泌加剧。铝碳酸镁抗酸作用持久，在相同条件下，其作用持续时间为碳酸氢钠的6倍。②吸附和结合作用。铝碳酸镁通过吸附和结合胃蛋白酶而直接地持续性抑制胃蛋白酶活性，有利于溃疡面的修复；铝碳酸镁还能可逆性选择性地结合胆汁酸和吸附溶血磷脂酰胆碱，从而防止这些物质对胃黏膜的损伤和破坏。③黏膜保护作用。铝碳酸镁刺激胃黏膜使PGE_2合成增加，从而增强胃黏膜屏障作用；还可促使胃黏膜内表皮生长因子释放，增加黏液下层疏水层内磷脂的含量，防止H^+反渗所引起的胃黏膜损害。

铝碳酸镁口服之后不被胃肠道吸收，各种成分在体内无蓄积。少数患者用药后有胃肠道不适、大便次数增多或糊状大便，个别有腹泻或者便秘。对肾功能不良的患者，吸收的Al^{3+}可能导致骨质疏松和脑病。长期服用铝碳酸镁可导致血清电解质变化。

➤ 氢氧化镁（magnesium hydroxide）

氢氧化镁抗酸作用快而强，Mg^{2+}尚有轻度导泻作用，无黏膜保护作用和收敛作用。氢氧化镁口服后少量吸收，经肾排出，肾功能不良者用药后可引起血镁过高和脑病。

➢ **氢氧化铝**（aluminium hydroxide）

氢氧化铝抗酸作用较强，作用慢而持久，与胃酸发生作用后生成的氯化铝有收敛、止血和致便秘作用。长期服用氢氧化铝可影响肠道对磷酸盐的吸收，引起骨软化。

➢ **三硅酸镁**（magnesium trisilicate）

三硅酸镁抗酸作用较弱，作用慢而持久，在胃内形成胶状二氧化硅，对黏膜有保护作用。该药有与氢氧化镁类似的轻泻作用。

（二）可吸收型抗酸药

➢ **碳酸钙**（calcium carbonate）

碳酸钙抗酸作用较强，作用快而持久，可产生 CO_2 气体。进入小肠的 Ca^{2+} 可促进促胃液素（gastrin）的分泌，引起反射性胃酸分泌增多。碳酸钙久用可引起高钙血症和肾钙化。

➢ **碳酸氢钠**（sodium bicarbonate）

碳酸氢钠俗称小苏打，其抗酸作用强，起效快而作用短暂，中和胃酸时可产生 CO_2，引起嗳气、腹胀。胃内压和 pH 增高可引起反射性胃酸分泌增多。碳酸氢钠口服可被肠道吸收，导致碱血症和尿液碱化。

二、抑制胃酸分泌药

生理性胃酸分泌受神经（乙酰胆碱）、内分泌（促胃液素）及旁分泌（组胺、生长抑素）等多种因素影响（图31-1），通过胃壁细胞基底侧的 M_3 受体、促胃液素受体（gastrin receptor，GR）、H_2 受体刺激胃液分泌。前列腺素则抑制胃酸的分泌。胃壁细胞内存在的两个主要信号转导系统，cAMP 依赖性途径和 Ca^{2+} 依赖性途径，均可激活 H^+-K^+-ATP 酶。H^+-K^+-ATP 酶含有

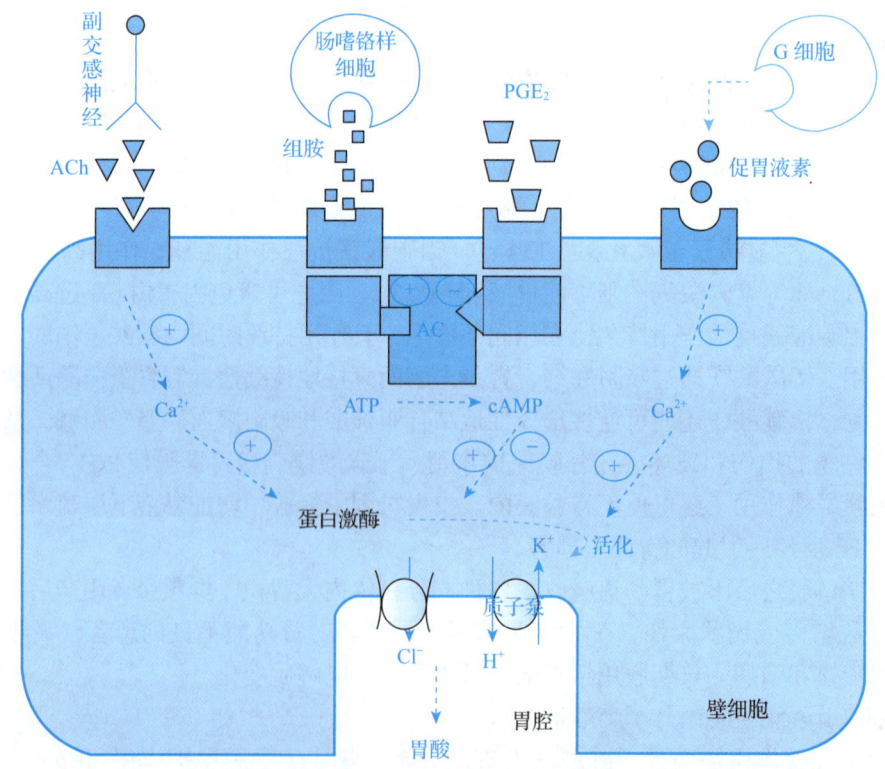

图31-1 胃酸分泌的调节因素

一个大的 α 亚基和一个小的 β 亚基，可以产生最大的 H^+ 梯度。在细胞内 pH 约为 7.3，胃壁细胞分泌小管内约为 0.8。抑制相关受体（M_3 受体、H_2 受体和促胃液素受体）、第二信使和 H^+-K^+-ATP 酶等环节，均可以减少胃酸分泌。

（一）H_2 受体阻断药

西咪替丁（cimetidine）、雷尼替丁（ranitidine）、法莫替丁（famotidine）和尼扎替丁（nizatidine）等 H_2 受体阻断药通过阻断胃壁细胞膜上的 H_2 受体，抑制基础胃酸和夜间胃酸的分泌，对促胃液素及 M 受体激动药引起的胃酸分泌也有抑制作用。其疗效可靠，不良反应少，为治疗消化性溃疡的重要药物之一。应用 H_2 受体阻断药期间突然停药会导致胃酸分泌反跳性增加（详见第二十九章）。

（二）质子泵抑制药

质子泵抑制药（proton pump inhibitor，PPI）又称 H^+-K^+-ATP 酶抑制药，由于其疗效确切，不良反应较少，近年来被广泛应用。质子泵抑制药为前药，需要在酸性环境中活化后产生作用，临床常用的有奥美拉唑（omeprazole）、兰索拉唑（lansoprazole）、泮托拉唑（pantoprazole）、雷贝拉唑（rabeprazole）和艾司奥美拉唑（esomeprazole）。泮托拉唑和雷贝拉唑属于新一代质子泵抑制药，其抗酸作用、缓解症状和对黏膜损伤的治愈效果较好，同时对肝细胞色素 P450 的抑制作用较弱，降低了对其他药物代谢的影响，增加了药物治疗的安全性。

> 奥美拉唑（omeprazole）

奥美拉唑的化学结构由一个亚硫酰基联结苯并咪唑环和吡啶环构成，具有弱碱性。

【体内过程】奥美拉唑口服吸收迅速，血浆蛋白结合率高，经肝代谢，大部分代谢产物由肾排出，血浆 $t_{1/2}$ 为 0.5～1 h。慢性肾衰竭和肝硬化的患者口服奥美拉唑 1 次 / 天，一般不会引起药物在体内蓄积，但对严重的肝病患者应减量。因食物可促进胃酸分泌，奥美拉唑应在饭前或餐时服用。奥美拉唑不能与其他抗酸药如 H_2 受体阻断药同时服用，否则疗效减弱。

【药理作用与作用机制】奥美拉唑为脂溶性弱碱性药物（pK_a 为 4～5），在体外无活性。奥美拉唑口服给药，药物吸收入血后进入壁细胞，在酸性分泌小管中聚集并转化为有活性的次磺酸和亚磺酰胺，后者与 H^+-K^+-ATP 酶的巯基以共价键结合，使之失活，从而不可逆地抑制 H^+-K^+-ATP 酶的功能，只有在新的 H^+-K^+-ATP 酶合成后，其抑酸作用才会消失。奥美拉唑作用强，可使胃内 pH 升至 7，能抑制基础胃酸分泌、最大胃酸分泌和各种刺激引起的胃酸分泌。其作用持久，一次用药 24 h 后，大部分胃酸分泌仍受抑制，停药 4～5 天才恢复用药前胃酸水平。奥美拉唑对正常人及消化性溃疡患者的胃酸分泌均有抑制作用，在抑制胃酸分泌的同时，也减少了胃蛋白酶的分泌，而且，由于胃内 pH 的升高，也影响了胃蛋白酶的活化和作用的发挥，用药后反射性地引起促胃液素分泌增加。动物实验证明奥美拉唑对阿司匹林、乙醇、应激所致的胃黏膜损伤有保护作用。此外，奥美拉唑可通过提高胃内 pH 降低抗菌药对幽门螺杆菌的最低抑制浓度，提高幽门螺杆菌对抗菌药的敏感性，增强对幽门螺杆菌的清除率，也对幽门螺杆菌有直接抑制作用。由一种质子泵抑制药和两种抗菌药（呋喃唑酮、克拉霉素等）组成的三联疗法是目前最有效的根除幽门螺杆菌的方法。

【临床应用】奥美拉唑主要用于消化性溃疡、佐林格-埃利森综合征、反流性食管炎及上消化道出血。治疗消化性溃疡的作用与 H_2 受体阻断药相同，能促进溃疡愈合。对反流性食管炎的疗效优于 H_2 受体阻断药。佐林格-埃利森综合征患者胃酸分泌大量增多，可导致严重的消化性溃疡及其他后果，患者应用奥美拉唑 20～120 mg/d，可完全抑制胃酸分泌，使症状迅速消失。对于幽门螺杆菌阳性患者，合用抗菌药如阿莫西林、克拉霉素或甲硝唑，可使细菌转阴率达 80%～90%，并明显降低溃疡的复发率。与奥美拉唑比较，其他质子泵抑制药如兰索拉唑对胃和十二指肠溃疡的愈合作用无明显差异。

【不良反应】奥美拉唑常见不良反应有恶心、腹痛等胃肠道症状。长期应用奥美拉唑可抑制维生素 B_{12} 的吸收，导致维生素 B_{12} 水平低于正常。胃酸能够促进食物中矿物质如铁、钙、镁等的吸收，长期应用奥美拉唑可增加髋部、脊椎和腕部骨折的风险，有骨质疏松危险因素的患者应注意监测骨密度并补充钙剂。血清促胃液素水平增高可引起胃灼热、反酸等症状，长期应用可能导致胃黏膜肿瘤样增生。其他不良反应有神经系统反应如头痛、头晕、失眠、周围神经炎，较少见；偶见皮疹、白细胞减少、血清氨基转移酶和胆红素水平升高、男性乳房发育等；也有特发性水肿的报道，有患者出现皮肤潮红、荨麻疹，甚至剥脱性皮炎。

> **◎ 临床应用**
>
> ### 奥美拉唑与氯吡格雷
>
> 奥美拉唑主要经 CYP2C19 和 CYP3A4 代谢，肝功能减退者用量宜酌减。该药对肝药酶有抑制作用，可延长苯妥英钠、华法林、苯二氮䓬类等药物的作用时间。CYP2C19 也参与质子泵抑制药的代谢（尤其是奥美拉唑、艾司奥美拉唑、兰索拉唑和右旋兰索拉索）。
>
> 氯吡格雷是一种需要 CYP2C19 激活的前药。质子泵抑制药可能降低氯吡格雷的活化，两者之间潜在的相互作用会抵消氯吡格雷对心血管的保护作用，可能增加心脏突发事件及病死率。因此，应避免两药合用。替代方法包括：改用雷贝拉唑、泮托拉唑，或 H_2 受体阻断剂及胃黏膜保护药米索前列醇、硫糖铝，其中雷贝拉唑和泮托拉唑对肝 CYP 酶系的亲和力较奥美拉唑和兰索拉唑弱，对其他药物代谢影响较小；也可选用不经 CYP2C19 代谢，不受质子泵抑制药影响的抗血小板药如替格雷洛替代；或者两种药间隔服用（晨服氯吡格雷，睡前服用质子泵抑制药）。

（三）M 受体阻断药

哌仑西平（pirenzepine）和替仑西平（telenzepine）等与 M_3 受体的亲和力较高，属于 M_3 受体阻断药。其降低胃酸分泌的作用弱于西咪替丁，可使基础胃酸分泌减少 40%～50%，但预防溃疡复发作用与西咪替丁相同，主要用于胃和十二指肠溃疡、急性胃黏膜出血及促胃液素瘤。两药效能相对较弱，且有明显的抗胆碱不良反应。

（四）促胃液素受体阻断药

促胃液素受体阻断药主要有丙谷胺（proglumide），其化学结构与促胃液素的末端结构相似，可竞争性阻断促胃液素受体，减少胃酸分泌。由于丙谷胺较 H_2 受体阻断药疗效差，现已少用于治疗消化性溃疡。因其能阻断胆囊收缩素受体，有试用于促进胃排空和治疗胰腺炎的报道。

（五）钾离子竞争性酸阻滞药

新型抑酸药钾离子竞争性酸阻滞药（potassium competitive acid blockers，P-CABs）伏诺拉生（vonoprazan）属于吡咯衍生物。这类药物通过与胃壁细胞分泌小管管腔侧 H^+-K^+-ATP 酶的 K^+ 结合位点竞争性可逆性结合，直接阻断 H^+-K^+-ATP 酶的 H^+-K^+ 交换通道，抑制了 H^+-K^+-ATP 酶的构象转化，持久抑制胃酸分泌。伏诺拉生不需要酸活化，在酸性条件下能够稳定并迅速提高胃内 pH。伏诺拉生结构中的甲胺基和磺酰基可分别与 H^+-K^+-ATP 酶的 Glu795 和 Try799 残基形成氢键，缓慢与 H^+-K^+-ATP 酶解离。因此伏诺拉生是一种快速起效并可持续稳定发挥作用的抑制胃酸分泌药。伏诺拉生口服后 1.5～2.0 h 达到药峰浓度，吸收快，$t_{1/2}$ 约为 7.7 h，血浆蛋白结合率约为 85%，主要经过 CYP3A4 代谢为无活性的产物，肾排泄为主要排泄方式，最终约 67% 随尿液排出。伏诺拉生可以用于治疗胃和十二指肠溃疡、反流性食管炎，以及预防低剂量阿司匹林或其他非甾体抗炎药相关的胃和十二指肠溃疡复发，为质子泵抑制药难治性酸相关疾病的治疗或质子泵抑制药未满足的临床需求提供了新的选择。主要不良反应为肝损伤，有过敏反应和发生休克的风险。

三、黏膜保护药

胃可以通过多种机制如胃上皮细胞紧密连接、上皮细胞表面黏蛋白层、胃黏膜产生前列腺素及向黏液层分泌碳酸氢盐等来保护胃黏膜免受胃酸的损害。黏膜保护药主要是通过增强胃黏膜的细胞屏障及黏液 - 碳酸氢盐屏障来防止胃酸、胃蛋白酶渗入胃黏膜层，从而发挥抗溃疡作用。

> 米索前列醇（misoprostol）

米索前列醇为前列腺素 E_1（prostaglandin E_1，PGE_1）的衍生物。其口服吸收良好，$t_{1/2}$ 为 1.6～1.8 h，单次给药后 30 min 起效，60～90 min 达到高峰，持续 3 h。米索前列醇通过与胃壁细胞基底侧的 PGE_2 受体结合，抑制腺苷酸环化酶活性而降低壁细胞内 cAMP 含量，对基础胃酸分泌和食物、组胺、促胃液素等引起的胃酸分泌均有抑制作用，使胃蛋白酶的分泌也减少。米索前列醇在低于抑制胃酸分泌的剂量时，有提高黏液和 HCO_3^- 的分泌、促进胃黏膜受损上皮细胞的重建和增殖、增加胃黏膜血流等作用，从而提高胃黏膜屏障功能。米索前列醇可用于治疗胃和十二指肠溃疡，并预防二者的复发。米索前列醇作为细胞保护药对长期应用非甾体抗炎药引起的消化性溃疡、胃出血有特效。因其能引起子宫收缩，尚可用于产后止血。米索前列醇最常见的不良反应为腹泻，其他有头痛、头晕等。米索前列醇可使肠炎患者病情恶化，故肠炎患者应禁用；孕妇及前列腺素过敏者也禁用。

> 硫糖铝（sucralfate）

硫糖铝是蔗糖硫酸酯的碱式铝盐，口服后在胃酸中解离为氢氧化铝和硫酸蔗糖复合物。氢氧化铝有抗酸作用；硫酸蔗糖复合物为黏稠多聚体，与病灶表面带正电荷的蛋白质结合形成保护膜，牢固地黏附于上皮细胞和溃疡基底部，防止胃酸和消化酶的侵蚀，并能与胃蛋白酶结合，降低其活性，减少黏膜损伤，同时还能促进黏膜合成 PGE_2，并增强表皮生长因子的作用，有利于黏膜上皮再生和溃疡愈合。硫糖铝还能抑制幽门螺杆菌的繁殖。

硫糖铝主要用于治疗消化性溃疡、反流性食管炎、慢性糜烂性胃炎，有较好疗效。硫糖铝需要在酸性环境中才能发挥作用，所以应在饭前 1 小时空腹服用，并且服药后 30 分钟内禁用抗酸药或抑制胃酸分泌药。硫糖铝在胃中形成的黏液层抑制了多种药物的吸收，包括氟喹诺酮类药、茶碱、苯妥英钠、地高辛、西咪替丁和酮康唑等，应在服用这些药物 2 小时后再服用硫糖铝。

硫糖铝不良反应轻，可引起便秘、口干，偶见恶心、皮疹及头晕等。少量 Al^{3+} 可被吸收，肾衰竭患者用药时应特别谨慎。

> 枸橼酸铋钾（bismuth potassium citrate）Colloidal Bismuth Subcitrate

枸橼酸铋钾又称三钾二枸橼酸铋（tripotassium dicitrato bismuthate），是胶体铋的一种。枸橼酸铋钾在酸性环境下生成不溶性铋盐，覆盖于溃疡表面形成保护层，同时吸附胃蛋白酶并降低其活性，减少胃酸、胃蛋白酶等对溃疡面的刺激，促进溃疡愈合，另外还能促进黏液分泌，刺激黏膜上皮细胞再生，因此可用于消化性溃疡。该药对幽门螺杆菌也有吸附和杀灭作用，与抗菌药（如甲硝唑、克拉霉素）组成三联疗法，可根除幽门螺杆菌。此外，该药也可用于慢性浅表性及萎缩性胃炎等。枸橼酸铋钾口服吸收较少，但禁用于严重肾功能不全者，以免因血铋过高而出现脑病和骨营养不良。其液体剂型可使舌、牙和粪便呈灰黑色，片剂的此作用少，易为患者接受。

> 替普瑞酮（teprenone）

替普瑞酮为萜烯类衍生物，可增加胃黏液合成与分泌，增强黏液层的疏水性，减轻溃疡症状，同时促进胃黏膜 PGE_2 的合成，促进黏膜细胞的修复与再生。该药主要用于治疗胃溃疡与急、慢性胃炎。不良反应轻微，个别患者有胃肠道反应、皮肤瘙痒、血清氨基转移酶轻度升高。

> L-谷氨酰胺呱仑酸钠颗粒（L-glutamine and sodium gualenate granules）

L-谷氨酰胺呱仑酸钠颗粒由99%的谷氨酰胺（glutamine）和0.3%的水溶性甘菊蓝（azulene）组成，前者可增加胃黏膜 PGE_2 的合成，增加黏液分泌，增强黏膜保护屏障，后者能抑制胃蛋白酶活性和致炎物质引起的炎症反应，从而减轻消化性溃疡症状，促进溃疡愈合。

四、抗幽门螺杆菌药

幽门螺杆菌（*Helicobacter pylori*，Hp）为革兰氏阴性微需氧菌，在胃、十二指肠的上皮表面生长。Hp可产生多种酶及细胞毒素，导致黏膜损伤，是慢性胃炎、消化性溃疡和胃腺癌等胃部疾病发生、发展的一个重要致病因子。研究表明，80%~90%的消化性溃疡患者都有胃部的Hp感染。根除Hp可以明显增加溃疡的愈合率，减少复发率，因而成为预防溃疡复发的焦点。

尽管在体外Hp对多种抗菌药非常敏感，但在体内这些抗菌药对Hp的效果却不佳。这可能与药物在胃内的停留时间有限，难以透过黏膜层，在感染部位不能达到有效浓度有关。临床常用根除Hp感染的抗菌药有阿莫西林、庆大霉素、克拉霉素、四环素和甲硝唑等。单用一种抗菌药治疗Hp感染的效果较差，且容易导致耐药，临床常以2~3种药联合应用。临床一线治疗方案常采用的是质子泵抑制药或铋制剂联合两种抗菌药的三联疗法，一般连续10~14天给药，疗效优于短期治疗，根治率可达90%。联合方案中的质子泵抑制药可用 H_2 受体阻断药代替。

第二节 助消化药

助消化药多为消化液中的成分或促进消化液分泌的药物。助消化药能促进食物的消化，用于消化道功能减弱、消化不良等。

> 胃蛋白酶（pepsin）

胃蛋白酶来源于猪、牛、羊的胃黏膜，常与稀盐酸同服，辅助治疗由胃酸和消化酶分泌不足引起的消化不良和胃蛋白酶缺乏症。胃蛋白酶不能与碱性药物配伍使用。

> 胰酶（pancreatin）

胰酶含有胰蛋白酶、胰淀粉酶、胰脂肪酶，口服后在肠液中消化蛋白、淀粉和脂肪，用于治疗胰酶分泌不足引起的消化不良。因其在酸性环境中易被破坏，一般制成肠溶片吞服。

慢性胰腺炎是一种导致腺体功能丧失和炎症的衰退性综合征，一般不易治愈。慢性胰腺炎疼痛的产生主要是由于胆囊收缩素（cholecystokinin，CCK）持续刺激胰酶，产生并增加胰管内压力。慢性胰腺炎药物治疗的目的在于预防吸收不良和减轻疼痛，临床主要采用胰酶制剂，这些制剂的主要成分为脂肪酶和蛋白酶。胰酶制剂治疗疼痛是由于存在于十二指肠的蛋白酶对胰腺有负反馈抑制作用。胰酶制剂还可用于胆囊纤维化患者，胆囊纤维化常引起胰腺功能不足。

> 乳酶生（lactasin）

乳酶生为干燥的活的乳酸杆菌制剂。乳酶生能分解糖类产生乳酸，提高肠内容物的酸性，抑制肠内腐败菌的繁殖，减少发酵和产气，主要用于消化不良、腹泻和小儿消化不良性腹泻。乳酶生不宜与抗酸药、抗菌药及有吸附性的药物同服，以免降低疗效。

> 卡尼汀（Carnitine）

卡尼汀又名肉毒碱、维生素 BT，是一种氨基酸衍生物，是脂肪酸代谢必需的辅助因子。内源性的卡尼汀可从食物中获得，也可在肝合成，有调整胃肠功能的作用，卡尼汀缺乏时可引起脂肪酸代谢发生障碍。卡尼汀适用于治疗消化不良、食欲缺乏及慢性胃炎，也可用于高脂血症。卡尼汀长期应用可有胃肠道反应。慢性胰腺炎患者服用卡尼汀后病情会加重，应禁用。

第三节　止吐药与胃肠促动力药

呕吐是一种复杂的反射活动。多种因素如恶性肿瘤的化学治疗、胃肠疾病、晕动病、内耳眩晕症、妊娠早期及外科手术等均可引起呕吐。中枢的催吐化学感受区（CTZ）、前庭器官、内脏等传入冲动作用于延髓呕吐中枢，使呕吐中枢发出传出冲动到达效应部位而引起呕吐。其中 CTZ 对化学刺激敏感，也是许多催吐药与止吐药的作用靶点。目前还没有药物能非常有效地直接对抗作用于 CTZ 引起的呕吐。参与催吐的受体包括多巴胺（D_2）受体、胆碱（M）受体和组胺（H_1）受体等，它们的阻断药均有不同程度的抗呕吐作用。近年来研究证明，5-羟色胺（5-HT）是一个重要的催吐递质，5-HT_3 受体阻断药已用于临床。止吐药（antiemetic drugs）可以通过影响呕吐的不同环节而发挥止吐作用。

胃肠促动力药（gastrointestinal prokinetic agents）又称胃动力药，是指能增强协调的胃肠动力和胃肠物质转运的药物。这些药在药理学和化学方面各不相同，但它们对治疗胃肠运动功能减弱有重要作用，有些胃肠促动力药可用作止吐药。

一、H_1 受体阻断药

H_1 受体阻断药苯海拉明、茶苯海明（乘晕宁）、异丙嗪、美克洛嗪和桂利嗪等有较强的中枢镇静和止吐作用，同时对前庭功能有抑制作用，可用于预防和治疗晕动病、内耳眩晕症等（详见第二十九章）。

二、M 受体阻断药

最常用于防晕止吐的 M 受体阻断药是东莨菪碱（scopolamine）。东莨菪碱通过降低内耳迷路感受器的敏感性，抑制前庭小脑通路的传导而抗恶心、呕吐，可用于预防和治疗晕动病。其对阿扑吗啡及化学治疗药引起的呕吐无效。由于东莨菪碱有广泛的 M 受体阻断效应，故副作用明显。

三、多巴胺受体阻断药

多巴胺受体阻断药种类较多。吩噻嗪类药物氯丙嗪（chlorpromazine）、奋乃静（perphenazine）、氟奋乃静（fluphenazine）、三氟拉嗪（trifluoperazine）和硫乙拉嗪（thiethylperazine）都是有效的止吐药，它们可以阻断延髓CTZ和呕吐中枢的多巴胺受体，主要用于治疗尿毒症、放射病、肿瘤、阿片样物质及麻醉药等引起的呕吐。有的多巴胺受体阻断药还可阻断胃肠道多巴胺受体，促进胃肠排空，临床常用作胃肠促动力药，如苯甲酰胺类药物，用于止吐和促进胃排空的有甲氧氯普胺（metoclopramide）和曲美苄胺（trimethobenzamide），后者止吐作用较弱，但可肌内注射，用于化学治疗药引起的轻、中度恶心及呕吐。多潘立酮（domperidone）的化学结构与甲氧氯普胺不同，但作用与其相似。

➢ 甲氧氯普胺（metoclopramide）

甲氧氯普胺又称灭吐灵、胃复安，为对氨基苯甲酸的衍生物，与普鲁卡因胺的化学结构相似。

【体内过程】甲氧氯普胺口服吸收迅速，1~2 h达药峰浓度，生物利用度约75%，$t_{1/2}$为4~6 h；分布于大多数组织，容易进入血脑屏障和胎盘，乳汁中的浓度高于血浆；在肝内经硫酸化后与葡糖醛酸结合，30%以原型经肾排出。

【药理作用与作用机制】甲氧氯普胺是具有外周和中枢双重作用的多巴胺受体阻断药。在中枢，甲氧氯普胺主要作用于延髓CTZ，阻断D_2受体，较高剂量也作用于5-HT_3受体，发挥止吐作用。在外周，甲氧氯普胺通过阻断5-HT_3受体和激活5-HT_4受体而促进肠神经元释放乙酰胆碱，还可作用于肠道D_2受体，增强从食管至近段小肠平滑肌的运动，并增加贲门括约肌张力，松弛幽门，加速胃排空，促进肠内容物从十二指肠向回盲部推进，从而发挥胃肠促动力药的作用。现用的胃肠促动力药甲氧氯普胺和西沙必利等，大多通过阻断5-HT_3受体和激动5-HT_4受体而起作用，所以也称它们为5-HT受体调节药。

【临床应用】甲氧氯普胺主要用于治疗胃轻瘫及慢性消化不良引起的恶心、呕吐。

【不良反应】甲氧氯普胺对中枢其他部位D_2受体也有阻断作用，导致较多的不良反应。大剂量静脉给药或长期应用甲氧氯普胺可引起明显的锥体外系反应，包括运动障碍、疲乏、静坐不能、痉挛性斜颈等，也可出现疲劳、精神抑郁症状。长期应用甲氧氯普胺还可以导致不可逆的迟发性运动障碍，因此，除非必要尽量避免长期应用。由于甲氧氯普胺也阻断下丘脑多巴胺受体，抑制泌乳素抑制因子，促进泌乳素释放，可导致高泌乳素血症，偶见溢乳、男性乳房发育。甲氧氯普胺可降低地高辛的生物利用度，两药合用时须注意。

➢ 多潘立酮（domperidone）

多潘立酮又称吗丁啉（motilium），为苯并咪唑类衍生物。

【体内过程】多潘立酮口服吸收迅速，但生物利用度仅15%，15~30 min血药浓度达到峰值，不易通过血脑屏障，$t_{1/2}$为7~8 h；大部分经肝代谢，主要经肠道排出。

【药理作用与临床应用】多潘立酮为外周性多巴胺受体阻断药，可阻断上消化道的D_2受体，加强胃肠蠕动，促进胃肠排空，防止食物反流，与甲氧氯普胺作用相似，具有促进胃动力和抗吐作用。多潘立酮对胃肠运动障碍性疾病有效；对偏头痛、颅脑外伤、放射治疗引起的恶心及呕吐也有效；因其选择性作用于外周多巴胺受体，左旋多巴、溴隐亭等治疗帕金森病药引起的恶心、呕吐为其特效适应证。

【不良反应】多潘立酮不良反应轻，耐受性好，也可引起溢乳、男性乳房发育。因其不易通过血脑屏障，罕见锥体外系反应。

四、5-HT₃ 受体阻断药

5-HT 是胃肠道中重要的神经递质，主要存在于黏膜嗜铬细胞和肠肌间神经丛中，影响胃肠的分泌和运动。在肠黏膜中，5-HT 以局部激素起作用，并引起蠕动反射，以应答局部刺激，主要通过 5-HT₃、5-HT₄ 受体介导的胆碱能抑制性和兴奋性中间神经元产生作用。5-HT₃ 受体广泛分布于脑内孤束核、CTZ 和外周组织中，阻断抑制性中间神经元上的 5-HT₃ 受体可以提高胃肠运动神经元的反应性。5-HT₃ 受体阻断药对肿瘤放射治疗和化学治疗引起的呕吐具有较好的止吐作用。

临床应用的 5-HT₃ 受体阻断药有昂丹司琼（ondansetron）、格拉司琼（granisetron）、托烷司琼（tropisetron）、多拉司琼（dolasetron）等。

➢ 昂丹司琼（ondansetron）

【体内过程】昂丹司琼口服迅速吸收，生物利用度为 60%，30～60 min 达到有效血药浓度，血浆蛋白结合率为 70%～75%，$t_{1/2}$ 约 3.5 h；主要经肝羟化代谢，约 10% 以原型经肾排出。

【药理作用】昂丹司琼能选择性阻断中枢神经系统和胃肠道的 5-HT₃ 受体。肿瘤化学治疗引起的呕吐可能与化学治疗药引起肠嗜铬细胞分泌 5-HT，激活腹腔迷走神经到 CTZ 的冲动传导，从而兴奋 CTZ 和呕吐中枢有关。昂丹司琼阻断上述部位的 5-HT₃ 受体，产生强大的止吐作用。

【临床应用】昂丹司琼尤其适用于抗肿瘤药顺铂、环磷酰胺、多柔比星（阿霉素）等引起的呕吐，作用迅速、强大、持久（1 次/天），明显优于甲氧氯普胺，与地塞米松合用可明显提高疗效。昂丹司琼还可用于其他类型如放射治疗和外科手术引起的呕吐。但对晕动病及阿扑吗啡引起的呕吐无效。

【不良反应】昂丹司琼不良反应少，仅有短时和轻度头痛、头晕、便秘、腹泻等。本类药物作用选择性高，不会引起锥体外系反应和过度镇静等副作用。

五、神经激肽-1（NK-1）受体阻断药

P 物质是一种神经肽，存在于脑干孤束核和最后区的神经元，通过 NK-1 受体介导参与呕吐的诱导。

➢ 阿瑞吡坦（arepidem）

阿瑞吡坦是 NK-1 受体阻断药，可以通过血脑屏障，对中枢的 NK-1 受体具有高选择性，可以与 5-HT₃ 受体阻断药及地塞米松合用治疗化学治疗药诱发的急性及延迟性呕吐。不良反应较轻，常见有厌食、虚弱、疲劳、便秘等。

六、5-HT₄ 受体激动药

5-HT 激动黏膜下的肠固有初级传入神经（IPAN）5-HT₁ₚ 受体，通过 IPAN 释放降钙素基因相关肽（CGRP）和乙酰胆碱，激活肠道肌间神经丛中间神经元，促进肠道蠕动，调节神经递质的释放。IPAN 突触前膜的 5-HT₄ 受体能够促进 CGRP 或乙酰胆碱的释放。临床常用

的 5-HT$_4$ 受体激动药有西沙必利（cisapride）、莫沙必利（moshabili）等，具有促胃肠动力的作用。

> 莫沙必利（moshabili）

莫沙必利口服吸收迅速，血浆蛋白结合率为 99%，$t_{1/2}$ 约 2 h。莫沙必利可激动 5-HT$_4$ 受体，增加腺苷酸环化酶活性，加速食管、胃、小肠直至结肠的运动，增强胃窦、十二指肠的协调收缩，加速胃排空，为胃肠促动力药，可用于治疗慢性功能性消化不良、反流性食管炎、胃轻瘫等。该药不引起锥体外系反应和催乳素释放，无心脏不良反应。

第四节 泻药

泻药（cathartic）是刺激肠蠕动、增加肠内容物、软化粪便、润滑肠道而促进排便的药物，临床主要用于治疗功能性便秘。按作用机制不同，泻药可分为容积性泻药、渗透性泻药、刺激性泻药、润滑性泻药和氯通道激活药。

一、容积性泻药

容积性泻药包括天然的来自谷物、蔬菜、水果、海草中的纤维素，半合成的多糖及纤维素衍生物如甲基纤维素（methylcellulose）、羧甲基纤维素（carboxymethylcellulose），以及亲水胶质如琼脂（agar）。这类药物口服后不易被肠壁吸收，引起肠容积增大而刺激肠壁，使肠推进性蠕动增强而引起排便。患者用药后 1~3 天自然排出软化粪便。容积性泻药无严重不良反应，可用于防治功能性便秘。

二、渗透性泻药

渗透性泻药包括盐类、乳果糖（lactulose）、甘油（glycerol）和山梨醇（sorbitol）等。

盐类泻药指含镁离子和磷酸根离子的泻药，常用的有硫酸镁（magnesium sulfate，MgSO$_4$）、枸橼酸镁、硫酸钠和磷酸钠。盐类泻药口服后在肠道内很少吸收，在肠腔内形成高渗透压而吸收或滞留水分，扩张肠道，刺激肠壁，促进蠕动。此外，镁盐还引起十二指肠释放胆囊收缩素，刺激肠液分泌和蠕动。一般空腹服用盐类泻药并大量饮水，1~3 h 即可发生泻下作用，排出流体粪便。若减少剂量，泻下作用在 6~8 h 发生。临床主要用于排出肠内毒物和服用驱虫药后的导泻。因其导泻作用剧烈，可引起反射性盆腔充血和失水，月经期、妊娠期妇女及老人慎用。肾功能不全、心脏病和电解质紊乱者应慎用或禁用，同时监测血中电解质浓度。

乳果糖为果糖和半乳糖的半合成双糖，在小肠内不易吸收，在结肠被细菌代谢成乳酸和乙酸，进一步提高肠内渗透压，吸收水分而刺激结肠的推动作用，产生轻泻作用。乳果糖还降低结肠内容物的 pH，利于 H$^+$ 与氨形成铵离子（NH$_4^+$）而不被吸收，减少肠内氨的生成，从而明显降低血氨，可用于慢性门静脉高压及肝性脑病。使用乳果糖时应注意腹泻可造成水和电解质的丢失，使肝性脑病恶化。

三、刺激性泻药

刺激性泻药（irritant cathartic）又称接触性泻药（contact cathartic），包括二苯甲烷衍生物、蒽醌类、蓖麻油及其他。这类药物或其代谢产物可引起小肠和大肠产生轻度炎症，刺激结肠产生推进性蠕动，降低电解质和水的净吸收；抑制肠道内 Na^+-K^+-ATP 酶也是其产生泻下作用的部分原因。许多刺激性泻药还增加 PG/cAMP 和 NO/cGMP 的合成，有助于水和电解质的分泌。

（一）二苯甲烷衍生物

这类泻药主要有酚酞（phenolphthalein）和比沙可啶（bisacodyl）。

> 酚酞（phenolphthalein）

酚酞又称果导，是一种 pH 指示剂，口服后约 15% 被吸收，主要由肾排出，尿液为碱性时呈红色。酚酞有肝肠循环，一次给药可以维持 3～4 天。酚酞口服后与碱性肠液相遇，形成可溶性钠盐，具有刺激肠壁作用，同时也抑制水分的吸收。其泻下作用温和，用药后 6～8 h 排出软便，适用于习惯性便秘，临床治疗效果个体差异较大。酚酞偶致过敏反应、肠绞痛，以及心、肺、肾损害和出血倾向等。因其不良反应多，有强致癌性，现已较少使用。

> 比沙可啶（bisacodyl）

比沙可啶又名双醋苯啶，与酚酞结构相似，在肠道被酶迅速转化成有活性的去乙酰基代谢产物，对结肠产生较强刺激作用。口服用其肠溶衣片，服用后 6～12 h 排出软便；也可用栓剂直肠给药，15～60 min 起效。比沙可啶主要用于便秘、X 线检查、内镜前及手术前排空肠内容物。因其刺激性大，可损伤黏膜，导致肠痉挛、直肠炎等，连续应用一般不宜超过 10 天。其栓剂可引起直肠烧灼感，儿童不宜应用。

（二）蒽醌类

大黄（rhubarb）、番泻叶（senna）和芦荟（aloes）等植物中含有蒽醌苷类物质，在小肠难以吸收，需在结肠内激活分解，产生蒽醌类物质，从而刺激结肠运动，增加水和电解质的分泌，一般用药后 4～8 h 排出软便或导致腹泻。

（三）蓖麻油及其他

> 蓖麻油（castor oil）

蓖麻油在小肠内经脂酶水解产生甘油和蓖麻油酸。蓖麻油酸主要作用于小肠，刺激水和电解质的分泌，加速小肠转运。空腹使用 4 ml 蓖麻油 1～3 h 即可产生泻下作用。蓖麻油含有毒性很大的蛋白质——蓖麻蛋白。因蓖麻油有令人不愉快的味道和对肠黏膜神经元有强大的毒性作用，现已少用。

> 多库酯钠（docusate sodium，多库内酯）

多库酯钠是阴离子表面活性剂，也是粪便软化剂（stool softeners）。常用推荐剂量泻下作用很小，主要是乳化粪便，使粪便软化。其对肠黏膜的作用类似刺激性泻药，也改变电解质和水的净吸收。患者应用多库酯钠可保持软便，避免排便用力。

四、润滑性泻药

润滑性泻药产生局部润滑作用并软化粪便而发挥作用,适用于老人、痔疮及肛门手术者。液状石蜡(liquid paraffin)为矿物油,不被肠道消化吸收,同时妨碍水分的吸收,起到润滑肠壁和软化粪便的作用,适用于老人、幼儿便秘。长期应用液状石蜡会影响脂溶性维生素及钙、磷的吸收,故不宜久用。甘油(glycerol)可制成栓剂或将 50% 的甘油(开塞露)注入肛门,通过高渗透压刺激肠壁而引起排便反应,并有局部润滑作用,数分钟内引起排便,适用于老人及儿童便秘。

五、氯通道激活药

氯通道激活药主要包括鲁比前列酮(lubiprostone)和利那洛肽(linaclotide)。鲁比前列酮通过激活 2 型氯通道促进富含氯离子的液体分泌到肠道中,从而刺激肠道蠕动,缩短肠道的排空时间。利那洛肽是含有 14 个氨基酸残基的多肽,可结合于肠上皮细胞表面并活化鸟苷酸环化酶 C,升高 cGMP 的含量,诱导富含氯离子的肠液分泌,并使肠蠕动加快。利那洛肽的主要副作用是腹泻,发生率为 20%。鲁比前列酮和利那洛肽均可以用于治疗慢性腹泻和肠道易激综合征。

【泻药的临床应用及注意事项】

便秘应根据不同情况选药,一般便秘选用接触性泻药为宜,老人、儿童、动脉瘤和肛门手术者选用润滑性泻药较好。排出毒物应选用硫酸镁等盐类泻药。

泻药禁用于恶心、呕吐、急性腹泻或任何原因未明的腹痛。有电解质和肾功能损害征候的患者慎用。年老体弱、妊娠及月经期妇女一般禁用作用剧烈的泻药。

第五节 止泻药

腹泻是多种疾病的症状,治疗时应主要针对其病因,但剧烈而持久腹泻,会引起水、电解质紊乱,可适当给予止泻药。按主要的病理生理学过程不同,可将腹泻分为感染(或炎症)性腹泻、渗透(或不吸收)性腹泻、分泌性腹泻。治疗肠道细菌感染引起的腹泻,应首先使用抗菌药,之后可采用一般常用的止泻药。治疗不吸收性腹泻,应注意矫正不吸收的过程如胰腺功能不足。对病原体引起的急性腹泻尽可能避免应用止泻药,以免掩盖这些患者的临床表现、延迟病原体的清除并增加病原体侵入全身的危险。对严重的分泌性腹泻(如类癌综合征、胰和肠分泌激素的肿瘤、艾滋病相关的腹泻)的治疗可能需要激素奥曲肽(octreotide)。奥曲肽为生长抑素(somatostatin)的八肽衍生物,可用于胃肠出血和严重的慢性腹泻。临床常用的止泻药如下。

一、阿片制剂

阿片制剂作为有效的止泻药而被广泛应用,主要通过肠神经、上皮细胞和肌肉上的阿片受体起作用。这些机制包括对肠动力(μ 受体)、肠分泌(δ 受体)或吸收(μ、δ 受体)的作用,增强肠平滑肌张力，减慢胃肠推进性蠕动，使粪便干燥而止泻。阿片制剂多用于较严重的非细菌感染性腹泻（参见第十九章），长期应用可成瘾。

> 地芬诺酯（diphenoxylate，苯乙哌啶）

地芬诺酯是人工合成的哌啶衍生物，结构与吗啡相关，口服后脱酯生成的地芬诺辛仍具活性。地芬诺酯对胃肠道的影响与阿片类相似，具有收敛及减少肠蠕动作用，止泻作用比吗啡稍强，临床用于急、慢性功能性腹泻。不良反应轻，有食欲缺乏、恶心、呕吐、皮肤过敏反应等；高剂量可产生严重中枢抑制效应甚至昏迷；长期应用可成瘾。

> 洛哌丁胺（loperamide）

洛哌丁胺为哌啶丁胺衍生物，化学结构与地芬诺酯相似，除直接抑制肠蠕动，还可减少肠壁神经末梢释放乙酰胆碱，也可作用于肠黏膜阿片受体，减少胃肠分泌。其止泻作用快、强、持久，比吗啡强 40~50 倍，可用于治疗非细菌感染的急、慢性腹泻。洛哌丁胺可增加肛门括约肌的张力，用于某些肛门失禁的患者，它的抗分泌活性还可以对抗霍乱毒素和某些肠杆菌毒素。洛哌丁胺口服吸收快，3~5 h 血药浓度达高峰，不易进入中枢，$t_{1/2}$ 约 11 h；主要经肝代谢。不良反应轻，常见皮疹、口干、头痛、便秘和胃肠胀气等。因其对儿童中枢抑制作用较强，2 岁以下儿童不宜应用。如果服药后 48 h 急性腹泻的症状仍无改善，应停用。

二、收敛药

> 鞣酸蛋白（tannalbin）和碱式碳酸铋（bismuth subcarbonate）

鞣酸蛋白是收敛药（astringents），在肠中经胰蛋白酶分解缓慢释放鞣酸，鞣酸与肠黏膜表面蛋白质形成沉淀，附着在肠黏膜上，形成保护膜，降低炎症渗出和减少肠蠕动，起收敛止泻作用，用于急性胃肠炎及各种非细菌性腹泻、小儿消化不良等。碱式碳酸铋也有相同作用，能与肠道中的毒素结合，保护肠道免受刺激，达到收敛止泻作用，常用于腹泻、慢性胃炎，近年来多用于治疗幽门螺杆菌感染的胃、十二指肠溃疡。

三、吸附药

> 蒙脱石（smectite）

蒙脱石是吸附药，是由双四面体氧化硅与单八面体氧化铝组成的多层结构，对消化道黏膜有很强的覆盖能力；可增加胃黏液合成，使胃中磷脂含量增加，提高黏液层的疏水性，增强黏液屏障作用，促进上皮修复；还可固定、吸附并清除多种病原体和毒素，有抗幽门螺杆菌作用。该药主要用于急、慢性腹泻，也适用于胃和十二指肠溃疡、胃炎、食管炎、结肠炎等。

> 药用炭（medicinal charcoal）

药用炭又称活性炭，因其颗粒小，总面积大，能吸附肠内气体、液体、毒物等，起止泻和阻止毒物吸收的作用。

第六节　利胆药

利胆药（choleretic）是具有促进胆汁分泌或胆囊排空作用的药物，根据作用方式主要分为促胆汁分泌药（如去氢胆酸）、溶胆石药（如鹅去氧胆酸和熊去氧胆酸）和促胆囊排空药（如硫酸镁）等。

胆汁酸（bile acids）及其结合物是胆汁的主要成分。胆汁酸的主要成分是胆酸（cholic acid）、鹅去氧胆酸（chenodeoxycholic acid）和去氧胆酸（deoxycholic acid）。胆汁酸具有多种生理功能，如反馈性抑制胆汁酸的合成、调节胆固醇的生物合成和消除、促进胆汁流出、促进脂质和脂溶性维生素的吸收等。

➤ **去氢胆酸（dehydrocholic acid）**

去氢胆酸为半合成的胆汁酸盐，能有效增加胆汁中的水分含量（只增加水分泌，而不增加胆色素分泌），使胆汁稀释，流动性增强，可用于胆囊术引流管清洗，急、慢性胆道感染及胆石症，也可用作泻药。

➤ **鹅去氧胆酸（chenodeoxycholic acid）**

鹅去氧胆酸为天然的二羟胆汁酸，既可降低胆固醇的分泌，又可通过抑制 HMG-CoA 还原酶而降低胆固醇的合成，使胆汁中胆固醇含量减少，阻止胆固醇结石的形成，长期应用还可促进胆固醇结石的溶解，适用于胆囊及胆道失调、胆汁淤滞的胆结石患者。

鹅去氧胆酸治疗量时常引起腹泻，可减半剂量使用，待腹泻减轻后再恢复剂量。用药 6 个月期间，一些患者可出现可逆性氨基转移酶升高。鹅去氧胆酸禁用于胆管或肠炎性疾病、梗阻性肝胆疾病。

➤ **熊去氧胆酸（ursodeoxycholic acid）**

熊去氧胆酸是鹅去氧胆酸的异构体。很少引起腹泻和肝毒性。

➤ **硫酸镁（magnesium sulfate）**

硫酸镁口服或将其灌入十二指肠，通过刺激肠黏膜，反射性引起胆总管括约肌松弛，胆囊收缩，促进胆囊排空，有利胆作用，故可治疗胆囊炎和胆石症。

思 考 题

1. 治疗消化性溃疡的药物主要有哪几类？
2. 奥美拉唑的主要作用机制是什么？
3. 哪类止吐药是治疗化学治疗相关呕吐的常用药？其作用机制是什么？
4. 患者，男，62 岁，长期饮食不规律，近 10 年来反复发作上腹痛，常于餐后 1 小时出现疼痛，持续约 1 小时后逐渐缓解。近 1 年来患者上腹疼痛加重，伴有反酸，诊断为"胃溃疡"。经询问病史得知，患者半年前行心脏支架手术，术后服用氯吡格雷预防血栓。请回答：

（1）根据胃酸分泌的生理机制分析抑制胃酸分泌的药物有哪几类？各举一个代表药。

（2）该患者选择治疗胃溃疡的药物时应该注意什么？

（李　慧）

第三十二章

子宫平滑肌兴奋药和抑制药

第三十二章数字资源

案例 32-1

患者，女，28岁，停经42⁺⁴周，过期妊娠，胎盘老化。查体：胎儿宫内状况无异常，产道无异常，无头盆不称，至今未发动宫缩，缩宫素激惹试验阴性。医生与患者沟通交流后，决定使用缩宫素进行催产。给予患者 2.5 U 缩宫素，用生理盐水稀释至 0.01 U/ml，静脉滴注开始时 0.001 U/min，观察宫缩，每 15~30 min 增加 0.001~0.002 U，最多不超过 0.02 U/min，使患者每 3 min 宫缩 1 次，产生规律宫缩，进入产程，顺利分娩。

问题：
1. 医生为何决定使用缩宫素对患者进行催产？
2. 缩宫素在使用时需要注意什么？
3. 医生在与患者沟通用药方案时需要向患者解释哪些信息？

根据作用性质不同，作用于子宫平滑肌的药物可分为子宫平滑肌兴奋药和子宫平滑肌抑制药。前者包括缩宫素、麦角生物碱和前列腺素类等；后者主要有 β_2 受体激动药、钙通道阻滞药、硫酸镁、环氧合酶抑制药和缩宫素受体阻断药等。

第一节 子宫平滑肌兴奋药

子宫平滑肌兴奋药是一类选择性作用于子宫平滑肌的药物。其兴奋子宫平滑肌的作用因子宫的生理状态和用药剂量的不同而不同，可引起子宫产生节律性收缩，或使子宫产生强直性收缩。在临床上，子宫平滑肌兴奋药主要用于催产和引产，也用于产后止血或产后子宫复原，若使用不当，可能造成子宫破裂或胎儿窒息等严重后果，故临床应用必须严格掌握其适应证和用药剂量。

一、垂体后叶激素类

➤ 缩宫素（oxytocin）

缩宫素又称催产素，是垂体后叶分泌的一种肽类激素。其前体物质由下丘脑产生，沿下丘脑-垂体束转运至神经垂体，在转运过程中，转化成缩宫素和血管升压素，它们与神经垂体激素转运蛋白结合，储存在神经末梢中。在适宜的刺激下，神经垂体激素和转运蛋白被同时释放入血，随血液循环到达靶器官而发挥药理作用。缩宫素可刺激子宫平滑肌收缩和乳房肌上皮收缩，因此，它与分娩和泌乳有关。在妊娠后半期，子宫平滑肌缩宫素受体表达增加，对内源性缩宫素的刺激作用敏感性增加。目前临床应用的缩宫素多为人工合成品或从猪或牛的神经垂体中提取分离的药物制剂。从动物神经垂体中提取的药物制剂中含有缩宫素和微量的血管升压素，但人工合成品内不含有血管升压素。

【体内过程】

缩宫素口服后在消化道易被消化酶破坏，故口服无效；肌内注射吸收良好，3~5 min 起效，维持 20~30 min，可用于控制产后出血；静脉注射起效快，可用于分娩的启动和维持。缩宫素可透过胎盘，妊娠期妇女血浆中会出现缩宫素酶，使缩宫素失活。缩宫素不与血浆蛋白结合，其主要被肝和肾迅速消除，作用时间短，$t_{1/2}$ 为 5 min。

【药理作用与作用机制】

1. 兴奋子宫平滑肌 缩宫素可直接兴奋子宫平滑肌，使子宫平滑肌收缩力加强，收缩频率加快。其作用强度取决于药物剂量和子宫的生理状态。小剂量的缩宫素（2~5 U）可加强子宫底部平滑肌的节律性收缩，使收缩频率加快，其收缩性质与正常分娩相似，对子宫颈平滑肌产生松弛作用，以促使胎儿顺利娩出。大剂量的缩宫素（5~10 U）可使子宫平滑肌张力持续增高，最终可致子宫强直性收缩，不利于胎儿的娩出，对胎儿和母体都是不利的。

子宫平滑肌对缩宫素的敏感性与体内雌激素和孕激素水平密切相关。在妊娠早期，孕激素水平较高，子宫对缩宫素敏感性较低，可以保证胎儿的安全发育；在妊娠后期，雌激素水平升高，子宫对缩宫素反应增强，特别是临产时子宫对缩宫素最为敏感，有利于胎儿娩出，故此时应用小剂量的缩宫素即可达到引产和催产的目的。人体子宫平滑肌细胞膜上存在特异性的缩宫素受体，在妊娠期的不同阶段，受体的密度会有所不同，妊娠后期缩宫素受体数目更多。血浆中也存在缩宫素酶，能使缩宫素失活，从而维持正常妊娠。

缩宫素受体是 G 蛋白偶联受体，缩宫素与受体结合后激活磷脂酶 C（PLC），进而生成肌醇三磷酸而使细胞内 Ca^{2+} 增加，从而兴奋子宫平滑肌。此外，缩宫素还能促进前列腺素 $F_{2\alpha}$（$PGF_{2\alpha}$）释放，$PGF_{2\alpha}$ 及其代谢产物 PGF-M 能使子宫平滑肌收缩和子宫颈扩张。

2. 乳腺分泌 缩宫素能促进乳腺腺泡周围平滑肌收缩，促进泌乳。

3. 降压作用 大剂量缩宫素能短暂地松弛血管平滑肌，引起血压下降，且易产生快速耐受性，但催产剂量的缩宫素不引起血压下降。

【临床应用】

1. 催产和引产 对于胎位正常、无产道障碍的产妇，因宫缩无力难产时，可用小剂量的缩宫素以增强子宫节律性收缩，促进分娩。对于死胎、过期妊娠或因严重疾病等原因需提前终止妊娠者，可用其引产。

2. 产后止血 产后出血时，立即静脉滴注缩宫素 0.02~0.04 U/min，胎盘排出后可肌内注射较大剂量（5~10 U）缩宫素，迅速引起子宫平滑肌强直性收缩，压迫子宫肌层内血管而产生止血作用。此作用维持时间短暂，常需要加用麦角生物碱类制剂以维持疗效。出血严重时，肌内注射用药后可继续静脉滴注用药。

【不良反应】缩宫素治疗剂量较少引起严重不良反应。分娩前使用剂量过大可导致子宫高频率甚至持续性强直收缩，从而可能引起胎儿窒息或子宫破裂等严重后果。因此缩宫素用于催产和引产时，必须注意以下两点：①需严格掌握剂量，避免子宫强直性收缩的发生；②严格掌握用药禁忌证，凡产道异常、胎位不正、头盆不称、前置胎盘及 3 次以上妊娠的经产妇或有剖宫史者禁用，以防止引起子宫破裂或胎儿宫内窒息。

缩宫素的人工合成品不良反应较少，从动物中提取的缩宫素制剂偶见过敏反应。

输液过快或剂量过大，缩宫素可激活抗利尿激素受体，引起水潴留和低钠血症，严重者发生心功能不全、癫痫，甚至死亡。为避免毒性反应发生，缩宫素应稀释后以控制速度静脉注射。

> **垂体后叶素（pituitrin）**

垂体后叶素是从牛、猪的垂体后叶中提取的粗制品，其主要成分为缩宫素和血管升压素。两者的化学结构相似，均为含有二硫键的九肽激素，只是位于第 3 位和第 8 位的氨基酸序列不同。因此，它们的作用既有相同的方面，又有各自的特点。血管升压素又称抗利尿激素（antidiuretic hormone，ADH），在较大剂量时，可以收缩血管，特别是对毛细血管和小动脉收缩作用很强，引起血压升高。

临床上垂体后叶素可以用于治疗尿崩症及肺出血。不良反应有心悸、胸闷、恶心、腹痛及过敏反应等。因其收缩冠状动脉血管，故冠心病患者禁用。垂体后叶素中因血管升压素含量较多，对子宫平滑肌的选择性不高，作为子宫兴奋药的应用已被缩宫素所代替。

二、麦角生物碱类

麦角（ergot）是寄生在黑麦及其他禾本科植物子房中的一种麦角菌的干燥菌核，含有多种活性成分，主要为麦角生物碱类（ergot alkaloids），多为麦角酸的衍生物，目前已可用人工方法提取生产。麦角生物碱按化学结构可分为两类：①肽生物碱类，包括麦角胺（ergotamine）和麦角毒（ergotoxin），口服吸收差，对血管作用显著，作用慢而持久。②胺生物碱类，以麦角新碱（ergometrine，ergonovine）和甲麦角新碱（methylergometrine）为代表，口服吸收好，对子宫平滑肌的兴奋作用迅速、强大而持久。麦角生物碱类可以作用于 5-HT 受体和 α 受体发挥作用，部分药物还有较弱的激动 DA 受体的作用。

【药理作用】

1. 兴奋子宫作用　麦角生物碱类可选择性兴奋子宫平滑肌，其作用强度取决于子宫的生理状态和用药剂量。与缩宫素不同，麦角生物碱类的作用较强，维持时间较久，剂量稍大即可引起子宫强直性收缩，对子宫体和子宫颈的兴奋作用没有明显差别。妊娠期子宫比未妊娠子宫对其敏感，临产时或刚分娩后最为敏感。因此，麦角生物碱类只适用于产后止血及子宫复原，不能用于催产和引产。

2. 收缩血管　麦角胺能直接收缩动、静脉血管。麦角胺还能收缩脑血管，减少动脉搏动幅度，减轻偏头痛。大剂量使用麦角生物碱类药物会损伤血管内皮细胞，长期服用可导致肢端干性坏疽和血栓。

3. 阻断 α 受体　麦角新碱尚有较弱的血管平滑肌 α 受体的阻断作用，可翻转肾上腺素的升压作用，导致血压下降。

【临床应用】

1. 子宫出血　麦角新碱和甲基麦角新碱主要用于预防和治疗产后或其他原因引起的子宫出血。

2. 产后子宫复原　服用麦角生物碱类可加速子宫复原，常用麦角浸膏或麦角新碱。

3. 偏头痛　偏头痛可能与脑动脉舒张和搏动幅度加大有关。麦角胺与咖啡因都能收缩脑血管，减少动脉搏动幅度。咖啡因可促进麦角胺吸收，并使麦角胺的药峰浓度升高 2 倍，两者合用可增加疗效。麦角胺有血管毒性作用，目前已较少使用。

4. 人工冬眠　麦角毒的氢化物称二氢麦角碱（dihydroergotoxine），具有抑制中枢、舒张血管（主要由于抑制血管运动中枢和阻断 α 受体作用）和降低血压的作用，可替代氯丙嗪，与异丙嗪、哌替啶组成冬眠合剂用于人工冬眠。

5. 其他　二氢麦角碱还有改善记忆的作用，用于增强智力、改善记忆。

【不良反应】麦角新碱注射用药可致呕吐、血压升高，偶有过敏反应出现。长期服用麦角胺和麦角毒可损伤血管内皮细胞，引起血栓和肢端坏疽。麦角生物碱类禁用于妊娠、催产和引产的妇女。冠心病、高血压和肾功能不良者应慎用麦角生物碱类。肽生物碱类还可导致中枢抑制。

三、前列腺素类

前列腺素类（prostaglandins）是一类广泛存在于人体多种组织的二十碳不饱和脂肪酸，对机体多种功能有调节作用。其中明显影响子宫的有地诺前列酮（dinoprostone，前列腺素 E_2，prostaglandins E_2，PGE_2）、地诺前列素（dinoprost，前列腺素 $F_{2\alpha}$，prostaglandins $F_{2\alpha}$，$PGF_{2\alpha}$）、卡前列素（carboprost，15-甲基前列腺素 $F_{2\alpha}$，15-methylprostaglandins F2α，15-Me-$PGF_{2\alpha}$）等，以及 PGE_1 类似物吉美前列素（gemeprost）和米索前列醇（misoprostol）。

前列腺素类对子宫的影响与其种类、剂量及子宫生理状态有明显关系。与缩宫素不同，PGE_2 和 $PGF_{2\alpha}$ 对妊娠各期子宫平滑肌都有兴奋作用，分娩前子宫更为敏感，能增强子宫的节律性收缩，同时使子宫颈松弛，这与正常分娩相似，有利于胎儿娩出；对早期或中期妊娠子宫的作用较缩宫素强，能引起足以导致流产的高频率和大幅度的子宫收缩。

PGE_2 在整个孕期均可引起子宫收缩，对妊娠中期引产效果较好，也可用于足月引产和产后止血，给药方法有静脉滴注和阴道内、宫腔内或羊膜腔内给药。

$PGF_{2\alpha}$ 主要用于终止妊娠，也可用于葡萄胎和死胎的引产，通常采用羊膜腔内注射给药。

卡前列素用于终止妊娠及子宫收缩无力导致的顽固性产后出血，可静脉滴注，也可用阴道栓剂，但不宜静脉注射给药。

吉美前列素（gemeprost）和米索前列醇（misoprostol）对妊娠子宫有收缩作用，也能松弛子宫颈，可用于终止妊娠。

前列腺素类不良反应有恶心、呕吐、腹泻、发热等；阴道出血和子宫疼痛也可能出现；偶见子宫破裂。哮喘患者禁用 $PGF_{2\alpha}$，青光眼患者禁用 PGE_2。

知识拓展

缩宫素的临床应用

缩宫素作为第一个测出结构并人工合成的神经肽，在临床上用于引产、催产、预防及治疗产后出血已有百年历史。1911 年，垂体后叶素就已经在临床用于治疗滞产，后又被用于引产。1953 年，美国生化学家文森特·迪维尼奥首次人工合成了缩宫素，并因此在 1955 年获得了的诺贝尔奖。

缩宫素作为有效的子宫收缩剂，也广泛用于相关的妇科手术，可用于人工流产术中增强子宫收缩，减少出血量，还可用于子宫肌瘤切除术以减少术中出血。缩宫素静脉持续滴注可有效减少子宫肌瘤的血流量及血流速度，辅助用于子宫肌瘤超声消融术，可提高肌瘤消融率和降低超声剂量。

此外，缩宫素在非产科领域也有一定的应用。其有助于精神疾病及精神依赖性药瘾症状的控制，有望成为精神疾病及戒毒领域的新辅助治疗药物。缩宫素作为一种神经肽，可缓解产妇从孕妇过渡至母亲这一角色转换带来的紧张和焦虑等不良情绪，因此在预测和治疗产后抑郁症方面有潜在的应用前景。缩宫素还能增加肥胖患者的胰岛素敏感性，在糖尿病和肥胖症治疗中也显示出初步效果。总之，缩宫素在非产科领域的作用也逐渐被发现并得到应用。

第二节 子宫平滑肌抑制药

子宫平滑肌抑制药又称抗分娩药，可使子宫平滑肌收缩力减弱，收缩节律减慢，主要用于防治痛经和早产。常用的子宫平滑肌抑制药主要有 $β_2$ 受体激动药、硫酸镁、钙通道阻滞药、前列腺素合成酶抑制药和缩宫素受体阻断药等。

一、$β_2$ 受体激动药

子宫平滑肌中存在 β 受体，其中以 $β_2$ 受体占优势。利托君（ritodrine）、沙丁胺醇（salbutamol）、特布他林（terbutaline）、海索那林（hexoprenaline）等药物通过激动子宫平滑肌 $β_2$ 受体，可增加细胞内 cAMP 的水平，进而降低细胞内钙的水平，引起子宫平滑肌松弛，特异性地抑制子宫平滑肌的收缩作用，缩短子宫收缩时间，可用于防治早产。

利托君用于早产妇女，可延缓分娩，使妊娠时间接近正常。防治早产时，一般先静脉滴注给药，取得疗效后再口服以维持疗效。利托君静脉给药时不良反应较严重，多与其激动 β 受体有关，表现为心率加快、收缩压升高和舒张压下降，还可有血红蛋白减少、血钾下降和血糖升高等。应注意个别妇女会出现肺水肿，可危及生命。

二、其他子宫平滑肌抑制药

硫酸镁（magnesium sulfate）可明显抑制子宫平滑肌的收缩，用以防治早产、妊娠高血压综合征及子痫发作。禁用 $β_2$ 受体激动药的产妇可用硫酸镁治疗早产。

钙通道阻滞药可松弛子宫平滑肌，如硝苯地平（nifedipine）明显拮抗缩宫素所致的子宫兴奋作用。

环氧合酶抑制药如吲哚美辛（indometacin）已用于早产，但可能引起胎儿动脉导管的提前关闭，导致肺动脉高压，继而引起肾损害、羊水减少等，故在临床使用时应十分慎重，仅在 $β_2$ 受体激动药、硫酸镁等药物使用无效或使用受限时，且仅限于在妊娠 34 周前的妇女使用。

缩宫素受体阻断药（oxytocin antagonist）阿托西班（atosiban）可用于 18 岁以上、孕龄 24～33 周、胎儿心率正常的孕妇推迟早产。不良反应常见恶心、呕吐、心悸、低血压、高血糖等。

思 考 题

1. 缩宫素对子宫平滑肌的作用有哪些特点？
2. 缩宫素的临床用途的依据是什么？应用中应注意哪些问题？
3. 患者，女，29 岁，因停经 42^{+4} 周，超预产期 18 天住院。患者末次月经（LMP）日期为 2007 年 11 月 4 日，预产期（EDC）为 2008 年 8 月 11 日。入院查体：生命体征平稳，心肺听诊无异常，腹部膨隆，足月妊娠腹型。产检情况：宫高 37 cm，腹围 111 cm，胎位为枕左前位（LOA），胎心率 144 次/分，宫口未开，胎膜未破。骨盆测量在正常范围内。腹部彩超头位双顶径（BPD）9.3 cm，股骨长 6.8 cm，胎盘位于前壁Ⅲ级，羊水 3.2 cm。超声提示：头位单活胎。在对母体和胎儿进行适当监测下，通过输注泵以 30～60 min 增加 0.5～1 mU/min 的初始输注速率静脉给予缩宫素，直至发生节律性宫缩，进入产程顺利分娩一男活婴。请回答：

（1）该病例为什么选择使用缩宫素催产？

（2）在使用缩宫素时应该注意哪些事项？

（马丽杰）

第三十三章

性激素类药及避孕药

第三十三章数字资源

案例 33-1

患者，女，20岁，因月经量过多，出现头晕、胸闷、晕厥而就诊。患者15岁初潮，每年行经6~7次，经期较长，经检查后初步诊断为青春期无排卵非周期性子宫出血。医生给予患者肌内注射孕酮和丙酸睾酮，并嘱患者于每月月经第15天服用醋酸甲羟孕酮。患者担心长期应用药物会影响生育能力，有些焦虑。患者用药半年后停药，每月均较规律行经，经量中等。

问题：
1. 应用孕酮、丙酸睾酮和醋酸甲羟孕酮治疗青春期无排卵非周期性子宫出血的依据是什么？
2. 雌激素、孕激素及雄激素的不良反应有哪些？
3. 如果你是医生，你将如何安慰患者并嘱咐患者用药时注意哪些事项？

天然性激素（sex hormone）是由性腺分泌的类固醇激素（steroid hormone），又称甾体激素，主要包括雌激素（estrogen）、孕激素（progestogen）和雄激素（androgen）。目前临床应用的性激素类药是人工合成品及其衍生物。性激素类药除了用于某些疾病的治疗，还主要用于避孕。常用的避孕药（contraceptives）多为雌激素与孕激素的复合制剂。

【**性激素的分泌及调节**】性激素的产生和分泌受下丘脑-腺垂体（垂体前叶）-性腺轴的调节。下丘脑分泌的促性腺激素释放激素（gonadotropin-releasing hormone，GnRH），促使腺垂体分泌促性腺激素（gonadotropin），包括促卵泡素（follicle stimulating hormone，FSH，卵泡刺激素）和黄体生成素（luteinizing hormone，LH）。对于女性，FSH可促进卵巢的卵泡发育与成熟，并使其分泌雌激素；LH则可促进卵巢黄体的生成，并使其分泌孕激素。对于男性，FSH可刺激睾丸曲细精管的成熟和睾丸中的精子生成，对生精过程有启动作用；LH则促进睾丸间质细胞分泌雄激素，加速睾酮的合成，维持生精过程。

体内性激素水平的高低对下丘脑和腺垂体的分泌具有正反馈或负反馈两方面的调节作用，从而维持体内性激素水平的动态平衡及人体的正常生殖功能。这种反馈调节可通过三种途径实现。①长反馈作用：指性激素对腺垂体和下丘脑的反馈作用。在排卵前，体内雌激素水平较高，可通过下丘脑的正反馈调节作用促进腺垂体分泌LH，促使排卵。而在黄体期，体内雌激素、孕激素水平均较高，可通过负反馈调节作用抑制下丘脑GnRH的释放，降低腺垂体对GnRH的敏感性，减少FSH、LH的分泌，抑制排卵。常用避孕药就是根据这一负反馈调节机制设计而成的。②短反馈作用：指腺垂体分泌的FSH、LH通过负反馈作用减少下丘脑GnRH

的释放。③超短反馈作用：指腺体内的自行正反馈调节，如下丘脑分泌的 GnRH 可反作用于下丘脑，促进 GnRH 的分泌，实现自行调节（图 33-1）。

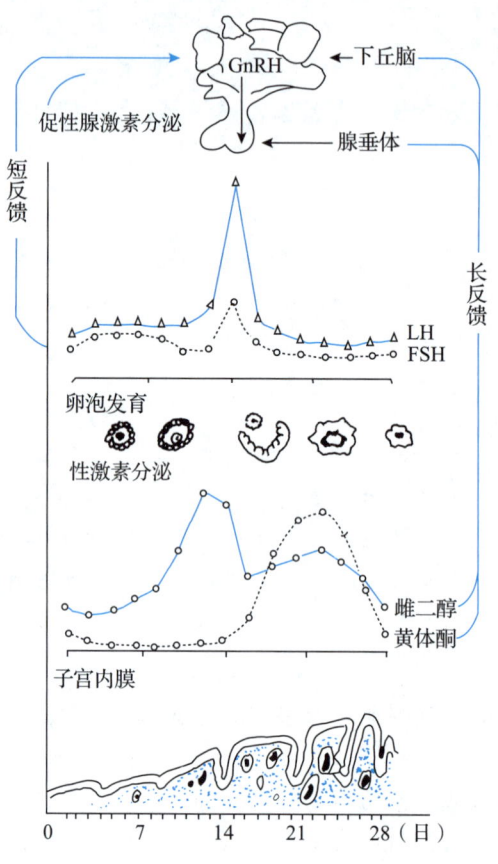

图 33-1 女性激素的分泌与调节示意图

【性激素的作用机制】性激素受体位于细胞核内，是一类可溶性 DNA 结合蛋白。性激素进入靶细胞后，可直接穿越核膜，与细胞核内的性激素受体特异性结合形成复合物，然后作用于 DNA，影响 mRNA 转录和蛋白质合成，从而产生不同的生物学效应。

第一节 雌激素类药及抗雌激素类药

一、雌激素类药

【来源与分类】雌激素是一种类固醇激素，主要由卵巢、睾丸及肾上腺皮质细胞分泌。在体内含量高、活性强的雌激素是雌二醇（estradiol，E_2），雌酮（estrone，E_1）和雌三醇（estriol，E_3）等，多为雌二醇的肝内代谢产物。女性 E_2 主要在卵巢卵泡颗粒及膜细胞中产生，男性约有 15% 的 E_2 是直接从睾丸分泌的，其余约 85% 的 E_2 通过睾丸周围软组织中雄激素前体的芳香化作用生成。目前广泛应用于临床的雌激素类药多是以雌二醇为母体人工合成的高效、长效的衍生物，如口服强效雌激素类药炔雌醇（ethinylestradiol）、口服长效雌激素类药炔雌醚（quinestrol）、一次肌内注射后药效持续数周的戊酸雌二醇（estradiol valerate），还有美雌醇（mestranol）、马烯雌酮（equilin）等。根据天然雌激素的结构特点，还合成了一些具有雌激素样作用的非甾体类制剂，如已烯雌酚（diethylstilbestrol，乙菧酚，stilbestrol）等。

【体内过程】雌二醇口服后可经胃肠道吸收，但易被肝代谢，生物利用度低，故需注射给药。血液中的雌激素大部分与性激素结合球蛋白（sex hormone-binding globulin，SHBG）特异性结合，也可与白蛋白非特异性结合。其代谢产物大部分以葡糖醛酸或硫酸酯的形式从肾排出，也有部分从胆道排泄，形成肠肝循环。

人工合成的炔雌醇、炔雌醚等口服吸收后，储存于脂肪组织，再缓慢释出，在肝内代谢较慢，故口服效果好，作用维持时间长。油溶液制剂或酯类衍生物肌内注射后吸收缓慢，作用时间延长，一次给药作用可持续数天。已烯雌酚口服后在肝内代谢缓慢，故口服疗效好，作用时间长。另外，多数雌激素可经皮肤和黏膜缓慢吸收，避免首过效应，故可制成贴片经皮给药，也可制成栓剂或霜剂局部用药。

【生理与药理作用】

1. 促进女性性成熟 对未成年女性，雌激素能促进性器官的发育和成熟，维持女性第二性征，如子宫发育、乳腺腺管增生及脂肪分布变化等。

2. 促进子宫内膜增殖 对成年女性，雌激素除能维持女性第二性征外，还可使子宫内膜增殖变厚（增殖期），并在孕酮的协同下，使子宫内膜继续增厚进入分泌期，形成月经周期，如果引起子宫内膜异常增殖可导致子宫出血。雌激素可促使子宫颈管腺体分泌黏液，有利于精子的穿透和存活；可提高子宫平滑肌对缩宫素的敏感性，有利于分娩；还可刺激阴道上皮增生，使浅表层细胞发生角化。

3. 对排卵的影响 小剂量雌激素可促进促性腺激素分泌，与 FSH 协同作用，促进卵泡发育，形成 LH 峰，促进排卵；较大剂量的雌激素通过下丘脑-垂体轴的负反馈机制，抑制 GnRH 的释放及 FSH、LH 的分泌，抑制排卵。

4. 对乳腺的影响 小剂量雌激素可促进乳腺导管和腺泡的生长发育；大剂量雌激素则干扰催乳素对乳腺的刺激作用，抑制乳汁分泌。

5. 对代谢的影响 雌激素可促进肾小管对水、钠的重吸收和对抗利尿激素的敏感性，有轻度水钠潴留作用，使血压升高；能增加骨骼钙盐沉积，促进骨的成熟和加速骨骺闭合，促进青春期生长发育；可预防围绝经期妇女骨质丢失；大剂量也可降低血低密度脂蛋白（LDL）和胆固醇，升高高密度脂蛋白（HDL）的含量，还可降低糖耐量。

6. 其他作用 雌激素能促进神经细胞和神经胶质细胞的生长、发育及突触的形成；促进乙酰胆碱、多巴胺、5-羟色胺等神经递质的合成；还可增加凝血因子Ⅱ、Ⅶ、Ⅸ、Ⅹ的活性，促进血液凝固。此外，雌激素还有抗雄激素作用。

【作用机制】

雌激素通过雌激素受体（estrogen receptor，ER）产生生物学效应。雌激素受体根据分布的位置不同，可分为雌激素核受体（nuclear estrogen receptor，nER）和雌激素膜受体（membrane estrogen receptor，mER）。mER 主要在内质网和细胞膜上，包括 G 蛋白偶联雌激素受体（G-protein-coupled estrogen receptor，GPER）家族中的 Gαq-ER、ER-X 及 GPER1（GPR30），大多分布于乳腺、心脏、卵巢及神经淋巴组织中。转录因子中核受体超家族成员 nER 主要在细胞核中起作用，包括 ER-α 和 ER-β 两种亚型，对雌激素具有较强的亲和力。

经典的雌激素作用机制是通过 nER 结合到靶基因启动子区的雌激素反应元件上，发挥配体依赖性转录调节作用。nER 发挥作用所需的时间相对较长，通常需要数小时以上，故被称作"慢速基因组效应通道"。近年来的研究表明，雌激素也可结合 mER，使相应的离子通道状态及酶的活性发生改变，如激活钙通道，使磷脂酰肌醇 3 激酶及丝裂原活化蛋白激酶的活性增强，并最终影响下游转录因子。与 nER 相比，这种激活方式独特，不需要依赖基因的调控，在数秒至数分钟内即可完成，故被称作"快速非基因组效应通道"。另外，mER 介导的信号通路也可以通过磷酸化的 nER 和其辅因子来调节经典的雌激素受体核效应。

【临床应用】

1. 围绝经期综合征　又称更年期综合征（menopausal syndrome，MPS），是指围绝经期妇女因卵巢功能降低、雌激素分泌减少、垂体促性腺激素分泌增多而造成内分泌平衡失调，出现一系列以自主神经系统功能紊乱为主、伴有神经心理症状的一组症候群。应用雌激素类药进行替代治疗，可抑制垂体促性腺激素的分泌，从而减轻面颈潮热、失眠、情绪不安等围绝经期综合征症状。

2. 骨质疏松　对于绝经后妇女和老年骨质疏松患者，适量补充雌激素可抑制破骨细胞活性，减少骨质吸收，防止骨折发生。雌激素类药长期应用存在心血管危险性，故不宜作为一线药物治疗骨质疏松症。

3. 卵巢功能不全和闭经　以雌激素替代疗法治疗原发性和继发性卵巢功能低下，可促进子宫、外生殖器及女性第二性征的发育。雌激素与孕激素合用，可产生人工月经周期，以治疗闭经。

4. 非周期性子宫出血　雌激素类药可促进子宫内膜增生，有助于修复体内雌激素水平降低引起的子宫内膜出血创面而止血，可适量配伍孕激素类药，以调整月经周期，止血效果更佳。

5. 乳房胀痛及回乳　部分妇女停止授乳后，因乳汁继续分泌引起乳房胀痛，可用大剂量雌激素干扰催乳素对乳腺的刺激作用，抑制乳汁分泌，消除胀痛，俗称回乳或退乳。

6. 绝经后晚期乳腺癌　乳腺癌的发生、发展可能与内源性雌酮有关。绝经 5 年后晚期乳腺癌不宜手术者，可用雌激素治疗，通过抑制腺垂体分泌促性腺激素，减少雌酮的产生。因雌激素可促进肿瘤的生长，绝经期前的乳腺癌患者禁用。

7. 前列腺癌　前列腺癌的发生与雄激素水平有关。大剂量雌激素可通过负反馈作用，抑制垂体分泌促性腺激素，使睾丸萎缩，雄激素分泌减少，加上有对抗雄激素的作用，可用于治疗前列腺癌。

8. 青春期痤疮　青春期痤疮（粉刺）是雄激素分泌过多而刺激皮脂腺分泌，引起腺管阻塞及继发感染所致。雌激素类药可抑制雄激素的分泌并对抗其作用，可用于痤疮的辅助治疗。

9. 避孕　雌激素与孕激素组成复合制剂可用于避孕（见本章第四节）。

10. 其他　对于绝经期妇女，小剂量雌激素可用于预防冠心病和心肌梗死等心血管疾病。小剂量雌激素可促进神经元突触形成，对阿尔茨海默病也有一定的治疗作用。

【不良反应与注意事项】

1. 消化道反应　常见恶心、呕吐、食欲缺乏等，口服时多见。减少剂量或从小剂量开始，逐渐增加剂量可减轻反应。

2. 子宫内膜过度增生和子宫出血　长期大量应用雌激素类药可引起子宫内膜过度增生及子宫出血，故有子宫出血倾向及子宫内膜炎者慎用。绝经后雌激素替代疗法尚可增加子宫内膜癌的发生率，若同时服用孕激素可减少其危险性。

3. 其他　大剂量应用雌激素类药可引起水钠潴留，导致水肿、高血压，并可加重心功能不全。此类药物主要在肝内代谢，并可引起胆汁淤积性黄疸，故肝功能不良者慎用。儿童使用后，可出现骨骺提前闭合，使生长受抑，身材变矮。

除前列腺癌及绝经后晚期乳腺癌患者外，其他肿瘤患者禁用雌激素类药，因其可增加宫颈癌和阴道癌的发生率。孕妇禁用，哺乳期妇女应慎用。

二、抗雌激素类药

抗雌激素类药根据作用机制不同分为雌激素受体阻断药、选择性雌激素受体调节药和芳香化酶抑制药。其中雌激素受体阻断药能与雌激素受体结合，发挥竞争性拮抗雌激素的作用，常用药物有氯米芬等。选择性雌激素受体调节药与不同组织的雌激素受体亲和力不同，对雌激素的替代治疗具有重要意义，常用药包括他莫昔芬、雷洛昔芬等。芳香化酶抑制药通过抑制芳香化酶而减少雌激素的生成，常用药有来曲唑（letrozole）等。

> 氯米芬（clomifene，克罗米酚）

氯米芬为三苯乙烯衍生物，与己烯雌酚的化学结构相似，有中等程度的抗雌激素作用和较弱的拟雌激素活性。其作用机制是与雌激素竞争雌激素受体，从而阻断了雌激素对下丘脑-垂体的负反馈作用，使下丘脑 GnRH 释放增加、垂体促性腺激素的分泌增加而诱发排卵。

氯米芬主要用于不孕症、非周期性子宫出血、月经不调和长期应用避孕药后引发的闭经，也可用于乳房纤维囊性疾病和晚期乳腺癌。连续大剂量应用氯米芬可引起卵巢肥大，故卵巢囊肿患者禁用。

> 他莫昔芬（tamoxifen）

他莫昔芬能与乳腺癌细胞的雌激素受体结合，抑制依赖雌激素才能持续生长的肿瘤细胞，用于绝经后晚期、复发乳腺癌患者的治疗。

> 雷洛昔芬（raloxifene）

雷洛昔芬为选择性雌激素受体调节药的第二代产品，能特异性拮抗骨组织的雌激素受体，目前主要用于预防和治疗绝经后骨质疏松症。

知识拓展

G 蛋白偶联雌激素受体

G 蛋白偶联雌激素受体（G-protein-coupled estrogen receptor，GPER）又称 G 蛋白受体 30（G protein receptor 30，GPR30），被普遍认为是一种新型具有独立作用的膜性结合性雌激素受体。GPER 的编码基因位于人第 7 号染色体，由 3 个外显子构成，仅由第 3 个外显子编码含有 7 个跨膜片段的全长 375 个氨基酸的蛋白质，分子量约为 41 000。GPER 可与 17-β 雌二醇（E_2）结合，但不与皮质醇、孕酮和睾酮结合。

GPER 属于 G 蛋白偶联受体（G protein-coupled receptor，GPCR）超家族成员之一，其介导的雌激素效应与经典的雌激素核受体介导的基因组效应不同，表现出"快速""非基因组"信号活化等特点。雌激素结合 GPER 后可活化 G 蛋白，使 Gβγ 亚基与 Gα 亚基分离，其中 Gβγ 亚基诱导酪氨酸激酶 Src，进而活化细胞表面基质金属蛋白酶信号，使细胞释放肝素结合性表皮生长因子（HB-EGF），HB-EGF 则通过反式激活细胞表面表皮生长因子受体（EGFR）而进一步活化其下游丝裂原活化蛋白激酶（MAPK）/细胞外信号调节激酶（ERK）信号通路；也可活化磷脂酰肌醇 3 激酶（PI3K）信号通路。Gα 亚基可特异性活化环磷酸腺苷（cAMP）/蛋白激酶 A（PKA）信号通路。另外，GPER 介导的信号通路也可以通过磷酸化的核受体和其辅因子来调节经典的雌激素受体核效应，表现出多样化作用模式，从而发挥多种类型的生物学效应。

第二节 孕激素类药及抗孕激素类药

一、孕激素类药

【来源与分类】孕激素主要由卵巢黄体细胞合成和分泌。妊娠3～4个月后，黄体逐渐萎缩而改由胎盘分泌孕激素，维持妊娠至分娩。天然孕激素主要是孕酮（progesterone，黄体酮），含量甚少，且口服无效。临床应用的孕激素是人工合成品及其衍生物，按化学结构可分为以下两类：

1. 17α-羟孕酮类（17α-hydroxyprogesterones） 由孕酮衍生而来，本身几无活性，但其酯类衍生物有孕酮活性，包括甲羟孕酮（medroxyprogesterone）、甲地孕酮（megestrol）、氯地孕酮（chlormadinone）和长效的羟孕酮（hydroxyprogesterone）等。

2. 19-去甲睾酮类（19-nortestosterones） 由炔孕酮（ethisterone）衍生而来，包括炔诺酮（norethisterone）、双醋炔诺醇（ethynodiol diacetate）和炔诺孕酮（norgestrel，18-甲炔诺酮，甲炔诺酮）等。因结构与睾酮相似，此类药还具有轻微雄激素样作用。

【体内过程】孕酮口服后在胃肠道及肝内被迅速代谢，生物利用度低。人工合成的其衍生物在肝内代谢减慢，是口服避孕药的主要成分。其油溶液肌内注射，吸收时间延长，可发挥长效作用。血浆中孕激素大部分与蛋白结合，其代谢产物主要与葡糖醛酸结合，从肾排出。

【生理与药理作用】

1. 生殖系统

（1）助孕：在雌激素作用的基础上，孕激素使子宫内膜继续增厚、充血，腺体增生、分泌，由增殖期转化为分泌期，有利于受精卵的着床和胚胎发育。

（2）保胎：孕激素可降低妊娠期子宫平滑肌对缩宫素的敏感性，抑制子宫平滑肌收缩，有保胎作用。

（3）避孕：一定剂量的孕激素能抑制腺垂体 LH 的分泌，从而抑制卵巢排卵；同时抑制子宫颈管腺体分泌黏液，减少精子进入子宫，故可用作避孕药。

（4）对乳房的作用：孕酮与雌激素共同促进乳腺腺泡与导管的发育和成熟，为分娩后哺乳做准备。

2. 代谢 孕酮与醛固酮结构相似，可竞争性对抗醛固酮作用，促进肾小管对 Na^+、Cl^- 的排泄，有利尿作用；可促进蛋白质分解，增加尿素氮的排泄；还可增加血中低密度脂蛋白含量。孕酮作为药酶诱导剂，可促进某些药物的代谢。

3. 体温 孕酮通过影响下丘脑体温调节中枢的散热过程，使月经周期黄体相的基础体温升高。

【作用机制】孕酮受体（progesterone receptor，PR）主要有 PRA 和 PRB 两种。孕酮与其受体结合，可使受体磷酸化，募集辅助激活因子，或与通用转录因子直接作用，引起蛋白质构象变化，从而发挥治疗作用。PRB 介导孕酮的刺激作用，而 PRA 抑制孕酮的作用。

【临床应用】

1. 非周期性子宫出血 由于黄体功能不足，引起子宫内膜不规则成熟和脱落，导致子宫持续性出血。应用孕激素类药可使增殖期子宫内膜同步转为分泌期，在行经期有助于子宫内膜全部脱落，以维持正常月经。

2. 痛经和子宫内膜异位症 孕酮等可抑制排卵和子宫痉挛性收缩而治疗痛经；还能使异位的子宫内膜萎缩退化，可用于治疗子宫内膜异位症，与雌激素合用可增强疗效。

3. 先兆流产和习惯性流产 由于黄体功能不足所致的流产，用大剂量孕激素补充治疗，可以抑制子宫平滑肌收缩，起到安胎作用。但对习惯性流产，其疗效不确切。19-去甲睾酮类因具有雄激素样作用，可使女性胎儿男性化，不宜用于先兆流产和习惯性流产的治疗。

4. 子宫内膜腺癌　大剂量孕激素能负反馈抑制下丘脑-垂体轴，减少雌激素生成，使子宫内膜腺体癌细胞分泌耗竭而退化。

5. 前列腺肥大和前列腺癌　大剂量孕激素可反馈性抑制腺垂体分泌间质细胞刺激激素（ICSH），减少雄激素的分泌，使前列腺细胞萎缩退化。

6. 避孕　孕激素单用或与雌激素合用可避孕（见本章第四节）。

7. 闭经的诊断　闭经妇女应用孕激素 5～7 天，可测试子宫内膜对激素的反应性，如有反应则发生撤退性出血。

【不良反应】孕激素类药不良反应较少，偶见头晕、恶心、乳房胀痛及腹痛等。长期应用可引起子宫内膜萎缩、月经量减少，甚至停经，易诱发阴道真菌感染。大剂量应用 19-去甲睾酮类可致肝功能障碍、胎儿生殖器畸形。

二、抗孕激素类药

抗孕激素类药可干扰孕酮的合成和影响孕酮的代谢，包括：①孕激素受体阻断药，如孕三烯酮（gestrinone）、米非司酮（mifepristone），其在靶器官与孕酮受体有高亲和力，与孕酮竞争占领孕酮受体结合部位，发挥抗孕激素作用；② 3β-羟甾脱氢酶抑制药，如环氧司坦（epostane）、阿扎斯丁（azastene），主要用于终止妊娠，也可作为流产药，用于抗早孕。

➤ **米非司酮（mifepristone）**

米非司酮为炔诺酮的衍生物，有较强的抗孕激素活性，一定的抗糖皮质激素活性，以及弱雄激素活性。其抗孕激素作用主要表现为拮抗孕酮对子宫内膜的作用，具有抗着床作用；有中枢性抑制排卵作用，抑制垂体促性腺激素的合成、分泌，使子宫平滑肌收缩增强而子宫颈松弛。米非司酮主要用于抗早孕、房事后避孕和诱导分娩。米非司酮口服有效，生物利用度高，血浆蛋白结合率较高，血浆半衰期长，不宜持续给药。主要不良反应是引起子宫出血时间延长，但一般不须特殊处理。少数用药者可能发生严重出血，应在医生指导下使用。其他常见不良反应还有恶心、呕吐、腹痛、腹泻等。米非司酮不宜应用于贫血、正在接受抗凝血治疗和糖皮质激素治疗的患者，禁用于异位妊娠和肝、肾衰竭者。

知识拓展

曲洛司坦（trilostane）

曲洛司坦能可逆性地抑制肾上腺皮质中的 3β-羟基类固醇脱氢酶和 $\Delta^{5,4}$-异构酶，能够减少所有内源性甾体激素（包括雌激素和雄激素）的形成，临床用于治疗皮质醇增多症（又称库欣综合征）和原发性醛固酮增多症，但治疗皮质醇增多症的疗效不如美替拉酮。

曲洛司坦除能降低雌激素的产生外，还可调节雌激素对不同亚型雌激素核受体的结合，同时显现 ER-α 阻断和 ER-β 激动的双重效应，从而抑制雌激素对乳腺癌细胞的刺激作用，是具有新型作用机制的抗雌激素类药，用于绝经后妇女进行性乳腺癌治疗。

曲洛司坦本身没有激素活性，故其不良反应较少，主要是轻至中度腹泻和腹部不适。曲洛司坦能抑制肾上腺激素的产生，因此在用药过程中须补充皮质激素，如地塞米松或氢化可的松。

第三节　雄激素类药、同化激素类药和抗雄激素类药

一、雄激素类药

【来源】天然雄激素主要是由睾丸间质细胞合成和分泌的睾酮（testosterone，睾丸素），肾上腺皮质、卵巢和胎盘也能分泌少量睾酮。临床常用的雄激素类药为人工合成的睾酮及其衍生物，如甲睾酮（methyltestosterone，甲基睾丸素）、丙酸睾酮（testosterone propionate，丙酸睾丸素）和苯乙酸睾酮（testosterone phenylacetate，苯乙酸睾丸素）等。

【体内过程】睾酮口服易吸收，但被肝迅速破坏，生物利用度低，故口服无效，常用其油溶液作肌内注射；也可将其片剂植于皮下，使其缓慢吸收，作用可长达 6 周。血中大部分睾酮与血浆蛋白结合，主要在肝内代谢，代谢产物与葡糖醛酸或硫酸结合失去活性，经肾排泄。17-羟酯化衍生物极性较低，溶于油溶液中肌内注射后，吸收缓慢，持续时间较长，如丙酸睾酮一次肌内注射，作用可维持 2～4 天。17α-烷基取代的衍生物，如甲睾酮不易被肝破坏，口服有效，也可舌下给药。

【生理与药理作用】

1. 生殖系统　雄激素促进男性性器官和第二性征发育，并保持其成熟状态，促进精子的生成与成熟。大剂量睾酮还可负反馈抑制腺垂体分泌促性腺激素，使雄激素和精子生成减少，对女性可减少卵巢的雌激素分泌，还有直接抗雌激素的作用。

2. 同化作用　雄激素能促进蛋白质合成（同化作用），抑制蛋白质分解（异化作用），减少尿氮排泄，形成正氮平衡，故能促进生长，使肌肉增长，体重增加；促进肾小管对水、钠的重吸收，引起水钠潴留；促进肾小管对钙、磷的重吸收，有助于骨骼生长。

3. 骨髓造血功能　骨髓造血功能低下时，较大剂量雄激素可促进肾分泌促红细胞生成素，或直接刺激骨髓亚铁血红素的合成，刺激红细胞生成。

4. 免疫增强作用　雄激素可促进免疫球蛋白合成，增强机体免疫功能和抗感染能力。另外，雄激素还有糖皮质激素样抗炎作用。

5. 心血管系统调节作用　雄激素可影响脂质代谢，降低胆固醇；调节凝血和纤溶过程；使血管平滑肌细胞舒张，降低血管张力。

【临床应用】

1. 替代疗法　垂体疾病、无睾症或类无睾症、男性青春期发育迟缓等导致的睾丸功能不全，可用雄激素类药替代治疗，促进男性性征的发育。

2. 非周期性子宫出血　雄激素类药有直接抗雌激素作用，使子宫平滑肌和血管收缩，子宫内膜萎缩而止血，可用于治疗非周期性子宫出血；对围绝经期综合征更为适用；对严重出血病例，可用己烯雌酚、孕酮和丙酸睾酮三药的混合物同时注射，一般可以止血。停药后易发生撤退出血，因此停药时应逐渐减少药量。

3. 晚期乳腺癌和卵巢癌　应用睾酮可暂时减轻乳腺癌和卵巢癌症状，这可能与其抗雌激素作用有关，也可能通过抑制垂体促性腺激素的分泌，减少卵巢分泌雌激素。此外，此类药物还可对抗催乳素的乳腺癌刺激作用，也可抑制子宫肌瘤的生长。

4. 再生障碍性贫血及其他贫血　甲睾酮和丙酸睾酮可改善骨髓功能，但作用缓慢。目前促红细胞生成素已基本替代了雄激素类药在贫血治疗方面的临床应用。

5. 虚弱　利用雄激素的同化作用，可用小剂量雄激素类药治疗各种消耗性疾病、骨质疏

松、生长延缓、长期卧床等虚弱情况，以使患者食欲增加，快速恢复体质。目前常用同化激素类药代替睾酮达到此目的。

【不良反应与注意事项】

1. 女性男性化 长期应用雄激素类药，女性患者可出现痤疮、多毛、声音变粗、闭经、乳腺退化等男性化现象。发现此现象应立即停药。

2. 黄疸 多数雄激素类药均能干扰肝内毛细胆管的排泄，引起胆汁淤积性黄疸，出现肝功能障碍。发生此情况也应立即停药。

因雄激素类药有水钠潴留作用，肝肾功能不良、高血压及心功能不全患者应慎用。孕妇及前列腺癌患者禁用。

二、同化激素类药

临床应用的雄激素类药虽有较强的同化作用，但用于女性或非性腺功能不全的男性，常可出现雄激素样作用，从而限制了其临床应用。目前已经合成了同化作用保留或增强而雄激素样作用较弱的睾酮衍生物，即同化激素（anabolic steroids），包括司坦唑醇（stanozolol，康力龙）、苯丙酸诺龙（nandrolone phenylpropionate）及美雄酮（metandienone，去氢甲基睾丸素）等。

同化激素类药能促进蛋白质合成，抑蛋白质其分解，减少尿氮排泄，形成正氮平衡，使肌肉增长，体重增加；也可引起钠、钾、钙、磷和水的潴留。此类药物主要用于蛋白质同化或吸收不良，以及蛋白质分解亢进或损失过多等情况，如严重烧伤、手术后慢性消耗性疾病、老年骨质疏松症和肿瘤恶病质的患者。同化激素类药还可对抗糖皮质激素引起的负氮平衡。服用此类药物时应注意增加食物中的蛋白质成分。同化激素类药是体育竞赛的一类违禁药。

长期应用同化激素类药可引起水钠潴留及女性轻微男性化现象，偶见肝内毛细胆管胆汁淤积性黄疸。

三、抗雄激素类药

抗雄激素类药指能对抗雄激素生理效应的药物，包括雄激素合成抑制药非那雄胺和雄激素受体阻断剂环丙孕酮等。

➢ **环丙孕酮（cyproterone）**

环丙孕酮是 17α- 羟孕酮类化合物，具有较强的孕激素样作用，可反馈性抑制下丘脑 - 垂体系统，使血浆 FSH、LH 水平降低，进而降低睾酮的分泌水平；还可阻断雄激素受体，抑制内源性雄激素的作用。环丙孕酮可用于抑制男性严重性功能亢进；还可用于其他药物无效或患者无法耐受的前列腺癌；与雌激素合用治疗女性严重痤疮和特发性多毛症；与炔雌醇组成复方避孕片用于避孕。由于环丙孕酮抑制性功能和性发育，故禁用于未成年人。

第四节　避孕药

生殖过程是一个复杂的生理过程，包括精子和卵子的形成与成熟、排卵、受精、着床及胚胎发育等多个环节。阻断其中任何一个环节都可以达到避孕或终止妊娠的目的。避孕药是指阻碍受孕或防止妊娠的一类药物，目前常用的避孕药多为女性避孕药，男性避孕药较少。使用避孕药是目前安全有效、使用方便的一种避孕方法。

一、主要抑制排卵的避孕药

目前应用的女性避孕药以此类为主。它们由不同类型的雌激素和孕激素配伍组成，主要通过抑制排卵而发挥避孕作用。其中最常用的是短效口服的复方甾体避孕药。常用甾体避孕药的成分见表 33-1。

表 33-1　常用甾体避孕药的成分

制剂名称	孕激素		雌激素	
	成分	含量（mg）	成分	含量（mg）
短效口服避孕药				
复方炔诺酮片	炔诺酮	0.6	炔雌醇	0.035
复方甲地孕酮片	甲地孕酮	1.0	炔雌醇	0.035
复方炔诺孕酮一号片	炔诺孕酮	0.3	炔雌醇	0.03
长效口服避孕药				
复方炔诺孕酮二号片	炔诺孕酮	12.0	炔雌醚	3.0
复方长效左炔诺孕酮炔雌醚片	左炔诺孕酮	6.0	炔雌醚	3.0
复方氯地孕酮片	氯地孕酮	12.0	炔雌醚	3.0
复方次甲氯地孕酮片	次甲氯地孕酮	12.0	炔雌醚	3.0
长效注射避孕药				
复方己酸羟孕酮注射液	己酸羟孕酮	250.0	戊酸雌二醇	5.0
复方甲地孕酮注射液	甲地孕酮	25.0	雌二醇	3.5
探亲避孕药				
甲地孕酮片	甲地孕酮	2.0		
炔诺酮探亲片	炔诺酮	5.0		
双炔失碳酯片	双炔失碳酯	7.5		

【药理作用】这类药物的应用不受月经周期的限制，在排卵前、排卵期、排卵后应用都可影响孕卵着床。

1. 抑制排卵　外源性雌激素通过负反馈抑制下丘脑 GnRH 的释放，从而减少垂体 FSH 的分泌，使卵泡的生长成熟过程受到抑制；同时孕激素可抑制 LH 释放。两者协同可抑制排卵。

2. 抗着床　孕激素的抗雌激素作用，可抑制子宫内膜的正常增殖，使其变薄、萎缩退化，不适宜受精卵着床。

3. 增加宫颈黏液的黏稠度　使精子不易进入子宫腔，影响卵子受精。

4. 影响输卵管的正常收缩　改变受精卵在输卵管的运行速度，以致受精卵不能适时到达子宫而难以植入受孕。

甾体避孕药如按规定用药，用药期间避孕效果可达 99% 以上；停药后，腺垂体产生和释放促性腺激素的能力、卵巢排卵功能都可以很快恢复。

【分类与临床应用】

1. 短效口服避孕药 常用的口服甾体避孕药包括单相片和多相片。单相片中雌激素和孕激素的剂量比例是固定的，如复方炔诺酮片、复方甲地孕酮片及复方炔诺孕酮片等。从月经第 5 天开始，每晚服药 1 片，连服 22 天，不能间断。一般于停药后 2 ~ 4 天就可以发生撤退性出血，形成人工月经周期，之后重复上法给药。如停药 7 天仍未来月经，则应立即开始服下一周期的药物。偶尔漏服时，应于 24 h 内补服一片。多相片可模拟正常月经周期的雌、孕激素分泌规律，雌激素和孕激素的剂量比例随服用周期的阶段而不同，如炔诺酮双相片（服用分两个阶段）、炔诺酮三相片（服用分三个阶段），这更符合人体内源性激素的变化规律，减少出血等不良反应，临床效果更好。

2. 长效口服避孕药 是以长效雌激素类药炔雌醚与不同孕激素类药（如炔诺孕酮或氯地孕酮）配伍组成的复方片剂。该类药物服用方法是从月经来潮当天算起，第 5 天服 1 片，最初两次间隔 20 天，以后每月服 1 次，每次 1 片，避孕成功率约为 98%。

3. 长效注射避孕药 ①单纯孕激素长效注射液：有甲羟孕酮注射液和庚炔诺酮注射液等。甲羟孕酮首次深部肌内注射应在月经周期的第 5 天，之后每 3 个月注射一次。庚炔诺酮于月经周期的第 5 天肌内注射 1 次，以后每 2 个月注射一次。②复方甾体长效注射液：有复方己酸羟孕酮注射液和复方醋酸甲地孕酮注射液等。首次于月经周期的第 5 天深部肌内注射 2 支，以后每隔 28 天或于每次月经周期的第 11 ~ 12 天注射 1 次，每次 1 支。注射后一般于 14 天左右月经来潮。如发生闭经，仍应按期给药，不能间断。

4. 缓释剂 将孕激素与某些具备缓慢释放性能的高分子化合物制成皮下埋植剂、阴道环、宫内避孕器，分别放入臂内侧或左肩胛部皮下、阴道、宫腔内，使甾体类激素持续缓慢低剂量释放，从而达到长期的避孕作用。

【不良反应】

1. 类早孕反应 少数妇女在用药初期可出现轻微的类早孕反应，如恶心、呕吐、择食及乳房胀痛等。一般坚持用药 2 ~ 3 个月后反应可减轻或消失。

2. 子宫不规则出血 又称突破出血，为雌激素不足以维持内膜的完整性所致，常发生于用药后最初几个周期，以后随服药时间的延长逐渐减少。出血偏多者，可加服炔雌醇。

3. 闭经 为避孕药影响下丘脑 - 垂体 - 卵巢轴功能的表现，有 1% ~ 2% 服药妇女发生闭经，有不正常月经史者较易发生。如连续 2 个月闭经，应停药。

4. 乳汁减少 少数哺乳期妇女用药后出现乳汁减少。

5. 凝血功能亢进 甾体避孕药可诱发血栓性静脉炎、肺栓塞或脑栓塞等，可能与其中雌激素成分较高、增加血液内某些凝血因子有关。短效口服避孕药雌激素和孕激素含量更低，不良反应较小。

6. 其他 可引起轻度肝损伤，服药者应定期查肝功能，有肝大或局灶性结节增生者应停药。偶有出现痤疮、色素沉着、血压升高。

【禁忌证与注意事项】急慢性肝炎、肾炎、心功能不全、严重高血压、糖尿病需用胰岛素治疗者、血栓性疾病者禁用；因可增加乳腺癌和宫颈癌的发生率，如用药中出现乳房肿块，应立即停药；宫颈癌患者禁用；服药期间受孕应终止妊娠，为防止生育畸胎，要求生育者停药半年后再孕。

二、抗着床避孕药

此类药物主要使子宫内膜发生各种功能和形态变化，阻碍孕卵着床，又称探亲避孕药，多由我国自行研制，由大量孕激素组成，如炔诺酮探亲片（每片炔诺酮 5 mg）、甲地孕酮片（每片含甲地孕酮 2 mg）或双炔失碳酯片（anorethindrane dipropionate tablets）（每片含双炔失碳酯 7.5 mg）。用法是于同居当晚或事后服用，同居 14 天以内，每晚服 1 片，连服 14 片。如超过 14 天，应接服避孕片一号或二号。此类药物可以在探亲期间临时服用，但一般不作为常规避孕药物使用。

三、抗早、中孕药物

目前，米非司酮与低剂量前列腺素衍生物米索前列醇（misoprostol）的配伍制剂是临床上终止早期妊娠及试用于终止中期妊娠的常用药。米非司酮通过其抗孕激素作用，阻断内源性孕酮生成，从而破坏蜕膜，增强子宫平滑肌收缩活动，松弛宫颈，以利于胚泡排出体外。米非司酮能明显增加妊娠子宫对前列腺素的敏感性，而米索前列醇则具有增强子宫收缩活动、促进宫颈扩张的作用，两者序贯用药，可以提高完全流产率。米非司酮与米索前列醇用于终止早孕时，在末次用药后需门诊观察 6 h，预防大量出血风险。

四、男性避孕药

凡能干扰男性生殖活动中的神经内分泌调节、干扰精子生成、干扰精子成熟等的药物，均可达到避孕目的。

棉酚（gossypol）是棉花根、茎和种子中所含的一种黄色酚类物质。棉酚可破坏睾丸精曲小管的生精上皮，抑制生精过程，使精子发生畸形、死亡、数量减少，直至无精子生成。每天口服一次 20 mg，连服 2 个月，即可达到节育标准，避孕有效率达 99% 以上。不良反应有恶心、呕吐、心悸、低钾血症及肝功能改变等。棉酚可引起不可逆性的精子生成障碍，从而限制了棉酚作为常规避孕药的使用。

此类药物还有雄激素类药庚酸睾酮、孕激素类药环丙氯地孕酮、孕激素 - 雄激素复合制剂等。

五、外用避孕药

外用避孕药多为具有较强杀精作用的药物，如壬苯醇醚（nonoxinol）、孟苯醇醚（menfegol）、烷苯醇醚（alfenoxynol）。可将此类药物制成胶浆、片剂或栓剂，放入阴道深部，药物快速溶解后，迅速杀死阴道内精子，还可形成黏液而影响精子运动，从而发挥避孕作用。此种方法使用方便，不良反应少，不影响内分泌和月经周期，但避孕成功率低于其他屏障避孕法，可与其他方法合用以提高疗效。

> **临床应用**
>
> **长效避孕药的其他应用**
>
> 长效避孕药主要包括长效避孕针剂、长效口服避孕药、缓释避孕药等，在避孕方面具有高效、安全、长效，使用方便等优势。
>
> 长效避孕针包括复方雌-孕激素长效制剂和单纯孕激素制剂两类，除避孕作用外还用于治疗子宫内膜异位症（EMT）相关性疼痛、缓解镰刀细胞疾病（SCD）的骨痛、降低上皮性卵巢癌（EOC）发生风险。
>
> 长效口服避孕药是长效雌激素和高效孕激素制成的复方制剂，服用1次可避孕1个月，由于激素剂量较大现已少用或停用。
>
> 缓释避孕药目前主要包括左炔诺孕酮宫内缓释系统（levonorgestrel-releasing intrauterine system，LNG-IUS）、阴道避孕环、皮下埋植剂等。LNG-IUS是一种高效、长效、安全、可逆的避孕药具，其主要避孕机制是在宫腔内发挥局部孕激素作用。由于LNG-IUS在宫内持续释放孕激素，具有抗子宫内膜增生，抑制在位内膜细胞的增殖并促进其凋亡，在临床上除避孕外常用于治疗子宫内膜增生症、月经过多、EMT、子宫腺肌病及缓解痛经等。阴道避孕环根据环内含药种类、药物释放量及环在阴道内的留置时间，可分为间断使用的阴道避孕环和连续使用的阴道避孕环。在非避孕方面的应用主要包括EMT、异常子宫出血等。皮下埋植剂是将孕激素与塑胶或硅橡胶等缓释材料制成胶囊或小棒，植入皮下后药物缓慢、恒定地释放入血而发挥长期避孕的作用，在非避孕方面主要是利用孕激素治疗痛经、月经过多、EMT和子宫腺肌病等。

思 考 题

1. 雌激素类药、孕激素类药的临床应用和主要不良反应有哪些？
2. 雄激素类药、同化激素类药的临床应用和主要不良反应有哪些？
3. 抑制排卵的避孕药的药物组成是什么？它们如何发挥抑制排卵作用？
4. 患者，女，16岁，因无月经来潮就诊。检查发现患者发育迟缓，乳腺无发育，幼稚子宫。给予生长激素及小剂量雌激素治疗，以改善身高，刺激乳房及生殖器官发育。请回答：
（1）给予该患者小剂量雌激素治疗的目的是什么？
（2）雌激素的作用机制是什么？

（陈莉娜）

第三十四章 抗骨质疏松药

第三十四章数字资源

案例 34-1

患者，女，50岁，腰背疼痛2年，加重1个月。患者2年前停经，无高血压、糖尿病等慢性病史，无遗传病及传染病史。查体：体温36.5 ℃。四肢关节无红肿及变形，脊椎无畸形，无压痛及叩击痛。血钙、血磷无异常。双光能X线骨密度检查（DXA）：正位腰椎1～4骨密度总T值为-2.7。诊断：绝经后骨质疏松症。治疗：阿仑膦酸钠70 mg，口服，每周1次；骨化三醇0.25 μg，口服，每天1次；碳酸钙片（碳酸钙0.5 g，相当于钙0.2 g），一次1片，每天3次。医生同时对患者进行用药方式指导。

问题：
1. 在该案例中，阿仑膦酸钠、骨化三醇和碳酸钙片治疗骨质疏松症的药理学基础是什么？
2. 除了双膦酸盐类药物外，骨吸收抑制药还有哪几类？
3. 以阿仑膦酸钠为例，应如何指导患者临床用药？

骨骼在人体内具有支撑身体、保护器官、完成运动和造血等功能，而骨细胞在不停地进行着细胞代谢和骨重建。有两种骨细胞在骨代谢中起着重要的作用，一种是合成骨基质的成骨细胞，另一种是吸收骨基质的破骨细胞。成骨细胞负责骨形成，破骨细胞负责骨吸收。

第一节 骨质疏松症的发病机制

骨质疏松症（osteoporosis）是一种骨形成与骨吸收失衡，以骨量低下、骨组织超微结构破坏为特征，导致骨脆性增加及易发生骨折的全身性代谢性骨病。骨质疏松症是中老年人尤其是绝经后妇女的一种常见病、多发病。根据病因，骨质疏松症分为三类：原发性骨质疏松症、继发性骨质疏松症和特发性骨质疏松症。原发性骨质疏松症属于衰老相关的骨组织退行性病变，又可分为两型：Ⅰ型指绝经后骨质疏松症（postmenopausal osteoporosis, PMOP），为高转换型骨质疏松症，由妇女绝经期后雌激素减少导致；Ⅱ型指老年性骨质疏松症，为低转换型骨质疏松症，多发生于65岁以上的男性和70岁以上的女性，由衰老等因素造成骨重建增加和骨代谢平衡失调导致。继发性骨质疏松症是由其他疾病或药物等因素所诱发的骨质疏松。特发性骨质疏松症常见于8～14岁青少年，常伴有遗传性家族史，确切病因不明；妊娠期和哺乳期发生的骨质疏松症也属此类。

在儿童生长期，骨组织经历了生长和塑建（modeling）过程，而在成年期，骨组织主要进行骨重建（remodeling）。骨塑建可引起骨几何形状、大小及骨量的改变，骨塑建阶段，骨量不断增加，直到骨成熟为止（人类到 18～20 岁）。骨重建与骨塑建不同，骨重建仅仅是骨的转换，不能改变骨形状、大小，不能增加骨量。骨重建的过程是一个有序的活动，最先是激活（activation），随后出现骨吸收（resorption），最后为骨形成（formation），简称 ARF 现象。这一过程由基本多细胞单位（basic multicellular unit，BMU）来完成。这些细胞群包括破骨细胞（osteoclast）、成骨细胞（osteoblast）、骨细胞（osteocyte）、骨祖细胞（osteoprogenitor cell）和骨衬细胞（lining cell）。BMU 呈周期性活动，包括破骨细胞激活及骨吸收活动、成骨细胞激活及骨形成活动，两个过程相互偶联，该动态平衡的过程导致骨的新旧交替。这种骨质的更新替代常称为骨转换（bone turnover）。骨转换率决定于破骨细胞的激活率。

骨重建的过程主要包括：①破骨前体细胞向裸露的骨表面迁移、分化并融合为成熟的破骨细胞。②成熟的破骨细胞与骨表面接触，破骨细胞吸收骨组织，使骨组织表面形成凹陷。③偶联期，由破骨细胞介导成骨细胞成熟。在此过程，成骨前体细胞增殖、分化并成熟，启动骨形成过程。④骨形成期，成骨细胞在破骨细胞吸收的骨表面，分泌一层黏合剂形成黏合线，然后分泌类骨质。⑤类骨质分泌后，其中的胶原纤维相互交联并形成孔腔结构，矿物质在此处沉积并形成结晶。当破骨细胞激活时，骨吸收活动增强，可导致骨量的丢失增加，产生骨质疏松症。当成骨细胞功能受到抑制时，骨形成活动降低，骨量形成不足，也可导致骨质疏松症。

目前防治骨质疏松症的药物主要分为骨吸收抑制药、骨形成促进药和骨矿化促进药三类。

第二节　骨吸收抑制药

骨吸收抑制药是指能够抑制破骨细胞的激活，或者降低功能异常亢进的破骨细胞活性，从而使其对骨质的吸收减少，进而防止骨量丢失的药物。这类药物可降低骨转换率，维持骨量，但不能高效刺激骨形成和大幅增加骨量。骨吸收抑制药包括双膦酸盐类、雌激素类和雌激素受体调节药、降钙素、植物雌激素、核因子 κB 受体活化因子配体（RANKL）抑制药等。

一、双膦酸盐类

双膦酸盐类（bisphosphonates）是目前最重要的一类骨吸收抑制药。双膦酸盐的结构与内源性骨代谢调节剂焦磷酸盐（pyrophosphate，P—O—P）类似，但双膦酸盐与两个磷相连的是碳原子（P—C—P）而不是氧原子。它与焦磷酸盐具有相通的性能，均能抑制破骨细胞介导的骨吸收，但与焦磷酸盐不同的是，双膦酸盐可抵抗酶的水解，稳定地吸附于骨表面，不仅能抑制内源性的骨吸收，还能抑制由甲状旁腺激素（PTH）、前列腺素（PG）、维生素 $D_3[1,25(OH)_2D_3]$ 等诱导的骨吸收。

双膦酸盐类药物已经历三代。第一代依替膦酸二钠（etidronate disodium，又名依膦）是 1977 年批准上市的第一个不含氮原子的双膦酸盐类药物。第二代为不含氮原子的双膦酸盐类药物，如氯屈膦酸二钠（clodronate disodium）和帕米膦酸二钠（pamidronate）。第三代药物阿仑膦酸钠（alendronate）于 1993 年上市，这种含氮原子的双膦酸盐作用更强，不良反应发生率更低，耐受性更好，是目前常用的抗骨质疏松症双膦酸盐类口服药物。2009 年，FDA 批准唑来膦酸（zoledronic acid）注射液用于妇女绝经后骨质疏松症的防治，作用更强，效果更持久，1 年仅需给药 1 次。目前，国际上常用的用于治疗骨质疏松症的含氮原子双膦酸盐主要包括阿仑膦酸钠、伊班膦酸钠（ibandronate Monosodium）、利塞膦酸钠（risedronate sodium）和唑来膦酸注射液。

【药理作用与作用机制】双膦酸盐是一类骨转换抑制药,对成骨和破骨细胞均有抑制作用,在抑制骨吸收的同时也抑制骨的形成和钙化。

1. 抑制骨吸收 双膦酸盐是骨吸收的强抑制药。它与羟磷灰石有很强的亲和力,在骨表面形成一个浓度梯度,阻止磷酸盐晶体的生长和溶解,干扰其他细胞对破骨细胞的激活。双膦酸盐也可改变骨基质的活性,影响骨基质对破骨细胞的激活,并直接干扰成熟的破骨细胞功能,抑制破骨细胞活性,减少骨吸收和减慢骨丢失的速度。有研究表明,双膦酸盐可通过细胞毒效应直接损伤破骨细胞,导致破骨细胞凋亡。

2. 对骨形成的影响 第一代双膦酸盐类依替膦酸长期使用可阻滞正常的骨矿化,产生抑制骨形成的作用。双膦酸盐的矿化障碍作用在停药后可以逆转、消退。第三代的双膦酸盐类对骨矿化没有抑制作用。

3. 降低血钙 破骨细胞对骨吸收的增加是导致高钙血症的重要机制,骨吸收抑制药双膦酸盐可有效降低血钙浓度。

【临床应用】双膦酸盐类可用于高转换型骨质疏松症,特别适用于绝经期后骨质疏松症有雌激素替代治疗禁忌证的患者。对男性骨质疏松症、儿童期发病的特发性骨质疏松症,双膦酸盐类可作为候选药物。部分第三代双膦酸盐类也可用于糖皮质激素性骨质疏松症患者。双膦酸盐类还可用于多发性骨髓瘤、各种恶性肿瘤骨转移造成的骨痛和高钙血症等。

【不良反应】

1. 胃肠道反应 双膦酸盐类药物胃肠道吸收率低,需空腹服用。少数患者可出现恶心、腹胀、腹痛、便秘等胃肠道反应。一些含氮的双膦酸盐类药物(如阿仑膦酸钠)在口服时对食管和胃肠道有一定的刺激性,服用时要注意。

2. 急性期反应 静脉应用氮双膦酸盐类药物可引起患者一过性发热,症状严重者可用解热镇痛药对症治疗。

3. 对钙和骨代谢的影响 第一代双膦酸盐类药物可导致骨软化现象,第二、三代双膦酸盐类药物导致骨软化现象少。偶见长期使用双膦酸盐类药物患者出现颌骨坏死。患有严重口腔疾病或需要接受牙科手术的患者不建议使用该类药物。

4. 肾功能损害 静脉注射双膦酸盐类药物易引起肾损害,与具有肾毒性的药物合用时应慎重。

➢ **依替膦酸二钠(etidronate disodium)**

依替膦酸二钠为第一代双膦酸盐类药物,又名羟乙基膦酸钠,为骨吸收抑制药。依替膦酸二钠具有双向作用,小剂量(每天 5 mg/kg)时抑制骨吸收,大剂量(每天 20 mg/kg)时通过抑制钙化影响骨形成。药理作用包括以下几方面:①干扰成熟破骨细胞的功能,抑制新生破骨细胞的形成;②在骨表面维持足够的浓度,影响破骨细胞活动启动;③作用于成骨细胞,减少其对破骨细胞的刺激;④针对破骨细胞及其前体,使细胞凋亡增加,骨吸收速度降低。

依替膦酸二钠临床可用于治疗原发性骨质疏松症、绝经期后骨质疏松症及各种继发性骨质疏松症。但由于其对骨形成和骨矿化抑制明显,不推荐用于骨质疏松症的常规治疗,主要用于骨吸收活性很高的一些疾病,如佩吉特病(Paget disease)和恶性肿瘤导致的高钙血症等。

➢ **帕米膦酸二钠(pamidronate disodium)**

帕米膦酸二钠为第二代双膦酸盐类药物,又名丙氨膦酸钠,是破骨细胞性骨溶解抑制药,能牢固地吸附在骨小梁表面,形成一层保护膜,选择性地阻止破骨细胞的骨溶解作用,并能抑制破骨细胞成熟,抑制其向骨表面移动。其抗骨溶解效力为依替膦酸二钠的 100 倍、氯屈膦酸二钠的 10 倍,可强烈抑制羟磷灰石的溶解和破骨细胞的活性,对骨质的吸收具有十分显著的抑制作用,是目前常用的有修复骨溶解病灶作用的双膦酸盐制剂。帕米膦酸二钠对癌症的溶骨性骨转移引起的骨痛有止痛作用,也可用于治疗癌症所致的高钙血症。

帕米膦酸二钠对少数患者可引起轻度恶心、胸痛、胸闷、头晕、乏力及轻微肝肾功能改变等，偶见发热反应；偶可引起过敏反应和静脉滴注部位的局部反应；淋巴细胞、血小板减少和低钙血症也有发生。严重肾功能损害者、心血管疾病患者及驾驶员慎用。

> 阿仑膦酸钠（alendronate sodium）

阿仑膦酸钠为第三代羟基双膦酸盐类骨吸收抑制药。阿仑膦酸钠是破骨细胞介导的骨吸收抑制药，其抗骨吸收作用较依替膦酸二钠强1000倍，对骨矿化没有抑制作用。

【体内过程】阿仑膦酸钠口服后主要在小肠内吸收，吸收程度较差，生物利用度约为0.7%，食物和矿物质可显著减少其吸收。血浆蛋白结合率约为80%，血浆半衰期短。吸收后的药物20%~60%被骨组织迅速摄取，骨中达峰时间约为用药后2 h，其余部分迅速以原型经肾排泄消除。其在骨内的半衰期可达10年以上。

【药理作用与作用机制】

1. 直接抑制破骨细胞 阿仑膦酸钠对破骨细胞具有直接抑制作用，阻断破骨细胞的骨吸收作用。阿仑膦酸钠可进入细胞，降低成熟破骨细胞溶酶体酶的释放，干扰其骨吸收作用。在阿仑膦酸钠作用下，破骨细胞发生细胞骨架和形态改变，导致具有破骨细胞能力的皱褶缘消失，破骨细胞脱离骨面，骨吸收能力大大降低，细胞缩小，与周围组织的黏附力下降，最终凋亡。

2. 增强健康骨小梁结构特性 阿仑膦酸钠能增加骨小梁的体积分数，使骨小梁厚度显著增加，但骨小梁间距保持恒定；骨小梁各向异性下降，骨表面积体积比率显著降低，而骨表面密度增高。

阿仑膦酸钠抗骨吸收作用较依替膦酸二钠强1000倍，并且没有骨矿化抑制作用。使用阿仑膦酸钠治疗后，96%的患者脊椎的骨量增加，绝经后骨质疏松症妇女的椎体畸变、身高缩短、骨折发病率等均获得改善。

【临床应用】阿仑膦酸钠临床主要用于绝经后骨质疏松症，预防髋部和脊柱骨折。也适用于治疗男性骨质疏松症和糖皮质激素诱发的骨质疏松症。

【不良反应】少数患者可有胃肠道反应，如恶心、腹胀、腹痛、便秘、消化不良，如不按规定服用方法，还可有食管溃疡；偶有血钙降低，短暂白细胞升高，尿红细胞、白细胞升高；偶有头痛、骨骼肌疼痛；罕见皮疹或红斑。

为促进药物吸收，降低药物对食管的刺激，应在早餐前空腹用200 ml温开水送服，服药后至少30 min方可进食，30 min内应避免卧床，持续活动或保持上身直立30 min后才可以躺卧。饮料、食物和一些药物可降低阿仑膦酸钠的吸收，因此在服药前后30 min内不宜进食任何食物和药品。

> 唑来膦酸（zoledronic acid）

唑来膦酸是第三代双膦酸盐类骨吸收抑制药，主要作用为抑制骨吸收，诱导破骨细胞凋亡，还可通过与骨的结合阻断破骨细胞对矿化骨和软骨的吸收。与羟磷灰石的结合力强，具有强大的抗骨吸收作用。

【体内过程】唑来膦酸与血细胞亲和力低，与血浆蛋白的结合率大约为22%。给药后，唑来膦酸快速聚集在骨组织，与骨组织中的羟磷灰石高效结合，而且这种结合不受唑来膦酸浓度变化的影响。给药后24 h内，给药量的39%±16%可从尿中检测到，其余大部分迅速与骨矿结合，然后缓慢释放，进入全身血液循环，从而维持一定的血药浓度。唑来膦酸在体内不经过生物转化，主要以原型经肾排泄。$t_{1/2}$为167 h。

【药理作用与作用机制】

1. 抑制破骨细胞活性 唑来膦酸与骨矿化表面尤其是骨转换活跃区有高度亲和力，能优先被转运到骨形成或骨吸收加速的部位，一旦沉积到骨表面，就会被破骨细胞摄取，通过抑制破骨细胞的活化而抑制骨吸收，减少骨基质生长因子的释放或抑制细胞黏附于骨基质。

2. 诱导破骨细胞凋亡 法尼基焦磷酸合酶（farnesyl pyrophosphate synthase，FPPS）为破骨细胞结构蛋白形成所必需的酶，唑来膦酸通过抑制 FPPS，影响破骨细胞的形成、分化、生长及其介导的骨吸收活动，并引起细胞周期阻滞，最终诱导破骨细胞凋亡。

3. 减轻骨性疼痛 唑来膦酸抑制破骨细胞对骨小梁的溶解和破坏，阻止肿瘤引起的溶骨性病变，从而减少骨吸收，减轻疼痛，并能够降低由骨转移所致的高钙血症及其他并发症的发生率。

4. 降低肿瘤骨转移 唑来膦酸能阻断肿瘤产生的各种刺激因子介导的钙离子释放，从而减慢骨转移的发生和发展，并可导致某些肿瘤细胞死亡。

【临床应用】唑来膦酸用于恶性肿瘤溶骨性骨转移引起的骨痛、恶性肿瘤引起的高钙血症、绝经后骨质疏松症。治疗恶性肿瘤溶骨性骨转移，成人每次应用唑来膦酸 4 mg，静脉滴注，每 3～4 周使用 1 次；治疗骨质疏松症，唑来膦酸注射液以 5 mg 的剂量静脉滴注给药，每年仅需 1 次，尤其用于妇女绝经后骨质疏松症的防治，作用更强，效果更持久。

【不良反应】唑来膦酸最常见的不良反应是发热。其他不良反应主要包括：恶心、呕吐；低钾血症、低镁血症、低磷血症、低钙血症、粒细胞减少、血小板减少、全血细胞减少；骨痛、关节痛、肌肉痛；血清中肌酸酐值升高；流感样症状；注射部位出现红肿、皮疹、瘙痒等。唑来膦酸的不良反应多为轻度和一过性的，大多数情况下无需特殊处理即在 24～48 h 内自动消退。

二、雌激素类和雌激素受体调节药

雌激素缺乏是绝经后骨质疏松症的首要病因。目前，补充雌激素的替代疗法已成为治疗绝经后骨质疏松症的重要手段之一。常用的雌激素类药主要有尼尔雌醇、替勃龙。但雌激素替代疗法存在导致患者罹患子宫内膜癌和乳腺癌的风险增加等不良反应，因此，近年来，人工合成的非激素类化合物如雷洛昔芬（raloxifene），属雌激素受体调节药，可消除对生殖系统的不良反应并保留对骨组织的药理作用。

➤ **雌激素**

【药理作用与作用机制】

1. 直接作用于破骨细胞雌激素受体 增加破骨细胞凋亡，减少破骨活动。此外，雌激素可作用于成骨细胞雌激素受体，刺激成骨细胞的增殖和胶原合成。

2. 通过对骨吸收因子的影响抑制骨吸收过程 雌激素缺乏可导致某些生长因子和白细胞介素激活。白细胞介素 6（IL-6）是骨吸收的高效刺激剂，参与破骨细胞的形成及活化，并可促进 PGE_2 的释放；IL-6、肿瘤坏死因子-α（TNF-α）可募集破骨细胞，刺激骨吸收。雌激素抑制破骨细胞的 IL-6 的合成，阻断 IL-6 受体，降低 PGE_2 活性，抑制 IL-1、IL-6 和 TNF-α 的释放等，从而抑制由细胞因子激活引起的骨吸收增加。

3. 通过对钙调节激素的影响间接减少骨吸收 雌激素可抑制甲状旁腺激素（PTH）对血钙波动的反应性，抑制 PTH 分泌，延缓 PTH 的骨吸收效应；雌激素可促进降钙素（calcitonin）分泌，抑制骨吸收；雌激素还可增强肝 25-羟化酶、肾 1α-羟化酶活性，提高 $1α,25(OH)_2D_3$ 水平，促进肠钙吸收。

【临床应用】雌激素可作为更年期妇女雌激素替代治疗的首选药物。近年发现，绝经后骨质疏松症的发病率日趋增大，应用适量雌激素，可直接调节骨代谢，延缓和减少绝经后的骨丢失，缓解骨关节疼痛，降低骨折的发生率，还可改善其他更年期症状，如疲劳、烦躁、外阴干燥、老年性阴道炎等，提高绝经后妇女的生活质量。为了减轻雌激素所致子宫内膜增生作用，雌激素常与孕激素合用，称为激素替代疗法。

【不良反应与禁忌证】 大剂量应用雌激素可致恶心、呕吐、腹胀、头痛、头晕、突破性出血、乳房胀痛、白带增多、高血压。雌激素禁用于有雌激素依赖性疾病（乳腺癌、子宫内膜癌、宫颈癌、较大子宫肌瘤等）病史者、血栓病及高血压患者。

➢ 尼尔雌醇（nilestriol）

尼尔雌醇是我国自行研制的雌激素制剂，具有强效、长效、服用方便和副作用小等优点。

尼尔雌醇具有恢复骨代谢平衡，防止骨量丢失，减少骨折危险性的作用。尼尔雌醇为雌三醇的衍生物，是雌二醇的代谢产物，其药理作用与雌二醇相似，但生物活性较雌二醇低，对子宫体和子宫内膜影响较小。尼尔雌醇对骨组织的作用主要通过以下几个途径实现：①作用于成骨细胞和骨细胞上的雌激素受体，促进骨形成而抑制骨吸收，又刺激成骨细胞产生骨基质；②作用于雌激素受体，促进肠道 Ca^{2+} 吸收和肾小管上皮细胞对 Ca^{2+} 的重吸收；③抑制骨细胞对甲状旁腺激素的反应性；④促进降钙素的分泌；⑤抑制 IL-1、IL-6 等破骨性细胞因子的分泌。

尼尔雌醇口服吸收良好，在体内通过酶的代谢分解成乙炔雌三醇和雌三醇，最后从尿中排出，$t_{1/2}$ 为 20 h。该药每月服用 1 次即可，是绝经期、更年期妇女激素替代疗法的首选药物。

尼尔雌醇的主要不良反应包括胃肠道反应、乳房胀痛等，偶见肝损伤、突破性出血等，长期应用可能增加罹患乳腺癌、子宫内膜癌、深静脉血栓的危险性，因此，可使用最低有效剂量并辅以适量的孕激素。

➢ 替勃龙（tibolone）

替勃龙是一种人工合成的组织特异性的新型拟雌激素药物，兼有雌激素活性、孕激素活性及弱雄激素活性。替勃龙具有明显的组织特异性作用，在骨、大脑的体温调节中枢和阴道表现为雌激素作用；在乳房组织表现为明显的孕激素和抗雌激素作用；在子宫内膜表现为微弱的雄激素和孕激素作用。替勃龙能够防止骨量丢失，减少绝经后综合征。目前，该药广泛用于防治绝经后骨质疏松症，并用于缓解更年期综合征，尤其是潮热、出汗、头痛等绝经后血管舒缩症状。不良反应主要有偶见体重增加、胃肠道不适、阴道出血、面部汗毛增生、胫骨前水肿等。严重肝肾功能障碍、癫痫、偏头痛患者慎用。妊娠、心脑血管病史、怀疑有激素依赖性肿瘤、不明原因阴道出血者禁用。

➢ 普瑞马林（premarin）

普瑞马林为结合雌激素，对女性生殖系统及第二性征的发育和维持有重要作用。其作用与雌激素相似，可促进降钙素分泌，降低骨对甲状旁腺激素的反应，提高 $1,25(OH)_2D_3$ 浓度，改善肠对钙、磷的吸收和肾小管对钙、磷的重吸收；抑制骨吸收因子（如 IL-1、IL-6、TNF-α）的释放；刺激局部骨生长因子（如胰岛素样生长因子 -1、转化生长因子）的分泌；直接与成骨细胞和破骨细胞表面的性激素受体结合，分别起到促进骨胶原形成和抑制骨吸收作用。普瑞马林具有与雌激素相似的不良反应。

➢ 雷洛昔芬（raloxifene）

雷洛昔芬属于是雌激素受体调节药，是一类人工合成的非激素类制剂，兼有雌激素受体激动剂和阻断剂的双重作用，可选择性地结合于不同组织的雌激素受体，分别产生类雌激素或抗雌激素的作用。雷洛昔芬在骨组织中具有雌激素样作用，能抑制椎骨部位破骨细胞的骨吸收活性，减少骨丢失，增加骨组织的矿物质含量，降低椎体骨折风险，对髋部骨折没有影响。其机制可能是作用于成骨细胞雌激素 β 受体，有效调节过快的骨转换率，提高骨量和保护骨质量。雷洛昔芬在乳腺和子宫则有抗雌激素作用，在抑制绝经后妇女骨吸收的同时不刺激乳腺和子宫。

雷洛昔芬主要用于预防和治疗绝经后妇女的骨质疏松症，能显著降低椎体骨折发生率，临床研究发现它还有预防浸润性乳腺癌的作用。常见的不良反应主要有流感样症状、潮热、小腿痉挛、外周水肿、宫腔积液及胆囊疾病等,长期使用雷洛昔芬治疗对冠心病患者的突发事件危险无显著影响,也不会增加患子宫内膜癌的风险。严重的不良反应有静脉血栓栓塞和致死性卒中。雷洛昔芬禁用于有活动性或陈旧性静脉血栓性事件(包括深静脉栓塞、肺栓塞和视网膜静脉栓塞)的患者。

三、降钙素

降钙素(calcitonin,CT)是由甲状腺的滤泡旁细胞(parafollicular cell,又称 C 细胞)分泌的含有 32 个氨基酸的单链多肽类激素。其主要生理功能是调节体内血钙、血磷的水平。当血 Ca^{2+} 升高时,降钙素即被释放,血浆降钙素浓度升高;相反,血 Ca^{2+} 降低时,降钙素的分泌减少,血降钙素水平降低。不同物种的降钙素结构相似,都具有单链和排列顺序不同的 32 个氨基酸,其氨基酸的排列顺序取决于物种。鱼降钙素与人降钙素受体的结合能力较人降钙素强数十倍。因此,临床上常用的降钙素是鲑降钙素(sCT)和鳗降钙素(cCT),主要剂型是注射剂和鼻喷剂。此外,将鲑降钙素中的二硫键以稳定的 1,2-亚乙基代替制成的降钙素衍生物,称为依降钙素(elcatonin),作用与降钙素相同。

【体内过程】降钙素肌内注射或皮下注射后,绝对生物利用度大约为 70%,1 h 内血药浓度达到峰值,$t_{1/2}$ 为 70～90 min,血浆蛋白结合率为 30%～40%。喷鼻剂半衰期短,可用于年轻人和儿童。注射给药后降钙素主要在肝内代谢,也有部分在血液和外周组织中进行生物转化,最后经肾排泄。

【药理作用与作用机制】

1. 降低血钙 降钙素主要参与钙及骨质代谢。生理上能对抗甲状旁腺激素引起的血钙增高。在正常情况下,降钙素对血钙的影响很弱,但高钙血症时降钙素分泌增加,降钙素能抑制骨钙释放入血液和细胞外液,而血钙仍继续进入骨内,从而降低血钙。

2. 抑制破骨细胞活性 破骨细胞具有丰富的降钙素受体,降钙素能够直接与受体结合,刺激 cAMP 的产生,再激活蛋白激酶,短时间内迅速抑制破骨细胞的活性,长期作用则抑制破骨细胞增殖并减少破骨细胞数目,强烈抑制成熟的破骨细胞的骨吸收和溶骨作用,从而降低骨转换,对骨骼起保护作用。

3. 调节钙磷代谢 降钙素可抑制肾近曲小管对钙、磷的重吸收,使尿钙、磷排泄增加,血钙、磷降低。降钙素还可以增加钠、镁和氯的排泄。小剂量降钙素可抑制肠道对钙的吸收,而大剂量则能增加肠道对钙的吸收。

4. 镇痛作用 降钙素能特异性地缓解骨痛,对骨质疏松骨折或骨骼变形所致的慢性疼痛及肿瘤骨转移等引起的骨痛均有效。降钙素镇痛的机制目前尚不清楚,可能与抑制前列腺素的合成有关。

【临床应用】

1. 骨质疏松症 降钙素主要用于骨质疏松症的预防和治疗,并可发挥镇痛、降低骨质疏松骨折的发生率等作用。

2. 高钙血症及其危象 降钙素降低血钙作用起效快,较安全,临床上常选用维持时间较久的鲑降钙素 100～200 U,肌内或皮下注射,每 6～12 h 重复 1 次。此外,临床上常将降钙素与另一骨吸收抑制药双膦酸盐类药物联合应用,治疗恶性肿瘤所致的高钙血症

3. 变形性骨炎 应用鲑降钙素 100 U,每天 1 次,肌内或皮下注射,通过抑制破骨细胞活性,能明显减轻变形性骨炎的骨痛症状,改善活动度。

【不良反应】降钙素常见不良反应有面部潮红、发热感、恶心、呕吐、食欲减退、口干、头晕等。长期使用鲑降钙素处理骨质疏松症会导致癌症发病率增加。鲑降钙素禁用于妊娠期及哺乳期妇女。另外，鲑降钙素可引起过敏性皮疹，有过敏史的患者使用前应做皮试。

四、植物雌激素

植物雌激素（phytoestrogen）来源于植物，其结构与雌激素相似，主要包括三类化合物：异黄酮类（isoflavones）、香豆素类（coumarins）和木脂素类（lignans）。由于异黄酮类化合物为植物雌激素的主要组成成分，目前研究较多，其中，依普黄酮（ipriflavone）已证明是一种骨吸收抑制和骨形成增强药，已广泛应用于骨质疏松症的防治。

> 依普黄酮（ipriflavone）

依普黄酮为 7-异丙氧基异黄酮，是一种合成的异黄酮衍生物，不具有雌激素对生殖系统的作用，却具有雌激素样的抗骨质疏松特性。依普黄酮可促进成骨细胞的增殖，增加骨量，抑制破骨细胞活性，降低骨吸收；也可以增加降钙素的分泌，间接产生抗骨吸收作用。绝经期超过 2 年以上的妇女方可应用依普黄酮，不引起子宫内膜增生，治疗期间出现任何子宫出血应及时进行妇科检查。

【体内过程】依普黄酮口服可在小肠形成 7 种代谢产物，与原型药一起吸收，其中 4 种代谢产物具有生物效应。原型药的达峰时间约 1.3 h，吸收后主要分布在胃、肠、肝和骨中，主要在肝代谢，单剂量 200 mg 口服后 $t_{1/2}$ 为 9.8 h。连续服药后原型及代谢产物无体内蓄积，血药浓度不再升高。

【药理作用】依普黄酮在动物和人体中均不具有雌激素对生殖系统的影响效应，但却能增加雌激素的活性，具有雌激素样的抗骨质疏松症作用，对各种实验性骨质疏松症均能减少骨丢失。其作用机制主要是促进成骨细胞的增殖，促进骨胶原合成和骨基质的矿化，增加骨量；减少破骨细胞前体细胞的增殖和分化，抑制破骨细胞的活性，降低骨吸收；通过雌激素样作用增加降钙素的分泌，间接产生抗骨吸收作用。

【临床应用】依普黄酮适用于改善原发性骨质疏松症的症状，提高骨量减少者的骨密度。

【不良反应】少数患者可见食欲缺乏、胃部不适、恶心、呕吐、口腔炎、口干、舌炎、味觉异常、腹胀、腹痛、腹泻和便秘等，可出现消化性溃疡、胃肠道出血或原有消化道症状恶化；偶见红细胞、白细胞减少，血胆红素、血清氨基转移酶升高，皮疹和瘙痒，眩晕、倦怠和舌唇麻木等。

五、核因子 κB 受体活化因子配体抑制药

> 地舒单抗（denosumab）

地舒单抗是核因子 κB 受体活化因子（receptor activator of nuclear factor，RANK）配体抑制药，是第一个 FDA 批准用于治疗高骨折风险的妇女绝经后骨质疏松的人源化单克隆抗体。破骨细胞及其前体细胞表面的 RANK 可与核因子 κB 受体活化因子配体（RANKL）相互作用，继而促进破骨细胞的形成、存活和功能。在成骨细胞谱系中的各种细胞均可产生骨保护素（osteoprotegerin，OPG），OPG 作为诱骗受体与 RANKL 结合，致使破骨细胞介导的骨吸收功能受到抑制。地舒单抗与 RANKL 具有高亲和力，二者特异性结合，阻断 RANK/RANKL 相互作用，抑制破骨细胞的功能，从而减缓骨吸收过程，增加骨密度和骨强度，有效降低骨折发生

的风险。地舒单抗最常见不良反应为背痛、四肢疼痛、肌肉骨骼疼痛、高胆固醇血症。低钙血症患者禁用。

第三节 骨形成促进药

骨形成促进药是指通过增加成骨细胞的活性，进而促进骨形成的药物。骨形成促进药可增加成骨细胞数量，延长成骨细胞的生命周期，提高成骨细胞活性与功能，从而促进骨胶原分泌、骨质形成和增加骨量。骨形成促进药包括甲状旁腺激素（parathyroid hormone，PTH）及其类似物、锶盐等。此外，一些合成代谢激素和生长因子如胰岛素样生长因子（IGF）、碱性成纤维细胞生长因子（bFGH），也有骨形成促进作用。

一、甲状旁腺激素及其类似物

甲状旁腺激素在甲状旁腺内生成前体，通过甲状旁腺的主细胞分泌。甲状旁腺激素是含84个氨基酸残基的单链多肽，其N端第1至第34个氨基酸片段为生物活性部位。目前，应用于临床的有PTH1-34和PTH1-84。特立帕肽（teriparatide）是重组DNA来源的甲状旁腺激素（rhPTH1-34），是FDA批准的第一种骨形成促进药，可用于治疗女性绝经后或男性骨质疏松症。

【生理功能】

1. 调节体内钙磷代谢 甲状旁腺激素的主要功能是调节体内钙磷代谢，从骨动员钙释放入血，使血液中的钙离子浓度升高。此外，其还可作用于肾小管和肠道，促进钙的吸收。当体内血钙降低时，刺激甲状旁腺分泌甲状旁腺激素；而当血钙升高时，能负反馈抑制甲状旁腺激素释放。钙离子水平对甲状旁腺激素分泌的负反馈调控是维持血钙浓度相对恒定的主要机制。

2. 对骨代谢的作用 甲状旁腺激素对骨代谢的作用是首先作用于成骨细胞，成骨细胞膜和肾小管细胞膜均有甲状旁腺激素受体，能与PTH1-84和PTH1-34片段结合。甲状旁腺激素通过成骨细胞调节成骨基因表达，通过后者分泌各种细胞因子，向破骨细胞传递信号。如成骨细胞受甲状旁腺激素刺激分泌IL-1和IL-6，IL-1和IL-6能活化破骨细胞。破骨细胞骨吸收增多，使骨组织的钙进入血液，血钙升高。因此，甲状旁腺激素既作用于成骨细胞，又作用于破骨细胞。

【药理作用】成骨细胞膜存在甲状旁腺激素受体，能与PTH1-84和PTH1-34片段结合。小剂量甲状旁腺激素激动成骨细胞甲状旁腺激素受体，通过活化环腺苷酸（cyclic adenosine monophosphate，cAMP）依赖的蛋白激酶A及钙离子依赖的蛋白激酶C信号途径发挥生物学作用。甲状旁腺激素能增加成骨细胞的数目，促进成骨细胞释放骨生长因子，促进骨基质形成和骨矿化，从而促进骨形成，增加骨量。甲状旁腺激素促进骨骼合成代谢的作用基于小剂量和间歇给药方式。但大剂量甲状旁腺激素通过甲状旁腺激素受体激活磷脂酶C系统，加强破骨细胞功能，使骨吸收效应超过成骨效应，反而导致骨量丢失。

➤ 特立帕肽（teriparatide）

特立帕肽是重组人PTH1-34，是第一个被美国FDA批准的骨形成促进药。

【体内过程】特立帕肽体内过程与甲状旁腺激素相同，皮下注射吸收好，生物利用度为95%。股部或腹部皮下注射特立帕肽20 μg，注射后30 min血药浓度达峰值，血浆中钙的浓度在给药后4~6 h达到峰值，$t_{1/2}$为1 h，3 h后基本检测不到。特立帕肽经肝代谢，肾排泄。

【药理作用与作用机制】特立帕肽的药理作用和作用机制与甲状旁腺激素相似。其药理作用呈剂量相关性，给药方式不同可分别产生促进骨质形成或重吸收作用，增加或降低骨密度：①在人体内，以 20 μg 剂量每天给药 1 次，具有同化作用，促进骨质形成，增加骨骼质量和骨骼强度；②若每天大剂量连续给药，则产生类似甲状旁腺功能亢进的症状，刺激破骨细胞活性，使骨的重吸收大于骨的形成，进而影响骨密度。

【临床应用】特立帕肽用于治疗妇女绝经后骨质疏松症并具有高度骨折风险的者，以及男性原发性和继发性性腺功能低下的骨质疏松症并具有高度骨折风险者。特立帕肽能使骨密度增加，降低脊椎骨和非脊椎骨的脆性，可显著降低绝经后妇女椎骨和非椎骨骨折风险，但对降低髋骨骨折风险的效果尚未证实。该药与其他抗骨质疏松药合用具有协同作用。

【不良反应与注意事项】患者对特立帕肽治疗的总体耐受性较好，在接受治疗的患者中最常报告的不良反应有恶心、肢体疼痛、头痛和眩晕。有些患者在治疗初期给药 4 h 内有直立性低血压，但通常不影响治疗。

特立帕肽禁用于妊娠及哺乳期妇女、高钙血症患者、严重肾功能不全患者、除原发性骨质疏松和糖皮质激素诱导的骨质疏松以外的其他骨骼代谢疾病、不明原因的碱性磷酸酶升高、之前接受过外照射或骨骼植入放射性治疗的患者。此外，骨恶性肿瘤或伴有骨转移的患者，也应避免使用特立帕肽。

二、锶盐

锶是人体必需的一种微量元素，参与人体的许多生理功能。锶的化学结构与钙镁相似，在骨重建的部位锶的含量最高。由于锶在骨代谢中的作用，目前已被用于骨质疏松症的治疗。

➤ 雷奈酸锶（strontium ranelate）

雷奈酸锶是一种有机锶制剂，由两个稳定的锶原子和一个雷奈酸分子组成。作为一类抗骨质疏松新药，2004 年 11 月在爱尔兰首次上市，随后在欧洲、澳大利亚等地被批准作为治疗绝经后骨质疏松症的药物，以降低椎骨和髋骨骨折的危险。锶盐的特点是可以保持骨更新的速度，在保持骨形成的同时减少骨吸收，改善骨骼的机械强度，但不影响骨骼的矿化及不改变骨结构的晶体。所以锶盐是一种对骨代谢具有双向调节作用的药物，也称为解偶联剂。

【药理作用】雷奈酸锶具有双向调节作用，能诱导骨重建的解偶联，增加骨形成，减少骨吸收，具有双重药理作用。

1. 对骨细胞的作用 能促进成骨细胞增殖，增强成骨细胞胶原蛋白与非胶原蛋白的合成，促进成骨细胞介导的骨形成；还能剂量依赖性地抑制前破骨细胞的分化，从而抑制破骨细胞介导的骨吸收。

2. 对骨量与骨强度的影响 对正常动物有抗骨吸收与增加骨形成的作用。增加腰椎骨与股骨的骨量，增加胫骨干骺端骨小梁厚度和数量，减少骨小梁分离度，改善骨的微结构，提高骨的机械性能。对于卵巢切除的大鼠，雷奈酸锶可减少由雌激素缺乏所导致的骨松质丢失。雷奈酸锶还可以减少由于制动引起的骨吸收增加和骨松质的丢失。

【临床应用】雷奈酸锶主要用于预防和治疗绝经期妇女骨质疏松症，可提高腰椎和其他部位的骨密度。

【不良反应】雷奈酸锶常见的不良反应包括恶心、腹泻、头痛、皮炎，一般为轻度，多为暂时性。其治疗作用与静脉血栓包括肺静脉血栓的发生率升高有关，因此具有高静脉血栓危险性的患者，包括有静脉血栓既往史的患者，应慎用；严重肾损害患者不推荐使用。

第四节 骨矿化促进药

骨矿化促进药（mineralization drug）主要包括钙剂和维生素 D 类，两者是参与人体钙磷代谢的重要物质。钙是构成人体矿物质的重要元素，是骨矿的主要组成成分，而维生素 D 是调节钙的吸收和代谢的重要激素。两者在预防和治疗骨质疏松症时主要发挥补充骨矿物质和促进骨矿物质沉积的作用，有利于骨的形成。

一、钙剂

钙是构成人体矿物质的重要元素，正常人需钙量平均 500 mg/d 以上，儿童、孕妇、哺乳期妇女需要的更多。钙的吸收主要在空肠，最适条件下可吸收食物中所含钙量的 60%，酸性环境利于钙的吸收，食物中过多的磷酸盐、草酸盐和大量脂肪影响钙的吸收。为摄取足量的钙，不少国家建议每天食物供给元素钙 1000 mg，而青少年、孕妇、哺乳妇女、骨质疏松症高危人群推荐增至 1500 mg。目前临床应用的钙剂很多，含元素钙的量也相差甚远，应强调不管补充何种钙剂，均应以每天所服的元素钙为准。

【体内过程】钙只有经过肠道吸收，才能被利用，进入细胞外液，沉积于骨组织。钙的吸收通过主动转运和被动转运两个途径。前者依赖维生素 D 存在，后者主要通过钙的浓度梯度扩散。钙的生物利用度受很多因素影响，一方面与人体状况有关，如婴儿的吸收率高于成人，而老年人的吸收率较差；另一方面与摄入钙剂量、体内钙状况和同服的食物成分有关。一般来说，钙摄入量低，机体吸收钙比例高；体内缺钙，钙吸收率高；食物中如含草酸多，钙与草酸形成难溶性草酸钙，就使钙吸收率降低。

【药理作用】钙剂可补充骨矿物质，促进骨矿化，利于骨和牙齿的形成；维持神经、肌肉组织的正常兴奋性，增强心肌收缩力；降低毛细血管通透性，并有抗炎、抗过敏作用。

【临床应用】钙剂可用于急、慢性低钙血症，手足抽搐症；预防和治疗各种原因所致的佝偻病、骨软化症、骨质疏松症、肾性骨病、甲状旁腺功能减退和假性甲状旁腺功能减退。钙剂是预防和治疗骨质疏松症的基础药物，还是镁中毒的抗毒剂。

【不良反应】口服大量钙剂可致轻度胃部不适，严重者可引起胃酸增多、厌食；过量可导致高钙血症，而出现相应症状如恶心、呕吐、腹泻等；静脉注射过快时，可引起心律失常，甚至心室颤动或心搏骤停。

> 碳酸钙

碳酸钙用于预防和治疗钙缺乏症，如骨质疏松症、手足抽搐症、骨发育不全、佝偻病，以及妊娠和哺乳期、绝经期妇女钙的补充。

碳酸钙口服用于低钙血症时，根据治疗所需，成人补充的剂量按元素钙计，一天 300～1200 mg，分 3 次餐后服用，对维生素 D 缺乏者需同时服用维生素 D。妊娠期及哺乳期可按需使用，服用洋地黄药物期间禁用。

二、维生素 D 类

> 维生素 D（vitamin D）

维生素 D 是一种脂溶性维生素，只有很少的食物天然含有维生素 D，因此皮肤合成是这种维生素的主要天然来源。来自膳食或皮肤合成的维生素 D，不具有生物活性，需要由酶催化成有活性的代谢产物。维生素 D 在肝内羟化为 $25(OH)D_3$（骨化二醇），这是维生素 D 在血液循环中的主要形式，然后 $25(OH)D_3$ 又在肾羟化酶的作用下，转化为生物活性形式 $1,25(OH)_2D_3$（骨化三醇），这是维生素 D 的活性形式。维生素 D 及其代谢产物与钙稳态和骨代谢相关。

> 骨化三醇（calcitriol）和阿法骨化醇（alfacalcidol）

骨化三醇和阿法骨化醇都是维生素 D 在人体内的活性代谢产物。骨化三醇是食物或药物中的钙在肠道中被主动吸收的调节剂。骨化三醇通过与肠壁细胞内的细胞质受体结合，可促进细胞大量合成钙结合蛋白，从而促进肠细胞的钙转运，使肠钙吸收入血，纠正低血钙，缓解肌肉骨骼疼痛，并有助于恢复或降低过高的血清碱性磷酸酶和甲状旁腺激素的水平。

阿尔法骨化醇的作用同骨化三醇，在骨代谢中的作用包括：①增加小肠和肾小管对钙的重吸收，抑制甲状旁腺增生，减少甲状旁腺激素合成与释放，抑制骨吸收。②增加转化生长因子 -β 和胰岛素样生长因子 -1 合成，促进胶原和骨基质蛋白合成。③调节肌肉钙代谢，促进肌细胞分化，增强肌力，增加神经肌肉协调性，减少跌倒倾向。

思 考 题

1. 目前用于骨质疏松症的药物主要有哪几类？
2. 简述双膦酸盐类治疗骨质疏松症的作用机制。

（梅爱敏）

第三十五章 肾上腺皮质激素类药

> **案例 35-1**
>
> 患者，男，58岁，2年前因四肢无力、下肢水肿、尿中泡沫增多去医院就诊。实验室检查：尿蛋白350 mg/dl，血浆白蛋白25 g/L。结合其他检查结果，诊断为肾病综合征。医生给予泼尼松等药治疗。近1年来患者病情控制尚可，主观症状明显好转，实验室检查尿蛋白（+/-），20天前患者自行停药。2天前患者受凉后出现畏寒、发热，伴头晕、恶心、呕吐、腹痛、腹泻、肌无力等，遂来医院就诊。查体：T 38.7 ℃，R 24次/分，BP 80/55 mmHg，心率110次/分，心律齐，无杂音，腹平软，双肺呼吸音粗，诊断为急性肾上腺皮质功能不全。医生及时对患者进行了救治，3 h后患者血压恢复正常。积极治疗3天后，患者症状基本缓解，医生对其进行了生活方式指导和用药指导后，准予出院。
>
> 问题：
> 1. 该患者为什么会出现急性肾上腺皮质功能不全？如何防治？
> 2. 如果你是医护人员，你将怎样对患者进行生活方式指导和用药指导？

肾上腺皮质由外向内依次为球状带、束状带和网状带三层。球状带只能合成盐皮质激素（mineralocorticoid）；束状带是合成糖皮质激素（glucocorticoid）的重要场所；网状带主要合成性激素（sex hormone）。肾上腺皮质激素（adrenocortical hormone）是肾上腺皮质分泌的激素的总称，属甾体类化合物，但通常不包括性激素。盐皮质激素主要有醛固酮（aldosterone）和去氧皮质酮（desoxycorticosterone）；糖皮质激素有氢化可的松（hydrocortisone）和可的松（cortisone）等。临床上常用的肾上腺皮质激素主要是糖皮质激素。肾上腺皮质激素的分泌和生成有昼夜节律性，零时血浆浓度最低，而后逐渐升高，上午8~10时最高，因其受促肾上腺皮质激素（corticotrophin，ACTH）的调节（图35-1），而ACTH的分泌受昼夜节律的影响。

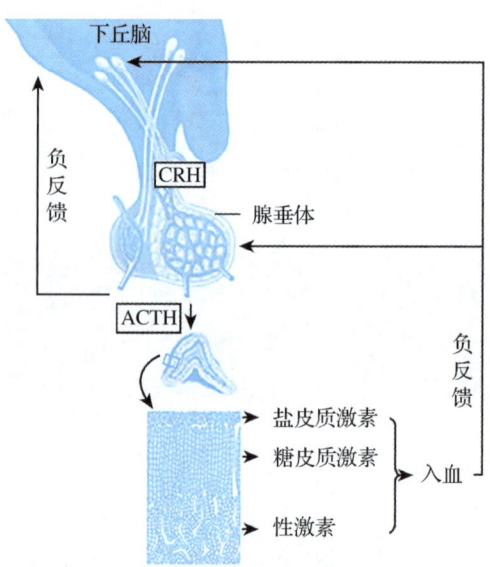

图35-1 肾上腺皮质激素分泌的调节
CRH：促肾上腺皮质激素释放激素；
ACTH：促肾上腺皮质激素

肾上腺皮质激素的基本结构为甾核（固醇核），甾核 A 环 C_4 与 C_5 之间的双键、C_3 上的酮基、C_{20} 上的羰基是保持其生理功能的必需基团。糖皮质激素的结构特征是甾核 C 环 C_{11} 有氧（如可的松）或羟基（如氢化可的松），D 环 C_{17} 上有 α 羟基，由于对糖代谢的作用强，对水盐代谢作用弱，故称为糖皮质激素，同时因其具有明显的抗炎作用，又称甾体抗炎药。盐皮质激素的结构特征是甾核 D 环的 C_{17} 无 α 羟基及 C 环 C_{11} 无氧（如去氧皮质酮），或虽有氧但与 18 位碳结合（如醛固酮），因其对水盐代谢作用较强，对糖代谢作用很弱，故称为盐皮质激素。为了提高临床疗效，降低副作用，经过对该类药物结构进行改造，合成了一系列的肾上腺皮质激素类药（图 35-2）。

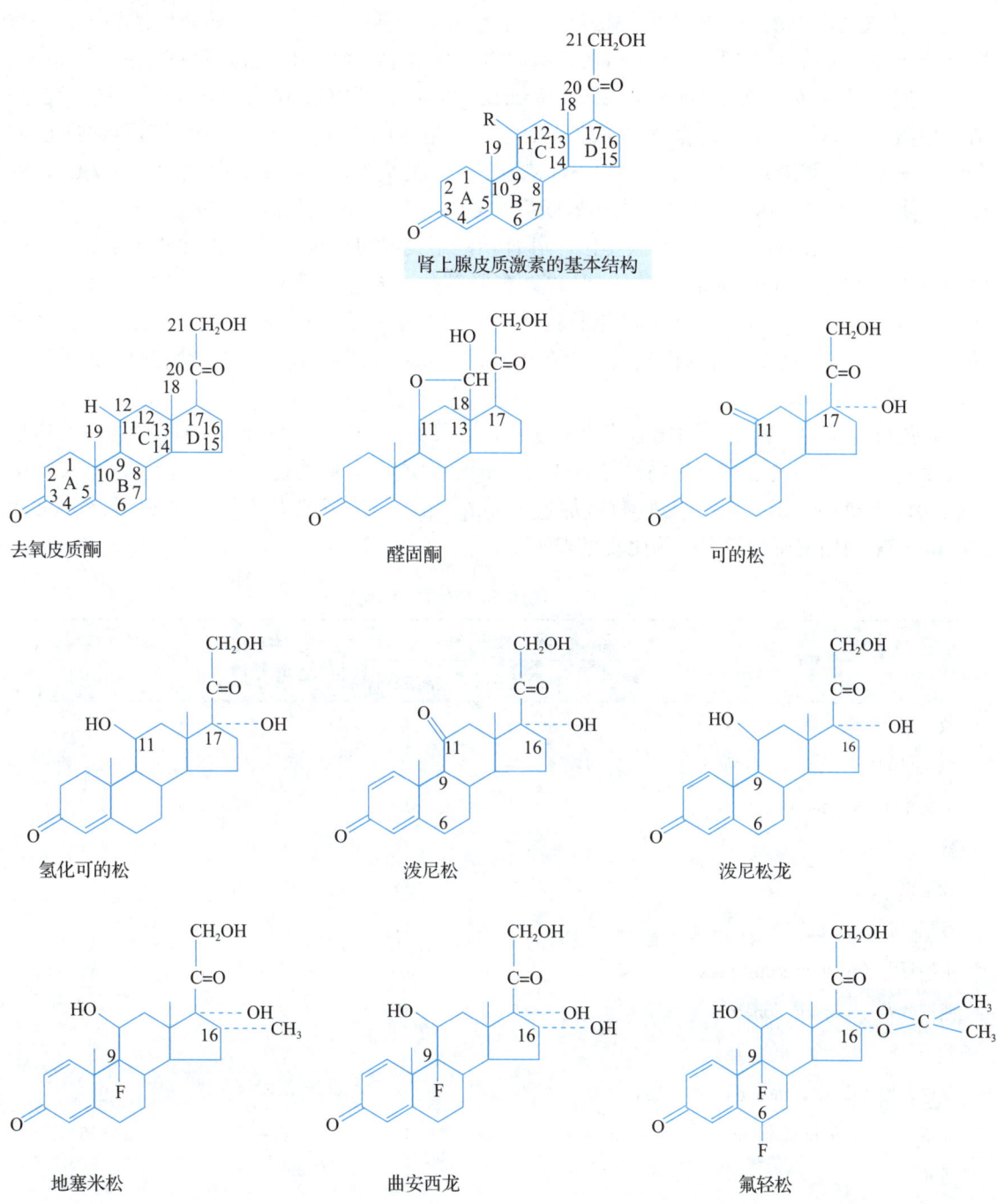

图 35-2 肾上腺皮质激素类药结构图

第一节 糖皮质激素

糖皮质激素的作用广泛、复杂，且随着剂量的改变而变化，机体在生理情况下所分泌的糖皮质激素主要维持正常的物质代谢，缺乏时可引起代谢失调甚至死亡。在应激状态时，机体分泌大量糖皮质激素，可达正常分泌量的10倍，通过允许作用等方式，适应内、外环境变化所致的强烈刺激。药理剂量（超生理剂量）的糖皮质激素除影响物质代谢外，还具有抗炎、免疫抑制和抗休克等广泛的药理作用。

【体内过程】可的松或氢化可的松口服吸收较好，口服后1~2h血药浓度达高峰，一次性给药作用可维持8~12h。氢化可的松吸收进入血液后，约90%与血浆蛋白结合，其中约80%与皮质激素转运蛋白（corticosteroid binding globulin，CBG）结合，10%与白蛋白结合。结合型激素不易进入细胞，暂时失去生物活性。肝是合成CBG的场所，雌激素可促进CBG合成，妊娠期或雌激素治疗时，血中CBG浓度升高，游离型激素减少，反馈性增加ACTH的释放，使游离型激素达正常水平。肝、肾疾病时CBG减少，游离型激素增多。

糖皮质激素在肝内转化，经尿排出，肝肾功能不良时可致糖皮质激素类药血浆$t_{1/2}$延长。可的松与泼尼松（prednisone）等C_{11}上的氧在肝转化为羟基，生成氢化可的松和泼尼松龙（prednisolone）方具有活性，因此严重肝功能不全的患者宜用氢化可的松或泼尼松龙。药酶诱导剂如苯巴比妥、利福平等与糖皮质激素合用时，其分解代谢加快，应增加糖皮质激素的用药剂量。

氢化可的松的生物半衰期比血浆半衰期长。血浆$t_{1/2}$为80~144 min，但在2~8h后仍具有生物活性，一次给药作用持续8~12h。剂量大或肝、肾功能不全者可使$t_{1/2}$延长；甲状腺功能亢进时，肝灭活糖皮质激素加速，使$t_{1/2}$缩短。泼尼松龙因不易被灭活，$t_{1/2}$可达200 min。常用糖皮质激素类药的比较见表35-1。

表35-1　常用糖皮质激素类药的比较

药物	药理作用*			作用持续时间（h）	等效口服剂量（mg）
	抗炎	糖代谢	水盐代谢		
短效					
氢化可的松（hydrocortisone）	1	1	1	8~12	20
可的松（cortisone）	0.8	0.8	0.8	8~12	25
中效					
泼尼松（prednisone）	3.5	4	0.8	12~36	5
泼尼松龙（prednisolone）	4	4	0.8	12~36	5
甲泼尼龙（methylprednisolone）	5	5	0.5	12~36	4
曲安西龙（triamcinolone）	5	5	0	12~36	4
长效					
倍他米松（betamethasone）	25~35	20~30	0	36~54	0.6
地塞米松（dexamethasone）	30	20~30	0	36~54	0.75
外用					
氟氢可的松（fluorocortisone）	15	10	150		
氟轻松（fluocinolone）					

注：*与氢化可的松比较的相对强度；等效口服剂量以氢化可的松为标准

【药理作用与作用机制】 生理剂量的糖皮质激素主要影响机体的物质代谢，药理剂量（超生理剂量）时除了参与物质代谢作用外，还发挥了其他的药理作用。

1. 对代谢的影响

（1）糖代谢：糖皮质激素能升高血糖，增加肝、肌糖原含量，是机体调节糖代谢的重要激素之一。其作用机制包括：①促进糖异生（gluconeogenesis），特别是利用肌肉蛋白质代谢中的一些氨基酸及其中间代谢产物作为原料合成糖原；②减慢葡萄糖分解为 CO_2 的氧化过程，有利于中间代谢产物（如丙酮酸和乳酸）在肝和肾再合成葡萄糖，增加血糖的来源；③减少机体组织对葡萄糖的利用。

（2）蛋白质代谢：糖皮质激素能加速胸腺、肌肉、骨等组织蛋白质分解，增加尿中氮的排泄量，导致负氮平衡；大剂量糖皮质激素还能抑制蛋白质合成。因此，长期用药可引起胸腺、淋巴组织萎缩，肌肉消瘦、皮肤变薄、骨质疏松、伤口愈合延缓等。在用药期间应高蛋白、低糖饮食。对于严重损失蛋白质的肾病患者及多种影响蛋白质代谢的疾病，在应用糖皮质激素类药物治疗时，需合用蛋白质同化类激素。

（3）脂质代谢：糖皮质激素短期使用对脂质代谢无明显影响。长期大量使用可增高血浆胆固醇，激活四肢皮下的脂酶，促使皮下脂肪分解，并重新分布在面部、上胸部、颈背部、腹部和臀部，表现为"满月脸""水牛背"，形成向心性肥胖。

（4）水、电解质代谢：糖皮质激素有一定盐皮质激素样保钠排钾作用，长期大量应用时，作用较明显。此外，其还可通过增加肾小球滤过率、拮抗抗利尿激素的作用及减少肾小管对水的重吸收而产生利尿作用。糖皮质激素过多时，可减少肠道对钙的吸收，抑制肾小管对钙的重吸收而促进尿钙排泄，长期应用会导致骨质脱钙。

2. 允许作用 糖皮质激素对有些组织细胞无直接作用，但可为其他激素发挥作用创造有利条件，称为允许作用（permissive action）。如糖皮质激素可增强儿茶酚胺的缩血管作用及胰高血糖素的升血糖作用等。

3. 抗炎作用 糖皮质激素抗炎作用强大，对多种原因造成的炎症反应均有效，如细菌、病毒导致的感染性炎症和物理性（烧伤、创伤）、化学性（酸、碱）、免疫性、无菌性（缺血性组织损伤）等非感染性炎症。在炎症初期，糖皮质激素能降低毛细血管的通透性，抑制白细胞的浸润及吞噬反应，减少各种炎症因子释放，减少渗出，减轻水肿，从而缓解红、肿、热、痛等症状。在炎症后期，糖皮质激素通过抑制毛细血管和成纤维细胞的增生，抑制胶原蛋白合成和肉芽组织增生，防止粘连及瘢痕形成，减轻后遗症。但糖皮质激素抗炎不抗菌，且炎症反应是机体的一种防御机制，更是炎症后期组织修复的重要过程，若糖皮质激素使用不当，可致感染扩散、创面愈合延迟。因此糖皮质激素在治疗感染性疾病时，必须联合应用足量有效的抗菌药。

糖皮质激素抗炎作用的基本机制是基因效应。激素作为一种脂溶性分子，易于通过细胞膜进入细胞，与细胞质内的糖皮质激素受体（glucocorticoid receptor，GR）结合。GR 有 GRα 和 GRβ 两种亚型，GRα 与糖皮质激素结合后产生经典的激素效应，GRβ 不具备与激素结合的能力，作为 GRα 拮抗体而起作用。未活化的 GRα 在细胞质内与热休克蛋白 90（heat shock protein 90，HSP90）结合形成复合体。糖皮质激素与 GRα-HSP90 复合体结合后，HSP90 与 GRα 分离，随之类固醇 - 复合体易位进入细胞核，与特异性 DNA 靶基因的启动子序列的糖皮质激素反应元件或负性糖皮质激素反应元件结合，影响基因转录，改变介质相关蛋白的水平，进而对炎症细胞和分子产生影响而发挥抗炎作用（图 35-3）。

（1）诱导炎症抑制蛋白生成和抑制某些靶酶的表达。如抑制诱导脂皮素 -1 的生成，从而抑制磷脂酶 A_2，影响花生四烯酸代谢，减少 PGE_2、PGI_2 和白三烯类等炎症介质的生成；抑制诱导型 NO 合酶和 COX-2 表达，使 NO、PGE_2 等相关炎症介质产生受阻。

（2）影响细胞因子（如 TNF-α、IL-1、IL-2、IL-6、IL-8）的产生和在转录水平直接抑制黏附分子（如 E-选择素、细胞间黏附分子-1）的表达，并影响它们的生物活性；还可增加多种抗炎因子如核因子κB抑制蛋白-1、IL-10、IL-12、IL-1RA 的表达。

（3）诱导炎症细胞凋亡。由 GR 介导基因转录变化，综合凋亡和生存因素的影响，激活胱天蛋白酶（caspase）和特异性核酸内切酶，导致细胞凋亡。

近年发现，非基因快速效应是糖皮质激素发挥作用的另一个重要机制，包括非基因受体介导效应（与细胞膜类固醇受体相关）和非基因生化效应（直接影响细胞能量代谢）。此外，糖皮质激素还可直接抑制阳离子循环。尽管糖皮质激素基因效应和非基因效应间存在许多不同，但它们相互之间存在交互调节。

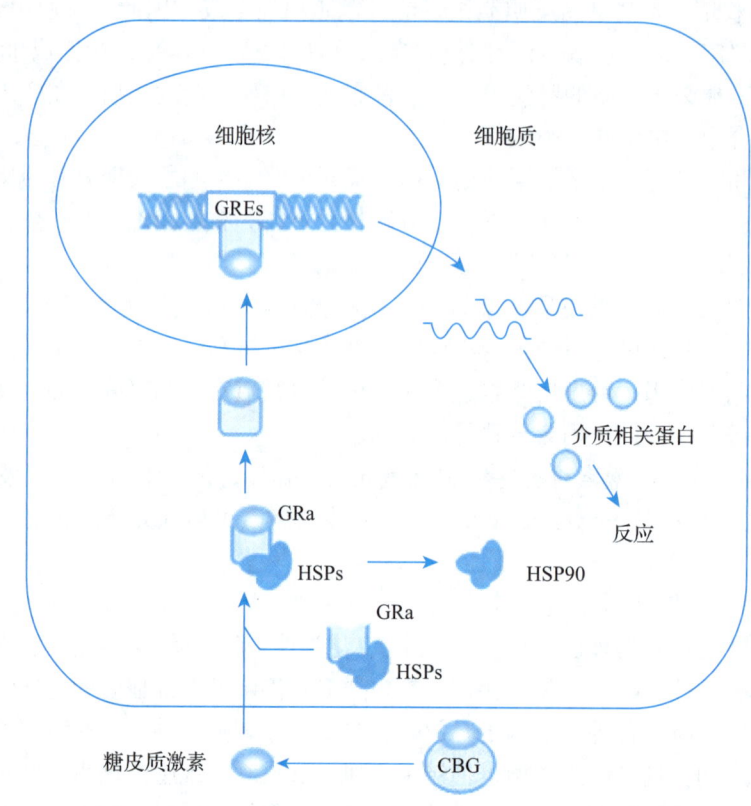

图 35-3　糖皮质激素抗炎作用机制示意图（基因效应）
GREs：糖皮质激素反应元件；CBG：皮质激素转运蛋白 1；HSPs：热休克蛋白；
HSP90：热休克蛋白 90；GRα：糖皮质激素受体 α 亚型

4. 免疫抑制及抗过敏作用

（1）免疫抑制作用：糖皮质激素的免疫抑制作用存在动物种属差异，小鼠、大鼠、家兔等对其较敏感，可缩小胸腺、减少脾淋巴结、溶解血中淋巴细胞；豚鼠、猴和人对其敏感性较差。小剂量糖皮质激素主要抑制细胞免疫，大剂量能抑制 B 淋巴细胞（简称 B 细胞）转化为浆细胞，使抗体生成减少，干扰体液免疫。糖皮质激素对免疫过程的许多环节都有抑制作用：抑制巨噬细胞对抗原的吞噬和处理；使敏感动物的淋巴细胞破坏和解体，明显减少淋巴细胞数量；干扰淋巴组织在抗原作用下的分裂和增殖，阻断致敏 T 细胞诱导的单核细胞和巨噬细胞募集，从而抑制组织器官的排斥反应和皮肤Ⅳ型（迟发型）变态反应，对自身免疫病也有一定的近期疗效。目前认为糖皮质激素的免疫抑制作用有多种机制：①诱导淋巴细胞 DNA 降解；②影响淋巴细胞的物质代谢；③诱导淋巴细胞凋亡；④抑制核因子κB 活性。

（2）抗过敏作用：在免疫过程中，由于抗原-抗体反应引起肥大细胞脱颗粒而释放组胺、5-羟色胺、过敏性慢反应物质、缓激肽等，从而引起一系列过敏性反应症状。糖皮质激素能减少上述过敏介质的释放，抑制过敏反应导致的病理变化，减轻过敏性症状。

5. 抗毒作用 糖皮质激素不能中和细菌内毒素，但可提高机体对细菌内毒素的耐受力，迅速退热并缓解毒血症症状。其机制可能与其稳定溶酶体膜、减少内热原的释放、降低体温调节中枢对致热原的敏感性有关。但是在发热诊断未明确之前，不可滥用糖皮质激素，以免掩盖症状，导致诊断困难。

6. 抗休克作用 大剂量糖皮质激素已广泛用于各种严重休克，特别是感染中毒性休克。其抗休克作用机制与下列因素有关。①扩张痉挛收缩的血管，兴奋心脏，加强心肌收缩力。②抑制某些炎症因子的产生，减轻全身炎症反应综合征及组织损伤，使微循环血流动力学恢复正常，改善休克状态。③稳定溶酶体膜，减少心肌抑制因子（myocardial depressant factor，MDF）的释放，有助于中止或延缓休克的发展。④提高机体对细菌内毒素的耐受力，但对外毒素无效。⑤其他：诱导丙酮羟化酶，抑制糖酵解，减少乳酸形成，纠正酸中毒；减轻脂质过氧化损伤；减少 TXA_2 形成，抑制血小板聚集，防止 DIC 发生。

7. 其他作用

（1）血液及造血系统：糖皮质激素能刺激骨髓造血功能，使红细胞和血红蛋白含量增加；大剂量可使血小板增多，提高纤维蛋白原浓度，缩短凝血酶原时间；刺激骨髓中的中性粒细胞释放入血，使中性粒细胞数增多，但降低其游走、吞噬、消化及糖酵解等功能，减弱其对炎症区的浸润与吞噬活动。糖皮质激素能减少血液中淋巴细胞数量，但具有明显的动物种属差异。对糖皮质激素敏感的动物淋巴细胞数量减少主要是由于细胞的溶解和死亡，而不敏感的种属，则与血液中淋巴细胞向其他组织如骨髓分布有关。

（2）中枢神经系统：糖皮质激素可减少脑中 γ-氨基丁酸浓度，提高中枢兴奋性。对糖皮质激素敏感性高的患者或部分长期大量应用的患者，小剂量也可引起欣快、激动、失眠等，偶可诱发精神失常。糖皮质激素能降低大脑的电兴奋阈，促使癫痫发作，故精神病患者和癫痫患者宜慎用。大剂量糖皮质激素可致儿童惊厥。

（3）消化系统：糖皮质激素能使胃蛋白酶和胃酸分泌增加，提高食欲，促进消化，但大剂量应用可诱发或加重胃及十二指肠溃疡。

（4）骨骼：长期大剂量应用糖皮质激素时可出现骨质疏松，特别是脊椎骨，故患者可出现腰背痛，甚至发生压缩性骨折、鱼骨样及楔形畸形。其机制可能是糖皮质激素抑制成骨细胞活力、减少骨胶原的合成、促进胶原和骨基质的分解，使骨盐不易沉积，导致骨质形成障碍。此外，大剂量糖皮质激素还可促进尿钙排泄，使骨盐进一步减少。

（5）增强应激能力：应激状态下，机体对糖皮质激素的需要量明显增加，而分泌量往往不能满足需要，尤其是肾上腺皮质受损（如艾迪生病）患者，抗感染和耐受应激的能力明显下降，应及时适量补充糖皮质激素。糖皮质激素增强应激能力的机制可能与增强心血管对儿茶酚胺的反应性及其抗炎、抗过敏作用和允许作用有关。

【临床应用】

1. 治疗严重感染或预防炎症后遗症

（1）严重急性感染：糖皮质激素主要用于中毒性感染或同时伴有休克者，如中毒性菌痢、暴发型流行性脑脊髓膜炎、猩红热、粟粒性肺结核、败血症，因其能增加机体对有害刺激的耐受性，减轻中毒反应，帮助患者度过危险期。但要求同时应用足量有效的抗菌药，且糖皮质激素仅作为辅助治疗。

病毒性感染一般不用糖皮质激素，因其能降低机体的防御功能，反而使感染扩散、加剧。但对于一些严重的病毒性感染，如非典型肺炎、传染性肝炎、流行性腮腺炎、麻疹和乙型脑炎所致病变已对机体造成严重威胁时，可用糖皮质激素缓解症状，防止或减轻并发症和后遗症。

对多种结核病的急性期，尤其是以渗出为主的结核病，如结核性脑膜炎、胸膜炎、心包炎、腹膜炎，在早期应用抗结核药的同时辅以短程糖皮质激素，可迅速退热，减轻炎症渗出，使积液消退，减少愈合过程中发生的纤维增生及粘连。但宜小剂量应用，一般为常规剂量的 1/2～2/3。目前认为，在有效抗结核药的作用下，小剂量糖皮质激素的辅助治疗并不引起结核病灶的恶化。

（2）治疗炎症及预防某些炎症的后遗症：机体重要器官或部位的炎症，如风湿性心瓣膜炎、脑炎、心包炎、损伤性关节炎、睾丸炎及烧伤后瘢痕挛缩，因炎症损害或恢复时产生粘连和瘢痕，将引起严重功能障碍。早期应用糖皮质激素可减少炎性渗出，减轻愈合过程中纤维组织过度增生及粘连，防止后遗症的发生。对眼科疾病如虹膜炎、角膜炎、视网膜炎和视神经炎等非特异性眼炎，应用糖皮质激素后也可迅速消炎止痛、防止角膜混浊和瘢痕粘连的发生，但有角膜溃疡者禁用。

2. 治疗自身免疫病、过敏性疾病及器官移植排斥反应

（1）自身免疫病：对严重风湿热（累及心脏时）、风湿性心肌炎、风湿性及类风湿性关节炎、全身性红斑狼疮、自身免疫性贫血和肾病综合征等，应用糖皮质激素可缓解症状。对于多发性皮肌炎，糖皮质激素为首选药。一般采用综合疗法，不宜单用，以减少不良反应。

（2）过敏性疾病：如荨麻疹、血管神经性水肿、支气管哮喘和过敏性休克，此类疾病一般发作快，消失也快，主要应用肾上腺素受体激动药和抗组胺药治疗，对严重病例或其他药物治疗无效时，可应用糖皮质激素辅助治疗，目的是抑制抗原-抗体反应导致的组织损害和炎症过程。吸入用糖皮质激素防治哮喘效果较好，全身不良反应少。

（3）器官移植排斥反应：糖皮质激素可预防异体器官移植术后的免疫排斥反应。一般术前1～2天开始口服泼尼松，每天100 mg，术后第1周改为每天60 mg，以后逐渐减量。若已发生排斥反应，需应用大剂量氢化可的松静脉滴注，排斥反应控制后再逐步减少剂量至最小维持量，并改为口服。若与环孢素A等免疫抑制药合用，疗效更好，并可减少两药剂量。

3. 治疗休克　对感染中毒性休克，可在足量有效抗菌药治疗的前提下及早、短时间大剂量突击使用糖皮质激素，一旦微循环改善、休克状态缓解即可停用。糖皮质激素应在抗菌药之后使用，在撤去抗菌药之前停用。对过敏性休克，糖皮质激素为次选药，可与首选药肾上腺素合用。对低血容量性休克，经补液、补电解质、输血后疗效不佳者，可合用超大剂量的糖皮质激素。对心源性休克须结合病因治疗。

4. 治疗血液病　糖皮质激素多用于治疗儿童急性淋巴细胞白血病，现多采取与抗肿瘤药联合的多药并用方案。此外，糖皮质激素还可用于再生障碍性贫血、粒细胞减少症、血小板减少症和过敏性紫癜等的治疗。注意停药后此类疾病易复发。

5. 局部应用　糖皮质激素对一般性皮肤病如湿疹、肛门瘙痒、接触性皮炎、银屑病均有较好疗效，常采用氢化可的松、泼尼松龙或氟轻松等软膏、霜剂或洗剂局部用药。当肌肉、韧带或关节劳损时，可将醋酸氢化可的松或醋酸泼尼松龙混悬液加入1%普鲁卡因注射液肌内注射，也可注入韧带压痛点或关节腔内以消炎止痛。

6. 替代疗法　糖皮质激素可以用于急慢性肾上腺皮质功能不全、腺垂体功能减退及肾上腺次全切除术后。

7. 治疗恶性肿瘤　糖皮质激素对晚期乳腺癌、转移性乳腺癌、肿瘤骨转移及肝转移引起的疼痛，胸膜和肺转移引起的呼吸困难，脑转移引起的颅内压迫症状等均有一定疗效。对前列腺癌术后应用雌激素疗效不佳者，改用泼尼松可明显改善症状。

【不良反应与注意事项】
1. 长期大剂量应用引起的不良反应
（1）医源性肾上腺皮质功能亢进症：是长期过量应用糖皮质激素导致物质代谢和水盐代谢紊乱的结果，又称类肾上腺皮质功能亢进综合征，表现为满月脸、水牛背、皮肤变薄、水肿、多毛、痤疮、低血钾、高血压、高血脂、糖尿病等。停药后症状可自行消失，必要时加用抗高血压药、降血糖药治疗，并采取低盐、低糖、高蛋白饮食及加用氯化钾等措施。

（2）诱发或加重感染：糖皮质激素可降低机体的免疫功能，长期应用易诱发感染或使潜在的感染病灶扩散，尤其是原有疾病（如白血病、再生障碍性贫血、肾病综合征）已使抵抗力降低的患者更易发生。糖皮质激素还可使原来静止的结核病灶扩散恶化，对肺结核、淋巴结结核、腹膜结核、脑膜结核等应合用抗结核药。

（3）消化系统并发症：糖皮质激素刺激胃酸、胃蛋白酶的分泌并抑制胃黏液分泌，降低胃肠黏膜的抵抗力，可诱发或加剧胃、十二指肠溃疡，甚至造成消化道出血或穿孔，对少数患者可致胰腺炎及脂肪肝。

（4）心血管系统并发症：长期应用糖皮质激素，由于水钠潴留和血脂升高可致高血压和动脉粥样硬化。

（5）骨质疏松、肌肉萎缩、伤口愈合迟缓等：这与糖皮质激素促进蛋白质分解、抑制蛋白质合成及增加钙、磷排泄有关。骨质疏松多见于儿童、绝经妇女和老年人，严重者可出现自发性骨折，可补充蛋白质、维生素 D 和钙盐。由于糖皮质激素抑制生长激素的分泌和造成负氮平衡，还可影响生长发育。孕妇应用糖皮质激素偶可引起胎儿畸形。长期应用糖皮质激素可致股骨头无菌性缺血坏死，可能与脂肪栓子阻塞骨终末动脉有关。

（6）其他：糖皮质激素可诱发精神失常或癫痫发作，有癫痫或精神病史者禁用或慎用；可引起糖皮质激素性青光眼，长期应用发生率可达 40%，原因与其致小梁网细胞外基质沉积、房水流出阻力增加有关；还可致糖皮质激素性白内障，与糖皮质激素的使用时长及剂量关系密切，时间越长、剂量越大，发生白内障的概率越大。

2. 停药反应
（1）医源性肾上腺皮质功能不全：长期应用糖皮质激素尤其是连日给药的患者，减量过快或突然停药，特别是当遇到感染、创伤、手术等严重应激情况时，可引起肾上腺皮质功能不全或肾上腺危象。因长期大剂量应用糖皮质激素，反馈性抑制垂体 - 肾上腺皮质轴，致使肾上腺皮质萎缩，表现为恶心、呕吐、乏力、低血压和休克等，需及时抢救。防治措施：缓慢停药；停用激素后需连续应用 ACTH 7 天左右；在停药 1 年内如遇应激情况，应及时给予足量的糖皮质激素。

肾上腺皮质功能恢复时间与药物剂量、用药时长和个体差异有关。垂体分泌 ACTH 的功能一般需经 3~5 个月恢复；肾上腺皮质对 ACTH 起反应功能的恢复需 6~9 个月，甚至 1~2 年才能恢复。

（2）反跳现象：指长期应用糖皮质激素的患者对糖皮质激素产生了依赖性或病情尚未完全控制，突然停药或减量过快而致原病复发或恶化。此时常需加大剂量再进行治疗，待症状缓解后再缓慢减量、停药。

【禁忌证】糖皮质激素禁用于严重的精神病（过去或现在）和癫痫，活动性消化性溃疡病，新近胃肠吻合术，骨折，创伤修复期，角膜溃疡，肾上腺皮质功能亢进症，严重高血压，糖尿病，妊娠，抗菌药不能控制的感染如水痘、麻疹、真菌感染。但禁忌证和适应证并存时，应全面分析，权衡利弊，慎重决定。对病情危急的适应证，虽有禁忌证存在，仍可考虑使用，待危急情况缓解后，尽早停药或减量。

> **知识拓展**
>
> **糖皮质激素性骨质疏松症**
>
> 糖皮质激素性骨质疏松症在药物导致的骨质疏松症中最为常见。糖皮质激素通过促进破骨细胞介导的骨吸收和抑制成骨细胞介导的骨形成引起骨质疏松。糖皮质激素对骨骼的影响与治疗的累积剂量和持续时间相关，即使是生理剂量的糖皮质激素也可引起骨量丢失，绝经后妇女及50岁以上的男性为高危人群。据报道，有30%～50%长期应用糖皮质激素治疗的患者发生骨折；应用糖皮质激素治疗1年以上的哮喘患者发生椎体骨折的概率为11%；类风湿性关节炎患者应用糖皮质激素治疗后，其髋部、肋骨、脊柱、下肢骨等骨折的发病率明显增加。双膦酸盐作为有效的骨吸收抑制药，是防治糖皮质激素性骨质疏松症的首选药。对于准备开始全身性应用泼尼松每天超过10 mg，持续90天以上者，应考虑起始双膦酸盐治疗。此外，可建议患者改善生活方式，如戒烟，控制酒的摄入，食用钙丰富的食物，补充钙和维生素D，多进行日照。

【**药物相互作用**】糖皮质激素和水杨酸盐均可降低胃黏膜保护能力，两者合用可增加消化性溃疡的危险性；糖皮质激素可加快水杨酸盐的消除，降低其疗效；糖皮质激素与强心苷、排钾利尿药合用时要注意补钾；苯巴比妥和苯妥英钠等药酶诱导剂能加速糖皮质激素代谢，合用时需要调整剂量；糖皮质激素能升高血糖，可降低降血糖药的作用；糖皮质激素可降低口服抗凝血药的效果，合用时需加大后者的剂量。

【**用法与疗程**】生理剂量和药理剂量的糖皮质激素具有不同的作用，应按不同治疗目的选择剂量和疗程。

1. 冲击疗法 适用于急性、重度、危及生命的疾病，如暴发型感染、过敏性休克、严重哮喘持续状态、过敏性喉头水肿、狼疮性脑病、重症大疱性皮肤病、重症药疹、急进性肾炎的抢救。常用氢化可的松静脉给药，首次剂量200～300 mg，1天可超过1 g，以后逐渐减量，疗程3～5天，同时宜合用奥美拉唑等以防止急性消化道出血。

2. 一般剂量长期疗法 多用于结缔组织病和肾病综合征等。常用泼尼松口服，开始每天10～30 mg，一天3次，获得临床疗效后逐渐减量，每3～5天减量1次，每次按20%左右递减，直到最小有效维持量。维持量应较生理分泌的皮质激素量稍高。维持给药法有两种：①每晨给药法，将1天的用药总量于每天清晨7～8时一次给予，常用短效糖皮质激素如氢化可的松；②隔晨给药法，将2天用药总量每隔一天早晨7～8时一次给予，常用中效糖皮质激素如泼尼松、泼尼松龙。维持给药一般不用长效糖皮质激素，以减轻对下丘脑-垂体-肾上腺轴的抑制。

长期应用糖皮质激素治疗的过程中，如发生下列情况之一者应停药：①维持量已减至正常基础需要量，如泼尼松每天5～7.5 mg，经过长期观察，病情已稳定不再活动者；②治疗效果差，不宜再用糖皮质激素，应改用其他药物；③因严重副作用或并发症，难以继续用药者。

3. 小剂量替代疗法 适用于急、慢性肾上腺皮质功能不全症（如肾上腺危象、艾迪生病）、腺垂体（垂体前叶）功能减退及肾上腺次全切除术后。一般用维持量，可的松每天12.5～25 mg或氢化可的松每天10～20 mg，与盐皮质激素交替应用。

> **临床应用**
>
> **糖皮质激素的给药途径**
>
> 不同剂型糖皮质激素给药途径不同，可分为口服、注射、吸入或局部外用制剂，适合不同的临床治疗需求。口服制剂大多可经胃肠道迅速吸收，生物利用度高，应用方便，临床最常用。短效口服制剂适合长期替代治疗，中效口服制剂适合自身免疫病等的中长程治疗。糖皮质激素静脉制剂有氢化可的松、甲泼尼龙、地塞米松等，主要用于各种危重病例的抢救。近年对各种自身免疫病治疗初期常选用大剂量糖皮质激素（如甲泼尼龙 0.5～1 g/d）静脉冲击治疗数天，继以中大剂量口服治疗。糖皮质激素局部应用制剂有软膏、气雾剂和栓剂等，局部用药有效者首选局部用药，既可明显减少用药剂量，又可减少副作用。

第二节　盐皮质激素

盐皮质激素主要有醛固酮（aldosterone）和去氧皮质酮（desoxycorticosterone），对维持机体正常的水、电解质代谢起重要作用。

【体内过程】醛固酮在肠内不易吸收，肌内注射吸收良好，在体内 70%～80% 与血浆蛋白结合，在肝内迅速被代谢失活，故无蓄积作用。去氧皮质酮在肠内吸收不良，且易被破坏，现主要应用去氧皮质酮油剂作肌内注射。去氧皮质酮在体内转化为孕二醇，从尿中排泄。

【药理作用】醛固酮主要作用于肾远曲小管，促进 Na^+、Cl^- 的重吸收及 K^+、H^+ 的排出，产生保钠排钾作用。去氧皮质酮在机体内的分泌量小，具有与醛固酮相似的保钠排钾作用。其保钠作用只有醛固酮的 1%～3%，但大于氢化可的松。

【临床应用】去氧皮质酮常与短效糖皮质激素如氢化可的松合用于替代疗法，治疗慢性肾上腺皮质功能减退症，以纠正失钠、失水和钾潴留等，恢复水和电解质的平衡。对于其他需皮质激素替代治疗的疾病，在单独应用糖皮质激素无效或病情较重时可加用去氧皮质酮治疗。应用替代疗法的同时，每天需补充 6～10 g 食盐。

第三节　促肾上腺皮质激素及肾上腺皮质激素抑制药

一、促肾上腺皮质激素

天然的促肾上腺皮质激素（adrenocorticotropic hormone，ACTH）由腺垂体合成分泌，受下丘脑促肾上腺皮质激素释放激素（corticotropin releasing hormone，CRH）的调节，对维持机体肾上腺正常形态和功能具有重要作用。在生理情况下，下丘脑、垂体和肾上腺三者功能处于动态平衡，ACTH 缺乏将引起肾上腺皮质萎缩、分泌功能减退。ACTH 还参与自身释放的短负反馈调节。

ACTH 口服后在胃内被胃蛋白酶破坏而失效，只能注射应用，$t_{1/2}$ 约为 10 min。其主要作用是促进糖皮质激素的分泌，但必须在肾上腺皮质功能完好时方能发挥作用。一般在 ACTH 给药后 2 h，肾上腺皮质才开始分泌氢化可的松。临床上可利用此作用诊断腺垂体 - 肾上腺皮质功能水平状态及长期使用糖皮质激素停药前后的肾上腺皮质功能水平，以防止因停药而发生肾上腺皮质功能不全。ACTH 制剂多从牛、猪、羊的垂体提取，过敏反应发生率高。人工合成的 ACTH 仅有 24 个氨基酸残基，免疫原性相对较低，过敏反应发生率低。

二、肾上腺皮质激素抑制药

抗醛固酮药如螺内酯等已有详细介绍（详见第二十七章）。肾上腺皮质激素抑制药可代替外科的肾上腺皮质切除术，临床常用的有米托坦和美替拉酮等，其化学结构如图 35-4 所示。

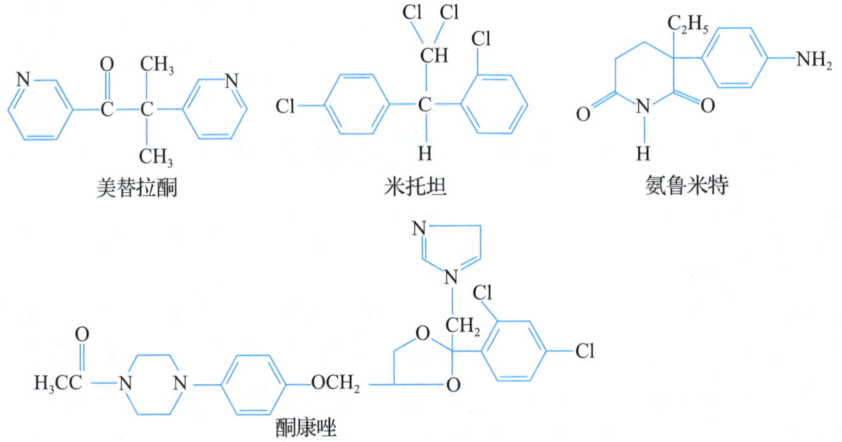

图 35-4　常用肾上腺皮质激素抑制药的化学结构

> **米托坦（mitotane）**

米托坦又称双氯苯二氯乙烷，为杀虫剂滴滴涕（DDT）一类的化合物，能相对选择性地作用于肾上腺皮质细胞，对肾上腺皮质的正常细胞或瘤细胞都有损伤作用，尤其是选择性地作用于肾上腺皮质束状带及网状带细胞，使其萎缩、坏死。用药后血、尿中氢化可的松及其代谢产物迅速减少。米托坦不影响球状带，故对醛固酮分泌无影响。

米托坦口服约有 40% 被吸收，分布于全身各部，但脂肪是其主要贮藏器官，占给药量 25% 的代谢产物经尿排出，口服量的 60% 以原型药由粪中排出。停药 6～9 周后，血浆中仍能测到微量的药物。临床主要用于无法切除的或切除后复发的肾上腺皮质癌及肾上腺皮质癌术后辅助治疗。

米托坦可致消化道不适、中枢抑制及运动失调等不良反应，若减小剂量，这些症状可消失。当由于严重肾上腺功能不全而出现休克或严重的创伤时，可给予肾上腺皮质激素类药。

> **美替拉酮（metyrapone）**

美替拉酮又称甲吡酮，能抑制 11β- 羟化反应，干扰 11- 去氧皮质酮转化为皮质酮，抑制 11- 去氧氢化可的松转化为氢化可的松，从而降低皮质酮和氢化可的松的血药浓度；又能反馈性地促进 ACTH 分泌，使 11- 去氧皮质酮和 11- 去氧氢化可的松代偿性增加，故尿中 17- 羟类固醇排泄相应增加。临床上美替拉酮用于治疗肾上腺皮质肿瘤和产生 ACTH 的肿瘤所引起的氢化可的松过多症和肾上腺皮质癌，还可用于垂体释放 ACTH 功能试验。不良反应较少，可有眩晕、消化道反应等。

> **氨鲁米特（aminoglutethimide）**

氨鲁米特又称氨基苯哌啶酮，能抑制胆固醇转变成 20α-羟胆固醇，阻断类固醇生物合成的第一步反应，从而抑制氢化可的松和醛固酮合成，临床用于减少肾上腺肿瘤和 ACTH 过度分泌引起的氢化可的松增加，也可与美替拉酮合用治疗由垂体所致 ACTH 过度分泌诱发的皮质醇增多症。生理剂量的氢化可的松可用于预防肾上腺皮质功能不全。

> **酮康唑（ketoconazole）**

酮康唑是一种抗真菌药，能阻断真菌类固醇的合成。但由于哺乳类动物组织对其敏感性远低于真菌，因此它对人体类固醇合成的抑制作用仅在高剂量时才会出现。目前，酮康唑主要用于治疗肾上腺皮质功能亢进综合征和前列腺癌。

思 考 题

1. 糖皮质激素的主要药理作用有哪些？
2. 长期应用糖皮质激素主要引起哪些代谢紊乱？临床主要表现有哪些？
3. 糖皮质激素有哪些主要的不良反应？
4. 试述糖皮质激素的用法与疗程。
5. 患者，女，4 岁，因"发热、流涕 3 天，咳嗽 1 天"就诊。体检：体温 39.2 ℃，咽充血，扁桃体不大，两肺呼吸音清，未闻及干、湿啰音。诊断：上呼吸道感染。请回答：
该患者是否可以用糖皮质激素退热？为什么？

（封 芬）

第三十六章 甲状腺激素及抗甲状腺药

第三十六章数字资源

案例 36-1

患者，女，41岁，已婚，主诉"情绪烦躁、间断心悸、气促2年，加重2周"入院。体格检查：T 36.8 ℃，P 135 次/分，R 18 次/分，BP 140/85 mmHg。睑裂增宽，突眼，心肺腹（−）。心电图显示窦性心动过速。实验室检查：总三碘甲状腺原氨酸（TT_3）9.20 nmol/L，总甲状腺素（TT_4）188.32 nmol/L，促甲状腺激素（TSH）0.02 μIU/ml，游离三碘甲状腺原氨酸（FT_3）15.5 pmol/L，游离甲状腺素（FT_4）42.9 pmol/L。彩色B超提示：甲状腺增大伴血流丰富。诊断为甲状腺功能亢进症。

问题：
1. 医生建议患者使用的药物是甲巯咪唑，该药的主要药理作用、临床应用和不良反应是什么？
2. 如果此患者口服抗甲状腺药治疗效果不好，需手术治疗，作为医护人员，你需要跟患者耐心解释的术前准备用药方案是什么？

甲状腺激素（thyroid hormone，TH）由甲状腺滤泡上皮细胞合成并分泌到血液循环中，是维持机体正常代谢、促进生长发育所必需的激素。TH 包括两种含碘的活性形式：甲状腺素（thyroxine，或称四碘甲状腺原氨酸，3,5,3′,5′-tetraiodothyronine，T_4）和三碘甲状腺原氨酸（3,5,3′-triiodothyronine，T_3）。TH 不足或过量时均可引起疾病。如发育期碘摄入不足、甲状腺术后、部分药物或者自身免疫病可引起甲状腺功能低下（hypothyroidism），需进行替代治疗补充 TH。而甲状腺功能亢进症（hyperthyroidism，简称甲亢）是多种原因所致的以 TH 分泌过多引发代谢紊乱为特征的一种综合征。治疗甲亢可用手术切除，也可用药物暂时或长期消除其症状，这类药物统称为抗甲状腺药。

第一节 甲状腺激素

【生物合成与分泌调节】TH 以甲状腺球蛋白（thyroglobulin，TG）的氨基酸残基形式进行合成和贮存。甲状腺滤泡由单层上皮细胞围绕而成，中间滤泡腔内充满了由 TG 形成的滤泡胶质，滤泡胶质中贮存了大量结合在 TG 上的 TH。

1. 碘的摄取　食物、水或药物中的碘化物吸收入血后多数都被滤泡上皮细胞膜上钠-碘同向转运体（sodium-iodide symporter，NIS）主动摄取入甲状腺内。NIS 具有高度摄碘能力，正常情况下，甲状腺中碘化物的浓度达血浆浓度的 20～50 倍，甚至 100 倍以上。

2. 碘（I⁻）的活化和酪氨酸碘化　摄入的碘化物于滤泡上皮细胞顶端微绒毛处被甲状腺过氧化物酶（thyroid peroxidase，TPO）在 H_2O_2 存在的情况下氧化成活化状态的碘，活化碘再与 TG 的酪氨酸残基结合，生成一碘酪氨酸（monoiodotyrosine，MIT）和二碘酪氨酸（diiodotyrosine，DIT），此为碘的活化和酪氨酸碘化。

3. 偶联　在甲状腺过氧化物酶作用下，TG 分子内的 MIT 和 DIT 偶联生成 T_3，或两个 DIT 偶联成 T_4。合成的 T_4 和 T_3 仍在 TG 分子上，贮存在滤泡腔内胶质中。

4. 释放　在蛋白水解酶作用下，TG 释放出 T_3、T_4 进入血液。TG 中 T_4 与 T_3 的比例约为 5：1，因此释放的绝大部分激素是 T_4，但 T_3 的生物活性远高于 T_4。机体缺碘时，T_3 所占比例增加，这样可以更有效地利用碘，使 TH 活性维持平衡。

5. 分泌调节　下丘脑-垂体-甲状腺轴的分泌受许多因素调节，急性精神病或长期暴露在寒冷中可使其激活。下丘脑可分泌促甲状腺激素释放激素（thyrotropin releasing hormone，TRH），能促进腺垂体分泌促甲状腺激素（thyroid-stimulating hormone，TSH），TSH 可促进甲状腺细胞增生、促进甲状腺过氧化物酶的基因表达和 T_3、T_4 的合成、释放。血中游离的 T_3、T_4 和碘的浓度过高时，又可对下丘脑及腺垂体产生负反馈调节作用，从而抑制 TRH 和 TSH 的分泌。因此，TSH 在甲亢患者体内明显减少，反之，循环中 TH 浓度稍有降低时就会引起 TSH 的分泌明显增多，这些变化通常先于游离 T_4 和游离 T_3 的异常（图 36-1）。生长抑素（somatostatin，SST）、多巴胺和高浓度的糖皮质激素能抑制 TRH 的作用。

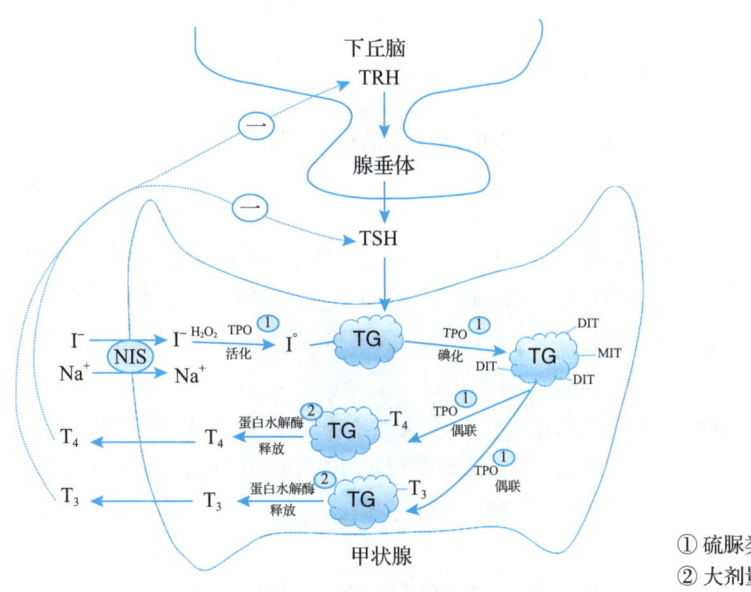

图 36-1　甲状腺激素的生物合成与调节
TG：甲状腺球蛋白；TPO：甲状腺过氧化物酶；NIS：钠-碘同向转运体

【体内过程】 T_4 口服后有 50%～75% 被吸收，吸收率因肠内容物的影响而不恒定。T_3 有 90%～95% 被吸收，且吸收率较恒定。严重的黏液性水肿时口服吸收不良，须肠外给药。两者与血浆蛋白（主要是甲状腺结合球蛋白）的结合率均高，可达 99% 以上。但 T_3 与血浆蛋白的亲和力低于 T_4，其游离量可为 T_4 的 10 倍。T_3 作用快而强，$t_{1/2}$ 为 2 天，用药后 6 h 内起效，24 h 左右作用达高峰。T_4 的作用则弱而慢，$t_{1/2}$ 为 7 天，甲状腺功能减退患者延长至 9～10 天，用药后 24 h 内无明显作用，最大作用在用药后 7～10 天出现。因 T_4 和 T_3 的 $t_{1/2}$ 均超过 1 天，每天只需用药 1 次。

T_4 的结构中有两个苯环，环 I 的 3 位和 5 位的碘是其在外周组织与受体结合的必需结构，环 II 的 5′ 位碘却可妨碍其与受体的结合，T_4 在脱碘酶的作用下 5′ 位脱碘，转化为活性更大的

T_3，循环中的 T_3 约 80% 来自 T_4 的代谢。极少部分 T_4 在环 I 的 5 位上脱碘，脱碘后的 3,3',5'-三碘甲状腺原氨酸（3,3',5'-triiodothyronine）无活性，又称反向 T_3（reverse T_3，rT_3），其结构见图 36-2。胺碘酮、碘化造影剂、β受体阻断药和皮质类固醇激素等药物，以及严重疾病或饥饿可抑制 5'-脱碘酶，导致 T_4 更多转变为无活性的 rT_3。TH 与葡糖醛酸或硫酸结合在胆汁中分泌，部分通过尿液排泄。TH 可通过胎盘并可进入乳汁，在妊娠期及哺乳期继续使用甲状腺激素进行治疗时，需特别注意避免过量。

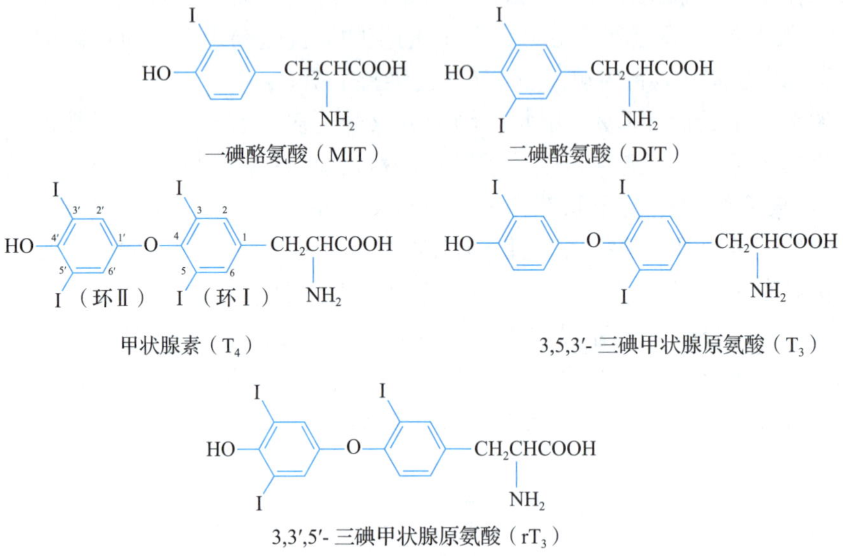

图 36-2 甲状腺激素类的化学结构

【药理作用】

1. 维持生长发育 TH 能够促进蛋白质合成及中枢神经系统的生长发育。对骨骼、胎儿肺和生殖系统的发育和功能也至关重要。在脑发育期间，如因缺碘、母体用抗甲状腺药或先天缺陷而致甲状腺功能不足，可导致神经发育迟滞、智力低下，也会由于骨骺不能形成而生长停滞、身材矮小，称为呆小病（克汀病，cretinism）。

2. 促进代谢 TH 能促进物质氧化，增加耗氧量，提高基础代谢率，使产热和散热增多，因此甲亢时有怕热、多汗等症状。成人甲状腺功能不全严重时可引起黏液性水肿，表现为中枢兴奋性降低、记忆力减退、反应迟钝，出现浆膜腔积液，包括心包积液、胸腔积液及关节腔积液等。

3. 增强交感神经系统的活性及机体对交感神经递质敏感性 甲亢时，患者对交感神经递质及肾上腺髓质激素的敏感性增高，出现焦虑紧张、震颤、心率加快、心输出量增加、外周血管阻力下降、脉压增大、血压升高等现象。甲亢是导致心房颤动较常见的原因。甲状腺功能低下的患者时常有心动过缓、心脏指数降低、心包积液、外周血管阻力增加、脉压变小和平均动脉压升高症状。

【作用机制】甲状腺激素受体（thyroid hormone receptor，THR）属核受体超家族的成员。THR 包括 α 和 β 两种亚型，α 和 β 亚型基因的突变与全身性 TH 抵抗有关。THR 在无激素的情况下与 TH 反应元件结合成阻遏复合物使靶基因处于沉默状态，当 T_3 与 THR 形成复合物时，THR 改变构象，释放共阻遏复合物，靶基因转录启动，促使相关 mRNA 产生和蛋白质合成。THR 对 T_3 的亲和力比 T_4 大 10 倍，T_4 在生理状况下无活性，进入细胞内脱碘成为 T_3 后起效。

【临床应用】TH 主要用于甲状腺功能减退替代治疗，临床常用人工合成的左甲状腺素。

1. 甲状腺功能减退症

（1）呆小病：甲状腺功能减退始于胎儿或新生儿，应尽早诊治。如果在出生后 2 周内开始治疗，可能实现正常的身体和神经发育，若治疗过晚，则智力发育的障碍不可逆转。常用甲状腺素片口服，治疗的目标是使血清 TSH 或游离 TH 正常，症状明显好转后继续维持，并随时调整剂量。

（2）黏液性水肿：一般从小量开始服用甲状腺素片，逐渐增大剂量至足量。儿童和青年可迅即采用足量控制症状；而老年人、有循环系统严重疾病及垂体功能减退者则须谨慎，以防过量诱发或加重心脏病。垂体功能减退的患者宜先用肾上腺皮质激素，再给予 TH，以防发生急性肾上腺皮质功能不全。

黏液性水肿昏迷是严重甲状腺功能减退的罕见极端表现，即便得到早期诊断和治疗，其死亡率依然高达 60%。临床上常于冬季在老年患者中发生，表现从嗜睡、恍惚发展到昏迷。镇静催眠药、镇痛药、抗抑郁药等常可加重昏迷。治疗时必须立即静脉注射负荷剂量的左甲状腺素或较大量 T_3，待患者苏醒后改为口服，如无静脉注射制剂，可将 T_3 片研细加水搅匀后鼻饲给予。同时给予足量氢化可的松。

2. 单纯性甲状腺肿 其治疗取决于病因。由于缺碘所致者应补碘。临床上无明显原因者可给予适量 TH，以补充内源性激素的不足，并可抑制 TSH 过多分泌，以缓解甲状腺组织代偿性增生肥大。TH 治疗能使轻度弥漫性甲状腺肿完全恢复正常，尤其适用于轻中度弥漫性甲状腺肿的年轻患者。TH 也用于预防甲状腺切除术后甲状腺肿复发。

3. 其他

（1）甲亢患者服用抗甲状腺药治疗过程中，加服 T_4 有利于减轻突眼或甲状腺肿，可防止发生甲状腺功能减退。因 T_4 很少通过胎盘，不能对抗抗甲状腺药剂量过大对胎儿甲状腺功能的抑制，因此甲亢孕妇服用抗甲状腺药时一般不加服 T_4。

（2）甲状腺癌术后应用 T_4，可抑制残余的甲状腺组织增生，减少复发，用量较大。

（3）T_3 抑制试验中服用外源性 T_3 后检测摄碘能力。^{131}I 摄取率比用药前对照值下降 50% 以上者为单纯性甲状腺肿；下降小于 50% 者为甲亢。

> **知识拓展**
>
> **从全民补碘到精准补碘的地方病防治之路**
>
> 20 世纪 80 年代之前，克汀病在我国是严重危害人民健康的地方病，是一些家庭和地区深度贫困的重要原因。据 1982 年的研究报道，仅我国北方 16 个省市区的不完全统计，就有比较严重的典型患者 17 万人之多，占当时北方病区人口的 1.1%，不少重病区的患病率达 100%。
>
> 在地方性缺碘地区，碘的摄入量很难达到成人碘的推荐日摄入量 150～300 μg。食盐加碘是最方便的补碘措施，全球强制性全面食盐加碘的国家约有 120 个。我国从 1994 年开始了全民普遍食盐加碘防治碘缺乏病的措施，实现了碘缺乏病持续消除的巨大成就。
>
> 然而，我国各地群众饮食碘含量差别大，有效精准补碘非常重要。过去所有省份碘盐只有一个浓度，2012 年起，每个省份按照自己居民的碘营养水平，选择 20 μg/g、25 μg/g、30 μg/g 浓度加碘。现在，我国已制定了碘缺乏、碘适宜地区和碘过量地区的标准，实施差异化补碘措施。

【不良反应】TH 过量时可出现心悸、手震颤、多汗、体重减轻、失眠等不良反应,重者可有呕吐、腹泻、发热、脉搏快而不规则,甚至心绞痛、心功能不全、肌肉震颤或痉挛等症状。一旦发现这些反应须立即停药,用 β 受体阻断药对抗。停药 1 周后再从小剂量开始应用。长期服用 T_4 能引起骨质疏松症,可能降低癫痫发作阈,偶尔诱发癫痫发作。

第二节 抗甲状腺药

治疗甲亢常用的药物有硫脲类(thioureas)、碘及碘化物(iodine and iodide)、放射性碘(radioiodine)和 β 受体阻断药等。硫脲类化合物是最常用的抗甲状腺药。但应注意的是,甲亢是由多种原因引起的,有些在药物治疗失败后,才考虑用其他方案治疗,如格雷夫斯病(毒性弥漫性甲状腺肿);有的则是首先进行手术治疗或放射性碘治疗,如毒性甲状腺瘤;当有高代谢综合征时根据需要使用抗甲状腺药配合治疗。

一、硫脲类

硫脲类分为硫氧嘧啶类(thiouracils)和咪唑类(imidazoles)两类。前者主要应用丙硫氧嘧啶(propylthiouracil,PTU),后者包括甲巯咪唑(thiamazole,又称他巴唑,tapazole)和卡比马唑(carbimazole,甲亢平)。其化学结构见图 36-3。

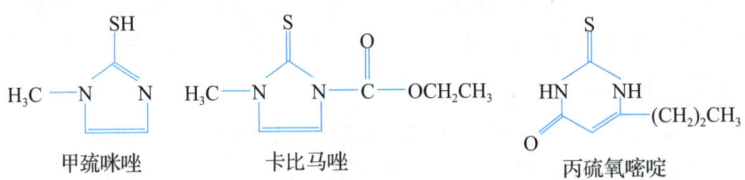

图 36-3 硫脲类抗甲状腺药的化学结构

【体内过程】硫脲类口服吸收迅速。丙硫氧嘧啶口服后 20～30 min 吸收入血,1 h 达药峰浓度,生物利用度约为 80%,血浆蛋白结合率约为 75%,主要在肝内代谢,约 60% 被破坏,部分结合葡糖醛酸后排出,作用持续时间很短,血浆 $t_{1/2}$ 约 1.5 h,作用可持续 6～8 h。卡比马唑吸收后迅速转化为其活性代谢产物甲巯咪唑,甲巯咪唑不易与血浆蛋白结合,血浆 $t_{1/2}$ 为 4～6 h,在甲状腺组织中药物浓度可维持 16～24 h。该类药物均可透过胎盘屏障,并被胎儿甲状腺浓缩,对胎儿造成影响。丙硫氧嘧啶血浆蛋白结合率更高,穿过胎盘相对更少,在妊娠早期可以选用。

【药理作用与作用机制】

1. 抑制甲状腺激素的合成 硫脲类通过抑制甲状腺过氧化物酶介导的酪氨酸的碘化及偶联,使氧化碘不能结合到 TG 上,从而抑制 TH 的生物合成。也有研究认为,硫脲类如甲巯咪唑对甲状腺过氧化物酶并没有直接的抑制作用,其抑制 TH 合成的机制是夺去碘化反应中的活性氧(本身被氧化),从而影响酪氨酸的碘化及偶联。因硫脲类不影响碘的摄取,也不影响已合成激素的释放和发挥作用,故须待体内储存的激素消耗后才能显效,症状改善常出现于用药后 2～3 周,基础代谢率恢复正常需 1～2 个月。

2. 抑制外周组织的 T_4 转化为 T_3 丙硫氧嘧啶能抑制外周组织的 T_4 转化为 T_3,迅速控制血清中生物活性较强的 T_3 水平,而甲巯咪唑的这种作用相对较弱,因此在重症甲亢、甲状腺危象时首选丙硫氧嘧啶。

3. 免疫抑制作用　硫脲类能轻度抑制甲状腺刺激性免疫球蛋白（thyroid stimulating immunoglobulin，TSI）的生成，患者服用抗甲状腺药后，血清中 THR 的抗体水平逐渐降低，因此，对甲亢患者除能控制高代谢症状外，对免疫原因引发的甲亢也有一定的对因治疗作用。

4. 其他　丙硫氧嘧啶还能减弱 β 受体介导的糖代谢活动。

【临床应用】主要用于甲状腺功能亢进症的治疗。

1. 甲亢的内科治疗　适用于轻症和不宜手术或 ^{131}I 治疗者，如儿童、青少年、术后复发者及中重度患者且年老体弱或兼有心、肝、肾、出血性疾病的患者。开始治疗时给予大剂量以最大程度抑制 TH 的合成，通常甲状腺毒性状态在 3~6 周内得到改善后症状明显减轻，当基础代谢率接近正常时，药量即可递减，直至维持量。疗程一般 1.5~2 年，疗程过短则易复发。内科治疗可使 40%~70% 甲亢患者获得痊愈。甲巯咪唑效力是丙硫氧嘧啶的 10 倍，每天给药 1 次即可，有助于提高依从性，而且导致严重肝损伤的风险低，是成人和儿童甲亢内科治疗的首选药物。

2. 甲亢手术的术前准备　为减少甲状腺次全切术患者麻醉中和手术后的并发症，在手术前应先服用硫脲类药物（约 6 周），使甲状腺功能恢复或接近正常。

3. 甲状腺危象的治疗　甲状腺危象是甲状腺毒症的一种少见但却致命的并发症，通常由感染、外伤、手术、情绪激动等诱因致大量 TH 突然释放入血，使患者发生高热、虚脱、心力衰竭、肺水肿、水和电解质紊乱，严重时可致死亡，应用硫脲类（常用丙硫氧嘧啶）辅助治疗可阻止新的激素合成，用量约为治疗量的 2 倍，疗程一般不超过 1 周。

临床应用

甲巯咪唑引起横纹肌溶解症的风险

横纹肌溶解症有许多可能的致病原因，包括创伤、劳累、肌肉缺氧、遗传缺陷、感染、药物因素等，其中药物因素主要有降脂药（如 HMG-CoA 还原酶抑制药及苯氧酸类）、乙醇、海洛因和可卡因等。据报道甲巯咪唑也有引发横纹肌溶解症的风险。

甲巯咪唑为 CYP3A4 抑制药，可导致其他以 CYP3A4 为底物的药物蓄积中毒，特别是如果合并应用的药物也有 CYP3A4 抑制作用的话，发生毒性反应的概率显著增加。如甲巯咪唑与以下药物合用时可能引发严重的毒性反应：大环内酯类红霉素、克拉霉素，HMG-CoA 还原酶抑制药洛伐他汀、辛伐他汀及阿托伐他汀，抗真菌药酮康唑、伊曲康唑、伏立康唑；抗人类免疫缺陷病毒感染的茚地那韦、洛匹那韦、利托那韦；抗丙型肝炎病毒感染的波普瑞韦；抗新型冠状病毒感染的奈玛特韦等。甲巯咪唑与这些药物应避免合用或合用时适当调整剂量。

【不良反应与注意事项】甲巯咪唑和丙硫氧嘧啶不良反应发生率低。

1. 粒细胞缺乏症　是硫脲类抗甲状腺药最严重的不良反应，发生率为 0.3%~0.6%。一般发生在治疗后的 2~3 个月内，故应定期检查血常规，若用药后出现咽痛或发热，应立即停药进行相应检查。特别要注意将其与甲亢本身所引起的白细胞总数偏低相区别。

2. 甲状腺肿及甲状腺功能减退　硫脲类药物长期应用后，可使血清 TH 水平显著下降，反馈性增加 TSH 分泌而引起腺体代偿性增生，腺体增大、充血，重者可产生压迫症状；还可诱导甲状腺功能减退，及时发现并停药常可恢复。

3. 肝毒性 丙硫氧嘧啶有诱发严重肝炎的风险，甚至可能导致死亡，尤其是在儿童和妊娠患者中更易发生，故丙硫氧嘧啶不宜用于儿童。硫脲类药物应用需定期监测肝功能。

4. 其他 轻微的皮疹通常可以通过应用抗组胺药缓解，也可见剥脱性皮炎、多发性浆膜炎和急性关节痛等。

磺胺类、对氨基水杨酸、对氨基苯甲酸、保泰松、巴比妥类、酚妥拉明、磺酰脲类等都能不同程度地抑制甲状腺功能，如与硫脲类同用，可能增强抗甲状腺效应，应予注意。碘化物可明显延缓硫脲类的起效时间。结节性甲状腺肿合并甲亢及甲状腺癌者禁用硫脲类。

二、碘和碘化物

常用的碘（iodine）和碘化物（iodide）有碘化钾（potassium iodide）、碘化钠（sodium iodide）和复方碘溶液（compound iodine solution，鲁氏碘液，Lugol's solution）等，都以碘化物形式从胃肠道吸收，以无机碘离子形式存在于血中，除被甲状腺摄取外，也可见于胆汁、唾液、汗液、泪液及乳汁中。

【药理作用与作用机制】不同剂量的碘化物对甲状腺功能可产生不同的作用。小剂量的碘是合成甲状腺激素的原料，用于防治单纯性甲状腺肿。缺碘地区在食盐中按 1∶100 000 ~ 1∶10 000 的比例加入碘化钾或碘化钠，可取得满意效果。碘化钾（10 mg/d）或复方碘溶液（0.1 ~ 0.5 ml/d）对早期患者疗效好，对晚期患者疗效差。如腺体太大或已有压迫症状，应考虑手术治疗。

大剂量碘化物的主要作用是抑制 TH 的释放，还可抑制其合成，且作用迅速。用药 2 ~ 7 天甲状腺毒性症状得到改善，10 ~ 15 天作用达到最大，之后效应下降，甲亢的症状又可复发。这就是碘化物不能单独用于甲亢内科治疗的原因。大剂量碘剂还能抑制 TSH 引起的腺体增生，使腺体缩小、变硬，血管减少。

【临床应用】

1. 甲亢的手术前准备 甲亢患者术前应用硫脲类后 TSH 分泌增多，致使腺体增生，组织脆而充血，须在手术前 2 周给予大量碘剂，抑制 TSH 促进腺体增生的作用，使腺体变韧，充血减少，以利于手术进行并减少出血。

2. 甲状腺危象 对甲状腺危象须首先消除诱因、对症治疗。给予大剂量碘剂能迅速抑制 TH 释放，可将碘剂加到 10% 葡萄糖溶液中静脉滴注，也可口服复方碘溶液，并在 2 周内逐渐停服，常配合服用丙硫氧嘧啶。

3. 预防放射性碘中毒 大剂量碘化物也用于核反应堆放射性碘意外泄漏后，减少甲状腺对放射性同位素的吸收。

【不良反应与注意事项】碘的不良反应包括痤疮样皮疹、口腔及咽喉烧灼感、口腔内有金属味、唾液分泌增多、唾液腺肿胀、黏膜溃疡、眼刺激症状、流鼻涕等，也可出现药物热、出血性疾病及罕见的过敏样反应，大多停药后可恢复。

长期服用碘化物可诱发甲亢，也可诱发甲状腺功能减退症和甲状腺肿。碘还可通过胎盘或进入乳汁，大剂量碘可引起新生儿甲状腺肿，孕妇及哺乳期妇女慎用。慢性阻塞性肺疾病患者应用大剂量碘剂治疗时，可发生伴有或不伴有甲状腺功能减退的甲状腺肿，这种病例女性比男性更多见。

三、放射性碘

临床应用的放射性碘（radioiodine）主要是 ^{131}I，其 $t_{1/2}$ 约 8 天，用药后 1 个月可消除其 90% 的放射性。

【药理作用与作用机制】 利用甲状腺高度摄碘能力，^{131}I 口服后可被甲状腺摄取，并可产生 β 射线（占 99%）。β 射线在组织内的射程为 0.5~2 mm，因此其辐射作用只限于甲状腺内。因增生组织对射线的敏感性大，故 β 射线主要破坏甲状腺实质，很少波及周围组织。此外 ^{131}I 还产生 γ 射线（占 1%），可在体外测得，故可用作甲状腺摄碘功能的测定。

【临床应用】

1. 甲亢的治疗 放射性碘治疗适合 21 岁以上甲亢患者，常用于不宜手术或手术后复发及硫脲类治疗无效或过敏者，尤其适用于老年患者，特别是伴发心血管疾病者。为保证 ^{131}I 的最大摄取量，治疗前 1~2 周应避免同用富碘食物或药物。

2. 甲状腺摄碘功能试验 试验前 2 周停用一切可能影响碘摄取和利用的药物和食物，试验当天空腹服小剂量 ^{131}I，服药后 1 h、3 h、24 h（或 2 h、4 h、24 h）分别测定甲状腺的放射性，计算其摄碘率。甲亢时摄碘率提高、摄碘高峰前移。

3. 甲状腺癌 碘（^{131}I）化钠胶囊和口服溶液制剂等放射性治疗产品可用于治疗甲状腺癌。

【不良反应与注意事项】 放射性碘易致甲状腺功能减退，故应严格掌握剂量和密切观察有无不良反应，一旦发生甲状腺功能减退应补充 TH。儿童多种组织处于生长发育期，对辐射效应更敏感；卵巢对放射性碘有浓集能力，加之放射性碘可能诱发染色体异常，可能对遗传产生不良影响。20 岁以下患者、妊娠或哺乳期妇女及肾功能不良者不宜使用放射性碘。

四、β 受体阻断药

β 受体阻断药主要通过阻断 β$_1$ 受体而降低心率，阻断中枢 β 受体，减轻患者焦虑症状，并能抑制外周 T$_4$ 脱碘成为 T$_3$，因 T$_3$ 是主要的外周激素，故 β 受体阻断药控制甲亢症状作用迅速，对甲亢所致的心率加快、心肌收缩力增强等交感功能亢进的症状效果很好，是甲亢及甲状腺危象的辅助治疗药。甲状腺危象时，静脉注射 β 受体阻断药能帮助患者度过危险期。β 受体阻断药也可用于甲亢患者的手术前准备。大多数甲亢患者在硫脲类药物或放射性碘的初始治疗期间，通常选用无内在拟交感活性的 β 受体阻断药，如普萘洛尔、美托洛尔、阿替洛尔。

β 受体阻断药不良反应较少，但应注意防止这类药物对心血管系统和支气管平滑肌等的不良反应。

思 考 题

1. 甲状腺激素的临床应用有哪些？
2. 用于治疗甲状腺功能亢进的抗甲状腺药主要有哪几种？请说明各类药物的主要作用机制和代表药。
3. 不同剂量的碘和碘化物的临床应用分别是什么？

4. 患者，女，43岁，近期自觉困倦乏力，体重增加。患者7年前由于甲亢服用甲巯咪唑4年，之后由于粒细胞过低，进行了放射性碘治疗，近3年间每天晨服左甲状腺素钠片，100 μg/片，每天1片。查体：HR 52次/分，BP 120/78 mmHg。TSH 17.9 μIU/mL（正常值0.27～4.2 μIU/mL），FT_4 10.3 pmol/L（正常值12～22 pmol/L），FT_3 2.9 pmol/L（正常值3.1～6.8 pmol/L）。请评估患者病史和药物的应用过程，根据她目前的甲状腺指标，给其一个治疗建议，以调整她整体的身体状态。请回答：

（1）患者曾经应用甲巯咪唑治疗甲亢，该药主要有哪些不良反应？

（2）放射性碘有哪些临床应用？主要的不良反应是什么？

（3）目前患者应用的左甲状腺素钠片是否合适？该药的临床应用是什么？下一步的用药方案应如何调整？

（马丽杰）

第三十七章

治疗糖尿病药物

第三十七章数字资源

随着发病率的持续上升，糖尿病（diabetes mellitus）已逐渐成为全世界发病率和死亡率位列前五的疾病之一，也是极为常见的慢性病之一。根据病因学证据将糖尿病分为四种类型，即1型糖尿病、2型糖尿病、特殊类型糖尿病和妊娠期糖尿病，其中前两种为主要类型。1型糖尿病（type 1 diabetes mellitus，T1DM）患者指多种因素引起的自身免疫机制紊乱所导致的胰岛β细胞破坏，胰岛素（insulin）绝对分泌量缺乏者，占糖尿病患者总数的5%~10%；2型糖尿病（type 2 diabetes mellitus，T2DM）患者指β细胞功能低下、胰岛素相对缺乏与胰岛素抵抗（insulin resistance，IR）者，占糖尿病患者总数的90%~95%，多见于成年人。其具体病因尚不清楚，但遗传、胰岛素抵抗、肥胖、代谢综合征或久坐不动的生活方式等多种因素对其发病都有影响。现已发现，导致血糖升高的两个主要病理生理改变为胰岛素分泌受损和胰岛素抵抗。

1型糖尿病的常规治疗是定期注射胰岛素，但用药不方便，且多见低血糖等不良反应；口服及吸入胰岛素制剂的研制，有望开辟胰岛素给药途径的新领域。医学营养治疗和运动治疗是控制2型糖尿病高血糖的基本措施。在饮食和运动不能控制血糖达标时，应及时采用包括口服药治疗在内的药物治疗。但2型糖尿病是一种进展性疾病，随着病程的进展，对外源性血糖控制手段的依赖逐渐增大，临床上常需多种口服降血糖药联合应用或口服和注射降血糖药联合治疗。

案例 37-1

患者，男，27岁，已患2型糖尿病4年，有糖尿病家族史。患者近4年口服二甲双胍和瑞格列奈进行治疗，体重减轻约25 kg。查体：身高173 cm，体重90 kg，BMI 30.1 kg/m²，肥胖体型。实验室检查：全血糖化血红蛋白10.4%，空腹及餐后2 h血糖分别为9.92 mmol/L、17.56 mmol/L，均超出正常值；空腹和餐后2 h胰岛素分别为8.72 mIU/L、23.55 mIU/L，胰岛功能尚可。余未见异常。

问题：
1. 请问可用于肥胖型2型糖尿病患者的药物有哪些？
2. 降血糖药有哪几类？并各举一个代表药。
3. 该患者可优先加用哪类口服降血糖药进一步治疗？并阐述其作用机制。
4. 如果你是一名医护人员，你会从哪些方面对患者提供尽可能个体化的糖尿病自我管理教育？

第一节 胰岛素

胰岛素（insulin）是一种酸性蛋白质，由 A、B 两条多肽链组成。A 链含 21 个氨基酸残基，B 链含 30 个氨基酸残基，通过两个二硫键共价相连。人胰岛素的分子量为 5 808，但药用胰岛素一般多由猪、牛胰腺提得。胰岛素结构有种属差异，虽不直接妨碍在人体发挥作用，但可成为抗原，引起过敏反应。目前可通过 DNA 重组技术利用大肠埃希菌合成胰岛素，还可将猪胰岛素 B 链第 30 位的丙氨酸用苏氨酸替代而获得人胰岛素。

【体内过程】 胰岛素作为一种蛋白质，其普通制剂易为消化酶所破坏，口服无效，必须注射给药；皮下注射吸收快，尤以前臂外侧和腹壁明显；$t_{1/2}$ 短于 10 min，但作用可维持数小时；主要在肝、肾灭活，经谷胱甘肽转氨酶还原二硫键，再由蛋白水解酶水解成短肽或氨基酸，也可被肾胰岛素酶直接水解，10% 以原型自尿液排出。因此，严重肝、肾功能不良能影响其灭活。

【药理作用】 胰岛素主要促进肝、脂肪、肌肉等靶组织脂肪和糖原的储存。一是促进脂肪合成，减少游离脂肪酸和酮体的生成，增加脂肪酸和葡萄糖的转运，使其利用增加；二能促进糖原的合成和贮存，加速葡萄糖的氧化和酵解，并抑制糖原分解和异生；三可增加氨基酸的转运和核酸、蛋白质的合成，抑制蛋白质的分解。

在不同靶器官，胰岛素产生的作用概括如下：

1. 肝 促进糖原生成，抑制糖异生。

2. 脂肪 促进脂肪生成，抑制脂肪分解。

3. 肌肉 促进糖原生成和蛋白质合成，抑制蛋白质的分解代谢。

4. 胰腺 抑制胰高血糖素释放。

5. 脑 参与调节食欲。

此外，胰岛素能促进钾离子进入细胞，降低血钾浓度；还可加快心率，加强心肌收缩力和减少肾血流量，在伴发相应疾病时应予充分注意。

【作用机制】 胰岛素属多肽类激素，分子较大，不易进入靶细胞，通过与细胞膜上的胰岛素受体（insulin receptor，InsR）结合而发挥作用。InsR 基本存在于所有的细胞中，其密度取决于细胞的类型，在肝细胞和脂肪细胞中密度最大。

胰岛素受体是由 2 个 α 亚基及 2 个 β 亚基组成的异四聚体糖蛋白复合物。α 亚基在细胞外，含胰岛素结合部位；β 亚基为跨膜蛋白，其胞内部分具有酪氨酸蛋白激酶（tyrosine protein kinase，TPK）活性。胰岛素与 InsR 的 α 亚基结合后迅速引起 β 亚基的自身磷酸化，进而激活 β 亚基上的 TPK，导致其他细胞内活性蛋白的磷酸化级联反应（phosphorylation cascade），进而产生降低血糖等生物效应（图 37-1）。其中，胰岛素可在靶器官（肝、脂肪、肌肉等）细胞内，通过顺次磷酸化而激活胰岛素受体底物 -1/-2（insulin receptor substrate，IRS-1/-2）、磷脂酰肌醇激酶（phosphoinositide-3 kinase，PI3K）和蛋白激酶 B（protein kinase B，PKB；又称 Akt），使葡萄糖转运蛋白（glucose transporter，GLUT）从细胞质转移到细胞膜（如 GLUT-4），这些 GLUT 允许葡萄糖从血液向细胞内转运，从而使血糖水平下降。

【临床应用】 胰岛素是控制高血糖的重要药物，对胰岛素缺乏的各型糖尿病均有效。主要用于下列情况：

（1）1 型糖尿病：需终生胰岛素替代治疗以维持生命和生活。

（2）经饮食控制或用口服降血糖药未能控制的 2 型糖尿病。

（3）产生各种急性高血糖症状或严重并发症的糖尿病：如糖尿病酮症酸中毒及糖尿病非酮症高渗性昏迷。糖尿病酮症酸中毒的治疗原则是立即给予足够的胰岛素，纠正失水、电解质紊乱等异常和去除诱因。糖尿病非酮症高渗性昏迷的治疗原则是纠正高血糖、高渗状态及酸中毒，适当补钾，但不宜贸然使用大剂量胰岛素，以免血糖下降太快，细胞外液中的水分向高渗的细胞内转移，导致或加重脑水肿。

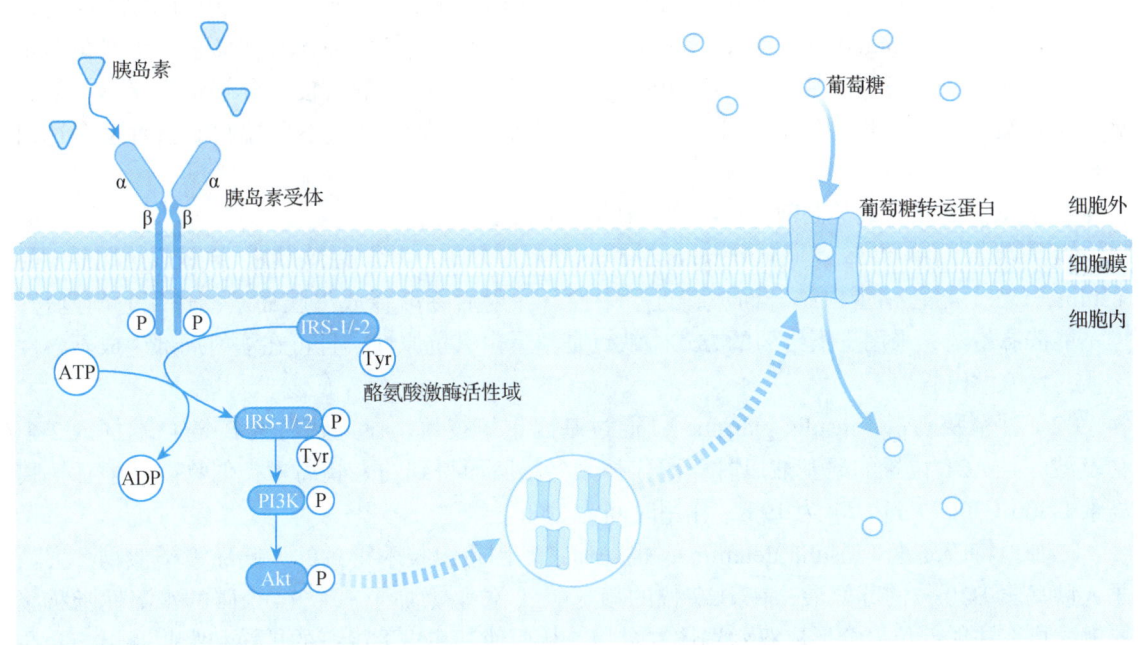

图 37-1　胰岛素受体结构及信号转导示意图

（4）新诊断糖尿病患者分型困难者：当与 1 型糖尿病难以鉴别时，可首选胰岛素治疗，待血糖得到良好控制、症状得到显著改善、确定分型后再根据分型和具体病情制订后续的治疗方案。

（5）在糖尿病病程中（包括新诊断的 2 型糖尿病）出现无明显诱因的体重显著下降者：应尽早使用胰岛素。

（6）采用饮食和运动不能控制血糖水平时的妊娠期糖尿病。

（7）与应激相关的非糖尿病危重患者的高血糖：如重度感染、消耗性疾病、高热、创伤及手术状态下的各型高血糖。在应激压力下，儿茶酚胺、胰高血糖素、生长激素、皮质醇等激素分泌增加，以及糖原分解和糖异生等增加导致的高血糖，往往与患者预后不良相关，因此，在重症患者中应使用胰岛素来维持血糖。

（8）其他：胰岛素还可用于治疗高钾血症和心肌梗死早期防止细胞内缺钾。静脉注射胰岛素与葡萄糖同用可促使钾内流，用于治疗终末期肾病患者的高钾血症。胰岛素、葡萄糖和氯化钾合用，用于心肌梗死早期，可防治心肌病变时的心律失常，减少死亡率。

【制剂】胰岛素的剂型被不断改良，从早期的动物胰岛粗提取的胰岛素，到重组人胰岛素，到胰岛素类似物，胰岛素制剂越来越能拟合人体胰岛素的生理分泌。根据来源和化学结构的不同，胰岛素可分为动物胰岛素、人胰岛素和胰岛素类似物。依据起效快慢及作用持续时间长短可将胰岛素制剂分为超短效胰岛素、短效（常规）胰岛素、中效胰岛素和长效胰岛素。

1. 超短效胰岛素　包括门冬胰岛素（insulin aspartate）及赖脯胰岛素（insulin lispro）。其特点包括：①较其他胰岛素吸收时间短，达峰时间短，且峰型尖锐，维持时间 3～5 h，能更有效地控制患者餐后血糖；②可灵活给药，餐前或餐后立刻给药即可与餐前 30 min 注射常规胰岛素达到相同的降糖效果，有利于提高患者依从性。

2. 短效（常规）胰岛素 即普通胰岛素（regular insulin，RI），其特点包括：①溶解度高；②可静脉注射，适用于重症糖尿病初治及有酮症酸中毒等严重并发症者；③皮下注射起效迅速，作用时间短，根据给药剂量不同可维持 5～8 h。

3. 中效胰岛素 主要是低精蛋白锌胰岛素（isophane insulin），又称中性鱼精蛋白锌（neutral protamine hagedorn，NPH）胰岛素，为中性溶液，是一种含有胰岛素和少量鱼精蛋白的混悬液。鱼精蛋白的加入使其作用时间延长。当给药时，酶会慢慢分解鱼精蛋白，使胰岛素得以缓慢吸收，作用时间在 18～24 h。对于血糖波动较大，不易控制的患者适合选用此药。

4. 长效胰岛素 这类制剂作用时间可达到 24 h 以上。

（1）精蛋白锌胰岛素（protamine zinc insulin，PZI）：由结晶锌胰岛素（crystalline zinc insulin，CZI）与鱼精蛋白结合而成，近乎中性，注射后逐渐释放出胰岛素，作用时间延长，但不能静脉给药，采用皮下给药的方式。缺点是精蛋白有抗原性，且可在注射局部生成不溶性物质，堵塞淋巴管。

（2）甘精胰岛素（insulin glargine）：通过基因重组技术，在人胰岛素 B 链 C 端加入 2 个精氨酸，且 A21 位置的氨基酸以甘氨酸代替天冬酰胺而得到的人胰岛素类似物。其中甘精胰岛素 U300（300 U/ml）$t_{1/2}$ 为 19 h，作用时间为 36 h。

（3）地特胰岛素（insulin detemir）：也是通过基因重组技术得到的人胰岛素类似物，去除了人胰岛素 B30 位的苏氨酸，在 B29 位的赖氨酸 ξ 位上增加了一个 14 个碳的水溶性脂肪酸侧链，可在注射部位聚合形成双六聚体复合物，从而使其在皮下组织的扩散和吸收减慢，并在吸收入循环后通过脂肪酸侧链与白蛋白可逆性结合，进一步减慢吸收入血液循环的速度，从而实现长效治疗目的。地特胰岛素 $t_{1/2}$ 为 5～7 h，作用持续时间长达 24 h。

（4）德谷胰岛素（insulin degludec，IDeg）：几乎与人胰岛素完全相同，脱去人胰岛素 B30 位的苏氨酸，通过一个 L-γ-谷氨酸，将 B29 位赖氨酸与 16 碳游离脂肪酸连接，可在注射部位聚合形成可溶、稳定的多六聚体复合物，并在吸收入循环后通过脂肪酸侧链与血浆白蛋白可逆性结合，从而达到长效治疗目的。德谷胰岛素 $t_{1/2}$ 约为 25 h，作用持续时间 > 42 h。采用每天 1 次给药方案，血药浓度波动较小，3～5 天可达到稳态血药浓度。

为了更好地控制血糖，减少不良反应，新型胰岛素类似物、复方制剂相继问世。复方制剂可减少胰岛素注射次数，简化治疗方案。目前上市的新型复方制剂包括由超长效与速效胰岛素类似物组合而成的可溶性双胰岛素制剂德谷/门冬双胰岛素（insulin degludec and insulin aspart，IDegAsp）、由长效胰岛素与非胰岛素类降血糖药组合而成的德谷胰岛素/利拉鲁肽注射液和甘精胰岛素/利司那肽注射液，它们在更好控制血糖的同时，不仅可降低患者注射负担，增加用药依从性，还可降低胰岛素剂量，降低单药使用时的低血糖、体重改变等不良反应。

【不良反应与注意事项】

1. 低血糖症 为胰岛素过量所致，是胰岛素最常见的不良反应。短效胰岛素能迅速降低血糖，出现饥饿感、出汗、心搏加快、焦虑、震颤等症状，严重者引起昏迷、惊厥及休克，甚至脑损伤及死亡。长效胰岛素降血糖作用较慢，不出现上述症状，而以头痛、精神情绪和运动障碍为主要表现。为防止低血糖症的严重后果，应教会患者熟知反应症状，以便及早发现和通过摄食或饮用糖水进行防治等。严重者应立即静脉注射 50% 葡萄糖注射液。必须在糖尿病患者中鉴别低血糖昏迷、糖尿病酮症酸中毒性昏迷及糖尿病非酮症高渗性昏迷。

2. 过敏反应 由胰岛素制剂的抗原性而产生相应抗体所致。一般反应轻微而短暂，偶可引起过敏性休克。可用其他种属动物的胰岛素代替，高纯度制剂或人胰岛素更好。发生过敏反应者可用 H_1 受体阻断药处理，重症时可用糖皮质激素。

3. 胰岛素抵抗 可分为急性型胰岛素抵抗和慢性型胰岛素抵抗。

（1）急性型胰岛素抵抗：并发感染、创伤、手术、情绪激动等所致应激状态时，血中拮抗胰岛素作用的物质增多；酮症酸中毒时血中大量游离脂肪酸和酮体妨碍葡萄糖的摄取、利用；pH 降低能减少胰岛素与受体结合。这些因素使胰岛素的作用锐减，需短时间内增加胰岛素剂量达数百乃至数千单位。只要正确处理诱因，调整酸碱、水和电解质平衡，加大胰岛素剂量，常可取得良好疗效。诱因消除后抵抗性可自行消失，即可恢复平时治疗量。

（2）慢性型胰岛素抵抗：指临床每天需用胰岛素 200 U 以上，且无并发症者。慢性型胰岛素抵抗的原因复杂，至少有以下三种。①受体前异常：因胰岛素抗体与胰岛素结合后妨碍胰岛素向靶部位转运所致。换用其他种属动物的胰岛素制剂，并适当调整剂量，常可有效。②受体水平变化：高胰岛素血症时靶细胞上的胰岛素受体数目减少，老年、肥胖、肢端肥大症及尿毒症时胰岛素受体数目也减少，酸中毒时受体与胰岛素的亲和力减低。因此，要注意减肥，防治有关疾病。尤应指出，医生要准确掌握胰岛素用量，避免人为地造成高胰岛素血症。③受体后异常：细胞膜上的葡萄糖转运系统及和某些酶系统失常及某些微量元素含量异常都可能妨碍胰岛素的正常作用而表现为胰岛素抵抗。微量元素在糖尿病治疗中的辅助作用正受到重视。

4. 体重增加 长期注射胰岛素可导致体重增加，加重糖脂代谢紊乱，也导致患者出现心脑血管疾病的风险增加。对于肥胖的 2 型糖尿病患者来说，建议不要长期使用，或可与其他药物联用。

5. 电解质紊乱 如低钾血症，很少发生，但当与其他引起低钾血症的药物一起使用时容易发生。

6. 索莫吉反应（somogyi effect） 指一些睡前使用胰岛素的患者醒来时，血糖水平反跳性增高的现象。这是人体对血糖平衡的一种自我调节，当出现低血糖时，体内的升糖激素（胰高血糖素、肾上腺素、糖皮质激素及生长激素）分泌增加，促进糖原转化为葡萄糖，使血糖增高。此现象可通过减少睡前胰岛素剂量或改变给药时间加以纠正。

7. 黎明现象（dawn phenomenon） 由于体内胰岛素不足，在黎明时分（清晨 3 时至 9 时）出现体内高血糖的现象。此现象需要增加睡前胰岛素剂量，以控制整个晚上和凌晨的血糖水平。

此外，胰岛素可致注射部位疼痛，脂肪组织萎缩，女性发生率高于男性，应用较纯胰岛素制剂者较少发生。

知识拓展

胰岛素的应用注意事项

1. 虽然胰岛素没有绝对禁忌证，但剂量需要在多种情况下进行调整和监测。
2. 有肾损害和肝衰竭的患者需要调整胰岛素剂量，因为胰岛素在肝内代谢，通过尿液排出。
3. 有低血糖发作史的患者应严密监测胰岛素剂量和血糖水平。
4. 胰岛素不应与其他易引起低血钾的药物一起使用，如利尿药。
5. 因为胰岛素可导致低血钾，当呕吐和腹泻患者使用胰岛素时应小心，因为呕吐和腹泻也可导致低血钾。
6. 对于甲酚敏感的患者禁用胰岛素制剂，因为胰岛素制剂中含有甲酚。

第二节 口服降血糖药

根据作用机制的不同，口服降血糖药分为双胍类、促胰岛素分泌药、胰岛素增敏药、α-葡萄糖苷酶抑制药、二肽基肽酶Ⅳ（DDP-4）抑制药和钠-葡萄糖偶联转运体2（sodium-glucose linkedtransporter 2，SGLT2）抑制药等（图37-2）。口服降血糖药比胰岛素用药方便，但作用比胰岛素慢而弱，单用主要用于轻、中度2型糖尿病的治疗。其中二甲双胍为2型糖尿病患者的一线用药和药物联合中的基本用药，其他类和胰岛素是主要联合用药。

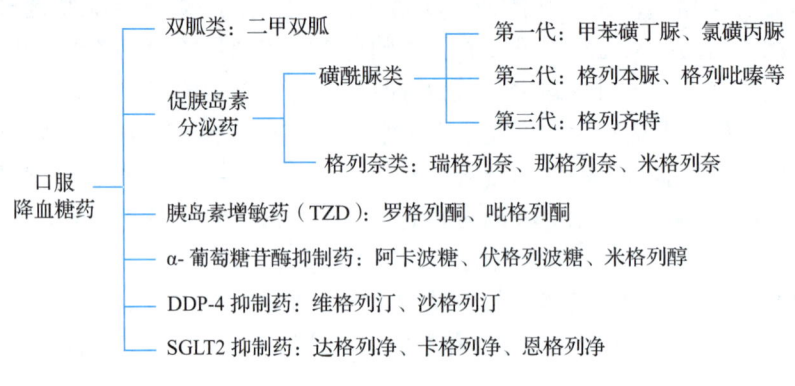

图37-2 口服降血糖药

一、双胍类

常用的双胍类（biguanides）主要为二甲双胍（metformin）。近年来随着对二甲双胍的不断深入研究，发现二甲双胍的主要药理作用是通过减少肝葡萄糖的输出和改善外周胰岛素抵抗而降低血糖，且可降低糖尿病患者的全因死亡率。与其他药物相比，二甲双胍还具有良好的成本-效益比。若无禁忌证和不耐受，二甲双胍被推荐为2型糖尿病患者控制高血糖的一线用药和药物联合中的基本用药。

【体内过程】目前临床上使用的双胍类药物主要是盐酸二甲双胍。盐酸二甲双胍的吸收部位主要为小肠。口服后达峰时间为2.5 h，绝对生物利用度为50%~60%，在常规剂量和服药间隔下，可在24~48 h达到稳态血药浓度。盐酸二甲双胍吸收后迅速分布到组织，主要分布在胃肠、肝、肾、胰腺中，在胃肠道壁高浓度蓄积；在肝、肾、唾液腺的浓度比血浆浓度高2倍。血浆蛋白结合率＜5%。其血浆消除半衰期约6.2 h，而全血的消除半衰期约为17.6 h。与大多数药物不同，盐酸二甲双胍并不被肝代谢，因此体内无二甲双胍的代谢产物。盐酸二甲双胍在肝组织蓄积，但并不通过肝组织排泄，也不经胆汁排泄，主要以原型从肾消除，肾小管分泌是其消除的主要途径。

【药理作用】
1. 降低血糖 二甲双胍可降低2型糖尿病患者的空腹血糖和餐后血糖，使糖化血红蛋白（HbA1c）下降1.0%~1.5%，且二甲双胍的降糖疗效与体重无关。二甲双胍联合生活方式干预可显著降低超重或肥胖糖尿病前期人群进展为糖尿病的发生率。

2. 减重 二甲双胍具有减轻体重的作用，其减重的机制可能包括：抑制食欲，减少热量摄入；改善高胰岛素血症，降低基础胰岛素和负荷后胰岛素水平；增加瘦素敏感性等。

3. 心血管保护作用 二甲双胍可通过减少心血管疾病的风险因素（包括血脂异常、胰岛素抵抗、肥胖、高血压、代谢相关脂肪性肝病等）而达到心血管保护作用，从而预防糖尿病的心血管并发症。

4. 其他作用

（1）改善血脂：二甲双胍能够改善脂肪的合成与代谢。二甲双胍治疗 2 型糖尿病患者，可降低患者血浆 TG、LDL-C 及 TC 水平，但对 HDL-C 改变不明显。

（2）改善代谢相关脂肪性肝病（metabolic associate fatty liver disease，MAFLD）：二甲双胍对 NAFLD 患者肝的炎症、脂肪变性和纤维化有显著改善。

【作用机制】二甲双胍的降糖作用机制复杂，涉及多种组织器官，目前还未完全阐明，认为主要有以下两个方面。

（1）直接抑制肝的糖异生，减少肝葡萄糖输出，降低空腹血糖；

（2）改善胰岛素抵抗，提高外周组织（肌肉、脂肪）对胰岛素的敏感性，从而增加外周组织对葡萄糖的摄取和利用，降低餐后血糖。

另外，二甲双胍还可抑制小肠对葡萄糖的吸收，促进肠道细胞及菌群直接或间接分泌胰高血糖素样肽-1（GLP-1），从而调节血糖水平等。

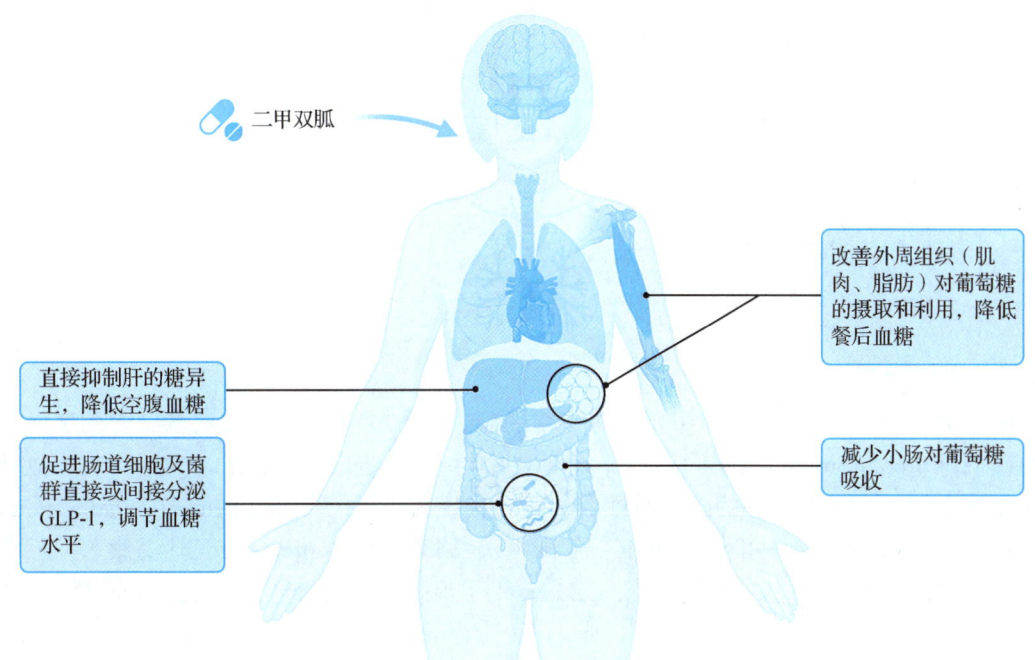

图 37-3　二甲双胍的降糖作用机制

【临床应用】二甲双胍为 2 型糖尿病控制血糖的一线首选和全程基础用药。新近国内外糖尿病指南均建议，如无禁忌证和不耐受，二甲双胍是治疗 2 型糖尿病的首选药物和联合治疗方案中的基础治疗药物，且应一直保留在糖尿病治疗方案中。其优点主要表现为：二甲双胍治疗 2 型糖尿病时不受体重的限制，不仅是超重或肥胖的 2 型糖尿病患者的首选用药，也适用于体重正常的 2 型糖尿病患者；单独使用不增加低血糖风险；改善血脂；可预防糖尿病心血管并发症。

1. 单用　用于饮食和运动不能使血糖控制达标的 2 型糖尿病患者。二甲双胍使用时应遵循"小剂量起始，逐渐加量"的剂量调整原则。二甲双胍在进餐时或餐后立即服用，具有更好的胃肠道耐受性，可提高患者的用药依从性。

2. 联合应用　以下情况，考虑联合用药。

（1）足剂量单用二甲双胍治疗 3 个月血糖控制不佳的患者：可考虑加用第二种降血糖药，

进一步获得明显的血糖改善。二甲双胍与胰岛素联合可以进一步改善血糖控制和减少胰岛素用量,并减少胰岛素治疗引起的体重增加和低血糖风险。

(2)应用胰岛素剂量较大、体重增加的1型糖尿病患者:可在胰岛素治疗基础上加用二甲双胍,能降低1型糖尿病患者的日常胰岛素剂量、体重及血脂水平,且不增加低血糖及酮症酸中毒的发生风险。

(3)应用其他降血糖药引起体重增加的患者:磺脲类、格列酮类和胰岛素等药物的使用可增加患者体重,联合二甲双胍可减轻上述药物对体重增加的影响。

【不良反应与注意事项】

(1)二甲双胍的主要不良反应为胃肠道反应,包括腹泻、恶心、呕吐、胃胀、乏力、消化不良、腹部不适,另外还有头痛。这些不良反应往往发生在药物治疗的早期,大多数患者可耐受。

(2)与胰岛素或促胰岛素分泌药联合使用时可增加发生低血糖的风险。

(3)双胍类药物禁用于肾功能不全、肝功能不全、严重感染、缺氧或接受大手术的患者。

(4)造影检查时如使用碘化对比剂,应暂时停用二甲双胍,在检查完至少48 h且复查肾功能无恶化后可继续用药。

(5)长期服用二甲双胍可引起维生素 B_{12} 水平下降。长期使用二甲双胍者可每年测定1次血清维生素 B_{12} 水平,如缺乏应适当补充维生素 B_{12}。

二、促胰岛素分泌药

(一)磺酰脲类

甲苯磺丁脲(tolbutamide,甲磺丁脲,甲糖宁,D860)是在磺胺类药基础上发展而来的,与氯磺丙脲(chlorpropamide)同属第一代磺酰脲类(first-generation sulfonylureas)降血糖药;若在苯环上接一个带芳香环的碳酰胺即成为第二代磺酰脲类(second-generation sulfonylureas)降血糖药,如格列本脲(glibenclamide,优降糖)、格列齐特(gliclazide,达美康)、格列吡嗪(glipizide,吡磺环己脲)、格列喹酮(gliquidone),作用可增加数十至上百倍;若在磺酰脲的尿素部分加一个二元杂环,如格列齐特,则不仅可降血糖,且能改变血小板功能,对糖尿病患者容易凝血和有血管栓塞倾向的问题可能有益。第三代磺酰脲类(third-generation sulfonylureas)降血糖药,代表药有格列美脲(glimepiride)。为20世纪90年代后上市的药物,其特点是用药剂量小、可改善胰岛素抵抗、减少胰岛素用量。磺酰脲类降血糖药的化学结构见表37-1。

表37-1 磺酰脲类降血糖药的化学结构

制剂名	R_1	母核	R_2
甲苯磺丁脲	H_3C-	$-SO_2NHC(=O)-NH-$	$-(CH_2)_3-CH_3$
氯磺丙脲	$Cl-$	$-SO_2NHC(=O)-NH-$	$-(CH_2)_2-CH_3$

制剂名	R₁	母核	R₂
格列本脲	(结构式)		(结构式)
格列齐特		(结构式)	
格列吡嗪	(结构式)		(结构式)
格列喹酮	(结构式)		(结构式)
格列美脲	(结构式)		(结构式)

【体内过程】 磺酰脲类在胃肠道吸收迅速而完全，血浆蛋白结合率高。其中多数药物在肝内氧化成羟基化合物，并迅速从尿中排出。甲苯磺丁脲口服后 3~5 h 达血药浓度峰值，$t_{1/2}$ 约 8 h，作用维持 6~12 h，给药 3 次/天；代谢产物可使尿蛋白测定出现假阴性。氯磺丙脲 $t_{1/2}$ 约 36 h，相当部分以原型经肾小管分泌排出，排泄缓慢，每天只需给药 1 次。格列本脲口服后 2~6 h 血药浓度达高峰，作用维持 15 h，给药 1~2 次/天。格列吡嗪口服后 1~2 h 达药峰浓度，$t_{1/2}$ 为 2~4 h，作用维持 6~10 h，灭活及排泄快，产生低血糖的危险较小。格列齐特吸收速度因人而异，$t_{1/2}$ 约为 10 h，95% 在肝内代谢，5% 以原型自尿排泄。

【药理作用与作用机制】

1. 降低血糖 磺酰脲类可降低正常人血糖，对胰岛功能尚存的患者有效，而对 1 型或严重糖尿病患者及切除胰腺的动物无作用。其作用机制有：①刺激胰岛 β 细胞释放胰岛素。胰岛 β 细胞膜含有磺酰脲受体和与之相偶联的 ATP 敏感性钾通道，以及电压门控钙通道。当磺酰脲类药物与其受体相结合后，可阻滞 ATP 敏感性钾通道而阻止钾外流，致使细胞膜去极化，增强电压依赖性钙通道的开放，促进细胞外钙内流。细胞内游离钙浓度增加后，触发胰岛素释放。②降低血清糖原水平。③增加胰岛素与靶组织及受体的结合能力。长期服用磺酰脲类且胰岛素已恢复至给药前水平的情况下，其降血糖作用仍然存在，这可能与其增加靶细胞膜上胰岛素受体的数目和亲和力有关。

2. 对水排泄的影响 格列本脲、氯磺丙脲有抗利尿作用，但不降低肾小球滤过率，这是它们促进抗利尿激素分泌和增强其作用的结果，可用于尿崩症。

3. 对凝血功能的影响 格列齐特、格列吡嗪可使血小板黏附力减弱，减少代谢旺盛的血小板数量，刺激纤溶酶原的合成。这有利于减缓糖尿病视网膜病变及糖尿病肾病等微血管并发症的发生。

【临床应用】
1. **2型糖尿病** 用于胰岛功能尚存的2型糖尿病且单用饮食控制无效者。
2. **尿崩症** 只用氯磺丙脲，0.125～0.5 g/d，可使患者尿量明显减少。

【不良反应与注意事项】磺酰脲类常见不良反应为胃肠不适、皮肤过敏、嗜睡、眩晕、神经痛，也可致黄疸和肝损害，氯磺丙脲尤较多见。少数患者有白细胞和血小板减少及溶血性贫血，因此需定期检查肝功能和血常规。较严重的不良反应为持久性的低血糖症，常因药物过量所致，老年人及肝、肾功能不良者较易发生，故老年糖尿病患者及肾功能不良者一般忌用磺酰脲类，有肾功能轻度不全的患者如使用磺脲类宜选择格列喹酮。另外，磺酰脲类还可导致体重增加。

【药物相互作用】由于磺酰脲类的血浆蛋白结合率高，表观分布容积小，因此能与其他药物（保泰松、水杨酸钠、吲哚美辛、青霉素、双香豆素等）发生血浆蛋白结合方面的竞争，使游离药物浓度上升而引起低血糖反应。消耗性疾病患者血浆蛋白水平低，对于黄疸患者，因胆红素也能竞争血浆蛋白结合部位，更易发生低血糖症。乙醇抑制糖异生和肝葡萄糖输出，故患者饮酒会导致低血糖症。另外，磺酰脲类药有类似双硫仑的抑制乙醛脱氢酶的作用，可致不耐酒精现象。此外，氯丙嗪、糖皮质激素、噻嗪类利尿药和口服避孕药均可降低磺酰脲类的降血糖作用。

（二）格列奈类

格列奈类主要包括瑞格列奈（repaglinide）、那格列奈（nateglinide）和米格列奈（mitiglinide）。

【体内过程】格列奈类口服给药后迅速经胃肠道吸收入血，15 min起效，1 h内达药峰浓度，$t_{1/2}$约1 h，通过CYP系统代谢成3种无降血糖活性的代谢产物，其中92%随胆汁进入消化道经粪便排出，其余8%经尿排泄。

【药理作用与作用机制】格列奈类化学结构不同于磺酰脲类，但降血糖机制与其相似，主要通过与胰岛β细胞膜上的特异性受体结合来促进胰岛细胞膜上ATP敏感性钾通道的关闭，抑制K^+从β细胞外流，使细胞膜去极化，从而开放电压门控钙通道，使细胞外Ca^{2+}进入细胞内，促进贮存的胰岛素分泌，因此又称其为"非磺酰脲类促泌剂"。这类药物最大的优点是可以模仿胰岛素的生理性分泌，故又被称作"餐时血糖调节剂"，可有效控制餐后高血糖，也有一定的降空腹血糖的作用。

【临床应用】格列奈类主要适用于2型糖尿病患者，老年糖尿病患者也可服用，且适用于糖尿病肾病者。格列奈类和双胍类合用有协同作用。因格列奈类结构中不含硫，故对磺酰脲类过敏者仍可使用。

【不良反应】格列奈类常见的不良反应是低血糖和体重增加，但低血糖的风险和程度较磺酰脲类轻。

三、胰岛素增敏药

胰岛素抵抗和胰岛β细胞功能受损是目前临床糖尿病治疗所面临的两大难题。胰岛素抵抗是2型糖尿病的主要致病因素之一，而1型糖尿病患者长期使用胰岛素治疗，也可出现获得性胰岛素抵抗，因此，改善患者的胰岛素抵抗状态对糖尿病治疗具有重要意义，且该治疗方式很少或不发生低血糖症，并可有效延缓糖尿病并发症的出现。噻唑烷二酮类（thiazolidinediones，TZDs）胰岛素增敏药的出现，使对2型糖尿病的治疗从单纯增加胰岛素的剂量转移到增加组织对胰岛素的敏感性上来。

噻唑烷二酮类为一类具有 2,4- 二酮噻唑烷（thiazolidine-2,4-dione）结构的化合物，是胰岛素增敏药的重要一类，包括罗格列酮（rosiglitazone）、吡格列酮（pioglitazone）等，能改善 β 细胞功能，显著改善胰岛素抵抗及相关代谢紊乱，对 2 型糖尿病及其心血管并发症均有明显疗效。

【药理作用】

1. 改善胰岛素抵抗、降低高血糖 在 2 型糖尿病的啮齿类动物模型中，罗格列酮具有降低骨骼肌、脂肪组织和肝的胰岛素抵抗的作用。单用罗格列酮 4 ~ 8 mg/d 可使患者的胰岛素抵抗较治疗前显著下降，β 细胞功能明显增加。罗格列酮与磺酰脲类或二甲双胍联合治疗也可显著降低胰岛素抵抗，并使胰岛 β 细胞功能改善较单用罗格列酮时更为明显。

罗格列酮可使患者空腹血糖、餐后血糖、血浆胰岛素及游离脂肪酸水平明显降低。在已有磺酰脲类药物基础上加用罗格列酮可使糖化血红蛋白水平进一步降低。对使用最大剂量二甲双胍后血糖控制仍较差的患者加用罗格列酮或吡格列酮也能显著改善血糖控制。在口服常规降血糖药失效而改用胰岛素仍控制欠佳的患者中加用罗格列酮也可明显减少每天所需的胰岛素用量，使血糖和糖化血红蛋白稳定地维持于理想水平。

2. 改善脂类代谢紊乱 吡格列酮可降低甘油三酯和增加 HDL 而不影响总胆固醇和 LDL 含量。罗格列酮能显著降低肥胖和胰岛素抵抗动物模型的血浆中游离脂肪酸和酮体水平。这类药物还可以改善代谢相关脂肪性肝病。

3. 防治 2 型糖尿病血管并发症 这类药物可以抑制血小板聚集、炎症反应和内皮细胞增生。罗格列酮还可延缓蛋白尿的发生，并使升高的血压降低，使肾小球的病理改变明显减轻。

4. 改善胰岛 β 细胞功能 罗格列酮可增加胰腺胰岛的面积、密度和胰岛中胰岛素含量而对胰岛素的分泌无影响，通过减少细胞死亡来阻止胰岛 β 细胞的衰退。罗格列酮还可降低高胰岛素血症和血浆游离脂肪酸水平。前者可减轻胰腺 β 细胞的负担，后者可降低游离脂肪酸对胰腺的毒性作用（"脂毒"作用），从而对 β 细胞功能具有保护作用。

【作用机制】噻唑烷二酮类改善胰岛素抵抗及降血糖的机制与竞争性激活过氧化物酶体增生物激活受体 γ（peroxisomal proliferator activated receptor-γ，PPAR-γ），调节胰岛素反应性基因的转录有关。PPAR-γ 激活后通过下列途径改善胰岛素抵抗：①活化的 PPAR-γ 与几种核蛋白形成杂化二聚体复合物，导致脂肪细胞分化产生大量小脂肪细胞，增加了脂肪细胞总量，提高和改善胰岛素的敏感性。②增强胰岛素信号转导，可阻止或逆转高血糖对酪氨酸蛋白激酶的毒性作用，促进胰岛素受体底物 -1 的磷酸化。罗格列酮尚可增加胰岛素受体数量。③降低脂肪细胞瘦素（leptin）和 TNF-α 的表达。TNF-α 通过干扰胰岛素受体酪氨酸磷酸化和增加对抗丝氨酸磷酸化的作用，能引起体内外胰岛素抵抗。④改善胰岛 β 细胞功能。⑤增加外周组织 GLUT-1 及 GLUT-4 等的转录和蛋白合成，增加基础葡萄糖的摄取和转运。⑥激活糖酵解关键酶，抑制 1,6- 二磷酸果糖激酶，使肝糖原生成减少，分解增强。

【临床应用】噻唑烷二酮类为治疗胰岛素抵抗和 2 型糖尿病联合用药的主要药物之一。

【不良反应与注意事项】

1. 低血糖 噻唑烷二酮类低血糖发生率低，但与胰岛素或促胰岛素分泌药联合使用时可增加低血糖风险。

2. 体重增加和水肿 是噻唑烷二酮类的常见不良反应，这些不良反应在与胰岛素联合使用时表现更加明显。

3. 骨折和心力衰竭风险增加 心力衰竭、活动性肝病或氨基转移酶升高超过正常上限 2.5 倍、严重骨质疏松和有骨折病史的患者应禁用噻唑烷二酮类。对于使用罗格列酮及其复方制剂的患者，应评估心血管疾病风险，权衡用药利弊后方可继续用药。

四、α-葡萄糖苷酶抑制药

α-葡萄糖苷酶抑制药（α-glucosidase inhibitors）包括阿卡波糖（acarbose）、伏格列波糖（voglibose）和米格列醇（miglitol）。这类药物降血糖的机制是在小肠上皮刷状缘与糖类竞争水解糖类的糖苷水解酶，从而减慢水解及产生葡萄糖的速度并延缓葡萄糖的吸收。

α-葡萄糖苷酶抑制药适用于以碳水化合物为主要食物成分的餐后血糖升高的患者。推荐患者每天 2~3 次，餐前即刻吞服或与第一口食物一起嚼服。α-葡萄糖苷酶抑制药可单独应用或与其他降血糖药（双胍类、磺酰脲类、噻唑烷二酮类或胰岛素）联合使用。

α-葡萄糖苷酶抑制药主要不良反应为胃肠道反应（腹胀、排气等）。从小剂量开始，逐渐加量是减少不良反应的有效方法。单独服用这类药物通常不会发生低血糖。用 α-葡萄糖苷酶抑制药的患者如果出现低血糖，治疗时需用葡萄糖或蜂蜜，而用蔗糖或淀粉类食物纠正低血糖的效果差。

五、二肽基肽酶Ⅳ（DPP-4）抑制药

DPP-4 抑制药通过抑制 DPP-4，减少胰高血糖素样肽-1（glucagon-like peptide 1，GLP-1）的失活，进而间接促进胰岛素的释放而发挥作用。GLP-1 是一种肠促胰岛素，是由人胰高血糖素基因编码，主要由肠道 L 细胞合成和分泌的肽类激素，通过特异受体（GLP-1R）介导其生理作用。GLP-1R 广泛分布于胰岛细胞、胃肠道、肺、脑、肾、下丘脑、心血管系统、肝、脂肪细胞和骨骼肌等。GLP-1 控制血糖的机制如下：

（1）在胰岛 β 细胞中，GLP-1 通过与 GLP-1R 结合，使细胞膜去极化，并最终导致细胞内 Ca^{2+} 水平升高和细胞内胰岛素释放。值得注意的是，GLP-1 的促胰岛素分泌作用具有血糖依赖性。

（2）GLP-1 刺激 β 细胞的增殖和分化，抑制 β 细胞凋亡，从而增加胰岛 β 细胞数量，抑制胰高血糖素的分泌，抑制食欲及摄食，延缓胃内容物排空等。

但内源性的 GLP-1 在体内可迅速被 DPP-4 降解而失去生物活性。因此，抑制 DPP-4 的活性可间接增加 GLP-1 的浓度和活性。DPP-4 抑制药通过抑制 DPP-4 而减少 GLP-1 在体内的失活，使内源性 GLP-1 水平升高，进一步通过促进胰岛 β 细胞释放胰岛素，同时抑制胰岛 α 细胞分泌胰高血糖素，以葡萄糖浓度依赖的方式提高胰岛素水平，降低血糖，且不易诱发低血糖和体重增加。

这类药物主要有西格列汀（sitagliptin）、维格列汀（vildagliptin）、沙格列汀（saxagliptin）、利格列汀（linagliptin）和阿格列汀（alogliptin），是治疗 2 型糖尿病联合用药的主要药物之一。

六、钠-葡萄糖偶联转运体 2（SGLT2）抑制药

SGLT2 主要分布在肾近曲小管，负责肾中 90% 葡萄糖的重吸收。SGLT2 抑制药的作用机制是通过抑制 SGLT2，抑制肾对葡萄糖的重吸收，降低肾糖阈，使葡萄糖随尿液排出，从而降低血糖浓度。

SGLT2 抑制药的代表药有卡格列净（canagliflozin）、达格列净（dapagliflozin）、恩格列净（empagliflozin）和艾托格列净（ertuglifozin）。药物口服后 1～2 h 血药浓度达高峰，$t_{1/2}$ 为 10～13 h。由于其不干扰胰岛素和胰高血糖素分泌调节通路，所以引起低血糖的可能性相对较小。此类药物的优点是可有效降低糖化血红蛋白，对于经饮食和锻炼控制不佳的 2 型糖尿病，SGLT2 抑制药不仅可有效改善血糖，还可降低体重、降低血压、保护心脏和肾等。最常见的不良反应是尿路感染和生殖器真菌感染。SGLT2 抑制药不宜用于 1 型糖尿病、糖尿病酮症酸中毒和严重肾功能不良者。

第三节　其他降血糖药

一、胰高血糖素样肽 -1 受体（GLP-1R）激动药

目前我国上市的 GLP-1R 激动药，依据药代动力学特点可分为短效类和长效类。短效类包括贝那鲁肽（benaglutide）、艾塞那肽（exenatide）、利司那肽（lixisenatide），长效类包括利拉鲁肽（liraglutide）、艾塞那肽周制剂、度拉糖肽（dulaglutide）、洛塞那肽（loxenatide）和司美格鲁肽（semaglutide）等。根据其分子结构特点可分为两类：一类是与人 GLP-1 氨基酸序列同源性较低，基于美洲蜥蜴唾液多肽 Exendin-4 结构合成的，如艾塞那肽、利司那肽和洛塞那肽；另一类是与人 GLP-1 氨基酸序列同源性较高，基于人 GLP-1 结构，通过少数氨基酸残基替换、加工修饰得到的，如利拉鲁肽、贝那鲁肽、度拉糖肽和司美格鲁肽等。但是，由于人体自身 GLP-1 的半衰期很短（约 2 min），容易被 DPP-4 降解，目前这类药物均需皮下注射给药。

【作用机制】GLP-1R 激动药　通过激活 GLP-1R 以葡萄糖浓度依赖的方式刺激胰岛素分泌和抑制胰高血糖素分泌，同时增加肌肉和脂肪组织的葡萄糖摄取，抑制肝葡萄糖的生成而发挥降糖作用，并可抑制胃排空，抑制食欲。

【临床应用】

1. 单独使用或与其他降血糖药联合使用控制血糖　GLP-1R 激动药的特点主要是可有效降低血糖，能部分恢复胰岛 β 细胞功能，降低体重，改善血脂谱及降低血压，且适合伴动脉粥样硬化性心血管疾病或高危心血管疾病风险的 2 型糖尿病患者，并且低血糖风险较小。在胰岛素使用剂量相同或更低的情况下，GLP-1R 激动药的降血糖效果优于基础胰岛素，并能减少低血糖风险，避免胰岛素治疗带来的体重增加等不良反应。

2. 减肥　对于有明显减肥需求的患者在考虑其他治疗需求的同时，推荐 GLP-1R 激动药。但目前说明书已被批准用于减肥的只有利拉鲁肽和司美格鲁肽，而且我国尚未批准 GLP-1R 激动药用于儿童和青少年肥胖。

【不良反应】GLP-1R 激动药的主要不良反应为轻到中度的胃肠道反应，包括腹泻、恶心、腹胀、呕吐等。这些不良反应多见于治疗初期，随着使用时间延长，不良反应逐渐减轻。

二、胰淀粉样多肽类似物

胰淀粉样多肽（amylin）是一种由 37 个氨基酸残基构成的多肽激素，在餐后由胰腺 β 细

胞释放，具有多种生理功能：减慢食物（包括葡萄糖）在小肠的吸收速度，以及通过抑制胰高血糖素减少肝糖原的产生而减轻患者食欲等。但天然胰淀粉样多肽具有易水解、黏度大、易凝集的缺点，不适合用于治疗。

普兰林肽（pramlintide）是继胰岛素之后第二个获准用于治疗 1 型糖尿病的药物。该药是利用脯氨酸替代胰淀粉样多肽的第 25、28 和 29 位上氨基酸得到的胰淀粉样多肽合成类似物，与胰淀粉样多肽的生理功能相同，可用作 1 型和 2 型糖尿病的辅助治疗药物，但不能替代胰岛素，主要用于单用胰岛素及联合应用胰岛素、磺酰脲类和（或）二甲双胍仍无法取得预期疗效的糖尿病患者。普兰林肽经皮下注射给药，为减少胰岛素对其药动学的影响，两者最好不要放置在同一注射器或在同一注射部位给药。普兰林肽最常见的不良反应是低血糖。普兰林肽单独使用时不会引起低血糖，但与胰岛素合用时，会增加胰岛素引起低血糖的风险。其他的不良反应还包括关节痛、头晕、咳嗽、疲劳、头痛、咽炎等。

> **临床应用**
>
> ### 降血糖药的合理应用
>
> 1 型糖尿病患者依赖胰岛素维持生命和降低糖尿病并发症的发生风险。胰岛素起始治疗适应证还包括：
>
> （1）2 型糖尿病患者在生活方式和口服降血糖药联合治疗的基础上，若血糖仍未达到控制目标，尽早（3 个月）开始胰岛素治疗。
>
> （2）与 1 型糖尿病鉴别困难的消瘦患者。
>
> （3）无明显诱因的体重下降者。
>
> 2 型糖尿病患者主要应用口服降血糖药治疗。但单独使用某一药物不能达到目标时，各类口服降血糖药可联合使用：
>
> （1）二甲双胍为 2 型糖尿病患者控制高血糖的一线用药和药物联合中的基本用药。
>
> （2）磺酰脲类、格列奈类、α-葡萄糖苷酶抑制药、噻唑烷二酮类、DPP-4 抑制药、SGLT2 抑制药、GLP-1R 激动药和胰岛素是主要联合应用的药物。
>
> （3）2 型糖尿病患者 HbA1c 不达标时可根据低血糖风险、体重、经济条件、药物可及性等因素选择联合用药。
>
> （4）无论 HbA1c 水平是否达标，2 型糖尿病患者合并动脉粥样硬化性心血管疾病、动脉粥样硬化性心血管疾病高风险、心力衰竭或慢性肾病，建议首先联合有心血管疾病和慢性肾病获益证据的 GLP-1R 激动药或 SGLT2 抑制药。

> **知识拓展**
>
> ### 降血糖药的联合用药原则
>
> （1）单独使用某一药物不能达到目标时，各类口服降血糖药可联合使用；
>
> （2）各类口服药还可与胰岛素合用；
>
> （3）小剂量各种药物联合使用，可减少单一药物不良反应并提高疗效；
>
> （4）同一类口服降血糖药不得联合使用。

思 考 题

1. 胰岛素治疗糖尿病的主要适应证包括哪些？
2. 口服降血糖药分为哪几类？每类药物列举一代表药。
3. 二甲双胍降血糖的作用机制主要为哪两个方面？其治疗 2 型糖尿病的临床地位如何？
4. 磺酰脲类药物的降血糖作用机制及临床应用是什么？
5. 患者，男，56 岁，患有糖尿病，用胰岛素治疗。患者今日晚 10 时突起心悸、多汗、虚弱，继而神志不清。查体：脉搏 120 次/分。实验室检查：尿糖（-），尿酮体（-），尿素氮 10 mmol/L。请回答：

（1）该病例中患者出现的症状是什么原因引起的？

（2）你作为医生，在用胰岛素治疗糖尿病患者时，要告知患者注意警惕胰岛素哪些不良反应？应如何避免？

（齐亚娟）

第三十八章

抗菌药概论

用于细菌、病毒、立克次体、真菌、螺旋体、衣原体、支原体、寄生虫等感染及肿瘤的药物治疗，统称为化学治疗（chemotherapy，简称化疗），而用于这些治疗的药物称为化学治疗药（chemotherapeutic drug，简称化疗药），包括抗菌药（antibacterial drug）、抗真菌药（antifungal drug）、抗病毒药（antiviral drug）、抗寄生虫药（antiparasitic drug）、抗肿瘤药（antineoplastic drug）等。抗菌药是指对致病菌具有抑菌或杀菌活性，主要经口服、注射途径给药（部分也可局部给药）的化学治疗药，从来源上可分为抗生素和人工合成抗菌药。抗生素（antibiotic）是由各种微生物（包括细菌、真菌、放线菌属）产生的，能杀灭或抑制其他微生物的物质。抗生素分为天然的和人工半合成的两类，前者由微生物产生，后者是对天然抗生素进行结构改造获得的半合成产品。人工合成抗菌药是指通过化学合成得到的具有杀灭或抑制病原微生物作用的药物。

化学治疗的目的是利用化学治疗药的选择性抑制或杀灭病原体或肿瘤细胞，而对宿主无显著的毒性和损害，在临床上发挥对疾病的防治作用。因此，应充分考虑宿主（机体）、病原体和化学治疗药三者之间的相互制约与辩证关系。病原体导致疾病的发生、发展和机体的康复是机体与病原体之间相互斗争的过程，化学治疗药的使用在于杀灭或抑制病原体的生长繁殖，促使机体的防御能力在与病原体的斗争中占据主导地位，从而使疾病趋向痊愈，机体恢复健康。但是，化学治疗药的应用在一定的条件下会使病原体产生耐药性，从而丧失药理作用，导致治疗失败。机体、抗菌药及病原菌三者的关系如图 38-1 所示。

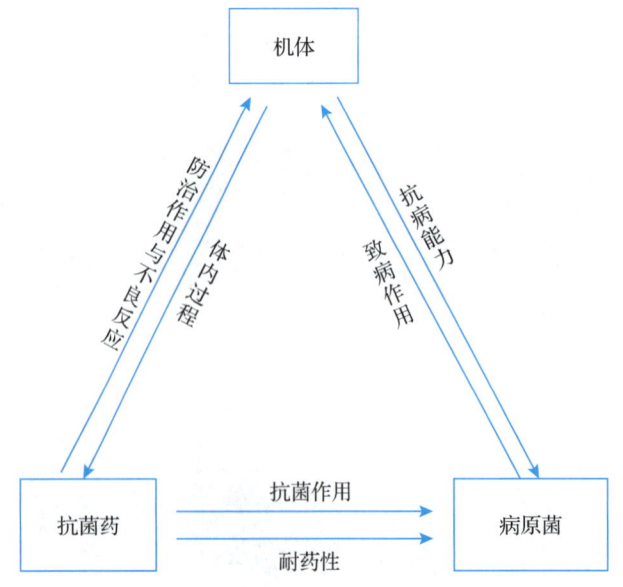

图 38-1　机体、抗菌药及病原菌三者的关系

第一节 抗菌药常用术语

1. 抗菌谱（antibacterial spectrum） 指抗菌药的抗菌作用范围。某些抗菌药仅对单一菌种或一属细菌具有抗菌作用，抗菌谱窄，称为窄谱抗菌药，如异烟肼仅对结核分枝杆菌有作用，多黏菌素类对革兰氏阴性菌有作用。有一些抗菌药的抗菌范围广泛，能对多种不同的病原菌具有抗菌作用，称为广谱抗菌药，如第三、四代喹诺酮类药，不但对革兰氏阳性菌、革兰氏阴性菌有很强的抗菌作用，且对结核分枝杆菌、衣原体、支原体及厌氧菌有作用。抗菌药的抗菌谱是临床选药的基础。

2. 抑菌药（bacteriostatic drugs） 指仅具有抑制病原菌生长繁殖的能力而无杀灭病原菌作用的药物，如四环素类、磺胺类。

3. 杀菌药（bactericidal drugs） 指不但具有抑制病原菌生长繁殖的能力，而且具有杀灭病原菌作用的药物，如青霉素类、头孢菌素类、氨基糖苷类。

4. 抗菌活性（antibacterial activity） 指抗菌药抑制或者杀灭病原菌的能力。抗菌药的抗菌活性一般可采用体外和体内两种方法来测定。在体外实验中，能抑制培养基内病原菌生长的最低药物浓度称为最低抑菌浓度（minimal inhibitory concentration，MIC）；能够杀灭培养基内细菌或使细菌数减少99.9%的最低药物浓度称为最低杀菌浓度（minimal bactericidal concentration，MBC）。体外抗菌实验对临床用药具有重要参考价值。对于体内实验，采用实验化学治疗方法测定，即以人工方法使实验动物感染定量的病原菌，然后给予抗菌药，观察实验动物死亡数的减少或死亡时间的延长，也可观察病原菌数目的变化，从而判断抗菌药的疗效与作用。

5. 细菌耐药性（bacterial resistance） 指病原菌与抗菌药多次接触后，对药物的敏感性下降甚至消失的现象，造成抗菌药临床疗效降低或者无效。这种病原菌被称为耐药菌。

6. 化学治疗指数（chemotherapeutic index，CI） 指实验动物的半数致死量（median lethal dose，LD_{50}）与感染病原体动物对实验治疗的半数有效量（median effective dose，ED_{50}）的比值，或5%的致死量（LD_5）与95%的有效量（ED_{95}）的比值，即 LD_{50}/ED_{50} 或 LD_5/ED_{95}。化学治疗指数是评价化学治疗药安全性的重要指标，化学治疗指数越大，表明该化学治疗药对机体的毒性越小，则临床应用的价值也就越高。但化学治疗指数大的化学治疗药并非绝对安全，如对机体几乎无毒性的青霉素仍有可能发生过敏性休克等不良反应。

7. 抗菌药后效应（postantibiotic effect，PAE） 指抗菌药作用于细菌一定时间后撤药，血药浓度已低于最低抑菌浓度时，细菌生长仍受到持续抑制的效应。通常以时间表示。如氟喹诺酮类药、氨基糖苷类药、两性霉素B均具有较长的抗生素后效应。

8. 首次接触效应（first expose effect） 指抗菌药只在初次接触细菌时有强大的抗菌效应，再度接触或连续与细菌接触，并不明显地增强或再次出现这种明显的效应，需要间隔相当时间（数小时）以后，才会再起作用。氨基糖苷类抗生素有明显的首次接触效应。

第二节 抗菌药的作用机制

抗菌药对病原菌有高度的选择性毒性作用，是由于抗菌药可作用于病原菌的特定靶位，干扰病原菌正常的生化代谢过程，影响其结构和功能，使其失去生长繁殖的能力，从而达到抑制或杀灭病原菌的作用（图38-2）。

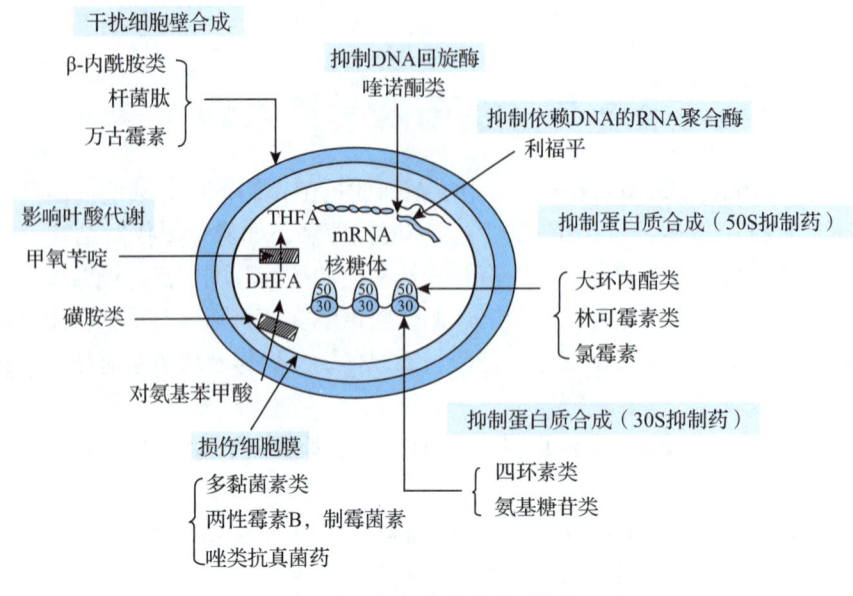

图 38-2　细菌结构与抗菌药作用部位示意图
THFA：四氢叶酸，DHFA：二氢叶酸

一、干扰细菌细胞壁的合成

所有细菌均具有细胞壁，位于细菌细胞膜外，可维持细菌的形态。细胞壁主要成分为肽聚糖（peptidoglycan，又称黏肽，mucopeptide）。革兰氏阳性菌中肽聚糖含量占整个细胞壁的50%～80%，由于其厚而坚韧，可抵抗菌体内相当于20～30个大气压的渗透压，起到防止细菌破裂、细胞质内生命物质外流的作用。革兰氏阴性菌肽聚糖含量仅占整个细胞壁的1%～10%，故其细胞壁肽聚糖层比较薄，但其细胞壁中含60%以上的脂多糖和磷脂。细胞壁肽聚糖由 N- 乙酰葡糖胺（N-acetyl glucosamine，NAC-GA）和五肽相连的 N- 乙酰胞壁酸（N-acetyl muramic acid，NAC-Mur）重复交叉联结，形成网络状。肽聚糖的生物合成可分为三个阶段，即细胞质阶段、细胞膜内阶段与细胞膜外阶段（图38-3）。抗菌药能起到抑菌、杀菌的作用，就是因为它们阻碍了细菌细胞壁生物合成过程中的不同环节。例如，磷霉素结构与磷酸烯醇式丙酮酸相似，可与丙酮酸转移酶竞争性结合，使 NAC-GA 无法获得1分子乳酸，NAC-Mur 的形成被阻断。环丝氨酸则通过抑制 D- 丙氨酸的消旋酶和合成酶的活性，使由2分子 D- 丙氨酸形成的 D- 丙氨酰 -D- 丙氨酸不能合成，从而阻碍了其与 NAC-Mur- 三肽（L- 丙氨酸、D- 谷氨酸、L- 赖氨酸）合成 NAC-Mur- 五肽。在细胞膜上，NAC-Mur- 五肽侧链中的 L- 丙氨酸连接1分子 NAC-GA，并与细胞膜上的磷脂载体形成 NAC-GA-NAC-Mur- 五肽 - 磷脂而被运送至细胞膜外，交联至细胞壁受体的生长点上，此过程可被万古霉素阻断。而磷脂载体在此过程中又获得1分子磷酸基团生成焦磷酸酯。当其完成运送作用后，经焦磷酸酶作用脱磷酸后恢复为原来的磷脂载体，继续发挥新的运送作用。杆菌肽则通过抑制焦磷酸酶的活性，阻止焦磷酸酯的脱磷酸作用，即阻断了细胞膜内所谓的磷脂循环。被运送至膜外的 NAC-GA-NAC-Mur- 五肽中的 L- 赖氨酸又连接5个甘氨酸而成 NAC-GA-NAC-Mur- 十肽，通过细菌转肽酶的转肽反应，去除末端 D- 丙氨酸，并经甘氨酸肽链连接于另一个 NAC-GA-NAC-Mur- 十肽中的第4个 D- 丙氨酸，形成网状交叉联结的坚硬的细菌细胞壁肽聚糖。β- 内酰胺类抗生素可抑制细菌的转肽反应，使肽聚糖的最终合成终止，导致细菌细胞壁的缺损。由于菌体内的高渗透压，在等渗环境中水分不断渗入，致使细菌膨胀、变形，在自溶酶影响下，细菌破裂溶解而死亡。

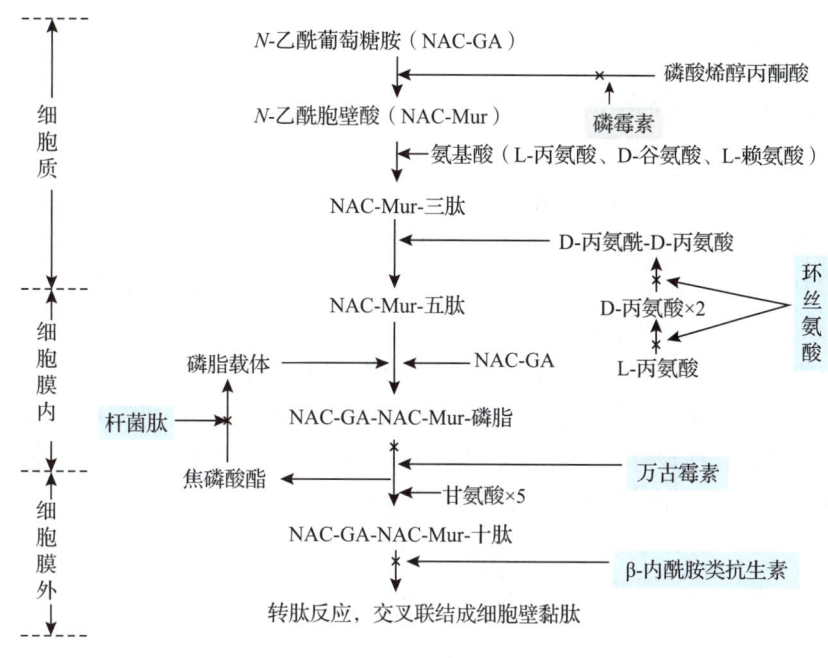

图 38-3 细菌细胞壁合成示意图

二、损伤细菌细胞膜

细菌细胞膜与一般生物膜的特性相同，是双层类脂中镶嵌蛋白质的一种半透膜，具有选择性运输和屏障作用。多肽类抗生素（多黏菌素类）具有表面活性作用，能选择性地与细胞膜内磷脂相结合。抗真菌的多烯类抗生素（两性霉素 B、制霉菌素）则与细胞膜上的固醇类物质结合。抗真菌的唑类药物（酮康唑、咪康唑、伊曲康唑、氟康唑）则能抑制固醇类物质的生物合成，从而使细胞膜的通透性增加，细菌体内的重要成分蛋白质、氨基酸、磷脂、核苷酸等渗漏出膜外，导致细菌死亡。

三、抑制细菌蛋白质合成

细菌蛋白质的合成包括合成起始、肽链延伸及合成终止三个连续的阶段，是通过细胞质内的核糖体循环完成的。细菌的核糖体为 70S，由 30S 和 50S 亚基组成；哺乳动物细胞核糖体为 80S，由 40S 和 60S 亚基组成。抗菌药对细菌的核糖体有高度的选择性毒性，而不影响哺乳动物的核糖体和蛋白质合成。多种抗菌药能抑制细菌的蛋白质合成，但它们的作用位点有所不同，从而影响细菌蛋白质合成的多个环节：①氨基糖苷类能阻止核糖体 30S 亚基和 70S 亚基合成始动复合物；也能阻碍肽链释放因子进入核糖体 30S 亚基，致使已合成的蛋白质不能释放；另外还造成 mRNA 上的三联密码子在翻译时出现错误，导致合成不正常、无功能的肽链，因而具有杀菌作用。②四环素类（包括甘氨酰四环素类）能与核糖体 30S 亚基结合，阻止氨酰 tRNA 进入 30S 亚基，阻碍肽链的形成而造成细菌蛋白质合成抑制，产生抑菌作用。③大环内酯类、林可霉素和氯霉素能与核糖体 50S 亚基结合，分别抑制肽酰转移酶和 mRNA 移位酶的活性，阻止肽链形成和延长，导致蛋白质合成受阻而起抑菌作用。④利奈唑胺与细菌核糖体 50S 亚基结合，抑制 mRNA 与核糖体连接，抑制氨酰 tRNA 与核糖体结合，阻碍了核糖体 70S 亚基始动复合物的形成，从而抑制细菌蛋白质的合成。

四、影响核酸代谢和叶酸代谢

喹诺酮类药主要是抑制细菌 DNA 复制过程中的回旋酶（拓扑异构酶Ⅱ），导致 DNA 降解及细菌死亡。利福霉素类则能特异性地抑制依赖 DNA 的 RNA 聚合酶（转录酶），使转录过程受阻，从而抑制了 mRNA 的转录。抗真菌药氟胞嘧啶在体内代谢为氟尿嘧啶，抑制胸苷酸合成酶活性，干扰真菌 DNA 的合成。

细菌生长繁殖所需的叶酸，必须由细菌利用结构较简单的对氨基苯甲酸自身合成，磺胺类药与甲氧苄啶可分别抑制细菌叶酸合成过程中的二氢蝶酸合酶和二氢叶酸还原酶的活性，妨碍细菌体内的叶酸代谢，使核苷酸的合成受阻，细菌生长繁殖不能进行。对氨基水杨酸钠也可竞争结合二氢蝶酸合酶而抑制结核分枝杆菌的生长繁殖。

第三节 细菌耐药性

细菌耐药性（bacterial resistance）是细菌产生的对抗菌药不敏感的现象，其可分为固有耐药性（intrinsic resistance，又称天然耐药性）和获得性耐药性（acquired resistance）。固有耐药性由细菌染色体基因决定，这种耐药性一般只对一种或两种相似的抗菌药耐药，比较稳定，不会消失或改变，且可代代相传。获得性耐药性发生于细菌与抗菌药多次接触后，是由质粒介导的，如金黄色葡萄球菌产生的 β-内酰胺酶能破坏 β-内酰胺类的化学结构而发生耐药。若此耐药菌不再与抗菌药接触，则其获得的耐药性可能消失。但获得性耐药性也可以由质粒将耐药基因重组到细菌染色体，成为代代相传的固有耐药性。由于获得性耐药性易于传播，故在临床上具有重要意义。

一、细菌耐药性产生机制

（一）细菌产生灭活酶

细菌可通过耐药因子产生灭活酶，使抗菌药在与细菌作用前即被酶破坏而失去抗菌作用。

1. β-内酰胺酶（β-lactamase） 细菌对 β-内酰胺类的耐药主要是由于产生了 β-内酰胺酶，可以水解 β-内酰胺环而使药物丧失抗菌作用，此酶可由染色体或质粒介导。β-内酰胺酶一般可分为青霉素酶（penicillinase）和头孢菌素酶（cephalosporinase），前者主要水解青霉素类，后者既能水解青霉素类又能水解头孢菌素类。β-内酰胺酶因细菌所接触的不同的抗菌药而形成了不同特性的 β-内酰胺酶谱。1995 年，根据酶作用底物不同和是否被酶抑制药（克拉维酸）抑制，对各种 β-内酰胺酶进行综合分析后，将其分为四组：1 组酶由染色体介导，其活性不被克拉维酸抑制，主要水解头孢菌素类，几乎所有的革兰氏阴性菌均可产生此酶。2 组酶由质粒或染色体介导，活性可被克拉维酸抑制，可水解青霉素类和头孢菌素类，分别由革兰氏阳性的金黄色葡萄球菌和革兰氏阴性杆菌等产生。3 组酶为金属 β-内酰胺酶，不被克拉维酸抑制，其活性需要金属离子如锌离子的参与，该酶由染色体介导，脆弱拟杆菌等产生，可水解除氨曲南以外的各种 β-内酰胺类抗生素，包括碳青霉烯类。4 组酶由染色体或质粒介导，不被克拉维酸抑制，主要水解青霉素类。β-内酰胺酶的类型随着新型抗菌药在临床的应用而迅速增长，还可产生超广谱 β-内酰胺酶（extended spectrum beta-lactamase，ESBL）。超广谱 β-

内酰胺酶是以灭活窄谱和广谱头孢菌素、单环类抗生素及抗革兰氏阴性杆菌青霉素等抗生素为特征的 β- 内酰胺酶。大肠埃希菌、肺炎克雷伯菌、鲍曼不动杆菌等通常最易产生超广谱 β- 内酰胺酶，其次，阴沟肠杆菌、黏质沙雷菌、弗劳地枸橼酸菌、铜绿假单胞菌也可产生。

2. 氨基糖苷钝化酶　氨基糖苷类可被钝化酶或修饰酶钝化而失去抗菌作用，钝化酶可修饰氨基糖苷类，使其不能进入细胞质内而不能作用于核糖体。氨基糖苷钝化酶可分为：①氨基糖苷乙酰化酶（aminoglycoside acetylase，AAC），将乙酰辅酶 A 的乙酰基转移至氨基糖苷类的游离—NH_2 上；②氨基糖苷腺苷化酶（aminoglycoside adenylase，AAD），将腺苷转移至氨基糖苷类的游离—OH 上，使其腺苷化；③氨基糖苷磷酸化酶（aminoglycoside phosphorylase，APH），将磷酸根转移至氨基糖苷类的游离—OH 上，使其磷酸化。细菌钝化酶的产生由质粒介导，产钝化酶的细菌往往对氨基糖苷类显著耐药，而且同一种酶可钝化不同的氨基糖苷类，同一种氨基糖苷类又可被多种不同的钝化酶所钝化。

3. 其他灭活抗菌药的酶

（1）酯酶（esterase）：如大肠埃希菌产生的红霉素酯酶，由质粒介导，能水解红霉素结构中的内酯环，使其丧失抗菌活性，从而使细菌对其耐药。

（2）氯霉素乙酰转移酶（chloramphenicol acetyltransferase，CAT）：为胞内酶，由质粒或染色体介导，某些金黄色葡萄球菌、表皮葡萄球菌等革兰氏阳性菌和革兰氏阴性杆菌可产生此酶，可使氯霉素结构中的—OH 乙酰化。

（3）核苷酸基转移酶（nucleotidyltransferase）：由质粒介导，由金黄色葡萄球菌产生，可使林可霉素类、大环内酯类等抗生素核苷酸化、乙酰化或水解而灭活。

（二）抗菌药作用靶位改变

1. 靶酶的改变　青霉素结合蛋白（penicillin-binding protein，PBP）是细菌细胞壁合成过程中不可缺少的一种酶，也是 β- 内酰胺类的作用靶酶。细菌对 β- 内酰胺类耐药，除因细菌可产生 β- 内酰胺酶外，还与细菌体内靶酶改变有关。

（1）细菌降低靶酶与抗菌药结合的亲和力，如肺炎链球菌对青霉素的高度耐药性。

（2）青霉素结合蛋白的生成增加，如肠球菌对 β- 内酰胺类的耐药性则是既产生 β- 内酰胺酶又增加青霉素结合蛋白的产生，同时还降低青霉素结合蛋白与抗菌药的亲和力，形成多种耐药机制。

（3）细菌在与抗菌药接触后，产生一种新的靶酶，形成高度的耐药性，如耐甲氧西林金黄色葡萄球菌（methicillin resistant staphylococcus aureus，MRSA）比敏感的金黄色葡萄球菌的青霉素结合蛋白的组成中多一个青霉素结合蛋白 2α（PBP-2α）。

2. 靶位结构改变　对链霉素耐药的细菌由于菌体内核糖体 30S 亚基上链霉素作用靶位 P10 蛋白发生了构象变化，使链霉素不能与其结合而发生耐药。对林可霉素和大环内酯类耐药的细菌产生耐药性的原因是核糖体 50S 亚基发生改变。

（三）抗菌药通透障碍

1. 细胞外膜通透屏障作用　革兰氏阴性杆菌外膜上有多种以外膜蛋白 F（OmpF）和外膜蛋白 C（OmpC）组成的孔道蛋白，称为膜孔蛋白（porin）。β- 内酰胺类等亲水性抗菌药可通过此通道而进入菌体，当膜孔蛋白丢失时，抗菌药进入菌体的量明显减少。目前发现除 OmpF、OmpC 以外，还有其他类型的膜孔蛋白，膜孔蛋白发生改变可导致药物进入菌体的量减少。

2. 主动流出系统　细菌的主动流出系统是由内膜转运载体、外膜膜孔蛋白和连接两者的辅助蛋白（连接蛋白）组成的。这三种蛋白的功能必须正常，且相互间组装正确，才能发挥作用。耐药菌能将进入菌体的药物通过主动流出系统泵出体外，产生耐药性，这种耐药性是非特异性的。

（四）细菌代谢途径改变

金黄色葡萄球菌对磺胺类药的耐药性是由细菌中对药物具有拮抗作用的底物——对氨基苯甲酸（para-aminobenzoic acid，PABA）的产量增多所致，其产量可为敏感菌的20倍；也可能与耐药菌株直接利用外源性叶酸等有关。

二、细菌耐药性的产生方式

（一）突变

对抗菌药敏感的细菌可以因编码某个蛋白质的基因发生突变（mutation）而导致蛋白质结构改变，使其不能与药物结合或结合能力降低。

（二）垂直传递

垂直传递（vertical transmission）是指耐药性在细菌分裂繁殖过程中传递给子代的过程。

（三）水平转移

水平转移是指耐药性通过转化、转导、接合等方式从供体细菌转移给其他细菌的过程，在细菌耐药性传递中具有重要的意义。

1. 转化（transformation） 是环境中游离的DNA（如来自其他细菌的质粒）进入敏感菌中，使其表达的蛋白质发生改变，从而产生耐药性。

2. 转导（transduction） 是由噬菌体将DNA片段导入细菌体内的过程，如果所导入的DNA中含有耐药基因，则细菌变为耐药菌。

3. 接合（conjugation） 是通过菌毛或桥接进行细菌间基因传递的过程。可转移的遗传物质称为R因子（R-factor），R因子由耐药决定质粒（resistance determinant plasmid）和耐药转移因子（resistance transfer factor）两部分构成，这两部分也可单独存在，其中耐药转移因子为细菌接合所必需，耐药决定质粒含有耐药基因。耐药决定质粒可含有多个耐药基因，因而接合是耐药性及多药耐药性扩散的重要机制。

细菌对多种抗菌药的敏感性降低称为多药耐药性（multidrug resistance，MDR）。细菌对绝大多数抗菌药均不敏感，称为泛耐药性（pan-drug resistance，PDR）。2010年南亚发现新型超级病菌——产NDM-1耐药菌。超级细菌（superbug）泛指临床上出现的对多种抗菌药均耐药的细菌，如耐甲氧西林金黄色葡萄球菌（MRSA）、耐万古霉素肠球菌（VRE）、耐多药肺炎链球菌（MDRSP）、多重抗药性结核杆菌（MDR-TB），以及碳青霉烯酶肺炎克雷伯菌（KPC）。

三、对细菌耐药性的防治措施

随着抗菌药的广泛使用，耐药菌越来越多，甚至出现了超级细菌。为避免或减少耐药性的产生，应严格掌握抗菌药的适应证；遵循《抗菌药物临床应用指导原则》，合理应用抗菌药；对抗菌药实行非限制、限制和特殊使用的分级管理制度，抗菌药的给药方案（剂量和疗程）应合理；还要严格掌握抗菌药的局部使用、预防应用和联合应用，避免滥用。同时，医院中应严格执行消毒隔离制度，防止耐药菌的交叉感染，对耐药菌感染的患者应予隔离。对抗菌药应加强管理，抗菌药必须凭处方给药。

> **知识拓展**
>
> **中国抗生素事业的先驱**
>
> 有两位科学家被称为中国抗生素事业的先驱者。第一位，童村（1906～1994），1934年获得燕京大学医学博士学位后在协和医学院从事临床工作，1940赴美国约翰霍普金斯大学学习，分别获得公共卫生学硕士和博士学位，然后在该校和德克萨斯大学医学院任教。1945年第二次世界大战结束，童村放弃了美国优越的工作条件和物质生活条件，携带生产青霉素的菌种绕道大西洋回到祖国，在北平建立了第一个抗生素研究室，后来又到上海继续进行青霉素工业化生产的研究。第二位，张为申（1909～1966），1931年本科毕业于清华大学化学系，1946年赴美国威斯康星大学学习，1950年获生物化学博士学位，并留校从事青霉素研究，1951年回国。张为申研究出用廉价原料生产青霉素，使青霉素的产量得到大幅度提升。1958年，作为新中国第一个五年计划的重点项目，华北制药厂建成，成为当时亚洲最大的抗生素制造企业，生产出第一批青霉素，使中国告别了青霉素依赖进口的历史。随后张为申为青霉素Ⅴ、链霉素、双氢链霉素、土霉素、红霉素、金霉素、氯霉素、新霉素、四环素、环丝氨酸等十多个抗生素品种在中国的生产发挥了积极的作用。

第四节 抗菌药合理应用原则

抗菌药的广泛应用也带来了一些问题，主要是因滥用而引起的各种不良反应与药源性疾病，如毒性反应、过敏反应、二重感染及病原菌的耐药性等。故抗菌药的临床合理应用颇为重要，应引起高度重视。所谓抗菌药合理应用是指在明确疾病诊断的指征下选用恰当的抗菌药，并采用适宜的剂量与疗程，以达到抑制或杀灭病原菌从而控制感染的目的，同时采用相应的综合措施，如增强患者的免疫功能及防止不良反应的发生，以促进疾病的痊愈或好转。

一、病原菌的确认诊断

对病原菌尽早做出正确诊断，是合理应用抗菌药的先决条件。在患者应用抗菌药之前，应及早确定病原菌并进行药敏试验。

二、严格根据适应证选药

严格根据适应证选药的重要性在于防止抗菌药的不合理应用，例如：①抗菌药对各种病毒、衣原体、支原体的感染性疾病通常是无治疗作用的，感冒等上呼吸道感染多数是病毒性感染，除确诊为细菌性或继发性细菌感染外，很少有应用抗菌药的指征；②除主要供局部应用的抗菌药外，应尽量避免抗菌药的皮肤、黏膜的局部应用，因易产生耐药菌或发生过敏反应；③除病情严重、危急或并发细菌感染者外，对于原因不明的发热患者不宜轻易应用抗菌药，因为应用抗菌药易掩盖临床典型的疾病症状和难于检出病原菌而延误正确的诊断及治疗；④应用抗菌药的剂量要适宜，疗程要足够，过小的剂量达不到治疗的目的且易产生耐药性，剂量过大不仅是无必要的浪费，有时反而会产生严重的不良反应，而疗程过短容易造成疾病复发或转为慢性感染。

三、根据药效学和药动学相结合的原则选药

有效的抗感染治疗方案应在药效学和药动学两者相结合的基础上制订。这是因为抗菌药的疗效取决于在体内细菌感染组织中能否达到有效的药物浓度，通常组织、体液内（除血液）的药物浓度虽与血药浓度呈正相关，但实际往往低于血药浓度，仅是血药浓度的 1/10~1/2，因此，为确保感染组织中的药物浓度达到有效抑菌或杀菌的浓度，需血药浓度高于 MIC 值的若干倍才行。

四、抗菌药的预防性应用

临床抗菌药的预防性应用有明确指征的仅为少数情况，不适当的预防性应用反可引起病原菌高度耐药的发生和继发感染而难以控制，因此，预防性应用不但必须要有明确的指征，而且仅限于经临床实践证实确实有效的少数情况。例如：①苄星青霉素、普鲁卡因青霉素或红霉素常用于风湿性心脏病患儿及常发生链球菌性咽炎或风湿热的儿童和成人，以防风湿热的发作；②预防脑膜炎奈瑟菌引起的流行性脑脊髓膜炎，常用磺胺嘧啶等；③抗结核病的预防性用药；④进入疟疾区的预防性用药；⑤风湿性心脏病、先天性心脏病人工瓣膜患者需进行口腔、上呼吸道、尿道及心脏手术前的预防性用药；⑥于战伤、复杂外伤、闭塞性血管炎患者进行截肢术后预防性应用青霉素或阿莫西林，以防止由产气荚膜梭菌引起的气性坏疽；⑦胃肠道、胸腹部手术之前的预防性用药。

五、肝、肾功能不良患者抗菌药的应用

肝是人体对药物进行代谢的最重要的器官，包括抗菌药在内的许多药物均经肝生物转化而消除其作用。肝功能不良时，由于肝药酶活性下降，减少了肝对药物的代谢作用。肝病时白蛋白合成减少而血浆蛋白结合率下降，游离药物增加，使药物作用增强或不良反应增加。对有慢性肝病或肝功能减退的患者，应避免应用或禁用主要经肝代谢的磺胺类、哌拉西林、酮康唑等药物，或具有肝肠循环的药物如四环素类、红霉素等，以及对肝有损害的药物利福平、异烟肼、林可霉素、两性霉素 B 等。

肾是最主要的药物排泄器官，肾功能不良可造成许多抗菌药及其代谢产物在体内蓄积，以致发生毒性等不良反应。因此对肾功能不良患者，抗菌药的应用宜根据肾功能减退的轻、中、重程度，分别给予常用量的 1/2~2/3、1/5~1/2 和 1/10~1/5。对主要经肾排泄或对肾有损害的抗菌药，应视具体情况采用不同的应用对策：①氯霉素、磺胺类、四环素宜避免应用；

②林可霉素类、两性霉素 B 及青霉素类对中度肾功能减退者宜减少剂量；③万古霉素、多黏菌素、头孢菌素类等应按肾功能减退程度调整给药剂量或给药间隔时间；④对氨基糖苷类最好能监测血药浓度，制订个体化给药方案。

六、老年人、儿童、孕妇等抗菌药的应用

老年人血浆蛋白尤其是白蛋白含量明显较成年人低，肾功能也随年龄增长而日益减退，当老年人应用与青壮年同剂量的抗菌药时，血药浓度往往偏高，血浆半衰期也有所延长，而易引起毒性等不良反应。所以，老年人应用抗菌药尤其是氨基糖苷类抗生素时，宜减少剂量，或根据监测的血药浓度调整剂量。

早产儿、新生儿体内酶系尤其是肝药酶发育尚不成熟，肾小球滤过率偏低，血浆蛋白与药物的结合能力也较弱，抗菌药若依体重折算给药，则往往其血药浓度较年长儿和成人为高，血浆半衰期延长，因此用药时应十分注意，可按日龄调整给药剂量或给药间隔时间。

孕妇在应用抗菌药时，应注意避免应用能透过胎盘屏障进入胎儿血液循环的药物，如孕妇应用氨基糖苷类后有可能损害胎儿的听力；四环素类尤其大剂量静脉滴注时可致孕妇肝脂肪性变，也可沉积于胎儿全身骨骼中，使其骨骼发育迟延，乳齿形成异常、黄染，釉质发育不全，故应禁用。

哺乳期妇女须接受抗菌药治疗时，如药物对乳儿能产生不良影响，则应暂停哺乳，尤其是哺乳期妇女肾功能减退而血药浓度和乳汁中药物浓度增高时更应注意。

七、抗菌药的联合应用

联合用药的目的是利用药物的协同作用减少用药剂量和提高疗效，从而减少或降低药物的毒性等不良反应，延迟和减少细菌耐药性的产生。抗菌药联合应用的结果在体外或动物实验中可产生无关、相加、协同和拮抗四种情况。无关是指联合用药后的作用强度未超过其中较强的单一药物的作用；相加是指联合用药后的作用强度仅是各药作用之和；协同是指联合用药后的作用强度超过各药作用之和；拮抗是指联合用药后的作用互相抵消或减弱。无关、相加现象在体外实验中较为常见，而协同与拮抗较少见。

为达到联合用药的目的，需根据各抗菌药的作用性质进行恰当的配伍。目前，一般将抗菌药按性质分为四种作用类型：一类为繁殖期杀菌药，如 β- 内酰胺类；二类为静止期杀菌药，如氨基糖苷类、多黏菌素类，它们对繁殖期、静止期细菌都有杀菌作用；三类为快速抑菌药，如四环素类、大环内酯类和氯霉素类；四类为慢效抑菌药，如磺胺类。一、二类抗菌药联合应用可获得协同作用，如青霉素与链霉素或庆大霉素配伍治疗肠球菌性心内膜炎；一、三类药物联合应用时，三类抗菌药因抑制蛋白质合成而使细菌处于静止状态，造成一类抗菌药的抗菌活性减弱而产生拮抗作用，如青霉素与氯霉素或四环素类抗生素合用；一、四类抗菌药合用时，四类抗菌药对一类抗菌药不会产生重要影响而往往产生相加作用，如青霉素与磺胺嘧啶合用治疗流行性脑脊髓膜炎可提高疗效；二、三类抗菌药合用，可产生相加或协同作用，如四环素与链霉素或庆大霉素合用治疗布鲁氏菌病；三、四类抗菌药合用，也可获得相加作用。但是这些联合用药的结果，仅是体外或动物实验在特定条件下的观察结果，与临床实际情况尚不完全相同。实际临床多数细菌感染性疾病仅用一种抗菌药就可控制，即使需联合应用，一般两药配伍也已足够。

联合用药较单一用药有更明确指征的少数情况：①未明病原菌的严重细菌性感染，为扩大抗菌范围，可联合用药，待细菌诊断明确后即调整用药；②单一抗菌药尚不能控制的严重的或不能有效控制的混合感染，如心内膜炎、败血症；③为防止产生耐药性，结核病、慢性骨髓炎等需长期用药治疗；④两性霉素B治疗隐球菌性脑炎时可合用氟胞嘧啶，以减少两性霉素B的用量，减轻毒性，完成疗程。

思 考 题

1. 抗菌药的作用机制有哪些？
2. MIC与MBC有何临床意义？
3. 细菌为什么会产生耐药性？
4. 如何预防耐药性产生？
5. 当患者感冒时可否使用抗菌药？

（周黎明）

第三十九章

β-内酰胺类抗生素

案例 39-1

患者，男，35岁，因反复发热入院。患者发热多见于午后，体温波动于38℃左右，偶有盗汗。红细胞沉降率：60 mm/h。体格检查：主动脉瓣第二听诊区可闻及2级舒张期叹气样杂音，以胸骨左缘3~4肋间最为明显。血培养结果：草绿色链球菌（+）。考虑细菌性心内膜炎。心脏彩超检查：主动脉瓣回声均增粗增强，主动脉瓣赘生物形成、脱垂，急性主动脉瓣关闭不全伴有重度反流。

诊断：草绿色链球菌引起的细菌性心内膜炎。

治疗：青霉素皮试，结果显示阴性。每天给予青霉素G 1600万U，分4次间歇性快速滴注。用药3天后患者体温恢复正常，1周后痊愈。

问题：
1. 青霉素G治疗草绿色链球菌引起的细菌性心内膜炎的依据是什么？青霉素G用于哪些疾病的治疗？
2. 青霉素G的抗菌作用机制是什么？
3. 对于β-内酰胺类抗生素，如何对患者进行用药指导？

第一节 概 述

【分类】β-内酰胺类抗生素是指化学结构中具有β-内酰胺环的一大类抗生素，常用的是青霉素类和头孢菌素类，以及非典型的β-内酰胺类抗生素如头霉素类、碳青霉烯类、氧头孢烯类及单环β-内酰胺类。β-内酰胺类抗生素具有抗菌活性强、不良反应少、临床疗效好的特点，是临床最常用的一类抗生素。为了增强β-内酰胺类抗生素的抗菌作用，可将其与β-内酰胺酶抑制药配伍使用。

【作用机制】

1. 抑制转肽酶活性 细菌与哺乳动物细胞结构不同，细菌细胞膜外有一层坚韧、有弹性的细胞壁，它能抵御细菌体内强大的渗透压，维持细菌的正常形态和功能。肽聚糖为构成细胞壁的主要成分。β-内酰胺类抗生素能抑制细胞壁肽聚糖的合成，导致细胞壁缺损，水分渗入细菌内，致菌体膨胀裂解。β-内酰胺类抗生素的作用靶蛋白为青霉素结合蛋白，青霉素结合蛋白具有转肽酶功能，催化转肽反应，合成肽聚糖。β-内酰胺类抗生素可与青霉素结合蛋白活性位点通过共价键结合，抑制转肽酶活性，从而阻止肽聚糖的合成，导致细胞壁缺损，引起细菌死亡。

2. 增加细菌胞壁自溶酶活性 β-内酰胺类抗生素可以活化细菌的内源性自溶机制，使细菌裂解死亡。此外，β-内酰胺类抗生素还可阻断细菌自溶酶抑制物的释放，导致细菌溶解。

细菌细胞壁肽聚糖的含量及肽链的组成随细菌种类而异，革兰氏阳性菌的细胞壁坚韧而厚，肽聚糖含量占 50%～80%，革兰氏阴性菌的细胞壁薄，肽聚糖含量只占 1%～10%，故不同细菌对 β-内酰胺类抗生素的敏感性各异，哺乳动物的细胞没有细胞壁，所以 β-内酰胺类抗生素对人和哺乳动物的毒性很小。因 β-内酰胺类抗生素对已合成的细胞壁无影响，故对繁殖期细菌的作用较静止期细菌强。青霉素容易透过革兰氏阳性菌的肽聚糖层，但不能透过革兰氏阴性菌的外膜屏障，属于仅对革兰氏阳性菌有效而对革兰氏阴性菌无效的窄谱抗生素；广谱 β-内酰胺类抗生素如氨苄西林、哌拉西林既能适度透过革兰氏阳性菌的肽聚糖层，又能很好地透过革兰氏阴性菌的外膜，因而具有广谱抗菌作用。

【耐药性】细菌对 β-内酰胺类抗生素耐药的主要机制如下。

1. 产生 β-内酰胺酶 这是细菌对 β-内酰胺类抗生素最常见的耐药机制。细菌产生的 β-内酰胺酶能水解 β-内酰胺类抗生素，从而导致 β-内酰胺类抗生素失去抗菌活性。此外，对 β-内酰胺酶稳定的 β-内酰胺类，如广谱青霉素和第二、三代头孢菌素，耐药菌可在膜壁间隙诱导产生大量的 β-内酰胺酶，使药物与酶牢固地结合，而不能与青霉素结合蛋白结合，失去抗菌活性。此种 β-内酰胺酶的非水解机制又称"牵制机制"。目前已发现的 β-内酰胺酶超过 4900 种。

由于 β-内酰胺酶在耐药性中的重要性，故抑制此类酶将克服细菌的耐药性并提高药物的疗效。这是 β-内酰胺酶抑制药与 β-内酰胺类抗生素组成复方制剂成功应用于临床的理论依据。

2. 靶位蛋白（青霉素结合蛋白）结构改变 细菌通过改变青霉素结合蛋白的结构，使之与 β-内酰胺类抗生素的亲和力降低，从而产生耐药性。如耐甲氧西林金黄色葡萄球菌可产生一种新的青霉素结合蛋白 PBP-2α，其与 β-内酰胺类抗生素的亲和力极低，因此对包括青霉素类、头孢菌素类在内的所有 β-内酰胺类抗生素均耐药。

3. 细菌外膜通透性改变 β-内酰胺类抗生素必须通过外膜的膜孔蛋白，方可到达革兰氏阴性菌的青霉素结合蛋白靶位。当细菌受到抗菌药的选择性压力时，膜孔蛋白发生结构改变，导致 β-内酰胺类抗生素渗透障碍，使药物难以到达有效部位。

4. 增加药物外排 药物外排机制加强，是细菌固有耐药和多药耐药的重要机制之一。

5. 自溶酶减少 青霉素类抗生素对某些金黄色葡萄球菌有抑菌作用，但杀菌作用差，可能是由于这类细菌缺少自溶酶。这类细菌对青霉素类抗生素耐药时，对头孢菌素类抗生素也耐药。

第二节　青霉素类抗生素

青霉素类抗生素包括天然青霉素和半合成青霉素类，其基本结构是由母核 6-氨基青霉烷酸（6-amino-penicillanic acid，6-APA）及侧链（COR）组成的（图 39-1）。6-APA 由一个噻唑环（A）连接 β-内酰胺环（B）组成，β-内酰胺环是其维持抗菌活性的最基本结构。在侧链上引入不同基团，可得到各种半合成青霉素。

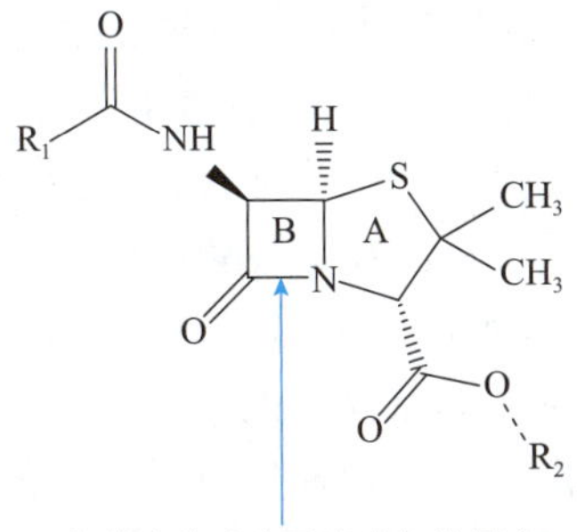

β-内酰胺酶（青霉素酶）作用点

图 39-1 青霉素类的基本结构

> **知识拓展**
>
> 青霉素的发现历程
>
> 英国著名细菌学家、医学家亚历山大·弗莱明（Alexander Fleming）在1928年意外发现一团青绿色的霉斑在葡萄球菌培养皿中迅速生长，在好奇心的驱使下他将其拿到显微镜下观察，他发现在霉斑周边的葡萄球菌全部死亡！求知欲促使他开展了一系列试验证实这种青绿色霉菌的培养液是葡萄球菌的克星！1929年，他将这种未知的物质命名为"青霉素"。因他不懂生化技术而无法将青霉素有效地提取出来，屡战屡败的弗莱明以一篇《新英格兰医学杂志》上的《青霉素——它的实际应用》的医学论文暂时结束了他对青霉素的研究。1939年，病理学教授弗洛里和生物化学家钱恩决定对青霉菌培养物中的活性物质——青霉素进行提取和纯化，经过18个月的艰苦努力，他们得到了100 mg纯度可满足人体肌内注射的青霉素。
>
> 青霉素的发现和成功应用为使用抗生素治疗传染病开辟了道路。为此，弗莱明、弗洛里和钱恩三人一起分享了1945年的诺贝尔生理学或医学奖。

一、天然青霉素类

青霉素 G（penicillin G）

青霉素 G 又名苄青霉素，是从青霉菌培养液中提取获得的。青霉菌培养液中至少含有5种青霉素，其中以青霉素 G 的性质较稳定，产量高，作用强，毒性低，价格低廉，目前仍是治疗敏感细菌所致各种感染的首选药。青霉素 G 的剂量用国际单位 U 表示。理论效价：青霉素 G 钠 1670 U≈1 mg，青霉素 G 钾 1598 U≈1 mg。常用其钠盐，其干燥粉末在室温下稳定，易溶于水，在水中不稳定，在室温中放置 24 h，大部分降解失效，生成具有抗原性的降解产物，故应临用时配制。青霉素 G 不耐酸，不耐青霉素酶，因此口服无效，对产青霉素酶的细菌无效，抗菌谱窄。青霉素 G 可引起过敏反应，严重者可致过敏性休克。

【体内过程】青霉素 G 不耐酸，口服后迅速被胃酸破坏，因此口服吸收很少；肌内注射吸收迅速而完全，约 0.5 h 血药浓度达峰值。有效血浓度可维持 4.0～6.0 h。青霉素 G 吸收后主要分布于细胞外液，由于其水溶性高，进入细胞内较少，广泛分布于全身各部位，在肝、胆、肾、肠道、精液、胎盘、关节腔及淋巴液中分布较多，房水和脑脊液中含量较低，但炎症时药物较易进入脑脊液和房水中并达有效浓度。青霉素与血浆蛋白结合率为 45%～65%，主要以原型经尿排泄，其中 10% 经肾小球滤过排出，90% 经肾小管分泌排出，$t_{1/2}$ 为 0.5～1.0 h。为延长青霉素的作用时间，可采用水溶性较差的普鲁卡因青霉素或苄星青霉素，二者临床上均肌内注射给药，但血药浓度较低，因此仅用于轻症患者或预防感染。此外，为提高青霉素的血药浓度，青霉素可与丙磺舒合用。丙磺舒为苯甲酸衍生物，与青霉素竞争肾小管同一主动转运体，抑制青霉素从肾小管排泄，从而延长青霉素的半衰期和作用时间。

【药理作用】青霉素 G 对敏感细菌有强大的杀菌作用，对人体无明显毒性。

1. 革兰氏阳性球菌 青霉素 G 对革兰氏阳性球菌如溶血性链球菌、肺炎球菌、草绿色链球菌、不产酶的金黄色葡萄球菌和表皮葡萄球菌作用强。

2. 革兰氏阴性球菌 脑膜炎奈瑟菌、淋病奈瑟菌对青霉素 G 敏感。

3. 革兰氏阳性杆菌 炭疽芽孢杆菌、白喉棒状杆菌、破伤风梭菌、产气荚膜梭菌对青霉素 G 敏感。

4. 螺旋体、放线杆菌 梅毒螺旋体、钩端螺旋体、鼠咬热螺旋体、放线杆菌等对青霉素 G 高度敏感。

5. 其他 青霉素 G 对革兰氏阴性杆菌作用较弱，对真菌、原虫、立克次体、病毒等无作用。

【临床应用】

1. 链球菌感染 溶血性链球菌引起的咽炎、扁桃体炎、猩红热、蜂窝织炎、化脓性关节炎、败血症等；草绿色链球菌引起的心内膜炎；肺炎链球菌引起的大叶性肺炎、中耳炎等首选青霉素 G 治疗。

2. 脑膜炎奈瑟菌或其他敏感菌引起的脑膜炎 青霉素 G 在正常生理状态下不易透过血脑屏障，但在脑膜出现炎症时，血脑屏障对青霉素 G 的通透性增加，因而大剂量的青霉素 G 治疗有效。

3. 螺旋体、放线杆菌感染 梅毒、钩端螺旋体病、回归热、放线杆菌病等。

4. 革兰氏阳性杆菌引起的感染 与相应抗毒素联合应用治疗破伤风、白喉、气性坏疽和流产后产气荚膜梭菌所致的败血症等。

【不良反应】

1. 过敏反应 为青霉素 G 最常见的不良反应，发生率为 3%～10%。常见药疹、荨麻疹、支气管哮喘、血清病样反应等，多不严重，停药后可消失。最严重的是过敏性休克，发生率为 0.004%～0.015%，表现为喉头水肿、支气管痉挛性哮喘、循环衰竭、血压下降、惊厥、昏迷等症状，抢救不及时会迅速死亡。过敏反应发生的原因是青霉素及其降解产物（青霉烯酸和青霉噻唑等）或 6-氨基青霉烷酸等高分子聚合物与蛋白质等大分子载体结合形成完全抗原。

青霉素过敏性休克的防治：①详细询问药物过敏史，对青霉素过敏者禁用；②避免滥用和局部用药；③注射前必须先做青霉素皮试，反应阳性者禁用；④不在没有急救药物和抢救设备的条件下使用；⑤发生过敏性休克，除一般急救措施外，应立即皮下或肌内注射肾上腺素 0.5～1.0 mg，严重者应稀释后缓慢静脉注射或滴注，必要时加入糖皮质激素和抗组胺药。

2. 赫氏反应 用青霉素 G 治疗梅毒、钩端螺旋体病时，可使症状加剧，称为赫氏反应（Herxheimer reaction），表现为全身不适、寒战、高热、咽痛、肌痛、心搏加快等，患者症状突然加重，甚至危及生命。一般发生于开始治疗后 6～8 h，12～24 h 症状消失。此反应可能是大量螺旋体被杀死后释放的内毒素所致。

3. 中枢神经系统反应 鞘内注射和全身大剂量给药可引起抽搐、昏迷等神经系统毒性反应。

4. 其他 青霉素 G 肌内注射可致局部疼痛、红肿或硬结。大剂量青霉素 G 钾盐或钠盐静脉滴注可引起明显的水、电解质紊乱。

【注意事项】青霉素 G 不宜与红霉素等快速抑菌药联合应用；与氨基糖苷类联合应用有协同作用，但两类药物不能混合于同一容器中，须分开给药；与重金属尤其是铜、锌和汞呈配伍禁忌，因重金属可破坏青霉素的氧化噻唑环。

➤ 苄星青霉素（benzathine benzylpenicillin）

苄星青霉素为青霉素的二苄基乙二胺盐，是与缓冲剂及悬浮剂适量混合制成的无菌粉末。苄星青霉素为长效青霉素，主要用于预防风湿热，也可用于控制链球菌感染的流行。其肌内注射后自局部缓慢释出，水解成青霉素 G，故血药浓度低，但持续时间长。成人一次 60 万~120 万 U，肌内注射，2~4 周一次。

二、半合成青霉素类

青霉素 G 虽具有对敏感细菌杀菌力强、毒性低等优点，但也存在抗菌谱窄、不耐酸、不能口服，而且易被青霉素酶破坏等缺点。1959 年开始以青霉素母核 6-氨基青霉烷酸为原料，经化学合成，在 R 位上连接不同侧链，分别得到可耐酸、耐酶、广谱、抗铜绿假单胞菌和革兰氏阴性杆菌的半合成青霉素。

（一）口服耐酸青霉素类

口服耐酸青霉素类的主要代表药物有青霉素 V（penicillin V，苯氧甲青霉素）和非奈西林（phenethicillin，苯氧乙青霉素）。这类药耐酸、口服吸收好，但不耐酶，抗菌谱与青霉素 G 相同，但抗菌活性不及青霉素 G。临床上口服耐酸青霉素类用于革兰氏阳性球菌引起的轻度感染如链球菌引起的扁桃体炎、咽炎、丹毒、猩红热，也可用于风湿热的预防，但不宜用于严重感染。

（二）耐酶青霉素类

耐酶青霉素类的主要代表药物有甲氧西林（methicillin）、苯唑西林（oxacillin）、氯唑西林（cloxacillin）、双氯西林（dicloxacillin）与氟氯西林（flucloxacillin）等。这类药物对金黄色葡萄球菌产生的 β-内酰胺酶稳定，对产青霉素酶的耐药金黄色葡萄球菌具有强大的杀菌作用，以双氯西林作用最强，其次为氟氯西林、氯唑西林和苯唑西林；对链球菌属有抗菌作用，但不及青霉素 G；对革兰氏阴性菌无效。主要用于耐青霉素的金黄色葡萄球菌所致的各种感染，如败血症、心内膜炎、肺炎、骨髓炎、皮肤及软组织感染。除甲氧西林对酸不稳定外，其余均耐酸，可口服和注射给药。耐酶青霉素类不良反应较少，与青霉素 G 有交叉过敏反应，少数患者口服后可出现嗳气、恶心、腹胀、腹痛、口干等胃肠道反应。

（三）广谱青霉素类

广谱青霉素类的主要代表药物有氨苄西林（ampicillin）、阿莫西林（amoxicillin）等。这类药物对革兰氏阳性和阴性细菌均有杀灭作用，且耐酸可口服，但不耐酶，抗菌谱较青霉素扩大，对革兰氏阴性杆菌有较强作用，对耐药金黄色葡萄球菌感染无效。

➤ 氨苄西林（ampicillin）

氨苄西林对革兰氏阳性菌的作用与青霉素 G 近似，对革兰氏阴性杆菌作用较强，如对伤寒沙门菌、副伤寒沙门菌、百日咳鲍特菌、流感嗜血杆菌、大肠埃希菌、痢疾志贺菌均有较强的抗菌作用。临床主要用于敏感菌所致的感染，如呼吸道感染、胃肠道感染、尿路感染、软组织感染、心内膜炎、脑膜炎、败血症，对伤寒、副伤寒的治疗效果好。氨苄西林与青霉素 G

有交叉过敏反应。

> 阿莫西林（amoxicillin）

阿莫西林又名羟氨苄西林，在酸中稳定，从胃肠道吸收比氨苄西林快且更完全。其抗菌谱及抗菌活性与氨苄西林相似，但对肺炎球菌、沙门菌属、幽门螺杆菌的杀菌作用较氨苄西林强。主要用于敏感菌所致的呼吸道、泌尿道、胆道感染及伤寒的治疗，也可用于慢性活动性胃炎和消化性溃疡的治疗。不良反应以恶心、呕吐、腹泻等胃肠道反应和皮疹为主，对青霉素 G 过敏者禁用。

> 匹氨西林（pivampicillin）

匹氨西林为氨苄西林的酯化物，在体内能迅速水解为氨苄西林而发挥抗菌作用，抗菌谱和抗菌活性与氨苄西林完全相同，但口服吸收完全，且不受消化道中食物的影响。

（四）抗铜绿假单胞菌青霉素类

抗铜绿假单胞菌青霉素类主要代表药物为羧苄西林（carbenicillin）、哌拉西林（piperacillin）、替布西林（ticarcillin）、呋苄西林（furbenicillin）、阿洛西林（azlocillin）等。其抗铜绿假单胞菌的机制是与铜绿假单胞菌生存必需的青霉素结合蛋白形成多位点结合，而且对细菌细胞膜具有强大的穿透作用。

> 羧苄西林（carbenicillin）

羧苄西林因不耐酸而不能口服，仅能注射给药。其抗菌谱与氨苄西林相似，对铜绿假单胞菌及变形杆菌有一定的抗菌作用，临床主要用于铜绿假单胞菌及变形杆菌引起的感染，由于抗菌作用弱，需使用大剂量，现已少用。

> 哌拉西林（piperacillin）

哌拉西林抗菌谱广，对包括铜绿假单胞菌在内的大多数革兰氏阴性菌、革兰氏阳性菌和厌氧菌均有抗菌作用，对铜绿假单胞菌的抗菌作用较羧苄西林强 8～16 倍，对青霉素 G 敏感的细菌作用与青霉素 G 相同，对肺炎球菌的抗菌作用优于青霉素 G 和氨苄西林。临床主要用于敏感肠杆菌科细菌、铜绿假单胞菌、不动杆菌属所致的败血症、上尿路及复杂性尿路感染、呼吸道感染、胆道感染、腹腔感染、盆腔感染及皮肤、软组织感染等。哌拉西林不良反应与青霉素相似。

> 替卡西林（ticarcillin）

替卡西林抗菌谱与羧苄西林相似，但抗铜绿假单胞菌活性比羧苄西林强 2～4 倍，对其他革兰氏阳性杆菌的抗菌活性比羧苄西林强 2～20 倍，口服不吸收，肌内注射后 0.5～1.0 h 达药峰浓度，分布广泛，胆汁中药物浓度高。替卡西林因所用剂量低，毒性发生率低，已取代羧苄西林用于铜绿假单胞菌所致的各种感染。

> 呋布西林（furbenicillin）

呋布西林抗铜绿假单胞菌的作用比羧苄西林强 8～16 倍，对金黄色葡萄球菌、链球菌、痢疾志贺菌、流感嗜血杆菌等也有强大的作用，主要用于铜绿假单胞菌感染。口服吸收少，局部刺激性强，不宜口服或肌内注射给药。

阿洛西林抗菌谱与羧苄西林相似，抗菌活性强于羧苄西林，对耐羧苄西林和庆大霉素的铜绿假单胞菌也有较好的作用，主要用于治疗铜绿假单胞菌、大肠埃希菌及其他肠杆菌科细菌所致的感染。

（五）主要作用于革兰氏阴性菌的青霉素类

> 美西林（mecillinam，氮䓬脒青霉素）

美西林主要作用于革兰氏阴性菌，而对革兰氏阳性菌的抗菌活性差，用于大肠埃希菌和某些敏感的肠杆菌科细菌引起的尿路感染和伤寒的治疗。美西林口服吸收差，需注射给药。不良反应少，偶见皮疹及过敏反应。

➢ **匹美西林（pivmecillinam，氮䓬脒青霉素双酯）**

匹美西林为美西林的双酯化合物，口服吸收后在血液中被酯酶水解成为具有抗菌活性的美西林而起作用。口服吸收完全，且食物可促进其吸收，使用方便。

➢ **替莫西林（temocillin，羧噻吩甲氧青霉素）**

替莫西林对肠杆菌科细菌和其他革兰氏阴性菌有较好的抗菌活性，对多数 β-内酰胺酶高度稳定，对革兰氏阳性球菌作用弱。主要用于敏感革兰氏阴性菌引起的尿路、胆道及呼吸道感染等。口服吸收差，肌内注射吸收良好。不良反应少，偶见短暂性荨麻疹或丘疹等。

临床应用

青霉素类抗生素的临床应用

青霉素类抗生素口服制剂可以用于预防感染或治疗轻症感染，注射剂可以用于治疗全身性感染，并可以与其他抗菌药联合用药。

天然青霉素类即青霉素 G，可以用于大部分革兰氏阳性菌、革兰氏阴性球菌、螺旋体所致感染，并作为首选药；大剂量静脉给药可用于脑膜炎奈瑟菌、肺炎链球菌所致的细菌性脑膜炎；长效的苄星青霉素，主要用于预防风湿热，也可用于控制链球菌感染的流行。耐酸可口服的青霉素 V 用于革兰氏阳性球菌引起的轻度感染。耐酶的青霉素类如氟氯西林，主要用于耐青霉素 G 的金黄色葡萄球菌所致的各种感染。广谱青霉素类对革兰氏阳性和阴性细菌均有杀灭作用，对革兰氏阴性杆菌有较强作用，耐酸不耐酶，如阿莫西林可用于敏感菌（肺炎链球菌、溶血性链球菌、大肠埃希菌等）所致的呼吸道、泌尿道、胆道感染及伤寒 D 治疗，也可用于幽门螺杆菌所致的慢性活动性胃炎和消化性溃疡的治疗。抗铜绿假单胞菌青霉素类如羧苄西林、替卡西林，适用于肠杆菌科细菌及铜绿假单胞菌所致的呼吸道感染、尿路感染、胆道感染、腹腔感染、皮肤及软组织感染。抗革兰氏阴性菌的青霉素类如替莫西林，因抗菌作用弱，已逐渐被头孢菌素类抗生素、喹诺酮类药所替代。

第三节　头孢菌素类抗生素

一、概述

头孢菌素类抗生素是以头孢菌素母核 7-氨基头孢烷酸（7-ACA）连接上不同侧链而成的半合成抗生素（图 39-2），与青霉素类一样具有 β-内酰胺环。头孢菌素类的作用机制同青霉素类相似，具有抗菌作用强、临床疗效高、毒性低、过敏反应少、与青霉素仅部分交叉过敏及对 β-内酰胺酶有不同程度的稳定性等优点。头孢菌素类根据不同品种研制时间的

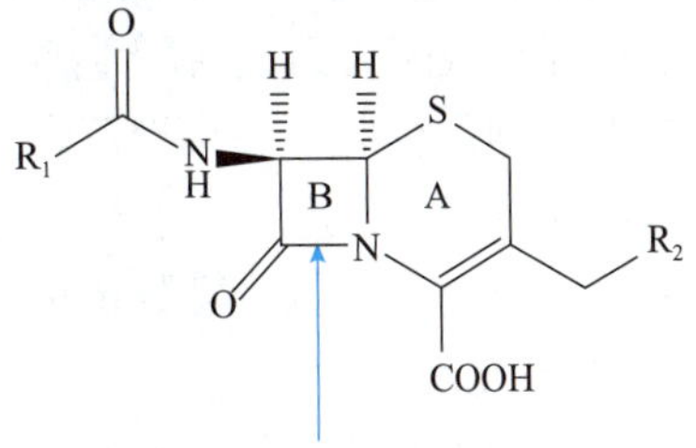

β-内酰胺酶（头孢菌素酶）作用点

图 39-2　头孢菌素的基本结构

先后和抗菌谱、抗菌强度、对 β- 内酰胺酶的稳定性及肾毒性的不同可分为五代。

【药理作用与临床应用】头孢菌素类抗生素为杀菌药，能与青霉素结合蛋白结合，抑制细菌细胞壁的合成，导致细菌裂解死亡。头孢菌素的抗菌谱广，对部分革兰氏阳性菌和革兰氏阴性菌都有较好的抗菌作用，广泛用于临床中大多数致病菌所致的感染。对产生 β- 内酰胺酶的耐青霉素细菌，头孢菌素类仍然有效。

【不良反应】

1. **过敏反应**　头孢菌素类可致皮疹、荨麻疹、哮喘、药物热、血清病样反应、血管神经性水肿、过敏性休克等不良反应。头孢菌素类与青霉素类呈现不完全的交叉过敏反应，对青霉素过敏者有 5%～10% 对头孢菌素有交叉过敏反应。

2. **肾毒性**　第一代头孢菌素有一定程度的肾毒性，可致血液尿素氮、血肌酐升高、少尿和蛋白尿等，如头孢唑林大剂量使用时可出现肾毒性。第二代头孢菌素的肾毒性较第一代降低，第三、四代基本无肾毒性。

3. **二重感染**　长期或大剂量使用头孢菌素类抗生素可致二重感染。

4. **凝血功能障碍**　部分头孢菌素类药物可减少维生素 K 的合成，头孢孟多、头孢哌酮高剂量应用可出现低凝血酶原血症或血小板减少导致的出血。有出血倾向的患者可用维生素 K 防治。

5. **双硫仑样反应**　头孢唑林、头孢哌酮、头孢孟多等可使饮酒者出现双硫仑样反应，表现为面部潮红、头痛、眩晕、腹痛、恶心、呕吐等症状，严重者出现呼吸困难、心率加快、血压下降、嗜睡、幻觉，甚至休克，是应用药物后摄入乙醇而导致体内乙醛蓄积的中毒反应。某些头孢菌素类药物的化学结构中含有甲硫四氮唑侧链，抑制了肝细胞微粒体内乙醛脱氢酶的活性，阻断了乙醛氧化代谢，从而导致体内乙醛聚积，出现双硫仑样反应，故在应用这些药物治疗期间或停药 3 天内应禁酒。

二、常用药物

（一）第一代头孢菌素

第一代头孢菌素主要代表药物有头孢唑林（cefazolin）、头孢氨苄（cephalexin）、头孢羟氨苄（cefadroxil）、头孢噻吩（cephalothin）、头孢匹林（cefapirin）和头孢拉定（cefradine）等。

【抗菌作用特点】第一代头孢菌素对革兰氏阳性菌作用强，优于第二代与第三代头孢菌素；对革兰氏阴性菌作用弱，较第二代与第三代头孢菌素差；对金黄色葡萄球菌产生的 β- 内酰胺酶的稳定性优于第二代和第三代；对革兰氏阴性菌产生的 β- 内酰胺酶不稳定；对铜绿假单胞菌、耐药肠杆菌和厌氧菌无效。某些品种有不同程度的肾毒性。

【临床应用】第一代注射用头孢菌素的常用品种为头孢唑林，用于需氧细菌引起的中度感染和部分敏感菌引起的严重感染，如敏感菌引起的呼吸系统、泌尿生殖系统、胆道感染及皮肤软组织创伤等。口服头孢菌素如头孢氨苄、头孢羟氨苄、头孢拉定主要用于治疗肺炎链球菌、溶血性链球菌、产青霉素酶金黄色葡萄球菌（耐甲氧西林金黄色葡萄球菌除外）及其他敏感的革兰氏阳性菌和阴性菌引起的轻度感染和部分中度感染。

【不良反应】

1. **过敏反应**　第一代头孢菌素与青霉素类有交叉过敏反应。

2. **肾毒性**　第一代头孢菌素大剂量使用或与氨基糖苷类抗生素联合应用时，易造成肾功能障碍，其中以头孢唑林与头孢噻吩尤为明显。

➢ **头孢噻吩（cefalotin，先锋霉素Ⅰ）**

头孢噻吩为最早应用于临床的头孢菌素类药物，对革兰氏阳性菌的活性较强，对革兰氏阴性菌的作用相对较差，对金黄色葡萄球菌产生的青霉素酶稳定。耐甲氧西林金黄色葡萄球菌和耐青霉素的肺炎链球菌对头孢噻吩耐药。头孢噻吩适用于敏感金黄色葡萄球菌所致的败血症、心内膜炎等，也可用于敏感革兰氏阴性杆菌所致的尿路感染、败血症及肺炎等。

➢ **头孢氨苄（cefalexin，先锋霉素Ⅳ）**

头孢氨苄的抗菌谱与头孢噻吩相似，但抗菌活性较头孢噻吩差。该药对葡萄球菌所产生的青霉素酶稳定，因此对耐青霉素的金黄色葡萄球菌有良好的抗菌作用；除肠球菌属、耐甲氧西林葡萄球菌外，多数革兰氏阳性球菌对其敏感；对部分大肠埃希菌、肺炎克雷伯菌、奇异变形杆菌、沙门菌属和志贺菌属有抗菌活性，其余革兰氏阴性杆菌多数对其耐药。头孢氨苄适用于敏感细菌所致的轻、中度急性扁桃体炎、咽峡炎、中耳炎、鼻窦炎、支气管炎、肺炎等呼吸道感染、尿路感染和皮肤软组织感染等。

➢ **头孢唑林（cefazolin，先锋霉素Ⅴ）**

头孢唑林口服吸收差，宜肌内注射或静脉注射给药，在体内分布广泛，但难以透过血脑屏障。除肠球菌属、耐甲氧西林葡萄球菌属外，头孢唑林对其他革兰氏阳性球菌均有良好的抗菌活性，肺炎链球菌和溶血性链球菌对其高度敏感；白喉棒状杆菌、炭疽芽孢杆菌、李斯特菌和梭状芽孢杆菌对其也甚敏感。头孢唑林适用于治疗敏感细菌所致的中耳炎、支气管炎、肺炎等呼吸道感染、尿路感染、皮肤软组织感染、骨和关节感染、败血症、感染性心内膜炎、肝胆系统感染及眼耳鼻喉科感染等。

➢ **头孢拉定（cefradine，先锋霉素Ⅵ）**

头孢拉定对不产青霉素酶和产青霉素酶的金黄色葡萄球菌、凝固酶阴性葡萄球菌、A组溶血性链球菌、肺炎链球菌和草绿色链球菌等革兰氏阳性球菌的部分菌株具有良好抗菌作用；厌氧革兰氏阳性菌对其多敏感，脆弱拟杆菌对其呈现耐药；耐甲氧西林葡萄球菌属、肠球菌属对其耐药。头孢拉定适用于敏感菌所致的急性咽炎、扁桃体炎、中耳炎、支气管炎和肺炎等呼吸道感染、泌尿生殖道感染及皮肤软组织感染等。

（二）第二代头孢菌素

第二代头孢菌素主要代表药物为头孢呋辛（cefuroxime）、头孢克洛（cefaclor）、头孢孟多（cefamandole）、头孢尼西（cefonicid）、头孢雷特（ceforanide）。

【**抗菌作用特点**】第二代头孢菌素对革兰氏阴性菌作用较第一代强，而对革兰氏阳性菌作用较第一代弱；对革兰氏阴性杆菌β-内酰胺酶稳定性提高；对铜绿假单胞菌无效；肾毒性比第一代头孢菌素低。

【**临床应用**】第二代头孢菌素可作为一般革兰氏阴性杆菌感染的首选药物，适用于敏感菌引起的呼吸道、泌尿道、皮肤及软组织、骨组织、骨关节、妇科等感染及耐青霉素的淋病奈瑟菌感染的治疗。

➢ **头孢呋辛（cefuroxime）**

头孢呋辛对革兰氏阳性球菌的作用与第一代头孢菌素相比活性相似或略差，但对葡萄球菌和革兰氏阴性杆菌产生的β-内酰胺酶相当稳定。除耐甲氧西林葡萄球菌、肠球菌属和李斯特菌属外，其他阳性球菌（包括厌氧球菌）对头孢呋辛均敏感。头孢呋辛对大肠埃希菌、肺炎克雷伯菌、变形杆菌属等肠杆菌科细菌也有良好作用。头孢呋辛适用于溶血性链球菌、金黄色葡萄球菌（耐甲氧西林株除外）、流感嗜血杆菌、大肠埃希菌、肺炎克雷伯菌、奇异变形杆菌等敏感菌株所致成人急性咽炎或扁桃体炎、急性中耳炎、支气管炎及淋病奈瑟菌性尿道炎等。

(三) 第三代头孢菌素

第三代头孢菌素主要代表药物包括头孢噻肟 (cefotaxime)、头孢他啶 (ceftazidime)、头孢哌酮 (cefoperazone)、头孢唑肟 (ceftizoxime)、头孢曲松 (ceftriaxone)、头孢克肟 (cefixime)、头孢地嗪 (cefodizime) 等。

【抗菌作用特点】 第三代头孢菌素对革兰氏阴性杆菌的作用强于第一、第二代，对革兰氏阳性菌作用弱于第一、第二代，对革兰氏阴性菌产生的 β-内酰胺酶高度稳定；具有很强的组织穿透力，体内分布广泛，可在组织、体腔、体液中达到有效浓度；抗菌谱广，对铜绿假单胞菌和厌氧菌有不同程度的抗菌作用；对肾基本无毒性。

【临床应用】 第三代头孢菌素主要用于治疗重症耐药革兰氏阴性杆菌感染，特别是威胁生命的严重革兰氏阴性杆菌感染，包括白细胞减少、免疫功能低下的重症感染，以及以革兰氏阴性杆菌为主要致病菌、兼有厌氧菌和革兰氏阳性菌的混合感染。由于第三代头孢菌素组织穿透力强，分布广，在机体各部位均可达到有效浓度，可用于呼吸道、泌尿道、胃肠道、胆道、胸腔、腹腔、盆腔、骨关节、皮肤软组织等部位的重症感染。头孢他啶、头孢哌酮还可用于铜绿假单胞菌所致的各种感染。

➢ 头孢噻肟 (cefotaxime)

头孢噻肟口服不吸收，注射给药后广泛分布于全身各种组织和体液中，正常脑脊液中的药物浓度很低，脑膜炎患者应用后，脑脊液中可达有效浓度。头孢噻肟对大肠埃希菌、奇异变形杆菌、克雷伯菌属和沙门菌属等肠杆菌科革兰氏阴性菌有强大活性；对普通变形杆菌和枸橼酸杆菌属也有良好作用；阴沟肠杆菌、产气肠杆菌对其耐药；对铜绿假单胞菌和产碱杆菌无抗菌活性；对流感嗜血杆菌、淋病奈瑟菌（包括产 β-内酰胺酶株）、脑膜炎奈瑟菌和卡他莫拉菌等均有强大的作用；对金黄色葡萄球菌的抗菌活性较差，对溶血性链球菌、肺炎链球菌等革兰氏阳性球菌的活性强，肠球菌属对其耐药。头孢噻肟适用于敏感细菌所致的肺炎及其他下呼吸道感染、尿路感染、脑膜炎、败血症、腹腔感染、盆腔感染、皮肤软组织感染、生殖道感染、骨和关节感染等。头孢噻肟可以作为小儿脑膜炎的候选药物。

➢ 头孢曲松 (ceftriaxone)

头孢曲松的抗菌谱和抗菌活性与头孢噻肟相似，对肠杆菌科细菌等革兰氏阴性菌有强大的活性，对铜绿假单胞菌抗菌作用差，主要用于敏感致病菌所致的下呼吸道感染、尿路感染、胆道感染，以及腹腔感染、盆腔感染、皮肤软组织感染、骨和关节感染、败血症、脑膜炎等及手术期感染的预防。头孢曲松单剂可治疗单纯性淋病。

➢ 头孢他啶 (ceftazidime)

头孢他啶的抗菌谱广，对多种 β-内酰胺酶稳定。头孢他啶对铜绿假单胞菌具有高度活性，是目前临床应用的头孢菌素中活性最强者；肺炎球菌、肠杆菌科细菌对其高度敏感；对流感杆菌、百日咳杆菌、脑膜炎奈瑟菌、淋病奈瑟菌有较强的抗菌作用；革兰氏阳性厌氧菌、肺炎军团菌、梭形杆菌对其敏感；但肠球菌属、耐甲氧西林金黄色葡萄球菌、李斯特菌、难辨梭菌对其耐药。头孢他啶主要用于敏感致病菌所致的呼吸道、肝胆系统、腹腔感染、皮肤软组织、盆腔及其他妇科感染及脑膜炎、骨髓炎、败血症等的治疗。不良反应轻而少见，包括嗜酸性粒细胞增多、皮疹，偶见药热、溶血性贫血及血小板增多，也可发生肠球菌属和念珠菌的二重感染。

(四) 第四代头孢菌素

第四代头孢菌素主要代表药物为头孢匹罗 (cefpirome)、头孢吡肟 (cefepime)、头孢噻利 (cefoselis)、头孢唑兰 (cefozopran)、头孢克定 (cefclidin) 等。

【抗菌作用特点】 第四代头孢菌素抗菌谱比第三代更广，对革兰氏阳性菌和革兰氏阴性菌均有很强的作用；对β-内酰胺酶的稳定性优于第三代；对大肠埃希菌、金黄色葡萄球菌、铜绿假单胞菌抗菌效果好，对肠杆菌科细菌的作用超过第三代头孢菌素；对大多数厌氧菌有抗菌活性；无肾毒性。

【临床应用】 第四代头孢菌素主要用于对第三代头孢菌素耐药的革兰氏阴性杆菌引起的重症感染。

➢ 头孢吡肟（cefepime）

头孢吡肟抗菌谱广，对甲氧西林敏感的金黄色葡萄球菌、肺炎链球菌、溶血性链球菌均具有良好的抗菌作用，但耐甲氧西林葡萄球菌常对其耐药；对铜绿假单胞菌也有良好作用。头孢吡肟主要用于治疗敏感菌所致的呼吸道感染、尿路感染、皮肤软组织感染、骨感染、败血症、妇产科感染及其他严重全身感染。

➢ 头孢匹罗（cefpirome）

头孢匹罗对大肠埃希菌、铜绿假单胞菌、变形杆菌属、沙雷菌属等肠杆菌科细菌有强大抗菌活性，其抗菌作用优于头孢噻肟、头孢他啶；对头孢噻肟或其他第三代头孢菌素耐药的肠杆菌科中某些菌株对其仍敏感；多数革兰氏阳性菌包括金黄色葡萄球菌和表皮葡萄球菌的产青霉素酶菌株对其敏感；对耐甲氧西林金黄色葡萄球菌的抗菌作用差；化脓性链球菌、各种溶血性链球菌和肺炎球菌对其高度敏感；对肠球菌属的抗菌活性较弱。头孢匹罗适用于敏感菌所致的各种严重感染，如下呼吸道感染、复杂性尿路感染、妇科感染、皮肤软组织感染、胆道系统感染、腹膜炎、细菌性脑膜炎、败血症，尤其适用于严重多药耐药菌感染和医院内感染。主要不良反应包括皮疹、发热和瘙痒等过敏反应，以及腹泻、恶心、呕吐等胃肠道反应。不良反应均短暂，停药后即消失。

（五）第五代头孢菌素

第五代头孢菌素主要代表药物为头孢吡普（ceftobiprole）、头孢洛林（ceftaroline），对革兰氏阳性菌的作用强于前四代，对革兰氏阴性菌与第四代类似，对耐甲氧西林金黄色葡萄球菌具有很强的抗菌活性，对铜绿假单胞菌也具有良好作用，对β-内酰胺酶稳定，无肾毒性。

第四节 其他β-内酰胺类抗生素

其他β-内酰胺类抗生素结构中虽有β-内酰胺环，但无青霉素类和头孢菌素类的基本结构，主要包括碳青霉烯类、头霉素类、单环β-内酰胺类和氧头孢烯类。

一、碳青霉烯类

碳青霉烯类（carbapenems）的主要代表药物为亚胺培南（imipenem）、美罗培南（meropenem）、甲砜霉素（thienamycin）、帕尼培南（panipenem）。

甲砜霉素（thienamycin）是从链霉菌的发酵液中分离出的第一个碳青霉烯类抗生素，具有抗菌谱广、抗菌活性强和毒性低的优点，但因稳定性差而未能用于临床。

亚胺培南（imipenem，亚胺硫霉素）是甲砜霉素的脒基衍生物，其抗菌谱广，对β-内酰胺酶高度稳定，但不耐酸，不能口服，并易被肾细胞膜产生的脱氢肽酶Ⅰ（dehydropeptidase Ⅰ）水解灭活，临床用其与脱氢肽酶抑制药西司他丁（cilastatin）1∶1组成复方制剂，供静脉注射，用于革兰氏阳性、阴性需氧菌和厌氧菌引起的呼吸道、泌尿生殖系统、皮肤软组织、腹腔等部位的感染。常见不良反应为胃肠道反应、药疹、静脉炎及血清氨基转移酶升高等，偶可诱发癫痫发作。

美罗培南（meropenem）比亚胺培南抗菌谱更广，抗菌活性更强，且在体内不被肾脱氢酶水解，因而不需与酶抑制药西司他丁合用。美罗培南的临床适应证及不良反应同亚胺培南，因其不诱发癫痫，可用于脑膜炎等中枢感染患者。

二、头霉素类

头霉素类（cephamycins）的主要代表药物有头孢西丁（cefoxitin）、头孢美唑（cefmetazole）、头孢替坦（cefotetan）及头孢米诺（cefminox）等。头霉素类是由链霉菌产生的头霉素 C 经半合成改造制得的一类 β-内酰胺类抗生素，其化学结构与头孢菌素类相仿，仅在头孢烯母核 7 位碳上有甲氧基，从而增强其对 β-内酰胺酶的稳定性与抗菌活性。因头霉素类作用与头孢菌素相似，故常将头霉素类归入头孢菌素类，且以"头孢"命名。

头霉素类抗菌谱和抗菌活性与第二代头孢菌素相同，对革兰氏阳性菌、革兰氏阴性菌均有较强活性，且对 β-内酰胺酶高度稳定，用于治疗需氧和厌氧菌引起的盆腔感染、腹腔及妇科的混合感染等。其不良反应同头孢菌素。

三、单环 β-内酰胺类

单环 β-内酰胺类（monobactam）的主要代表药物有氨曲南（aztreonam）、卡芦莫南（carumonam）等。单环 β-内酰胺类的特点是由于结构的改变使其对革兰氏阴性杆菌有强大的抗菌作用，对铜绿假单胞菌有较强的抗菌作用，对 β-内酰胺酶稳定，对革兰氏阳性菌及厌氧菌无作用，不良反应少，与其他 β-内酰胺类抗生素的交叉过敏反应少。

单环 β-内酰胺类主要用于革兰氏阴性杆菌引起的败血症及呼吸道、腹腔、盆腔、皮肤软组织、尿路感染的治疗；与氨基糖苷类抗生素联合应用有协同杀菌作用。

四、氧头孢烯类

氧头孢烯类（oxacephems）的主要代表药物为拉氧头孢（latamoxef）和氟氧头孢（flomoxef）。氧头孢烯类与头孢菌素结构上的差别在于 7-氨基头孢烷酸上的硫原子被氧原子替代。拉氧头孢具有抗菌谱广、对革兰氏阴性菌作用强、对 β-内酰胺酶稳定、血药浓度高且持续时间长等特点，抗菌谱与第三代头孢菌素相似，在脑脊液、痰液中含量高，主要用于脑膜炎、呼吸道感染及败血症等的治疗。拉氧头孢可引起凝血酶原减少、血小板功能障碍及血小板数量减少而致出血的不良反应。

第五节　β-内酰胺酶抑制药

细菌对 β-内酰胺类抗生素产生耐药性的主要机制之一是产生 β-内酰胺酶，使抗生素 β-内酰胺环水解而失去抗菌活性。第一个用于临床的 β-内酰胺酶抑制药是双环 β-内酰胺化合物克拉维酸（clavulanic acid，棒酸），后又相继发现了舒巴坦（sulbactam，青霉烷砜）和他唑巴坦

（tazobactam，三唑甲基青霉烷砜）。

克拉维酸是从链霉菌培养液中分离得到的，其抗菌作用弱，但对β-内酰胺酶的活性位点有亲和力，与酶催化中心结合，形成稳定的酰基酶复合物，使β-内酰胺酶失活，故与β-内酰胺类抗生素合用可产生协同抗菌作用。该药口服吸收好，也可注射给药，体内分布迅速、广泛，主要经肾排泄，$t_{1/2}$ 为 0.8 ~ 1.4 h。其药动学特性与阿莫西林、替卡西林相似，故可与这些药物组成复方制剂。

舒巴坦为半合成的β-内酰胺酶抑制药，对淋病奈瑟菌和脑膜炎奈瑟菌有较强的抗菌作用，但对其他细菌的活性差。其药动学特点与氨苄西林和头孢哌酮相似。临床应用的是其与氨苄西林或头孢哌酮组成的复方制剂。

他唑巴坦是舒巴坦的衍生物，与克拉维酸和舒巴坦比较，对产酶金黄色葡萄球菌和革兰氏阴性产酶菌抑制作用更强。他唑巴坦抗菌活性很弱，与哌拉西林组成的复方制剂可增强后者的抗铜绿假单胞菌活性及抗耐药菌感染。

临床上常用的β-内酰胺类抗生素/酶抑制药组成的复方制剂主要有氨苄西林-舒巴坦、阿莫西林-克拉维酸钾、阿莫西林钠-舒巴坦钠、替卡西林钠-克拉维酸钾、哌拉西林钠-他唑巴坦钠、哌拉西林钠-巴坦钠、头孢哌酮-舒巴坦钠等。但必须注意，使用此类复方制剂仍需要做皮试。

思 考 题

1. 简述青霉素 G 的抗菌谱、抗菌作用特点及主要不良反应。
2. 简述阿莫西林-克拉维酸钾复方制剂构成的原理。
3. 简述各类半合成青霉素的特点，并列举 1 ~ 2 个代表药。
4. 请列表对比各代头孢菌素抗菌作用机制、抗菌谱、临床应用、不良反应、耐酶性等方面的异同。
5. 患儿，女，10 岁，因畏寒，发热，咽痛 2 天由其母陪同就医，诊断为急性扁桃体炎。给予青霉素等治疗，青霉素皮试为阴性，注射青霉素后约 20 min，患儿刚走出医院，顿觉胸闷、呼吸困难、面色苍白、冷汗如注，并感到皮肤发痒，患儿母亲立即抱患儿返回医院，测患儿血压为 50/30 mmHg。请回答：

（1）该患儿注射青霉素后出现上述症状的原因是什么？
（2）如何预防此种现象的发生？

（高春艳）

第四十章

大环内酯类、林可霉素类及肽类抗生素

案例 40-1

患者，男，25岁，10天前受凉后出现发热伴咽痛，体温38.5 ℃，发热前无畏寒及寒战。患者自行口服阿莫西林和止咳药，体温较前下降，咽痛略缓解，但出现明显刺激性干咳，日间症状明显，自觉乏力伴肌肉疼痛，无胸痛及咯血，无呼吸困难。查体：T 37.5 ℃，P 90次/分，R 18次/分，BP 110/80 mmHg。咽部充血，听诊双肺呼吸音清，双肺背部闻及少量湿啰音。血常规显示白细胞 $6.2 \times 10^9/L$，分叶核细胞占62%。X线检查显示双下肺沿气管走行多发点片状浸润影，边缘模糊。诊断为支原体肺炎。

问题：
1. 该患者应选用何种类型抗菌药？
2. 该类药物还可用于哪些疾病的治疗？
3. 作为一名医护人员，你如何对患者进行服药和健康生活方式的指导？

第一节 大环内酯类抗生素

大环内酯类（macrolides）抗生素是一类具有14～16元大环内酯环结构的弱碱性抗生素。20世纪50年代发现的红霉素（erythromycin）是这类抗生素的典型代表，属于第一代大环内酯类药物，曾广泛应用于临床治疗革兰氏阳性菌感染，但红霉素存在酸稳定性差、生物利用度低且胃肠道不良反应多等问题，70年代起陆续有更多的半合成新品种不断进入临床，包括克拉霉素（clarithromycin）、阿奇霉素（azithromycin）、罗他霉素（rokitamycin）等，被称为第二代大环内酯类，这类药物具有较好的抗菌活性和酸稳定性，且生物利用度高，有较强的抗生素后效应，广泛用于治疗呼吸道感染。随着对大环内酯类耐药菌株的不断增多，又开发出了第三代大环内酯类——酮内酯类（ketolides），如泰利霉素（telithromycin）和喹红霉素（cethromycin），这类药物抗菌谱广，且对第一、第二代大环内酯耐药菌株有良好的作用。大环内酯类抗生素按照化学结构可以分成三类（表40-1）。

表40-1 大环内酯类抗生素的分类及代表药物

类别	药物
14元大环内酯类	红霉素、克拉霉素、罗红霉素（roxithromycin）、地红霉素（dirithromycin）、竹桃霉素（oleandomycin）、泰利霉素、喹红霉素
15元大环内酯类	阿奇霉素

续表

类别	药物
16元大环内酯类	螺旋霉素（spiramycin）、乙酰螺旋霉素（acetylspiramycin）、麦迪霉素（midecamycin）、交沙霉素（josamycin）、罗他霉素、乙酰麦迪霉素（acetylmidecamycin）、吉他霉素（kitasamycin）、乙酰吉他霉素（acetylkitasamycin）、麦白霉素（meleumycin）

一、大环内酯类抗生素的共性

【体内过程】

1. 吸收 红霉素不耐酸，易被胃酸破坏，故临床一般服用其肠衣片或酯化物，各种制剂口服均能吸收，但肠溶型药物生物利用度较低。第二、第三代大环内酯类药物的分子结构经过修饰，对胃酸稳定，口服生物利用度高，血药浓度和组织细胞内药物浓度均增加，如克拉霉素和阿奇霉素对胃酸稳定且易吸收。食物能干扰红霉素和阿奇霉素的吸收，却能促进克拉霉素的吸收。

2. 分布 除脑组织和脑脊液以外，大环内酯类能广泛分布到其他各种组织和体液中，并且在肝、肾、脾、肺、胆汁及支气管分泌物中的浓度均高出同期血药浓度，可被多核粒细胞和巨噬细胞所摄取。红霉素是少数能扩散进入前列腺并聚积在巨噬细胞和肝内的药物，炎症可促进红霉素的组织渗透。罗红霉素的血药浓度和组织细胞内药物浓度均较高。阿奇霉素的血药浓度较低，主要集中在中性粒细胞、巨噬细胞、肺、痰液、皮下组织、胆汁和前列腺等组织细胞中。

3. 代谢 红霉素主要在肝内代谢，并能通过与细胞色素 P450 酶系相互作用而抑制多种药物的氧化。克拉霉素的代谢产物 14-羟基克拉霉素仍具有抗菌活性。阿奇霉素不在肝内代谢。

4. 排泄 红霉素和阿奇霉素主要经胆汁排泄，部分药物经肝肠循环被重吸收。克拉霉素及其代谢产物经肾排泄，肾功能不良患者应适当调整服药剂量。

【药理作用】大环内酯类通常具有抑菌作用，但高浓度时也有杀菌作用。此类药物主要对葡萄球菌（包括产生 β-内酰胺酶的葡萄球菌和耐甲氧西林的金黄色葡萄球菌）、肺炎链球菌、溶血性链球菌、白喉棒状杆菌、破伤风梭菌、炭疽芽孢杆菌等大多数革兰氏阳性菌，以及脑膜炎奈瑟菌、淋病奈瑟菌、流感嗜血杆菌、百日咳鲍特菌、军团菌等部分革兰氏阴性菌具有强大的抗菌活性；对脆弱拟杆菌和梭杆菌以外的各种厌氧菌也具有抗菌作用；对梅毒螺旋体、钩端螺旋体、肺炎支原体、立克次体、衣原体、弓形虫和非典型分枝杆菌等非典型病原体也有抑制作用。

> **知识拓展**
>
> **大环内酯类抗生素的非抗菌作用**
>
> 除抗菌作用外，大环内酯类抗生素还具有非抗菌作用。①非特异性抗炎：通过抑制炎症介质释放和肥大细胞脱颗粒、减少黏液分泌、阻止中性粒细胞趋化和黏附及促进炎性细胞凋亡等方式发挥抗炎作用；②免疫抑制：可干扰淋巴细胞的活化和细胞因子的产生，也可阻断 T 细胞和 B 细胞的钙依赖性和非钙依赖性的信号转导通路，进而产生免疫抑制作用；③促进胃肠动力：因其结构与胃动素相似，可激动胃动素受体，进而激活胆

碱受体，提高食管下端括约肌张力，促进胃和胆囊排空，并加速结肠运动；④抗肿瘤：如红霉素能促进增强巨噬细胞肿瘤杀伤作用的细胞因子的生成，还能与某些化学治疗药竞争结合肿瘤细胞膜P糖蛋白通道，提高细胞内化学治疗药的浓度而产生抗肿瘤活性。大环内酯类抗生素非抗菌作用的发现，不仅拓宽了其临床应用范围，也为某些难治性疾病患者带来了新的希望。

【作用机制】大环内酯类属于繁殖期抑菌药，其抗菌机制主要是抑制细菌蛋白质的合成。大环内酯类可与细菌核糖体50S亚基结合，抑制新合成的肽酰tRNA从A位移至P位，进而也阻止了新的氨酰tRNA结合至A位而阻断肽链延长，从而抑制细菌蛋白质合成（图40-1）；此外，大环内酯类与细菌核糖体50S亚基的结合还可阻止70S始动复合物的形成，使功能性核糖体减少，抑制细菌蛋白质合成。其中14元大环内酯类阻断肽酰tRNA移位，16元大环内酯类抑制肽酰基的转移反应，还有的大环内酯类能与50S亚基上的L_{27}和L_{22}蛋白质结合，促使肽酰tRNA从核糖体上解离。由于细菌核糖体为70S，由50S和30S亚基构成，而哺乳动物核糖体为80S，由60S和40S亚基构成，因此，大环内酯类抗生素对哺乳动物核糖体几乎无影响。林可霉素、克林霉素和氯霉素在细菌核糖体50S亚基上的结合位点与大环内酯类相同或相近，故当与这些药物合用时可能会发生拮抗作用。

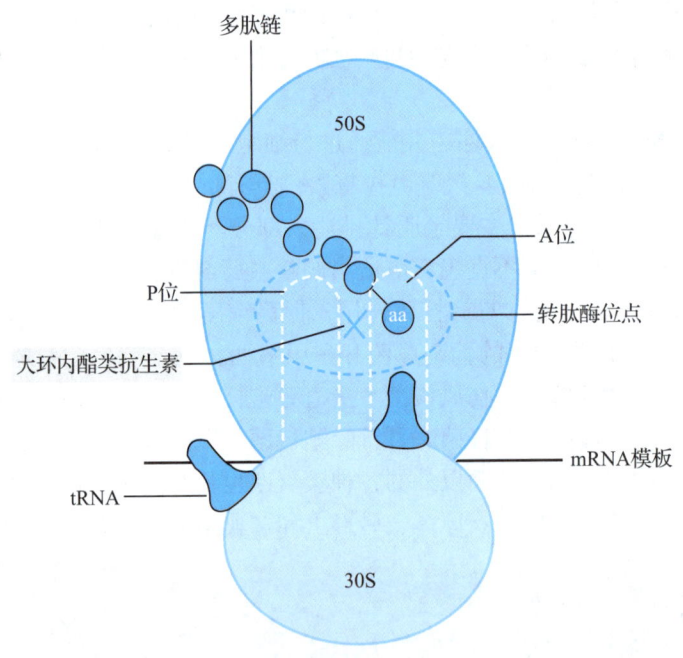

图40-1 大环内酯类抗生素抗菌作用机制示意图

【耐药性】细菌对大环内酯类的耐药性随着其应用的增多而增加，大环内酯类之间存在交叉耐药性。其耐药机制如下。

1. 靶位结构的改变 由 *erm* 基因编码的核糖体甲基化酶，可使细菌核糖体23S rRNA与大环内酯类的结合位点（腺嘌呤残基）N-6-二甲基化，导致靶位点立体构象发生改变，使细菌核糖体和大环内酯类之间的亲和力降低而产生耐药。

2. 灭活酶的产生 某些细菌可产生酯酶、磷酸化酶、葡萄糖酶、甲基化酶、乙酰转移酶和核苷酸基转移酶等灭活酶，使药物失活而产生耐药性。

3. 主动外排的增强　某些细菌可由耐药基因编码产生具有能量依赖性主动外排功能的蛋白质，使菌体排出大环内酯类能力增强，导致细菌细胞内的药物浓度明显降低而产生耐药性。

4. 核糖体的突变　细菌核糖体 23S rRNA 碱基点突变可导致大环内酯类与细菌核糖体之间的亲和力降低而耐药。此外，核糖体蛋白 L_4 和 L_{22} 的突变可降低药物与靶位点的结合能力，也可引起细菌对大环内酯类抗生素耐药。

【临床应用】

1. 细菌感染　主要用于治疗金黄色葡萄球菌、溶血性链球菌、肺炎链球菌所致的呼吸系统感染；敏感溶血性链球菌引起的猩红热及蜂窝织炎；白喉棒状杆菌引起的白喉及白喉带菌者；军团菌引起的肺炎及社区获得性肺炎。

2. 衣原体、支原体感染　可用于治疗沙眼衣原体所致的结膜炎等眼部感染；肺炎支原体、肺炎衣原体所致的呼吸系统感染；衣原体属和支原体属所致的泌尿生殖系统感染。

3. 其他　与甲硝唑、质子泵抑制药或者胶体铋剂组成三联疗法用于根除胃溃疡患者的幽门螺杆菌；也可作为治疗隐孢子虫病及弓形虫病的备选药物。

【不良反应与注意事项】

1. 胃肠道反应　这是大环内酯类的主要不良反应，临床表现为食欲缺乏、恶心、呕吐、腹痛和腹泻等。红霉素口服或静脉注射均可引起胃肠道反应，第二、第三代大环内酯类抗生素胃肠道反应发生率较红霉素明显降低。

2. 肝损害　正常剂量时肝毒性较小，长期大量应用可导致胆汁淤积，也可引起肝实质损伤，表现为氨基转移酶升高、黄疸等。红霉素的酯化物更易引起肝损害，其他大环内酯类药物的肝损害发生率较低。红霉素、阿奇霉素或泰利霉素易在肝内蓄积，因此，肝功能不良患者应慎用。

3. 耳毒性　大剂量给药、肝肾功能不全、老年患者易发生耳毒性，主要症状为耳鸣、听力下降等，前庭功能也可受损，多发生在用药后 1～2 周。

4. 心脏毒性　主要表现为 Q-T 间期延长、尖端扭转型室性心动过速及恶性心律失常，临床可出现晕厥或猝死。在静脉滴注速度过快时更易发生。

5. 其他　有的患者用药后可出现药热、药疹、荨麻疹等过敏反应；克拉霉素和阿奇霉素可引起幻觉、烦躁、焦虑、噩梦或意识模糊等神经系统症状。

二、常用大环内酯类抗生素

> 红霉素（erythromycin）

红霉素是从链霉菌培养液中分离出来的一种具有 14 元环的大环内酯类抗生素，在中性水溶液中稳定，遇酸（pH＜5）迅速降解失活。红霉素属快速抑菌药，在碱性环境中抗菌作用增强。

红霉素是第一个用于临床的大环内酯类抗生素。口服生物利用度为 30%～65%，$t_{1/2}$ 为 1.4～2 h。由于红霉素口服易被胃酸破坏，故临床上一般采用肠衣片或酯化物，常用的剂型有硬脂酸红霉素（erythromycin stearate）、琥乙红霉素（erythromycin ethylsuccinate）、依托红霉素（erythromycin estolate）和乳糖酸红霉素（erythromycin lactobionate）等。红霉素在临床上可作为青霉素过敏患者的替代药物或用于治疗青霉素耐药菌株感染；可作为治疗军团菌病、百日咳、空肠弯曲菌肠炎和支原体肺炎的首选药；还常用于治疗厌氧菌引起的口腔感染和肺炎支原体、肺炎衣原体等非典型病原体所致的呼吸系统、泌尿生殖系统感染。不良反应主要为胃肠道反应，有些患者可因不能耐受而不得不停药。少数患者可发生肝损害、过敏性药疹、药热、听力减退等。近年来由于胃肠道反应和耐药性问题，红霉素已逐渐被第二、第三代大环内酯类药物所取代。

> 阿奇霉素（azithromycin）

阿奇霉素是唯一用于临床的 15 元半合成大环内酯类抗生素。该药对酸的稳定性高，口服吸收快，生物利用度为 37%；$t_{1/2}$ 长达 35～48 h，为大环内酯类中最长者，每天仅需给药一次；组织分布广，组织中药物浓度高于血药浓度，细胞内浓度也高，但脑脊液中浓度低；大部分以原型由粪便排出体外，少部分经尿排泄。阿奇霉素抗菌力强，对某些细菌有明显的杀菌作用，抗菌谱较红霉素广，不但对革兰氏阳性菌有作用，而且对多数革兰氏阴性菌、厌氧菌、衣原体、支原体、螺旋体也有强大的抗菌作用，对肺炎支原体的抗菌作用为大环内酯类抗生素中最强者。临床上阿奇霉素用于治疗呼吸道感染、皮肤软组织感染、泌尿生殖系统感染及其他性传播疾病。患者对阿奇霉素耐受性好，最常见的不良反应是轻度或中度的胃肠道反应。

> 罗红霉素（roxithromycin）

罗红霉素为 14 元半合成大环内酯类抗生素，耐酸，口服吸收好，生物利用度为 70%～80%，$t_{1/2}$ 为 8.4～15 h；体内分布广，扁桃体、鼻窦、中耳、肺、痰、前列腺及泌尿生殖组织中的药物浓度均可达到有效治疗水平。罗红霉素抗菌谱与红霉素相似，对革兰氏阳性菌的作用比红霉素略差，对肺炎衣原体、肺炎支原体的作用与红霉素相仿，对嗜肺军团菌、流感嗜血杆菌、卡他莫拉菌的作用比红霉素强。临床上罗红霉素主要用于敏感菌株所致的急性呼吸系统感染，对急性中耳炎、扁桃体炎、鼻窦炎、皮肤软组织感染、儿科感染、泌尿系统感染也有良好疗效。罗红霉素不良反应较红霉素轻，主要表现为胃肠道反应。

> 克拉霉素（clarithromycin）

克拉霉素为 14 元半合成大环内酯类抗生素，对酸的稳定性高，口服吸收迅速，生物利用度为 55%，$t_{1/2}$ 为 3～7 h；该药体内分布广，细胞内浓度高，主要经尿排泄。其抗菌谱与红霉素相似，对革兰氏阳性球菌的抗菌活性为大环内酯类抗生素中最强者；对嗜肺军团菌、厌氧菌、肺炎支原体、沙眼衣原体、流感嗜血杆菌等的作用强于红霉素；对多分枝杆菌和某些原虫也有抑制作用；也可与阿莫西林等其他药物联合用于幽门螺杆菌感染。患者对克拉霉素的耐受性好，常见的不良反应为轻、中度的胃肠道反应。

> 泰利霉素（telithromycin）

泰利霉素是首个上市的酮内酯类抗生素，是把 14 元大环内酯 C-3 位上的红霉糖基替换为羰基而得到的第三代大环内酯类抗生素。口服吸收良好，食物不影响其吸收，生物利用度约为 57%，$t_{1/2}$ 为 7.2～10.6 h，组织和细胞穿透力强，主要在肝代谢，可经肾和肝排泄。泰利霉素抗菌谱与红霉素相似，具有广谱抗菌活性，对肺炎链球菌、流感嗜血杆菌、黏膜炎莫拉菌、金黄色葡萄球菌、副流感嗜血杆菌、酿脓链球菌、衣原体、支原体和军团菌等均有较强的抗菌活性。其耐药性较低，对许多耐青霉素和耐大环内酯类抗生素的菌株及耐大环内酯类 - 林可胺类 - 链阳霉素 B（MLSB）的菌株也有较高活性，抗菌作用比阿奇霉素等大环内酯类抗生素强。临床上泰利霉素主要用于治疗敏感菌引起的社区获得性肺炎、急性上颌窦炎、慢性支气管炎急性加剧、喉炎和扁桃体炎等呼吸道感染。泰利霉素最常见的不良反应是腹泻、恶心、头晕和呕吐，也可导致肝损害。

第二节　林可霉素类抗生素

林可霉素类抗生素包括林可霉素（lincomycin）和克林霉素（clindamycin）。林可霉素是由链霉菌产生的林可胺类（lincosamides）碱性抗生素，克林霉素是林可霉素的半合成衍生物。二者抗菌谱和抗菌机制相同，但克林霉素的抗菌活性更强，口服吸收更好，毒性较低，故临床常用克林霉素。

【体内过程】

1. 吸收 林可霉素口服吸收差，生物利用度为20%～35%，且易受食物影响。克林霉素口服吸收迅速、完全，生物利用度为87%，受食物影响小，血药浓度较高，为口服相同剂量林可霉素的2倍。林可霉素的$t_{1/2}$为4～4.5 h，克林霉素的$t_{1/2}$约为2.5 h。

2. 分布 克林霉素的血浆蛋白结合率高达90%以上，而林可霉素的结合率为77%～82%。吸收后两药在体内分布较广，可在全身大多数组织和体液中达到有效治疗浓度，骨组织中浓度更高；能通过胎盘屏障并可从乳汁分泌；两者均不能透过血脑屏障，但炎症时在脑组织中可达到有效治疗浓度。

3. 代谢和排泄 两药主要在肝内代谢，部分代谢产物有抗菌活性，由尿和胆汁排泄。克林霉素原型药物仅有10%排入尿中，难以达有效治疗尿路感染的浓度，但注射给药停药后，其在肠道中的抑菌作用一般可持续5天，对敏感菌可持续2周。

【药理作用与作用机制】林可霉素类抗生素的抗菌谱与红霉素类似，克林霉素的抗菌活性较林可霉素强4～8倍。林可霉素类抗生素最主要的特点是对各类厌氧菌有极强的抗菌作用，包括梭状芽孢杆菌属、丙酸杆菌属、双歧杆菌属、拟杆菌属、奴卡菌属及放线菌属，尤其是对拟杆菌属、消化球菌、消化链球菌、产气荚膜梭菌及梭状杆菌的作用更为突出；对金黄色葡萄球菌、表皮葡萄球菌、溶血性链球菌、草绿色链球菌和肺炎链球菌等需氧革兰氏阳性球菌具有良好的抗菌作用；对脑膜炎奈瑟菌、淋病奈瑟菌等需氧革兰氏阴性球菌，以及支原体和衣原体也有很强的抑制作用；但对需氧革兰氏阴性杆菌、肠球菌、难辨梭状芽孢杆菌及肺炎支原体无效。

林可霉素类抗生素作用机制与大环内酯类抗生素相同，能不可逆地与细菌核糖体50S亚基结合，通过阻断肽酰tRNA从A位移至P位和阻止70S始动复合物形成而抑制细菌蛋白质合成。这类药物易与革兰氏阳性菌的核糖体50S亚基结合，而难与革兰氏阴性杆菌的核糖体结合，故对革兰氏阴性杆菌无效。大环内酯类抗生素、氯霉素与林可霉素类能相互竞争核糖体上的结合部位，故不宜合用。

【耐药性】大多数细菌对林可霉素和克林霉素存在完全交叉耐药性。由于林可霉素类的耐药机制与大环内酯类相同，故与大环内酯类之间也存在交叉耐药性。

【临床应用】林可霉素类抗生素主要用于厌氧菌引起的口腔、腹腔、妇科和肺部感染；敏感的需氧革兰氏阳性球菌引起的急慢性骨髓炎、呼吸道感染、软组织感染、败血症及心内膜炎等；需氧菌及厌氧菌混合引起的扁桃体炎、咽炎及耳鼻喉部感染，腹腔脓肿、阑尾脓肿、腹膜炎和盆腔炎等腹腔和盆腔感染，以及急慢性骨髓炎和关节炎等骨科感染。该类抗生素是治疗金黄色葡萄球菌引起的急慢性骨髓炎及关节感染的首选药。

【不良反应与注意事项】

1. 胃肠道反应 表现为食欲缺乏、恶心、呕吐、上腹部不适和腹泻，口服给药比注射给药多见，林可霉素的发生率比克林霉素高；偶可引起肠道菌群失调，严重者可引起假膜性肠炎，这是由大量繁殖的难辨梭状芽孢杆菌产生的毒素所引起的，轻症患者停药即可，中度以上患者需补充水、电解质和蛋白质，并口服甲硝唑，无效者可改用万古霉素口服。

2. 过敏反应 偶有皮疹、药热、中性粒细胞减少、血小板减少和嗜酸性粒细胞增多等。

3. 其他 林可霉素大剂量快速静脉滴注可引起血压下降和心电图改变，静脉给药可致血栓性静脉炎；偶见前列腺增生的老年男性患者出现尿潴留；偶见血清氨基转移酶增高等肝功能异常。

第三节 肽类抗生素

一、万古霉素类

万古霉素类属糖肽类抗生素，包括万古霉素（vancomycin）、去甲万古霉素（norvancomycin）和替考拉宁（teicoplanin）。

> **万古霉素（vancomycin）和去甲万古霉素（norvancomycin）**

万古霉素是从东方拟无枝酸菌的发酵液中分离获得的，其化学性质稳定；去甲万古霉素是我国学者从诺卡菌属培养液中分离获得的，化学性质同万古霉素。去甲万古霉素较万古霉素少一个甲基，作用略强于万古霉素。

【体内过程】万古霉素口服不易吸收，绝大部分经粪便排泄，故可用于消化道感染；肌内注射可引起强烈疼痛和组织坏死，故只宜静脉给药。万古霉素血浆蛋白结合率低，约为55%，在体内分布广，可进入多数组织、体液和胎盘，但不易透过血脑屏障和房水，在脑膜有炎症时，药物可部分通过血脑屏障，达到有效抗菌浓度。药物在体内代谢少，主要以原型从肾排泄，$t_{1/2}$为6~8h，肾功能损害者血浆$t_{1/2}$明显延长。

【药理作用与作用机制】万古霉素对葡萄球菌（包括耐甲氧西林金黄色葡萄球菌和耐甲氧西林表皮葡萄球菌）、肺炎链球菌、溶血性链球菌、草绿色链球菌等革兰氏阳性球菌具有强大的杀菌作用，但对肠球菌具有抑菌作用，需与氨基糖苷类抗生素合用才可产生协同杀菌作用；对难辨梭状芽孢杆菌、炭疽芽孢杆菌、白喉棒状杆菌、破伤风梭菌也高度敏感；对革兰氏阴性菌、分枝杆菌属、拟杆菌属、立克次体、衣原体及真菌无效。去甲万古霉素是抗脆弱拟杆菌作用最强的抗生素。

抗菌作用机制为抑制细菌细胞壁合成。两药可通过与细菌细胞壁前体肽聚糖末端的 D-丙氨酰-D-丙氨酸形成复合物，阻断构成细菌细胞壁坚硬结构的高分子肽聚糖的合成，造成细菌细胞壁缺陷而死亡，同时对细胞质中 RNA 的合成也具有抑制作用。

【耐药性】细菌对万古霉素类不易产生耐药性。然而，近年来临床上发现万古霉素耐药肠球菌和金黄色葡萄球菌有增多趋势。肠球菌耐药性的产生主要是通过获得 van 基因，诱导耐药菌株产生一种能修饰细胞壁前体肽聚糖的酶，从而改变细胞壁新生肽聚糖的结合位点，使万古霉素类抗生素对肠球菌的亲和力降低。金黄色葡萄球菌耐药性的产生主要是通过使肽聚糖合成过多或肽聚糖脱落减少，导致细菌细胞壁增厚，阻碍药物与其靶位的结合，从而产生耐药性。

【临床应用】万古霉素和去甲万古霉素主要用于耐甲氧西林金黄色葡萄球菌、耐甲氧西林表皮葡萄球菌、耐青霉素肺炎球菌和肠球菌引起的严重感染，如败血症、心内膜炎、骨髓炎、肺部感染和软组织脓肿；还可用于对β-内酰胺类抗生素过敏患者的严重葡萄球菌感染；口服也可应用于由难辨梭状芽孢杆菌及其毒素引起的假膜性肠炎。

【不良反应与注意事项】

1. 耳毒性 患者可出现耳鸣、听力损害，甚至耳聋，如及早停药可恢复，少数患者停药后仍有致聋危险。服用常规剂量很少发生，大剂量、长疗程、老年患者或肾功能不全者易发生。应避免同服有耳毒性的药物。

2. 肾毒性 主要损伤肾小管，轻者可有蛋白尿、管型尿，重者出现血尿、少尿、氮质血症，甚至肾衰竭。用药期间应定期检查肾功能，避免将此类药物与有肾毒性的药物合用。

3. 过敏反应 可见斑块状皮疹、寒战、高热和过敏性休克。快速静脉滴注万古霉素可出现极度皮肤潮红、红斑、荨麻疹、低血压，严重者可表现为胸痛、呼吸困难、心动过速、心搏骤停、晕厥等，称为"红人综合征"。这可能与万古霉素引起组胺释放有关。去甲万古霉素和替考拉宁很少出现过敏反应。应用抗组胺药和糖皮质激素治疗有效。

4. 其他 静脉给药可引起静脉炎，口服可引起呕吐和口腔异味感。

➢ **替考拉宁**（teicoplanin）

替考拉宁来自放线菌，其分子结构与万古霉素相似，口服吸收差，一般采用静脉给药，在腹腔、胆汁、肝、胰、黏膜及骨组织中可达有效浓度，不易通过血脑屏障；在体内很少代谢，几乎全部经肾排泄，$t_{1/2}$ 达 47 h。其抗菌谱及抗菌机制类似于万古霉素，抗菌活性更强，尤其对金黄色葡萄球菌和链球菌更有效；对大多数金黄色葡萄球菌的作用强于万古霉素，对表皮葡萄球菌的作用与万古霉素相似。替考拉宁主要用于革兰氏阳性菌所致的各种严重感染，如心内膜炎、败血症、骨髓炎等，特别适用于不能耐受万古霉素的耳、肾毒性的患者或对 β-内酰胺类抗生素过敏者；还可以替代万古霉素，与甲硝唑口服给药用于难辨梭状芽孢杆菌引起的假膜性肠炎。替考拉宁不良反应发生率比万古霉素低，其最主要的特征是一条酰基链与糖基相连，可避免万古霉素静脉注射引起的危险性组胺释放，很少出现"红人综合征"。

二、杆菌肽类

➢ **杆菌肽**（bacitracin）

杆菌肽是从枯草杆菌培养液中分离获得的含噻唑环的肽类抗生素的混合物，主要成分为杆菌肽 A。杆菌肽对革兰氏阳性菌尤其是金黄色葡萄球菌和链球菌属具有强大的抗菌作用，对产青霉素酶的金黄色葡萄球菌也具有抗菌活性，对脑膜炎奈瑟菌及淋病奈瑟菌等革兰氏阴性球菌、螺旋体、放线菌等也具有一定作用，对革兰氏阴性杆菌无效。抗菌机制为抑制细菌细胞壁合成过程中的脱磷酸化，阻碍细胞壁的合成，同时对细菌细胞膜也有损伤作用，使细胞内容物外漏，导致细菌死亡。杆菌肽属于慢效杀菌药。细菌对其耐药性产生缓慢，故耐药菌株少见。杆菌肽全身应用可产生严重的肾毒性，目前临床仅限于局部应用，其优点是刺激性小，过敏反应少，不易产生耐药性，常用于革兰氏阳性菌引起的皮肤感染如疖、痈、溃疡，以及眼、耳鼻喉等感染的局部治疗。其锌盐制剂可增强其抗菌作用。

 临床应用

军团菌肺炎的治疗

1976 年在美国费城召开退伍军人大会期间，暴发了一种不明原因的肺炎，次年分离出该病的病原菌，并将其命名为军团菌。军团菌是一种需氧革兰氏阴性杆菌，有 58 个种及 3 个亚种，共 70 个血清型，约 30 个种可导致人类感染，由该病原菌引起的疾病称为军团病。根据临床表现的不同，军团病可以分为军团菌肺炎和庞蒂亚克热。军团菌肺炎是由嗜肺军团菌引起的感染，表现为急性下呼吸道感染症状，该病起病急，进展快，病情重，救治不及时可导致死亡，病死率为 15%~30%，是军团病的主要类型。庞蒂亚克热是一种类似于流感的非肺炎型军团菌感染，是一种自限性疾病。中国成人社区获得性肺炎诊断和治疗指南推荐：军团菌肺炎首选药物为阿奇霉素、红霉素、左氧氟沙星等；次选药物为多西环素、克拉霉素、米诺环素、复方新诺明、利福平等。由于军团菌是一种胞内寄生菌，由其引起的感染对抗感染治疗的反应较慢，疗程较短可能导致其复发，一般军团菌肺炎疗程为 2 周，对于重症患者，建议延长至 3 周。

思 考 题

1. 简述大环内酯类、林可霉素类、万古霉素类抗生素的抗菌谱及抗菌机制。
2. 简述林可霉素的临床应用及不良反应。
3. 患者，男，68 岁，肺癌化学治疗期间出现发热、咳嗽、咳黄痰、气急等症状，无咯血及胸痛，给予头孢曲松、哌拉西林/他唑巴坦等药物治疗，上述症状无好转。查体：T 38.2 ℃，R 24 次/分，双肺呼吸音粗，双下肺闻及少量湿啰音。血常规检查：白细胞 13.2×10^9/L，中性粒细胞比例 88.9%。肺部 CT 检查：双下肺多发斑片状浸润影、边缘模糊。痰培养结果显示为耐甲氧西林金黄色葡萄球菌生长。请回答：

（1）根据该患者上述临床特点，应该首选何种药物进行治疗？
（2）选用该药物的理由是什么？在治疗过程中需要注意什么？
（3）针对此病，还可以应用什么药物进行治疗？

（孙宏丽）

第四十一章

氨基糖苷类及多黏菌素类抗生素

第四十一章数字资源

案例 41-1

患者，男，71岁，长期吸烟，有慢性支气管炎、肺气肿病史10余年。患者3天前受凉后出现畏寒，无明显寒战，后发热，体温39.5 ℃，伴咳嗽，咳砖红色胶冻状黏痰，自觉气短，活动后尤为明显，无胸痛、咯血及消瘦，无喘息及呼吸困难。查体：T 38.7 ℃，P 106次/分，R 22次/分，BP 126/82 mmHg。呼吸急促，口唇轻度发绀，咽部充血，胸廓桶状，双侧触觉语颤减弱，右上肺叩诊浊音，听诊双肺呼吸音减弱，可闻及散在干啰音。胸部X线检查显示右上肺大片密度增高的阴影，内有多个小透亮区，水平叶裂呈弧形下坠。诊断为克雷伯菌肺炎。给予相应药物进行治疗，同时告知患者要保持好心情，按照医嘱积极配合治疗，有任何不适随时向医生反馈。

问题：
1. 该患者应选用何种类型的抗菌药？
2. 该类药物的不良反应有哪些？

第一节 氨基糖苷类抗生素

氨基糖苷类（aminoglycosides）是由氨基环醇和氨基糖分子以苷键相连接而形成的碱性抗生素。依据其来源不同可分为天然和人工半合成两大类。天然来源的氨基糖苷类主要由链霉菌和小单胞菌产生。从链霉菌培养液中提取获得的有链霉素（streptomycin）、卡那霉素（kanamycin）、妥布霉素（tobramycin）、新霉素（neomycin）、大观霉素（spectinomycin）、核糖霉素（ribostamycin）和巴龙霉素（paromomycin）等；从小单胞菌培养液中提取获得的有庆大霉素（gentamycin）、西索米星（sisomicin）、小诺米星（micronomicin）和阿司米星（astromicin）等。人工半合成氨基糖苷类是由一些天然来源的氨基糖苷类经人工化学结构改造而获得的，有阿米卡星（amikacin）、奈替米星（netilmicin）、地贝卡星（dibekacin）、阿贝卡星（arbekacin）、异帕米星（isepamicin）和依替米星（etimicin）等。

一、氨基糖苷类抗生素的共性

【体内过程】氨基糖苷类均为有机碱，临床常用其硫酸盐，除链霉素水溶液性质不稳定外，其他药物水溶液性质均稳定。氨基糖苷类与β-内酰胺类合用时不能混合于同一容器，因为混合后易使氨基糖苷类失活。

1. 吸收 氨基糖苷类的极性和解离度均较大，口服吸收极少，多采用非肠道途径给药；肌内注射吸收迅速而完全，给药后 30～90 min 达到峰浓度；为避免血药浓度过高而导致的不良反应，通常不采用静脉注射给药。新霉素因其有严重的肾毒性，不能采用注射途径给药。

2. 分布 除链霉素外，其他的氨基糖苷类与血浆蛋白的结合率均小于 10%。药物主要分布于细胞外液，在肾皮质及内耳的内、外淋巴液中浓度高，肾皮质药物浓度可超过血药浓度的 10～50 倍。药物在内耳外淋巴液中浓度下降很慢，与其肾毒性和耳毒性有关。组织与细胞内药物含量较低。药物能通过胎盘进入胎儿体内，但不易透过血脑屏障，脑膜炎时也很难在脑脊液中达到有效浓度。

3. 代谢与排泄 氨基糖苷类在体内不被代谢，约 90% 以原型经肾小球滤过排出，故尿液中药物浓度极高，可达药峰浓度的 25～100 倍，有利于尿路感染的治疗。除奈替米星外，其他药物均不在肾小管重吸收，因而排泄迅速，$t_{1/2}$ 为 2～3 h，肾功能不良时 $t_{1/2}$ 明显延长。

【药理作用】氨基糖苷类抗菌谱较广，对各种需氧革兰氏阴性杆菌，如铜绿假单胞菌、大肠埃希菌、克雷伯菌属、肠杆菌属、变形杆菌属、志贺菌属和枸橼酸杆菌属等有强大的抗菌作用；对沙雷菌属、产碱杆菌属、沙门菌属、嗜血杆菌属及不动杆菌属等也有一定抗菌作用；对多数革兰氏阳性菌作用差，但庆大霉素、阿米卡星等对产酶和不产酶的金黄色葡萄球菌及耐甲氧西林金黄色葡萄球菌也有较好抗菌作用；对革兰氏阴性球菌如淋病奈瑟菌、脑膜炎奈瑟菌的作用较差；对各组链球菌作用微弱，对肠球菌和厌氧菌无效。链霉素、卡那霉素和阿米卡星对结核分枝杆菌敏感。

氨基糖苷类为静止期杀菌药，其杀菌作用特点有：①杀菌速率和杀菌持续时间具有浓度依赖性，即浓度越高，杀菌速率越快，杀菌持续时间越长；②仅对需氧菌有效，且对需氧革兰氏阴性杆菌的抗菌活性显著强于其他类药物，对厌氧菌无效；③具有较长的抗生素后效应，且持续时间有浓度依赖性；④具有首次接触效应，即细菌首次接触氨基糖苷类时，能被迅速杀死；⑤在碱性环境中抗菌活性增强。

【作用机制】

1. 抑制细菌蛋白质的合成 细菌体内蛋白质的生物合成以 mRNA 为模板，tRNA 为运载体，核糖体为装配场所，共同协调完成。氨基糖苷类与细菌核糖体 30S 亚基结合，影响蛋白质合成过程的多个环节，使细菌蛋白质合成受阻。

（1）起始阶段：阻碍氨酰 tRNA 在 A 位的结合，使其不能形成 30S 始动复合物；或使已结合上的氨酰 tRNA 从 A 位解离，抑制 70S 始动复合物的形成，从而抑制蛋白质合成的始动。

（2）肽链延伸阶段：与 30S 亚基上的靶蛋白结合，造成 A 位歪曲，从而使 mRNA 上的密码在翻译时出现错误，导致异常或无功能的蛋白质合成；抑制肽酰 tRNA 从 A 位到 P 位的移位，阻碍肽链的延长。

（3）终止阶段：阻碍肽链释放因子进入 A 位，使已合成的肽链不能释放，并阻止 70S 核糖体解离，使核糖体循环受阻，最终造成菌体内核糖体的耗竭而导致细菌死亡（图 41-1）。

2. 影响细菌细胞膜的完整性 氨基糖苷类还能与细菌外膜上的阴离子部分结合，使外膜结构的完整性被破坏，加之合成的异常无功能的蛋白质被插入细胞膜，影响膜屏障功能，导致细菌外膜的通透性增加，细胞内成分外漏。氨基糖苷类经膜孔通道被动扩散穿过细菌外膜，再经氧依赖性主动跨膜转运系统进入细胞内，这一跨膜转运的过程可被 Ca^{2+} 和 Mg^{2+}、低 pH 及缺氧环境等所阻抑。因此，氨基糖苷类在脓肿组织中（厌氧环境）及酸性（低 pH）尿液中活性明显下降。

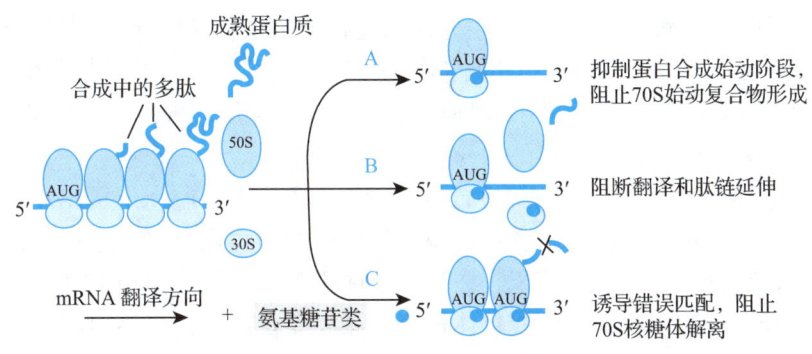

图 41-1　氨基糖苷类抗生素抑制细菌蛋白质合成示意图

3. 刺激细菌产生致死量的羟自由基　氨基糖苷类与细菌内作用靶点结合后,在内源性铁(来源于铁硫中心)的催化下,通过芬顿反应(Fenton reaction)产生致死量的羟自由基,使细菌蛋白质、膜脂质和 DNA 损伤,导致细菌死亡。

【**耐药性**】细菌对氨基糖苷类易产生耐药性。细菌产生耐药性的机制如下。

1. 产生修饰氨基糖苷类的钝化酶　如乙酰化酶、腺苷化酶和磷酸化酶,可以使氨基糖苷类的氨基或羟基乙酰化、腺苷化和磷酸化,使其结构发生改变,不能与细菌核糖体结合而失去抗菌活性,是细菌产生耐药性的主要机制。不同类型的酶可灭活不同的抗生素,但有些酶对多种抗生素均有灭活作用,因此氨基糖苷类药物之间可产生完全或部分交叉耐药性。

2. 膜通透性改变或主动外排增强　当某些细菌因基因突变使寡肽结合蛋白不能合成或其数目减少时,可降低细胞膜对氨基糖苷类的通透性,使药物摄取减少而导致菌体内药物浓度降低;某些细菌细胞膜存在多种由膜蛋白介导的多药耐药主动流出系统,使药物的外排增多,菌体内药物浓度降低。

3. 抗生素靶位的修饰　细菌编码核糖体 30S 亚基上 S_{12} 蛋白的基因及编码 16S rRNA 的基因发生突变,形成不能结合氨基糖苷类的靶蛋白;还可通过 16S rRNA 甲基化酶使细菌的药物作用靶点发生甲基化,降低细菌对氨基糖苷类的亲和力,从而产生耐药性。

【**临床应用**】氨基糖苷类主要用于敏感需氧革兰氏阴性杆菌所致的全身感染,如呼吸道、泌尿道、胃肠道、皮肤软组织、烧伤、创伤及骨关节感染;对于败血症、肺炎、脑膜炎等严重感染,需联合应用其他抗革兰氏阴性杆菌药物,如广谱青霉素类、第三代头孢菌素或氟喹诺酮类药;对于革兰氏阳性菌所致的严重感染,如肠球菌属或草绿色链球菌所致的心内膜炎,以及金黄色葡萄球菌与表皮葡萄球菌所致的败血症、心内膜炎等,需与耐酶青霉素、利福平或万古霉素合用。新霉素口服可用于消化道感染、肠道术前准备、肝性脑病等;制成外用软膏、眼膏或冲洗液可用于治疗局部感染。链霉素、卡那霉素和阿米卡星可用于治疗结核病。

【**不良反应与注意事项**】

1. 耳毒性　发生率为 15% ~ 25%,包括前庭功能障碍和耳蜗听神经损伤。前庭功能障碍表现为眩晕、恶心、呕吐、眼球震颤、视力减退和共济失调;耳蜗听神经损伤表现为耳鸣、听力减退甚至永久性耳聋。各种氨基糖苷类均有耳毒性,前庭功能损害的发生率依次为新霉素＞卡那霉素＞链霉素＞西索米星＞阿米卡星≥庆大霉素≥妥布霉素＞奈替米星＞依替米星;耳蜗功能损害的发生率依次为新霉素＞卡那霉素＞阿米卡星＞西索米星＞庆大霉素＞妥布霉素＞奈替米星＞链霉素＞依替米星。

目前多数认为耳毒性产生的机制与内耳淋巴液中药物浓度较高有关,可损害内耳螺旋器(又称柯蒂器)内、外毛细胞的糖代谢和能量利用,引起细胞膜上 Na^+-K^+-ATP 酶功能障碍,最终导致毛细胞受损。早期变化是可逆的,但超越一定程度时即为不可逆的。该毒性还能影响子宫内的胎儿。为了防止和减少耳毒性的发生，用药过程中应密切观察患者是否有耳鸣、眩晕等早期症状，进行听力监测，并根据肾功能调整给药方案。氨基糖苷类与万古霉素、Na^+-K^+-$2Cl^-$共转运体抑制药等耳毒性药物合用可增加其耳毒性，应避免合用。抗组胺药会掩盖氨基糖苷类的耳毒性，也应避免两药合用。

2. 肾毒性 氨基糖苷类是诱发药源性肾衰竭的最常见因素，临床上可出现蛋白尿、管型尿、血尿，严重者可出现氮质血症、肾功能减退等。该类药物虽经肾小球滤过，但对肾组织有极高的亲和力，在肾皮质高浓度蓄积，在皮质近曲小管上皮细胞内与溶酶体融合，导致溶酶体肿胀破裂，释放溶酶体酶，造成线粒体损害，减少能量产生，最终引起肾小管肿胀，甚至坏死。肾毒性一般是可逆的，肾毒性的程度与各药在肾皮质中的蓄积量和对肾小管的损伤能力有关。新霉素肾毒性最大，其次是卡那霉素、庆大霉素、妥布霉素、阿米卡星、奈替米星、链霉素，依替米星最轻。临床用药时应定期进行肾功能检查，如出现管型尿、蛋白尿、血尿素氮和肌酐升高、尿量每 8 h 少于 240 ml 等现象应立即停药。氨基糖苷类应避免与有肾毒性的药物（Na^+-K^+-$2Cl^-$共转运体抑制药、顺铂、第一代头孢菌素类、万古霉素、两性霉素 B 等）合用。

3. 神经肌肉阻滞作用 这种作用可导致神经肌肉麻痹，与给药剂量及给药途径有关，常见于大剂量腹膜内或胸膜内应用后、静脉注射或静脉滴注速度过快时，偶见于肌内注射后。患者可发生心肌抑制、血压下降、肢体瘫痪，甚至可发生呼吸肌麻痹而窒息死亡。这可能是药物与突触前膜钙结合部位结合，抑制神经末梢 ACh 释放并降低突触后膜对 ACh 的敏感性，造成神经肌肉接头处传递功能障碍所致。氨基糖苷类引起神经肌肉麻痹的程度从强到弱依次为新霉素、链霉素、卡那霉素、奈替米星、阿米卡星、庆大霉素、妥布霉素、依替米星。患者一旦发生神经肌肉麻痹可用钙剂和新斯的明解救。应用氨基糖苷类的患者在合用肌肉松弛药或全身麻醉药、血钙过低、重症肌无力时易发生这种毒性反应。

4. 过敏反应 氨基糖苷类可引起皮疹、发热、血管神经性水肿、嗜酸性粒细胞增多等过敏反应，也可引起严重的过敏性休克，尤其是链霉素，其发生率仅次于青霉素，因此注射前也应先做皮肤过敏试验，阴性者方可使用。患者一旦发生过敏反应，应皮下或肌内注射肾上腺素及静脉注射葡萄糖酸钙等抢救。接触性皮炎是局部应用新霉素最常见的反应。

知识拓展

药源性耳毒性

药源性耳毒性是指由于不适当使用某种具有耳毒性的药物所引起的位听神经系统中毒性损害而产生的前庭功能障碍和耳蜗听神经损伤，其中耳蜗听神经损伤可导致临时或者永久的听力缺失。目前已知有 150 多种药物具有耳毒性，如氨基糖苷类抗生素、大环内酯类抗生素、万古霉素类抗生素、Na^+-K^+-$2Cl^-$共转运体抑制药、铂类抗肿瘤药、抗疟药和水杨酸类药。根据对耳聋患者的调查结果显示，氨基糖苷类抗生素是引起药源性耳聋最常见的一类药物。因此，对于如何预防和治疗氨基糖苷类抗生素所致的耳蜗损伤引起了学者的广泛关注，虽然在药物研究上有所进展，但目前尚无被 FDA 批准用于保护内耳和预防听力损伤的药物。所以对于药源性耳毒性，预防更重于治疗。对于医务工作者而言，不但要对药物的临床应用和不良反应了如指掌，正确选用药物治疗疾病，还要与患者进行沟通，指导其关注服药后的变化，如有不适及时反馈，及早停药，避免耳毒性等不良反应的发生。

二、常用的氨基糖苷类抗生素

> 链霉素（streptomycin）

链霉素是 1944 年从链霉菌中分离得到的第一个氨基糖苷类抗生素，也是第一个用于治疗结核病的药物。目前临床使用其硫酸盐。链霉素口服吸收极少，肌内注射吸收快，血浆蛋白结合率为 35%；容易渗入胸腔、腹腔、结核性脓腔和干酪化脓腔，并达有效浓度；90% 可经肾小球滤过而排出体外。链霉素在临床上主要作为结核病联合化学治疗的药物之一治疗结核病；也可作为治疗鼠疫和兔热病的首选药，特别是与四环素类联合用药已成为目前治疗鼠疫的最有效手段；与青霉素合用可治疗溶血性链球菌、草绿色链球菌或肠球菌等引起的心内膜炎；对铜绿假单胞菌和其他革兰氏阴性杆菌的抗菌活性低。不良反应以耳毒性最常见，前庭反应较耳蜗反应发生率高，其次为神经肌肉麻痹，肾毒性少见。链霉素易引起过敏反应，以皮疹、发热、血管神经性水肿较为多见；也可引起过敏性休克，通常于注射后 10 min 内出现，死亡率较青霉素高。

> 庆大霉素（gentamycin）

庆大霉素是从放线菌科小单胞菌的发酵液中提取获得的，1969 年开始用于临床，常用其硫酸盐。庆大霉素口服吸收很少，肌内注射吸收迅速而完全，主要分布在细胞外液，极少在体内代谢，24 h 内有 40%~65% 以原型由肾排出，可在肾皮质大量积聚。庆大霉素对革兰氏阴性杆菌作用很强，是治疗各种革兰氏阴性杆菌感染的主要抗菌药，尤其对沙雷菌属作用更强，为氨基糖苷类中的首选药；可与青霉素或其他抗生素合用，治疗严重的肺炎链球菌、铜绿假单胞菌、肠球菌、葡萄球菌或草绿色链球菌感染；局部用于皮肤、黏膜表面感染和眼、耳、鼻部感染等；口服可用于肠炎、细菌性痢疾及肠道术前准备。庆大霉素易引起肾毒性，表现为蛋白尿、管型尿、血尿等，停药后可恢复，但少数人可能加重甚至发生肾衰竭。耳毒性以前庭功能损害为主，对耳蜗损害较小，此外还有过敏反应和神经肌肉阻滞作用。

> 卡那霉素（kanamycin）

卡那霉素是从链霉菌培养液中分离获得的抗生素，有 A、B、C 三种成分，以 A 组分常用。卡那霉素口服吸收极差，肌内注射易吸收；在胸腔积液和腹水中分布浓度较高；主要经肾排泄。卡那霉素对多种常见的革兰氏阴性菌和结核分枝杆菌有效，曾广泛用于各种肠道革兰氏阴性杆菌感染，由于细菌耐药性的增加和毒性较大的问题，现已被其他同类药物所取代；目前主要与其他抗结核药合用，治疗对一线抗结核药耐药的结核分枝杆菌感染患者；也可口服用于肝性脑病或腹部手术前准备。卡那霉素的耳毒性、肾毒性较大，应进行血药浓度监测，肾功能不良者禁用。

> 阿米卡星（amikacin）

阿米卡星是卡那霉素的半合成衍生物，肌内注射后吸收迅速，血浆蛋白结合率低于 3.5%，主要分布于细胞外液，不易透过血脑屏障，在给药后 24 h 内有 98% 的药物以原型经尿排出。阿米卡星是抗菌谱较广的氨基糖苷类抗生素，对革兰氏阴性杆菌和金黄色葡萄球菌均有较强的抗菌活性，但作用较庆大霉素弱。其突出的特点是具有较好的耐酶性能，对细菌所产生的钝化酶稳定，因此对耐药菌株（包括铜绿假单胞菌）仍有较强的抗菌作用。临床上阿米卡星主要用于治疗对其他氨基糖苷类产生耐药性的菌株所致的严重感染，常作为首选药应用；当粒细胞缺乏或其他免疫缺陷患者合并严重革兰氏阴性杆菌感染时，阿米卡星与 β- 内酰胺类抗生素联合用药比单独使用效果更好；阿米卡星也可作为二线药物用于治疗对异烟肼、利福平等一线抗结核药耐药的结核分枝杆菌感染。不良反应以耳蜗听神经损害为主，少数患者也可引起前庭功能的损害，治疗中应注意监测听力与血药浓度；肾毒性较轻，偶见皮疹、药热等。

➢ **妥布霉素（tobramycin）**

妥布霉素是从链霉菌培养液中分离获得的，也可由卡那霉素 B 脱氧获得，临床用其硫酸盐。妥布霉素口服难吸收，肌内注射吸收迅速；主要分布在细胞外液，可渗入胸腔、腹腔、滑膜腔并达有效治疗浓度；24 h 内有 80%～85% 以原型由肾排出，可在肾中大量积聚。妥布霉素抗菌谱与庆大霉素相似，对肺炎克雷伯菌、肠杆菌属、变形杆菌属的抗菌作用较庆大霉素强；对铜绿假单胞菌的作用是庆大霉素的 2～5 倍，且对耐庆大霉素菌株仍有效；对其他革兰氏阴性杆菌的抗菌活性不如庆大霉素，在革兰氏阳性菌中仅对葡萄球菌有效。临床上妥布霉素主要与能抗铜绿假单胞菌的青霉素类或头孢菌素类药物合用治疗铜绿假单胞菌所致的各种感染。不良反应主要表现为耳毒性和肾毒性，但均较庆大霉素轻。

➢ **奈替米星（netilmicin）**

奈替米星是西索米星的半合成衍生物，临床用其硫酸盐。奈替米星肌内注射吸收迅速而完全，血浆蛋白结合率极低，主要分布于细胞外液，不易透过血脑屏障；极少在体内代谢，主要以原型经肾小球滤过，可在肾中大量积聚。奈替米星对肠杆菌科大多数细菌均具有强大的抗菌活性，对葡萄球菌和其他革兰氏阳性球菌的作用也强于其他的氨基糖苷类药物；对灭活氨基糖苷类的钝化酶稳定，因而对耐其他氨基糖苷类的耐药菌有较好的抗菌活性；与 β- 内酰胺类抗生素联合用药对金黄色葡萄球菌、铜绿假单胞菌、肺炎克雷伯菌和肠球菌属有协同作用。临床上奈替米星主要用于治疗各种敏感菌引起的严重感染。其耳毒性、肾毒性发生率在常用氨基糖苷类中最低，损伤程度也较轻。

➢ **依替米星（etimicin）**

依替米星是一种新的半合成水溶性氨基糖苷类抗生素，静脉滴注给药，血浆蛋白结合率约为 25%，24 h 内 80% 以原型经肾脏排出。其抗菌谱广且抗菌活性强，对大部分革兰氏阳性及革兰氏阴性菌均有良好抗菌活性，尤其对大肠埃希菌、肺炎克雷伯菌、沙雷菌属、奇异变形杆菌、沙门菌属、流感嗜血杆菌及葡萄球菌属等抗菌作用较强；对部分假单胞杆菌、不动杆菌属等也具有一定的抗菌活性；对部分耐庆大霉素、小诺霉素和头孢唑啉的金黄色葡萄球菌、大肠埃希菌、肺炎克雷伯菌的体外 MIC 值仍在该药治疗剂量的血药浓度范围内；对产生青霉素酶的部分葡萄球菌和部分低水平耐甲氧西林金黄色葡萄球菌也有一定的抗菌活性。临床上依替米星适用于对其敏感的细菌引起的呼吸道、泌尿生殖系统、皮肤及软组织、外伤、创伤和术后感染等。不良反应为耳毒性和肾毒性，发生率和严重程度与奈替米星相似。

➢ **阿司米星（astromicin）**

阿司米星是小单胞菌产生的氨基糖苷类抗生素，肌内注射后 0.5～1 h 血药浓度达峰值，体内分布广泛，主要以原型从肾排泄。其抗菌谱广，对革兰氏阴性杆菌和金黄色葡萄球菌都有效；对肠杆菌属的作用比庆大霉素强，对铜绿假单胞菌的作用不如庆大霉素；对氨基糖苷类灭活酶稳定，对其他氨基糖苷类已耐药的菌株仍有效。阿司米星主要用于肠道、下呼吸道及泌尿系统感染。其耳毒性、肾毒性比其他氨基糖苷类低。

➢ **异帕米星（isepamicin）**

异帕米星是庆大霉素 B 的半合成衍生物，临床用其硫酸盐。异帕米星口服不易吸收，静脉或肌内注射后吸收迅速，血浆蛋白结合率低，主要分布于细胞外液，在腹水、伤口渗液和痰液中浓度较高；在体内不被代谢，24 h 内 85% 以原型经肾排出。其抗菌谱类似庆大霉素，对大肠埃希菌、枸橼酸杆菌、克雷伯菌、肠杆菌、沙雷菌、变形杆菌、铜绿假单胞菌等有很强的抗菌作用。其最大的特点是对细菌产生的多种氨基糖苷类钝化酶稳定，许多耐庆大霉素或其他氨基糖苷类的菌株对异帕米星仍敏感。异帕米星适用于敏感菌所致的败血症、呼吸道、泌尿道、腹腔及术后等感染，尤其适用于对庆大霉素或其他氨基糖苷类耐药的革兰氏阴性杆菌感染。耳毒性表现为听力减退、耳鸣等，可见血尿、排尿次数显著减少或尿量减少，少见神经肌肉阻滞和过敏性休克。

> 小诺米星（micronomicin）

小诺米星是从小单胞菌的发酵液中提取获得的。其抗菌谱与庆大霉素相似，对金黄色葡萄球菌、表皮葡萄球菌、肠杆菌和铜绿假单胞菌等均有良好的抗菌作用，对各组链球菌、粪肠球菌作用差，对厌氧菌无作用。对细菌产生的核苷酸基转移酶稳定。小诺米星主要用于敏感菌引起的败血症、烧伤感染、术后感染、尿路感染、胆道感染、生殖系统感染，以及眼、耳、喉感染及肺炎等。不良反应少，其中对前庭功能及耳蜗神经的损害占不良反应的 1%～2.8%，偶有血清氨基转移酶升高。

> 阿贝卡星（arbekacin）

阿贝卡星是人工半合成氨基糖苷类抗生素，对包括铜绿假单胞菌在内的革兰氏阴性杆菌具有良好的抗菌作用；对金黄色葡萄球菌（包括耐甲氧西林和耐头孢菌素的菌株）也有很强的抗菌作用，在氨基糖苷类抗生素中对其作用最强。这主要是由于它对多数氨基糖苷类钝化酶有高度拮抗作用。阿贝卡星主要用于敏感菌所致的支气管炎、肺炎、肾盂肾炎、腹膜炎、膀胱炎、中耳炎、败血症等的治疗。其耳毒性、肾毒性较轻。

> 地贝卡星（dibekacin）

地贝卡星为卡那霉素的衍生物，抗菌谱与庆大霉素相似，对革兰氏阴性杆菌和革兰氏阳性球菌均有杀菌作用，对铜绿假单胞菌、变形杆菌、大肠埃希菌、肺炎杆菌、肺炎克雷伯菌及金黄色葡萄球菌有较强的抗菌活性，对铜绿假单胞菌的抗菌活性强于庆大霉素。其与庆大霉素、妥布霉素有交叉耐药性。临床上地贝卡星主要用于敏感菌所致的支气管炎、扁桃体炎、肺炎、肾盂肾炎、腹膜炎、膀胱炎、中耳炎、皮肤与软组织感染和手术后感染等。

临床应用

氨基糖苷类抗生素联合用药注意事项

氨基糖苷类抗生素与某些药物合用时会使氨基糖苷类抗生素的毒性增加，因此在临床上联合用药时要高度重视。与其他具有耳毒性的药物如万古霉素、红霉素、阿司匹林、呋塞米联合应用时，可使氨基糖苷类抗生素的耳毒性增加，甚至产生永久性耳聋；与头孢噻吩、头孢唑林、两性霉素 B、右旋糖酐等联合使用时，可增加氨基糖苷类抗生素的肾毒性，引起肾损害甚至急性肾小管坏死；与肌肉松弛药或具有此作用的药物（乙醚、地西泮等）联合使用时，可增强神经肌肉阻滞作用，引起骨骼肌麻痹；与碱性药（碳酸氢钠、氨茶碱等）联合应用时，虽然可以使氨基糖苷类抗生素的抗菌作用增强，但同时也使其毒性增加；两种氨基糖苷类抗生素联合使用时，可增强对第八对脑神经的损害和肾毒性，特别是易引起永久性耳聋。

第二节 多黏菌素类抗生素

多黏菌素类（polymyxins）是从多黏杆菌培养液中提取的多肽类抗生素，含有 A、B、C、D、E、M 等多种成分，但只有多黏菌素 B（polymyxin B）、多黏菌素 E（polymyxin E）和多黏菌素 M（polymyxin M）用于临床。

【体内过程】 多黏菌素类除盐酸多黏菌素 M 外，口服均不易吸收，肌内注射后 2 h 血药浓度达到高峰，有效血药浓度可维持 8~12 h；$t_{1/2}$ 为 6 h，儿童较短，为 1.6~2.7 h，肾功能不全者 $t_{1/2}$ 可延长至 2~3 天；药物的血浆蛋白结合率较低，广泛分布于全身组织，以肝、肾浓度最高，但由于穿透力差，不易渗入脑脊液、胸腔、关节腔和感染灶内，即使脑膜炎时也不易透入脑脊液，多黏菌素 E 在肺、肾、肝及脑组织中的浓度比多黏菌素 B 高；体内代谢较慢，主要经肾排泄，给药后 12 h 内仅有 0.1% 经尿排出，随后才逐渐增加，故连续给药会导致药物在体内蓄积。

【药理作用与作用机制】 多黏菌素类是慢效杀菌药，对繁殖期和静止期细菌均有杀菌作用。多黏菌素 B 的抗菌活性稍高于多黏菌素 E，多黏菌素 M 的抗菌活性与多黏菌素 B 相似。多黏菌素类抗菌谱窄，仅对某些革兰氏阴性杆菌有杀灭作用，如大肠埃希菌、肠杆菌属、克雷伯菌属及铜绿假单胞菌对该类药高度敏感，志贺菌属、沙门菌属、真杆菌属、流感嗜血杆菌、百日咳鲍特菌及除脆弱拟杆菌外的其他拟杆菌对该类药也较敏感，但革兰氏阴性球菌、革兰氏阳性菌、变形杆菌、脆弱杆菌和真菌等对该类药不敏感。

多黏菌素类主要作用于细菌细胞膜，具有表面活性，含有带正电荷的游离氨基，能与革兰氏阴性杆菌细胞膜的磷脂中带负电荷的磷酸根结合，使细菌细胞膜通透性增加，细胞内的磷酸盐、核苷酸等成分外漏，导致细菌死亡。同时，多黏菌素类进入细菌体内也影响细菌核质和核糖体的功能。细菌对多黏菌素类不易产生耐药性。

【临床应用】 多黏菌素类主要用于治疗铜绿假单胞菌引起的败血症、泌尿道感染、烧伤创面感染等，还可用于对其他抗菌药耐药的大肠埃希菌、肺炎克雷伯菌等革兰氏阴性杆菌引起的脑膜炎、败血症等；与利福平、磺胺类和甲氧苄啶等合用可产生协同作用，可以提高治疗多药耐药的革兰氏阴性杆菌引起的医院内感染的疗效；口服给药可用于肠道术前准备和消化道感染，局部给药用于创面、五官、呼吸道、泌尿道及鞘内革兰氏阴性杆菌感染。

【不良反应与注意事项】 多黏菌素类毒性较大，主要表现在肾及神经系统两方面。在常用量时即可出现肾损害，表现为蛋白尿、血尿和管型尿，严重时可出现血清肌酐及尿素氮升高，甚至出现急性肾小管坏死，停药后可以恢复。神经系统的毒性有头晕、感觉异常、面部麻木、恶心、呕吐、肌无力和周围神经炎。大剂量、快速静脉滴注时，由于对神经肌肉的阻滞作用可导致呼吸抑制，这与氨基糖苷类引起的神经肌肉阻滞不同，不能用新斯的明治疗，只能进行人工呼吸抢救。多黏菌素 B 的毒性较多黏菌素 E 强。

为减少不良反应，多黏菌素类一般不作为首选药应用，当其他抗菌药耐药或疗效不佳时，可作为选用药。多黏菌素类不宜与其他有肾毒性的药物合用，静脉滴注速度不宜过快，注射剂量不宜过大。

思 考 题

1. 简述氨基糖苷类抗生素的共性。
2. 简述庆大霉素的抗菌特点及临床应用。
3. 简述多黏菌素类抗生素的抗菌机制、抗菌特点及临床应用。
4. 患者，女，56 岁，既往有主动脉瓣换瓣术史 8 年。患者间断不规则发热 3 个月，给予阿莫西林治疗，未见好转，病程中伴有消瘦、体力下降、食欲缺乏、间断肌肉疼痛，偶有皮肤瘀斑出现。心脏超声显示主动脉瓣换瓣术后、主动脉根部扩张，二尖瓣前叶轻度脱垂，可见赘生物生长，大小 0.8 cm×1.0 cm；左室射血分数（EF）：0.48。查体：T 37.5 ℃，P 90 次/分，R 18 次/分，BP 115/70 mmHg；双肺呼吸音清，背部可闻及少量湿啰音，主动脉瓣区可闻及

2/6级收缩期吹风样杂音,向左腋下传导。辅助检查显示血沉92 mm/h,超敏C反应蛋白(CRP)15.2 mg/L,白细胞$10.2×10^9$/L,红细胞$3.2×10^{12}$/L,血红蛋白98 g/L。血培养结果为草绿色链球菌。诊断为草绿色链球菌引起的细菌性心内膜炎,给予庆大霉素和青霉素治疗。请回答:

(1)该病例为什么选用庆大霉素和青霉素联合用药?

(2)在应用药物治疗的过程中,需要注意什么?

(3)细菌性心内膜炎的抗菌治疗原则是什么?

(孙宏丽)

第四十二章

四环素类及氯霉素类抗生素

第四十二章数字资源

四环素类（tetracyclines）及氯霉素类（chloramphenicols）属广谱抗生素，对革兰氏阳性菌和革兰氏阴性菌具有快速抑菌作用，对立克次体、支原体和衣原体也有较强的抑制作用。四环素类还对某些螺旋体和原虫有抑制作用。

案例 42-1

患者，男，42岁，因发热3天入院。患者自述体温最高为40℃，午夜后发热明显，伴肌肉、关节酸痛、乏力。查体：意识清楚，无咳嗽、咳痰，双肺呼吸音清晰，双肺未闻及明显干湿啰音及哮鸣音。肝、淋巴结、睾丸无增大。给予左氧氟沙星及头孢他啶等药物治疗后体温略有下降，但其他症状缓解不明显，发热反复发作。血培养结果显示布鲁氏菌阳性，追问患者与家畜的接触史，得知患者发病前在家里养殖30余只羊，有密切接触史。停用左氧氟沙星及头孢他啶，改用多西环素及利福平抗感染治疗。

问题：
1. 选用多西环素及利福平治疗布鲁氏菌病的原因是什么？
2. 布鲁氏菌病临床误诊率高，该病例在前期治疗中也存在治疗效果不佳的情况，这提示临床医生在诊治此类疾病时需要具备哪些意识？

第一节　四环素类抗生素

四环素类抗生素为酸、碱两性物质，在碱性溶液中易被破坏，在酸性溶液中较稳定，临床一般用其盐酸盐，药物的水溶液不稳定，注射时需现配现用。四环素（tetracycline）、土霉素（oxytetracycline，氧四环素）、金霉素（chlortetracycline，氯四环素）和地美环素（demeclocycline，去甲金霉素）属天然四环素类抗生素，又称第一代四环素类抗生素。美他环素（metacycline，甲烯土霉素）、多西环素（doxycycline，强力霉素，脱氧土霉素）和米诺环素（minocycline，二甲胺四环素）属半合成四环素类抗生素，又称第二代四环素类抗生素。替加环素（tigecycline）是一种半合成的肠外甘氨酰环素，于1993年发现，2005年由FDA批准投入临床使用，对广泛耐药的金黄色葡萄球菌和万古霉素耐药菌均有明显抑制作用，又称第三代四环素类抗生素。

【药理作用】四环素类的抗菌谱、抗菌作用机制和临床应用相似。抗菌活性的强度从强到弱依次为替加环素、米诺环素、多西环素、美他环素、地美环素、四环素、土霉素。土霉素还可通过抑制肠道共生菌丛的代谢，使阿米巴原虫失去生长条件，间接发挥抗阿米巴作用。

【作用机制】四环素类必须进入菌体内才能发挥抑菌作用。在细菌细胞质内，药物与核糖体 30S 亚基的 A 位特异性结合，阻止氨酰 tRNA 进入 A 位，从而阻碍肽链延长，抑制细菌蛋白质合成（图 42-1）。四环素类尚可使细菌细胞膜通透性改变，导致细胞内核苷酸及其他重要成分外漏，从而抑制细菌 DNA 复制。四环素类高浓度时也具有杀菌作用。

哺乳动物细胞缺乏四环素类的主动转运机制，同时其核糖体对药物的敏感性低，所以药物对细菌的蛋白质合成具有选择性抑制作用。

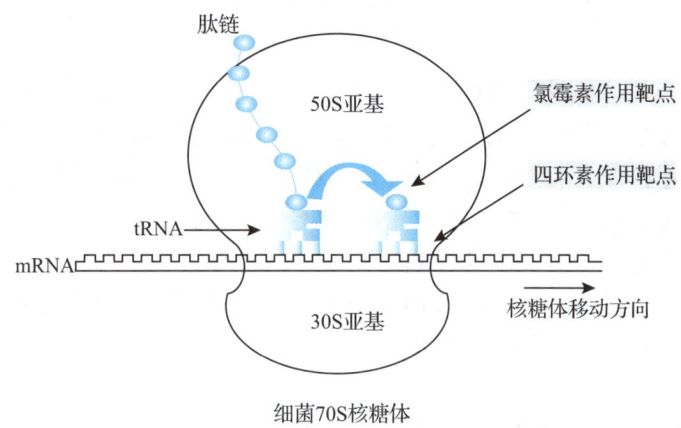

图 42-1　四环素及氯霉素抑制细菌蛋白质合成作用部位示意图

【耐药性】细菌对四环素类耐药的形成是渐进性的，近年来耐药菌株日渐增多，如金黄色葡萄球菌、A 族链球菌、肺炎链球菌、大肠埃希菌、志贺菌属。四环素、土霉素、金霉素之间有完全交叉耐药性，但是对天然四环素耐药的细菌对半合成四环素可能仍敏感。细菌对四环素类产生耐药的机制有三种：①促进四环素类的主动外排或减少其吸收。从临床耐药菌中已分离得到 8 种编码泵出四环素类的基因（tetA 等），由这类基因表达的膜蛋白具有排出四环素 - 阳离子复合物的作用，使菌体内四环素类浓度降低。在四环素类的作用下，导致细胞壁外膜膜孔蛋白减少，阻碍药物进入菌体内。②当四环素类存在时，核糖体保护蛋白的基因（tetM 等）表达增强，大量生成的 TetM 蛋白与延长因子有高度的同源性，在核糖体内相互竞争作用靶点，促进被结合的四环素类自核糖体解离。③产生灭活酶，灭活四环素类。

【临床应用】四环素类首选用于治疗立克次体感染（斑疹伤寒、Q 热和恙虫病等）、支原体感染（支原体肺炎和泌尿生殖系统感染等）、衣原体感染（鹦鹉热、沙眼和性病淋巴肉芽肿等）及某些螺旋体感染（回归热等）。四环素类还可首选用于治疗鼠疫、布鲁氏菌病、霍乱、兔热病、幽门螺杆菌感染引起的消化性溃疡、肉芽肿鞘杆菌感染引起的腹股沟肉芽肿及牙龈卟啉单胞菌感染引起的牙周炎。使用四环素类时首选多西环素，如治疗布鲁氏菌病可采用多西环素联合利福平，或多西环素联合链霉素治疗；治疗鼠疫首选链霉素联合喹诺酮、多西环素、β- 内酰胺类或磺胺等其他类型抗生素。

➤ 四环素（Tetracycline）

【体内过程】

1. **吸收**　四环素口服仅 30%～40% 的给药量可从胃肠道吸收，口服吸收具有饱和现象，当一次口服剂量大于 0.5 g 时，增加口服剂量并不能成比例地增加吸收，血药浓度不再随剂量增加而增高，故不应盲目加大剂量。四环素与食物同服时四环素的吸收显著减少，因食物中的 Fe^{2+}、Ca^{2+}、Mg^{2+}、Al^{3+} 等金属离子可与四环素络合而影响四环素的吸收。四环素与铁剂或抗酸药并用时，应间隔 2～3 h。空腹服用四环素的吸收率较高，但刺激胃肠道，因此宜在餐前 0.5～1 h 服药。四环素在酸性环境中溶解度高，在碱性环境中溶解度低，故不应与碱性药、H_2 受体阻断药、质子泵抑制药等同时服用；酸性药物如维生素 C 可促进四环素的吸收。

2. 分布与排泄 四环素在体内分布广泛，可进入胸腔积液、腹水、胎儿血液循环及乳汁中，但是脑脊液中的药物浓度仅为血药浓度的 1/10。四环素在胆汁中的含量高，为血药浓度的 10～20 倍。四环素进入体内后，可沉淀在新形成的牙齿和骨骼中，与这些部位的钙离子结合并影响骨骼生长发育。口服四环素时，20%～60% 从肾排泄，碱化尿液能增加药物排泄，可用于泌尿系统感染。四环素存在肝肠循环，由胆汁排泄到肠道的药物，部分由肠道再吸收入血。

【药理作用】四环素可直接抑制革兰氏阳性菌、革兰氏阴性菌、支原体、立克次体、衣原体和螺旋体；通过抑制肠道内阿米巴原虫的共生菌丛，间接抑制阿米巴原虫。四环素对革兰氏阳性菌的抗菌作用不如青霉素类和头孢菌素类，对革兰氏阴性菌的抗菌作用不如氨基糖苷类及氯霉素类。四环素在极高浓度时具有杀菌作用。四环素对伤寒沙门菌、副伤寒沙门菌、铜绿假单胞菌、结核分枝杆菌、真菌和病毒无效。

【临床应用】由于其他高效抗菌药的不断出现，以及四环素耐药菌株的日益增加和药物的特殊不良反应，四环素不再作为首选药应用。

【不良反应与注意事项】

1. 胃肠道刺激 口服四环素可引起恶心、呕吐、腹胀、腹泻等症状；餐后服用可减轻刺激症状，但可影响药物吸收。因四环素刺激性大，肌内注射禁用，静脉滴注可引起静脉炎。

2. 二重感染（superinfection） 正常人口腔、咽喉部和胃肠道存在完整的微生态系统，各菌群之间维持平衡的共生状态。长期使用广谱抗菌药时，敏感菌被抑制，不敏感菌乘机大量繁殖生长，并由原来的劣势菌群变为优势菌群，造成新的感染，称作二重感染或菌群交替症。婴儿、老年人、体弱者、合用糖皮质激素或合用抗肿瘤药的患者，使用四环素时易发生二重感染。较常见的二重感染有两种：其一是真菌感染，多由白念珠菌引起，表现为鹅口疮、肠炎，常见口腔黏膜如唇、颊、舌背、软腭处出现白色凝乳状假膜，常无明显自觉症状。此时应立即停药，同时应用制霉菌素（nystatin）进行抗真菌治疗；其二是对四环素耐药的难辨梭状芽孢杆菌感染所致的假膜性肠炎，患者出现剧烈的腹泻、发热、肠壁坏死、体液渗出甚至休克及死亡，应立即停药并口服万古霉素或甲硝唑。

3. 对骨骼和牙齿生长的影响 四环素经血液到达新形成的牙齿组织，与牙齿中的羟磷灰石晶体结合形成四环素-磷酸钙络合物（tetracycline-calcium orthophosphate complex），络合物本身呈淡黄色，造成恒齿永久性棕色色素沉着（俗称牙齿黄染）、牙釉质发育不全。四环素对新形成的骨组织也有相同的作用，可抑制婴儿骨骼发育。因此，孕妇、哺乳期妇女及 8 岁以下儿童禁止使用四环素。

4. 其他 四环素长期大剂量口服或静脉滴注，可引起严重肝损伤，或加重原有的肾功能异常，多见于孕妇特别是伴有肾功能减退的孕妇，易致坏死性脂肪肝、胰腺炎和肾损害；偶见过敏反应如皮疹、药热、剥脱性皮炎等，并有交叉过敏反应；也可引起光敏反应（photosensitivity reactions）和前庭功能障碍（vestibular disturbances）如头晕、恶心、呕吐。

【药物相互作用】①四环素与降血脂药（如考来烯胺或考来替泊）合用，可影响四环素的吸收，须间隔数小时分开服用；②四环素与全身麻醉药合用可增强肾毒性，与袢利尿药如呋塞米合用，可加重肾功能损害；③含钙、镁、铝、铁等金属离子的药物与四环素可形成不溶性络合物，使四环素吸收减少、药效减弱；④四环素与碳酸氢钠合用时胃酸 pH 增高，致四环素吸收减少，故二者需间隔 1～3 h 服用；⑤四环素不宜长期与醋酸可的松、泼尼松、氢化可的松、地塞米松等糖皮质激素类药物配伍合用，因长期合用可诱发和加重感染；⑥四环素可抑制肠道细菌，使体内维生素 K 含量降低而影响凝血酶原合成，延长出血时间，与华法林合用有致出血的危险；⑦四环素可降低口服避孕药的效果，增加经期外出血可能。

> **多西环素（doxycycline，强力霉素，脱氧土霉素）**

多西环素属长效半合成四环素类，抗菌活性比四环素强 2～10 倍，具有强效、速效、长效的特点；抗菌谱与四环素相同，对土霉素或四环素耐药的金黄色葡萄球菌对本药仍敏感，但与其他同类药物之间有交叉耐药性。

多西环素口服吸收迅速且完全，不易受食物影响。大部分药物由胆汁进入肠腔，随粪便排泄，存在显著的肝肠循环过程。肠道中的多西环素多以无活性的结合型或络合型药物存在，故对肠道菌群无影响，很少引起二重感染。少量药物由肾排泄，肾功能减退者粪便的药物排泄量增加，故肾衰竭时也可使用。$t_{1/2}$ 长达 12～22 h，每天用药 1 次。

多西环素的临床适应证见前述四环素类药物；此外还适合于肾外感染伴肾衰竭（其他多数四环素类药物可能加重肾衰竭）的患者及胆道系统感染的患者；由于药物分布广泛，也用于酒渣鼻、痤疮、前列腺炎和呼吸道感染等。

常见的不良反应有胃肠道刺激症状，可引起恶心、呕吐、腹泻、舌炎、口腔炎和肛门炎，应饭后服用，并以大量水送服，服药后保持直立体位 30 分钟以上，以避免引起食管炎；静脉注射时，可能出现舌麻木及口腔异味感；易致光敏反应；皮疹与二重感染少见。其他不良反应少于四环素。由于对骨骼和牙齿生长的影响，孕妇和 8 岁以下儿童及哺乳期妇女禁用。长期使用苯妥英钠、利福平或巴比妥等诱导肝药酶的患者，多西环素的 $t_{1/2}$ 可缩短至 7 h。

> **米诺环素（minocycline，二甲胺四环素）**

米诺环素属长效半合成四环素类，其抗菌活性强于多西环素。米诺环素口服吸收率接近 100%，不易受食物影响；但抗酸药或重金属离子仍可减少米诺环素的吸收。口服米诺环素 0.2 g 后 2～3 h，血药浓度达峰值。米诺环素的脂溶性高于多西环素，组织穿透力强，分布广泛，长时间滞留于脂肪组织，在脑脊液中的浓度高于其他四环素类药物。在尿中及粪便中米诺环素的排泄量显著低于其他四环素类药物，部分米诺环素在体内代谢，$t_{1/2}$ 为 11～22 h，肾衰竭患者的药物 $t_{1/2}$ 略延长，但是肝衰竭对米诺环素的 $t_{1/2}$ 无影响。

米诺环素抗菌谱与四环素相似。此外，对四环素或青霉素类耐药的 A 族链球菌、B 族链球菌、金黄色葡萄球菌和大肠埃希菌对米诺环素仍敏感。米诺环素主要用于治疗酒渣鼻、痤疮和沙眼衣原体所致的疾病，以及上述对四环素或青霉素类耐药的细菌感染。米诺环素一般不作为首选药应用。除四环素类共有的不良反应外，米诺环素还可产生独特的前庭反应，表现为恶心、呕吐、眩晕和运动失调等症状，首次服药可迅速出现，女性多于男性。高达 12%～52% 的患者因严重的前庭反应而停药，停药 24～48 h 后症状可消失。用米诺环素期间不宜从事高空作业、驾驶和机器操作。

> **替加环素（tigecycline，丁甘米诺环素）**

替加环素具有与米诺环素相似的结构，含有甘氨酰胺结构，属于甘氨酰环肽类抗生素，对耐甲氧西林金黄色葡萄球菌、耐青霉素肺炎链球菌和耐万古霉素肠球菌等革兰氏阳性菌及多数革兰氏阴性杆菌均具有良好的抗菌活性。替加环素主要用于复杂性腹腔感染、复杂性皮肤感染、社区获得性肺炎的重症患者；多药耐药鲍曼不动杆菌感染及碳青霉烯类耐药肠杆菌科细菌感染（不包括中枢神经系统和尿路感染）等。目前，对于复杂性皮肤和皮肤结构感染，常用四环素、米诺环素、多西环素或 β-内酰胺类药物治疗，但因细菌耐药性日趋广泛而很难获得满意疗效，替加环素很可能成为理想的治疗药物。对其他四环素类药物耐药的病原菌仍对替加环素敏感。例如，对耐碳青霉烯类和多黏菌素类的多药耐药细菌，替加环素仍可保持较高的抗菌活性。

> **知识拓展**
>
> 恙虫病的治疗及预防
>
> 恙虫病又称丛林斑疹伤寒，是由恙虫病立克次体所引发的急性传染性疾病，临床表现多样、复杂，并发症多，常可导致多器官损害。恙虫病需注意鉴别诊断，应与伤寒、钩端螺旋体病、流行性出血热等疾病相鉴别。其治疗原则如下。①一般治疗：患者应卧床休息，加强营养；②病原治疗：临床上常应用的抗生素有多西环素、大环内酯类，一般以多西环素为首选；③对症治疗：高热者可予物理降温、解热镇痛药。密切观察病情变化，出现相关并发症时加强对症、支持处理，病情危重者可进行重症监护治疗。预防措施：做好个人防护是预防恙虫病的有效措施，应避免在恙螨主要栖息的草丛、灌木中坐卧休息，也可在暴露的皮肤和裤脚、领口或袖口上喷涂含邻苯二甲酸二甲酯或避蚊胺等成分的驱避剂进行防护。

第二节　氯霉素类

➤ 氯霉素（chloramphenicol）

氯霉素味苦，水溶性低，遇碱易分解失效。其右旋体无抗菌活性，但保留毒性；其消旋体是曾用于临床的合霉素，现已被淘汰。目前，临床使用的是人工合成的左旋体。

【体内过程】氯霉素口服吸收迅速、完全，口服 1.0 g 后 2～3 h 血药浓度达峰值，有效血药浓度可维持 6～8 h。琥珀氯霉素仅供静脉注射使用，属无活性前药，需在体内水解释放出氯霉素发挥作用。但琥珀氯霉素在水解前已有 20%～30% 由肾排泄，降低了药物的生物利用度。氯霉素广泛分布于各组织与体液中，在脑脊液中的浓度占血药浓度的 45%～99%。体内的氯霉素 90% 在肝经葡糖醛酸转移酶（glucuronyl transferase）催化，与葡糖醛酸结合而失活，$t_{1/2}$ 约 2.5 h，其代谢产物和 10% 的原型药物由尿中排泄，也能在泌尿系统中达到有效抗菌浓度。

【药理作用】氯霉素属广谱抗生素，对革兰氏阳性菌、革兰氏阴性菌均有抑制作用，对革兰氏阴性菌的抑制作用强于革兰氏阳性菌。一般来说氯霉素是抑菌药，但是对流感嗜血杆菌、脑膜炎奈瑟菌和肺炎链球菌具有杀菌作用。氯霉素对革兰氏阳性菌的抗菌活性不如青霉素类和四环素类。氯霉素对立克次体、衣原体和支原体也有抑制作用，但对结核分枝杆菌、真菌和原虫无效。

【作用机制】氯霉素与细菌核糖体 50S 亚基上的肽酰转移酶（peptidyl transferase）作用位点发生特异性可逆性结合，阻止 P 位肽链的末端羧基与 A 位氨酰 tRNA 的氨基发生反应，从而阻止肽链延伸，使蛋白质合成受阻（图 42-1）。氯霉素的结合位点十分接近大环内酯类抗生素和克林霉素的作用位点，这些药物同时应用可相互竞争相近的靶点，产生拮抗作用。

【耐药性】氯霉素耐药性产生较慢，细菌对氯霉素类产生耐药的机制有三种：①革兰氏阳性菌和革兰氏阴性菌均可通过突变、接合或转导机制，获得质粒编码的氯霉素乙酰转移酶，使氯霉素转变为一乙酰氯霉素或二乙酰氯霉素而失活。从耐药金黄色葡萄球菌中已分离得到 5 种不同的氯霉素乙酰转移酶。②某些革兰氏阴性菌如流感嗜血杆菌或伤寒沙门菌，通过染色体突变使外膜特异性蛋白质缺失，造成外膜对氯霉素的通透性降低，使药物无法进入胞内发挥抗菌作用。③细菌核糖体蛋白突变，使氯霉素无法与核糖体 50S 亚基结合。

【临床应用】氯霉素可能对造血系统产生致命的毒性作用，必须严格掌握适应证，一般不作为首选药应用，用药期间应定期检查血常规。

1. 耐药菌诱发的严重感染 选用氯霉素的前提是患者使用氯霉素的利大于弊，如无法使用 β- 内酰胺类的脑膜炎患者、多药耐药的流感嗜血杆菌感染的患者，且病情严重，危及生命。

2. 伤寒（typhia） 伤寒的治疗首选氟喹诺酮类药或第三代头孢菌素类抗生素，具有速效、低毒、复发少和愈后不带菌等特点。由于氯霉素成本低廉，某些国家和地区仍将其用于伤寒。在不同国家或不同地区，伤寒沙门菌对氯霉素的耐药程度不同；在伤寒流行期和非流行期，伤寒沙门菌对氯霉素的耐药程度也不同。应根据具体情况选用药物。

3. 立克次体感染 孕妇、8 岁以下儿童或四环素类药物过敏者可选用氯霉素治疗立克次体感染。

4. 其他 氯霉素局部用药可治疗敏感菌引起的眼内感染、全眼球感染、沙眼和结膜炎；与其他抗菌药联合应用可治疗腹腔或盆腔的厌氧菌感染。

> **临床应用**
>
> ### 氯霉素仍是低收入国家的良药
>
> 1947 年，研究人员在土壤中分离出氯霉素，它是第一个可以用人工方法合成的天然抗生素。氯霉素的问世，突破了当时青霉素产量有限、成本居高不下的困境，通过人工合成使成本大幅下降，而且氯霉素抗菌谱广，因此很快成为治疗重大感染的临床特效药。但 1950 年发现氯霉素可导致贫血、白血病等，减少了其应用范围。目前在经济较发达的国家，除外用或滴眼、滴鼻等途径外，该药已禁用。但在卫生条件欠佳的地区，氯霉素由于其廉价、易得、疗效可靠而用于治疗致命性的伤寒、副伤寒、脑膜炎、耳源性脑脓肿、立克次体感染等疾病。在低收入的国家，世界卫生组织仍然建议将氯霉素油剂作为脑膜炎的一线治疗药物，并将其列入世界卫生组织的基本药物目录内。

【不良反应与注意事项】

1. 血液系统毒性（hematological toxicity）

（1）可逆性血细胞减少：较为常见，发生率和严重程度与剂量、疗程呈正相关，表现为贫血、白细胞减少症或血小板减少症。大剂量氯霉素对骨髓造血细胞线粒体中的 70S 核糖体（与细菌 70S 核糖体相似）有抑制作用，降低宿主线粒体铁螯合酶（chelatase）的活性，红系前体细胞对氯霉素尤其敏感，使血红蛋白合成减少；大剂量氯霉素也可损害其他血细胞。一旦发生及时停药可以恢复。部分患者可能发展成致死性再生障碍性贫血（fatal aplastic anemia）或急性髓细胞性白血病（acute myeloblastic leukemia）。

（2）再生障碍性贫血：发病率与用药剂量、疗程无关，一次用药也可能发生。发生率低（1/3 万），但患者死亡率很高。发病机制不清，女性发生率较男性高 2~3 倍，多在停药数周或数月后发生。幸存患者日后发展为白血病的概率很高。

2. 灰婴综合征（gray syndrome） 早产儿和新生儿肝内缺乏葡糖醛酸转移酶，肾排泄功能不完善，对氯霉素解毒能力差。大剂量使用氯霉素可致早产儿和新生儿药物中毒，表现为循环衰竭、呼吸困难、进行性血压下降、皮肤苍白和发绀，故称灰婴综合征。一般发生于治疗的第 2~9 天，症状出现 2 天内的死亡率高达 40%。有时大龄儿童甚至成人也可发生。

3. 其他 患者口服氯霉素后可出现恶心、呕吐和腹泻等症状；少数患者出现过敏反应（皮疹、药热和血管神经性水肿）、视神经炎及视物障碍等；还可见溶血性贫血（G6PD 缺陷者）和二重感染。

应用氯霉素治疗前、后及疗程中，应监测血常规，发现异常立即停药。

氯霉素抑制肝药酶活性，从而减少华法林（丙酮苄羟香豆素）、甲苯磺丁脲、苯妥英钠和氯磺丙脲等药物的代谢，使后者的血药浓度增高，甚至引起中毒。因此，当氯霉素与以上药物合用时应监测血糖、凝血酶原时间，防止发生低血糖症或出血倾向。利福平或长期使用苯巴比妥则促进氯霉素代谢，降低氯霉素的疗效。肝肾功能减退者、G6PD 缺陷者、婴儿、孕妇和哺乳期妇女慎用。氯霉素的用药时间不宜过长。

➢ **甲砜霉素（thiamphenicol，甲砜氯霉素，硫霉素）**

甲砜霉素口服吸收完全，70% ~ 90% 以原型由肾排泄，肾功能减退者应减少用量。甲砜霉素的抗菌谱、抗菌活性及主要不良反应与氯霉素相似，适应证与氯霉素相似，主要用于轻症感染，一般不用于细菌性脑膜炎。此药还具有较强的免疫抑制作用，比氯霉素强 6 倍。

甲砜霉素与氯霉素之间存在完全交叉耐药性，但是细菌对甲砜霉素的耐药性发展较慢，故其抗菌活力较强。甲砜霉素对血液系统的毒性主要为可逆性血细胞减少，发生率高于氯霉素；甲砜霉素较少诱发致死性再生障碍性贫血和灰婴综合征。

思 考 题

1. 目前四环素类抗生素有哪几代药物？每代列举 1 个代表药。
2. 四环素与其他药物（列举 3 种即可）间相互作用有哪些？
3. 细菌对氯霉素产生耐药性的机制有哪些？
4. 氯霉素的不良反应有哪些？
5. 患者，女，19 岁，因头晕、乏力半个月入院。患者半个月前无明显诱因自觉乏力，伴皮肤散在出血点、齿龈出血等。查体：重度贫血貌，全身皮肤散在出血点，心、肺、腹及神经系统检查未见阳性体征。血常规显示全血细胞减少，骨髓活组织检查符合慢性再生障碍性贫血改变。追问病史，该患者入夏后游泳偶感眼部不适，曾间断使用氯霉素滴眼液滴眼。患者既往体健，未使用过其他药物。考虑再生障碍性贫血为氯霉素滴眼液所致。请回答：

氯霉素导致骨髓抑制的可能原因有哪些？

（班 涛）

第四十三章 人工合成抗菌药

人工合成抗菌药是完全由人工化学合成的具有抗细菌作用的一类药物，包括喹诺酮类、磺胺类、甲氧苄啶、硝基呋喃类硝基咪唑类等。

案例 43-1

患者，女，60岁，主诉：1天前进食不洁食物后畏寒、发热、腹痛、腹泻，排便共10余次，量少，开始为黄色稀便，后为黏液脓血便，伴肛门坠胀、排便不畅感，无恶心、呕吐。入院检查，粪便常规检查提示，高倍镜下白细胞满视野，红细胞可见。拟诊为细菌性痢疾。根据检查结果在补液及维持电解质平衡和对症治疗基础上，考虑加用诺氟沙星。

问题：
1. 诺氟沙星属于哪类药物？其作用机制是什么？
2. 应用诺氟沙星治疗的过程中应该注意什么？
3. 抗菌药是否可以自行购买、自行服用？

第一节 喹诺酮类药

一、概述

喹诺酮类药（quinolones）是一类人工合成的抗菌药，根据开发上市时间和抗菌作用特点不同将其分为四代。第一代喹诺酮类药代表药物为萘啶酸（nalidixic acid），是1962年美国 Sterling-Winthrop 研究所 George Y. Lesher 博士在合成抗疟药氯喹时发现的，因其抗菌活性低，仅对肠杆菌科有抑制作用，口服吸收差，不良反应较大，目前已被淘汰。第二代喹诺酮类药代表药物为吡哌酸（pipemidic acid），是1974年由法国 Roger Bellon 实验室研制的，其对大多数 G^- 菌有效，口服易吸收，但其血浆蛋白结合率较高，血中游离药物浓度低，不能用于治疗全身性感染。吡哌酸以原型从尿中排泄，尿中药物浓度显著高于血药浓度，故临床仅用于尿路感染和肠道感染。第三代喹诺酮类药是20世纪70年代末至90年代中期研制的氟喹诺酮类药（fluoroquinolones），常用的药物包括诺氟沙星（norfloxacin）、环丙沙星（ciprofloxacin）、氧氟沙星（ofloxacin）、左氧氟沙星（levofloxacin）、洛美沙星（lomefloxacin）、氟罗沙星（fleroxacin）、司帕沙星（sparfloxacin）等。第四代喹诺酮类药是20世纪90年代后期至今新研制的氟喹诺酮类药，已用于临床的有莫西沙星（moxifloxacin）、加替沙星（gatifloxacin）、吉米沙星（gemifloxacin）和加雷沙星（garenoxacin）等。

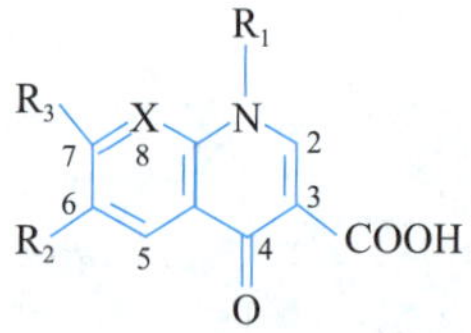

图43-1 喹诺酮类药的基本结构4-喹诺酮

【构效关系】

喹诺酮类药是一类以4-喹诺酮（图43-1）为基本结构的人工合成抗菌药。在4-喹诺酮母核的 N_1、C_5、C_6、C_7、C_8 位引入不同的基团，形成性质和作用各具特点的喹诺酮类药。

1. 抗菌活性 在 C_6 位引入氟的同时，C_7 位引入哌嗪基（绝大多数氟喹诺酮类药），药物与DNA回旋酶（DNA gyrase）的亲和力及抗菌活性显著提高，抗菌谱明显扩大，药动学性质显著改善。在此基础上，N_1 位引入环丙基，则进一步增强药物对 G^+ 菌、衣原体、支原体的杀灭作用，如环丙沙星、司帕沙星、莫西沙星、加替沙星和加雷沙星。近年发现，C_6 位脱去氟，C_8 位引入二氟甲基的加雷沙星对 G^- 菌、G^+ 菌、厌氧菌、支原体、衣原体均具有与莫西沙星类似的抗菌活性和药动学特征，同时毒性更低，并由此诞生了新一代喹诺酮类药，即非氟喹诺酮类药或去氟喹诺酮类药。

2. 脂溶性 在 C_7 位引入甲基哌嗪环，可增加药物的脂溶性，提高口服生物利用度和对细菌的穿透力，如氧氟沙星、氟罗沙星、左氧氟沙星。在 C_8 位引入氯或氟，进一步提高药物的口服生物利用度，延长药物的消除半衰期，如洛美沙星。提高药物的脂溶性也具有扩大抗菌谱和增强抗菌活性的效果。

3. 光敏反应（photosensitivity reactions） 当 C_8 位引入氯或氟时，在提高了药物疗效的同时，也增强了药物的光敏反应，如司帕沙星、氟罗沙星和洛美沙星。以甲氧基取代 C_8 位的氯或氟，既可增强药物杀灭 G^+ 菌和厌氧菌的活性，又可降低药物的光敏反应，如莫西沙星和加替沙星。

4. 中枢神经系统毒性 喹诺酮类药与茶碱或非甾体抗炎药合用时，易产生中枢神经系统毒性，药物的中枢神经系统毒性与 C_7 位的取代基团有关。

5. 肝毒性和心脏毒性 在 N_1 位引入2,4-二苯氟基的曲伐沙星，因肝毒性而在许多国家停止使用；该取代基也可能与替马沙星综合征（主要表现为低血糖、重度溶血，约半数患者伴肾衰竭和肝功能损害）有密切关系。在 C_5 位引入甲基的格帕沙星，也因心脏毒性撤出市场。

【体内过程】

1. 吸收 氟喹诺酮类药（第三代和第四代喹诺酮类药）口服吸收良好。多数药物如司帕沙星或左氧氟沙星口服400 mg后1~3 h血药浓度达峰值。食物一般不影响药物的口服吸收，但可使血药浓度达峰时间延迟。氟喹诺酮类药与富含 Fe^{2+}、Fe^{3+}、Ca^{2+}、Mg^{2+} 的食物同服可降低药物的生物利用度。多数氟喹诺酮类药的口服生物利用度大于50%，少数可达到95%。

2. 分布 多数氟喹诺酮类药的血浆蛋白结合率较低，一般在40%以下（但莫西沙星和加雷沙星可达54%和75%），表观分布容积很大，多在100 L左右，显著大于氨基糖苷类或β-内酰胺类抗生素，因此，药物在组织和体液中的分布广泛，肺、肾、前列腺组织、尿液、胆汁、粪便、巨噬细胞和中性粒细胞中的药物浓度均高于血药浓度，但是脑脊液、骨组织和前列腺液中的药物浓度低于血药浓度。氟喹诺酮类药尚可分布到泪腺、唾液腺、泌尿生殖系统和呼吸道黏膜。诺氟沙星的血药浓度相对偏低，故主要用于泌尿系统感染。

3. 代谢和排泄 培氟沙星和莫西沙星主要由肝代谢并通过胆汁排泄。氧氟沙星和洛美沙星主要（80%以上）以原型经肾排出。

【药理作用】

氟喹诺酮类药属于广谱杀菌药。第四代喹诺酮类药除保留了对大多数 G^+ 菌和 G^- 菌的良好抗菌活性外，对 G^+ 菌、结核分枝杆菌、军团菌、支原体及衣原体的杀灭作用也进一步增强。前三代喹诺酮类药对厌氧菌基本无效或效果不突出，而第四代喹诺酮类药提高了对厌氧菌如脆弱拟杆菌、梭杆菌属、消化链球菌属、厌氧芽孢梭菌属的抗菌活性，并显示出良好的临床效果。但对于铜绿假单胞菌仍以环丙沙星的杀灭作用最强。

【作用机制】

1. 抑制细菌 DNA 回旋酶 DNA 回旋酶是喹诺酮类药抗 G^- 菌的重要靶点。研究最为详细的是大肠埃希菌，该菌的 DNA 回旋酶是由 *gyrA* 和 *gyrB* 基因编码的，以 GyrA 和 GyrB 亚基组成 A2B2 四聚体蛋白酶，A 亚基和 B 亚基的分子量分别为 105 000 和 95 000。DNA 在转录或复制过程中，其双螺旋结构（二级结构）被部分打开，同时引起解旋附近的双螺旋结构过度缠绕，并进一步影响超螺旋结构（三级结构）而形成正超螺旋（positive supercoil），阻碍双螺旋结构的进一步打开（复制叉移动），使转录或复制过程难以继续。为了使转录、复制得以继续，DNA 回旋酶必须不断地与正超螺旋部位的前、后两条双螺旋片段结合，将正超螺旋变为负超螺旋（negative supercoil）（图 43-2A）。

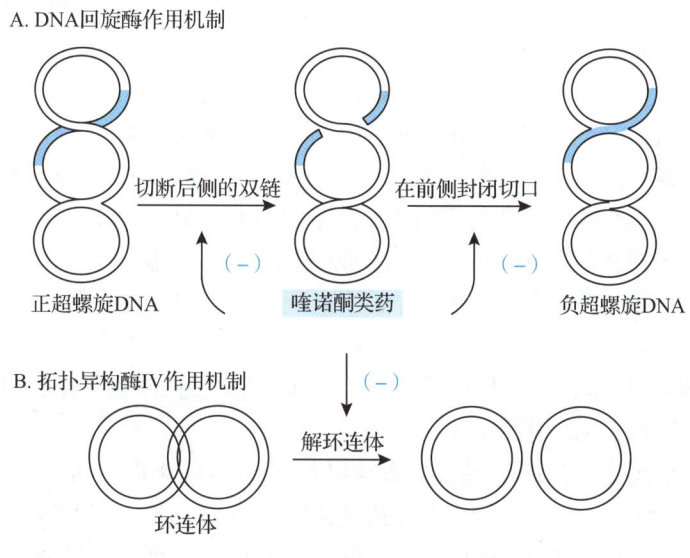

图 43-2 喹诺酮类药的作用机制示意图

一般认为，DNA 回旋酶的 A 亚基是喹诺酮类药作用的靶点，通过形成 DNA 回旋酶 -DNA- 喹诺酮三元复合物，干扰酶反应过程，抑制酶切开和封闭 DNA 片段的活性，阻碍细菌 DNA 复制而达到杀菌作用。哺乳动物细胞内的拓扑异构酶 II（topoisomerase II）在功能上类似于菌体内的 DNA 回旋酶。喹诺酮类药仅在很高浓度时才能影响拓扑异构酶 II，故临床不良反应少。

2. 抑制细菌拓扑异构酶IV（topoisomerase IV） 拓扑异构酶IV是含有 ParC 和 ParE 两种亚基的四聚体蛋白酶，分别由 *parC* 和 *parE* 基因（金黄色葡萄球菌中为 *grlA* 和 *grlB* 基因）编码，是喹诺酮类药抗 G^+ 菌的重要靶点。拓扑异构酶IV通过解除 DNA 结节、解环连体（图 43-2B）和松弛超螺旋的作用，协助子代染色质分配到子代细菌，在 DNA 复制过程中发挥重要作用。喹诺酮类药通过对拓扑异构酶IV的抑制作用，干扰细菌 DNA 复制。

3. 其他机制 研究发现，有关喹诺酮类药的抗菌作用还存在其他机制，如诱导菌体 DNA 的 SOS 修复，从而造成 DNA 错误复制，导致细菌死亡；高浓度喹诺酮类药还可抑制细菌 RNA 及蛋白质合成。此外，抗生素后效应也被认为是喹诺酮类药的抗菌作用机制之一，某些

G^+ 菌或 G^- 菌与喹诺酮类药接触后，即使未被立即杀灭，也在此后的 2～6 h 内失去生长能力，而且抗生素后效应持续时间的长短与喹诺酮类药的浓度有关，如左氧氟沙星在 1.0 mg/L 和 4.0 mg/L 浓度时，抗生素后效应分别为 0.7 h 和 1.9 h。

【耐药性及耐药机制】

由于喹诺酮类药的广泛应用，细菌的耐药性逐渐引起人们的重视。某些细菌对喹诺酮类药的耐药性发展很快，如耐药大肠埃希菌已由 1990 年的 30% 上升到目前的 70%。细菌对喹诺酮类药有交叉耐药性，临床常见耐药菌为金黄色葡萄球菌、肠球菌、大肠埃希菌和铜绿假单胞菌等。细菌对喹诺酮类药产生耐药性的机制如下。

1. *gyrA* 基因和 *parC* 基因突变 利用临床分离或实验室诱导的对喹诺酮类药耐药的菌株，从中分离得到 *gyrA* 基因，对该基因的序列分析结果表明，DNA 回旋酶的 A 亚基上 67 位至 106 位氨基酸区域对于细菌的耐药起决定作用。GyrA 亚基的 83 位丝氨酸突变为亮氨酸或色氨酸后，该亚基局部构象发生变化，形成高度耐药菌株（如高度耐药的大肠埃希菌）。*parC* 基因突变则导致 ParC 亚基的 80 位丝氨酸突变。

2. 外膜通透性改变 大肠埃希菌可表达多种不同的膜孔蛋白，主要包括 OmpA、OmpF、OmpC 和蛋白 K，细菌的耐药性主要与 OmpF 和 OmpC 有关。OmpF 和 OmpC 在大肠埃希菌中的表达与协调方式紧密相关，以保持膜孔蛋白总量的恒定。*micF* 基因调控 OmpF 的表达，它编码一小段反义 RNA，与 OmpF 的 mRNA 互补，从而阻止 OmpF 的翻译过程，最终导致 OmpF 合成减少。亲水性小分子药物通道的 OmpF 的减少或缺失，使细菌对氟喹诺酮的摄入减少。这种类型的耐药性可能与氯霉素或四环素形成交叉耐药性有关。

3. 主动外排系统 金黄色葡萄球菌含有 *norA* 基因，其编码产生 NorA 蛋白，NorA 蛋白由 388 个氨基酸组成。喹诺酮类药可诱导 NorA 蛋白过量表达，NorA 蛋白在细胞膜上形成特殊的转运通道，将喹诺酮类药自菌体内泵出，形成耐药菌。金黄色葡萄球菌 *norA* 基因可以通过质粒携带而使耐药性迅速蔓延和扩散，导致喹诺酮类药之间的交叉耐药性。

【临床应用】

氟喹诺酮类药具有抗菌谱广、抗菌活性强、口服吸收良好、与其他类别的抗菌药之间无交叉耐药性等特点，临床存在滥用的倾向。

1. 泌尿生殖系统感染 环丙沙星、氧氟沙星与 β- 内酰胺类同为首选药，用于单纯性淋病奈瑟菌性尿道炎或宫颈炎，但对非特异性尿道炎或宫颈炎疗效差。环丙沙星是铜绿假单胞菌性尿道炎的首选药。氟喹诺酮类药对敏感菌所致的急、慢性前列腺炎及复杂性前列腺炎均有较好的效果。

2. 呼吸系统感染 左氧氟沙星、莫西沙星与万古霉素合用可首选用于治疗对青霉素高度耐药的细菌感染引起的肺炎和支气管炎。氟喹诺酮类药（除诺氟沙星）可替代大环内酯类用于支原体肺炎、衣原体肺炎及嗜肺军团菌引起的军团病。

3. 肠道感染与伤寒 氟喹诺酮类药首选用于治疗志贺菌引起的急、慢性细菌性痢疾和中毒性细菌性痢疾，以及鼠伤寒沙门菌、猪霍乱沙门菌、肠炎沙门菌引起的胃肠炎（食物中毒）。对沙门菌引起的伤寒或副伤寒，应首选氟喹诺酮类药或头孢曲松。氟喹诺酮类药也可用于旅行性腹泻。

此外，氟喹诺酮类药对脑膜炎奈瑟菌具有强大的杀菌作用，其在鼻咽分泌物中浓度高，可用于鼻咽部带菌者的根除治疗，其他抗菌药无效的儿童重症感染可选用氟喹诺酮类药；囊性纤维化患儿感染铜绿假单胞菌时应选用环丙沙星。

【不良反应】

1. 胃肠道反应 常见胃部不适、恶心、呕吐、腹痛和腹泻等症状。一般不严重，患者可耐受。

2. 中枢神经系统毒性　轻症者表现为失眠、头昏和头痛，重症者出现精神异常、抽搐和惊厥等。发生率为 1.5%～9%，氟罗沙星＞诺氟沙星＞司帕沙星＞环丙沙星＞依诺沙星＞氧氟沙星＞培氟沙星＞左氧氟沙星。发生机制与药物抑制 GABA 与 $GABA_A$ 受体结合、激动 NMDA 受体导致中枢神经兴奋有关。当依诺沙星、环丙沙星、诺氟沙星、培氟沙星与茶碱合用时，可使茶碱血药浓度升高。

3. 光敏反应（光毒性）　在紫外线的激发下，药物氧化生成活性氧，激活皮肤的成纤维细胞中的蛋白激酶 C 和酪氨酸激酶，引起皮肤炎症，表现为光照部位皮肤出现瘙痒性红斑，严重者出现皮肤糜烂、脱落。在氟喹诺酮类药中，司帕沙星、洛美沙星、氟罗沙星诱发的光敏反应最常见，严重者需住院治疗。其他氟喹诺酮类药光敏反应的发生率为依诺沙星＞氧氟沙星＞环丙沙星＞莫西沙星＞加替沙星。

4. 软骨损害　在软骨组织中，药物分子的 C_3 羧基及 C_4 羰基与 Mg^{2+} 形成络合物，并沉积于关节软骨，造成局部缺 Mg^{2+} 而致软骨损伤。多种幼龄动物实验结果证实，药物可损伤负重关节的软骨；临床研究发现儿童用药后可出现关节痛和关节水肿。

5. 心脏毒性（cardiotoxicity）　罕见但后果严重，可见 Q-T 间期延长、尖端扭转型室性心动过速（torsade de pointes，TdP）、心室颤动等。在氟喹诺酮类药中，TdP 的临床发生率依次为司帕沙星＞加替沙星＞左氧氟沙星＞氧氟沙星＞环丙沙星。

其他不良反应包括跟腱炎、肝毒性、替马沙星综合征、过敏反应等。

【注意事项】①喹诺酮类药不宜常规用于儿童，不宜用于有精神病或癫痫病史者，禁用于喹诺酮过敏者、孕妇和哺乳期妇女，糖尿病患者慎用。②喹诺酮类药应避免与抗酸药、含金属离子的药物同服，必须合用时，应间隔 2～4 h 服用。③喹诺酮类药与茶碱类药、非甾体抗炎药同用时，可能加重喹诺酮类药的中枢神经系统毒性，应慎用或避免合用。④喹诺酮类药不宜与Ⅰa 类及Ⅲ类抗心律失常药和延长心脏 Q-T 间期的药物如西沙必利、红霉素、三环类抗抑郁药合用。⑤在应用喹诺酮类药期间避免日照。

二、常用氟喹诺酮类药

诺氟沙星（norfloxacin）

诺氟沙星是第一个氟喹诺酮类药，在此类药物中其口服生物利用度明显偏低（35%～45%），$t_{1/2}$ 为 3.5～5 h；口服给药后约 30% 以原型经肾排泄。诺氟沙星抗菌作用强，对 G^- 菌如大肠埃希菌、志贺菌、肠杆菌科、弯曲杆菌、沙门菌和奈瑟菌极为有效，临床主要用于敏感菌所致的胃肠道、泌尿道感染，也可外用治疗皮肤和眼部的感染。大多数厌氧菌对诺氟沙星耐药。诺氟沙星对支原体、衣原体、嗜肺军团菌、分枝杆菌、布鲁氏菌属感染无效。

环丙沙星（ciprofloxacin）

环丙沙星口服吸收不完全，生物利用度约为 70%，必要时可静脉滴注以提高血药浓度，$t_{1/2}$ 为 3～5 h。环丙沙星组织穿透力强，分布广泛。给药途径影响环丙沙星的排泄，口服与静脉滴注时尿中的排出量分别为 29%～44% 与 45%～60%。体外抑菌实验研究结果表明，环丙沙星对铜绿假单胞菌、流感嗜血杆菌、大肠埃希菌等 G^- 菌的抗菌活性高于多数氟喹诺酮类药。多数厌氧菌对环丙沙星不敏感，但对氨基糖苷类或第三代头孢菌素类耐药的菌株对环丙沙星仍敏感。环丙沙星主要用于治疗对其他抗菌药产生耐药性的 G^- 杆菌所致的呼吸道、泌尿生殖道、消化道、骨与关节和皮肤软组织感染。对于有适应证的感染儿童，国外多采用环丙沙星治疗。环丙沙星静脉滴注时，局部有血管刺激反应。有环丙沙星诱发跟腱炎和跟腱撕裂的报道，故老年人和运动员慎用。

➢ 氧氟沙星（ofloxacin）

氧氟沙星口服生物利用度可高达95%，$t_{1/2}$为5～7 h。氧氟沙星很少在体内代谢，80%以上的药物以原型由尿液排泄，肾功能减退者药物的$t_{1/2}$明显延长。氧氟沙星在胆汁中的药物浓度为血药浓度的7倍。氧氟沙星抗菌作用保留了环丙沙星的抗菌特点和良好的抗耐药菌特性，还对结核分枝杆菌、沙眼衣原体和部分厌氧菌有效。临床上氧氟沙星主要用于敏感菌所致的上下呼吸道感染、泌尿生殖道感染、胆道感染、皮肤软组织感染及盆腔感染等。氧氟沙星与其他抗结核药无交叉耐药性，可作为二线抗结核药，与其他抗结核药合用时呈相加作用。其他不良反应有偶见氨基转移酶升高，静脉滴注部位有血管刺激反应，可诱发跟腱炎和跟腱撕裂。肾功能减退或老年患者应用氧氟沙星时应减量。

➢ 左氧氟沙星（levofloxacin）

左氧氟沙星口服生物利用度接近100%，$t_{1/2}$为5～7 h，85%的药物以原型由尿液排泄。左氧氟沙星的抗菌活性是氧氟沙星的2倍，对表皮葡萄球菌、链球菌、肠球菌、厌氧菌、支原体、衣原体的体外抗菌活性明显强于环丙沙星。临床上左氧氟沙星用于敏感菌引起的各种急慢性感染、难治性感染，可获得良好效果。左氧氟沙星对铜绿假单胞菌的抗菌活性低于环丙沙星，但可用于临床治疗。在第四代以外的喹诺酮类药中，其不良反应发生率相对较少且轻微。

➢ 洛美沙星（lomefloxacin）

洛美沙星是含有2个氟原子的第三代喹诺酮类药，口服生物利用度接近98%，$t_{1/2}$比前述几个药物长，可达7 h以上，70%以上的药物以原型由尿液排泄。洛美沙星对G^-菌、表皮葡萄球菌、链球菌和肠球菌的抗菌活性与氧氟沙星相似；对多数厌氧菌的抗菌活性低于氧氟沙星。洛美沙星诱发光敏反应和跟腱毒性的概率较高，对小鼠皮肤具有光致癌作用。

➢ 氟罗沙星（fleroxacin）

氟罗沙星是含有3个氟原子的第三代喹诺酮类药，口服生物利用度接近100%，具有广谱、高效、长效的特点；$t_{1/2}$达10 h以上，可每天给药一次；50%～70%的药物以原型由尿液排泄，少量药物在肝代谢，肝、肾功能减退或老年患者应用氟罗沙星时应减量。氟罗沙星的体内抗菌活性远远强于诺氟沙星、环丙沙星和氧氟沙星，临床主要用于治疗敏感菌所致的呼吸系统、泌尿生殖系统、妇科、皮肤软组织感染及性传播疾病。氟罗沙星诱发中枢神经系统毒性的概率高于其他喹诺酮类药，其诱发光敏反应的概率较高，与布洛芬等合用可能诱发痉挛。

➢ 司帕沙星（sparfloxacin）

司帕沙星属于第三代喹诺酮类药，口服生物利用度约92%，$t_{1/2}$超过16 h，体内药物的25%在肝代谢失活，肝肠循环明显，粪便中药物的排泄量达50%。司帕沙星对G^+菌、厌氧菌、结核分枝杆菌、衣原体、支原体的抗菌活性显著优于环丙沙星，并优于氧氟沙星；对军团菌和G^-菌的抗菌活性与氧氟沙星相近。司帕沙星可用于上述细菌所致的呼吸系统、泌尿生殖系统及皮肤软组织感染，也可用于骨髓炎和关节炎等。司帕沙星易产生光敏反应、心脏毒性和中枢神经系统毒性，临床应严格控制使用。

➢ 莫西沙星（moxifloxacin）

莫西沙星属于第四代喹诺酮类药，口服生物利用度约90%，粪便和尿液中原型药物的排泄量分别为25%和20%，$t_{1/2}$为12～15 h。莫西沙星对大多数G^+菌、厌氧菌、结核分枝杆菌、衣原体和支原体具有很强的抗菌活性，强于环丙沙星、氧氟沙星、左氧氟沙星和司帕沙星；对大多数G^-菌的作用与诺氟沙星相近。莫西沙星可用于敏感菌所致的慢性支气管炎急性发作、社区获得性肺炎、急性鼻窦炎，也可用于泌尿生殖系统和皮肤软组织感染等。不良反应发生率低，最常见的是一过性轻度呕吐和腹泻。

第二节 磺胺类药

一、概述

磺胺类药（sulfonamides）是一类人工合成的对氨基苯磺酰胺衍生物，属广谱抑菌药，曾广泛用于临床，治疗局部或全身性感染。但由于抗生素和喹诺酮类药的快速发展，磺胺类药的不良反应和其耐药菌株的出现，使得磺胺类药的临床应用受限。但是，磺胺类药对流行性脑脊髓膜炎、鼠疫等感染性疾病疗效显著，在抗感染治疗中仍占有一定的位置。

> **知识拓展**
>
> **磺胺类药的发现**
>
> 1932 年德国拜耳实验室的化学家 Josef Klarer 和 Fritz Mietzsch 合成了一些偶氮染料，其中包括百浪多息，他们的同事 Gerhard Domagk 对这些合成的染料逐个进行试验，发现百浪多息对致死量链球菌感染的小鼠具有良好的保护作用，由此发现了磺胺类药。1939 年诺贝尔基金会授予 Gerhard Domagk 诺贝尔医学或生理学奖，以表彰他研究和发现磺胺类药的功绩。Domagk 后续又发现了疗效更好、副作用更小的磺胺噻唑。

磺胺类药根据临床用途分为三大类，包括用于全身性感染的肠道易吸收类、用于肠道感染的肠道难吸收类，以及外用类。其中肠道易吸收类又根据药物 $t_{1/2}$ 的长短，进一步分为短效磺胺类药（$t_{1/2} < 10\ h$）如磺胺异噁唑和磺胺二甲嘧啶，中效磺胺类药（$t_{1/2}$ 为 10～24 h）如磺胺嘧啶和磺胺甲噁唑，以及长效磺胺类药（$t_{1/2} > 24\ h$）如磺胺多辛和磺胺间甲氧嘧啶；肠道难吸收类有柳氮磺吡啶等；外用类有磺胺米隆和磺胺嘧啶银等。

短效磺胺类药因每天需多次用药，不良反应较多，故现已少用或不用。长效磺胺类药中的磺胺多辛因抗菌活性弱，过敏反应发生率高，细菌容易产生耐药性而不单独使用，目前主要与乙胺嘧啶合用以治疗对氯喹耐药的恶性疟。

【体内过程】

1. 吸收 用于全身性感染的磺胺类药，口服后迅速由小肠上段吸收。用于肠道感染的药物很少吸收，主要在小肠下段及结肠内形成较高浓度，它们必须在肠腔内水解，使对位氨基游离后才能发挥抗菌作用。

2. 分布 药物吸收入血后，广泛分布于全身组织及体液中，可透过胎盘屏障到达胎儿体内。各药的血浆蛋白结合率变化较大，取决于药物的疏水性和 pK_a，波动在 25%～95%，长效磺胺类药血浆蛋白结合率高，而磺胺嘧啶的血浆蛋白结合率低。血浆蛋白结合率低的药物易于通过血脑屏障，进入脑脊液，可用于治疗流行性脑脊髓膜炎。

3. 生物转化 磺胺类药主要在肝内被代谢为无抗菌活性的乙酰化代谢产物，也可与葡糖醛酸结合，结合后药物的溶解度增大，有利于药物从肾排泄。

4. 排泄 磺胺类药主要从肾以原型药、乙酰化代谢产物、葡糖醛酸结合物三种形式排泄，排出量受药物的脂溶性和血浆蛋白结合率的影响。脂溶性高的磺胺类药易在肾小管重吸收,作用时间长;血浆蛋白结合率高的磺胺类药不易从肾小球滤过,排泄速度慢,作用时间长。磺胺类药及其乙酰化物在碱性尿中溶解度高,在酸性尿液中易结晶析出,结晶物可造成肾损害。乙酰化代谢产物的溶解度低于原型药物,更易结晶析出;各药在尿液中的乙酰化率不同(10%~60%)。

【药理作用】

磺胺类药对大多数 G^+ 菌和 G^- 菌有良好的抗菌活性,其中最敏感的是溶血性链球菌、肺炎链球菌、脑膜炎奈瑟菌、淋病奈瑟菌、鼠疫耶尔森菌和诺卡菌属;也对沙眼衣原体、疟原虫、卡氏肺孢子菌、弓形虫滋养体有抑制作用;但是,对支原体、立克次体和螺旋体无效,甚至可促进立克次体生长。磺胺米隆和磺胺嘧啶银对铜绿假单胞菌有效。

【作用机制】

细菌以蝶啶、对氨基苯甲酸(PABA)为原料,在二氢蝶酸合酶(dihydropteroate synthase)作用下生成二氢蝶酸(dihydropteroic acid);二氢蝶酸与谷氨酸生成二氢叶酸(dihydrofolic acid)后,进一步在二氢叶酸还原酶的催化下还原为四氢叶酸(tetrahydrofolic acid)。四氢叶酸活化后,可作为一碳基团载体的辅酶参与嘧啶核苷酸和嘌呤的合成。磺胺类药与 PABA 的结构相似,可与 PABA 竞争二氢蝶酸合酶,阻止细菌二氢叶酸的合成,从而发挥抑制细菌生长繁殖的作用(图 43-3)。

对磺胺类药敏感的细菌在生长繁殖过程中不能利用现成的叶酸,必须自身合成叶酸供菌体之需。然而,哺乳类细胞能直接利用现成的叶酸,因此磺胺类药不影响人体细胞的核酸代谢。

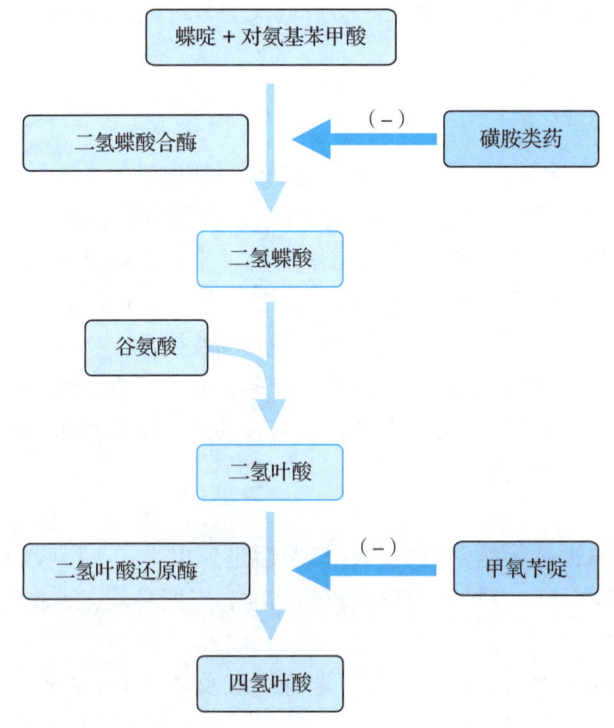

图 43-3 磺胺类药及甲氧苄啶对细菌叶酸代谢的影响示意图

【耐药性及耐药机制】

对磺胺类药敏感的细菌,无论在体内还是体外,反复接触磺胺类药后,均可产生耐药性。对磺胺类药耐药的细菌,或通过合成过量的 PABA 而竞争磺胺类药的作用靶点来对抗磺胺类药的作用,或通过产生对磺胺类药亲和力低的二氢蝶酸合酶,或降低细菌对磺胺类药的通透性而降低细菌体内的药物浓度，或通过改变代谢途径而直接利用现成的叶酸而产生耐药性。各磺胺类药之间有交叉耐药性。

【临床应用】

1. 全身感染 如败血症，应选用肠道易吸收类药物，如磺胺嘧啶。

2. 肠道感染 如肠炎、腹泻病，应选用肠道难吸收类药物，如柳氮磺吡啶。

3. 局部感染 如眼部感染，应选用外用类药物，如磺胺醋酰。

【不良反应】

1. 泌尿系统损害 体内的磺胺类药主要由肾排出，在尿液中形成较高浓度，一旦析出结晶，可引起尿路刺激和阻塞，出现结晶尿、血尿、尿痛和尿闭等症状。结晶尿的形成与尿液中药物浓度、药物溶解度及尿液 pH 密切相关。长效磺胺类药易在肾小管被重吸收，尿中浓度低，不易引起肾损害。服用磺胺嘧啶或磺胺甲噁唑时，应适当增加饮水量并同服等量碳酸氢钠以碱化尿液，服药超过 1 周的患者，应定期检查尿液。

2. 过敏反应 局部用药或服用长效制剂时易发生。药热和皮疹分别多发生在给药后 5～10 天和 7～9 天，偶见多形性红斑、剥脱性皮炎，后者严重时可致死。磺胺类药有交叉过敏反应，用药前应询问过敏史。

3. 血液系统反应 长期使用磺胺类药可能抑制骨髓造血功能，导致白细胞减少症、血小板减少症甚至再生障碍性贫血，虽然发生率极低但可致死。对 G6PD 缺陷者，磺胺类药易引起溶血性贫血。用药期间应定期检查血常规。

4. 黄疸 新生儿、早产儿、孕妇和哺乳期妇女不应使用磺胺类药，以免药物竞争血浆白蛋白而置换出胆红素，使新生儿或早产儿血中游离胆红素增加，导致黄疸，游离胆红素进入中枢神经系统导致核黄疸。

5. 消化系统反应 口服磺胺类药可引起恶心、呕吐、上腹部不适和食欲缺乏，餐后服或同服碳酸氢钠可减轻反应。磺胺类药也可致肝损害，严重者出现急性重型肝炎，肝功能受损者应避免使用。

6. 神经系统反应 少数患者可出现头晕、头痛、乏力、萎靡、失眠等症状，用药期间不应从事高空作业和驾驶。

【药物相互作用】

磺胺类药与磺酰脲类降血糖药、香豆素类抗凝血药或抗肿瘤药甲氨蝶呤合用时，竞争血浆蛋白，使后者游离血药浓度升高，严重者出现低血糖、出血倾向或甲氨蝶呤中毒。脓液或坏死组织中含有大量的 PABA，局部麻醉药普鲁卡因在体内也能水解产生 PABA，它们均可减弱磺胺类药的抗菌作用。

二、常用磺胺类药

（一）肠道易吸收类

➤ 磺胺嘧啶（sulfadiazine, SD, 磺胺哒嗪）

磺胺嘧啶属中效磺胺类药，口服易吸收，$t_{1/2}$ 为 10～13 h。在磺胺类药中其血浆蛋白结合率最低，为 45%，比其他药更易透过血脑屏障，在脑脊液中的药物浓度最高可达血药浓度的 80%。磺胺嘧啶首选用于预防流行性脑脊髓膜炎；国内也首选用于治疗普通型流行性脑脊髓膜炎；首选用于治疗诺卡菌属引起的肺部感染、脑膜炎和脑脓肿；与乙胺嘧啶联合用药治疗弓形虫病；还可用于敏感菌引起的泌尿道感染和上呼吸道感染。使用时，应增加饮水量，必要时同服等量碳酸氢钠碱化尿液。磺胺嘧啶与甲氧苄啶合用可产生协同抗菌作用。

➢ **磺胺甲噁唑**（sulfamethoxazole，SMZ，新诺明）

磺胺甲噁唑属中效磺胺类药，$t_{1/2}$ 为 10～12 h，血浆蛋白结合率在 65% 以上，药物在脑脊液中的浓度低于磺胺嘧啶，但仍可用于流行性脑脊髓膜炎的预防；尿中浓度虽不及磺胺异噁唑，但与磺胺嘧啶相似，故也适用于大肠埃希菌等敏感菌诱发的泌尿道感染，如肾盂肾炎、膀胱炎、单纯性尿道炎。磺胺甲噁唑与甲氧苄啶合用产生协同抗菌作用，扩大了临床适应证范围。

➢ **磺胺间甲氧嘧啶**（sulfamonomethoxine，SMM，磺胺-6-甲氧嘧啶）

磺胺间甲氧嘧啶属长效磺胺类药，$t_{1/2}$ 为 36～48 h，血浆蛋白结合率为 85%～90%。磺胺间甲氧嘧啶在血和尿中的乙酰化率很低，分别为 5% 和 10%；该药的乙酰化代谢产物在尿中溶解度较高，很少引起泌尿系统不良反应。磺胺间甲氧嘧啶的另一个特点是抗菌活性优于磺胺甲噁唑。临床上磺胺间甲氧嘧啶用于各种敏感菌引起的呼吸道、泌尿道及皮肤软组织感染，也可用于疟疾的预防和治疗。

（二）肠道难吸收类

➢ **柳氮磺吡啶**（sulfasalazine，SASP，水杨酸偶氮磺胺吡啶）

柳氮磺吡啶口服很少吸收，口服生物利用度为 10%～30%，大部分药物集中在小肠远段和结肠。柳氮磺吡啶本身无抗菌活性，在肠道微生物作用下分解成磺胺吡啶和 5-氨基水杨酸盐。磺胺吡啶有较弱的抗菌作用，5-氨基水杨酸盐具有抗炎和免疫抑制作用。柳氮磺吡啶临床用于治疗溃疡性结肠炎、强直性脊柱炎、银屑病性关节炎、肠道或泌尿生殖道感染所致的反应性关节炎；也可与甲氨蝶呤合用治疗类风湿性关节炎。其临床疗效较好，但作用机制不十分清楚。长期服药可产生较多不良反应，如恶心、呕吐、皮疹、药热、溶血性贫血和粒细胞减少，还可影响精子活力而致可逆性不育症。

（三）外用类

➢ **磺胺米隆**（mafenide，SML，甲磺灭脓）

磺胺米隆抗菌谱广，对铜绿假单胞菌、金黄色葡萄球菌和破伤风梭菌有效，抗菌活性不受脓液和坏死组织中 PABA 的影响。药物可迅速渗入创面和焦痂，适用于烧伤或大面积创伤后的创面感染，并能提高植皮的成功率，但是，用药局部有疼痛及烧灼感，大面积使用其盐酸盐可能导致酸中毒，应选用其醋酸盐。

➢ **磺胺嘧啶银**（sulfadiazine silver，SD-Ag，烧伤宁）

磺胺嘧啶银具有磺胺嘧啶的抗菌作用和银盐的收敛作用，对铜绿假单胞菌具有强大的抗菌活性，显著强于磺胺米隆。此外，磺胺嘧啶银的抗菌谱广，对多数 G^+ 菌和 G^- 菌均有良好的抗菌活性，特别是其抗菌作用不受脓液 PABA 的影响。磺胺嘧啶银临床用于预防和治疗Ⅱ度、Ⅲ度烧伤或烫伤创面的感染，并对创面具有促进干燥、结痂及愈合的作用。

➢ **磺胺醋酰**（sulfacetamide，SA）

磺胺醋酰的钠盐溶液呈中性，几乎无刺激性，穿透力强，故适于眼科的感染性疾病，如沙眼、角膜炎和结膜炎。

第三节 其他合成抗菌药

一、抗菌增效剂

➢ **甲氧苄啶**（trimethoprim，TMP）

TMP 是细菌二氢叶酸还原酶抑制药，本身具有较强的抗菌活性，但是 TMP 单独用药易引起细菌对其耐药，故不单独使用。因 TMP 可增强磺胺类药的抗菌作用，最初称其为磺胺增效剂；后来发现它对某些非磺胺类抗菌药也有增效作用而改称其为抗菌增效剂。

【体内过程】

TMP 口服吸收迅速、完全，血浆蛋白结合率为 40%，$t_{1/2}$ 为 11 h。药物在组织和体液中广泛分布，在脑脊液中的浓度较高，炎症时接近血药浓度。TMP 主要在肾以原型排出，代谢产物占排泄量的 10%~20%。

【药理作用与作用机制】

TMP 的抗菌谱与磺胺甲噁唑相似，属抑菌药，抗菌活性比磺胺甲噁唑强数十倍，大多数 G^+ 菌和 G^- 菌对其敏感。TMP 的抗菌作用靶点是细菌的二氢叶酸还原酶，该酶负责催化二氢叶酸还原为四氢叶酸。二氢叶酸还原酶被 TMP 抑制后，细菌核酸合成代谢受阻，不能进一步生长繁殖（图 43-3）。与对哺乳动物二氢叶酸还原酶的亲和力相比，TMP 对细菌二氢叶酸还原酶的亲和力高 5 万~10 万倍，故 TMP 对细菌具有高选择性，对人体毒性小。

【不良反应】

TMP 毒性较小，对某些敏感的患者可引起叶酸缺乏症，导致巨幼细胞贫血、白细胞减少及血小板减少等，上述反应一般较轻，停药后可恢复。

二、硝基呋喃类药物

➢ **呋喃妥因**（nitrofurantoin，呋喃坦啶）

呋喃妥因口服吸收迅速，药物在血液中被快速破坏，剩余药物（给药量的 40%~50%）以原型自肾迅速排泄，$t_{1/2}$ 约 30 min。呋喃妥因血药浓度低，不能用于全身性感染；尿中药物浓度高，部分分解为棕色代谢产物，使尿液变色。呋喃妥因主要用于大肠埃希菌、肠球菌及葡萄球菌引起的泌尿道感染，如肾盂肾炎、膀胱炎、前列腺炎和尿路炎。在碱性环境中呋喃妥因的抗菌作用降低，故呋喃妥因不能与碳酸氢钠同服。

呋喃妥因毒性较低，常见不良反应有恶心、呕吐及腹泻，偶见皮疹、药热等过敏反应。大剂量或长时间使用呋喃妥因可引起头痛、头晕和嗜睡，甚至造成周围神经炎，表现为末梢感觉异常、疼痛、乏力、肌肉萎缩和腱反射消失。长期使用呋喃妥因也可造成肺损伤，如肺浸润或肺纤维化。呋喃妥因对 G6PD 缺陷者还可引起溶血性贫血，故 G6PD 缺陷者禁用；肾衰竭者禁用。

➢ **呋喃唑酮**（furazolidone，痢特灵）

呋喃唑酮在胃肠道不易吸收，口服后主要在肠道发挥作用。其抗菌谱与呋喃妥因相似。临床上呋喃唑酮主要用于治疗肠炎、痢疾、霍乱等肠道感染性疾病；还可治疗胃、十二指肠溃疡，作用机制与抗幽门螺杆菌、抑制胃酸分泌和保护胃黏膜有关；其栓剂可用于治疗阴道滴虫病。呋喃唑酮的不良反应同呋喃妥因。

➢ 呋喃西林（nitrofurazone）

呋喃西林仅局部用于治疗创面、烧伤、皮肤等感染；也可用于膀胱冲洗。

三、硝基咪唑类药物

硝基咪唑类有甲硝唑、替硝唑和奥硝唑等，对拟杆菌属、梭杆菌属、普雷沃菌属、梭菌属等厌氧菌均具有高度抗菌活性，对滴虫、阿米巴和蓝氏贾第鞭毛虫等原虫也具有良好活性。

➢ 甲硝唑（metronidazole，甲硝哒唑，灭滴灵）

甲硝唑分子中的硝基，在细胞内无氧环境中被还原成氨基，从而抑制病原体DNA合成，发挥抗厌氧菌作用，对脆弱拟杆菌尤为敏感，对滴虫、阿米巴滋养体及破伤风梭菌具有很强的杀灭作用。但是，甲硝唑对需氧菌或兼性厌氧菌无效。甲硝唑口服吸收良好，体内分布广泛，可进入感染病灶和脑脊液。

【临床应用】

甲硝唑可用于各种厌氧菌引起的腹腔、盆腔、口腔等部位的感染，对难辨梭状芽孢杆菌所致的假膜性肠炎、幽门螺杆菌所致的胃窦炎有特殊疗效，是肠道及肠外阿米巴病、阴道滴虫病、贾第虫病等寄生虫病的首选药。

【不良反应与注意事项】

甲硝唑不良反应一般较轻微，包括胃肠道反应、过敏反应及周围神经炎等。甲硝唑禁用于对硝基咪唑类药物过敏的患者。妊娠早期（3个月内）患者应避免应用甲硝唑。哺乳期患者用药期间应停止哺乳。这类药物可能引起粒细胞减少及周围神经炎等，神经系统基础疾患及血液病患者慎用。用药期间禁止饮酒及含酒精饮料，以免产生双硫仑样反应。肝功能减退可使此类药物在肝内的代谢减慢而导致药物在体内蓄积，因此肝病患者应减量应用。

思 考 题

1. 简述喹诺酮类药的药理作用、作用机制、临床应用和耐药机制。
2. 简述氟喹诺酮类药的不良反应。
3. 简述磺胺类药的药理作用、作用机制、临床应用和耐药机制。
4. 叙述磺胺类药和甲氧苄啶联合应用的药理学基础。
5. 患者，女，50岁，牙龈肿痛，口腔右侧明显，吃饭、喝热水或者太凉的水疼痛更加严重。医生给予甲硝唑治疗，并嘱咐患者注意口腔卫生。请回答：

甲硝唑治疗牙龈炎的机制是什么？

（潘　燕）

第四十四章

抗真菌药及抗病毒药

第四十四章数字资源

案例 44-1

患者，男，47岁，恶心、食欲下降15天，巩膜黄染、尿黄1周就诊。患者15天前无明显诱因出现恶心、食欲下降、胃部不适，口服促胃动力药病情无明显好转，1周前出现眼黄、尿黄，尿色如浓茶水色，且无发热、腹痛、鼻出血、齿龈出血等。实验室检查：丙氨酸转氨酶784 U/L，天冬氨酸转氨酶501 U/L，总胆红素37.1 μmol/L，丙型肝炎病毒（HCV）抗体阳性，HCV RNA检测阳性，甲型、乙型、戊型肝炎病毒抗体均阴性，甲胎蛋白32.4 ng/ml。上腹部计算机体层成像（CT）检查显示脂肪肝。结合患者病例特点，符合急性病毒性肝炎特点，目前除外甲型肝炎、乙型肝炎、戊型肝炎、酒精性肝炎等，确诊为急性丙型肝炎。

问题：
1. 该患者应该用什么方案治疗？常用的治疗HCV感染的药物有哪些？
2. 患者得知确诊丙型肝炎后，变得有些焦躁不安，作为一名医护人员，该如何与患者交流？

第一节 抗真菌药

抗真菌药（antifungal agents）是指具有抑制真菌生长繁殖或杀灭真菌的药物。真菌感染分为浅部真菌感染和深部真菌感染两类。浅部真菌感染很常见，多由表皮癣菌、小孢子菌、毛癣菌引起，主要侵犯皮肤、毛发、指（趾）甲等，发病率高，危险性小。深部真菌感染是真菌侵入血液循环并在血液中生长繁殖后侵入内脏，或在宿主寄生处通过黏膜或外伤创面进入宿主体内引起炎症、坏死或脓肿的病变，常由白念珠菌和新型隐球菌等引起，发病率虽低，但诊断较难，危险性大，常可危及生命。长期使用广谱抗菌药、肾上腺皮质激素类药、免疫抑制药、抗肿瘤药等，特别是人类免疫缺陷病毒感染者和机体免疫功能低下者易发生深部真菌感染，其死亡率高。目前，临床上仍缺乏高效且使用安全的抗真菌药，尤其是深部真菌感染的治疗仍较困难。

根据药物化学结构的不同，可将常用的抗真菌药分为以下几类。

1. 抗生素类（antibiotics） 灰黄霉素、两性霉素B、制霉菌素。

2. 唑类（azoles）

（1）咪唑类：克霉唑、咪康唑、酮康唑等。
（2）三唑类：氟康唑、伊曲康唑等。

3. 嘧啶类（pyrimidines） 氟胞嘧啶。
4. 丙烯胺类（allylamines） 特比萘芬。

一、抗生素类

➤ 灰黄霉素（griseofulvin）

灰黄霉素是从灰黄青霉菌培养液中提取的抗浅部真菌感染的抗生素。

【体内过程】 灰黄霉素口服吸收率因制剂不同而异，微粒型制剂可被吸收 25%～70%，油脂食物和超微粒型制剂可使吸收量增加，体内药物大部分在肝内代谢，$t_{1/2}$ 约 24 h。药物吸收后分布于全身，以皮肤、脂肪和毛发等组织含量较高，对病变组织亲和力大，并能渗入皮肤角质层与角蛋白结合，可阻止癣菌继续侵入。灰黄霉素不易透过表皮角质层，故外用无效。

【药理作用】 灰黄霉素对各种浅部皮肤癣菌（表皮癣菌属、小孢子菌属和毛癣菌属）有较强的抑制和杀灭作用，但对深部真菌和细菌无效。其机制为通过干扰敏感真菌的有丝分裂，抑制真菌的生长；因其化学结构类似鸟嘌呤，故能竞争性抑制鸟嘌呤进入 DNA 分子中，从而干扰真菌 DNA 合成。

【临床应用】 灰黄霉素主要用于治疗敏感真菌所致的头癣、体癣、股癣、甲癣等，尤其对头癣疗效较好。

【不良反应】 灰黄霉素常见不良反应有恶心、呕吐、腹泻等消化道反应，偶见皮疹、头痛、白细胞减少、氨基转移酶升高等。

【药物相互作用】 巴比妥类药可减少灰黄霉素从胃肠道的吸收，减弱其药效；灰黄霉素是药酶诱导剂，可促进香豆素类抗凝血药的代谢，使后者的作用降低，也可降低口服避孕药的效应。

➤ 两性霉素 B（amphotericin B，庐山霉素）

两性霉素 B 属多烯类抗深部真菌抗生素。

【体内过程】 两性霉素 B 口服生物利用度仅 5%，肌内注射也难吸收且局部刺激性较大。临床采用缓慢静脉注射给药，一次静脉滴注，有效浓度可维持 24 h 以上。血浆 $t_{1/2}$ 约 24 h，2%～5% 以原型随尿排出，体内消除缓慢，停药 2 周后仍可在尿中检出。碱性尿中药物的排泄增多。

【药理作用与作用机制】 两性霉素 B 对多种深部真菌有较强的抑制作用。对两性霉素 B 敏感的真菌有新型隐球菌、皮炎芽生菌、组织胞浆菌属、球孢子菌属、孢子丝菌属、白念珠菌属等。

两性霉素 B 与敏感真菌细胞膜上的麦角固醇（类固醇）结合，在细胞膜上形成"微孔"或"通道"，使细胞膜通透性增加，导致细胞内钾离子、核苷酸和氨基酸等重要物质外漏，使真菌细胞死亡。由于两性霉素 B 使真菌细胞膜的通透性增加，故可使一些药物（如氟胞嘧啶）易进入真菌细胞内，产生协同抗菌作用。此外，两性霉素 B 还可导致真菌细胞的氧化损伤。因细菌的细胞膜不含类固醇物质，故两性霉素 B 对细菌无效。

【临床应用】 两性霉素 B 目前是治疗深部真菌感染的首选药物，主要用于各种真菌性肺炎、心内膜炎、脑膜炎及尿路感染等，可局部应用于治疗眼科、皮肤科和妇科的真菌病。两性霉素 B 可缓慢静脉滴注或鞘内、腹膜内和胸膜内给药。治疗隐球菌病（尤其是新型隐球菌脑膜炎）时，两性霉素 B 常与氟胞嘧啶同用，可减少两性霉素 B 的用量，也相应减少不良反应；治疗脑膜炎时，可采用鞘内注射。两性霉素 B 静脉滴注可治疗念珠菌所致肺部、尿路感染和败血症，也可治疗播散型球孢子菌病，对脑膜感染或慢性球孢子菌病最为有效。组织胞浆菌病的全身播散型及危及脑膜者,也可用两性霉素 B 静脉滴注。两性霉素 B 静脉滴注还可治疗皮炎芽生菌病及侵袭性曲霉菌病。由于静脉给药毒性较大,临床上两性霉素 B 也常用作导入疗法,即初始用两性霉素 B 治疗,随后换用其他抗真菌药(如唑类)继续治疗慢性真菌感染或防止复发。两性霉素 B 口服仅用于治疗肠道念珠菌感染。

【不良反应与注意事项】

1. 急性毒性反应 最常见的是静脉滴注初期及静脉滴注过程中出现寒战、高热、头痛、恶心和呕吐,可持续 3~4 h,有时可出现血压下降、眩晕等。

2. 剂量依赖的肾毒性 约 80% 患者可发生氮质血症,可致蛋白尿、管型尿等,停药后可恢复;可导致低血钾、低血镁,一般是肾小管酸化使大量 K^+、Mg^{2+} 排出所致,应注意纠正。

3. 骨髓抑制作用 可有正色素性贫血、血小板减少、粒细胞减少。

4. 肝毒性 虽较少见,但可致肝细胞坏死,偶有急性肝衰竭发生。

5. 神经毒性 可引起头痛、眩晕、抽搐、蛛网膜炎、颈项强直、下肢疼痛、尿潴留、复视、视神经周围炎、化学性脑膜炎等。

6. 过敏反应 罕见过敏性休克、皮疹等。

7. 心脏毒性 静脉滴注过快和电解质紊乱可引起心室颤动或心搏骤停。

8. 其他 静脉注射部位可引起血栓性静脉炎。鞘内注射可引起肾部及下肢疼痛,也可引起蛛网膜炎反应。故患者用药时必须住院(至少在治疗初期)。

静脉滴注液应新鲜配制并稀释,防止静脉滴注过快引起惊厥和心律失常等。滴注前可预防性服用解热镇痛抗炎药和抗组胺药,同时滴注氢化可的松或地塞米松。定期进行血钾、血常规、尿常规、肝肾功能和心电图检查。用药期间应适度口服补钾,以预防心脏毒性的发生。

脂质体作为药物载体可以显著降低两性霉素 B 的肾毒性、肝毒性及输液相关毒性等,该剂型适用于因肾损伤或药物毒性而不能使用有效剂量的两性霉素 B 的患者。

➢ **制霉菌素(nystatin)**

制霉菌素属多烯类抗真菌药,其体内过程和抗菌作用与两性霉素 B 基本相同,但毒性更大,不作注射用。制霉菌素口服不易吸收,常用口服剂量给药时血药浓度极低,故口服仅用于防治免疫缺陷患者或肿瘤患者的消化道念珠菌病;局部用药对口腔、皮肤、阴道念珠菌病和阴道滴虫病有效。制霉菌素较大剂量口服可致恶心、呕吐、腹泻;局部用药刺激性小,个别患者阴道用药时白带增多。

二、唑类

唑类(azoles)抗真菌药包括咪唑类(imidazoles)和三唑类(triazoles)。咪唑类有克霉唑、咪康唑和酮康唑等;三唑类有氟康唑和伊曲康唑等。

【药理作用与作用机制】咪唑类与三唑类为广谱抗真菌药,对白念珠菌属、着色真菌属、球孢子菌属、组织胞浆菌属、孢子丝菌属和新型隐球菌等有较强的抗菌活性,对曲霉菌有一定的抗菌活性,但对毛霉菌无效。两类药物作用机制相似,都能选择性地抑制真菌细胞膜上依赖 CYP 的 14α-去甲基酶,导致 14α-甲基固醇蓄积,抑制细胞膜麦角固醇的合成,使膜通透性增加,细胞内重要物质外漏,导致真菌死亡;此外,14α-甲基固醇还作用于细胞膜上结合的 ATP 酶,干扰真菌的正常代谢。

➢ **克霉唑(clotrimazole)**

克霉唑又称三苯甲咪唑,为广谱抗真菌药,口服不易吸收,不良反应多,胃肠道反应较重,并可出现肝损害及暂时性神经精神异常等不良反应,仅局部用药治疗浅部真菌或皮肤、黏膜的白念珠菌感染。

> 咪康唑（miconazole）

咪康唑又称双氯苯咪唑，为广谱抗真菌药，抗菌谱和抗菌强度与克霉唑相似。咪康唑口服吸收少，体内分布广但不易透过血脑屏障，故对于中枢神经系统的真菌感染需鞘内给药；静脉给药可治疗多种深部真菌病，可作为两性霉素B和酮康唑无效或患者不能耐受时的替代药；局部用药可治疗皮肤、黏膜真菌感染，疗效优于制霉菌素。咪康唑毒性较大，最常见的不良反应是胃肠道紊乱、恶心、呕吐，并已有因肝毒性而致死的报道，也可见血液及中枢神经系统方面的毒性；注射过程中可能发生寒战、高热、过敏反应、心律失常；静脉给药可致血栓性静脉炎。

> 酮康唑（ketoconazole）

酮康唑是人工合成的广谱口服抗真菌药，对各种浅部和深部真菌均有抗菌活性，对白念珠菌和浅部癣菌作用较强，用于治疗多种浅部真菌感染，疗效比灰黄霉素和两性霉素B稍强或相似，但对深部白念珠菌感染的疗效不如两性霉素B。因酮康唑存在严重肝毒性等不良反应，目前我国已经停止其口服制剂的生产销售。

> 氟康唑（fluconazole）

氟康唑为三唑类广谱抗真菌药，抗菌谱与酮康唑相似，体内抗菌活性比酮康唑强10～20倍。氟康唑既可口服，也可静脉给药，口服易吸收，体内分布广，可通过血脑屏障进入脑脊液及脑实质，脑脊液中浓度为血中浓度的60%。氟康唑主要从肾排泄，$t_{1/2}$达25～30 h。

氟康唑对皮肤真菌病和深部真菌病均有效，对念珠菌病、隐球菌病等各种真菌感染均有作用，是治疗艾滋病患者隐球菌性脑膜炎的首选药。不良反应少，有轻度消化系统反应、过敏反应、头痛、头晕、失眠等，可出现一过性血尿素氮、肌酐及氨基转移酶升高。氟康唑可使苯妥英钠、环孢素A、齐多夫定、华法林和磺酰脲类的血药浓度增加，故合用时需检测以上药物的血药浓度并谨慎使用。

> 伊曲康唑（itraconazole）

伊曲康唑属三唑类广谱抗真菌药，抗真菌作用比酮康唑强5～100倍；血浆蛋白结合率为90%以上，药物脂溶性高，可分布于全身，在含脂肪丰富的组织中药物浓度远高于血药浓度，但在脑脊液中浓度低，能聚集在皮肤、指（趾）甲、肺、女性生殖器官等部位；主要在肝内代谢，代谢产物为有抗菌活性的羟基伊曲康唑；$t_{1/2}$达20～30 h。伊曲康唑可用于许多浅部真菌感染，包括念珠菌阴道炎，口腔、皮肤真菌感染如体癣、股癣、花斑癣，尤其适合治疗甲真菌病，治愈率高而复发率低；对深部真菌病如芽生菌病、球孢子菌病、荚膜组织胞浆菌病、副球孢子菌病和黄色酵母菌病等疗效较好。不良反应较轻，患者能耐受，主要有胃肠道反应，少见头痛、头晕、红斑、皮肤瘙痒、血管神经性水肿等，偶见一过性肝功能异常，主要为血清氨基转移酶升高，停药后上述症状可消退。

> 伏立康唑（voriconazole）

伏立康唑为广谱抗真菌药，抗菌活性为氟康唑的10～500倍，对多种耐氟康唑、两性霉素B的深部真菌感染有显著治疗作用。伏立康唑可口服和静脉给药，口服生物利用度达90%，血浆蛋白结合率为60%，可分布到各种组织和体液内，在肝内代谢，主要以代谢产物从尿中排出。伏立康唑有胃肠道不良反应，其发生率较氟康唑低。

> 卡泊芬净（caspofungin）

卡泊芬净为棘白菌素类广谱抗真菌药，是葡聚糖合成酶抑制药，能有效抑制β-1,3-D-葡聚糖的合成，干扰真菌细胞壁的合成。卡泊芬净对白念珠菌、热带念珠菌、光滑念珠菌、克柔念珠菌等有良好的抗菌活性，对烟曲霉、黄曲霉、土曲霉和黑曲霉及除曲菌以外的几种丝状真菌和两型真菌也有抗菌活性。卡泊芬净主要用于其他药物无效或患者不能耐受其他药物治疗的侵袭性曲霉菌病，也可用于治疗由念珠菌感染导致的败血症、腹腔脓肿、腹膜炎、腹腔感染和食管念珠菌病。

三、嘧啶类

> 氟胞嘧啶（flucytosine）

氟胞嘧啶又称 5-氟胞嘧啶，为人工合成的广谱抗真菌药。氟胞嘧啶口服吸收快而完全，生物利用度达 80% 以上；分布广，脑脊液中浓度高，炎症时脑脊液中药物浓度可达血药浓度的 65%～90%；$t_{1/2}$ 为 8～12 h。氟胞嘧啶为抑菌药，高浓度时具有杀菌作用，能在真菌体内转变为氟尿嘧啶，抑制胸苷酸合成酶，从而影响真菌 DNA 合成。其抗真菌谱比两性霉素 B 窄，能抑制新型隐球菌、白念珠菌、着色真菌属、类酵母菌、熏烟色曲菌和孢子丝菌的生长繁殖，但对皮炎芽生菌、荚膜组织胞浆菌和粗球孢子菌无效。白念珠菌对之易产生耐药性。氟胞嘧啶主要用于白念珠菌病和隐球菌病，单用效果不如两性霉素 B，且易产生耐药性，与两性霉素 B 合用可发挥协同作用。

氟胞嘧啶常见不良反应有恶心、呕吐、食欲缺乏、腹泻、腹痛等；约 5% 的患者可发生肝功能异常，表现为一过性氨基转移酶升高、碱性磷酸酶升高；有 5% 的患者发生骨髓抑制，使白细胞和血小板减少，故应定期检查肝功能及血常规；也有少数患者发生过敏反应及精神、运动障碍。

四、丙烯胺类

> 特比萘芬（Terbinafine）

特比萘芬是新合成的第二代丙烯胺类广谱抗真菌药，口服吸收良好且迅速，口服吸收率达 70%～80%，$t_{1/2}$ 为 17 h，亲脂性强，主要分布于皮肤角质并可长期存留。药物主要在肝内代谢，灭活产物主要经肾排泄，无蓄积作用。特比萘芬对各种浅部真菌和曲霉菌有明显的抗菌活性。其作用机制为抑制角鲨烯环氧酶，该酶是催化角鲨烯合成真菌细胞壁主要成分麦角固醇的关键酶。由于该酶被抑制，阻止了麦角固醇的合成，真菌细胞壁合成受到影响，从而发挥抑菌或杀菌的效应。特比萘芬主要用于治疗由皮肤癣菌引起的甲癣、体癣、股癣、手癣、足癣，效果较好。不良反应少，有一过性胃肠道反应、皮肤过敏反应和局部黏膜烧灼感，偶可发生肝功能损害和中性粒细胞减少，严重肝功能减退者宜减量。药酶诱导剂如利福平可使特比萘芬血药浓度降低，药酶抑制剂如西咪替丁可增高特比萘芬的血药浓度，因此合用时要慎重，必要时调整剂量。

临床应用

隐球菌性脑膜炎的治疗

隐球菌性脑膜炎的病原菌为隐球菌，既可发生于艾滋病和其他免疫功能低下人群，也可发生在免疫功能正常者，它是艾滋病患者主要机会性感染和常见死亡原因之一，随

> 着人类免疫缺陷病毒感染的流行，隐球菌病发病呈显著增加趋势。隐球菌性脑膜炎临床主要表现包括发热、渐进性头痛、精神和神经症状（精神错乱、定向力障碍、行为改变等）。病情进展可能累及脑神经，出现脑神经麻痹、视盘水肿，脑实质受累可出现脑功能障碍，癫痫发作等临床表现。包括免疫功能正常患者在内的非艾滋病相关隐球菌性脑膜炎的治疗：诱导期推荐首选低剂量两性霉素 B（每天 0.5～0.7 mg/kg）治疗，并密切监测其不良反应；当诱导期治疗 4 周以上，且病情稳定后，可进入巩固期治疗，推荐巩固期选用氟康唑（每天 600～800 mg）。

第二节 抗病毒药

病毒（virus）是迄今发现的最低等的生物，在病原微生物中也是最小的一种。病毒与细菌不同，它不具有细胞的结构，其核心是核糖核酸（RNA）或脱氧核糖核酸（DNA），外包蛋白质外壳。按核酸组成的不同，病毒可分为 RNA 病毒和 DNA 病毒。病毒自身缺乏酶系统，因此，需要寄生在活细胞内，依赖宿主细胞合成所需的核酸和蛋白质，才能繁殖（复制），所以很难找到一种选择性地抑制或杀灭细胞内的病毒而对宿主细胞又无毒性的药物。

多数流行性传染病是由病毒感染所引起的，尤其是 20 世纪 80 年代初发现的人类免疫缺陷病毒（human immunodeficiency virus，HIV）所致的获得性免疫缺陷综合征（acquired immunodeficiency syndrome，AIDS，艾滋病），这是危害性极大、病死率极高的传染病，严重危害人类的健康和生命。

理想的抗病毒药应对病毒有选择性杀伤作用而对机体无害，在临床上安全、有效的抗病毒药为数极少，远不能满足患者的需要。目前对病毒感染的治疗包括：抑制病毒复制的抗病毒药化学疗法；应用干扰素的生物治疗；增强机体免疫功能的免疫治疗。对病毒复制机制的研究表明，在核酸水平上抑制病毒复制比在翻译水平上更有效，因此，设计合成反义核酸即与病毒 DNA/RNA 某一片段互补的 DNA/RNA 分子，或通过重组质粒导入体内使细胞内持续表达反义 RNA，从而阻断病毒的复制，已成为研究抗病毒药的热点。设计针对病毒的 RNA 核酶，也有望获得抗病毒治疗的良好效果。三种疗法的联合应用，能使药物作用于病毒复制的不同部位，有望在抗病毒效应上产生协同作用，延缓或避免耐药性的产生，使疗效得到提高。

目前，抗病毒药主要分为抗疱疹病毒药、抗流感病毒药、抗艾滋病病毒药、抗肝炎病毒药及其他抗病毒药。

一、抗疱疹病毒药

> **阿昔洛韦**（acyclovir，ACV）

【体内过程】阿昔洛韦口服吸收差，生物利用度为 15%～30%；血浆蛋白结合率低，为 9%～23%，易透过生物膜分布至全身组织，脑脊液中浓度可达血浆浓度的 50%；部分在肝内代谢，主要经肾排泄，还有部分随粪便排出，$t_{1/2}$ 约为 3 h。

【药理作用】阿昔洛韦是人工合成的嘌呤核苷类衍生物，是广谱高效抗病毒药，对 Ⅰ、Ⅱ 型单纯疱疹病毒（herpes simplex virus，HSV）有效，对带状疱疹病毒（herpes zoster virus，HZV）疗效也较好。此外，体外实验证明阿昔洛韦对 EB 病毒（epstein-barr virus，EBV）也有效。

阿昔洛韦在细胞内首先由病毒编码的胸苷激酶（thymidine kinase，TK）催化，最后被磷酸化为阿昔洛韦三磷酸（ACVTP），ACVTP 是 HSV 的 DNA 聚合酶强效抑制剂和病毒 DNA 链终止剂，可使 DNA 复制中断。因阿昔洛韦对 TK 的亲和力比对哺乳动物细胞的亲和力大得多，对病毒选择性高，因此对宿主细胞毒性小。

【临床应用】阿昔洛韦为 HSV 感染的首选药，局部用于治疗疱疹性角膜炎、疱疹性口炎、生殖器疱疹、全身带状疱疹及疱疹性脑炎，与免疫调节药（干扰素 α）联合应用可治疗乙型肝炎。

【不良反应】阿昔洛韦常见不良反应为恶心、呕吐、腹泻等胃肠道反应及头痛、头晕、关节痛；偶见皮疹、发热、乏力、失眠、咽痛、肌痉挛、淋巴结肿大；滴眼及外用可有局部轻微疼痛；静脉滴注偶有血尿素氮及肌酐水平升高，故肾功能减退者慎用；静脉滴注时不宜漏出血管，否则可致局部炎症或溃疡；静脉注射后部分患者可发生静脉炎。丙磺舒、青霉素类和头孢菌素类均可提高阿昔洛韦的血药浓度，使其消除半衰期延长，体内药物量蓄积，毒性增加。阿昔洛韦与齐多夫定合用会引起肾毒性，表现为深度昏睡和疲劳，故肾功能不全者需谨慎用药。

➢ 伐昔洛韦（valaciclovir）

伐昔洛韦为阿昔洛韦的二异戊酰胺酯，口服后转化为阿昔洛韦，血药浓度为阿昔洛韦的 5 倍。其抗病毒活性、作用机制及耐药性与阿昔洛韦相同，临床上用于原发性或复发性生殖器疱疹、带状疱疹及频发性生殖器疱疹。不良反应偶有恶心、腹泻和头痛等。肾功能障碍患者应减少用量。

➢ 更昔洛韦（ganciclovir）

更昔洛韦对 HSV 和水痘带状疱疹病毒（varicella-herpes zoster virus，VZV）的抑制作用与阿昔洛韦相似，但对巨细胞病毒（cytomegalovirus，CMV）的抑制作用较阿昔洛韦强约 100 倍。更昔洛韦用于艾滋病患者器官移植、恶性肿瘤时严重的 CMV 感染性肺炎、肠炎及视网膜炎等。不良反应主要表现为骨髓抑制。

➢ 膦甲酸钠（foscarnet sodium，PFA）

膦甲酸钠为广谱抗病毒药，可抑制多种病毒的 DNA 聚合酶及 HIV 反转录酶，用于治疗 AIDS 患者并发的 CMV 视网膜炎、耐更昔洛韦的 CMV 感染者及耐阿昔洛韦的 HSV、VZV 感染者。膦甲酸钠治疗 AIDS 患者的 CMV 胃肠道感染有效，对急性重型肝炎及慢性肝炎也有效。

膦甲酸钠口服生物利用度很差，必须静脉注射给药，$t_{1/2}$ 为 2～4 h，大多数药物以原型由肾排出。肾毒性和低血钙是膦甲酸钠最主要的不良反应，用药期间患者应摄取充足水分，有助于减轻肾毒性。50% 患者可出现血清肌酐升高，但停药后多数可逆转。膦甲酸钠不能与两性霉素 B 或环孢素 A 合用，以免引起严重肾毒性。

➢ 阿糖腺苷（vidarabine，Ara-A）

阿糖腺苷为人工合成的嘌呤核苷类衍生物，具有广谱抗病毒作用，尤其对疱疹病毒、痘病毒有明显的抑制作用，但对 CMV 无效。其主要机制为在体内转变为具有活性的阿糖腺苷三磷酸，抑制病毒的 DNA 聚合酶和 DNA 合成。阿糖腺苷如与腺苷脱氨酶抑制药喷司他丁合用可提高其抗病毒活性。静脉滴注阿糖腺苷，30 min 血药浓度达峰值，停药后血药浓度迅速下降，$t_{1/2}$ 为 0.17 h，脑脊液中药物浓度约为血浆中的 1/3，主要经肾排出。

阿糖腺苷可用于治疗 HSV 脑炎，还用于新生儿 HSV 感染和免疫缺陷者的 VZV 感染、HSV 角膜炎、急性 HSV 角结膜炎，对乙型肝炎有一定的疗效。但其对上述适应证的治疗目前多数已被阿昔洛韦所取代。

阿糖腺苷为美国 FDA 批准的第一个全身抗病毒药，但目前注射用阿糖腺苷在美国等国家已被禁用。常见不良反应有恶心、呕吐、食欲缺乏、腹泻等消化道反应，偶见震颤、眩晕、幻觉、共济失调等反应。

> 碘苷（idoxuridine，IDUR）

碘苷又称疱疹净，是一种脱氧碘化尿嘧啶核苷。其作用机制是取代病毒 DNA 前体胸腺嘧啶，将异常的嘧啶掺入新合成的子代病毒 DNA，抑制 DNA 复制，抑制 DNA 病毒生长，但对 RNA 病毒无效。碘苷缺乏选择性，低浓度会掺入宿主细胞的 DNA 中，抑制未感染细胞的生长，引起毒性反应。

碘苷对不同类型的病毒感染疗效不同，对表层上皮型角膜炎效果较好，对更深层的基质感染无效。

碘苷全身应用会有严重毒性反应，目前仅限于局部给药，用于眼部或皮肤 HSV 和 VZV 感染，滴眼可用于治疗人类疱疹病毒表层角膜炎。不良反应有眼部刺痛、眼睑水肿，偶见过敏反应，长期应用可出现角膜混浊或染色小点。孕妇、肝病或造血功能不良者禁用或慎用。

> 曲氟尿苷（trifluridine）

曲氟尿苷是嘧啶核苷的氟化物，对 HSV-1、HSV-2 和牛痘病毒有抑制作用，对腺病毒作用较弱。其主要作用机制为抑制病毒 DNA 合成。曲氟尿苷主要用于治疗 HSV-1 和 HSV-2 引起的角结膜炎和复发性表层角膜炎，局部应用比碘苷更有效，对阿昔洛韦耐药的 HSV 皮肤感染也有效。不良反应有滴眼后局部不适和眼睑水肿。

二、抗流感病毒药

> 金刚烷胺（amantadine）

【体内过程】金刚烷胺口服易吸收，体内分布广，鼻部分泌物及唾液中药物浓度接近于血药浓度。肾功能正常者血浆 $t_{1/2}$ 约为 11~15 h，肾衰竭者为 24 h，长期透析的患者可达 7~10 天。金刚烷胺在体内不被代谢，几乎全部以原型由尿中排出，肾功能减退者剂量应适当减少。

【药理作用】金刚烷胺是人工合成的抗流感病毒药，能特异性地抑制甲型流感病毒（influenza A virus）。其作用机制是通过阻止病毒脱壳和病毒核酸到宿主细胞质的转移，从而抑制甲型流感病毒在早期的复制与增殖。

【临床应用】金刚烷胺用于预防和治疗甲型流感，对乙型流感则无效；也用于帕金森病的治疗。

【不良反应】金刚烷胺常见不良反应为轻度和短暂的神经系统症状，有头痛、激动、震颤、语言不清、共济失调、失眠、眩晕和昏睡；胃肠道反应有恶心、呕吐、腹泻、食欲缺乏；偶有皮疹和直立性低血压；对肾功能不良者剂量稍大可出现中枢神经系统毒性，并有致畸作用。孕妇、1 岁以下婴儿、哺乳期妇女，严重的心血管、肝、肾疾病患者，以及癫痫或精神病患者应禁用。长期使用金刚烷胺不宜突然停药。

> 利巴韦林（ribavirin，RBV）

【体内过程】利巴韦林口服吸收迅速，1~1.5 h 血药浓度达峰值，生物利用度约 50%，$t_{1/2}$ 为 27~36 h，在体内少量被代谢，大部分以原型从尿中排出。

【药理作用】利巴韦林为核苷、肌苷类似物，为广谱抗病毒药，对多种 DNA 和 RNA 病毒都有抑制作用，抗 RNA 病毒作用较强，在体外对甲、乙型流感病毒最敏感，对副流感病毒、呼吸道合胞病毒、沙粒病毒、副黏病毒、麻疹病毒、甲型肝炎病毒、乙型脑炎病毒、流行性出血热病毒、腺病毒等多种病毒也有抑制作用。利巴韦林可进入细胞，在细胞内腺苷激酶作用下转变成利巴韦林单磷酸（RMP）和利巴韦林三磷酸（RTP），RMP 能竞争性地抑制肌苷-5'-单磷酸脱氢酶，使细胞和病毒复制所必需的鸟嘌呤核苷在细胞中减少，从而抑制多种 RNA、

DNA 病毒的复制。

【临床应用】利巴韦林可用于婴幼儿呼吸道合胞病毒性肺炎，甲、乙型流感病毒及副流感病毒性肺炎，小儿腺病毒性肺炎，流行性出血热，甲型及丙型肝炎，皮肤单纯疱疹病毒感染，麻疹病毒感染，上呼吸道病毒感染，流行性结膜炎，呼吸道病毒引起的鼻炎、咽炎，带状疱疹和生殖器疱疹。利巴韦林可与干扰素 α 合用治疗丙型肝炎。

【不良反应】利巴韦林口服或静脉给药时可出现食欲缺乏、胃部不适、轻度腹泻和便秘等胃肠道反应，偶见皮疹、眩晕、头痛和血清胆红素升高等，停药后可自行消失。大剂量或长期应用利巴韦林可引起贫血、网织细胞增多和白细胞减少，有严重贫血、肝功能异常者慎用。利巴韦林有致畸作用，孕妇禁用。

➢ 阿比多尔（arbidol）

【体内过程】阿比多尔口服吸收迅速，分布到全身各组织器官中，血浆 $t_{1/2}$ 为 6.5～14.5 h，排泄以经肝随同胆汁向粪便中排泄为主，尿液中排泄量极少。

【药理作用与临床应用】阿比多尔属非核苷类抗流感病毒药，作用机制是通过抑制流感病毒脂膜与宿主细胞的融合而阻断病毒的复制，适用于成人和儿童甲型流感、乙型流感、急性病毒性呼吸道感染、严重的急性呼吸道疾病综合征，包括并发支气管炎的预防和治疗。

【不良反应与注意事项】阿比多尔不良反应发生率较低，多为恶心、腹泻、头晕和血清氨基转移酶增高等。孕妇及哺乳期妇女慎用。18 岁以下未成年或 > 65 岁老年患者、严重肾功能不全者、有窦房结病变或功能不全的患者慎用或遵医嘱。

【药物相互作用】阿比多尔与铝制剂同服可影响阿比多尔的吸收，需服用阿比多尔 1～2h 后服用铝制剂；丙磺舒可使阿比多尔的半衰期延长至 10 h；阿比多尔与茶碱合用时，需注意检测茶碱浓度或及时调整剂量。

➢ 奥司他韦（oseltamivir）

奥司他韦羧酸盐是唾液酸的过渡阶段的同类物，是甲型和乙型流感病毒的选择性强效神经氨酸酶抑制药。流感病毒神经氨酸酶裂解唾液酸的终端基因，并破坏能被病毒血凝素识别的受体，这种酶解作用是病毒从被感染细胞中释放所必需的。奥司他韦羧酸盐与神经氨酸酶相互作用，在酶的活性部位中引起构象的改变，使神经氨酸酶活性受抑制，导致病毒在细胞表面聚集，减少病毒在呼吸道内的扩散，是目前治疗流感常用的药物之一，也是抗禽流感、甲型 H1N1 病毒的有效药物之一。不良反应有恶心、呕吐、腹泻、头晕、荨麻疹等。奥司他韦上市后有发生过敏样反应和严重皮肤反应的报告，如果出现过敏样反应，则应立即停药，并进行相应的治疗。孕妇及哺乳期妇女慎用。

➢ 扎那米韦（zanamivir）

扎那米韦是唾液酸的衍生物，对甲型和乙型流感病毒的神经氨酸酶有特异性强效抑制作用。其作用机制与奥司他韦相同，用于流感症状出现不到 2 天的成人或 12 岁以上青少年的 A 型或 B 型流感病毒引起的无并发症的急性感染的治疗。不良反应主要有头痛、腹泻、恶心、支气管炎、眩晕、发热等；另有支气管痉挛或慢性阻塞性肺疾病的患者发生急性呼吸功能障碍及致死的报告，一旦出现问题应及时停药。

三、抗人类免疫缺陷病毒（HIV）药

艾滋病（AIDS）是由 HIV 引起的全身免疫缺陷性疾病。自从 1981 年被首次发现以来，医学界至今仍未成功研究出可以彻底治疗 AIDS 的方法，也未成功研制出疫苗以预防 HIV 感染。

目前抗 HIV 病毒药主要是抗反转录病毒药。这类药物可作为反转录酶（reverse transcriptase，RT，HIV 在转录 DNA 过程中起主导作用的酶）的底物或竞争性抑制药阻止病毒的复制。国际上共有六类药可以治疗艾滋病，分别为核苷类反转录酶抑制药（nucleoside reverse transcriptase inhibitor，NRTI）、非核苷类反转录酶抑制药（non-nucleoside reverse transcriptase inhibitor，NNRTI）、蛋白酶抑制药（protease inhibitor，PI）、整合酶抑制药（integrase inhibitor，INSTI）、融合抑制药（fusion inhibitor，FI）及 CC 趋化因子受体 5（CC-chemkine receptor type 5，CCR5）抑制药。

（一）核苷类反转录酶抑制药（NRTI）

NRTI 为最早发现的 HIV RT 抑制药。这类药物分别为脱氧胸苷类似物、脱氧胞苷类似物、脱氧腺苷类似物、脱氧鸟苷类似物等，在细胞内转化为活化型三磷酸衍生物而发挥作用。它们均为 HIV-1 RT 底物的竞争性抑制药，抑制反转录酶活性，阻碍前病毒 DNA 合成，并不能进行 3′,5′-磷酸二酯键的结合，终止病毒 DNA 链的延长。它们与 HIV-1 RT 的亲和力远比与细胞内正常 DNA 聚合酶的亲和力强，因此具有一定的治疗指数。目前临床应用的新药有齐多夫定、拉米夫定等双脱氧核苷类，主要治疗 AIDS 及其相关综合征，减少机会性感染，但无法根治 AIDS，且大多数有严重不良反应，需长期或终生用药。

> **齐多夫定（zidovudine，AZT）**

齐多夫定为脱氧胸苷衍生物，是第一个上市的抗 HIV 感染药，当时是治疗 AIDS 的首选药。AZT 在 HIV 感染细胞内，通过胸苷嘧啶核苷激酶的磷酸化作用，形成活化型齐多夫定三磷酸（AZTTP）。AZTTP 竞争性地抑制病毒 RNA 反转录酶的活性，并能插入病毒 DNA 链中，使 DNA 链延长终止，从而阻断病毒繁殖。因为 AZTTP 对病毒反转录酶的亲和力比对正常细胞 DNA 聚合酶强约 100 倍，因此显示高选择性的抗病毒作用。

齐多夫定口服吸收迅速，生物利用度为 50%～75%；血浆蛋白结合率为 34%～38%；组织分布广，易通过血脑屏障，脑脊液中浓度为血药浓度的 50%～60%；$t_{1/2}$ 为 1 h，无积蓄作用；在肝中代谢，大部分从肾排出。齐多夫定用于艾滋病和艾滋病相关综合征，对人 T 细胞 I 型病毒、EB 病毒和 HBV 也有效，但对其他病毒无效。

齐多夫定主要不良反应为骨髓抑制，可表现为巨细胞性贫血、中性粒细胞和血小板减少等，发生率与剂量和疗程有关，治疗初期常出现头痛、恶心、呕吐、肌痛，继续用药可自行消退；大量应用时可抑制中枢神经系统；可有肝功能异常，用药期间应定期查血象。

齐多夫定与更昔洛韦同时给药可能会引起严重的骨髓抑制，呈现中性粒细胞减少和贫血；与阿昔洛韦合用可引起严重嗜睡；与抑制葡糖醛酸化作用的药物如丙磺舒、氟康唑、萘普生、吲哚美辛合用会增加齐多夫定的骨髓毒性。药酶诱导剂利福平可降低齐多夫定血药浓度，克拉霉素则减少齐多夫定的吸收。齐多夫定与干扰素合用可加重粒细胞减少及肝毒性。

> **司他夫定（stavudine）**

司他夫定为脱氧胸苷衍生物，对 HIV-1 和 HIV-2 均有抗病毒活性，常用于不能耐受齐多夫定或齐多夫定无效的患者，但不能与齐多夫定共同使用，因为齐多夫定能减少司他夫定的磷酸化。司他夫定与去羟肌苷或拉米夫定合用可产生协同效应。

司他夫定口服生物利用度为 80%，血浆蛋白结合率低，脑脊液浓度约为血药浓度的 55%，主要经肾消除，$t_{1/2}$ 为 1.2 h。

司他夫定主要不良反应为周围神经炎，与扎西他滨和去羟肌苷等其他易引起周围神经炎的药物合用时，此不良反应发生率则明显增加。有外周神经病变危险因素的患者、肝功能不全者、胰腺炎病史者慎用。

➢ **扎西他滨（zalcitabine）**

扎西他滨为脱氧胞苷衍生物，与多种其他抗 HIV 感染药有协同抗 HIV-1 作用。可有效治疗 HIV 感染，单用时疗效不如齐多夫定，多与齐多夫定和一种蛋白酶抑制药三药合用，适用于 AIDS 和 AIDS 相关综合征。

扎西他滨生物利用度大于 80%，但与食物或抗酸药同服时可降低到 25%～39%；血浆蛋白结合率低于 4%，脑脊液浓度约为血药浓度的 20%；主要经肾排泄，血浆 $t_{1/2}$ 仅 2 h，但细胞内 $t_{1/2}$ 可长达 10 h。肾功能不全患者应减少服药剂量。

扎西他滨主要不良反应是剂量依赖性周围神经炎，发生率为 10%～20%，停药后能逐渐恢复，应避免与司他夫定、去羟肌苷、氨基糖苷类和异烟肼等能引起神经炎的药物同服；扎西他滨也可引起胰腺炎，但发生率低于去羟肌苷。扎西他滨的抗病毒作用可被拉米夫定拮抗，因此两药不能联用；扎西他滨与含铝或镁的抗酸药同用时，其吸收降低约 25%，故应错时服用。

➢ **去羟肌苷（didanosine）**

去羟肌苷为脱氧腺苷衍生物，可作为严重 HIV 感染的首选药物，特别适用于不能耐受齐多夫定或齐多夫定治疗无效者。去羟肌苷与齐多夫定或米多夫定合用，再加上一种蛋白酶抑制药或一种非核苷类反转录酶抑制药效果最好。

去羟肌苷生物利用度为 30%～40%，食物可干扰其吸收，去羟肌苷与更昔洛韦同服可增加去羟肌苷的吸收，却降低更昔洛韦的吸收；血浆蛋白结合率低于 5%，脑脊液浓度约为血清浓度的 20%；主要经肾消除，血浆 $t_{1/2}$ 为 0.6～1.5 h，但细胞内 $t_{1/2}$ 可长达 12～24 h。

去羟肌苷不良反应发生率较高，儿童发生率高于成人，包括周围神经炎、胰腺炎、腹泻、肝炎、心肌炎及消化道和中枢神经系统反应。

➢ **拉米夫定（lamivudine）**

拉米夫定为胞嘧啶衍生物，是一种新的核苷类抗病毒药物，自问世以来，已在世界范围内广泛用于治疗乙型肝炎病毒（HBV）和 HIV 感染者。其抗病毒作用及作用机制与抗 HIV 药齐多夫定相同。

拉米夫定口服吸收良好，生物利用度为 80%～85%，$t_{1/2}$ 为 5～7 h，可通过血脑屏障进入脑脊液，主要以原型经肾排泄，常与司他夫定或齐多夫定合用治疗 HIV 感染。

拉米夫定主要不良反应有过敏反应、停药反应、肝衰竭、甲沟炎、脂肪代谢紊乱，可引起血友病出血，还可使新生儿发生严重的贫血并出现心功能不全，虽然较为罕见，但一旦发生后果常颇为严重，故临床应严加警惕。

➢ **阿巴卡韦（abacavir）**

阿巴卡韦是一种鸟嘌呤类似物，它在宿主细胞中被依次磷酸化为阿巴卡韦三磷酸，通过与自然产生的核苷竞争，在病毒复制过程中进入 HIV 的 DNA 链，从而抑制病毒聚合酶活性并造成 DNA 链终止。

阿巴卡韦口服吸收迅速，生物利用度可达 80% 以上，血浆蛋白结合率约为 50%，血浆清除 $t_{1/2}$ 约为 1.5 h，可与其他抗反转录病毒药联合用于 HIV 感染。

阿巴卡韦主要不良反应有恶心、呕吐、头痛和皮疹等，有小部分人群会出现过敏反应。为避免延误诊断，如果不能排除其他情况导致的过敏反应，应立即停药并接受治疗，且需避免之后再用此药。阿巴卡韦、拉米夫定和齐多夫定三种是用于治疗 HIV 的联合药物。

（二）非核苷类反转录酶抑制药（NNRTI）

NNRTI 是一类在结构上差异较大，但作用机制相似的化合物。这些底物与 HIV-1 RT 上远离活性区域的 p66 亚基的疏水袋结合，诱导酶的三维结构发生构象变化，显著降低酶的活性，因此 NNRTI 对 RT 为非竞争性抑制。NNRTI 仅对 HIV-1 有效，对其他反转录病毒及

HIV-2 无效。代表药物主要有奈韦拉平（nevirapine）、地拉夫定（delavirdine）和依法韦仑（efavirenz）等。

➤ 奈韦拉平（nevirapine）

【体内过程】奈韦拉平口服吸收迅速，生物利用度超过 90%，体内分布广泛，可通过血脑屏障及胎盘屏障，可进入乳汁，$t_{1/2}$ 约为 40 h，经肝代谢，代谢产物主要经肾排出。

【药理机制与临床应用】奈韦拉平特异性与 HIV-1 反转录酶结合，阻断此酶的催化部位，抑制 RNA 和 DNA 依赖的 DNA 聚合酶的活性。因其产生耐药株的速度很快，具有交叉耐药性，故不应单独使用，常与其他抗反转录病毒药联合用于治疗 HIV-1 感染的成人和儿童患者。

【不良反应】奈韦拉平常见不良反应有皮疹、发热、疲劳、头痛、失眠和恶心等。患者出现严重皮疹如广泛红斑样或斑丘症样皮疹、史-约（Stevens-Johnson）综合征或任何皮疹伴有相关全身症状及器官损害时，需立即并永久停药。

【药物相互作用】因奈韦拉平是肝细胞色素 P450（CYP3A、CYP2B）的诱导剂，可降低酮康唑、美沙酮等的血药浓度，也可降低激素的血药浓度，如果合用含有雌激素或孕酮的口服避孕药，很可能导致避孕失败。

（三）蛋白酶抑制药（PI）

PI 包括利托那韦（ritonavir）、奈非那韦（nelfinavir）、沙奎那韦（saquinavir）、英地那韦（indinavir）、洛匹那韦（lopinavir）和阿扎那韦（atazanavir）等。HIV 等反转录病毒生成的前体蛋白需要在蛋白酶作用下裂解为功能性结构蛋白才能装配成完整病毒颗粒。PI 可与病毒蛋白酶催化基因结合抑制酶活性，使蛋白前体不能裂解，导致不成熟、无功能的病毒颗粒堆积，阻断病毒复制，从而发挥抗病毒作用。

➤ 利托那韦（ritonavir）

【体内过程】利托那韦口服吸收良好，$t_{1/2}$ 为 3~4 h，主要经肝代谢，其代谢产物具有抗病毒活性，大部分经粪便排出。

【临床应用】利托那韦可单独或与抗反转录病毒的核苷类药物合用治疗晚期或非进行性艾滋病患者，即所谓"鸡尾酒疗法"。

【不良反应】利托那韦的耐受性良好。常见的不良反应有恶心、腹泻、腹痛、厌食、味觉异常等，此外还有头痛、口唇及周围神经麻木或感觉异常等神经系统症状。因利托那韦主要经肝代谢，故严重肝病患者禁用，轻、中度肝病和腹泻患者慎用。

【药物相互作用】利托那韦对细胞色素 P450 同工酶 CYP3A 有很强的抑制作用，因此在治疗过程中，利托那韦可能与许多药物相互作用。如苯巴比妥、卡马西平和利福平能增加 CYP3A4 的活性，很可能与利托那韦发生相互作用，增加利托那韦的清除，降低利托那韦的活性；华法林、环孢素 A、卡马西平和钙通道阻滞药的代谢均经 CYP3A 介导，因此能与利托那韦发生相互作用，使这些药物血药浓度升高，故这些药物与利托那韦合用需谨慎。

➤ 阿扎那韦（atazanavir）

阿扎那韦是一种新型氮杂肽类蛋白酶抑制药。作用机制是通过阻断病毒 Gag 和 Gag-Pol 前体多聚蛋白的裂解，从而抑制病毒结构蛋白、反转录酶、整合酶和蛋白酶的生成，阻断成熟病毒的形成，对 HIV-1 和 HIV-2 均有效。常见不良反应有恶心、呕吐、胃痛、皮疹、发热、手足麻木等，严重者可发生代谢性酸中毒（多见于女性或肥胖者）。阿扎那韦主要经肝代谢，有轻至中度肝损害的患者应用时可能发生药物蓄积，需注意调整剂量。严重肝病患者禁用。

（四）整合酶抑制药（INSTI）

HIV-1 前病毒 DNA 整合进入宿主细胞染色体 DNA 是 HIV 复制周期中关键的步骤之一。HIV-1 整合酶是反转录病毒复制的必需酶，而且在人类细胞中没有类似物，因此成为治疗 AIDS 的合理靶标。INSTI 是指抑制整合酶的药物，即可抑制反转录病毒复制过程，阻断催化病毒 DNA 与宿主染色体 DNA 整合的药物。INSTI 是一种具有全新作用机制的抗 HIV 药，可与其他抗反转录病毒药联合用药以有效治疗 HIV 感染，且临床不易产生耐药性。目前，HIV 整合酶抑制药有拉替拉韦（raltegravir）、埃替格韦（elvitegravir）和多特格韦（dolutegravir）。

➤ 拉替拉韦（raltegravir）

【体内过程】拉替拉韦口服吸收迅速，血浆蛋白结合率约为 83%，中等或高脂饮食可使其吸收增加，$t_{1/2}$ 约为 9 h。

【药理作用】拉替拉韦阻断 HIV 编码整合酶的催化活性，阻止病毒 DNA 整合到宿主染色体中。拉替拉韦对 HIV-1 和 HIV-2 都有很强的活性，且由于其独特的作用机制，这种制剂对耐其他抗反转录病毒制剂的病毒也保持活性。

【临床应用】拉替拉韦与其他抗反转录病毒药物联合使用，适用于治疗人类 HIV-1 感染。拉替拉韦与其他活性药物联合使用时产生治疗应答的可能性更大。

【不良反应】拉替拉韦与其他抗 HIV 感染药物合用可能出现腹泻、恶心、疲倦、头痛和皮肤瘙痒等症状；也有报道患者可出现便秘、气胀、出汗和发热等症状；偶见肝功能异常，对轻中度肝肾功能不全的患者无需调整剂量；有报道用药后出现肌病和横纹肌溶解的病例，故肌病患者需慎用。对于拉替拉韦用于妊娠期妇女的安全性尚不清楚，故不推荐用于妊娠期妇女。

【药物相互作用】因拉替拉韦主要经尿苷二磷酸葡糖醛酸转移酶 1A1（UGT1A1）基因介导的葡糖醛酸化途径代谢清除，作为 UGT1A1 的底物，对涉及该酶抑制剂或诱导剂代动力学的药物相互作用很敏感。当拉替拉韦和利福平或其他 UGT1A1 强诱导剂合用时需谨慎，会导致拉替拉韦的血药浓度下降。在拉替拉韦的推荐剂量内可与其他诱导作用较弱的药物（如奈韦拉平、肾上腺皮质激素、吡格列酮）联用。

（五）融合抑制药（FI）

FI 作用在 HIV 感染的早期阶段，是以 N 端或 C 端七肽重复序列（N-HR 或 C-HR）为靶标，阻断 HIV 与靶细胞的融合，从而阻止病毒进入到宿主细胞内，发挥抗 HIV 的作用。临床上常用药物为恩夫韦肽（enfuvirtide）。

➤ 恩夫韦肽（enfuvirtide）

【体内过程】恩夫韦肽皮下给药生物利用度约为 84%，皮下药物的药代动力学不受注射部位的影响；血浆蛋白结合率为 92%，$t_{1/2}$ 为 3.8 h。

【药理作用】恩夫韦肽为合成肽类，是第一个 HIV 融合抑制药，可与病毒包膜糖蛋白结合，阻止病毒与细胞膜融合所必需的构象变化，进而阻止病毒与宿主细胞融合，从而抑制 HIV-1 的复制。

【临床作用】恩夫韦肽用于 6 岁以上儿童和成人的 HIV-1 感染，对 HIV-2 无作用，常与反转录酶抑制药联用。

【不良反应】恩夫韦肽最显著的不良反应是注射部位反应。98% 的患者出现局部副作用，包括疼痛、红斑、硬结、结节、囊肿等，此外还可引起恶心、腹泻、肌痛、焦虑、失眠、周围神经病等。皮下注射部位可选择上臂、大腿前侧、腹部等处，每次注射应选择不同部位，不可注入瘢痕组织、痣、瘀伤、脐部或已发生注射反应的部位。

（六）CCR5 抑制药

病毒特异的 CD4⁺ T 细胞是针对 HIV 免疫应答的重要组成部分，也是 HIV-1 感染过程的首要靶点。此前研究发现 HIV-1 通过与 CD4 结合感染宿主细胞，随后研究又发现仅有 CD4 分子并不能介导 HIV-1 的侵入，同时还需要一种或几种辅助受体，CCR5 就是一种 HIV-1 感染的辅助受体。故 CCR5 可作为 HIV-1 受体拮抗剂的理想靶点。针对该受体发挥抗 HIV-1 作用的药物有马拉韦罗（maraviroc）。

➢ **马拉韦罗（maraviroc）**

马拉韦罗可阻断 HIV-1 的 gp120 对 T 细胞的 CCR5 受体的识别与结合，导致 HIV-1 与 CCR5 在细胞表面结合的数量减少，从而起到抗感染作用。马拉韦罗可与其他抗反转录病毒药联用，适用于对其他抗 HIV 耐药且利用 CCR5 受体入侵细胞的病毒株感染。常见不良反应为肝毒性、腹痛、腹胀、皮疹、头晕、嗜睡、感觉异常等。

临床应用

HIV 暴露处理与预防阻断

HIV 暴露处理与预防阻断指尚未感染 HIV 的人群，在暴露于高感染风险后，尽早（尽可能在 2 h 内，不超过 72 h）服用特定的抗 HIV 药物，降低 HIV 感染风险的方法。

处理原则：①用肥皂液和流动的清水清洗被污染局部；②污染眼部等黏膜时，应用大量等渗氯化钠溶液反复对黏膜进行冲洗；③存在伤口时，应轻柔地由近心端向远心端挤压伤处，尽可能挤出损伤处的血液，再冲洗伤口；④用 75% 乙醇（酒精）或 0.5% 聚维酮碘（碘伏）对伤口局部消毒。

阻断方案：首选推荐方案为替诺福韦/恩曲他滨＋拉替拉韦（或多替拉韦）；也可考虑选择比克替拉韦/恩曲他滨/替诺福韦。如整合酶抑制药不可及，根据当地资源，可使用蛋白酶抑制药如洛匹那韦/利托那韦和达芦那韦/考比司他。对合并肾功能下降并排除有 HBV 感染的患者可使用齐多夫定/拉米夫定。

四、抗肝炎病毒药

病毒性肝炎是一种世界性常见病，肝炎病毒感染是当今国际公认的治疗学难题，肝炎病毒分为甲型肝炎病毒（HAV）、乙型肝炎病毒（HBV）、丙型肝炎病毒（HCV）、丁型肝炎病毒（HDV）、戊型肝炎病毒（HEV）等，甲型和戊型肝炎一般呈急性发病，多可完全康复。而乙型、丙型和丁型肝炎在急性感染后多数会转为慢性，甚至发展成肝硬化、肝癌，故它们是抗肝炎病毒药的主要治疗对象。

目前除丙型肝炎外，对其他类型病毒性肝炎的抗病毒治疗还未有特效药。目前唯一可用于治疗丁型肝炎的药物是聚乙二醇干扰素（PegIFN-α），但仅在少部分患者中有效。有许多药物可以治疗乙型和丙型肝炎，所以抗病毒治疗的主要对象为慢性乙型和丙型肝炎，但目前抗病毒药物对乙型肝炎只能达到抑制病毒的目的，对丙型肝炎可达到根治作用。

临床上治疗慢性病毒性肝炎的药物主要有干扰素（interferon，IFN）；核苷（酸）类似物（nucleoside/nucleotide analogue，NA），如恩替卡韦（entecavir，ETV）、阿德福韦（adefovir）；抗丙型肝炎的直接抗病毒药（directly acting antiviral，DAA），如索非布韦（sofosbuvir）。

(一) 抗 HBV 药物

➢ 干扰素 (interferon, IFN)

IFN 提取自混合的人白细胞、淋巴细胞株，具有抗病毒、抗肿瘤和双向调节免疫功能的作用；也可从重组 DNA 技术制得。IFN 分 IFN-α（白细胞干扰素）、IFN-β（成纤维细胞干扰素）、IFN-γ（免疫干扰素）三种，其中以 IFN-α 抗病毒能力最强。临床应用的大多为 DNA 重组的产物，如 IFNα-2a、IFNα-1b、PegIFN-α。

【体内过程】IFN 口服无效，可皮下、肌内或静脉注射，也可局部滴鼻、滴眼应用，在某些体液（如唾液、血清和尿）和肌肉组织中很易失活；肌内注射后 5 h、皮下注射后 8 h 血药浓度达峰值，肌内注射后 $t_{1/2}$ 为 8 h；不易进入脑脊液；主要从尿中排出。

【药理作用】IFN 是病毒进入机体后诱导宿主细胞产生的效应蛋白，这种蛋白被称为"抗病毒蛋白"。它从细胞内释放出来后，促使其他细胞产生某些酶类而具有抗病毒感染的能力。这些酶类包括蛋白激酶、2′,5′- 寡聚腺苷合成酶、2′,5′- 磷酸二酯酶和核糖核酸酶 L。这些酶可抑制 tRNA 同核糖体的结合，又可以降解 mRNA，使蛋白质合成信息中断，并能分解 tRNA 的 3′ 末端，抑制多肽链延长，使病毒的蛋白质合成发生障碍。RNA 病毒对 IFN 均敏感，而 DNA 病毒对其敏感性较差。IFN 具有多种生物活性，对肿瘤细胞蛋白质合成也有抑制作用。此外，IFN 能增强自然杀伤细胞（NK 细胞）、T 细胞的抗病毒活性，激活与增强巨噬细胞的吞噬活力，从而调节免疫功能。

【临床应用】IFN 临床上用于治疗流感、呼吸道病毒感染、小儿病毒性肺炎及病毒性脑膜炎；并可用于各型肝炎的治疗，如乙型肝炎、丙型肝炎、丁型肝炎，PegIFN-α 联合利巴韦林仍是我国现阶段治疗丁型肝炎的主要方案；也可用于单纯疱疹、带状疱疹、血细胞病毒感染、风疹、麻疹、水痘、狂犬病、流行性脊髓灰质炎及各种恶性肿瘤的治疗；鞘内注射能预防中枢神经系统的感染，对呼吸道病毒感染、流行性出血性结膜炎也有预防作用；还可用于尖锐湿疣、慢性宫颈炎的治疗。

【不良反应】IFN 可导致少数患者出现发热、寒战、乏力、肌痛、食欲缺乏，注射部位出现红斑；还可致白细胞和血小板减少、低血压和氨基转移酶升高；大量长期使用可引起中枢神经系统的毒性。IFN 禁用于过敏体质、严重心脏病、肾功能不良、中枢神经系统功能紊乱者；在实验动物中证明有致畸作用，故孕妇禁用。

【药物相互作用】IFN 与催眠药或镇静药合用，可增强 IFN 对中枢神经系统的毒性，故合用时应谨慎；IFN 与齐多夫定合用，可增加贫血、粒细胞减少的血液系统反应；IFN 可抑制肝细胞色素 P450，故与苯巴比妥合用时可增加苯巴比妥的血药浓度，应注意监测；IFN 可降低茶碱的清除率，导致茶碱中毒（表现为恶心、便秘、癫痫发作等）。

➢ 替诺福韦 (tenofovir)

【体内过程】因替诺福韦几乎不经胃肠道吸收，因此对其进行酯化、成盐，制成替诺福韦酯。替诺福韦酯具有水溶性，可被迅速吸收并降解成活性物质替诺福韦，替诺福韦再转变为活性代谢产物替诺福韦双磷酸盐；给药后 1 ~ 2 h 内替诺福韦达血药峰浓度；与食物同服时生物利用度可增大约 40%。替诺福韦双磷酸盐的胞内 $t_{1/2}$ 约为 10 h。该药不经细胞色素 P450 酶系代谢，主要经肾小球滤过和肾小管主动转运系统排泄，70% ~ 80% 以原型经尿液排出体外，故肾功能不全者应减少剂量。

【药理作用】活性代谢产物替诺福韦双磷酸盐可以抑制 HIV-1 反转录酶，对乙型肝炎病毒也有抑制作用，可抑制 HBV 聚合酶，并可掺入病毒 DNA，终止 DNA 链延长，抑制 HBV DNA 的合成。

【临床应用】替诺福韦用于治疗 2 岁或 2 岁以上的 HBV 感染患者，也可和其他反转录酶抑制药合用于 HIV-1 感染的治疗。

【不良反应】替诺福韦的不良反应有：全身无力；胃肠道反应，如腹泻、腹痛、食欲减退、恶心、呕吐、胃肠胀气、胰腺炎；低磷酸盐血症（1% 发生率）；脂肪蓄积和重新分布，包括向心性肥胖、水牛背、皮质醇增多症；乳酸中毒、与脂肪变性相关的肝大等；神经系统症状，表现为头晕、头痛。

➢ 恩替卡韦（entecavir，ETV）

【体内过程】健康人群口服用药后，恩替卡韦被迅速吸收，广泛分布于各组织，可通过血脑屏障和胎盘屏障。恩替卡韦应空腹服用（餐前或餐后至少 2 h），其血浆蛋白结合率为 13%，在达到血浆药峰浓度后，血药浓度以双指数方式下降，达到终末清除 $t_{1/2}$ 需 128～149 h，主要以原型通过肾清除。

【药理作用】恩替卡韦为鸟嘌呤核苷类似物，能够通过磷酸化成为具有活性的恩替卡韦三磷酸盐，通过与 HBV 多聚酶的天然底物脱氧鸟苷三磷酸竞争，抑制病毒多聚酶（反转录酶）的所有三种活性，即 HBV 多聚酶的启动、前基因组 mRNA 反转录负链的形成和 HBV DNA 正链的合成。

【临床应用】恩替卡韦适用于病毒复制活跃，血清丙氨酸转氨酶（ALT）持续升高或肝组织学显示有活动性病变的 2 岁或 2 岁以上儿童和成人慢性 HBV 感染的治疗。

【不良反应】恩替卡韦常可引起头痛、疲劳、眩晕、恶心等症状，大多为轻至中度。

【药物相互作用】服用降低肾功能或竞争性通过肾小球主动分泌的药物的同时服用恩替卡韦，可能增加这两类药物的血药浓度。

➢ 阿德福韦（adefovir）

目前临床应用的药品为阿德福韦酯，是阿德福韦的前体，在体内水解为阿德福韦发挥抗病毒作用。阿德福韦在细胞内被磷酸化为有活性的阿德福韦双磷酸盐，通过与天然底物脱氧腺苷三磷酸竞争，抑制 HBV DNA 多聚酶（反转录酶），并整合到病毒 DNA，终止病毒 DNA 链的延长，从而抑制 HBV 的复制。阿德福韦与拉米夫定无交叉耐药性。临床上阿德福韦用于治疗 12 岁及 12 岁以上的慢性乙型肝炎病毒感染。不良反应主要有乏力、头痛、腹痛、恶心等。

（二）抗 HCV 药物

在国际上已经获批准的直接抗病毒药中，大部分已经在我国获得批准，包括索非布韦（sofosbuvir）、维帕他韦（velpatasvir）、拉维达韦（ravidasvir）、格卡瑞韦（glecaprevir）等。目前我国推荐的泛基因型方案有索非布韦/维帕他韦复合片剂等，可治疗基因 1 型至 6 型丙型肝炎初治患者或者聚乙二醇干扰素 α 联合利巴韦林或联合索非布韦经治患者，疗效显著，对 1、2、6 型丙型肝炎病毒学治愈率高达 99%～100%。

➢ 索非布韦（sofosbuvir，索磷布韦）

【体内过程】索非布韦在肝中被代谢为具有药理学活性的尿苷类似物三磷酸盐 GS-461203，再经去磷酸化形成代谢产物 GS-331007，口服给药后 2～4 h 可观察到 GS-331007 药峰浓度。索非布韦血浆蛋白结合率为 61%～65%，肾排泄是 GS-331007 的主要消除途径。

【药理作用】索非布韦是 HCV NS5B 聚合酶（病毒复制所必需的酶）抑制药，是一种核苷酸前药，在细胞内代谢为具有药理学活性的尿苷类似物三磷酸盐 GS-461203，GS-461203 可被 NS5B 聚合酶嵌入 HCV RNA 中，阻止病毒 RNA 的复制。

【临床应用】索非布韦对所有 HCV 基因型都有效，作为组合抗病毒治疗方案的一个组分，与其他药联合使用治疗慢性丙型肝炎，具有显著疗效。

【不良反应】索非布韦不良反应较少，如与利巴韦林联合使用，可有网织红细胞计数增加、血胆红素升高和贫血等；与聚乙二醇干扰素 α、利巴韦林联合使用可出现疲乏、头痛、恶心、失眠和贫血等。

【药物相互作用】索非布韦是外排转运蛋白 P 糖蛋白（P-gp）和乳腺癌耐药蛋白（BCRP）的底物，与 P 糖蛋白诱导剂类药物（利福平、利福布丁、卡马西平、苯妥英等）联合使用会显著降低索非布韦的血药浓度，并可能使索非布韦失去疗效。索非布韦与胺碘酮联合使用时有严重的症状性心动过缓和传导阻滞情况，其机制未明。

➢ 维帕他韦（velpatasvir）

维帕他韦是一种 NS5A 抑制药。NS5A 是一种无酶活性的 HCV 非结构性蛋白，可与 RNA 结合，是 HCV RNA 复制和病毒组装的必需组分。因此，维帕他韦可以通过抑制 HCV 复制和病毒组装发挥抗病毒作用。维帕他韦可与索非布韦联合治疗慢性丙型肝炎，具有显著疗效。

五、其他抗病毒药

➢ 聚肌苷酸-聚胞苷酸（polyinosinic acid-polycytidylic acid，聚肌胞）

聚肌苷酸-聚胞苷酸为聚肌苷酸及聚胞苷酸的共聚物，是一种高效内源性干扰素诱导剂，能诱导机体产生干扰素，具有广谱抗病毒、抗肿瘤、刺激吞噬、调节机体免疫的功能，还具有抗细菌、抗原虫等多种作用，用于带状疱疹、单纯疱疹、疱疹性角膜炎、痤疮、扁平苔藓、扁平疣、玫瑰糠疹、银屑病、肝炎、乙型脑炎、疱疹性脑炎、鼻咽癌、宫颈癌等的治疗，对流行性腮腺炎和类风湿性关节炎也有一定的疗效。少数人用药后可出现头晕、头痛、发热、口干、恶心、乏力等，一般在停药后 4~8 h 消失。聚肌苷酸-聚胞苷酸为大分子物质，具有抗原性，宜注意过敏反应的发生。孕妇禁用。

➢ 咪喹莫特（Imiquimod）

咪喹莫特是一个新的炎症调节药，对尖锐湿疣的局部治疗有效，在体外无直接抗病毒或抗增殖的作用，但能诱导产生干扰素 α、肿瘤坏死因子 α（TNF-α）、其他细胞因子和化学因子。对人生殖器疣局部应用 5% 咪喹莫特乳膏时，能诱导局部产生干扰素 α、β、γ 和 TNF-α，并引起病毒量减少和疣的缩小。局部应用咪喹莫特乳膏，有 50% 的患者能完全消除生殖器和肛门周围的疣，但易复发。不良反应为用药局部出现红斑、表皮脱落（鳞片）、瘙痒、烧灼感等，腐蚀或溃疡者少见。

> **知识拓展**
>
> ### 来自八角、茴香的奥司他韦
>
> 流行性感冒（简称流感）是由流感病毒所致的一种急性呼吸道疾病。21 世纪之前，治疗流感只有两大"金刚"——金刚烷胺和金刚乙胺，服用后可导致幻觉、精神异常和耐药等现象。
>
> 奥司他韦是基于结构的合理药物设计的成功案例。奥司他韦的研发过程中大量应用了计算机辅助药物设计手段，它可作用于神经氨酸酶中的部分高度保守的氨基酸序列，作为神经氨酸酶的底物唾液酸的类似物与其结合，抑制成熟的流感病毒脱离宿主细胞而抑制流感病毒在人体内的传播，从而起到治疗流感的作用。奥司他韦最早由奎宁酸为原料合成，而奎宁酸提取自金鸡纳树皮，金鸡纳树对生存的气候环境要求严苛，全球分布范围较窄且数量有限，导致奎宁酸原料供应不稳定。后期奥司他韦提取于中国香料八角、茴香的莽草酸，理论上成为更好的选择，2006 年起莽草酸逐渐由大肠埃希菌重组生产。

思 考 题

1. 应用两性霉素 B 产生的不良反应主要有哪些？
2. 常用抗疱疹病毒药都有哪些？
3. 抗人类免疫缺陷病毒药分哪几类？每类各举一例代表药。
4. 抗乙型肝炎病毒药恩替卡韦的药理作用是什么？
5. 患者，男，24岁，"反应迟钝 1 个月余"入院。患者入院前 1 个月余无明显诱因出现反应迟钝，伴自言自语，行为异常。行腰椎穿刺脑脊液墨汁染色：阳性；血培养：新型隐球菌（＋）；脑脊液培养：新型隐球菌（＋）。临床诊断：隐球菌性脑膜炎。请回答：

该病首选治疗药物是什么？药物的作用机制是什么？药物使用时需注意什么？

（班 涛）

第四十五章 抗结核药及抗麻风药

第四十五章数字资源

> **案例 45-1**
>
> 患者，女，32岁，因发热、胸痛、咳嗽、血痰1周入院。患者近3个月来有低热、午后体温升高、咳嗽，曾在社区医院诊断为"感冒"，予以抗感冒药、先锋霉素等药物治疗，疗效欠佳；近1周体温升高，咳嗽加剧，痰中带血；半年来有明显厌食、消瘦、夜间盗汗。入院检查：T 38 ℃，P 88次/分，HR 28次/分，发育正常，营养稍差，消瘦，神志清楚，查体合作。胸部检查：叩诊右下肺清音，左肺清音，听诊右下肺呼吸音减弱。胸部X线检查可见双肺纹理增粗，右上肺有片状阴影。取痰液进行细菌培养和抗酸检查均为阴性，结核菌素试验强阳性。再次取痰送检，经浓缩集菌后，涂片抗酸杆菌阳性。诊断为肺结核（右上肺）。
>
> 问题：
> 1. 该患者应该选用什么药物治疗？
> 2. 如何对患者进行健康教育？
> 3. 如何保证结核患者得到正规的治疗？

第一节 抗结核药

结核病（tuberculosis，TB）是由结核分枝杆菌（mycobacterium tuberculosis）引起的慢性传染病，可累及肺、消化系统、泌尿系统、骨、关节及脑等多个组织器官，其中以肺结核最为常见。1943年，对氨基水杨酸成为第一个成功治疗结核病的药物。1944年，链霉素成为更有效的治疗结核病的药物。随后异烟肼、吡嗪酰胺、利福平、乙胺丁醇等多个抗结核药问世，使结核病得到有效控制。然而伴随着艾滋病（AIDS）的传播及多药耐药菌株的出现，耐药结核病的防治已成为全球和中国结核病控制的重中之重。

目前临床使用的抗结核药种类很多，主要分为两类。一类是疗效高、不良反应较少的一线（first-line）抗结核药，包括异烟肼（isoniazid, isonicotinic acid hydrazide，INH）、利福平（rifampicin，RFP）、乙胺丁醇（ethambutol，EMB）、吡嗪酰胺（pyrazinamide，PZA）、链霉素（streptomycin，SM）。其中最有效的药物是异烟肼和利福平，两药联合治疗方案用于敏感菌株引起的结核病，治愈率较高，疗程一般需要9个月。如果在此方案基础上，前2个月加用吡嗪酰胺，疗程可减少至6个月而疗效不减。另一类是二线（second-line）抗结核药，通常为抗菌作用较弱、毒性较大的药物，包括对氨基水杨酸（aminosalicylic acid，PAS）、乙硫异烟胺（ethionamide）、环丝氨酸（cycloserine）、卡那霉素（kanamycin）和阿米卡星（amikacin）等。

二线抗结核药仅用于对一线抗结核药耐药的菌株，或者是常规治疗无效的特殊病例，如艾滋病患者伴发的结核病等。

其他抗结核药有新型利福霉素类衍生物、新型氟喹诺酮类、新型大环内酯类、β-内酰胺类和β-内酰胺酶抑制药、多肽类、吩嗪类、硝基咪唑类、氨硫脲衍生物等，这些药物在耐多药结核病（multiple drug resistance-TB，MDR-TB）的治疗中起重要作用。

一、常用抗结核药

> **异烟肼**（isoniazid, isonicotinic acid hydrazide，INH）

异烟肼又称雷米封（rimifon），是异烟酸的肼类衍生物，易溶于水，化学性质稳定。其特点是高效、低毒、服用方便和价廉。

【体内过程】异烟肼口服或注射均易吸收，广泛分布于全身体液和组织，具有较强的穿透力，可渗入脑脊液、胸腔积液、腹水、关节腔、纤维化或干酪化结核病灶及淋巴结等，也易进入细胞内，作用于已被吞噬的结核分枝杆菌。异烟肼大部分在肝内代谢为乙酰异烟肼和异烟酸等，代谢产物及少部分原型药从尿中排出。其在肝内乙酰化代谢速度受遗传因素影响，有明显人种和个体差异，分为快代谢型和慢代谢型，前者的 $t_{1/2}$ 为 70 min 左右，后者则为 3 h。我国人群中以快代谢者居多，约占 50%，慢代谢者约占 26%，中间代谢者约占 24%，欧美白种人则相反。由于药物代谢的快慢不同，特别是在间歇疗法每周一次给药时，表现出代谢快者血药浓度较低，疗效相对较差，代谢慢者不良反应较多。因此，临床上应根据患者的代谢类型确定个体化的给药方案，确保用药的安全有效。

【药理作用】异烟肼对结核分枝杆菌具有高度选择性，高浓度时呈杀菌作用，低浓度时有抑菌作用，最低抑菌浓度为 0.025～0.05 μg/ml。异烟肼对细胞内外的结核分枝杆菌均有作用，表现为对静止期细菌有抑制作用，对繁殖期细菌有杀灭作用。

异烟肼的作用机制尚未完全阐明，一般认为可能是异烟肼作为前药，被分枝杆菌的过氧化氢-过氧化物酶激活后，通过共价键与菌体的β-酮脂酰载体蛋白合成酶结合成复合物，抑制分枝菌酸（mycolic acids）的生物合成，而分枝菌酸是结核分枝杆菌细胞壁的重要成分，若细胞壁合成受阻，则细菌丧失疏水性、耐酸性和增殖力，从而导致细菌死亡。分枝菌酸只存在于分枝杆菌中，因此异烟肼仅对结核分枝杆菌有高度特异性而对其他细菌无效。

单独使用异烟肼时结核分枝杆菌易对其产生耐药性，但停用一段时间后细菌可恢复对药物的敏感性，与其他抗结核药间无交叉耐药性（cross-resistance）。耐药机制可能与结核分枝杆菌靶位基因突变有关，也有人认为是菌体细胞膜通透性降低使药物渗入细胞内减少所致。临床上常采取联合用药以增强疗效和延缓耐药性的发生。

【临床应用】异烟肼适用于各种类型的结核病患者。治疗早期轻症肺结核和预防用药时可单独使用异烟肼，规范化治疗时必须与其他一线抗结核药联合使用，尤其与利福平的联合（INH + RFP）成为抗结核病的首选。对于粟粒性肺结核和结核性脑膜炎等重症结核病，应加大剂量，多药联合，延长疗程，必要时可注射给药。

【不良反应】异烟肼不良反应的发生率和严重程度与药物剂量和疗程有关。

1. 神经系统不良反应 常见周围神经炎，表现为手或足部麻木、震颤、步态不稳等，大剂量时可引起头痛、眩晕、神经兴奋、视神经炎，严重时可导致中毒性脑病和精神病。这些毒性反应可能是因异烟肼的结构与维生素 B_6 相似，使维生素 B_6 排泄增加而致体内缺乏，体内维生素 B_6 的缺乏会使中枢 γ-氨基丁酸（GABA）生成减少，引起中枢过度兴奋。因此，用异烟肼时应注意同时补充维生素 B_6，以预防神经系统不良反应的产生，对其引起的神经系统不良

反应也可用维生素 B_6 治疗。癫痫及精神病患者应慎用。

2. 肝毒性 异烟肼可引起肝细胞损伤、氨基转移酶升高，少数患者出现黄疸，严重者出现肝小叶坏死，甚至死亡，尤其在快代谢型患者中多见。肝损伤机制尚不清楚，可能与异烟肼在肝的乙酰化代谢过程有关，用药期间应定期检查肝功能。快代谢型患者对异烟肼敏感，此类患者应慎用。

3. 其他 异烟肼可引起皮疹、发热、粒细胞减少、血小板减少和溶血性贫血等，还可引起口干、胃肠道反应等，用药期间还可能产生血管炎及关节炎综合征。

【药物相互作用】

异烟肼为药酶抑制剂，可减慢多种药物的代谢，使其血药浓度增高，如香豆素类抗凝血药、苯妥英钠、茶碱、卡马西平、丙戊酸钠等，合用时应适当调整给药剂量；异烟肼与利福平、乙醇同用可增加肝毒性；含铝的抗酸药可干扰异烟肼的吸收；异烟肼与肾上腺皮质激素合用，血药浓度会降低。

➢ 利福平（rifampicin，RFP）

利福平是利福霉素类半合成广谱抗菌药，为橘红色结晶粉末。

【体内过程】利福平口服易吸收，2~4h 后血药浓度达峰值，但有个体差异，食物可影响其吸收，故以空腹服药为宜。利福平穿透力强，能广泛分布到全身许多器官和体液并达到有效抗菌浓度，包括脑脊液、胸腔积液、腹水、结核空洞、痰液及胎儿体内等。该药主要在肝内代谢为去乙酰利福平，其代谢产物有较弱的抗菌活性，为利福平的 1/10。利福平及其代谢产物可由胆汁排泄，并形成肝肠循环，$t_{1/2}$ 为 1.5~5 h。服药期间尿、粪、唾液、痰、泪液和汗液均可呈橘红色，应事先告知患者。

【药理作用与作用机制】利福平抗菌谱广且作用强大，对静止期和繁殖期的细菌均有作用，能增加链霉素和异烟肼的抗菌活性。利福平对结核分枝杆菌、麻风分枝杆菌、革兰氏阳性菌尤其是耐药金黄色葡萄球菌和革兰氏阴性球菌尤其是脑膜炎奈瑟菌等均有强大的抗菌作用，高浓度时对革兰氏阴性杆菌如大肠埃希菌、变形杆菌、流感嗜血杆菌及沙眼衣原体和某些病毒也有作用。

利福平的抗菌作用机制为特异性地与细菌 DNA 依赖性的 RNA 聚合酶的 β 亚基结合，阻碍细菌 mRNA 的合成，对人和动物细胞内的 RNA 聚合酶无影响。利福平单独使用易产生耐药性，耐药机制与细菌的 RNA 聚合酶基因突变有关。利福平可延缓异烟肼、乙胺丁醇耐药性的产生。

【临床应用】

1. 各种类型结核病 利福平是目前治疗结核病的有效药物之一，常与其他抗结核药联合应用治疗各种类型的结核病，包括初治及复发患者。利福平与异烟肼合用治疗初发患者，可降低结核性脑膜炎的病死率和后遗症的发生；与乙胺丁醇及吡嗪酰胺合用，对复发患者有良好的治疗效果。

2. 麻风 利福平是目前治疗麻风的有效药物之一。

3. 其他细菌感染 利福平可用于耐药金黄色葡萄球菌及其他敏感细菌所致的感染。

4. 胆道感染 利福平在胆汁中浓度较高，可用于重症胆道感染。

5. 眼部感染 利福平可用于沙眼、急性结膜炎、病毒性角膜炎的治疗。

【不良反应】

1. 胃肠道反应 1.5% 患者出现恶心、呕吐、腹痛、腹泻等胃肠道症状，一般不严重。

2. 肝毒性 长期大量使用利福平可出现黄疸、肝大、肝功能减退等，在肝功能正常的患者中较少见，在慢性肝病、酒精中毒、老年人或同时使用异烟肼的患者中，肝损伤发生率增加，其机制尚不清楚，用药期间应定期检查肝功能，严重肝病患者禁用。

3. 过敏反应 个别患者出现药热、皮疹、溶血等过敏反应。

4. 流感样综合征 大剂量间歇给药时可引起发热、寒战、肌痛、贫血及血小板减少等类似流感的症状，甚至出现急性肾小管坏死。其发生频率与给药间隔有明显关系，故现已不用间歇给药的方法。

5. 其他 动物实验证实利福平有致畸作用，妊娠早期妇女禁用。

【药物相互作用】利福平为较强的药酶诱导剂，能使许多药物代谢加快，疗效降低，包括肾上腺皮质激素、口服避孕药、口服抗凝血药、地高辛、普萘洛尔等；对氨基水杨酸可减少其吸收，两药合用应间隔 8～12 h。

➤ 利福定（rifandin）和利福喷汀（rifapentine）

两药均为人工合成的利福霉素衍生物，抗菌作用强大，抗菌谱广，抗结核分枝杆菌的效力分别比利福平强 3 倍和 8 倍，对麻风的疗效也优于利福平，与利福平有交叉耐药性，故不适用于利福平治疗无效的病例；与异烟肼、乙胺丁醇等有协同作用，合用也可延缓耐药性的产生。临床上两药主要与其他药物联合用于结核病的治疗，也用于治疗麻风病。

➤ 乙胺丁醇（ethambutol，EMB）

乙胺丁醇是人工合成的乙二胺衍生物，具有良好的水溶性及热稳定性。

【体内过程】乙胺丁醇口服吸收迅速，2～4 h 血浆浓度可达峰值，广泛分布于全身组织和体液，但脑脊液浓度较低，大部分以原型经肾排泄，少部分在肝内转化为醛及二羧酸衍生物，$t_{1/2}$ 为 3～4 h，肾功能不全时可引起药物蓄积。

【药理作用】乙胺丁醇对繁殖期结核分枝杆菌有较强的抗菌活性，对静止期细菌影响不大。其抗菌机制为抑制结核分枝杆菌的阿拉伯糖基转移酶Ⅲ，干扰阿拉伯糖的转运及生物合成，导致结核分枝杆菌细胞壁合成障碍。

【临床应用】与所有抗结核药一样，当单独使用乙胺丁醇时，对乙胺丁醇的耐药性很快就会出现。因此，乙胺丁醇通常与其他抗结核药联合使用。盐酸乙胺丁醇，15～25 mg/kg，通常在活动性肺结核治疗的最初强化阶段与异烟肼、利福平和吡嗪酰胺联合服用，高剂量可用于治疗结核性脑膜炎。

【不良反应】乙胺丁醇治疗量时不良反应发生率低于 2%，但连续大剂量使用 2～6 个月可产生球后视神经炎，表现为弱视、视野缩小和红绿色盲等，一旦发生要及时停药并加服维生素 B_6，一般可恢复，用药期间应定期检查视力；偶见胃肠道反应、过敏反应、高尿酸血症，故痛风患者慎用；对肾有一定毒性，肾功能不良时应慎用。

➤ 吡嗪酰胺（pyrazinamide，PZA）

吡嗪酰胺在酸性环境下对结核分枝杆菌有强大的抑制和杀灭作用，但在中性环境中无活性，单独使用易产生耐药性，与其他抗结核药无交叉耐药性。吡嗪酰胺口服易吸收，分布于体内各组织及体液中，大部分在肝中水解成吡嗪酸，少部分以原型通过肾排泄，$t_{1/2}$ 为 6 h。吡嗪酰胺是抗结核联合用药的重要药物，与异烟肼和利福平合用有协同作用。目前临床治疗结核病常采用低剂量、短疗程的三联或四联用药方案，吡嗪酰胺是不可或缺的重要组成药物，用于治疗其他抗结核治疗效果欠佳者。长期、大量使用吡嗪酰胺可发生严重的肝损害，出现氨基转移酶升高、黄疸甚至肝坏死，因此，用药期间应定期复查肝功能，肝功能不良者慎用。此外，吡嗪酰胺尚能抑制尿酸盐排泄，可诱发痛风。

➤ 链霉素（streptomycin，SM）

链霉素是第一个有效的抗结核药，在体内仅有抑菌作用，疗效不及异烟肼和利福平。其穿透力弱，不易渗入细胞内及纤维化、干酪化病灶中，也不易透过血脑屏障和细胞膜，因此对细胞内或上述病灶内的结核分枝杆菌不易发挥抗菌作用，对结核性脑膜炎疗效最差。结核分枝杆菌对链霉素易产生耐药性，且长期使用耳毒性发生率高，故链霉素在抗结核治疗中的地位逐渐下降，目前主要用于多药联合治疗各种严重的或危及生命的结核分枝杆菌感染，如重症肺结核、粟粒型结核等。

➤ 对氨基水杨酸（aminosalicylic Acid，PAS）

对氨基水杨酸为二线抗结核药，口服吸收良好，可分布于全身组织和体液（脑脊液除外），大部分在体内代谢成乙酰化代谢产物，$t_{1/2}$为1h。其水溶液不稳定，见光可分解变色，应避光保存，注射液应新鲜配制，药物变色时禁用。对氨基水杨酸对结核分枝杆菌仅有抑菌作用，疗效较差，抗菌作用机制可能与PAS抑制结核分枝杆菌的叶酸代谢和分枝杆菌素（mycobactin）的合成有关，细菌对其不易产生耐药性。目前临床上主要将对氨基水杨酸与其他抗结核药联合使用，可以延缓耐药性的产生。对氨基水杨酸因影响利福平的吸收，故不宜与利福平合用。常见不良反应为胃肠刺激症状及过敏反应，长期大量使用可出现肝损害，少数患者可出现肾损害、甲状腺肿等。

➤ 司帕沙星（sparfloxacin，SPFX）

第三代氟喹诺酮类药中有不少具有较强的抗结核分枝杆菌活性，由于结核分枝杆菌对该类药物的自发突变率很低，与其他抗结核药之间无交叉耐药性，目前这类药物主要用于耐药结核分枝杆菌感染的治疗。司帕沙星为其中的代表药物，其抗菌作用强，抗菌谱广，对分枝杆菌也有较强的杀菌作用。临床应用证明，对于多药耐药的菌株，司帕沙星有良好的作用。

➤ 阿米卡星（amikacin，AMK）

阿米卡星在试管中对结核分枝杆菌有高效杀菌作用，美国胸科学会（American Thoracic Society，ATS）已将其列入治疗耐多药结核（MDR-TB）的主要药物之一，已逐渐替代卡那霉素。使用阿米卡星时应注意耳毒性，如果患者年龄在60岁以上，需慎用。

➤ 克拉霉素（clarithromycin）

新型大环内酯类均有抗结核分枝杆菌的作用，克拉霉素是其中抗结核分枝杆菌作用最强的药物，与异烟肼或利福平合用有协同作用。

知识拓展

现代结核病控制策略

督导短程化学治疗（directly observed treatment short-course，DOTS），由世界卫生组织与国际防痨和肺病联盟等5个非政府组织经过10年之久的研究试验，并在包括中国在内的许多国家推广，所取得的现代控制结核病的经验。这一策略是国际上公认的最符合成本效益原则的结核病控制策略。DOTS策略包括以下五个基本要素。

（1）政府对结核病规划的承诺：各级政府和卫生行政部门必须将国家结核病规划作为一项长期的规划纳入国家卫生事业发展规划中，使这项规划覆盖全国，在人力、物力和经费上给予保证。

（2）通过痰涂片镜检发现患者。

（3）在正确的管理下给予标准的短程化学治疗。

（4）建立正规的药物供应系统：这个供应系统必须是规则地、不间断地供应所有主要抗结核药物，如异烟肼、利福平、乙胺丁醇、吡嗪酰胺，必须保证药物的质量。应当根据患者登记人数和药物库存量预先制订药品采购计划，并及时分配。

（5）建立对规划执行的监督、评价系统：这个系统是以县（区）级专业机构对每个患者的详细记录资料和定期汇总报告为基础，并有标准的、统一的患者分类、分型、转归考核标准。

二、抗结核药应用原则

抗结核药物的使用是治疗结核病的主要手段。随着人口的增长、世界范围内的旅行和人口流动的增加，耐药性肺结核病例趋上升态势，甚至出现了泛耐药结核病。耐药结核病的流行持续威胁着结核病控制工作已取得的进展。化学治疗方案不合理、用药不规则是产生获得性耐药性结核病的最主要原因。合理应用化学治疗药物，能提高疗效，降低不良反应。

1. 早期用药 早期病灶内血液循环良好，药物易渗入病灶中；同时早期结核分枝杆菌生长旺盛，对药物敏感，易被抑制或杀灭；此时机体抵抗力也较好。因此及早用药可达到事半功倍之效。相反，慢性病灶如纤维化、干酪化或空洞形成病灶内血液循环不良，药物渗透力差，疗效不佳。

2. 联合用药 结核分枝杆菌对药物反应缓慢，单用易产生耐药性，长期应用易发生毒性反应。根据结核分枝杆菌的特点，采取联合化学治疗方案，可以提高疗效、降低药物毒性和延缓耐药性的产生。临床通常根据病情的严重程度，采取二联、三联甚至四联的用药方案。联合用药中，必须保证至少2个药对结核分枝杆菌敏感，如早期轻症肺结核最佳治疗方案为异烟肼和利福平联合应用，重症结核病则应采取4个或更多抗结核药的联合应用。

3. 适量用药 用药剂量要适当。如果剂量不足，达不到有效治疗浓度，影响疗效并易使细菌产生耐药性；剂量过大则导致不良反应加重。故应根据患者病情给予个体化治疗方案。

4. 全程规律用药 结核分枝杆菌可处于静止状态，也可处于药物不易到达的组织细胞内，同时结核病是一种易复发的疾病，过早停药会使已被抑制的细菌再度繁殖或迁延，导致治疗失败。因此在结核病治疗中，必须做到有规律地用药，治疗期间不能随意改变药物剂量或改变药物品种，应坚持全程治疗原则。

临床应用

肺结核的化学治疗方案

1. **初治活动性肺结核** 通常选用2HRZE/4HR方案，即强化期使用异烟肼、利福平、吡嗪酰胺、乙胺丁醇，1次/天，共2个月；巩固期使用异烟肼、利福平1次/天，共4个月。若强化期第2个月末痰涂片仍阳性，强化方案可延长1个月，总疗程6个月不变。对粟粒型肺结核或结核性胸膜炎，上述疗程可适当延长，强化期为3个月，巩固期6~9个月，总疗程9~12个月。在异烟肼高耐药地区，可选择2HRZE/4HRE方案。

2. **复治活动性肺结核** 常用方案为2HRZSE/6HRE、3HRZE/6HR、2HRZSE/1HRZE/5HRE。对上述方案治疗无效的复治肺结核应考虑耐多药结核可能，需按耐药或耐多药结核治疗。

3. **耐药结核和耐多药结核** 对至少包括异烟肼和利福平在内的2种以上药物耐药的结核为耐多药结核（MDR-TB）。WHO根据药物的有效性和安全性将治疗耐药结核的药物分为A、B、C、D四组，其中A、B、C组为核心二线药物，D组为非核心的附加药物。

A组：氟喹诺酮类药物，包括高剂量左氧氟沙星（≥750 mg/d）、莫西沙星及加替沙星。

B组：二线注射类药物，包括阿米卡星、卷曲霉素、卡那霉素、链霉素。

C 组：其他二线核心药物，包括乙硫异烟胺（或丙硫异烟胺）、环丝氨酸（或特立齐酮）、利奈唑胺和氯法齐明。

D 组：可以添加的药物，但不能作为 MDR-TB 治疗的核心药物。D 组药物分为 3 个亚类：D1 组包括吡嗪酰胺、乙胺丁醇和高剂量异烟肼；D2 组包括贝达喹啉和德拉马尼；D3 组包括对氨基水杨酸、亚胺培南西司他丁、美罗培南、阿莫西林克拉维酸、氨硫脲。

耐药结核治疗的强化期应包含至少 5 种有效抗结核药，包括吡嗪酰胺及 4 个核心二线抗结核药物：A 组 1 个，B 组 1 个，C 组 2 个。如果以上的选择仍不能组成有效方案，可以加入 1 种 D2 组药物，再从 D3 组中选择其他有效药物，从而组成含 5 种有效抗结核药物的方案。

第二节　抗麻风药

麻风分枝杆菌是分枝杆菌的一种，砜类（sulfones）化合物是目前最重要的抗麻风药（antileprotic drug）。临床常用的药物包括氨苯砜（dapsone，DDS）、苯丙砜（solasulfone）和醋氨苯砜（acedapsone）。

➢ **氨苯砜（dapsone，DDS）**

【体内过程】氨苯砜口服吸收缓慢而完全，4～8 h 达血药浓度峰值，能分布到全身组织和体液中，皮肤和肌肉特别是肝和肾中浓度较高，病变皮肤中的药物浓度较正常皮肤高 10 倍。药物可经胆汁排泄，小肠吸收出现肠肝循环现象，故在血液中存留时间较长。$t_{1/2}$ 为 10～50 h，宜采用周期性间隔给药方法，以免蓄积中毒。氨苯砜在肝内经乙酰化代谢后，大部分从尿中排出。

【药理作用与临床应用】氨苯砜抗菌谱和抗菌机制与磺胺类药相似，且抗菌作用可被对氨基苯甲酸（PABA）拮抗。其对麻风分枝杆菌有较强的抑制作用，是治疗麻风的首选药。一般从小剂量开始给药直至最适剂量为止，患者往往需用药 3～6 个月自觉症状才开始有所改善，细菌完全消失需 1～3 年，严重者需 5 年，因此在治疗过程中不应随意减少剂量或过早停药。氨苯砜单用时，麻风分枝杆菌易对其产生耐药性，因此常与其他治疗麻风的药物联合应用。

【不良反应】氨苯砜较常见的不良反应是溶血性贫血和发绀，G6PD 缺乏者易发生，大剂量时几乎均可发生。高铁血红蛋白血症也较为常见。口服氨苯砜可出现胃肠道反应、头痛及周围神经病变、药热、皮疹、血尿等。治疗早期或增量过快可发生麻风症状加剧的反应，即"砜综合征"，表现为发热、不适、剥脱性皮炎、黄疸伴肝坏死、淋巴结肿大、贫血等，一般认为是机体对菌体破裂后的磷脂颗粒的免疫反应所致，症状轻者不需停药，严重者可改用其他药物或糖皮质激素对症治疗。氨苯砜对肝有一定毒性，用药期间应定期检查血常规及肝功能。严重贫血、G6PD 缺乏、肝肾功能不良、过敏及精神病患者禁用。

➢ **利福平（rifampicin，RFP）**

利福平对麻风分枝杆菌，包括对氨苯砜耐药菌株有快速杀菌作用，用药数天至数周菌体呈现碎裂、粒变。由于麻风分枝杆菌对氨苯砜的耐药性较为普遍，且利福平单独应用也易致耐药性产生，故一般采用包括利福平在内的多药联合治疗。

➢ **氯法齐明（clofazimine，氯苯吩嗪）**

氯法齐明对麻风分枝杆菌有弱的杀菌作用，抗菌作用机制是与菌体 DNA 结合，抑制

DNA的模板功能，影响菌体蛋白质合成，还有一定抗炎作用。氯法齐明可用于预防或治疗麻风结节性红斑；对耐氨苯砜的麻风分枝杆菌有效，可作为麻风联合治疗的药物之一；也可治疗其他抗麻风药引起的急性麻风反应。主要不良反应为胃肠道反应、皮肤色素加深，停药后可逐渐消退。

> **巯苯咪唑（mercaptophenylimidazole，麻风宁）**

巯苯咪唑治疗麻风的疗效较砜类好，特点是疗程短，毒性小，在体内不易蓄积，患者易于接受。麻风分枝杆菌对其可产生耐药性。不良反应为局限性皮肤瘙痒和诱发麻风反应。巯苯咪唑适用于各种类型的麻风和对砜类药物过敏者。

此外，氟喹诺酮类、四环素类及大环内酯类药物也具有抗麻风分枝杆菌作用，可用于麻风的治疗。

思 考 题

1. 简述异烟肼和利福平的抗结核作用特点及主要不良反应。
2. 请叙述抗结核药的应用原则。
3. 目前的一线和二线抗结核药分别有哪些药物？
4. 患者，女，30岁，因发热、胸痛、咳嗽、血痰1周入院就诊。患者近3个月来有低热、午后体温增高、咳嗽，曾以"感冒"予以抗感冒药、第二代头孢菌素类抗生素等药物给予治疗，但疗效欠佳。半年来患者有明显厌食、消瘦、夜间盗汗。胸部X线检查可见双肺纹理增粗，右肺尖有片状阴影，取痰送检，确诊为肺结核（右上肺）。请回答：
（1）应用什么抗结核药来治疗此患者？
（2）患者服药期间应注意哪些问题？

（来丽娜）

第四十六章 抗寄生虫药

第四十六章数字资源

案例 46-1

患者,女,38岁,已婚,主诉白带增多、腰酸、阴部瘙痒伴有腥臭味。患者自觉劳累后腰酸,白带自动流出,色微白,有时伴淡黄色,带有泡沫样黏液,阴部经常瘙痒,时闻腥臭味,月经尚属正常,但经量较大。妇科检查:外阴部有红肿,子宫颈周围Ⅱ度糜烂。阴道涂片检查:混悬片查见大量阴道毛滴虫;染色片查见革兰氏阳性球菌和阴性杆菌、红细胞+、白细胞(脓细胞)++、上皮细胞+。遵医嘱口服甲硝唑合并应用栓剂治疗,1个疗程后症状获得好转,逐渐消失,但停药不久症状又复出现,再次用药后得以痊愈。

问题:
1. 甲硝唑的临床应用有哪些?
2. 如何对该患者进行健康教育?

第一节 抗疟药

疟疾是由疟原虫引起的经雌性按蚊传播的传染性疾病。抗疟药可作用于疟原虫生活史的不同环节,是防治疟疾的重要手段。

一、疟原虫的生活史及疟疾的发病机制

寄生于人体的疟原虫有四种,即间日疟原虫、三日疟原虫、恶性疟原虫和卵形疟原虫,分别引起间日疟、三日疟、恶性疟和卵形疟。间日疟和三日疟合称为良性疟,恶性疟病情较严重,甚至可危及患者的生命。在我国主要有间日疟原虫和恶性疟原虫,三日疟原虫少见,卵形疟原虫罕见。疟原虫的生活史可分为两个阶段,即在人体内(无性)发育阶段和在雌性按蚊体内(有性)发育阶段(图46-1)。

1. 在人体内(无性)发育阶段 分为肝细胞内发育(红细胞外期)和红细胞内发育(红细胞内期)两个阶段。

(1)红细胞外期(红外期):当受感染的雌性按蚊刺吸人血时,子孢子随唾液进入人体,侵入肝细胞,发育并裂体增殖,形成大量裂殖体。此期无临床症状,称为疟疾的潜伏期,一般为10~14天。间日疟原虫和卵形疟原虫的子孢子有速发型和迟发型两种类型。速发型子孢子

在肝细胞内能迅速发育、繁殖,产生许多裂殖体;迟发型子孢子则需要经过一段时间的休眠期后才能完成裂体增殖,因而迟发型子孢子是间日疟和卵形疟复发的根源。由于恶性疟和三日疟无迟发型子孢子,故不引起复发。

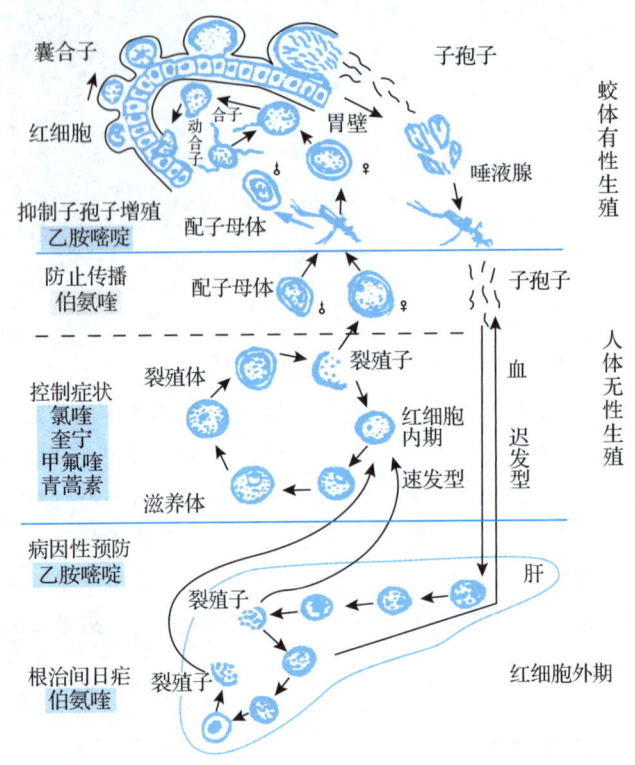

图 46-1 疟原虫的生活史及抗疟药的作用环节

(2)红细胞内期(红内期):红细胞外期形成的裂殖体破裂,释放出大量裂殖子,自肝细胞进入血流并迅速侵入红细胞。侵入红细胞的裂殖子先形成环状体,摄取营养,生长发育,经大滋养体、未成熟裂殖体,最后形成含有一定数量裂殖子的成熟裂殖体。成熟裂殖体胀破红细胞后,释放大量的裂殖子及其代谢产物,刺激机体,引起寒战、高热、出汗等症状,即疟疾发作。部分裂殖子再侵入其他正常红细胞,重复其裂殖体增殖过程,如此反复循环,引起临床症状反复发作。临床症状发作的间隔时间:间日疟约 48 h,恶性疟 36～48 h,三日疟约 72 h。红细胞内期疟原虫经几代裂体增殖后,部分裂殖子侵入红细胞后不再进行裂体增殖,而是发育成雌、雄配子体。成熟配子体不引起临床症状,但可以感染雌性按蚊,成为疟疾传播的根源。

2. 在雌性按蚊体内(有性)发育阶段 当雌性按蚊刺吸疟原虫感染者的血液时,雌、雄配子体随血液进入蚊胃,并在蚊胃内继续发育,二者结合成合子,进一步发育形成子孢子,移行至按蚊的唾液腺,发育为成熟的子孢子,成为感染人的直接传染源。

二、抗疟药的分类

根据抗疟药对疟原虫生活史不同环节的作用,将其分为以下三类。

1. 主要用于控制症状的抗疟药 氯喹、奎宁、甲氟喹、青蒿素等对红细胞内期裂殖体有杀灭作用,可控制临床症状的发作。

2. 主要用于控制复发和传播的抗疟药 伯氨喹对红细胞外期迟发型子孢子有杀灭作用,

可阻止间日疟复发，并能杀灭配子体，控制疟疾传播，又被称为根治药。

3. 主要用于病因性预防的抗疟药 乙胺嘧啶对红细胞外期未成熟裂殖体有杀灭作用，可用于病因性预防，并能抑制配子体在蚊体内的发育，阻止疟疾的传播。

三、常用的抗疟药

（一）主要用于控制症状的抗疟药

> **氯喹**（chloroquine）

氯喹是人工合成的 4- 氨基喹啉类衍生物。

【体内过程】 氯喹口服吸收快而完全，生物利用度约为 90%，血药浓度达峰时间为 1 ~ 2 h，血浆蛋白结合率为 60%。氯喹广泛分布于全身各种组织中，在肝、脾、肾、肺组织中的浓度可达血浆浓度的 200 ~ 700 倍，在红细胞内的浓度比血浆浓度高 10 ~ 20 倍，而在被疟原虫侵入的红细胞中的浓度又比正常红细胞中高约 25 倍。50% 药物在肝内代谢为去乙基氯喹，原型药及其代谢产物主要经肾排泄，酸化尿液可促进其排泄。$t_{1/2}$ 一般为 3 ~ 5 天，后遗效应可持续数周或数月。

【药理作用与临床应用】

1. 抗疟作用 氯喹对各种疟原虫的红细胞内期裂殖体有强大的杀灭作用，具有起效快、疗效高、作用持久的特点，为控制疟疾症状的首选药。一般用药后 24 ~ 48 h 内发热、寒战、头痛等临床症状消退，48 ~ 72 h 血中疟原虫消失。由于药物大量分布于内脏组织，停药后缓慢释放入血，加之代谢与排泄均较缓慢，因而作用持久。氯喹也能用于预防性抑制疟疾症状的发作，在进入疫区前 1 周和离开疫区后 4 周期间，每周服药 1 次即可。近年来发现某些疟原虫对氯喹产生耐药性，导致疗效降低，可改用其他抗疟药或联合用药。

氯喹的抗疟机制复杂，尚未完全明确。氯喹在中性 pH 时不带电荷，能自由进入疟原虫的溶酶体；而进入溶酶体后，酸性 pH 环境使氯喹发生质子化，不能再穿透出细胞膜，因而停留在疟原虫溶酶体内。疟原虫生长发育所需要的氨基酸主要来源于宿主红细胞的血红蛋白，血红蛋白在酸性的食物泡内被蛋白酶分解出氨基酸。氯喹为弱碱性药物，大量积聚于受感染的红细胞内，使疟原虫食物泡的 pH 增大，蛋白酶活性降低，疟原虫分解和利用血红蛋白的能力降低，引起必需氨基酸缺乏。疟原虫红细胞内期的滋养体需要大量的氨基酸，故对氯喹特别敏感；而原发性红细胞外期和继发性红细胞外期疟原虫均寄生在肝细胞内，不以消化血红蛋白为生，故对此药不敏感。另外，氯喹也能抑制疟原虫血红素聚合酶的活性。疟原虫在消化血红蛋白时释放的血红素是一种毒性化合物，具有膜溶解作用。疟原虫血红素聚合酶能催化血红素转变为对自身无害的疟色素。氯喹能使有毒的血红素转化为无毒的疟色素受阻，血红素堆积，使疟原虫细胞膜溶解破裂而死亡。

2. 抗阿米巴原虫作用 氯喹能杀灭肠外阿米巴滋养体，可用于肠外阿米巴病如阿米巴肝脓肿的治疗。详见本章第二节。

3. 免疫抑制作用 大剂量氯喹能抑制免疫反应，可用于治疗类风湿性关节炎、系统性红斑狼疮等自身免疫病。

【不良反应与注意事项】

氯喹在治疗量时不良反应少见，主要有胃肠道反应、皮肤瘙痒、头痛、头晕、耳鸣等，停药后可消失。长期大剂量应用氯喹可出现视物模糊，与其在视网膜沉积有关，应定期进行眼科检查。大剂量或快速静脉给药时可致低血压、心功能受抑、心电图异常、心脏骤停等。氯喹有致畸作用，孕妇禁用。

【药物相互作用】西咪替丁可使氯喹血药浓度升高，两药合用时需注意调整氯喹的剂量；伯氨喹与氯喹合用可根治间日疟，但可引起严重心血管系统不良反应，应采用序贯给药法；氯喹与氯丙嗪合用可加重肝损害，与保泰松合用易引起光敏性皮炎，应予注意。

奎宁（quinine）

奎宁是从金鸡纳树皮中提取的一种左旋体生物碱。

【体内过程】奎宁口服吸收迅速，血浆蛋白结合率约为80%，吸收后广泛分布于全身组织，以肝内浓度最高，$t_{1/2}$ 在正常人体内约为10 h，在被疟原虫感染者体内 $t_{1/2}$ 则明显延长。奎宁在肝中被氧化分解而迅速失效，代谢产物及少量原型药经肾排泄。

【药理作用与临床应用】奎宁对各种疟原虫的红细胞内期裂殖体有杀灭作用，能控制临床症状，对红细胞外期疟原虫和恶性疟的配子体无作用。因其毒性较大，主要用于耐氯喹或对多种药物耐药的恶性疟，尤其是脑型疟或其他危重疟疾不能口服给药时，可静脉滴注或肌内注射二盐酸奎宁。奎宁抗疟作用机制可能与氯喹相似，与抑制疟原虫血红素聚合酶活性有关。

【不良反应与注意事项】

1. **金鸡纳反应（cinchonism）** 轻者表现为恶心、呕吐、腹痛、腹泻、头痛、视物模糊、耳鸣、听力减退等，停药后一般能恢复。严重者出现暂时性耳聋。

2. **心血管反应** 奎宁用药过量或静脉滴注速度过快时，可致严重低血压、致死性心律失常及心脏抑制。静脉滴注时应控制给药速度，并密切观察心脏及血压变化。

3. **特异质反应** 少数恶性疟患者应用小剂量奎宁即引起急性溶血，表现为寒战、高热、血红蛋白尿、贫血等，严重者可致死亡。

4. **其他反应** 奎宁可刺激胰岛素分泌，使血糖降低；对妊娠子宫有兴奋作用，孕妇禁用，月经期慎用；某些过敏患者可出现皮疹、瘙痒、血管神经性水肿及支气管哮喘等。

【药物相互作用】抗酸药及铝制剂可延缓奎宁吸收，维生素K则增加其吸收；肌肉松弛药与奎宁合用可引起呼吸抑制；抗凝血药与奎宁合用则抗凝血作用增强；奎宁能使地高辛血药浓度升高；西咪替丁则影响奎宁的消除。在合并应用以上药物时需注意。

甲氟喹（mefloquine）

甲氟喹是人工合成的4-甲醇喹啉类衍生物，能有效杀灭红细胞内期裂殖体，对红细胞外期疟原虫和配子体无效。甲氟喹主要用于耐氯喹或对多种药物耐药的恶性疟，可与长效磺胺类药及乙胺嘧啶合用，既增强其疗效，又延缓耐药性的发生；也用于预防性给药，从进入疫区前2周开始，每周用药1次，直到离开疫区，之后继续服药4周。甲氟喹不良反应呈剂量依赖性，女性多见，常见恶心、呕吐、腹痛、腹泻，少数患者出现眩晕、头痛、共济失调、焦虑、失眠、幻觉等；偶见心动过缓及窦性心律失常；动物实验证明甲氟喹可致畸并影响生长发育。孕妇、幼儿、驾驶员及有癫痫史、精神病史者应禁用。

青蒿素（artemisinin）

青蒿素是我国学者从黄花蒿（artemisia annua）中提取的一种新型抗疟药，因其高效、速效、低毒，已成为世界卫生组织推荐的有效抗疟药。

【体内过程】青蒿素口服吸收迅速，血药浓度在1 h达峰值，$t_{1/2}$ 约为4 h。分布广泛，在肝、肾、胆汁中浓度较高，该药为脂溶性物质，可透过血脑屏障进入脑组织，主要在肝内代谢，经肾排泄。由于其代谢和排泄均快，维持有效血药浓度时间短，难以杀灭疟原虫达到根治效果，停药后复发率较高。

【药理作用与临床应用】青蒿素能快速杀灭各种红细胞内期疟原虫，48 h内疟原虫从血中消失；对红细胞外期疟原虫无效。青蒿素主要用于耐氯喹或对多种药物耐药的恶性疟，尤其是治疗脑型疟有良好效果；由于起效快于氯喹和奎宁，也用于控制间日疟症状。但因青蒿素杀灭疟原虫不彻底，复发率高达 30% 以上，故常与伯氨喹合用以减少复发。目前发现疟原虫对单方青蒿素产生耐药性，建议改用复方青蒿素制剂（如复方蒿甲醚），以防止耐药性的产生，并提高治愈率。

青蒿素的抗疟作用机制尚未完全阐明，可能是通过干扰疟原虫的表膜和线粒体结构，抑制其蛋白质合成而导致疟原虫死亡。

【不良反应与注意事项】青蒿素不良反应罕见，少数患者出现头晕、恶心、呕吐等，偶有血清氨基转移酶轻度升高、四肢麻木和心动过速。动物实验证明青蒿素有胚胎毒性，孕妇应禁用。青蒿素治疗疟疾有一定的复发率，可与伯氨喹合用。

➤ 蒿甲醚（artemether）

蒿甲醚为青蒿素的脂溶性衍生物，溶解度较大，可制成澄明的油剂供注射给药。其抗疟机制同青蒿素，抗疟作用为青蒿素的 10～20 倍。蒿甲醚主要用于耐氯喹的恶性疟和危急病例的抢救。

知识拓展

青蒿素的发现

1969 年屠呦呦被任命为"疟疾防治药物研究工作协作项目"中医研究院科研组组长，从事抗疟药研究。课题组系统收集整理历代医籍、本草、民间方药，在收集 2000 余方药基础上，屠呦呦课题组筛选出包括青蒿在内的 640 种中草药抗疟方剂，在初次药物筛选和实验中，青蒿提取物对疟疾的抑制率不高。受东晋名医葛洪《肘后备急方》"青蒿一握，以水二升渍，绞取汁，尽服之"可治"久疟"的启发，屠呦呦最终将焦点锁定在青蒿，她推测植物青蒿中可能有"抗疟"的化学成分。文献提到青蒿抗疟是"绞汁"，而不是传统中药的"水煎"，屠呦呦猜测可能是"高温"破坏了其中的有效成分，于是她改用低沸点乙醚提取青蒿，结果表明，青蒿的乙醚提取浓缩物确实对鼠疟效价显著提高。1972 年 12 月确定了青蒿素的分子式为 $C_{15}H_{22}O_5$，明确青蒿素为不含氮的倍半萜类化合物。1986 年，青蒿素获得了卫生部新药证书，其衍生物双氢青蒿素 1992 年再获新药证书。屠呦呦在 2011 年 9 月获得被誉为诺贝尔奖"风向标"的拉斯克奖，2015 年 10 月 5 日，获得诺贝尔生理学或医学奖。

➤ 咯萘啶（malaridine）

咯萘啶为我国学者研制的一种抗疟药。该药对红细胞内期疟原虫有杀灭作用，可用于治疗各种类型的疟疾，包括耐氯喹的恶性疟和脑型疟。抗疟机制与破坏疟原虫复合膜的结构和功能及食物泡的代谢能力有关。治疗量时不良反应少而轻，表现为胃肠道反应、头痛、头晕、皮疹和精神兴奋等。

（二）主要用于控制复发和传播的抗疟药

➤ 伯氨喹（primaquine）

伯氨喹是人工合成的 8-氨基喹啉类衍生物，常用其磷酸盐。

【体内过程】伯氨喹口服吸收良好，在体内分布广泛，肝中药物浓度高，大部分经肝代谢，代谢产物和少量原型药由尿排出；1～2 h 血药浓度达峰值，$t_{1/2}$ 为 3～6 h，有效血药浓度维持时间短，需要每天给药。

【药理作用与临床应用】伯氨喹对间日疟原虫红细胞外期迟发型子孢子及各型疟原虫的配子体有较强的杀灭作用，对红细胞内期疟原虫无效，是防治疟疾复发和控制传播的主要药物，与红细胞内期抗疟药合用能根治间日疟。

伯氨喹的抗疟机制可能是损伤疟原虫的线粒体，其代谢产物促进氧自由基生成，致使疟原虫被氧化而死亡，或阻碍疟原虫的电子传递而发挥作用。

【不良反应与注意事项】伯氨喹在治疗量时不良反应较少，可引起头晕、胃肠道反应，停药后可恢复；偶见轻度贫血、发绀、白细胞增多等；大剂量致高铁血红蛋白血症；少数红细胞内缺乏 G6PD 的特异质患者，可发生急性溶血性贫血和高铁血红蛋白血症。有粒细胞缺乏倾向的人（如活动性风湿性关节炎及红斑狼疮患者）、孕妇、婴幼儿及有蚕豆病史或家族史者应禁用。

（三）主要用于病因性预防的抗疟药

> 乙胺嘧啶（pyrimethamine）

乙胺嘧啶是人工合成的非喹啉类抗疟药，其化学结构与甲氧苄啶相似。

【体内过程】乙胺嘧啶口服吸收较快，4～6 h 血药浓度达峰值，主要分布于肝、肾、肺、脾等器官，$t_{1/2}$ 为 3.5 天。部分药物在肝代谢，原型药及其代谢产物经肾排泄。

【药理作用与临床应用】乙胺嘧啶对红细胞外期速发型裂殖体的杀灭作用持久，可作为病因性预防药，每周服药 1 次即可；但其对红细胞内期疟原虫仅能抑制未成熟的裂殖体，对已发育成熟的裂殖体则无效，必须等到下一个裂殖体增殖期才能发挥作用，故控制临床症状起效缓慢；虽不能直接杀灭配子体，但含药的血液随配子体被雌性按蚊吸食后，能阻止疟原虫在蚊体内的有性生殖，因此能控制疟疾的传播，服药后在几小时内即能抑制敏感的配子体，使其丧失对按蚊的感染力，此作用可维持数周。乙胺嘧啶的抗疟机制为抑制二氢叶酸还原酶，阻止二氢叶酸转变为四氢叶酸，阻碍核酸的合成，从而抑制各种疟原虫的繁殖。若乙胺嘧啶与磺胺类药物合用，对疟原虫的叶酸代谢发挥双重阻断作用，既可增强疗效，又可延缓耐药性的发生。

【不良反应与注意事项】乙胺嘧啶治疗量时不良反应少见；长期大剂量服用可能干扰人体叶酸代谢，引起巨幼细胞贫血、粒细胞减少，此时应及时停药或用亚叶酸钙进行治疗；过量时易中毒，表现为恶心、呕吐、发热、发绀、惊厥，甚至死亡。严重肝、肾功能损伤患者慎用。乙胺嘧啶可经乳汁排出，动物实验证实有致畸作用，哺乳期妇女、孕妇禁用。

第二节 抗阿米巴药及抗滴虫药

一、抗阿米巴药

阿米巴病是由溶组织内阿米巴原虫感染所致的疾病。阿米巴包囊（amebic cyst）经口感染，感染者多数为无症状的病原体携带者（asymptomatic carrier），在约 1% 患者的消化道包囊中发育成为阿米巴滋养体，滋养体可侵入肠黏膜，吞噬红细胞，破坏肠壁组织，引起腹泻、黏液血便等症状，称为肠阿米巴病（intestinal amebiasis）。滋养体也可随血流进入其他组织或器官，引起肠外组织感染，如阿米巴肝脓肿、阿米巴肺脓肿，称为肠外阿米巴病（extraintestinal amebiasis）。

➤ 甲硝唑（metronidazole）

【体内过程】 甲硝唑口服吸收迅速而完全，生物利用度几乎为100%，血浆蛋白结合率为20%左右；体内分布广泛，易进入组织及体液中，如阴道分泌物、精液、唾液和乳汁，也能透过血脑屏障，在脑脊液中可达到有效浓度；经肝代谢，由肾排泄，其代谢产物可使尿液呈棕红色。

【药理作用与作用机制】 甲硝唑的作用机制尚未完全阐明，可能是其分子中的硝基抑制了微生物中DNA的合成或使已合成的DNA变性，从而抑制病原体的生长、繁殖，最终导致其死亡。

1. 抗阿米巴作用 甲硝唑能杀灭肠道内、外的阿米巴滋养体，体外实验表明，用药6～20 h，虫体出现明显变形，24 h全部被杀死。甲硝唑对肠腔内阿米巴原虫和包囊无明显作用。

2. 抗滴虫作用 甲硝唑对阴道滴虫有强大的杀灭作用，且对阴道内的正常菌群无影响。

3. 抗厌氧菌作用 甲硝唑对大多数革兰氏阴性厌氧杆菌、革兰氏阳性厌氧芽孢杆菌和所有厌氧球菌均有杀灭作用，对脆弱拟杆菌尤为敏感。

4. 其他作用 甲硝唑对蓝氏贾第鞭毛虫和幽门螺杆菌有抑制作用。

【临床应用】

1. 阿米巴病（amebiasis） 甲硝唑为治疗阿米巴病的首选药，用于治疗轻、重症阿米巴痢疾、阿米巴肝脓肿及其他组织阿米巴病。因其在肠腔中浓度较低，宜与其他抗肠阿米巴病药联合使用（通常与喹碘方或巴龙霉素合用），以提高疗效，减少复发。甲硝唑对无症状的带包囊者无效。

2. 滴虫病（trichomoniasis） 甲硝唑为治疗阴道滴虫病的首选药，对女性和男性泌尿生殖系统滴虫感染均有效。若治疗失败，可加大剂量重复治疗。

3. 厌氧菌感染（anaerobic bacterial infections） 甲硝唑主要用于厌氧菌引起的口腔感染、盆腔感染、腹腔感染及败血症等，较少引起耐药性，长期应用也不引起二重感染。

4. 贾第虫病（giardiasis） 甲硝唑是目前治疗贾第虫病最有效的药物，治愈率可达90%。

5. 消化性溃疡（peptic ulcer） 甲硝唑对幽门螺杆菌有抑制作用，可用于胃及十二指肠溃疡的治疗。

【不良反应与注意事项】 甲硝唑治疗量不良反应很少，常见不良反应为恶心、食欲缺乏、腹痛、头痛、口干或口腔金属味，与食物同服可减轻消化系统反应；偶见腹泻、失眠、虚弱、头晕、皮疹、排尿困难、感觉异常和白细胞减少。甲硝唑可干扰乙醛代谢，导致急性乙醛中毒，故服药期间和停药后不久，应禁止饮酒。有中枢神经系统疾病者要慎用此药；孕妇禁用。

➤ 依米丁（emetine）

依米丁又称吐根碱，是从茜草科植物吐根中提取的异喹啉类生物碱。口服时胃肠道刺激严重且吸收不完全，故不能口服用药。静脉注射或肌内注射时易引起局部疼痛、组织坏死及蜂窝织炎，故常采用皮下注射，或在监护下肌内注射。依米丁通过抑制肽酰基tRNA的移位，抑制虫体蛋白质合成而杀死阿米巴滋养体。依米丁注射给药后能杀灭肠壁及组织中的滋养体，对肠腔内的滋养体及包囊无效。因毒性大，目前依米丁仅限于甲硝唑治疗无效或禁用甲硝唑的急性阿米巴痢疾。

➤ 二氯尼特（diloxanide）

二氯尼特为二氯乙酰胺类衍生物，常用其糠酸酯即糠酸二氯尼特（diloxanide furoate），口服后在肠道分解为二氯尼特和糠酸，大约90%的二氯尼特被迅速吸收，经肝代谢，由肾排泄。未被吸收的二氯尼特在肠道发挥抗阿米巴作用。二氯尼特为有效的杀灭阿米巴包囊的药物，单独应用时是治疗无症状带包囊者的首选药；在肠道内可直接杀灭滋养体，对慢性阿米巴痢疾也有效，对急性阿米巴痢疾应与甲硝唑合用；对肠外阿米巴病无效。

二氯尼特不良反应轻微，常见胃肠胀气，有时出现恶心和腹痛；大剂量时可致流产，妊娠期妇女禁用。

> 巴龙霉素（paromomycin）

巴龙霉素属氨基糖苷类药物，口服不易吸收，在肠道内药物浓度较高，可直接杀灭阿米巴滋养体，也可抑制肠道共生菌群，使阿米巴原虫的生长繁殖受到抑制，而间接产生抗阿米巴作用。巴龙霉素主要用于急性阿米巴痢疾，对慢性患者多无效；还可用于治疗利什曼病（leishmaniasis）和绦虫病（taeniasis）。不良反应少，偶有胃肠不适、腹泻、皮疹等，长期用药可引起吸收不良综合征及二重感染。

> 氯喹（chloroquine）

氯喹主要作为抗疟药用于控制疟疾症状，因能杀灭阿米巴滋养体，对肠外阿米巴病也有效，尤其是治疗阿米巴肝脓肿和肺脓肿。其作用出现快，可使阿米巴病的症状和体征迅速减轻或消失。氯喹主要用于甲硝唑治疗失败或不能耐受甲硝唑的肠外阿米巴病患者。因结肠阿米巴感染是肠外阿米巴病的根源，故氯喹应与在肠道有效的抗阿米巴药同时使用，以减少复发。

 临床应用

阿米巴病药物的选用

目前治疗阿米巴病的首选药为甲硝唑，适用于急性或慢性肠内外阿米巴病患者，对包囊无效，不应用于治疗无症状携带者。甲硝唑成人每次 0.4～0.8 g，每天服 3 次，10～15 天为 1 个疗程；小儿每天 50 mg/kg，疗程 5～10 天。对带包囊者的治疗应选择不易在肠道吸收且副作用少的杀包囊药物，如二氯尼特，成人每次 0.5 g，每天服 3 次，连服 20 天；还可以选择通过抑制肠道细菌生长，间接发挥抗阿米巴作用的药物，巴龙霉素，成人每次 0.5 g，每天服 3～4 次，连服 10 天。肠外阿米巴病，如肝、肺、脑、皮肤脓肿的治疗以甲硝唑为主，氯喹对阿米巴原虫大滋养体也有杀灭作用，对肠外阿米巴病有效，同时加用抗肠内阿米巴病药，可防止复发。

二、抗滴虫药

抗滴虫药（antitrichomonal drugs）是一类用于治疗由阴道毛滴虫感染引起的滴虫性阴道炎和尿道炎的药物。阴道毛滴虫可通过性直接传播和使用公共浴厕等间接传播，应夫妇同时治疗，并注意个人卫生和经期卫生。

> 甲硝唑（metronidazole）

甲硝唑能杀灭阴道毛滴虫，常作为治疗滴虫病的首选药，约 90% 的患者口服 1 个疗程即可痊愈，失败病例经重复治疗后约 90% 仍然有效。夫妻双方应同时治疗方可根治。同类药物替硝唑、奥硝唑也可用于滴虫病的治疗。

> 乙酰胂胺（acetarsol）

乙酰胂胺是五价砷化合物，具有杀灭阴道毛滴虫的作用。因毒性较大，仅供外用。先用 1∶5000 的高锰酸钾溶液冲洗阴道，后将 1～2 片乙酰胂胺置于阴道后穹隆部，次晨坐浴洗净。甲硝唑有轻度局部刺激，可使阴道分泌物增多。

第三节 抗血吸虫药及抗丝虫药

一、抗血吸虫药

血吸虫病（schistosomiasis）是由皮肤接触含血吸虫尾蚴的疫水而感染的寄生虫病。寄生在人体的血吸虫主要有日本血吸虫、埃及血吸虫和曼氏血吸虫等，主要分布于亚洲、非洲、拉丁美洲。我国曾在长江流域及以南地区流行日本血吸虫病，由于积极开展防治工作，其流行和蔓延基本得到控制。血吸虫病的临床表现主要有丘疹、瘙痒、咳嗽、咳痰、发热、肝脾大、腹痛、腹泻、乏力、癫痫样发作等。

➤ 吡喹酮（praziquantel）

吡喹酮为人工合成的吡嗪异喹啉衍生物，是 20 世纪 70 年代发展起来的抗血吸虫和抗其他吸虫的药物，也是目前治疗日本血吸虫病的最有效药物。

【体内过程】吡喹酮口服易吸收，但首过效应明显，多数药物在肝内快速代谢为羟基化合物而失活，$t_{1/2}$ 为 1～1.5 h，其代谢产物主要由肾排泄（60%～80%），其余由胆汁排泄（15%～30%）。

【药理作用与作用机制】

1. 抗血吸虫作用 吡喹酮对日本血吸虫、埃及血吸虫和曼氏血吸虫单一感染或混合感染均有良好疗效，对血吸虫成虫有良好的杀灭作用，但对未成熟的童虫则无效。吡喹酮能被血吸虫迅速摄取，引起虫体兴奋，继而活动减弱，出现痉挛性麻痹；也引起虫体的皮层广泛损害，以皮层的空泡形成、肿胀、变形和宿主的白细胞附着等为特点，在用药后 24～48 h 可出现死虫脓肿。吡喹酮引起的虫体挛缩和皮层受损可能与其使虫体内的 Ca^{2+} 分布发生变化有关。虫体的痉挛性麻痹，使其不能附着在肠系膜静脉的血管壁上，因而被血流冲入肝，即出现用药后的肝转移。在肝由于失去完整的皮层保护，很容易被吞噬细胞消灭。另外，吡喹酮的作用也依赖于宿主的特异性免疫反应，并与影响虫体代谢有关。

2. 抗其他寄生虫作用 吡喹酮对华支睾吸虫、卫氏并殖吸虫、绦虫、棘球囊等也具有杀灭作用。

【临床应用】

1. 血吸虫病 吡喹酮对各种血吸虫病均有效，对日本血吸虫病的治愈率最高，可达 98.4%～99.4%，适用于治疗急、慢性血吸虫病，用药后能迅速退热和改善全身症状，治疗后的 3～6 个月，粪检转阴率为 94.4%～99.6%。由于吡喹酮毒性低、疗程短、口服方便，是当前治疗血吸虫病的首选药物。

2. 华支睾吸虫病（clonorchiasis sinensis）和卫氏并殖吸虫病（paragonimiasis westermani） 对其治愈率接近 100%。

3. 绦虫病 吡喹酮对牛带绦虫、猪带绦虫、阔节裂头绦虫和短膜壳绦虫均有良好的疗效。详见本章第四节。

4. 棘球蚴病（hydatidosis） 吡喹酮可用于皮下或肌肉组织的棘球蚴病、脑棘球蚴病。吡喹酮杀虫作用显著，联合用药效果更好。脑棘球蚴病应住院治疗，囊虫死后的炎症易引起癫痫、脑水肿和脑疝，应予以注意。

【不良反应与注意事项】吡喹酮的毒性较低，动物实验未见明显毒性反应，是目前临床使用的抗血吸虫药中不良反应最轻的药物，少数人可出现头痛、头昏失眠、眩晕、恶心、呕吐、腹痛、腹泻和低热等；偶可诱发精神失常，有精神病或癫痫者应禁用，服药期间避免驾驶和高空作业；少数人出现心电图 T 波低平、双相和 ST 段降低，一般停药后可恢复，心律失常、冠心病、心肌炎患者应 IFN。

二、抗丝虫药

丝虫病（filariasis）是由丝虫寄生于人体淋巴系统而引起的感染性疾病，临床表现早期为淋巴管炎（lymphangitis）、淋巴结炎（lymphadenitis），晚期为淋巴管阻塞引起的象皮肿、乳糜尿等。寄生于人体内的丝虫有 8 种，我国仅有班氏丝虫（Filaria bancrofti）和马来丝虫（Filaria malayi）。

> 乙胺嗪（diethylcarbamazine）

乙胺嗪是人工合成的哌嗪衍生物，自 1947 年报道有抗丝虫作用以来，一直作为治疗丝虫病的主要药物。用药后 24～48 h，班氏丝虫和马来丝虫的微丝蚴可迅速从患者的血液中减少或消失，使某些症状得到改善；但对淋巴系统中成虫的杀灭作用比较慢，常需要较大剂量或较长疗程。乙胺嗪也可用于盘尾丝虫病、热带嗜酸性粒细胞增多症等。乙胺嗪杀灭微丝蚴的机制可能有两个：一是改变微丝蚴体表的膜结构，使其容易受到宿主的免疫攻击；二是乙胺嗪分子中的哌嗪可使微丝蚴的肌组织发生超极化，虫体失去活动能力，不能在宿主周围血液中停留而离开宿主。乙胺嗪对丝虫成虫的作用机制尚不清楚。

> 伊维菌素（ivermectin）

伊维菌素为放线菌产生的大环内酯类化合物的二氢衍生物，是新型广谱、高效、低毒的抗寄生虫药。伊维菌素主要杀灭盘尾丝虫的微丝蚴，对班氏丝虫和马来丝虫的微丝蚴也有杀灭作用，用药一次其作用持续 1 个月，但不能杀灭体内的成虫，常需要较长时间给药，才可彻底治愈。伊维菌素为治疗盘尾丝虫病的首选药，用药后皮肤的微丝蚴迅速转阴，之后 1 年用药 1 次即可。伊维菌素尚有抗蠕虫作用，对蛔虫、蛲虫、鞭虫和钩虫等均有作用。伊维菌素的作用机制可能与影响外周神经由 GABA 介导的神经信号传递有关；还可抑制盘尾丝虫胚胎的发育，使雌虫子宫内的微丝蚴滞留、退化并被吸收；也可能与宿主的免疫机制的参与有关。伊维菌素本身对人体的毒性很低，但死亡、解体的微丝蚴可导致宿主出现全身性反应，于用药后 18～36 h 即可表现为发热、头痛、皮疹、腹痛、肌痛、关节痛和咳嗽等，其严重程度与体内微丝蚴密度和用药量有关。

第四节　抗肠蠕虫药

肠蠕虫病是一种常见的寄生虫病，寄生于肠道的蠕虫包括线虫类、绦虫类和吸虫类。常见的肠道线虫类有蛔虫、蛲虫、钩虫和鞭虫等，肠道绦虫类有猪带绦虫和牛带绦虫等。肠线虫病在卫生条件较差的地区发病率较高，肠绦虫病在牧区人群中的感染率最高。肠道蠕虫感染可引起消化功能紊乱、营养不良、贫血，甚至导致严重并发症如肠梗阻、阴道炎、盆腔炎。目前，由于广谱、高效、低毒的抗肠蠕虫药不断用于临床，多数肠蠕虫病已得到有效治疗和控制。

一、抗肠线虫药

> 甲苯咪唑（mebendazole）

甲苯咪唑又名甲苯达唑，为苯并咪唑类广谱、高效抗肠蠕虫药。

【体内过程】 甲苯咪唑口服吸收少，首过效应明显，生物利用度约为20%，在血液中药物浓度低，而在肠道中药物浓度较高，用药24～48h后大部分药物以原型随粪便排出。

【药理作用与临床应用】 甲苯咪唑对蛔虫、蛲虫、鞭虫、钩虫、绦虫及粪类圆线虫的成虫和幼虫均有杀灭作用，并能杀灭钩虫、蛔虫、鞭虫的虫卵，故有控制传播的作用，主要用于治疗鞭虫、蛲虫、蛔虫、钩虫及绦虫感染，对单纯感染和混合感染均有效。其作用缓慢，给药后数天方可清除肠道内的蠕虫。甲苯咪唑抗虫作用机制可能是药物对虫体的β微管蛋白具有高亲和力，从而抑制微管功能，影响细胞内转运；抑制虫体线粒体内的延胡索酸还原酶活性，影响虫体对葡萄糖的摄取和利用，使虫体内贮存的糖原耗竭，ATP生成减少，最终虫体因能源断绝而死亡。

【不良反应与注意事项】 甲苯咪唑口服吸收很少，故无明显不良反应。少数患者出现短暂腹痛、腹泻、头痛、眩晕等反应。大剂量给药时偶见过敏反应、脱发、粒细胞减少、暂时性肝功能异常及肾刺激症状等。动物实验证明甲苯咪唑有致畸作用，故孕妇禁用。2岁以下儿童及对甲苯咪唑过敏者不宜使用。

> 阿苯达唑（albendazole）

阿苯达唑又名丙硫咪唑，与甲苯咪唑的化学结构相似，是高效、低毒、广谱的抗肠蠕虫药。其口服吸收迅速，血药浓度比同剂量的甲苯咪唑高几十倍，在体内分布广泛，在肝、肺等组织中能达到相当高的浓度，并能进入棘球蚴囊内，故对肠道外寄生虫病也有效。阿苯达唑抗虫作用机制与甲苯咪唑相似，对蛔虫、钩虫、蛲虫、鞭虫、粪类圆线虫、旋毛虫等线虫和绦虫及吸虫均有杀灭作用，对幼虫和虫卵也有效。临床上阿苯达唑主要用于上述线虫或绦虫感染，也可用于肠外寄生虫病如棘球蚴病、囊尾蚴病、旋毛虫病、华支睾吸虫病及肺吸虫病。

> 左旋咪唑（Levamisole，LMS）

左旋咪唑是四咪唑的左旋异构体，口服吸收较快且完全，主要在肝内代谢，代谢产物由肾排泄，少量随粪便排出。左旋咪唑为广谱抗肠虫药，对蛔虫、钩虫、蛲虫和粪类圆线虫等多种线虫有杀灭作用，其中对蛔虫的作用最强；对班氏丝虫、马来丝虫和盘尾丝虫的微丝蚴和成虫也有效。左旋咪唑抗虫作用机制是抑制虫体肌肉中的琥珀酸脱氢酶，阻止延胡索酸还原为琥珀酸，减少能量的产生，使虫体肌肉麻痹，失去附着力而随粪便排出体外。左旋咪唑可刺激T细胞和巨噬细胞的功能，提高人体免疫力，用于免疫功能低下者，增强其抵抗力。

> 噻嘧啶（pyrantel）

噻嘧啶为人工合成四氢嘧啶衍生物，口服吸收少，主要在肠道内起作用。噻嘧啶为广谱抗肠蠕虫药，对蛔虫、钩虫、蛲虫和粪类圆线虫感染有良好疗效，主要用于蛔虫、蛲虫及钩虫感染或混合感染。噻嘧啶抗虫机制是通过抑制虫体胆碱酯酶活性，使神经肌肉接头处乙酰胆碱堆积，引起虫体肌肉痉挛性收缩而致麻痹，导致虫体不能附壁而排出体外。

> 哌嗪（piperazine）

哌嗪为常用的驱蛔虫药物，在临床上常用枸橼酸哌嗪（驱蛔灵）。

哌嗪对蛔虫和蛲虫的作用均较强。治疗蛔虫感染的单剂量治愈率约为70%，连服2天，可使治愈率提高。因哌嗪在麻痹虫体前无兴奋作用，能减少虫体游走移行，使用比较安全，可用于并发溃疡病、蛔虫性不完全性肠梗阻和胆道蛔虫病早期的治疗。哌嗪对蛲虫感染的治愈率可达90%以上，但需连续服药7～10天，疗程较长，故已少用。哌嗪抗虫作用机制是改变虫体肌细胞膜对离子的通透性，使肌细胞膜产生超极化，引起神经肌肉传递功能障碍，导致虫体出现松弛性麻痹，虫体则随粪便排出体外；也能抑制琥珀酸合成，干扰虫体糖代谢，使虫体肌肉收缩的能量供应受阻。

> 恩波吡维铵（pyrvinium embonate）

恩波吡维铵又称扑蛲灵，是一种青铵染料，口服不吸收，肠道内药物浓度高。恩波吡维铵有强大的抗蛲虫作用，对其他肠道寄生虫感染作用较弱，为蛲虫单一感染的首选药，治愈率可达80%～90%。恩波吡维铵抗虫作用机制是干扰蛲虫的呼吸酶系统，抑制其需氧代谢，并阻碍蛲虫对葡萄糖的吸收，使虫体的生长繁殖受到抑制。

二、抗肠绦虫药

> 氯硝柳胺（niclosamide）

氯硝柳胺又称灭绦灵，为水杨酰胺类衍生物，口服几乎不吸收，在肠道内药物浓度较高。氯硝柳胺对猪带绦虫、牛带绦虫、微小膜壳绦虫及阔节裂头绦虫等均有很强的杀灭作用；能杀死虫体头节和近端节片，使虫体脱离肠壁，随粪便排出体外。氯硝柳胺主要用于治疗绦虫感染，曾为抗绦虫病的首选药。因其对虫卵无效，当猪带绦虫死亡节片被肠腔内蛋白酶消化分解后，可释放出虫卵，虫卵将倒流入胃和十二指肠，引起猪囊尾蚴病。因此，在用药后1～2 h内必须给予导泻药（如硫酸镁），以便将死亡节片在被消化前全部清除。另外，氯硝柳胺对蛲虫也有效，还可杀灭钉螺，用于防治血吸虫病。氯硝柳胺抗虫作用机制是抑制虫体线粒体的氧化磷酸化过程，使ATP产生减少，并抑制虫体对葡萄糖的摄取，影响虫体的生长发育。

> 吡喹酮（praziquantel）

吡喹酮为广谱抗肠虫药，对多种吸虫有强大杀灭作用（见第本章第三节），对绦虫感染也有效。吡喹酮对如猪带绦虫、牛带绦虫、曼氏迭宫绦虫、微小膜壳绦虫及阔节裂头绦虫均有效，为治疗各种绦虫病的首选药，治愈率可达90%以上；用于治疗脑囊尾蚴病时，应注意虫体死亡后可引起炎症反应，造成脑水肿、颅内压升高，宜同时使用脱水药和糖皮质激素；也用于治疗皮下及肌肉囊尾蚴病。吡喹酮抗虫作用机制可能为增加虫体细胞膜对Ca^{2+}的通透性，使虫体产生痉挛性麻痹，随粪便排出体外；高浓度时引起虫体外皮损伤，激活宿主的防御机制，虫体被吞噬细胞侵袭而死亡。

思 考 题

1. 根据抗疟药对疟原虫生活史不同环节的作用可将其分哪几类？
2. 患者，男，12岁，暑假期间在乡下亲戚家居住，经常生食未洗净的瓜果，喝生水。患者最近感到身体不适，出现反复发作的脐周疼痛，伴有食欲缺乏、恶心、呕吐、腹泻，夜晚睡觉磨牙，体重减轻、精神不振。门诊根据粪便隐血试验结果诊断为蛔虫病。请回答：

（1）该患者可应用哪些药物进行治疗？
（2）举一例说明药物抗虫作用机制。

（来丽娜）

第四十七章

抗恶性肿瘤药

第四十七章数字资源

案例 47-1

患者，男，53岁，主因"左侧胸痛1个月余"入院。行支气管纤维镜病理活组织检查示腺癌，行正电子发射体层成像-计算机体层成像（PET-CT）检查，显示左侧胸腔积液，诊断为"左上肺非小细胞腺癌Ⅳ期"。EGFR驱动基因检测为野生型。"培美曲塞+卡铂+贝伐珠单抗"治疗6个周期，期间定期查血常规，3个月后复查CT提示疾病稳定。

问题：
1. 培美曲塞、卡铂的抗肿瘤作用机制是什么？
2. 为什么要加用贝伐珠单抗？
3. 如果你是这位患者的主治医生，你会如何与患者沟通？如何向患者进行科学宣教？

恶性肿瘤常被称为癌症，是当前严重威胁人类生命健康的常见病、多发病。目前治疗恶性肿瘤的方法有化学治疗、手术切除、放射治疗、靶向治疗、免疫治疗和中医中药治疗等综合措施。抗恶性肿瘤药又称抗癌药、抗肿瘤药（antineoplastic drug）。化学治疗在肿瘤的综合治疗中占有极为重要的地位。虽然传统细胞毒类抗肿瘤药在目前的肿瘤化学治疗中仍起主导作用，而以分子靶向药物（molecularly targeted drugs）和免疫治疗药物为代表的新型抗肿瘤药治疗手段已取得突破性进展，其重要性不断上升。

传统的细胞毒类抗肿瘤药抗瘤谱广、反应性高，但对肿瘤细胞缺乏足够的选择性，在发挥抗肿瘤作用的同时，对细胞增殖周期短、更新快的正常组织细胞（如骨髓、胃肠道、毛囊等组织）也产生不同程度的损伤作用，导致严重的不良反应，严重影响患者的生存质量甚至被迫停药；另外肿瘤细胞可对细胞毒类药物易产生耐药性，从而导致治疗失败。

随着肿瘤分子生物学和精准医学的发展，近年来抗肿瘤药已从传统的细胞毒性作用向分子靶向治疗的方向发展。分子靶向治疗是在肿瘤分子生物学的基础上，以恶性肿瘤相关的特异性分子作为靶点，使用单克隆抗体、小分子化合物等特异性地干预调节与肿瘤细胞生物学行为密切相关的信号通路而抑制肿瘤的发展，同时弥补了化学治疗药毒性反应大的缺点，具有高选择性和高治疗指数的优点，临床应用优势明显。

肿瘤免疫治疗主要是应用免疫学原理和方法，提高肿瘤细胞的免疫原性和对效应细胞杀伤的敏感性，应用免疫细胞和效应分子激发和增强机体抗肿瘤免疫应答，协同机体免疫系统高效杀伤肿瘤细胞。目前研究较多的主要有两种：一种是针对免疫检查点的抗体，包括细胞毒性T

淋巴细胞相关抗原 4（cytotoxic T lymphocyte-associated antigen-4，CTLA-4）、程序性细胞死亡蛋白 1（programmed death-1，PD-1）及其配体（programmed death ligand 1，PD-L1）等，通过抑制肿瘤细胞免疫逃逸，激活患者自身免疫系统中的 T 细胞来消灭肿瘤细胞；另一种是表达嵌合抗原受体的 T 细胞疗法（chimeric antigen receptor T-cell therapy，CAR-T），是通过对患者自身 T 细胞进行基因修饰，增强其抗肿瘤细胞的靶向性和杀伤能力。

第一节　抗肿瘤药的药理学基础

一、抗肿瘤药的分类

目前临床应用的抗肿瘤药种类多且发展迅速，其分类尚不完全统一，其中较为公认的是将其分为细胞毒类和非细胞毒类抗肿瘤药两大类。细胞毒类抗肿瘤药即传统化学治疗药，是一类主要通过影响肿瘤细胞的核酸和蛋白质结构与功能而直接抑制肿瘤细胞增殖（proliferation）和（或）诱导肿瘤细胞凋亡（apoptosis）的药物，如抗代谢药和抗微管蛋白药。非细胞毒类抗肿瘤药是一类发展迅速的具有新作用机制的药物，主要以肿瘤病理过程的关键调控分子为靶点，如调节体内激素平衡药、分子靶向药和肿瘤免疫治疗药。

（一）细胞毒类抗肿瘤药

1. 抗代谢药

（1）二氢叶酸还原酶抑制药：如甲氨蝶呤。

（2）胸苷酸合成酶抑制药：如氟尿嘧啶、卡培他滨。

（3）嘌呤核苷酸互变抑制药：如巯嘌呤。

（4）核苷酸还原酶抑制药：如羟基脲。

（5）DNA 聚合酶抑制药：如阿糖胞苷。

（6）多靶点叶酸拮抗药：如培美曲塞。

2. 影响 DNA 结构与功能的药物

（1）烷化剂：氮芥类如氮芥、美法仑、环磷酰胺；乙烯亚胺类如塞替派；亚硝基脲类如卡莫司汀；甲烷磺酸酯类如白消安；环氧化类如二溴甘露醇。

（2）破坏 DNA 结构的铂类配合物：顺铂、卡铂、奥沙利铂。

（3）破坏 DNA 的抗生素：丝裂霉素类如丝裂霉素；博来霉素类如博来霉素。

（4）拓扑异构酶抑制药：喜树碱类如喜树碱、羟喜树碱、拓扑替康和伊立替康；鬼臼毒素衍生物如依托泊苷。

3. 干扰转录过程及阻止 RNA 合成的药物

（1）放线菌素类：如放线菌素 D。

（2）蒽环类：如多柔比星、表柔比星、柔红霉素。

（3）普卡霉素类：如普卡霉素。

4. 抑制蛋白质合成与功能的药物

（1）微管蛋白活性抑制药：长春碱类如长春碱、长春新碱；紫杉醇类如紫杉醇。

（2）干扰核糖体功能的药物：如三尖杉酯碱、高三尖杉酯碱。

（3）影响氨基酸供给的药物：如 L-门冬酰胺酶。

（二）非细胞毒类抗肿瘤药

1. 调节体内激素平衡药物

（1）雌激素类及抗雌激素类药：雌激素类如己烯雌酚、雌二醇；抗雌激素类如他莫昔芬。

（2）雄激素类及抗雄激素类：雄激素类如丙酸睾酮、甲睾酮；抗雄激素类如氟他胺、尼鲁米特。

（3）孕激素类：如甲羟孕酮、甲地孕酮。

（4）肾上腺皮质激素类：如泼尼松、泼尼松龙、地塞米松。

（5）芳香化酶抑制药：如氨鲁米特、依西美坦、阿那曲唑。

2. 分子靶向药物

（1）单克隆抗体类：作用于细胞膜分化相关抗原的单克隆抗体如利妥昔单抗、阿仑珠单抗、替伊莫单抗、托西莫单抗；作用于表皮生长因子受体（epidermal growth factor receptor，EGFR）的单克隆抗体如曲妥珠单抗、西妥昔单抗、尼妥珠单抗；作用于血管内皮细胞生长因子（vascular endothelial growth factor，VEGF）的单克隆抗体如贝伐珠单抗。

（2）小分子化合物类

1）单靶点的抗肿瘤小分子化合物：酪氨酸激酶抑制药如伊马替尼、吉非替尼；哺乳动物的雷帕霉素靶蛋白（mTOR）抑制药如依维莫司；可逆性蛋白酶体抑制药如硼替佐米；组蛋白去乙酰酶抑制药如罗米地新、伏林司他。

2）多靶点的抗肿瘤小分子化合物：激酶抑制药如索拉非尼、舒尼替尼、阿昔替尼、拉帕替尼。

（3）其他：细胞凋亡诱导药如亚砷酸；细胞分化诱导药如维A酸；肿瘤新生血管生成抑制药如重组人血管内皮抑素。

3. 肿瘤免疫治疗药物

（1）CTLA-4 单克隆抗体：如伊匹木单抗。

（2）PD-1 单克隆抗体：如纳武单抗、帕姆丽珠单抗、替雷利珠单抗。

（3）PD-L1 单克隆抗体：如阿特珠单抗、度伐利尤单抗。

（4）免疫调节药：如重组人白介素-2。

二、抗肿瘤药的作用机制和耐药机制

（一）细胞毒类抗肿瘤药的作用机制

肿瘤细胞由人体正常细胞转化而来，该过程涉及多种内源性或外源性的致癌因素和不同的病理学机制。几乎所有的恶性肿瘤细胞都有一个共同的特点，即与细胞增殖有关的基因被开启或激活，而与细胞分化有关的基因被关闭或抑制，从而使肿瘤细胞表现为不受机体约束的无限增殖状态。正常情况下，机体可以精准调节体内细胞的增殖和分化，而肿瘤细胞可逃离机体的控制，能够持续不断地增殖。从细胞生物学角度来讲，抑制肿瘤细胞增殖和（或）诱导肿瘤细胞凋亡的药物均可发挥抗肿瘤作用。

肿瘤细胞群包括增殖细胞群、静止细胞群（G_0期）和无增殖能力细胞群。肿瘤增殖细胞群与全部肿瘤细胞群之比称为生长比率（growth fraction，GF）。肿瘤细胞从一次分裂结束到下一次分裂结束的时间称为细胞周期，此间历经4个时相：DNA合成前期（G_1期）、DNA合成期（S期）、DNA合成后期（G_2期）和有丝分裂期（M期）。抗肿瘤药通过影响细胞周期的生化事件或细胞周期调控，对不同周期或时相的肿瘤细胞产生细胞毒性作用并延缓细胞周期的时相过渡。依据抗肿瘤药对各周期或时相肿瘤细胞的敏感性不同，大致将药物分为以下两类。

1. 细胞周期非特异性药（cell cycle nonspecific agent，CCNSA） 指能杀灭处于增殖周期各时相的细胞甚至包括 G_0 期细胞的药物，如直接破坏 DNA 结构及影响其复制或转录功能的药物（烷化剂、抗肿瘤抗生素及铂类配合物等）。此类药物对恶性肿瘤细胞的作用往往较强，能迅速杀死肿瘤细胞，其杀伤作用呈剂量依赖性，在机体能耐受的药物毒性限度内，作用随剂量的增加而成倍增强。

2. 细胞周期（时相）特异性药（cell cycle specific agent，CCSA） 指仅对增殖周期的某些时相敏感而对 G_0 期细胞不敏感的药物，如作用于 S 期细胞的抗代谢药和作用于 M 期细胞的长春碱类药。此类药物对肿瘤细胞的作用往往较弱，其杀伤作用呈时间依赖性，需要一定时间才能发挥作用，达到一定剂量后即使剂量再增加其作用不再增强（图 47-1）。

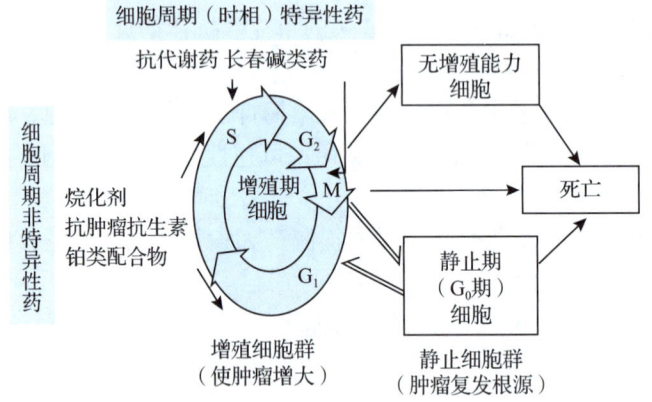

图 47-1　细胞增殖周期和抗肿瘤药作用时相示意图

（二）非细胞毒类抗肿瘤药的作用机制

随着在分子水平对肿瘤发病机制和细胞分化增殖与凋亡调控机制认识的深入，以肿瘤分子病理过程的关键调控分子等为靶点的药物逐渐成为抗肿瘤药领域的研究热点。如改变激素平衡失调状态的激素及其拮抗药；以细胞信号转导分子为靶点的蛋白酪氨酸激酶抑制药、丝裂原活化蛋白激酶（mitogen-activated protein kinase，MAPK）信号转导通路抑制药和细胞周期调控药；针对与增殖相关细胞信号转导受体的单克隆抗体；破坏或抑制新生血管生成，有效地阻止肿瘤生长和转移的新生血管生成抑制药；减少癌细胞脱落、黏附和基底膜降解的抗转移药；促进恶性肿瘤细胞向成熟分化的分化诱导药；通过重新启动并维持肿瘤 - 免疫循环，恢复机体正常的抗肿瘤免疫反应，从而控制与杀伤肿瘤的免疫治疗药，包括激素调节药、单克隆抗体、小分子抑制药、免疫检查点抑制药、恶性肿瘤疫苗等。

（三）肿瘤耐药性产生的机制

肿瘤细胞对抗肿瘤药产生不敏感的现象即耐药性（resistance），是化学治疗失败的重要原因之一。耐药性可分为两类：一是天然耐药性（natural resistance），即肿瘤细胞对抗肿瘤药在开始应用时就不敏感的现象，是肿瘤细胞固有的，如处于 G_0 期的肿瘤细胞一般对多数抗肿瘤药不敏感；二是获得性耐药性（acquired resistance），即肿瘤细胞对抗肿瘤药在开始应用时敏感而在治疗一段时间后不敏感的现象，可在肿瘤细胞与药物短暂或长期接触后发生。最常见的获得性耐药性为多药耐药性（multiple drug resistance，MDR），也称多向耐药性（pleiotropic drug resistance），指肿瘤细胞与某一抗肿瘤药接触后，除对其产生耐药性外，还对其他多种结构不同和作用机制各异的抗肿瘤药产生了耐药性。

肿瘤细胞耐药性产生的原因复杂，不同药物的耐药机制不同，同一种药物可能存在多种耐药机制。多药耐药性的形成机制主要包括以下几点：①肿瘤细胞在分裂增殖过程中有较固定的突变率，每次突变都可能导致耐药瘤株的出现，分裂次数越多，越容易产生耐药瘤株；②肿瘤细胞内活性药物浓度降低，其机制包括细胞膜通透性改变，对药物的摄取减少（细胞膜P糖蛋白表达增加），使药物的灭活加速，另外也减少原型药物向活性形式的转化；③药物作用的靶点数目减少或药物与靶点的亲和力降低；④肿瘤细胞各种生化代谢途径改变，可利用更多的其他替代途径；⑤肿瘤细胞DNA修复功能增强等。

多药耐药性多出现于植物来源的抗肿瘤药的治疗过程中，如长春碱类、鬼臼毒素及其衍生物类、紫杉醇类及抗肿瘤抗生素类等。多药耐药性共同的特点包括：一般均为亲脂性药物，分子量在230 000～900 000；药物主要通过被动扩散方式跨膜转运；耐药细胞内药物积聚的浓度明显低于敏感细胞，使细胞内药物难以达到产生细胞毒性的作用；耐药细胞膜上多出现一种跨膜蛋白即P糖蛋白。

目前研究最多的是多药耐药基因（*mdr-1*）及其编码的P糖蛋白，P糖蛋白发挥依赖于ATP介导药物外排泵（drug efflux pump）的作用，降低细胞内药物浓度。抑制P糖蛋白等药物外排泵所致的多药耐药性，可以提高耐药肿瘤细胞对化学治疗药物的敏感性，具有这类作用的化合物有维拉帕米（verapamil）和环孢素A（cyclosporine A）等。此外，多药耐药蛋白（multidrug resistance protein）、乳腺癌耐药蛋白（breast cancer resistance protein，BCRP）、谷胱甘肽（glutathione，CSH）氧化还原酶系统及DNA拓扑异构酶含量或性质的改变也在多药耐药性的发生过程中起重要作用。由于细胞信号转导通路普遍存在复杂的交互作用（crosstalk）和代偿机制（compensatory mechanism），肿瘤细胞对分子靶向药物所产生的耐药性也是目前肿瘤治疗面临的重要难题。

第二节　细胞毒类抗肿瘤药

根据抗肿瘤药作用的生化机制，细胞毒类抗肿瘤药包括抗代谢药、影响DNA结构与功能的药物、干扰转录过程和阻止RNA合成的药物及抑制蛋白质合成与功能的药物。

一、抗代谢药

抗代谢药（antimetabolites）又称干扰核酸生物合成药，其化学结构与体内核酸代谢的必需物质如叶酸、嘌呤、嘧啶等相似，但不具有相应功能，从而干扰核酸生物合成，导致肿瘤细胞死亡。

根据药物主要干扰的生化步骤或所抑制的靶酶的不同，可将抗代谢药进一步分为：①二氢叶酸还原酶抑制药，如甲氨蝶呤；②胸苷酸合成酶抑制药，如氟尿嘧啶；③嘌呤核苷酸互变抑制药，如巯嘌呤；④核苷酸还原酶抑制药，如羟基脲；⑤DNA多聚酶抑制药，如阿糖胞苷。

（一）二氢叶酸还原酶抑制药

> 甲氨蝶呤（methotrexate，MTX）

甲氨蝶呤又称氨甲蝶呤，为二氢叶酸（FH_2）还原酶抑制药，是最早用于临床的抗叶酸制剂，为临床基本抗肿瘤药之一。

【体内过程】甲氨蝶呤除口服、静脉给药外，还可做鞘内注射，口服吸收程度与剂量有关，有饱和现象，大剂量时口服吸收不完全；血浆蛋白结合率约为 50%；静脉给药消除呈三时相消除，$t_{1/2}$ 分别为 0.75 h、3.5 h、2.7 h，主要以原型经肾排泄。

【药理作用】四氢叶酸（FH_4）是叶酸的活性形式，是核酸和某些氨基酸生物合成过程中一碳单位的载体。甲氨蝶呤的化学结构与叶酸相似，通过抑制二氢叶酸还原酶，可阻断二氢叶酸还原成四氢叶酸，导致 5,10-甲酰四氢叶酸（甲酰 FH_4）的供应不足，使胸腺嘧啶及嘌呤合成过程中的一碳单位转移发生障碍，脱氧胸苷酸合成受阻，从而阻碍 DNA、RNA 和蛋白质的合成。甲氨蝶呤主要作用于 S 期细胞，阻碍嘌呤核苷酸的合成，干扰蛋白质的合成，使肿瘤细胞不能分裂繁殖，产生抗肿瘤作用。

【临床应用】甲氨蝶呤用于治疗儿童急性白血病，疗效显著；也用于绒毛膜上皮癌、恶性葡萄胎、卵巢癌、乳腺癌、头颈部肿瘤及消化道癌等。

【不良反应】甲氨蝶呤常见不良反应为口腔炎、消化道反应及肝硬化，骨髓抑制较明显，可使白细胞及血小板减少，严重者甚至全血细胞减少。为减轻甲氨蝶呤的骨髓毒性，主张先用大剂量甲氨蝶呤，一段时间后再用甲酰 FH_4 作为"救援剂"，以保护骨髓正常细胞，减少毒性。

【药物相互作用】与血浆蛋白结合的甲氨蝶呤可以被磺胺类和阿司匹林类药物置换游离出来，从而使其毒性增加，联合用药时须注意。

（二）胸苷酸合成酶抑制药

➢ 氟尿嘧啶（fluorouracil）

氟尿嘧啶又称 5-氟尿嘧啶（5-FU），是尿嘧啶 5 位上的氢被氟取代的衍生物，是目前临床应用最广的抗嘧啶类药物，属广谱抗肿瘤药。

【体内过程】氟尿嘧啶口服吸收不完全，可静脉及腔内注射，静脉注射 15 mg/kg 后，$t_{1/2}$ 为 10～20 min，约 20% 以原型经肾排泄，其余大部分主要在肝代谢，转变成 CO_2 和尿素，可以经肺及肾排泄；药物在脑脊液中浓度较高，达 7 mmol/L。

【药理作用与作用机制】氟尿嘧啶在细胞内转变成 5-氟脱氧尿苷酸（5F-dUMP），抑制脱氧胸苷酸合成酶，使脱氧尿苷酸（dUMP）不能通过甲基化转变为脱氧胸苷酸（dTMP），从而影响 DNA 的合成。另外，氟尿嘧啶在体内还可转化为 5-氟尿苷，掺入 RNA 中干扰蛋白质合成。氟尿嘧啶对各期细胞都有效。

【临床应用】氟尿嘧啶对多种肿瘤如消化道肿瘤和乳腺癌疗效较好，用于治疗食管癌、胃癌、结肠癌、直肠癌、胰腺癌及肝癌，也可用于卵巢癌、子宫癌、鼻咽癌、膀胱癌及前列腺癌等，是肿瘤联合治疗方案中的常用药物，为重要的抗癌药物之一，在肿瘤的内科治疗中占有重要的地位；也可局部应用其软膏剂治疗恶变前皮肤角化和表浅基底细胞瘤，但不用于浸润性皮肤癌。

【不良反应】氟尿嘧啶静脉滴注后常见且最早出现的不良反应为消化道反应；一般于用药后第 2 周出现骨髓抑制、白细胞及血小板减少；少数患者出现神经系统反应，如小脑共济失调（急性小脑综合征）；其他还有口腔黏膜炎、皮疹、色素沉着等。

➢ 卡培他滨（capecitabine）

卡培他滨为氟尿嘧啶的衍生物，口服吸收迅速，在肝转化为无活性的 5′-脱氧-5′-氟胞苷，在肝和肿瘤组织通过胞苷脱氨酶转化为 5′-脱氧-5′-氟尿苷，在肿瘤组织的胸苷磷酸化酶作用下生成 5-氟尿嘧啶而发挥作用，其临床应用及不良反应与氟尿嘧啶相似。

（三）嘌呤核苷酸互变抑制药

➢ 巯嘌呤（mercaptopurine，6-MP）

巯嘌呤又称 6-巯基嘌呤，是腺嘌呤 6 位上的—H_2 被—SH 取代的衍生物，化学结构与次黄嘌呤相似，为嘌呤核苷酸互变抑制药或嘌呤核苷酸合成抑制药。

【药理作用】 巯嘌呤作为次黄嘌呤的结构类似物，在体内与次黄嘌呤竞争次黄嘌呤-鸟嘌呤核苷转移酶，首先转变成伪核苷酸 -6-硫代肌苷酸，阻止肌苷酸进一步转化为腺苷酸和鸟苷酸，从而干扰嘌呤代谢，阻碍 DNA 合成，使肿瘤细胞不能增殖。巯嘌呤对 S 期细胞作用最显著，对其他期细胞也有效。肿瘤细胞容易对其产生耐药性。

【临床应用】 巯嘌呤主要用于儿童急性淋巴细胞白血病，可作为维持治疗药物；大剂量也用于治疗绒毛膜上皮癌、恶性葡萄胎等。

【不良反应】 巯嘌呤最常见的不良反应为骨髓抑制、白细胞及血小板减少；胃肠反应较多见；成年患者约 1/3 出现黄疸，停药后可恢复；少见皮疹、脱发、间质性肺炎、肺纤维化。

（四）核苷酸还原酶抑制药

➢ 羟基脲（hydroxycarbamide，HU）

羟基脲为核苷酸还原酶抑制药，选择性作用于 S 期细胞。

【体内过程】 羟基脲口服吸收良好，血药浓度 2 h 达高峰；易透过血脑屏障，主要在肝中代谢，经肾排泄，$t_{1/2}$ 为 3～4 h。

【药理作用】 羟基脲为核苷二磷酸还原酶抑制药，阻止核苷酸还原为脱氧核苷酸，从而抑制胸腺嘧啶核苷酸掺入 DNA，并能直接损伤 DNA，但对 RNA 及蛋白质合成无抑制作用，主要作用于 S 期细胞，能使部分细胞滞留在 G_1-S 过渡期，使肿瘤细胞部分同步化，有利于增加肿瘤细胞对放射治疗或某些化学治疗药的敏感性。

【临床应用】 羟基脲主要用于治疗慢性粒细胞白血病，也用于恶性黑色素瘤、胃癌、肠癌、头颈癌和乳腺癌。

【不良反应】 羟基脲主要不良反应为骨髓抑制、白细胞和血小板减少，用药 10 后天发生，停药 1～2 周可恢复；有时出现胃肠道反应，有恶心、呕吐等；偶尔有皮疹、脱发等。有报告指出可引起睾丸萎缩和致畸作用。

（五）DNA 聚合酶抑制药

➢ 阿糖胞苷（cytarabine，Ara-C）

阿糖胞苷为胞苷及脱氧胞苷类似物。

【体内过程】 阿糖胞苷临床常静脉滴注给药，进入体内后迅速被胞苷脱氨酶代谢失活，主要以无活性阿糖尿苷经肾排泄，静脉注射的血浆 $t_{1/2}$ 仅为 10 min。持续静脉滴注时药物易透过血脑屏障，脑脊液浓度为血浆中的 40%，因脑脊液中胞苷脱氨酶含量低，其 $t_{1/2}$ 为 2～11 h。

【药理作用】 阿糖胞苷在细胞质内经脱氧胞苷激酶及磷酸或二磷酸嘧啶核苷酸激酶催化形成阿糖胞苷二磷酸及阿糖胞苷三磷酸，与脱氧胞苷三磷酸竞争，抑制 DNA 聚合酶，影响 DNA 合成。阿糖胞苷主要作用于 S 期细胞，属细胞周期特异性药。

【临床应用】 阿糖胞苷主要用于治疗成人急性淋巴细胞白血病或单核细胞白血病；对恶性淋巴瘤也有一定疗效，但需与柔红霉素等合用；也可用于单纯疱疹性结膜炎、眼部带状疱疹的治疗。

【不良反应】 阿糖胞苷主要不良反应为骨髓抑制及胃肠道反应，可出现巨幼细胞贫血及发热反应、呕吐、腹痛及胃肠出血；偶见肝功能异常及高尿酸血症，肝肾功能不全者禁用。

（六）多靶点叶酸拮抗药

> 培美曲塞（pemetrexed）

培美曲塞是一种结构上含有核心为吡咯嘧啶基团的多靶点抗叶酸制剂，通过破坏细胞内叶酸依赖性的正常代谢过程，抑制细胞复制，从而抑制肿瘤的生长。胸苷酸合成酶、二氢叶酸还原酶和甘氨酰胺核苷酸甲酰转移酶都是合成叶酸所必需的酶，参与胸腺嘧啶核苷酸和嘌呤核苷酸的生物再合成过程。培美曲塞通过运载叶酸的载体和细胞膜上的叶酸结合蛋白运输系统进入细胞内，在叶酰多谷氨酸合成酶的作用下转化为多谷氨酸的形式。多谷氨酸存留于细胞内成为胸苷酸合成酶和甘氨酰胺核苷酸甲酰转移酶的抑制剂，通过抑制合成叶酸所必需的酶的活性来抑制DNA的复制，从而抑制肿瘤生长。

培美曲塞主要以原型药物经肾清除。

培美曲塞适用于经4个周期以铂类为基础的一线化学治疗后未出现进展的局部晚期或转移性的非鳞状细胞型非小细胞肺癌的维持治疗，也适用于既往接受化学治疗后出现进展的局部晚期或转移性非鳞状细胞型非小细胞肺癌的治疗；与顺铂联合适用于局部晚期或者转移性非鳞状非小细胞肺癌患者的一线化学治疗；与顺铂联合用于治疗无法手术的恶性胸膜间皮瘤。

不推荐培美曲塞在以组织学为鳞状细胞癌为主的患者中使用。骨髓抑制者应减量慎用。对培美曲塞有重度过敏史者禁用，肾功能不全者禁用，禁忌同时接种黄热病疫苗。

二、影响DNA结构与功能的药物

影响DNA结构与功能的药物分别通过破坏DNA结构或抑制拓扑异构酶活性而影响DNA结构和功能。这类药物包括：DNA交联剂，如烷化剂（氮芥、环磷酰胺和塞替派等）；破坏DNA结构的铂类配合物，如顺铂、卡铂；破坏DNA的抗生素，如丝裂霉素和博来霉素；拓扑异构酶（topoisomerase）抑制药，如喜树碱类和鬼臼毒素衍生物。

（一）烷化剂

烷化剂（alkylating agent）是一类药物分子中含有烷化功能基团、化学性质高度活泼的化合物。其共同特点有：①化学结构差异大，分子中所含烷化功能基团能取代细胞中DNA或蛋白质分子中的氨基、巯基、羟基、羧基等基团的氢原子，起烷化反应，常可形成交叉联结或引起脱嘌呤，进而造成DNA断裂，在进行下一次复制时，使碱基配对错码，造成DNA结构和功能损伤，可致细胞死亡；②对组织细胞选择性差，对人体正常组织细胞也有杀伤作用，尤其是对增生较快的正常细胞如骨髓细胞、肠上皮细胞作用显著；③属细胞周期非特异性药，对细胞增殖周期中各时相细胞均有作用。目前常用的烷化剂有以下几种：氮芥类，如氮芥、环磷酰胺；乙烯亚胺类，如塞替派；亚硝基脲类，如卡莫司汀；甲烷磺酸酯类，如白消安。

1. 氮芥类

> 氮芥（chlormethine，nitrogen mustard，HN_2）

氮芥是最早用于临床并取得突出疗效的抗肿瘤药，为双氯乙胺类烷化剂的代表，是高度活泼的化合物。氮芥进入体内后，最重要的反应是与DNA中鸟嘌呤7位上的氮共价结合，产生DNA双链间交叉联结或DNA同链内不同碱基的交叉联结，阻止DNA复制，造成细胞损伤或死亡。G_1期及M期细胞对氮芥的细胞毒作用最为敏感，大剂量氮芥对各期细胞和非增殖细胞群均有杀伤作用，属细胞周期非特异性药。氮芥入血后迅速水解，在血中停留时间仅有

0.5～1 min，迅速分布于肺、小肠、脾、肾、肝及肌肉等组织，50%经肾排泄。

氮芥主要用于恶性淋巴瘤及癌性胸腔积液、心包积液及腹水，目前已很少用于其他肿瘤，对急性白血病无效。常见不良反应为严重的消化道反应及骨髓抑制，其他还有脱发、血管外时注射可引起溃疡等。

➤ 美法仑（melphalan）

美法仑又名苯丙氨酸氮芥、米尔法兰，可直接与DNA结合，导致细胞死亡，属于细胞周期非特异性药。其口服吸收不稳定，个体差异大，$t_{1/2}$为1～2 h，在肝代谢，10%～15%以原型经肾排泄。临床上美法仑多用于多发性骨髓瘤，对乳腺癌、卵巢癌、慢性淋巴细胞和粒细胞白血病有辅助治疗作用；动脉给药治疗肢体恶性黑色素瘤、软组织肉瘤等。不良反应有骨髓抑制，在剂量较大时更易发生，可出现白细胞减少、血小板减少和贫血；大剂量可引起胃肠道反应，如恶心和呕吐；据报道还可引起溶血性贫血和肺纤维化。肾功能不全患者应慎用。

➤ 环磷酰胺（cyclophosphamide，CTX）

环磷酰胺又名环磷氮芥，进入体内后可被肝或肿瘤内存在的过量磷酰胺酶或磷酰酶水解，转化为有活性的磷酰胺氮芥，从而发挥抗肿瘤作用。

【体内过程】环磷酰胺口服易吸收，生物利用度为74%～97%，在肝代谢，经肾排泄。$t_{1/2}$为4～6.5 h，肾功能不全时$t_{1/2}$可延长到10 h以上。环磷酰胺大部分不能通过血脑屏障，药物在脑脊液中浓度仅为血浆浓度的20%。

【药理作用】环磷酰胺在体外无活性，进入体内后经肝微粒体酶系的作用生成中间产物醛磷酰胺，部分醛磷酰胺经血液循环转运至肿瘤细胞，被肿瘤内存在的过量磷酰胺酶或磷酰酶水解，成为有活性的磷酰胺氮芥，后者使DNA烷化并形成交叉联结，影响DNA功能，抑制肿瘤细胞的生长繁殖。环磷酰胺属细胞周期非特异性药。环磷酰胺也有免疫抑制作用，可抑制T、B细胞功能，使淋巴结及脾缩小等。

【临床应用】环磷酰胺抗瘤谱广，是目前临床广泛应用的烷化剂。环磷酰胺对恶性淋巴瘤疗效显著，对多发性骨髓瘤、急性淋巴细胞白血病均有效；对乳腺癌、睾丸肿瘤、卵巢癌、肺癌、鼻咽癌、神经母细胞瘤等有一定疗效；也可作为免疫抑制药用于某些自身免疫病及抗器官移植排斥反应。

【不良反应与注意事项】环磷酰胺常见的不良反应为骨髓抑制、脱发（发生率为30%～60%）、消化道反应。环磷酰胺的代谢产物羧磷酰胺或丙烯醛经肾排泄，导致泌尿道的毒性，可引起出血性膀胱炎，表现为尿频、尿急、血尿、蛋白尿等。给药期间可通过增加饮水量或给予美司钠（巯乙磺酸钠）预防或减轻泌尿道毒性的发生。肝、肾功能损害者禁用或慎用。

2. 乙烯亚胺类

➤ 塞替派（thiotepa）

塞替派为合成的抗肿瘤药，属细胞周期非特异性药，抗瘤谱较广，对多种实体瘤均有效，主要用于治疗卵巢癌、乳腺癌、膀胱癌、消化道癌和黑色素瘤等。由于塞替派局部刺激性小，常用作静脉或动脉内注射，或肌内、腔内注射。主要不良反应为骨髓抑制和消化道反应等。

3. 亚硝基脲类

➤ 卡莫司汀（carmustine，BCNU）

卡莫司汀又名卡氮芥、氯乙亚硝脲，由于能通过血脑屏障，常用于脑瘤和颅内转移瘤。

【体内过程】卡莫司汀静脉给药后1 h进入脑脊液，药物浓度为血浆浓度的30%～50%，主要在肝代谢，代谢产物主要经肾排泄，$t_{1/2}$为15 min。

【药理作用】卡莫司汀除对DNA有烷化作用外，对RNA也有烷化作用，还可使蛋白质及氨基酸氨甲酰化，主要是针对赖氨酸的ε-氨基。卡莫司汀抗瘤谱广，作用快而强，属于细胞周期非特异性药，对 G_1-S 过渡期细胞作用最强。

【临床应用】卡莫司汀主要用于治疗中枢神经系统肿瘤、恶性淋巴瘤及小细胞肺癌，对多发性骨髓瘤、恶性黑色素瘤、头颈部癌等也有效。

【不良反应】卡莫司汀主要不良反应为消化道反应和迟发性骨髓抑制，用药后 4～6 周白细胞达到低值，服药期间应定期检查血常规；还可能发生肺毒性、肾毒性及肝毒性，偶见神经炎。严重骨髓抑制者、严重肝肾功能损害者禁用。

4. 甲烷磺酸酯类

➢ **白消安（busulfan）**

【体内过程】白消安口服吸收良好，血药浓度达峰时间为 1～2 h，$t_{1/2}$ 为 2～5 h。几乎全部药物代谢后以甲基磺酸自尿液缓慢排泄。

【药理作用】白消安是一种双甲基磺酸酯类双功能烷化剂，其烷化作用主要发生在 DNA 双螺旋链内的鸟嘌呤上。其显著抑制粒细胞的生成，低剂量即可发挥作用；红细胞及血小板在较大剂量时也被抑制。白消安为细胞周期非特异性药，主要作用于 G_1 及 G_0 期细胞，对非增殖细胞也有效。

【临床应用】白消安主要用于治疗慢性粒细胞白血病，缓解率为 80%～90%，慢性粒细胞白血病急变时无效，应停药；对真性红细胞增多症及原发性血小板增多症也有一定疗效。

【不良反应】白消安主要不良反应为消化道反应和骨髓抑制，白细胞和血小板减少，大剂量长期使用可引起药物性再生障碍性贫血；可引起肺纤维化、皮肤色素沉着、性功能减退及高尿酸血症等；少见白内障、多形性红斑及结节性动脉炎。

5. 环氧化物类

➢ **二溴甘露醇（dibromomannitol）**

二溴甘露醇在体内脱去溴化氢形成双环氧化物，发挥烷化剂及抗代谢药的抗肿瘤作用。其口服吸收迅速、完全，分布广泛，部分在肝代谢，大多数药物 24 h 内以原型及其代谢产物经肾排泄。临床上二溴甘露醇主要用于慢性淋巴细胞白血病的治疗，缓解率约为 80%，疗效显著，对白消安产生耐药的患者仍有效，对真性红细胞增多症及血小板增多症也有效。主要不良反应为骨髓抑制，可引起白细胞及血小板减少；也可见脱发及色素沉着；胃肠道反应一般较轻。

（二）破坏 DNA 结构的铂类配合物

铂类配合物（platinum coordination complex）包括顺铂和卡铂、奥沙利铂等，主要通过破坏 DNA 的结构与功能而发挥抗肿瘤作用，属细胞周期非特异性药。

➢ **顺铂（cisplatin，DDP）**

顺铂又称顺氯氨铂，是第一代铂类抗肿瘤药。

【体内过程】顺铂静脉注射后在肾、肝、膀胱中分布最多，不易通过血脑屏障，血浆蛋白结合率约 90%，原型药物经肾缓慢排泄，$t_{1/2}$ 为 30～100 h，给药后 4 天仅排出 25%～44%。

【药理作用】顺铂是由 2 个氯原子和 2 个氨基与二价铂结合的重金属络合物，进入体内后氯原子解离，二价铂与 DNA 上的碱基鸟嘌呤、腺嘌呤和胞嘧啶交叉联结，抑制肿瘤细胞的 DNA 复制过程，破坏 DNA 的结构和功能。顺铂属于细胞周期非特异性药。

【临床应用】顺铂具有抗瘤谱广、作用强、与多种抗肿瘤药有协同作用且无交叉耐药性等特点，为多种实体肿瘤治疗的一线用药，也是当前临床联合化学治疗中最常用的药物之一。顺铂对多种实体肿瘤有效，如对睾丸肿瘤、乳腺癌、肺癌、卵巢癌、头颈部鳞状细胞癌、膀胱癌、骨肉瘤等疗效确切。

【不良反应】顺铂主要不良反应为胃肠道反应、肾毒性、骨髓抑制及听神经毒性，与药物应用剂量有关。

➢ **卡铂（carboplatin）**

卡铂又称碳铂，为第二代铂类抗肿瘤药，属细胞周期非特异性药。卡铂为广谱抗肿瘤药，用于小细胞肺癌、卵巢癌、睾丸肿瘤及头颈部鳞状细胞癌等。其抗肿瘤作用与顺铂相似，但肾毒性、胃肠道反应及耳毒性比顺铂低，主要毒性反应是骨髓抑制，50%以上患者有不同程度的白细胞和血小板减少，停药后可自行恢复。卡铂与顺铂有交叉耐药性。

➢ **奥沙利铂（oxaliplatin）**

奥沙利铂为第三代铂类抗肿瘤药，通过产生烷化络合物作用于 DNA，形成链内和链间交联，从而抑制 DNA 的合成和复制。临床上奥沙利铂作为一线药与氟尿嘧啶和亚叶酸联合用于治疗转移性结直肠癌，对乳腺癌、卵巢癌、睾丸癌、黑色素瘤、中枢神经系统肿瘤等也有一定疗效。主要不良反应为恶心、呕吐、腹泻、轻度骨髓抑制等。

（三）破坏 DNA 的抗生素

1. 丝裂霉素类

➢ **丝裂霉素（mitomycin C，MMC）**

丝裂霉素又名自力霉素，为从放线菌的培养液中分离出的抗肿瘤抗生素，是常用的细胞周期非特异性药之一。

【体内过程】丝裂霉素口服能吸收，其有效剂量是静脉注射剂量的 8 倍，故一般采用静脉给药；分布广泛，肌肉、心、肺等中浓度较高，不能透过血脑屏障；在肝中代谢，经肾排泄，$t_{1/2}$ 为 5~40 min。

【药理作用】丝裂霉素化学结构中含苯醌、乙烯亚胺基及氨甲酰基三个有活性的功能基团。其作用机制如下：①分子中的乙烯亚胺基及氨甲酰基能与 DNA 链中胞嘧啶碱基结合，干扰 DNA 的模板作用；②分子中的苯醌在 NADPH 及苯醌还原酶作用下形成半醌基，使脂质过氧化而破坏细胞膜结构并引起 DNA 断裂。丝裂霉素对各期细胞均有杀伤作用，其中 G_1 晚期及 S 早期细胞最敏感。另外，丝裂霉素还具有放射增敏及免疫抑制作用。

【临床应用】丝裂霉素为广谱抗肿瘤药，对多种实体肿瘤有效，尤其是消化道肿瘤，主要用于治疗胃癌、胰腺癌、结肠癌、肝癌、肺癌、乳腺癌和宫颈癌等，常与氟尿嘧啶、多柔比星、阿糖胞苷和长春碱等合用以提高治疗效果。

【不良反应】丝裂霉素主要不良反应为骨髓抑制，表现为白细胞及血小板减少、消化道反应；此外，对肾、肺也有毒性；对局部组织有较强的刺激作用，不可漏出血管外，否则可引起局部疼痛、坏死及溃疡；与多柔比星合用可增强心脏毒性。妊娠及哺乳期妇女禁用。

2. 博来霉素类 博来霉素类属多糖肽类复合抗生素，主要含 A_2、A_5 组分。其代表药为博来霉素，它通过直接破坏 DNA 并阻止其复制而产生抗肿瘤作用，属细胞周期非特异性药。

➢ **博来霉素（bleomycin，BLM）**

博来霉素又名争光霉素。

【体内过程】博来霉素口服无效，须肌内注射或静脉注射，注射给药后广泛分布到肝、脾、肾等各组织中，尤以皮肤、肺及淋巴组织中浓度较高，与这些组织细胞中水解博来霉素的酰胺酶活性低、药物的水解失活减少有关；可部分透过血脑屏障，50%~80% 经肾排泄，血浆 $t_{1/2}$ 为 4 h。

【药理作用】博来霉素能与铜或铁离子络合，形成的复合物嵌入 DNA，导致超氧或羟自由基的生成，引起 DNA 单链或双链断裂，阻止 DNA 复制，不会引起 RNA 链的断裂，属细胞周期非特异性药，但对 G_2 期细胞作用较强。

【临床应用】博来霉素主要用于鳞状上皮癌（头、颈、口腔、食管、皮肤、阴茎、阴道、外阴、宫颈等部位）的治疗，也用于恶性淋巴瘤和睾丸癌，与长春碱或顺铂合用治疗效果更好；也可用于治疗银屑病。

【不良反应与注意事项】肺毒性是博来霉素最严重的不良反应，可引起间质性肺炎或肺纤维化，老年人的发生率明显增加。用药期间应定期做肺X线及肺功能检查，如出现肺炎样变应停药。部分患者可有发热反应、脱发、恶心、呕吐等。

（四）拓扑异构酶抑制药

真核细胞DNA拓扑结构由两种关键酶即DNA拓扑异构酶Ⅰ和DNA拓扑异构酶Ⅱ进行调节，两者在DNA复制、转录、修复中及正确染色体的形成等过程中发挥着重要作用。

1. 喜树碱类　是从我国特有珙桐科落叶植物喜树的种子或根、皮中分离出的生物碱及其衍生物，常用药物包括喜树碱、羟喜树碱、拓扑替康、伊立替康。喜树碱类为DNA拓扑异构酶Ⅰ的抑制药，属细胞周期特异性药，主要作用于S期细胞。

➢ **喜树碱（camptothecin, CPT）**

喜树碱能特异性地抑制DNA拓扑异构酶Ⅰ，引起单链断裂及不可逆的双链断裂，破坏DNA结构，抑制DNA合成，属于细胞周期特异性药，对S期细胞的作用强于G_2期细胞。其有一定的免疫抑制作用，与常用抗肿瘤药无交叉耐药性。静脉注射后，绝大多数药物与血浆蛋白结合，主要以原型经肾排泄。临床上喜树碱用于治疗肝癌、胃癌、结肠癌、肺癌、绒毛膜上皮癌、头颈部肿瘤及急慢性淋巴细胞白血病等。主要不良反应有胃肠道反应、骨髓抑制，少数有脱发、皮疹等；最严重的为泌尿系统毒性，表现为尿频、尿痛、血尿等，使其临床应用受到限制。

➢ **羟喜树碱（hydroxycamptothecin, HCPT）**

羟喜树碱的抗肿瘤作用、作用机制及临床应用与喜树碱相似，与喜树碱相比较，其抗瘤谱广，毒性较小。

➢ **拓扑替康（topotecan）和伊立替康（irinotecan）**

拓扑替康是由喜树碱结构改造而来，特点是不良反应较少且轻微，几乎无泌尿系统毒性。伊立替康是喜树碱的半合成衍生物，二者的抗肿瘤作用、作用机制及临床应用与喜树碱相似。伊立替康主要用于晚期大肠癌患者的治疗，其原型无活性，肝内主要经CYP3A4转化为活性代谢产物SN-38。与CYP3A4酶诱导剂或抑制剂合用时，伊立替康与SN-38的血药浓度会大幅变化，因此在其使用前要停止CYP3A4酶诱导剂或抑制剂的使用。

2. 鬼臼毒素衍生物　鬼臼毒素衍生物依托泊苷和替尼泊苷为植物西藏鬼臼中提取的有效成分鬼臼毒素（podophyllotoxin）的半合成衍生物，通过抑制DNA拓扑异构酶Ⅱ的活性，与微管蛋白结合，干扰DNA的结构和功能，使有丝分裂停止在中期，属细胞周期非特异性药。

➢ **依托泊苷（etoposide, VP-16）**

依托泊苷又名鬼臼乙叉苷、足草乙苷。

【体内过程】依托泊苷口服生物利用度为50%，0.5~4 h后血药浓度可达峰值；静脉注射后，74%~90%的药物与血浆白蛋白结合；主要经肾排泄，血浆$t_{1/2\beta}$为4.9~7.9 h。

【药理作用】依托泊苷抑制DNA拓扑异构酶Ⅱ的活性，干扰DNA的结构和功能，主要作用于S期和G_2期细胞，使细胞滞留于G_2期。

【临床应用】依托泊苷用于治疗小细胞肺癌和睾丸肿瘤，疗效较突出，对恶性淋巴瘤、神经母细胞瘤、卵巢癌、乳腺癌及急性粒细胞白血病也有一定疗效。

【不良反应】依托泊苷的不良反应以骨髓抑制较明显，有白细胞计数减少、贫血等；可见胃肠道反应，表现为食欲缺乏、恶心、呕吐及腹泻等；还有脱发、直立性低血压。

三、干扰转录过程和阻止 RNA 合成的药物

干扰转录过程和阻止 RNA 合成的药物可嵌入 DNA 碱基之间，干扰转录过程，阻止 mRNA 的合成，属于 DNA 嵌入剂，如多柔比星等蒽环类抗生素和放线菌素 D。

（一）放线菌素类

➤ 放线菌素 D（dactinomycin）

放线菌素 D 又名更生霉素，是第一个从链霉菌属中提取的多肽类抗恶性肿瘤抗生素。

【体内过程】放线菌素 D 口服吸收差，静脉注射后，肝、肾、脾及颌下腺中药物浓度较高，很少被代谢，50% 以原型随胆汁排泄，10%~20% 经肾排泄；组织中滞留时间长，$t_{1/2}$ 为 30~40 h。

【药理作用】放线菌素 D 分子中的肽链能嵌入 DNA 双螺旋中相邻的鸟嘌呤和胞嘧啶碱基对之间，与 DNA 中的鸟嘌呤发生特异性的相互作用，使 mRNA 合成受阻，阻止转录过程，抑制 RNA 合成。放线菌素 D 为细胞周期非特异性药，对 G_1 期细胞作用较强，且使 G_1 期向 S 期的转化受阻。

【临床应用】放线菌素 D 抗瘤谱较窄，用于治疗实体瘤如肾母细胞瘤（Wilms 瘤）、横纹肌肉瘤、神经母细胞瘤等，对睾丸肿瘤有一定的效果；对甲氨蝶呤耐药的绒毛膜上皮癌仍有效果；与放射治疗并用可提高肿瘤对放射的敏感性。

【不良反应】放线菌素 D 常见不良反应有消化道反应，表现为恶心呕吐、腹痛腹泻、口腔炎等；骨髓抑制，有白细胞和血小板减少、贫血及淋巴细胞减少等；少数患者有脱发、皮疹、发热及肝功能损伤等；药液外漏可引起局部组织损伤。放线菌素 D 可能减弱维生素 K 的疗效。妊娠期及哺乳期妇女应禁用放线菌素 D。

（二）蒽环类

➤ 多柔比星（doxorubicin）

多柔比星又名阿霉素（adriamycin，ADM），为蒽环类抗生素，抗瘤谱广，对乏氧细胞也有效，在肿瘤的化学治疗中占有重要地位，但其对心脏有毒性，主要通过干扰转录过程，阻止 RNA 合成而发挥抗肿瘤作用，为细胞周期非特异性抗肿瘤药。

【体内过程】多柔比星口服无效，须静脉注射给药，注射后药物主要分布于肝、心、肾、脾及肺组织中；血浆药物呈三室模型消除，$t_{1/2}$ 分别为 8~25 min、1.5~10 h、24~48 h；在肝代谢，大多数药物通过胆道排泄，少量经肾排泄，肝功能不全者血浆 $t_{1/2}$ 明显延长，肾功能的改变对药物消除并无明显影响。

【药理作用】多柔比星能非特异性地直接嵌入 DNA 碱基对之间，与 DNA 结合形成稳定的复合物，抑制 DNA 聚合酶，改变 DNA 的模板，抑制 DNA 和 RNA 的合成，另外还能形成超氧自由基，并具有特殊的破坏细胞膜结构及功能的作用。它也抑制拓扑异构酶 II 的活性，还抑制琥珀酸氧化酶及 NADPH-氧化酶等呼吸酶活性而影响线粒体功能。多柔比星为细胞周期非特异性药，但对 S 期细胞作用较强。

【耐药性】多柔比星长期使用可出现耐药性，与柔红霉素呈现交叉耐药性，还与长春碱及长春新碱等呈现多药耐药现象。

【临床应用】多柔比星为广谱抗肿瘤抗生素，主要用于急性淋巴细胞白血病、恶性淋巴瘤，对胃癌、肺癌、睾丸癌、膀胱癌、乳腺癌、宫颈癌、甲状腺癌及黑色素瘤均有疗效。

【不良反应与注意事项】多柔比星最严重的毒性反应为心脏毒性，轻者表现为心电图异常，可引起室上性心动过速、室性期外收缩及 ST-T 段改变，重者可出现心肌炎、心力衰竭，心力衰竭的发生与剂量有关，与原有的心脏疾病无关。一旦发生心力衰竭，强心苷等药物均难以奏效。心脏毒性的发生机制与多柔比星诱导产生大量氧自由基及脂质过氧化物并破坏细胞及细胞器有关，给予辅酶 Q_{10} 及维生素 C、E 等可清除自由基，使心脏毒性降低。此外，多柔比星还有骨髓抑制、消化道反应、脱发、口腔炎、皮疹及药热等不良反应。

➢ 表柔比星（epirubicin）

表柔比星为多柔比星的同分异构体，作用机制与多柔比星相同，主要用于乳腺癌、卵巢癌、胃癌、肺癌和淋巴瘤等。不良反应有骨髓抑制、胃肠道反应和脱发等，而其毒性尤其是心脏毒性低于多柔比星。

➢ 柔红霉素（daunorubicin）

柔红霉素又称柔毛霉素、红比霉素、正定霉素。

【药理作用】柔红霉素作用机制与多柔比星相同，可嵌入肿瘤细胞 DNA，抑制 DNA 及 RNA 的合成，尤其是对 RNA 的影响尤为明显，为细胞周期非特异性药，S 期细胞最敏感，G_2、M 期细胞次之，G_1 期细胞敏感性较低，对常用抗肿瘤药如环磷酰胺、硫嘌呤、甲氨蝶呤耐药的肿瘤细胞仍然敏感。因其在胃肠中会分解而失效且刺激性较大，须静脉给药。

【临床应用】柔红霉素主要用于治疗急性粒细胞及淋巴细胞白血病，尤其适合于儿童；对常用抗肿瘤药耐药的急性粒细胞白血病仍有效，但缓解期短，需与其他抗肿瘤药合用。

【不良反应】柔红霉素最严重的不良反应为心脏毒性，可引起心肌损伤、心电图异常、心律失常等，防治措施与多柔比星相似；较严重的为骨髓抑制；还有胃肠道反应，常见恶心、呕吐、腹泻、口腔溃疡；漏出血管外可致局部组织坏死。

（三）普卡霉素类

➢ 普卡霉素（plicamycin）

普卡霉素又称光辉霉素。

【体内过程】普卡霉素口服吸收少，需静脉给药；肝、肾中药物浓度较高，易透过血脑屏障，脑脊液中药物可达有效浓度；经肾及胆道排泄。

【药理作用】普卡霉素抑制 RNA 合成的作用较强，也能可逆性地与 DNA 形成复合物，干扰 DNA 模板活性，阻止 RNA 合成，属细胞周期非特异性药，对各期细胞均有杀伤作用。普卡霉素还可抑制破骨细胞的溶骨作用，降低血钙及尿钙。

【临床应用】普卡霉素主要用于治疗睾丸胚胎瘤，也用于脑胶质瘤及转移性脑瘤、恶性淋巴瘤及黑色素瘤等，还可用于晚期肿瘤伴高血钙患者。

【不良反应】普卡霉素毒性较大，常见不良反应有腹泻、胃炎、皮疹及发热；最严重的为出血性腹泻，常同时伴有鼻出血及进行性内脏出血，原因包括血小板减少及功能改变，血管及其内皮损伤，纤溶酶活性增高，凝血因子 Ⅱ、V、Ⅶ 及 Ⅹ 的功能被抑制等。血小板减少症及出血倾向者禁用。此外，普卡霉素有肝毒性和肾毒性：肝毒性表现为氨基转移酶升高；肾毒性表现为血尿素氮及血清肌酐升高，电解质紊乱伴低血钙、低血磷及低血钾等。

四、抑制蛋白质合成与功能的药物

抑制蛋白质合成与功能的药物可干扰微管蛋白聚合功能、干扰核糖体的功能或影响氨基酸供应，从而抑制蛋白质合成与功能。这类药物包括：①微管蛋白活性抑制药，如长春碱类和紫杉醇类；②干扰核糖体功能的药物，如三尖杉生物碱类；③影响氨基酸供应的药物，如 L-门冬酰胺酶。

（一）微管蛋白活性抑制药

1. 长春碱类　为夹竹桃科植物长春花（*Vinca rosea* L.）中所含的生物碱，为细胞周期特异性药，主要作用于 M 期细胞，抑制微管蛋白活性。

➢ **长春碱（vinblastine，VLB）和长春新碱（vincristine，VCR）**

长春碱及长春新碱能抑制肿瘤细胞的有丝分裂，使细胞分裂停止于早中期。

【体内过程】两药口服吸收不完全，故须静脉给药。血浆药物的消除曲线呈双相，长春碱的 $t_{1/2\alpha}$ 和 $t_{1/2\beta}$ 分别为 2～6 min 和 3～5 h；长春新碱的 $t_{1/2\alpha}$ 和 $t_{1/2\beta}$ 分别 2～6 min 和 3～3.2 h。80% 的药物与血浆蛋白结合，代谢产物主要随胆汁排泄，部分以原型从肾排泄。

【药理作用】长春碱类可与纺锤体微管蛋白上的受体部位结合，使其变性失活，影响纺锤体微管的形成，从而抑制有丝分裂。长春碱抑制有丝分裂的作用较长春新碱强，但长春新碱抑制作用不可逆。两药还可干扰蛋白质代谢及抑制 RNA 聚合酶的活性，抑制 RNA 合成，并抑制细胞膜类脂质的合成和氨基酸在细胞膜上的转运。长春碱类属细胞周期特异性药，主要作用于 M 期细胞，大剂量也影响 S 期细胞。

【临床应用】长春碱主要用于急性白血病、恶性淋巴瘤、绒毛膜上皮癌、睾丸肿瘤，对乳腺癌、头颈部肿瘤、肾母细胞瘤等也有效。

长春新碱主要用于急性或慢性白血病、恶性淋巴瘤、小细胞肺癌和乳腺癌，起效较快，常与泼尼松合用作为诱导缓解药。其他适应证与长春碱相同，常需与其他抗肿瘤药合用以提高疗效，降低毒性反应的发生。

【不良反应】长春碱的不良反应有：骨髓抑制，引起白细胞及血小板减少等；周围神经炎，表现为指（趾）尖麻木、感觉异常、四肢疼痛、腱反射迟钝或消失；胃肠道反应，常见恶心、呕吐、腹泻、腹痛、便秘等；可见脱发、乏力、头晕及失眠等；药液从血管外漏可引起局部组织坏死。

长春新碱的不良反应与长春碱相似，但骨髓抑制和胃肠道反应轻，周围神经系统毒性较大。

2. 紫杉醇类

➢ **紫杉醇（paclitaxel，PTX）**

紫杉醇是从红豆杉科植物红豆杉的干燥根、枝叶及树皮中分离出的紫杉烷二萜成分，为一种新型的抗微管药物。

【体内过程】紫杉醇静脉滴注后，血浆药物呈双相消除，$t_{1/2}$ 为 5.3～17.4 h；89%～98% 的药物与血浆蛋白结合；主要在肝代谢，代谢产物随胆汁进入肠道，经粪便排泄，肾排泄量占 1.3%～12.6%。

【药理作用】真核细胞的微管是由两条类似的多肽亚单位构成的微管蛋白二聚体，具有重要功能。正常情况下，微管和微管蛋白二聚体之间存在动态平衡。紫杉醇能特异性与微管蛋白 β 结合，破坏两者间的动态平衡，诱导和促进微管蛋白装配成微管，抑制其解聚，从而导致维管束的排列异常，使细胞在有丝分裂时不能形成纺锤体和纺锤丝，抑制细胞的有丝分裂，使细胞阻滞于 M 期而发挥抗肿瘤作用。紫杉醇属细胞周期特异性药，主要作用于 G_2 期和 M 期细胞。

【临床应用】紫杉醇是临床治疗卵巢癌和乳腺癌的一线药物，对头颈部癌、食管癌、非小细胞肺癌、胃癌、膀胱癌、恶性黑色素瘤及恶性淋巴瘤等也有效。

【不良反应】①骨髓抑制：为主要的剂量限制性毒性，表现为中性粒细胞减少，血小板减少不明显。延长紫杉醇的给药时间可增加骨髓毒性，可出现贫血。②过敏反应：紫杉醇不溶于水，静脉滴注前需在无菌注射液中加入聚氧乙基代蓖麻油以提高其溶解度，因降解时释放组胺，可引起过敏反应，主要表现为支气管痉挛性呼吸困难、低血压、血管神经性水肿、荨麻疹等，过敏反应的发生与剂量无关。对用聚氧乙基代蓖麻油配制的药物有过敏反应的患者忌用。③神经毒性：主要为周围神经毒性，表现为指（趾）尖麻木、疼痛等感觉异常。④心血管毒性：有低血压、心动过缓及心电图异常。⑤其他：骨关节和肌肉疼痛、胃肠道反应、肝毒性、脱发等。

（二）干扰核糖体功能的药物

> 三尖杉酯碱（harringtonine，HRT）和高三尖杉酯碱（homoharringtonine）

三尖杉酯碱和高三尖杉酯碱是从三尖杉科三尖杉属植物的枝叶及树皮中分离的生物碱。

【体内过程】两者口服吸收迅速但不完全。静脉注射三尖杉酯碱后，肾中药物浓度最高，脑中最低，$t_{1/2}$ 为 50 min，经肾及胆道排泄。静脉注射高三尖杉酯碱后骨髓中药物浓度较高，$t_{1/2}$ 为 3~50 min，主要在肝中代谢，经肾和胆汁排泄。

【药理作用】三尖杉酯碱和高三尖杉酯碱主要抑制真核细胞蛋白质合成的起始阶段，并使核糖体解聚，释放出新生肽链，使细胞内 DNA 及 RNA 合成减少，抑制肿瘤细胞的有丝分裂，但不阻止 mRNA 及氨基酰 tRNA 与核糖体结合。两药为细胞周期非特异性药，对 S 期细胞作用强，对 G_0 期细胞也有一定作用。

【临床应用】三尖杉酯碱和高三尖杉酯碱主要用于治疗急性粒细胞白血病，疗效显著，对急性单核细胞白血病及恶性淋巴瘤也有效，也可用于慢性粒细胞白血病及真性红细胞增多症等。

【不良反应】三尖杉酯碱和高三尖杉酯碱的不良反应有骨髓抑制、胃肠道反应和脱发等，部分患者出现心脏毒性，表现为心房扑动、心肌缺血、心肌损伤，故严重或频发的心律失常患者禁用。

（三）影响氨基酸供给的药物

> L-门冬酰胺酶（L-asparaginase，ASP）

L-门冬酰胺酶是从大肠埃希菌培养液中提取的水解酶，主要影响某些肿瘤细胞的氨基酸供给而抑制蛋白质合成。

【体内过程】L-门冬酰胺酶口服后血中不能测出酶的活性，静脉注射血药浓度为肌内注射的 10 倍，淋巴组织中药物浓度较高，血药浓度维持时间为 5~6 天；不能透过血脑屏障；少量经肾排泄，$t_{1/2}$ 为 3~24 h。

【药理作用】L-门冬酰胺是体内合成蛋白质所必需的氨基酸。某些肿瘤细胞不能自身合成 L-门冬酰胺，需从细胞外摄取。L-门冬酰胺酶使血清中门冬酰胺水解，导致肿瘤细胞从外界获取门冬酰胺量减少，肿瘤细胞缺乏门冬酰胺，蛋白质合成受阻，从而可抑制肿瘤细胞生长繁殖。正常细胞由于能自身合成门冬酰胺，故受影响较小。L-门冬酰胺酶是一种对肿瘤细胞有选择性抑制作用的药物，与其他抗肿瘤药不同，其对消化道及毛囊等快速增殖细胞几乎无细胞毒作用，也无骨髓抑制作用。

【临床应用】L-门冬酰胺酶对急性淋巴细胞白血病疗效最好，有效率为 60%，但缓解期短，且易产生耐药性，为延缓耐药性的发生、提高疗效，常与长春新碱、巯嘌呤等合用；对急性粒细胞白血病和急性单核细胞白血病也有一定的疗效；对恶性淋巴瘤也有较好的疗效。

【不良反应与注意事项】L-门冬酰胺酶常见不良反应为过敏反应，轻者出现荨麻疹，重者发生过敏性休克，故用药前应先用 10~50 U/0.1 ml 做皮内注射，观察 3 h，如有红肿、硬块，则为过敏反应，不能使用；还可见肝功能异常，凝血功能障碍，凝血因子Ⅶ、Ⅷ、Ⅸ水平下降，凝血酶原及纤维蛋白原水平下降；可出现困倦、脱发及胃肠道反应等。

第三节 非细胞毒类抗肿瘤药

一、调节体内激素平衡药物

对于机体某些与体内相应的激素平衡失调有关的肿瘤如内分泌腺及生殖系统的肿瘤，激素类抗肿瘤药可以通过影响体内激素水平，达到抑制肿瘤生长的目的。此类药物不同于细胞毒类药物，对造血系统没有明显的抑制作用，但因激素作用较广泛，选择性低，不良反应较多，临床应用必须严格掌握适应证。

（一）雌激素类及抗雌激素类

常用于恶性肿瘤治疗的雌激素类药有己烯雌酚（diethylstilbestrol）及雌二醇（estradiol）等。此类药物一方面对抗雄激素促进前列腺癌组织的生长作用，另一方面可抑制下丘脑及垂体，减少垂体释放促间质细胞激素（interstitial cell-stimulating hormone，ICSH），从而减少来源于睾丸间质细胞与肾上腺皮质的雄激素，因此可用于前列腺癌的治疗；还可用于晚期及绝经5年后的乳腺癌患者，对有骨髓转移者疗效较好，缓解率达40%。

常用抗雌激素类药有他莫昔芬（tamoxifen），为人工合成的雌激素受体部分激动药，具有雌激素样作用，但作用弱。他莫昔芬与雌激素竞争结合雌激素受体，形成他莫昔芬-受体蛋白复合物，进入肿瘤细胞，抑制雌激素依赖性肿瘤细胞的生长，主要用于乳腺癌和卵巢癌的治疗，对雌激素受体阳性患者疗效较好，对绝经后的乳腺癌效果也较好。妊娠妇女禁用。

（二）雄激素类及抗雄激素类

常用于恶性肿瘤治疗的雄激素类药有丙酸睾酮（testosterone propionate）、甲睾酮（methyltestosterone）等，可抑制腺垂体分泌促卵泡激素，使卵巢释放雌激素减少并对抗雌激素作用，用于晚期乳腺癌的治疗，对有骨转移者疗效较好。

抗雄激素类药有氟他胺（flutamide）及尼鲁米特（nilutamide）等，为非甾体抗雄激素类药，能与雄激素竞争雄激素受体，与雄激素受体结合成复合物，对抗雄激素依赖性的前列腺癌细胞的生长。此类药物主要用于前列腺癌的治疗。

（三）孕激素类

甲羟孕酮（medroxyprogesterone，MPA）及甲地孕酮（megestrol）等为孕酮的衍生物。其作用与天然孕酮相似，可用于治疗乳腺癌、子宫内膜癌、肾癌、前列腺癌等，也可增加晚期恶性肿瘤患者的食欲，改善其全身状况和增加体重。

（四）肾上腺皮质激素类

常用的肾上腺皮质激素类药主要为糖皮质激素，有泼尼松（prednisone）、泼尼松龙（prednisolone）和地塞米松（dexamethasone，DXM）等。糖皮质激素抑制淋巴组织，使淋巴细胞溶解，还能抑制淋巴细胞有丝分裂，用于治疗急性淋巴细胞白血病和恶性淋巴瘤，疗效较好，起效快，但维持时间短，易产生耐药性。糖皮质激素与其他抗肿瘤药如抗叶酸药、抗嘌呤药联合应用，可增强疗效。短期小剂量应用糖皮质激素，可缓解恶性肿瘤患者的某些症状，如发热、明显的毒血症状；症状缓解后可停用激素，继续使用其他抗肿瘤药。糖皮质激素的不良反应及禁忌证等见肾上腺皮质激素类药部分。

（五）芳香化酶抑制药

> 氨鲁米特（aminoglutethimide）

氨鲁米特能特异性地抑制将雄激素转化为雌激素的芳香化酶，减少雌激素的生成；它还能诱导肝微粒体混合功能氧化酶系的活性，促进雌激素的代谢。绝经期妇女的雌激素主要由雄激素转化而来，因此，可用于治疗绝经后晚期乳腺癌。氨鲁米特还有抑制肾上腺皮质激素合成的作用，也用于治疗肾上腺切除术或垂体切除术治疗无效的皮质醇增多症。

> 依西美坦（exemestane）

依西美坦为一种不可逆的甾体类芳香酶抑制剂，结构与芳香酶的自然底物雄烯二酮相似，为芳香酶的伪底物，通过与芳香酶的活性位点不可逆结合而使其失活，从而明显降低绝经妇女血中雌激素水平。依西美坦主要用于经他莫昔芬辅助治疗2～3年后，绝经后雌激素受体阳性妇女的早期浸润性乳腺癌的辅助治疗，直至完成总共5年的辅助内分泌治疗；还可用于经他莫昔芬治疗后，病情仍有进展的自然或人工绝经后的晚期乳腺癌。依西美坦口服吸收迅速，2～4h达药峰浓度，总体耐受性良好，不良反应常为轻至中度。

> 阿那曲唑（anastrozole）

阿那曲唑是高选择性的第三代非甾体类芳香酶抑制剂，主要用于治疗绝经后的晚期乳腺癌、雌激素受体阴性并对他莫昔芬呈阳性反应的患者、绝经后雌激素受体阳性的早期乳腺癌的辅助治疗。阿那曲唑口服可迅速吸收，不良反应较少，患者耐受性好。

二、分子靶向药物

分子靶向药物主要针对恶性肿瘤病理生理发生、发展的关键靶点进行治疗干预。尽管分子靶向药物对其所针对的某些肿瘤有较为突出的疗效，并且耐受性较好、毒性反应较轻，但一般认为在相当长的时间内还不能完全取代传统的细胞毒类抗肿瘤药。这些药物作用机制和不良反应类型与细胞毒类药物有所不同，与常规化学治疗、放射治疗合用可产生更好的疗效。此外，肿瘤细胞的药物靶标分子在治疗前后的表达水平和突变状况往往决定分子靶向药物的疗效和疾病预后，对这类药物更强调个体化治疗。

分子靶向药物目前尚无统一的分类方法，按化学结构可分为单克隆抗体类和小分子化合物类。

（一）单克隆抗体类

1. 作用于细胞膜分化相关抗原的单克隆抗体

> 利妥昔单抗（rituximab）

利妥昔单抗为首个临床应用的分子靶向药物，是一种能特异性与CD20抗原结合的人鼠嵌合型单克隆抗体。CD20抗原位于前B细胞和成熟B细胞的表面，但在造血干细胞、原B细胞、正常血细胞或其他正常组织中不表达，而95%以上的B细胞型非霍奇金淋巴瘤表达CD20。利妥昔单抗可与CD20特异性结合，导致B细胞溶解，从而抑制B细胞增殖，诱导成熟B细胞凋亡。利妥昔单抗主要用于复发或耐药的滤泡性中央型淋巴瘤；先前未经治疗的CD20阳性Ⅲ～Ⅳ期滤泡性非霍奇金淋巴瘤；CD20阳性弥漫大B细胞性非霍奇金淋巴瘤应与标准 CHOP（环磷酰胺、多比柔星、长春新碱、泼尼松）化学治疗 8 个周期联合治疗。

> **阿仑珠单抗（alemtuzumab）**

　　阿仑珠单抗是一种靶向 CD52 抗原的人源化、非结合型抗体。CD52 分布于造血系统的淋巴细胞、单核细胞、嗜酸粒细胞和单核细胞分化的树突状细胞等，研究表明很多淋巴系细胞恶性肿瘤和一些急性髓系白血病细胞可不同程度地表达 CD52 抗原。阿仑珠单抗与有 CD52 的靶细胞结合后，通过宿主效应子的补体依赖性细胞溶解、抗体依赖性细胞毒性和细胞凋亡等机制导致细胞死亡。临床上阿仑珠单抗用于治疗对烷化剂和氟达拉滨耐药的进展期慢性淋巴性白血病。主要不良反应有寒战、发热、恶心、呕吐、感染、失眠等。

> **替伊莫单抗（ibritumomab）**

　　替伊莫单抗为携带放射性同位素 ^{90}Y（钇）的鼠源性抗 CD20 单克隆抗体，结合单克隆抗体的靶向性和放射性同位素的放射治疗作用，通过单克隆抗体对肿瘤细胞的靶向作用将同位素 ^{90}Y 富集在肿瘤部位，通过放射源周围 5 mm 范围内的 β 射线杀灭肿瘤细胞。临床上替伊莫单抗用于复发或难治性 B 细胞非霍奇金淋巴瘤的治疗。主要不良反应有血细胞减少、疲乏、恶心、腹痛、咳嗽、腹泻等。

> **托西莫单抗（tositumomab）**

　　托西莫单抗是 ^{131}I 标记的抗 CD20 鼠单克隆抗体，通过抗体将放射性 ^{131}I 靶向结合于肿瘤细胞，利用 ^{131}I 的放射性杀伤癌细胞，用于非霍奇金淋巴瘤的治疗。主要不良反应有血细胞减少、感染、出血、发热、寒战、出汗、恶心、低血压、呼吸短促和呼吸困难等。

2. 作用于表皮生长因子受体（EGFR）的单克隆抗体

> **曲妥珠单抗（trastuzumab）**

　　曲妥珠单抗为重组人单克隆抗体，选择性地结合人体表皮生长因子受体 2（HER-2）的细胞外区域，干扰其自身磷酸化，阻断 HER-2 介导的信号传递，下调 HER-2 的基因表达，并加速 HER-2 蛋白受体的内化和降解，下调血管内皮生长因子和其他血管生长因子的活性，恢复 E-钙黏蛋白表达水平，遏制肿瘤转移，同时通过细胞毒作用增强免疫细胞攻击和杀伤肿瘤靶细胞的能力。临床上曲妥珠单抗主要用于 HER-2 过度表达的转移性乳腺癌。

> **西妥昔单抗（cetuximab）**

　　西妥昔单抗属人/鼠嵌合型 IgG1 单克隆抗体，可与表皮生长因子受体 1（HER-1）特异性结合，抑制受体的功能，从而抑制肿瘤的生长和转移。临床上西妥昔单抗单用或与伊立替康（irinotecan）联合用于 EGFR 过度表达的、以伊立替康为基础化学治疗方案的耐药转移性直肠癌的治疗，也可用于治疗头颈部鳞状细胞癌。主要不良反应为头痛、结膜炎、呼吸系统反应、胃肠道反应、皮肤反应、输液反应及过敏反应等。西妥昔单抗能透过胎盘屏障、可通过乳汁分泌，故孕妇、哺乳期妇女慎用。

> **尼妥珠单抗（nimotuzumab）**

　　尼妥珠单抗是我国首个用于治疗恶性肿瘤的功能性单抗药物，能竞争性结合 EGFR，阻断由 EGFR 与其介导的下游信号转导通路，从而抑制肿瘤细胞增殖、诱导分化、促进细胞凋亡、抑制肿瘤血管生成、增强放射治疗和化学治疗的效果。临床上尼妥珠单抗用于与放射治疗联合治疗 EGFR 阳性表达的 Ⅲ/Ⅳ 期鼻咽癌。主要不良反应有轻度发热、血压下降、恶心、头晕、皮疹等。

3. 作用于血管内皮细胞生长因子（VEGF）的单克隆抗体

> **贝伐珠单抗（bevacizumab）**

　　贝伐珠单抗属重组人源化 IgG1 单克隆抗体，是美国第一个获批上市的抑制肿瘤血管生成的药物。VEGF 通过与组织上皮细胞中表达的 VEGFR-1 和 VEGFR-2 结合，激活细胞内的信号转导途径，导致血管内皮细胞增殖及肿瘤血管系统新生。贝伐珠单抗可选择性地与 VEGF 结合，阻碍 VEGF 与其位于肿瘤血管内皮细胞上的受体结合，抑制肿瘤血管生成，从而抑制肿瘤生长与转移。临床上贝伐珠单抗主要与含氟尿嘧啶的方案联合治疗转移性结直肠癌，与卡铂和紫杉醇联合治疗转移性非鳞状非小细胞肺癌，与干扰素 α 联合治疗转移性肾癌、进展期恶性胶质瘤。不良反应主要有胃肠道穿孔、出血、动脉血栓栓塞、高血压、心肌梗死、脑梗死、蛋白尿及阻碍伤口愈合等。

（二）小分子化合物类

1. 单靶点的抗肿瘤小分子化合物

> 伊马替尼（imatinib）

伊马替尼为苯胺嘧啶的衍生物，是一种特异性很强的酪氨酸蛋白激酶抑制药，1992 年人工合成，2001 年通过 FDA 批准，开创了通过抑制肿瘤细胞增殖的信号转导通路达到抗肿瘤效果的新途径。Bcr-Abl 融合蛋白为慢性粒细胞白血病形成的分子基础，是具有较高的酪氨酸激酶活性的致癌蛋白，可刺激白细胞增殖，导致白血病的形成。针对 Ph 染色体阳性、Bcr-Abl 融合蛋白表达阳性的白血病细胞，伊马替尼能特异性结合 Bcr-Abl 并抑制酪氨酸激酶活性，从而抑制肿瘤细胞增殖，主要用于 Ph 染色体阳性、Bcr-Abl 融合蛋白表达阳性的慢性粒细胞白血病及恶性胃间质肿瘤。最常见的不良反应有胃肠道反应、水肿、肌肉痉挛和肌肉骨骼疼痛，较为严重的是血液系统毒性和肝损伤。

> 吉非替尼（gefitinib）

吉非替尼为一种选择性的 EGFR 酪氨酸蛋白激酶抑制药，可竞争性结合 EGFR，阻断表皮生长因子与受体结合，阻断由 EGFR 介导的下游信号转导通路，从而抑制肿瘤细胞的增殖、生长、存活，诱导分化，促进细胞凋亡，抑制肿瘤血管新生，增强放化学治疗效果。吉非替尼主要用于晚期非小细胞肺癌经铂类抗肿瘤药治疗失败后的治疗。常见的不良反应有胃肠道反应、皮肤反应和肝功能异常。

> 奥希替尼（osimertinib，AZD-9291）

奥希替尼是高选择性的 EGFR 抑制药，适用于既往经吉非替尼和厄洛替尼等第一代 EGFR 酪氨酸激酶抑制药治疗时或治疗后出现疾病进展、并经检测确认存在 EGFR T790M 突变阳性的局部晚期或转移性小细胞肺癌。

> 依维莫司（everolimus）

依维莫司为雷帕霉素的衍生物，是哺乳动物雷帕霉素靶蛋白（mTOR）的小分子抑制药，能与细胞内的 FK506 结合蛋白-12（FKBP-12）结合，形成抑制性复合物 mTORC1，从而抑制 mTOR 激酶激活，影响 mTOR 对下游效应物的调节作用。此外，依维莫司还能抑制低氧诱导因子（hypoxia inducible factor，HIF）如 HIF-1 和血管内皮生长因子的表达。因此，依维莫司通过阻断细胞中 PI3K-Akt-mTOR 转导通路，实现了抑制肿瘤细胞生长、肿瘤细胞营养代谢及肿瘤血管生成的三重抗肿瘤作用。依维莫司是 CYP3A4 和 P 糖蛋白的抑制剂，应避免与强效 CYP3A4 抑制剂如葡萄柚、维拉帕米等同时使用。与强效 CYP3A4 诱导剂如利福平合用后，依维莫司血药浓度明显降低，合用时需增加依维莫司剂量。临床上依维莫司主要用于晚期胰腺神经内分泌肿瘤、结节性硬化的肾血管平滑肌脂肪瘤、晚期激素受体阳性而 HER-2 阴性的乳腺癌及索拉非尼治疗失败的晚期肾细胞癌。常见不良反应有口腔炎、肺炎和呼吸困难，严重不良反应有急性呼吸衰竭、感染、急性肾衰竭。

> 硼替佐米（bortezomib）

硼替佐米是一种二肽硼酸盐，属可逆性蛋白酶体抑制药，可选择性地与蛋白酶活性位点的苏氨酸结合，抑制蛋白酶体 26S 亚基的糜蛋白酶和（或）胰蛋白酶活性。26S 蛋白酶体是一种大的蛋白质复合体,可降解泛蛋白。泛蛋白酶体通道在调节特异蛋白在细胞内的浓度中起到重要作用,以维持细胞内环境的稳定。蛋白水解会影响细胞内多级信号串联,对正常细胞内环境的破坏会导致细胞死亡。硼替佐米对 26S 蛋白酶体的抑制可防止特异蛋白的水解,对多种类型的肿瘤细胞具有细胞毒性,临床上主要用于治疗多发性骨髓瘤。常见的不良反应有虚弱、恶心、腹泻、食欲下降、便秘、血小板减少、发热、呕吐和贫血。

> 罗米地新(romidepsin)

罗米地新是一种组蛋白去乙酰酶抑制药,可诱导细胞周期停止和某些恶性肿瘤细胞株凋亡,适用于已接受既往全身治疗的患者的皮肤 T 细胞淋巴瘤的治疗。其不良反应包括血小板减少、白细胞减少和贫血等。

> 伏林司他(vorinostat)

伏林司他为蛋白去乙酰酶抑制药,能通过诱导细胞分化、阻断细胞周期、诱导细胞调控而发挥作用,治疗加重、持续和复发或用两种全身性药物治疗后无效的皮肤 T 细胞淋巴瘤。常见不良反应包括肠胃道反应、疲乏、头晕、头痛、口干及味觉异常、肌肉疼痛、脱发、寒战、发热等。

2. 多靶点的抗肿瘤小分子化合物

> 索拉非尼(sorafenib)

索拉非尼为一种多靶点小分子信号转导抑制药,是多种激酶抑制药。通过抑制 Raf-1 激酶而靶向于细胞间信号转导通路,直接抑制肿瘤生长,并通过抑制血管内皮生长因子受体 2 和血小板衍生生长因子受体(platelet-derived growth factor receptor,PDGFR),阻断肿瘤血管生成途径,用于治疗无法手术或远处转移的肝细胞癌和不能手术的晚期肾细胞癌。其常见不良反应包括皮疹、腹泻、血压升高,以及手掌或足底部发红、疼痛、肿胀或出现水疱。

> 舒尼替尼(sunitinib)

舒尼替尼为 VEGFR-1、2、3 和 PDGFR 细胞内酪氨酸激酶结构域的 ATP 结合部位竞争性阻断药,为抗肿瘤血管生成药,也可抑制 c-KIT、RET、CSF-1R 等其他酪氨酸激酶,临床用于治疗晚期肾癌、胃肠道间质瘤和晚期胰腺癌。不良反应有疲乏、发热、腹泻、恶心、黏膜炎、高血压、皮疹等。

> 克唑替尼(crizotinib)

克唑替尼可抑制人肝细胞生长因子受体(c-MET)、间变性淋巴瘤激酶(ALK)和 ROS1 等多个蛋白激酶靶点,用于治疗 ALK 阳性的局部晚期和转移的非小细胞肺癌。不良反应主要有肝功能异常、视觉异常(闪光、视物模糊、重影)、神经麻痹、头晕、疲倦、水肿、肠胃不适(恶心、呕吐、腹泻、便秘、食管与咽喉不适)、味觉减退、皮疹等。

> 阿昔替尼(axitinib)

阿昔替尼是多靶点酪氨酸激酶抑制药,抑制 c-KIT、PDGFRβ 和 VEGFR 多个酪氨酸激酶,用于治疗既往接受过一种酪氨酸激酶抑制药或细胞因子治疗失败的进展期肾细胞癌的成人患者。不良反应主要有高血压、血栓栓塞、出血、心力衰竭、胃肠穿孔和瘘管形成、甲状腺功能不全、可逆性后部脑白质病综合征、蛋白尿、肝酶升高、肝损害和影响胎儿发育等。

> 拉帕替尼(lapatinib)

拉帕替尼是小分子靶向双重酪氨酸激酶抑制药,在治疗剂量时可同时阻断 ErbB-1/EGFR 和 ErbB-2/HER-2 的酪氨酸激酶活性,通过阻断 EGFR 和 HER-2 的同质和异质二聚体而下调信号转导,抑制肿瘤增殖和转移。临床上拉帕替尼用于晚期和转移性乳腺肿瘤治疗。不良反应有胃肠道反应,包括恶心、腹泻、口腔炎和消化不良等;还有皮肤干燥、皮疹、背痛、呼吸困难及失眠等。

（三）其他

> 亚砷酸（arsenious acid）

亚砷酸（三氧化二砷，As_2O_3）是砒霜的主要成分，属细胞凋亡诱导药，具有诱导细胞凋亡、抗肿瘤血管增生及抗肿瘤转移的作用。染色体易位导致急性早幼粒细胞白血病（acute promyelocytic leukemia，APL）的基因 *PML* 与维 A 酸受体 α 基因融合，产生 PML-RARα 融合蛋白基因，PML-RARα 融合蛋白基因被认为在 APL 发病中起关键作用，过度表达 PML-RARα 融合蛋白基因可抑制细胞的分化凋亡。亚砷酸可能是通过降解 PML-RARα 融合蛋白、诱导细胞凋亡发挥作用。临床上亚砷酸用于治疗急性早幼粒细胞白血病（M3 型），如果患者不使用亚砷酸，化学治疗后 5 年存活率仅有 10%～15%，使用亚砷酸后，M3 型白血病的完全缓解率可达 90% 以上。亚砷酸一般不引起出血和骨髓抑制等不良反应，且通过缓慢、长时间注射给药可较长时间维持亚砷酸的血浆促凋亡浓度而不引起重要器官的毒性反应，极大提高亚砷酸的临床用药安全。亚砷酸是由我国学者张亭栋首次应用到临床的抗肿瘤药，目前已被国际公认为治疗 M3 型白血病的一线用药。因亚砷酸的卓越疗效，急性早幼粒细胞白血病成为第一种基本可以被治愈的急性髓细胞性白血病。亚砷酸也用于实体瘤如肝癌和胃癌的治疗。不良反应有皮疹、心电图异常变化、消化道反应等。亚砷酸应用不当可引起砷中毒。

> 维 A 酸（tretinoin）

维 A 酸又名维甲酸，包括全反式维 A 酸（all-trans retinoic acid，ATRA）、13- 顺式维 A 酸（13-*cis* retinoic acid，13-CRA）和 9- 顺式维 A 酸（9-CRA）。全反式维 A 酸是维生素 A 的代谢中间体，属类视黄醇，为细胞分化诱导药，能明显降解在 APL 发病中起关键作用的 PML-RARα 融合蛋白，可抑制白血病细胞的增殖，诱导白血病细胞分化成熟，用于诱导缓解 APL，完全缓解率较高，已成为此病有效治疗方案的一部分。全反式维 A 酸与亚砷酸或其他化学治疗药物联合用药可获得较好疗效。常见的不良反应为皮肤、黏膜、骨骼肌、肝的损害和畸胎。

> 重组人血管内皮抑素（rh-endostatin）

重组人血管内皮抑素为我国自主研发的首个血管内皮抑素的基因工程药物。血管内皮抑素是内源性肿瘤新生血管抑制药，主要通过抑制肿瘤内皮细胞的生长而抑制肿瘤血管生成，阻断肿瘤细胞的营养供给，诱导肿瘤细胞凋亡，防止肿瘤侵袭和转移，同时克服了肿瘤化学治疗过程中产生的耐药性，临床用于配合化学治疗且不能手术的非小细胞肺癌。血管内皮抑素联合化学治疗可使非小细胞肺癌生存率提高一倍。主要不良反应为心脏毒性和消化系统不良反应。

三、肿瘤免疫治疗药物

肿瘤免疫治疗药物可提高肿瘤细胞的免疫原性和对效应细胞杀伤的敏感性，激发和增强机体肿瘤免疫应答，协同机体免疫系统高效杀伤肿瘤细胞，如免疫检查点抑制药和重组人白介素 -2。

> 伊匹木单抗（ipilimumab，易普利姆玛）

伊匹木单抗是人源细胞毒性 T 淋巴细胞相关抗原 4（CTLA-4）单克隆抗体，适用于治疗不可切除的或转移黑色素瘤。最常见不良反应是疲乏、腹泻、瘙痒和皮疹；免疫介导的不良反应可能累及多个器官系统，如结肠炎、肝炎、神经病变和内分泌病变等，根据反应的严重程度可给予糖皮质激素。

> 纳武单抗（nivolumab）

纳武单抗是针对程序性死亡受体 -1（PD-1）的单克隆抗体，通过阻断 PD-1 与其配体

PD-L1 和 PD-L2 间相互作用，从而阻断 PD-1 通路介导的免疫抑制反应，提高肿瘤细胞的免疫原性。纳武单抗用于治疗黑色素瘤、非小细胞肺癌。最常见的不良反应是皮疹，免疫介导的不良反应包括肺炎、肝炎、肾炎和肾功能不全、甲状腺功能减退和亢进、胚胎 - 胎儿毒性等，治疗过程中需监测肝、肾、甲状腺功能变化，妊娠期、哺乳期妇女应禁用。

此类药物还有 PD-1 单克隆抗体帕姆丽珠单抗（pembrolizumab）、替雷利珠单抗（tislelizumab）和 PD-L1 单克隆抗体阿特珠单抗（atezolizumab）、度伐单抗（durvalumab）等。

➤ **重组人白介素 -2（recombinant human interleukin-2，rhIL-2）**

白介素为免疫调节药，用于肿瘤的生物治疗，主要由 T 细胞、B 细胞、NK 细胞及单核巨噬细胞产生，可促进 NK 细胞的增殖，增强其活性。重组人白介素 -2 是基因重组产品，为非糖基化蛋白，生物活性与天然白介素 -2（interleukin 2，IL-2）相同，是 T 细胞生长因子，其药理作用在于增强免疫应答。重组人白介素 -2 适用于治疗肾细胞癌、黑色素瘤、乳腺癌、膀胱癌、肝癌、直肠癌和肺癌，控制癌性胸腔积液和腹水，增强手术、放射治疗及化学治疗后的肿瘤患者机体免疫功能；提高先天或后天免疫缺陷病患者细胞免疫功能和抗感染能力，治疗类风湿性关节炎、系统性红斑狼疮、干燥综合征等自身免疫病；对某些病毒性、杆菌性、胞内寄生菌感染性疾病，如乙型肝炎、麻风病、肺结核、白念珠菌感染也有一定的治疗作用。常见不良反应有发热、寒战、肌肉酸痛，与用药剂量有关，一般是一过性发热（38 ℃左右），也可有寒战高热，停药后 3 ~ 4 h 体温多可自行恢复到正常；个别患者可出现恶心、呕吐、皮疹、类感冒症状；皮下注射者局部可出现红肿、硬结、疼痛。所有不良反应停药后均可自行恢复。

第四节 细胞毒类抗肿瘤药的毒性反应及其应用的药理学原则

分子靶向药物可特异性地作用于肿瘤细胞的某些特定靶标分子，而这些靶标在正常细胞通常不表达或者很少表达，因此分子靶向药物通常安全性高、耐受性好，毒性反应较轻。大多数细胞毒类抗肿瘤药对肿瘤细胞和正常细胞缺乏选择性，在杀伤肿瘤细胞的同时，对正常细胞（骨髓、胃肠道上皮、毛囊、生殖细胞等）有一定程度的损害。毒性反应成为化学治疗时使用剂量受到限制的关键因素，也影响患者的生命质量。合理应用抗肿瘤药不仅可增加疗效，也可减少毒性反应和耐药性的产生。

一、细胞毒类抗肿瘤药的毒性反应

根据细胞毒类抗肿瘤药的毒性反应发生的时间，分为近期毒性和远期毒性两类，近期毒性又可分为共有毒性反应和特殊毒性反应。

（一）近期毒性

1. 共有毒性反应

（1）骨髓抑制：表现为白细胞降低、血小板降低，甚至粒细胞、红细胞及全血细胞减少，导致出血倾向、贫血、感染等。预防措施：当白细胞低于 $3 \times 10^9/L$、血小板低于 $80 \times 10^9/L$ 时，停药或更换其他骨髓抑制作用轻的药物如长春新碱、博来霉素；同时对症处理，应用升高白细胞、血小板药物；预防感染等。

（2）胃肠道反应：可出现恶心、呕吐等，尤其在应用烷化剂后，发生率与药物剂量成正比，改用静脉注射也不能避免，这除了与药物及代谢产物刺激延髓催吐化学感受区有关外，还与其刺激胃肠道有关，可用抗精神失常药氯丙嗪、甲氧氯普胺，特别是 5-HT$_3$ 受体阻断药昂丹司琼（奥丹西隆）对抗；有消化道黏膜损害，还可出现口腔炎、咽喉炎、黏膜水肿、腹痛、腹泻等，严重者可使消化道出血，以抗代谢药引起者较多见。

（3）皮肤及毛发损害：皮肤出现红斑、水肿，多见于应用博来霉素后；色素沉着多见于应用氟尿嘧啶、环磷酰胺后，与药物沉着于皮下组织有关；大多数抗肿瘤药对毛囊上皮细胞有不同程度的损伤，可导致脱发，多见于应用烷化剂后。

2. 特殊毒性反应

（1）肺毒性：肺间质纤维化、呼吸困难、咳嗽等，多见于应用博来霉素、环磷酰胺后。

（2）心脏毒性：三尖杉酯碱可致心率增快、心肌缺血性受损；多柔比星、柔红霉素可引起心肌退行性变、心电图异常、渐进性心肌病变并发急性心力衰竭，发生机制可能与其诱导产生大量氧自由基及脂质过氧化物破坏细胞器有关，丝裂霉素与之相似。

（3）肝、肾、膀胱毒性：巯嘌呤、甲氨蝶呤可致肝大、黄疸、肝功能减退；环磷酰胺可致出血性膀胱炎；门冬酰胺酶、顺铂可致肾小管坏死，引起蛋白尿、血尿等。

（4）神经系统毒性：长春新碱易引起自主神经功能紊乱、反射迟钝。门冬酰胺酶可致大脑功能异常，出现精神错乱、谵妄等。

（5）免疫抑制：多种抗肿瘤药能抑制和杀伤免疫细胞，使机体抵抗力下降而容易继发感染等。

（6）过敏反应：紫杉醇、博来霉素、依托泊苷、门冬酰胺酶、顺铂等较易引起过敏反应。多柔比星可致局部过敏反应，表现为沿静脉出现荨麻疹或红斑等。全身性过敏反应表现为颜面潮红、荨麻疹、低血压、发绀、发热等。

（7）血栓性静脉炎和组织坏死：刺激性强的药物如丝裂霉素、多柔比星可引起注射部位的血栓性静脉炎，注射局部药物外漏可致局部组织坏死。

（二）远期毒性

1. 引起不育或致畸　多种抗肿瘤药特别是烷化剂，长期应用可使少数患者出现不孕不育症、生殖功能障碍，是药物作用于生殖干细胞产生的后果，还可能导致胎儿畸形。

2. 诱发第二原发性恶性肿瘤　抗肿瘤药特别是烷化剂可致突变、致癌，加之可抑制免疫功能等，因此对在抗肿瘤药治疗后获得长期生存的患者，可能诱发第二原发性恶性肿瘤。

二、细胞毒类抗肿瘤药的药理学应用原则

近半个世纪以来，肿瘤内科学（medical oncology）的不断进步促进了肿瘤的治疗向综合治疗或称为多模式治疗（multimodality therapy）的方向发展，即根据患者的机体状况、肿瘤的病理类型、侵犯范围（分期）和发展趋向，合理地、有计划地将化学治疗药与现有的其他治疗手段（如分子靶向药物和免疫治疗药物）联合应用，以期使原来不能手术的患者得以接受手术治疗；降低复发或远处转移的可能性以提高治愈率；或通过增强患者的免疫功能来提高治愈率和提高生活质量。

抗肿瘤药能否发挥疗效，受肿瘤、宿主及药物三方面因素的影响，它们彼此间相互作用又相互制约。合理应用抗肿瘤药不仅可增加疗效，而且减少毒性反应和耐药性的产生。应用细胞毒类抗肿瘤药主要考虑原则如下：①细胞增殖动力学规律；②抗肿瘤药的作用机制；③抗肿瘤药的抗肿瘤谱；④抗肿瘤药的毒性反应。

根据上述原则,临床化学治疗时一般主张 2～3 种药物联合应用,以达到增强疗效、减少毒性反应和耐药性的目的。

(一)序贯应用疗法

1. 招募作用(recruitment) 按设计好的用药程序,细胞周期非特异性药和细胞周期特异性药依次给药,招募大量的 G_0 期细胞进入增殖周期,增加药物杀灭肿瘤细胞的数量。对增长缓慢的实体瘤如腺癌,G_0 期细胞较多,先用细胞周期非特异性药如烷化剂,杀灭大量增殖细胞和部分 G_0 期细胞,招募 G_0 期细胞进入细胞增殖周期,然后再用细胞周期特异性药,杀灭 S 期或 M 期细胞,经过上述方法,可获得满意疗效。反之,对增长迅速的肿瘤如急性白血病,先用作用于 S 期或 M 期细胞的细胞周期特异性药,杀灭大量处于增殖周期的肿瘤细胞,随后再用细胞周期非特异性药,杀灭其他各期的肿瘤细胞,当 G_0 期细胞进入增殖周期后,再重复上述的序贯应用疗法,同样可获得满意疗效。

2. 同步化作用(synchronization) 首先应用细胞周期特异性药,使肿瘤细胞滞留于某一时期(如 G_1 期),当药物作用消失以后,即经过前一个药物的同步化作用后,肿瘤细胞即同步进入下一时相,再用作用于后一时相的药物。如先用羟基脲使肿瘤细胞滞留在 G_1 期,再用作用于 G_1-S 期的药物。

(二)联合用药疗法

联合应用多种不同生化机制的抗肿瘤药,以提高疗效。①合用作用于不同细胞周期的药物,可分别杀伤不同时期的肿瘤细胞,增强疗效;②合用生化作用机制不同的抗肿瘤药,可提高疗效;③合用毒性反应不相同的药物,降低药物毒性。

(三)大剂量间歇疗法

大多数抗肿瘤药采用小剂量连续给药的疗效不如大剂量间歇疗法的效果好,如果采用机体所能耐受的最大剂量,特别是在早期和健康状况良好的情况下,如应用甲氨蝶呤、多柔比星、环磷酰胺,通常治疗效果较好。这是因为:①一次大剂量药物杀灭的肿瘤细胞数将会超过同一药物多次小剂量使用所杀灭的肿瘤细胞数,疗效通常提高数倍到数十倍。此外,杀灭大量肿瘤细胞后,G_0 期细胞随之进入细胞增殖周期,当再次应用抗肿瘤药时,可杀灭增殖周期细胞。②大剂量间歇给予抗肿瘤药,随后停药,可使机体健康状况得以改善,特别是更有利于骨髓造血功能及免疫功能的恢复。③小剂量多次用药肿瘤细胞易产生耐药性,大剂量间歇给药可减少耐药性的产生。

临床应用

程序性死亡受体1(PD-1)阻断药

PD-1 是一类表达在 T 细胞和前 B 细胞表面的免疫球蛋白超家族受体,作为负性免疫调节因子,在肿瘤细胞的免疫逃逸过程中发挥重要作用。活化后的 T 细胞表达 PD-1,与抗原提呈细胞或肿瘤细胞上的配体 PD-L1 结合后,使 T 细胞功能降低,多数肿瘤细胞即通过这种机制逃避免疫细胞的攻击。目前靶向 PD-1 或其配体 PD-L1 的单克隆抗体类药物的研发是肿瘤治疗领域的研究热点。

2014 年 11 月 FDA 加速批准了纳武单抗(nivolumab,临床中常称其为 O 药)用于治疗对其他药物没有应答的不可切除的或转移性黑色素瘤患者。2015 年 FDA 又批准了纳武单抗用于治疗在经铂类药物为基础化学治疗期间或化学治疗后发生进展的转移性鳞状细胞非小细胞肺癌、接受含铂类方案治疗期间或之后出现疾病进展且肿瘤 PD-L1 表达阳性的复发性或转移性头颈部鳞状细胞癌、既往接受过两种或两种以上全身性治疗方案的晚期或复发性胃或胃食管连接部腺癌、晚期或转移性食管鳞状细胞癌等。

知识拓展

肿瘤疫苗

肿瘤疫苗是通过激活患者自身免疫系统，利用肿瘤细胞或肿瘤抗原物质诱导机体的特异性细胞免疫和体液免疫反应，增强机体的抗癌能力，阻止肿瘤的生长、扩散和复发，以达到清除或控制肿瘤的目的。按其用途可分为治疗性疫苗和预防性疫苗。处于研发后期的肿瘤疫苗已有 100 多个，世界范围已批准上市的恶性肿瘤疫苗有膀胱癌疫苗、宫颈癌疫苗、结肠癌疫苗和黑色素癌疫苗等多种，如加拿大的用于治疗Ⅳ期恶性黑色素瘤的疫苗是世界上第一个被批准上市的肿瘤疫苗，宫颈癌疫苗 Gardasil 于 2006 年获 FDA 批准，脑癌疫苗 DCVax-Brain 于 2007 年通过瑞士批准，古巴于 2008 年 6 月宣布治疗肺癌的疫苗 CimaVaxEGF 上市。2020 年 7 月 29 日，来自德国的一个科学家团队于 Nature 杂志描述了一种基于肿瘤相关抗原（TAA）的黑色素瘤 RNA 疫苗首个Ⅰ期人体试验数据显示，这款名为 FixVac 的疫苗能够诱导针对 TAAs 的效应 T 细胞响应，介导接受过免疫检查点阻断疗法治疗的黑色素瘤患者病情得到持久的客观缓解。我国目前还没有批准用于恶性肿瘤的疫苗上市，治疗恶性肿瘤的疫苗绝大多数仍然处在临床研究的阶段。

思 考 题

1. 细胞毒类抗肿瘤药按其抗肿瘤作用的生化机制可分为哪几类？各类药物的作用机制如何？
2. 紫杉醇发挥抗肿瘤作用的机制是什么？临床主要应用有哪些？
3. 细胞毒类抗肿瘤药的毒性反应主要有哪些？
4. 患者，女，53 岁，发现左乳肿块，肿块无明显疼痛，半年后因肿块增大明显而入院治疗。PET-CT 检查示左乳癌多发转移，行左乳肿块穿刺，病理检查示浸润性导管癌。荧光原位杂交（FISH）检测结果阳性（HER-2 基因扩增）。无手术指征。行白蛋白紫杉醇联合曲妥珠单抗（首剂 200 mg，维持 100 mg）治疗，3 个月后复查乳腺、上腹部 MRI、PET-CT，疗效评价为部分缓解。继续行原方案化学治疗出现中度肝功能升高，同时出现重度反甲，伴指甲脱落、色素沉着，手指麻木、疼痛。请回答：

（1）该病例为何采用紫杉醇和曲妥珠单抗联用？
（2）在使用紫杉醇过程中，针对出现的不良反应，应如何进行科学用药指导？

（李 飞）

第四十八章

影响免疫系统功能的药物

第四十八章数字资源

案例 48-1

患者，男，43岁，因慢性肾功能不全3个月前行肾移植手术，术后应用环孢素A和西罗莫司抗免疫治疗，恢复良好。3个月后患者开始出现咳嗽、呼吸气促、憋喘，并因此就诊，医生进行了相关检查，患者胸部X线检查显示双肺感染，医生考虑是免疫抑制药继发的肺部感染，故停用免疫抑制药，并同时应用亚胺培南、氟康唑、更昔洛韦三联抗感染治疗，5天后病情逐渐减轻，3周后肺部阴影消失。

问题：
1. 该病例发生肺部感染的原因是什么？
2. 如果你是这位医生，应如何给患者解释免疫抑制药的不良反应及注意事项。

影响免疫系统功能的药物可分为两类：①免疫抑制药（immunosuppressant），是指能抑制免疫活性过强者免疫反应的药物；②免疫调节药（immunomodulator），是指能增强、兴奋和恢复免疫功能低下者免疫功能的药物，即过去称为免疫增强药、免疫兴奋药等的一类药物，包括免疫佐剂、免疫恢复药、免疫替代药。

第一节 概 述

免疫系统是由参与免疫反应的各种细胞、组织和器官，如胸腺、骨髓、淋巴结、脾、扁桃体及分布在全身组织中的淋巴细胞和浆细胞等构成，这些组分及其正常功能是机体免疫功能的基础。免疫系统的主要功能有：①识别和清除外来入侵的抗原如病原微生物；②识别和清除体内发生突变的肿瘤细胞、衰老细胞、死亡细胞或其他有害的成分；③通过自身免疫耐受和免疫调节使免疫系统内环境保持稳定。

一、免疫应答

免疫应答（immune response）是指机体免疫系统接受抗原刺激后，淋巴细胞特异性识别抗原，发生活化、增殖、分化或失能、凋亡，进而发挥生物学效应的过程。免疫应答的最基本生物学意义是识别"自己"与"非己"，清除"非己"的抗原性物质，保护机体免受抗原异物侵袭。在某种情况下，免疫应答也可能对机体造成损伤，引起变态反应性疾病或其他免疫相关性疾病。

（一）免疫应答的类型

1. 非特异性免疫应答和特异性免疫应答 根据免疫应答是否针对特定抗原，可将免疫应答分为非特异性免疫应答和特异性免疫应答，即天然免疫应答和获得性免疫应答。非特异性免疫应答是机体遇到病原体后，能够迅速产生的反应，主要执行者是肥大细胞、粒细胞、单核巨噬细胞、自然杀伤细胞，以及血液和体液中存在的具有抗菌作用的补体。特异性免疫应答的主要执行者是 T 细胞、B 细胞和抗原提呈细胞，在非特异性免疫应答之后发挥作用，并在最终清除病原体、促进疾病痊愈及防止再感染中具有重要作用。根据参与免疫应答和介导免疫效应药理学的组分和细胞种类的不同，特异性免疫应答可分为 T 细胞介导的细胞免疫（cellular immunity）和 B 细胞介导的体液免疫（humoral immunity）。

2. 生理性免疫应答和病理性免疫应答 根据免疫功能是否正常，可将免疫应答分为生理性应答和病理性免疫应答。正常情况下，机体对"非己"抗原产生正应答，以免遭受外源性抗原侵害；对自身抗原则产生负应答（免疫耐受），以保护组织器官不受自身免疫反应攻击而受到损伤。上述二者均属于生理性免疫应答（免疫保护）。若免疫功能异常，可发生病理性免疫应答（免疫损伤），如机体对"非己"抗原产生过强应答，可引起变态反应；对"非己"抗原产生过弱或负应答，可引发免疫功能低下或缺失，从而导致严重微生物感染或肿瘤；若对自身抗原产生正应答，则可导致自身免疫病。

（二）特异性免疫应答的基本过程

机体接触抗原后产生的特异性免疫应答的基本过程可分为三期，即感应期、增殖分化期和效应期。感应期是巨噬细胞和免疫活性细胞处理和识别抗原阶段。增殖分化期是淋巴细胞被抗原激活，然后分化增殖并产生免疫活性物质的阶段。效应期是活化 T 细胞或抗体与相应的靶细胞或抗原接触，产生细胞免疫或体液免疫效应的阶段。

二、免疫病理反应

正常的免疫应答在抗感染、抗肿瘤及排斥异体物质方面具有重要作用，免疫系统中任何环节的功能障碍都会导致免疫病理反应。

1. 变态反应（hypersensitivity） 机体对"非己"抗原产生过强应答，可导致机体生理功能障碍或组织损伤。如果机体对自身抗原产生正应答，可造成自身组织的损伤，如系统性红斑狼疮、1 型糖尿病、类风湿性关节炎、多发性硬化等，称为自身免疫病（autoimmune disease，AID）。

2. 免疫增殖病（immunoproliferative disease） 由于产生免疫球蛋白的细胞异常增殖、免疫球蛋白异常增多而导致的一些疾病，如多发性骨髓瘤、巨球蛋白血症等。

3. 免疫缺陷病（immunodeficiency disease） 由于机体免疫系统结构或功能障碍，对"非己"抗原产生过弱或负应答而引起的疾病，包括先天性和获得性免疫缺陷病，主要表现为免疫功能低下。前者如免疫系统遗传基因异常，后者如人类免疫缺陷病毒（HIV）感染引起的获得性免疫缺陷综合征（AIDS，艾滋病）。免疫功能低下者易患实体瘤、血液肿瘤或感染性疾病。

4. 器官移植的排斥反应（graft rejection） 由免疫系统所介导，目前仍然是开展器官移植的重要障碍。

5. 肿瘤（tumor） 发生机制十分复杂，免疫监视功能低下是其重要的原因之一。

第二节 免疫抑制药

免疫抑制药是最早用于临床的免疫调节药。1962 年，硫唑嘌呤和肾上腺皮质激素联合应用防治器官移植的排斥反应获得成功。随着对自身免疫病发病机制认识的深化，免疫抑制药也试用于治疗自身免疫病。近年来，他克莫司、西罗莫司、霉酚酸酯等新药的研制成功，使免疫抑制药的研究步入新的阶段。

一、免疫抑制药的共同特点

1. 选择性差　多数免疫抑制药既能抑制免疫病理反应，又能抑制正常免疫反应；既能抑制细胞免疫，又能抑制体液免疫。免疫抑制药如长期应用，除各药特有的毒性外，还有降低机体抵抗力、增加肿瘤发生率及影响生殖系统功能等作用。

2. 对初次和再次免疫应答反应的抑制强度不同　由于免疫抑制药对处于增殖分化期的免疫细胞作用强，对已分化成熟的免疫细胞作用较弱，因此免疫抑制药对初次免疫应答反应的抑制作用较强，而对再次免疫应答反应的抑制作用较弱。

3. 不同类型的免疫病理反应对免疫抑制药的敏感性不同　如 I 型变态反应对细胞毒类药物不敏感，因为该类药物对已经形成的 IgE 无效。

4. 不同免疫抑制药作用于免疫病理反应的不同阶段　如硫唑嘌呤在抗原刺激后 24～48 h 给药，免疫抑制作用最强，因为该药主要影响处于增殖期的淋巴细胞；而糖皮质激素在抗原刺激前 24～48 h 给药，免疫抑制作用最强，这可能与其干扰免疫反应的感应期有关。

5. 有非特异性抗炎作用　多数免疫抑制药有非特异性抗炎作用。

二、免疫抑制药的临床应用

1. 防治器官移植的排斥反应　免疫抑制药可用于肾、肝、心脏、肺、角膜和骨髓等组织器官的移植手术，以防止排斥反应，这种情况需要长期用药。常用药物有环孢素 A、他克莫司、西罗莫司、霉酚酸酯和雷公藤总苷，也可将硫唑嘌呤或环磷酰胺与糖皮质激素联合应用。当发生明显排斥反应时，可在短期内大剂量使用，控制后即减量维持，以防用药过量产生毒性反应。

2. 治疗自身免疫病　免疫抑制药可用于自身免疫性溶血性贫血、特发性血小板减少性紫癜、肾病性慢性肾炎、类风湿性关节炎、系统性红斑狼疮、结节性多动脉炎等。糖皮质激素类药只能缓解自身免疫病的症状，而无根治作用，而且因毒性较大，长期应用易导致严重不良反应，包括诱发感染、恶性肿瘤等。新型免疫抑制药的联合应用可提高疗效，减轻毒性反应。

三、常用的免疫抑制药

常用的免疫抑制药可分为以下五类。

1. 钙调磷酸酶抑制药　环孢素 A（cyclosporin A）、他克莫司等。

2. 抗增殖与抗代谢类药　硫唑嘌呤、环磷酰胺、西罗莫司、霉酚酸酯、来氟米特、甲氨蝶呤等。

3. **抗体制剂** 抗T细胞多克隆抗体、白介素抑制药、抗CD3和阿仑单抗等。
4. **糖皮质激素类药** 泼尼松、甲泼尼龙等。
5. **其他** 中药类雷公藤相关制剂、羟氯喹、芬戈莫德、沙利度胺等。

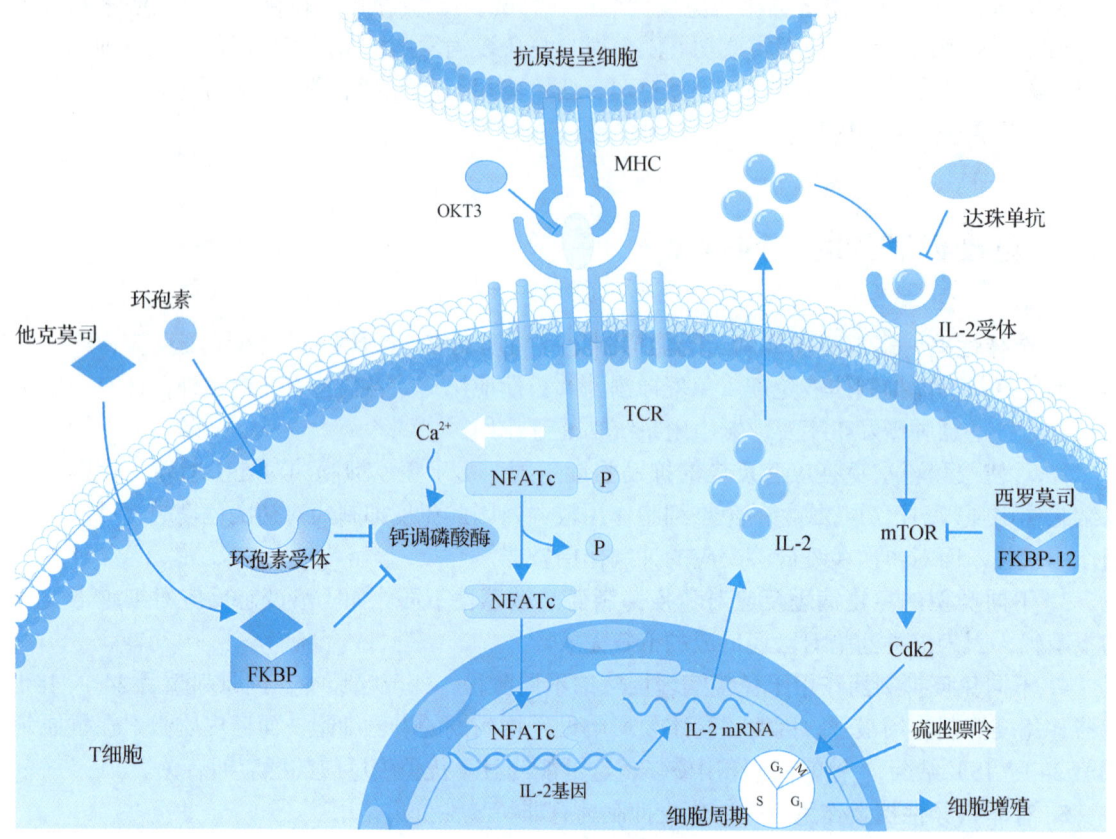

图48-1 部分免疫抑制药的作用机制

OKT3：抗人成熟T细胞共同分化抗原CD3的单克隆抗体；MHC：主要组织相容性复合体；TCR：T细胞抗原受体；NFATc：活化T细胞核因子蛋白；mTOR：哺乳动物雷帕霉素靶蛋白；cdk2：细胞周期蛋白依赖性激酶2；FKBP-12：他克莫司结合蛋白12

（一）钙调磷酸酶抑制药

钙调磷酸酶（calcineurin，CN）又称蛋白磷酸酶2B（PP2B），是迄今发现的唯一受Ca^{2+}和钙调蛋白（calmodulin，CaM）调节的丝氨酸/苏氨酸磷酸酶。在细胞信号传递的过程中，CN被Ca^{2+}和钙调蛋白激活后，通过对靶蛋白活化T细胞核因子蛋白（nucleus factor of activated t cell，NFAT）的脱磷酸化而实现对生理活动的调节。目前已经发现CN广泛分布于不同组织和多种类型的细胞中，并证实CN和NFAT蛋白参与控制免疫、神经、心血管、骨骼系统的发育和功能的信号的级联放大调节。以抑制CN为作用特点的免疫抑制药，最早开发出来的目的是抑制器官移植的免疫排斥。随着研究的深入，研究成果逐步应用到阿尔茨海默病、心肌肥大、关节炎等的治疗。

➢ **环孢素A（cyclosporin A，CsA）**

环孢素A又名环孢霉素A，是从真菌的代谢产物中分离的中性多肽。1972年发现其抗菌作用微弱，但有免疫抑制作用。1978年始用于临床防治排斥反应，获得满意的效果。因其毒性较小，是目前较受重视的免疫抑制药之一。

【体内过程】环孢素A溶于橄榄油中可以肌内注射，口服吸收慢且不完全，绝对生物利用度为20%~50%，首过效应可达27%；单次口服后3~4 h血药浓度达峰值；在血中约50%被红细胞摄取，4%~9%与淋巴细胞结合，约30%与血浆脂蛋白和其他蛋白质结合，血浆中游离药物仅占5%左右；$t_{1/2}$为14~17 h，大部分经肝代谢，自胆汁排出，0.1%药物以原型经尿排出。

【药理作用与作用机制】环孢素A主要选择性抑制细胞免疫和胸腺依赖性抗原的体液免疫。环孢素A抑制抗原刺激所引起的T细胞信号转导过程，减弱IL-1和抗凋亡蛋白等细胞因子的表达，增加转化生长因子β（transforming growth factor-β，TGF-β）的表达。TGF-β对IL-2刺激T细胞增殖有较大的抑制作用。环孢素A与环孢素受体（cyclophilin）结合形成复合物，通过抑制神经钙蛋白对NFAT去磷酸化的催化作用，抑制NFAT进入细胞核并阻止其诱导基因转录的过程。

【临床应用】

1. 器官移植排斥反应 主要用于预防和治疗同种异体器官移植或骨髓移植的排斥反应或移植物抗宿主反应，常单独应用，新的治疗方案主张环孢素A与小剂量糖皮质激素联合应用。临床研究表明，环孢素A可使器官移植后的排斥反应与感染发生率降低，存活率增加。

2. 自身免疫病 用于治疗大疱性天疱疮及类天疱疮，能改善皮肤损害，使自身抗体水平降低；还可局部用药，治疗接触性过敏性皮炎、银屑病。

3. 其他 用于治疗血吸虫病，防治某些植物病害如苹果腐烂病等。

【不良反应与注意事项】环孢素A的不良反应发生率较高，其严重程度与用药剂量、用药时间及血药浓度有关，多具可逆性。

1. 肾毒性 肾毒性是环孢素A最常见的不良反应，发生率为70%~100%。用药时应控制剂量，并密切监测肾功能，若血清肌酐水平超过用药前的30%，应减量或停用。避免与有肾毒性药物合用，如氨基糖苷类抗生素、两性霉素B等。用药期间应避免食用高钾食物、高钾药品及留钾利尿药。严重肾功能损害、未控制高血压者禁用或慎用。

2. 肝损害 多见于用药早期，表现为高胆红素血症，氨基转移酶、乳酸脱氢酶、碱性磷酸酶升高。大部分肝毒性病例在减少剂量后可缓解。应用时注意定期检查肝功能，严重肝功能损害者禁用或慎用。

3. 神经系统毒性 在器官移植或长期用药时发生，表现为震颤、惊厥、癫痫发作、神经痛、瘫痪、精神错乱、共济失调、昏迷等，减量或停用后可缓解。

4. 诱发肿瘤 有报道器官移植患者使用环孢素A后，肿瘤发生率可高达一般人群的30倍，用于治疗自身免疫病时，肿瘤发生率也明显增高。故应用时应注意定期进行体格检查，恶性肿瘤患者禁用。

5. 继发感染 长期用药可引起病毒感染、肺孢子菌感染或真菌感染，病死率高。治疗中如出现上述感染应及时停药，并进行有效的抗感染治疗。感染未得到控制的患者禁用。

6. 其他 如胃肠反应、过敏反应、多毛症、齿龈增生、嗜睡、乏力、高血压、闭经。对环孢素A过敏者、孕妇和哺乳期妇女禁用。

【药物相互作用】下列药物可影响环孢素A的血药浓度，应避免联合应用，若必须使用，应严密监测环孢素A血药浓度并调整其剂量。增加环孢素A血药浓度的药物：大环内酯类抗生素、多西环素、酮康唑、口服避孕药、钙通道阻滞药、大剂量甲泼尼龙等。降低环孢素A血药浓度的药物：苯巴比妥、苯妥英、利福平、异烟肼、卡马西平、甲氧苄啶及静脉给药的磺胺嘧啶等。

➤ **他克莫司（tacrolimus，FK506）**

他克莫司是一种强效免疫抑制药，由日本学者于1984年从筑波山土壤链霉菌属分离而得。

【体内过程】他克莫司口服吸收快，$t_{1/2}$为5~8 h，有效血药浓度可持续12 h。在体内经肝CYP3A4同工酶代谢后，由肠道排泄。

【药理作用与作用机制】他克莫司抑制淋巴细胞增殖,作用于 G_0 期细胞,抑制不同刺激所致的淋巴细胞增殖,包括刀豆素 A、T 细胞受体的单克隆受体、CD3 复合体或其他细胞表面受体诱导的淋巴细胞增殖等,但对 IL-2 刺激引起的淋巴细胞增殖无抑制作用。此外,他克莫司也抑制 Ca^{2+} 依赖性 T、B 细胞的活化和 T 细胞依赖的 B 细胞产生免疫球蛋白的能力。他克莫司与他克莫司结合蛋白(tacrolimus binding protein,FKBP)结合形成复合物,通过抑制神经钙蛋白对 NFAT 去磷酸化的催化作用,抑制 NFAT 进入细胞核并阻止其诱导基因转录的过程。

【临床应用】

1. 肝移植 他克莫司对肝有较强的亲和力,并可促进肝细胞的再生和修复,用于原发性肝癌肝移植及肝移植挽救性病例,疗效显著。使用他克莫司的患者,急性排斥反应的发生率和再次移植率降低,糖皮质激素类药的用量可减少。

2. 其他器官移植 他克莫司在肾移植和骨髓移植方面有较好疗效,与环孢素相比,在减少急性排斥反应的发生率、增加移植物的存活率和延长患者的生存期方面具有更大的优越性。

【不良反应与注意事项】他克莫司静脉注射常发生神经毒性,轻者表现为头痛、震颤、失眠、畏光、感觉迟钝等,重者可出现运动不能、缄默症、癫痫发作、脑病等,大多在减量或停用后消失;可直接或间接地影响肾小球滤过率,诱发急性或慢性肾毒性;对胰岛 β 细胞具有毒性作用,可导致高血糖;大剂量应用时可致生殖系统毒性。

(二)抗增殖与抗代谢类药

➢ 西罗莫司(sirolimus)

西罗莫司又名雷帕霉素(rapamycin,Rapa),是 1975 年加拿大 Ayerst 研究所的研究者从 Easter 岛土壤吸水链霉菌中分离出来的抗真菌药物,属于 31 元环内酯。1988 年发现其具有免疫抑制作用,单用或与环孢素 A 合用可延长移植物的存活时间。西罗莫司结构与他克莫司相似,但作用机制不同。

【药理作用】西罗莫司能与他克莫司结合蛋白(FKBP-12)结合形成复合物,抑制蛋白激酶 mTOR/P70 S6 通路的活性,阻滞细胞周期从 G_1 期向 S 期过渡,可阻断 Ca^{2+} 依赖性和 Ca^{2+} 非依赖性 T、B 细胞活化和免疫球蛋白的产生。此外,西罗莫司还能抑制 IL-2、IFN-α 等细胞因子的产生,以及其他非免疫细胞如血管内皮细胞、成纤维细胞的增殖,可能有抗肿瘤和动脉保护作用。

【临床应用】西罗莫司能治疗多种器官和皮肤移植物引起的排斥反应,尤其对慢性排斥反应疗效明显。西罗莫司与他克莫司有协同作用,低剂量联合应用可产生有效的免疫抑制作用;与环孢素 A 有协同作用,能延长移植物的存活时间,减轻环孢素 A 的肾毒性,提高治疗指数。

【不良反应】西罗莫司主要不良反应是骨髓抑制和高血脂,可引起血甘油三酯、胆固醇水平升高和血小板、白细胞减少;有肝病、感染、高血脂或其他严重及慢性疾病患者慎用;小于 13 岁儿童禁用;对胎儿是否有影响尚不清楚;此外,还可引起食欲缺乏、呕吐、腹泻,严重者可出现消化性溃疡、间质性肺炎和血管炎。

➢ 霉酚酸酯(mycophenolate mofetil,MMF)

霉酚酸酯是麦考酚酸(mycophenolic acid,MPA)的酯类衍生物,又名吗替麦考酚酯或者麦考酚吗乙酯,具有独特的免疫抑制作用和较高的安全性,1995 年 5 月由美国 FDA 批准开始用于肾移植,目前已广泛用于心脏、肝和小肠等器官移植。

霉酚酸酯口服后在体内迅速水解为活性代谢产物 MPA 而发挥作用。MPA 选择性抑制肌苷单磷酸脱氢酶(inosine monophosphate dehydrogenase,IMPDH),该酶是鸟嘌呤核苷酸的重要合成酶。因此,MPA 可以选择性抑制淋巴细胞的增殖和功能,包括抗体形成、细胞黏附和迁移等。

霉酚酸酯临床主要用于肾、心脏移植,对银屑病、类风湿性关节炎、系统性红斑狼疮性血管炎等也有一定疗效，此外，还用于预防卡氏肺孢子菌感染。霉酚酸酯无明显肝、肾毒性，常见不良反应有胃肠反应、贫血、白细胞减少、机会性感染如巨细胞病毒感染和诱发肿瘤（最常见的是皮肤癌）等。动物实验表明霉酚酸酯有致畸作用。

➤ 来氟米特（lefunomide）

来氟米特是具有抗增殖作用的异噁唑类免疫抑制药。对非特异性免疫、体液免疫、细胞免疫、局部结缔组织增生、局部炎症、全身炎症、细胞因子等均有抑制作用。其口服吸收迅速，吸收后在胃肠黏膜和肝中转变为活性代谢产物 A771726 而发挥药理作用，后者可逆性抑制嘧啶核苷酸合成途径起始的限速酶（二氢乳清酸脱氢酶和酪氨酸激酶）的活性，从而阻断嘧啶核苷酸合成途径和细胞信号转导过程。口服来氟米特后 6～12 h，其活性代谢产物 A771726 的血药浓度达峰值，口服生物利用度约 80%，吸收不受高脂肪饮食影响。A771726 主要分布于肝、肾和皮肤组织，血浆浓度较低，血浆蛋白结合率 >99%。经肾与胆汁排泄，$t_{1/2}$ 约为 10 天。来氟米特临床用于治疗类风湿性关节炎、系统性红斑狼疮、难治性肾病综合征等自身免疫病。近年来发现其在子宫内膜异位症的治疗中具有较好效果。不良反应随剂量增加而增加，表现为胃肠不适、可逆性氨基转移酶升高、皮疹、体重减轻和可逆性脱发等。来氟米特的疗效与中等剂量甲氨蝶呤接近，对不能接受甲氨蝶呤全剂量治疗的患者，合用来氟米特也能取得很好的疗效，但不良反应较多、较重，中断治疗的比率较高。

➤ 硫唑嘌呤（Azathioprine, Aza）

硫唑嘌呤为 6-巯基嘌呤的衍生物，属于嘌呤类抗代谢药。硫唑嘌呤通过干扰嘌呤代谢的各环节，抑制嘌呤核苷酸合成，进而抑制细胞 DNA、RNA 及蛋白质合成，发挥抑制 T 细胞、B 细胞及 NK 细胞的效应，故能同时抑制细胞免疫和体液免疫反应，但不抑制巨噬细胞的吞噬功能。硫唑嘌呤主要用于肾移植排斥反应和类风湿性关节炎、系统性红斑狼疮等多种自身免疫病的治疗。用药时应注意监测血常规和肝功能。由于不良反应较多且严重，在单用糖皮质激素类药不能控制时才使用，不作为首选药应用。在环孢素 A 用于临床后，硫唑嘌呤逐渐成为二线药物。

➤ 环磷酰胺（Cyclophosphamide, CTX）

环磷酰胺不仅杀伤增殖分化期淋巴细胞，而且影响静止细胞，故能使循环中的淋巴细胞数目减少。B 细胞较 T 细胞对该药更为敏感。环磷酰胺明显降低 NK 细胞活性，从而抑制初次和再次体液与细胞免疫反应，临床常用于防治排斥反应与移植物抗宿主反应，以及长期应用糖皮质激素类药不能缓解的多种自身免疫病。不良反应有骨髓抑制、胃肠道反应、出血性膀胱炎和脱发等。

➤ 甲氨蝶呤（Methotrexate, MTX）

甲氨蝶呤为抗叶酸类抗代谢药，主要用于治疗自身免疫病。

（三）抗体制剂

➤ 抗 T 细胞多克隆抗体

抗 T 细胞多克隆抗体包括抗淋巴细胞球蛋白（anti-lymphocyte globulin, ALG）或抗胸腺细胞球蛋白（anti-thymocyte globulin, ATG），由人的淋巴细胞或胸腺细胞免疫马、兔等产生抗淋巴细胞抗血清或抗胸腺细胞抗血清，经过提纯、分离而得。

【药理作用】ATG 或 ALG 含有细胞毒性抗体，能与人 T 细胞表面 CD2、CD3、CD4、CD8 等分子结合，迅速显著减少淋巴细胞数量，降低淋巴细胞的增殖功能。典型的急性细胞性排斥用 ALG 或 ATG 治疗最为有效；而血管性排斥主要表现为内皮和肾小球的损害，主要以体液免疫为主，而非细胞免疫，因此 ALG 或 ATG 对该型的治疗效果不满意。

【临床应用】ALG 或 ATG 主要应用于预防和治疗急、慢性移植器官排斥反应；试用于治疗白血病、多发性硬化、重症肌无力、溃疡性结肠炎、类风湿性关节炎、系统性红斑狼疮等疾病。由于环孢素 A、他克莫司、霉酚酸酯的广泛应用，ALG 或 ATG 原则上只在整个连续免疫抑制治疗方案中，作为"诱导"治疗，在 5～7 天的 ALG/ATG 和硫唑嘌呤/霉酚酸酯治疗后，续以环孢素 A，延迟应用环孢素 A 主要是为了在进一步的肾中毒发生前，允许移植肾的功能恢复。在 ATG 或 ALG 治疗期间，可减少硫唑嘌呤、环孢素 A、糖皮质激素类药的剂量。

【不良反应】ALG 或 ATG 常见不良反应有发热、畏寒、过敏反应、白细胞减少、血小板减少（发生率约 10%）等，一般不必停药，经对症治疗或适当减少剂量可解决；使用 ALG 等后，器官移植受者病死率和感染、肿瘤的发生率与其他免疫抑制药相似，常见的感染是巨细胞病毒感染。

➤ 莫罗单抗 -CD3/4（muromonab-CD3/4，orthoclone OKT3/4，OKT3/4）

莫罗单抗 -CD3/4 是鼠单克隆抗体，其免疫抑制作用与多克隆抗体（如抗胸腺细胞球蛋白）相比较强。莫罗单抗 -CD3/4 通过与 T 细胞表面的 CD3/4 糖蛋白结合，阻断抗原与抗原识别物的结合，抑制 T 细胞参与免疫反应。

【临床应用】莫罗单抗 -CD3/4 临床主要用于防治肝、肾、心脏移植时的排斥反应，特别是急性排斥反应；也可用于骨髓移植前从供体骨髓中清除 T 细胞。

【不良反应】莫罗单抗 -CD3/4 常见不良反应有细胞因子释放综合征（临床症状可从感冒样症状直至威胁生命的休克样反应）、癫痫、脑病、脑水肿、无菌性脑膜炎、头痛等；可诱发感染（常见病毒感染）和肿瘤（常见淋巴细胞增殖性病变和皮肤癌）。

➤ IL-2 受体单克隆抗体

人源性抗 IL-2 受体单克隆抗体包括达珠单抗（daclizumab）和巴利昔单抗（basiliximab），为重组 DNA 产品，其靶点为 IL-2 受体的 α 亚单位（IL-2Rα，也称 CD25）。

【药理作用】IL-2Rα 仅表达于激活的淋巴细胞上，因此，抗 IL-2 受体单克隆抗体仅破坏激活的淋巴细胞，特异性高于 CD3 单抗，不良反应明显减少。利用重组 DNA 技术制备了含部分人基因片段的嵌合式单克隆抗体巴利昔单抗，或人源化单克隆抗体达珠单抗，降低了宿主抗体反应，减少过敏反应的发生。

【临床应用】达珠单抗和巴利昔单抗主要用于移植早期，用于预防肾移植受者的急性排斥，也可在移植后期应用，是安全有效的免疫抑制辅助治疗药物。在接受环孢素 A、泼尼松二联免疫抑制用药时，达珠单抗或巴利昔单抗可作为治疗方案的一部分，提高 1 年移植肾存活率。联合三联免疫抑制药（环孢素 A、泼尼松、硫唑嘌呤，或环孢素、泼尼松、霉酚酸酯）时，可降低移植后 6 个月时急性排斥的发生率，但 1 年移植肾存活率的提高不明显。

【不良反应】与其他抗体相比，达珠单抗和巴利昔单抗作用特异性高，有更高的安全性，应用后较少发生过敏性反应，也没有发现细胞因子释放综合征；在传统的二联或三联免疫治疗方案中，加入达珠单抗或巴利昔单抗，不会增加不良反应和并发症如感染、恶性肿瘤、高脂血症的发生率。

（四）糖皮质激素类药

【免疫抑制作用与作用机制】糖皮质激素类药作用于免疫反应的各期，对免疫反应的多个环节都有抑制作用，如在免疫应答感应期抑制巨噬细胞吞噬和处理抗原的功能，在增殖分化期抑制 T 细胞增殖及 T 细胞依赖性免疫功能，在效应期抑制白介素 -1、白介素 -2、白介素 -6 等细胞因子的生成，减轻效应期的免疫性炎症反应等。

【临床应用】20 世纪 60 年代，糖皮质激素类药是治疗器官移植排斥反应的主要免疫抑制药。目前，糖皮质激素类药作为综合治疗的药物之一，用于器官移植排斥反应、自身免疫病和过敏性疾病，但只能缓解症状，且停药后易复发。

1. 防治器官移植的排斥反应 糖皮质激素类药可用于肾、肝、心脏、肺、角膜和骨髓等组织器官的移植手术，以防止排斥反应。糖皮质激素用于抗慢性排斥反应时，常将泼尼松与环孢素A、硫唑嘌呤等其他免疫抑制药合用，于器官移植前1~2天开始给药；用于抗急性排斥反应时，多采用甲泼尼龙大剂量给药，若与环孢素A等免疫抑制药合用，疗效更好，并可减少两者的剂量。

2. 治疗自身免疫病 糖皮质激素类药是治疗多发性皮肌炎、重症系统性红斑狼疮的首选药，对严重风湿热、风湿性心肌炎、结节性多动脉炎、风湿性及类风湿性关节炎、自身免疫性贫血和肾病综合征等，一般采用综合疗法，不宜单独使用糖皮质激素类药，以免引起毒性反应。

3. 治疗过敏性疾病 对于血清病、过敏性鼻炎、支气管哮喘、荨麻疹、过敏性休克、湿疹、输血反应、血管神经性水肿和过敏性血小板减少性紫癜等，主要应用抗组胺药和肾上腺素受体激动药，对严重病例或其他药物无效时，可用糖皮质激素类药辅助治疗，旨在抑制抗原-抗体反应引起的组织损害性炎症过程。

（五）其他

➢ **雷公藤总苷（tripterygium glycosides）**

雷公藤总苷具有较强的免疫抑制作用，可抑制小鼠脾淋巴细胞和人外周血淋巴细胞的增殖反应、迟发型变态反应、宿主抗移植物反应和移植物抗宿主反应，还可抑制细胞免疫和体液免疫，减少淋巴细胞数量，抑制IL-2生成，并有较强的抗炎作用。

【临床应用】雷公藤总苷主要用于治疗自身免疫病，如类风湿性关节炎、原发和继发性肾病综合征、成人各型肾炎、狼疮性或紫癜性肾炎、麻风反应。对银屑病、皮肌炎、变应性血管炎、异位性皮炎、自身免疫性肝炎、自身免疫性白细胞及血小板减少等也有一定疗效。

【不良反应】雷公藤总苷不良反应较多，但停药后多可恢复。约20%患者出现胃肠道反应，如食欲缺乏、恶心、呕吐、腹痛、腹泻、便秘；约6%患者出现白细胞减少；偶见血小板减少和皮肤、黏膜反应（如口腔黏膜溃疡、眼干涩、皮肤毛囊角化、黑色素加深）；也可导致月经紊乱、精子数目减少或活力降低等。

➢ **羟氯喹（hydroxychloroquine）**

羟氯喹属4-氨基喹啉类，是氯喹的羟基衍生物，这类药物化学结构相似，作用机制相近。羟氯喹除有效治疗疟疾外，目前已发现其具有免疫抑制、抗炎、抗病毒、抗肿瘤、光保护、抗血栓等其他作用。

【免疫抑制作用与作用机制】羟氯喹目前被认为是一类免疫抑制药，当前研究结果表明其抑制免疫的作用主要通过内涵体和溶酶体的碱化作用来实现。氯喹或羟氯喹非质子化部分可以进入细胞内并被质子化，积聚在溶酶体、内涵体等低pH的细胞器的酸性囊泡中，升高溶酶体内的pH，破坏溶酶体膜的稳定性和自噬体的成熟，抑制抗原在溶酶体途径上的提呈及后期的免疫激活。羟氯喹主要作用的靶细胞是单核细胞，可减少浆细胞样树突状细胞活化产生的TNF-α、IFN-α、IL-6和CC趋化因子配体4（CCL-4）。

【临床应用】

1. 系统性红斑狼疮（SLE） 羟氯喹可作为SLE患者的基础用药，在无禁忌证的情况下可以长期使用。羟氯喹可减轻SLE患者的器官损害风险和疾病活动度，降低SLE患者的死亡率，延长生存期，并且可能呈时间依赖性，即使用羟氯喹的时间越长，患者病死率越低。妊娠期患者使用羟氯喹对胎儿是安全的，对新生儿没有不良影响。羟氯喹的初始剂量建议为400 mg/d，持续3~6个月或以上。此后进入维持治疗期，可适当减少剂量。

2. 类风湿性关节炎 2010年《中国类风湿性关节炎诊断和治疗指南》推荐羟氯喹的剂量为400 mg/d，平均使用时间6~24个月。我国台湾的一项研究发现，使用羟氯喹还可以减少类风湿性关节炎患者慢性肾病的发生率。

3. 干燥综合征 使用羟氯喹治疗时，剂量不超过 400 mg/d。

【不良反应】氯喹的不良反应比较大，主要是胃肠道反应，如食欲减退、恶心、呕吐、腹泻，最严重的是角膜及视网膜损害。眼底病变尤其是双侧不可逆视网膜病变的发生与药物的累积剂量有关，服药≥5 年者视网膜病变率为 7.5%，服药≥20 年者患病率上升至 20%~50%，出现视网膜损害的平均时间为 7 年，因此建议每 3~6 个月进行一次视网膜结构和功能评估。对此类药过敏的患者，以及有眼底黄斑病变者禁用。

➢ **芬戈莫德（Fingolimod，FTY720）**

芬戈莫德是从冬虫夏草培养液中提取并分离出的一种具有免疫抑制作用的成分 ISP-1 并经过结构修饰而得。其作用机制主要通过结合淋巴细胞表面的鞘氨醇-1-磷酸（sphingosine-1-phosphate，S1P）受体发挥作用。芬戈莫德与 S1P 受体结合后可以促进淋巴细胞归巢、诱导淋巴细胞凋亡等，从而发挥免疫抑制作用，但并不影响淋巴细胞的活化和增殖。与传统的用于器官移植排斥的免疫抑制药（如环孢素 A、他克莫司）相比，芬戈莫德免疫抑制作用更强，且与环孢素 A、他克莫司联合使用具有很好的协同作用，同时减少它们的不良反应，可用于预防急性排斥反应的发生，也能逆转已经发生的排斥反应。同时，芬戈莫德在发挥免疫调节作用的同时并不降低患者的免疫功能。芬戈莫德的口服生物利用度高，在Ⅰ期临床试验中，表现出良好的耐受性，无肝、肾、骨髓及胰腺毒性，在器官移植中有很好的临床应用前景。

➢ **沙利度胺（thalidomide）**

沙利度胺（thalidomide）又名反应停，曾经作为抗妊娠反应药在欧洲和日本广泛使用，造成了大量海豹儿畸形胎儿的出生，史称"反应停事件"。1965 年研究发现沙利度胺对麻风病患者的自身免疫症状有治疗作用。后续的研究陆续证明沙利度胺对人体免疫系统有调节作用，在免疫反应中既有免疫抑制作用又有免疫兴奋作用，主要通过对单核细胞因子的抑制和对淋巴细胞活化的共刺激效应的正、负协调来发挥作用。1998 年，美国 FDA 批准沙利度胺作为一种治疗麻风性结节性红斑的药物上市销售。此外，在临床上沙利度胺还可用于类风湿性关节炎、麻风病。常见不良反应有口鼻干燥、嗜睡、眩晕、皮疹、便秘、可能引起多发性神经炎、过敏反应。孕妇禁用。

知识拓展

从抗疟药到免疫抑制药的华丽转身

羟氯喹与氯喹、奎宁同属喹啉类衍生物，是一种重要的抗疟药。最早来源于秘鲁的金鸡纳树皮——印第安人的"生命之树"。1820 年，法国著名药学家 Pelletier 和 Caventou 成功从金鸡纳树皮中提取出历史上最早的抗疟药——奎宁，使得奎宁成为治疗发热性疾病的首选药物。第二次世界大战期间，科学家们化学合成了奎宁。此后，这个药被用为西南太平洋士兵预防疟疾的指定药物。但是，疟原虫逐渐对奎宁产生了抗药性。1934 年德国科学家 Hans Andersag 合成了氯喹。氯喹比奎宁更加安全有效，广泛用于治疗和预防疟疾。作为一种抗疟药，为何会用于治疗风湿病呢？二战期间，为了防止士兵遭受疟疾侵害，降低部队战斗力，于是大量使用奎宁防治疟疾。意想不到的结果是，患有风湿病的士兵在使用奎宁后，他们的皮疹和关节炎有了明显的改善。这让科学家们意识到抗疟药可以治疗风湿性疾病，于是开始了系统研究。1941 年，Prokoptochouk 和 Birt 采用奎宁 300 mg/d 治疗盘状红斑狼疮 35 例，取得成功。此后随着医学的发展，科学家们合成了更有效的氯喹、羟氯喹，抗疟药正式用于治疗风湿性疾病。

第三节 免疫调节药

免疫调节药主要用于增强机体的抗肿瘤、抗感染能力和纠正免疫缺陷。该类药物能激活一种或多种免疫活性细胞，增强机体的非特异性和特异性免疫功能，使低下的免疫功能恢复正常；或具有佐剂作用，增强与之合用的抗原的免疫原性，加速诱导免疫应答反应；或代替体内缺乏的免疫活性成分，产生免疫替代作用；或对机体的免疫功能产生双向调节作用，使过高或过低的免疫功能趋于正常等。临床上免疫调节药主要用于免疫缺陷病、恶性肿瘤的免疫治疗和难治性细菌或病毒感染。

一、免疫调节药的分类

常用免疫调节药按照来源不同可分为以下五类。

1. 微生物来源的药物 卡介苗、短棒状杆菌制剂、溶血性链球菌制剂、辅酶 Q10 等。

2. 人或动物免疫系统的产物 胸腺素、转移因子、免疫核糖核酸、干扰素、白介素、免疫球蛋白等。

3. 化学合成药物 左旋咪唑、异丙肌苷、聚肌苷酸 - 聚胞苷酸、聚腺苷酸 - 聚尿苷酸等。

4. 真菌多糖类 云芝多糖、牛膝多糖等。

5. 中药及其他类 人参、黄芪、枸杞、白芍、淫羊藿等中药有效成分，植物血凝素、刀豆素 A、胎盘脂多糖等。

二、免疫调节药的临床应用

1. 治疗免疫缺陷病 免疫缺陷病的共同特点是反复出现感染，联合应用免疫增强药与抗微生物药，可增强机体抗感染免疫力，提高疗效。胸腺素、白介素 -2、转移因子、干扰素、异丙肌苷等用于治疗获得性免疫缺陷综合征、先天性无胸腺症、重症联合免疫缺陷、毛细血管扩张性共济失调综合征等以细胞免疫缺陷为主的疾病有一定疗效。丙种球蛋白可用于治疗先天性无丙种球蛋白血症等体液免疫缺陷性疾病。

2. 治疗慢性难治性感染 对于一些慢性细菌性、真菌性或病毒性感染，单用抗微生物药难以控制时，可联合应用免疫增强药，如胸腺素、转移因子、异丙肌苷及干扰素诱导剂。

3. 治疗肿瘤 肿瘤患者均有不同程度的免疫功能缺陷，放射治疗和化学治疗均有免疫抑制作用，应用免疫增强药可增强患者的免疫功能，减轻或防止放射治疗或化学治疗对免疫系统造成的损伤，从而增强疗效，降低肿瘤复发率，延长生存期。

三、常用的免疫调节药

➤ 卡介苗（bacillus calmette-guerin vaccine，BCG）

卡介苗又名结核菌苗，是牛结核分枝杆菌的减毒活菌苗。

【药理作用与作用机制】 卡介苗有免疫佐剂作用，能增强与其合用的各种抗原的免疫原性，加速诱导免疫应答，提高细胞和体液免疫的功能；刺激多种免疫细胞如巨噬细胞、T 细胞、B

细胞和NK细胞活性,从而增强机体的非特异性免疫功能。研究表明,预先或早期应用卡介苗,可增强小鼠对病毒或细菌感染的抵抗力,延长荷瘤动物的生存时间,降低死亡率,减慢肿瘤增长速度及减少转移。卡介苗的疗效与肿瘤的抗原性强弱、宿主的免疫状态及卡介苗的给药途径有关。瘤内注射或向引流的淋巴结内注射效果较好。

【临床应用】卡介苗常用于治疗恶性黑色素瘤、白血病及肺癌,也用于治疗乳腺癌、消化道肿瘤,可延长患者的存活期。黑色素瘤是用卡介苗治疗最多的一种实体瘤。

【不良反应】卡介苗可导致注射局部出现红斑、硬结和溃疡,也可引起寒战、高热、全身不适等;反复瘤内注射可发生过敏性休克或肉芽肿性肝炎;严重免疫功能低下的患者,可出现播散性卡介苗感染;如剂量过大,可降低免疫功能,甚至促进肿瘤生长。

> 白介素-2(interleukin-2,IL-2)

白介素-2与相应细胞的白介素-2受体结合后,具有广泛的免疫增强和调节功能。该药诱导T细胞增殖,激活B细胞产生抗体,活化巨噬细胞,增强NK细胞和淋巴因子活化的杀伤细胞活性,以及诱导IFN产生。从恶性肿瘤患者体内取出白细胞与白介素-2体外培养诱导,激活细胞毒性淋巴细胞后再输入体内,临床效果显著。晚期恶性肿瘤患者常有典型的抑郁感,但注射白介素-2后,患者反应"良好",甚至"异常欣快"。但其抗肿瘤的确切疗效有待进一步评价。此外,该药还试用于免疫缺陷病、自身免疫病及抗衰老等。主要不良反应有胃肠道反应如恶心、呕吐、腹泻、食欲缺乏,另有神经精神症状如幻觉、妄想、定向障碍及辨认错误。

> 干扰素(interferon,IFN)

IFN是第一个被深入研究的细胞因子,可分为α、β、γ三类。各种哺乳动物的细胞,包括淋巴细胞、巨噬细胞或成纤维细胞均可因病毒感染或其他刺激而产生IFN。现采用DNA重组技术生产高纯度IFN。IFN对酸、碱、热有较强的抵抗力,但易被蛋白酶等破坏。IFN的抗病毒作用首先被发现,后来发现它们具有重要的免疫调节活性,以IFN-γ的免疫调节活性最强。IFN具有高度的种属特异性,故动物的IFN对人无效。

IFN静脉注射后,可迅速从血中清除,其$t_{1/2}$为2~4 h;肌内注射后5~8 h可达药峰浓度。人类IFN-α与IFN-γ的药动学相似,但肌内注射IFN-β后的血药浓度较低。IFN不易透过血脑屏障。IFN-α和IFN-β分别在肾和肝内代谢。IFN尚可抑制CYP,故与化学治疗药配伍应用时应谨慎。

IFN为广谱抗病毒药,其作用环节可能是蛋白质合成阶段,临床用于病毒感染性疾病,如疱疹性角膜炎、病毒性眼病、带状疱疹和慢性乙型肝炎。除抗病毒作用外,该药还可调节抗体生成,增加或激活单核巨噬细胞的功能、特异性细胞毒作用和NK细胞的杀伤作用等。IFN对免疫应答的总效应随其应用剂量和时间不同而异,小剂量增强免疫功能(包括细胞免疫与体液免疫),大剂量则有抑制免疫作用。IFN的抗肿瘤作用在于其既可直接抑制肿瘤细胞的生长,又可通过免疫调节发挥作用。临床试验表明,该药对成骨肉瘤疗效较好,对肾细胞癌、黑色素瘤、乳腺癌等有效,对肺癌、胃肠道肿瘤及某些淋巴瘤无效。

IFN大剂量可致可逆性血细胞减少,以白细胞和血小板减少为主;偶见过敏反应、肝肾功能障碍及注射局部疼痛与红肿等。过敏体质、严重肝功能不全及肾功能不全、白细胞及血小板减少患者慎用。

> 转移因子(transfer factor,TF)

转移因子是从正常人的淋巴细胞或脾、扁桃体等淋巴组织中提取的一种核酸肽,不被RNA酶、DNA酶及胰酶破坏,无抗原性。

转移因子可将供体的细胞免疫信息转移给受者,使受者的淋巴细胞转化并增殖分化为致敏淋巴细胞,由此获得供体的特异性和非特异性的细胞免疫功能。其作用机制可能是转移因子的RNA通过反转录酶的作用渗入受者的淋巴细胞中,形成含有转移因子密码的特异DNA。转移因子对细胞免疫有增强和抑制的双向调节作用，但对体液免疫无影响。该药还能促进 IFN 的释放。

转移因子主要用于原发或继发性细胞免疫缺陷性疾病、难治性病毒或真菌感染及肿瘤的辅助治疗，但对原发性淋巴细胞障碍、胸腺发育不全或 T 细胞活性完全缺失的患者单用无效。先天性低丙种球蛋白血症患者经转移因子治疗后，IgG 的生成能得到改善。

转移因子不良反应较少，注射局部有酸、胀、痛感，个别病例出现风疹性皮疹、皮肤瘙痒，少数人有短暂发热。慢性活动性肝炎患者用药后可出现肝功能损害加重，然后逐渐恢复。

> 胸腺素 α1（thymosin α1，Tα1）

Tα1 是一种含 28 个氨基酸的免疫活性多肽，主要作用是促进 T 细胞分化成熟。Tα1 可调节胸腺细胞的末端脱氧核苷酸转移酶（TdT）水平，刺激 IFN、IL-2 及其受体产生，纠正免疫缺陷，与其他生物反应调节剂如 IL-2、IFN-α、胸腺因子等有协同作用。临床上 Tα1 主要作为肿瘤患者和慢性活动性肝炎患者的免疫调节药，如辅助放射治疗防止肺癌复发、增强老年人使用的流感疫苗的滴度、增强对慢性乙肝病毒的抵抗力。对于 HBsAg 和 HBeAg 阳性的慢性活动性肝炎患者，Tα1 可通过升高 CD3 和 CD4 的绝对数而缓解症状，并抑制 HBV 复制，其作用与单独使用 IFN-α 的疗效相同。在某些情况下，Tα1 与其他药物合用疗效更显著。

> 左旋咪唑（levamisole，LMS）

左旋咪唑原是一种广谱驱虫药。1971 年发现该药可增强布鲁氏菌苗在小鼠体内的预防作用，并注意到左旋咪唑治疗线虫感染动物的同时也治愈其他无关的感染。左旋咪唑对抗体产生有双向调节作用，对免疫功能正常的人或动物的抗体形成无影响，但当体液免疫功能低下时，能使之恢复正常水平。左旋咪唑可使被抑制的细胞免疫功能恢复正常，如增强或恢复低或无反应性病例对各种抗原的迟发型变态反应，提高 T 细胞的 E 玫瑰花结形成率，诱导淋巴细胞的增殖反应。此外，左旋咪唑还能增强巨噬细胞和中性多形核粒细胞的趋化与吞噬功能，增强杀菌作用等，此作用可能与激活磷酸二酯酶，从而降低淋巴细胞和巨噬细胞内 cAMP 含量有关。左旋咪唑用药后在体内产生一种血清因子，可在体外模拟胸腺素促使前 T 细胞分化，诱导 IL-2 的产生。其免疫调节的机制尚待进一步阐明。

左旋咪唑可经消化道、肌内或皮下注射给药，吸收良好；成人口服后 2～4 h 内血药浓度达峰值；主要在肝内代谢，原型经肾排泄的药量很少（少于口服量的 5%）。该药及其代谢产物的 $t_{1/2}$ 分别为 4 h 和 16 h，但单剂的免疫药理作用往往可持续 5～7 天，故目前常用每周 1 次的治疗方案。

左旋咪唑可降低免疫缺陷患者感染的发病率，并减少患者对抗微生物药的依赖性，对慢性反复发作的细菌感染如麻风分枝杆菌和布鲁氏菌感染也有效；对类风湿性关节炎的作用与青霉胺及金制剂相仿，其机制可能与其刺激抑制性 T 细胞的功能，使类风湿因子的滴度及循环免疫复合物的水平下降有关；左旋咪唑还作为化学治疗药的辅助药物用于治疗多种肿瘤。在进行肿瘤手术及放射治疗后用左旋咪唑可以延长缓解期，降低复发率，延长寿命。左旋咪唑对鳞状上皮癌的疗效较好，也可减轻抗肿瘤药所致的骨髓抑制、出血及并发感染。

左旋咪唑不良反应发生率较低，主要有消化道反应、神经系统反应（如头晕、失眠）和过敏反应（如荨麻疹）。长期连续用药时，可出现粒细胞减少症，停药后可恢复。偶见肝功能异常。肝炎活动期患者禁用。

> 异丙肌苷（inosine Pranobex）

异丙肌苷诱导 T 细胞分化成熟，增强细胞免疫功能；对 B 细胞无直接作用，但可增加 T 细胞依赖性抗体的产生；在一定条件下，可诱导抑制性 T 细胞的活性，呈现双向免疫调节作用。

异丙肌苷主要用于病毒感染性疾病的治疗，疗效较佳，如急性病毒性脑炎患者应用异丙肌苷治疗后恢复较快，且多数患者无神经系统后遗症。异丙肌苷与化学治疗、放射治疗或 IFN 联合应用治疗肿瘤，可提高疗效，并恢复患者的免疫功能。应用异丙肌苷治疗类风湿性关节炎，可迅速缓解症状。

➤ **云芝多糖 K**（polysaccharide of coriolus versicolor，krestin，PS-K）

云芝多糖 K 是从担子菌的杂色云芝深层液体培养所得菌丝体内提取的一种蛋白多糖，能增加食欲，保护肝细胞，提高网状内皮系统的吞噬功能，并诱导血清 IFN 生成，临床用于治疗慢性肝炎，也能直接作用于肿瘤细胞，改善恶性肿瘤患者的症状。

➤ **牛膝多糖**（achyranthan）

牛膝多糖是从中药牛膝中分离得到的一种小分子量多糖化合物，能升高血清溶血素和脾内抗体形成细胞数，提高血清 IgG 水平，激活网状内皮系统的吞噬功能，促进 TNF 和 IL-2 的生成及淋巴细胞增殖，增强 NK 细胞和细胞毒性 T 细胞（cytotoxic T cell，CTL 细胞）的活性。该药对因化学治疗和放射治疗引起的白细胞水平下降有促进恢复作用，修复肿瘤患者免疫系统的损伤；对慢性肝炎患者能恢复其肝功能，并改善食欲缺乏、乏力及黄疸等症状。

临床应用

免疫抑制药在器官移植排斥中的临床应用分类

1. 预防性用药 CsA、FK506、MMF、Aza、泼尼松，仍采用以 CsA（或 FK506）为主的二联、三联或四联用药，预防排斥反应。如 CsA（或 FK506）+ MMF（或 Aza）+ 泼尼松。

2. 治疗或逆转急性排斥反应（救治用药） 甲泼尼龙、ALG 或 ATG、OKT3 或 OKT4、MMF、FK506 等冲击或替代治疗。

3. 诱导性用药（因急性肾小管坏死而出现延迟肾功能恢复、高危、二次移植、环孢素肾中毒患者） ATG 或 ALG、OKT3 或 OKT4、巴利昔单抗或达珠单抗等药物，然后采用以 CsA 为主的二联或三联用药。

思 考 题

1. 免疫抑制药分为哪几类？每类药物列举至少一个代表药。
2. 免疫调节药有哪些类型？每类药物列举至少一个代表药。
3. 患者，女，21 岁，学生，放暑假后与同学去三亚旅游，未进行适当防晒措施，回来后出现面部对称性红斑，伴有双膝、腕、双手关节酸痛 1 个月。1 天前，患者突然出现全身抽搐，神志不清，血压 180/120 mmHg，心率 128 次/分，听诊双肺湿啰音，双侧胸腔积液，心包积液，肾功能不全，抗核小体、抗组蛋白、抗 SM 抗体等系列抗体全部强阳性。初步诊断为重型系统性红斑狼疮。请回答：

（1）该患者首选的治疗药物有哪些？
（2）简述所选用药物的作用机制及主要临床应用。

（汤慧芳）

主要参考文献

［1］李学军，余鹰，陶亮. 药理学. 4 版. 北京：北京大学医学出版社，2015.

［2］李学军，杨宝学. 药理学. 2 版. 北京：北京大学医学出版社，2016.

［3］杨宝峰，陈建国. 药理学. 9 版. 北京：人民卫生出版社，2020.

［4］张菁. 药动学-药效学：理论与应用. 3 版. 北京：科学出版社，2022.

［5］李俊. 临床药理学. 5 版. 北京：人民卫生出版社，2016.

［6］曹永孝，陈莉娜. 药理学教程. 7 版. 北京：高等教育出版社，2021.

［7］国家药典委员会. 中华人民共和国药典临床用药须知：2015 年版. 北京：中国医药科技出版社，2017.

［8］杨宝学. 利尿药. 北京：中国医药科技出版社，2020.

［9］陈新谦，金有豫，汤光. 新编药物学. 18 版. 北京：人民卫生出版社，2019.

［10］Ritter J M，Robinson E，Fullerton J，et al. Rang and Dale's Pharmacology. 9th ed. Amsterdam：Elsevier，2020.

［11］Katzung B G，Trevor A J. Basic and Clinic Pharmacology. 15th ed. New York：McGraw-Hill Education，2022.

［12］Brunton L L，Knollmann B C. Goodman and Gilman's the Pharmacological Basis of Therapeutics. 14th ed. New York：McGraw-Hill Education，2022.

中英文专业词汇索引

5-羟色胺（5-hydroxytryptamine，5-HT） 116
17α-羟孕酮类（17α-hydroxyprogesterones） 340
19-去甲睾酮类（19-nortestosterones） 340
L-谷氨酰胺呱仑酸钠颗粒（L-glutamine and sodium gualenate granules） 320
L-门冬酰胺酶（L-asparaginase，ASP） 510
Na^+-Cl^- 共转运体抑制药（NNa^+-Cl^- cotransporter inhibitor） 275
Na^+-K^+-$2Cl^-$ 共转运体抑制药（Na^+-K^+-$2Cl^-$ cotransporter inhibitor） 275
α-葡萄糖苷酶抑制药（α-glucosidase inhibitors） 392
γ-氨基丁酸（γ-aminobutyric acid，GABA） 113

A

阿巴卡韦（abacavir） 467
阿贝卡星（arbekacin） 429
阿苯达唑（albendazole） 493
阿比多尔（arbidol） 465
阿德福韦（adefovir） 472
阿杜那单抗（aducanumab） 163
阿伐斯汀（acrivastine） 301
阿法骨化醇（alfacalcidol） 359
阿格列汀（alogliptin） 392
阿加曲班（argatroban） 286
阿卡波糖（acarbose） 392
阿可乐定（apraclonidine） 89
阿立哌唑（aripiprazole） 173
阿利吉仑（aliskiren） 231
阿利库单抗（alirocumab） 263
阿仑膦酸钠（alendronate sodium） 351
阿仑珠单抗（alemtuzumab） 513
阿洛西林（azlocillin） 412
阿米卡星（amikacin） 429，475，479
阿米洛利（amiloride） 279
阿米替林（amitriptyline） 176
阿莫西林（amoxicillin） 411
阿那曲唑（anastrozole） 512
阿扑吗啡（apomorphine） 157
阿普唑仑（alprazolam） 134
阿奇霉素（azithromycin） 420

阿曲库铵（atracurium） 81
阿瑞吡坦（arepidem） 323
阿司米星（astromicin） 429
阿司匹林（aspirin） 194
阿糖胞苷（cytarabine，Ara-C） 501
阿糖腺苷（vidarabine，Ara-A） 463
阿替洛尔（atenolol） 107，224，254
阿替普酶（alteplase） 291
阿托伐他汀（atorvastatin） 259
阿托品（atropine） 71
阿托西班（atosiban） 333
阿昔单抗（abciximab） 293
阿昔洛韦（acyclovir，ACV） 462
阿昔莫司（acipimox） 266
阿昔替尼（axitinib） 515
阿扎那韦（atazanavir） 468
阿扎斯丁（azastene） 341
埃替格韦（elvitegravir） 469
艾塞那肽（exenatide） 393
艾司奥美拉唑（esomeprazole） 317
艾司唑仑（estazolam） 134
艾托格列净（ertuglifozin） 393
安慰剂（placebo） 40
氨苯蝶啶（triamterene） 279
氨苯砜（dapsone，DDS） 481
氨苄西林（ampicillin） 411
氨茶碱（aminophylline） 308
氨己烯酸（vigabatrin） 148
氨甲苯酸（aminomethylbenzoic acid） 291
氨甲环酸（tranexamic acid） 291
氨鲁米特（aminoglutethimide） 371，512
氨氯地平（amlodipine） 205，223
氨曲南（aztreonam） 418
氨溴索（ambroxol） 312
胺碘酮（amiodarone） 205，218
昂丹司琼（ondansetron） 323
奥氮平（olanzapine） 172
奥芬溴铵（oxyphenonium bromide） 76
奥卡西平（oxcarbazepine） 147
奥拉西坦（oxiracetam） 162

奥美沙坦（olmesartan）238
奥沙利铂（oxaliplatin）505
奥沙西泮（oxazepam）133
奥司他韦（oseltamivir）465
奥西那林（orciprenaline）96
奥希替尼（osimertinib，AZD-9291）514

B

巴比妥类（barbiturates）133
巴利昔单抗（basiliximab）528
巴龙霉素（paromomycin）429，490
白介素-2（interleukin-2，IL-2）532
白消安（busulfan）504
保钾利尿药（potassium-sparing diuretic）275
贝伐珠单抗（bevacizumab）513
贝那鲁肽（benaglutide）393
贝那普利（benazepril）227
贝那替嗪（benactyzine）76
倍氯米松（beclometasone）309
倍他尼定（betanidine）230
倍他司汀（betahistine）300
苯巴比妥（phenobarbital）146
苯丙哌林（benproperine）311
苯二氮䓬类（benzodiazepines）133
苯海拉明（diphenhydramine）139，301
苯海索（benzhexol）158
苯妥英钠（phenytoin sodium）144，217
苯氧酸类（fibrates）264
苯扎贝特（benzafibrate）265
苯扎托品（benzatropine）158
苯佐那酯（benzonatate）311
苯唑西林（oxacillin）411
比伐芦定（bivalirudin）286
比沙可啶（bisacodyl）325
比索洛尔（bisoprolol）240
吡贝地尔（piribedil）157
吡格列酮（pioglitazone）391
吡喹酮（praziquantel）491，494
吡拉西坦（piracetam）162
吡硫醇（pyritinol）162
吡罗昔康（piroxicam）199
吡那地尔（pinacidil）205，231
吡嗪酰胺（pyrazinamide，PZA）475，478
蓖麻油（castor oil）325
苄星青霉素（benzathine benzylpenicillin）411
表柔比星（epirubicin）508
丙谷胺（proglumide）318
丙环定（procyclidine）158
丙硫氧嘧啶（propylthiouracil，PTU）376
丙米嗪（imipramine）175
丙泊酚（propofol）131
丙酸睾酮（testosterone propionate）511
丙戊茶碱（propentofylline）162
丙戊酸钠（sodium valproate）143
波生坦（bosentan）231
伯氨喹（primaquine）487
博来霉素（bleomycin，BLM）505
布比卡因（bupivacaine）123
布地奈德（budesonide）309
布桂嗪（bucinnazine）189
布可利嗪（buclizine）301
布洛芬（ibuprofen）199
布美他尼（bumetanide）276
布托啡诺（butorphanol）188

C

茶碱（theophylline）307
长春碱（vinblastine，VLB）509
长春新碱（vincristine，VCR）509
重组人白介素-2（recombinant human interleukin-2，rhIL-2）517
重组人脑利尿钠肽（recombinant human brain natriuretic peptide，rhBNP）246
重组人血管内皮抑素（rh-endostatin）516
传出神经系统（efferent nervous system）46
垂体后叶素（pituitrin）331
雌二醇（estradiol，E_2）336，511
雌三醇（estriol，E_3）336
雌酮（estrone，E_1）336
促肾上腺皮质激素（adrenocorticotropic hormone，ACTH）369
醋丁洛尔（acebutolol）254
醋硝香豆素（acenocoumarol）287

D

达比加群酯（dabigatran etexilate）288
达格列净（dapagliflozin）241，393
达珠单抗（daclizumab）528
大观霉素（spectinomycin）429
大黄（rhubarb）325
丹参酮ⅡA（tanshinon ⅡA）255
单胺氧化酶（monoamine oxidase，MAO）50
单硝酸异山梨酯（isosorbide mononitrate）252
胆茶碱（choline theophylline）308
胆碱能神经（cholinergic nerve）46
胆碱乙酰化酶（choline acetyltransferase，ChAT）48
胆汁酸结合树脂（bile acid resins）262
氮芥（chlormethine，nitrogen mustard，HN_2）502
德谷/门冬双胰岛素（insulin degludec and insulin aspart）384
德谷胰岛素（insulin degludec，IDeg）384
地贝卡星（dibekacin）429

地尔硫䓬（diltiazem） 205，209，253
地芬诺酯（diphenoxylate） 327
地氟烷（desflurane） 130
地高辛（digoxin） 242
地红霉素（dirithromycin） 420
地拉夫定（delavirdine） 468
地美环素（demeclocycline） 438
地美溴铵（demecarium bromide） 66
地诺前列素（dinoprost） 332
地诺前列酮（dinoprostone） 332
地泊溴铵（diponium bromide） 76
地塞米松（dexamethasone，DXM） 511
地舒单抗（denosumab） 355
地特胰岛素（insulin detemir） 384
地西泮（diazepam） 133
地昔帕明（desipramine） 177
低精蛋白锌胰岛素（isophane insulin） 384
低敏性（hyposensitivity） 41
低效能利尿药（low efficacy diuretic） 275
递质（transmitter） 48
碘苷（idoxuridine，IDUR） 464
碘解磷定（pralidoxime iodide） 69
丁卡因（tetracaine） 123
丁螺环酮（buspirone） 180
东莨菪碱（scopolamine） 74，321
毒扁豆碱（physostigmine） 65
毒毛花苷 K（strophanthin K） 242
毒蕈碱（muscarine） 49
度拉糖肽（dulaglutide） 393
对氨基水杨酸（aminosalicylic acid，PAS） 475，479
对乙酰氨基酚（acetaminophen） 197
多巴（dopa） 50
多巴胺（dopamine，DA） 50，93，244
多巴胺 -β- 羟化酶（dopamine-β-hydroxylase，DβH） 50
多巴酚丁胺（dobutamine） 95，244
多不饱和脂肪酸（polyunsaturated fatty acids，PUFA） 268
多非利特（dofetilide） 219
多库铵（doxacurium） 81
多库酯钠（docusate sodium） 325
多拉司琼（dolasetron） 323
多奈哌齐（donepezil） 66，160
多黏菌素 B（polymyxin B） 435
多黏菌素 E（polymyxin E） 435
多黏菌素 M（polymyxin M） 435
多潘立酮（domperidone） 322
多柔比星（doxorubicin） 507
多塞平（doxepin） 176
多沙唑嗪（doxazosin） 100，230

多特格韦（dolutegravir） 469
多西环素（doxycycline） 438
多烯脂肪酸（polyenoic fatty acid） 268

E

鹅去氧胆酸（chenodeoxycholic acid） 328
厄贝沙坦（irbesartan） 227，238
恩波吡维铵（pyrvinium embonate） 494
恩氟烷（enflurane） 130
恩格列净（empagliflozin） 241，393
恩他卡朋（entacapone） 156
恩替卡韦（entecavir，ETV） 472
儿茶酚胺类（catecholamines） 50
儿茶酚 -O- 甲基转移酶（catechol-O-methyltransferase，COMT） 50
二苯美伦（bifemelane） 162
二氮嗪（diazoxide） 205
二甲双胍（metformin） 386
二氯尼特（diloxanide） 489
二羟丙茶碱（diprophylline） 308
二十二碳六烯酸（docosahexoenoic acid，DHA） 268
二十碳五烯酸（eicosapentaenoic acid，EPA） 268
二溴甘露醇（dibromomannitol） 504

F

伐昔洛韦（valaciclovir） 463
法莫替丁（famotidine） 302，317
番泻叶（senna） 325
反苯环丙胺（tranylcypromine） 178
放线菌素 D（dactinomycin） 507
非格司亭（filgrastim） 296
非洛地平（felodipine） 205
非奈西林（phenethicillin） 411
非诺贝特（fenofibrate） 265
非索非那定（fexofenadine） 301
芬戈莫德（Fingolimod，FTY720） 530
芬太尼（fentanyl） 188
酚苄明（phenoxybenzamine） 99
酚磺乙胺（etamsylate） 289
酚酞（phenolphthalein） 325
酚妥拉明（phentolamine） 98
呋布西林（furbenicillin） 412
呋喃西林（nitrofurazone） 456
呋喃妥因（nitrofurantoin） 455
呋喃唑酮（furazolidone） 455
呋塞米（furosemide） 276
伏格列波糖（voglibose） 392
伏立康唑（voriconazole） 460
伏林司他（vorinostat） 515
氟胞嘧啶（flucytosine） 461
氟伐他汀（fluvastatin） 259

氟桂利嗪（flunarizine）206
氟卡尼（flecainide）217
氟康唑（fluconazole）460
氟罗沙星（fleroxacin）446，450
氟氯西林（flucloxacillin）411
氟尿嘧啶（fluorouracil）500
氟哌啶醇（haloperidol）171
氟哌利多（droperidol）172
氟哌噻吨（flupentixol）171
氟他胺（flutamide）511
氟烷（halothane）130
氟西泮（flurazepam）133
氟西汀（fluoxetine）178
氟氧头孢（flomoxef）418
福莫特罗（formoterol）307
福辛普利（fosinopril）227，237
福辛普利拉（fosinoprilat）225
副交感神经系统（parasympathetic nervous system）46

G

甘草流浸膏（extractum glycyrrhizae liquidum）312
甘精胰岛素（insulin glargine）384
甘露醇（mannitol）281
甘油（glycerol）324，326
杆菌肽（bacitracin）427
肝素（heparin）285
干扰素（interferon，IFN）471，532
高敏性（hypersensitivity）41
高三尖杉酯碱（homoharringtonine）510
高效能利尿药（high efficacy diuretic）275
戈洛帕米（gallopamil）205
格卡瑞韦（glecaprevir）472
格拉司琼（granisetron）323
格列本脲（glibenclamide）388
格列吡嗪（glipizide）388
格列喹酮（gliquidone）388
格列美脲（glimepiride）388
格列齐特（gliclazide）388
格隆溴铵（glycopyrronium bromide）76
更昔洛韦（ganciclovir）463
谷氨酸（glutamic acid，Glu）113
谷氨酸脱羧酶（glutamic acid decarboxylase，GAD）113
骨化三醇（calcitriol）359
胍那决尔（guanadrel）230
胍乙啶（guanethidine）230
桂利嗪（cinnarizine）206

H

海索那林（hexoprenaline）333
蒿甲醚（artemether）487
核糖霉素（ribostamycin）429

红霉素（erythromycin）420
后马托品（homatropine）75
琥珀胆碱（suxamethonium）79
琥乙红霉素（erythromycin ethylsuccinate）423
华法林（warfarin）287
环孢素A（cyclosporin A）523
环丙沙星（ciprofloxacin）445，449
环丙孕酮（cyproterone）343
环磷酰胺（cyclophosphamide，CTX）503，527
环喷托酯（cyclopentolate）75
环丝氨酸（cycloserine）475
环氧司坦（epostane）341
磺胺醋酰（sulfacetamide）454
磺胺甲噁唑（sulfamethoxazole）454
磺胺间甲氧嘧啶（sulfamonomethoxine）454
磺胺米隆（mafenide）454
磺胺嘧啶（sulfadiazine）453
磺胺嘧啶银（sulfadiazine silver）454
灰黄霉素（griseofulvin）458

J

吉非贝齐（gemfibrozil）265
吉非替尼（gefitinib）514
吉美前列素（gemeprost）332
吉米沙星（gemifloxacin）446
吉他霉素（kitasamycin）421
吉哌隆（gepirone）181
己烯雌酚（diethylstilbestrol）337，511
加巴喷丁（gabapentin）147
加兰他敏（galanthamine）66，161
加雷沙星（garenoxacin）446
加替沙星（gatifloxacin）446
甲氨蝶呤（methotrexate，MTX）202，499，527
甲苯咪唑（mebendazole）493
甲地孕酮（megestrol）511
甲砜霉素（thiamphenicol）444
甲氟喹（mefloquine）486
甲睾酮（methyltestosterone）511
甲基多巴（methyldopa）89
甲基纤维素（methylcellulose）324
甲羟孕酮（medroxyprogesterone，MPA）511
甲巯咪唑（thiamazole）376
甲硝唑（metronidazole）456，489，490
甲氧苄啶（trimethoprim）455
甲氧氯普胺（metoclopramide）322
甲氧明（methoxamine）89
甲氧西林（methicillin）411
间羟胺（metaraminol）88
碱式碳酸铋（bismuth subcarbonate）327
降钙素（calcitonin，CT）354
交叉耐受性（cross tolerance）41

交感神经系统（sympathetic nervous system） 46
交沙霉素（josamycin） 421
拮抗作用（antagonism） 43
戒断症状（withdrawal symptom） 41
金刚烷胺（amantadine） 158，464
金鸡纳反应（cinchonism） 486
金霉素（chlortetracycline） 438
金制剂（gold compounds） 202
精蛋白锌胰岛素（protamine zinc insulin） 384
精神依赖性（psychic dependence） 41
肼屈嗪（hydralazine） 229
枸橼酸铋钾（bismuth potassium citrate） 319
枸橼酸钠（sodium citrate） 288
聚肌苷酸-聚胞苷酸（polyinosinic acid-polycytidylic acid） 473

K

卡比多巴（carbidopa） 155
卡比马唑（carbimazole） 376
卡铂（carboplatin） 505
卡格列净（canagliflozin） 241，393
卡介苗（bacillus calmette-guerin vaccine, BCG） 531
卡芦莫南（carumonam） 418
卡马西平（carbamazepine） 144
卡莫司汀（carmustine, BCNU） 503
卡那霉素（kanamycin） 429，475
卡尼汀（Carnitine） 321
卡培他滨（capecitabine） 500
卡泊芬净（caspofungin） 460
卡前列素（carboprost） 332
卡托普利（captopril） 226，237
卡维地洛（carvedilol） 108，224，240，255
坎地沙坦（candesartan） 227，238
坎利酸钾（potassium canrenoate） 278
坎利酮（canrenone） 278
抗淋巴细胞球蛋白（anti-lymphocyte globulin, ALG） 527
抗胸腺细胞球蛋白（anti-thymocyte globulin, ATG） 527
考来替泊（colestipol） 263
考来维仑（colesevelam） 263
考来烯胺（colestyramine） 262
考尼伐坦（conivaptan） 247
可待因（codeine） 311
可的松（cortisone） 360
可乐定（clonidine） 89，229
克拉霉素（clarithromycin） 420，479
克拉维酸（clavulanic acid） 418
克林霉素（clindamycin） 424
克仑特罗（clenbuterol） 96，307
克罗卡林（cromakalim） 205

克霉唑（clotrimazole） 459
克唑替尼（crizotinib） 515
快速耐受性（tachyphylaxis） 41
奎尼丁（quinidine） 215
奎宁（quinine） 486
喹红霉素（cethromycin） 420
喹那普利（quinapril） 227
喹乙宗（quinethazone） 277

L

拉贝洛尔（labetalol） 108，224
拉米夫定（lamivudine） 467
拉莫三嗪（lamotrigine） 147
拉帕替尼（lapatinib） 515
拉替拉韦（raltegravir） 469
拉维达韦（ravidasvir） 472
拉西地平（lacidipine） 205，223
拉氧头孢（latamoxef） 418
来氟米特（leflunomide） 527
来匹芦定（lepirudin） 286
莱博雷生（lemborexant） 139
赖诺普利（lisinopril） 227，237
赖脯胰岛素（insulin lispro） 383
兰索拉唑（lansoprazole） 317
劳拉西泮（lorazepam） 134
酪氨酸（tyrosine） 50
酪氨酸羟化酶（tyrosine hydroxylase） 50
雷贝拉唑（rabeprazole） 317
雷公藤总苷（tripterygium glycosides） 529
雷洛昔芬（raloxifene） 339，353
雷美替胺（ramelteon） 139
雷米普利（ramipril） 227，237
雷奈酸锶（strontium ranelate） 357
雷尼替丁（ranitidine） 302，317
利巴韦林（ribavirin, RBV） 464
利多格雷（ridogrel） 292
利多卡因（lidocaine） 123，216
利伐沙班（rivaroxaban） 288
利福定（rifandin） 478
利福喷汀（rifapentine） 478
利福平（rifampicin, RFP） 475，477，478
利格列汀（linagliptin） 392
利拉鲁肽（liraglutide） 393
利那洛肽（linaclotide） 326
利培酮（risperidone） 173
利司那肽（lixisenatide） 393
利斯的明（rivastigmine） 161
利托君（ritodrine） 333
利托那韦（ritonavir） 468
利妥昔单抗（rituximab） 512
利血平（reserpine） 230

粒细胞 - 巨噬细胞集落刺激因子（granulocyte-macrophage colony-stimulating factor，GM-CSF）296
链激酶（streptokinase）290
链霉素（streptomycin，SM）475，478
两性霉素 B（amphotericin B）458
林可霉素（lincomycin）424
膦甲酸钠（foscarnet sodium，PFA）463
硫喷妥钠（thiopental sodium）131
硫酸镁（magnesium sulfate）150，324，328，333
硫酸皮肤素（dermatan sulfate）269
硫酸软骨素（chondroitin sulfate）269
硫酸亚铁（ferrous sulfate）293
硫酸乙酰肝素（heparan sulfate）269
硫糖铝（sucralfate）319
硫唑嘌呤（Azathioprine，Aza）527
柳氮磺吡啶（sulfasalazine）454
六甲溴铵（hexamethonium bromide）230
芦荟（aloes）325
鲁比前列酮（lubiprostone）326
罗非昔布（rofecoxib）201
罗格列酮（rosiglitazone）391
罗红霉素（roxithromycin）420
罗库铵（rocuronium）81
罗米地新（romidepsin）515
罗哌卡因（ropivacaine）123
罗匹尼罗（ropinirole）157
罗沙司他（Roxadustat）295
罗他霉素（rokitamycin）420
罗替高汀（rotigotine）157
罗通定（rotundine）189
螺内酯（spironolactone）278
螺旋霉素（spiramycin）421
咯萘啶（malaridine）487
洛伐他汀（lovastatin）259
洛美沙星（lomefloxacin）445，450
洛美他派（lomitapide）270
洛哌丁胺（loperamide）327
洛匹那韦（lopinavir）468
洛塞那肽（loxenatide）393
铝碳酸镁（hydrotalcite）315
氯胺酮（ketamine）131
氯巴占（clobazam）148
氯贝丁酯（clofibrate）264
氯苯那敏（chlorphenamine）301
氯吡格雷（clopidogrel）292
氯丙嗪（chlorpromazine）167
氯氮平（clozapine）172
氯氮䓬（chlordiazepoxide）133
氯法齐明（clofazimine）481
氯化铵（ammonium chloride）312
氯磺丙脲（chlorpropamide）388
氯解磷定（pralidoxime chloride）68
氯喹（chloroquine）485，490
氯雷他定（loratadine）301
氯霉素（chloramphenicol）442
氯米帕明（clomipramine）176
氯普噻吨（chlorprothixene）171
氯噻嗪（chlorothiazide）277
氯噻酮（chlortalidone）277
氯沙坦（losartan）227，238
氯酞酮（chlortalidone）222
氯硝柳胺（niclosamide）494
氯硝西泮（clonazepam）147
氯唑西林（cloxacillin）411

M

麻黄碱（ephedrine）92，306
马拉韦罗（maraviroc）470
马普替林（maprotiline）177
马烯雌酮（equilin）336
吗多明（molsidomine）255
吗氯贝胺（moclobemide）179
麦白霉素（meleumycin）421
麦迪霉素（midecamycin）421
毛果芸香碱（pilocarpine）58
毛花苷 C（lanatoside C）242
霉酚酸酯（mycophenolate mofetil，MMF）526
美雌醇（mestranol）336
美法仑（melphalan）503
美芬丁胺（mephentermine）93
美金刚（memantine）161
美卡拉明（mecamylamine）78，230
美克洛嗪（meclozine）301
美罗培南（meropenem）418
美洛昔康（meloxicam）199
美沙酮（methadone）188
美他环素（metacycline）438
美替拉酮（metyrapone）370
美托拉宗（metolazone）277
美托洛尔（metoprolol）108，240，254
美西林（mecillinam）412
美西律（mexiletine）217
门冬胰岛素（insulin aspartate）383
蒙脱石（smectite）327
孟苯醇醚（menfegol）346
孟鲁司特（montelukast）310
咪达唑仑（midazolam）134
咪康唑（miconazole）460
咪喹莫特（Imiquimod）473
米安色林（mianserin）180
米氮平（mirtazapine）179

米非司酮（mifepristone） 341
米格列醇（miglitol） 392
米格列奈（mitiglinide） 390
米库铵（mivacurium） 81
米拉美林（milameline） 161
米力农（milrinone） 244
米诺地尔（minoxidil） 205，231
米诺环素（minocycline） 438
米泊美生（mipomersen） 270
米索前列醇（misoprostol） 319，332，346
米托坦（mitotane） 370
棉酚（gossypol） 346
莫罗单抗 -CD3/4（muromonab-CD3/4，orthoclone OKT3/4，OKT3/4） 528
莫沙必利（moshabili） 324
莫索尼定（moxonidine） 229
莫西沙星（moxifloxacin） 446

N

那格列奈（nateglinide） 390
纳洛酮（naloxone） 189
纳曲酮（naltrexone） 189
纳武单抗（nivolumab） 516
钠 - 葡萄糖协同转运蛋白 2 抑制药（sodium-glucose cotransporter 2 inhibitor，SGLT2i） 236
奈多罗米（nedocromil） 310
奈非那韦（nelfinavir） 468
奈替米星（netilmicin） 429
奈韦拉平（nevirapine） 468
奈西立肽（nesiritide） 246
耐受性（tolerance） 41
耐药性（resistance） 41
萘丁美酮（nabumetone） 200
萘普生（naproxen） 199
尼尔雌醇（nilestriol） 353
尼伐地平（nilvadipine） 205
尼卡地平（nicardipine） 205
尼可地尔（nicorandil） 205，231，255
尼鲁米特（nilutamide） 511
尼美舒利（nimesulide） 201
尼莫地平（nimodipine） 205
尼群地平（nitrendipine） 205，223
尼索地平（nisoldipine） 205
尼妥珠单抗（nimotuzumab） 513
尼扎替丁（nizatidine） 302，317
凝血酶（thrombin） 289
凝血酶原复合物（prothrombin complex） 289
牛膝多糖（achyranthan） 534
诺氟沙星（norfloxacin） 445，449

P

帕利哌酮（paliperidone） 173
帕罗西汀（paroxetine） 178
帕米膦酸二钠（pamidronate disodium） 350
哌克昔林（perhexiline） 206，253
哌库铵（pipecuronium） 81
哌拉西林（piperacillin） 412
哌仑西平（pirenzepine） 76，318
哌嗪（piperazine） 493
哌替啶（pethidine） 187
哌唑嗪（prazosin） 100，230
泮库铵（pancuronium） 81
泮托拉唑（pantoprazole） 317
袢利尿药（loop diuretic） 275
培哚普利（perindopril） 227，237
配伍禁忌（incompatibility） 44
喷噻溴铵（penthienate bromide） 76
喷他佐辛（pentazocine） 188
喷托维林（pentoxyverine） 311
硼替佐米（bortezomib） 514
匹氨西林（pivampicillin） 412
匹伐他汀（pitavastatin） 259
匹美西林（pivmecillinam） 413
泼尼松（prednisone） 362，511
泼尼松龙（prednisolone） 362，511
扑米酮（primidone） 146
普伐他汀（pravastatin） 259
普卡霉素（plicamycin） 508
普拉克索（pramipexole） 157
普兰林肽（pramlintide） 394
普鲁卡因（procaine） 123
普鲁卡因胺（procainamide） 216
普罗布考（probucol） 267
普罗帕酮（propafenone） 217
普萘洛尔（propranolol） 107，218，223，254
普尼拉明（prenylamine） 206，253
普瑞马林（premarin） 353
普瑞特罗（prenalterol） 95
普通胰岛素（regular insulin） 384

Q

七氟烷（sevoflurane） 130
齐多夫定（zidovudine，AZT） 466
齐拉西酮（ziprasidone） 173
羟苄利明（oxyphencyclimine） 76
羟基脲（hydroxycarbamide，HU） 501
羟甲唑啉（oxymetazoline） 89
羟氯喹（hydroxychloroquine） 529
羟喜树碱（hydroxycamptothecin，HCPT） 506
青蒿素（artemisinin） 486

青霉胺（penicillamine） 202
青霉素 G（penicillin G） 409
青霉素 V（penicillin V） 411
青霉烷砜（sulbactam） 418
氢化可的松（hydrocortisone） 360
氢氯噻嗪（hydrochlorothiazide） 222，277
氢氧化铝（aluminium hydroxide） 316
氢氧化镁（magnesium hydroxide） 315
庆大霉素（gentamycin） 429
巯苯咪唑（mercaptophenylimidazole） 482
巯嘌呤（mercaptopurine，6-MP） 501
曲吡那敏（tripelennamine） 301
曲氟尿苷（trifluridine） 464
曲马多（tramadol） 189
曲妥珠单抗（trastuzumab） 513
曲唑酮（trazodone） 180
去甲肾上腺素（norepinephrine，NE；noradrenaline，NA） 46，86
去甲肾上腺素能神经（noradrenergic nerve） 46
去甲替林（nortriptyline） 177
去甲万古霉素（norvancomycin） 426
去羟肌苷（didanosine） 467
去氢胆酸（dehydrocholic acid） 328
去氧皮质酮（desoxycorticosterone） 369
去氧肾上腺素（phenylephrine） 88
醛固酮（aldosterone） 369
醛固酮受体阻断药（aldosterone receptor blocker） 275
炔雌醇（ethinylestradiol） 336
炔雌醚（quinestrol） 336
炔诺酮（norethisterone） 340
炔诺孕酮（norgestrel） 340
炔孕酮（ethisterone） 340

R

人凝血因子Ⅷ（human coagulation factor Ⅷ） 289
壬苯醇醚（nonoxinol） 346
柔红霉素（daunorubicin） 508
鞣酸蛋白（tannalbin） 327
乳果糖（lactulose） 324
乳酶生（lactasin） 321
乳糖酸红霉素（erythromycin lactobionate） 423
瑞格列奈（repaglinide） 390
瑞舒伐他汀（rosuvastatin） 259
瑞替普酶（reteplase） 291

S

塞来昔布（celecoxib） 200
噻氯匹定（ticlopidine） 292
噻吗洛尔（timolol） 107，254
噻嘧啶（pyrantel） 493
噻嗪类利尿药（thiazide diuretic） 275
噻托溴铵（tiotropium bromide） 308
噻唑烷二酮类（thiazolidinediones，TZDs） 390
三硅酸镁（magnesium trisilicate） 316
三尖杉酯碱（harringtonine，HRT） 510
三唑甲基青霉烷砜，tazobactam） 419
三唑仑（triazolam） 133
色甘酸钠（sodium cromoglicate） 309
沙丁胺醇（salbutamol） 96，306，333
沙格列汀（saxagliptin） 392
沙格司亭（sargramostim） 296
沙奎那韦（saquinavir） 468
沙利度胺（thalidomide） 530
沙美特罗（salmeterol） 96
山莨菪碱（anisodamine） 75
山梨醇（sorbitol） 324
舍曲林（sertraline） 178
神经肽（neuropeptide） 117
神经血管单元（neurovascular unit） 110
肾上腺素（adrenaline，AD；epinephrine，Epi） 50，89
渗透性利尿药（osmotic diuretic） 275
生理依赖性（physical dependence） 41
石杉碱甲（huperzine A） 66，161
时辰药理学（chronopharmacology） 41
舒必利（sulpiride） 172
舒林酸（sulindac） 200
舒尼替尼（sunitinib） 515
双醋炔诺酮（ethynodiol diacetate） 340
双复磷（obidoxime chloride） 69
双环维林（dicycloverine） 76
双膦酸盐类（bisphosphonates） 349
双氯芬酸（diclofenac） 198
双氯西林（dicloxacillin） 411
双嘧达莫（dipyridamole） 292
双香豆素（dicoumarol） 287
水蛭素（hirudin） 286
顺铂（cisplatin，DDP） 504
司来吉兰（selegiline） 156
司美格鲁肽（semaglutide） 393
司帕沙星（sparfloxacin） 446，450，479
司他夫定（stavudine） 466
丝裂霉素（mitomycin C，MMC） 505
四环素（tetracycline） 438
苏沃雷生（suvorexant） 139
羧苄西林（carbenicillin） 412
羧甲基纤维素（carboxymethylcellulose） 324
缩宫素（oxytocin） 329
索非布韦（sofosbuvir） 470，472
索拉非尼（sorafenib） 515

索莫吉反应（somogyi effect） 385
索他洛尔（sotalol） 205，218

T

他克林（tacrine） 66
他克莫司（tacrolimus，FK506） 525
他莫昔芬（tamoxifen） 339，511
他汀类药（statins） 259
拓扑替康（topotecan） 506
泰利霉素（telithromycin） 420
坦洛新（tamsulosin） 100
碳酸钙（calcium carbonate） 316
碳酸酐酶抑制药（carbonic anhydrase inhibitor） 275
碳酸锂（lithium carbonate） 174
碳酸氢钠（sodium bicarbonate） 316
特比萘芬（Terbinafine） 461
特布他林（terbutaline） 96，307，333
特拉唑嗪（terazosin） 100，230
特立帕肽（teriparatide） 356
特斯美尔通（tasimelteon） 139
特异质（idiosyncrasy） 41
替勃龙（tibolone） 353
替加宾（tiagabine） 148
替加环素（tigecycline） 438
替卡西林（ticarcillin） 412
替考拉宁（teicoplanin） 426
替仑西平（telenzepine） 76，318
替罗非班（tirofiban） 293
替洛利生（pitolisant，Pit） 303
替米沙坦（telmisartan） 227，238
替莫西林（temocillin） 413
替诺福韦（tenofovir） 471
替普瑞酮（teprenone） 320
替伊莫单抗（ibritumomab） 513
天冬氨酸（aspartic acid，Asp） 113
呫诺美林（xanomeline） 161
酮康唑（ketoconazole） 371，460
酮色林（ketanserin） 231
筒箭毒碱（tubocurarine） 81
头孢氨苄（cephalexin） 414
头孢吡普（ceftobiprole） 417
头孢吡肟（cefepime） 416
头孢地嗪（cefodizime） 416
头孢呋辛（cefuroxime） 415
头孢克定（cefclidin） 416
头孢克洛（cefaclor） 415
头孢克肟（cefixime） 416
头孢拉定（cefradine） 415
头孢雷特（ceforanide） 415
头孢洛林（ceftaroline） 417

头孢美唑（cefmetazole） 418
头孢孟多（cefamandole） 415
头孢米诺（cefminox） 418
头孢尼西（cefonicid） 415
头孢哌酮（cefoperazone） 416
头孢匹林（cefapirin） 414
头孢匹罗（cefpirome） 416
头孢羟氨苄（cefadroxil） 414
头孢曲松（ceftriaxone） 416
头孢噻吩（cephalothin） 414
头孢噻利（cefoselis） 416
头孢噻肟（cefotaxime） 416
头孢他啶（ceftazidime） 416
头孢替坦（cefotetan） 418
头孢西丁（cefoxitin） 418
头孢唑兰（cefozopran） 416
头孢唑林（cefazolin） 414
头孢唑肟（ceftizoxime） 416
突触（synapse） 48，110
土霉素（oxytetracycline） 438
托吡卡胺（tropicamide） 75
托吡酯（topiramate） 147
托伐普坦（tolvaptan） 247，281
托卡朋（tolcapone） 156
托拉塞米（torasemide） 276
托烷司琼（tropisetron） 323
托西莫单抗（tositumomab） 513
脱水药（dehydrant agent） 275
妥布霉素（tobramycin） 429
妥拉唑林（tolazoline） 99

W

烷苯醇醚（alfenoxynol） 346
万古霉素（vancomycin） 426
维A酸（tretinoin） 516
维格列汀（vildagliptin） 392
维库铵（vecuronium） 81
维拉帕米（verapamil） 205，209，219，253
维帕他韦（velpatasvir） 472，473
维生素B_{12}（vitamin B_{12}） 295
维生素D（vitamin D） 358
维生素E烟酸酯（vitamin E nicotinicate） 267
维生素K（vitamine K） 288
维司力农（vesnarinone） 244
伪麻黄碱（pseudoephedrine） 94
胃蛋白酶（pepsin） 320
文拉法辛（venlafaxine） 179
五氟利多（penfluridol） 172
戊沙溴铵（valethamate bromide） 76
戊酸雌二醇（estradiol valerate） 336

X

西格列汀（sitagliptin） 392
西拉普利（cilazapril） 227
西罗莫司（sirolimus） 526
西氯他宁（cicletanine） 231
西咪替丁（cimetidine） 302，317
西沙必利（cisapride） 324
西索米星（sisomicin） 429
西替利嗪（cetirizine） 301
西妥昔单抗（cetuximab） 513
喜树碱（camptothecin，CPT） 506
腺苷（adenosine） 220
腺苷酸环化酶（adenylate cyclase，AC） 50
香豆素类（coumarin） 287
硝苯地平（nifedipine） 205，209，223，253，333
硝普钠（sodium nitroprusside） 229
硝酸甘油（nitroglycerin） 250
硝酸异山梨酯（isosorbide dinitrate） 252
硝西泮（nitrazepam） 147
小诺米星（micronomicin） 429
协同作用（synergism） 43
缬沙坦（valsartan） 227，238
辛伐他汀（simvastatin） 259
新霉素（neomycin） 429
新斯的明（neostigmine） 64
兴奋性突触后电位（excitatory postsynaptic potential，EPSP） 114
胸腺素α1（thymosin α1，Tα1） 533
熊去氧胆酸（ursodeoxycholic acid） 328
溴吡斯的明（pyridostigmine bromide） 65
溴丙胺太林（propantheline bromide） 76
溴己新（bromhexine） 312
溴隐亭（bromocriptine） 157
血管紧张素受体脑啡肽酶抑制药（angiotensin receptor neprilysin inhibitor，ARNI） 236
血管紧张素受体阻断药（angiotensin Ⅱ receptor blocker，ARB） 236
血管紧张素转化酶抑制药（angiotensin converting enzyme inhibitor，ACEI） 236
血管升压素受体阻断药（vasopressin receptor antagonist） 275

Y

亚胺培南（imipenem） 417
亚麻酸（linolenic acid，LNA） 269
亚砷酸（arsenious acid） 516
亚油酸（linoleic acid，LA） 269
烟碱（nicotine） 49，60
烟酸（nicotinic acid） 266
盐皮质激素受体阻断药（mineralocorticoid receptor antagonist，MRA） 236
盐酸赖氨酸（lysine hydrochloride） 163
洋地黄毒苷（digitoxin） 242
氧氟沙星（ofloxacin） 445，450
氧化亚氮（nitrous oxide） 130
氧头孢烯类（oxacephems） 418
药物滥用（drug abuse） 41
药用炭（medicinal charcoal） 327
叶酸（folic acid） 294
液状石蜡（liquid paraffin） 326
伊布利特（ibutilide） 219
伊伐布雷定（ivabradine） 245
伊拉地平（isradipine） 205
伊立替康（irinotecan） 506
伊马替尼（imatinib） 514
伊匹木单抗（ipilimumab） 516
伊曲康唑（itraconazole） 460
伊维菌素（ivermectin） 492
依法韦仑（efavirenz） 468
依酚氯铵（edrophonium chloride） 65
依赖性（dependence） 41
依洛尤单抗（evolocumab） 263
依米丁（emetine） 489
依那普利（enalapril） 226，237
依那普利拉（enalaprilat） 225
依诺肝素（enoxaparin） 286
依普黄酮（ipriflavone） 355
依普利酮（eplerenone） 242，278，279
依普沙坦（eprosartan） 238
依沙哌隆（ipsapirone） 181
依他尼酸（etacrynic acid） 276
依替膦酸二钠（etidronate disodium） 350
依替米星（etimicin） 429
依托红霉素（erythromycin estolate） 423
依托咪酯（etomidate） 131
依托泊苷（etoposide，VP-16） 506
依维莫司（everolimus） 514
依西美坦（exemestane） 512
依折麦布（ezetimibe） 263
胰岛素（insulin） 382
胰酶（pancreatin） 320
遗传药理学（pharmacogenetics） 40
乙胺丁醇（ethambutol，EMB） 475，478
乙胺嘧啶（pyrimethamine） 488
乙胺嗪（diethylcarbamazine） 492
乙琥胺（ethosuximide） 146
乙硫异烟胺（ethionamide） 475
乙醚（ether） 130
乙酰半胱氨酸（acetylcysteine） 312

乙酰胆碱（acetylcholine，ACh）46，56
乙酰胆碱酯酶（acetylcholinesterase，AChE）48
乙酰吉他霉素（acetylkitasamycin）421
乙酰螺旋霉素（acetylspiramycin）421
乙酰麦迪霉素（acetylmidecamycin）421
乙酰胂胺（acetarsol）490
乙酰唑胺（acetazolamide）280
乙溴替丁（ebrotidine）302
异丙肌苷（inosine Pranobex）533
异丙嗪（promethazine）301
异丙肾上腺素（isoprenaline，isoproterenol）94，306
异丙托溴铵（ipratropium bromide）76，308
异氟烷（isoflurane）130
异帕米星（isepamicin）429
异烟肼（isoniazid，isonicotinic acid hydrazide，INH）475，476
吲达帕胺（indapamide）222，277
吲哚洛尔（pindolol）254
吲哚美辛（indomethacin）198，333
英地那韦（indinavir）468
硬脂酸红霉素（erythromycin stearate）423
尤卡托品（eucatropine）75
右美沙芬（dextromethorphan）311
右旋糖酐（dextran）297
右旋糖酐铁（iron dextran）293
右佐匹克隆（eszopiclone）137
鱼精蛋白（protamine）289
育亨宾（yohimbine）100
愈创甘油醚（guaifenesin）312
月见草油（evening primrose oil）269
云芝多糖K（polysaccharide of coriolus versicolor，krestin，PS-K）534

孕三烯酮（gestrinone）341
运动神经系统（motor nervous system）46

Z

扎来普隆（zaleplon）137
扎鲁司特（zafirlukast）310
扎莫特罗（xamoterol）95
扎那米韦（zanamivir）465
扎西他滨（zalcitabine）467
樟磺咪芬（trimetaphan camsilate）78，230
制霉菌素（nystatin）459
质子泵抑制药（proton pump inhibitor，PPI）317
中效能利尿药（medium efficacy diuretic）275
竹桃霉素（oleandomycin）420
转移因子（transfer factor，TF）532
紫杉醇（paclitaxel，PTX）509
自主神经系统（autonomic nervous system）46
组胺（histamine）117
组织型纤溶酶原激活药（tissue plasminogen activator，t-PA）290
左卡巴斯汀（levocabastine）301
左西孟旦（levosimendan）245
左西替利嗪（levocetirizine）301
左旋多巴（levodopa，L-dopa）153
左旋咪唑（levamisole，LMS）493，533
左氧氟沙星（levofloxacin）445，450
左乙拉西坦（levetiracetam）148
佐匹克隆（zopiclone）137
唑吡坦（zolpidem）137
唑来膦酸（zoledronic acid）351